上

《关务相关法规速查手册》编委会 编

关务相关法规速查手册

2023年版

中国海关出版社有限公司
中国·北京

图书在版编目（CIP）数据

关务相关法规速查手册：2023 年版/《关务相关法规速查手册》编委会编 .—北京：中国海关出版社有限公司，2024.1

ISBN 978-7-5175-0726-0

Ⅰ.①关…　Ⅱ.①关…　Ⅲ.①海关法—中国—手册　Ⅳ.①D922.221-62

中国国家版本馆 CIP 数据核字（2024）第 003826 号

关务相关法规速查手册　（2023 年版）

GUANWU XIANGGUAN FAGUI SUCHA SHOUCE（2023 NIAN BAN）

作　　者：《关务相关法规速查手册》编委会

策划编辑：刘　婧

责任编辑：刘白雪　刘　婧

责任印制：赵　宇

出版发行：中国海关出版社有限公司

社　　址：北京市朝阳区东四环南路甲 1 号　　　邮政编码：100023

编 辑 部：01065194242-7521（电话）

发 行 部：01065194221/4227/4238/4246（电话）

社办书店：01065195616（电话）

　　　　　https://weidian.com/? userid = 319526934（网址）

印　　刷：中煤（北京）印务有限公司　　　　经　　销：新华书店

开　　本：880mm×1230mm　1/32

印　　张：83　　　　　　　　　　　　　　　字　　数：4790 千字

版　　次：2024 年 1 月第 1 版

印　　次：2024 年 1 月第 1 次印刷

书　　号：ISBN　978-7-5175-0726-0

定　　价：320.00 元（全三册）

前　言

　　《关务相关法规速查手册》于 2020 年 10 月首次出版，受到了广大读者的好评，也收获了很多有益建议。在过去的 3 年间，海关总署、商务部、国家市场监督管理总局、国家税务总局等颁布、更新了一定数量的相关法规。因此，我们专门组织专家团队，在原有体例的基础上，吸收上一版经验，优化体例设置；根据关务实际业务需求，重新立体式划分内容模块，旨在为进出口关务领域相关人员提供一套内容完整及时、分类清晰全面、编排新颖科学、使用便捷简单的进出口通关法律法规专业工具书。

　　本书旨在"好用易用"，有以下几点特别作出说明：

　　一是分类的特点。本书以进出口通关业务特点为依据，结合传统进行分类上的创新，以行政管理、企业管理、行政处罚、关务缉私、知识产权、运输工具、国际货运管理、贸易管理、关务综合、海关稽查、外来物种、进出口许可、关务技术、海关税收、通关管理、检验检疫、保税监管、行邮物品、跨境电商等关务相关方面的法规为纲，全面考虑综合性、交叉性法律法规及内容上的层次衔接，以汇编的方式来体现不同类别业务进出口通关的管理要求和特点。

　　二是内容的特点。同类别的法规按内容相关性、发布部门、法规类型、发布时间（由近至远，时间大体呈倒序）依次排序，保证相关内容的聚类排列。本书内文采用"标题—文号—文件概述—修改情况—正文"的布局，辅以脚注。其中"文件概述"涵盖了发布日期、实施日期（现行版本实施日期）、法规类型，修改情况依照实际情况，若未经修改则省略。另外，受限于书稿篇幅，将部分文件收录于附录，如归类决定及原产地规则、禁止进出口货物目录、反倾销反补贴等相关文件，读者可查看附录中的类别、标题、文号，扫描二维码后延伸阅读具体内容。

　　三是实用的特点。本书法规内容更新截止日期为 2023 年 5 月 31日，但考虑到读者使用需要，对于在编校过程中更新的、应用范围较大的法规，作补录更新。因收录法律法规时间跨度较大，文件发布形式、文号排序方式和个别文字用法均有变化，对于若干法规内容要素有所缺失、疑似错误或难以统一的情况，除标点符号及部分错别字作简单修正外，其余内容以发布时的情况为准，不作统一。

　　本书是由对外经济贸易大学绿道贸易便利化研究中心策划并提出整体结构设计，法规文件内容收集整理及校正工作由南京绿道供应链研究院负责完成。本书所收录的法律法规时间跨度之大、内容涵盖之广，相关书籍少有。虽已反复核查确认，仍恐有疏漏之处，恳请诸位行业专家、读者批评指正。

编　者

2023 年 12 月

目 录

上 册

保税监管篇

▽**综合保税区**

▽ **特殊业务**

▽ **特殊监管区**

▽ 税收政策

▽后续管理

▽ 单耗管理

▽ 保税监管场所

打击走私犯罪篇

对外援助篇

关务技术篇

▽原产地

●综合管理●

关务综合篇

▽ 种苗管理

保税监管篇

综合保税区

中华人民共和国海关综合保税区管理办法

（海关总署令第 256 号）

发布日期：2022-01-01
实施日期：2022-04-01
法规类型：部门规章

第一章 总 则

第一条 为了规范海关对综合保税区的管理，促进综合保税区高水平开放、高质量发展，根据《中华人民共和国海关法》《中华人民共和国进出口商品检验法》《中华人民共和国进出境动植物检疫法》《中华人民共和国国境卫生检疫法》《中华人民共和国食品安全法》及有关法律、行政法规和国家相关规定，制定本办法。

第二条 海关依照本办法对进出综合保税区的交通运输工具、货物及其外包装、集装箱、物品以及综合保税区内（以下简称区内）企业实施监督管理。

第三条 综合保税区实行封闭式管理。

除安全保卫人员外，区内不得居住人员。

第四条 综合保税区的基础和监管设施应当符合综合保税区基础和监管设施设置规范，并经海关会同有关部门验收合格。

第五条 区内企业可以依法开展以下业务：

（一）研发、加工、制造、再制造；

（二）检测、维修；

（三）货物存储；

（四）物流分拨；

（五）融资租赁；

（六）跨境电商；

（七）商品展示；

（八）国际转口贸易；

（九）国际中转；

（十）港口作业；

（十一）期货保税交割；

（十二）国家规定可以在区内开展的其他业务。

第六条 海关对区内企业实行计算机联网管理，提升综合保税区信息化、智能化管理水平。

第二章 综合保税区与境外之间进出货物的管理

第七条 除法律法规另有规定外，国家禁止进口、出口的货物、物品不得在综合保税区与境外之间进、出。

第八条 综合保税区与境外之间进出的货物不实行关税配额、许可证件管理，但法律法规、我国缔结或者参加的国际条约、协定另有规定的除外。

第九条 综合保税区与境外之间进出的货物，其收发货人或者代理人应当如实向海关申报，按照海关规定填写进出境货物备案清单并办理相关手续。

第十条 境外进入综合保税区的货物及其外包装、集装箱，应当由海关依法在进境口岸实施检疫。因口岸条件限制等原因，海关可以在区内符合条件的场所（场地）实施检疫。

综合保税区运往境外的货物及其外包装、集装箱，应当由海关依法实施检疫。

综合保税区与境外之间进出的交通运输工具，由海关按照进出境交通运输工具有关规定实施检疫。

第十一条 境外进入综合保税区的货物予以保税，但本办法第十二条、十四条规定的情形除外。

第十二条 除法律法规另有规定外，下列货物从境外进入综合保税区，海关免征进口关税和进口环节税：

（一）区内生产性的基础设施建设项目所需的机器、设备和建设生产厂房、仓储设施所需的基建物资；

（二）区内企业开展本办法第五条所列业务所需的机器、设备、模具及其维修用零配件；

（三）综合保税区行政管理机构和区内企业自用合理数量的办公用品。

自国务院批准设立综合保税区之日起，从境外进入综合保税区的区内企业自用机器、设备按照前款规定执行。

第十三条 本办法第十二条所列货物的监管年限，参照进口减免税货物的监管年限管理，监管年限届满的自动解除监管；监管年限未满企业申请提前解除监管的，参照进口减免税货物补缴税款的有关规定办理，属于许可证件管理的应当取得有关许可证件。

第十四条 境外进入综合保税区，供区内企业和行政管理机构自用的交通运输工具、生活消费用品，海关依法征收进口关税和进口环节税。

第十五条 除法律法规另有规定外，综合保税区运往境外的货物免征出口关税。

第三章 综合保税区与区外之间进出货物的管理

第十六条 综合保税区与中华人民共和国境内的其他地区（以下简称区外）之间进出的货物，区内企业或者区外收发货人应当按照规定向海关办理相关手续。

货物属于关税配额、许可证件管理的，区内企业或者区外收发货人应当取得关税配额、许可证件；海关应当对关税配额进行验核，对许可证件电子数据进行系统自动比对验核。

第十七条 除法律法规另有规定外，海关对综合保税区与区外之间进出的货物及其外包装、集装箱不实施检疫。

第十八条 综合保税区与区外之间进出的货物，区内企业或者区外收发货人应当按照货物进出区时的实际状态依法缴纳关税和进口环节税。

区内企业加工生产的货物出区内销时，区内企业或者区外收发货人可以选择按照其对应进口料件缴纳关税，并补缴关税税款缓税利息；进口环节税应当按照出区时货物实际状态照章缴纳。

第十九条　经综合保税区运往区外的优惠贸易协定项下的货物，符合相关原产地管理规定的，可以适用协定税率或者特惠税率。

第二十条　以出口报关方式进入综合保税区的货物予以保税；其中，区内企业从区外采购的机器、设备参照进口减免税货物的监管年限管理，监管年限届满的自动解除监管，免于提交许可证件；监管年限未满企业申请提前解除监管的，参照进口减免税货物补缴税款的有关规定办理相关手续，免于提交许可证件。

前款规定货物的出口退税按照国家有关规定办理。

第二十一条　区内企业在加工生产过程中使用保税料件产生的边角料、残次品、副产品以及加工生产、储存、运输等过程中产生的包装物料，运往区外销售时，区内企业应当按照货物出区时的实际状态缴纳税款；残次品、副产品属于关税配额、许可证件管理的，区内企业或者区外收发货人应当取得关税配额、许可证件；海关应当对关税配额进行验核、对许可证件电子数据进行系统自动比对验核。

第二十二条　区内企业产生的未复运出境的固体废物，按照国内固体废物相关规定进行管理。需运往区外进行贮存、利用或者处置的，应按规定向海关办理出区手续。

第二十三条　区内企业依法对区内货物采取销毁处置的，应当办理相关手续，销毁处置费用由区内企业承担。销毁产生的固体废物出区时按照本办法第二十二条办理。

第二十四条　区内企业可以按照海关规定办理集中申报手续。

除海关总署另有规定外，区内企业应当在每季度结束的次月 15 日前办理该季度货物集中申报手续，但不得晚于账册核销截止日期，且不得跨年度办理。

集中申报适用海关接受集中申报之日实施的税率、汇率。

第二十五条　综合保税区与其他综合保税区等海关特殊监管区域、保税监管场所之间往来的货物予以保税。

综合保税区与其他综合保税区等海关特殊监管区域或者保税监管场所之间流转的货物，不征收关税和进口环节税。

第四章　综合保税区内货物的管理

第二十六条　综合保税区内货物可以自由流转。区内企业转让、转移货物的，双方企业应当及时向海关报送转让、转移货物的品名、数量、金额等电子数据信息。

第二十七条　区内企业可以利用监管期限内的免税设备接受区外企业委托开展加工业务。

区内企业开展委托加工业务，应当设立专用的委托加工电子账册。委托加工用料件需使用保税料件的，区内企业应当向海关报备。

委托加工产生的固体废物，出区时按照本办法第二十二条办理。

第二十八条　区内企业按照海关规定将自用机器、设备及其零部件、模具或者办公用品运往区外进行检测、维修的，检测、维修期间不得在区外用于加工生产和使用，并且应当自运出之日起 60 日内运回综合保税区。因故不能如期运回的，区内企业应当在期限届满前 7 日内书面向海关申请延期，延长期限不得超过 30 日。

前款规定货物因特殊情况无法在上述规定时间内完成检测、维修并运回综合保税区的，经海关同意，可以在检测、维修合同期限内运回综合保税区。

更换零配件的，原零配件应当一并运回综合保税区；确需在区外处置的，海关应当按照原零配件的实际状态征收；在区外更换的国产零配件，需要退税的，企业应当按照有关规定办理手续。

第二十九条　区内企业按照海关规定将模具、原材料、半成品等运往区外进行外发加工的，外发加工期限不得超过合同有效期，加工完毕的货物应当按期运回综合保税区。

外发加工产生的边角料、残次品、副产品不运回综合保税区的，海关应当按照货物实际状态征税；残次品、副产品属于关税配额、许可证件管理的，区内企业或者区外收发货人应当取得关税配额、许可证件；海关应当对有关关税配额进行验核、对许可证件电子数据进行系统自动比对验核。

第三十条 因不可抗力造成综合保税区内货物损毁、灭失的，区内企业应当及时报告海关。经海关核实后，区内企业可以按照下列规定办理：

（一）货物灭失，或者虽未灭失但完全失去使用价值的，办理核销和免税手续；

（二）境外进入综合保税区或者区外进入综合保税区且已办理出口退税手续的货物损毁，失去部分使用价值的，办理出区内销或者退运手续；

（三）区外进入综合保税区且未办理出口退税手续的货物损毁，失去部分使用价值，需要向出口企业进行退换的，办理退运手续。

第三十一条 因保管不善等非不可抗力因素造成区内货物损毁、灭失的，区内企业应当及时报告海关并说明情况。经海关核实后，区内企业可以按照下列规定办理：

（一）境外进入综合保税区的货物，按照一般贸易进口货物的规定办理相关手续，并按照海关审定的货物损毁或灭失前的完税价格，以货物损毁或灭失之日适用的税率、汇率缴纳关税、进口环节税；

（二）区外进入综合保税区的货物，重新缴纳因出口而退还的国内环节有关税收，已缴纳出口关税的，不予退还。

第三十二条 区内企业申请放弃的货物，经海关及有关主管部门核准后，由海关依法提取变卖，变卖收入按照国家有关规定处理，但法律法规规定不得放弃的除外。

第三十三条 除法律法规另有规定外，区内货物不设存储期限。

第五章　区内企业的管理

第三十四条 区内企业及其分支机构应当取得市场主体资格，并依法向海关办理注册或者备案手续。

区内从事食品生产的企业应当依法取得国内生产许可。

第三十五条 区内企业应当依照法律法规的规定规范财务管理，并按照海关规定设立海关电子账册，电子账册的备案、变更、核销应当按照海关相关规定执行。

第三十六条 海关对区内企业实行稽查、核查制度。

区内企业应当配合海关的稽查、核查，如实提供相关账簿、单证等有关资料及电子数据。

第三十七条 区内企业开展涉及海关事务担保业务的，按照海关事务担保相关规定执行。

第六章　附　则

第三十八条 进出综合保税区货物的检验按照相关规定执行。

第三十九条 综合保税区与区外之间进出的交通运输工具、人员应当通过指定通道进出，海关根据需要实施检查。

综合保税区与区外之间进出的交通运输工具服务人员携带个人物品进综合保税区的，海关按照进出境旅客行李物品的有关规定进行监管。

第四十条 海关在综合保税区依法实施监管不影响地方政府和其他部门依法履行其相应职责。

第四十一条 除法律法规另有规定外，海关对境外与综合保税之间进出的货物实施进出口货物贸易统计；对区外与综合保税之间进出的货物，根据管理需要实施海关单项统计和海关业务统计；对与综合保税区相关的海关监督管理活动和内部管理事务实施海关业务统计。

第四十二条 区内开展增值税一般纳税人资格试点的，按照增值税一般纳税人资格试点政策有关规定执行。

第四十三条 对境内入区的不涉及出口关税、不涉及许可证件、不要求退税且不纳入海关统计的货物，海关对其实施便捷进出区管理。

第四十四条 对违反本办法规定的行为，由海关依照相关法律法规定予以处罚；构成犯罪的，依法追究刑事责任。

第四十五条 综合保税区设立审核、建设验收、监督管理等要求按照国家相关规定执行。

第四十六条 本办法由海关总署负责解释。

第四十七条 本办法自2022年4月1日起施行。2007年9月3日海关总署令第164号发布、根据2010年3月15日海关总署令第191号、2017年12月20日海关总署令第235号、2018年5月29日海关总署令第240号、2018年11月23日海关总署令第243号修改的《中华人民共和国海关保税港区管理暂行办法》，2005年11月28日海关总署令第134号发布、根据2010年3月15日海关总署令第190号、2017年12月20日海关总署令第235号、2018年5月29日海关总署令第240号、2018年11月23日海关总署令第243号修改的《中华人民共和国海关对保税物流园区的管理办法》同时废止。

国家税务总局　财政部　海关总署
关于张家港保税港区海关管理有关事项的公告

（海关总署公告2022年第29号）

发布日期：2022-03-30

实施日期：2022-04-01

法规类型：规范性文件

根据《海关总署关于公布〈中华人民共和国海关综合保税区管理办法〉的令》（海关总署令第256号），现就张家港保税港区海关管理有关事项公告如下：

一、2022年4月1日起，海关对张家港保税港区的管理参照《中华人民共和国海关综合保税区管理办法》（以下简称《管理办法》）实施。《管理办法》第十八条第二款不适用张家港保税港区。相关货物出张家港保税港区进入国内销售，区内企业或者区外收发货人应按货物进口的有关规定向海关办理报关手续，并按照货物出区时的实际状态缴纳税款。

二、张家港保税港区实行封闭式管理。除安全保卫人员外，区内不得居住人员，不得建立商业性生活消费设施和开展商业零售业务。

三、海关总署根据《国务院关于促进综合保税区高水平开放高质量发展的若干意见》（国发〔2019〕3号）有关要求，出台的仅在综合保税区实施的各项海关监管便利措施，张家港保税港区不适用。

四、张家港保税港区已验收的围网、卡口等基础和监管设施不得随意变更。确需进行调整的，应向所在地直属海关申请。

特此公告。

关于支持综合保税区内企业开展维修业务的公告

（商务部 生态环境部 海关总署公告2020年第16号）

发布日期：2020-05-13
实施日期：2020-05-13
法规类型：规范性文件

为支持综合保税区内企业开展高技术、高附加值、符合环保要求的维修业务，根据《国务院关于促进加工贸易创新发展的若干意见》（国发〔2016〕4号）和《国务院关于促进综合保税区高水平开放高质量发展的若干意见》（国发〔2019〕3号），现就有关事项公告如下：

一、综合保税区内企业（以下简称区内企业）可开展航空航天、船舶、轨道交通、工程机械、数控机床、通讯设备、精密电子等产品的维修业务（第一批维修产品目录见附件）。

除法律、行政法规、国务院的规定或国务院有关部门依据法律、行政法规的授权作出的规定准许外，区内企业不得开展国家禁止进出口货物的维修业务。

二、区内企业可开展来自境外或境内海关特殊监管区域外（以下简称境内区外）的全球维修业务。维修后的货物，应根据其来源复运至境外或境内区外。区内企业不得通过维修方式开展拆解、报废等业务。

三、区内企业申请开展维修业务，由所在综合保税区管委会（或地方政府派驻行政管理机构）会同当地商务、海关等部门共同研究确定，并制订监管方案。相关方案和企业名单应报省级商务、直属海关等部门备案。

四、区内企业开展维修业务，应制定切实可行的维修操作规范、安全规程和污染防治方案。维修业务应符合相关行业管理规范和技术标准，依法履行质量保障、安全生产、达标排放、土壤和地下水污染防治等义务。

五、进境维修过程中产生或替换的边角料、旧件、坏件等，原则上应全部复运出境；确实无法复运出境的，一律不得内销，应当按照有关规定进行销毁处置。其中属于固体废物的，企业应当按照固体废物环境管理有关规定进行处置。对未能在监管方案中规定的期限内对维修过程中产生或替换的边角料、旧件、坏件等按照规定进行处置的，应终止开展保税维修业务。

六、区内企业应当按照国家有关规定，建立固体废物管理台账，依法依规申报所产生固体废物的种类、数量、流向、贮存、利用和处置等信息，并通过全国固体废物管理信息系统进行申报。

七、综合保税区管委会（或地方政府派驻行政管理机构）应切实履行主体责任，定期组织对区内企业维修业务开展情况进行评估，督促企业及时处置维修过程中产生或替换的边角料、旧件、坏件等，并按照规定对违规企业进行处理。各综合保税区维修业务开展情况每年由省级商务主管部门汇总上报商务部、生态环境部和海关总署。

八、本公告自发布之日起施行。本公告发布之前已开展的保税维修业务可按原产品维修范围继续开展。

附件：维修产品目录（第一批）

关于洋山特殊综合保税区统计办法的公告

（海关总署公告 2019 年第 199 号）

发布日期：2019-12-17
实施日期：2019-12-17
法规类型：规范性文件

为贯彻落实《中国（上海）自由贸易试验区临港新片区总体方案》要求，保障海关对洋山特殊综合保税区进出境及进出区货物统计的真实性、准确性、及时性、完整性，根据《中华人民共和国海关统计条例》《中华人民共和国海关统计工作管理规定》《中华人民共和国海关对洋山特殊综合保税区监管办法》及相关规范性文件，现就洋山特殊综合保税区统计办法公告如下：

一、增设海关统计代码

（一）增设海关经济区划代码"S"，表示特殊综合保税区。

（二）增设洋山特殊综合保税区国内地区代码"3122S"，用于编制 10 位数区内企业海关注册编码及申报境内目的地与货源地。

（三）增设特殊综合保税区运输方式代码"S"，用于洋山特殊综保区与境内区外之间进出口申报。

二、洋山特殊综合保税区进出境货物

（一）除另有规定外，货物从境外运入洋山特殊综合保税区以及从洋山特殊综合保税区运往境外，实施海关进出口货物贸易统计。

（二）洋山特殊综合保税区管理机构建立的公共信息服务平台（以下简称"服务平台"）应当满足进出口货物贸易统计原始资料的采集与质量控制要求。

三、洋山特殊综合保税区与境内之间进出的货物

（一）除另有规定外，货物从境内区外运入洋山特殊综合保税区以及从洋山特殊综合保税区运往境内区外，实施海关单项统计。

（二）海关单项统计原始资料取自海关通关系统。

四、实施时间

本办法自洋山特殊综合保税区通过验收封关运行之日起施行。

五、其他事项

自洋山特殊综合保税区封关运行之日起至服务平台的海关统计功能上线期间，区内进出口货物收发货人应当于每月 25 日至 27 日，以在线填写或界面导入方式，向海关汇总传输上月 25 日至本月 24 日期间的进出境货物汇总统计表，汇总说明见附件。具体传输方法另行通知。

汇总统计表不得包括区内企业已经在海关通关管理系统中申报的进出境货物。

特此公告。

附件：洋山特殊综合保税区进出境货物汇总统计表填表说明（略）

中华人民共和国海关对洋山特殊综合保税区监管办法

（海关总署公告 2019 年第 170 号）

发布日期：2019-11-04

实施日期：2019-11-04

法规类型：规范性文件

第一章 总 则

第一条 为打造更具国际市场影响力和竞争力的特殊经济功能区，发挥中国（上海）自由贸易试验区临港新片区（以下简称临港新片区）洋山特殊综合保税区（以下简称洋山特殊综保区）作为对标国际公认、竞争力最强自由贸易园区的重要载体作用，规范海关对洋山特殊综保区的管理，根据《中华人民共和国海关法》和其他有关法律、法规，制定本办法。

第二条 本办法所称的洋山特殊综保区是指经国务院批准，设立在临港新片区内，具有物流、加工、制造、贸易等功能的海关特殊监管区域。

第三条 海关依照本办法对进出洋山特殊综保区的运输工具、货物、物品以及洋山特殊综保区内企业进行监管。

第四条 洋山特殊综保区实行物理围网管理。洋山特殊综保区与中华人民共和国关境内的其他地区（以下称区外）之间，应当设置符合海关监管要求的卡口、围网、视频监控系统以及海关监管所需的其他设施。

第五条 洋山特殊综保区内不得居住人员。除保障洋山特殊综保区内人员正常工作、生活需要的配套设施外，洋山特殊综保区内不得建立营利性商业、生活消费设施。

第六条 洋山特殊综保区的基础和监管设施等应当符合海关特殊监管区域相关验收标准，海关监管作业场所（场地）应当符合《海关监管作业场所（场地）设置规范》。

第七条 中国（上海）自由贸易试验区临港新片区管理委员会作为洋山特殊综保区管理机构应建立公共信息服务平台，实现区内管理机构、海关等监管部门间数据交换和信息共享。

第八条 除法律、法规和现行政策另有规定外，境外货物入区保税或免税；货物出区进入境内区外销售按货物进口的有关规定办理报关手续，并按货物实际状态征税；境内区外货物入区视同出口，实行退税。

第九条 国家禁止进出境货物、物品等不得进出洋山特殊综保区。海关对涉及国家进出境限制性管理、口岸公共卫生安全、生物安全、食品安全、商品质量安全、知识产权等的安全准入实施风险管理。依据风险情况，对进出境货物及物品、进出口货物及物品和国际中转货物，实施必要的监管和查验。

第十条 境外与洋山特殊综保区之间进出的货物，除另有规定外，列入海关贸易统计，统计办法另行制定。区外与洋山特殊综保区之间进出的货物以及其他相关货物，根据海关管理需要实施单项统计。

区内企业之间转让、转移的货物，以及洋山特殊综保区与其他海关特殊监管区域或者保税监管场所之间往来的货物，不统计。

第二章　对洋山特殊综保区与境外之间进出货物的监管

第十一条　依法需要检疫的进出境货物原则上在口岸监管区内监管作业场所（场地）实施检疫，经海关批准，可在洋山特殊综保区内实施检疫。

对属于法定检验的大宗资源性商品、可用作原料的固体废物等的进境检验，需在口岸监管区内作业场所（场地）实施。

第十二条　对法律、法规等有明确规定的、涉及我国缔结或者参加的国际条约、协定的，和涉及安全准入管理的进出境货物，除必须在进出境环节验核相关监管证件外，其他的在进出区环节验核。

第十三条　洋山特殊综保区与境外之间进出的货物，属于本办法第十一、十二条规定范围的，企业应向海关办理申报手续；不属于上述范围的，海关径予放行。

第三章　对洋山特殊综保区与区外之间进出货物的监管

第十四条　洋山特殊综保区与境内区外之间实行进出口申报管理。货物从洋山特殊综保区进入境内区外的，由进口企业向海关办理进口申报手续。货物从境内区外进入洋山特殊综保区的，由出口企业向海关办理出口申报手续。

第十五条　除另有规定外，对其他海关特殊监管区域、保税监管场所与洋山特殊综保区之间进出的货物，由其他海关特殊监管区域、保税监管场所内企业申报进出境备案清单（报关单）。

第四章　对洋山特殊综保区内货物的监管

第十六条　区内企业可依法开展中转、集拼、存储、加工、制造、交易、展示、研发、再制造、检测维修、分销和配送等业务。

第十七条　海关不要求区内企业单独设立海关账册，但区内企业所设置、编制的会计帐簿、会计凭证、会计报表和其他会计资料，应当真实、准确、完整地记录和反映有关业务情况，能够通过计算机正确、完整地记帐、核算的，对其计算机储存和输出的会计记录视同会计资料。

第十八条　中国（上海）自由贸易试验区临港新片区管理委员会作为洋山特殊综保区管理机构应建立企业信用、重大事件、年报披露等信息主动公示制度。

第十九条　海关依法对区内企业开展稽查核查。

第二十条　海关对区内企业以一般贸易方式申报的进境货物，按照现行规定进行监管。

第五章　对洋山特殊综保区国际中转货物的监管

第二十一条　除国家禁止进出境货物外，其他货物均可在洋山特殊综保区内开展国际中转（包括中转集拼，下同）。

第二十二条　洋山特殊综保区国际中转业务应在符合海关要求的专用作业场所开展。

第二十三条　相关物流企业应当按照相关管理规定，向海关舱单管理系统传输中转集拼货物的原始舱单、预配舱单、装载舱单、分拨申请、国际转运准单等电子数据。

第二十四条　国际中转货物应当在三个月内复运出境，特殊情况下，经海关批准，可以延期三个月复运出境。

第六章　对直接进出境货物以及进出洋山特殊综保区
运输工具和个人携带货物、物品的监管

第二十五条　货物经洋山特殊综保区直接进境或直接出境的，应通过专用通道、卡口、

海关按照进出境的有关规定进行监管。

第二十六条 进出境运输工具服务人员携带个人物品进出洋山特殊综保区的，海关按照现行规定进行监管。

第二十七条 在洋山特殊综保区进出区卡口设置供货运车辆、其他车辆和人员进出的专用通道。进出洋山特殊综保区的国内运输工具和人员，应当接受海关监管和检查。

第七章 附 则

第二十八条 违反本办法的规定，构成走私行为或违反海关监管规定的行为，以及法律、法规规定由海关实施行政处罚的行为，由海关依照相关法律、法规的规定处罚；构成犯罪的，依法追究刑事责任。

第二十九条 综合保税区政策及制度创新措施均适用于洋山特殊综保区。

第三十条 本办法由海关总署负责解释。

第三十一条 本办法自洋山特殊综保区通过验收封关运行之日起施行。

关于简化综合保税区艺术品审批及监管手续的公告

（海关总署 文化和旅游部公告 2019 年第 67 号）

发布日期：2019-04-29
实施日期：2019-04-29
法规类型：规范性文件

为落实国务院"放管服"改革精神，进一步促进综合保税区发展，根据《国务院关于促进综合保税区高水平开放高质量发展的若干意见》（国发〔2019〕3 号）有关要求，海关总署、文化和旅游部决定简化综合保税区艺术品进出口审批及监管手续，现将有关事项公告如下：

一、本公告所称艺术品是指《艺术品经营管理办法》（文化部令第 56 号）所规定的艺术品。

二、本公告所称艺术品展览、展示，是指以艺术品销售、商业宣传为目的的各类展示活动。

三、本公告所称艺术品进出口经营活动，是指艺术品从境内区外进出综合保税区的实质性进出口行为。

四、开展艺术品保税存储的，在综合保税区与境外之间进出货物的申报环节，文化和旅游行政部门不再核发批准文件，海关不再验核相关批准文件。

五、在区内外开展艺术品展览、展示及艺术品进出口等经营活动的，凭文化和旅游行政部门核发的批准文件办理海关监管手续。对同一批艺术品，文化和旅游行政部门核发的批准文件可以多次使用。

本公告自发布之日起实施。

特此公告。

关于简化综合保税区进出区管理的公告

（海关总署公告 2019 年第 50 号）

发布日期：2019-03-22
实施日期：2019-03-22
法规类型：规范性文件

为贯彻落实《国务院关于促进综合保税区高水平开放高质量发展的若干意见》（国发〔2019〕3 号），简化综合保税区货物、物品进出区管理，推进贸易便利化，现将有关事项公告如下：

一、简化综合保税区进出区管理是指允许对境内入区的不涉出口关税、不涉贸易管制证件、不要求退税且不纳入海关统计的货物、物品，实施便捷进出区管理模式。

二、适用便捷进区管理模式的货物、物品具体范围如下：

（一）区内的基础设施、生产厂房、仓储设施建设过程中所需的机器、设备、基建物资；

（二）区内企业和行政管理机构自用的办公用品；

（三）区内企业所需的劳保用品；

（四）区内企业用于生产加工及设备维护的少量、急用物料；

（五）区内企业使用的包装物料；

（六）区内企业使用的样品；

（七）区内企业生产经营使用的仪器、工具、机器、设备；

（八）区内人员所需的生活消费品。

三、上述货物、物品可不采用报关单、备案清单方式办理进区手续；如需出区，实行与进区相同的便捷管理模式。区内企业做好便捷进出区的日常记录，相关情况可追溯。

四、区内企业有下列情形之一的，海关可暂停办理上述货物、物品简化进出区手续：

（一）超出第一、第二条规定范围，擅自通过便捷管理模式进出区的；

（二）未如实办理货物、物品便捷进出区的；

（三）涉嫌走私被立案调查、侦查的。

五、区内增值税一般纳税人资格试点业务、区内企业承接境内（区外）企业委托加工业务、仓储货物按状态分类监管等业务，按照有关规定执行。

本公告自发布之日起施行。

特此公告。

关于境外进入综合保税区食品检验放行有关事项的公告

（海关总署公告 2019 年第 29 号）

发布日期：2019-02-02
实施日期：2019-02-02
法规类型：规范性文件

为贯彻落实《国务院关于促进综合保税区高水平开放高质量发展的若干意见》（国发〔2019〕3 号），对境外进入综合保税区的食品实施"抽样后即放行"监管。现就有关事项公告如下：

一、综合保税区内进口的食品，需要进入境内的，可在综合保税区进行合格评定，分批放行；凡需要进行实验室检测的，可在满足以下条件的基础上抽样后即予以放行：

（一）进口商承诺进口食品符合我国食品安全国家标准和相关检验要求（包括包装要求和储存、运输温度要求等）。

（二）进口商已建立完善的食品进口记录和销售记录制度并严格执行。

二、经实验室检测发现安全卫生项目不合格的，进口商应按照《食品安全法》的规定采取主动召回措施，并承担相应的法律责任。

本公告自发布之日起实施。

特此公告。

关于在综合保税区推广增值税一般纳税人资格试点的公告

（国家税务总局公告 2019 年第 29 号）

发布日期：2019-08-08
实施日期：2019-08-08
法规类型：规范性文件

根据《国务院关于促进综合保税区高水平开放高质量发展的若干意见》（国发〔2019〕3 号），国家税务总局、财政部、海关总署决定在综合保税区推广增值税一般纳税人资格试点，现就有关事项公告如下：

一、综合保税区增值税一般纳税人资格试点（以下简称"一般纳税人资格试点"）实行备案管理。符合下列条件的综合保税区，由所在地省级税务、财政部门和直属海关将一般纳税人资格试点实施方案（包括综合保税区名称、企业申请需求、政策实施准备条件等情况）向国家税务总局、财政部和海关总署备案后，可以开展一般纳税人资格试点：

（一）综合保税区内企业确有开展一般纳税人资格试点的需求；

（二）所在地市（地）级人民政府牵头建立了综合保税区行政管理机构、税务、海关等部门协同推进试点的工作机制；

（三）综合保税区主管税务机关和海关建立了一般纳税人资格试点工作相关的联合监管和信息共享机制；

（四）综合保税区主管税务机关具备在综合保税区开展工作的条件，明确专门机构或人员负责纳税服务、税收征管等相关工作。

二、综合保税区完成备案后，区内符合增值税一般纳税人登记管理有关规定的企业，可自愿向综合保税区所在地主管税务机关、海关申请成为试点企业，并按规定向主管税务机关办理增值税一般纳税人资格登记。

三、试点企业自增值税一般纳税人资格生效之日起，适用下列税收政策：

（一）试点企业进口自用设备（包括机器设备、基建物资和办公用品）时，暂免征收进口关税和进口环节增值税、消费税（以下简称进口税收）。

上述暂免进口税收按照该进口自用设备海关监管年限平均分摊到各个年度，每年年终对本年暂免的进口税收按照当年内外销比例进行划分，对外销比例部分执行试点企业所在海关特殊监管区域的税收政策，对内销比例部分比照执行海关特殊监管区域外（以下简称区外）税收政策补征税款。

（二）除进口自用设备外，购买的下列货物适用保税政策：

1. 从境外购买并进入试点区域的货物；

2. 从海关特殊监管区域（试点区域除外）或海关保税监管场所购买并进入试点区域的保税货物；

3. 从试点区域内非试点企业购买的保税货物；

4. 从试点区域内其他试点企业购买的未经加工的保税货物。

（三）销售的下列货物，向主管税务机关申报缴纳增值税、消费税：

1. 向境内区外销售的货物；

2. 向保税区、不具备退税功能的保税监管场所销售的货物（未经加工的保税货物除外）；

3. 向试点区域内其他试点企业销售的货物（未经加工的保税货物除外）。

试点企业销售上述货物中含有保税货物的，按照保税货物进入海关特殊监管区域时的状态向海关申报缴纳进口税收，并按照规定补缴缓税利息。

（四）向海关特殊监管区域或者海关保税监管场所销售的未经加工的保税货物，继续适用保税政策。

（五）销售的下列货物（未经加工的保税货物除外），适用出口退（免）税政策，主管税务机关凭海关提供的与之对应的出口货物报关单电子数据审核办理试点企业申报的出口退（免）税。

1. 离境出口的货物；

2. 向海关特殊监管区域（试点区域、保税区除外）或海关保税监管场所（不具备退税功能的保税监管场所除外）销售的货物；

3. 向试点区域内非试点企业销售的货物。

（六）未经加工的保税货物离境出口实行增值税、消费税免税政策。

（七）除财政部、海关总署、国家税务总局另有规定外，试点企业适用区外关税、增值税、消费税的法律、法规等现行规定。

四、区外销售给试点企业的加工贸易货物，继续按现行税收政策执行；销售给试点企业的其他货物（包括水、蒸汽、电力、燃气）不再适用出口退税政策，按照规定缴纳增值税、消费税。

五、税务、海关两部门要加强税收征管和货物监管的信息交换。对适用出口退税政策的货物，海关向税务部门传输出口报关单结关信息电子数据。

六、本公告自发布之日起施行。《国家税务总局　财政部　海关总署关于开展赋予海关特殊监管区域企业增值税一般纳税人资格试点的公告》（国家税务总局　财政部　海关总署公告2016年第65号）、《国家税务总局　财政部　海关总署关于扩大赋予海关特殊监管区域企业增值税一般纳税人资格试点的公告》（国家税务总局　财政部　海关总署公告2018年第5号）和《国家税务总局　财政部　海关总署关于进一步扩大赋予海关特殊监管区域企业增值税一般纳税人资格试点的公告》（国家税务总局　财政部　海关总署公告2019年第6号）同时废止。上述公告列名的昆山综合保税区等48个海关特殊监管区域按照本公告继续开展一般纳税人资格试点。

特此公告。

关于支持综合保税区内企业承接境内（区外）企业委托加工业务的公告

（海关总署公告2019年第28号）

发布日期：2019-01-29
实施日期：2019-01-29
法规类型：规范性文件

为贯彻落实《国务院关于促进综合保税区高水平开放高质量发展的若干意见》（国发〔2019〕3号）的要求，加快综合保税区（以下简称"综保区"）创新升级，支持在综保区内的企业（以下简称"区内企业"）承接境内（区外）企业（以下简称"区外企业"）委托加工业务，统筹利用国际国内两个市场、两种资源，现将有关事项公告如下：

一、本公告所称"委托加工"，是指区内企业利用监管期限内的免税设备接受区外企业委托，对区外企业提供的入区货物进行加工，加工后的产品全部运往境内（区外），收取加工费，并向海关缴纳税款的行为。

委托加工货物包括委托加工的料件（包括来自境内区外的非保税料件和区内企业保税料件）、成品、残次品、废品、副产品和边角料。

二、除法律、行政法规、国务院的规定或国务院有关部门依据法律、行政法规授权作出的规定准许外，区内企业不得开展国家禁止进出口货物的委托加工业务。

三、区内企业开展委托加工业务，应当具备以下条件：

（一）海关认定的企业信用状况为一般信用及以上；

（二）具备开展该项业务所需的场所和设备，对委托加工货物与其他保税货物分开管理、分别存放。

四、区内企业开展委托加工业务，应当设立专用的委托加工电子账册。

五、委托加工用料件原则上由区外企业提供，对需使用区内企业保税料件的，区内企业应当事先如实向海关报备。

六、委托加工用非保税料件由境内（区外）入区时，区外企业申报监管方式为"出料加工"（代码1427），运输方式为"综合保税区"（代码Y）；区内企业申报监管方式为"料件进出区"（代码5000），运输方式为"其他"（代码9）。

七、境内（区外）入区的委托加工用料件属于征收出口关税商品的，区外企业应当按照海关规定办理税款担保事宜。

八、委托加工成品运往境内（区外）时，区外企业申报监管方式为"出料加工"（代码1427），运输方式为"综合保税区"（代码Y）。委托加工成品和加工增值费用分列商品项，并按照以下要求填报：

（一）商品名称与商品编号栏目均按照委托加工成品的实际名称与编码填报；

（二）委托加工成品商品项数量为实际出区数量，征减免税方式为"全免"；

（三）加工增值费用商品项商品名称包含"加工增值费用"，法定数量为0.1，征减免税方式为"照章征税"。

区内企业申报监管方式为"成品进出区"（代码5100），运输方式为"其他"（代码9），商品名称按照委托加工成品的实际名称填报。

加工增值费用完税价格应当以区内发生的加工费和保税料件费为基础确定。其中，保税料件费是指委托加工过程中所耗用全部保税料件的金额，包括成品、残次品、废品、副产品、边角料等。

九、由境内（区外）入区的委托加工剩余料件运回境内（区外）时，区外企业申报监管方式为"出料加工"（代码1427），运输方式为"综合保税区"（代码Y），区内企业申报监管方式为"料件进出区"（代码5000），运输方式为"其他"（代码9）。

十、委托加工产生的边角料、残次品、废品、副产品等应当运回境内（区外）。保税料件产生的边角料、残次品、废品、副产品属于固体废物的，应当按照《固体废物进口管理办法》（环境保护部、商务部、发展改革委、海关总署、质检总局联合令第12号）办理出区手续。

十一、委托加工电子账册核销周期最长不超过一年，区内企业应当按照海关监管要求，如实申报企业库存、加工耗用等数据，并根据实际加工情况办理报核手续。

十二、区内企业有下列情形之一的，海关可暂停其委托加工业务：

（一）不再符合本公告第二条、第三条所述业务开展条件的；

（二）未能在规定期限内将委托加工产生的边角料、残次品、废品、副产品等按照有关规定处置的；

（三）涉嫌走私被立案调查、侦查的。

前款第（二）项所规定的"规定期限"由海关根据委托加工合同和实际情况予以确定。

十三、区内增值税一般纳税人资格企业，按照有关规定执行。

本公告自发布之日起施行。

特此公告。

关于支持综合保税区开展保税研发业务的公告

（海关总署公告2019年第27号）

发布日期：2019-01-29
实施日期：2019-01-29
法规类型：规范性文件

为贯彻落实《国务院关于促进综合保税区高水平开放高质量发展的若干意见》（国发

〔2019〕3 号）的要求，加快综合保税区（以下简称"综保区"）创新升级，促进综保区保税研发业态发展，现就综保区开展保税研发业务有关事项公告如下：

一、综保区内企业（以下简称"区内企业"）以有形料件、试剂、耗材及样品（以下统称"研发料件"）等开展研发业务，适用本公告。

二、区内企业具备以下条件的，可开展保税研发业务：

（一）经国家有关部门或综保区行政管理机构批准开展保税研发业务；

（二）海关认定的企业信用状况为一般信用及以上；

（三）具备开展保税研发业务所需的场所和设备，能够对研发料件和研发成品实行专门管理。

三、除法律、行政法规、国务院的规定或国务院有关部门依据法律、行政法规授权作出的规定准许外，不得开展国家禁止进出口货物的保税研发业务。

区内企业开展保税研发业务不按照加工贸易禁止类目录执行。

四、区内企业开展保税研发业务，应当设立专门的保税研发电子账册，建立包含研发料件和研发成品等信息的电子底账。

五、研发料件、研发成品及研发料件产生的边角料、坏件、废品等保税研发货物（以下简称"保税研发货物"），区内企业按照以下方式申报：

（一）研发料件从境外入区，按照监管方式"特殊区域研发货物"（代码 5010）申报，运输方式按照实际进出境运输方式申报；研发料件从境内（区外）入区，按照监管方式"料件进出区"（代码 5000）申报，运输方式按照"其他"（代码 9）申报。

（二）研发成品出境，按照监管方式"特殊区域研发货物"（代码 5010）申报，运输方式按照实际进出境运输方式申报；研发成品进入境内（区外），按照监管方式"成品进出区"（代码 5100）申报，运输方式按照"其他"（代码 9）申报。

（三）研发料件进入境内（区外），按照监管方式"料件进出区"（代码 5000）申报，运输方式按照"其他"（代码 9）申报。

（四）研发料件产生的边角料、坏件、废品等，退运出境按照监管方式"进料边角料复出"（代码 0864）或"来料边角料复出"（代码 0865）申报，运输方式按照实际进出境运输方式申报；内销按照监管方式"进料边角料内销"（代码 0844）或"来料边角料内销"（代码 0845）申报，运输方式按照"其他"（代码 9）申报。

六、保税研发货物销往境内（区外）的，区外企业按照实际监管方式申报，运输方式按照"综合保税区"（代码 Y）申报。企业应当按照实际报验状态申报纳税，完税价格按照《中华人民共和国海关审定内销保税货物完税价格办法》（海关总署令第 211 号）第九条、第十条的规定确定。

七、研发料件产生的边角料、坏件、废品运往境内（区外）的，区内企业按照综保区关于边角料、废品、残次品的有关规定办理出区手续。属于固体废物的，区内企业应当按照《固体废物进口管理办法》（环境保护部、商务部、发展改革委、海关总署、质检总局联合令第 12 号）有关规定办理出区手续。

八、区内企业可将研发成品运往境内（区外）进行检测。研发成品出区检测期间不得挪作他用，不得改变物理、化学形态，并应当自运出之日起 60 日内运回综保区。因特殊情况不能如期运回的，区内企业应当在期限届满前 7 日内向海关申请延期，延长期限不得超过 30 日。

九、保税研发电子账册核销周期最长不超过一年，区内企业应当如实申报库存、研发耗用等海关需要的监管数据，并根据实际研发情况办理报核手续。

十、区内企业有下列情形之一的，海关可暂停其保税研发业务：

（一）不再符合本公告第二条、第三条所述业务开展条件的；

（二）未能将出区检测的研发成品按期运回综保区的；

（三）未能在规定期限内将保税研发货物按照有关规定处置的；

（四）涉嫌走私被立案调查、侦查的。

前款第（三）项所规定的"规定期限"由海关根据研发合同和实际情况予以确定。

十一、区内增值税一般纳税人资格企业，按照有关规定执行。

本公告自发布之日起施行。

特此公告。

关于实施综合保税区"四自一简"监管创新措施有关事项的公告

（海关总署公告 2019 年第 26 号）

发布日期：2019-01-29

实施日期：2019-01-29

法规类型：规范性文件

为贯彻落实《国务院关于促进综合保税区高水平开放高质量发展的若干意见》（国发〔2019〕3 号）的要求，加快综合保税区（以下简称"综保区"）创新升级，提升贸易便利化水平，优化营商环境，海关总署在综保区实施"四自一简"监管改革，现将有关事项公告如下：

一、在综保区内实施"四自一简"监管制度，综保区内企业（以下简称"企业"）可自主备案、合理自定核销周期、自主核报、自主补缴税款，海关简化业务核准手续。

二、海关认定的企业信用状况为一般信用及以上的企业可适用"四自一简"模式。

三、企业设立电子账册时，可自主备案商品信息。除系统判别转由人工审核的，系统自动备案。

四、企业可根据实际经营情况，自主确定核销周期。核销周期原则上不超过一年，企业核销盘点前应当告知海关。

五、企业可自主核定保税货物耗用情况，并向海关如实申报，自主办理核销手续。企业对自主核报数据负责并承担相应法律责任。

六、企业可按照"自主申报、自行缴税（自报自缴）"方式对需要缴税的保税货物自主补缴税款。

七、简化业务核准手续，企业可一次性办理分送集报、设备检测、设备维修、模具外发等备案手续。需办理海关事务担保的业务，企业按照有关规定办理。

八、企业有下列情形之一的，海关可暂停其适用"四自一简"模式：

（一）不再符合本公告第二条所述业务开展条件的；

（二）涉嫌走私被立案调查、侦查的。

本公告自发布之日起施行。

特此公告。

海关总署　国家文物局关于优化综合保税区文物进出境管理有关问题的通知

（署贸发〔2019〕92号）

发布日期：2019-04-29
实施日期：2019-04-29
法规类型：规范性文件

广东分署，各直属海关，各省、自治区、直辖市文物局（文化厅），各国家文物进出境审核管理处：

为落实《国务院关于促进综合保税区高水平开放高质量发展的若干意见》（国发〔2019〕3号），优化综合保税区文物监管模式，简化审批及监管手续，提升文物进出境管理水平，现将有关事项通知如下：

一、按照"一线申报、一线监管"的原则，简化审批及监管手续，优化文物出境审核和临时进境复出境登记查验管理，维护国家文物安全。

（一）文物出境。文物由综合保税区出境，应当报相关文物进出境审核机构审核。经审核允许出境的文物，由文物进出境审核机构标明文物出境标识，发放文物出境许可证。海关审核后凭文物出境许可证放行。

（二）文物临时进境复出境。文物由综合保税区临时进境，应当在进境时向海关申报，入区后凭相关报关单证报文物进出境审核机构在区内开展审核、登记。复出境时，应当向原审核、登记的文物进出境审核机构申报，文物进出境审核机构对照进境记录审核查验、确认无误后，标明文物出境标识，发放文物出境许可证。海关审核后凭文物出境许可证放行。

（三）文物进出综合保税区。文物从境内区外进入综合保税区，或者已办理临时进境审核登记手续的文物由综合保税区进入境内区外，除按要求办理海关手续外，无需向文物进出境审核机构申报。

二、按照"放管服"要求，创新综合保税区文物进出境服务，实施入区登记审核，缩短行政审批时限，便利文物进出境文化交流。

（一）支持符合条件的区内企业采取关税保证保险、企业增信担保、企业集团财务公司担保等多元化税收担保方式开展出区展示，缓解企业资金压力，便捷文物展览展示。

（二）实施入区登记审核。对于申请由综合保税区出境和临时进境复出境的文物，文物进出境审核机构可提供延伸服务，在综合保税区内开展登记查验和审核工作，便利企业在综合保税区内开展文物存储、展示等活动。

（三）缩短行政审批时限。文物进出境审核机构可在与申报人协商一致的基础上，在文物进出境申请正式受理后的5～10个工作日内完成登记、查验和审批工作。因申报人原因造成审核工作无法如期进行的，应当在3个工作日内将申请通过系统退回申报人并注明理由。

各直属海关、各省（自治区、直辖市）文物行政部门和各文物进出境审核机构应建立完善沟通渠道和长效工作机制，共同做好综合保税区文物进出境管理工作。

特此通知。

特殊业务

关于增列保税展品及保税中转监管方式的公告

（海关总署公告2023年第109号）

发布日期：2023-08-31
实施日期：2024-01-01
法规类型：规范性文件

为规范海关特殊监管区域和保税物流中心监管和统计，海关总署决定增列海关监管方式代码，现公告如下：

一、保税展品

（一）增列海关监管方式代码"5072"，全称"海关特殊监管区域进出境展览品"，简称"区内保税展品"，适用于海关特殊监管区域内企业（以下简称"区内企业"）将展览品从境外运至海关特殊监管区域及复运出境的经营活动，不适用于保税存储货物的展示。

增列海关监管方式代码"6072"，全称"保税物流中心进出境展览品"，简称"中心保税展品"，适用于保税物流中心内企业（以下简称"中心内企业"）将展览品从境外运至保税物流中心及复运出境的经营活动，不适用于保税存储货物的展示。

（二）海关特殊监管区域或保税物流中心与境外之间进出的展览品，区内企业申报监管方式"区内保税展品"（代码5072）、中心内企业申报监管方式"中心保税展品"（代码6072），运输方式为实际进出境运输方式，实施海关单项统计。

从境外暂时进境的展览品（ATA单证册项下暂时进境货物除外）转入海关特殊监管区域和保税物流中心的，出境时区内企业申报监管方式"区内保税展品"（代码5072）、中心内企业申报监管方式"中心保税展品"（代码6072），运输方式为实际进出境运输方式，实施海关单项统计。

（三）上述展览品留购时，企业按实际监管方式申报，运输方式为"其他"（代码9），启运国（地区）为进境时的启运国（地区），列入进口货物贸易统计。

二、保税国际中转

（一）增列海关监管方式代码"5073"，全称"海关特殊监管区域国际中转货物"，简称"区内国际中转"，适用于区内企业在海关特殊监管区域开展的国际中转运输业务，即从境外运入海关特殊监管区域到从海关特殊监管区域运往境外的全过程均能确定运输安排的货物，不适用于在海关特殊监管区域进行仓储、分拨等保税物流作业的货物。

增列海关监管方式代码"6073"，全称"保税物流中心国际中转货物"，简称"中心国际中转"，适用于中心内企业在保税物流中心开展的国际中转运输业务，即从境外运入保税物流中心到从保税物流中心运往境外的全过程均能确定运输安排的货物，不适用于在保税物流中心进行仓储、分拨等保税物流作业的货物。

（二）海关特殊监管区域或保税物流中心与境外之间进出的国际中转货物，区内企业申报监管方式"区内国际中转"（代码5073）、中心内企业申报监管方式"中心国际中转"（代码6073），运输方式为实际进境运输方式，实施海关单项统计。

（三）上述国际中转货物留购时，企业按实际监管方式申报，运输方式为"其他"（代码9），启运国（地区）为进境时的启运国（地区），列入进口货物贸易统计。

本公告自2024年1月1日起实施。

特此公告。

关于修改海关总署公告2015年第59号第十条的公告

（海关总署公告2023年第105号）

发布日期：2023-08-28
实施日期：2023-08-28
法规类型：规范性文件

为进一步规范海关特殊监管区域内企业开展保税维修业务，根据生态环境部、商务部、国家发展改革委、海关总署公告2020年第53号（关于全面禁止进口固体废物有关事项的公告），参照商务部、生态环境部、海关总署公告2020年第16号（关于支持综合保税区内企业开展维修业务的公告），决定对海关总署2015年第59号公告（关于海关特殊监管区域内保税维修业务有关监管问题的公告）第十条进行修改。现将修改后的内容公告如下：

十、进境维修过程中产生的维修边角料、坏件、旧件等，原则上应全部复运出境，监管方式为"进料边角料复出"（代码0864）或"来料边角料复出"（代码0865）。确实无法复运出境的，一律不得内销，应进行销毁处置，销毁参照加工贸易货物销毁处置有关规定。

对从境内（区域外）进入区域的待维修货物产生的维修坏件、旧件和维修边角料，可通过卡口登记方式运至境内（区域外）。

维修边角料、坏件、旧件等属于固体废物的，应当按照国内固体废物相关规定进行管理。

本公告自公布之日起实施。

特此公告。

关于综合保税区内开展保税货物租赁的补充公告

（海关总署公告 2023 年第 104 号）

发布日期：2023-08-23
实施日期：2023-10-01
法规类型：规范性文件

为规范海关对综合保税区内开展保税货物租赁业务的监管和统计，现对海关总署公告 2019 年第 158 号（关于综合保税区内开展保税货物租赁和期货保税交割业务的公告）有关事项补充如下：

一、区外承租企业办理租赁货物留购申报手续时，企业按实际监管方式申报，运输方式为"保税港区（综合保税区）"（代码 Y）、"洋山特殊综合保税区"（代码 S）或"洋浦保税港区"（代码 P），实施海关单项统计。

二、租赁企业与境外企业发生资产交易的，承租企业或租赁企业对租赁货物以不实际进出境通关方式办理进出境申报手续时，监管方式为"其他"（代码 9900），运输方式为"其他"（代码 9），实施海关单项统计。申报时，不实行许可证件管理，但法律法规另有规定的除外。

上述规定自 2023 年 10 月 1 日起实施。

特此公告。

关于优化进境保税油检验监管工作的公告

（海关总署公告 2019 年第 204 号）

发布日期：2019-12-23
实施日期：2019-12-31
法规类型：规范性文件

为贯彻落实《国务院关于做好自由贸易试验区第五批改革试点经验复制推广工作的通知》（国函〔2019〕38 号）要求，海关总署决定将中国（浙江）自由贸易试验区试点的"进境保税油检验监管制度"复制推广到全国，现将有关事项公告如下：

一、对于在海关特殊监管区域（以下简称特殊区域）内保税仓储用于复出口的保税油或用于国际航行船舶的直供油免于品质检验，实施账册管理；对于在特殊区域内保税仓储用于转进口的保税油依法实施品质检验。

二、对于在特殊区域内保税仓储用于转进口的保税油入区环节不实施检验，出区环节实施检验；为提高通关效率，海关可依企业申请进行预检验；对于批次多、间隔短、品质稳定的保税油，海关可降低检验频次。

三、进入特殊区域保税仓储的保税油，应在卸货口岸依法实施安全、卫生、环保项目检验。

四、对进境保税油高级认证企业适用"集中检验、分批放行"、实验室快速检验、优先办理通关放行手续等便利政策。

五、本公告所称的"保税油"，是指保税原油及其成品油（品目27.09及27.10项下的商品）。

本公告自2019年12月31日起施行。

特此公告。

关于综合保税区内开展保税货物租赁和期货保税交割业务的公告

（海关总署公告2019年第158号）

发布日期：2019-10-12
实施日期：2019-10-12
法规类型：规范性文件

为贯彻落实《国务院关于促进综合保税区高水平开放高质量发展的若干意见》（国发〔2019〕3号）的要求，支持在综合保税区发展租赁和期货保税交割业务，现将有关事项公告如下：

一、保税货物租赁

（一）本公告适用于租赁企业和承租企业以综合保税区内保税货物为租赁标的物（以下简称"租赁货物"）开展的进出口租赁业务。

（二）本公告所称"租赁企业"是指在综合保税区内设立的开展租赁业务的企业或者其设立的项目子公司。

本公告所称"承租企业"是指与租赁企业签订租赁合同，并按照合同约定向租赁企业支付租金的境内区外企业。

（三）租赁企业应当设立电子账册，如实申报租赁货物进、出、转、存等情况。

（四）租赁货物进出综合保税区时，租赁企业和承租企业应当按照现行规定向海关申报。承租企业对租赁货物的进口、租金申报纳税、续租、留购、租赁合同变更等相关手续应当在同一海关办理。

（五）租赁货物自进入境内（区外）之日起至租赁结束办结海关手续之日止，应当接受海关监管。

（六）租赁进口货物需要退回租赁企业的，承租企业应当将租赁货物复运至综合保税区内，并按照下列要求申报：

1. 原申报监管方式为"租赁贸易"（代码"1523"）的租赁进口货物，期满复运至综合保税区时，监管方式申报为"退运货物"（代码"4561"）；

2. 原申报监管方式为"租赁不满一年"（代码"1500"）的租赁进口货物，期满复运至综合保税区时，监管方式申报为"租赁不满一年"（代码"1500"）；

3. 运输方式按照现行规定申报。

（七）租赁进口货物需要办理留购的，承租企业应当申报进口货物报关单。对同一企业提交的同一许可证件项下的租赁进口货物，企业可不再重新出具许可证件。

（八）租赁企业发生租赁资产交易且承租企业不发生变化的，承租企业应当凭租赁变更合同等相关资料向海关办理合同备案变更、担保变更等相关手续。

企业可以根据需要向综合保税区海关按照以下方式办理申报手续：

1. 综合保税区内租赁企业间发生资产交易的情况：承租企业及变更前的租赁企业向海关申报办理退运回区相关手续；租赁企业按照相关管理规定办理保税货物流转手续；承租企业及变更后的租赁企业向海关申报租赁进口货物出区手续。

2. 租赁企业与境外企业发生资产交易的情况：承租企业或租赁企业可以采取形式申报、租赁货物不实际进出境的通关方式办理进出境申报手续，运输方式填报"其他"（代码"9"）。

3. 对同一许可证件项下的租赁进口货物，企业可不再重新出具许可证件。

（九）保税货物由综合保税区租赁至境外时，租赁企业应当向海关申报出境备案清单，监管方式为"租赁贸易"（代码"1523"）或者"租赁不满一年"（代码"1500"），运输方式按实际运输方式填报。

租赁货物由境外退运至综合保税区时，租赁企业应当向海关申报进境备案清单，监管方式为"退运货物"（代码"4561"）或者"租赁不满一年"（代码"1500"），运输方式按实际运输方式填报。

（十）租赁企业开展进出口租赁业务时，租赁货物应当实际进出综合保税区。对注册在综合保税区内的租赁企业进出口飞机、船舶和海洋工程结构物等不具备实际入区条件的大型设备，可予以保税，由海关实施异地委托监管。

（十一）租赁货物进入境内（区外）时，海关认为必要的，承租企业应当提供税款担保。经海关核准，承租企业可以使用《海关租赁货物保证书》（详见附件 1）办理租赁进口货物海关担保手续。

（十二）有关租赁进口货物其他规定，按照《中华人民共和国海关进出口货物征税管理办法》（海关总署令第 124 号，根据海关总署令第 198 号、218 号、235 号修改）执行。

二、期货保税交割

（一）期货保税交割，是指指定交割仓库内处于保税监管状态的货物作为交割标的物的一种销售方式。

（二）综合保税区内的期货保税交割业务应当在国务院或国务院期货相关管理机构批准设立的交易场所（以下简称"期交所"）开展。期交所开展期货保税交割业务应当与海关实现计算机联网，并实时向海关提供保税交割结算单、保税标准仓单、保税标准仓单质押等电子信息。

（三）开展期货保税交割业务的货物品种应当为经国务院期货相关管理机构批准开展期货保税交割业务的期交所上市品种。

（四）综合保税区内仓储企业开展期货保税交割业务，应当具备以下条件：

1. 具备期交所认可的交割仓库资质；

2. 海关认定的企业信用状况为一般信用及以上；

3. 建立符合海关监管要求的管理制度和计算机管理系统，能够对期货保税交割有关的采购、存储、使用、损耗和进出口等信息实现全程跟踪，并如实向海关联网报送物流、仓储、损耗及满足海关监管要求的其他数据；

4. 具备开展该项业务所需的场所和设备，能够对期货保税交割货物实施专门管理。

（五）期交所应当将开展期货保税交割业务的货物品种及指定交割仓库向海关总署备案。

（六）交割仓库应当通过设立电子账册开展期货保税交割业务。

（七）综合保税区内货物参与期货保税交割的，应当按照规定向海关申报，并在进出口货物报关单、进出境货物备案清单、保税核注清单的备注栏注明"期货保税交割货物"。

（八）期货保税交割完成后，应当按照以下要求进行申报：

1. 需提出境的，交割仓库应当凭期交所出具或授权出具的保税交割结算单（参考模板详见附件2）和保税标准仓单清单（参考模板详见附件3）等交割单证（以下简称"交割单证"）作为随附单证向海关办理货物出境申报手续。

2. 需提货至境内（区外）的，进口货物的收货人或者其代理人应当凭期交所出具或授权出具的交割单证等作为随附单证向海关办理货物进口申报手续，并按照规定缴纳进口环节税款。

3. 需提货至其他海关特殊监管区域或保税监管场所的，按照保税间货物流转向海关办理申报手续。

申报时应当在进出口货物报关单、进出境货物备案清单、保税核注清单的备注栏注明"期货保税交割货物"及保税交割结算单号。

（九）保税标准仓单持有人（以下简称"仓单持有人"）需要开展保税标准仓单质押业务的，仓单持有人应当委托交割仓库向主管海关办理仓单质押备案手续，并提供《保税标准仓单质押业务备案表》（详见附件4）。

（十）交割仓库应当对货物做好质押标记。

（十一）仓单持有人需要解除质押的，应当委托交割仓库向主管海关申请办理仓单质押解除手续，并提交解除质押协议和《保税标准仓单质押业务解除备案表》（详见附件5）。解除质押时，同一质押合同项下的仓单不得分批解除。

（十二）海关总署对综合保税区内期货保税交割业务的特定事项另有规定的，适用其规定。

本公告自发布之日起施行。

特此公告。

附件：1. 海关租赁货物保证书（略）
    2. 保税交割结算单（参考模板）（略）
    3. 保税标准仓单清单（参考模板）（略）
    4. 保税标准仓单质押业务备案表（略）
    5. 保税标准仓单质押业务解除备案表（略）

关于进口铁矿石期货保税交割检验工作的公告

（海关总署公告 2019 年第 139 号）

发布日期：2019-08-27

实施日期：2019-08-27

法规类型：规范性文件

为贯彻落实《国务院关于促进综合保税区高水平开放高质量发展的若干意见》（国发

〔2019〕3 号），支持进口保税交割铁矿石期货业务发展，明确海关检验要求，现就有关事项公告如下：

一、用于保税交割的期货铁矿石检验，实行"集中检验、分批放行"模式。

（一）"集中检验"是指海关对用于保税交割的期货铁矿石，从境外进入海关特殊监管区域或保税监管场所前，或者已进入海关特殊监管区域或保税监管场所的铁矿石转成期货前，按照法律法规、标准和国家技术规范的强制性要求规定实施检验。

（二）"分批放行"是指海关对申报进口的期货铁矿石，依据进出口商品检验鉴定机构的检验报告，按实际出区情况放行，办理海关通关手续。

二、对用于保税交割的期货铁矿石，企业应当凭《铁矿石期货入库申报通知单》（见附件1）向海关申报。对从境外进入海关特殊监管区域或保税监管场所的期货铁矿石，经检验后，如符合法律法规、标准和国家技术规范的强制性要求，则准予入境。

三、对申报进口的期货铁矿石，企业应当凭《期货铁矿石放行申请单》（见附件2）及进出口商品检验鉴定机构出具的检验报告，向海关申报和放行。进出口商品检验鉴定机构应当按照《进出口商品检验鉴定机构管理办法》等有关规定，独立、公正地开展期货铁矿石检验鉴定业务。

四、大连商品交易所应将开展铁矿石期货的可交割矿种、交割仓库向海关总署备案。

五、大连商品交易所应当与海关实现计算机联网，提供电子仓单系统中生成的《铁矿石期货入库申报通知单》《期货铁矿石放行申请单》等信息，确保数据真实、准确、有效。

本公告自发布之日起施行。

特此公告。

附件：1. 铁矿石期货入库申报通知单（略）
2. 期货铁矿石放行申请单（略）

关于开展天然橡胶期货保税交割业务的公告

（海关总署公告 2019 年第 121 号）

发布日期：2019-07-22
实施日期：2019-07-22
法规类型：规范性文件

为贯彻落实《国务院关于促进综合保税区高水平开放高质量发展的若干意见》（国发〔2019〕3号），支持开展天然橡胶期货保税交割业务，明确海关监管要求，现就有关事项公告如下：

一、天然橡胶期货保税交割业务应在海关特殊监管区域或保税监管场所内开展。上海国际能源交易中心应将开展天然橡胶期货保税交割业务的可交割品种和指定交割仓库向海关总署备案。

二、上海国际能源交易中心应与指定交割仓库主管海关实现计算机联网，并实时向海关提供保税交割结算单（附件1）、保税标准仓单清单（附件2）等电子信息。

三、天然橡胶期货保税交割后，完税价格按照以下方式确定：

（一）采用保税标准仓单到期交割的，以上海国际能源交易中心的天然橡胶期货保税交割结算价加上交割升贴水为基础确定完税价格。

（二）采用保税标准仓单期转现交割的，以期转现申请日前一交易日上海国际能源交易中心发布的天然橡胶期货最近月份合约的结算价加上交割升贴水为基础确定完税价格。

（三）采用非标准仓单期转现交割，或采用保税标准仓单但未经期货保税交割而转让、注销的，按现行保税货物内销有关规定确定完税价格。

四、经海关许可，保税标准仓单可以质押。

本公告自公布之日起施行。

特此公告。

附件：1. 上海国际能源交易中心保税交割结算单（略）

2. 上海国际能源交易中心保税标准仓单清单（略）

关于保税维修业务监管有关问题的公告

（海关总署公告 2018 年第 203 号）

发布日期：2018-12-14

实施日期：2019-01-01

法规类型：规范性文件

为规范海关对保税维修业务监管，现将有关事项公告如下：

一、本公告适用于海关对企业开展保税维修业务的监管，即企业以保税方式将存在部件损坏、功能失效、质量缺陷等问题的货物或运输工具（以下统称"待维修货物"）从境外运入境内进行检测、维修后复运出境。

二、企业可开展以下保税维修业务：

（一）法律、行政法规、国务院的规定和部门规章允许的；

（二）国务院和国家有关部门批准同意开展的。

除法律、行政法规、国务院的规定或者国务院有关部门依据法律、行政法规的授权作出的规定准许外，企业不得开展国家禁止进出口货物的保税维修业务，不得通过保税维修方式开展拆解、报废等业务。

三、企业开展保税维修业务应满足以下条件，并接受海关实地验核评估：

（一）海关认定的企业信用状况为一般信用及以上；

（二）企业应当具备开展该项业务所需的场所和设备，对已维修货物、待维修货物、无法维修货物、维修用料件、维修过程中替换下的旧件或坏件、维修过程中产生的边角料等进行专门管理；

（三）企业应当建立符合海关监管要求的管理制度和计算机管理系统，实现对维修耗用等信息的全程跟踪，并按照海关要求进行申报；

（四）符合海关监管所需的其他条件。

四、企业开展保税维修业务，应向海关提交以下材料：

（一）企业开展保税维修业务情况说明；

（二）企业对外签订的维修合同；

（三）品牌所有人或代理人对维修业务的授权文件。

属于国务院和国家有关部门个案批准同意开展的保税维修项目，还应提交相应的批准文件。

五、企业开展保税维修业务所需的维修用料件可以采用保税或者非保税方式进口。适用保税方式进口的，企业应实施以维修工单为基础的据实核销。

六、企业开展保税维修业务，应设立保税维修专用账（手）册，建立待维修货物、已维修货物、无法维修货物等信息的电子底账。企业采用保税方式进口维修用料件的，保税维修专用账（手）册还应包含维修用料件电子底账。

保税维修专用账（手）册备案商品不纳入加工贸易禁止类商品目录管理。

七、企业设立电子账（手）册时，按照以下规则填报：

表头"监管方式"填报"保税维修（1371）"，"保税方式"填报"保税维修（5）"，账册周转金额根据企业自身实际生产能力和合同情况自行确定填报。

备案成品填报"货物品名（已修复）"和"货物品名（无法修复）"。

备案料件填报"货物品名（待修复）"和"维修用保税料件"，其中"维修用保税料件"按照货物品名据实填报。

八、保税维修账（手）册核销周期按海关监管要求和企业生产实际确定，原则上最长不得超过1年；开展飞机、船舶等大型装备制造业的保税维修企业，经主管海关确认，可参照合同实际有效期确定账（手）册核销周期。

九、企业办理保税维修货物进出口申报时，备案料件"货物品名（待修复）"、备案成品"货物品名（已修复）"和"货物品名（无法修复）"均按照"保税维修（1371）"监管方式申报；

采用保税方式进口的"维修用料件"按对应的"进料加工（0615）"或"来料加工（0214）"监管方式申报；需复运出境的按对应的"进料料件复出（0664）"或"来料料件复出（0265）"监管方式申报出口；需结转使用的，按对应的"进料余料结转（0657）"或"来料余料结转（0258）"监管方式申报；

维修替换下的旧件、坏件、维修产生的边角料按实际报验状态采用"进料边角料复出（0864）"或"来料边角料复出（0865）"申报，统一按对应备案料件的项号复运出境；无法对应备案料件项号或采用非保税方式进口"维修用料件"的，统一按对应备案待维修货物的项号填报复运出境。

十、企业开展保税维修业务的待维修货物、已维修货物、无法修复货物、维修过程中产生的边角料、替换下的旧件、坏件，原则上应全部复运出境。确实无法复运出境的，不得内销，企业应当按照《关于加工贸易货物销毁处置的相关问题的公告》（海关总署公告2014年第33号）相关规定进行处置。其中属于固体废物的，企业应当按照《固体废物进口管理办法》（环境保护部、商务部、发展改革委、海关总署、质检总局令第12号，已废止）和国家生态环境主管部门有关要求交由有资质的企业进行处置。

通过保税方式进口的维修用料件余料，企业可按照《中华人民共和国海关关于加工贸易边角料、剩余料件、残次品、副产品和受灾保税货物的管理办法》相关规定处置。

十一、企业开展保税维修业务，原则上每年至少盘点一次，并如实申报该核销期内维修替换下的旧件、坏件信息（包括品名、规格型号、数量等）。

以保税方式进口维修用料件的企业，还应如实申报维修中使用保税料件产生的边角料信息（包括品名、规则型号、数量等）。

十二、企业有下列情形之一的，应当及时向海关报告并整改。整改期间，海关不受理企业新设保税维修专用电子化账（手）册，原保税维修专用电子账册自本核销周期截止日起暂停执行。

（一）不再符合本公告第二、三条所述业务开展条件的；

（二）未能将保税维修有关货物、料件、维修替换下旧件、坏件、维修中产生的保税边角料等按规定进行处置的；

（三）在保税维修过程中违反国家固体废物管理规定的，擅自处理维修过程中所产生的固体废弃物的；

企业完成整改，并将整改结果报主管海关认可后，方可开展新的保税维修业务。

海关发现有前款所列情形之一的，可以要求企业整改。

十三、企业涉嫌走私被海关立案调查的，海关不受理企业新设保税维修专用电子化账（手）册。

十四、企业有下列情形之一的，终止开展保税维修业务：

（一）企业倒闭或破产，或被政府主管部门撤销经营资格的；

（二）海关认定的企业信用状况被降为失信企业的；

（三）保税维修货物在境内被转让或移作他用的；

（四）整改期满仍不能按照海关要求对保税维修货物进行管理的。

十五、本公告实施前已经试点开展的保税维修业务，可在电子化手册有效期内或电子账册核销周期内按原有规定继续开展业务，之后统一按照本公告有关要求进行办理。

十六、本公告中保税维修业务涉及商品安全的相关要求另行公告。

十七、海关特殊监管区域内企业开展保税维修业务，按照《关于海关特殊监管区域内保税维修业务有关监管问题的公告》（海关总署公告〔2015〕59号）办理。

十八、本公告自2019年1月1日起施行。

特此公告。

关于"保税混矿"有关事项的公告

（海关总署公告2018年第199号）

发布日期：2018-12-14

实施日期：2018-12-14

法规类型：规范性文件

为复制推广自由贸易试验区改革试点经验，支持海关特殊监管区域（以下简称"特殊区域"）开展"保税混矿"业务，促进特殊区域发展，现将有关事项公告如下：

一、本公告所称"保税混矿"，是指特殊区域内企业对以保税方式进境的铁矿砂进行简单物理加工混合后再复运出区或离境的业务。

二、本公告所称"简单物理加工"，是指铁矿砂除平均粒度、成分含量等发生变化外，未发生实质性改变。实质性改变标准参照《非优惠原产地规则中实质性改变标准的规定》（海关总署令第122号公布，根据海关总署令第238号修改）执行。

三、铁矿砂入区前应接受海关检验和监测，符合国家强制性标准要求的方可入区，如不符合则应按海关要求做退运或检疫处理。

四、企业应建立符合海关监管要求的信息化管理系统，并设立电子账册，记录货物的进、出、转、存等情况。

29

五、企业应设置专用区域存放"保税混矿"铁矿砂，不得与其他货物混放。

六、铁矿砂从特殊区域进入境内（特殊区域外）应接受海关检验。

本公告自发布之日起施行。

特此公告。

关于海关特殊监管区域和保税物流中心（B型）保税货物流转管理的公告

（海关总署公告 2018 年第 52 号）

发布日期：2018-06-01
实施日期：2018-07-01
法规类型：规范性文件

为促进保税货物流转管理手续简化和效率提升，根据《中华人民共和国海关法》和有关法律、行政法规，优化管理和服务，进一步提升信息化管理水平，推广特殊监管区域管理系统、保税物流管理系统的应用，现将海关特殊监管区域和保税物流中心（B型）保税货物流转（设备结转）管理有关事宜公告如下：

一、企业在特殊监管区域管理系统、保税物流管理系统设立保税底账后，办理海关特殊监管区域间、海关特殊监管区域与保税物流中心（B型）间、以及保税物流中心（B型）间的保税货物流转（设备结转）业务适用本公告。

二、转入、转出企业应对保税货物流转（设备结转）情况协商一致后，按照《海关总署公告 2018 年第 23 号》要求报送保税核注清单，其中下列栏目应符合本公告要求：

（一）清单类型填报普通清单；

（二）关联清单编号由转出企业填报对应转入企业的进口保税核注清单编号；

（三）关联备案编号填写对方手（账）册备案号；

（四）设备结转时，监管方式应填设备进出区（监管方式代码 5300）。

三、转入、转出保税核注清单按 10 位商品编码进行汇总比对，商品编码比对一致且法定数量相同的，双方核注清单比对成功；系统比对不成功的，按双方核注清单商品编码前 8 位进行汇总比对，商品编码比对一致且法定数量相同的，转人工比对。商品编码比对不一致或法定数量不同的，对转出保税核注清单予以退单，由转入转出双方协商，并根据协商结果对保税核注清单进行相应修改或撤销。

流转双方对同一商品的商品编码协商不一致时应按转入地海关依据商品归类的有关规定认定的商品编码确定。

四、转入、转出保税核注清单均已审核通过的，企业进行实际收发货，并按相关要求办理卡口核放手续。

五、按照《海关总署公告 2018 年第 23 号》关于简化保税货物报关手续的规定，流转双方企业可不再办理报关申报手续。对报关申报有特殊要求的从其规定。

六、设备结转时，由转入企业向主管海关申请调整设备底账监管年限截止日期。

七、海关特殊监管区域和保税监管场所与区外加工贸易企业、其他保税监管场所间的保税货物流转（设备结转）参照上述规定办理。

八、本公告自 2018 年 7 月 1 日起实施。7 月 1 日前已开展试点的海关可参照本公告执行。海关总署 2016 年第 86 号公告同时废止。

特此公告。

质检总局关于做好期货原油检验监管工作的公告

（质检总局公告 2018 年第 19 号）

发布日期：2018-01-26
实施日期：2018-01-26
法规类型：规范性文件

为配合我国原油期货上市工作，明确检验检疫部门对期货原油检验监管要求，现就有关事项公告如下：

一、期货原油的检验监管实行"集中检验、分批核销"的模式。

集中检验是指检验检疫机构对用于保税交割的期货原油，从境外（境内）进入特殊监管区域或保税监管场所（以下简称"保税区域"）前，按照法律法规、标准和国家技术规范的强制性要求规定实施检验。

分批核销是指检验检疫机构对原油期货可交割油种，按照实际出区情况，分批次核销并办理进出口检验检疫手续。

二、对从境外（境内）进入保税区域的期货原油，企业应当向检验检疫机构申报，并随附原油期货入库申报通知单（见附件 1）。经检验后，如符合法律法规、标准和国家技术规范的强制性要求，则准予进入保税区域。

三、对申报进口的期货原油，企业应当持期货原油检验检疫申请单（见附件 2）向检验检疫机构申报。同时，企业应当持期货原油核销申请单（见附件 3）及数重量检验鉴定报告向检验检疫机构申请核销。

四、上海国际能源交易中心应将开展原油期货的可交割油种、交割仓库、第三方检验鉴定机构向质检总局备案。

期货原油检验的第三方检验鉴定机构应当按照《进出口商品检验鉴定机构管理办法》等有关规定，独立、公正地开展期货原油检验鉴定业务。

五、上海国际能源交易中心应当与检验检疫机构实现计算机联网，通过标准仓单管理系统提供原油期货入库申报通知单、期货原油检验检疫申请单、期货原油核销申请单等电子信息，确保数据真实、准确、有效。

附件：1. 原油期货入库申报通知单（略）
2. 期货原油检验检疫申请单（略）
3. 期货原油核销申请单（略）

关于明确保税油跨关区直供业务有关事项的公告

（海关总署公告 2017 年第 47 号）

发布日期：2017-10-09
实施日期：2017-10-09
法规类型：规范性文件

为进一步加强海关对保税油跨关区直供业务的实际监管，规范开展保税油跨关区直供业务的企业（以下简称供油企业）业务操作，现对有关事项公告如下：

一、供油企业应当按照《中华人民共和国海关进出境运输工具监管办法》（以下简称《监管办法》）的相关管理规定，向供油地海关申请办理进出境运输工具服务企业备案、变更及撤销手续。

二、供油企业应当具备商务部、财政部、交通运输部、海关总署四部委或其授权的主管部门批复的国际航行船舶保税油供应跨关区直供经营资质；配备信息化管理系统，并与供油地海关联网，确保海关可通过联网系统或进入供油企业自有信息化管理系统查询、统计保税油入库、存储、供应、承运船舶等情况；符合《监管办法》有关运输工具服务企业备案的条件。

三、供油企业申请办理承运船舶备案、变更及撤销手续时，应当向供油地海关提交《保税油跨关区供应承运船舶备案/变更/撤销表》（附件1）、《船舶所有权登记证书》复印件。涉及船舶租赁的，供油企业还需向供油地海关提交船舶租赁协议复印件等资料。

承运船舶有关情况发生变化的，供油企业应当及时办理变更、撤销申请。

四、承运船舶应当安装船舶实时定位设备等满足海关监管要求的设备，并与供油地海关联网。

五、供油企业在开展保税油跨关区直供业务前，应当向受油地海关提出业务申请，提交《保税油跨关区直供申请单》（附件2）；经海关审核同意后，将受油地海关制发关封提交供油地海关。

六、保税油出库前，供油企业应当按照相关规定向供油地海关办理保税油出库申请。

七、保税油供船前，供油企业应当向受油地海关办理保税油供船申请，提交供油地海关核批的保税油出库相关文件、《中华人民共和国海关运输工具起卸/添加物料申报单》（一式四份）等资料。

涉及一船多供业务的，供油企业应当按照受油船舶逐船进行申请。

八、供油结束后，供油企业应当向受油地海关办理保税油供船核销申请，提交国际航行船舶负责人签章确认的《中华人民共和国海关运输工具起卸/添加物料申报单》、供油双方签收的供油凭证等资料；经海关审核同意后，将受油地海关制发的关封提交供油地海关。

九、实际供油数量少于出库数量，或因特殊原因导致供油业务取消的，供油企业应当按照规定，向供油地海关申请办理保税油入库手续。

十、供油企业应当在单一航次供油结束之日起14日内，向供油地海关办理报关手续；在报关单放行后，向供油地海关申请办理相关后续手续。

十一、违反本公告有关规定，构成走私行为、违反海关监管规定行为或者其他违反海关法行为的，海关依照《海关法》和《中华人民共和国海关行政处罚实施条例》的有关规定予以处理；构成犯罪的，依法追究刑事责任。

十二、本公告下列用语的含义是：

保税油跨关区直供，是指供油企业将保税油跨关区直接供应国际航行船舶的业务；

承运船舶，是指从事国际航行船舶保税油跨关区供应的船舶；

供油地海关，是指保税油存储地隶属海关；

受油地海关，是指国际航行船舶接受保税油供应的所在地隶属海关；

一船多供，是指单艘承运船舶在一个作业航次内对同一关区内的多艘国际航行船舶供应保税油。

特此公告。

附件：1. 保税油跨关区供应承运船舶备案变更撤销表（略）

　　　2. 保税油跨关区直供申请单（略）

关于海关特殊监管区域"大宗商品现货保税交易"有关监管问题的公告

（海关总署公告 2016 年第 71 号）

发布日期：2016-11-29

实施日期：2016-11-29

法规类型：规范性文件

为规范海关特殊监管区域"大宗商品现货保税交易"业务开展，现将有关事项公告如下：

一、本公告所称的"大宗商品现货保税交易"制度，是指海关对海关特殊监管区域内（以下简称区内）处于保税监管状态的大宗基本工业原料、农产品和能源产品（以下简称大宗商品）等，在经有关政府部门批准建立的大宗商品现货市场（以下简称现货市场）交易平台上交易的监管制度。

二、本公告适用于各种类型的海关特殊监管区域。

三、开展现货交易的货物种类应由现货市场经营人或由其委托的第三方仓单公示机构事先向海关备案。

四、从境外或者境内区外进入交收仓库的大宗商品应当按现有货物进出口规定办理海关手续；大宗商品应当堆放在交收仓库中的指定位置，并设置明显标志。

五、保税仓单持有人应当通过公示机构对所持有的仓单进行公示，并由公示机构将仓单等信息提供给海关；交易平台应向海关提供大宗商品交割结算价等相关信息。

六、适用"大宗商品现货保税交易"制度的区内企业，应按照海关规定的认证方式与海关特殊监管区域信息化辅助管理系统联网，向海关报送能够满足监管要求的相关数据。

本公告自公布之日起施行。

特此公告。

关于海关特殊监管区域内开展委内加工业务的公告

（海关总署公告 2016 年第 68 号）

发布日期：2016-11-25
实施日期：2016-11-25
法规类型：规范性文件

为规范海关特殊监管区域（以下简称"区域"）内委内加工业务管理，现将有关事项公告如下：

一、本公告所称委内加工，是指区域内企业接受境内（区域外）企业（以下简称"区域外企业"）委托，对区域外企业提供的入区货物进行加工，加工后的产品全部运往境内（区域外），收取加工费，并向海关缴纳税款的行为。委内加工货物是指委内加工用料件（包括来自境内区域外的非保税料件和区域内企业保税料件）、成品、残次品（包括废品）、副产品和边角料。

二、出口加工区、保税港区、综合保税区、珠澳跨境工业区珠海园区以及中哈霍尔果斯边境合作中心中方配套区等海关特殊监管区域内企业符合以下条件之一开展委内加工的，适用本公告：

（一）法律、法规和规章允许的；

（二）经国务院批准的；

（三）经国家有关部门批准的。

区域内保税检测、维修业务按照《关于海关特殊监管区域内保税维修业务有关监管问题的公告》（海关总署公告 2015 年第 59 号）的有关规定办理。

三、区域内企业开展委内加工业务，应设立委内加工专用电子账册（H账册）。委内加工货物应当与其他保税货物分开管理，分别存放。

四、委内加工用料件原则上由区域外企业提供，若需使用区域内企业保税料件，区域内企业应当事先向海关报备。

五、委内加工用料件由境内（区域外）入区时，区域外企业应当填报出口货物报关单，监管方式为"出料加工"（代码 1427），同时区域内企业应当填报进境货物备案清单，监管方式为"料件进出区"（代码 5000）。

六、由境内（区域外）入区的委内加工用料件属于征收出口关税商品的，企业应当提供担保，具体手续按照《中华人民共和国海关事务担保条例》有关规定办理。

七、委内加工成品运回境内（区域外）时，区域外企业应当填报进口货物报关单，监管方式为"出料加工"（代码 1427），委内加工成品和加工增值费用分列商品项申报。委内加工成品商品项数量为实际出区数量，征减免税方式为"全免"；加工增值费用商品项数量为 0.1，征减免税方式为"照章征税"，商品名称与商品编号栏目按委内加工成品的实际名称与编码填报。

同时区域内企业应当填报出境货物备案清单，监管方式为"成品进出区"（代码 5100），商品名称按委内加工成品的实际名称填报。

加工增值费用完税价格应当以区域内发生的加工费和保税料件费为基础确定。其中，保税料件费是指委内加工过程中所耗用全部保税料件的金额，包括成品、残次品（包括废品）、副产品、边角料等。

八、由境内（区域外）入区的委内加工剩余料件运回境内（区域外）时，区域外企业应当填报进口货物报关单，监管方式为"出料加工"（代码1427），同时区域内企业应当填报出境货物备案清单，监管方式为"料件进出区"（代码5000）。

九、对委内加工所需使用的区域内企业保税料件，区域内企业应当填报进境货物备案清单，监管方式为"料件进出区"（代码5000），并由主管海关核增账册；对委内加工已耗用的区域内企业保税料件，区域内企业应当填报出境货物备案清单，监管方式为"料件进出区"（代码5000），并由主管海关核减账册。

十、在自境内进出区申报时，企业应当按照《中华人民共和国海关进出口货物报关单填制规范》（海关总署2016年第20号公告）的规定填报进出口货物报关单、进（出）境货物备案清单的运输方式栏目。

十一、委内加工产生的边角料、残次品（包括废品）、副产品等应当运回境内（区域外）。保税料件产生的边角料、残次品（包括废品）、副产品属于固体废物的，应当按照《固体废物进口管理办法》（环境保护部、商务部、发展改革委、海关总署、质检总局令第12号）办理出区手续。

十二、区域内企业应当根据电子底账和申报数据定期向主管海关办理账册核销手续。

本公告自公布之日起施行。

特此公告。

关于海关特殊监管区域内保税维修业务有关监管问题的公告

（海关总署公告2015年第59号）

发布日期：2015-12-11
实施日期：2023-08-28
法规类型：规范性文件

（根据2023年8月28日海关总署公告2023年第105号《关于修改海关总署公告2015年第59号第十条的公告》修正）

为规范海关特殊监管区域（以下简称"区域"）内保税维修业务管理，现将有关事项公告如下：

一、本公告适用于保税区、出口加工区、保税物流园区、保税港区、综合保税区、珠澳跨境工业区珠海园区以及中哈霍尔果斯边境合作中心中方配套区等区域内开展以下保税维修业务：

（一）以保税方式将存在部件损坏、功能失效、质量缺陷等问题的货物（以下统称"待维修货物"）从境外运入区域内进行检测、维修后复运出境；

（二）待维修货物从境内（区域外）运入区域内进行检测、维修后复运回境内（区域外）。

以运输工具申报进境维修的外籍船舶、航空器的海关监管，不适用本公告。

二、区域内企业可开展以下保税维修业务：

（一）法律、法规和规章允许的；

（二）国务院批准和国家有关部门批准同意开展的；

（三）区域内企业内销产品包括区域内企业自产或本集团内其他境内企业生产的在境内（区域外）销售的产品的返区维修。

除国务院和国家有关部门特别准许外，不得开展国家禁止进出口货物的维修业务。

三、企业开展保税维修业务，应当开设H账册，建立待维修货物、已维修货物（包括经检测维修不能修复的货物）、维修用料件的电子底账。设立保税维修账册应当符合以下条件：

（一）建立符合海关监管要求的管理制度和计算机管理系统，能够实现对维修耗用等信息的全程跟踪。

（二）与海关之间实行计算机联网并能够按照海关监管要求进行数据交换。

（三）能够对待维修货物、已维修货物、维修用料件、维修过程中替换下的坏损零部件（以下简称"维修坏件"）、维修用料件在维修过程中产生的边角料（以下简称"维修边角料"）进行专门管理。

按照法律、法规和规章规定须由区域管理部门批准的，企业应当提供有关批准文件。

四、企业应当向海关如实申报保税维修货物的进、出、转、存和耗用情况，并向海关办理核销手续。

五、待维修货物从境外运入区域内进行检测、维修（包括经检测维修不能修复的）后应当复运出境。待维修货物从境外进入区域和已维修货物复运出境，区域内企业应当填报进（出）境货物备案清单，监管方式为"保税维修"（代码1371）。

六、待维修货物从境内（区域外）进入区域，区域外企业或区域内企业应当填报出口货物报关单，监管方式为"修理物品"（代码1300），同时区域内企业应当填报进境货物备案清单，监管方式为"保税维修"（代码1371）。

七、已维修货物复运回境内（区域外），区域外企业或区域内企业应当填报进口货物报关单，监管方式为"修理物品"（代码1300），已维修货物和维修费用分列商品项填报。已维修货物商品项数量为实际出区域数量，征减免税方式为"全免"；维修费用商品项数量为0.1，征减免税方式为"照章征税"，商品编号栏目按已维修货物的编码填报；适用海关接受已维修货物申报复运回境内（区域外）之日的税率、汇率。

区域内企业应当填报出境货物备案清单，监管方式为"保税维修"（代码1371），商品名称按已维修货物的实际名称填报。

企业应当向海关提交维修合同（或含有保修条款的内销合同）、维修发票等单证。保税维修业务产生的维修费用完税价格以耗用的保税料件费和修理费为基础审查确定。对外发至区域外进行部分工序维修时发生的维修费用，如能单独列明的，可以从完税价格中予以扣除。

八、待维修货物从境内（区域外）进入区域和已维修货物复运回境内（区域外）需要进行集中申报的，企业应当参照《中华人民共和国海关保税港区管理暂行办法》（海关总署令第191号）有关规定办理手续。

九、维修用料件按照保税货物实施管理，企业应当按照《海关特殊监管区域进出口货物报关单、进出境货物备案清单填制规范》和《中华人民共和国海关进出口货物报关单填制规范》对维修用料件进出境、进出区域、结转等进行申报。

十、进境维修过程中产生的维修边角料、坏件、旧件等，原则上应全部复运出境，监管方式为"进料边角料复出"（代码0864）或"来料边角料复出"（代码0865）。确实无法复运出境的，一律不得内销，应进行销毁处置，销毁参照加工贸易货物销毁处置有关规定。

对从境内（区域外）进入区域的待维修货物产生的维修坏件、旧件和维修边角料，可通过卡口登记方式运至境内（区域外）。

维修边角料、坏件、旧件等属于固体废物的，应当按照国内固体废物相关规定进行管理。

十一、在进出境申报时，企业应当按进出境实际运输方式填报进（出）境货物备案清单的运输方式栏目。在自境内进出区申报时，企业应当按《海关特殊监管区域进出口货物报关单、进出境货物备案清单填制规范》的规定填报进出口货物报关单、进（出）境货物备案清单的运输方式栏目。

十二、维修业务开展过程中，由于部分工艺受限等原因，区域内企业需将维修货物外发至区域外进行部分工序维修时，可比照《中华人民共和国海关保税港区管理暂行办法》（海关总署令第 191 号）第 28 条规定办理有关手续，并遵守有关规定。

十三、保税维修业务账册核销周期不超过两年。

十四、有下列情形之一的，企业应当予以整改。整改期，海关不受理新的保税维修业务：

（一）不符合本公告第二、三条所述业务开展条件的；

（二）涉嫌走私被海关立案调查的；

（三）一年内两次发生违规的；

（四）未能在规定期限内将已维修货物、待维修货物、维修坏件或维修边角料按规定处置的。

第四项所述"规定期限"由主管海关根据保税维修合同和实际情况予以确定。

企业完成整改，并将整改结果报主管海关认可后，企业方可开展新的保税维修业务。

本公告自公布之日起施行。

海关总署关于开展原油期货保税交割业务的公告

（海关总署公告 2015 年第 40 号）

发布日期：2015-08-20
实施日期：2015-08-20
法规类型：规范性文件

为配合我国原油期货上市工作，明确海关对原油期货保税交割业务的监管要求，现就有关事项公告如下：

一、原油期货保税交割业务应在符合条件的海关特殊监管区域或保税监管场所开展。上海国际能源交易中心应将开展原油期货保税交割业务的可交割油种和指定交割仓库向海关总署备案。

二、指定交割仓库应当建立符合海关监管要求的计算机管理系统，与海关进行联网，确保数据真实、准确、有效。

上海国际能源交易中心应当与指定交割仓库主管海关实现计算机联网，通过标准仓单管理系统实时提供保税交割结算单（见附件 1、2）、保税标准仓单清单（见附件 3）等电子信息。

三、指定交割仓库内不同交割油种的期货保税交割原油不得混放，同一个储罐可以存放不同货主同一交割油种的期货保税交割原油。

四、原油期货保税交割完成后，保税原油需要进出口的，指定交割仓库和保税标准仓单合法持有人（以下简称仓单持有人）应当持保税交割结算单和保税标准仓单清单等单据向主管海关办理报关手续。

五、海关按以下原则确定期货保税原油完税价格：

（一）采用保税标准仓单到期交割的，以上海国际能源交易中心原油期货保税交割结算价加上交割升贴水为基础确定完税价格。

（二）采用保税标准仓单期转现交割的，以期转现申请日前一交易日上海国际能源交易中心发布的原油期货最近月份合约的结算价加上交割升贴水为基础确定完税价格。

（三）采用非标准仓单期转现交割或采用保税标准仓单但未经期货保税交割而转让的，按现行保税货物内销有关规定确定完税价格。

（四）保税原油交割进口时发生的溢短，以保税原油出库完成日前一交易日上海国际能源交易中心发布的原油期货最近月份合约的结算价加上交割升贴水为基础确定完税价格。

六、原油期货保税标准仓单可以质押，质押应当提供税款担保并符合海关监管要求。

仓单持有人在向主管海关办理仓单质押备案手续时应提交以下单证：

（一）保税标准仓单质押业务备案表（见附件4）；

（二）企业设立证明文件及复印件；

（三）保证金或银行保函，担保金额不小于质押货物应缴税款，担保期限不少于质押期限；

（四）海关需要的其他单证。

七、仓单持有人提出解除质押的，应当向主管海关提供保税标准仓单质押业务解除备案表（见附件5）和解除质押协议复印件等单证办理质押解除手续。解除质押时，同一质押合同项下的仓单不得分批解除。

八、原油期货保税标准仓单可以转让。原油期货保税标准仓单可以作为期货交易保证金使用。

九、用于期货保税交割的国内原油存入指定出口监管仓库，海关按照有关规定向国家税务总局传输出口报关单结关信息电子数据。

十、指定交割仓库存储的期货保税交割原油不设存储期限。

十一、指定交割仓库应当如实申报实际损耗情况，海关对期货保税交割原油存储期间的自然损耗的认定试不超过 0.12%/年（每年千分之一点二）的标准。

本公告自公布之日起施行。

附件：1. 保税交割结算单（报关专用-1）（略）
2. 保税交割结算单（报关专用-2）（略）
3. 保税标准仓单清单（略）
4. 保税标准仓单质押业务备案表（略）
5. 保税标准仓单质押业务解除备案表（略）

关于海关特殊监管区域间保税货物结转管理的公告

（海关总署公告 2014 年第 83 号）

发布日期：2014-11-19
实施日期：2014-11-19
法规类型：规范性文件

为落实《国务院关于促进海关特殊监管区域科学发展的指导意见》（国发〔2012〕58号），提高保税货物流转效率，根据《中华人民共和国海关法》和其他有关法律、行政法规，现将海关特殊监管区域间保税货物结转管理有关事宜公告如下：

一、海关特殊监管区域间保税货物流转，按照转关运输的有关规定办理，符合本公告要求的也可以按照下述区间结转方式办理。

二、本公告所称区间结转是指海关特殊监管区域内企业（以下简称转出企业）将保税货物转入其他海关特殊监管区域内企业（以下简称转入企业）的经营活动。

三、区间结转企业可以采用"分批送货、集中报关"的方式办理海关手续，收发货可采用企业自行运输或者比照转关运输的方式进行。

四、区间结转企业应当根据海关对区间结转业务信息化管理的有关规定与海关联网，建立企业保税货物电子底账，并在规定的时限内，通过信息化管理系统，向海关如实申报结转备案、收发货、报关等信息。

五、企业开展区间结转业务，应当按照以下流程向主管海关申报《海关特殊监管区域保税货物结转申报表》（以下简称《申报表》），办理区间结转备案手续：

（一）转入企业填报《申报表》转入信息向转入地主管海关申报。

（二）转入地主管海关确认后，转出企业填报《申报表》相应的转出信息向转出地主管海关申报，转出地主管海关进行确认。

（三）《申报表》从转出地主管海关确认之日起生效，企业可以按照经海关确认后的《申报表》进行实际收发货，办理报关手续。

六、《申报表》应符合以下要求：

（一）一份《申报表》对应转出企业一本电子账册和转入企业一本电子账册。

（二）《申报表》中区间结转保税货物品名、商品编号和计量单位等信息应与企业对应电子账册一致。

（三）区间结转双方对应商品申报计量单位和申报数量应当一致，申报计量单位不一致的法定数量应当一致。

（四）区间结转双方的商品编号前 8 位应当一致。

（五）《申报表》有效期一般为半年，最长不超过 1 年，逾期不能发货。

（六）《申报表》由转入地主管海关进行登记编号，编号办法为："S"（代表区间结转）+转入关别 4 位+年份 2 位+顺序号 5 位。

（七）《申报表》备案后已备案商品不能变更。

七、企业有下列情形之一的，企业申报的《申报表》海关不予受理：

（一）不符合海关监管要求，被海关责令限期整改，在整改期内的；

（二）涉嫌走私、违规已被海关立案调查，尚未结案的（经海关同意，并已收取担保金的涉案企业除外）；

（三）未按规定要求报关或者收发货的；

（四）企业电子账册被海关暂停进出口的；

（五）其他不符合海关监管条件的。

备案后如发生上述情况，海关可对《申报表》进行暂停处理，在暂停期间企业不能进行收发货，但《申报表》项下已实际收发货的，允许办理报关手续。

八、企业办理区间结转备案手续后，应当按照《申报表》进行实际收发货。企业的每批次收发货，应向海关如实申报，海关予以登记：

（一）转出企业按照《申报表》向转出地主管海关申报区间结转出区核放单，转出地主管海关卡口核放确认后，海关登记发货信息。

（二）转入企业按照《申报表》向转入地主管海关申报对应的区间结转入区核放单，转入地主管海关卡口核放确认后，海关登记收货信息。

九、符合海关监管要求的，区间结转保税货物可由企业自行运输。

进出卡口的企业自行运输工具应经海关备案，并遵守海关对运输工具及其所载货物管理的规定。转出企业可以使用转入企业自行运输工具进行运输。

企业自行运输的线路、时间、在运输途中换装运输工具等事项，需提前向海关备案。

十、区间结转保税货物比照转关运输方式实际收发货的，应按转关运输有关规定使用海关监管车辆运输，施加海关封志。

十一、转出、转入企业每次实际发货、收货后，应当在每次实际发货、收货之日起30日内在各自主管海关按照先报进、后报出的顺序办结集中报关手续，转出与转入报关数据应对碰一致。集中报关手续不得跨年度办理。

转入企业应在结转进口报关之日起2个工作日内将报关情况通知转出企业。

十二、企业实际收发货后，应当按照以下规定办理结转报关手续：

（一）企业按照《申报表》项下实际收货逐批或者多批次合并向主管海关办理报关手续。

（二）企业填制备案清单时，应当按照海关规定如实、准确地向海关申报结转保税货物的品名、商品编号、规格、数量、价格等项目。

一份结转进区备案清单对应一份结转出区备案清单，进区、出区备案清单之间对应的申报序号、商品编号前8位、价格、数量（或折算后数量）应当一致。

出区备案清单中"关联报关单号"栏应填写所对应的进区备案清单号。

备案清单所填写的"关联备案"栏应相互对应，进区备案清单的"关联备案"栏应填写出区企业备案的账册号，出区备案清单的"关联备案"栏应填写进区企业备案的账册号。

随附单证代码填写"K"（深加工结转），进区、出区备案清单随附单证的单证编号栏内填写对应《申报表》编号。

运输方式应当填写"其他"（代码"9"）。

以来料加工贸易方式结转的，企业监管方式应当填写"来料深加工结转"（代码"0255"）；以进料加工贸易方式结转的，企业监管方式应当填写"进料深加工结转"（代码"0654"）。

启抵国（地区）应当填写"中国"（代码"142"）。

（三）企业逐批或者多批次合并向主管海关办理报关手续时，应根据结转双方实际收发货数量确定结转报关数量。实际收货数量与实际发货数量相同的，结转双方按相同数量报关；实际收货数量少于实际发货数量的，结转双方按实际收货数量进行报关，实际发货数量与报关数量差异部分由转出企业向转出地主管海关办理补税手续，如属许可证件管理商品，还应向海关出具有效的进口许可证件；实际收货数量大于实际发货数量的，结转双方按实际发货数量进行报关，实际收货数量与报关数量差异部分由转入企业向转入地海关申报入区备案清单，办理货物入区报关手续。

（四）企业发生申报不实等违规行为的结转货物，经海关按照相关规定作出处罚或者经海关办案部门同意并收取足额担保金后，可以办理报关手续。

（五）企业电子账册核销时，结转双方进出区备案清单应对碰一致，进出区备案清单不能一一对应的，海关不予接受报核；

十三、因质量不符等原因发生退运、退换的，转入企业、转出企业分别在其主管海关按退运、退换的有关规定办理相关手续。

十四、本公告所称保税货物是指经海关批准未办理纳税手续进境或者已办理出口手续未出境，在海关特殊监管区域内储存、加工、装配的货物。

特此公告。

特殊监管区

中华人民共和国海关对横琴新区监管办法（试行）

（海关总署令第 209 号）

发布日期：2013-06-27
实施日期：2023-04-15
法规类型：部门规章

（根据 2018 年 11 月 23 日海关总署令 243 号《海关总署关于修改部分规章的决定》第一次修正；根据 2023 年 3 月 9 日海关总署令第 262 号《海关总署关于修改部分规章的决定》第二次修正）

第一章　总　则

第一条　为了规范海关对横琴新区（以下简称横琴）的管理，根据《中华人民共和国海关法》和其他有关法律、行政法规，制定本办法。

第二条　海关对经横琴进出境、进出横琴的运输工具、货物、物品以及横琴内海关备案企业、场所等进行监管和检查适用本办法。

第三条　横琴与澳门之间的口岸设定为"一线"管理；横琴与中华人民共和国关境内的其他地区（以下称区外）之间的通道设定为"二线"管理。海关按照"一线放宽、二线管住、人货分离、分类管理"的原则实行分线管理。

第四条　横琴应当设立符合海关监管要求的环岛巡查、监控设施和海关信息化管理平台；"一线"、"二线"海关监管区和横琴内海关监管场所应当设立符合海关监管要求的设施、设备、场地等。经海关总署验收合格后，横琴方可开展相关业务。

第五条　在横琴内从事进出口业务，享受保税、减免税、入区退税政策以及与之相关的仓储物流和从事报关业务的企业和单位（以下简称企业），应当向海关办理备案手续。

企业应当依法设置符合海关监管要求的账簿、报表等，并接受海关稽查。

企业应当建立符合海关监管要求的计算机管理系统，与海关实行电子计算机联网和进行电子数据交换。

第六条　除法律、行政法规和规章另有规定外，海关对进出横琴以及在横琴内存储的保税货物、与生产有关的免税货物以及从区外进入横琴并享受入区退税政策的货物（以下简称退税货物）实行电子账册管理。

第七条　法律、行政法规、规章禁止进境的货物、物品不得从"一线"进入横琴，法律、行政法规、规章禁止出境的货物不得从"二线"以报关方式进入横琴。

横琴内企业不得开展列入《加工贸易禁止类商品目录》商品的加工贸易业务。

第二章　对横琴与境外之间进出货物的监管

第八条　除法律、行政法规和规章另有规定外，海关对横琴与境外之间进出的保税货物、与生产有关的免税货物及退税货物实行备案管理，对横琴与境外之间进出的其他货物按照进出口货物的有关规定办理报关手续。

第九条　除下列货物外，海关对从境外进入横琴与生产有关的货物实行保税或者免税管理：

（一）生活消费类、商业性房地产开发项目等进口货物；

（二）法律、行政法规和规章明确不予保税或免税的货物；

（三）列入财政部、税务总局、海关总署会同有关部门制定的"一线"不予保税、免税的具体货物清单的货物。

第十条　除法律、行政法规和规章另有规定外，从境外进入横琴的实行备案管理的货物，不实行进口配额、许可证件管理。

从横琴运往境外的货物，实行出口配额、许可证件管理。

第三章　对横琴与区外之间进出货物的监管

第十一条　横琴内保税、减免税、退税货物销往区外，应当按照进口货物有关规定办理报关手续；从区外销往横琴的退税货物，应当按照出口货物的有关规定办理报关手续。上述货物应当经海关指定的申报通道进出横琴；办理相关海关手续后，上述货物可以办理集中申报，但不得跨月、跨年申报。

其他货物经由海关指定的无申报通道进出横琴，海关可以实行查验。

横琴内未办结海关手续的海关监管货物需要转入区外其他监管场所的，一律按照转关运输的规定办理海关申报手续。

第十二条　区外与生产有关的货物销往横琴视同出口，海关按规定实行退税，但下列货物除外：

（1）生活消费类、商业性房地产开发项目等采购的区外货物；

（2）法律、行政法规和规章明确不予退税的货物；

（3）列入财政部、税务总局、海关总署会同有关部门制定的"二线"不予退税的具体货物清单的货物。

入区退税货物应当存放在经海关认可的地点。

第十三条　对设在横琴的企业生产、加工并销往区外的保税货物，海关按照货物实际报验状态照章征收进口环节增值税、消费税。

对设在横琴的企业生产、加工并销往区外的保税货物，企业可以申请选择按料件或者按实际验状态缴纳进口关税。企业没有提出选择性征收关税申请的，海关按照货物实际报验状态照章征收进口关税。企业申请按料件缴纳关税的，按照以下规定办理：

（1）企业应当在手册备案时向海关提出申请；在海关征税前，企业可以变更申请。

（2）海关以货物对应的保税料件征收关税。

（3）对应料件如涉及优惠贸易原产地管理的，企业应当在该料件备案时主动向海关申明并提交有关单证，否则在内销征税时不得适用相应的优惠税率；对应料件如涉及反倾销、反补贴等贸易救济措施，海关按照有关贸易救济措施执行。

第十四条　经横琴运往区外的优惠贸易政策项下货物，符合海关相关原产地管理规定的，可以申请享受优惠税率。

第十五条 从横琴运往区外办理报关手续的货物，实行进口配额、许可证件管理。其中对于同一配额、许可证件项下的货物，海关在进境环节已验核配额、许可证件的，在出区环节不再验核配额、许可证件。

从区外运往横琴办理报关手续的货物，不实行出口配额、许可证件管理。

第四章　对横琴内货物的监管

第十六条 横琴内使用电子账册管理的货物在横琴内不同企业间流转的，双方企业应当及时向海关报送相关电子数据信息。

第十七条 横琴内企业不实行加工贸易银行保证金台账制度，海关对横琴内加工贸易货物不实行单耗标准管理。

办理相关海关手续后，横琴内企业与区外企业之间可以开展加工贸易深加工结转和外发加工业务。

对从事国际服务外包业务的企业，其进出口货物按照有关规定办理。

第十八条 在横琴内销售保税货物，存在以下情形的，应当事先办理相关海关手续，并按照本办法第十三条规定缴纳进口关税和进口环节增值税、消费税：

（1）销售给个人；

（2）销售给区内企业，不再用于生产的；

（3）其他需要征税的情形。

第十九条 横琴内的减免税货物的后续监管按照减免税有关规定实施监管。

第二十条 从区外进入横琴的退税货物，按以下方式监管：

（1）原状或用退税货物加工成成品经"一线"出境的，实行备案管理；

（2）原状或用退税货物加工成成品在区内销售并用于生产的，实行电子账册管理；

（3）原状或用退税货物加工成成品销往区外加工贸易企业以及运往海关特殊监管区域或者保税监管场所的，按照保税货物有关规定办理；

（4）原状或用退税货物加工成成品后属于区内建设生产厂房、仓储设施所需的基建物资的，按照相关部门核定的审批项目及耗用数量核销；

（5）原状或用退税货物加工成成品在区内销售，但不属于本条第（二）项、第（四）项规定情形的，或销往区外但不按照保税货物管理的，按照进口货物的有关规定办理报关手续；

（6）其他情形按照进口货物的有关规定办理报关手续。

第二十一条 对横琴与其他海关特殊监管区域、保税监管场所以及加工贸易企业之间往来的保税货物，海关继续实行保税监管。

第二十二条 横琴内保税、减免税、退税货物因检测维修等情形需临时进出横琴的，须办理相关海关手续，不得在区外用于加工生产和使用，并且应当在规定时间内运回横琴。

第二十三条 对横琴内企业在进口保税料件加工生产过程中产生的边角料、副产品，海关按照加工贸易边角料、副产品的有关规定监管。

第二十四条 有以下情形之一的，横琴内企业应当及时书面报告海关：

（1）海关监管货物遭遇不可抗力等灾害的；

（2）海关监管货物遭遇非不可抗力因素造成损坏、损毁、灭失的；

（3）海关监管货物被行政执法部门或者司法机关采取查封、扣押等强制措施的；

（4）企业分立、合并、破产的。

第二十五条 因不可抗力造成海关监管货物损坏、损毁、灭失的，企业书面报告海关时，应当如实说明情况并提供保险、灾害鉴定部门的有关证明。经海关核实确认后，按照以下规定办理：

(1) 货物灭失，或者虽未灭失但完全失去使用价值的，海关予以办理核销手续；

(2) 货物损坏、损毁，失去原使用价值但可以再利用的，仍应接受海关监管。

第二十六条 因保管不善等非不可抗力因素造成海关监管货物损坏、损毁、灭失的，按照以下规定办理：

(1) 对于从境外进入横琴的保税货物，横琴内企业应当按照有关规定，按照海关审定的货物损毁或灭失前的完税价格，以海关接受损坏、损毁、灭失货物申报之日适用的税率、汇率，依法向海关缴纳进口税款；属于进口配额、许可证件管理的，应当取得相关进口配额、许可证件，海关对相关进口许可证件电子数据进行系统自动比对验核。

(2) 对于从境外进入横琴的减免税货物，横琴内企业应当按照一般贸易进口货物的规定，按照海关审定的货物损毁或灭失前的完税价格，以海关接受损坏、损毁、灭失货物申报之日适用的税率、汇率，依法向海关缴纳进口税款；属于进口配额、许可证件管理的，应当交验相关进口配额、许可证件。

(3) 对于从区外进入横琴的退税货物，按照进口货物的有关规定办理报关手续。

第二十七条 进出横琴的下列海关监管货物，办理相关海关手续后，可以由横琴内企业指派专人携带或者自行运输：

(一) 价值 1 万美元及以下的小额货物；

(二) 因品质不合格进出横琴退换的货物；

(三) 其他已办理相关海关手续的货物。

未办理相关海关手续的，个人不得携带、运输横琴内保税、免税以及退税货物进出横琴。

第五章　对进出横琴运输工具和个人携带物品的监管

第二十八条 经"一线"进出横琴的运输工具按《中华人民共和国海关进出境运输工具监管办法》(海关总署令第 196 号) 和《中华人民共和国海关进出境运输工具舱单管理办法》(海关总署令第 172 号) 的规定进行监管。

海关可以对所有经"二线"进出横琴的运输工具实施检查。经"二线"进出横琴的运输工具不得运输未办理相关海关手续的海关监管货物。

第二十九条 对横琴与境外之间进出的澳门单牌车辆，海关根据国务院授权广东省政府与澳门特区政府签订的相关协定实行监管，车辆经横琴进境后仅限在横琴内行驶。

第三十条 旅客携带的行李物品通关管理办法由海关总署会同有关部门另行制定。

第六章　附　则

第三十一条 除法律、行政法规和规章另有规定外，经"一线"从境外进入横琴的货物和从横琴运往境外的货物列入海关统计，经"二线"指定申报通道进入横琴的货物和从横琴运往区外的货物列入海关单项统计。

横琴内企业之间转让、转移的货物，以及横琴与其他海关特殊监管区域、保税监管场所之间往来的货物，不列入海关统计。

第三十二条 违反本办法，构成走私行为、违反海关监管规定行为或者其他违反海关法行为的，由海关依照《中华人民共和国海关法》和《中华人民共和国海关行政处罚实施条例》的有关规定予以处理；构成犯罪的，依法追究刑事责任。

第三十三条 本办法由海关总署负责解释。

第三十四条 本办法自 2013 年 8 月 1 日起施行。

中华人民共和国海关对平潭综合实验区监管办法（试行）

（海关总署令第 208 号）

发布日期：2013-06-27
实施日期：2023-04-15
法规类型：部门规章

（根据 2018 年 11 月 23 日海关总署令 243 号《海关总署关于修改部分规章的决定》第一次修正，根据 2023 年 3 月 9 日海关总署令第 262 号《海关总署关于修改部分规章的决定》第二次修正）

第一章　总　则

第一条　为了规范海关对平潭综合实验区（以下简称平潭）的管理，根据《中华人民共和国海关法》和其他有关法律、行政法规，制定本办法。

第二条　海关对经平潭进出境、进出平潭的运输工具、货物、物品以及平潭内海关备案企业、场所等进行监管和检查适用本办法。

第三条　平潭与境外之间的口岸设定为"一线"管理；平潭与中华人民共和国关境内的其他地区（以下称区外）联接的通道设定为"二线"管理。海关按照"一线放宽、二线管住、人货分离、分类管理"的原则实行分线管理。

第四条　平潭应当设立符合海关监管要求的环岛巡查、监控设施和海关信息化管理平台；"一线"、"二线"海关监管区和平潭内海关监管场所应当设立符合海关监管要求的设施、设备、场地等。经海关总署验收合格后，平潭方可开展相关业务。

第五条　在平潭内从事进出口业务，享受保税、减免税、入区退税政策以及与之相关的仓储物流和从事报关业务的企业和单位（以下简称企业），应当向海关办理备案手续。

企业应当依法设置符合海关监管要求的账簿、报表等，并接受海关稽查。

企业应当建立符合海关监管要求的计算机管理系统，与海关实行电子计算机联网和进行电子数据交换。

第六条　除法律、行政法规、规章另有规定外，海关对进出平潭以及在平潭内存储的保税货物、与生产有关的免税货物以及从区外进入平潭并享受入区退税政策的货物（以下简称退税货物）实行电子账册管理。

第七条　海关对平潭内设立的台湾小商品交易市场实行监管，具体管理办法由海关总署另行制定。

第八条　法律、行政法规、规章禁止进境的货物、物品不得从"一线"进入平潭，法律、行政法规、规章禁止出境的货物不得从"二线"以报关方式进入平潭。

平潭内企业不得开展列入《加工贸易禁止类商品目录》商品的加工贸易业务。

第二章　对平潭与境外之间进出货物的监管

第九条　除法律、行政法规、规章另有规定外，海关对平潭与境外之间进出的保税货物、与生产有关的免税货物及退税货物实行备案管理，对平潭与境外之间进出的其他货物按照进出口货物的有关规定办理报关手续。

第十条 除下列货物外，海关对从境外进入平潭与生产有关的货物实行保税或者免税管理：

（一）生活消费类、商业性房地产开发项目等进口货物；

（二）法律、行政法规和规章明确不予保税或免税的货物；

（三）列入财政部、税务总局、海关总署会同有关部门制定的"一线"不予保税、免税的具体货物清单的货物。

第十一条 除法律、行政法规和规章另有规定外，从境外进入平潭的实行备案管理的货物，不实行进口配额、许可证件管理。

从平潭运往境外的货物，实行出口配额、许可证件管理。

第三章 对平潭与区外之间进出货物的监管

第十二条 平潭内保税、减免税、退税货物销往区外，应当按照进口货物有关规定办理报关手续；从区外销往平潭的退税货物，应当按照出口货物的有关规定办理报关手续。上述货物应当经海关指定的申报通道进出平潭；办理相关海关手续后，上述货物可以办理集中申报，但不得跨月、跨年申报。

其他货物经由海关指定的无申报通道进出平潭，海关可以实施查验。

平潭内未办结海关手续的海关监管货物需要转入区外其他监管场所的，一律按照转关运输的规定办理海关申报手续。

第十三条 区外与生产有关的货物销往平潭视同出口，海关按规定实行退税，但下列货物除外：

（一）生活消费类、商业性房地产开发项目等采购的区外货物；

（二）法律、行政法规和规章明确不予退税的货物；

（三）列入财政部、税务总局、海关总署会同有关部门制定的"二线"不予退税的具体货物清单的货物。

入区退税货物应当存放在经海关认可的地点。

第十四条 对设在平潭的企业生产、加工并销往区外的保税货物，海关按照货物实际报验状态照章征收进口环节增值税、消费税对设在平潭的企业生产、加工并销往区外的保税货物，企业可以申请选择按料件或者按实际报验状态缴纳进口关税。企业没有提出选择性征收关税申请的，海关按照货物实际报验状态照章征收进口关税。企业申请按料件缴纳关税的，按照以下规定办理：

（一）企业应当在手册备案时一并向海关提出申请；在海关征税前，企业可以变更申请；

（二）海关以货物对应的保税料件征收关税；

（三）对应料件如涉及优惠贸易原产地管理的，企业应当在该料件备案时主动向海关申明并提交有关单证，否则在内销征税时不得适用相应的优惠税率；对应料件如涉及反倾销、反补贴等贸易救济措施，海关按照有关贸易救济措施执行。

第十五条 经平潭运往区外的优惠贸易政策项下货物符合海关相关原产地管理规定的，可以申请享受优惠税率。

第十六条 从平潭运往区外办理报关手续的货物，实行进口配额、许可证件管理。其中对于同一配额、许可证件项下的货物，海关在进境环节已验核配额、许可证件的，在出区环节不再验核配额、许可证件。

从区外运往平潭办理报关手续的货物，不实行出口配额、许可证件管理。

第四章　对平潭内货物的监管

第十七条　平潭内使用电子账册管理的货物在平潭内不同企业间流转的，双方企业应当及时向海关报送相关电子数据信息。

第十八条　平潭内企业不实行加工贸易银行保证金台账制度，海关对平潭内加工贸易货物不实行单耗标准管理。

办理相关海关手续后，平潭内企业与区外企业之间可以开展加工贸易深加工结转和外发加工业务。

对从事国际服务外包业务的企业，其进出口货物按照有关规定办理。

第十九条　在平潭内销售保税货物，存在以下情形的，应当办理相关海关手续，并按照本办法第十四条规定缴纳进口关税和进口环节增值税、消费税：

（一）销售给个人；

（二）销售给区内企业，不再用于生产的；

（三）其他需要征税的情形。

第二十条　平潭内的减免税货物的后续监管按照减免税有关规定实施监管。

第二十一条　从区外进入平潭的退税货物，按以下方式监管：

（一）原状或用退税货物加工成成品经"一线"出境的，实行备案管理；

（二）原状或用退税货物加工成成品在区内销售并用于生产的，实行电子账册管理；

（三）原状或用退税货物加工成成品销往区外加工贸易企业以及运往海关特殊监管区域或者保税监管场所的，按照保税货物有关规定办理；

（四）原状或用退税货物加工成成品后属于区内建设生产厂房、仓储设施所需的基建物资的，按照相关部门核定的审批项目及耗用数量核销；

（五）原状或用退税货物加工成成品在区内销售，但不属于本条第（二）项、第（四）项规定情形的，或销往区外但不按照保税货物管理的，按照进口货物的有关规定办理报关手续；

（六）其他情形按照进口货物的有关规定办理报关手续。

第二十二条　对平潭与其他海关特殊监管区域、保税监管场所以及加工贸易企业之间往来的保税货物，海关继续实行保税监管。

第二十三条　平潭内保税、减免税、退税货物因检测维修等情形需临时进出平潭的，须办理相关海关手续，不得在区外用于加工生产和使用，并且应当在规定时间内运回平潭。

第二十四条　对平潭内企业在进口保税料件加工生产过程中产生的边角料、副产品，海关按照加工贸易边角料、副产品的有关规定监管。

第二十五条　有以下情形之一的，平潭内企业应当及时书面报告海关：

（一）海关监管货物遭遇不可抗力等灾害的；

（二）海关监管货物遭遇非不可抗力因素造成损坏、损毁、灭失的；

（三）海关监管货物被行政执法部门或者司法机关采取查封、扣押等强制措施的；

（四）企业分立、合并、破产的。

第二十六条　因不可抗力造成海关监管货物损坏、损毁、灭失的，企业书面报告海关时，应当如实说明情况并提供保险、灾害鉴定部门的有关证明。经海关核实确认后，按照以下规定办理：

（一）货物灭失，或者虽未灭失但完全失去使用价值的，海关予以办理核销手续；

（二）货物损坏、损毁，失去原使用价值但可以再利用的，仍应接受海关监管。

第二十七条　因保管不善等非不可抗力因素造成海关监管货物损坏、损毁、灭失的，按照以下规定办理：

（一）对于从境外进入平潭的保税货物，平潭内企业应当按照有关规定，按照海关审定的货物损坏或灭失前的完税价格，以海关接受损坏、损毁、灭失货物申报之日适用的税率、汇率，依法向海关缴纳进口税款；属于进口配额、许可证件管理的，应当取得相关进口配额、许可证件，海关对相关进口许可证件电子数据进行系统自动比对验核。

（二）对于从境外进入平潭的减免税货物，按照《中华人民共和国海关进出口货物减免税管理办法》第二十九条的规定审定补税的完税价格；属于进口配额、许可证件管理的，应当交验相关进口配额、许可证件。

（三）对于从区外进入平潭的退税货物，按照进口货物的有关规定办理报关手续。

第二十八条 进出平潭的下列海关监管货物，办理相关海关手续后，可以由平潭内企业指派专人携带或者自行运输：

（一）价值 1 万美元及以下的小额货物；

（二）因品质不合格进出平潭退换的货物；

（三）其他已向海关办理相关手续的货物。

未办理海关手续的，个人不得携带、运输平潭内保税、免税以及退税货物进出平潭。

第五章 对进出平潭运输工具和个人携带物品的监管

第二十九条 经"一线"进出平潭的运输工具按《中华人民共和国海关进出境运输工具监管办法》（海关总署令第 196 号）和《中华人民共和国海关进出境运输工具舱单管理办法》（海关总署令第 172 号）的规定进行监管。

海关可以对所有经"二线"进出平潭的运输工具实施检查，经"二线"进出平潭的运输工具不得运输未办理相关海关手续的海关监管货物。

第三十条 台湾地区机动车进出境，应当办理海关手续，具体监管办法另行规定。

第三十一条 旅客携带的行李物品通关管理办法由海关总署会同有关部门另行制定。

第六章 附 则

第三十二条 除法律、行政法规和规章另有规定外，经"一线"从境外进入平潭的货物和从平潭运往境外的货物列入海关统计，经"二线"指定申报通道进入平潭的货物和从平潭运往区外的货物列入海关单项统计。

平潭内企业之间转让、转移的货物，以及平潭与其他海关特殊监管区域、保税监管场所之间往来的货物，不列入海关统计。

第三十三条 违反本办法，构成走私行为、违反海关监管规定行为或者其他违反海关法行为的，由海关依照《中华人民共和国海关法》和《中华人民共和国海关行政处罚实施条例》的有关规定予以处理；构成犯罪的，依法追究刑事责任。

第三十四条 本办法由海关总署负责解释。

第三十五条 本办法自 2013 年 8 月 1 日起施行。

中华人民共和国海关保税核查办法

（海关总署令第 173 号）

发布日期：2008-03-31
实施日期：2018-05-29
法规类型：部门规章

（根据 2018 年 5 月 29 日海关总署令第 240 号《海关总署关于修改部分规章的决定》修正）

第一章 总 则

第一条 为了规范海关保税核查，加强海关对保税业务的监督管理，根据《中华人民共和国海关法》（以下简称《海关法》）以及其他有关法律、行政法规的规定，制定本办法。

第二条 本办法所称的保税核查，是指海关依法对监管期限内的保税加工货物、保税物流货物进行验核查证，检查监督保税加工企业、保税物流企业和海关特殊监管区域、保税监管场所内保税业务经营行为真实性、合法性的行为。

第三条 保税核查由海关保税监管部门组织实施。

第四条 保税核查应当由两名或者两名以上海关核查人员共同实施。

海关核查人员实施核查时，应当出示海关核查证。海关核查证由海关总署统一制发。

第五条 保税加工企业、保税物流企业以及海关特殊监管区域、保税监管场所经营企业（以下简称被核查人）可以书面向海关提出为其保守商业秘密的要求，并具体列明需要保密的内容。

海关应当按照国家有关规定，妥善保管被核查人提供的涉及商业秘密的资料。

第六条 被核查人应当对保税货物和非保税货物统一记账、分别核算。

被核查人应当按照《中华人民共和国会计法》及有关法律、行政法规的规定，设置规范的财务账簿、报表，记录保税企业的财务状况和有关保税货物的进出口、存储、转移、销售、使用和损耗等情况，如实填写有关单证、账册，凭合法、有效的凭证记账和核算。

被核查人应当在保税货物海关监管期限以及其后 3 年内保存上述资料。

第七条 海关可以通过数据核实、单证检查、实物盘点、账物核对等形式对被核查人进行实地核查，也可以根据被核查人提交的有关单证材料进行书面核查。

第二章 保税核查范围

第一节 保税加工业务核查

第八条 海关自保税加工企业向海关申请办理保税加工业务备案手续之日起至海关对保税加工手册核销结案之日止，或者自实施联网监管的保税加工企业电子底账核销周期起始之日起至其电子底账核销周期核销结束之日止，可以对保税加工货物以及相关的保税加工企业开展核查。

第九条 海关对保税加工企业开展核查的，应当核查以下内容：

（一）保税加工企业的厂房、仓库和主要生产设备以及法定代表人、主要负责人等企业基本情况与备案资料是否相符；

（二）保税加工企业账册设置是否规范、齐全；

（三）保税加工企业出现分立、合并或者破产等情形的，是否依照规定办理海关手续；

（四）保税加工企业开展深加工结转、外发加工业务的，是否符合海关对深加工结转或者外发加工条件和生产能力的有关规定。

第十条 海关对保税加工货物开展核查的，应当核查以下内容是否与实际情况相符：

（一）保税加工企业申报的进口料件和出口成品的商品名称、商品编码、规格型号、价格、原产地、数量等情况；

（二）保税加工企业申报的单耗情况；

（三）保税加工企业申报的内销保税货物的商品名称、商品编码、规格型号、价格、数量等情况；

（四）保税加工企业申报的深加工结转以及外发加工货物的商品名称、商品编码、规格型号、数量等情况；

（五）保税加工企业申请放弃的保税货物的商品名称、商品编码、规格型号、数量等情况；

（六）保税加工企业申报的受灾保税货物的商品名称、商品编码、规格型号、数量、破损程度以及价值认定等情况；

（七）保税加工企业的不作价设备的名称、数量等情况。

第二节 保税物流业务核查

第十一条 海关自保税物流货物运入海关特殊监管区域、保税监管场所之日起至运出海关特殊监管区域、保税监管场所之日止，可以对保税物流货物以及相关保税物流企业开展核查。

第十二条 海关对保税物流企业进行核查的，应当核查以下内容：

（一）保税物流企业的厂房、仓库以及法定代表人、主要负责人等企业基本情况与备案资料是否相符；

（二）保税物流企业账册设置是否规范、齐全；

（三）保税物流企业出现分立、合并或者破产等情形的，是否依照规定办理海关手续。

第十三条 海关对保税物流货物开展核查的，应当核查以下内容是否与实际情况相符：

（一）保税物流货物的进出、库存、转移、简单加工、使用等情况；

（二）保税物流货物的出售、转让、抵押、质押、留置、移作他用或者进行其他处置情况；

（三）保税物流企业内销保税货物的商品名称、商品编码、规格型号、价格、数量等情况；

（四）保税物流企业申请放弃的保税货物的商品名称、商品编码、规格型号、数量等情况；

（五）保税物流企业申报的受灾保税货物的商品名称、商品编码、规格型号、数量、破损程度以及价值认定等情况。

第三节 海关特殊监管区域、保税监管场所核查

第十四条 海关自海关特殊监管区域、保税监管场所验收合格之日起至其经营期限结束之日止，可以对海关特殊监管区域、保税监管场所管理和经营情况开展核查。

第十五条 海关对海关特殊监管区域开展核查的，应当核查以下内容是否符合有关规定：

（一）海关特殊监管区域隔离设施、监视监控设施情况；

（二）海关特殊监管区域内人员居住和建立商业性消费设施情况；

（三）海关特殊监管区域管理机构建立计算机公共信息平台情况；

（四）海关特殊监管区域内被核查人应用计算机管理系统情况；

（五）海关特殊监管区域经营企业设置账簿、报表情况。

第十六条 海关应当对保税监管场所开展下列核查：

（一）海关保税监管场所是否专库专用；

（二）海关保税监管场所内被核查人是否应用符合海关监管要求的计算机管理系统，并与海关实行计算机联网；

（三）海关保税监管场所经营企业是否设置符合海关监管要求的账簿、报表等。

第三章　保税核查程序

第一节　核查准备

第十七条 海关实施核查前，应当根据保税企业、保税货物进出口以及海关特殊监管区域、保税监管场所经营情况，确定被核查人，编制海关核查工作方案。

第十八条 海关实施核查前，应当通知被核查人。

特殊情况下，经海关关长批准，海关可以径行核查。

第十九条 被核查人提供具备相关资质和能力的专业机构出具的审计报告，并经海关审核认定的，海关可以对被核查人免于实施保税核查；海关认为必要时，可以委托专业机构作出专业结论。

第二节　核查实施

第二十条 海关核查人员开展核查可以行使下列职权：

（一）查阅、复制被核查人与保税业务有关的合同、发票、单据、账册、业务函电和其他有关资料（以下简称账簿、单证）；

（二）进入被核查人的生产经营场所、货物存放场所，检查与保税业务有关的生产经营情况和货物；

（三）询问被核查人的法定代表人、主要负责人或者其他有关人员与保税业务有关的情况。

第二十一条 被核查人应当接受并配合海关实施保税核查，提供必要的工作条件，如实反映情况，提供海关保税核查需要的有关账簿、单证等，不得拒绝、拖延、隐瞒。

海关查阅、复制被核查人的有关资料或者进入被核查人的生产经营场所、货物存放场所核查时，被核查人的有关负责人或者其指定的代表应当到场，并按照海关的要求清点账簿、打开货物存放场所、搬运货物或者开启货物包装。

被核查人委托其他机构、人员记账的，被委托人应当与被核查人共同配合海关查阅有关会计资料。

第二十二条 海关在核查过程中提取的有关资料、数据等，应当交由被核查人签字确认。

第二十三条 海关核查结束时，核查人员应当填制《海关保税核查工作记录》并签名。

实地核查的，《海关保税核查工作记录》还应当交由被核查人的有关负责人或者其指定的代表签字或者盖章；拒不签字或者盖章的，海关核查人员应当在《海关保税核查工作记录》上注明。

第三节　核查处理

第二十四条　核查结束后，海关应当对"海关保税核查工作记录"以及相关材料进行归档或者建立电子档案备查。

第二十五条　海关应当在保税核查结束后15个工作日内作出保税核查结论，并告知被核查人。

发现保税核查结论有错误的，海关应当予以纠正。

第二十六条　海关实施保税核查，发现被核查人存在不符合海关监管要求的，可以采取以下处理方式，并填制《保税核查处理通知书》书面告知被核查人：

（一）责令补办相关手续；

（二）责令限期改正；

（三）责令按照有关规定提供担保。

第二十七条　违反本办法，构成走私行为、违反海关监管规定行为或者其他违反《海关法》行为的，由海关依照《海关法》和《中华人民共和国海关行政处罚实施条例》的有关规定予以处理；构成犯罪的，依法追究刑事责任。

第四章　附　则

第二十八条　本办法下列用语的含义：

保税企业，是指经海关备案注册登记，按照保税政策，依法从事保税加工业务、保税物流业务或者经营海关特殊监管区域、保税监管场所的企业。

保税加工业务，是指经海关批准，对以来料加工、进料加工或者其他监管方式进出口的保税货物进行研发、加工、装配、制造以及相关配套服务的生产性经营行为。

保税物流业务，是指经海关批准，将未办理进口纳税手续或者已办结出口手续的货物在境内流转的服务性经营行为。

第二十九条　本办法所规定的文书由海关总署另行制定并且发布。

第三十条　本办法由海关总署负责解释。

第三十一条　本办法自2008年6月1日起施行。

中华人民共和国海关珠澳跨境工业区珠海园区管理办法

（海关总署令第160号）

发布日期：2007-03-08
实施日期：2018-11-23
法规类型：部门规章

（根据2010年3月15日海关总署令第189号《海关总署关于修改〈中华人民共和国海关珠澳跨境工业区珠海园区管理办法〉的决定》第一次修正；根据2017年12月20日海关总署令第235号《海关总署关于修改部分规章的决定》第二次修正；根据2018年5月29日海关总署令第240号《海关总署关于修改部分规章的决定》第三次修正；根据2018年11月23日海关总署令第243号《海关总署关于修改部分规章的决定》第四次修正）

第一章　总　则

第一条　为了规范海关对珠澳跨境工业区珠海园区（以下简称珠海园区）的监管，根据《中华人民共和国海关法》（以下简称《海关法》）和其他有关法律、行政法规的规定，制定本办法。

第二条　珠海园区是经国务院批准设立的海关特殊监管区域。珠海园区实行保税区政策，与中华人民共和国关境内的其他地区（以下称区外）之间进出货物在税收方面实行出口加工区政策。

第三条　海关在珠海园区派驻机构，依照本办法对进出珠海园区的货物、物品、运输工具以及珠海园区内企业、场所实施监管。

第四条　珠海园区实行封闭式管理。珠海园区与区外以及澳门园区之间，应当设置符合海关监管要求的围网隔离设施、卡口、视频监控系统以及其他海关监管所需的设施。

珠海园区和澳门园区之间设立专用口岸通道，用于两个园区的货物、物品、运输工具以及人员进出。珠海园区和区外之间设立进出区卡口通道，用于珠海园区与区外之间的货物、物品、运输工具以及人员进出。

第五条　珠海园区内不得建立商业性生活消费设施。除安全保卫人员和企业值班人员外，其他人员不得在珠海园区居住。

第六条　珠海园区可以开展以下业务：

（一）加工制造；

（二）检测、维修、研发；

（三）储存进出口货物以及其他未办结海关手续货物；

（四）国际转口贸易；

（五）国际采购、分销和配送；

（六）国际中转；

（七）商品展示、展销；

（八）经海关批准的其他加工和物流业务。

第七条　珠海园区内企业（以下简称区内企业）应当具有法人资格。特殊情况下，经珠海园区主管海关核准，区外法人企业可以依法在园区内设立分支机构。

第八条　区内企业应当依据《中华人民共和国会计法》以及国家有关法律、行政法规的规定，设置符合海关监管要求的账簿、报表，记录本企业的财务状况和有关进出珠海园区货物、物品的库存、转让、转移、销售、加工、使用和损耗等情况，如实填写有关单证、账册、凭合法、有效凭证记账并且进行核算。

第九条　海关对区内企业实行电子账册监管制度和计算机联网管理制度，电子账册的备案、核销等作业按有关规定执行。

珠海园区行政管理机构或者其经营主体应当在海关指导下通过"电子口岸"平台建立供海关、区内企业以及其他相关部门进行电子数据交换和信息共享的计算机公共信息平台。

区内企业应当建立符合海关联网监管要求的计算机管理系统，按照海关规定的认证方式，提供符合海关查阅格式的电子数据并且与海关信息系统联网。

第十条　有下列情形之一的，区内企业应当在情况发生之日起 5 个工作日内书面报告海关，并且办理相关手续：

（一）遭遇不可抗力的；

（二）海关监管货物被盗窃的；

（三）区内企业分立、合并、破产的。

第十一条　法律、行政法规禁止进出口的货物、物品，不得进出珠海园区。

第二章　对珠海园区与境外之间进出货物的监管

第十二条　海关对珠海园区与境外之间进出的货物实行备案制管理，但法律、行政法规另有规定的货物除外。珠海园区与境外之间进出的货物，由货物的收发货人或者代理人填写进出境货物备案清单，向海关备案。

对于珠海园区与境外之间进出的货物，区内企业提出书面申请并且经海关批准的，可以办理集中申报手续，但法律、行政法规和规章另有规定的除外。

第十三条　珠海园区与境外之间进出的货物应当按照规定向海关办理相关手续。

第十四条　珠海园区与境外之间进出的货物，不实行进出口配额、许可证件管理，但法律、行政法规和规章另有规定的除外。

第十五条　从境外进入珠海园区的货物，除法律、行政法规另有规定外，按照以下规定征收进口关税和进口环节税：

（一）珠海园区生产性的基础设施建设项目所需的机器、设备和其他物资，予以免税；

（二）区内企业自用的生产、管理设备和自用合理数量的办公用品及其所需的维修零配件，建设生产厂房、仓储设施所需的物资、设备，予以免税；

（三）珠海园区行政管理机构自用合理数量的管理设备和办公用品及其所需的维修零配件，予以免税；

（四）区内企业为加工出口产品所需的原材料、零部件、元器件、包装物料，予以保税；

（五）转口货物、在珠海园区储存的货物和展览品、样品，予以保税；

（六）上述规定范围外的货物或者物品从境外进入珠海园区，应当依法纳税。

本条前款规定的从境外免税进入珠海园区的货物出区进入区外的，海关按照货物进口的有关规定办理手续；需要征税的，按照货物出区时的实际状态征税；属于配额、许可证件管理商品的，区内企业或者区外收货人还应当取得进口配额、许可证件。海关对有关进口许可证件电子数据进行系统自动比对验核。

从珠海园区运往境外的货物免征出口关税，但法律、行政法规另有规定的除外。

第三章　对珠海园区与区外之间进出货物的监管

第十六条　珠海园区内货物运往区外视同进口，海关按照货物进口的有关规定办理手续。需要征税的，按照货物出区时的实际状态征税；属于配额、许可证件管理商品的，区内企业或者区外收货人还应当取得进口配额、许可证件。海关对有关进口许可证件电子数据进行系统自动比对验核。

以一般贸易方式经珠海园区进入区外，并且获得香港或者澳门签证机构签发的 CEPA 优惠原产地证书的货物，可以按照规定享受 CEPA 零关税优惠。

第十七条　区内企业在加工生产过程中产生的边角料、废品，以及加工生产、储存、运输等过程中产生的包装物料，区内企业提出书面申请并且经海关批准的，可以运往区外，海关按出区时的实际状态征税。属于进口配额、许可证件管理商品的，免领进口配额、许可证件；属于列入《禁止进口废物目录》的废物以及其他危险废物需出区进行处置的，有关企业凭珠海园区行政管理机构以及所在地的市级环保部门批件等材料，向海关办理出区手续。

区内企业在加工生产过程中产生的残次品内销出区的，海关按内销时的实际状态征税。属于进口配额、许可证件管理的，企业应当取得进口配额、许可证件。海关对有关进口许可证件电子数据进行系统自动比对验核。

第十八条　珠海园区内货物运往区外的，由区内企业、区外收货人或者其代理人向海关办理申报手续。

第十九条　区内企业跨关区配送货物或者异地企业跨关区到珠海园区提取货物的，可以在珠海园区主管海关办理申报手续，也可以按照规定在异地企业所在地海关办理申报手续。

第二十条　区内企业需要将模具、原材料、半成品等运往区外进行加工的，应当在开展外发加工前，凭承揽加工合同或者协议、区内企业签章确认的承揽企业生产能力状况等材料，向珠海园区主管海关办理外发加工手续。

委托区外企业加工的期限不得超过合同或者协议有效期，加工完毕后的货物应当按期运回珠海园区。在区外开展外发加工产生的边角料、废品、残次品、副产品不运回珠海园区的，海关应当按照实际状态征税。区内企业凭出区时委托区外加工申请书以及有关单证，向海关办理验放核销手续。

第二十一条　经珠海园区主管海关批准，区内企业可以在区外进行商品展示，也可以承接区外商品的展示，并且比照海关对暂时进出境货物的有关规定办理进出区手续。

第二十二条　在珠海园区内使用的机器、设备、模具和办公用品等海关监管货物，区内企业或者珠海园区行政管理机构向珠海园区主管海关提出书面申请，并且经珠海园区主管海关核准、登记后，可以运往区外进行检测、维修。区内企业将模具运往区外进行检测、维修的，应当留存模具所生产产品的样品或者图片资料。

运往区外进行检测、维修的机器、设备、模具和办公用品等，不得在区外用于加工生产和使用，并且应当自运出之日起 60 日内运回珠海园区。因特殊情况不能如期运回的，区内企业或者珠海园区行政管理机构应当在期限届满前 7 日内，以书面形式向海关申请延期，延长期限不得超过 30 日。

检测、维修完毕运回珠海园区的机器、设备、模具和办公用品等应当为原物。有更换新零件、配件或者附件的，原零件、配件或者附件应当一并运回区内。对在区外更换的国产零件、配件或者附件，需要退税的，由企业按照出口货物的有关规定办理手续。

第二十三条　货物从区外进入珠海园区视同出口，海关按照货物出口的有关规定办理手续。属于出口应税商品的，按照有关规定进行征税；属于配额、许可证件管理商品的，区内企业或者区外发货人还应当向海关出具出口配额、许可证件。

境内区外货物、设备以出口报关方式进入园区的，其出口退税按照国家有关规定办理。境内区外货物、设备属于原进口货物、设备的，原已缴纳的关税、进口环节海关代征税海关不予退还。

第二十四条　区内企业运往区外进行外发加工的货物，加工生产过程中使用国内料件并且属于出口应税商品的，加工产品运回区内时，所使用的国内料件应当按规定缴纳出口关税。

从区外运到区内供区内企业自用并且不再出区的物资，区内企业应当向海关提供有关物资清单，经海关批准放行。

第二十五条　对于珠海园区与区外之间进出的货物，企业提出书面申请并且经海关批准的，可以办理集中申报手续，并且适用每次货物进出时海关接受该货物申报之日实施的税率、汇率，但法律、行政法规和规章另有规定的除外。集中申报的期限不得超过 30 日，并且不得跨年度办理。

第四章　对珠海园区内货物的监管

第二十六条　珠海园区内货物可以在区内自由流转。区内企业之间转让、转移货物的，双方企业应当及时将转让、转移货物的品名、数量、金额等有关事项向海关备案。

第二十七条　区内企业可以将本企业加工生产的产品转入其他海关特殊监管区域以及区

外加工贸易企业进一步加工后复出口，海关参照出口加工区货物出区深加工结转的有关规定实施监管。

第二十八条 区内企业自开展业务之日起，应当每年向珠海园区主管海关办理报核手续，珠海园区主管海关应当自受理报核申请之日起 30 日内予以核销。区内企业有关账册、原始单证应当自核销结束之日起至少保留 3 年。

第二十九条 因不可抗力造成珠海园区内货物损坏、灭失的，区内企业应当及时书面报告珠海园区主管海关，并且提供保险、灾害鉴定部门的有关证明。经珠海园区主管海关核实确认后，按照以下规定处理：

（一）货物灭失，或者虽未灭失但完全失去使用价值的，海关依法办理核销和免税手续；

（二）进境货物损坏，失去原使用价值但可以再利用的，区内企业可以向海关办理退运手续。要求运往区外的，由区内企业提出申请，并且经珠海园区主管海关核准后，按照出区时的实际状态办理海关手续；

（三）区外进入珠海园区的货物损坏，失去原使用价值但可以再利用，并且向区外口企业进行退换的，可以退换与损坏货物同一品名、规格、数量、价格的货物，并且向珠海园区主管海关办理退运手续。

需要退运到区外的货物，区内企业向珠海园区主管海关提出退运申请，提供注册地税务主管部门证明其货物未办理出口退税或者所退税款已退还税务主管部门的证明材料和出口单证，并且经珠海园区主管海关批准的，可以办理退运手续；属于已经办理出口退税手续并且所退税款未退还税务主管部门的，按照本条第一款第（二）项的有关规定办理。

第三十条 因保管不善等非不可抗力因素造成货物损坏、灭失的，按照以下规定办理：

（一）对于从境外进入珠海园区的货物，区内企业应当按照一般贸易进口货物的规定，以货物进入珠海园区时海关接受申报之日适用的税率、汇率，依法向海关缴纳损毁、灭失货物原价值的进口环节税；

（二）对于从区外进入珠海园区的货物，区内企业应当重新缴纳出口退还的国内环节有关税款，海关根据有关单证办理核销手续。

第三十一条 区内企业生产属于被动配额管理的出口产品，应当事先报经有关部门批准。

第三十二条 海关对于珠海园区与其他海关特殊监管区域或者海关保税监管场所之间流转的保税货物，实行继续保税监管。

货物从未实行国内货物入区（仓）环节出口退税制度的海关特殊监管区域或者海关保税监管场所转入珠海园区的，按照货物实际离境的有关规定办理申报手续。

第五章 对进出珠海园区运输工具和个人携带货物、物品的监管

第三十三条 运输工具和个人进出珠海园区的，应当经由海关指定的专用通道，并且接受海关监管和检查。

第三十四条 货运车辆、非货运车辆进出珠澳跨境工业区专用口岸通道的，应当经主管部门批准，并且按照《中华人民共和国海关关于来往香港、澳门公路货运企业及其车辆和驾驶员的管理办法》（以下简称《港澳车辆管理办法》）向珠海园区主管海关办理备案手续。

澳门车辆进出珠澳跨境工业区专用口岸通道的，申请人应当在报经主管部门批准后，凭主管部门批文、车主/企业、汽车、驾驶员等有关资料向珠海园区主管海关申请备案，并且提供海关认可的担保，海关签发《来往澳门汽车进出境签证本》。

第三十五条 港/澳籍货运车辆、非货运车辆以及澳门车辆从珠澳跨境工业区专用口岸通道进境后，应当在 3 个月内复出境；特殊情况下，经珠海园区主管海关同意，可以在车辆备案有效期内予以延期，延长期限不得超过 3 个月。

第三十六条　对于从珠澳跨境工业区专用口岸通道进境的货运车辆，海关按照港澳车辆管理办法及其有关规定进行监管。

对于从珠澳跨境工业区专用口岸通道进境的非货运车辆、澳门车辆，海关比照港澳车辆管理办法及其有关规定进行监管。

第三十七条　进境的港/澳籍货运车辆、非货运车辆可以从珠海园区进入珠海市区或者从珠海市区进入珠海园区。

从珠澳跨境工业区专用口岸通道进入珠海园区的澳门车辆，不得从珠海园区进入区外。

第三十八条　经珠澳跨境工业区专用口岸通道进出珠海园区、澳门园区人员携带的行李物品，应当以自用合理为限，海关按照进出境旅客行李物品监管的有关规定进行监管。

进出珠澳跨境工业区专用口岸通道车辆的备用物料和驾驶员携带的行李物品，应当以旅途需要为限，超出旅途需要的，海关不予放行。

第三十九条　珠海园区与区外之间进出的下列货物，经海关批准，可以由区内企业指派专人携带或者自行运输：

（一）价值 1 万美元以下的小额货物；

（二）因品质不合格复运区外退换的货物；

（三）已办理进口纳税手续的货物；

（四）企业不要求出口退税的货物；

（五）其他经海关批准的货物。

第六章　附　则

第四十条　除国际中转货物和其他另有规定的货物外，珠海园区与境外之间进出的货物，列入海关进出口统计。珠海园区与区外之间进出的货物，列入海关单项统计。

区内企业之间转让、转移的货物，以及珠海园区与其他海关特殊监管区域或者海关保税监管场所之间流转的货物，不列入海关统计。

第四十一条　本办法下列用语含义：

澳门园区，是指经国务院批准设立的珠澳跨境工业区的澳门园区。

货运车辆，是指依照港澳车辆管理办法规定在海关备案，从事来往粤澳公路货物运输的粤澳两地牌照车辆。

非货运车辆，是指经主管部门批准，并且按规定在海关备案、来往粤澳的粤澳两地牌照商务车辆、私人小汽车。

澳门车辆，是指在珠海园区投资设厂的境外商户的澳门籍货运车辆和私人小汽车，以及澳门专业货运公司的货运车辆。

第四十二条　海关对珠海园区管理的其他事项，由拱北海关比照本办法以及国家有关规定予以处理。

第四十三条　违反本办法，构成走私行为、违反海关监管规定行为或者其他违反《海关法》行为的，由海关依照《海关法》和《中华人民共和国海关行政处罚实施条例》的有关规定予以处理；构成犯罪的，依法追究刑事责任。

第四十四条　本办法由海关总署负责解释。

第四十五条　本办法自 2007 年 4 月 8 日起施行。

中华人民共和国海关对出口加工区监管的暂行办法

（海关总署令第 81 号）

发布日期：2000-05-24
实施日期：2011-01-08
法规类型：行政法规

（2002 年 6 月 21 日国务院批准第一次修订；根据 2003 年 9 月 2 日国务院令第 289 号《国务院关于修改〈中华人民共和国海关对出口加工区监管的暂行办法〉的决定》第二次修订；根据 2011 年 1 月 8 日国务院令第 588 号《国务院关于废止和修改部分行政法规的决定》第三次修订）

第一章 总 则

第一条 为加强与完善加工贸易管理，规范海关对出口加工区的监管，促进出口加工区的健康发展，鼓励扩大外贸出口，根据《中华人民共和国海关法》和国家有关法律、法规，制定本办法。

第二条 为防止重复建设，在中华人民共和国境内设立出口加工区（以下简称加工区），只能设在已经国务院批准的现有经济技术开发区内，并由省（自治区、直辖市）人民政府报国务院批准。

第三条 加工区是海关监管的特定区域。海关在加工区内设立机构，并依照本办法，对进、出加工区的货物及区内相关场所实行 24 小时监管。

第四条 加工区与中华人民共和国境内的其他地区（以下简称区外）之间，须设置符合海关监管要求的隔离设施及闭路电视监控系统。经海关总署对加工区的隔离设施验收合格后，方可开展加工区有关业务。

第五条 区内设置加工区管理委员会和出口加工企业、专为出口加工企业生产提供服务的仓储企业以及经海关核准专门从事加工区内货物进、出的运输企业。

除安全保卫人员和企业值班人员外，其他人员不得在加工区内居住。不得建立营业性的生活消费设施。

第六条 区内不得经营商业零售、一般贸易、转口贸易及其他与加工区无关的业务。

第七条 在加工区内设立的企业（以下简称区内企业），应向海关办理注册手续。

第八条 区内企业应当依据《中华人民共和国会计法》及国家有关法律、法规的规定，设置符合海关监管要求的账簿、报表。凭合法、有效凭证记账并进行核算，记录本企业有关进、出加工区货物和物品的库存、转让、转移、销售、加工、使用和损耗等情况。

第九条 加工区实行计算机联网管理和海关稽查制度。

区内企业应建立符合海关监管要求的电子计算机管理数据库，并与海关实行电子计算机联网，进行电子数据交换。

第十条 区内企业开展加工贸易业务不实行加工贸易银行保证金台账制度，海关不实行《加工贸易登记手册》管理。

第十一条 海关对进、出加工区的货物、物品、运输工具、人员及区内有关场所，有权依照《中华人民共和国海关法》的规定进行检查、查验。

第十二条　国家对区内加工产品不征收增值税。

第十三条　国家禁止进、出口的货物、物品，不得进、出加工区。

第二章　对加工区与境外之间进出货物的监管

第十四条　加工区与境外之间进、出的货物，由货主或其代理人根据加工区管理委员会的批件，填写进、出境货物备案清单，向主管海关备案。备案清单由海关总署统一制发。

第十五条　海关对加工区与境外之间进、出的货物，按照直通式或转关运输的办法进行监管。

第十六条　加工区与境外之间进、出的货物，除实行出口被动配额管理的外，不实行进出口配额、许可证件管理。

第十七条　从境外进入加工区的货物，其进口关税和进口环节税，除法律、法规另有规定外，按照下列规定办理：

（一）区内生产性的基础设施建设项目所需的机器、设备和建设生产厂房、仓储设施所需的基建物资，予以免税；

（二）区内企业生产所需的机器、设备、模具及其维修用零配件，予以免税；

（三）区内企业为加工出口产品所需的原材料、零部件、元器件、包装物料及消耗性材料，予以保税；

（四）区内企业和行政管理机构自用合理数量的办公用品，予以免税；

（五）区内企业和行政管理机构自用的交通运输工具、生活消费用品，按进口货物的有关规定办理报关手续，海关予以照章征税。

第十八条　除法律、法规另有规定外，区内企业加工的制成品及其在加工生产过程中产生的边角料、余料、残次品、废品等销往境外的，免征出口关税。

第三章　对加工区与区外之间进出货物的监管

第十九条　对加工区运往区外的货物，海关按照对进口货物的有关规定办理报关手续，并按照制成品征税。如属许可证件管理商品，还应向海关出具有效的进口许可证件。

第二十条　区内企业的加工产品和在加工生产过程中产生的边角料、残次品、废品等应复运出境。因特殊情况需要运往区外时，由企业申请，经主管海关核准后，按内销时的状态确定归类并征税。如属进口许可证件管理商品，免领进口许可证件。对无商业价值的边角料和废品，需运往区外销毁的，应凭加工区管理委员会和环保部门的批件，向主管海关办理出区手续，海关予以免进口许可证件、免税。

第二十一条　区内企业在确有需要时，可将有关模具、半成品等运往区外进行加工。经加工区主管海关关长批准，由接受委托的区外企业向加工区主管海关缴纳货物应征关税和进口环节增值税等值保证金或保函后办理出区手续。

委托区外企业加工的期限由加工区主管海关参照合同期限核定。货物加工完毕后应按期运回区内。区内企业凭出区时填写的委托区外加工申请书及有关单证，向加工区主管海关办理验放核销手续。加工区主管海关在办理验放核销手续后，应及时退还保证金或保函。

第二十二条　区内企业销往区外的机器、设备、模具等，按照国家现行进口政策及有关规定办理。

第二十三条　区内企业经主管海关批准，可在区外进行产品的测试、检验和展示活动。测试、检验和展示的产品，应比照海关对暂时进口货物的管理规定办理出区手续。

第二十四条　区内使用的机器、设备、模具和办公用品等，须运往区外进行维修、测试或检验时，区内企业或管理机构应填写《出口加工区货物运往区外维修查验联系单》，向主管海关提出申请，并经主管海关核准、登记、查验后，方可将机器、设备、模具和办公用品等运往区外维修、测试或检验。

区内企业将模具运往区外维修、测试或检验时，应留存模具所生产产品的样品，以备海关对运回区内的模具进行核查。

运往区外维修、测试或检验的机器、设备、模具和办公用品等，不得用于区外加工生产和使用。

第二十五条 运往区外维修、测试或检验的机器、设备、模具和办公用品等，应自运出之日起2个月内运回加工区。因特殊情况不能如期运回的，区内企业应于期限届满前7天内，向主管海关说明情况，并申请延期。申请延期以1次为限，延长期限不得超过1个月。

第二十六条 运往区外维修的机器、设备、模具和办公用品等，运回区内时，要以海关能辨认其为原物或同一规格的新零件、配件或附件为限，但更换新零件、配件或附件的，原零件、配件或附件应一并运回区内。

第二十七条 从区外进入加工区的货物视同出口，办理出口报关手续。其出口退税，除法律、法规另有规定外，按照以下规定办理：

（一）从区外进入加工区供区内企业使用的国产机器、设备、原材料、零部件、元器件、包装物料以及建造基础设施、加工企业和行政管理部门生产、办公用房所需合理数量的基建物资等，海关按照对出口货物的有关规定办理报关手续，并签发出口退税报关单。区外企业凭报关单出口退税联向税务部门申请办理出口退（免）税手续，具体退（免）税管理办法由国家税务总局另行下达。

（二）从区外进入加工区供区内企业和行政管理机构使用的生活消费用品、交通运输工具等，海关不予签发出口退税报关单。

（三）从区外进入加工区的进口机器、设备、原材料、零部件、元器件、包装物料、基建物资等，区外企业应当向海关提供上述货物或物品的清单，并办理出口报关手续，经海关查验后放行。上述货物或物品，已经缴纳的进口环节税，不予退还。

（四）因国内技术无法达到产品要求、须将国家禁止出口或统一经营商品运至加工区内进行某项工序加工的，应经商务部批准，海关比照出料加工管理办法进行监管，其运入加工区的货物，不予签发出口退税报关单。

第二十八条 从区外进入加工区的货物、物品，应运入加工区内海关指定仓库或地点，区外企业填写出口报关单，并持境内购货发票、装箱单，向加工区的主管海关办理报关手续。

第二十九条 从区外进入加工区的货物，须经区内企业进行实质性加工后，方可运出境外。

第四章 对加工区内货物的监管

第三十条 区内企业进、出加工区的货物须向其主管海关如实申报，海关依据备案清单及有关单证，对区内企业进、出加工区的货物进行查验、放行和核销。

海关对进、出加工区货物的备案、报关、查验、放行、核销手续应在区内办理。

第三十一条 加工区内的货物可在区内企业之间转让、转移，双方当事人须事先将转让、转移货物的具体品名、数量、金额等有关事项向海关备案。

第三十二条 区内加工企业，不得将未经实质性加工的进口原材料、零部件销往区外。区内从事仓储服务的企业，不得将仓储的原材料、零部件提供给区外企业。

第三十三条 区内企业自开展出口加工业务或仓储业务之日起，每半年持本企业账册和有关单据，向其主管海关办理一次核销手续。

第三十四条 进入加工区的货物，在加工、储存期间，因不可抗力造成短少、损毁的，区内加工企业或仓储企业应自发现之日起 10 日内报告主管海关，并说明理由。经海关核实确认后，准其在账册内减除。

第五章 对加工区之间往来货物的监管

第三十五条 加工区之间货物的往来，应由收、发货物双方联名向转出区主管海关提出申请。经海关核准后，按照转关运输的有关规定办理。

第三十六条 货物转关至其他加工时，转入区主管海关在核对封志完整及单货相符后，即予放行入厂或入库。

第三十七条 加工区之间往来的货物不能按照转关运输办理的，转入区主管海关应向收货企业收取货物等值的担保金。货物运抵转入区并经海关核对无误后，主管海关应在 10 个工作日内，将担保金退还企业。

第六章 对进、出加工区运输工具和个人携带物品的监管

第三十八条 运输工具和人员应经海关指定的专用通道进、出加工区。

第三十九条 从加工区运往境外的加工产品及由加工区运往区外的货物，经海关查验放行后，应交由经海关核准、并由设立于区内的专营运输企业承运。下列货物经主管海关查验后，可由企业指派专人携带或自行运输：

（一）价值 1 万美元及以下的小额物品；

（二）因品质不合格复运区外退换的物品；

（三）已办理进口纳税手续的物品；

（四）其他经海关核准的物品。

第四十条 进、出加工区货物的运输工具的负责人，应持企业法人营业执照和运输工具的名称、数量、牌照号码及驾驶员姓名等清单，向海关办理登记备案手续。

承运加工区货物进、出加工区或转关运输的所有运输企业的经营人，应遵守海关有关运输工具及其所载货物的管理规定，并承担相关的法律责任。

第四十一条 未经海关批准，从加工区到区外的运输工具和人员不得运输、携带加工区内货物出区。

第七章 附 则

第四十二条 从境外运入加工区的货物和从加工区运出境外的货物列入进、出口统计。从区外运入加工区和从加工区运往区外的货物，实施单项统计。统计办法由海关总署另行制定。

第四十三条 违反本办法规定的，由海关依照《中华人民共和国海关法》及《中华人民共和国海关行政处罚实施条例》的有关规定进行处理。

第四十四条 本办法自 2000 年 5 月 24 日起施行。

保税区海关监管办法

（海关总署令第 65 号）

发布日期：1997-08-01
实施日期：2011-01-08
法规类型：行政法规

（根据 2011 年 1 月 8 日国务院令第 588 号《国务院关于废止和修改部分行政法规的决定》修改）

第一章 总 则

第一条 为了加强与完善海关对保税区的监管，促进保税区的健康发展，根据海关法和其他有关法律的规定，制定本办法。

第二条 在中华人民共和国境内设立保税区，必须经国务院批准。

第三条 保税区是海关监管的特定区域。海关依照本办法对进出保税区的货物、运输工具、个人携带物品实施监管。

保税区与中华人民共和国境内的其他地区（以下简称非保税区）之间，应当设置符合海关监管要求的隔离设施。

第四条 保税区内仅设置保税区行政管理机构和企业。除安全保卫人员外，其他人员不得在保税区内居住。

第五条 在保税区内设立的企业（以下简称区内企业），应当向海关办理注册手续。

区内企业应当依照国家有关法律、行政法规的规定设置帐簿、编制报表，凭合法、有效凭证记帐并进行核算，记录有关进出保税区货物和物品的库存、转让、转移、销售、加工、使用和损耗等情况。

第六条 保税区实行海关稽查制度。

区内企业应当与海关实行电子计算机联网，进行电子数据交换。

第七条 海关对进出保税区的货物、物品、运输工具、人员及区内有关场所，有权依照海关法的规定进行检查、查验。

第八条 国家禁止进出口的货物、物品，不得进出保税区。

第二章 对保税区与境外之间进出货物的监管

第九条 海关对保税区与境外之间进出的货物，实施简便、有效的监管。

第十条 保税区与境外之间进出的货物，由货物的收货人、发货人或其代理人向海关备案。

第十一条 对保税区与境外之间进出的货物，除实行出口被动配额管理的外，不实行进出口配额、许可证管理。

第十二条 从境外进入保税区的货物，其进口关税和进口环节税收，除法律、行政法规另有规定外，按照下列规定办理：

（一）区内生产性的基础设施建设项目所需的机器、设备和其他基建物资，予以免税；

（二）区内企业自用的生产、管理设备和自用合理数量的办公用品及其所需的维修零配件，生产用燃料，建设生产厂房、仓储设施所需的物资、设备，予以免税；

（三）保税区行政管理机构自用合理数量的管理设备和办公用品及其所需的维修零配件，予以免税；

（四）区内企业为加工出口产品所需的原材料、零部件、元器件、包装物件，予以保税。

前款第（一）项至第（四）项规定范围以外的货物或者物品从境外进入保税区，应当依法纳税。

转口货物和在保税区内储存的货物按照保税货物管理。

第三章　对保税区与非保税区之间进出货物的监管

第十三条　从保税区进入非保税区的货物，按照进口货物办理手续；从非保税区进入保税区的货物，按照出口货物办理手续，出口退税按照国家有关规定办理。

海关对保税区与非保税区之间进出的货物，按照国家有关进出口管理的规定实施监管。

第十四条　从非保税区进入保税区供区内使用的机器、设备、基建物资和物品，使用单位应当向海关提供上述货物或者物品的清单，经海关查验后放行。

前款货物或者物品，已经缴纳进口关税和进口环节税收的，已纳税款不予退还。

第十五条　保税区的货物需从非保税区口岸进出口或者保税区内的货物运往另一保税区的，应当事先向海关提出书面申请，经海关批准后，按照海关转关运输及有关规定办理。

第四章　对保税区内货物的监管

第十六条　保税区内的货物可以在区内企业之间转让、转移；双方当事人应当就转让、转移事项向海关备案。

第十七条　保税区内的转口货物可以在区内仓库或者区内其他场所进行分级、挑选、刷贴标志、改换包装形式等简单加工。

第十八条　区内企业在保税区内举办境外商品和非保税区商品的展示活动，展示的商品应当接受海关监管。

第五章　对保税区加工贸易货物的管理

第十九条　区内加工企业应当向海关办理所需料、件进出保税区备案手续。

第二十条　区内加工企业生产属于被动配额管理的出口产品，应当事先经国务院有关主管部门批准。

第二十一条　区内加工企业加工的制成品及其在加工过程中产生的边角余料运往境外时，应当按照国家有关规定向海关办理手续；除法律、行政法规另有规定外，免征出口关税。

区内加工企业将区内加工的制成品、副次品或者在加工过程中产生的边角余料运往非保税区时，应当按照国家有关规定向海关办理进口报关手续，并依法纳税。

第二十二条　区内加工企业全部用境外运入料、件加工的制成品销往非保税区时，海关按照进口制成品征税。

用含有境外运入料、件加工的制成品销往非保税区时，海关对其制成品按照所含境外运入料、件征税；对所含境外运入料、件的品名、数量、价值申报不实的，海关按照进口制成品征税。

第二十三条　区内加工企业委托非保税区企业或者接受非保税区企业委托进行加工业务，应当事先经海关批准，并符合下列条件：

（一）在区内拥有生产场所，并已经正式开展加工业务；

（二）委托非保税区企业的加工业务，主要工序应当在区内进行；

（三）委托非保税区企业加工业务的期限为6个月；有特殊情况需要延长期限的，应当向海关申请展期，展期期限为6个月。在非保税区加工完毕的产品应当运回保税区；需要从非保税区直接出口的，应当向海关办理核销手续；

（四）接受非保税区企业委托加工的，由区内加工企业向海关办理委托加工料、件的备案手续，委托加工的料、件及产品应当与区内企业的料、件及产品分别建立帐册并分别使用。加工完毕的产品应当运回非保税区企业，并由区内加工企业向海关销案。

第二十四条 海关对区内加工企业进料加工、来料加工业务，不实行加工贸易银行保证金台账制度。

委托非保税区企业进行加工业务的，由非保税区企业向当地海关办理合同登记备案手续，并实行加工贸易银行保证金台账制度。

第六章 对进出保税区运输工具和个人携带物品的监管

第二十五条 运输工具和人员进出保税区，应当经内海关指定的专用通道，并接受海关检查。

第二十六条 进出保税区的运输工具的负责人，应当持保税区主管机关批准的证件连同运输工具的名称、数量、牌照号码及驾驶员姓名等清单，向海关办理登记备案手续。

第二十七条 未经海关批准，从保税区到非保税区的运输工具和人员不得运输、携带保税区内的免税货物、物品，保税货物，以及用保税料、件生产的产品。

第七章 附 则

第二十八条 违反本办法规定的，由海关依照《中华人民共和国海关法》及《中华人民共和国海关行政处罚实施条例》的规定处理；情节严重的，海关可以取消区内企业在海关的注册资格。

第二十九条 本办法规定的有关备案的具体办法，由海关总署制定。

第三十条 本办法自发布之日起施行。《中华人民共和国海关对进出上海外高桥保税区货物、运输工具和个人携带物品的管理办法》同时废止。

出口加工区加工贸易管理暂行办法

（商务部令2005年第27号）

发布日期：2005-11-22
实施日期：2006-01-01
法规类型：部门规章

第一章 总 则

第一条 为促进加工贸易健康发展，引导加工贸易升级，进一步规范出口加工区管理，根据《中华人民共和国对外贸易法》、《国务院关于修改〈中华人民共和国海关对出口加工区监管的暂行办法〉的决定》及其他法律、行政法规，制定本办法。

第二条　出口加工区是经国务院批准设立的，由海关实行封闭监管的特定区域。

第三条　出口加工区的加工贸易，是指出口加工区内企业从境外或从境内采购原材料、零部件、元器件、包装物料等，经加工、装配后将制成品复运出境的生产经营活动。

第四条　出口加工区内企业，是指符合我国产业发展要求，按国家有关法律、法规或规章规定，在出口加工区内依法成立，且具有独立法人资格的企业。其中，外商投资企业须按国家关于外商投资管理的法律法规办理有关手续。

第二章　出口加工区加工贸易业务管理

第五条　商务部是出口加工区加工贸易的政策业务主管部门。出口加工区管理委员会（以下简称管委会）负责出口加工区加工贸易业务管理工作，出口加工区所在省、自治区、直辖市、计划单列市、新疆生产建设兵团及哈尔滨、长春、沈阳、南京、广州、成都、西安、武汉市商务主管部门（以下简称省级商务主管部门）归口管理其加工贸易业务。

第六条　出口加工区要遵循国家有关产业政策导向，着力吸引技术水平高、增值含量大的加工贸易企业和带动配套能力强的大型下游企业入区。出口加工区内禁止开展高耗能、高污染等不符合国家产业政策发展要求的加工贸易业务。东部沿海地区的出口加工区要提高产业层次，不再新批低水平、低附加值的劳动密集型企业入区；中西部地区的出口加工区要结合本地区自身优势，有选择地发展当地特色出口加工业，并积极承接东部沿海地区梯度转移的产业。

第七条　出口加工区内企业开展加工贸易业务，须凭企业设立的有效批准文件，向管委会提交开展加工贸易业务的书面申请报告，对有特殊规定的项目，须提供有关部门出具的相关批准文件。申请报告要说明企业开展加工贸易业务的方式和内容，并附需要进口的加工生产用设备、料件或需要出口的制成品清单。

第八条　管委会收到企业申请后，要按照国家有关规定进行审核，对符合条件的加工贸易业务，在10个工作日内签发《出口加工区加工贸易业务批准证》和所附清单（格式附后），海关凭加盖管委会印章的《出口加工区加工贸易业务批准证》为企业进行注册备案。

第九条　在具备条件的地区，企业应通过"口岸电子执法系统"向管委会报送申请报告和所附清单，管委会通过"口岸电子执法系统"核准企业报送的申请和所附清单，海关凭管委会核准的电子文件进行注册备案。

第十条　出口加工区内企业在海关办理注册备案后，方可在管委会批准的范围内开展加工贸易业务。如需开展超出原批准范围的加工贸易业务，须按本办法第七条规定到管委会办理核准手续。

第十一条　管委会要在每年1月15日前将上一年度出口加工区审批情况汇总，并报省级商务主管部门，省级商务主管部门将相关材料报商务部。

第三章　出口加工区货物进出区管理

第十二条　出口加工区与境外之间进、出的货物，除国家另有规定外，不实行进出口配额、许可证件管理。

第十三条　国家禁止进、出口的商品，不得进、出出口加工区。出口加工区外禁止开展的加工贸易业务也不得在出口加工区内开展，法律、法规另有规定的除外。

第十四条　出口加工区内不得开展拆解、翻新业务。

第十五条　在出口加工区可以开展我国出口机电产品的售后维修业务。企业在出口加工区开展机电产品维修业务前，除须按本办法第七条规定到管委会办理核准手续外，还须向管委会提供维修产品属原产于中国，企业属生产该产品的生产厂商或由该生产厂商授权或委托开展维修业务的相关证明材料。

第十六条 出口加工区企业与区外境内企业之间的货物往来（包括出口加工区货物内销），按照进出口货物的有关规定办理，涉及进出口许可证件管理的，须向管理部门提供相关证件。区内企业在加工生产过程中产生的边角料、残次品和废品按有关规定处理。

第四章　出口加工区货物出区深加工结转管理

第十七条 本办法所指出口加工区货物出区深加工结转是指区内加工贸易企业（以下简称转出企业）将本企业生产的产品直接转入其他出口加工区等海关特殊监管区域内或区外加工贸易企业（以下简称转入企业）进一步加工后复出口的经营活动。

第十八条 未经实质性加工的保税料件，不得进行出口加工区货物出区深加工结转。

第十九条 转出企业在开展出口加工区货物出区深加工结转前，应事先将结转料件等情况报管委会，管委会审核后为企业出具《出口加工区深加工结转业务批准证》和所附清单（格式附后），海关凭加盖管委会印章的《出口加工区深加工结转业务批准证》为转出企业办理货物出区深加工结转备案手续。

第二十条 转入企业在其他出口加工区等海关特殊监管区域的，开展深加工结转转入业务之前，需按上款规定凭加盖所在区管委会印章的《出口加工区深加工结转业务批准证》在海关办理结转手续。

第二十一条 在海关特殊监管区域外的转入企业，应按照现行加工贸易审批管理规定，向商务主管部门提出申请，商务主管部门要审核转入企业的加工贸易企业生产能力证明，按保税进口料件方式为企业出具《加工贸易业务批准证》，海关凭商务主管部门出具的《加工贸易业务批准证》办理备案手续，结转产品如属加工贸易进口涉证商品，转入企业须向有关主管部门提供相关的进口许可证件。

第二十二条 转入区外的深加工结转产品应全部加工复出口，如确有特殊原因需内销的，按加工贸易内销管理有关规定办理。

第五章　附　　则

第二十三条 本办法由商务部负责解释。

第二十四条 本办法自 2006 年 1 月 1 日起执行。原《对外贸易经济合作部关于印发〈出口加工区加工贸易管理暂行办法〉的通知》（〔2001〕外经贸管发第 141 号）自本办法执行之日起废止。

附件：1. 出口加工区加工贸易业务批准证（略）
　　　2. 出口加工区深加工结转业务批准证（略）

关于简化保税物流中心（B型）延续有效期工作的公告

（海关总署公告2019年第210号）

发布日期：2019-12-23
实施日期：2020-01-01
法规类型：规范性文件

落实全国深化"放管服"改革优化营商环境工作要求，进一步精简行政审批，海关总署决定自2020年1月1日起，将保税物流中心（B型）延续有效期审批工作委托各直属海关办理。

保税物流中心（B型）经营企业应当在《保税物流中心（B型）注册登记证书》有效期届满30日前向所在地直属海关递交延续有效期申请。经直属海关审查合格的，由直属海关作出准予延续有效期3年的决定。

特此公告。

关于"先出区、后报关"有关事项的公告

（海关总署公告2018年第198号）

发布日期：2018-12-14
实施日期：2018-12-14
法规类型：规范性文件

为复制推广自由贸易试验区改革试点经验，促进海关特殊监管区域（以下简称"特殊区域"）发展，提升贸易便利化水平，优化营商环境，海关总署在特殊区域及保税物流中心（B型）（以下简称"中心"）实施"先出区、后报关"监管改革，现将有关事项公告如下：

一、本公告所称"先出区、后报关"，是指特殊区域及中心内企业对出境货物，可通过信息化系统凭核放单先行办理出特殊区域及中心手续，再向海关报关的业务办理模式。

二、对适用"先出区、后报关"模式的货物，企业应采用全国通关一体化方式通关。

三、本公告所称"信息化系统"，是指金关二期特殊区域管理系统、保税物流管理系统。

本公告自发布之日起施行。

特此公告。

关于海关特殊监管区域"仓储货物按状态分类监管"有关问题的公告

（海关总署公告 2016 年第 72 号）

发布日期：2016-11-29
实施日期：2016-11-29
法规类型：规范性文件

现将实施海关特殊监管区域"仓储货物按状态分类监管"制度有关事项公告如下：

一、本公告所称"仓储货物按状态分类监管"制度，是指允许非保税货物以非报关方式进入海关特殊监管区域，与保税货物集拼、分拨后，实际离境出口或出区返回境内的海关监管制度。

二、本公告适用于各种类型的海关特殊监管区域。

三、海关特殊监管区域内企业（以下简称区内企业）经营非保税仓储货物，需经管委会审核同意后报海关核准。

海关可依据相关规定对区内企业与保税货物有关的货物流、资金流和信息流等开展稽核查。海关可以对进出区非保税货物进行抽查。

四、适用"仓储货物按状态分类监管"制度的区内企业，应使用计算机仓储管理系统（WMS）；应按照海关规定的认证方式与海关特殊监管区域信息化辅助管理系统联网，向海关报送能够满足监管要求的相关数据。

本公告自公布之日起施行。

特此公告。

关于实施海关特殊监管区域账册"一次备案、多次使用"有关问题的公告

（海关总署公告 2016 年第 70 号）

发布日期：2016-11-29
实施日期：2016-11-29
法规类型：规范性文件

现将实施海关特殊监管区域账册"一次备案、多次使用"监管制度有关事项公告如下：

一、本公告所称的账册"一次备案、多次使用"制度，是指海关特殊监管区域内企业（以下简称区内企业），在海关特殊监管区域信息化辅助管理系统（以下简称辅助系统）的账册备案环节，向海关特殊监管区域主管海关一次性备案企业、进出货物信息等内容，经海关核准后，可以在海关特殊监管区域内各项海关业务中多次、重复使用的海关监管制度。

二、本公告适用于各种类型的海关特殊监管区域。

三、区内企业经账册备案后，开展"批次进出、集中申报"、"保税展示交易"、"保税维修"、"期货保税交割"、"融资租赁"等经海关核准的业务，无需向海关再次备案。

四、适用"一次备案、多次使用"制度的区内企业，应按照海关规定的认证方式与辅助系统联网，向海关报送能够满足海关监管要求的相关数据。

本公告自公布之日起施行。

特此公告。

关于海关特殊监管区域及保税监管场所
实施区域通关一体化改革的公告

（海关总署公告 2015 年第 47 号）

发布日期：2015-09-29
实施日期：2015-09-29
法规类型：规范性文件

为进一步推进海关区域通关一体化改革，建立与保税加工、保税物流和保税服务发展要求相适应的区域通关监管机制，更好地服务国家发展战略，海关总署决定将区域通关一体化改革拓展至海关特殊监管区域（以下简称"特殊区域"）和保税监管场所。现将有关事项公告如下：

一、自公告之日起，海关区域通关一体化方式适用于特殊区域和保税监管场所内企业在各口岸进出境的货物。

二、企业可根据实际需要，自主选择口岸清关、转关、区域通关一体化等任何一种通关方式。

三、特殊区域和保税物流中心（B型）企业对采用区域通关一体化方式的进境货物应向主管海关办理申报，企业可根据物流实际需求，自主选择在特殊区域或进境口岸实施查验，但海关查验有特殊要求的除外。

四、特殊区域和保税物流中心（B型）企业可以采用自行运输方式将进境货物运至特殊区域或保税物流中心（B型）。对需转运分流至特殊区域实施查验的，进境货物及其运输工具应符合海关途中监管的要求。

五、特殊区域通关一体化的备案清单审核、查验、转运分流、备案清单修改撤销、应急保障等操作均参照现行区域通关一体化规定办理。

六、保税物流中心（A型）、保税仓库和出口监管仓库的进出境货物参照现行区域通关一体化方式操作。

七、海关通过"中国海关网上服务大厅"和海关"12360"服务热线，为企业提供通关、舱单状态查询、疑难咨询等公共服务。

特此公告。

关于海关特殊监管区域企业双重身份管理问题

（海关总署公告 2008 年第 17 号）

发布日期：2008-03-12

实施日期：2008-05-01

法规类型：规范性文件

2005 年 5 月 13 日，海关总署印发了 2005 年第 18 号公告（以下简称第 18 号公告），对报关单位的双重身份问题作了规定。考虑到海关特殊监管区域企业（以下称区内企业）的特殊性，为了进一步规范其管理，方便其经营，现就区内企业管理的有关事宜公告如下：

一、今后区内同一企业只拥有一个海关注册登记编码（十位数）。目前区内企业已经拥有"进出口货物收发货人"和"报关企业"两个编码的，只能从中选择一个作为自己唯一的编码，另一个由海关注销。

二、选择保留"报关企业"编码的，海关保留其"报关企业"登记证书，其可以在区内和区外继续开展代理报关业务，但不得开展自理报关业务；如需跨直属关区开展异地代理报关业务，应当办理跨关区报关注册登记许可手续。

三、选择保留"进出口收发货人"编码的，由海关重新核发新的十位数编码，其中第 1-6 位号码保持不变，第 7 位统一编号为英文大写字母"K"，颁发新的"报关企业"登记证书，并按照"报关企业"实施分类管理。

对经海关审核完成上述变更后的区内企业，海关视为拥有代理报关和"自理"报关双重功能的报关单位，并按下列规定进行管理：在区内可以同时开展代理和"自理"报关业务；在区外可以开展代理报关业务，但不得开展"自理"报关业务。区外代理报关业务范围和方式同本公告第二条"报关企业"。

四、今后区内无论是首次注册登记的企业，还是已经海关注册登记的企业，申请注册或者变更成为具有代理报关和"自理"报关双重功能报关单位的，海关按照"报关企业"有关规定办理注册或变更登记手续。对此类具有双重功能的报关单位，海关按照本公告第三条规定核发海关编码和报关证书，并进行相应管理。申请变更注册的企业原海关编码和登记证书由海关注销。

五、本公告所称的海关特殊监管区域包括保税区、出口加工区、保税物流园区、保税港区、综合保税区、跨境工业区和国际边境经济合作中心配套区等。

本公告所称的区内企业，是指海关注册登记编码第 5 位为"4"、"5"、"6"、"7"的企业。

在保税物流中心（B 型）开展业务的物流企业，可以比照本公告规定执行。

六、第 18 号公告与本公告规定不一致的，以本公告规定为准。

七、本公告自 2008 年 5 月 1 日起开始施行。

特此公告。

财政部 税务总局关于横琴粤澳深度合作区
企业所得税优惠政策的通知

（财税〔2022〕19号）

发布日期：2022-05-25
实施日期：2021-01-01
法规类型：规范性文件

广东省财政厅、国家税务总局广东省税务局：

为支持横琴粤澳深度合作区建设，现就有关企业所得税优惠政策通知如下：

一、对设在横琴粤澳深度合作区符合条件的产业企业，减按15%的税率征收企业所得税。享受本条优惠政策的企业需符合以下条件：

（一）以《横琴粤澳深度合作区企业所得税优惠目录（2021版）》（以下简称《目录》，见附件）中规定的产业项目为主营业务，且其主营业务收入占收入总额60%以上。收入总额按照《中华人民共和国企业所得税法》第六条规定执行。

（二）进行实质性运营，实质性运营是指企业的实际管理机构设在横琴粤澳深度合作区，并对企业生产经营、人员、账务、财产等实施实质性全面管理和控制。对不符合实质性运营的企业，不得享受优惠。

对总机构设在横琴粤澳深度合作区的企业，仅就其设在合作区内符合本条规定条件的总机构和分支机构的所得适用15%税率；对总机构设在合作区以外的企业，仅就其设在合作区内符合本条规定条件的分支机构所得适用15%税率。具体征管办法按照税务总局有关规定执行。

二、对在横琴粤澳深度合作区设立的旅游业、现代服务业、高新技术产业企业新增境外直接投资取得的所得，免征企业所得税。

本条所称新增境外直接投资所得应当符合以下条件：

（一）从境外新设分支机构取得的营业利润；或从持股比例超过20%（含）的境外子公司分回的，与新增境外直接投资相对应的股息所得。

（二）被投资国（地区）的企业所得税法定税率不低于5%。

本条所称旅游业、现代服务业、高新技术产业，按照《目录》中规定的旅游业、现代服务业、高新技术产业执行。

三、对在横琴粤澳深度合作区设立的企业，新购置（含自建、自行开发）固定资产或无形资产，单位价值不超过500万元（含）的，允许一次性计入当期成本费用在计算应纳税所得额时扣除，不再分年度计算折旧和摊销；新购置（含自建、自行开发）固定资产或无形资产，单位价值超过 500 万元的，可以缩短折旧、摊销年限或采取加速折旧、摊销的方法。

本条所称固定资产，是指除房屋、建筑物以外的固定资产。

四、本通知所称横琴粤澳深度合作区的范围，按照中共中央、国务院 2021 年印发的《横琴粤澳深度合作区建设总体方案》执行。

五、税务机关对企业主营业务是否属于《目录》难以界定的，可提请广东省人民政府有关行政主管部门或其授权的下一级行政主管部门出具意见。

六、本通知自 2021 年 1 月 1 日起执行。

附件：横琴粤澳深度合作区企业所得税优惠目录（2021 版）

横琴粤澳深度合作区企业所得税优惠目录（2021 版）

一、高新技术产业

1. 集成电路设计，集成电路先进封装与测试，特色工艺研发与制造，半导体设备及关键材料研发与制造，集成电路芯片设计平台（EDA 工具）、相关软件研发、配套 IP 库

2. 人工智能产品、人机工程、系统仿真设计、生物芯片及相关数据获取、处理技术开发、测试设备制造

3. 新型高分子功能材料、生物基材料、生物基合成高分子材料、天然生物高分子材料、生物基平台化合物、仿生智能与超材料、低维及纳米材料、高性能纤维、电子新材料及电子化学品、先进金属材料、新型复合材料、超导材料、增制制造材料、新能源材料研发与生产

4. 微电子、电子元器件、计算机、信息、生物、新材料、环保、机械装备、汽车、造船等先进制造技术研发、制造

5. 基于 IPv6 的下一代互联网等技术研发及系统设备、终端设备、检测设备、软件、芯片开发与制造

6. 第五代及后续移动通信系统手机、基站、核心网设备以及网络检测设备的研发、制造

7. 工业互联网、物联网、自动驾驶技术、智能消费设备的信息技术研发

8. 航天航空、生物医药、海洋、新能源、新材料、低碳环保等各行业专业科技服务

9. 智能汽车、新能源汽车及关键零部件研发

10. 智能船舶和相关智能系统及设备开发

11. 新能源汽车配套电网和充电站技术、设备的研发

12. 传统能源与新能源发电互补技术、能源路由、能源交易等能源互联网技术与设备的开发、生产

13. 智慧能源系统、分布式能源研发

14. 大容量电能储存技术开发、分布式供电及并网（含微电网）技术研发

15. 太阳能光伏发电技术、热发电技术、高温利用技术的开发，太阳能一体化建筑组件、设备的设计与制造

16. 5MW 级以上风电机组设计技术、风电场配套技术开发

17. 网络关键设备的构建技术、面向行业及企业信息化的应用系统，传感器网络节点、软件和系统技术、大数据库技术研发

18. 网络安全产品、数据安全产品、网络监察专用设备开发制造

19. 通用或高端通用处理器、储存器和操作系统等基础软硬件及其相关测试验证工具的研发、制造

20. 基于电信、广播电视和计算机网络融合的增值业务应用系统开发、制造

21. 网络信息服务技术研发

22. 互联网信息服务、互联网平台建设及运营

23. 多维立体显示和打印技术研发

24. 产业集聚区配套公共服务平台技术开发

25. 光传输技术、小型接入设备技术、无线接入技术、移动通信、量子通信技术、光通信技术开发

26. 软交换和 VoIP 系统、业务运营支撑管理系统、电信网络增值业务应用系统开发

27. 数字音视频技术、数字广播电视传输技术、广播电视网络综合管理系统技术、网络运营综合管理系统、IPTV 技术、高端个人媒体信息服务平台技术开发

28. 数字化多功能雷达整机、专用配套设备及部件研发及制造

29. 空中管制系统、新一代民用航空运行保障系统、卫星通信应用系统、卫星导航应用服务系统研发

30. 航空、航天技术应用及系统软硬件产品、终端产品开发生产

31. 无人船、无人机的研发制造

32. 基因测序、干细胞、功能蛋白、生命健康等新兴科学技术和产品的研发生产

33. 海洋医药与生化制品技术开发与服务

34. 海洋生物质能、海洋能（包括潮汐能、潮流能、波浪能等）技术开发

35. 海洋工程装备研发与应用技术开发、智慧海洋与海洋信息服务技术研发

36. 珍稀动植物的养殖、培育、良种选育技术开发

37. 食品安全技术，生物催化，反应及分离技术开发

38. 药品安全快速检验技术、食品药品仪器设备开发

39. 碳捕集、利用与封存（CCUS）技术研发与服务

40. 数据资产确权、登记和交易技术与方法应用

41. 清洁生产、资源综合利用技术、移动新能源技术的开发及产品制造

42. 绿色建材、装配式建筑和钢结构住宅等智能建造技术的研发

43. 建筑信息模型（BIM）相关技术开发

44. 城市生态系统关键技术开发与生产，安全饮水和先进型净水设备技术开发与制造

45. 能量系统管理、优化及控制技术：重点支持用于城市建筑供热平衡与节能、绿色建筑、城市智能照明、绿色照明系统的应用技术开发

46. 环境安全监测预警和应急处置的光学监测等技术开发

47. 电力安全技术、新型防雷过电压保护材料与技术、设备开发及生产

48. 电气、管道、设备等的安装技术的改造升级

49. 生活垃圾处理系统、危险废弃物集中利用处置系统、城市医疗废弃物集中处理系统等开发与应用

50. 城市高精度导航、高精度遥感影像和三维数据生产及关键技术开发

51. 基于大数据、物联网、GIS 等为基础的城市信息模型（CIM）相关技术开发

52. 城际、市域（郊）铁路、数字铁路与智能运输技术开发

53. 客运专线、高速铁路系统技术开发

54. 放射性、毒品等违禁品、核生化恐怖源等危险物品快速探测检测技术开发

55. 重要基础设施安全、社会公共安全、气象灾害、生物灾害防范防护技术开发

56. 重大事故灾害智能无人应急救援关键技术开发

二、科教研发产业

57. 国内外科研机构分支机构、新型研发机构

58. 国家级工程（技术）研究中心、国家产业创新中心、国家农业高新技术产业示范、国家农业科技园区、中医药科技实验中心、国家认定的企业技术中心、国家实验室、国家重点实验室、国家重大科技基础设施、高新技术创业服务中心、绿色技术创新基地平台、新产品开发设计中心、科教基础设施、产业集群综合公共服务平台、中试基地、实验基地的运营

59. 高等教育、国际教育、职业技能培训、体校及体育培训、文化艺术培训

60. 通用软件、行业应用软件、嵌入式软件、支撑软件技术开发

61. 开源软件社区

62. 量子、类脑等新机理计算机系统的研发

63. 生物工程技术与生物医学工程技术开发

三、中医药产业

64. 濒危稀缺药用动植物人工繁育技术及代用品开发和生产，先进农业技术在中药材规范化种植、养殖中的应用，中药有效成分的提取、纯化、质量控制新技术开发和应用，中药现代剂型的工艺技术、生产过程控制技术和装备的开发与应用，中药饮片创新技术开发和应用，中成药二次开发和生产 . .

65. 中医药、养生保健产品、中成药、中医药食品、药食同源、中药经典名方、特殊医学用途配方食品的研发、加工生产、检测、认证产业化标准建设

66. 中医药研究室、实验室、名老中医工作室

67. 中医药服务贸易、中医药科技服务成果转化等中介机构

四、医药卫生产业

68. 拥有自主知识产权的新药开发和生产

69. 天然药物开发和生产，

70. 满足我国重大、多发性疾病防治需求的通用名药物首次开发和生产

71. 药物新剂型、新辅料、儿童药、短缺药的开发和生产

72. 药物生产过程中的膜分离、超临界萃取、新型结晶、手性合成、酶促合成、连续反应、系统控制等技术开发与应

73. 原料药生产节能降耗减排技术、新型药物制剂技术开发与应用

74. 新型药用包装材料及其技术开发和生产

75. 制药新工艺新品种研发与生产

76. 前沿生命科技与产品，生物制品、高端医疗设备、高端医疗器械技术、产品研发及生产

77. 医药研发中心

78. 先进技术临床医学研究中心、临床试验机构和重点实验室等医学科研机构的运营

79. 第三方医疗检测、卫生检测、健康管理、康复护理、心理咨询等大健康行业的运营，医疗质量、健康培训、医疗服务能力评价

80. 医疗健康领域国际学术交流平台、国际性医疗组织、医疗健康领域国际会议和会展活动、医药博物馆的运营

81. 动植物药材资源开发、中药材 GAP 生产基地、绿色道地药材和特色健康产品的交易平台、国家医药成果转移转化试点示范基地、医药技术成果转移转化服务平台和交易中心的运营

82. 新型医用诊断医疗仪器设备、微创外科和介入治疗装备及器械、医疗急救及移动式医疗装备、康复工程技术装置、家用医疗器械、新型医用材料、人工器官及关键元器件的开发和生产，数字化医学影像产品及医疗信息技术的开发与应用

83. 新型医用诊断试剂、重大流行病、新发传染病检测试剂和仪器的研发

84. 生物医用金属材料、生物医用高分子材料、生物医用无机非金属材料或生物陶瓷、生物医用复合材料及生物医用衍生材料的研发和制造

85. 艾滋病疫苗、丙肝疫苗及宫颈癌疫苗、疟疾、手足口病等新型疫苗、重大疫病防治疫苗的研发生产

86. 新型抗癌药物、新型心脑血管药物、新型神经系统药物、抗体药物、基因治疗药物、细胞治疗药物、重组蛋白质药物、核酸药物、海洋药物等的研发生产

87. 医疗机构、医疗卫生设施运营

88. 互联网医院、"互联网+"医疗健康服务、医疗大数据技术研发

五、其他澳门品牌工业

89. 钻石、珠宝、金银类金属首饰等设计、加工，钻石、宝石交易中心的运营

90. 对在澳门审批和注册且在合作区生产的食品、饮品、调味品及保健品的设计、生产

91. 化妆品（含汞量不超过百万分之一）研发生产

六、文化会展商贸产业

92. 民俗文化产品及工艺美术研发设计、加工、生产

93. 电影院线、文化艺术、新闻出版、大众文化、科普设施经营

94. 视觉传达设计、建筑、景观及室内设计，工业设计，时装设计，高端工艺美术设计等创意设计及服务

95. 国际会议、品牌展会、专业展览、艺术品交易及相关服务

96. 国际会展场馆运营

97. 内地与澳门、葡语国家的贸易经纪、代理与服务

98. 品牌体验店、品牌直销购物中心、连锁便利店、主题商城、超级市场、高品质消费品交易中心等综合体验型购物中心运营

七、旅游业

99. 游乐场、海洋馆、主题公园、影视拍摄基地、展览馆、博物馆的经营

100. 海上运动、海域低空飞行、邮轮旅游、游艇旅游、海岛旅游的经营

101. 文化创意旅游、健康医疗旅游、会展旅游、旅游实景演出、影视音乐节、民俗活动、文化遗产传承与经营

102. 文化体育活动及场馆运营

103. 旅游电子商务的经营

104. 专业从事粤港澳旅游的旅游公司的经营

105. 特色文化、旅游、餐饮品牌化与连锁化经营

106. 中医药健康旅游基地、森林康养基地、森林体验基地、国家森林步道、自驾车营地（含房车）、商务宿营地、农林旅游景区、酒店、特色化中小型家庭旅馆、民宿、客运码头和游艇码头的经营

107. 游艇研发制造

108. 水上高速客运、旅客联程运输设施设备、票务一体化、联运产品的研发及运营

八、现代服务业

109. 行业（企业）管理和信息化解决方案开发

110. 数字化技术、高速计算技术、文化信息资源共享技术开发

111. 信息安全技术的产品研发与服务

112. 信息技术外包、业务流程外包、知识流程外包等技术先进型服务

113. 云计算、边缘计算、物联网、区块链、高性能计算、大数据、新媒体等数字经济相关产业的技术、产品研发服务

114. 科技信息交流、文献信息检索、技术咨询、技术孵化、科技成果评估、科技成果转移转化服务和科技鉴证等服务

115. 动漫及衍生产品研发

116. 文化创意设计服务、文化信息资源开发及创作服务

117. 数字音乐、手机媒体、数字媒体、数字学习、数字影视、数字出版与典藏、内容软件等数字产品研发

118. 宽带通信基础设施建设和服务

119. 第三方物流及管理

120. 物流公共信息平台开发及建设

121. 快递营业网点、门店等运营

122. 供应链管理、服务、技术创新及应用

123. 跨境数据库服务

124. 共享经济、平台经济平台的开发与运营

125. 智能体育和电子竞技线上服务平台建设

126. 跨国公司区域总部、在合作区设立的澳资生产经营管理中心

127. 城市供气、供冷、供排水管网建设及城镇地下管网建设与经营

128. 城市道路及智能交通体系运营

129. 停车楼、地下停车场、机械式立体停车库等集约化的停车设施运营，停车场电动车充电设施运营

130. 海绵城市建设关键技术产品开发

131. 汽车客货运站、城市公交站、城市公交、出租汽车服务调度信息系统开发与信息系统建设

132. 资信调查与评级、征信等信用服务

133. 人力资源与人力资本服务及其他专业服务

134. 知识产权代理、转让、登记、鉴定、检索、分析、评估、运营、认证、咨询等服务

135. 合同研究组织（CRO）、合同生产组织（CMO）、合同研究生产组织（CDMO）所提供的专业性综合服务

136. 管理咨询、城市规划、工程管理、节能环保、检验检测认证等专业服务

137. 法律、会计、税务、节能、环保咨询与服务

138. 旅游、商贸、酒店等服务行业标准化、信息化经营管理

139. 资产评估、校准、检测、检验等服务

140. 养老服务、托育服务、家政服务

141. 国际航空器、航空航天航材交易市场的运营、航空货运服务

142. 中葡国际贸易中心和数字贸易国际枢纽港的运营

143. 跨境电子商务

144. 拍卖公司运营

九、现代金融业

145. 跨境投融资双向开放服务体系建设

146. 服务"三农"、小型微利企业、小微企业主、个体工商户的小额贷款金融服务

147. 金融管理部门批准设立并实施监管的机构的金融科技产品研发、应用和服务输出

148. 绿色金融服务体系建设

149. 中药材、知识产权、大宗商品、金融资产交易场所的运营

150. A民币跨境结算体系建设

财政部　税务总局关于支持货物期货市场
对外开放增值税政策的公告

（财政部　税务总局公告2020年第12号）

发布日期：2020-02-18
实施日期：2020-02-18
法规类型：规范性文件

为支持货物期货市场对外开放，现将有关增值税政策公告如下：

自2018年11月30日至2023年11月29日，对经国务院批准对外开放的货物期货品种保税交割业务，暂免征收增值税。

上述期货交易中实际交割的货物，如果发生进口或者出口的，统一按照现行货物进出口税收政策执行。非保税货物发生的期货实物交割仍按《国家税务总局关于下发〈货物期货征收增值税具体办法〉的通知》（国税发〔1994〕244号）的规定执行。

特此公告。

财政部　海关总署　国家税务总局关于扩大内销
选择性征收关税政策试点的通知

（财关税〔2016〕40号）

发布日期：2016-08-01
实施日期：2016-09-01
法规类型：规范性文件

天津市、上海市、福建省、河南省、湖北省、广东省、重庆市、四川省、陕西省财政厅（局）、国家税务局，海关总署广东分署、天津海关、上海海关、福州海关、厦门海关、郑州海关、武汉海关、广州海关、深圳海关、拱北海关、汕头海关、黄埔海关、湛江海关、江门海关、重庆海关、成都海关、西安海关：

为贯彻落实《国务院关于促进外贸回稳向好的若干意见》（国发〔2016〕27号）中"在自贸试验区的海关特殊监管区域积极推进选择性征收关税政策先行先试，及时总结评估，在公平税负原则下适时研究扩大试点"的要求，现就扩大内销选择性征收关税政策试点有关问题通知如下：

一、将内销选择性征收关税政策试点扩大到天津、上海、福建、广东四个自贸试验区所在省（市）的其他海关特殊监管区域（保税区、保税物流园区除外），以及河南新郑综合保税区、湖北武汉出口加工区、重庆西永综合保税区、四川成都高新综合保税区和陕西西安出口加工区5个海关特殊监管区域。

二、内销选择性征收关税政策是指对海关特殊监管区域内企业生产、加工并经"二线"内销的货物，根据企业申请，按其对应进口料件或按实际报验状态征收关税，进口环节增值税、消费税照章征收。企业选择按进口料件征收关税时，应一并补征关税税款缓税利息。

三、本通知自 2016 年 9 月 1 日起执行。

特此通知。

财政部　国家税务总局关于原油和铁矿石期货保税交割业务增值税政策的通知

（财税〔2015〕35 号）

发布日期：2015-04-08
实施日期：2015-04-01
法规类型：规范性文件

各省、自治区、直辖市、计划单列市财政厅（局）、国家税务局：

根据国务院批复精神，现将原油和铁矿石期货保税交割业务有关增值税政策通知如下：

一、上海国际能源交易中心股份有限公司的会员和客户通过上海国际能源交易中心股份有限公司交易的原油期货保税交割业务，大连商品交易所的会员和客户通过大连商品交易所交易的铁矿石期货保税交割业务，暂免征收增值税。

二、期货保税交割的销售方，在向主管税务机关申报纳税时，应出具当期期货保税交割的书面说明、上海国际能源交易中心股份有限公司或大连商品交易所的交割结算单、保税仓单等资料。

三、上述期货交易中实际交割的原油和铁矿石，如果发生进口或者出口的，统一按照现行货物进出口税收政策执行。非保税货物发生的期货实物交割仍按《国家税务总局关于下发〈货物期货征收增值税具体办法〉的通知》（国税发〔1994〕244 号）的规定执行。

四、本通知自 2015 年 4 月 1 日起执行。

关于进入中哈霍尔果斯国际边境合作中心的货物适用增值税退（免）税政策的通知

（财税〔2015〕17 号）

发布日期：2015-01-21
实施日期：2015-01-21
法规类型：规范性文件

各省、自治区、直辖市、计划单列市财政厅（局）、国家税务局，新疆生产建设兵团财务局：

为贯彻落实国务院有关精神，现就进入中哈霍尔果斯国际边境合作中心（以下简称中心）

货物的增值税退（免）税政策问题通知如下：

一、在中心封关验收后，对由中方境内进入中心的基础设施（公共基础设施除外）建设物资和中心内设施自用设备，视同出口货物，实行增值税退（免）税政策。

二、企业申请增值税退（免）税时，需要提供货物进入中心的出口货物报关单（出口退税专用）。

三、申请增值税退（免）税的企业所在地国家税务局，应将申请退（免）税清单传递给新疆伊犁州经济开发区国家税务局；新疆伊犁州经济开发区国家税务局应按申请单所列内容就建设物资、自用设备等合理数量及真实性进行核实，并及时反馈审核结果。上述核实无误后再办理增值税退（免）税手续。

四、本通知从发布之日起执行。此前已发生的符合本通知规定的出口货物的增值税退（免）税，可按本通知的规定办理。

海关总署　国家税务总局关于出口监管仓库享受入仓退税政策扩大试点的通知

（署加发〔2010〕347号）

发布日期：2010-08-16
实施日期：2010-08-16
法规类型：规范性文件

广东分署、各直属海关，各省、自治区、直辖市和计划单列市国家税务局：

为进一步适应和促进我国现代物流业和区域经济的发展，根据全国出口监管仓库入仓退税试点情况和取得的良好效益，经研究，海关总署和税务总局决定启动出口监管仓库"入仓退税"政策的审批工作。现将有关事项通知如下：

一、根据调研，并经有关直属海关和当地主管国税部门复核，批准符合《出口监管仓库货物入仓即予退税暂行管理办法》（详见署加发〔2005〕39号附件，以下简称《管理办法》）规定的出口监管仓库（具体名单详见附件），从本文印发之日起享受入仓退税政策。入仓开展业务的企业可以按照《管理办法》办理入仓退税手续，由当地主管海关和国税部门依据《管理办法》实施管理。

二、本次未符合条件的出口监管仓库，入仓开展业务的企业暂时不实行入仓退税，仍按现行有关规定办理出口退税手续。

三、有关主管海关和国税部门对原已实行入仓退税政策和本次纳入扩大实行入仓退税政策试点的出口监管仓库，应严格按照《管理办法》规定的入仓退税条件，共同进行年度核查，达不到条件的出口监管仓库不得继续实行入仓退税政策。

四、有关海关和国税部门在扩大实行入仓退税政策试点的过程中要加强联系配合，认真做好执行此项政策的常态管理工作，并不断总结经验，完善管理。有关情况和问题、建议要及时上报海关总署和国家税务总局。

特此通知。

附件：已具备入仓退税条件的出口监管仓库名单（略）

财政部　海关总署　国家税务总局关于国内采购材料进入海关特殊监管区域适用退税政策的通知

（财税〔2009〕107号）

发布日期：2009-09-03
实施日期：2009-09-03
法规类型：规范性文件

各省、自治区、直辖市、计划单列市财政厅（局）、国家税务局，海关广东分署，天津、上海特派办，各直属海关，新疆生产建设兵团财务局：

最近，部分地区反映《财政部　海关总署　国家税务总局关于国内采购材料进入出口加工区等海关特殊监管区域适用退税政策的通知》（财税〔2008〕10号）"海关特殊监管区内生产企业国内采购入区退税原材料清单"中列名的产品出口退税率提高后以及海关商品编码变更后，适用退税率问题。经研究，现明确如下：

一、根据财税〔2008〕10号文件的规定，对区内生产企业在国内采购"海关特殊监管区内生产企业国内采购入区退税原材料清单"中列名的产品，进区按增值税法定征税率予以退税是指取消出口退税的产品。上述产品的出口退税率调整后，应执行调整后的出口退税率。

二、财税〔2008〕10号文件"海关特殊监管区内生产企业国内采购入区退税原材料清单"列名产品，如因海关商品编码发生变更，而产品特性描述按海关规定仍在列名产品范围的，按原规定的适用退税率执行。

特此通知。

财政部　海关总署　国家税务总局关于国内采购材料进入出口加工区等海关特殊监管区域适用退税政策的通知

（财税〔2008〕10号）

发布日期：2008-02-02
实施日期：2008-02-15
法规类型：规范性文件

各省、自治区、直辖市、计划单列市财政厅（局）、国家税务局，海关广东分署，天津、上海特派办，各直属海关，新疆生产建设兵团财务局：

经国务院批准，对国内采购已经取消出口退税的材料进入出口加工区等海关特殊监管区域，适用下列退税政策：

一、对取消出口退税进区并用于建区和企业厂房的基建物资，入区时海关办理卡口登记手续，不退税。上述货物不得离境出口，如在区内未使用完毕，由海关监管退出区外。但自境外进入区内的基建物资如运往境内区外，应按海关对海关特殊监管区域管理的有关规定办理报关纳税手续。此项政策适用于所有海关特殊监管区域。

二、对区内生产企业在国内采购用于生产出口产品的并已经取消出口退税的成品革、钢材、铝材和有色金属材料（不含钢坯、钢锭、电解铝、电解铜等金属初级加工产品）等原材料，进区时按增值税法定征税率予以退税。具体商品清单见附件。

三、区内生产企业在国内采购上述第二条规定的原材料未经实质性加工，不得转售区内非生产企业（如仓储物流、贸易等企业）、直接出境和以保税方式出区。违反此规定，按骗税和偷逃税款的相关规定处理。上述享受退税的原材料未经实质性加工出区销往国内照章征收各项进口环节税。

实质性加工标准按《中华人民共和国进出口货物原产地条例》（国务院令第416号）实质性改变标准执行。

四、区内非生产企业（如保税物流、仓储、贸易等企业）在国内采购进区的上述第二条规定的原材料不享受该政策。

五、上述二、三、四项措施，仅适用于具有保税加工功能的出口加工区、保税港区、综合保税区、珠澳跨境工业区（珠海园区）和中哈霍尔果斯国际边境合作中心（中方配套区域）。具体监管办法，由海关总署会同税务总局等有关部门另行制定。

本通知于2008年2月15日起执行。

附件：海关特殊监管区内生产企业国内采购入区退税原材料清单（略）

关于部分进入特殊监管区域的货物
不征收出口关税和退税的公告

（海关总署公告2008年第34号）

发布日期：2008-05-16
实施日期：2008-05-16
法规类型：规范性文件

根据《海关总署关于部分进入海关特殊监管区域的产品不征收出口关税的公告》（海关总署公告〔2008〕21号，以下简称《公告》）和《财政部 海关总署 国家税务总局关于国内采购材料进入出口加工区等海关特殊监管区域适用退税政策的通知》（财税〔2008〕10号，以下简称《通知》），自2008年2月15日起，对部分进入海关特殊监管区域的产品不征收出口关税和按增值税法定征税率予以退税，现就有关事项公告如下：

一、属于《公告》和《通知》规定进入海关特殊监管区域不征收出口关税或按增值税法定征税率退税的货物，区外企业在办理出口报关手续前，由区内企业按照《海关特殊监管区域不征收出口关税及审批表填制规范》（见附件1）填写《海关特殊监管区域不征收出口关税及退税货物审批表》（见附件2，以下简称《审批表》）报主管海关审批，主管海关审批同意，生成审批表编号并交区内企业，区内企业将《审批表》交区外企业，区外企业持《审批表》办理出口报关手续；主管海关审批不同意的，不生成审批表编号并交区内企业。

二、对于进入海关特殊监管区域不征收出口关税或按增值税法定征税率退税的货物，区外企业单独填报出口报关单。《审批表》和出口报关单一一对应。

三、区外企业办理上述货物出口报关手续时，在出口报关单备注栏目填写《审批表》编号，并向海关特殊监管区域主管海关递交审批后的《审批表》，主管海关审核无误后留存，并按规定不征收出口关税或出具出口退税报关单。

四、如海关对出口报关单审核后，需要对出口报关单中的出口口岸、发货单位、经营单位、商品编号、商品名称、规格型号、数量及单位、单价、总价、币制进行修改的，区内企业需根据修改后的内容重新填写《审批表》报主管海关审批。原《审批表》作废，由区外企业交原区内企业，再由原区内企业将其与重新填写的《审批表》一并交主管海关，海关不再退还。

特此公告。

附件：1. 海关特殊监管区域不征收出口关税及退税货物审批表填制规范（略）
　　　2. 海关特殊监管区域不征收出口关税及退税货物审批表（略）

关于部分进入海关特殊监管区域的
产品不征收出口关税的公告

（海关总署公告 2008 年第 21 号）

发布日期：2008-03-31
实施日期：2008-03-31
法规类型：规范性文件

经国务院批准，国务院关税税则委员会决定，自 2008 年 2 月 15 日起，对部分进入海关特殊监管区域的产品不征收出口关税。现就有关问题公告如下：

一、对境内区外进入所有海关特殊监管区域用于建区和企业厂房基础建设的，属于取消出口退税或加征出口关税的基建物资（以下简称基建物资），入区时不予退税，海关办理登记手续，不征收出口关税。上述基建物资不得离境出口，如在区内未使用完毕的，由海关监管退出区外。

自境外进入区内的基建物资，如运往境内区外的，应按海关对海关特殊监管区域管理的有关规定办理报关纳税手续。

二、对具有保税加工功能的出口加工区、保税港区、综合保税区、珠澳跨境工业区（珠海园区）和中哈霍尔果斯国际边境合作中心（中方配套区域）的区内生产企业在国内（境内区外，下同）采购用于生产出口产品的原材料（清单详见附件，以下简称上述原材料），进区时不征收出口关税。上述原材料未经实质性加工的，不得转让或销售给区内非生产企业（如保税物流、仓储、贸易等企业，下同）、直接出境或以保税方式出区；如出区销往境内区外的，一律照章征收进口关税和进口环节增值税。

以上所称"实质性加工"的标准，按照《中华人民共和国海关关于执行〈非优惠原产地规则中实质性改变标准〉的规定》（海关总署令第 122 号）执行。

区内非生产企业在境内区外采购进区的上述原材料，不适用上述税收政策。

三、区内生产企业在境内区外采购上述原材料，由区外企业持凭其与区内生产企业签订的原材料正式购销合同，向区内生产企业所在特殊监管区域海关申请办理出口报关手续，并在出口报关单备注栏内注明海关审批可不征收出口关税的证明文书编号，由区内生产企业负责办理进区备案手续。

四、自 2008 年 2 月 15 日至本公告发布之日前，符合本公告规定不征收出口关税的产品，其已征收的出口关税，按照本公告规定补办相关手续后准予退还。

特此公告。

关于开展保税物流功能试点出口加工区
有关税收问题的通知

（国税函〔2007〕901 号）

发布日期：2007-08-21
实施日期：2007-01-01
法规类型：规范性文件

各省、自治区、直辖市和计划单列市国家税务局：

经国务院批准，在江苏昆山、浙江宁波、上海松江、北京天竺、山东烟台、陕西西安、重庆等 7 个出口加工区开展拓展保税物流功能试点，并在其中具备条件、有业务需求的出口加工区开展研发、检测、维修业务试点。现将有关税收问题通知如下：

一、上述 7 个出口加工区拓展保税物流功能等试点后的税收管理，继续按照《国家税务总局关于印发〈出口加工区税收管理暂行办法〉的通知》（国税发〔2000〕155 号）及现行其他有关规定执行。

二、本通知自 2007 年 1 月 1 日起执行。

出口加工区税收管理暂行办法

（国税发〔2000〕155 号）

发布日期：2000-10-26
实施日期：2012-06-14
法规类型：规范性文件

（根据国家税务总局公告 2012 年第 24 号《国家税务总局关于发布〈出口货物劳务增值税和消费税管理办法〉的公告》修订）

为加强与完善加工贸易管理，根据《国务院关于〈中华人民共和国海关对出口加工区监管的暂行办法〉的批复》（国函〔2000〕38 号）的精神，经商海关总署同意，特制定本办法。

一、出口加工区是指经国务院批准、由海关监管的特殊封闭区域。

二、对出口加工区运往区外的货物，海关按照对进口货物的有关规定办理进口报关手续，并对报关的货物征收增值税、消费税；对出口加工区外企业（以下简称"区外企业"，下同）运入出口加工区的货物视同出口，由海关办理出口报关手续，签发出口货物报关单（出口退税专用）。

本办法所述"区外企业"是指具有进出口经营权的企业，包括外贸（工贸）公司、外商投资企业和具有进出口经营权的内资生产企业。

三、区外企业销售给出口加工区内企业（以下简称"区内企业"，下同）并运入出口加工区供区内企业使用的国产设备、原材料、零部件、元器件、包装物料，以及建造基础设施、加工企业和行政管理部门生产、办公用房的基建物资（不包括水、电、气），区外企业可凭海关签发的出口货物报关单（出口退税专用）和其他现行规定的出口退税凭证，向税务机关申报办理退（免）税。

对区外企业销售给区内企业、行政管理部门并运入出口加工区供其使用的生活消费品、交通运输工具，海关不予签发出口货物报关单（出口退税专用），税务部门不予办理退（免）税。

对区外企业销售给区内企业、行政管理部门并运入出口加工区供其使用的进口机器、设备、原材料、零部件、元器件、包装物料和基建物资，海关不予签发出口货物报关单（出口退税专用），税务部门不予办理退（免）税。

四、出口货物实行免税管理办法的外商投资企业销售并运入出口加工区的本办法第三条所述予以退（免）税的货物，在2000年底前仍实行免税政策。

五、对区外企业销售并运入出口加工区的货物，一律开具出口销售发票，不得开具增值税专用发票或普通发票。

六、对区外企业销售给区内企业并运入出口加工区供区内企业使用的实行退（免）税的货物，区外企业应按海关规定填制出口货物报关单，出口货物报关单"运输方式"栏应为"出口"（运输方式全称为"出口加工区"）。

七、对区内企业在区内加工、生产的货物，凡属于货物直接出口和销售给区内企业的，免征增值税、消费税。对区内企业出口的货物，不予办理退税。

八、区内企业委托区外企业进行产品加工，一律不予退（免）税。

九、区内企业按现行有关法律法规、规章缴纳地方各税。

十、区内的内资企业按国家现行企业所得税法规、规章缴纳所得税，外商投资企业比照现行有关经济技术开发区的所得税政策规定执行。

十一、已经批准并核定"四至范围"的出口加工区，其区内加工企业和行政管理部门从区外购进基建物资时，需向当地税务部门和海关申请。在审核额度内购进的基建物资，可在海关对出口加工区进行正式验收。监管后，凭出口货物报关单（出口退税专用）向当地税务部门申请办理退（免）税手续。

十二、对违反本办法有关规定，采取弄虚作假等手段骗取退（免）税的，按《中华人民共和国税收征收管理法》等有关规定予以处罚。

十三、本办法由国家税务总局负责解释。

商品管理

关于规范加工贸易项下进口消耗性物料管理的公告

（海关总署公告 2016 年第 67 号）

发布日期：2016-11-24
实施日期：2017-01-01
法规类型：规范性文件

为规范、统一对加工贸易项下进口消耗性物料（以下简称"消耗性物料"）的管理，提高监管效能，现就有关事项公告如下：

一、本公告所称消耗性物料，是指加工贸易企业为加工出口成品而进口，且为加工出口成品所必需，直接用于生产过程，但又完全不物化于成品中的物料。物化是指料件通过物理或化学的方式存在于成品中并构成商品基本特性的转化过程。

二、海关对消耗性物料按照保税方式进行监管。加工贸易企业进口消耗性物料，不受企业性质、贸易方式（进料加工、来料加工）、是否单独申报进口的限制。

消耗性物料商品如因动态调整被增列入加工贸易禁止类商品目录的，按加工贸易禁止类商品进行管理，不实行保税监管。

消耗性物料或其制成品转为内销的，海关对消耗性物料依法征收税款并且加征缓税利息。消耗性物料属于进口许可证件管理的，企业在内销时应提交进口许可证件。

三、以下商品不按加工贸易消耗性物料以保税方式进行监管：加工贸易企业生产设备、工具的易损件，如钻头、钻嘴、砂轮、刀片、磨具等；易耗品，如机油、润滑油、印刷用的菲林、PS 版等；检测物料，如检测纸、检测带、检测光盘、检测针等；劳保防护用品，如工作衣、帽、手套等；印制电路板用的干膜、生产高尔夫球头和飞机发动机叶片用模具所需进口的软金属、蜡、耐火材料等。

四、加工贸易项下进口料件同时符合以下条件的，不纳入消耗性物料管理，企业按照保税料件的相关规定办理有关手续：

（一）料件在加工过程中通过物理变化或化学反应存在或转化到成品中；

（二）料件存在或转化到成品中的量是保持成品性能不可缺少的组成成分，而非残留物。

五、企业申报保税进口的消耗性物料，应当在《加工贸易企业经营状况和生产能力证明》进口料件中予以列明。企业在办理手（账）册设立（变更）手续时，应当向主管海关提交《加工贸易项下进口消耗性物料申报表》（详见附件），申报内容应当完整。如海关需要，企业还应当提交以下补充材料：

（一）消耗性物料的属性和用途说明；

（二）消耗性物料在加工过程中的化学反应或物理变化原理、化学反应式、耗用量以及与成品的匹配关系等书面材料；

（三）海关认为需要提交的其他证明文件和材料。

六、消耗性物料应当与相应加工生产过程的进口料件、出口成品纳入同一手（账）册管理。企业应在手（账）册设立（变更）环节按要求向海关申报。企业在申报消耗性物料时应当进行标识，在"商品名称"栏首字节起注明"〔消〕"（注：中括号为半角字符）；在"单耗/净耗"栏目内如实申报耗用量。

消耗性物料应当与其他保税料件分项申报，不得归并。

七、消耗性物料的管理遵循如实申报、据实核销的原则。

企业应当结合生产实际核定耗用量并按加工贸易手（账）册有关规定要求的报核时间完成向海关报核。

海关认为有必要时可通过实地核查等方式对企业所申报数据进行核对、验证，企业应当积极配合并按海关要求提供相关证明材料。

企业对消耗性物料的后续处置参照《中华人民共和国海关关于加工贸易边角料、剩余料件、残次品、副产品和受灾保税货物的管理办法》（海关总署令第 111 号公布，海关总署令第 218 号修订）有关管理规定办理。

八、海关特殊监管区域内企业进口消耗性物料，实行保税监管。上述物料或其制成品销往境内区外，企业应当按规定缴纳税款并办理进口手续，涉及进口许可证件管理的应当提交有关证件。

九、本公告自 2017 年 1 月 1 日起施行。海关总署公告 2011 年第 2 号自本公告施行之日起停止执行。

特此公告。

附件：加工贸易项下进口消耗性物料申报表（略）

关于决定对光盘复制有关行政管理事项进行调整的公告

（国家新闻出版广电总局　商务部　海关总署联合公告 2016 年第 2 号）

发布日期：2016-05-17
实施日期：2016-05-17
法规类型：规范性文件

根据《国务院关于第六批取消和调整行政审批项目的决定》（国发〔2012〕52 号）、《国务院关于取消和下放一批行政审批项目等事项的决定》（国发〔2013〕19 号）和商务部、海关总署公告（2014 年第 47 号）有关规定，国家新闻出版广电总局、商务部、海关总署决定对光盘复制有关行政管理事项进行调整，现就有关问题公告如下：

一、关于加工贸易项下进出口光盘的办理

加工贸易项下进出口只读类光盘的，须向所在地省级新闻出版广电行政主管部门提出申请并提供样品备案。经批准后，省级新闻出版广电行政主管部门开具"加工贸易项下光盘进出口批准证"（格式见附件1）。申请单位凭该批准证到商务部门办理加工贸易审批业务；凭该批准证到进出口口岸海关办理光盘的进出口验放手续。所在地已进行相关行政审批制度改革的地区，可凭该批准证直接到海关办理有关手续。

加工贸易项下进出口的光盘（包括纯光盘产品和配套光盘产品）如无法出口，不得申请内销。由海关移交新闻出版广电行政主管部门，新闻出版广电行政主管部门予以监督销毁，并向海关出具相关证明，海关凭该证明办理核销结案手续。

二、关于赴境外加工光盘类产品并返回境内的办理

境内出版单位出版的音像电子出版物赴境外加工光盘类产品（含黑胶唱片）并返回境内的，须向所在地省级新闻出版广电行政主管部门提供拟入境产品的内容进行备案。备案后，省级新闻出版广电行政主管部门开具《赴境外加工光盘进口备案证明》（以下简称《进口备案证明》，格式见附件2）。出版单位向海关办理赴境外加工并返回国内光盘类产品（商品编码为85234990.00或85238011.00）进口报关纳税手续时，须交验《进口备案证明》，海关按现行规定办理验放手续。

《进口备案证明》所列申请单位应与进口货物报关单收发货人或消费使用单位一致；所进口光盘"商品名称"、"规格型号"等内容应与进口货物报关单相应内容一致；报关进口数量应当在申请进口数量范围之内。《进口备案证明》实行"一批一证"管理，每份进口货物报关单仅适用一份《进口备案证明》；《进口备案证明》仅限在有效期内一次使用。原监管证件代码"Z"中证件名称增加《进口备案证明》，申报单位按照现行申报规范填报。

委托境外加工的光盘入境后，须在15日内向公安部光盘生产源鉴定中心寄送样盘备案。

加工贸易项下光盘进出口批准证和《赴境外加工光盘入境备案证明》由各省级新闻出版广电行政主管部门根据附件格式进行印制。

其他有关光盘复制政策管理措施，继续按《复制管理办法》（原国家新闻出版总署令第42号）执行。

本公告自发布之日起施行。原国家新闻出版总署、商务部、海关总署公告（2004年第2号），原国家新闻出版总署、商务部、海关总署公告（2005年第1号）同时废止。

附件：1. 加工贸易项下光盘进出口批准证（格式）（略）
　　　2. 赴境外加工光盘进口备案证明（格式）（略）

关于暂停太阳能级多晶硅加工贸易进口业务
申请受理的公告

（商务部　海关总署公告2014年第58号）

发布日期：2014-08-14
实施日期：2014-09-01
法规类型：规范性文件

鉴于2014年1月20日对自美国和韩国进口太阳能级多晶硅和2014年5月1日对自欧盟进口太阳能级多晶硅采取贸易救济措施后，我国加工贸易项下多晶硅进口出现激增，商务部和海关总署决定自2014年9月1日起暂停太阳能级多晶硅（海关商品编号为2804619012、

2804619013、2804619092、2804619093）加工贸易进口业务申请的受理。

2014 年 9 月 1 日前已经商务主管部门批准的加工贸易业务（广东省企业以实际加工贸易手册设立时间为准），可在合同有效期内执行完毕。以企业为管理单元的联网监管企业可在 2014 年 12 月 31 日前执行完毕。上述业务到期仍未执行完毕的不予延期，按加工贸易内销、退运或其他规定办理。

关于取消加工贸易项下进口钢材保税政策的通知

（财关税〔2014〕37 号）

发布日期：2014-07-02
实施日期：2014-07-02
法规类型：规范性文件

各省、自治区、直辖市、计划单列市财政厅（局）、国家税务局，新疆生产建设兵团财务局，海关总署广东分署、各直属海关：

为贯彻落实《国务院关于化解产能严重过剩矛盾的指导意见》（国发〔2013〕41 号）中"落实公平税赋政策，取消加工贸易项下进口钢材保税政策"的精神，现就取消加工贸易项下进口钢材保税政策的有关问题通知如下：

一、首批对国内完全能够生产、质量能够满足下游加工企业需要的进口热扎板、冷扎板、窄带钢、棒线材、型材、钢铁丝、电工钢等 78 个税号的钢材产品（具体产品清单见附件），取消加工贸易项下进口钢材保税政策，自 2014 年 7 月 31 日起，征收关税和进口环节税。

对 2014 年 7 月 31 日前已签订的合同，且在 2014 年 12 月 31 日前实际进口的，允许在合同有效期内继续以保税的方式开展加工贸易。

二、上述政策措施适用于综合保税区等海关特殊监管区域，但 2014 年 7 月 31 日前区内已设立并从事附件所列产品加工贸易的企业暂予以除外。

特此通知。

附件：首批取消加工贸易项下进口钢材保税政策的产品清单

附件

首批取消加工贸易项下进口钢材保税政策的产品清单

序号	税则号列	货品名称
1	72081000	轧压花纹的热轧卷材
2	72082500	厚度≥4.75mm 其他经酸洗的热轧卷材
3	72082610	屈服强度大于 355 牛顿/平方毫米，3mm≤厚度<4.75mm 其他经酸洗热轧卷材
4	72082690	其他 3mm≤厚度<4.75mm 其他经酸洗热轧卷材
5	72082710	厚度<1.5mm 的其他经酸洗的热轧卷材

序号	税则号列	货品名称
6	72082790	其他厚度<3mm 的其他经酸洗的热轧卷材
7	72083600	厚度>10mm 的其他热轧卷材
8	72083700	4.75mm≤厚度≤10mm 的其他热轧卷材
9	72083810	屈服强度大于 355 牛顿/平方毫米，3mm≤厚度<4.75mm 的其他卷材
10	72083890	其他 3mm≤厚度<4.75mm 的其他卷材
11	72083910	厚度<1.5mm 的其他热轧卷材
12	72083990	其他厚度<3mm 的其他热轧卷材
13	72084000	轧有凸起花纹的热轧非卷材
14	72085200	4.75mm≤厚度≤10mm 的热轧非卷材
15	72085310	屈服强度大于 355 牛顿/平方毫米，3mm≤厚度<4.75mm 的热轧非卷材
16	72085390	其他 3mm≤厚度<4.75mm 的热轧非卷材
17	72085410	厚度<1.5mm 的热轧非卷材
18	72085490	其他厚度<3mm 的热轧非卷材
19	72089000	其他热轧铁或非合金钢宽平板轧材
20	72091510	屈服强度大于 355 牛顿/平方毫米，厚度≥3mm 的冷轧卷材
21	72091590	其他厚度≥3mm 的冷轧卷材
22	72091610	屈服强度大于 275 牛顿/平方毫米，1mm<厚度<3mm 的冷轧卷材
23	72091690	其他 1mm<厚度<3mm 的冷轧卷材
24	72091710	屈服强度大于 275 牛顿/平方毫米，0.5mm≤厚度≤1mm 的冷轧卷材
25	72091790	其他 0.5mm≤厚度≤1mm 的冷轧卷材
26	72091810	厚度<0.3mm 的冷轧卷材
27	72091890	其他厚度<0.5mm 的冷轧卷材
28	72092500	厚度≥3mm 的冷轧非卷材
29	72092600	1mm<厚度<3mm 的冷轧非卷材
30	72092700	0.5mm≤厚度≤1mm 的冷轧非卷材
31	72092800	厚度<0.5mm 的冷轧非卷材
32	72099000	其他冷轧铁或非合金钢宽平板轧材
33	72111300	未轧花纹的四面轧制的热轧非卷材
34	72111400	厚度≥4.75mm 的其他热轧板材
35	72111900	其他热轧铁或非合金钢窄板材
36	72112300	冷轧含炭量<0.25%的板材
37	72112900	冷轧其他铁或非合金钢窄板材
38	72119000	冷轧的铁或非合金钢其他窄板材
39	72131000	带有轧制花纹的热轧盘条

续表2

序号	税则号列	货品名称
40	72132000	其他易切削钢制热轧盘条
41	72139100	直径<14mm 圆截面的其他热轧盘条
42	72139900	其他热轧盘条
43	72141000	锻造的铁或非合金钢条、杆
44	72142000	热加工带有轧制花纹的条、杆
45	72143000	热加工易切削钢的条、杆
46	72149100	热加工其他矩形截面的条杆
47	72149900	热加工其他条、杆
48	72151000	冷加工其他易切削钢制条、杆
49	72155000	冷加工或冷成形的其他条、杆
50	72159000	铁及非合金钢的其他条、杆
51	72161010	截面高度<80mm 的 H 型钢
52	72161020	截面高度低于 80 毫米的工字钢
53	72161090	截面高度<80mmU 型钢
54	72162100	热加工截面高度<80mm 角钢
55	72162200	热加工截面高度<80mm 丁字钢
56	72163100	热加工截面高度≥80mm 槽型钢
57	72163210	截面高度在 200 毫米以上的工字钢
58	72163290	热加工截面高度≥80mm 工字型钢
59	72163311	截面高度在 800 毫米以上的 H 型缸
60	72163319	截面高度≥200mmH 型钢
61	72163390	其他截面高度≥80mmH 型钢
62	72164010	热加工截面高度≥80mm 角钢
63	72164020	热加工截面高度≥80mm 丁字钢
64	72165010	热加工乙字钢
65	72165020	热加工球扁钢
66	72165090	热加工其他角材、型材及异型材
67	72166100	冷加工板材制的角材、型材及异型材
68	72166900	冷加工其他角材、型材及异型材
69	72169100	冷加工其他板材制角材、型材及异型材
70	72169900	其他角材、型材及异型材
71	72171000	未镀或涂层的铁或非合金钢丝
72	72172000	镀或涂锌的铁或非合金钢丝
73	72173010	镀或涂铜的铁丝和非合金钢丝

续表3

序号	税则号列	货品名称
74	72173090	镀或涂其他贱金属的铁丝和非合金钢丝
75	72179000	其他铁丝或非合金钢丝
76	72251100	取向性硅电钢宽板
77	72251900	其他硅电钢宽板
78	72261100	取向性硅电钢窄板

加工贸易联网监管进出口商品归并规则（试行）

（海关总署公告 2010 年第 55 号）

发布日期：2010-08-24
实施日期：2010-09-01
法规类型：规范性文件

加工贸易联网监管企业（以下简称"联网企业"）电子账册备案、变更时，对进口料件和出口成品进行归并，应遵循以下规则：

第一条 电子账册备案、变更时，联网企业应以内部管理的料号级商品为基础，按照《中华人民共和国进出口税则》规定的目录条文和归类总规则、类注、章注、子目注释以及其他归类注释，进行商品归类，并归入相应的税则号列，经海关审核确定后，在企业内部管理的料号级商品与电子账册备案的项号级商品之间建立一一对应关系。

第二条 电子账册备案、变更时，受海关监管资源限制无法实现料号级商品与项号级商品一一对应、需要建立多对一归并关系的，进口料件根据实际情况分别按第三条、第四条、第五条处理；出口成品按第六条处理。

第三条 联网企业的计算机系统能够按照进口料件重要程度实施分类管理，并且经主管海关认定其进口料件可以区分主料与非主料实施监管的，主料建立一一对应关系，非主料可按第五条建立多对一归并关系。

第四条 海关运用加工贸易信息化管理辅助平台实现料号级核销核算的，可按第五条建立多对一归并关系。

第五条 料号级料件同时满足以下条件的，可予以归并：

1. 10 位商品编码相同；

2. 申报计量单位相同；

3. 中文商品名称相同；

4. 符合规范申报的要求。

其中，根据相关规定可予保税的消耗性物料与其他保税料件不得归并；因管理需要，海关或企业认为需要单列的商品不得归并。

第六条 出口成品采用成品版本号进行备案和申报，如同时满足以下条件的可予以归并：

1. 10 位商品编码相同；

2. 申报计量单位相同；

3. 中文商品名称相同；

4. 符合规范申报的要求。

其中，涉及单耗标准与不涉及单耗标准的料号级成品不得归并；因管理需要，海关或企业认为需要单列的商品不得归并。

关于对生皮加工贸易政策进行调整的公告

（商务部、环境保护部、海关总署公告2009年第8号）

发布日期：2009-03-02

实施日期：2009-03-02

法规类型：规范性文件

根据国家经济发展需要，经国务院批准，现对生皮加工贸易政策进行调整，有关事项公告如下：

一、继续禁止进口生皮（商品编码：4101-4103，见附件1）直接出口半成品革和成品革的加工贸易，允许开展进口半成品革（商品编码：4104-4106，见附件1）出口成品革的加工贸易业务。

二、对以下情况，允许以加工贸易方式进口生皮开展相关业务：

（一）进口生皮直接加工制成皮革制品后复出口；

（二）进口生皮加工制成半成品革或成品革后，直接或经海关特殊监管区域转至下游皮革制品企业，并由其进一步加工制成皮革制品后复出口；

（三）进口生皮加工制成半成品革或成品革后，出口至保税区、出口加工区等海关特殊监管区域内，并由区内企业进一步加工制成皮革制品后复出口；

三、企业在向省级商务主管部门申请办理上述生皮进口加工贸易业务时，除按规定提交有关材料外，还须同时提供以下材料：

（一）制成品出口或深加工结转合同或协议（复印件）。

（二）企业所在地省级环保部门出具的《生皮加工贸易企业环境保护考核合格证明》（见附件2）。

对企业无法同时提供上述两项基础材料的，商务主管部门不予受理企业的加工贸易业务申请。

四、加工企业所在地省级环保部门要严格按照《生皮加工贸易企业环境保护考核细则（试行）》（见附件3）对生皮加工贸易企业进行考核，对符合条件的企业出具《生皮加工贸易企业环境保护考核合格证明》，并组织每三个月或不定期进行抽查，对不符合环保考核细则要求的，立即通知商务主管部门。商务主管部门不再批准其新的加工贸易合同，海关不予备案；对其正在执行的手册允许在有效期内执行完毕，到期后不予延期。

五、海关凭省级商务主管部门出具的《加工贸易业务批准证》、加工企业所在地商务主管部门出具的《加工生产能力证明》、加工企业所在地省级环保部门出具的《生皮加工贸易企业环境保护考核合格证明》以及制成品出口或深加工结转合同或协议（复印件），为企业办理生皮加工贸易备案手续，并进行监管。

六、对生皮加工贸易实行企业总量控制和进口总量控制。按照 2005 年进口实绩，每年允许开展生皮加工贸易的企业总数不超过 229 个，进口额度为 66 万吨。各地商务主管部门在本公历年度内批准符合条件的生皮加工贸易企业的进口总量不得超过该企业 2005 年实际进口量（见附件 4）。为此，各地商务主管部门要严格审核企业生皮加工贸易申请进口量，并逐单累计。

对 2005 年之前未开展生皮进口加工贸易的新增企业，以及确有扩大生皮进口需求的企业，须向省级商务主管部门提出申请，并由其转报商务部。商务部将会同环境保护部、海关总署，根据年度进口额度的使用情况及企业新增和退出的总体情况，对其进口量予以核准。"

七、实行计算机联网监管的生皮加工贸易企业，须按照上述规定逐单向省级商务主管部门申请加工贸易业务。

八、出口加工区、保税区等海关特殊监管区域内不得开展任何形式的进口生皮加工贸易业务。

九、本公告自发布之日起执行，《商务部、海关总署、环保总局关于生皮加工贸易有关问题的通知》（商产发〔2006〕390 号）、《商务部、海关总署、环保总局 2006 年第 63 号公告》、《商务部、海关总署关于生皮加工贸易进口企业和数量的通知》（商产函〔2006〕65 号）同时废止。

附件：1. 生皮及半成品革商品编码（略）

2.《生皮加工贸易企业环境保护考核合格证明》（略）

3.《生皮加工贸易企业环境保护考核细则（试行）》（略）

4. 企业 2005 年实际进口量（略）

关于调整加工贸易限制类政策公告

（商务部　海关总署公告 2008 年第 97 号）

发布日期：2008-11-21

实施日期：2008-12-01

法规类型：规范性文件

按照国务院部署，为保持外贸稳定增长，现调整加工贸易限制类政策，有关事项公告如下：

一、暂停《商务部　海关总署 2007 年第 44 号公告》（下称 44 号公告）限制出口类目录 1853 个海关编码商品，以及限制进口类目录轻纺类 272 个海关编码商品保证金台账"实转"政策。A 类和 B 类企业暂停银行保证金台账"实转"，实行"空转"管理；C 类企业仍实行 100%"实转"管理。

二、对 44 号公告所列限制进口类目录中的 122 个海关编码商品（见附件 1）开展加工贸易业务，A 类企业暂停银行保证金台账"实转"，实行"空转"管理；B 类企业实行 50%"实转"；C 类企业实行 100%"实转"管理。

三、中西部地区 A 类和 B 类企业仍按 44 号公告规定实行"空转"管理。

四、将家具（见附件 2）从加工贸易限制类目录中剔除。

五、对 2008 年 12 月 1 日之前已经商务主管部门批准并向海关申请备案的限制类商品加工贸易业务，仍按 44 号公告有关规定执行。企业在规定期限内加工成品出口并办理核销结案手续后，保证金及利息予以退还。

六、限制类商品管理措施不适用于出口加工区、保税区等海关特殊监管区域。

七、在相关信息化系统调整前，海关按照手工操作予以办理。

八、本公告自 2008 年 12 月 1 日起执行，44 号公告关于新增企业及业务变更的有关规定暂停执行。本公告附件所列商品，在实施过程中以海关商品编码为准。

附件：1. 实行保证金台账"实转"的商品清单
2. 家具类商品清单

附件 1

实行保证金台账"实转"的商品清单

	海关商品编码	商品名称	限制方式
1	0207120000	冻的整只鸡	进口
2	0207141100	冻的带骨鸡块	进口
3	0207141900	冻的不带骨鸡块	进口
4	1507100000	初榨的豆油	进口
5	1507900000	精制的豆油及其分离品	进口
6	1508100000	初榨的花生油	进口
7	1508900000	精制的花生油及其分离品	进口
8	1512110000	初榨的葵花油和红花油	进口
9	1512210000	初榨的棉子油	进口
10	1512290000	精制的棉子油及其分离品	进口
11	1514110000	初榨的低芥子酸菜子油	进口
12	1514190000	其他低芥子酸菜子油	进口
13	1514911000	初榨的非低芥子酸菜子油	进口
14	1514919000	初榨的芥子油	进口
15	1514990000	精制非低芥子酸菜子油、芥子油	进口
16	1515210000	初榨的玉米油	进口
17	1515500000	芝麻油及其分离品	进口
18	3901100001	初级形状比重<0.94 的聚乙烯	进口
19	3901100090	初级形状比重<0.94 的聚乙烯	进口
20	3901200001	初级形状比重≥0.94 的聚乙烯	进口
21	3901200090	初级形状比重≥0.94 的聚乙烯	进口
22	3907601100	高粘度聚对苯二甲酸乙二酯切片	进口
23	3907601900	其他聚对苯二甲酸乙二酯切片	进口

	海关商品编码	商品名称	限制方式
24	4001100000	天然胶乳	进口
25	4001210000	天然橡胶烟胶片	进口
26	4001220000	技术分类天然橡胶（TSNR）	进口
27	4001290000	其他初级形状的天然橡胶	进口
28	7208100000	轧有花纹的热轧卷材	进口
29	7208250000	厚≥4.75mm 其他经酸洗的热轧卷材	进口
30	7208261000	4.75mm>厚≥3mm 其他大强度热轧卷材	进口
31	7208269000	其他 4.75mm>厚≥3mm 热轧卷材	进口
32	7208271000	厚度<1.5mm 其他的热轧卷材	进口
33	7208279000	1.5mm≤厚<3mm 其他的热轧卷材	进口
34	7208360000	厚度>10mm 的其他热轧卷材	进口
35	7208370000	10mm≥厚≥4.75mm 的其他热轧卷材	进口
36	7208381000	4.75mm>厚度≥3mm 的大强度卷材	进口
37	7208389000	其他 4.75mm>厚度≥3mm 的卷材	进口
38	7208391000	厚度<1.5mm 的其他热轧卷材	进口
39	7208399000	1.5mm≤厚<3mm 的其他热轧卷材	进口
40	7208400000	轧有花纹的热轧非卷材	进口
41	7208511000	厚度>50mm 的其他热轧非卷材	进口
42	7208512000	20mm<厚≤50mm 的其他热轧非卷材	进口
43	7208519000	10mm<厚≤20mm 的其他热轧非卷材	进口
44	7208520000	10mm≥厚度≥4.75mm 的热轧非卷材	进口
45	7208531000	4.75mm>厚≥3mm 大强度热轧非卷材	进口
46	7208539000	其他 4.75mm>厚≥3mm 的热轧非卷材	进口
47	7208541000	厚<1.5mm 的热轧非卷材	进口
48	7208549000	1.5≤厚<3mm 的热轧非卷材	进口
49	7208900000	其他热轧铁或非合金钢宽平板轧材	进口
50	7209151000	厚度≥3mm 的大强度冷轧卷材	进口
51	7209159000	其他厚度≥3mm 的冷轧卷材	进口
52	7209161000	3mm>厚度>1mm 的大强度冷轧卷材	进口
53	7209169000	3mm>厚>1mm 小强度冷轧卷材	进口
54	7209171000	1mm≥厚度≥0.5mm 大强度冷轧卷材	进口
55	7209179000	1mm≥厚度≥0.5mm 小强度冷轧卷材	进口
56	7209181000	厚度<0.3mm 的非合金钢冷轧卷材	进口
57	7209189000	0.3mm≤厚<0.5mm 非合金钢冷轧卷材	进口

	海关商品编码	商品名称	限制方式
58	7209250000	厚度≥3mm 的冷轧非卷材	进口
59	7209260000	3mm>厚度>1mm 的冷轧非卷材	进口
60	7209270000	1mm≥厚度≥0.5mm 的冷轧非卷材	进口
61	7209280000	厚度小于 0.5mm 的冷轧非卷材	进口
62	7209900000	其他冷轧铁或非合金钢宽平轧材	进口
63	7210110000	镀（涂）锡的非合金钢厚宽平板轧材	进口
64	7210120000	镀（涂）锡的非合金钢薄宽平板轧材	进口
65	7210200000	镀或涂铅的铁或非合金钢平板轧材	进口
66	7210410000	镀锌的瓦楞形铁或非合金钢宽板材	进口
67	7210490000	镀锌的其他形铁或非合金钢宽板材	进口
68	7210500000	镀或涂氧化铬的铁或非合金钢宽板材	进口
69	7210610000	镀或涂铝锌合金的铁宽平板轧材	进口
70	7210690000	其他镀或涂铝的铁宽平板轧材	进口
71	7210700000	涂漆或涂塑的铁或非合金钢宽板材	进口
72	7210900000	涂镀其他材料铁或非合金钢宽板材	进口
73	7211130000	未轧花纹的四面轧制的热轧非卷材	进口
74	7211140000	厚度≥4.75mm 的其他热轧板材	进口
75	7211190000	其他热轧铁或非合金钢窄板材	进口
76	7211230000	含炭量低于 0.25%的冷轧板材	进口
77	7211290000	其他冷轧铁或非合金钢窄板材	进口
78	7211900000	冷轧的铁或非合金钢其他窄板材	进口
79	7212100000	镀（涂）锡的铁或非合金钢窄板材	进口
80	7212300000	其他镀或涂锌的铁窄板材	进口
81	7212400000	涂漆或涂塑的铁或非合金钢窄板材	进口
82	7212500000	涂镀其他材料铁或非合金钢窄板材	进口
83	7212600000	经包覆的铁或非合金钢窄板材	进口
84	7213100000	铁或非合金钢制热轧盘条	进口
85	7213200000	其他易切削钢制热轧盘条	进口
86	7213910000	直径<14mm 圆截面的其他热轧盘条	进口
87	7213990000	其他热轧盘条	进口
88	7214100000	铁或非合金钢的锻造条、杆	进口
89	7214200000	铁或非合金钢的热加工条、杆	进口
90	7214300000	易切削钢的热加工条、杆	进口
91	7214910000	其他矩形截面的条杆	进口

	海关商品编码	商品名称	限制方式
92	7214990000	其他热加工条、杆	进口
93	7219110000	厚度>10mm 热轧不锈钢卷板	进口
94	7219120000	4.75mm≤厚≤10mm 热轧不锈钢卷板	进口
95	7219131200	3mm≤厚<4.75mm 未经酸洗的热轧不锈钢卷板	进口
96	7219131900	3mm≤厚<4.75mm 未经酸洗的其他热轧不锈钢卷板	进口
97	7219132200	3mm≤厚<4.75mm 经酸洗的热轧不锈钢卷板	进口
98	7219132900	3mm≤厚<4.75mm 经酸洗的其他热轧不锈钢卷板	进口
99	7219141200	厚度<3mm 未经酸洗的热轧不锈钢卷板	进口
100	7219141900	厚度<3mm 未经酸洗的其他热轧不锈钢卷板	进口
101	7219142200	厚度<3mm 经酸洗的热轧不锈钢卷板	进口
102	7219142900	厚度<3mm 经酸洗的其他热轧不锈钢卷板	进口
103	7219210000	厚度>10mm 热轧不锈钢平板	进口
104	7219220000	4.75mm≤厚≤10mm 热轧不锈钢平板	进口
105	7219230000	3mm≤厚<4.75mm 热轧不锈钢平板	进口
106	7219241000	1mm<厚度<3mm 热轧不锈钢平板	进口
107	7219242000	0.5mm≤厚≤1mm 热轧不锈钢平板	进口
108	7219243000	厚度<0.5mm 热轧不锈钢平板	进口
109	7219310000	厚度≥4.75mm 冷轧不锈钢板	进口
110	7219320000	3mm≤厚<4.75mm 冷轧不锈钢板材	进口
111	7219330000	1mm<厚<3mm 冷轧不锈钢板材	进口
112	7219340000	0.5mm≤厚≤1mm 冷轧不锈钢板材	进口
113	7219350000	厚度<0.5mm 冷轧不锈钢板材	进口
114	7219900000	其他不锈钢冷轧板材	进口
115	7220110000	热轧不锈钢带材厚度≥4.75mm	进口
116	7220120000	热轧不锈钢带材厚度<4.75mm	进口
117	7220201000	宽度小于 300mm 冷轧不锈钢带材	进口
118	7220209000	300mm≤宽<600mm 冷轧不锈钢带材	进口
119	7220900000	其他不锈钢带材	进口
120	9504100000	电视电子游戏机（指与电视接收机配套使用的）	进口
121	9504301000	用特定支付方式使其工作的电子游戏机（用硬币、钞票、银行卡、代币或其他支付方式使其工作的）	进口
122	9504901000	其他电子游戏机	进口

附件2

家具类商品清单

9403100000	办公室用金属家具
9403200000	其他金属家具
9403300090	其他办公室用木家具
9403400090	其他厨房用木家具
9403501090	其他卧室用红木制家具
9403509100	卧室用漆木家具
9403509990	卧室用其他木家具
9403601090	其他红木制家具
9403609100	其他漆木家具
9403609990	其他木家具
9403700000	塑料家具
9403810000	竹制或藤制的家具
9403891000	柳条及类似材料制的家具
9403892000	石制的家具
9403899000	其他材料制的家具
9403900010	飞机内厨房家具零件
9403900090	其他编号9403所列物品的零件

关于加工贸易成品油形式出口复进口试点
有关问题的公告

（海关总署公告2004年第22号）

发布日期：2004-06-18
实施日期：2004-06-18
法规类型：规范性文件

　　商务部、国家发展改革委、海关总署、国家外汇管理局《关于加工贸易成品油形式出口复进口试点有关问题的通知》（商机电函〔2004〕6号），决定对部分原油加工贸易经营企业炼制的成品油以形式出口，再形式进口方式开展试点工作，现将有关问题公告如下：

　　一、试点企业以加工贸易方式进口原油炼制的成品油原则上应加工复出口，如需转国内市场销售，由国内企业按照一般贸易的有关规定，凭自动进口许可证明以及《入境货物通关单》向原油加工贸易经营企业主管海关先办理形式进口报关和纳税手续，海关按一般贸易进口方式对成品油进行估价征税。原油加工贸易经营企业凭国内购油企业的进口报关单和进口合同等单证办理形式出口手续，形式出口报关单与形式进口报关单商品名称、商品编码和数量必须一致。办理形式进口和形式出口企业填制海关进出口报关单监管方式代码均为 0642。海关凭有关出口报关单等单证按规定为企业办理加工贸易手册核销手续。

二、试点成品油产品范围包括柴油（商品编码 27101921）、航空煤油（商品编码 27101911）和石脑油（商品编码 27101120）。

三、试点企业为中国石油化工集团公司所属镇海炼化公司、广州分公司、茂名分公司、高桥分公司和中国石油天然气集团公司所属大连西太平洋石油化工有限公司。

四、自本公告发布之日起，《关税征管司关于中国镇海炼油化工股份有限公司原油来料加工有关问题的批复函》（税管函〔2002〕161 号）和《加贸司关于中国石化镇海炼油化工股份有限公司原油来料加工产品形式进出口有关问题的批复》（加贸函〔2003〕67 号）停止执行，对此前已经商务部门审批、海关备案的加工贸易合同，仍可按原办法执行完毕。

关于农产品关税配额商品和天然橡胶加工贸易
审批管理有关问题的通知

（内部明电 2003 年第 2947 号）

发布日期：2003-12-31
实施日期：2004-01-01
法规类型：规范性文件

各省、自治区、直辖市及计划单列市外经贸厅（委、局）、商务厅（委、局），哈尔滨、长春、沈阳、南京、广州、成都、西安、武汉市外经贸局，深圳市经贸局；各省、自治区、直辖市及计划单列市计委（发展改革委）；海关广东分署、天津、上海特派办，各直属海关：

根据商务部和国家发展改革委联合公布的《农产品进口关税配额管理暂行办法》（商务部、国家发展和改革委员会令 2003 年第 4 号，下简称《办法》）的有关规定，自 2004 年 1 月 1 日起，进口农产品关税配额商品将使用统一的《农产品进口关税配额证》，不再区分"A"、"B"证。为严格执行有关规定，现将农产品关税配额商品和天然橡胶的加工贸易审批管理有关问题通知如下：

一、企业进口《办法》中所列农产品关税配额商品开展加工贸易业务，仍由经营企业注册地省级外经贸加工贸易主管部门审批相关业务，并出具《加工贸易业务批准证》。

二、各省级外经贸加工贸易主管部门要严格按照《加工贸易审批管理暂行办法》（〔1999〕外经贸管发 314 号）的规定，凭企业提交的并在"贸易方式"栏注明"加工贸易"的有效《农产品进口关税配额证》出具《加工贸易业务批准证》（羊毛、毛条除外）。对企业的审批总量累计不得超过该企业本年度配额持有总量。

三、羊毛和毛条加工贸易配额仍然实行凭《加工贸易业务批准证》和进口合同"先来先领"的分配方式（见商务部公告 2003 年第 52 号）。企业凭《加工贸易业务批准证》到商务部授权机构申领《农产品进口关税配额证》。

四、食糖加工贸易进口按《关于加强加工贸易食糖进口审批管理有关事项的通知》（〔2000〕外经贸管发第 154 号）规定的程序办理。

五、农产品关税配额商品和天然橡胶的加工制成品返销期限仍为 6 个月。如由于特殊原因需延期的，原则上可办理延期一次，期限 6 个月。如在延长期内仍不能加工复出口需再次延期的，须报商务部批准。

六、按照现行加工贸易有关管理规定，进口农产品关税配额商品开展加工贸易业务，必须按规定返销出口。如因特殊原因确需内销，则严格按照《加工贸易保税进口料件内销审批管理暂行办法》（〔1999〕外经贸管发第 315 号，下称"315 号"文）的有关规定执行，由各省级外经贸加工贸易主管部门报商务部审核批准；涉及粮食和棉花的，须与相关省级计委（发展改革委）联合上报商务部和国家发展改革委，由商务部和国家发展改革委同意后批准。各省级外经贸加工贸易主管部门凭商务部批复出具《加工贸易保税进口料件内销批准证》（下称《内销批准证》），并须在备注栏注明相应配额证件号码。

企业在规定时间内向海关申请办理内销和手册核销手续，海关凭商务部批复、相应的配额证件和《内销批准证》，对企业按关税配额税率计征税款和缓征利息后办理核销手续；如企业无法提供前述证件，海关对其按关税配额税率计征税款和缓税利息，并按《中华人民共和国行政处罚实施细则》有关规定处罚后办理核销手续。

七、自 2004 年 1 月 1 日起，对天然橡胶实行自动进口许可管理，加工贸易项下进口天然橡胶免领自动进口许可证件。如需转内销，按照"315 号"文和《商务部关于加工贸易进口涉证商品内销有关问题的通知》（商机电加字〔2003〕65 号）以及一般贸易相关管理规定执行，并报商务部批准。

八、本通知自 2004 年 1 月 1 日起执行。各单位在执行中有何问题和建议，请与上级主管部门联系。

特此通知。

关于变更黄金及其制品的加工贸易进出口监管条件

（中国人民银行 海关总署公告 2003 年第 19 号）

发布日期：2003-12-22
实施日期：2004-01-01
法规类型：规范性文件

自 2004 年 1 月 1 日起，黄金及其制品的加工贸易进出口，中国人民银行不再审批，海关不再凭中国人民银行的批件验放。但其中不能复出口的黄金及其制品经批准内销的，按一般贸易进口管理，仍由中国人民银行审批，海关凭人民银行的批件并按内销有关规定办理核销手续。

保税区检验检疫监督管理办法

（质检总局令第 71 号）

发布日期：2005-01-12
实施日期：2018-11-23
法规类型：部门规章

（根据 2018 年 4 月 28 日海关总署令第 238 号《海关总署关于修改部分规章的决定》第一次修正；根据 2018 年 5 月 29 日海关总署令第 240 号《海关总署关于修改部分规章的决定》第二次修正；根据 2018 年 11 月 23 日海关总署令第 243 号《海关总署关于修改部分规章的决定》第三次修正）

第一章　总　则

第一条　为加强和规范保税区检验检疫监督管理工作，促进国家经济贸易的快速健康发展，根据《中华人民共和国进出口商品检验法》及其实施条例、《中华人民共和国进出境动植物检疫法》及其实施条例、《中华人民共和国国境卫生检疫法》及其实施细则、《中华人民共和国食品安全法》及其他有关法律法规，制定本办法。

第二条　本办法适用于对进出保税区，法律法规规定应当实施检验检疫的货物及其包装物、铺垫材料、运输工具、集装箱（以下简称应检物）的检验检疫及监督管理工作。

第三条　海关总署统一管理全国保税区的检验检疫监督管理工作。主管海关对进出保税区的应检物实施检验检疫和监督管理。

第四条　进出保税区的应检物需要办理检验检疫审批手续的，应当按照检验检疫法律法规的规定办理审批手续。

第五条　应检物进出保税区时，收发货人（货主）或者其代理人应当按照有关规定向主管海关办理报检手续，主管海关按照国家有关法律、法规、规章以及相关的规定实施检验检疫。

第六条　海关按照简便、有效的原则对进出保税区的应检物实施检验检疫。

第二章　输入保税区应检物的检验检疫

第七条　从境外进入保税区的应检物，属于卫生检疫范围的，由海关实施卫生检疫；应当实施卫生处理的，在海关的监督下，依法进行卫生处理。

第八条　从境外进入保税区的应检物，属于动植物检疫范围的，由海关实施动植物检疫；

应当实施动植物检疫除害处理的，在海关的监督下，依法进行除害处理。

第九条　海关对从境外进入保税区的可以用作原料的固体废物、旧机电产品、成套设备实施检验和监管，对在保税区内存放的货物不实施检验。

第十条　保税区内企业从境外进入保税区的仓储物流货物以及自用的办公用品、出口加工所需原材料、零部件免予实施强制性产品认证。

第三章　输出保税区应检物的检验检疫

第十一条　从保税区输往境外的应检物，海关依法实施检验检疫。

第十二条　从保税区输往非保税区的应检物，除法律法规另有规定的，不实施检疫。

第十三条　从保税区输往非保税区的应检物，属于实施食品卫生监督检验和商品检验范围的，海关实施检验。对于集中入境分批出区的货物，可以分批报检，分批检验；符合条件的，可以于入境时集中报检，集中检验，经检验合格的出区时分批核销。

第十四条　按照本办法第九条的规定在入境时已经实施检验的保税区内的货物，输往非保税区的，不实施检验。

从非保税区进入保税区的货物，又输往非保税区的，不实施检验。

第十五条　从保税区输往非保税区的应检物，列入强制性产品认证目录的，应当取得相应的认证证书，其产品上应当加贴强制性产品认证标志。海关对相应认证证书电子数据进行系统自动比对验核。

第十六条　从非保税区进入保税区后不经加工直接出境的，已取得产地海关签发的检验检疫合格证明的，保税区海关不再实施检验检疫。超过检验检疫有效期、变更输入国家或地区并又有不同检验检疫要求、改换包装或重新拼装、已撤销报检的，应当按规定重新报检。

第十七条　保税区内企业加工出境产品，符合有关规定的，可以向海关申请签发普惠制原产地证书或者一般原产地证书、区域性优惠原产地证书、专用原产地证书等。

第四章　经保税区转口的应检物的检验检疫

第十八条　经保税区转口的动植物、动植物产品和其他检疫物，入境报检时应当提供输出国家或者地区政府部门出具的官方检疫证书；转口动物的，还应当取得海关总署签发的《动物过境许可证》，并在入境报检时提供输入国家或者地区政府部门签发的允许进境的证明。

第十九条　经保税区转口的应检物，在保税区短暂仓储，原包装转口出境并且包装密封状况良好，无破损、撒漏的，入境时仅实施外包装检验，必要时进行防疫消毒处理。

第二十条　经保税区转口的应检物，由于包装不良以及在保税区内经分级、挑选、刷贴标签、改换包装形式等简单加工的原因，转口出境的，海关实施卫生检疫、动植物检疫以及食品卫生检验。

第二十一条　转口应检物出境时，除法律法规另有规定和输入国家或者地区政府要求入境时出具我国海关签发的检疫证书或者检验处理证书的以外，一般不再实施检疫和检疫处理。

第五章　监督管理

第二十二条　保税区内从事加工、储存出入境动植物产品的企业应当符合有关检验检疫规定。

第二十三条　保税区内从事加工、储存出境食品的企业应当办理出口食品生产企业卫生注册登记，输入国家或者地区另有要求的，还应当符合输入国家或者地区的要求；加工、存储入境食品的企业应当按照食品企业通用卫生规范要求接受海关的监督管理。

第二十四条　保税区内设立检验检疫查验场地以及检疫熏蒸、消毒处理场所应当符合有关验检疫有关要求。

第二十五条 海关按照有关法律法规规定对保税区实施疫情监测，对进出保税区的动植物及其产品的生产、加工、存放和调离过程实施检疫监督。

第二十六条 保税区内企业之间销售、转移进出口应检物，免予实施检验检疫。

第二十七条 入境动植物及其产品已经办理检疫审批的，需要变更审批事项的，应当申请变更检疫审批手续。

<h2 align="center">第五章 附 则</h2>

第二十八条 保税仓库、保税物流园区等区域的检验检疫和监督管理参照本办法执行。

第二十九条 对违反本办法规定的行为，海关依照有关法律法规规定予以行政处罚。

第三十条 本办法由海关总署负责解释。

第三十一条 本办法自 2005 年 3 月 1 日起施行。原中华人民共和国动植物检疫局 1998 年 4 月 10 日发布的《保税区动植物检疫管理办法》同时废止。

<h1 align="center">沙头角边境特别管理区进出物品检验检疫管理规定</h1>

（国家质量监督检验检疫总局令第 55 号）

发布日期：2003-11-04
实施日期：2018-07-01
法规类型：部门规章

（根据 2018 年 4 月 28 日海关总署令第 238 号《海关总署关于修改部分规章的决定》第一次修正；根据 2018 年 5 月 29 日海关总署令 240 号《海关总署关于修改部分规章的决定》第二次修正）

<h2 align="center">第一章 总 则</h2>

第一条 为加强对沙头角边境特别管理区（以下简称管理区）进出物品的检验检疫和监督管理，根据《中华人民共和国进出口商品检验法》及其实施条例、《中华人民共和国进出境动植物检疫法》及其实施条例、《中华人民共和国国境卫生检疫法》及其实施细则和《中华人民共和国食品安全法》等法律法规规定，制定本规定。

第二条 本规定适用于下列进出管理区物品的检验检疫和监督管理：

（一）进出管理区的货物。包括：

1. 由地方经贸管理部门核发配额的输入管理区的货物；

2. 经批准，管理区居民带入管理区销售的鲜活商品；

3. 从管理区输出的来自非疫区的水果、配餐料及食用性水生动物。

（二）管理区居民、旅客及工作人员进出管理区的携带物；

（三）从管理区输出的废旧物品、生活垃圾；

（四）其他依法需经检验检疫的进出管理区的应检物品。

第三条 管理区是海关监督管理的特殊区域。管理区海关对进出管理区的物品按照风险评估、分类管理的原则，比照出入境货物、出入境人员携带物及进境废旧物品实施检验检疫和监督管理。

第四条　未经许可，任何单位和个人不准运输、携带国家禁止进出境的物品以及微生物、人体组织、生物制品、血液及其制品、动物、动物产品、植物种子、种苗及其他繁殖材料进出管理区。

前款规定的物品依法经审批，允许进出管理区的，其所有人或者其代理人、承运人或者携带人应当向管理区海关申报，检验检疫合格后放行。

第二章　货物检验检疫

第五条　须经海关实施检验检疫的货物进出管理区的，其所有人、承运人或者代理人应当向管理区海关申报，接受检验检疫和监督管理。

第六条　地方经贸管理部门核发配额的货物输入管理区的，其所有人、承运人或者代理人应当向管理区海关备案。输入管理区时，凭《应检商品检验检疫登记手册》报检，由管理区海关按照出境货物实施检验检疫和监督管理。

第七条　经有关部门批准，管理区居民运输鲜活商品进入管理区销售的，应当向管理区海关备案。进入管理区时，应当逐批向海关报检，海关查验合格后予以放行。

第八条　来自非疫区的水果、配餐料（包括配餐用食品及调味品）及食用性水生动物输出管理区的，其所有人、承运人或者代理人应当向管理区海关备案。输出管理区时，凭《应检商品检验检疫登记手册》逐批报检，经检验检疫合格后放行。

前款规定以外的其他货物不准输出管理区。

第九条　进出管理区的货物属于实行检疫许可制度或者卫生注册登记制度管理的，应当取得检疫许可证明或者卫生注册登记证明。

第三章　携带物、废旧物品及生活垃圾检验检疫

第十条　管理区居民、旅客及工作人员携带合理数量的自用应检物品进出管理区时，应由携带人向海关申报，接受海关的查验和监督管理。

第十一条　管理区内生产经营活动、居民生活产生的废旧物品需运出管理区的，所有人、承运人或者代理人凭环保部门证明申报，并由管理区海关实施装运前检验检疫及卫生处理，运出管理区时经查验合格后放行。

第十二条　管理区内生产经营活动、居民生活产生的生活垃圾需运出管理区的，承运人或者代理人应当提供有效的卫生处理证明，管理区海关查验放行。

第十三条　不属于管理区内产生的废旧物品和生活垃圾，不得运出管理区。

第四章　法律责任

第十四条　未经许可，运输、携带国家禁止进出境的动植物、动植物产品进出管理区的，管理区海关依法作退回或者销毁处理，并处以3000元以上3万元以下的罚款。

第十五条　未经许可，运输、携带国家禁止进境的微生物、人体组织、生物制品、血液及其制品或者其他可能引起传染病传播的动物和物品进出管理区的，管理区海关依法作退回或者销毁处理，并处以警告或者100元以上5000元以下的罚款。

第十六条　未经许可，运输、携带动物、动物产品、植物种子、种苗及其他繁殖材料进出管理区的，管理区海关依法作退回或者销毁处理，并处以5000元以下的罚款。

第十七条　运输、携带应检物品进出管理区而不报检或瞒报、少报的，管理区海关依法作退货处理，并处以5000元以下的罚款。

第十八条　未经许可，将非疫区水果、配餐料及食用性水生动物以外的其他货物输出管

理区的，管理区海关依法作退货处理，并处以 5000 元以下的罚款。

第十九条　管理区居民、旅客及工作人员携带超出合理数量范围的应检物品进出管理区的，管理区海关依法作退回或者销毁处理。情节严重的，处以 5000 元以下的罚款。

第二十条　未经检验检疫，将管理区内产生的废旧物品、生活垃圾运出管理区的，或者将非管理区内产生的废旧物品、生活垃圾运出管理区的，由管理区海关依法作退回或者销毁处理，并处以 5000 元以上 3 万元以下的罚款。

第二十一条　管理区海关的工作人员违反本规定，玩忽职守、滥用职权或者徇私舞弊的，依照有关规定追究责任。

第五章　附　则

第二十二条　本规定第十条规定的带出管理区的携带物的合理数量，以海关认定的数量为准。

第二十三条　进出管理区的货物的检验检疫，使用海关总署统一的检验检疫单证。管理区居民带入管理区销售的鲜活商品以及居民、旅客及工作人员携带物适用的检验检疫单证，由海关制定并报国家质检总局备案。

第二十四条　进出管理区货物的检验检疫，按照国家统一的收费标准收费。本办法第七条、第十条、第十一条、第十二条规定的检验检疫免收检验检疫费，按照国家统一标准收取查验费或换证费。

第二十五条　本规定由国家质量监督检验检疫总局负责解释。

深圳出入境检验检疫局可以根据管理区检验检疫工作实际制定本规定的实施细则，报国家质量监督检验检疫总局批准后实施。

第二十六条　本规定自 2004 年 1 月 1 日起施行。

关于境外进入综合保税区动植物产品检验项目实行
"先入区、后检测"有关事项的公告

（海关总署公告 2019 年第 36 号）

发布日期：2019-02-27
实施日期：2019-02-27
法规类型：规范性文件

为贯彻落实《国务院关于促进综合保税区高水平开放高质量发展的若干意见》（国发〔2019〕3 号），经风险分析，决定对境外进入综合保税区的动植物产品的检验项目实行"先入区、后检测"监管模式。现就有关事项公告如下：

一、动植物产品是指从境外进入综合保税区后再运往境内区外，及加工后再运往境内区外或出境，依据我国法律法规规定应当实施检验检疫的动植物产品（不包括食品）。

二、检验项目包括动植物产品涉及的农（兽）药残留、环境污染物、生物毒素、重金属等安全卫生项目。

三、"先入区、后检测"监管模式按以下规则执行：动植物产品在进境口岸完成动植物检疫程序后，对需要实施检验的项目，可先行进入综合保税区内的监管仓库，海关再进行有关检验项目的抽样检测和综合评定，并根据检测结果进行后续处置。

本公告自发布之日起实施。

特此公告。

特殊监管区域检验检疫工作流程规范

（国质检通〔2015〕116 号）

发布日期：2015-03-24
实施日期：2015-03-24
法规类型：规范性文件

第一章 总 则

第一条 为规范全国特殊监管区域检验检疫工作，发挥特殊监管区域功能，适应改革发展要求，依据检验检疫法律、法规和规章规定，制定本规范。

第二条 本规范适用于保税区、保税港区、综合保税区、出口加工区、保税物流园区和跨境工业园区等特殊监管区域出入境和出入区货物及其包装物、铺垫材料、运输工具、集装箱等检验检疫监管工作。

第二章 境外入区

第三条 境外运往特殊监管区域（以下简称"境外入区"）的货物及其包装物、辅垫材料、运输工具、集装箱等实施全申报管理。

第四条 法律法规规定应当实施检验检疫的货物及其包装物、辅垫材料、运输工具、集装箱等（以下简称应检物）由境外运往国境口岸特殊监管区域的，由国境口岸特殊监管区域检验检疫机构实施检验、卫生检疫和动植物检疫。

入境转关运往内地口岸特殊监管区域的应检物，除检疫高风险和危险货物及其包装、可用作原料的固体废物、散装商品外，由国境口岸检验检疫机构对集装箱表和运输工具实施卫生检疫和动植物检疫，并及时将检验检疫信息传输给内地口岸特殊监管区域检验检疫机构；内地口岸特殊监管区域检验检疫机构对集装箱内部、集装箱内货物、包装物和铺垫材料等实施检验、卫生检疫和动植物检疫。

第五条 境外入区生产加工的应检物的检验，按以下流程办理：

生产加工所需的原材料、零部件，免予实施强制性产品认证；食品、农产品生产加工所需的原料免予实施有机产品认证和验证；涉及能源效率标识验证要求的，免予入境验证；所需的原材料、零部件，免予检验；有注册要求的，应当来自获得注册的生产企业；但其中的危险货物及其包装、用于生产食品化妆品的原料、可作原料的固体废物和放射性货物、散装商品等法律法规规定必须实施检验的应检物，按规定实施必要的验证和安全、卫生、环保等项目检验监管，检验不合格的不得入区，按有关规定实施销毁、退运。

入境维修、再制造的货物，特殊监管区域检验检疫机构按规定实施必要的验证和安全、卫生、环保等项目检验监管，并按规定对维修过程、维修企业实施监管。

研发、检测用的入境材料、检测物品等，免予检验，免予实施强制性产品认证和有机产品认证及验证；涉及能源效率标识备案验证要求的，免予入境验证。特殊监管区域检验检疫机构对申报与使用的符合情况等实施必要的核查。

第六条 境外入区保税仓储后流转的应检物的检验，按以下流程办理：

由区内保税仓储企业运往区内生产企业的，按本规范第五条规定办理。

由区内保税仓储企业运往境内区外的，按一般进口程序实施检验监管。应当实施进口检验的货物，因保税租赁、保税展示等原因，需要反复在保税仓储企业和境内区外企业之间进出的，根据货物情况，可以对保税租赁货物首次出区时实施一次检验，对保税展示货物首次出区时实施一次查验，货物再次进出特殊监管区域时，凭登记、核销记录和企业责任承诺放行。检验检疫机构对保税租赁货物、保税展示货物的维修、保养情况进行抽查。

由区内保税仓储企业向其他特殊监管区域流转的，不实施检验。

在区内直接销售的生活消费品，按一般进口程序实施检验监管。

经特殊监管区域转口的应检物按有关规定实施检验检疫监管。

第七条 境外入区的企业自用设备，属于法定检验范围的，实施检验；企业自用的办公用品免予实施强制性产品认证、免予检验；企业自用的生活消费品，按规定实施验证管理，免予检验。

第三章　境内入区

第八条 从中华人民共和国境内特殊监管区域以外的其他区域（不含港澳台地区）运往特殊监管区域（以下简称"境内入区"）的应检物，入区时免于检疫。

第九条 境内入区后再输往境内区外的应检物，能提供有效来源证明并核实货证相符的，不实施检验，在通关证明上注明"国内流转货物，免于检验检疫"。法律法规规定应当实施验证监管的，实施验证管理。不能提供有效来源证明的或查明货证不符的，按一般进口程序实施检验监管。

第十条 境内入区生产加工的应检物，不实施检验。

第十一条 境内入区保税仓储的应检物，按以下流程办理：

保税仓储后直接出境的，除危险货物及其包装外，根据产地检验检疫监管信息放行。按规定须重新报检或无产地检验检疫监管信息的，由特殊监管区域检验检疫机构受理报检，不符合出口产品规定要求的，不得出口

保税仓储后在区内生产加工的，不实施检验。

保税仓储后在区内其他保税仓储企业或其他特殊监管区域间流转的，不实施检验。

保税仓储后再运往境内区外的，按本规范第九条规定办理。

第四章　区内生产加工

第十二条 区内生产加工出境的应检物，依法实施检疫；

属于商品法定检验、食品检验范围的，有下列情况之一的，按一般出口程序管理，实施检验：

属于危险货物及其包装的；

标明中国制造的；

使用中国注册商标的；

申领中国产地证的；

需检验检疫机构出具检验证书的。

第十三条 区内生产加工出区进口的应检物，按一般进口程序管理，实施检验监管。法律法规规定应实施验证管理的，实施验证管理。

第十四条 区内生产加工后经区内物流仓储的应检物，按以下流程办理：

再出境的，按第十二条规定实施；

再出区进口的，按第十三条规定实施；

再运往区内企业的，不实施检验；

区间再流转的，不实施检验。

第十五条 区内的出口加工边角料、废品、残次品出区的，按规定实施检验监管。

第五章 集中报检

第十六条 集中报检是检验检疫机构对分批进出特殊监管区域应检物采取的申报模式，分为"分批送货、集中报检"和"集中报检、分批送货"。

"分批送货、集中报检"是对应检物由境内区外分批运往区内集中报检，或由区内分批运往境内区外先集中报检再分批运出实施的申报模式。

"集中报检、分批送货"是对应检物由境外入区集中报检，分批输往境内区外实施的申报模式。

第十七条 实施"分批送货、集中报检"模式时，应按企业诚信准入登记、货物信息备案、发货批次管理、过程检验监管、集中报检签证流程操作。

第十八条 实施"集中报检、分批送货"模式时，应按企业诚信准入登记、预先申报、提前检验、分批送货核销放行、集中报检出证流程操作。

第六章 附 则

第十九条 本规范所称验证，指法律法规规定检验检疫机构应当在商品进境或进口环节核查其是否取得必须的证明文件的行政行为。

第二十条 其他检验检疫机构依法履行职责的监管场所的检验检疫工作流程参照本规范执行。

国务院批复的自由贸易园区的检验检疫工作流程参照本规范执行。

国家质检总局另有规定的，按相关规定执行。

第二十一条 特殊监管区域检验检疫基础和监管设施应符合国家有关要求和《特殊监管区域检验检疫基础和监管设施建设要求》（附件）等有关规定，并经国家质检总局验收。

第二十二条 本规范由国家质检总局负责解释。

第二十三条 本规范自发布之日起实施。

附件：特殊监管区域检验检疫基础和监管设施建设要求

附件

特殊监管区域检验检疫基础和监管设施建设要求

1. 总则

1.1 根据国家质检总局有关规定和《海关特殊监管区域基础和监管设施验收标准》制定本规定。

1.2 特殊监管区域检验检疫基础和监管设施（以下简称检验检疫设施）的规划、设计、建设、验收及管理等工作，按本规定实施。

1.3 特殊监管区域应当建有适应"一线"、"二线"分线管理模式的检验检疫设施，包括检验检疫用房（含行政办公业务用房、专业技术用房及相关配套设施）、货物堆场检验检疫现场设施、检验检疫监管仓库、检疫处理场地和设施、信息化管理设施（含电子闸口、视频监控及相关信息化管理设施），以及其他监管配套设施。

1.4 检验检疫设施的规划、设计和建设，应当按照实用、安全、效能原则，严格执行有关标准。应当以特殊监管区域的功能、设计规模为基础，以预测的进出口业务量及相应核算的检验检疫人员数量为依据，与检验检疫工作需要、当地经济发展水平相协调。

检验检疫设施应与区内主体工程统一规划、统一设计、统一建设。

1.5 检验检疫机构工作人员数量应参照国家对外开放口岸检验检疫管理的相关规定进行核算，直属出入境检验检疫局（以下简称直属局）可根据辖区内检验检疫工作实际情况，酌情调整核算方法。

检验检疫机构工作人员数量核算不足15人的，以15人核算。

1.6 部分检验检疫设施应根据检验检疫监管工作需要，结合预测年进出口量，分别按照一类、二类、三类、四类标准建设。

年进出口量100亿美元以上的，应按照一类标准建设；年进出口量100亿美元以下、50亿美元以上的，应按照二类标准建设；年进出口量50亿美元以下、10亿美元以上的，应按照三类标准建设；年进出口量10亿美元以下的，应按照四类标准建设。

2. 检验检疫用房

2.1 行政办公业务用房和专业技术用房面积的核定以检验检疫机构工作人员人均所需用房面积量为基础，结合检验检疫机构工作人员数量确定，并适度兼顾地方经济发展水平。

2.2 特殊监管区域主管部门应为驻区检验检疫机构提供永久性检验检疫行政办公业务用房，以满足检验检疫机构行使管理职能所需的办公、会议、接待、文印、受理报检、值班、计算机管理、资料存放、档案存放、物品存储等需求。

检验检疫行政办公业务用房区域应配备有专供企业办理货物进出区手续的办事大厅，其面积不计入行政公用房总面积。一类、二类、三类、四类标准的办事大厅面积应分别不低于$1000m^2$、$600m^2$、$400m^2$、$200m^2$，并参照国家质检总局有关检验检疫窗口基础设施建设的规范设计、建设。

2.3 特殊监管区域主管部门应为驻区检验检疫机构提供永久性检验检疫专业技术用房，以满足检验检疫机构开展检验、检疫、测试、鉴定、医学留验、隔离、预防接种、检疫处理、有害生物和媒介生物监测、本底媒介存放、实验室检测、样品预处理、样品存放、截留物品存放、药品器械存储、卫生监督仪器设备和档案存放、应急设备存放、信息化工程、视频监控、应急指挥等业务需求。

2.4 根据检验检疫机构依法履行职责的需要，检验检疫用房应具备网络、通讯、取暖、降温、休息和卫生等条件，并依据本规定2.2、2.3的规定进行规划、设计和建设。

3. 货物堆场检验检疫现场设施

3.1 区内应规划、设计和建设独立的外贸货物专用堆场，堆场地面平整、硬化处理，防鼠、防蚊蝇措施到位，库房设计合理；外贸货物堆场须取得国境口岸储存场地卫生许可证。如需开展特殊检验检疫业务，如废物原料、危险货物及其包装、鲜活冷冻品（含食品、种苗花卉、水果）等，应分别设置专用堆场或仓库，相互隔离，并应满足国家质检总局关于开展特殊检验检疫业务的相关设施要求。

3.2 货物堆场应当设置货物检验检疫现场设施，包括货物检验检疫查验区、检验检疫现场业务用房及其相关配套设施。

根据检验检疫工作需要，特殊监管区域可配置相应的检验检疫现场设施。

3.3 货物检验检疫查验区面积应与特殊监管区域的进出口业务量相适应，场地面积不低于$10000m^2$；场地内划分设置符合要求、相对隔离的拆箱、分拣场地，场地面积应不低于 1000m²。

3.4　货物检验检疫查验区要求：

3.4.1　地面平整、坚固、硬化，有较完善的供排水设施，雨后无积水，无病媒生物孳生地，场地及周围环境应具备有效的防鼠设施与防虫带；

3.4.2　设有污水处理及排放设施，设有垃圾存储与处理设施，上述设施应符合国家相关标准；

3.4.3　在监管区域入口总闸口处，应建有通道式核辐射监测设施；

3.4.4　需进行危险货物及其包装检验监管的，检验监管区域应符合危险货物及其包装储存安全的有关规定；

3.4.5　开展鲜活冷冻品（含食品）等检验检疫业务的，应设有冷冻（冷藏）集装箱的辅助制冷设施及防火、防汛、防盗设施；

3.4.6　开展需冷链运输的特殊物品检验检疫业务的，应设有干冰投放设施；

3.4.7　开展其他特定商品检验检疫业务的，应符合国家有关标准和国家质检总局有关要求。

3.5　货物检验检疫查验区配套设施包括：

3.5.1　检验检疫标志牌。位于货物检验检疫查验区入口处的显著位置；推荐规格为长150cm、宽50cm，左侧上下排列涂印"中国检验检疫"中英文字样，颜色为蓝底白字，中文字体为黑体，英文字体为 Times New Roman，右侧涂印中国检验检疫徽标，可以采用电子式或灯箱式标志牌。

3.5.2　查验平台。位于货物检验检疫查验区，用于集装箱、货物的检验检疫查验操作；规格为宽大于 5m、与集装箱拖车架等高（约150cm），一类、二类、三类、四类标准的长度应至少能够分别同时对 20 辆、15 辆、10 辆、5 辆集装箱车卡实施查验，开展冷冻（冷藏）集装箱业务的，还应配置低温查验专用平台 5 个箱位以上。台体涂印"中国检验检疫"及中国检验检疫徽标。

3.5.3　监管仓库。位于货物检验检疫查验区，用于存放实施查封、扣押以及待进一步检验、检疫、鉴定的货物。开展冷冻（冷藏）业务的，还应配置监管冷库。监管仓（冷）库监管仓容积适当，适合叉车等机械工具现场操作。根据实际内部设置隔离区域，用于存放不同监管要求的货物，并符合有关安全技术规范要求。监管仓库外墙涂印"检验检疫监管仓库"字样。

3.5.4　查验设备。货物检验检疫查验区内应配备能满足检验检疫查验工作用的开箱、掏箱和/或落地检验所必需的机械设备，如集装箱吊装设备、叉（铲）车、打包机、夹包机、装载机、掏箱工具和衡器设备等。

3.6　检验检疫现场业务用房要求：

检验检疫现场业务用房配备的数量、面积应满足检验检疫部门办公、值班、接待、视频监控、档案存储、更衣休息、采取样品、样品预处理、样品存贮、现场检测、检验及抽样工具存放、检疫处理药品存储、器械存储等需要；各用房应相对独立，区域界限明确，且应根据需要，配备和完善相应的通讯（视音频、数据）、网络、水、电（弱电）、污水处理、负压、视频监控、取暖、降温等配套设施。

4.　检疫处理场地和设施

4.1　区内应当设置封闭管理的货物检疫处理区和配套设施，以满足对货物、集装箱、包装铺垫材料等进行检疫处理的需要。

4.2　货物检疫处理区应位于办公区、周边生活区的下风方向，相隔距离不少于 50m，面积应不少于 1000m²。

4.3 货物检疫处理区要求：

4.3.1 地面平整、坚固、硬化，雨后无积水，无病媒生物孳生地，场地及周围环境应具备有效的防鼠设施与防鼠带；

4.3.2 设有符合国家相关标准的污水处理及排放设施、垃圾存储与处理设施；

4.3.3 应配置检疫处理所需的熏蒸、消毒、热处理及销毁（焚烧）处理等设施，并配备相关现场业务用房和设备，以保障检疫处理工作的实施。

4.4 货物检疫处理区配套设施包括：

4.4.1 检验检疫标志牌。位于检疫处理区入口处，标示检疫处理区域。推荐规格同本规定 3.5.1；

4.4.2 告示牌。位于检疫处理区周边，推荐规格为长 150 cm、宽 50cm，涂印"检疫处理作业危险，请勿靠近"警示性标识，中英文字样；

4.4.3 隔离围网。位于检疫处理区四周，应符合统一建设要求；

4.4.4 检疫处理场。位于检疫处理区内，用于集装箱及内容货物的检疫处理，面积不少于 1000m^2。

4.4.5 检疫处理平台。位于检疫处理区内，用于车载集装箱及内容货物的检疫处理业务操作，规格为宽大于 5m、与集装箱拖车架等高（约 150cm），长度应能够同时对 5 辆集装箱卡车实施检疫处理业务操作，台体涂印"中国检验检疫"及中国检验检疫徽标；

4.4.6 熏蒸处理库。位于检疫处理区内，用于散货、木质包装等熏蒸，应配置有熏蒸库房、施药室、控制室以及相关配套设施，要求密闭良好、容积适当，技术指标应符合国家质检总局对于出入境检验检疫熏蒸处理库的相关技术要求；

4.4.7 热处理库。位于检疫处理区内，主要用于散货、木质包装等热处理，要求容积适当，具备良好的密闭和隔热条件，技术指标应符合国家质检总局对于热处理库的相关技术要求；

4.4.8 药品器械库。位于检疫处理区内，主要用于存放检疫处理的药品、器械，库房容积应能满足业务量需要，安全防护设施良好，技术指标应符合国家质检总局的相关技术要求；

4.4.9 查验设备。应配备能满足检疫处理工作必需的机械设备，如集装箱吊装设备、叉（铲）车等；

4.4.10 其他设施。配有必要的消毒器具、存放待处理物品的防疫库、现场办公用房等。

4.4.11 检疫处理场地和设施另有规定的，从其规定。

5. 信息化管理设施

5.1 特殊监管区域应实施检验检疫电子闸口管理，特殊监管区域主管部门应建立公共信息平台，实现区内企业、相关单位与检验检疫机构间物流信息、监管信息等的共享和交换。

5.2 区内应安装具有存储功能（存储时长不少于 3 个月）的视频监控系统，并按照检验检疫机构要求的格式实现相关图像信号的实时传送，供检验检疫机构对货物检验检疫查验区、检验检疫监管仓库、检疫处理区、进出卡口通道等重点区域进行监控。

5.3 特殊监管区域主管部门应为检验检疫机构建设视频监控中心（室），并应配置 LED 屏，对检验检疫有特殊监管要求的进出闸口、接卸场所、储存场所、货物（集装箱）查验场、查验平台、监管仓库、地磅、检疫处理区、熏蒸库、空箱查验区、下脚料堆存场所、办公楼现场等实施实时监控。

5.4 特殊监管区域主管部门应为检验检疫机构建设面积不少于 30m^2 的专用机房，并按国家机房装修标准规范等相关要求进行装修，配置电气系统、火灾探测器、路由器、交换机、自启动机房专用空调、防火墙、服务器、不间断电源等，网络布线系统应按内外网分离布设两套线路。

6. 其他监管配套设施

6.1 特殊监管区域主管部门应为检验检疫机构提供办公家具、办公设备等相关办公设施，保障检验检疫机构办公所需水、电、暖供应及通信线路的畅通。

6.2 特殊监管区域主管部门应根据检验检疫工作需要，提供检验检疫驻区人员的休息用房，并配置必备的休息设施。

7. 检验检疫设施的规划和验收

7.1 特殊监管区域主管部门应当按照国家有关标准和国家质检总局的有关要求规划建设区内检验检疫设施，保证检验检疫工作正常、有效开展。

7.2 地方政府在建设方案中应当列明检验检疫设施规划的相关内容。直属局应当结合质量安全监管要求对建设方案提出意见。国家质检总局按照有关程序，结合国家宏观政策、地方发展规划和质量安全状况对建设方案提出意见或进行审核。

7.3 检验检疫设施由国家质检总局正式验收后投入使用。正式验收前，直属局应当对检验检疫设施进行预验收，并在预验收完成后 10 个工作日内将预验收情况报国家质检总局。

预验收存在问题的，应提出具体整改措施和整改时限；发现与检验检疫设施建设要求严重不符的，预验收不予通过。

7.4 检验检疫设施验收后，因业务发展导致已有设施不能满足监管需要，或国家质检总局对检验检疫设施要求发生变化，已有设施不符合规定或不能满足要求的，特殊监管区域主管部门应及时改进、完善相关检验检疫设施。直属局验收后将有关情况上报国家质检总局。

7.5 国家质检总局对于特殊监管区域检验检疫基础和监管设施有其他专业标准化规定的，特殊监管区域主管部门应按相关规定建设，并符合相应的要求。

出口加工区检验检疫监督管理办法

（国检法〔2001〕63 号）

发布日期：2001-03-09
实施日期：2001-03-09
法规类型：规范性文件

第一章 总 则

第一条 为促进出口加工区的健康发展，加强对出口加工区检验检疫监督管理，根据《中华人民共和国进出口商品检验法》、《中华人民共和国进出境动植物检疫法》、《中华人民共和国国境卫生检疫法》等有关法律法规，制定本办法。

第二条 经国务院批准设立的出口加工区（以下简称"加工区"）的检验检疫工作适用于本办法。

第三条 各地检验检疫机构依照本办法负责对本辖区内加工区进出应由检验检疫机构负责检验检疫的货物（以下简称"应检货物"）、运输工具、集装箱及加工区内有关场所实施检验检疫和监督管理。

第四条 加工区内的企业（以下简称"区内企业"）应向检验检疫机构办理备案登记手续，或按有关规定办理注册登记手续。

第五条 对应检货物，区内企业在办理进出加工区海关手续前，须向检验检疫机构申报或报检。海关凭出入境检验检疫机构出具的《入境货物通关单》或《出境货物通关单》验放。

第六条　各地检验检疫机构对进、出加工区的应检货物应在加工区内实施检验检疫。

第七条　加工区内与检验检疫有关的企业，有条件的，可实行电子报检。

第八条　本办法中所称："应检货物"指列入《出入境检验检疫机构实施检验检疫的进出境商品目录》（以下简称"《目录》"）的货物；以及虽未列入《目录》，但国家有关法律法规明确由出入境检验检疫机构负责检验检疫的货物。

"运输工具"指由陆路边境口岸进境，直接驶入加工区的各种车辆。"区外"指加工区以外的中华人民共和国境内其他地区。

第二章　加工区与境外之间进出货物、集装箱和运输工具的检验检疫

第九条　对从境外以直通式或转关运输方式进入加工区的货物、集装箱、运输工具按下列规定办理：

（一）应检货物、集装箱以及运输工具，应当接受卫生检疫。对来自检疫传染病疫区的、被检疫传染病污染的以及可能传播检疫传染病或者发现与人类健康有关的啮齿动物和病媒昆虫的集装箱、货物、废旧物等物品以及运输工具应实施卫生处理。

（二）动植物及其产品和其他检疫物，装载动植物、动植物产品和其他检疫物的装载容器、集装箱、包装物、铺垫材料，以及来自动植物疫区的运输工具，应实施动植物检疫及检疫监督管理。

（三）区内企业为加工出口产品所需的应检货物免予实施品质检验。但以废物作为原料的，按有关规定实施环保项目检验。

（四）区内企业在加工区内自用的办公和生活消费用品，检验检疫机构免予实施品质检验。

（五）检验检疫机构在实施本条第（一）、（二）项的检验检疫监管和卫生除害处理时，必须简化手续，提高效率。

第十条　对加工区内的中外合资、合作企业及各种对外补偿贸易方式中，境外（包括港、澳、台地区）投资者以实物作价投资的或企业委托境外投资者用投资资金从境外购买的财产，应由检验检疫机构实施财产价值鉴定。

第十一条　需要办理进境检验检疫审批手续的按有关规定办理。

第十二条　对从加工区出境的属商品检验和食品卫生检验范围内的应检货物，有下列情况之一的，应实施品质检验或食品卫生检验：

1. 标明中国制造的；

2. 使用中国注册商标的；

3. 申领中国产地证的；

4. 需检验检疫机构出具品质证书的。

第十三条　对从加工区出境的，属卫生检疫和动植物检疫范围内的应检货物，按输入国家（或地区）要求和我国的有关规定实施检验检疫。

第十四条　对装运出境易腐烂变质的食品、冷冻品的集装箱应实施适载检验。

第三章　加工区与区外之间进出应检货物的检验检疫

第十五条　对区外运入加工区的任何货物，检验检疫机构不予检验检疫。

第十六条　加工区运往区外的应检货物，视同进口，按下列规定办理：

（一）属商品检验范围内的，须由检验检疫机构实施品质检验。

（二）属食品卫生检验范围内的，须由检验检疫机构实施食品卫生检验。

（三）属进口商品安全质量许可制度目录内的，需按照进口商品安全质量许可制度的规定办理。

（四）属动植物检疫范围内的，不再实施动植物检疫。

（五）属卫生检疫范围内的，不再实施卫生检疫。

（六）从加工区运往区外的废料和旧机电产品，检验检疫机构按有关规定实施环保项目检验。

第四章　对加工区和区内企业的检验检疫监督管理

第十七条　需要实施卫生注册登记和出口质量许可制度管理的企业，应按规定申请办理有关手续。从事食品、动植物产品的加工、存放场所应当符合食品卫生和动植物检疫的有关规定。

第十八条　检验检疫机构应建立对区内企业的监管档案，做好日常监督管理及抽查检验记录。

第十九条　检验检疫机构负责对加工区实施疫情监测。

第五章　附　则

第二十条　区内企业的加工产品，凡符合中华人民共和国出口货物原产地规则或普惠制给惠国原产地规则的，均可向检验检疫机构申请签发一般原产地证明书或普惠制原产地证明书。

第二十一条　出口加工区管理委员会应向驻区检验检疫机构提供永久性办公用房和必要的办公条件以及查验休息用房。

第二十二条　检验检疫机构与海关共用出口加工区内的验货场和验货平台，不再单设检验检疫查验场地。

第二十三条　对违反本办法规定的行为，检验检疫机构依照有关法律予以处理。

第二十四条　本办法由国家出入境检验检疫局负责解释。

第二十五条　本办法自发布之日起施行。

加工贸易管理

● 综合管理 ●

中华人民共和国海关加工贸易货物监管办法

（海关总署令 2014 年第 219 号）

发布日期：2014-03-12

实施日期：2023-04-15

法规类型：部门规章

（根据 2017 年 12 月 20 日海关总署令第 235 号公布的《海关总署关于修改部分规章的决定》第一次修正；根据 2018 年 5 月 29 日海关总署令第 240 号《海关总署关于修改部分规章的决定》第二次修正；根据 2018 年 11 月 23 日海关总署令第 243 号《海关总署关于修改部分规章的决定》第三次修正；根据 2020 年 12 月 23 日海关总署令第 247 号《海关总署关于修改部分规章的决定》第四次修正；2023 年 3 月 9 日海关总署令第 262 号《海关总署关于修改部分规章的决定》第五次修正）

第一章　总　则

第一条　为了促进加工贸易健康发展，规范海关对加工贸易货物管理，根据《中华人民共和国海关法》（以下简称《海关法》）以及其他有关法律、行政法规，制定本办法。

第二条　本办法适用于办理加工贸易货物手册设立、进出口报关、加工、监管、核销手续。

加工贸易经营企业、加工企业、承揽者应当按照本办法规定接受海关监管。

第三条　本办法所称"加工贸易"是指经营企业进口全部或者部分原辅材料、零部件、元器件、包装物料（以下统称料件），经过加工或者装配后，将制成品复出口的经营活动，包括来料加工和进料加工。

第四条　除国家另有规定外，加工贸易进口料件属于国家对进口有限制性规定的，经营企业免于向海关提交进口许可证件。

加工贸易出口制成品属于国家对出口有限制性规定的，经营企业应当取得出口许可证件。海关对有关出口许可证件电子数据进行系统自动比对验核。

第五条 加工贸易项下进口料件实行保税监管的，加工成品出口后，海关根据核定的实际加工复出口的数量予以核销。

加工贸易项下进口料件按照规定在进口时先行征收税款的，加工成品出口后，海关根据核定的实际加工复出口的数量退还已征收的税款。

加工贸易项下的出口产品属于应当征收出口关税的，海关按照有关规定征收出口关税。

第六条 海关按照国家规定对加工贸易货物实行担保制度。

未经海关批准，加工贸易货物不得抵押。

第七条 海关对加工贸易实行分类监管，具体管理办法由海关总署另行制定。

第八条 海关可以对加工贸易企业进行核查，企业应当予以配合。

海关核查不得影响企业的正常经营活动。

第九条 加工贸易企业应当根据《中华人民共和国会计法》以及海关有关规定，设置符合海关监管要求的账簿、报表以及其他有关单证，记录与本企业加工贸易货物有关的进口、存储、转让、转移、销售、加工、使用、损耗和出口等情况，凭合法、有效凭证记账并且进行核算。

加工贸易企业应当将加工贸易货物与非加工贸易货物分开管理。加工贸易货物应当存放在经海关备案的场所，实行专料专放。企业变更加工贸易货物存放场所的，应当事先通知海关，并办理备案变更手续。

第二章　加工贸易货物手册设立

第十条 经营企业应当向加工企业所在地主管海关办理加工贸易货物的手册设立手续。

第十一条 除另有规定外，经营企业办理加工贸易货物的手册设立，应当向海关如实申报贸易方式、单耗、进出口口岸，以及进口料件和出口成品的商品名称、商品编号、规格型号、价格和原产地等情况，并且提交经营企业对外签订的合同。经营企业委托加工的，还应当提交与加工企业签订的委托加工合同。

经营企业自身有加工能力的，应当取得主管部门签发的《加工贸易加工企业生产能力证明》；经营企业委托加工的，应当取得主管部门签发的加工企业《加工贸易加工企业生产能力证明》。（应失效）

第十二条 经营企业按照本办法第十条、第十一条规定，提交齐全、有效的单证材料，申报设立手册的，海关应当自接受企业手册设立申报之日起5个工作日内完成加工贸易手册设立手续。

需要办理担保手续的，经营企业按照规定提供担保后，海关办理手册设立手续。

第十三条 有下列情形之一的，海关应当在经营企业提供相当于应缴税款金额的保证金或者银行、非银行金融机构保函后办理手册设立手续：

（一）涉嫌走私，已经被海关立案侦查，案件尚未审结的；

（二）由于管理混乱被海关要求整改，在整改期内的。

第十四条 有下列情形之一的，海关可以要求经营企业在办理手册设立手续时提供相当于应缴税款金额的保证金或者银行、非银行金融机构保函：

（一）租赁厂房或者设备的；

（二）首次开展加工贸易业务的；

（三）加工贸易手册延期两次（含两次）以上的；

（四）办理异地加工贸易手续的；

（五）涉嫌违规，已经被海关立案调查，案件尚未审结的。

第十五条 加工贸易企业有下列情形之一的，不得办理手册设立手续：

（一）进口料件或者出口成品属于国家禁止进出口的；

（二）加工产品属于国家禁止在我境内加工生产的；

（三）进口料件不宜实行保税监管的；

（四）经营企业或加工企业属于国家规定不允许开展加工贸易的；

（五）经营企业未在规定期限内向海关报核已到期的加工贸易手册，又重新申报设立手册的。

第十六条　经营企业办理加工贸易货物的手册设立，申报内容、提交单证与事实不符的，海关应当按照下列规定处理：

（一）货物尚未进口的，海关注销其手册；

（二）货物已进口的，责令企业将货物退运出境。

本条第一款第（二）项规定情形下，经营企业可以向海关申请提供相当于应缴税款金额的保证金或者银行、非银行金融机构保函，并且继续履行合同。

第十七条　已经办理加工贸易货物的手册设立手续的经营企业可以向海关领取加工贸易手册分册、续册。

第十八条　加工贸易货物手册设立内容发生变更的，经营企业应当在加工贸易手册有效期内办理变更手续。

第三章　加工贸易货物进出口、加工

第十九条　经营企业进口加工贸易货物，可以从境外或者海关特殊监管区域、保税监管场所进口，也可以通过深加工结转方式转入。

经营企业出口加工贸易货物，可以向境外或者海关特殊监管区域、保税监管场所出口，也可以通过深加工结转方式转出。

第二十条　经营企业以加工贸易方式进出口的货物，列入海关统计。

第二十一条　加工贸易企业开展深加工结转的，转入企业、转出企业应当向各自的主管海关申报，办理实际收发货以及报关手续。具体管理规定由海关总署另行制定并公布。

有下列情形之一的，加工贸易企业不得办理深加工结转手续：

（一）不符合海关监管要求，被海关责令限期整改，在整改期内的；

（二）有逾期未报核手册的；

（三）由于涉嫌走私已经被海关立案调查，尚未结案的。

加工贸易企业未按照海关规定进行收发货的，不得再次办理深加工结转手续。

第二十二条　经营企业开展外发加工业务，应当按照外发加工的相关管理规定自外发之日起3个工作日内向海关办理备案手续。

经营企业开展外发加工业务，不得将加工贸易货物转卖给承揽者；承揽者不得将加工贸易货物再次外发。

经营企业将全部工序外发加工的，应当在办理备案手续的同时向海关提供相当于外发加工货物应缴税款金额的保证金或者银行、非银行金融机构保函。

第二十三条　外发加工的成品、剩余料件以及生产过程中产生的边角料、残次品、副产品等加工贸易货物，经营企业向所在地主管海关办理相关手续后，可以不运回本企业。

第二十四条　海关对加工贸易货物实施监管的，经营企业和承揽者应当予以配合。

第二十五条　加工贸易货物应当专料专用。

经海关核准，经营企业可以在保税料件之间、保税料件与非保税料件之间进行串换，但是被串换的料件应当属于同一企业，并且应当遵循同品种、同规格、同数量、不牟利的原则。

来料加工保税进口料件不得串换。

第二十六条 由于加工工艺需要使用非保税料件的，经营企业应当事先向海关如实申报使用非保税料件的比例、品种、规格、型号、数量。

经营企业按照本条第一款规定向海关申报的，海关核销时应当在出口成品总耗用量中予以核扣。

第二十七条 经营企业进口料件由于质量存在瑕疵、规格型号与合同不符等原因，需要返还原供货商进行退换，以及由于加工贸易出口产品售后服务需要而出口未加工保税料件的，可以直接向口岸海关办理报关手续。

已经加工的保税进口料件不得进行退换。

第四章　加工贸易货物核销

第二十八条 经营企业应当在规定的期限内将进口料件加工复出口，并且自加工贸易手册项下最后一批成品出口或者加工贸易手册到期之日起30日内向海关报核。

经营企业对外签订的合同提前终止的，应当自合同终止之日起30日内向海关报核。

第二十九条 经营企业报核时应当向海关如实申报进口料件、出口成品、边角料、剩余料件、残次品、副产品以及单耗等情况，并且按照规定提交相关证件。

经营企业按照本条第一款规定向海关报核，单证齐全、有效的，海关应当受理报核。

第三十条 海关核销可以采取纸质单证核销、电子数据核销的方式，必要时可以下厂核查，企业应当予以配合。

海关应当自受理报核之日起30日内予以核销。特殊情况需要延长的，经直属海关关长或者其授权的隶属海关关长批准可以延长30日。

第三十一条 加工贸易保税进口料件或者成品内销的，海关对保税进口料件依法征收税款并且加征缓税利息，另有规定的除外。

进口料件属于国家对进口有限制性规定的，经营企业还应当向海关提交进口许可证件。

第三十二条 经营企业因故将加工贸易进口料件退运出境的，海关凭有关退运单证核销。

第三十三条 经营企业在生产过程中产生的边角料、剩余料件、残次品、副产品和受灾保税货物，按照海关对加工贸易边角料、剩余料件、残次品、副产品和受灾保税货物的管理规定办理，海关凭有关单证核销。

第三十四条 经营企业遗失加工贸易手册的，应当及时向海关报告。

海关按照有关规定处理后对遗失的加工贸易手册予以核销。

第三十五条 对经核销结案的加工贸易手册，海关向经营企业签发《核销结案通知书》。

第三十六条 经营企业已经办理担保的，海关在核销结案后按照规定解除担保。

第三十七条 加工贸易货物的手册设立和核销单证自加工贸易手册核销结案之日起留存3年。

第三十八条 加工贸易企业出现分立、合并、破产、解散或者其他停止正常生产经营活动情形的，应当及时向海关报告，并且办结海关手续。

加工贸易货物被人民法院或者有关行政执法部门封存的，加工贸易企业应当自加工贸易货物被封存之日起5个工作日内向海关报告。

第五章　附　则

第三十九条 违反本办法，构成走私行为、违反海关监管规定行为或者其他违反《海关法》行为的，由海关依照《海关法》和《中华人民共和国海关行政处罚实施条例》的有关规定予以处理；构成犯罪的，依法追究刑事责任。

第四十条 本办法中下列用语的含义：

来料加工，是指进口料件由境外企业提供，经营企业不需要付汇进口，按照境外企业的要求进行加工或者装配，只收取加工费，制成品由境外企业销售的经营活动。

进料加工，是指进口料件由经营企业付汇进口，制成品由经营企业外销出口的经营活动。

加工贸易货物，是指加工贸易项下的进口料件、加工成品以及加工过程中产生的边角料、残次品、副产品等。

加工贸易企业，包括经海关备案的经营企业和加工企业。

经营企业，是指负责对外签订加工贸易进出口合同的各类进出口企业和外商投资企业，以及依法开展来料加工经营活动的对外加工装配服务公司。

加工企业，是指接受经营企业委托，负责对进口料件进行加工或者装配，并且具有法人资格的生产企业，以及由经营企业设立的虽不具有法人资格，但是实行相对独立核算并已经办理工商营业证（执照）的工厂。

单位耗料量，是指加工贸易企业在正常生产条件下加工生产单位出口成品所耗用的进口料件的数量，简称单耗。

深加工结转，是指加工贸易企业将保税进口料件加工的产品转至另一加工贸易企业进一步加工后复出口的经营活动。

承揽者，是指与经营企业签订加工合同，承接经营企业委托的外发加工业务的企业或者个人。

外发加工，是指经营企业委托承揽者对加工贸易货物进行加工，在规定期限内将加工后的产品最终复出口的行为。

核销，是指加工贸易经营企业加工复出口或者办理内销等海关手续后，凭规定单证向海关报核，海关按照规定进行核查以后办理解除监管手续的行为。

第四十一条 实施联网监管的加工贸易企业开展加工贸易业务，按照海关对加工贸易企业实施计算机联网监管的管理规定办理。

第四十二条 加工贸易企业在海关特殊监管区域内开展加工贸易业务，按照海关对海关特殊监管区域的相关管理规定办理。

第四十三条 单耗的申报与核定，按照海关对加工贸易单耗的管理规定办理。

第四十四条 海关对加工贸易货物进口时先征收税款出口后予以退税的管理规定另行制定。

第四十五条 本办法由海关总署负责解释。

第四十六条 本办法自公布之日起施行。2004 年 2 月 26 日以海关总署令第 113 号发布，并经海关总署令第 168 号、195 号修正的《中华人民共和国海关对加工贸易货物监管办法》同时废止。

中华人民共和国海关加工贸易企业联网监管办法

（海关总署令第 150 号）

发布日期：2006-06-14
实施日期：2023-04-15
法规类型：部门规章

（根据 2023 年 3 月 9 日海关总署令第 262 号《海关总署关于修改部分规章的决定》修正）

第一条 为了规范海关对加工贸易企业的管理，根据《中华人民共和国海关法》及其他有关法律、行政法规的规定，制定本办法。

第二条 海关对加工贸易企业实施联网监管，是指加工贸易企业通过数据交换平台或者其他计算机网络方式向海关报送能满足海关监管要求的物流、生产经营等数据，海关对数据进行核对、核算，并结合实物进行核查的一种加工贸易海关监管方式。

第三条 实施联网监管的加工贸易企业（以下简称联网企业）应当具备以下条件：

（一）具有加工贸易经营资格；

（二）在海关备案；

（三）属于生产型企业。

海关特殊监管区域、保税监管场所内的加工贸易企业不适用本办法。

第四条 加工贸易企业需要实施联网监管的，可以向主管海关提出申请；经审核符合本办法第三条规定条件的，海关应当对其实施联网监管。

第五条 联网企业通过数据交换平台或者其他计算机网络方式向海关报送数据前，应当进行加工贸易联网监管身份认证。

第六条 联网企业应当将开展加工贸易业务所需进口料件、出口成品清单及对应的商品编号报送主管海关，必要时还应当按照海关要求提供确认商品编号所需的相关资料。

主管海关应当根据监管需要，按照商品名称、商品编码和计量单位等条件，将联网企业内部管理的料号级商品与电子底账备案的项号级商品进行归并或者拆分，建立一对多或者多对一的对应关系。

第七条 联网企业应当在料件进口、成品出口前，分别向主管海关办理进口料件、出口成品的备案、变更手续。

联网企业应当根据海关总署的有关规定向海关办理单耗备案、变更手续。

第八条 海关应当根据联网企业报送备案的资料建立电子底账，对联网企业实施电子底账管理。电子底账包括电子账册和电子手册。

电子账册是海关以企业为单元为联网企业建立的电子底账；实施电子账册管理的，联网企业只设立一个电子账册。海关应当根据联网企业的生产情况和海关的监管需要确定核销周期，按照核销周期对实行电子账册管理的联网企业进行核销管理。

电子手册是海关以加工贸易合同为单元为联网企业建立的电子底账；实施电子手册管理的，联网企业的每个加工贸易合同设立一个电子手册。海关应当根据加工贸易合同的有效期限确定核销日期，对实行电子手册管理的联网企业进行定期核销管理。

第九条 联网企业应当如实向海关报送加工贸易货物物流、库存、生产管理以及满足海关监管需要的其他动态数据。

第十条 联网企业的外发加工实行主管海关备案制。加工贸易企业开展外发加工前应当将外发加工承接企业、货物名称和周转数量向主管海关备案。

第十一条 海关可以采取数据核对和下厂核查等方式对联网企业进行核查。下厂核查包括专项核查和盘点核查。

第十二条 经主管海关批准，联网企业可以按照月度集中办理内销补税手续；联网企业内销加工贸易货物后，应当在当月集中办理内销补税手续。

第十三条 联网企业加工贸易货物内销后，应当按照规定向海关缴纳缓税利息。

缴纳缓税利息的起始日期按照以下办法确定：

（一）实行电子手册管理的，起始日期为内销料件或者制成品所对应的加工贸易合同项下首批料件进口之日；

（二）实行电子账册管理的，起始日期为内销料件或者制成品对应的电子账册最近一次核销之日。没有核销日期的，起始日期为内销料件或者制成品对应的电子账册首批料件进口之日。

缴纳缓税利息的终止日期为海关签发税款缴款书之日。

第十四条 联网企业应当在海关确定的核销期结束之日起 30 日内完成报核。确有正当理由不能按期报核的，经主管海关批准可以延期，但延长期限不得超过 60 日。

第十五条 联网企业实施盘点前，应当告知海关；海关可以结合企业盘点实施核查核销。

海关结合企业盘点实施核查核销时，应当将电子底账核算结果与联网企业实际库存量进行对比，并分别进行以下处理：

（一）实际库存量多于电子底账核算结果的，海关应当按照实际库存量调整电子底账的当期余额；

（二）实际库存量少于电子底账核算结果且联网企业可以提供正当理由的，对短缺的部分，海关应当责令联网企业申请内销处理；

（三）实际库存量少于电子底账核算结果且联网企业不能提供正当理由的，对短缺的部分，海关除责令联网企业申请内销处理外，还可以按照《中华人民共和国海关行政处罚实施条例》对联网企业予以处罚。

第十六条 联网企业有下列情形之一的，海关可以要求其提供保证金或者银行保函作为担保：

（一）企业管理类别下调的；

（二）未如实向海关报送数据的；

（三）海关核查、核销时拒不提供相关账册、单证、数据的；

（四）未按照规定时间向海关办理报核手续的；

（五）未按照海关要求设立账册、账册管理混乱或者账目不清的。

第十七条 违反本办法，构成走私或者违反海关监管规定行为的，由海关依照《中华人民共和国海关法》和《中华人民共和国海关行政处罚实施条例》的有关规定予以处理；构成犯罪的，依法追究刑事责任。

第十八条 本办法下列用语的含义：

"电子底账"，是指海关根据联网企业申请，为其建立的用于记录加工贸易备案、进出口、核销等资料的电子数据库。

"专项核查"，是指海关根据监管需要，对联网企业就某一项或者多项内容实施的核查行为。

"盘点核查"，是指海关在联网企业盘点时，对一定期间的部分保税货物进行实物核对、数据核查的一种监管方式。

第十九条 本办法由海关总署负责解释。

第二十条 本办法自 2006 年 8 月 1 日起施行。2003 年 3 月 19 日海关总署令第 100 号发布的《中华人民共和国海关对加工贸易企业实施计算机联网监管办法》同时废止。

关于全面推广企业集团加工贸易监管模式的公告

（海关总署公告 2021 年第 80 号）

发布日期：2021-10-09
实施日期：2021-10-09
法规类型：规范性文件

为进一步顺应加工贸易企业发展需求，激发市场主体活力，海关总署在前期试点的基础上，决定自 2021 年 10 月 15 日起，全面推广企业集团加工贸易监管模式。现将有关事项公告如下：

一、本公告所称"企业集团"是指以资本为主要联结纽带的母子公司为主体，有共同行为规范的母公司、子公司、参股公司共同组成的具有一定规模的企业法人联合体，包括牵头企业和成员企业。

牵头企业是指经成员企业授权，牵头向海关申请办理适用企业集团加工贸易监管模式的企业。牵头企业应熟悉企业集团内部运营管理模式，了解成员企业情况，协调成员企业开展相关业务。

成员企业是指同一集团内授权牵头企业申请开展企业集团加工贸易监管模式的企业。

二、企业集团加工贸易监管模式是指海关实施的以"企业集团"为单元，以信息化系统为载体，以企业集团经营实际需求为导向，对企业集团实施整体监管的加工贸易监管模式。

三、企业申请适用企业集团加工贸易监管模式，应同时满足以下条件：

（一）牵头企业海关信用等级为高级认证企业，成员企业海关信用等级不为失信企业；

（二）企业内部管理规范，信息化系统完备，加工贸易货物物流和数据流透明清晰，逻辑链完整，耗料可追溯，满足海关监管要求；

（三）不涉及关税配额农产品、原油、铜矿砂及其精矿、卫星电视接收设施、生皮等对加工贸易资质或数量有限制的加工贸易商品。

四、牵头企业向其所在地主管海关申请开展企业集团加工贸易监管模式，并提交下列材料：

（一）《企业集团加工贸易监管模式备案表》（格式见附件）；

（二）所有成员企业法定代表人签字并加盖公章的授权委托；

（三）成员企业的持股证明、出资证明或其他证明材料。

五、经海关同意实施企业集团加工贸易监管模式的，企业凭《企业集团加工贸易监管模式备案表》按现行加工贸易有关规定分别向主管海关办理加工贸易手（账）册设立手续。加工贸易手（账）册备注栏标注"企业集团"，并注明牵头企业全称和海关编码。

企业集团根据自身运营需要，也可由集团内一家企业统一设立加工贸易手（账）册。

六、适用企业集团加工贸易监管模式的，加工贸易保税料件可在集团内企业之间流转使用。

集团内不同企业间进行保税料件流转可根据企业需要采用余料结转或深加工结转方式办理相关手续，保税核注清单备注栏标注"结转至（自）企业集团内 XX 企业"。

七、加工贸易货物可以在集团内企业向海关备案的场所自主存放，并留存相关记录。

八、保税料件符合料件串换监管要求的，集团内企业可根据生产实际自行串换、处置，并留存相关记录。

经所有权人授权同意，集团内企业可对来料加工保税料件进行串换。

九、集团内企业间开展外发加工业务不再向海关办理备案手续，其中全部工序外发加工的，不再向海关提供担保。企业应按规定留存收发货记录。

集团内企业间外发加工的成品、剩余料件以及生产过程中产生的边角料、残次品、副产品等加工贸易货物，可不运回本企业。

十、企业进口的尚处于监管期内的不作价设备可以办理设备结转手续，在集团内企业间调配使用。不作价设备使用应符合其规定用途。不作价设备结转申报表及保税核注清单备注栏应标注"结转至（自）企业集团内XX企业"。

十一、集团内企业需按规定提交担保的，可以选择保证金、银行或非银行金融机构保函等多种形式向海关提供担保。

十二、海关根据企业集团加工贸易监管情况，可以对集团内企业统筹开展稽核查，也可以对集团内部分企业单独开展稽核查。

实施电子账册管理的，海关分析风险后自行确定下厂核销比率及抽盘价值比例。

十三、成员企业出现新增等情形时，牵头企业应及时向其所在地主管海关办理变更手续。

经牵头企业和涉及的成员企业确认，相关成员企业可以申请退出企业集团加工贸易监管模式；经牵头企业和所有成员企业确认，可以申请该企业集团退出企业集团加工贸易监管模式。

十四、集团内企业有以下情形之一的，海关可以取消其牵头企业或成员企业资格：

（一）不符合第三条所列条件的；

（二）不按规定办理保税货物流转、存储、外发加工等海关手续或不按规定保存相关单证、数据的。

被取消资格的集团内企业，当年内不得再次申请加入。牵头企业被取消资格的，成员企业可以共同推举并向海关申报新的牵头企业。1年内2个以上集团内企业被取消成员企业资格的，海关有理由认定该企业集团管理无法满足海关监管要求，取消该企业集团的企业集团加工贸易监管模式资格。

十五、本公告未明确事项，按照加工贸易监管的一般性规定实施管理。

十六、此前已经开展的企业集团加工贸易监管改革试点业务，统一按照本公告规定执行。前期试点企业中不符合本公告第三条所列条件的，可继续适用企业集团加工贸易监管模式，主管海关应加强对企业的指导、培育，使其尽快符合开展条件。如前期试点企业至2022年12月31日仍无法满足本公告第三条所列条件的，海关应取消其前期企业集团加工贸易监管模式试点资格。

十七、本公告自2021年10月15日起施行。

特此公告。

附件：企业集团加工贸易监管模式备案表（略）

关于调整加工贸易内销申报纳税办理时限的公告

（海关总署公告 2020 年第 78 号）

发布日期：2020-07-01
实施日期：2020-07-01
法规类型：规范性文件

为落实党中央、国务院关于统筹推进新冠肺炎疫情防控和经济社会发展工作的决策部署，做好"六稳"工作、落实"六保"任务，支持加工贸易企业开拓国内市场，根据国务院有关部署要求，进一步放宽加工贸易内销申报纳税办理时限：

一、对符合条件按月办理内销申报纳税手续的海关特殊监管区域外加工贸易企业，在不超过手册有效期或账册核销截止日期的前提下，最迟可在季度结束后 15 天内完成申报纳税手续。

二、海关特殊监管区域内加工贸易企业，采用"分送集报"方式办理出区进入中华人民共和国关境内（海关特殊监管区域外）手续的，在不超过账册核销截止日期的前提下，最迟可在季度结束后 15 天内完成申报纳税手续，或按照现行规定进行申报纳税。

三、按季度申报纳税不得跨年操作，企业需在每年 4 月 15 日、7 月 15 日、10 月 15 日、12 月 31 日前进行申报。

本公告自发布之日起实施。

关于精简和规范作业手续、促进加工贸易便利化的公告

（海关总署公告 2019 年第 218 号）

发布日期：2019-12-26
实施日期：2020-01-01
法规类型：规范性文件

为全面落实党中央、国务院关于扩大高水平开放、深化"放管服"改革的决策部署，海关总署研究决定对部分加工贸易业务办理手续进行精简和规范，现将有关事项公告如下：

一、手册设立（变更）一次申报，取消备案资料库申报

企业通过金关二期加贸管理系统办理加工贸易手册设立（变更）时，不再向海关申报设立备案资料库，直接发送手册设立（变更）数据，海关按规定对企业申报的手册设立（变更）数据进行审核并反馈。

二、账册设立（变更）一次申报，取消商品归并关系申报

企业通过金关二期加贸管理系统办理加工贸易账册设立（变更）时，不再向海关申报归并关系，由企业根据自身管理实际，在满足海关规范申报和有关监管要求的前提下，自主向

海关申报有关商品信息。企业内部管理商品与电子底账之间不是一一对应的，归并关系由企业自行留存备查。

三、外发加工一次申报，取消外发加工收发货记录

简化外发加工业务申报手续，企业通过金关二期加贸管理系统办理加工贸易外发加工业务时，应在规定的时间内向海关申报《外发加工申报表》，不再向海关申报外发加工收发货登记，实现企业外发加工一次申报、收发货记录自行留存备查。

企业应如实填写并向海关申报《外发加工申报表》，对全工序外发的，应在申报表中勾选"全工序外发"标志，并按规定提供担保后开展外发加工业务。

四、深加工结转一次申报，取消事前申请和收发货记录

简化深加工结转业务申报手续，海关对加工贸易深加工结转业务不再进行事前审核。企业通过金关二期加贸管理系统办理加工贸易深加工结转业务时，不再向海关申报《深加工结转申报表》和收发货记录，应在规定的时间内直接向海关申报保税核注清单及报关单办理结转手续，实现企业深加工结转一次申报、收发货记录自行留存备查。

企业应于每月 15 日前对上月深加工结转情况进行保税核注清单及报关单的集中申报，但集中申报不得超过手（账）册有效期或核销截止日期，且不得跨年申报。

五、余料结转一次申报，不再征收风险担保金

简化余料结转业务申报手续，海关对加工贸易余料结转业务不再进行事前审核。企业通过金关二期加贸管理系统办理加工贸易余料结转业务时，不再向海关申报《余料结转申报表》，企业应在规定的时间内向海关申报保税核注清单办理余料结转手续，实现企业余料结转一次申报。

取消企业办理余料结转手续需征收担保的相关规定，对同一经营企业申报将剩余料件结转到另一加工企业的、剩余料件转出金额达到该加工贸易合同项下实际进口料件总额 50% 及以上的、剩余料件所属加工贸易合同办理两次及两次以上延期手续的等情形，企业不再提供担保。

六、内销征税一次申报，统一内销征税申报时限

优化加工贸易货物内销征税手续，企业通过金关二期加贸管理系统办理加工贸易货物内销业务时，直接通过保税核注清单生成内销征税报关单，并办理内销征税手续，不再向海关申报《内销征税联系单》。

统一区外加工贸易企业集中办理内销征税手续申报时限，符合条件集中办理内销征税手续的加工贸易企业，应于每月 15 日前对上月内销情况进行保税核注清单及报关单的集中申报，但集中申报不得超过手（账）册有效期或核销截止日期，且不得跨年申报。

七、优化不作价设备监管，简化解除监管流程

企业通过金关二期加贸管理系统办理不作价设备手册设立等各项手续，根据规范申报要求上传随附单证进行在线申报。

简化不作价设备解除监管流程，对于监管期限已满的不作价设备，企业不再向海关提交书面申请等纸质单证，通过申报监管方式为"BBBB"的设备解除监管专用保税核注清单，向主管海关办理设备解除监管手续。保税核注清单审核通过后，企业如有需要，可自行打印解除监管证明。不作价设备监管期限未满，企业申请提前解除监管的，由企业根据现有规定办理复运出境或内销手续。

八、创新低值辅料监管，纳入保税料件统一管理

将低值辅料纳入加工贸易手（账）册统一管理。企业使用金关二期加贸管理系统，将低值辅料纳入进口保税料件申报和使用，适用加工贸易禁止类、限制类商品目录等相关管理政策，实现低值辅料无纸化、规范化管理。

海关停止签发低值辅料登记表，之前已经签发的低值辅料登记表，企业可正常执行完毕。本公告自 2020 年 1 月 1 日起实施。

关于启用出境加工电子账册的公告

（海关总署公告 2019 年第 57 号）

发布日期：2019-03-25
实施日期：2019-04-01
法规类型：规范性文件

为促进和规范出境加工业务发展，海关总署升级保税综合管理子系统，开发上线了出境加工电子账册（以下简称"出境加工账册"），现将有关事宜公告如下：

一、自 2019 年 4 月 1 日起，海关总署正式启用出境加工账册，企业可通过国际贸易"单一窗口"办理出境加工账册设立等各项手续。

二、启用出境加工账册的企业在办理账册项下货物进出口时，不再强制按照《海关总署关于出境加工业务有关问题的公告》（海关总署公告 2016 年第 69 号）第八条"出境加工货物的出口和复进口应在同一口岸"办理，企业可根据实际业务需要选择进出口口岸。

三、企业原已设立的出境加工纸质手册可在有效期内继续执行完毕。

特此公告。

关于取消《加工贸易企业经营状况及生产能力证明》的公告

（商务部　海关总署公告 2018 年第 109 号）

发布日期：2018-12-29
实施日期：2019-01-01
法规类型：规范性文件

根据国务院"放管服"工作部署和《国务院关于促进加工贸易创新发展的若干意见》（国发〔2016〕4 号）精神，为深化加工贸易管理体制改革，进一步提高便利化水平，完善事中事后监管，在全国范围内取消《加工贸易企业经营状况及生产能力证明》（以下简称《生产能力证明》），由加工贸易企业自主承诺具备相应生产经营能力。现就有关事项公告如下：

一、自 2019 年 1 月 1 日起，企业从事加工贸易业务不再申领《生产能力证明》，商务主管部门不再为加工贸易企业出具《生产能力证明》。

二、企业开展加工贸易业务，须具备相应生产经营能力。加工企业应具有与业务范围相适应的工厂、加工设备和工人，经营企业应具有进出口经营权。企业应自觉履行安全生产、节能低碳、环境保护等社会责任。

三、企业开展加工贸易业务，须登录"加工贸易企业经营状况及生产能力信息系统"（https：//ecomp. mofcom. gov. cn/），自主填报《加工贸易企业经营状况及生产能力信息表》（以下简称《信息表》），并对信息真实性作出承诺。《信息表》有效期为自填报（更新）之日起1年，到期后或相关信息发生变化，企业应及时更新《信息表》。

四、已网上填报《信息表》的企业到主管海关办理加工贸易手（账）册设立（变更）手续，无须提交纸质《信息表》。

五、企业在2019年1月1日前已取得《生产能力证明》，且信息无变化的，仍可凭有效期内的《生产能力证明》到主管海关办理加工贸易手续。

六、企业作出不实承诺的，将被记入企业诚信记录，并依法采取降低海关信用等级等措施。

七、商务主管部门和海关要继续加强对加工贸易企业的服务和指导，做好政策宣传推介，确保加工贸易管理工作平稳运行。

附件：《加工贸易企业经营状况及生产能力信息表》打印表（略）

关于加工贸易监管有关事宜的公告

（海关总署公告2018年第104号）

发布日期：2018-08-13
实施日期：2018-08-13
法规类型：规范性文件

2018年5月29日，海关总署公布了《海关总署关于修改部分规章的决定》（海关总署令第240号），对《中华人民共和国海关加工贸易货物监管办法》（以下简称《办法》）有关规定作出修改。现结合署令修订内容以及此前发布公告内容进行调整，并重新公告如下：

一、关于《办法》第二条

经营企业应当在手册有效期内办理保税料件或者成品内销、结转、退运等海关手续。

二、关于《办法》第六条

（一）有下列情形之一的，不予办理抵押手续：

1. 抵押影响加工贸易货物生产正常开展的；

2. 抵押加工贸易货物或者其使用的保税料件涉及进出口许可证件管理的；

3. 抵押加工贸易货物属来料加工货物的；

4. 以合同为单元管理的，抵押期限超过手册有效期限的；

5. 以企业为单元管理的，抵押期限超过一年的；

6. 经营企业或者加工企业涉嫌走私、违规，已被海关立案调查、侦查，案件未审结的；

7. 经营企业或者加工企业因为管理混乱被海关要求整改，在整改期内的；

8. 海关认为不予批准的其他情形。

（二）经营企业在申请办理加工贸易货物抵押手续时，应向主管海关提交以下材料：

1. 正式书面申请；

2. 银行抵押贷款书面意向材料。

（三）经审核符合条件的，经营企业在缴纳相应保证金或者银行、非银行金融机构保函（以下简称"保证金或者保函"）后，主管海关准予其向境内银行办理加工贸易货物抵押，并将抵押合同、贷款合同复印件留存主管海关备案。

保证金或者保函按抵押加工贸易保税货物对应成品所使用全部保税料件应缴税款金额收取。

三、关于《办法》第九条

（一）"分开管理"是指加工贸易货物应与非加工贸易货物分开存放，分别记帐。对确实无法实现货物分开存放的，须经主管海关在审核企业内部信息化管理系统、确认其能够通过联网监管系统实现加工贸易货物与非加工贸易货物数据信息流分开后，认定其符合"分开管理"的监管条件。企业应当确保保税货物流与数据信息流的一致性。

（二）"海关备案的场所"是指加工贸易企业在办理海关注册登记以及加工贸易业务时向海关备案的经营场所。

（三）加工贸易企业改变或者增加存放场所，应经主管海关批准。主管海关应要求加工贸易企业提交注明存放地址、期限等有关内容的书面申请和存放场所的所有权证明复印件，如属租赁场所还需提交租赁合同。

除外发加工等业务需要外，加工贸易货物不得跨直属海关辖区进行存放。

四、关于《办法》第二十一条

（一）企业在办理深加工结转业务时，有未按照有关规定进行收发货申报及报关情形的，在补办有关手续前，海关不再受理新的《深加工结转申报表》，并可根据实际情况暂停已办理《深加工结转申报表》的使用。

（二）企业应按有关规定撤销或者修改深加工结转报关单；对已放行的深加工结转报关单，不能修改，只能撤销。

（三）转出、转入企业违反有关规定的，海关按照《中华人民共和国海关法》及《中华人民共和国海关行政处罚实施条例》的规定处理；构成犯罪的，依法追究其刑事责任。

五、关于《办法》第二十二条

（一）企业应当在货物首次外发之日起3个工作日内向海关备案外发加工基本情况；企业应当在货物外发之日起10日内向海关申报实际收发货情况，同一手（账）册、同一承揽者的收、发货情况可合并办理。

企业外发加工备案信息发生变化的，应当向海关变更有关信息。

（二）以合同为单元管理的，首次外发是指在本手册项下对同一承揽者第一次办理外发加工业务；以企业为单元管理的，首次外发是指本核销周期内对同一承揽者第一次办理外发加工业务。

（三）对全工序外发的，企业应当在外发加工备案时缴纳相当于外发加工货物应缴税款金额的保证金或者保函。企业变更外发加工信息时，涉及企业应缴纳外发加工保证金数量增加的，企业应补缴保证金或者保函。

（四）企业未按规定向海关办理外发加工手续，或者实际外发情况与申报情况不一致的，按照《中华人民共和国海关行政处罚实施条例》有关规定予以处罚。

六、关于《办法》第二十五条

企业申请内部料件串换的，应遵循以下原则：

（一）保税料件之间以及保税料件和进口非保税料件之间的串换，必须符合同品种、同规格、同数量的条件。

（二）保税料件和国产料件（不含深加工结转料件）之间的串换必须符合同品种、同规格、同数量、关税税率为零，且商品不涉及进出口许可证件管理的条件。

（三）经营企业因保税料件与非保税料件之间发生串换，串换下来同等数量的保税料件，经主管海关批准后，由企业自行处置。

七、关于《办法》第二十七条

经营企业因加工贸易出口产品售后服务需要而申请出口加工贸易手册项下进口的未加工保税料件的，可以按"进料料件复出"或者"来料料件复出"的贸易方式直接申报出口。

八、关于《办法》第三十一条

经营企业申请办理加工贸易货物内销手续，除特别规定外，应当向海关提交下列单证：

（一）经营企业申请内销加工贸易货物的材料；

（二）提交与归类和审价有关的材料。

经营企业申请办理加工贸易货物内销手续，应当如实申报《加工贸易货物内销征税联系单》，凭以办理通关手续。

九、关于《办法》第三十一条

加工贸易料件、成品无法复出口的，按照《中华人民共和国海关关于加工贸易边角料、剩余料件、残次品、副产品和受灾保税货物的管理办法》（海关总署令第111号公布，根据海关总署令第198号、第218号、第235号和第238号修改）中对剩余料件的有关规定办理。

十、经营企业申报剩余料件结转的，应当向海关提交下列单证

（一）经营企业申报剩余料件结转的材料；

（二）经营企业拟结转的剩余料件清单。

经营企业应当如实申报《加工贸易剩余料件结转联系单》，凭以办理通关手续。

十一、关于到期手册未报核的处理

经营企业应当在手册有效期限内进行报核，对经营企业到期手册未报核的，经海关审查，按照《中华人民共和国海关行政处罚实施条例》的有关规定进行处理。

十二、关于《办法》第四十条

经营企业应按照《中华人民共和国海关报关单位注册登记管理规定》（海关总署令第221号公布，根据海关总署令第235号和第240号修改）办理海关注册登记手续。

十三、关于纸质单证使用问题

在启用计算机系统办理相关业务前，暂使用原纸质单证办理。

本公告内容自公布之日起执行。海关总署公告2005年第9号、2010年第93号、2014年第21号同时废止。

特此公告。

关于全面推广以企业为单元加工贸易监管改革的公告

（海关总署公告2018年第59号）

发布日期：2018-06-21

实施日期：2018-06-21

法规类型：规范性文件

为贯彻落实《国务院关于促进加工贸易创新发展的若干意见》（国发〔2016〕4号），全面深化海关加工贸易及保税监管改革，深入推进简政放权，引导企业自律管理，释放企业活力，提升企业内生动力，经过一年试点，有关企业积极配合，取得了初步成效。为此，海关总署决定全面推广实施"以企业为单元加工贸易监管模式"（以下简称新监管模式）改革。新监管模式改革是海关深化加工贸易监管改革的重要举措，是支持加工贸易企业发展、提升企业综合竞争力以及支持与加工贸易相关的生产性服务业发展的有力保障，是促进加工贸易创新发展的重要内容。现将有关事项公告如下：

一、改革实施范围

（一）实施新监管模式改革的企业，必须是以自己名义开展加工贸易业务的生产型企业，且符合以下条件之一：

1. 海关信用等级为一般认证及以上的；

2. 海关信用等级为一般信用企业，且企业内部加工贸易货物流和数据流透明清晰，逻辑链完整，耗料可追溯，满足海关监管要求的。

（二）新监管模式的业务范围包括：账册设立（变更）、进出口、外发加工、深加工结转、内销、剩余料件结转、核报和核销、本企业或本集团的售后维修等。

二、主要内容

（一）实施新监管模式的企业，按照以下方式开展相关业务：

1. 账册设立。企业可以根据行业特点、生产规模、管理水平等因素选择以料号或项号设立账册；账册的最大进口量为《加工贸易企业经营状况和生产能力证明》所载生产能力，即进口料件对应金额。

2. 核销周期。企业可以根据生产周期，自主选择合理核销周期，并按照现有规定确定单耗申报环节，自主选择单耗申报时间。

3. 外发加工。企业开展外发加工业务时，不再报送收发货清单，同时应保存相关资料、记录备查。

4. 集中内销。企业应于每月 15 日前对上月发生的内销保税货物，在依法提供税收担保的前提下，集中办理纳税手续，但不得跨年。

5. 深加工结转。企业在办理深加工结转手续时，应于每月月底前对上月深加工结转情况进行集中申报，不再报送收发货记录，同时应保存相关资料、记录备查。

6. 剩余料件结转。企业应在核报前，以剩余料件结转方式处置实际库存。

（二）在核销周期内，企业采用自主核报方式向海关办理核销手续，其中，对核销周期超过一年的，企业应进行年度申报。

1. 自主核报。指企业自主核定保税进口料件的耗用量并向海关如实申报的行为。企业可自主选择采用单耗、耗料清单和工单等保税进口料件耗用的核算方式，向海关申报当期核算结果，并办理核销手续。企业申报核算结果时，应报送本核销周期内的下列数据：

（1）申请核报加工贸易账册的相关材料；

（2）进、出、转、销和期末实际库存数据；

（3）边角料、残次品、副产品、受灾保税货物、销毁货物的相关情况；

（4）料件、成品退换情况；

（5）国内购买料件情况；

（6）消耗性物料情况；

（7）企业需要申报其他情况的补充说明。

2. 年度申报。对核销周期超过 1 年的企业，每年至少向海关申报 1 次保税料件耗用量等账册数据。年度申报数据的累加作为本核销周期保税料件耗用总量。

（三）在账册核销周期结束前，企业对本核销周期内因突发情况和内部自查自控中发现的问题，主动向海关补充申报，并提供及时控制或整改措施的，海关对企业的申报进行集中处置。

（四）企业应根据账册设立时的料号或项号，据实以来料加工或进料加工监管方式申报进出口。

（五）企业应按照规定提交、保留、存储相应电子数据和纸质单证。

（六）企业出现以下情形之一的，海关不再对其实施新监管模式：

1. 海关信用等级降为失信企业的；

2. 内部信息化系统不完备，加工贸易货物流和数据流逻辑链条不完整，耗料管理不能满足海关监管要求的；

3. 不能规范办理海关手续，不能按要求及时提交、保留、存储相关数据、单证和资料的；

4. 主动申请不实施新监管模式的；

5. 其他需要撤销新监管模式的。

海关不再对其实施新监管模式账册管理的，自确定之日起 30 日内，企业应向海关办理该账册核销手续。

三、其他事项

（一）海关总署将对年度申报等制度进行补充细化，同时，将研究出台海关保税维修业务监管的有关制度。在有关制度出台前，请有本企业、本集团保税维修需求的企业尽快与当地海关联系报送有关需求，海关总署将视情明确办法出台前的统一监管规则。

（二）本公告正式实施后，对尚未执行完毕的加工贸易手（账）册，企业可将尚未出口的加工贸易货物折料转入新开设的账册。

（三）本公告未明确事项，按照加工贸易监管的一般性规定实施管理。

公告内容自发布之日起施行，《中华人民共和国海关总署 2018 年第 19 号公告》同时废止。

特此公告。

关于保证金台帐"实转"管理事项转为海关事务担保事项有关手续的公告

（海关总署公告 2018 年第 18 号）

发布日期：2018-02-13
实施日期：2018-02-13
法规类型：规范性文件

为落实国务院取消加工贸易银行保证金台帐制度（以下简称"保证金台帐"）有关要求，现就保证金台帐"实转"管理事项转为海关事务担保事项的有关办理要求公告如下：

一、保证金台帐"实转"管理事项转为海关事务担保事项后，企业缴纳保证金的情形、金额等仍按照商务部、海关总署 2015 年 63 号公告执行。

二、企业办理担保业务可采用保证金或保函等形式。对于同一笔业务应采用同一种形式提供担保。

三、以保函形式办理担保业务时，企业应向海关提交银行或者非银行金融机构的保函正本，海关向企业制发收据。保函担保期限应为手册有效期满后 80 天。

四、以保证金形式办理担保业务时，企业应按海关开具的《海关交（付）款通知书》，以人民币缴纳保证金，将应征保证金款项交至海关指定的代保管款账户。资金到账后海关向企业开具《海关保证金专用收据》。

五、因手册变更导致担保金额增加或担保期限延长的，由海关依法为企业办理担保内容变更手续。

六、手册核销结案后，企业可向海关办理担保退还手续。担保形式为保函的，企业应凭保函收据到海关办理保函退还手续。

担保形式为保证金的，企业应凭《海关交（付）款通知书》编号、《海关保证金专用收据》（退款联）以及加盖企业财务专用章的合法收据，到海关财务部门办理保证金退还手续。

本公告自发布之日起执行。

关于全面取消加工贸易台帐保证金制度过渡期
结束后有关业务办理事宜的公告

（海关总署公告 2017 年第 62 号）

发布日期：2017-12-14

实施日期：2018-02-02

法规类型：规范性文件

为落实国务院取消加工贸易银行保证金台帐制度（以下简称"保证金台帐"）有关要求，现就海关总署、商务部公告 2017 年第 33 号设置的过渡期结束后，有关业务办理事宜公告如下：

一、保证金台帐"实转"管理事项转为海关事务担保事项。企业不再到银行开设保证金台帐，按海关事务担保事项办理有关手续。

二、对以保证金形式提供担保的，担保事项解除后，企业凭财务收据到主管海关办理保证金及利息退还手续。利息计算利率为中国人民银行公布的活期基准利率，计息起始日期为保证金交至海关指定账户之日，截止日期为海关保证金退还通知书开出之日。

本公告自 2018 年 2 月 2 日起执行。

关于取消加工贸易银行保证金台帐制度有关事宜的公告

（海关总署　商务部联合公告 2017 年第 33 号）

发布日期：2017-07-15

实施日期：2017-08-01

法规类型：规范性文件

为落实《国务院关于促进加工贸易创新发展的若干意见》（国发〔2016〕4 号）要求，进一步简化手续，降低制度性交易成本，促进加工贸易创新发展，经国务院同意，在全国范围内取消加工贸易银行保证金台帐（以下简称"保证金台帐"）制度。现就相关事项公告如下：

一、对商务部、海关总署公告2015年第63号（以下简称63号公告）规定实施保证金台帐"空转"管理的情形，企业办理加工贸易手（账）册设立时无须开设保证金台帐，无须提供涉及限制类商品加工贸易的担保。此前已设立的保证金台帐"空转"加工贸易手册仍按照保证金台帐制度执行完毕。

二、对63号公告规定实施保证金台帐"实转"管理的情形，为保证政策平稳过渡，设置过渡期，过渡期从2017年8月1日起至2018年2月1日结束。过渡期内，企业继续按照海关总署公告2010年第5号和2014年第61号有关规定办理保证金台帐"实转"手续；过渡期结束后的业务办理程序，我署将另行公告。

三、本公告内容自2017年8月1日起执行。

关于出境加工业务有关问题的公告

（海关总署公告2016年第69号）

发布日期：2016-11-28
实施日期：2016-11-30
法规类型：规范性文件

为规范海关对出境加工货物监管，现就有关事项公告如下：

一、本公告所称"出境加工"是指我国境内符合条件的企业将自有的原辅料、零部件、元器件或半成品等货物委托境外企业制造或加工后，在规定的期限内复运进境并支付加工费和境外料件费等相关费用的经营活动。

对保税货物复出口和运往境外检测、维修货物的监管仍按现行规定办理。

二、企业开展出境加工业务，应同时符合下列要求：

（一）信用等级为一般认证及以上企业；

（二）不涉及国家禁止、限制进出境货物；

（三）不涉及国家应征出口关税货物。

三、企业有下列情形之一的，不得开展出境加工业务：

（一）涉嫌走私、违规，已被海关立案调查、侦查，且案件尚未审结的；

（二）未在规定期限内向海关核报已到期出境加工账册的。

四、出境加工货物不受加工贸易禁止类、限制类商品目录限制，不实行加工贸易银行保证金台帐及单耗管理等加工贸易相关规定。

五、海关采用账册方式对出境加工货物实施监管。在信息化系统上线前，暂用纸质账册进行管理（见附件）。企业开展出境加工业务，应设置符合海关监管要求的账簿、报表以及其他有关单证，记录与本企业出境加工货物有关的情况，凭合法、有效凭证记账、核算并接受海关监管。

六、开展出境加工业务的企业，应向其所在地主管海关办理账册设立手续，并提交下列单证：

（一）出境加工合同；

（二）生产工艺说明；

（三）相关货物的图片或样品等；

（四）海关需要收取的其他证件和材料。

企业提交单证齐全有效的，主管海关应自接受企业账册设立申请之日起5个工作日内完成出境加工账册设立手续。账册核销期为1年。

七、办理出境加工账册设立手续时，企业应如实申报进出口口岸、商品名称、商品编号、数量、规格型号、价格和原产地等；使用境外料件的，还应如实申报使用境外料件的数量、金额。账册设立内容发生变更的，企业应在账册有效期内办理变更手续。

八、企业应按下列方式进行申报：

（一）出境加工货物从国内出口，企业填报出口货物报关单，监管方式为"出料加工"（监管代码1427），征减免税方式为"全免"，备注栏填写账册编码（待信息化系统完善后，在备案号一栏填写账册编码），其他项目据实填写。

（二）出境加工货物从国外加工完毕后复进口，企业填报进口货物报关单，监管方式为"出料加工"（监管代码1427），商品编号栏目按实际报验状态填报，每一项复进口货物分列两个商品项填报，其中一项申报所含原出口货物价值，商品数量填写复进口货物实际数量，征减免税方式为"全免"；另一项申报境外加工费、料件费、复运进境的运输及其相关费用和保险费等，商品数量为0.1，征减免税方式为"照章征税"。备注栏填写账册编码（待信息化系统完善后，在备案号一栏填写账册编码），其他项目据实填写。

九、出境加工货物在规定期限内复运进境的，海关根据《中华人民共和国进出口关税条例》（国务院令第392号）和《中华人民共和国海关审定进出口货物完税价格办法》（海关总署令第213号）有关规定，以境外加工费、料件费、复运进境的运输及其相关费用和保险费等为基础审查确定完税价格。

十、出境加工货物因品质或规格等原因需退运的，企业应按退运货物（监管代码4561）有关规定，在账册核销周期内办理；出境加工货物超过退运期限或账册核销周期再复运进境的，企业应按一般贸易管理规定办理进口手续。

十一、出境加工账册按以下方式进行核销：

（一）出境加工账册采取企业自主核报、自动核销模式，企业应于出境加工账册核销期结束之日起30日内向主管海关核报出境加工账册。

（二）出境加工货物因故无法按期复运进境的，企业应及时向主管海关书面说明情况，海关据此核扣复运进境商品数量。

（三）对逾期不向海关核报的出境加工账册，海关可通过电子公告牌等方式联系企业进行催核。催核后仍不核报的，海关可直接对账册进行核销。

（四）对账册不平衡等异常情况，企业应作出说明并按具体情况办结相应海关手续后予以核销；需要删改报关单的，企业应按《中华人民共和国海关进出口货物报关单修改和撤销管理办法》（海关总署令第220号）办理。

十二、海关根据监管需要，可以对开展出境加工业务的企业开展稽核查，企业应给予配合。

十三、本公告自2016年11月30日起施行。此前已经开展的出境加工试点业务，按本《公告》规定执行。试点企业不符合本公告第二条要求的，可在2018年12月1日前继续将原出境加工合同执行完毕，过渡期内不再设立新的出境加工账册。

特此公告。

附件：出境加工账册模板（略）

关于在全国范围内取消加工贸易业务审批、建立健全事中事后监管机制有关事项的公告

（商务部　海关总署公告2016年第45号）

发布日期：2016-08-25
实施日期：2016-09-01
法规类型：规范性文件

（根据2019年3月18日商务部公告2019年第13号《关于取消一批证明事项的公告》修正）

根据《国务院关于促进加工贸易创新发展的若干意见》（国发〔2016〕4号）、《国务院关于促进外贸回稳向好的若干意见》（国发〔2016〕27号）要求和国务院行政审批改革总体部署，在全国范围内取消加工贸易业务审批，建立健全事中事后监管机制。现就有关事项公告如下：

一、取消商务主管部门对加工贸易合同审批和加工贸易保税进口料件或制成品转内销审批。各级商务主管部门不再签发《加工贸易业务批准证》、《联网监管企业加工贸易业务批准证》和《加工贸易保税进口料件内销批准证》、《加工贸易不作价设备批准证》。海关特殊监管区域管委会不再签发《出口加工区加工贸易业务批准证》和《出口加工区深加工结转业务批准证》。

二、开展加工贸易业务的企业到海关办理加工贸易手（账）册设立（变更）手续，海关不再验核相关许可证件。涉及禁止或限制开展加工贸易商品的，企业应在取得商务部批准文件后到海关办理有关业务。

三、海关特殊监管区域外加工贸易保税进口料件或者制成品如需转内销的，海关依法征收税款和缓税利息。进口料件涉及许可证件管理的，企业还应当向海关提交相关许可证件。

加工贸易项下关税配额农产品办理内销手续时，海关验核贸易方式为"一般贸易"的关税配额证原件或关税配额外优惠关税税率配额证原件（以下简称"一般贸易配额证"），按关税配额税率或关税配额外暂定优惠关税税率计征税款和缓税利息。无一般贸易配额证的，按关税配额外税率计征税款和缓税利息。

四、各级商务主管部门和海关要加强衔接，密切配合，制订加工贸易管理操作流程或办事指引，规范服务，便利企业，为加工贸易发展营造良好环境。

五、本公告自2016年9月1日起实施。

关于废止《中华人民共和国海关对加工贸易保税工厂管理办法》有关事项的公告

（海关总署公告 2015 年第 12 号）

发布日期：2015-04-13
实施日期：2015-04-13
法规类型：规范性文件

根据《国务院关于取消和调整一批行政审批项目等事项的决定》（国发〔2014〕50 号）的规定，海关总署已取消"保税工厂设立"行政审批项目，并废止了相关规章。为保持政策的连续性，此前已按照保税工厂管理的企业，其为制造出口产品而进口的原料、材料、元器件、零部件、配套件、辅料、包装物料和加工过程中直接消耗的数量合理的化学物品，仍予以保税。

关于全面推广使用深加工结转管理系统的公告

（海关总署公告 2013 年第 2 号）

发布日期：2013-01-07
实施日期：2013-01-07
法规类型：规范性文件

为促进对外贸易稳定增长，提高通关效率，降低企业运营成本，规范加工贸易深加工结转管理，海关对深加工结转管理系统进行了全面优化。海关总署决定全面推广使用。现就有关事宜公告如下：

一、企业办理加工贸易深加工结转业务应通过深加工结转预录入系统或通过标准数据接口向海关申报结转数据。企业可向主管海关申请安装深加工结转预录入系统，录入或导入结转数据向海关申报。

二、2013 年 6 月 1 日起，企业应使用深加工结转管理系统办理直属海关关区内深加工结转业务。

三、2013 年 10 月 1 日起，企业应使用深加工结转管理系统办理跨关区深加工结转业务。

特此公告。

关于推广加工贸易银行保证金台帐电子化
联网管理工作有关问题的公告

（海关总署公告 2010 年第 5 号）

发布日期：2010-01-20
实施日期：2010-02-01
法规类型：规范性文件

为进一步简化和完善现行加工贸易银行保证金台帐（以下简称台帐）管理，在不改变台帐管理流程基础上，实现台帐电子化联网管理，增加办理台帐手续银行，方便加工贸易企业办理台帐业务，提高台帐管理质量和效率。在前期成功试点的基础上，经研究决定在全国范围内对采用电子化手册管理的加工贸易企业（以下简称企业）开展台帐电子化联网管理。现就有关事项公告如下：

一、推广范围

（一）企业范围。

各海关可结合关区实际情况确定分步推广计划和各阶段的适用企业范围，并由各海关另行公告执行。

（二）银行范围。

推广银行为与各海关关区对应的中国银行、中国工商银行辖属分支机构。

二、台帐保证金专用帐户的设立

企业在首次办理台帐开设手续时，应向银行办理台帐保证金专用帐户的设立手续。企业在申请电子化手册备案时，应在海关手册录入环节选择拟开设台帐帐户的银行，并在录入端收到海关已开出《银行保证金台帐开设联系单》（以下简称《开设联系单》）的回执后，持《企业法人营业执照》、《海关注册登记证明》及其他相关材料至所选择的银行办理台帐帐户设立手续。

对此前已在中国银行网点设立过台帐保证金专用帐户的企业，推广期间亦应凭《海关注册登记证明》向中国银行进行一次性备案登记（在试点期间已经备案登记的除外）。

同一加工贸易合同项下，企业在录入时选择的台帐银行（中国银行或中国工商银行）以及实转台帐缴纳方式（保证金或税款保付保函）不得变更。

三、台帐开设、变更与正常核销

银行与海关间采用台帐电子化联网管理模式后，在有关业务流程不变的同时，企业勿需再往返于海关与银行之间传递单证，有关单证的电子数据均可实现网上传输。

企业在预录入端收到回执后，直接凭银行签发的电子《银行保证金台帐登记通知单》（以下简称《登记通知单》）、《银行保证金台帐变更通知单》（以下简称《变更通知单》）、《银行保证金台帐核销通知单》（以下简称《核销通知单》）向海关办理加工贸易备案、合同变更和核销手续。

四、实转台帐保证金的缴纳与补缴

实转台帐开设或变更需缴纳保证金的，企业应按照主管海关签发的《开设联系单》或《银行保证金台帐变更联系单》（以下简称《变更联系单》）向台帐开户银行办理保证金缴纳或补缴手续。

五、税款保付保函的开立、变更（包括展期）

选择以税款保付保函方式进行实转的，企业可在向银行申请开立或变更后，选择自行或由银行将税款保付保函正本或修改函正本送交主管海关留存。

对因特殊情况海关出具《税款保付保函展期通知单》的，企业须持通知单第三、四联、税款保付保函展期申请书及有关材料，向银行申请税款保付保函展期。

六、挂帐待销与停帐待销及关闭帐户处理

（一）挂帐待销与停帐待销处理。

挂帐、停帐的联系单和通知单全部采用电子方式进行传输。挂帐待销和停帐待销期间，银行不向企业退还该笔台帐业务项下的保证金。

（二）关闭帐户。

对海关向银行签发的《银行保证金台帐核销联系单》（以下简称《核销联系单》）中注有"停设台帐"的，银行在确认该笔台帐保证金帐户余额已经为零后，根据海关联系单办理关闭帐户手续，并出具《银行保证金台帐帐户关闭通知单》（以下简称《关闭通知单》）。

如该笔台帐项下保证金尚有余款，且企业无欠缴税款情况，主管海关与银行应按照共同商定的意见进行处理，再办理关闭帐户手续。

如该笔台帐保证金帐户采用的是税款保付保函方式，则税款保付保函在核销结案后自动失效。

七、异常情况和应急情况处理

（一）错误修改。

若因企业原因提出对海关发送的《变更联系单》做出修改时，企业凭银行出具的《企业未缴款证明》向海关申请更改并重新发送《变更联系单》。

（二）应急处理。

对于采用台帐电子化联网管理的加工贸易业务，如银行因技术原因未收到台帐联系单，海关可打印纸质台帐联系单并加盖海关台帐专用章交企业办理保证金台帐业务。

对于采用台帐电子化联网管理的加工贸易业务，如海关因技术原因未收到台帐通知单，银行可打印纸质台帐通知单并加盖银行台帐专用章交企业办理台帐登记手续。

八、单证的传送及时限要求

（一）《开设联系单》、《变更联系单》、《核销联系单》、《登记通知单》、《变更通知单》、《核销通知单》、《银行保证金台帐挂帐待销通知单》、《银行保证金台帐停帐待销通知单》、《关闭通知单》均以电子报文的形式由海关、银行通过电子口岸平台直接发送对方。企业应在电子报文发出后 3 日内（最后一日逢法定节假日顺延）办理有关台帐业务。《开设联系单》的有效期为自出具之日起 80 天（含 80 天），超过 80 天自动失效。海关对失效的《开设联系单》及对应手册进行删除处理。

（二）税款保付保函及其修改函（企业选择由银行传送的）、索赔函、《税款保付保函遗失补办申请书》、《保证金台帐联网异常情况处理联系单》，以及"停帐待销"和"关闭台帐"情况下的《税款缴纳扣划通知书》、《海关×××专用缴款书》等纸质单证由主管海关、银行直接送交对方。

（三）其他纸质单证由申请设立台帐的企业及时传送至主管海关和银行。

九、本公告自 2010 年 2 月 1 日起执行。海关总署 2009 年第 43 号公告同时废止。

特此公告。

关于面向广大中小型企业推广 H2000 电子手册系统中的有关事项

（海关总署公告 2008 年第 40 号）

发布日期：2008-05-29
实施日期：2008-05-29
法规类型：规范性文件

促进加工贸易转型升级，进一步简化海关手续、提高办事效率，海关在推行了 H2000 电子手册系统的基础上，开发应用了 H2000 电子化手册系统（以下简称系统）。现决定在全国范围面向广大中小型企业推广应用该系统，并就推广应用中的有关事项公告如下：

一、原"电子手册"和"纸质手册电子化"统称为"电子化手册"。统一后的保税加工企业电子底账管理，包括电子账册、电子化手册（含分段式管理和以合同为单元常规管理）两种模式。原第二代标准版联网监管 H2000 电子手册的分段式手册模式仍然保留，形成分段式管理的电子化手册；原第二代标准版联网监管 H2000 电子手册的非分段式手册模式将不再使用，各海关对已核发的非分段式电子手册核销完毕后，切换到电子化手册模式进行管理。

二、在"电子化手册"模式下，企业向海关发送申请合同备案、变更等业务的电子数据并凭商务主管部门的批件到主管海关业务现场办理合同备案、变更等业务。海关根据商务主管部门的批件审核企业申报的合同备案、变更等资料，通过后即可生成电子化手册，不再签发纸质《登记手册》。在电子化手册备案、变更、通关、核查、核销环节，海关凭电子底账和其他有关单证办理有关手续，不再验凭纸质《登记手册》，也不再进行手册核注。

三、企业可采取自行预录入和代理预录入的方式申报电子数据。企业采取代理预录入方式申报的，由各企业使用当地电子口岸数据分中心核发的身份认证卡，通过电子口岸平台授权管理系统，自行对电子化手册备案、变更、通关、核销等数据的预录入和申报操作权限进行授权。在授权操作过程中如遇问题，可咨询当地电子口岸分中心或电子口岸数据中心服务热线。

四、因系统运行不畅而出现影响企业通关等重大故障时，由企业提出申请并经主管海关处级领导批准后，可启用纸质《登记手册》作应急使用，并与电子化手册一并报核、核销。

五、为保障企业办理其他相关业务需要，系统中仍保留备案底账的打印功能。主管海关可根据具体情况，为企业临时核发纸质《登记手册》；或由企业根据需要自行在预录入端打印电子化手册备案的纸质单证，到主管海关现场盖章后使用。

后续管理

中华人民共和国海关审定内销保税货物完税价格办法

（海关总署令第 211 号）

发布日期：2013-12-25
实施日期：2014-02-01
法规类型：部门规章

第一条 为了正确审查确定内销保税货物的完税价格，根据《中华人民共和国海关法》、《中华人民共和国进出口关税条例》及其他有关法律、行政法规的规定，制定本办法。

第二条 海关审查确定内销保税货物完税价格，适用本办法。涉嫌走私的内销保税货物计税价格的核定，不适用本办法。

第三条 内销保税货物的完税价格，由海关以该货物的成交价格为基础审查确定。

第四条 进料加工进口料件或者其制成品（包括残次品）内销时，海关以料件原进口成交价格为基础审查确定完税价格。

属于料件分批进口，并且内销时不能确定料件原进口一一对应批次的，海关可按照同项号、同品名和同税号的原则，以其合同有效期内或电子账册核销周期内已进口料件的成交价格计算所得的加权平均价为基础审查确定完税价格。

合同有效期内或电子账册核销周期内已进口料件的成交价格加权平均价难以计算或者难以确定的，海关以客观可量化的当期进口料件成交价格的加权平均价为基础审查确定完税价格。

第五条 来料加工进口料件或者其制成品（包括残次品）内销时，海关以接受内销申报的同时或者大约同时进口的与料件相同或者类似的保税货物的进口成交价格为基础审查确定完税价格。

第六条 加工企业内销的加工过程中产生的边角料或者副产品，以其内销价格为基础审查确定完税价格。

副产品并非全部使用保税料件生产所得的，海关以保税料件在投入成本核算中所占比重计算结果为基础审查确定完税价格。

按照规定需要以残留价值征税的受灾保税货物，海关以其内销价格为基础审查确定完税价格。按照规定应折算成料件征税的，海关以各项保税料件占构成制成品（包括残次品）全部料件的价值比重计算结果为基础审查确定完税价格。

边角料、副产品和按照规定需要以残留价值征税的受灾保税货物经海关允许采用拍卖方式内销时，海关以其拍卖价格为基础审查确定完税价格。

第七条　深加工结转货物内销时，海关以该结转货物的结转价格为基础审查确定完税价格。

第八条　保税区内企业内销的保税加工进口料件或者其制成品，海关以其内销价格为基础审查确定完税价格。

保税区内企业内销的保税加工制成品中，如果含有从境内采购的料件，海关以制成品所含从境外购入料件的原进口成交价格为基础审查确定完税价格。

保税区内企业内销的保税加工进口料件或者其制成品的完税价格依据本条前两款规定不能确定的，海关以接受内销申报的同时或者大约同时内销的相同或者类似的保税货物的内销价格为基础审查确定完税价格。

第九条　除保税区以外的海关特殊监管区域内企业内销的保税加工料件或者其制成品，以其内销价格为基础审查确定完税价格。

除保税区以外的海关特殊监管区域内企业内销的保税加工料件或者其制成品的内销价格不能确定的，海关以接受内销申报的同时或者大约同时内销的相同或者类似的保税货物的内销价格为基础审查确定完税价格。

除保税区以外的海关特殊监管区域内企业内销的保税加工制成品、相同或者类似的保税货物的内销价格不能确定的，海关以生产该货物的成本、利润和一般费用计算所得的价格为基础审查确定完税价格。

第十条　海关特殊监管区域内企业内销的保税加工过程中产生的边角料、废品、残次品和副产品，以其内销价格为基础审查确定完税价格。

海关特殊监管区域内企业经海关允许采用拍卖方式内销的边角料、废品、残次品和副产品，海关以其拍卖价格为基础审查确定完税价格。

第十一条　海关特殊监管区域、保税监管场所内企业内销的保税物流货物，海关以该货物运出海关特殊监管区域、保税监管场所时的内销价格为基础审查确定完税价格；该内销价格包含的能够单独列明的海关特殊监管区域、保税监管场所内发生的保险费、仓储费和运输及其相关费用，不计入完税价格。

第十二条　海关特殊监管区域内企业内销的研发货物，海关依据本办法第八条、第九条、第十条的规定审查确定完税价格。海关特殊监管区域内企业内销的检测、展示货物，海关依据本办法第十一条的规定审查确定完税价格。

第十三条　内销保税货物的完税价格不能依据本办法第四至十二条规定确定的，海关依次以下列价格估定该货物的完税价格：

（一）与该货物同时或者大约同时向中华人民共和国境内销售的相同货物的成交价格；

（二）与该货物同时或者大约同时向中华人民共和国境内销售的类似货物的成交价格；

（三）与该货物进口的同时或者大约同时，将该进口货物、相同或者类似进口货物在第一级销售环节销售给无特殊关系买方最大销售总量的单位价格，但应当扣除以下项目：

1. 同等级或者同种类货物在中华人民共和国境内第一级销售环节销售时通常的利润和一般费用以及通常支付的佣金；

2. 进口货物运抵境内输入地点起卸后的运输及其相关费用、保险费；

3. 进口关税及国内税收。

（四）按照下列各项总和计算的价格：生产该货物所使用的料件成本和加工费用，向中华人民共和国境内销售同等级或者同种类货物通常的利润和一般费用，该货物运抵境内输入地点起卸前的运输及其相关费用、保险费；

（五）以合理方法估定的价格。

纳税义务人向海关提供有关资料后，可以提出申请，颠倒前款第三项和第四项的适用次序。

第十四条　本办法中下列用语的含义：

内销保税货物，包括因故转为内销需要征税的加工贸易货物、海关特殊监管区域内货物、保税监管场所内货物和因其他原因需要按照内销征税办理的保税货物，但不包括以下项目：

（一）海关特殊监管区域、保税监管场所内生产性的基础设施建设项目所需的机器、设备和建设所需的基建物资；

（二）海关特殊监管区域、保税监管场所内企业开展生产或综合物流服务所需的机器、设备、模具及其维修用零配件；

（三）海关特殊监管区域、保税监管场所内企业和行政管理机构自用的办公用品、生活消费用品和交通运输工具。

内销价格，是指向国内企业销售保税货物时买卖双方订立的价格，是国内企业为购买保税货物而向卖方（保税企业）实际支付或者应当支付的全部价款，但不包括关税和进口环节海关代征税。

拍卖价格，是指国家注册的拍卖机构对海关核准参与交易的保税货物履行合法有效的拍卖程序，竞买人依拍卖规定获得拍卖标的物的价格。

结转价格，是指深加工结转企业间买卖加工贸易货物时双方订立的价格，是深加工结转转入企业为购买加工贸易货物而向深加工结转转出企业实际支付或者应当支付的全部价款。

第十五条 纳税义务人对海关确定完税价格有异议的，应当按照海关作出的相关行政决定缴纳税款，并可以依法向上一级海关申请复议。对复议决定不服的，可以依法向人民法院提起行政诉讼。

第十六条 违反本办法规定，构成走私或者违反海关监管规定行为的，由海关依照《中华人民共和国海关法》和《中华人民共和国海关行政处罚实施条例》的有关规定予以处理；构成犯罪的，依法追究刑事责任。

第十七条 本办法由海关总署负责解释。

第十八条 本办法自 2014 年 2 月 1 日起施行。

关于加工贸易边角料、剩余料件、残次品、副产品和受灾保税货物的管理办法

（海关总署令第 111 号）

发布日期：2004-05-25
实施日期：2018-11-23
法规类型：部门规章

（根据 2010 年 11 月 26 日海关总署令第 198 号《海关总署关于修改部分规章的决定》第一次修正；根据 2014 年 3 月 13 日海关总署令第 218 号《海关总署关于修改部分规章的决定》第二次修正；根据 2017 年 12 月 20 日海关总署令第 235 号公布的《海关总署关于修改部分规章的决定》第三次修正；根据 2018 年 4 月 28 日海关总署令第 238 号公布的《海关总署关于修改部分规章的决定》》第四次修正；根据 2018 年 11 月 23 日海关总署令第 243 号《海关总署关于修改部分规章的决定》第五次修正）

第一条 为了规范对加工贸易保税进口料件在加工过程中产生的边角料、剩余料件、残

次品、副产品和受灾保税货物的海关监管，根据《中华人民共和国海关法》（以下简称《海关法》）以及有关法律、行政法规，制定本办法。

第二条 本办法下列用语的含义：

边角料，是指加工贸易企业从事加工复出口业务，在海关核定的单位耗料量内（以下简称单耗）、加工过程中产生的、无法再用于加工该合同项下出口制成品的数量合理的废、碎料及下脚料。

剩余料件，是指加工贸易企业在从事加工复出口业务过程中剩余的、可以继续用于加工制成品的加工贸易进口料件。

残次品，是指加工贸易企业从事加工复出口业务，在生产过程中产生的有严重缺陷或者达不到出口合同标准，无法复出口的制品（包括完成品和未完成品）。

副产品，是指加工贸易企业从事加工复出口业务，在加工生产出口合同规定的制成品（即主产品）过程中同时产生的，并且出口合同未规定应当复出口的一个或者一个以上的其他产品。

受灾保税货物，是指加工贸易企业从事加工出口业务中，由于不可抗力原因或者其他经海关审核认可的正当理由造成灭失、短少、损毁等导致无法复出口的保税进口料件和制品。

第三条 加工贸易保税进口料件加工后产生的边角料、剩余料件、残次品、副产品及受灾保税货物属海关监管货物，未经海关许可，任何企业、单位、个人不得擅自销售或者移作他用。

第四条 加工贸易企业申请内销边角料的：

（一）海关按照加工贸易企业向海关申请内销边角料的报验状态归类后适用的税率和审定的边角料价格计征税款，免征缓税利息。

（二）海关按照加工贸易企业向海关申请内销边角料的报验状态归类后，属于发展改革委员会、商务部、生态环境部及其授权部门进口许可证件管理范围的，免于提交许可证件。

第五条 加工贸易企业申将将剩余料件结转到另一个加工贸易合同使用，限同一经营企业、同一加工企业、同样进口料件和同一加工贸易方式。凡具备条件的，海关按规定核定单耗后，企业可以办理该合同核销及其剩余料件结转手续。剩余料件转入合同已经商务主管部门审批的，由原审批部门按变更方式办理相关手续，如剩余料件的转入量不增加已批合同的进口总量，则免于办理变更手续；转入合同为新建合同的，由商务主管部门按现行加工贸易审批管理规定办理。

加工贸易企业申报剩余料件结转有下列情形之一的，企业缴纳不超过结转保税料件应缴纳税款金额的风险担保金后，海关予以办理：

（一）同一经营企业申报将剩余料件结转到另一加工企业的；

（二）剩余料件转出金额达到该加工贸易合同项下实际进口料件总额50%及以上的；

（三）剩余料件所属加工贸易合同办理两次或者两次以上延期手续的；

剩余料件结转涉及不同主管海关的，在双方海关办理相关手续，并由转入地海关收取风险担保金。

前款所列须缴纳风险担保金的加工贸易企业有下列情形之一的，免于缴纳风险担保金：

（一）适用加工贸易A类管理的；

（二）已实行台账实转的合同，台账实转金额不低于结转保税料件应缴纳税款金额的；

（三）原企业发生搬迁、合并、分立、重组、改制、股权变更等法律规定的情形，且现企业继承原企业主要权利义务或者债权债务关系的，剩余料件结转不受同一经营企业、同一加工企业、同一贸易方式限制。

第六条 加工贸易企业申请内销剩余料件或者内销用剩余料件生产的制成品，按照下列情况办理：

（一）剩余料件金额占该加工贸易合同项下实际进口料件总额3%以内（含3%），并且总值在人民币1万元以下（含1万元）的，由主管海关对剩余料件按照规定计征税款和税款缓税利息后予以核销。剩余料件属于发展改革委、商务部、生态环境部及其授权部门进口许可证件管理范围的，免于提交许可证件。

（二）剩余料件金额占该加工贸易合同项下实际进口料件总额3%以上或者总值在人民币1万元以上的，海关对合同内销的全部剩余料件按照规定计征税款和缓税利息。剩余料件属于进口许可证件管理的，企业还应当按照规定取得有关进口许可证件。海关对有关进口许可证件电子数据进行系统自动比对验核。

（三）使用剩余料件生产的制成品需要内销的，海关根据其对应的进口料件价值，按照本条第（一）项或者第（二）项的规定办理。

第七条 加工贸易企业需要内销残次品的，根据其对应的进口料件价值，参照本办法第六条第（一）项或者第（二）项的规定办理。

第八条 加工贸易企业在加工生产过程中产生或者经回收能够提取的副产品，未复出口的，加工贸易企业在向海关办理手册设立或者核销手续时应当如实申报。

对于需要内销的副产品，海关按照加工贸易企业向海关申请内销副产品的报验状态归类后的适用税率和审定的价格，计征税款和缓税利息。

海关按照加工贸易企业向海关申请内销副产品的报验状态归类后，属于进口许可证件管理的，企业还应当按照规定取得有关进口许可证件。海关对有关进口许可证件电子数据进行系统自动比对验核。

第九条 加工贸易受灾保税货物（包括边角料、剩余料件、残次品、副产品）在运输、仓储、加工期间发生灭失、短少、损毁等情事的，加工贸易企业应当及时向主管海关报告，海关可以视情派员核查取证。

（一）因不可抗力因素造成的加工贸易受灾保税货物，经海关核实，对受灾保税货物灭失或者虽未灭失，但是完全失去使用价值且无法再利用的，海关予以免税核销；对受灾保税货物虽失去原使用价值，但是可以再利用的，海关按照审定的受灾保税货物价格、其对应进口料件适用的税率计征税款和税款缓税利息后核销。受灾保税货物对应的原进口料件，属于发展改革委、商务部、生态环境部及其授权部门进口许可证件管理范围的，免于提交许可证件。企业在规定的核销期内报核时，应当提供保险公司出具的保险赔款通知书和海关认可的其他有效证明文件。

（二）除不可抗力因素外，加工贸易企业因其他经海关审核认可的正当理由导致加工贸易保税货物在运输、仓储、加工期间发生灭失、短少、损毁等情事的，海关凭有关主管部门出具的证明文件和保险公司出具的保险赔款通知书，按照规定予以计征税款和缓税利息后办理核销手续。本款所规定的受灾保税货物对应的原进口料件，属于进口许可证件管理范围的，企业应当按照规定取得有关进口许可证件。海关对有关进口许可证件电子数据进行系统自动比对验核。本办法第四条、第六条、第七条规定免于提交进口许可证件的除外。

第十条 加工贸易企业因故申请将边角料、剩余料件、残次品、副产品或者受灾保税货物退运出境的，海关按照退运的有关规定办理，凭有关退运证明材料办理核销手续。

第十一条 加工贸易企业因故无法内销或者退运的边角料、剩余料件、残次品、副产品或者受灾保税货物，由加工贸易企业委托具有法定资质的单位进行销毁处置，海关凭相关单证、处置单位出具的接收单据和处置证明等资料办理核销手续。

海关可以派员监督处置，加工贸易企业及有关处置单位应当给予配合。加工贸易企业因处置获得的收入，应当向海关如实申报，海关比照边角料内销征税的管理规定办理征税手续。

第十二条　对实行进口关税配额管理的边角料、剩余料件、残次品、副产品和受灾保税货物，按照下列情况办理：

（一）边角料按照加工贸易企业向海关申请内销的报验状态归类属于实行关税配额管理商品的，海关按照关税配额税率计征税款；

（二）副产品按照加工贸易企业向海关申请内销的报验状态归类属于实行关税配额管理的，企业如果能够按照规定向海关提交有关进口配额许可证件，海关按照关税配额税率计征税款；企业如果未能按照规定向海关提交有关进口配额许可证件，海关按照有关规定办理；

（三）剩余料件、残次品对应进口料件属于实行关税配额管理的，企业如果能够按照规定向海关提交有关进口配额许可证件，海关按照关税配额税率计征税款；企业如果未能按照规定向海关提交有关进口配额许可证件，海关按照有关规定办理；

（四）因不可抗力因素造成的受灾保税货物，其对应进口料件属于实行关税配额管理商品的，海关按照关税配额税率计征税款；因其他经海关审核认可的正当理由造成的受灾保税货物，其对应进口料件属于实行关税配额管理的，企业如果能够按照规定向海关提交有关进口配额许可证件，海关按照关税配额税率计征税款；企业如果未能按照规定向海关提交有关进口配额许可证件，按照有关规定办理。

第十三条　属于加征反倾销税、反补贴税、保障措施关税或者报复性关税（以下统称特别关税）的，按照下列情况办理：

（一）边角料按照加工贸易企业向海关申请内销的报验状态归类属于加征特别关税的，海关免于征收需要加征的特别关税；

（二）副产品按照加工贸易企业向海关申请内销的报验状态归类属于加征特别关税的，海关按照规定征收需加征的特别关税；

（三）剩余料件、残次品对应进口料件属于加征特别关税的，海关按照规定征收需加征的特别关税；

（四）因不可抗力因素造成的受灾保税货物，如果失去原使用价值的，其对应进口料件属于加征特别关税的，海关免于征收需要加征的特别关税；因其他经海关审核认可的正当理由造成的受灾保税货物，其对应进口料件属于加征特别关税的，海关按照规定征收需加征的特别关税。

第十四条　加工贸易企业办理边角料、剩余料件、残次品、副产品和受灾保税货物内销的进出口通关手续时，应当按照下列情况办理：

（一）加工贸易剩余料件、残次品以及受灾保税货物内销，企业按照其加工贸易的原进口料件品名进行申报；

（二）加工贸易边角料以及副产品，企业按照向海关申请内销的报验状态申报。

第十五条　保税区、出口加工区内加工贸易企业的加工贸易保税进口料件加工后产生的边角料、剩余料件、残次品、副产品等的海关监管，按照保税区、出口加工区的规定办理。

第十六条　违反《海关法》及本办法规定，构成走私或者违反海关监管规定行为的，由海关依照《海关法》、《中华人民共和国海关行政处罚实施条例》等有关法律、行政法规的规定予以处理；构成犯罪的，依法追究刑事责任。

第十七条　本办法由海关总署负责解释。

第十八条　本办法自 2004 年 7 月 1 日起施行。2001 年 9 月 13 日发布的《关于加工贸易边角料、节余料件、残次品、副产品和受灾保税货物的管理办法》（海关总署令第 87 号）同时废止。

关于扩大内销选择性征收关税政策试点的公告

（财政部 海关总署 税务总局公告2020年第20号）

发布日期：2020-04-14
实施日期：2020-04-15
法规类型：规范性文件

为统筹内外贸发展，积极应对新冠肺炎疫情影响，现将有关事项公告如下：

自2020年4月15日起，将《财政部 海关总署 国家税务总局关于扩大内销选择性征收关税政策试点的通知》（财关税〔2016〕40号）规定的内销选择性征收关税政策试点，扩大到所有综合保税区。

特此公告。

关于全面推广加工贸易边角废料内销网上 公开拍卖共管机制的公告

（海关总署公告2018年第218号）

发布日期：2018-12-29
实施日期：2018-12-29
法规类型：规范性文件

为维护公平、公正、公开的加工贸易边角废料内销交易秩序，推进内销便利化，为企业减负增效，海关总署决定在前期试点的基础上全面推广加工贸易边角废料内销网上公开拍卖共管机制。根据《中华人民共和国海关法》及有关法律、行政法规的规定，现就相关事项公告如下：

一、加工贸易边角废料内销网上公开拍卖共管机制是指经海关允许，加工贸易企业通过与海关联网的拍卖平台，委托具有法定资质的拍卖机构依法公开拍卖加工贸易边角废料，海关和相关主管部门共同对该交易行为实施管理。

二、本公告所称边角废料，包括加工贸易边角料、副产品和按照规定需要以残留价值征税的受灾保税货物，以及海关特殊监管区域内企业保税加工过程中产生的边角料、废品、残次品和副产品等保税货物。

三、对以网上公开拍卖方式内销的边角废料，海关以拍卖价格为基础审查确定完税价格。

四、同一批边角废料流拍3次以上、每次拍卖公告期不少于3日，且其中1次为无保留价竞价的，加工贸易企业可凭不再销售的书面承诺及有关流拍材料等资料，按规定直接向海关申请办理核销手续。

五、上海、南京、郑州、黄埔、重庆关区企业，可继续按原试点模式开展相关工作。

本公告自发布之日起实施。

特此公告。

关于推广加工贸易料件内销征税
"自报自缴"的公告

（海关总署公告2018年第196号）

发布日期：2018-12-13

实施日期：2019-01-01

法规类型：规范性文件

为推进税收征管改革，提升通关便利化水平，海关总署决定推广加工贸易料件内销征税自主申报、自行缴税。现将有关事项公告如下：

进出口企业、单位在办理加工贸易料件内销征税预录入时，选择"自报自缴"后，无需再录入"料件首次进口日期"，利用预录入系统的海关计税（费）服务工具计算应缴纳的相关税费，并对系统显示的税费计算结果进行确认，连同报关单预录入内容一并提交海关。

本公告自2019年1月1日起施行。

特此公告。

关于启用保税核注清单的公告

（海关总署公告2018年第23号）

发布日期：2018-03-26

实施日期：2018-07-01

法规类型：规范性文件

为推进实施以保税核注清单核注账册的管理改革，实现与加工贸易及保税监管企业料号级数据管理有机衔接，海关总署决定全面启用保税核注清单，现就相关事项公告如下：

一、保税核注清单是金关二期保税底账核注的专用单证，属于办理加工贸易及保税监管业务的相关单证。

二、加工贸易及保税监管企业已设立金关二期保税底账的，在办理货物进出境、进出海关特殊监管区域、保税监管场所，以及开展海关特殊监管区域、保税监管场所、加工贸易企业间保税货物流（结）转业务的，相关企业应按照金关二期保税核注清单系统设定的格式和填制要求向海关发送保税核注清单数据信息，再根据实际业务需要办理报关手续（保税核注清单填制规范详见附件）。

三、为简化保税货物报关手续，在金关二期保税核注清单系统启用后，企业办理加工贸易货物余料结转、加工贸易货物销毁（处置后未获得收入）、加工贸易不作价设备结转手续的，可不再办理报关单申报手续；海关特殊监管区域、保税监管场所间或与区（场所）外企业间进出货物的，区（场所）内企业可不再办理备案清单申报手续。

四、企业报送保税核注清单后需要办理报关单（备案清单）申报手续的，报关单（备案清单）申报数据由保税核注清单数据归并生成。

五、海关特殊监管区域、保税监管场所、加工贸易企业间加工贸易及保税货物流转，应先由转入企业报送进口保税核注清单，再由转出企业报送出口保税核注清单。

六、海关接受企业报送保税核注清单后，保税核注清单需要修改或者撤销的，按以下方式处理：

（一）货物进出口报关单（备案清单）需撤销的，其对应的保税核注清单应一并撤销。

（二）保税核注清单无需办理报关单（备案清单）申报或对应报关单（备案清单）尚未申报的，只能申请撤销。

（三）货物进出口报关单（备案清单）修改项目涉及保税核注清单修改的，应先修改清单，确保清单与报关单（备案清单）的一致性。

（四）报关单、保税核注清单修改项目涉及保税底账已备案数据的，应先变更保税底账数据。

（五）保税底账已核销的，保税核注清单不得修改、撤销。

七、海关对保税核注清单数据有布控复核要求的，在办结相关手续前不得修改或者撤销保税核注清单。

八、符合下列条件的保税核注清单商品项可归并为报关单（备案清单）同一商品项：

（一）料号级料件同时满足：10位商品编码相同；申报计量单位相同；中文商品名称相同；币制相同；原产国相同的可予以归并。其中，根据相关规定可予保税的消耗性物料与其他保税料件不得归并；因管理需要，海关或企业认为需要单列的商品不得归并。

（二）出口成品同时满足：10位商品编码相同；申报计量单位相同；中文商品名称相同；币制相同；最终目的国相同的可予以归并。其中，出口应税商品不得归并；涉及单耗标准与不涉及单耗标准的料号级成品不得归并；因管理需要，海关或企业认为需要单列的商品不得归并。

本公告自2018年7月1日起实施。7月1日之前，已开展试点的海关可参照本公告执行。

特此公告。

附件：保税核注清单填制规范

附件

保税核注清单填制规范

为规范和统一保税核注清单管理，便利加工贸易及保税监管企业按照规定格式填制和向海关报送保税核注清单数据，特制定本填制规范。

一、预录入编号

本栏目填报核注清单预录入编号，预录入编号由系统根据接受申报的海关确定的规则自动生成。

二、清单编号

本栏目填报海关接受保税核注清单报送时给予保税核注清单的编号，一份保税核注清单对应一个清单编号。

保税核注清单海关编号为18位，其中第1-2位为QD，表示核注清单，第3-6位为接受申报海关的编号（海关规定的《关区代码表》中相应海关代码），第 7~8 位为海关接受申报的公历年份，第 9 位为进出口标志（"I"为进口，"E"为出口），后 9 位为顺序编号。

三、清单类型

本栏目按照相关保税监管业务类型填报，包括普通清单、分送集报清单、先入区后报关清单、简单加工清单、保税展示交易清单、区内流转清单、异常补录清单等。

四、手（账）册编号

本栏目填报经海关核发的金关工程二期加工贸易及保税监管各类手（账）册的编号。

五、经营企业

本栏目填报手（账）册中经营企业海关编码、经营企业的社会信用代码、经营企业名称。

六、加工企业

本栏目填报手（账）册中加工企业海关编码、加工企业的社会信用代码、加工企业名称、保税监管场所名称（保税物流中心（B 型）填报中心内企业名称）。

七、申报单位编码

本栏目填报保税核注清单申报单位海关编码、申报单位社会信用代码、申报单位名称。

八、企业内部编码

本栏目填写保税核注清单的企业内部编号或由系统生成流水号。

九、录入日期

本栏目填写保税核注清单的录入日期，由系统自动生成。

十、清单申报日期

申报日期指海关接受保税核注清单申报数据的日期。

十一、料件、成品标志

本栏目根据保税核注清单中的进出口商品为手（账）册中的料件或成品填写。料件、边角料、物流商品、设备商品填写"I"，成品填写"E"。

十二、监管方式

本栏目按照报关单填制规范要求填写。

特殊情形下填制要求如下：

调整库存核注清单，填写 AAAA；设备解除监管核注清单，填写 BBBB。

十三、运输方式

本栏目按照报关单填制规范要求填写。

十四、进（出）口口岸

本栏目按照报关单填制规范要求填写。

十五、主管海关

主管海关指手（账）册主管海关。

十六、起运运抵国别

本栏目按照报关单填制规范要求填写。

十七、核扣标志

本栏目填写清单核扣状态。海关接受清单报送后，由系统填写。

十八、清单进出卡口状态

清单进出卡口状态是指特殊监管区域、保税物流中心等货物，进出卡口的状态。海关接受清单报送后，根据关联的核放单过卡情况由系统填写。

十九、申报表编号

本栏目填写经海关备案的深加工结转、不作价设备结转、余料结转、区间流转、分送集报、保税展示交易、简单加工申报表编号。

二十、流转类型

本栏目填写保税货物流（结）转的实际类型。包括：加工贸易深加工结转、加工贸易余料结转、不作价设备结转、区间深加工结转、区间料件结转。

二十一、录入单位

本栏目填写保税核注清单录入单位海关编码、录入单位社会信用代码、录入单位名称。

二十二、报关标志

本栏目由企业根据加工贸易及保税货物是否需要办理报关单（进出境备案清单）申报手续填写。需要报关的填写"报关"，不需要报关的填写"非报关"。

（一）以下货物可填写"非报关"或"报关"

1. 金关二期手（账）册间余料结转、加工贸易不作价设备结转

2. 加工贸易销毁货物（销毁后无收入）

3. 特殊监管区域、保税监管场所间或与区（场所）外企业间流（结）转货物（减免税设备结转除外）

（二）设备解除监管、库存调整类核注清单必须填写"非报关"

（三）其余货物必须填写"报关"。

二十三、报关类型

加工贸易及保税货物需要办理报关单（备案清单）申报手续时填写，包括关联报关、对应报关。

（一）"关联报关"适用于特殊监管区域、保税监管场所申报与区（场所）外进出货物，区（场所）外企业使用 H2010 手（账）册或无手（账）册。

（二）特殊区域内企业申报的进出区货物需要由本企业办理报关手续的，填写"对应报关"。

（三）"报关标志"栏可填写"非报关"的货物，如填写"报关"时，本栏目必须填写"对应报关"。

（四）其余货物填写"对应报关"。

二十四、报关单类型

本栏目按照报关单的实际类型填写。

二十五、对应报关单（备案清单）编号

本栏目填写保税核注清单（报关类型为对应报关）对应报关单（备案清单）的海关编号。海关接受报关单申报后，由系统填写。

二十六、对应报关单（备案清单）申报单位

本栏目填写保税核注清单对应的报关单（备案清单）申报单位海关编码、单位名称、社会信用代码。

二十七、关联报关单编号

本栏目填写保税核注清单（报关类型为关联报关）关联报关单的海关编号。海关接受报关单申报后，由系统填写。

二十八、关联清单编号

本栏目填写要求如下：

（一）加工贸易及保税货物流（结）转、不作价设备结转进口保税核注清单编号。

（二）设备解除监管时填写原进口保税核注清单编号。

（三）进口保税核注清单无需填写。

二十九、关联备案编号

本栏目填写要求如下：

加工贸易及保税货物物流（结）转保税核注清单本栏目填写对方手（账）册备案号。

三十、关联报关单收发货人

本栏目填写关联报关单收发货人名称、海关编码、社会信用代码。按报关单填制规范要求填写。

三十一、关联报关单消费使用单位/生产销售单位

本栏目填写关联报关单消费使用单位/生产销售单位名称、海关编码、社会信用代码。按报关单填制规范要求填写。

三十二、关联报关单申报单位

本栏目填写关联报关单申报单位名称、海关编码、社会信用代码。

三十三、报关单申报日期

本栏目填写与保税核注清单一一对应的报关单的申报日期。海关接受报关单申报后由系统填写。

三十四、备注（非必填项）

本栏目填报要求如下：

（一）涉及加工贸易货物销毁处置的，填写海关加工贸易货物销毁处置申报表编号。

（二）加工贸易副产品内销，在本栏内填报"加工贸易副产品内销"。

（三）申报时其他必须说明的事项填报在本栏目。

三十五、序号

本栏目填写保税核注清单中商品顺序编号。系统自动生成。

三十六、备案序号

本栏目填写进出口商品在保税底账中的顺序编号。

三十七、商品料号

本栏目填写进出口商品在保税底账中的商品料号级编号。由系统根据保税底账自动填写。

三十八、报关单商品序号

本栏目填写保税核注清单商品项在报关单中的商品顺序编号。

三十九、申报表序号

本栏目填写进出口商品在保税业务申报表商品中的顺序编号。

设备解除监管核注清单，填写原进口核注清单对应的商品序号。

四十、商品编码

本栏目填报的商品编号由10位数字组成。前8位为《中华人民共和国进出口税则》确定的进出口货物的税则号列，同时也是《中华人民共和国海关统计商品目录》确定的商品编码，后2位为符合海关监管要求的附加编号。

加工贸易等已备案的货物，填报的内容必须与备案登记中同项号下货物的商品编码一致，由系统根据备案序号自动填写。

四十一、商品名称、规格型号

按企业管理实际如实填写。

四十二、币制

按报关单填制规范要求填写。

四十三、数量及单位

按照报关单填制规范要求填写。其中第一比例因子、第二比例因子、重量比例因子分别填写申报单位与法定计量单位、第二法定计量单位、重量（千克）的换算关系。非必填项。

四十四、单价、总价

按照报关单填制规范要求填写。

四十五、产销国（地区）

按照报关单填制规范中有关原产国（地区）、最终目的国（地区）要求填写。

四十六、毛重（千克）

本栏目填报进出口货物及其包装材料的重量之和，计量单位为千克，不足一千克的填报为"1"。非必填项。

四十七、净重（千克）

本栏目填报进出口货物的毛重减去外包装材料后的重量，即货物本身的实际重量，计量单位为千克，不足一千克的填报为"1"。非必填项。

四十八、征免规定

本栏目应按照手（账）册中备案的征免规定填报；手（账）册中的征免规定为"保金"或"保函"的，应填报"全免"。

四十九、单耗版本号

本栏目适用加工贸易货物出口保税核注清单。本栏目应与手（账）册中备案的成品单耗版本一致。非必填项。

五十、简单加工保税核注清单成品

该项由简单加工申报表调取，具体字段含义与填制要求与上述字段一致。

关于开展加工贸易工单式核销有关事项的公告

（海关总署公告 2015 年第 53 号）

发布日期：2015-11-05
实施日期：2015-11-05
法规类型：规范性文件

为规范加工贸易工单式核销管理，现将有关事项公告如下：

一、工单式核销是指加工贸易企业向海关报送报关单、报关清单数据，以及企业 ERP 系统（企业资源计划系统）中工单数据，海关以报关单对应的报关清单料号级数据和企业生产工单作为料件耗用依据生成电子底账，并根据料号级料件、半成品以及成品的进、出、耗、转、存的情况，对加工贸易料件、半成品以及成品进行核算核销的海关管理制度。

二、实施工单式核销的加工贸易企业应具备以下条件：

（一）信用状况为一般信用及以上企业；

（二）使用 ERP 等系统对企业采购、生产、库存和销售等过程实行全程信息化管理，通过工单可实现生产加工成品对耗用进口保税料件的追溯管理，并以电子工单方式记录生产加工、检测维修成品的实际使用料件情况；

（三）建立符合海关监管要求的计算机管理系统，能够通过数据交换平台或者其他计算机网络，按照海关规定的认证方式与海关辅助系统（平台）联网，向海关报送能够满足海关监管要求的相关数据；

（四）保税物料与非保税物料分开管理；

（五）工单内容应包含企业生产的日期、产品、用料、数量及状态等信息。

三、实施工单式核销的加工贸易企业应根据海关监管要求定期报送 ERP 系统中的工单数据。

四、实施工单式核销的加工贸易企业应在海关确定的核销周期结束之日起 30 日内完成报核。确有正当理由不能按期报核的，经主管海关核批可以延期，但延长期限不得超过 60 日。核销周期由主管海关按实际监管需要确定，最长不得超过 1 年。

五、海关将加工贸易企业核销期截止日的料号级实际库存数与辅助系统中的料号级法定计算库存数进行比对后，视情分别进行以下处理：

（一）实际库存数多于法定计算库存数，且企业可以提供正当理由的，海关按照实际库存数确认当期结余；

（二）实际库存数少于法定计算库存数，且企业可以提供正当理由的，海关按照实际库存数确认当期结余；对于短缺部分，海关应当责令企业办理后续补税手续，边角料按照实际报验状态确定归类并征税。

六、加工贸易企业内部管理混乱或存在违法情事的，海关可停止其实施工单式核销。

本公告自公布之日起施行。

关于选择性征收关税有关问题的通知

（署加发〔2014〕130 号）

发布日期：2014-06-14
实施日期：2014-06-14
法规类型：规范性文件

总署已开发完成选择性征收关税系统，并随 H2010 通关管理系统 V2.7.0 版上线运行。为保证相关海关对选择性征收关税系统的有效使用，现就有关问题通知如下：

一、选择性征收关税的定义、适用范围与税款征收原则

（一）定义

依据《国务院关于横琴开发有关政策的批复》（国函〔2011〕85 号）、《国务院关于平潭综合实验区总体发展规划的批复》（国函〔2011〕142 号）、《财政部海关总署国家税务总局关于中国（上海）自由贸易试验区有关进口税收政策的通知》（财关税〔2013〕75 号）的规定，选择性征收关税是指对设在横琴新区、平潭综合实验区、中国（上海）自由贸易试验区内的企业生产、加工并经"二线"销往内地的货物（以下简称货物）照章征收进口环节增值税、消费税；根据企业申请，试行对该内销货物按其对应进口料件或按实际报验状态征收关税。

（二）适用范围

选择性征收关税的适用范围为横琴新区、平潭综合实验区、中国（上海）自由贸易试验区。

（三）税款征收原则

货物内销时，如企业选择按实际报验状态征收关税（以下简称按成品征收关税）的，按现行规定办理内销征税手续；对成品涉及反倾销、反补贴或贸易保障措施（以下简称"两反一保"）的，应征收贸易救济税或保证金，并征收相应的增值税、消费税或保证金。

货物内销时，如企业选择按对应进口料件征收关税（以下简称按料件征收关税）的，按本通知有关规定办理内销征税手续；关税按对应进口料件征收，增值税、消费税及废弃基金按成品征收；对料件涉及"两反一保"的，应按料件征收贸易救济税或保证金，并征收相应的增值税、消费税或保证金。

二、按料件征收关税作业流程

（一）账册管理

对横琴新区、平潭综合实验区、上海外高桥保税区内的生产企业申请选择性征收关税的，海关使用E账册进行管理；对中国（上海）自由贸易试验区其他海关特殊监管区域内的生产企业申请选择性征收关税的，海关使用H账册进行管理。

（二）报关模式

使用E账册的企业货物内销时，由区内企业申报进口报关单内销征税（以下简称"单报关"模式）；使用H账册的企业货物内销时，先由区外企业申报进口报关单内销征税，再由区内企业申报出境备案清单（以下简称"双报关"模式）。

（三）报关流程

1. "单报关"流程

区内企业根据E账册内容录入选择性征收关税联系单（以下简称联系单）并向海关申报，海关审定联系单中内销成品及对应进口料件数量、料件归类及价格后，区内企业根据联系单生成进口报关单向海关申报，海关审核、征税、放行。

2. "双报关"流程

区内企业根据H账册内容录入联系单并向海关申报，海关审定联系单中内销成品及对应进口料件数量、料件归类及价格后，区外企业根据联系单生成进口报关单向海关申报，海关审核、征税、放行后，区内企业根据报关单录入出境备案清单向海关申报，海关审核通过。

三、联系单申报及审核

（一）联系单的申报

1. 区内企业申报生成联系单（c证，系统显示名称为《内销征税联系单》，以字母"X"开头的18位编号的《选择性征收关税联系单》）。编号规则为X+4位关区代码+2位年份+11位流水号。

2. "单报关"模式下，联系单的收货单位栏为空；"双报关"模式下，联系单的收货单位栏填报对应区外企业申报报关单的经营单位。

3. 联系单表头，享受优惠协定税率填写"Y"，联系单料件填写享受协定优惠税率对应的"原产国"和"监管证件"，"协定编号"，"原产地证书编号"，"对应原产地证书项号"。

4. 对于料件涉及"两反一保"及协定税率的，按照现行原产地相关规定进行申报并提供材料。

（二）联系单的审核

1. 海关审核联系单时，现场关员只能对料件价格进行修改，其余情况按退单处理。

2. 联系单有效期限默认为半年，海关可根据实际情况自行调整。

3. 联系单料件申报币制非美元的，系统暂不提供与账册当期企业进口均价的自动比对功能。现场关员应加强对此类料件的价格审核。

四、报关单申报及审核

（一）报关单的申报

1. 报关单预录入界面"随附单证"栏内填写选择性征收关税联系单标志"c"及X开头的18位编号。"单报关"模式下，区内企业申报监管方式"0444"或者"0445"，征免性质为899，横琴新区、平潭综合实验区内企业运输方式为"T"，中国（上海）自由贸易试验区内企业申报运输方式为"9"；"双报关"模式下，区外企业通过"随附单证"栏内录入联系单编号（区内企业生成的联系单收货人为区外企业）调取联系单成品表体商品信息完成报关单申报，区外企业申报监管方式为0110，征免性质为899、运输方式为Y，由区内企业申报监管方式"5100"，运输方式为"9"。

2. "双报关"模式下，联系单收货人和预录入报关单经营单位均为相同的区外企业。

3. 报关单申报日期不晚于联系单有效期，报关单表体的征免方式为"照章"。

（二）报关单的审核

1. 除对报关单成品进行估价外，现场关员对报关单栏目有异议的，一般不予修改（包括征免性质），应当直接作退单处理。目前，系统暂不支持将征免税方式修改为"保证金"或"保函"。

2. 目前选择性征收关税报关单仅支持柜台支付方式，暂不支持电子支付方式。

五、税费计征方式

按料件征收关税时，按以下计算公式计征关税和进口环节海关代征税：

1. 关税计征

从价计征关税的计算公式：应纳税额＝料件完税价格×料件关税税率。

从量计征关税的计算公式：应纳税额＝料件数量×单位关税税额。

2. 消费税计征

从价计征进口环节消费税的计算公式：应纳税额＝〔（成品完税价格＋实征料件关税税额）／（1－消费税税率）〕×消费税税率。

从量计征进口环节消费税的计算公式：应纳税额＝成品数量×单位消费税税额。

3. 增值税计征

计征进口环节增值税的计算公式：应纳税额＝（成品完税价格＋实征料件关税税额＋实征消费税税额）×增值税税率。

六、"两反一保"税费计征方式

（一）按料件征收关税

1. 料件涉及"两反一保"

企业选择按料件征收关税，若料件涉及"两反一保"的，应按照报关单接受申报日期计征相关贸易救济税或保证金，计算公式为：

料件反倾销税额＝料件1完税价格×料件1反倾销税率（根据反倾销税率参数表）＋料件2完税价格×料件2反倾销税率＋……＋料件N完税价格×料件N反倾销税率

料件反补贴税额＝料件1完税价格×料件1反补贴税率（读取反补贴税率参数表）＋料件2完税价格×料件2反补贴税率＋……＋料件N完税价格×料件N反补贴税率

目前，系统暂未计算相关贸易救济税或保证金，仅在"人工审单-专业审单-审单结果-状态信息"中提示相关商品为反倾销、反补贴商品。因此，需人工计算料件的相关贸易救济税或保证金，以及相应的消费税和增值税。

2. 成品涉及"两反一保"

企业选择按料件征收关税，若成品涉及"两反一保"的，无需征收相关贸易救济税或保证金。在审单征税复核时需选择默认选项"免征反倾销税（反补贴税）"。

（二）按成品征收关税

企业选择按成品征收关税，成品涉及"两反一保"的，目前系统未计算也未提示，若海关确认成品应征收相关贸易救济税或保证金的，需人工计算相应税款或保证金，并出具手工税单。

上海、福州、拱北海关要定期向总署报送选择性征收关税有关情况，在执行中如遇到问题，请及时反馈总署。

特此通知。

关于加工贸易货物销毁处置有关问题的公告

（海关总署公告 2014 年第 33 号）

发布日期：2014-04-26
实施日期：2014-05-01
法规类型：规范性文件

根据《中华人民共和国海关对加工贸易货物监管办法》（海关总署令第 219 号）、《中华人民共和国海关关于加工贸易边角料、剩余料件、残次品、副产品和受灾保税货物的管理办法》（海关总署令第 111 号公布，海关总署令第 218 号修订），现就加工贸易货物销毁处置的有关问题公告如下：

一、加工贸易货物销毁处置，是指加工贸易企业对因故无法内销或者退运的边角料、剩余料件、残次品、副产品或者受灾保税货物，向海关申报，委托具有法定资质的单位，采取焚烧、填埋和用其他无害化方式，改变货物物理、化学和生物等特性的处置活动。

二、加工贸易企业应委托工商营业执照的经营范围中列明废物处理的单位进行销毁处置；法律、行政法规对废物处置资质有特殊规定的，从其规定。

三、加工贸易企业向海关申报办理加工贸易货物销毁处置，应提交以下单证资料：

（一）《海关加工贸易货物销毁处置申报表（销毁处置后有收入）》（见附件 1）、《海关加工贸易货物销毁处置申报表（销毁处置后无收入）》（见附件 2）及销毁处置方案；

（二）申报销毁处置的加工贸易货物无法内销或退运的说明；

（三）销毁处置单位的资质证明，及企业与该单位签订的委托合同；

（四）海关认为需要提供的其他资料。

申报销毁处置来料加工货物的，应同时提交货物所有人的销毁声明；申报销毁处置残次品的，应同时提交残次品单耗资料以及根据单耗折算的残次品所耗用的原进口料件清单。

四、企业应明确销毁处置时限，及时完成货物销毁处置，并在手册有效期或电子账册核销周期内办理报关手续。

（一）企业销毁处置加工贸易货物未获得收入，销毁处置货物为料件、残次品的，报关适用监管方式为"料件销毁（代码 0200）"（残次品按照单耗关系折成料件，以料件进行申报）；销毁处置货物为边角料、副产品的，报关适用监管方式为"边角料销毁（代码 0400）"。

（二）企业销毁处置加工贸易货物获得收入的，按销毁处置后的货物报验状态向海关申报，报关适用的监管方式为"进料边角料内销（代码 0844）"或"来料边角料内销（代码 0845）"。海关比照边角料内销征税的管理规定办理征税手续。

报关单备注栏内应注明"海关加工贸易货物销毁处置申报表编号"。

五、海关可以派员监督销毁处置加工贸易货物，企业及销毁处置单位应当给予配合。

六、加工贸易企业报核时应当向海关提交《海关加工贸易货物销毁处置申报表》、处置单位出具的接收单据、《加工贸易货物销毁处置证明》（见附件 3）及报关单等单证，海关按照规定办理核销手续。

（一）企业未获得销毁处置收入的，海关凭销毁处置报关单证进行核算核销。

（二）企业获得销毁处置收入，且销毁处置货物为边角料、副产品的，凭《海关加工贸易货物销毁处置申报表》所列明的货物清单及报关单证进行核销。

（三）企业获得销毁处置收入，且销毁处置货物为料件、残次品需按料件核扣手（账）册的，按照《海关加工贸易货物销毁处置申报表》所列明的货物清单及报关单证以料件或折料进行核算核销。

七、企业未如实申报加工贸易货物销毁处置的，海关按照《中华人民共和国海关法》和《中华人民共和国海关行政处罚实施条例》的有关规定进行处理。

本公告内容自 2014 年 5 月 1 日起施行，海关总署公告 2009 年第 56 号同时废止。

特此公告。

附件：1. 海关加工贸易货物销毁处置申报表（销毁处置后有收入）（略）
　　　2. 海关加工贸易货物销毁处置申报表（销毁处置后无收入）（略）
　　　3. 加工贸易货物销毁处置证明（略）

关于调整部分监管方式代码名称及适用范围的公告

（海关总署公告 2014 年第 31 号）

发布日期：2014-04-25
实施日期：2014-05-01
法规类型：规范性文件

根据《中华人民共和国海关关于加工贸易边角料、剩余料件、残次品、副产品和受灾保税货物的管理办法》（以海关总署令第 111 号发布，并经海关总署令第 218 号修订），现对监管方式代码为"0200"（料件放弃）和"0400"（成品放弃）的名称和适用范围作如下调整：

一、监管方式代码"0200"，简称"料件销毁"，全称"加工贸易料件、残次品（折料）销毁"，适用于加工贸易企业因故无法内销或者退运而作销毁处置且未因处置获得收入的料件、残次品，其中残次品应按单耗折成料件。

二、监管方式代码"0400"，简称"边角料销毁"，全称"加工贸易边角料、副产品（按状态）销毁"，适用于加工贸易企业因故无法内销或者退运而作销毁处置且未因处置获得收入的边角料、副产品。

本公告内容自 2014 年 5 月 1 日起施行。

特此公告。

关于内销保税货物审价问题的公告

（海关总署公告 2014 年第 14 号）

发布日期：2014-02-07
实施日期：2014-02-07
法规类型：规范性文件

根据《中华人民共和国进出口关税条例》、《中华人民共和国海关审定内销保税货物完税价格办法》（海关总署令第 211 号发布）、《中华人民共和国海关审定进出口货物完税价格办法》（海关总署令第 213 号发布）的有关规定，现就海关在审查确定内销保税货物完税价格时的有关事宜公告如下：

一、海关在审查确定内销保税货物完税价格时，其质疑、磋商和告知的程序，参照《中华人民共和国海关审定进出口货物完税价格办法》的有关规定，具体的法律文书格式见本公告附件。

二、违反海关监管规定案件的内销保税货物的完税价格按照《中华人民共和国海关审定内销保税货物完税价格办法》的规定予以审定。

本公告内容自印发之日起施行，原海关总署公告 2005 第 33 号同时废止。

特此公告。

附件：1. 中华人民共和国海关内销保税货物价格质疑通知书（略）
2. 中华人民共和国海关内销保税货物价格磋商通知书（略）
3. 中华人民共和国海关内销保税货物价格磋商记录表（略）
4. 中华人民共和国海关内销保税货物估价告知书（略）

关于加工贸易集中办理内销征税手续的公告

（海关总署公告 2013 年第 70 号）

发布日期：2013-12-16
实施日期：2014-01-01
法规类型：规范性文件

为支持加工贸易转型升级，引导企业更好地面向国际国内两个市场，延长加工贸易国内产业链，海关在前期试点的基础上，决定对全国 B 类及以上加工贸易企业全面推广实施内销集中办理纳税手续措施。根据《中华人民共和国海关对加工贸易货物监管办法》（海关总署令第 113 号，经海关总署令第 168、195 号修订）及其他有关规定，现就有关事项公告如下：

一、加工贸易内销集中征税是指符合条件的加工贸易企业先行内销加工贸易保税货物，再集中向主管海关办理内销纳税手续。

海关特殊监管区域内企业（H账册企业）、区外联网监管企业（E账册企业）按各自原有规定办理内销集中纳税手续，区外非联网监管的 B 类及以上企业按本公告办理内销集中纳税手续。

二、企业采用集中纳税模式办理内销手续，需事先向海关提交《集中办理内销纳税手续情况表》（见附件1）备案，并按规定提供相应担保。

三、企业有下列情形之一的，海关不予办理：

（一）涉嫌走私、违规已被海关立案调查、侦查，案件未审结的；

（二）有逾期未报核加工贸易手册的；

（三）因为管理混乱被海关要求整改，在整改期内的。

四、企业办理内销集中纳税，应按以下要求向海关提供担保：

AA、A 类企业无需提供担保，B 类企业需提供有效担保，可采用海关保证金或有效期内银行保函两种形式；

B 类企业保证金（保函）金额＝企业计划月内销纳税金额×50%

其中，企业计划月内销纳税金额＝企业计划月内销货物金额×企业申请时汇率×综合税率（22%）

B 类企业有下列情形之一的，或主管海关有理由认为企业存在较高风险的，海关可视风险程度要求企业缴纳相当于企业月计划内纳税金额的全额保证金（保函）：

（一）租赁厂房或者设备的；

（二）加工贸易手册两次或者两次以上延期的。

五、企业在备案环节已缴纳保证金，且已缴纳保证金金额超过上述第四条计算的保证金应缴金额的，无需重复缴纳；但若在企业内销集中征税期间，在备案环节缴纳保证金金额的手册已核销结案、备案环节征收的保证金已退还导致保证金金额不足时，应补缴相应保证金或变更保函金额；

企业月度内销纳税金额超出申请的月计划内销纳税金额时，应在额度超出前到主管海关补缴相应保证金或变更保函金额。

六、企业内销加工贸易货物后，须在当月月底前向主管海关集中办理《加工贸易内销征税联系单》，且不得超过手册有效期。

七、已适用内销集中纳税的加工贸易企业，有下列情形之一的，终止适用内销集中纳税：

（一）企业涉嫌走私、违规，被海关立案调查、侦查，案件未审结的；

（二）企业一年内月实际内销征税金额超过月计划纳税金额两次及以上，未及时到海关办理相应手续的；

（三）企业内销加工贸易货物后，未经海关批准不在规定时间内向主管海关办理集中申报手续的；

（四）企业先行内销加工贸易货物后无法按规定提交商务主管部门《加工贸易保税进口料件内销批准证》及其他许可证件的；

（五）企业手册到期未及时办理报核手续的；

（六）因管理混乱被海关要求整改的；

（七）企业被降为 C、D 类的；

（八）企业自主申请终止资格的。

企业终止内销集中征税，海关应在企业履行完纳税手续后为其办理保证金退还手续。

八、采用内销集中纳税的企业应及时填写《集中办理内销纳税手续发货记录单》（详见附件2），并在上述第六条规定的时间内，按规定凭商务主管部门《加工贸易保税进口料件内销批准证》办理内销申报手续。

九、加工贸易企业内销商品中如涉及许可证件管理的商品，应当取得相应许可证件后，向海关办理内销集中申报手续。

十、已取消商务主管部门《加工贸易保税进口料件内销征税批准证》审批省份的企业，办理内销集中申报手续时，不再收取《加工贸易保税进口料件内销征税批准证》。

十一、本办法自 2014 年 1 月 1 日起实施。

特此公告。

附件：1. 集中办理内销纳税手续情况表（略）
    2. 集中办理内销纳税手续发货记录单（略）

关于加工贸易保税货物内销缓税利息的征收和退还涉及的有关问题的公告

（海关总署公告 2009 年第 14 号）

发布日期：2009-03-16
实施日期：2009-03-16
法规类型：规范性文件

根据《中华人民共和国进出口关税条例》（国务院令第 392 号，以下简称《关税条例》）、《国务院办公厅转发国家经贸委等部门〈关于进一步完善加工贸易银行保证金台账制度的意见〉的通知》（国办发〔1999〕35 号）和海关总署 2009 年第 13 号公告等规定，现就加工贸易保税货物内销缓税利息的征收和退还涉及的有关问题公告如下：

一、加工贸易保税货物在规定的有效期限内（包括经批准延长的期限）全部出口的，由海关通知中国银行将保证金及其活期存款利息全部退还。

二、加工贸易保税料件或制成品内销的，海关除依法征收税款外，还应加征缓税利息。缓税利息具体征收办法如下：

（一）缓税利息的利率参照中国人民银行公布的活期存款利率执行，现为 0.36%。

海关将根据中国人民银行公布的活期存款利率即时调整并执行。

（二）利率的适用：

海关根据填发税款缴款书时的利率计征缓税利息。

（三）缓税利息的征收及计算公式：

加工贸易缓税利息应根据填发海关税款缴款书时海关总署调整的最新缓税利息率按日征收。缓税利息计算公式如下：

应征缓税利息＝应征税额×计息期限×缓税利息率/360

（四）计息期限的确定：

1. 加工贸易保税料件或制成品经批准内销的，缓税利息计息期限的起始日期为内销料件或制成品所对应的加工贸易合同项下首批料件进口之日；加工贸易 E 类电子帐册项下的料件或制成品内销时，起始日期为内销料件或制成品所对应电子帐册的最近一次核销之日（若没有核销日期的，则为电子帐册的首批料件进口之日）。

对上述货物征收缓税利息的终止日期为海关填发税款缴款书之日。

2. 加工贸易保税料件或制成品未经批准擅自内销，违反海关监管规定的，缓税利息计息期限的起始日期为内销料件或制成品所对应的加工贸易合同项下首批料件进口之日；若内销涉及多本合同，且内销料件或制成品与合同无法一一对应的，则计息的起始日期为最近一本合同项下首批料件进口之日；若加工贸易 E 类电子帐册项下的料件或制成品擅自内销的，则计息的起始日期为内销料件或制成品所对应电子帐册的最近一次核销之日（若没有核销日期的，则为电子帐册的首批料件进口之日）；按照前述方法仍无法确定计息的起始日期的，则不再征收缓税利息。

违规内销计息的终止日期为保税料件或制成品内销之日。内销之日无法确定的，终止日期为海关发现之日。

加工贸易保税料件或制成品等违规内销的，还应根据《关税条例》的有关规定按海关总署 2004 年第 39 号公告第二条的规定征收滞纳金。

加工贸易保税货物需要后续补税，但海关未按违规处理的，缓税利息计息的起止日期比照上述规定办理。

3. 加工贸易边角料、剩余料件、残次品、副产品和受灾保税货物等内销需征收缓税利息的，亦应比照上述规定办理。

（五）对于实行保证金台账实转（包括税款保付保函）管理的加工贸易手册项下的保税货物，在办理内销征税手续时，如果海关征收的缓税利息大于对应台账保证金的利息，应由中国银行在海关税款缴款书上签注后退单，由海关重新开具两份缴款书，一份将台账保证金利息全额转为缓税利息，另一份将台账保证金利息不足部分单开海关税款缴款书，企业另行缴纳。

三、经审核准予内销的，海关应当做出准予内销的决定，签发《加工贸易货物内销征税联系单》并批注相关意见，同时，选择征收缓税利息的适用利率种类为"活期存款"，交经营企业办理通关手续。

经营企业凭《加工贸易货物内销征税联系单》纸质或电子数据办理通关手续。在填制内销报关单时，企业需在备注栏注明"活期"字样。

海关核对《加工贸易货物内销征税联系单》纸质或电子数据内容和内销报关单数据内容并确认无误后，按现行有关规定办理内销货物审单、征税、放行等海关手续。

四、本公告自发布之日起施行，海关总署 2006 年第 53 号公告同时废止。

特此公告。

关于加工贸易保税货物内销征收缓税利息适用利息率调整的有关问题的公告

（海关总署公告 2009 年第 13 号）

发布日期：2009-03-06
实施日期：2009-03-06
法规类型：规范性文件

为稳步推进加工贸易转型升级，改善加工贸易发展环境，积极支持扩大内需，经国务院

批准，现就加工贸易保税货物内销征收缓税利息适用利息率调整的有关问题公告如下：

一、缓税利息的利息率

加工贸易保税货物内销征收缓税利息适用的利息率暂由参照一年期贷款基准利率调整为参照中国人民银行公布的活期存款利率（以下简称"活期存款利率"）执行。

二、缓税利息的征收及计算公式

加工贸易缓税利息应根据填发海关税款缴款书时海关总署公布的最新缓税利息率按日征收。缓税利息计算公式如下：

应征缓税利息＝应征税额×计息期限×缓税利息率/360

本公告自发布之日起执行。《海关总署、财政部、商务部、人民银行、税务总局关于调整加工贸易商品内销征收缓税利息率有关问题的公告》（海关总署、财政部、商务部、人民银行、税务总局 2006 年第 52 号公告）同时废止。

特此公告。

商务部、国家发展和改革委员会、海关总署关于加工贸易进口涉证商品转内销有关问题的通知

（商机电函〔2004〕14 号）

发布日期：2004-07-05

实施日期：2004-07-05

法规类型：规范性文件

各省、自治区、直辖市、计划单列市及新疆生产建设兵团商务厅（局）、外经贸委（厅、局），深圳市经贸局，哈尔滨、长春、沈阳、南京、广州、成都、西安、武汉市外经贸局，各省、自治区、直辖市及计划单列市发展改革委，海关总署，天津、上海特派办，各直属海关：

为方便企业开展加工贸易业务，加强和规范各有关部门对加工贸易的管理，更好地适应新时期加工贸易快速发展的需要，根据《国务院办公厅转发国家经贸委等部门〈关于进一步完善加工贸易银行保证金台账制度的意见〉的通知》（国办发〔1999〕35 号，以下简称"35号文"）关于加工贸易内销问题的有关规定，现就加工贸易进口涉证商品转内销有关问题通知如下：

一、加工贸易企业进口涉证商品因故不能复出口需转内销的，由省级商务（外经贸）加工贸易主管部门（下称省级加工贸易主管部门）凭企业提交的内销申请和相关进口管理机构签发的进口许可证件核发《加工贸易保税进口料件内销批准证》（下称《内销批准证》），并须在《内销批准证》备注栏注明相应进口许可证件名称及其号码。主管海关凭省级加工贸易主管部门出具的《内销批准证》及其备注栏中注明号码的有效进口许可证件等办理加工贸易内销补税和核销手续。

如期也无法提交相关进口管理机构签发的进口许可证件，省级加工贸易主管部门可向企业出具《内销批准证》，主管海关按照"35号文"的规定补征税款及税款利息，并处进口料件案值等值以下、30%以上的罚款后，按规定为企业办理加工贸易手册核销手续。

未经批准，擅自内销加工贸易保税料件或成品的，按照《中华人民共和国海关法》、《中

华人民共和国海关法行政处罚实施细则》的有关规定处理。

部分重点敏感商品加工贸易内销按照第二条执行。

二、部分重点敏感商品加工贸易内销规定

（一）汽车、摩托车整车及构成整车特征的主要部件加工贸易内销规定，将根据国家汽车产业发展政策，另行发文通知。

（二）卫星电视广播地面接收设备

对卫星电视广播地面接收设备加工贸易内销，省级加工贸易主管部门须按照《国家广电总局 公安部 信息产业部 外经贸部 海关总署 国家工商总局关于印发〈关于进一步加强卫星电视广播地面接收设施管理的意见〉的通知》（广发外字〔2002〕254 号）等有关规定上报商务部，商务部商相关管理部门同意后批准。省级加工贸易主管部门凭商务部批复和相应进口许可证件，按照本通知第一条第一款规定执行。海关凭《内销批准证》和相应进口许可证件，按加工贸易内销规定补征税款后，为企业办理手册核销手续。如企业无法提交相应进口许可证件，省级加工贸易主管部门和海关不得批准内销。

（三）只读光盘和光盘生产设备

对只读光盘和光盘生产设备加工贸易内销，企业须按申请内销时产品的实际状态先取得新闻出版主管部门同意进口的批件，省级加工贸易主管部门按照本通知第一条第一款规定执行。海关凭《内销批准证》和相应进口批件，按加工贸易内销规定补征税款后，为企业办理手册核销手续。如企业无法提交相应进口许可证件，省级加工贸易主管部门和海关不得批准内销。

（四）游戏设备及其零、附件

企业开展电子游戏设备及其零、附件加工贸易业务，须按照《海关总署、对外贸易经济合作部转发〈国务院办公厅转发文化部等部门关于开展电子游戏经营场所专项治理意见的通知〉的紧急通知》（署法〔2000〕346 号）的规定，全部加工复出口；逾期不能出口的，由海关依法予以收缴，或监督有关企业予以销毁，并按规定办理核销手续。

（五）农产品关税配额商品

农产品关税配额商品加工贸易内销，由省级加工贸易主管部门按照《加工贸易保税进口料件内销审批管理暂行办法》（〔1999〕外经贸管发第 315 号，下称"315 号文"）的有关规定，报商务部审核批准；对于粮食、棉花内销的，由省级加工贸易主管部门会同省级发展改革部门联合上报商务部和国家发展改革委，由商务部商国家发展改革委同意后批准。省级加工贸易主管部门凭商务部批复开具《内销批准证》，并须在备注栏注明相应配额证件号码。

加工贸易企业应在规定时间内向海关申请办理内销手续，海关凭商务部批复、相应的配额证件和《内销批准证》，对企业按关税配额税率计征税款和缓税利息后，并按规定办理加工贸易手册核销手续，如企业无法提交相应的配额证件，省级加工贸易主管部门可凭商务部批复向企业出具《内销批准证》，主管海关凭商务部批复和《内销批准证》，按照关税配额税率和"35 号文"的规定补征税款和税款利息外，并处进口料件案值等值以下、30%以上的罚款后，为企业办理加工贸易手册核销手续。

（六）天然橡胶

天然橡胶加工贸易内销，由省级加工贸易主管部门按照"315 号文"和《天然橡胶自动进口许可操作规程（暂行）》（商务部公告 2004 年第 6 号）的有关规定，报商务部审批，天然橡胶授权发证机构凭商务部批复出具《自动进口许可证》，省级加工贸易主管部门凭商务部批复和相应进口许可证件，按照本通知第一条第一款规定执行。主管海关凭《内销批准证》和相应进口许可证件办理内销补税和核销手续。如企业无法提供《自动进口许可证》，则按照本通知第一条第二款规定执行。

（七）易制毒化学品、军民通用化学品等

开展进口料件或出口制成品属于：可作为化学武器的化学品、化学武器关键前体、化学武器原料、易制毒化学品、消耗臭氧层物质等商品的加工贸易业务转内销，企业须按照规定提供有关部门出具的相应进口许可证件，由省级加工贸易主管部门和主管海关按照本通知第一条第一款规定执行。主管海关凭《内销批准证》和相应进口许可证件办理内销补税和核销手续。如企业无法提交相应进口许可证件，不得内销。

（八）氧化铝（非铝行业除外）、冻鸡

按照原外经贸部《关于加强氧化铝加工贸易审批管理有关问题的紧急通知》（外经贸贸发〔2001〕567号）和《关于加强冻鸡加工贸易审批管理有关问题的紧急通知》（〔2000〕外经贸管发第646号）的规定，由省级加工贸易主管部门报商务部核准后办理。主管海关凭《内销批准证》和相应进口许可证件办理内销补税和核销手续。如企业无法提交相应进口许可证件，不得内销。

三、钢铁保障措施产品

按照《商务部办公厅海关总署办公厅关于钢铁最终保障措施终止后加工贸易进口相关钢铁产品有关事项的通知》（商机电字〔2004〕4号）的规定执行。

四、关于加工贸易边角料、剩余料件、残次品、副产品和受灾保税货物内销，按照《中华人民共和国海关总署令第111号》的规定执行。

五、以加工贸易方式进口的原料药、药材及其制成品，按照《国家食品药品监督管理局、海关总署令第4号》的规定，禁止内销。

六、本通知自发文之日起执行，此前所发《商务部办公厅关于加工贸易进口涉证商品转内销有关问题的补充通知》（商机电加字〔2003〕65号）同时废止。各单位在执行过程中有何问题或建议请及时反映。

特此通知。

关于加工贸易企业国内提购柴油内销
免验进口许可证的通知

（署法函〔2001〕193号）

发布日期：2001-06-08
实施日期：2001-06-08
法规类型：规范性文件

广东分署，各直属海关：

根据《关于暂停进口柴油、汽油的紧急通知》（国经贸贸易〔1998〕561号）和《关于暂停进口柴油、汽油后国内油品供应有关问题的通知》（国经贸贸易〔1998〕653号）规定，自1998年9月20日起，暂停一切贸易方式（包括一般贸易、加工贸易、边境小额贸易）及保税区、保税油库的柴油、汽油进口。柴油、汽油暂停进口后，经批准可享受免税进口柴油的外商投资企业、来料加工企业，凭"购油凭证"在国内指定的炼油企业购买柴油、汽油，其中，加工贸易企业购进的免税柴油按现行加工贸易管理规定监管。上述文件规定，由于加工产品未能出口，其使用的柴油应照章补税，但未对是否应补证做出规定。经与国家经贸委联系，现特就此问题明确如下：对加工贸易产品转内销的用油，不须补领进口许可证。请各海关在办理使用国内提购柴油的加工贸易产品转内销手续时，不必验核进口许可证，直接按规定办理照章补税手续。

以上请遵照执行。

附件：国家经贸委《关于加工贸易企业国内提购柴油内销有关问题的复函》（国经贸厅外经函〔2001〕399号）

附件

国家经济贸易委员会关于加工贸易企业国内
提购柴油内销有关问题的复函

根据《关于暂停进口柴油、汽油后国内油品供应有关问题的通知》（国经贸贸易〔1998〕653号）的规定，外商投资企业、来料加工企业凭购油凭证和加工贸易手册到指定炼油企业所在地海关办理购油进口手续。同时还规定，加工贸易企业购进的免税柴油按现行加工贸易管理规定监管。加工产品未能出口，其使用的柴油应照章补税。文中对加工贸易产品转内销的用油，只规定其应照章补税，不须补领进口许可证。

关于《海关总署、外经贸部、质检总局关于进一步
明确加工贸易项下外商提供的不作价进口设备解除
海关监管有关问题的通知》有关问题

（海关总署公告2001年第16号）

发布日期：2001-12-07
实施日期：2002-01-01
法规类型：规范性文件

二○○一年十一月七日，中华人民共和国海关总署、中华人民共和国对外贸易经济合作部、中华人民共和国国家质量监督检验检疫总局联合发布了《海关总署、商务部、质检总局关于进一步明确加工贸易项下外商提供的不作价进口设备解除海关监管有关问题的通知》（署法发〔2001〕420号，以下简称《通知》，已废止），进一步明确了外商提供的不作价进口设备的管理规定，现就《通知》中有关管理问题公告如下：

一、外商提供的免税不作价进口设备（以下简称"不作价设备"）属海关监管货物，监管期限为5年。

二、监管期限未满、申请提前解除监管并留在境内的"不作价设备"，企业须补缴关税、进口环节增值税，海关凭相关进口许可证件及其他单证办理解除监管手续。

三、监管期限已满的"不作价设备"应退运出境，因特殊情况不退运出境的，按以下规定办理解除监管手续：

（一）企业不退运出境并向海关申请放弃的"不作价设备"，海关可直接为企业办理解除监管手续，并按有关规定对放弃的"不作价设备"作出处理；

（二）不退运出境并留在境内继续使用的"不作价设备"，企业需提出申请，由机电产品进口管理机构办理进口审批手续，海关凭批件为其办理解除监管手续，并免缴进口关税、进口环节增值税。

对不按上述规定将监管期限已满的"不作价设备"退运出境或留在境内不及时办理解除监管手续的企业，由海关调查部门按违规行为处理，结案前海关不予办理新的加工贸易备案手续。

四、提前解除监管和监管年限已满留在境内继续使用的"不作价设备"，需经检验检疫机构对其安全、环保、卫生等项目进行检验检疫，检验检疫合格并签发"检验检疫证书"后，方能办理解除监管手续，继续使用。

五、提前解除监管和监管年限已满留在境内继续使用的"不作价设备"，视同旧机电产品进口，按《关于加强旧机电产品进口管理的通知》（国经贸机〔1997〕877号）、《关于加强旧机电产品进口管理的补充通知》（〔1998〕外经贸机电发555号）和《关于重申进口旧机电产品有关管理规定的通知》（国质检联〔2001〕42号）的规定实施管理，但进口时已办理过旧机电产品进口手续的旧"不作价设备"，可不再履行旧机电产品进口审批手续。

本公告上述规定自2002年1月1日起执行。

单耗管理

中华人民共和国海关加工贸易单耗管理办法

（海关总署令第 155 号）

发布日期：2007-01-04
实施日期：2018-11-23
法规类型：部门规章

（根据 2014 年 3 月 13 日海关总署令第 218 号《海关总署关于修改部分规章的决定》第一次修正；根据 2018 年 5 月 29 日海关总署令第 240 号《海关总署关于修改部分规章的决定》第二次修正；根据 2018 年 11 月 23 日海关总署令第 243 号《海关总署关于修改部分规章的决定》第三次修正）

第一章　总　则

第一条　为了规范加工贸易单耗（以下简称单耗）管理，促进加工贸易的健康发展，根据《中华人民共和国海关法》以及其他有关法律、行政法规的规定，制定本办法。

第二条　海关对单耗的管理适用本办法。

第三条　单耗是指加工贸易企业在正常加工条件下加工单位成品所耗用的料件量，单耗包括净耗和工艺损耗。

第四条　加工贸易企业应当在加工贸易手册设立环节向海关进行单耗备案。

第五条　单耗管理应当遵循如实申报、据实核销的原则。

第六条　加工贸易企业向海关提供的资料涉及商业秘密，要求海关保密并向海关提出书面申请的，海关应当依法予以保密。加工贸易企业不得以保密为由，拒绝向海关提供有关资料。

第二章　单耗标准

第七条　单耗标准是指供通用或者重复使用的加工贸易单位成品耗料量的准则。单耗标准设定最高上限值，其中出口应税成品单耗标准增设最低下限值。

第八条　单耗标准由海关根据有关规定会同相关部门制定。

第九条　单耗标准应当以海关公告形式对外发布。

第十条　单耗标准适用于海关特殊监管区域、保税监管场所外的加工贸易企业，海关特殊监管区域、保税监管场所内的加工贸易企业不适用单耗标准。

第十一条　海关特殊监管区域、保税监管场所外的加工贸易企业应当在单耗标准内向海关进行单耗备案或者单耗申报。

海关特殊监管区域、保税监管场所外的加工贸易企业申报的单耗在单耗标准内的，海关按照申报的单耗对保税料件进行核销；申报的单耗超出单耗标准的，海关按照单耗标准的最高上限值或者最低下限值对保税料件进行核销。

第十二条 尚未公布单耗标准的，加工贸易企业应当如实向海关申报单耗，海关按照加工贸易企业的实际单耗对保税料件进行核销。

第三章 申报单耗

第十三条 申报单耗是指加工贸易企业向海关报告单耗的行为。

第十四条 加工贸易企业应当在成品出口、深加工结转或者内销前如实向海关申报单耗。

加工贸易企业确有正当理由无法按期申报单耗的，应当留存成品样品以及相关单证，并在成品出口、深加工结转或者内销前提出书面申请，经主管海关批准的，加工贸易企业可以在报核前申报单耗。

第十五条 加工贸易企业申报单耗应当包括以下内容：

（一）加工贸易项下料件和成品的商品名称、商品编号、计量单位、规格型号和品质；

（二）加工贸易项下成品的单耗；

（三）加工贸易同一料件有保税和非保税料件的，应当申报非保税料件的比例、商品名称、计量单位、规格型号和品质。

第十六条 下列情况不列入工艺损耗范围：

（一）因突发停电、停水、停气或者其他人为原因造成保税料件、半成品、成品的损耗；

（二）因丢失、破损等原因造成的保税料件、半成品、成品的损耗；

（三）因不可抗力造成保税料件、半成品、成品灭失、损毁或者短少的损耗；

（四）因进口保税料件和出口成品的品质、规格不符合合同要求，造成用料量增加的损耗；

（五）因工艺性配料所用的非保税料件所产生的损耗；

（六）加工过程中消耗性材料的损耗。

第十七条 加工贸易企业可以向海关申请办理单耗变更或者撤销手续，但下列情形除外：

（一）保税成品已经申报出口的；

（二）保税成品已经办理深加工结转的；

（三）保税成品已经申请内销的；

（四）海关已经对单耗进行核定的；

（五）海关已经对加工贸易企业立案调查的。

第四章 单耗审核

第十八条 单耗审核是指海关依据本办法审查核实加工贸易企业申报的单耗是否符合有关规定、是否与加工实际相符的行为。

第十九条 海关为核查单耗的真实性和准确性，可以行使下列职权：

（一）查阅、复制加工贸易项下料件、成品的样品、影像、图片、图样、品质、成分、规格型号以及加工合同、订单、加工计划、加工报表、成本核算等账册和资料；

（二）查阅、复制工艺流程图、排料图、工料单、配料表、质量检测标准等能反映成品的技术要求、加工工艺过程以及相应耗料的有关资料；

（三）要求加工贸易企业提供核定单耗的计算方法、计算公式；

（四）对保税料件和成品进行查验或者提取货样进行检验或者化验；

（五）询问加工贸易企业的法定代表人、主要负责人和其他有关人员涉及单耗的有关情况和问题；

（六）进入加工贸易企业的货物存放所、加工场所，检查与单耗有关的货物以及加工情况；

（七）对加工产品的单耗情况进行现场测定，必要时，可以留取样品。

第二十条 海关对加工贸易企业申报的单耗进行审核，符合规定的，接受加工贸易企业的申报。

第二十一条 海关对加工贸易企业申报单耗的真实性、准确性有疑问的，应当制发《中华人民共和国海关加工贸易单耗质疑通知书》（以下简称《单耗质疑通知书》，格式见附件），将质疑理由书面告知加工贸易企业的法定代表人或者其代理人。

第二十二条 加工贸易企业的法定代表人或者其代理人应当自收到《单耗质疑通知书》之日起 10 个工作日内，以书面形式向海关提供有关资料。

第二十三条 加工贸易企业未能在海关规定期限内提供有关资料、提供的资料不充分或者提供的资料无法确定单耗的，海关应当对单耗进行核定。

第二十四条 海关可以单独或者综合使用技术分析、实际测定、成本核算等方法对加工贸易企业申报的单耗进行核定。

第二十五条 单耗核定前，加工贸易企业缴纳保证金或者提供银行担保，并经海关同意的，可以先行办理加工贸易料件和成品的进出口、深加工结转或者内销等海关手续。

第二十六条 加工贸易企业对单耗核定结果有异议的，可以向作出单耗核定海关的上一级海关提出书面复核申请，上一级海关应当自收到复核申请后 45 日内作出复核决定。

第五章 附 则

第二十七条 本办法下列用语的含义：

净耗，是指在加工后，料件通过物理变化或者化学反应存在或者转化到单位成品中的量。

工艺损耗，是指因加工工艺原因，料件在正常加工过程中除净耗外所必需耗用、但不能存在或者转化到成品中的量，包括有形损耗和无形损耗。工艺损耗率，是指工艺损耗占所耗用料件的百分比。单耗=净耗/（1-工艺损耗率）。

技术分析方法，是指海关通过对成品的结构、成分、配方、工艺要求等影响单耗的各种因素进行分析和计算，核定成品单耗的方法。

实际测定方法，是指海关运用称量和计算等方法，对加工过程中单耗进行测定，通过综合分析核定成品单耗的方法。

成本核算方法，是指海关根据会计账册、加工记录、仓库账册等原料消耗的统计资料，进行对比和分析，计算核定成品单耗的方法。

第二十八条 违反本办法，构成走私或者违反海关监管规定行为的，由海关依照《中华人民共和国海关法》和《中华人民共和国海关行政处罚实施条例》的有关规定予以处理；构成犯罪的，依法追究刑事责任。

第二十九条 本办法由海关总署负责解释。

第三十条 本办法自 2007 年 3 月 1 日起施行。2002 年 3 月 11 日海关总署令第 96 号发布的《中华人民共和国海关加工贸易单耗管理办法》同时废止。

关于废止《棉与聚酯混纺纱线加工贸易单耗标准》（标准号：HDB/FZ100-2012）等3项加工贸易单耗标准的公告

（海关总署 国家发展改革委公告2020年第130号）

发布日期：2020-12-17
实施日期：2021-02-04
法规类型：规范性文件

自2021年2月4日起，《棉与聚酯混纺纱线加工贸易单耗标准》（标准号：HDB/FZ100-2012）等3项加工贸易单耗标准（标准名称见附件）予以废止。

特此公告。

附件：3项废止的加工贸易单耗标准列表

附件

3项废止的加工贸易单耗标准列表

序号	标准号	标准名称	原批准执行公告
1	HDB/FZ100-2012	棉与聚酯混纺纱线加工贸易单耗标准	海关总署　国家发展改革委2013年第24号公告
2	HDB/FZ128-2016	纯棉色纺纱线加工贸易单耗标准	海关总署　国家发展改革委2016年第43号公告
3	HDB/FZ146-2018	纯棉纱线加工贸易单耗标准	海关总署　国家发展改革委2018年第22号公告

关于发布16项修订的加工贸易单耗标准

（海关总署 国家发展改革委联合公告2018年第22号）

发布日期：2018-03-05
实施日期：2018-04-06
法规类型：规范性文件

海关总署和国家发展改革委2018年3月5日批准《冻鲽鱼制品加工贸易单耗标准》等16项修订的加工贸易单耗标准（标准名称、文本见附件1、2），自2018年4月6日起执行。原《冻鲽鱼制品加工贸易单耗标准》等16项加工贸易单耗标准（标准名称见附件3）同时废止。

特此公告。

附件：1.16项修订的加工贸易单耗标准列表

2.16 项修订的加工贸易单耗标准文本

3.16 项废止的加工贸易单耗标准列表

附件 1

16 项修订的加工贸易单耗标准列表

序号	标准号	标准名称	批准日期	实施日期
1.	HDB/NY014-2018	冻鲽鱼制品加工贸易单耗标准	2018 年 3 月 5 日	2018 年 4 月 6 日
2.	HDB/QB111-2018	化纤制女式羽绒大衣加工贸易单耗标准	2018 年 3 月 5 日	2018 年 4 月 6 日
3.	HDB/FZ141-2018	棉制牛仔布加工贸易单耗标准	2018 年 3 月 5 日	2018 年 4 月 6 日
4.	HDB/FZ142-2018	聚酰胺（尼龙-6）长丝机织坯布加工贸易单耗标准	2018 年 3 月 5 日	2018 年 4 月 6 日
5.	HDB/FZ143-2018	棉制及化学纤维制针织手套加工贸易单耗标准	2018 年 3 月 5 日	2018 年 4 月 6 日
6.	HDB/FZ144-2018	精梳混纺羊毛纱线加工贸易单耗标准	2018 年 3 月 5 日	2018 年 4 月 6 日
7.	HDB/FZ145-2018	精梳羊毛与化纤混纺毛制机织物加工贸易单耗标准	2018 年 3 月 5 日	2018 年 4 月 6 日
8.	HDB/FZ146-2018	纯棉纱线加工贸易单耗标准	2018 年 3 月 5 日	2018 年 4 月 6 日
9.	HDB/FZ147-2018	化学纤维长丝缝纫线加工贸易单耗标准	2018 年 3 月 5 日	2018 年 4 月 6 日
10.	HDB/FZ148-2018	机织女式长裤加工贸易单耗标准	2018 年 3 月 5 日	2018 年 4 月 6 日
11.	HDB/FZ149-2018	针织短袖 T 恤衫加工贸易单耗标准	2018 年 3 月 5 日	2018 年 4 月 6 日
12.	HDB/FZ150-2018	精梳纯羊毛纱线加工贸易单耗标准	2018 年 3 月 5 日	2018 年 4 月 6 日
13.	HDB/FZ151-2018	机织西服裙加工贸易单耗标准	2018 年 3 月 5 日	2018 年 4 月 6 日
14.	HDB/FZ152-2018	棉制及化学纤维制针织男式内裤加工贸易单耗标准	2018 年 3 月 5 日	2018 年 4 月 6 日
15.	HDB/FZ153-2018	棉制及化学纤维制针织女式内裤加工贸易单耗标准	2018 年 3 月 5 日	2018 年 4 月 6 日
16.	HDB/FZ154-2018	精梳羊毛机织物（色织）加工贸易单耗标准	2018 年 3 月 5 日	2018 年 4 月 6 日

附件 3

16 项废止的加工贸易单耗标准列表

序号	标准号	标准名称
17.	HDB/NY003-2007	冻鲽鱼制品加工贸易单耗标准
18.	HDB/QB052-2010	化纤制女式羽绒大衣加工贸易单耗标准
19.	HDB/FZ012-2005	牛仔布加工贸易单耗标准

序号	标准号	标准名称
20.	HDB/FZ015-2005	聚酰胺（尼龙-6）长丝机织坯布加工贸易单耗标准
21.	HDB/FZ027-2007	化纤制针织手套加工贸易单耗标准
22.	HDB/FZ050-2009	精梳羊毛与化纤混纺机织纱加工贸易单耗标准
23.	HDB/FZ051-2009	精梳羊毛与化纤混纺机织物加工贸易单耗标准
24.	HDB/FZ099-2012	纯棉纱线加工贸易单耗标准
25.	HDB/FZ048-2009	化学纤维长丝缝纫线加工贸易单耗标准
26.	HDB/FZ106-2013	机织女长裤加工贸易单耗标准
27.	HDB/FZ039-2008	棉及化纤制短袖针织 T 恤衫加工贸易单耗标准
28.	HDB/FZ 009-2001	精梳纯羊毛针织绒线加工贸易单耗标准
29.	HDB/FZ069-2010	机织女西服裙加工贸易单耗标准
30.	HDB/FZ036-2008	棉及化学纤维制针织男式三角裤加工贸易单耗标准
31.	HDB/FZ060-2010	棉及化学纤维制针织女式三角裤加工贸易单耗标准
32.	HDB/FZ 017-2005	精梳纯羊毛机织物（纯羊毛精纺呢绒）加工贸易单耗标准

关于发布《阴极铜加工贸易单耗标准》

（海关总署　国家发展改革委联合公告 2018 年第 16 号）

发布日期：2018-01-25

实施日期：2018-02-05

法规类型：规范性文件

海关总署和国家发展改革委 2018 年 1 月 25 日批准《阴极铜加工贸易单耗标准》，自 2018 年 2 月 5 日起执行，原《阴极铜（电解铜）加工贸易单耗标准》（标准编号：HDB/YS001—2000）同时废止。

特此公告。

附件：《阴极铜加工贸易单耗标准》

附件

阴极铜加工贸易单耗标准

HDB/YS024—2017

序号	成品				原料				工艺损耗率（%）
	名称	单位	商品编号	品质规格（品位）	名称	单位	商品编号	品质规格（品位）	
1	阴极铜	kg	7403111101	99.9935%<铜含量<99.9999%	铜矿砂及其精矿	kg	2603000090	≥30% ≥25% ≥20%	1.5~4.0
					未精炼铜（粗铜）	kg	7402000090	≥99.4% ≥99.0% ≥98.5% ≥97.5%	0.3~2.0
				7403111900	铜含量≥99.95%	电解精炼用铜阳极（阳极铜）	kg	7402000090	≥99.2% ≥98.8% ≥98.5%	0.2~1.5
					铜废碎料（紫杂铜）	kg	7404000090	≥85%	0.5~2.0

注：计算公式：阴极铜单耗 $= \dfrac{\text{阴极铜品位}}{\text{原料品位} \times (1 - \text{工艺损耗率})}$

关于发布57项加工贸易单耗标准的公告

（海关总署　国家发展改革委联合公告2016年第43号）

发布日期：2016-07-25
实施日期：2016-09-12
法规类型：规范性文件

海关总署和国家发展改革委批准《酚醛注塑制品加工贸易单耗标准》等57项加工贸易单耗标准（标准名称、文本见附件），自2016年9月12日起执行，原《丁苯橡胶加工贸易单耗标准》（标准编号：HDB/SH028-2008）、《轮胎（外胎）加工贸易单耗标准》（标准编号：HDB/SH007-2002）、《多层印制板用粘结片加工贸易单耗标准》（标准编号：HDB/YD009-2009）、《印制电路板用覆铜箔层压板加工贸易单耗标准》（标准编号：HDB/YD008-2009）、《精炼铜管材加工贸易单耗标准》（标准编号：HDB/YS010-2008）、《棉制及化纤制非绒类针织染整布加工贸易单耗标准》（标准编号：HDB/FZ040-2008）、《聚酯帘子布加工贸易单耗标准》（标准编号：HDB/FZ085-2012）、《未漂白纯棉坯布加工贸易单耗标准》（标准编号：HDB/FZ012-2000）、《熔喷法非织造布加工贸易单耗标准》（标准号：HDB/FZ044-2009）、《非漂白涤棉混纺坯布加工贸易单耗标准》（标准号：HDB/FZ023-2000）同时废止。

特此公告。

附件：1.57 项加工贸易单耗标准名称列表

2.57 项加工贸易单耗标准文本

附件 1

57 项加工贸易单耗标准列表

序号	标准号	标准名称	批准日期	实施日期
1.	HDB/QB101-2016	酚醛注塑制品加工贸易单耗标准	2016 年 7 月 25 日	2016 年 9 月 12 日
2.	HDB/QB102-2016	钢表壳加工贸易单耗标准	2016 年 7 月 25 日	2016 年 9 月 12 日
3.	HDB/QB103-2016	铁盒加工贸易单耗标准	2016 年 7 月 25 日	2016 年 9 月 12 日
4.	HDB/QB104-2016	皮面女靴加工贸易单耗标准	2016 年 7 月 25 日	2016 年 9 月 12 日
5.	HDB/QB105-2016	皮面女式深口鞋加工贸易单耗标准	2016 年 7 月 25 日	2016 年 9 月 12 日
6.	HDB/QB106-2016	棕榈仁油制脂肪酸加工贸易单耗标准	2016 年 7 月 25 日	2016 年 9 月 12 日
7.	HDB/QB107-2016	棕榈仁油制天然脂肪醇加工贸易单耗标准	2016 年 7 月 25 日	2016 年 9 月 12 日
8.	HDB/QB108-2016	冻煮金枪鱼鱼肉（金枪鱼鱼柳）加工贸易单耗标准	2016 年 7 月 25 日	2016 年 9 月 12 日
9.	HDB/QB109-2016	结晶玫瑰加工贸易单耗标准	2016 年 7 月 25 日	2016 年 9 月 12 日
10.	HDB/QB110-2016	牛二层反绒皮革加工贸易单耗标准	2016 年 7 月 25 日	2016 年 9 月 12 日
11.	HDB/JC023-2016	铜制机械式便器冲洗阀加工贸易单耗标准	2016 年 7 月 25 日	2016 年 9 月 12 日
12.	HDB/JC024-2016	铜制分集水器加工贸易单耗标准	2016 年 7 月 25 日	2016 年 9 月 12 日
13.	HDB/JC025-2016	铜制散热器恒温控制阀加工贸易单耗标准	2016 年 7 月 25 日	2016 年 9 月 12 日
14.	HDB/JC026-2016	铜制卫生洁具用直角阀阀体加工贸易单耗标准	2016 年 7 月 25 日	2016 年 9 月 12 日
15.	HDB/JC027-2016	纤维水泥板/纤维增强硅酸钙板加工贸易单耗标准	2016 年 7 月 25 日	2016 年 9 月 12 日
16.	HDB/JC028-2016	厨房水嘴加工贸易单耗标准	2016 年 7 月 25 日	2016 年 9 月 12 日
17.	HDB/JC029-2016	塑料花洒加工贸易单耗标准	2016 年 7 月 25 日	2016 年 9 月 12 日
18.	HDB/SH063-2016	改性聚丙烯加工贸易单耗标准	2016 年 7 月 25 日	2016 年 9 月 12 日
19.	HDB/SH064-2016	碳酸丙烯酯加工贸易单耗标准	2016 年 7 月 25 日	2016 年 9 月 12 日
20.	HDB/SH065-2016	轮胎（外胎）加工贸易单耗标准	2016 年 7 月 25 日	2016 年 9 月 12 日
21.	HDB/SH066-2016	三异丙醇胺加工贸易单耗标准	2016 年 7 月 25 日	2016 年 9 月 12 日
22.	HDB/SH067-2016	丙烯酸异辛酯加工贸易单耗标准	2016 年 7 月 25 日	2016 年 9 月 12 日
23.	HDB/SH068-2016	光盘加工贸易单耗标准	2016 年 7 月 25 日	2016 年 9 月 12 日

续表1

序号	标准号	标准名称	批准日期	实施日期
24.	HDB/SH069-2016	丁苯橡胶加工贸易单耗标准	2016 年 7 月 25 日	2016 年 9 月 12 日
25.	HDB/SH070-2016	丙烯酸 2-乙基己酯加工贸易单耗标准	2016 年 7 月 25 日	2016 年 9 月 12 日
26.	HDB/FZ126-2016	棉制及合成纤维制针织男长裤加工贸易单耗标准	2016 年 7 月 25 日	2016 年 9 月 12 日
27.	HDB/FZ127-2016	合成纤维制帐篷加工贸易单耗标准	2016 年 7 月 25 日	2016 年 9 月 12 日
28.	HDB/FZ128-2016	纯棉色纺纱线加工贸易单耗标准	2016 年 7 月 25 日	2016 年 9 月 12 日
29.	HDB/FZ129-2016	棉制及合成纤维制机织男式短裤加工贸易单耗标准	2016 年 7 月 25 日	2016 年 9 月 12 日
30.	HDB/FZ130-2016	棉制及化学纤维制针织男童背心加工贸易单耗标准	2016 年 7 月 25 日	2016 年 9 月 12 日
31.	HDB/FZ131-2016	锦纶-6 牵伸单丝加工贸易单耗标准	2016 年 7 月 25 日	2016 年 9 月 12 日
32.	HDB/FZ132-2016	涤棉色织布加工贸易单耗标准	2016 年 7 月 25 日	2016 年 9 月 12 日
33.	HDB/FZ133-2016	棉制及合成纤维制针织男式长袖套头衫加工贸易单耗标准	2016 年 7 月 25 日	2016 年 9 月 12 日
34.	HDB/FZ134-2016	合成纤维制经编花边加工贸易单耗标准	2016 年 7 月 25 日	2016 年 9 月 12 日
35.	HDB/FZ135-2016	棉制与化学纤维制非绒类针织染整加工贸易单耗标准	2016 年 7 月 25 日	2016 年 9 月 12 日
36.	HDB/FZ136-2016	聚酯帘子布加工贸易单耗标准	2016 年 7 月 25 日	2016 年 9 月 12 日
37.	HDB/FZ137-2016	未漂白纯棉坯布加工贸易单耗标准	2016 年 7 月 25 日	2016 年 9 月 12 日
38.	HDB/FZ138-2016	熔喷法非织造布加工贸易单耗标准	2016 年 7 月 25 日	2016 年 9 月 12 日
39.	HDB/FZ139-2016	未漂白涤棉混纺坯布加工贸易单耗标准	2016 年 7 月 25 日	2016 年 9 月 12 日
40.	HDB/FZ140-2016	聚酯短纤与粘胶短纤混纺纱加工贸易单耗标准	2016 年 7 月 25 日	2016 年 9 月 12 日
41.	DB/VD036-2016	多层印制板用粘结片加工贸易单耗标准	2016 年 7 月 25 日	2016 年 9 月 12 日
42.	HDB/YD037-2016	印制电路用覆铜箔层压板（玻璃纤维布基、环氧树脂基）加工贸易单耗标准	2016 年 7 月 25 日	2016 年 9 月 12 日
43.	HDB/YD038-2016	液晶显示屏背光模组用反射片加工贸易单耗标准	2016 年 7 月 25 日	2016 年 9 月 12 日
44.	HDB/YD039-2016	轴流风扇（用于电子产品 125 瓦及以下）加工贸易单耗标准	2016 年 7 月 25 日	2016 年 9 月 12 日
45.	HDB/YD040-2016	手机用平面玻璃保护面板加工贸易单耗标准	2016 年 7 月 25 日	2016 年 9 月 12 日
46.	HDB/JB028-2016	锰锌系列磁芯/磁环加工贸易单耗标准	2016 年 7 月 25 日	2016 年 9 月 12 日
47.	HDB/JB029-2016	铁氧体永磁体加工贸易单耗标准	2016 年 7 月 25 日	2016 年 9 月 12 日
48.	HDB/JB030-2016	汽车自动变速器差速器传动小轴加工贸易单耗标准	2016 年 7 月 25 日	2016 年 9 月 12 日
49.	HDB/JB031-2016	轿车刹车装置用片簧加工贸易单耗标准	2016 年 7 月 25 日	2016 年 9 月 12 日

序号	标准号	标准名称	批准日期	实施日期
50.	HDB/JB032-2016	汽车悬架弹簧加工贸易单耗标准	2016年7月25日	2016年9月12日
51.	HDB/JE033-2016	汽车空调压缩机加工贸易单耗标准	2016年7月25日	2016年9月12日
52.	HDB/JB034-2016	涡轮增压器加工贸易单耗标准	2016年7月25日	2016年9月12日
53.	HDB/JB035-2016	汽车发动机用空气滤清器加工贸易单耗标准	2016年7月25日	2016年9月12日
54.	HDB/JT003-2016	24KL、25KL、26KL罐式集装箱（20英尺）加工贸易单耗标准	2016年7月25日	2016年9月12日
55.	HDB/YS021-2016	精炼铜管材加工贸易单耗标准	2016年7月25日	2016年9月12日
56.	HDB/YS022-2016	热镀镀锡圆铜线加工贸易单耗标准	2016年7月25日	2016年9月12日
57.	HDB/YS023-2016	草酸钴加工贸易单耗标准	2016年7月25日	2016年9月12日

关于发布58项加工贸易单耗标准的公告

（海关总署　国家发展改革委公告2015年第37号）

发布日期：2015-07-21

实施日期：2015-09-17

法规类型：规范性文件

　　海关总署和国家发展改革委批准《抽芯铆钉加工贸易单耗标准》等58项加工贸易单耗标准（标准名称、文本见附件），自2015年9月17日起执行，原《棉制盥洗及厨房用毛巾制品加工贸易单耗标准》（标准编号：HDB/FZ028-2007）、《亚码男西裤加工贸易单耗标准》（标准编号：HDB/FZ043-2009）、《梭织男式上衣（茄克衫）加工贸易单耗标准》（标准编号：HDB/FZ049-2009）、《冻去骨鸡腿肉加工贸易单耗标准》（标准编号：HDB/NY001-2001）、《铂金首饰、铂金镶嵌首饰加工贸易单耗标准》（标准编号：HDB/HJ002-2005）同时废止。

　　特此公告。

　　附件：1.58项加工贸易单耗标准列表

　　　　　2.58项加工贸易单耗标准文本

关于发布 37 项加工贸易单耗标准的公告

（海关总署　国家发展改革委联合公告 2013 年第 62 号）

发布日期：2013-10-31

实施日期：2023-12-10

法规类型：规范性文件

海关总署和国家发展改革委批准《液晶电视机用外壳加工贸易单耗标准》等 37 项加工贸易单耗标准（标准名称、文本见附件），自 2013 年 12 月 10 日起执行，原《工业纯钛及 Ti-6Al-4V 钛合金棒材加工贸易单耗标准》（标准编号：HDB/YS009-2005）、《玻璃纤维及制品加工贸易单耗标准》（标准编号：HDB/JC003-2001）、《实木地板加工贸易单耗标准》（标准编号：HDB/LY003-2007）、《女式长裤加工贸易单耗标准》（标准编号：HDB/FZ035-2008）同时废止。

特此公告。

附件：1.37 项加工贸易单耗标准名称列表

2.37 项加工贸易单耗标准文本

关于批准 27 项加工贸易单耗标准执行的公告

（海关总署　国家发改委公告 2013 年第 24 号）

发布日期：2013-04-15

实施日期：2013-06-17

法规类型：规范性文件

海关总署和国家发展改革委批准《抑制电源电磁干扰用（安规）固定电容器加工贸易单耗标准》等 27 项加工贸易单耗标准（标准名称、文本见附件），自 2013 年 6 月 17 日起执行，原《冻鳕鱼片加工贸易单耗标准》（标准编号：HDB/NY002-2001）、《草甘膦原粉加工贸易单耗标准》（标准号：HDB/SH013-2005）、《机制床单加工贸易单耗标准》（标准号：HDB/FZ034-2008）、《精梳毛与化纤制男式西服上装加工贸易单耗标准》（标准号：HDB/FZ037-2008）、《纯棉纱线加工贸易单耗标准》（标准号：HDB0009-2000）和《棉与化纤混纺纱线加工贸易单耗标准》（标准号：HDB/FZ004-2002）同时废止。

特此公告。

附件：1.27 项加工贸易单耗标准名称列表

2.27 项加工贸易单耗标准文本

关于发布《光纤通讯用光衰减器加工贸易单耗标准》等 42 项加工贸易单耗标准的公告

（海关总署　国家发展和改革委员会公告 2012 年第 28 号）

发布日期：2012-05-23
实施日期：2021-07-15
法规类型：规范性文件

海关总署和国家发展改革委批准《光纤通讯用光衰减器加工贸易单耗标准》等 42 项加工贸易单耗标准（标准名称、文本见附件），自 2012 年 7 月 15 日起执行。

特此公告。

附件：1.42 项加工贸易单耗标准名称列表

2.42 项加工贸易单耗标准文本

关于规范加工贸易企业单耗申报工作的公告

（海关总署公告 2011 年第 77 号）

发布日期：2011-12-21
实施日期：2011-12-21
法规类型：规范性文件

海关加工贸易管理信息化系统中电子化手册（以下简称手册）的单耗管理模块已在

1.0.96 版中进行优化，为规范加工贸易企业（以下简称企业）单耗申报，现公告如下：

一、预录入端手册单耗表申报界面由"单耗、损耗率%"、"净耗、损耗率%"统一调整为"单耗/净耗、损耗率%"。企业在申报单耗时，若"单耗/净耗"栏申报内容为净耗，则须申报相应损耗率数据，损耗率栏不能为空；若"单耗/净耗"栏申报内容为单耗，则不得重复申报损耗率数据，损耗率栏应为空。

二、原手册表体料件表中"非保税料件比例%"字段调整到手册表体单耗表中。加工贸易成品耗用的同一料件既有保税也有非保税的，企业应在申报单耗的同时在手册表体单耗表中逐项申报"非保税料件比例%"。

三、对于本次系统优化前，已经申报"非保税料件比例%"的在执行手册，企业应在手册有效期内向海关重新申报"非保税料件比例%"，其中单耗申报环节为备案时和出口前的，企业可申请将单耗申报环节变更为报核前，再重新申报"非保税料件比例%"。

本公告自公布之日起执行。

关于发布 43 项加工贸易单耗标准的公告

（海关总署　国家发展和改革委员会公告 2011 年第 38 号）

发布日期：2011-05-17
实施日期：2011-07-15
法规类型：规范性文件

海关总署和国家发展改革委批准《1KV 以下铜芯聚合物绝缘电线加工贸易单耗标准》等 43 项加工贸易单耗标准（标准名称、文本见附件），自 2011 年 7 月 15 日起执行，原《聚氯乙烯（PVC）手套单耗标准》（标准编号：HDB/QB005-2000）、《自行车车胎加工贸易单耗标准》（标准号：HDB/SH002-2000）和《男衬衫加工贸易单耗标准》（标准号：HDB0013-2000）同时废止。

特此公告。

附件：1.43 项加工贸易单耗标准名称列表

2.43 项加工贸易单耗标准文本

关于规范外商投资企业进口触媒剂、催化剂、磨料、燃料的监督管理

（海关总署公告 2011 年第 2 号）

发布日期：2011-01-12
实施日期：2011-03-01
法规类型：规范性文件

为规范对外商投资企业进口触媒剂、催化剂、磨料、燃料的监督管理，现就相关事宜公告如下：

自 2011 年 3 月 1 日起，对外商投资企业为履行产品出口合同进口直接用于加工出口产品而在生产过程中消耗掉的、数量合理的触媒剂、催化剂、磨料、燃料，海关按保税方式进行监管。

批准《显示管用平板荫罩加工贸易单耗标准》等 36 项加工贸易单耗标准的公告

（海关总署　国家发展改革委联合公告 2010 年第 50 号）

发布日期：2010-07-30
实施日期：2010-09-20
法规类型：规范性文件

海关总署和国家发展改革委批准《显示管用平板荫罩加工贸易单耗标准》等 36 项加工贸易单耗标准（标准名称、文本见附件），自 2010 年 9 月 20 日起执行，原《石材产品（板材、异型材）加工贸易单耗标准》（标准编号：HDB/JC001-2000）同时废止。

特此公告。

附件：1. 36 项加工贸易单耗标准名称列表

2. 36 项加工贸易单耗标准文本

关于发布 31 项加工贸易单耗标准的公告

（海关总署　国家发展和改革委员会公告 2009 年第 78 号）

发布日期：2009－12－10

实施日期：2010－01－12

法规类型：规范性文件

海关总署和国家发展改革委批准《不锈钢丝加工贸易单耗标准》等 31 项加工贸易单耗标准（标准名称、文本见附件），自 2010 年 1 月 12 日起执行，原《书籍加工贸易单耗标准》（标准编号：HDB0003－1999）同时废止。

特此公告。

附件：1.31 项加工贸易单耗标准名称列表

2.31 项加工贸易单耗标准文本

关于颁布加工贸易单耗复核程序

（海关总署公告 2008 年第 32 号）

发布日期：2008－05－12

实施日期：2008－05－12

法规类型：规范性文件

为规范加工贸易单耗复核程序，依法保障加工贸易企业的合法权益，根据《中华人民共和国海关加工贸易单耗管理办法》（海关总署令第 155 号）的有关规定，现就加工贸易单耗复核程序公告如下：

一、加工贸易企业对隶属海关作出的单耗核定结果有异议，可以在收到单耗核定结果之日起 5 个工作日内向直属海关提出书面复核申请；对直属海关作出的单耗核定结果有异议，可以在收到单耗核定结果之日起 5 个工作日内向海关总署提出书面复核申请。

加工贸易企业对海关作出的单耗核定结果有异议，也可以在收到单耗核定结果之日起 60 日内直接向作出单耗核定海关的上一级海关申请行政复议。

二、直属海关受理单耗复核的部门为保税监管职能管理部门；海关总署受理单耗复核的部门为海关总署加工贸易及保税监管司。

单耗复核的申请人是提出单耗复核申请的加工贸易经营企业；单耗复核的被申请人是作出单耗核定结论的海关。

三、申请人申请单耗复核，应填写《加工贸易单耗复核申请表》（附件1），并提供相关资料。

四、单耗复核决定作出前，申请人提出撤回单耗复核书面申请，经单耗复核部门审查同意后，制发《中华人民共和国海关加工贸易单耗复核撤销通知书》（附件2），告知申请人和被申请人。

五、单耗复核机关应在收到复核申请之日起45日内作出单耗复核决定，并制发《中华人民共和国海关加工贸易单耗复核决定书》（附件3），告知申请人和被申请人。

申请人对单耗复核结果不服，可以在收到复核决定书之日起60日内向海关总署申请行政复议。

本公告自发布之日起实施。

特此公告。

附件：1. 加工贸易单耗复核申请表（略）
　　　2. 中华人民共和国海关加工贸易单耗复核撤销通知书（略）
　　　3. 中华人民共和国海关加工贸易单耗复核决定书（略）

关于下发《冻鲽鱼制品加工贸易单耗标准》等 26 项加工贸易单耗标准

（海关总署　国家发改委公告 2007 年第 59 号）

发布日期：2007-10-31
实施日期：2007-12-15
法规类型：规范性文件

海关总署和国家发展改革委批准《冻鲽鱼制品加工贸易单耗标准》等 26 项加工贸易单耗标准（标准名称、文本见附件），自 2007 年 12 月 15 日起执行。

特此公告。

附件：1. 26 项加工贸易单耗标准名称列表（略）
　　　2. 26 项加工贸易单耗标准文本（略）

海关总署　国家经贸委关于下发《原油炼制产品加工贸易单耗标准》的通知

（署加发〔2003〕18号）

发布日期：2003-01-07
实施日期：2003-03-01
法规类型：规范性文件

外经贸部，广东分署、天津、上海特派办，各直属海关：

现将《原油炼制产品加工贸易单耗标准》（HDB/SH006-2002，以下简称《标准》）下发你们，并将有关事项通知如下：

一、标准咱2003年3月1日起实施。

二、《标准》实施后，各地外经贸主管部门应严格按照《标准》审批加工贸易（包括结转深加工）合同。各地海关应严格按照《标准》进行备案、核销。

三、2003年3月1日以前，仍按原标准审批、备案、核销加工贸易合同。

附件：《原油炼制产品加工贸易单耗标准》（HDB/SH006-2002）及编制说明

附件

HDB/SH006-2002

原油炼制产品加工贸易单耗标准

（商品编号：27101110、27101120、27101911、27101912、27101919、27101921、27101922、27101929、27101999、27132000、27071000、27072000、27073000、27131100、27131200、27139000、27111990、27101991、27101993、27101994、27122000、27129010、27129090）

1. 范围

本标准规定了以原油（商品编号：27090000）为原料加工生产石脑油（商品编号：27101120）、汽油（商品编号：27101110）、煤油（商品编号：27101911、27101912、27101919）、柴油（商品编号：27101921）及其他产品［包括5—7号燃料油（商品编号：27101922）、其他柴油及其他燃料油（商品编号：27101929）、重油（商品编号：27101999）、石油沥青（商品编号：27132000）、粗苯类（商品编号：27071000、27072000、27073000）、石油焦（商品编号：27131100、27131200、27139000）、液化气（商品编号：27111990）、润滑油（商品编号：27101991）、润滑油基础油（商品编号：27101993）和石蜡（商品编号：27101994、27122000、27129010、27129090）］的加工贸易单耗（复出口收率）标准。

本标准适用于海关和外经贸管理部门对原油加工生产石脑油、汽油、煤油、柴油以及其他产品的加工贸易企业进行加工贸易单耗审批、备案和核销管理。

2. 定义

本标准采用如下定义：

复出口收率：指加工企业在正常生产条件下，耗用单位重量（千克）的原油（进口保税料件）加工生产的石脑油、汽油、煤油、柴油以及其他产品（包括深加工结转的半成品）的数量（千克），以百分数（%）表示。

本标准的单耗是指原油炼制产品的复出口收率。

工艺损耗：指因加工生产工艺要求，在生产过程中所实际耗用，且不能物化在石脑油、汽油、煤油、柴油以及其他产品（包括深加工结转的半成品）中的加工贸易原油（进口保税料件）的数量（千克），以百分数（%）表示。

3. 复出口收率标准

3.1 原料品质规格

本标准适用于各种品质的原油。

3.2 成品品质规格

本标准对复出口产品品质、规格的要求，应符合合同对其品质、规格的认定。

3.3 复出口收率标准

表1 原油炼制产品加工贸易复出口总收率标准

成品名称	成品单位	商品编号	原料名称	原料单位	商品编号	复出口总收率（%）
石脑油	千克	27101120	原油	千克	27090000	82～84
汽油	千克	27101110				
煤油	千克	27101911 27101912 27101919				
柴油	千克	27101921				
其他产品	千克	详见表3				

表2 原油炼制产品加工贸易复出口收率范围

成品名称	收率范围（%）	备注
石脑油+汽油	25～65	
煤油（包括航空煤油. 灯用煤油. 其他煤油馏分）	0～30	
柴油	5～30	
其他产品	≤14	
石脑油+汽油+煤油+柴油	≥70	注1
复出口总收率	82～84	注2

注：

1. 按加工贸易生产企业上年"石脑油+汽油+煤油+柴油"的实际总收率核销。若生产企业上年"石脑油+汽油+煤油+柴油"的实际总收率小于70%，则按70%核销；

2. 根据实际加工的加工贸易原油硫含量确定复出口总收率。即，硫含量≤1%对应复出口总收率84%；硫含量1%～2%对应复出口总收率83%；硫含量≥2%对应复出口总收率82%。

3.4 原油加工贸易未出口产品核销原则

对于本标准列明的加工贸易未出口的其他原油炼制产品，按以下公式折合原油数量，补证、补税。

$$\text{加工贸易未出口产品} \atop \text{折合原油数量（千克）} = \frac{\text{实际应出口产品量} - (\text{石脑油} + \text{汽油} + \text{煤油} + \text{柴油})}{\text{复出口总收率}} \atop \text{实际出口量} - \text{其他产品实际出口量}}$$

表3 其他产品种类

成品类别	商品编号		
5~7号燃料油	27101922		
其他柴油及其他燃料油	27101929		
重油	27101999		
石油沥青	27132000		
粗苯类（包括粗苯，粗甲苯，粗二甲苯）	27071000	27072000	27073000
石油焦	27131100	27131200	27139000
液化气	27111990		
润滑油	27101991		
润滑油基础油	27101993		
石蜡	27101994 27122000	27129010	27129090

HDB/SH006-2002

原油炼制产品加工贸易单耗标准编制说明

1. 任务来源

为加强加工贸易单耗管理，规范和完善海关和外经贸管理部门对单耗审批、备案核销，落实国务院关于加强对加工贸易管理的政策措施，打击伪报单耗的不法行为，促进加工贸易的健康发展，根据加工贸易单耗标准制定工作联络小组工作计划，特制定原油炼制产品加工贸易单耗（复出口收率）标准。

本标准由海关总署办公厅、国家经贸委办公厅委托中国石油和化学工业协会负责制定、由中国石油天然气集团公司和中国石油化工集团公司负责起草，由海关总署关税征管司、国家经贸委对外经济协调司组织中国石油和化学工业协会、中国石油化工集团公司、中国石油天然气集团公司及相关科研、技术、工程咨询部门的工艺、技术专家和海关加工贸易保税专业技术人员组成的审定委员会进行审定。

2. 制定单耗标准的原则

单耗标准的制定原则应符合加工贸易企业的生产实际，贯彻国家税收政策、产业政策和外贸政策。以国家标准、行业标准或该行业加工贸易的平均生产水平为制定基础，促进加工贸易企业技术进步和公平竞争，便于海关有效监管和相关单耗数据的使用和维护。

3. 单耗标准的执行幅度

原油单耗标准一般设定复出口收率的最低下限值。各地外经贸主管部门和海关应按加工贸易的生产实际或合同约定，审批和核定加工企业生产成品的产品复出口收率和复出口总收率。

4. 商品和加工工艺知识

4.1 原料和成品的商品知识

原油：原油是一种黑褐色的流动或半流动粘稠液，略轻于水，是一个成分十分复杂的混合物；就其化学元素而言，主要是碳元素和氢元素组成的多种碳氢化合物，统称"烃类"。原油中碳元素占83%~87%，氢元素占11%~14%，其他部分则是硫、氮、氧及金属等杂质。虽然原油的基本元素类似，但从地下开采的天然原油，在不同产区和不同地层，反映出的原油品种则纷繁众多，其物理性质有很大的差别。原油的分类有多种方法，按组成分类可分为石蜡基原油、环烷基原油和中间基原油三类；按硫含量可分为超低硫原油、低硫原油、含硫原油和高硫原油四类；按比重可分为轻质原油、中质原油、重质原油以及特重质原油四类。

轻组份：原油是多种不同沸点、成分复杂的组合混合体。原油中所含分子量较轻、沸点较低且易挥发的称为"轻组份"，包括石脑油、汽油、煤油、柴油等；组份较重、沸点较高的称为"重组份"。原油加工的基本手段之一就是利用各组份的不同沸点，通过加热蒸馏，将其"切割"成若干不同沸点范围的"馏份"。本标准所列的轻组份指石脑油、汽油、煤油、柴油。由于原油的加工路线、产品方案、产品调和方式及各炼油厂的装置不同，因此在原油加工过程中，轻组份的收率不是固定不变的，而是在一定范围内进行适当调整的。

石脑油：石脑油是一种无色透明、易挥发的液体，比水轻，主要用作重整和化工原料。衡量石脑油的主要指标有烷烃和环烷烃的含量、烯烃含量和硫含量等。

汽油：在炼油厂实际生产中，汽油和石脑油的馏份范围大体是一致的，因此汽油也是一种无色透明、易挥发的液体。衡量汽油的主要指标有汽油的抗爆性、蒸发性、安定性、腐蚀性等，汽油辛烷值是汽油的重要质量指标，按汽油辛烷值主要可分为90#、93#、97#等牌号。

煤油：包括航空煤油、灯用煤油、其他煤油馏份。煤油是一种无色透明的液体，比水轻。衡量煤油的主要性能和指标有煤油的热值、密度、燃烧性、低温性、润滑性、防静电性等。

柴油：柴油是一种淡黄色透明的液体，比水轻。衡量柴油的主要性能有柴油流动性、雾化和蒸发性、燃烧性、安定性等，柴油主要可分为-20#、-10#、0#、5#、10#等牌号。

其他产品：在炼油厂的实际生产过程中，除了产出石脑油、汽油、煤油、柴油产品外，还产出很多其他产品，主要有5~7号燃料油、其他柴油及其他燃料油、重油、石油沥青、苯类、石油焦、液化气、润滑油、润滑油基础油、石蜡等。本标准中的其他产品特指以下10种：5~7号燃料油、其他柴油及其他燃料油、重油、石油沥青、苯类（包括粗苯、粗甲苯、粗二甲苯）、石油焦、液化气、润滑油、润滑油基础油和石蜡。

4.2 加工工艺知识及工艺过程

4.2.1 主要工艺流程

原油加工是将天然原油炼制成各类油品的整个工艺过程。其加工过程既有物理过程，也有化学反应过程，大体上可分为三部分：

一、原油蒸馏。也称"一次加工"，主要是通过常减压蒸馏装置利用物理的方法，把原油中不同沸点范围的组份分离成各种不同的馏份，以馏份的轻重为序，分别获得直馏的石脑油、煤油、柴油等组份和蜡油、渣油。

二、二次加工。从原油中直接得到的轻质馏份是有限的，对大量重质馏份（蜡油、渣油）需要进行进一步加工，即通过催化裂化、加氢裂化、延迟焦化等装置，利用化学的方法转化为石脑油、汽油、煤油、柴油等轻质组份。

三、油品精制、提高质量以及调和的有关工艺。对经过一次、二次加工装置产出的含有各种杂质的相关馏份，通过加氢精制、碱洗电精制等加工装置进行精制和改质。经过上述加工过程所得的各组份均要经过产品调和，使之达到国家标准，成为最终产品出厂。

4.2.2 原油加工概念流程图

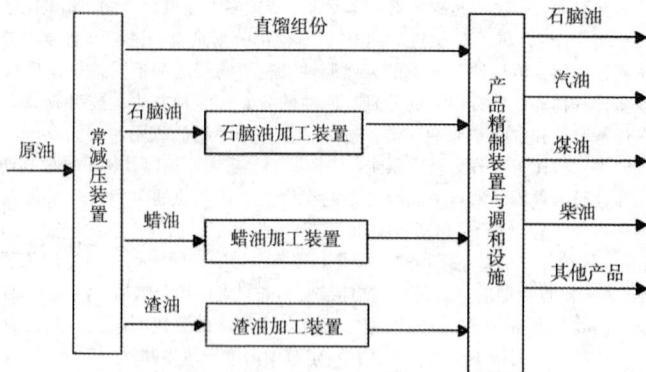

4.2.3 原油加工的损耗

影响损耗的主要因素有加工原油的性质、工艺流程、装置的技术状况和生产方案等。从原油进常减压装置到成品出厂，其间要经过多次的加热、冷却、半成品输转、化学反应等过程，产生的损耗主要包括瓦斯跑损；半成品输转、储存和调和的损失；油品的输转、贮存损耗等；此外，通过多次深度加工，将一些重质馏份转化为轻质馏份的过程，以及降低原油炼制产品杂质含量的精制过程，也都会产生损耗；从原油加工到产品出厂，每一个原油加工装置都需要消耗燃料油、燃料气等物质，这些消耗物质是直接由原油转化而来的。

5. 单耗标准的说明

本标准规定的原油炼制产品加工贸易的复出口总收率为82%～84%。

本标准规定的原油炼制产品加工贸易的"石脑油＋汽油＋煤油＋柴油"总收率≥70%。

本标准规定的原油炼制产品加工贸易的其他产品仅指5～7号燃料油、其他柴油和其他燃料油、重油、石油沥青、苯类、石油焦、液化气、润滑油、润滑油基础油和石蜡共十种。

由于原油品质的差异和各炼油厂的加工装置、加工流程、工艺路线及加工方案不同，使得各原油加工企业原油炼制产品的总收率不尽一致。因此，原油炼制产品加工贸易的复出口总收率应考虑各原油加工企业的生产实际，按本标准所列的与原油含硫量的对应值确定。即，硫含量≤1%对应复出口收率84%；硫含量1%～2%对应复出口总收率83%；硫含量≥2%对应复出口总收率82%；石脑油、汽油、煤油和柴油收率应分别按合同规定的收率比例核定，但不得超过标准所列的上、下限值；"石脑油＋汽油＋煤油＋柴油"总收率不得低于70%，并按上年的实际总收率核定（详见标准注1）。

由于原油加工工艺的特殊性，本标准不单独计算损耗率。

6. 原油加工贸易核销实例

以国内某炼油厂为例，该企业以进料加工方式进口10万吨原油，含硫量2.1%，实际复出口品种及数量见下表：

品种	数量（万吨）	收率
石脑油	3	30%
汽油	2	20%
煤油	1.4	14%
柴油	1	10%

品种	数量（万吨）	收率
其他产品（石蜡）	0.5	5%
合计	7.9	79%

具体核销时，应为：

1. 复出口总收率：由于上述进口原油含硫量大于2%，依照本标准规定应按82%进行核销。

2. "石脑油+汽油+煤油+柴油"总收率：由于该企业上年"石脑油+汽油+煤油+柴油"实际总收率为74%，大于70%，依照本标准规定，应按上年实际总收率74%进行核销。

3. 未出口产品折合原油数量

$$未出口产品折合原油数量=\frac{10\times0.82-（3+2+1.4+1）-0.5}{0.82}=0.37（万吨）$$

保税监管场所

中华人民共和国海关对出口监管仓库及所存货物的管理办法

（海关总署令第 133 号）

发布日期：2005-11-28
实施日期：2023-07-01
法规类型：部门规章

（根据 2015 年 4 月 28 日海关总署令第 227 号《海关总署关于修改部分规章的决定》第一次修正；根据 2017 年 12 月 20 日海关总署令第 235 号《海关总署关于修改部分规章的决定》第二次修正；根据 2018 年 5 月 29 日海关总署令第 240 号《海关总署关于修改部分规章的决定》第三次修正；根据 2018 年 11 月 23 日海关总署令第 243 号《海关总署关于修改部分规章的决定》第四次修正；根据 2023 年 5 月 15 日海关总署令第 263 号《海关总署关于修改部分规章的决定》第五次修正）

第一章 总 则

第一条 为规范海关对出口监管仓库及所存货物的管理，根据《中华人民共和国海关法》和其他有关法律、行政法规，制定本办法。

第二条 本办法所称出口监管仓库，是指经海关批准设立，对已办结海关出口手续的货物进行存储、保税物流配送、提供流通性增值服务的仓库。

第三条 出口监管仓库的设立、经营管理以及对出口监管仓库所存货物的管理适用本办法。

第四条 出口监管仓库分为出口配送型仓库和国内结转型仓库。

出口配送型仓库是指存储以实际离境为目的的出口货物的仓库。

国内结转型仓库是指存储用于国内结转的出口货物的仓库。

第五条 出口监管仓库的设立应当符合海关对出口监管仓库布局的要求。

第六条 出口监管仓库的设立，由出口监管仓库所在地主管海关受理，报直属海关审批。

第七条 下列已办结海关出口手续的货物，可以存入出口监管仓库：

（一）一般贸易出口货物；

（二）加工贸易出口货物；

（三）从其他海关特殊监管区域、保税监管场所转入的出口货物；

（四）出口配送型仓库可以存放为拼装出口货物而进口的货物，以及为改换出口监管仓库货物包装而进口的包装物料；

（五）其他已办结海关出口手续的货物。

第八条 出口监管仓库不得存放下列货物：

（一）国家禁止进出境货物；

（二）未经批准的国家限制进出境货物；

（三）海关规定不得存放的其他货物。

第二章 出口监管仓库的设立

第九条 申请设立出口监管仓库的经营企业，应当具备下列条件：

（一）取得经营主体资格，经营范围包括仓储经营；

（二）具有专门存储货物的场所，其中出口配送型仓库的面积不得低于2000平方米，国内结转型仓库的面积不得低于1000平方米。

第十条 企业申请设立出口监管仓库，应当向仓库所在地主管海关递交以下加盖企业印章的书面材料：

（一）《出口监管仓库申请书》；

（二）仓库地理位置示意图及平面图。

第十一条 海关依据《中华人民共和国行政许可法》和《中华人民共和国海关行政许可管理办法》的规定，受理、审查设立出口监管仓库的申请。对于符合条件的，作出准予设立出口监管仓库的行政许可决定，并出具批准文件；对于不符合条件的，作出不予设立出口监管仓库的行政许可决定，并应当书面告知申请企业。

第十二条 申请设立出口监管仓库的企业应当自海关出具批准文件之日起1年内向海关申请验收出口监管仓库。

申请验收应当符合以下条件：

（一）符合本办法第九条第二项规定的条件；

（二）具有符合海关监管要求的隔离设施、监管设施和办理业务必需的其他设施；

（三）具有符合海关监管要求的计算机管理系统，并与海关联网；

（四）建立了出口监管仓库的章程、机构设置、仓储设施及账册管理等仓库管理制度。

企业无正当理由逾期未申请验收或者验收不合格的，该出口监管仓库的批准文件自动失效。

第十三条 出口监管仓库验收合格后，经海关注册登记并核发《出口监管仓库注册登记证书》，方可以开展有关业务。《出口监管仓库注册登记证书》有效期为3年。

第三章 出口监管仓库的管理

第十四条 出口监管仓库必须专库专用，不得转租、转借给他人经营，不得下设分库。

第十五条 海关对出口监管仓库实施计算机联网管理。

第十六条 海关可以随时派员进入出口监管仓库检查货物的进、出、转、存情况及有关账册、记录。

海关可以会同出口监管仓库经营企业共同对出口监管仓库加锁或者直接派员驻库监管。

第十七条 出口监管仓库经营企业负责人和出口监管仓库管理人员应当熟悉和遵守海关有关规定，并接受海关培训。

第十八条 出口监管仓库经营企业应当如实填写有关单证、仓库账册、真实记录并全面反映其业务活动和财务状况，编制仓库月度进、出、转、存情况表，并定期报送主管海关。

第十九条 出口监管仓库经营企业名称、主体类型以及出口监管仓库名称等事项发生变化的，出口监管仓库经营企业应当自上述事项变化之日起30日内，向主管海关办理变更手续。

出口监管仓库变更地址、仓储面积等事项的，出口监管仓库经营企业应当提前向主管海关提出变更申请，并办理变更手续。

出口监管仓库变更仓库类型的，按照本办法第二章出口监管仓库的设立的有关规定办理。

第二十条 出口监管仓库有下列情形之一的，海关注销其注册登记，并收回《出口监管仓库注册登记证书》：

（一）无正当理由逾期未申请延期审查或者延期审查不合格的；

（二）仓库经营企业书面申请变更出口监管仓库类型的；

（三）仓库经营企业书面申请终止出口监管仓库仓储业务的；

（四）仓库经营企业，丧失本办法第九条规定的条件的；

（五）法律、法规规定的应当注销行政许可的其他情形。

第四章 出口监管仓库货物的管理

第二十一条 出口监管仓库所存货物存储期限为 6 个月。经主管海关同意可以延期，但延期不得超过 6 个月。

货物存储期满前，仓库经营企业应当通知发货人或者其代理人办理货物的出境或者进口手续。

第二十二条 存入出口监管仓库的货物不得进行实质性加工。

经主管海关同意，可以在仓库内进行品质检验、分级分类、分拣分装、加刷唛码、刷贴标志、打膜、改换包装等流通性增值服务。

第二十三条 对经批准享受入仓即予退税政策的出口监管仓库，海关在货物入仓结关后予以办理出口货物退税证明手续。

对不享受入仓即予退税政策的出口监管仓库，海关在货物实际离境后办理出口货物退税证明手续。

第二十四条 出口监管仓库与海关特殊监管区域、其他保税监管场所之间的货物流转应当符合海关监管要求并按照规定办理相关手续。

货物流转涉及出口退税的，按照国家有关规定办理。

第二十五条 存入出口监管仓库的出口货物，按照国家规定应当提交许可证件或者缴纳出口关税的，发货人或者其代理人应当取得许可证件或者缴纳税款。海关对有关许可证件电子数据进行系统自动比对验核。

第二十六条 出口货物存入出口监管仓库时，发货人或者其代理人应当按照规定办理海关手续。

海关对报关入仓货物的品种、数量、金额等进行审核、核注和登记。

经主管海关批准，对批量少、批次频繁的入仓货物，可以办理集中报关手续。

第二十七条 出仓货物出口时，仓库经营企业或者其代理人应当按照规定办理海关手续。

第二十八条 出口监管仓库货物转进口的，应当经海关批准，按照进口货物有关规定办理相关手续。

出口监管仓库货物已经办结转进口手续的，应当在海关规定时限内提离出口监管仓库。特殊情况下，经海关同意可以延期提离。

第二十九条 对已存入出口监管仓库因质量等原因要求更换的货物，经仓库所在地主管海关批准，可以更换货物。被更换货物出仓前，更换货物应当先行入仓，并应当与原货物的商品编码、品名、规格型号、数量和价值相同。

第三十条 出口监管仓库货物，因特殊原因确需退运、退仓，应当经海关批准，并按照有关规定办理相关手续。

第五章　法律责任

第三十一条　出口监管仓库所存货物在存储期间发生损毁或者灭失的，除不可抗力外，仓库应当依法向海关缴纳损毁、灭失货物的税款，并承担相应的法律责任。

第三十二条　企业以隐瞒真实情况、提供虚假资料等不正当手段取得设立出口监管仓库行政许可的，由海关依法予以撤销。

第三十三条　出口监管仓库经营企业有下列行为之一的，海关责令其改正，可以给予警告，或者处1万元以下的罚款；有违法所得的，处违法所得3倍以下的罚款，但最高不得超过3万元：

（一）擅自在出口监管仓库存放本办法第七条规定范围之外的其他货物的；

（二）出口监管仓库货物管理混乱，账目不清的；

（三）违反本办法第十四条规定的；

（四）未按照本办法第十九条的规定办理海关手续的。

第三十四条　收发货人未在规定时限内将已经办结转进口手续的出口监管仓库货物提离出口监管仓库的，海关责令其改正，可以给予警告，或者处1万元以下的罚款。

第三十五条　违反本办法的其他违法行为，由海关依照《中华人民共和国海关法》《中华人民共和国海关行政处罚实施条例》予以处理。构成犯罪的，依法追究刑事责任。

第六章　附　则

第三十六条　出口监管仓库经营企业应当为海关提供办公场所和必要的办公条件。

第三十七条　本办法所规定的文书由海关总署另行制定并且发布。

第三十八条　海关对出口监管仓库依法实施监管不影响地方政府和其他部门依法履行其相应职责。

第三十九条　本办法由海关总署负责解释。

第四十条　本办法自2006年1月1日起施行。1992年5月1日起实施的《中华人民共和国海关对出口监管仓库的暂行管理办法》同时废止。

中华人民共和国海关对保税物流中心（B型）的暂行管理办法

（海关总署令第130号）

发布日期：2005-06-23
实施日期：2018-11-23
法规类型：部门规章

（根据2015年4月28日海关总署令第227号《海关总署关于修改部分规章的决定》第一次修正；根据2017年12月20日海关总署令第235号《海关总署关于修改部分规章的决定》第二次修正；根据2018年5月29日海关总署令第240号《海关总署关于修改部分规章的决定》第三次修正；根据2018年11月23日海关总署令第243号《海关总署关于修改部分规章的决定》第四次修正）

第一章 总 则

第一条 为适应现代国际物流业的发展，规范海关对保税物流中心（B型）及其进出货物的管理和保税仓储物流企业的经营行为，根据《中华人民共和国海关法》和国家有关法律、行政法规，制定本办法。

第二条 本办法所称保税物流中心（B型）（以下简称物流中心）是指经海关批准，由中国境内一家企业法人经营，多家企业进入并从事保税仓储物流业务的保税监管场所。

第三条 下列货物，经海关批准可以存入物流中心：

（一）国内出口货物；

（二）转口货物和国际中转货物；

（三）外商暂存货物；

（四）加工贸易进出口货物；

（五）供应国际航行船舶和航空器的物料、维修用零部件；

（六）供维修外国产品所进口寄售的零配件；

（七）未办结海关手续的一般贸易进口货物；

（八）经海关批准的其他未办结海关手续的货物。

第二章 物流中心及中心内企业的设立

第一节 物流中心的设立

第四条 设立物流中心应当具备下列条件：

（一）物流中心仓储面积，东部地区不低于5万平方米，中西部地区、东北地区不低于2万平方米；

（二）符合海关对物流中心的监管规划建设要求；

（三）选址在靠近海港、空港、陆路交通枢纽及内陆国际物流需求量较大，交通便利，设有海关机构且便于海关集中监管的地方；

（四）经省级人民政府确认，符合地方经济发展总体布局，满足加工贸易发展对保税物流的需求；

（五）建立符合海关监管要求的计算机管理系统，提供供海关查阅数据的终端设备，并按照海关规定的认证方式和数据标准，通过"电子口岸"平台与海关联网，以便海关在统一平台上与国税、外汇管理等部门实现数据交换和信息共享；

（六）设置符合海关监管要求的隔离设施、监管设施和办理业务必需的其他设施。

第五条 物流中心经营企业应当具备下列资格条件：

（一）经工商行政管理部门注册登记，具有独立企业法人资格；

（二）具备对中心内企业进行日常管理的能力；

（三）具备协助海关对进出物流中心的货物和中心内企业的经营行为实施监管的能力。

第六条 物流中心经营企业具有以下责任和义务：

（一）设立管理机构负责物流中心的日常管理工作；

（二）遵守海关法及有关管理规定；

（三）制定完善的物流中心管理制度，协助海关实施对进出物流中心的货物及中心内企业经营行为的监管。

物流中心经营企业不得在本物流中心内直接从事保税仓储物流的经营活动。

第七条 申请设立物流中心的企业应当向直属海关提出书面申请，并递交以下加盖企业印章的材料：

（一）申请书；

（二）省级人民政府意见书；

（三）物流中心所用土地使用权的合法证明及地理位置图、平面规划图。

第八条 物流中心内只能设立仓库、堆场和海关监管工作区。不得建立商业性消费设施。

第九条 设立物流中心的申请由直属海关受理，报海关总署会同有关部门审批。

企业自海关总署等部门出具批准其筹建物流中心文件之日起 1 年内向海关总署申请验收，由海关总署会同有关部门或者委托被授权的机构按本办法的规定进行审核验收。

物流中心验收合格后，由海关总署向物流中心经营企业核发《保税物流中心（B 型）注册登记证书》。

物流中心在验收合格后方可以开展有关业务。

第十条 获准设立物流中心的企业确有正当理由未按时申请验收的，经海关总署同意可以延期验收。

获准设立物流中心的企业无正当理由逾期未申请验收或者验收不合格的，视同其撤回设立物流中心的申请。

第二节 中心内企业的设立

第十一条 中心内企业应当具备下列条件：

（一）具有独立的法人资格或者特殊情况下的中心外企业的分支机构；

（二）建立符合海关监管要求的计算机管理系统并与海关联网；

（三）在物流中心内有专门存储海关监管货物的场所。

第十二条 企业申请进入物流中心应当向所在地主管海关提出书面申请，并递交以下加盖企业印章的材料：

（一）申请书；

（二）物流中心内所承租仓库位置图、仓库布局图。

第十三条 主管海关受理后对符合条件的企业制发《保税物流中心（B 型）企业注册登记证书》。

第三章 物流中心的经营管理

第十四条 物流中心不得转租、转借他人经营，不得下设分中心。

第十五条 中心内企业可以开展以下业务：

（一）保税存储进出口货物及其他未办结海关手续货物；

（二）对所存货物开展流通性简单加工和增值服务；

（三）全球采购和国际分拨、配送；

（四）转口贸易和国际中转；

（五）经海关批准的其他国际物流业务。

第十六条 中心内企业不得在物流中心内开展下列业务：

（一）商业零售；

（二）生产和加工制造；

（三）维修、翻新和拆解；

（四）存储国家禁止进出口货物，以及危害公共安全、公共卫生或者健康、公共道德或者秩序的国家限制进出口货物；

（五）法律、行政法规明确规定不能享受保税政策的货物；

（六）其他与物流中心无关的业务。

第十七条 物流中心经营企业及中心内企业负责人及其工作人员应当熟悉海关有关法律法规，遵守海关监管规定。

第四章 海关对物流中心及中心内企业的监管

第十八条 海关可以采取联网监管、视频监控、实地核查等方式对进出物流中心的货物、物品、运输工具等实施动态监管。

第十九条 海关对物流中心及中心内企业实施计算机联网监管。物流中心及中心内企业应当建立符合海关监管要求的计算机管理系统并与海关联网，形成完整真实的货物进、出、转、存电子数据，保证海关开展对有关业务数据的查询、统计、采集、交换和核查等监管工作。

第二十条 《保税物流中心（B型）注册登记证书》有效期为3年。

物流中心经营企业应当在《保税物流中心（B型）注册登记证书》每次有效期满30日前办理延期手续，由直属海关受理，报海关总署审批。

物流中心经营企业办理延期手续应当提交《保税物流中心（B型）注册登记证书》。

对审查合格的企业准予延期3年。

第二十一条 物流中心需变更名称、地址、面积及所有权等事项的，由直属海关受理报海关总署审批。其他变更事项报直属海关备案。

第二十二条 中心内企业需变更有关事项的，应当向主管海关备案。

第二十三条 物流中心经营企业因故终止业务的，物流中心经营企业向直属海关提出书面申请，经海关总署会同有关部门审批后，办理注销手续并交回《保税物流中心（B型）注册登记证书》。

第二十四条 物流中心内货物保税存储期限为2年。确有正当理由的，经主管海关同意可以予以延期，除特殊情况外，延期不得超过1年。

第五章 海关对物流中心进出货物的监管

第一节 物流中心与境外间的进出货物

第二十五条 物流中心与境外间进出的货物，应当按照规定向海关办理相关手续。

第二十六条 物流中心与境外之间进出的货物，除实行出口被动配额管理和中华人民共和国参加或者缔结的国际条约及国家另有明确规定的以外，不实行进出口配额、许可证件管理。

第二十七条 从境外进入物流中心内的货物，其关税和进口环节海关代征税，按照下列规定办理：

（一）本办法第三条中所列的货物予以保税；

（二）中心内企业进口自用的办公用品、交通、运输工具、生活消费用品等，以及企业在物流中心内开展综合物流服务所需的进口机器、装卸设备、管理设备等，按照进口货物的有关规定和税收政策办理相关手续。

第二节 物流中心与境内间的进出货物

第二十八条 物流中心货物跨关区提取，可以在物流中心主管海关办理手续，也可以按照海关其他规定办理相关手续。

第二十九条 中心内企业根据需要经主管海关批准，可以分批进出货物，并按照海关规定办理月度集中报关，但集中报关不得跨年度办理。

第三十条 物流中心货物进入境内视同进口，按照货物实际贸易方式和实际状态办理进口报关手续；货物属许可证件管理商品的，企业还应当取得有效的许可证件，海关对有关许可证件电子数据进行系统自动比对验核；实行集中申报的进出口货物，应当适用每次货物进出口时海关接受申报之日实施的税率、汇率。

第三十一条 除另有规定外，货物从境内进入物流中心视同出口，办理出口报关手续，享受出口退税。如需缴纳出口关税的，应当按照规定纳税；属许可证件管理商品，还应当取得有效的出口许可证件。海关对有关出口许可证件电子数据进行系统自动比对验核。

从境内运入物流中心的原进口货物，境内发货人应当向海关办理出口报关手续，经主管海关验放；已经缴纳的关税和进口环节海关代征税，不予退还。

第三十二条 企业按照国家税务总局的有关税收管理办法办理出口退税手续。按照国家外汇管理局有关外汇管理办法办理收付汇手续。

第三十三条 下列货物从物流中心进入境内时依法免征关税和进口环节海关代征税：

（一）用于在保修期限内免费维修有关外国产品并符合无代价抵偿货物有关规定的零部件；

（二）用于国际航行船舶和航空器的物料；

（三）国家规定免税的其他货物。

第三十四条 物流中心与海关特殊监管区域、其他保税监管场所之间可以进行货物流转并按照规定办理相关海关手续。

第三节　中心内企业间的货物流转

第三十五条 物流中心内货物可以在中心内企业之间进行转让、转移并办理相关海关手续。未经海关批准，中心内企业不得擅自将所存货物抵押、质押、留置、移作他用或者进行其他处置。

第六章　法律责任

第三十六条 保税仓储货物在存储期间发生损毁或者灭失的，除不可抗力外，中心内企业应当依法向海关缴纳损毁、灭失货物的税款，并承担相应的法律责任。

第三十七条 违反本办法规定的，海关依照《中华人民共和国海关法》、《中华人民共和国海关行政处罚实施条例》予以处理；构成犯罪的，依法追究刑事责任。

第七章　附　则

第三十八条 本办法下列用语的含义：

"中心内企业"是指经海关批准进入物流中心开展保税仓储物流业务的企业。

"流通性简单加工和增值服务"是指对货物进行分级分类、分拆分拣、分装、计量、组合包装、打膜、加刷唛码、刷贴标志、改换包装、拼装等辅助性简单作业的总称。

"国际中转货物"是指由境外启运，经中转港换装国际航线运输工具后，继续运往第三国或地区指运口岸的货物。

第三十九条 本办法所规定的文书由海关总署另行制定并且发布。

第四十条 本办法由海关总署负责解释。

第四十一条 本办法自2005年7月1日起施行。

中华人民共和国海关对保税物流
中心（A型）的暂行管理办法

（海关总署令第129号）

发布日期：2005-06-23
实施日期：2018-11-23
法规类型：部门规章

（根据2015年4月28日海关总署令第227号《海关总署关于修改部分规章的决定》第一次修正；根据2017年12月20日海关总署令第235号《海关总署关于修改部分规章的决定》第二次修正；根据2018年5月29日海关总署令第240号《海关总署关于修改部分规章的决定》第三次修正；根据2018年11月23日海关总署令第243号《海关总署关于修改部分规章的决定》第四次修正）

第一章 总 则

第一条 为适应现代国际物流的发展，规范海关对保税物流中心（A型）及其进出货物的管理和保税仓储物流企业的经营行为，根据《中华人民共和国海关法》和国家有关法律、行政法规，制定本办法。

第二条 本办法所称的保税物流中心（A型）（以下简称物流中心），是指经海关批准，由中国境内企业法人经营、专门从事保税仓储物流业务的保税监管场所。

第三条 物流中心按照服务范围分为公用型物流中心和自用型物流中心。

公用型物流中心是指由专门从事仓储物流业务的中国境内企业法人经营，向社会提供保税仓储物流综合服务的保税监管场所。

自用型物流中心是指中国境内企业法人经营，仅向本企业或者本企业集团内部成员提供保税仓储物流服务的保税监管场所。

第四条 下列货物，经海关批准可以存入物流中心：

（一）国内出口货物；

（二）转口货物和国际中转货物；

（三）外商暂存货物；

（四）加工贸易进出口货物；

（五）供应国际航行船舶和航空器的物料、维修用零部件；

（六）供维修外国产品所进口寄售的零配件；

（七）未办结海关手续的一般贸易进口货物；

（八）经海关批准的其他未办结海关手续的货物。

第二章 物流中心的设立

第五条 物流中心应当设在国际物流需求量较大，交通便利且便于海关监管的地方。

第六条 物流中心经营企业应当具备下列资格条件：

（一）经工商行政管理部门注册登记，具有独立的企业法人资格；

（二）具有专门存储货物的营业场所；

（三）具有符合海关监管要求的管理制度。

第七条 物流中心经营企业申请设立物流中心应当具备下列条件：

（一）符合海关对物流中心的监管规划建设要求；

（二）公用型物流中心的仓储面积（含堆场），东部地区不低于 4000 平方米，中西部地区、东北地区不低于 2000 平方米；

（三）自用型物流中心的仓储面积（含堆场），东部地区不低于 2000 平方米，中西部地区、东北地区不低于 1000 平方米；

（四）物流中心为储罐的，容积不低于 5000 立方米；

（五）建立符合海关监管要求的计算机管理系统，提供供海关查阅数据的终端设备，并按照海关规定的认证方式和数据标准与海关联网；

（六）设置符合海关监管要求的隔离设施、监管设施和办理业务必需的其他设施。

第八条 申请设立物流中心的企业应当向所在地主管海关提出书面申请，并递交以下加盖企业印章的材料：

（一）申请书；

（二）物流中心地理位置图、平面规划图。

第九条 企业申请设立物流中心，由主管海关受理，报直属海关审批。

第十条 企业自直属海关出具批准其筹建物流中心文件之日起 1 年内向海关申请验收，由主管海关按照本办法的规定进行审核验收。

物流中心验收合格后，由直属海关向企业核发《保税物流中心（A 型）注册登记证书》。

物流中心在验收合格后方可以开展有关业务。

第十一条 获准设立物流中心的企业确有正当理由未按时申请验收的，经直属海关同意可以延期验收，除特殊情况外，延期不得超过 6 个月。

获准设立物流中心的企业无正当理由逾期未申请验收或者验收不合格的，视同其撤回设立物流中心的申请。

第三章　物流中心的经营管理

第十二条 物流中心不得转租、转借他人经营，不得下设分中心。

第十三条 物流中心经营企业可以开展以下业务：

（一）保税存储进出口货物及其他未办结海关手续货物；

（二）对所存货物开展流通性简单加工和增值服务；

（三）全球采购和国际分拨、配送；

（四）转口贸易和国际中转业务；

（五）经海关批准的其他国际物流业务。

第十四条 物流中心经营企业在物流中心内不得开展下列业务：

（一）商业零售；

（二）生产和加工制造；

（三）维修、翻新和拆解；

（四）存储国家禁止进出口货物，以及危害公共安全、公共卫生或者健康、公共道德或者秩序的国家限制进出口货物；

（五）法律、行政法规明确规定不能享受保税政策的货物；

（六）其他与物流中心无关的业务。

第十五条 物流中心负责人及其工作人员应当熟悉海关有关法律行政法规，遵守海关监管规定。

第四章　海关对物流中心的监管

第十六条　海关可以采取联网监管、视频监控、实地核查等方式对进出物流中心的货物、物品、运输工具等实施动态监管。

第十七条　海关对物流中心实施计算机联网监管。物流中心应当建立符合海关监管要求的计算机管理系统并与海关联网，形成完整真实的货物进、出、转、存电子数据，保证海关开展对有关业务数据的查询、统计、采集、交换和核查等监管工作。

第十八条　《保税物流中心（A型）注册登记证书》有效期为 3 年。

物流中心经营企业应当在《保税物流中心（A型）注册登记证书》每次有效期满 30 日前办理延期手续，由主管海关受理，报直属海关审批。

物流中心经营企业办理延期手续应当提交《保税物流中心（A型）注册登记证书》。

对审查合格的企业准予延期 3 年。

第十九条　物流中心需变更经营单位名称、地址、仓储面积（容积）等事项的，主管海关受理企业申请后，报直属海关审批。

第二十条　物流中心经营企业因故终止业务的，由物流中心提出书面申请，主管海关受理后报直属海关审批，办理注销手续并交回《保税物流中心（A型）注册登记证书》。

第二十一条　物流中心内货物保税存储期限为 1 年。确有正当理由的，经主管海关同意可以予以延期，除特殊情况外，延期不得超过 1 年。

第五章　海关对物流中心进出货物的监管

第一节　物流中心与境外间的进出货物

第二十二条　物流中心与境外间进出的货物，应当按照规定向海关办理相关手续。

第二十三条　物流中心与境外间进出的货物，除实行出口被动配额管理和中华人民共和国参加或者缔结的国际条约及国家另有明确规定的以外，不实行进出口配额、许可证件管理。

第二十四条　从境外进入物流中心内的货物，其关税和进口环节海关代征税，按照下列规定办理：

（一）本办法第四条中所列的货物予以保税；

（二）物流中心企业进口自用的办公用品、交通、运输工具、生活消费用品等，以及物流中心开展综合物流服务所需进口的机器、装卸设备、管理设备等，按照进口货物的有关规定和税收政策办理相关手续。

第二节　物流中心与境内间的进出货物

第二十五条　物流中心内货物跨关区提取，可以在物流中心主管海关办理手续，也可以按照海关其他规定办理相关手续。

第二十六条　企业根据需要经主管海关批准，可以分批进出货物，并按照海关规定办理月度集中报关，但集中报关不得跨年度办理。

第二十七条　物流中心货物进入境内视同进口，按照货物实际贸易方式和实际状态办理进口报关手续；货物属许可证件管理商品的，企业还应当取得有效的许可证件，海关对有关许可证件电子数据进行系统自动比对验核；实行集中申报的进出口货物，应当适用每次货物进出口时海关接受申报之日实施的税率、汇率。

第二十八条　货物从境内进入物流中心视同出口，办理出口报关手续。如需缴纳出口关税的，应当按照规定纳税；属许可证件管理商品，还应当取得有效的出口许可证件。海关对有关出口许可证件电子数据进行系统自动比对验核。

从境内运入物流中心的原进口货物，境内发货人应当向海关办理出口报关手续，经主管海关验放；已经缴纳的关税和进口环节海关代征税，不予退还。

第二十九条 企业按照国家税务总局的有关税收管理办法办理出口退税手续。按照国家外汇管理局有关外汇管理办法办理收付汇手续。

第三十条 下列货物从物流中心进入境内时依法免征关税和进口环节海关代征税：

（一）用于在保修期限内免费维修有关外国产品并符合无代价抵偿货物有关规定的零部件；

（二）用于国际航行船舶和航空器的物料；

（三）国家规定免税的其他货物。

第三十一条 物流中心与海关特殊监管区域、其他保税监管场所之间可以进行货物流转并按照规定办理相关海关手续。

第六章 法律责任

第三十二条 保税仓储货物在存储期间发生损毁或者灭失的，除不可抗力外，物流中心经营企业应当依法向海关缴纳损毁、灭失货物的税款，并承担相应的法律责任。

第三十三条 违反本办法规定的，海关依照《中华人民共和国海关法》、《中华人民共和国海关行政处罚实施条例》予以处理；构成犯罪的，依法追究刑事责任。

第七章 附 则

第三十四条 本办法下列用语的含义：

"流通性简单加工和增值服务"是指对货物进行分级分类、分拆分拣、分装、计量、组合包装、打膜、加刷唛码、刷贴标志、改换包装、拼装等辅助性简单作业的总称。

"国际中转货物"是指由境外启运，经中转港换装国际航线运输工具后，继续运往第三国或者地区指运口岸的货物。

第三十五条 本办法所规定的文书由海关总署另行制定并且发布。

第三十六条 本办法由海关总署负责解释。

第三十七条 本办法自 2005 年 7 月 1 日起施行。

中华人民共和国海关对保税仓库及所存货物的管理规定

（海关总署令第 105 号）

发布日期：2003-12-05

实施日期：2023-07-01

法规类型：部门规章

（根据 2010 年 11 月 26 日海关总署令第 198 号《海关总署关于修改部分规章的决定》第一次修正；根据 2015 年 4 月 28 日海关总署令第 227 号《海关总署关于修改部分规章的决定》第二次修正；根据 2017 年 12 月 20 日海关总署令第 235 号《海关总署关于修改部分规章的决定》

第三次修正；根据 2018 年 5 月 29 日海关总署令第 240 号《海关总署关于修改部分规章的决定》第四次修正；根据 2023 年 5 月 15 日海关总署令第 263 号《海关总署关于修改部分规章的决定》第五次修正）

第一章 总 则

第一条 为了加强海关对保税仓库及所存货物的监管，规范保税仓库的经营管理行为，促进对外贸易和经济发展，根据《中华人民共和国海关法》和国家有关法律、行政法规，制定本规定。

第二条 本规定所称保税仓库，是指经海关批准设立的专门存放保税货物及其他未办结海关手续货物的仓库。

第三条 保税仓库按照使用对象不同分为公用型保税仓库、自用型保税仓库。

公用型保税仓库由主营仓储业务的中国境内独立企业法人经营，专门向社会提供保税仓储服务。

自用型保税仓库由特定的中国境内独立企业法人经营，仅存储供本企业自用的保税货物。

第四条 保税仓库中专门用来存储具有特定用途或特殊种类商品的称为专用型保税仓库。

专用型保税仓库包括液体保税仓库、备料保税仓库、寄售维修保税仓库和其他专用型保税仓库。

液体保税仓库，是指专门提供石油、成品油或者其他散装液体保税仓储服务的保税仓库。

备料保税仓库，是指加工贸易企业存储为加工复出口产品所进口的原材料、设备及其零部件的保税仓库，所存保税货物仅限于供应本企业。

寄售维修保税仓库，是指专门存储为维修外国产品所进口寄售零配件的保税仓库。

第五条 下列保税货物及其他未办结海关手续的货物，可以存入保税仓库：

（一）加工贸易进口货物；

（二）转口货物；

（三）供应国际航行船舶和航空器的油料、物料和维修用零部件；

（四）供维修外国产品所进口寄售的零配件；

（五）外商暂存货物；

（六）未办结海关手续的一般贸易货物；

（七）经海关批准的其他未办结海关手续的货物。

第六条 保税仓库不得存放国家禁止进境货物，不得存放未经批准的影响公共安全、公共卫生或健康、公共道德或秩序的国家限制进境货物以及其他不得存入保税仓库的货物。

第二章 保税仓库的设立

第七条 保税仓库应当设立在设有海关机构、便于海关监管的区域。

第八条 经营保税仓库的企业，应当具备下列条件：

（一）取得经营主体资格；

（二）具有专门存储保税货物的营业场所。

第九条 保税仓库应当具备下列条件：

（一）符合海关对保税仓库布局的要求；

（二）具备符合海关监管要求的隔离设施、监管设施和办理业务必需的其他设施；

（三）具备符合海关监管要求的保税仓库计算机管理系统并与海关联网；

（四）具备符合海关监管要求的保税仓库管理制度；

（五）公用保税仓库面积最低为 2000 平方米；

（六）液体保税仓库容积最低为 5000 立方米；

（七）寄售维修保税仓库面积最低为 2000 平方米。

第十条　企业申请设立保税仓库的，应当向仓库所在地主管海关提交以下书面材料：

（一）《保税仓库申请书》；

（二）申请设立的保税仓库位置图及平面图；

（三）对申请设立寄售维修型保税仓库的，还应当提交经营企业与外商的维修协议。

申请材料齐全有效的，主管海关予以受理。申请材料不齐全或者不符合法定形式的，主管海关应当在 5 个工作日内一次告知申请人需要补正的全部内容。主管海关应当自受理申请之日起 20 个工作日内提出初审意见并将有关材料报送直属海关审批。

直属海关应当自接到材料之日起 20 个工作日内审查完毕，对符合条件的，出具批准文件，批准文件的有效期为 1 年；对不符合条件的，应当书面告知申请人理由。

第十一条　申请设立保税仓库的企业应当自海关出具保税仓库批准文件 1 年内向海关申请保税仓库验收，由主管海关按照本规定第八条、第九条规定的条件进行审核验收。申请企业无正当理由逾期未申请验收或者保税仓库验收不合格的，该保税仓库的批准文件自动失效。

第十二条　保税仓库验收合格后，经海关注册登记并核发《保税仓库注册登记证书》，方可以开展有关业务。

《保税仓库注册登记证书》有效期为 3 年。

第三章　保税仓库的管理

第十三条　保税仓库不得转租、转借给他人经营，不得下设分库。

第十四条　海关对保税仓库实施计算机联网管理，并可以随时派员进入保税仓库检查货物的收、付、存情况及有关账册。海关认为必要时，可以会同保税仓库经营企业双方共同对保税仓库加锁或者直接派员驻库监管，保税仓库经营企业应当为海关提供办公场所和必要的办公条件。

第十五条　保税仓库经营企业负责人和保税仓库管理人员应当熟悉海关有关法律法规，遵守海关监管规定，接受海关培训。

第十六条　保税仓库经营企业应当如实填写有关单证、仓库账册，真实记录并全面反映其业务活动和财务状况，编制仓库月度收、付、存情况表，并定期报送主管海关。

第十七条　保税仓库经营企业名称、主体类型以及保税仓库名称等事项发生变化的，保税仓库经营企业应当自上述事项变化之日起 30 日内，向主管海关办理变更手续。

保税仓库变更地址、仓储面积（容积）等事项的，保税仓库经营企业应当提前向主管海关提出变更申请，并办理变更手续。

保税仓库变更仓库类型的，按照本规定第二章保税仓库的设立的有关规定办理。海关应当注销变更前的注册登记，收回原《保税仓库注册登记证书》。

第十八条　保税仓库终止保税仓储业务的，由保税仓库经营企业提出书面申请，经主管海关受理报直属海关审批后，交回《保税仓库注册登记证书》，并办理注销手续。

第四章　保税仓库所存货物的管理

第十九条　保税仓储货物入库时，收发货人或其代理人凭有关单证向海关办理货物报关入库手续，海关对报关入库货物的品种、数量、金额进行审核，并对入库货物进行核注登记。

第二十条　保税仓储货物可以进行包装、分级分类、加刷唛码、分拆、拼装等简单加工，不得进行实质性加工。

保税仓储货物，未经海关批准，不得擅自出售、转让、抵押、质押、留置、移作他用或者进行其他处置。

第二十一条 下列保税仓储货物出库时依法免征关税和进口环节代征税：

（一）用于在保修期限内免费维修有关外国产品并符合无代价抵偿货物有关规定的零部件；

（二）用于国际航行船舶和航空器的油料、物料；

（三）国家规定免税的其他货物。

第二十二条 保税仓储货物存储期限为1年。确有正当理由的，经海关同意可予以延期；除特殊情况外，延期不得超过1年。

第二十三条 下列情形的保税仓储货物，经海关批准可以办理相关海关手续：

（一）运往境外的；

（二）运往境内海关特殊监管区域或者保税监管场所继续实施保税监管的；

（三）转为加工贸易进口的；

（四）转入国内市场销售的；

（五）海关规定的其他情形。

保税仓储货物已经办结海关手续的，收发货人应当在海关规定时限内提离保税仓库。特殊情况下，经海关同意可以延期提离。

第二十四条 保税仓储货物出库运往境内其他地方的，收发货人或其代理人应当填写进口报关单，并随附出库单据等相关单证向海关申报，保税仓库向海关办理出库手续并凭海关签印放行的报关单发运货物。

出库保税仓储货物批量少、批次频繁的，经海关批准可以办理集中报关手续。

第二十五条 保税仓储货物出库复运往境外的，发货人或其代理人应当填写出口报关单，并随附出库单据等相关单证向海关申报，保税仓库向海关办理出库手续并凭海关签印放行的报关单发运货物。

第五章 法律责任

第二十六条 保税仓储货物在存储期间发生损毁或者灭失的，除不可抗力外，保税仓库应当依法向海关缴纳损毁、灭失货物的税款，并承担相应的法律责任。

第二十七条 保税仓储货物在保税仓库内存储期满，未及时向海关申请延期或者延长期限届满后既不复运出境也不转为进口的，海关应当按照《中华人民共和国海关关于超期未报关进口货物、误卸或者溢卸的进境货物和放弃进口货物的处理办法》第五条的规定处理。

第二十八条 海关在保税仓库设立、变更、注销后，发现原申请材料不完整或者不准确的，应当责令经营企业限期补正，发现企业有隐瞒真实情况、提供虚假资料等违法情形的，依法予以处罚。

第二十九条 保税仓库经营企业有下列行为之一的，海关责令其改正，可以给予警告，或者处1万元以下的罚款；有违法所得的，处违法所得3倍以下的罚款，但最高不得超过3万元：

（一）擅自在保税仓库存放本规定第五条规定范围之外的其他货物的；

（二）违反本规定第十三条规定的；

（三）保税仓储货物管理混乱，账目不清的；

（四）未按本规定第十七条规定办理海关手续的。

第三十条 收发货人未在规定时限内将已经办结海关手续的保税仓储货物提离保税仓库的，海关责令其改正，可以给予警告，或者处1万元以下的罚款。

第三十一条 违反本规定的其他违法行为，海关依照《中华人民共和国海关法》、《中华人民共和国海关行政处罚实施条例》予以处罚。构成犯罪的，依法追究刑事责任。

第六章 附 则

第三十二条 本规定所规定的文书由海关总署另行制定并且发布。

第三十三条 海关对保税仓库依法实施监管不影响地方政府和其他部门依法履行其相应职责。

第三十四条 本规定由海关总署负责解释。

第三十五条 本规定自 2004 年 2 月 1 日起施行。1988 年 5 月 1 日起实施的《中华人民共和国海关对保税仓库及所存货物的管理办法》同时废止。

关于进一步规范保税仓库、出口
监管仓库管理有关事项的公告

（海关总署公告 2023 年第 75 号）

发布日期：2023-06-28

实施日期：2023-07-01

法规类型：规范性文件

为进一步规范保税仓库、出口监管仓库（以下统称"两仓"）管理，根据《中华人民共和国海关对保税仓库及所存货物的管理规定》（海关总署令第 105 号发布，根据海关总署令第 198 号、第 227 号、第 235 号、第 240 号、第 263 号修订）、《中华人民共和国海关对出口监管仓库及所存货物的管理办法》（海关总署令第 133 号发布，根据海关总署令第 227 号、第 235 号、第 240 号、第 243 号、第 263 号修订），现将有关事项公告如下：

一、布局要求

为促进两仓有序建设、健康发展，由各直属海关对两仓进行科学布局、规划总量、控制增量、优化存量，并对外发布。企业申请设立两仓的，应满足布局要求。

（一）因地制宜、科学规划。

结合地方经济发展规划，从有利于实施国家经济发展战略、有利于联通国内国际两个市场、有利于高质量发展的角度出发，支持管理规范、资信良好、信息化系统满足海关监管要求的现代物流企业建设两仓。

（二）按需设立、统筹兼顾。

统筹兼顾两仓发展现状及未来增量需求，与海关特殊监管区域、保税物流中心协调发展、错位布局，确保功能定位合理，助推国际物流链延伸和迭代发展，带动国内物流产业转型升级。

（三）有序推进、动态管理。

海关建立科学规范的动态管理机制，鼓励企业合理设立和注销两仓，避免资源浪费和同质竞争；对两仓利用率较低的区域不支持新设仓库，引导企业充分利用现有保税仓储资源。

二、规范运作

（一）除存储大宗商品、液体货物两仓外，两仓货物进出库应当向海关发送到货确认信息。仓库经营企业在两仓货物完成实际进出库 24 小时内，通过金关二期保税物流管理系统向海关报送到货确认核放单。超过24小时报送的，应主动向海关说明有关情况。海关认为有必要加强管理的，可要求存储大宗商品、液体货物的两仓经营企业按上述要求进行到货确认。

（二）保税仓库货物已经办结海关手续或出口监管仓库货物已经办结转进口手续的，收发货人应在办结相关手续之日起20日内提离仓库。特殊情况下，经海关同意可以延期提离，延期后累计提离时限最长不得超过3个月。

（三）两仓申请注销的，仓库经营企业应当办结货物进口征税、复运出境、退仓、出仓离境或销毁等出库手续，并办结核注清单、业务申报表、出入库单、担保等单证手续。

三、设置规范

对于新申请设立两仓，按照《保税仓库、出口监管仓库设置规范》（详见附件，以下简称《设置规范》）进行建设。对于2023年7月1日前已设立的两仓，如存在与《设置规范》不符情形，应及时整改，并在2025年6月30日前整改完毕（期间仓库注册登记证书到期，经企业申请，符合除《设置规范》外其他延期规定的，先予以延期），逾期未完成的，仓库注册登记证书有效期届满后不予延期。

本公告自2023年7月1日起实施。

特此公告。

附件：保税仓库、出口监管仓库设置规范（略）

关于出口监管仓库货物出入仓清单有关事项

（海关总署公告2018年第85号）

发布日期：2018-07-06
实施日期：2018-07-06
法规类型：规范性文件

为进一步便利企业办理出口监管仓库货物出入仓海关手续，海关总署决定，对已使用保税核注清单（或核增核扣表）办理出口监管仓库货物出入仓手续的，无需向海关提交《出口监管仓库货物入仓清单》、《出口监管仓库货物出仓清单》。

本公告自发布之日起实施。

特此公告。

打击走私犯罪篇

中华人民共和国海关实施人身扣留规定

（海关总署令第144号）

发布日期：2006-01-13
实施日期：2006-03-01
法规类型：部门规章

第一章 总 则

第一条 为了规范海关实施人身扣留措施，保证海关依法履行职责，保护公民的合法权益，根据《中华人民共和国海关法》（以下简称海关法）、《中华人民共和国海关行政处罚实施条例》（以下简称实施条例）及其他有关法律、行政法规的规定，制定本规定。

第二条 本规定所称人身扣留（以下简称扣留），是指海关根据海关法第六条第（四）项的规定，对违反海关法以及其他有关法律、行政法规的走私犯罪嫌疑人，依法采取的限制人身自由的行政强制措施。

第三条 海关依法对走私犯罪嫌疑人实施扣留，适用本规定。

第四条 海关实施扣留，应当遵循依法、公正、文明、及时和确保安全的原则，做到适用对象准确、程序合法、处置适当。

第五条 海关实施扣留应当由持有海关查缉证的海关工作人员（以下简称海关工作人员）执行。

第二章 适用对象和时限

第六条 海关工作人员在海关监管区和海关附近沿海沿边规定地区，发现有下列行为涉嫌走私犯罪的，经当场查问、检查，可以对走私犯罪嫌疑人实施扣留：

（一）有实施条例第七条第（一）项至第（五）项所列行为，且数额较大，情节严重的；

（二）直接向走私人非法收购国家禁止进口物品的，或者直接向走私人非法收购走私进口的其他货物、物品，数额较大的；

（三）在内海、领海、界河、界湖运输、收购、贩卖国家禁止进出口物品的，或者运输、收购、贩卖国家限制进出口货物、物品，数额较大，没有合法证明的；

（四）与走私犯罪嫌疑人通谋，为其提供贷款、资金、账号、发票、证明，或者为其提供运输、保管、邮寄或者其他方便的；

（五）有逃避海关监管，涉嫌走私犯罪的其他行为的。

第七条 对有下列情形之一的人员，不适用扣留：

（一）经过当场查问、检查，已经排除走私犯罪嫌疑的；

（二）所涉案件已经作为刑事案件立案的；

（三）有证据证明患有精神病、急性传染病或者其他严重疾病的；

（四）其他不符合本规定第六条条件的。

第八条 对符合本规定第六条所列条件，同时具有下列情形之一的人员，可以实施扣留，但在实施扣留时应当自被扣留人签字或者捺指印之时起4小时以内查问完毕，且不得送入扣留室：

（一）怀孕或者正在哺乳自己不满 1 周岁婴儿的妇女；

（二）已满 70 周岁的老年人。

第九条 对走私犯罪嫌疑人，扣留时间不超过 24 小时；对符合本规定第十条规定情形的，可以延长至 48 小时。

前款规定的时限应当自走私犯罪嫌疑人在《中华人民共和国海关扣留走私犯罪嫌疑人决定书》（见附件 1，以下简称《扣留决定书》）上签字或者捺指印之时起，至被海关解除扣留之时止。海关工作人员将走私犯罪嫌疑人带至海关所用路途时间不计入扣留时间。

第十条 海关在实施扣留的 24 小时内发现具有下列情形之一的，可以对走私犯罪嫌疑人延长扣留时间：

（一）拒不配合海关调查，陈述的事实与海关掌握的走私违法犯罪事实明显不一致的；

（二）经调查发现走私行为具有连续性或者有团伙走私犯罪嫌疑的；

（三）经多名证人指证，仍拒不陈述走私犯罪行为的；

（四）有隐匿、转移、伪造、毁灭走私犯罪证据或者串供可能的；

（五）未提供真实姓名、住址、单位，身份不明的。

第十一条 对已经排除走私犯罪嫌疑，或者扣留期限、延长扣留期限届满的，海关应当及时解除扣留。

对按照《中华人民共和国刑事诉讼法》（以下简称刑事诉讼法）的有关规定需要采取刑事强制措施的，应当及时解除扣留并按照刑事诉讼法的规定作出处理。

第十二条 海关应当严格按本规定中的适用范围、期限和程序实施扣留，禁止下列行为：

（一）超出适用范围实施扣留；

（二）超过时限扣留；

（三）未经当场查问、检查实施扣留；

（四）以扣留代替行政处罚；

（五）将扣留作为执行行政处罚、追补征税款的执行手段；

（六）扣留享有外交特权和豁免权的人员。

第三章　审批和执行

第十三条 对符合本规定第六条所列情形，确有必要实施扣留的走私犯罪嫌疑人，经直属海关关长或其授权的隶属海关关长批准，海关制发《扣留决定书》实施扣留。《扣留决定书》应当注明扣留起始时间，并由被扣留人签字或者捺指印。被扣留人拒不签字或者捺指印的，应当予以注明。

在紧急情况下需要当场对走私犯罪嫌疑人实施扣留的，应当经直属海关关长或者其授权的隶属海关关长口头批准，并在返回海关后 4 个小时内补办手续。扣留起始时间自走私犯罪嫌疑人被带至海关时起算。

第十四条 海关实施扣留时，应当由 2 名以上海关工作人员执行，出示查缉证并且告知被扣留人享有的救济权利。

第十五条 海关对走私犯罪嫌疑人采取扣留的，应当立即通知其家属或者其所在单位并做好记录。对被扣留人身份不明或者无法通知家属、单位的，应当经其确认后记录在案。

第十六条 有下列情形之一的，海关可以不通知被扣留人的家属或者其所在单位：

（一）同案的走私犯罪嫌疑人可能逃跑、串供或者隐匿、转移、伪造、毁灭其犯罪证据的；

（二）未提供真实姓名、住址、单位，身份不明的；

（三）其他有碍调查或者无法通知的。

上述情形消除后，海关应当立即通知被扣留人的家属或者其所在单位。

第十七条 对本规定第八条规定的人员在晚上 9 点至次日早上 7 点之间解除扣留的，海关应当通知其家属领回；或者由当事人提供其认为可以依赖的亲属、朋友或者同事等人将其领回；对身份不明、没有家属或者无人领回的，应当护送至其住地，并由见证人签字确认；在本地无住地的，可以交由当地社会救助机构帮助其返家，并由相关人员签字确认。

第十八条 被扣留人的家属为老年人、残疾人、精神病人、不满 16 周岁的未成年人或者其他没有独立生活能力的人，因海关实施扣留而使被扣留人的家属无人照顾的，海关应当通知其亲友予以照顾或者采取其他适当办法妥善安排，并且将安排情况及时告知被扣留人。

第十九条 对符合本规定第十条所列条件，确有必要将扣留时间从 24 小时延长至 48 小时的，在实施扣留的 24 小时届满之前，经直属海关关长或者其授权的隶属海关关长批准，海关制发《中华人民共和国海关延长扣留走私犯罪嫌疑人期限决定书》（见附件 2，以下简称《延长扣留决定书》）。由被扣留人在《延长扣留决定书》上签名或者捺指印，被扣留人拒绝签名或者捺指印的，应当予以注明。

第二十条 对于被扣留人，海关应当在实施扣留后 8 小时内进行查问。

第二十一条 对被扣留人解除扣留的，海关制发《中华人民共和国海关解除扣留走私犯罪嫌疑人决定书》（见附件 3，以下简称《解除扣留决定书》），并注明解除扣留时间，由被扣留人在《解除扣留决定书》上签名或者捺指印，被扣留人拒绝签名或者捺指印的，应当予以注明。

第四章 扣留室设置和管理

第二十二条 除本规定第八条所列的情形外，在扣留期间，海关应当将被扣留人送入扣留室。

第二十三条 扣留室的设置应当达到以下标准：

（一）扣留室房屋牢固、安全、通风、透光，单间使用面积不得少于 6 平方米，层高不低于 2.55 米；

（二）扣留室内配备固定的坐具、卧具，并保持清洁、卫生；

（三）扣留室内不得有可能被直接用于行凶、自杀、自伤的等物品；

（四）看管被扣留人的值班室与扣留室相通的，应当采用栏杆分隔，以便于观察室内情况；

（五）扣留室应当标明名称，并在明显位置公布有关扣留的规定、被扣留人依法享有的权利和扣留室管理规定。

第二十四条 海关应当建立以下扣留室日常管理制度，依法严格、文明管理：

（一）建立《被扣留人员进出登记表》。载明被扣留人的姓名、性别、年龄、户籍地，以及办案部门、承办人、扣留起止时间、进出扣留室时间及处理结果等情况。

（二）建立值班、看管和巡查制度。扣留室有被扣留人时，应当由海关工作人员如实记录有关情况，并做好交接班工作。

（三）建立档案管理制度。对有关法律文书按照档案管理的要求归档保存。

（四）建立双人看管制度。扣留室应当由 2 名以上与被扣留人同性别的海关工作人员负责看管，不得将不同性别的被扣留人送入同一个扣留室。

第二十五条 海关工作人员对被扣留人的人身及携带的物品应当进行严格检查，防止带入可疑物品或者可能被用于行凶、自杀、自伤、自残、脱逃的等物品。

在进行人身检查时，发现被扣留人有外伤、严重疾病发作的明显症状的，应当立即报告上级主管部门及监察部门，并做好详细记录。

对被扣留人的人身检查，应当由 2 名以上与被扣留人同性别的海关工作人员执行。

第二十六条 将被扣留人送入扣留室时，对其随身携带的物品，海关应当制作《中华人民共和国海关暂存物品、文件清单》（见附件 4，以下简称《暂存物品、文件清单》）经被扣留人签名或者捺指印确认后妥善保管，被扣留人拒绝签名或者捺指印的，应当予以注明。

扣留结束后，被扣留人的物品中属于违法犯罪证据或者违禁品的，应当依法随案移交或者依法作出处理，并在《暂存物品、文件清单》上注明；与案件无关的，应当立即返还被扣留人，并在《暂存物品、文件清单》上注明，由被扣留人签名或者捺指印，被扣留人拒绝签名或者捺指印的，应当予以注明。

第二十七条 扣留期间，实施扣留的海关应当为被扣留人提供基本的生活条件。

对在扣留期间突患疾病或者受伤的被扣留人，海关工作人员应当立即采取措施救治，并通知被扣留人家属或者单位。无法通知的，应当记录在案，上述治疗费用由被扣留人或者其家属承担。但由于海关工作人员的过错导致被扣留人患病或者受伤的，治疗费用由实施扣留的海关承担。

第五章　执法监督

第二十八条 在扣留期间，海关应当依法保障被扣留人的合法权益，不得有下列行为：

（一）刑讯逼供或者以威胁、引诱、欺骗等非法手段收集证据；

（二）殴打、体罚、虐待、侮辱被扣留人；

（三）敲诈勒索或者索取、收受贿赂；

（四）侵吞、挪用、损毁被扣留人的财物；

（五）违反规定收费或者实施处罚；

（六）其他侵犯被扣留人合法权益的行为。

第二十九条 对海关工作人员在实施扣留中有违反本规定行为的，应当按照相关规定追究有关责任人员的执法过错责任，并按照《中华人民共和国海关法》及有关法律、行政法规的有关规定给予处分。构成犯罪的，依法追究直接负责的主管人员和其他直接责任人员的刑事责任。

第六章　附　则

第三十条 本规定所称"以上"、"以内"，均包含本数。

第三十一条 本规定由海关总署负责解释。

第三十二条 本规定自 2006 年 3 月 1 日起施行。

附件：1. 中华人民共和国海关扣留走私犯罪嫌疑人决定书（略）

　　　2. 中华人民共和国海关延长扣留走私犯罪嫌疑人期限决定书（略）

　　　3. 中华人民共和国海关解除扣留走私犯罪嫌疑人决定书（略）

　　　4. 中华人民共和国海关暂存物品、文件清单（略）

中华人民共和国海关计核涉嫌走私的货物、物品偷逃税款暂行办法

（海关总署令第 97 号）

发布日期：2002-10-20
实施日期：2018-05-01
法规类型：部门规章

（根据 2010 年 11 月 26 日海关总署令第 198 号《海关总署关于修改部分规章的决定》第一次修正；根据 2018 年 4 月 28 日海关总署令第 238 号《海关总署关于修改部分规章的决定》第二次修正）

第一章　总　则

第一条　为加强海关对涉嫌走私的货物、物品偷逃税款的计核工作，保障计核工作的公正性、科学性和权威性，根据《中华人民共和国海关法》、《中华人民共和国进出口关税条例》及有关法律、行政法规，制定本办法。

第二条　海关办理走私案件，涉嫌走私的货物、物品偷逃税款的计核工作适用本办法。

第三条　走私毒品、武器、弹药、核材料、伪造的货币、国家禁止出口的文物，国家禁止进出口的珍贵动物及其制品、珍稀植物及其制品、淫秽物品，国家禁止进境的固体废物和危险性废物等不以偷逃税额作为定罪量刑及认定走私行为、作出行政处罚标准的货物、物品，不适用本办法。

第四条　中华人民共和国海关是负责涉嫌走私的货物、物品偷逃税款计核工作的法定主管机关，其授权计核税款的部门（以下简称"计核部门"）是负责计核工作的主管部门。

第五条　海关出具的计核结论，经海关走私犯罪侦查机关、人民检察院和人民法院审查确认，可以作为办案的依据和定罪量刑的证据。

第二章　计核程序

第六条　因办理走私案件需要计核偷逃税款的，海关相关部门（以下简称"送核单位"）应当持《涉嫌走私的货物、物品偷逃税款送核表》（以下简称《送核表》）送交其所在海关的计核部门。

《送核表》应当包括以下内容：

（一）走私案件的名称；

（二）走私方式；

（三）涉嫌走私的货物、物品已缴纳税款情况；

（四）涉嫌走私的货物、物品的品名、牌号、规格、型号、原产地、数量、以及进出口日期等；

（五）查获的时间、地点；

（六）其他需要说明的情况。

第七条　送核单位送交《送核表》，应当根据计核部门的要求和案件的性质随附下列单据

或材料：

（一）涉嫌走私的货物、物品的报关单、合同、商业发票、提（运）单、保险单、加工贸易备案登记手册、国内增值税发票以及其他商业单证；

（二）涉嫌走私的货物、物品的说明书及其他技术资料；

（三）涉嫌走私的货物、物品的使用、损坏程度的记录以及照片；

（四）涉嫌走私的货物、物品的价格、规格、市场行情等有关的材料；

（五）有关计核所需的其他单证或者材料。

对于上述所列的单据、材料，因故无法提供的，送核单位应当向计核部门作出书面说明。

第八条 海关计核部门接到送核单位送交的《送核表》及随附的单证、材料时，应当认真审核，对于填制不清楚或者随附的单证或者材料有遗漏的，可以要求送核单位补充。

第九条 海关计核部门在计核过程中，需要送核单位进行以下工作的，送核单位应当予以配合：

（一）对涉嫌走私的货物、物品进行查验取样；

（二）提供与计核工作有关的账册、文件等资料；

（三）提留货样送海关化验机构或者其他法定或者国家授权的专业部门，出具品名、成分、用途、质量、等级、新旧程度、价值等项的鉴定结论报告；

（四）委托国内有资质的价格鉴证机构等单位出具对涉嫌走私的货物、物品的国内市场批发价格、出厂价格的评估资料；

（五）需要送核单位进行的其他工作。

第十条 送核单位送交的《送核表》及随附单证、材料符合计核要求的，除第九条规定的情况以外，海关计核部门应当自接受计核之日起7个工作日内作出计核结论，向送核单位出具《涉嫌走私的货物、物品偷逃税款海关核定证明书》（以下简称《证明书》），加盖海关税款核定专用章，并随附《涉嫌走私的货物、物品偷逃税款计核资料清单》（以下简称《计核资料清单》）。

第十一条 《证明书》应当包括以下内容：

（一）计核事项；

（二）计核结论；

（三）计该依据和计核方法要述；

（四）计核人员签名。

《计核资料清单》应当包括涉案货物、物品的品名、原产地、规格、数量、税则号列、计税价格、税率、汇率等内容。

第十二条 海关相关部门、人民检察院、人民法院对海关出具的《证明书》有异议，或者因核定偷逃税额的事实发生变化，认为需要补充核定或者重新核定的，应由原送核单位向出具《证明书》的海关计核部门重新送交《送核表》并附书面说明。海关计核部门接到要求补充核定的《送核表》后，应当依照本办法第十条规定进行补充核定或者重新核定。

第十三条 走私犯罪嫌疑人、被告人或其辩护人对海关出具的《证明书》有异议的，应当向办案机关提出重新核定的申请，经海关走私犯罪侦查机关、人民检察院或者人民法院审查同意后，由原送核单位按照本办法第十二条规定的程序重新核定。

第十四条 海关进行补充核定或者重新核定的，应当另行指派计核人员进行。

第十五条 海关税款计核部门的计核人员，遇有下列情形之一的，应当回避：

（一）计核人员是计核案件当事人的近亲属；

（二）计核人员本人及其近亲属与计核案件当事人有利害关系的；

（三）与计核案件当事人有其他关系，可能影响计核工作的公正性的。

第三章　计核方法

　　第十六条　涉嫌走私的货物能够确定成交价格的，其计税价格应当以该货物的成交价格为基础审核确定。

　　第十七条　涉嫌走私的货物成交价格经审核不能确定的，其计税价格应当依次以下列价格为基础确定：

　　（一）海关所掌握的相同进口货物的正常成交价格；

　　（二）海关所掌握的类似进口货物的正常成交价格；

　　（三）海关所掌握的相同或者类似进口货物在国际市场的正常成交价格；

　　（四）国内有资质的价格签证机构评估的涉嫌走私货物的国内市场批发价格减去进口关税和其他进口环节税以及进口后的利润和费用后的价格，其中进口后的各项费用和利润综合计算为计税价格的 20%，其计算公式为：

$$计税价格=\frac{国内市场批发价格}{1+\dfrac{进口关税率+消费税率+增值税率+进口关税率×增值税率}{1-消费税率}+20\%}$$

　　（五）涉嫌走私的货物或者相同、类似货物在国内依法拍卖的价格减去拍卖费用后的价格；

　　（六）按其他合理方法确定的价格。

　　第十八条　对于已陈旧但尚有使用价值的涉嫌走私的货物，如不能按照本办法第十六条规定核定其计税价格且海关难以认定其新旧程度，应当根据具备资质的机构出具的新旧程度的鉴定结论报告按照本办法第十七条的规定核定其计税价格。

　　第十九条　涉嫌走私进口的黄金、白银和其他贵重金属及其制品、珠宝制品以及其他有价值的收藏品，应当按国家定价或者国家有关鉴定部门确定的价值核定其计税价格。

　　第二十条　对于无法确定成交价格的涉嫌走私的非淫秽音像制品，应当以固定的价格作为计税价格。具体价格由海关总署另行确定。

　　第二十一条　对于涉嫌走私的假冒品牌货物，其计税价格由海关总署另行确定。

　　第二十二条　涉嫌走私的国产品牌货物，应当以相同或者类似货物正常的出口价格核定其计税价格；出口价格不能确定的，其计税价格应当以相同或者类似货物在国内的正常的出厂价格（不含增值税）为基础核定。

　　第二十三条　擅自内销保税货物涉嫌走私的，能够确定原申报进口货物成交价格的，其计税价格应当以原申报进口货物的成交价格为基础核定；原申报进口货物的成交价格不能确定的，应当按照本办法第十七条的规定核定的原申报进口货物的价格作为计税价格。

　　第二十四条　擅自内销特定减免税货物涉嫌走私的，其计税价格应当以该货物原进口时的成交价格为基础核定，计算公式为：

$$计税价格=原进口时的海关完税价格×\left(1-\frac{擅自内销时已进口时间（月）}{监管年限×12}\right)$$

　　成交价格不能确定的，应当按照本办法第十七条的规定，并按上述公式计算计税价格。

　　第二十五条　涉嫌通过携带、托运和邮递方式走私的货物、物品，应当按本办法第十六条和第十七条的规定核定其计税价格。

　　第二十六条　在核定涉嫌走私的货物计税价格时，应当包括货物运抵境内的运费、保险费。

　　第二十七条　对于涉嫌走私的货物或者物品，应当按照《中华人民共和国进出口税则》规定的归类原则，归入合适的税则号列，并按照《中华人民共和国进出口关税条例》及其他有关税率适用的规定采用正确的税率确定偷逃税款。

第二十八条　在计核涉嫌走私的货物或者物品偷逃税款时，应当以走私行为案发时所适用的税则、税率、汇率和按照本办法第十六条至第二十五条的规定审定的计税价格计算。具体计算办法如下：

（一）有证据证明走私行为发生时间的，以走私行为发生之日计算；

（二）走私行为的发生呈连续状态的，以连续走私行为的最后终结之日计算；

（三）证据无法证明走私行为发生之日或者连续走私行为终结之日的，以走私案件的受案之日（包括刑事和行政受案之日）计算；同一案件因办案部门转换出现不同受案日期的，以最先受案的部门受案之日为准。

第二十九条　在计核涉嫌走私的货物偷逃税款时，应扣除海关按照走私犯罪嫌疑人的申报计算的应缴税款。

第三十条　违反海关监管规定的其他违法行为涉及税款计核的，如不能确定涉嫌违规的货物或者物品的接受申报进口之日的，可以比照本办法办理。

第四章　附　则

第三十一条　本办法由海关总署负责解释。

第三十二条　本办法自 2002 年 11 月 10 日起实施。

最高人民法院　最高人民检察院关于办理破坏野生动物资源刑事案件适用法律若干问题的解释

（法释〔2022〕12 号）

发布日期：2022-04-06
实施日期：2022-04-09
法规类型：司法解释

为依法惩治破坏野生动物资源犯罪，保护生态环境，维护生物多样性和生态平衡，根据《中华人民共和国刑法》《中华人民共和国刑事诉讼法》《中华人民共和国野生动物保护法》等法律的有关规定，现就办理此类刑事案件适用法律的若干问题解释如下：

第一条　具有下列情形之一的，应当认定为刑法第一百五十一条第二款规定的走私国家禁止进出口的珍贵动物及其制品：

（一）未经批准擅自进出口列入经国家濒危物种进出口管理机构公布的《濒危野生动植物种国际贸易公约》附录一、附录二的野生动物及其制品；

（二）未经批准擅自出口列入《国家重点保护野生动物名录》的野生动物及其制品。

第二条　走私国家禁止进出口的珍贵动物及其制品，价值二十万元以上不满二百万元的，应当依照刑法第一百五十一条第二款的规定，以走私珍贵动物、珍贵动物制品罪处五年以上十年以下有期徒刑，并处罚金；价值二百万元以上的，应当认定为"情节特别严重"，处十年以上有期徒刑或者无期徒刑，并处没收财产；价值二万元以上不满二十万元的，应当认定为"情节较轻"，处五年以下有期徒刑，并处罚金。

实施前款规定的行为，具有下列情形之一的，从重处罚：

（一）属于犯罪集团的首要分子的；

（二）为逃避监管，使用特种交通工具实施的；

（三）二年内曾因破坏野生动物资源受过行政处罚的。

实施第一款规定的行为，不具有第二款规定的情形，且未造成动物死亡或者动物、动物制品无法追回，行为人全部退赃退赔，确有悔罪表现的，按照下列规定处理：

（一）珍贵动物及其制品价值二百万元以上的，可以处五年以上十年以下有期徒刑，并处罚金；

（二）珍贵动物及其制品价值二十万元以上不满二百万元的，可以认定为"情节较轻"，处五年以下有期徒刑，并处罚金；

（三）珍贵动物及其制品价值二万元以上不满二十万元的，可以认定为犯罪情节轻微，不起诉或者免予刑事处罚；情节显著轻微危害不大的，不作为犯罪处理。

第三条 在内陆水域，违反保护水产资源法规，在禁渔区、禁渔期或者使用禁用的工具、方法捕捞水产品，具有下列情形之一的，应当认定为刑法第三百四十条规定的"情节严重"，以非法捕捞水产品罪定罪处罚：

（一）非法捕捞水产品五百公斤以上或者价值一万元以上的；

（二）非法捕捞有重要经济价值的水生动物苗种、怀卵亲体或者在水产种质资源保护区内捕捞水产品五十公斤以上或者价值一千元以上的；

（三）在禁渔区使用电鱼、毒鱼、炸鱼等严重破坏渔业资源的禁用方法或者禁用工具捕捞的；

（四）在禁渔期使用电鱼、毒鱼、炸鱼等严重破坏渔业资源的禁用方法或者禁用工具捕捞的；

（五）其他情节严重的情形。

实施前款规定的行为，具有下列情形之一的，从重处罚：

（一）暴力抗拒、阻碍国家机关工作人员依法履行职务，尚未构成妨害公务罪、袭警罪的；

（二）二年内曾因破坏野生动物资源受过行政处罚的；

（三）对水生生物资源或者水域生态造成严重损害的；

（四）纠集多条船只非法捕捞的；

（五）以非法捕捞为业的。

实施第一款规定的行为，根据渔获物的数量、价值和捕捞方法、工具等，认为对水生生物资源危害明显较轻的，综合考虑行为人自愿接受行政处罚、积极修复生态环境等情节，可以认定为犯罪情节轻微，不起诉或者免予刑事处罚；情节显著轻微危害不大的，不作为犯罪处理。

第四条 刑法第三百四十一条第一款规定的"国家重点保护的珍贵、濒危野生动物"包括：

（一）列入《国家重点保护野生动物名录》的野生动物；

（二）经国务院野生动物保护主管部门核准按照国家重点保护的野生动物管理的野生动物。

第五条 刑法第三百四十一条第一款规定的"收购"包括以营利、自用等为目的的购买行为；"运输"包括采用携带、邮寄、利用他人、使用交通工具等方法进行运送的行为；"出售"包括出卖和以营利为目的的加工利用行为。

刑法第三百四十一条第三款规定的"收购""运输""出售"，是指以食用为目的，实施前款规定的相应行为。

第六条 非法猎捕、杀害国家重点保护的珍贵、濒危野生动物，或者非法收购、运输、出售国家重点保护的珍贵、濒危野生动物及其制品，价值二万元以上不满二十万元的，应当依照刑法第三百四十一条第一款的规定，以危害珍贵、濒危野生动物罪处五年以下有期徒刑或者拘役，并处罚金；价值二十万元以上不满二百万元的，应当认定为"情节严重"，处五年以上十年以下有期徒刑，并处罚金；价值二百万元以上的，应当认定为"情节特别严重"，处十年以上有期徒刑，并处罚金或者没收财产。

实施前款规定的行为，具有下列情形之一的，从重处罚：

（一）属于犯罪集团的首要分子的；

（二）为逃避监管，使用特种交通工具实施的；

（三）严重影响野生动物科研工作的；

（四）二年内曾因破坏野生动物资源受过行政处罚的。

实施第一款规定的行为，不具有第二款规定的情形，且未造成动物死亡或者动物、动物制品无法追回，行为人全部退赃退赔，确有悔罪表现的，按照下列规定处理：

（一）珍贵、濒危野生动物及其制品价值二百万元以上的，可以认定为"情节严重"，处五年以上十年以下有期徒刑，并处罚金；

（二）珍贵、濒危野生动物及其制品价值二十万元以上不满二百万元的，可以处五年以下有期徒刑或者拘役，并处罚金；

（三）珍贵、濒危野生动物及其制品价值二万元以上不满二十万元的，可以认定为犯罪情节轻微，不起诉或者免予刑事处罚；情节显著轻微危害不大的，不作为犯罪处理。

第七条 违反狩猎法规，在禁猎区、禁猎期或者使用禁用的工具、方法进行狩猎，破坏野生动物资源，具有下列情形之一的，应当认定为刑法第三百四十一条第二款规定的"情节严重"，以非法狩猎罪定罪处罚：

（一）非法猎捕野生动物价值一万元以上的；

（二）在禁猎区使用禁用的工具或者方法狩猎的；

（三）在禁猎期使用禁用的工具或者方法狩猎的；

（四）其他情节严重的情形。

实施前款规定的行为，具有下列情形之一的，从重处罚：

（一）暴力抗拒、阻碍国家机关工作人员依法履行职务，尚未构成妨害公务罪、袭警罪的；

（二）对野生动物资源或者栖息地生态造成严重损害的；

（三）二年内曾因破坏野生动物资源受过行政处罚的。

实施第一款规定的行为，根据猎获物的数量、价值和狩猎方法、工具等，认为对野生动物资源危害明显较轻的，综合考虑猎捕的动机、目的、行为人自愿接受行政处罚、积极修复生态环境等情节，可以认定为犯罪情节轻微，不起诉或者免予刑事处罚；情节显著轻微危害不大的，不作为犯罪处理。

第八条 违反野生动物保护管理法规，以食用为目的，非法猎捕、收购、运输、出售刑法第三百四十一条第一款规定以外的在野外环境自然生长繁殖的陆生野生动物，具有下列情形之一的，应当认定为刑法第三百四十一条第三款规定的"情节严重"，以非法猎捕、收购、运输、出售陆生野生动物罪定罪处罚：

（一）非法猎捕、收购、运输、出售有重要生态、科学、社会价值的陆生野生动物或者地方重点保护陆生野生动物价值一万元以上的；

（二）非法猎捕、收购、运输、出售第一项规定以外的其他陆生野生动物价值五万元以上的；

（三）其他情节严重的情形。

实施前款规定的行为，同时构成非法狩猎罪的，应当依照刑法第三百四十一条第三款的规定，以非法猎捕陆生野生动物罪定罪处罚。

第九条 明知是非法捕捞犯罪所得的水产品、非法狩猎犯罪所得的猎获物而收购、贩卖或者以其他方法掩饰、隐瞒，符合刑法第三百一十二条规定的，以掩饰、隐瞒犯罪所得罪定罪处罚。

第十条 负有野生动物保护和进出口监督管理职责的国家机关工作人员，滥用职权或者玩忽职守，致使公共财产、国家和人民利益遭受重大损失的，应当依照刑法第三百九十七条的规定，以滥用职权罪或者玩忽职守罪追究刑事责任。

负有查禁破坏野生动物资源犯罪活动职责的国家机关工作人员，向犯罪分子通风报信、提供便利，帮助犯罪分子逃避处罚的，应当依照刑法第四百一十七条的规定，以帮助犯罪分子逃避处罚罪追究刑事责任。

第十一条 对于"以食用为目的"，应当综合涉案动物及其制品的特征，被查获的地点、加工、包装情况，以及可以证明来源、用途的标识、证明等证据作出认定。

实施本解释规定的相关行为，具有下列情形之一的，可以认定为"以食用为目的"：

（一）将相关野生动物及其制品在餐饮单位、饮食摊点、超市等场所作为食品销售或者运往上述场所的；

（二）通过包装、说明书、广告等介绍相关野生动物及其制品的食用价值或者方法的；

（三）其他足以认定以食用为目的的情形。

第十二条 二次以上实施本解释规定的行为构成犯罪，依法应当追诉的，或者二年内实施本解释规定的行为未经处理的，数量、数额累计计算。

第十三条 实施本解释规定的相关行为，在认定是否构成犯罪以及裁量刑罚时，应当考虑涉案动物是否系人工繁育、物种的濒危程度、野外存活状况、人工繁育情况、是否列入人工繁育国家重点保护野生动物名录，行为手段、对野生动物资源的损害程度，以及对野生动物及其制品的认知程度等情节，综合评估社会危害性，准确认定是否构成犯罪，妥当裁量刑罚，确保罪责刑相适应；根据本解释的规定定罪量刑明显过重的，可以根据案件的事实、情节和社会危害程度，依法作出妥当处理。

涉案动物系人工繁育，具有下列情形之一的，对所涉案件一般不作为犯罪处理；需要追究刑事责任的，应当依法从宽处理：

（一）列入人工繁育国家重点保护野生动物名录的；

（二）人工繁育技术成熟、已成规模，作为宠物买卖、运输的。

第十四条 对于实施本解释规定的相关行为被不起诉或者免予刑事处罚的行为人，依法应当给予行政处罚、政务处分或者其他处分的，依法移送有关主管机关处理。

第十五条 对于涉案动物及其制品的价值，应当根据下列方法确定：

（一）对于国家禁止进出口的珍贵动物及其制品、国家重点保护的珍贵、濒危野生动物及其制品的价值，根据国务院野生动物保护主管部门制定的评估标准和方法核算；

（二）对于有重要生态、科学、社会价值的陆生野生动物、地方重点保护野生动物、其他野生动物及其制品的价值，根据销赃数额认定；无销赃数额、销赃数额难以查证或者根据销赃数额认定明显偏低的，根据市场价格核算，必要时，也可以参照相关评估标准和方法核算。

第十六条 根据本解释第十五条规定难以确定涉案动物及其制品价值的，依据司法鉴定机构出具的鉴定意见，或者下列机构出具的报告，结合其他证据作出认定：

（一）价格认证机构出具的报告；

（二）国务院野生动物保护主管部门、国家濒危物种进出口管理机构或者海关总署等指定的机构出具的报告；

（三）地、市级以上人民政府野生动物保护主管部门、国家濒危物种进出口管理机构的派出机构或者直属海关等出具的报告。

第十七条　对于涉案动物的种属类别、是否系人工繁育，非法捕捞、狩猎的工具、方法，以及对野生动物资源的损害程度等专门性问题，可以由野生动物保护主管部门、侦查机关依据现场勘验、检查笔录等出具认定意见；难以确定的，依据司法鉴定机构出具的鉴定意见、本解释第十六条所列机构出具的报告，被告人及其辩护人提供的证据材料，结合其他证据材料综合审查，依法作出认定。

第十八条　餐饮公司、渔业公司等单位实施破坏野生动物资源犯罪的，依照本解释规定的相应自然人犯罪的定罪量刑标准，对直接负责的主管人员和其他直接责任人员定罪处罚，并对单位判处罚金。

第十九条　在海洋水域，非法捕捞水产品，非法采捕珊瑚、砗磲或者其他珍贵、濒危水生野生动物，或者非法收购、运输、出售珊瑚、砗磲或者其他珍贵、濒危水生野生动物及其制品的，定罪量刑标准适用《最高人民法院关于审理发生在我国管辖海域相关案件若干问题的规定（二）》（法释〔2016〕17号）的相关规定。

第二十条　本解释自2022年4月9日起施行。本解释公布施行后，《最高人民法院关于审理破坏野生动物资源刑事案件具体应用法律若干问题的解释》（法释〔2000〕37号）同时废止；之前发布的司法解释与本解释不一致的，以本解释为准。

关于打击粤港澳海上跨境走私犯罪适用法律若干问题的指导意见

（署缉发〔2021〕141号）

发布日期：2021-12-14
实施日期：2021-12-14
法规类型：规范性文件

近一时期来，粤港澳海上跨境走私冻品等犯罪频发，严重破坏海关监管秩序和正常贸易秩序。走私冻品存在疫情传播风险，严重危害公共卫生安全和食品安全。走私犯罪分子为实施犯罪或逃避追缉，采取暴力抗拒执法，驾驶改装船舶高速行驶冲撞等方式，严重威胁海上正常航行安全。为严厉打击粤港澳海上跨境走私，现就当前比较突出的法律适用问题提出以下指导意见：

一、非设关地走私进口未取得国家检验检疫准入证书的冻品，应认定为国家禁止进口的货物，构成犯罪的，按走私国家禁止进出口的货物罪定罪处罚。其中，对走私来自境外疫区的冻品，依据《最高人民法院、最高人民检察院关于办理走私刑事案件适用法律若干问题的解释》（法释〔2014〕10号，以下简称《解释》）第十一条第一款第四项和第二款规定定罪处罚。对走私来自境外非疫区的冻品，或者无法查明是否来自境外疫区的冻品，依据《解释》第十一条第一款第六项和第二款规定定罪处罚。

二、走私犯罪分子在实施走私犯罪或者逃避追缉过程中，实施碰撞、挤别、抛撒障碍物、超高速行驶、强光照射驾驶人员等危险行为，危害公共安全的，以走私罪和以危险方法危害公共安全罪数罪并罚。以暴力、威胁方法抗拒缉私执法的，以走私罪和袭警罪或者妨害公务罪数罪并罚。武装掩护走私的，依照刑法第一百五十一条第一款规定从重处罚。

三、犯罪嫌疑人真实姓名、住址无法查清的，按其绰号或者自报的姓名、住址认定，并在法律文书中注明。

犯罪嫌疑人的国籍、身份，根据其入境时的有效证件认定；拥有两国以上护照的，以其入境时所持的护照认定其国籍。

犯罪嫌疑人国籍不明的，可以通过出入境管理部门协助查明，或者以有关国家驻华使、领馆出具的证明认定；确实无法查明国籍的，以无国籍人员对待。

四、对用于运输走私冻品等货物的船舶、车辆，按照以下原则处置：

（一）对"三无"船舶，无法提供有效证书的船舶、车辆，依法予以没收、收缴或者移交主管机关依法处置；

（二）对走私犯罪分子自有的船舶、车辆或者假挂靠、长期不作登记、虚假登记等实为走私分子所有的船舶、车辆，作为犯罪工具依法没收；

（三）对所有人明知或者应当知道他人实施走私冻品等犯罪而出租、出借的船舶、车辆，依法予以没收。

具有下列情形之一的，可以认定船舶、车辆出租人、出借人明知或者应当知道他人实施违法犯罪，但有证据证明确属被蒙骗或者有其他相反证据的除外：

（一）出租人、出借人未经有关部门批准，擅自将船舶改装为可运载冻品等货物用的船舶，或者进行伪装的；

（二）出租人、出借人默许实际承运人将船舶改装为可运载冻品等货物用船舶，或者进行伪装的；

（三）因出租、出借船舶、车辆用于走私受过行政处罚，又出租、出借给同一走私人或者同一走私团伙使用的；

（四）出租人、出借人拒不提供真实的实际承运人信息，或者提供虚假的实际承运人信息的；

（五）其他可以认定明知或者应当知道的情形。

是否属于"三无"船舶，按照《"三无"船舶联合认定办法》（署缉发〔2021〕88号印发）规定认定。

五、对查封、扣押的未取得国家检验检疫准入证书的冻品，走私犯罪事实已基本查清的，在做好拍照、录像、称量、勘验、检查等证据固定工作和保留样本后，依照《罚没走私冻品处置办法（试行）》（署缉发〔2015〕289号印发）和《海关总署　财政部关于查获走私冻品由地方归口处置的通知》（署财函〔2019〕300号）规定，先行移交有关部门作无害化处理。

六、办理粤港澳海上以外其他地区非设关地走私刑事案件，可以参照本意见的精神依法处理。

海关总署　财政部关于查获走私冻品由地方归口处置的通知

（署财函〔2019〕300号）

发布日期：2019-07-19
实施日期：2019-07-19
法规类型：规范性文件

各省、自治区、直辖市人民政府：

为深入贯彻习近平总书记关于食品安全"四个最严"的重要指示精神，认真落实《中共中央、国务院关于全面加强生态环境保护坚决打好污染防治攻坚战的意见》，经国务院同意，现就海关查获走私冻品由地方归口处置有关事宜通知如下：

一、为保障人民群众健康安全，有效处置走私冻品，在总结广西壮族自治区、云南省开展走私冻品归口地方政府处置试点取得良好成效的基础上，决定在全国推广海关查获走私冻品由地方统一处置的政策。

二、各省、自治区、直辖市人民政府根据本地食品安全、环境保护工作实际，明确一个主管部门（以下简称地方主管部门），负责海关查获走私冻品归口处置的组织实施工作。

三、建立健全地方主管部门与海关的联系配合机制。海关查获走私冻品后应移交主管部门统一保管。对于依法需进行无害化处置的，海关应当及时通知地方主管部门进行无害化处置，由地方主管部门统筹当地资源组织实施。处置完毕后，地方主管部门应将有关情况（包括处置方式、处置量、仓储费、处置费等）反馈海关，各级海关要逐级上报海关总署汇总。

四、海关总署每年年初向财政部提供上年度移交地方统一处置冻品的数据，中央财政通过加大缉私经费转移支付力度的方式对地方予以支持。

五、本通知下发后，各地海关应主动与地方主管部门建立联系配合机制，协商确定在扣冻品及以后查获冻品移交地方主管部门统一处置的具体措施。

打击非设关地成品油走私专题研讨会会议纪要

（署缉发〔2019〕210号）

发布日期：2019-10-24
实施日期：2019-10-24
法规类型：司法解释

近一时期，我国东南沿海、西南陆路边境等非设关地成品油走私活动猖獗，严重破坏国家进出境监管秩序，给社会公共安全和环境保护带来重大隐患。2019年3月27日，最高人民法院、最高人民检察院、海关总署在江苏省南京市召开打击非设关地成品油走私专题研讨会，最高人民法院刑三庭、最高人民检察院第四检察厅、海关总署缉私局及部分地方人民法院、人民检察院和海关缉私部门有关同志参加会议。会议分析了当前非设关地成品油走私的严峻形势，总结交流了办理非设关地成品油走私刑事案件的经验，研究探讨了办案中的疑难问题，对人民法院、人民检察院、海关缉私部门依法严厉打击非设关地成品油走私犯罪、正确适用法律办理案件达成共识。现纪要如下：

一、关于定罪处罚

走私成品油，构成犯罪的，依照刑法第一百五十三条的规定，以走私普通货物罪定罪处罚。

对不构成走私共犯的收购人，直接向走私人购买走私的成品油，数额较大的，依照刑法第一百五十五条第（一）项的规定，以走私罪论处；向非直接走私人购买走私的成品油的，根据其主观故意，分别依照刑法第一百九十一条规定的洗钱罪或者第三百一十二条规定的掩饰、隐瞒犯罪所得、犯罪所得收益罪定罪处罚。

在办理非设关地走私成品油刑事案件中，发现行为人在销售的成品油中掺杂、掺假，以假充真，以次充好或者以不合格油品冒充合格油品，构成犯罪的，依照刑法第一百四十条的规定，对该行为以生产、销售伪劣产品罪定罪处罚。

行为人与他人事先通谋或者明知他人从事走私成品油犯罪活动，而在我国专属经济区或者公海向其贩卖、过驳成品油的，应当按照走私犯罪的共犯追究刑事责任。

明知他人从事走私成品油犯罪活动而为其提供资金、贷款、账号、发票、证明、许可文件，或者提供运输、仓储等其他便利条件的，应当按照走私犯罪的共犯追究刑事责任。

对成品油走私共同犯罪或者犯罪集团中的主要出资者、组织者，应当认定为主犯；对受雇用的联络员、船长等管理人员，可以认定为从犯，如其在走私犯罪中起重要作用的，应当认定为主犯；对其他参与人员，如船员、司机、"黑引水"、盯梢望风人员等，不以其职业、身份判断是否追究刑事责任，应当按照其在走私活动中的实际地位、作用、涉案金额、参与次数等确定是否追究刑事责任。

对在非设关地走私成品油的犯罪嫌疑人、被告人，人民检察院、人民法院应当依法严格把握不起诉、缓刑适用条件。

二、关于主观故意的认定

行为人没有合法证明，逃避监管，在非设关地运输、贩卖、收购、接卸成品油，有下列情形之一的，综合其他在案证据，可以认定具有走私犯罪故意，但有证据证明确属被蒙骗或者有其他相反证据的除外：

（一）使用"三无"船舶、虚假船名船舶、非法改装的船舶，或者使用虚假号牌车辆、非法改装、伪装的车辆的；

（二）虚假记录船舶航海日志、轮机日志，进出港未申报或者进行虚假申报的；

（三）故意关闭或者删除船载 AIS 系统、GPS 及其他导航系统存储数据，销毁手机存储数据，或者销毁成品油交易、运输单证的；

（四）在明显不合理的隐蔽时间、偏僻地点过驳成品油的；

（五）使用无实名登记或者无法定位的手机卡、卫星电话卡等通讯工具的；

（六）使用暗号、信物进行联络、接头的；

（七）交易价格明显低于同类商品国内合规市场同期价格水平且无法作出合理解释的；

（八）使用控制的他人名下银行账户收付成品油交易款项的；

（九）逃避、抗拒执法机关检查，或者事前制定逃避执法机关检查预案的；

（十）其他可以认定具有走私犯罪故意情形的。

三、关于犯罪数额的认定

非设关地成品油走私活动属于非法的贸易活动，计核非设关地成品油走私刑事案件的偷逃应缴税额，一律按照成品油的普通税率核定，不适用最惠国税率或者暂定税率。

查获部分走私成品油的，可以按照被查获的走私成品油标准核定应缴税额；全案没有查获成品油的，可以结合其他在案证据综合认定走私成品油的种类和数量，核定应缴税额。

办理非设关地成品油走私犯罪案件，除主要犯罪嫌疑人以外，对集团犯罪、共同犯罪中的其他犯罪嫌疑人，无法准确核定其参与走私的具体偷逃应缴税额的，可以结合在案相关证据，根据其参与走私的涉案金额、次数或者在走私活动中的地位、作用等情节决定是否追究刑事责任。

四、关于证据的收集

办理非设关地成品油走私犯罪案件，应当注意收集、提取以下证据：

（一）反映涉案地点的位置、环境，涉案船舶、车辆、油品的特征、数量、属性等的证据；

（二）涉案船舶的航次航图、航海日志、GPS、AIS 轨迹、卫星电话及其通话记录；

（三）涉案人员的手机号码及其通话记录、手机短信、微信聊天记录，涉案人员通过微信、支付宝、银行卡等方式收付款的资金交易记录；

（四）成品油取样、计量过程的照片、视听资料；

（五）跟踪守候、监控拍摄的照片、视听资料；

（六）其他应当收集、提取的证据。

依照法律规定采取技术侦查措施收集的物证、书证、视听资料、电子数据等证据材料对定罪量刑有重大影响的，应当随案移送，并移送批准采取技术侦查措施的法律文书和侦查办案部门对证据内容的说明材料。对视听资料中涉及的绰号、暗语、俗语、方言等，侦查机关应当结合犯罪嫌疑人的供述、证人证言等证据说明其内容。

确因客观条件的限制无法逐一收集船员、司机、收购人等人员证言的，可结合已收集的言词证据和物证、书证、视听资料、电子数据等证据，综合认定犯罪事实。

五、关于涉案货物、财产及运输工具的处置

对查封、扣押的涉案成品油及易贬值、不易保管的涉案船舶、车辆，权利人明确的，经其本人书面同意或者申请，依法履行审批程序，并固定证据和留存样本后，可以依法先行变卖、拍卖，变卖、拍卖所得价款暂予保存，待诉讼终结后一并依法处理。

有据证明依法应当追缴、没收的涉案财产被他人善意取得或者与其他合法财产混合且不可分割的，应当追缴、没收其他等值财产。

侦查机关查封、扣押的财物经审查后应当返还的，应当通知原主认领。无人认领的，应当公告通知，公告满三个月无人认领的，依法拍卖、变卖后所得价款上缴国库；上缴国库后有人认领，经查属实的，应当申请退库予以返还。

对用于运输走私成品油的船舶、车辆，按照以下原则处置：

（一）对"三无"船舶、无法提供有效证书的船舶、车辆，依法予以没收、收缴或者移交主管机关依法处置；

（二）对走私犯罪分子自有的船舶、车辆或者假挂靠、长期不作登记、虚假登记等实为走私分子所有的船舶、车辆，作为犯罪工具依法没收；

（三）对所有人明知他人实施走私犯罪而出租、出借的船舶、车辆，依法予以没收。

具有下列情形之一的，可以认定船舶、车辆出租人、出借人明知他人实施违法犯罪，但有证据证明确属被蒙骗或者有其他相反证据的除外：

（一）出租人、出借人未经有关部门批准，擅自将船舶、车辆改装为可装载油料用的船舶、车辆，或者进行伪装的；

（二）出租人、出借人默许实际承租人将船舶、车辆改装为可装载油料用船舶、车辆，或者进行伪装的；

（三）因出租、出借船舶、车辆用于走私受过行政处罚，又出租、出借给同一走私人或者同一走私团伙使用的；

（四）出租人、出借人拒不提供真实的实际承运人信息，或者提供虚假的实际承运人信息的；

（五）其他可以认定明知的情形。

六、关于办案协作

为有效遏制非设关地成品油走私犯罪活动，各级海关缉私部门、人民检察院和人民法院要进一步加强办案协作，依法及时开展侦查、批捕、起诉和审判工作。要强化人民检察院提前介入机制，并加大对非设关地重特大成品油走私案件联合挂牌督办力度。要强化案件信息沟通，积极发挥典型案例指导作用，保证执法司法标准的统一性和均衡性。

七、其他问题

本纪要中的成品油是指汽油、煤油、柴油以及其他具有相同用途的乙醇汽油和生物柴油等替代燃料（包括添加染色剂的"红油""白油""蓝油"等）。

办理非设关地走私白糖、冻品等刑事案件的相关问题，可以参照本纪要的精神依法处理。

关于敦促走私废物违法犯罪人员投案自首的公告

（最高人民法院　最高人民检察院　海关总署公告 2019 年第 116 号）

发布日期：2019-07-06
实施日期：2019-07-06
法规类型：规范性文件

为依法惩治走私废物违法犯罪，贯彻落实宽严相济刑事政策，给以往曾利用许可证走私进口可用作原料的固体废物、但现已停止走私的违法犯罪人员以改过自新、争取宽大处理的机会，更好地实现打击废物走私的办案效果，根据《中华人民共和国刑法》《中华人民共和国刑事诉讼法》等有关规定，特公告如下：

一、利用许可证走私进口可用作原料的固体废物，是指不具备相应环评资质的单位或者个人利用他人许可证走私进口可用作原料的固体废物，以及相关持证企业与他人通谋，非法将本单位的许可证交由不具备相应环评资质的单位或者个人走私进口可用作原料的固体废物。

二、实施上述走私行为的涉案单位或者人员自本公告发布之日起至 2019 年 9 月 30 日前向海关缉私部门、人民检察院、人民法院自动投案，如实供述自己罪行的，可以依法从轻或者减轻处罚。其中，未造成重大环境污染、有效挽回国家经济损失、积极退赃、自愿认罪认罚的，可以减轻处罚；犯罪较轻的，可以免除处罚。除走私废物情节特别严重的以外，对投案自首的涉案人员一般不采取羁押性强制措施。

三、涉案人员在境外，委托他人代为表达自动投案意思，或者以书信、电报、电话、邮件等方式表达自动投案意思，随后本人回国到案接受办案机关处理的，视为自动投案。

四、鼓励涉案人员的亲友积极规劝其尽快投案自首，争取从宽处理。经亲友规劝、陪同投案，或者亲友主动报案后将涉案人员送去投案，且涉案人员到案后如实供述自己的罪行的，视为自首。

五、涉案人员具有揭发他人犯罪行为，查证属实的，或者提供重要线索，从而得以侦破其他案件的，或者有协助司法机关抓捕其他犯罪嫌疑人等立功表现的，可以依法从轻或者减轻处罚；有重大立功表现的，可以依法减轻或者免除处罚。

六、涉案单位、人员要认清形势，珍惜机会，尽快投案自首，争取从宽处理。在公告期限内拒不主动向海关缉私部门、人民检察院、人民法院报明情况，拒不投案自首，以及自本公告发布之日起，仍顶风继续走私废物进境的，司法机关将依法从严惩处。窝藏、包庇、资助涉案人员，帮助毁灭、伪造证据，掩饰、隐瞒、转移犯罪所得及其收益，构成犯罪的，依法追究刑事责任。

七、鼓励和保护广大人民群众积极举报，动员、规劝涉案人员投案自首。举报走私违法犯罪线索，或者提供涉案人员藏匿线索，经查证属实的，有关部门将按规定给予奖励，并依法对举报人的人身安全予以相应保护，对个人信息严格保密。对威胁、报复举报人，构成犯罪的，依法追究刑事责任。

八、本公告自发布之日起施行。

最高人民法院关于审理走私、非法经营、非法使用兴奋剂刑事案件适用法律若干问题的解释

（法释〔2019〕16号）

发布日期：2019-11-18
实施日期：2020-01-01
法规类型：司法解释

为依法惩治走私、非法经营、非法使用兴奋剂犯罪，维护体育竞赛的公平竞争，保护体育运动参加者的身心健康，根据《中华人民共和国刑法》《中华人民共和国刑事诉讼法》的规定，制定本解释。

第一条 运动员、运动员辅助人员走私兴奋剂目录所列物质，或者其他人员以在体育竞赛中非法使用为目的走私兴奋剂目录所列物质，涉案物质属于国家禁止进出口的货物、物品，具有下列情形之一的，应当依照刑法第一百五十一条第三款的规定，以走私国家禁止进出口的货物、物品罪定罪处罚：

（一）一年内曾因走私被给予二次以上行政处罚后又走私的；

（二）用于或者准备用于未成年人运动员、残疾人运动员的；

（三）用于或者准备用于国内、国际重大体育竞赛的；

（四）其他造成严重恶劣社会影响的情形。

实施前款规定的行为，涉案物质不属于国家禁止进出口的货物、物品，但偷逃应缴税额一万元以上或者一年内曾

因走私被给予二次以上行政处罚后又走私的，应当依照刑法第一百五十三条的规定，以走私普通货物、物品罪定罪处罚。

对于本条第一款、第二款规定以外的走私兴奋剂目录所列物质行为，适用《最高人民法院、最高人民检察院关于办理走私刑事案件适用法律若干问题的解释》（法释〔2014〕10号）规定的定罪量刑标准。

第二条 违反国家规定，未经许可经营兴奋剂目录所列物质，涉案物质属于法律、行政法规规定的限制买卖的物品，扰乱市场秩序，情节严重的，应当依照刑法第二百二十五条的规定，以非法经营罪定罪处罚。

第三条 对未成年人、残疾人负有监护、看护职责的人组织未成年人、残疾人在体育运动中非法使用兴奋剂，具有下列情形之一的，应当认定为刑法第二百六十条之一规定的"情节恶劣"，以虐待被监护、看护人罪定罪处罚：

（一）强迫未成年人、残疾人使用的；

（二）引诱、欺骗未成年人、残疾人长期使用的；

（三）其他严重损害未成年人、残疾人身心健康的情形。

第四条 在普通高等学校招生、公务员录用等法律规定的国家考试涉及的体育、体能测试等体育运动中，组织考生非法使用兴奋剂的，应当依照刑法第二百八十四条之一的规定，以组织考试作弊罪定罪处罚。

明知他人实施前款犯罪而为其提供兴奋剂的，依照前款的规定定罪处罚。

第五条　生产、销售含有兴奋剂目录所列物质的食品，符合刑法第一百四十三条、第一百四十四条规定的，以生产、销售不符合安全标准的食品罪、生产、销售有毒、有害食品罪定罪处罚。

第六条　国家机关工作人员在行使反兴奋剂管理职权时滥用职权或者玩忽职守，造成严重兴奋剂违规事件，严重损害国家声誉或者造成恶劣社会影响，符合刑法第三百九十七条规定的，以滥用职权罪、玩忽职守罪定罪处罚。

依法或者受委托行使反兴奋剂管理职权的单位的工作人员，在行使反兴奋剂管理职权时滥用职权或者玩忽职守的，依照前款规定定罪处罚。

第七条　实施本解释规定的行为，涉案物质属于毒品、制毒物品等，构成有关犯罪的，依照相应犯罪定罪处罚。

第八条　对于是否属于本解释规定的"兴奋剂""兴奋剂目录所列物质""体育运动""国内、国际重大体育竞赛"等专门性问题，应当依据《中华人民共和国体育法》《反兴奋剂条例》等法律法规，结合国务院体育主管部门出具的认定意见等证据材料作出认定。

第九条　本解释自 2020 年 1 月 1 日起施行。

关于适用认罪认罚从宽制度的指导意见

（高检发〔2019〕13 号）

发布日期：2019-10-11
实施日期：2019-10-11
法规类型：司法解释

适用认罪认罚从宽制度，对准确及时惩罚犯罪、强化人权司法保障、推动刑事案件繁简分流、节约司法资源、化解社会矛盾、推动国家治理体系和治理能力现代化，具有重要意义。为贯彻落实修改后刑事诉讼法，确保认罪认罚从宽制度正确有效实施，根据法律和有关规定，结合司法工作实际，制定本意见。

一、基本原则

1. 贯彻宽严相济刑事政策。落实认罪认罚从宽制度，应当根据犯罪的具体情况，区分案件性质、情节和对社会的危害程度，实行区别对待，做到该宽则宽，当严则严，宽严相济，罚当其罪。对可能判处三年有期徒刑以下刑罚的认罪认罚案件，要尽量依法从简从快从宽办理，探索相适应的处理原则和办案方式；对因民间矛盾引发的犯罪，犯罪嫌疑人、被告人自愿认罪、真诚悔罪并取得谅解、达成和解、尚未严重影响人民群众安全感的，要积极适用认罪认罚从宽制度，特别是对其中社会危害不大的初犯、偶犯、过失犯、未成年犯，一般应当体现从宽；对严重危害国家安全、公共安全犯罪，严重暴力犯罪，以及社会普遍关注的重大敏感案件，应当慎重把握从宽，避免案件处理明显违背人民群众的公平正义观念。

2. 坚持罪责刑相适应原则。办理认罪认罚案件，既要考虑体现认罪认罚从宽，又要考虑其所犯罪行的轻重、应负刑事责任和人身危险性的大小，依照法律规定提出量刑建议，准确裁量刑罚，确保罚当其罪，避免重罪轻罚。特别是对于共同犯罪案件，主犯认罪认罚，从犯不认罪认罚的，人民法院、人民检察院应当注意两者之间的量刑平衡，防止因量刑失当严重偏离一般的司法认知。

3. 坚持证据裁判原则。办理认罪认罚案件，应当以事实为根据，以法律为准绳，严格按照证据裁判要求，全面收集、固定、审查和认定证据。坚持法定证明标准，侦查终结、提起公诉、作出有罪裁判应当做到犯罪事实清楚，证据确实、充分，防止因犯罪嫌疑人、被告人认罪而降低证据要求和证明标准。对犯罪嫌疑人、被告人认罪认罚，但证据不足，不能认定其有罪的，依法作出撤销案件、不起诉决定或者宣告无罪。

4. 坚持公检法三机关配合制约原则。办理认罪认罚案件，公、检、法三机关应当分工负责、互相配合、互相制约，保证犯罪嫌疑人、被告人自愿认罪认罚，依法推进从宽落实。要严格执法、公正司法，强化对自身执法司法办案活动的监督，防止产生"权权交易"、"权钱交易"等司法腐败问题。

二、适用范围和适用条件

5. 适用阶段和适用案件范围。认罪认罚从宽制度贯穿刑事诉讼全过程，适用于侦查、起诉、审判各个阶段。

认罪认罚从宽制度没有适用罪名和可能判处刑罚的限定，所有刑事案件都可以适用，不能因罪轻、罪重或者罪名特殊等原因而剥夺犯罪嫌疑人、被告人自愿认罪认罚获得从宽处理的机会。但"可以"适用不是一律适用，犯罪嫌疑人、被告人认罪认罚后是否从宽，由司法机关根据案件具体情况决定。

6. "认罪"的把握。认罪认罚从宽制度中的"认罪"，是指犯罪嫌疑人、被告人自愿如实供述自己的罪行，对指控的犯罪事实没有异议。承认指控的主要犯罪事实，仅对个别事实情节提出异议，或者虽然对行为性质提出辩解但表示接受司法机关认定意见的，不影响"认罪"的认定。犯罪嫌疑人、被告人犯数罪，仅如实供述其中一罪或部分罪名事实的，全案不作"认罪"的认定，不适用认罪认罚从宽制度，但如实供述的部分，人民检察院可以提出从宽处罚的建议，人民法院可以从宽处罚。

7. "认罚"的把握。认罪认罚从宽制度中的"认罚"，是指犯罪嫌疑人、被告人真诚悔罪，愿意接受处罚。"认罚"，在侦查阶段表现为表示愿意接受处罚；在审查起诉阶段表现为接受人民检察院拟作出的起诉或不起诉决定，认可人民检察院的量刑建议，签署认罪认罚具结书；在审判阶段表现为当庭确认自愿签署具结书，愿意接受刑罚处罚。

"认罚"考察的重点是犯罪嫌疑人、被告人的悔罪态度和悔罪表现，应当结合退赃退赔、赔偿损失、赔礼道歉等因素来考量。犯罪嫌疑人、被告人虽然表示"认罚"，却暗中串供、干扰证人作证、毁灭、伪造证据或者隐匿、转移财产，有赔偿能力而不赔偿损失，则不能适用认罪认罚从宽制度。犯罪嫌疑人、被告人享有程序选择权，不同意适用速裁程序、简易程序的，不影响"认罚"的认定。

三、认罪认罚后"从宽"的把握

8. "从宽"的理解。从宽处理既包括实体上从宽处罚，也包括程序上从简处理。"可以从宽"，是指一般应当体现法律规定和政策精神，予以从宽处理。但可以从宽不是一律从宽，对犯罪性质和危害后果特别严重、犯罪手段特别残忍、社会影响特别恶劣的犯罪嫌疑人、被告人，认罪认罚不足以从轻处罚的，依法不予从宽处罚。

办理认罪认罚案件，应当依照刑法、刑事诉讼法的基本原则，根据犯罪的事实、性质、情节和对社会的危害程度，结合法定、酌定的量刑情节，综合考虑认罪认罚的具体情况，依法决定是否从宽、如何从宽。对于减轻、免除处罚，应当于法有据；不具备减轻处罚情节的，应当在法定幅度以内提出从轻处罚的量刑建议和量刑；对其中犯罪情节轻微不需要判处刑罚的，可以依法作出不起诉决定或者判决免予刑事处罚。

9. 从宽幅度的把握。办理认罪认罚案件，应当区别认罪认罚的不同诉讼阶段、对查明案件事实的价值和意义、是否确有悔罪表现，以及罪行严重程度等，综合考量确定从宽的限度和幅度。在刑罚评价上，主动认罪优于被动认罪，早认罪优于晚认罪，彻底认罪优于不彻底认罪，稳定认罪优于不稳定认罪。

认罪认罚的从宽幅度一般应当大于仅有坦白，或者虽认罪但不认罚的从宽幅度。对犯罪嫌疑人、被告人具有自首、坦白情节，同时认罪认罚的，应当在法定刑幅度内给予相对更大的从宽幅度。认罪认罚与自首、坦白不作重复评价。

对罪行较轻、人身危险性较小的，特别是初犯、偶犯，从宽幅度可以大一些；罪行较重、人身危险性较大的，以及累犯、再犯，从宽幅度应当从严把握。

四、犯罪嫌疑人、被告人辩护权保障

10. 获得法律帮助权。人民法院、人民检察院、公安机关办理认罪认罚案件，应当保障犯罪嫌疑人、被告人获得有效法律帮助，确保其了解认罪认罚的性质和法律后果，自愿认罪认罚。

犯罪嫌疑人、被告人自愿认罪认罚，没有辩护人的，人民法院、人民检察院、公安机关（看守所）应当通知值班律师为其提供法律咨询、程序选择建议、申请变更强制措施等法律帮助。符合通知辩护条件的，应当依法通知法律援助机构指派律师为其提供辩护。

人民法院、人民检察院、公安机关（看守所）应当告知犯罪嫌疑人、被告人有权约见值班律师，获得法律帮助，并为其约见值班律师提供便利。犯罪嫌疑人、被告人及其近亲属提出法律帮助请求的，人民法院、人民检察院、公安机关（看守所）应当通知值班律师为其提供法律帮助。

11. 派驻值班律师。法律援助机构可以在人民法院、人民检察院、看守所派驻值班律师。人民法院、人民检察院、看守所应当为派驻值班律师提供必要办公场所和设施。

法律援助机构应当根据人民法院、人民检察院、看守所的法律帮助需求和当地法律服务资源，合理安排值班律师。值班律师可以定期值班或轮流值班，律师资源短缺的地区可以通过探索现场值班和电话、网络值班相结合，在人民法院、人民检察院毗邻设置联合工作站，省内和市内统筹调配律师资源，以及建立政府购买值班律师服务机制等方式，保障法律援助值班律师工作有序开展。

12. 值班律师的职责。值班律师应当维护犯罪嫌疑人、被告人的合法权益，确保犯罪嫌疑人、被告人在充分了解认罪认罚性质和法律后果的情况下，自愿认罪认罚。值班律师应当为认罪认罚的犯罪嫌疑人、被告人提供下列法律帮助：

（一）提供法律咨询，包括告知涉嫌或指控的罪名、相关法律规定，认罪认罚的性质和法律后果等；

（二）提出程序适用的建议；

（三）帮助申请变更强制措施；

（四）对人民检察院认定罪名、量刑建议提出意见；

（五）就案件处理，向人民法院、人民检察院、公安机关提出意见；

（六）引导、帮助犯罪嫌疑人、被告人及其近亲属申请法律援助；

（七）法律法规规定的其他事项。

值班律师可以会见犯罪嫌疑人、被告人，看守所应当为值班律师会见提供便利。危害国家安全犯罪、恐怖活动犯罪案件，侦查期间值班律师会见在押犯罪嫌疑人的，应当经侦查机关许可。自人民检察院对案件审查起诉之日起，值班律师可以查阅案卷材料、了解案情。人民法院、人民检察院应当为值班律师查阅案卷材料提供便利。

值班律师提供法律咨询、查阅案卷材料、会见犯罪嫌疑人或者被告人、提出书面意见等法律帮助活动的相关情况应当记录在案，并随案移送。

13. 法律帮助的衔接。对于被羁押的犯罪嫌疑人、被告人，在不同诉讼阶段，可以由派驻看守所的同一值班律师提供法律帮助。对于未被羁押的犯罪嫌疑人、被告人，前一诉讼阶段的值班律师可以在后续诉讼阶段继续为犯罪嫌疑人、被告人提供法律帮助。

14. 拒绝法律帮助的处理。犯罪嫌疑人、被告人自愿认罪认罚，没有委托辩护人，拒绝值班律师帮助的，人民法院、人民检察院、公安机关应当允许，记录在案并随案移送。但是审查起诉阶段签署认罪认罚具结书时，人民检察院应当通知值班律师到场。

15. 辩护人职责。认罪认罚案件犯罪嫌疑人、被告人委托辩护人或者法律援助机构指派律师为其辩护的，辩护律师在侦查、审查起诉和审判阶段，应当与犯罪嫌疑人、被告人就是否认罪认罚进行沟通，提供法律咨询和帮助，并就定罪量刑、诉讼程序适用等向办案机关提出意见。

五、被害方权益保障

16. 听取意见。办理认罪认罚案件，应当听取被害人及其诉讼代理人的意见，并将犯罪嫌疑人、被告人是否与被害方达成和解协议、调解协议或者赔偿被害方损失，取得被害方谅解，作为从宽处罚的重要考虑因素。人民检察院、公安机关听取意见情况应当记录在案并随案移送。

17. 促进和解谅解。对符合当事人和解程序适用条件的公诉案件，犯罪嫌疑人、被告人认罪认罚的，人民法院、人民检察院、公安机关应当积极促进当事人自愿达成和解。对其他认罪认罚案件，人民法院、人民检察院、公安机关可以促进犯罪嫌疑人、被告人通过向被害方赔偿损失、赔礼道歉等方式获得谅解，被害方出具的谅解意见应当随案移送。

人民法院、人民检察院、公安机关在促进当事人和解谅解过程中，应当向被害方释明认罪认罚从宽、公诉案件当事人和解适用程序等具体法律规定，充分听取被害方意见，符合司法救助条件的，应当积极协调办理。

18. 被害方异议的处理。被害人及其诉讼代理人不同意对认罪认罚的犯罪嫌疑人、被告人从宽处理的，不影响认罪认罚从宽制度的适用。犯罪嫌疑人、被告人认罪认罚，但没有退赃退赔、赔偿损失，未能与被害方达成调解或者和解协议的，从宽时应当予以酌减。犯罪嫌疑人、被告人自愿认罪并且愿意积极赔偿损失，但由于被害方赔偿请求明显不合理，未能达成调解或者和解协议的，一般不影响对犯罪嫌疑人、被告人从宽处理。

六、强制措施的适用

19. 社会危险性评估。人民法院、人民检察院、公安机关应当将犯罪嫌疑人、被告人认罪认罚作为其是否具有社会危险性的重要考虑因素。对于罪行较轻、采用非羁押性强制措施足以防止发生刑事诉讼法第八十一条第一款规定的社会危险性的犯罪嫌疑人、被告人，根据犯罪性质及可能判处的刑罚，依法可不适用羁押性强制措施。

20. 逮捕的适用。犯罪嫌疑人认罪认罚，公安机关认为罪行较轻、没有社会危险性的，应当不再提请人民检察院审查逮捕。对提请逮捕的，人民检察院认为没有社会危险性不需要逮捕的，应当作出不批准逮捕的决定。

21. 逮捕的变更。已经逮捕的犯罪嫌疑人、被告人认罪认罚的，人民法院、人民检察院应当及时审查羁押的必要性，经审查认为没有继续羁押必要的，应当变更为取保候审或者监视居住。

七、侦查机关的职责

22. 权利告知和听取意见。公安机关在侦查过程中，应当告知犯罪嫌疑人享有的诉讼权利、如实供述罪行可以从宽处理和认罪认罚的法律规定，听取犯罪嫌疑人及其辩护人或者值班律师的意见，记录在案并随案移送。

对在非讯问时间、办案人员不在场情况下，犯罪嫌疑人向看守所工作人员或者辩护人、值班律师表示愿意认罪认罚的，有关人员应当及时告知办案单位。

23. 认罪教育。公安机关在侦查阶段应当同步开展认罪教育工作，但不得强迫犯罪嫌疑人认罪，不得作出具体的从宽承诺。犯罪嫌疑人自愿认罪，愿意接受司法机关处罚的，应当记录在案并附卷。

24. 起诉意见。对移送审查起诉的案件，公安机关应当在起诉意见书中写明犯罪嫌疑人自愿认罪认罚情况。认为案件符合速裁程序适用条件的，可以在起诉意见书中建议人民检察院适用速裁程序办理，并简要说明理由。

对可能适用速裁程序的案件，公安机关应当快速办理，对犯罪嫌疑人未被羁押的，可以集中移送审查起诉，但不得为集中移送拖延案件办理。

对人民检察院在审查逮捕期间或者重大案件听取意见中提出的开展认罪认罚工作的意见或建议，公安机关应当认真听取，积极开展相关工作。

25. 执法办案管理中心建设。加快推进公安机关执法办案管理中心建设，探索在执法办案管理中心设置速裁法庭，对适用速裁程序的案件进行快速办理。

八、审查起诉阶段人民检察院的职责

26. 权利告知。案件移送审查起诉后，人民检察院应当告知犯罪嫌疑人享有的诉讼权利和认罪认罚的法律规定，保障犯罪嫌疑人的程序选择权。告知应当采取书面形式，必要时应当充分释明。

27. 听取意见。犯罪嫌疑人认罪认罚的，人民检察院应当就下列事项听取犯罪嫌疑人、辩护人或者值班律师的意见，记录在案并附卷：

（一）涉嫌的犯罪事实、罪名及适用的法律规定；

（二）从轻、减轻或者免除处罚等从宽处罚的建议；

（三）认罪认罚后案件审理适用的程序；

（四）其他需要听取意见的情形。

人民检察院未采纳辩护人、值班律师意见的，应当说明理由。

28. 自愿性、合法性审查。对侦查阶段认罪认罚的案件，人民检察院应当重点审查以下内容：

（一）犯罪嫌疑人是否自愿认罪认罚，有无因受到暴力、威胁、引诱而违背意愿认罪认罚；

（二）犯罪嫌疑人认罪认罚时的认知能力和精神状态是否正常；

（三）犯罪嫌疑人是否理解认罪认罚的性质和可能导致的法律后果；

（四）侦查机关是否告知犯罪嫌疑人享有的诉讼权利，如实供述自己罪行可以从宽处理和认罪认罚的法律规定，并听取意见；

（五）起诉意见书中是否写明犯罪嫌疑人认罪认罚情况；

（六）犯罪嫌疑人是否真诚悔罪，是否向被害人赔礼道歉。

经审查，犯罪嫌疑人违背意愿认罪认罚的，人民检察院可以重新开展认罪认罚工作。存在刑讯逼供等非法取证行为的，依照法律规定处理。

29. 证据开示。人民检察院可以针对案件具体情况，探索证据开示制度，保障犯罪嫌疑人的知情权和认罪认罚的真实性及自愿性。

30. 不起诉的适用。完善起诉裁量权，充分发挥不起诉的审前分流和过滤作用，逐步扩大相对不起诉在认罪认罚案件中的适用。对认罪认罚后没有争议，不需要判处刑罚的轻微刑事案件，人民检察院可以依法作出不起诉决定。人民检察院应当加强对案件量刑的预判，对其中可能判处免刑的轻微刑事案件，可以依法作出不起诉决定。

对认罪认罚后案件事实不清、证据不足的案件，应当依法作出不起诉决定。

31. 签署具结书。犯罪嫌疑人自愿认罪，同意量刑建议和程序适用的，应当在辩护人或者值班律师在场的情况下签署认罪认罚具结书。犯罪嫌疑人被羁押的，看守所应当为签署具结书提供场所。具结书应当包括犯罪嫌疑人如实供述罪行、同意量刑建议、程序适用等内容，由犯罪嫌疑人、辩护人或者值班律师签名。

犯罪嫌疑人认罪认罚，有下列情形之一的，不需要签署认罪认罚具结书：

（一）犯罪嫌疑人是盲、聋、哑人，或者是尚未完全丧失辨认或者控制自己行为能力的精神病人的；

（二）未成年犯罪嫌疑人的法定代理人、辩护人对未成年人认罪认罚有异议的；

（三）其他不需要签署认罪认罚具结书的情形。

上述情形犯罪嫌疑人未签署认罪认罚具结书的，不影响认罪认罚从宽制度的适用。

32. 提起公诉。人民检察院向人民法院提起公诉的，应当在起诉书中写明被告人认罪认罚情况，提出量刑建议，并移送认罪认罚具结书等材料。量刑建议书可以另行制作，也可以在起诉书中写明。

33. 量刑建议的提出。犯罪嫌疑人认罪认罚的，人民检察院应当就主刑、附加刑、是否适用缓刑等提出量刑建议。人民检察院提出量刑建议前，应当充分听取犯罪嫌疑人、辩护人或者值班律师的意见，尽量协商一致。

办理认罪认罚案件，人民检察院一般应当提出确定刑量刑建议。对新类型、不常见犯罪案件，量刑情节复杂的重罪案件等，也可以提出幅度刑量刑建议。提出量刑建议，应当说明理由和依据。

犯罪嫌疑人认罪认罚没有其他法定量刑情节的，人民检察院可以根据犯罪的事实、性质等，在基准刑基础上适当减让提出确定刑量刑建议。有其他法定量刑情节的，人民检察院应当综合认罪认罚和其他法定量刑情节，参照相关量刑规范提出确定刑量刑建议。

犯罪嫌疑人在侦查阶段认罪认罚的，主刑从宽的幅度可以在前款基础上适当放宽；被告人在审判阶段认罪认罚的，在前款基础上可以适当缩减。建议判处罚金刑的，参照主刑的从宽幅度提出确定的数额。

34. 速裁程序的办案期限。犯罪嫌疑人认罪认罚，人民检察院经审查，认为符合速裁程序适用条件的，应当在十日以内作出是否提起公诉的决定；对可能判处的有期徒刑超过一年的，可以在十五日以内作出是否提起公诉的决定。

九、社会调查评估

35. 侦查阶段的社会调查。犯罪嫌疑人认罪认罚，可能判处管制、宣告缓刑的，公安机关可以委托犯罪嫌疑人居住地的社区矫正机构进行调查评估。

公安机关在侦查阶段委托社区矫正机构进行调查评估，社区矫正机构在公安机关移送审查起诉后完成调查评估，应当及时将评估意见提交受理案件的人民检察院或者人民法院，并抄送公安机关。

36. 审查起诉阶段的社会调查。犯罪嫌疑人认罪认罚，人民检察院拟提出缓刑或者管制量刑建议的，可以及时委托犯罪嫌疑人居住地的社区矫正机构进行调查评估，也可以自行调查评估。人民检察院提起公诉时，已收到调查材料的，应当将材料一并移送，未收到调查材料的，应当将委托文书随案移送；在提起公诉后收到调查材料的，应当及时移送人民法院。

37. 审判阶段的社会调查。被告人认罪认罚，人民法院拟判处管制或者宣告缓刑的，可以及时委托被告人居住地的社区矫正机构进行调查评估，也可以自行调查评估。

社区矫正机构出具的调查评估意见，是人民法院判处管制、宣告缓刑的重要参考。对没有委托社区矫正机构进行调查评估或者判决前未收到社区矫正机构调查评估报告的认罪认罚案件，人民法院经审理认为被告人符合管制、缓刑适用条件的，可以判处管制、宣告缓刑。

38. 司法行政机关的职责。受委托的社区矫正机构应当根据委托机关的要求，对犯罪嫌人、被告人的居所情况、家庭和社会关系、一贯表现、犯罪行为的后果和影响、居住地村（居）民委员会和被害人意见、拟禁止的事项等进行调查了解，形成评估意见，及时提交委托机关。

十、审判程序和人民法院的职责

39. 审判阶段认罪认罚自愿性、合法性审查。办理认罪认罚案件，人民法院应当告知被告人享有的诉讼权利和认罪认罚的法律规定，听取被告人及其辩护人或者值班律师的意见。庭审中应当对认罪认罚的自愿性、具结书内容的真实性和合法性进行审查核实，重点核实以下内容：

（一）被告人是否自愿认罪认罚，有无因受到暴力、威胁、引诱而违背意愿认罪认罚；

（二）被告人认罪认罚时的认知能力和精神状态是否正常；

（三）被告人是否理解认罪认罚的性质和可能导致的法律后果；

（四）人民检察院、公安机关是否履行告知义务并听取意见；

（五）值班律师或者辩护人是否与人民检察院进行沟通，提供了有效法律帮助或者辩护，并在场见证认罪认罚具结书的签署。

庭审中审判人员可以根据具体案情，围绕定罪量刑的关键事实，对被告人认罪认罚的自愿性、真实性等进行发问，确认被告人是否实施犯罪，是否真诚悔罪。

被告人违背意愿认罪认罚，或者认罪认罚后又反悔，依法需要转换程序的，应当按照普通程序对案件重新审理。发现存在刑讯逼供等非法取证行为的，依照法律规定处理。

40. 量刑建议的采纳。对于人民检察院提出的量刑建议，人民法院应当依法进行审查。对于事实清楚，证据确实、充分，指控的罪名准确，量刑建议适当的，人民法院应当采纳。具有下列情形之一的，不予采纳：

（一）被告人的行为不构成犯罪或者不应当追究刑事责任的；

（二）被告人违背意愿认罪认罚的；

（三）被告人否认指控的犯罪事实的；

（四）起诉指控的罪名与审理认定的罪名不一致的；

（五）其他可能影响公正审判的情形。

对于人民检察院起诉指控的事实清楚，量刑建议适当，但指控的罪名与审理认定的罪名不一致的，人民法院可以听取人民检察院、被告人及其辩护人对审理认定罪名的意见，依法作出裁判。

人民法院不采纳人民检察院量刑建议的，应当说明理由和依据。

41. 量刑建议的调整。人民法院经审理，认为量刑建议明显不当，或者被告人、辩护人对量刑建议有异议且有理由据的，人民法院应当告知人民检察院，人民检察院可以调整量刑建议。人民法院认为调整后的量刑建议适当的，应当予以采纳；人民检察院不调整量刑建议或者调整后仍然明显不当的，人民法院应当依法作出判决。

适用速裁程序审理的，人民检察院调整量刑建议应当在庭前或者当庭提出。调整量刑建议后，被告人同意继续适用速裁程序的，不需要转换程序处理。

42. 速裁程序的适用条件。基层人民法院管辖的可能判处三年有期徒刑以下刑罚的案件，案件事实清楚，证据确实、充分，被告人认罪认罚并同意适用速裁程序的，可以适用速裁程序，由审判员一人独任审判。人民检察院提起公诉时，可以建议人民法院适用速裁程序。

有下列情形之一的，不适用速裁程序办理：

（一）被告人是盲、聋、哑人，或者是尚未完全丧失辨认或者控制自己行为能力的精神病人的；

（二）被告人是未成年人的；

（三）案件有重大社会影响的；

（四）共同犯罪案件中部分被告人对指控的犯罪事实、罪名、量刑建议或者适用速裁程序有异议的；

（五）被告人与被害人或者其法定代理人没有就附带民事诉讼赔偿等事项达成调解或者和解协议的；

（六）其他不宜适用速裁程序办理的案件。

43. 速裁程序的审理期限。适用速裁程序审理案件，人民法院应当在受理后十日以内审结；对可能判处的有期徒刑超过一年的，应当在十五日以内审结。

44. 速裁案件的审理程序。适用速裁程序审理案件，不受刑事诉讼法规定的送达期限的限制，一般不进行法庭调查、法庭辩论，但在判决宣告前应当听取辩护人的意见和被告人的最后陈述意见。

人民法院适用速裁程序审理案件，可以在向被告人送达起诉书时一并送达权利义务告知书、开庭传票，并核实被告人自然信息等情况。根据需要，可以集中送达。

人民法院适用速裁程序审理案件，可以集中开庭，逐案审理。人民检察院可以指派公诉人集中出庭支持公诉。公诉人简要宣读起诉书后，审判人员应当当庭询问被告人对指控事实、证据、量刑建议以及适用速裁程序的意见，核实具结书签署的自愿性、真实性、合法性，并核实附带民事诉讼赔偿等情况。

适用速裁程序审理案件，应当当庭宣判。集中审理的，可以集中当庭宣判。宣判时，根据案件需要，可以由审判员进行法庭教育。裁判文书可以简化。

45. 速裁案件的二审程序。被告人不服适用速裁程序作出的第一审判决提出上诉的案件，可以不开庭审理。第二审人民法院审查后，按照下列情形分别处理：

（一）发现被告人以事实不清、证据不足为由提出上诉的，应当裁定撤销原判，发回原审人民法院适用普通程序重新审理，不再按认罪认罚案件从宽处罚；

（二）发现被告人以量刑不当为由提出上诉的，原判量刑适当的，应当裁定驳回上诉，维持原判；原判量刑不当的，经审理后依法改判。

46. 简易程序的适用。基层人民法院管辖的被告人认罪认罚案件，事实清楚、证据充分，被告人对适用简易程序没有异议的，可以适用简易程序审判。

适用简易程序审理认罪认罚案件，公诉人可以简要宣读起诉书，审判人员当庭询问被告人对指控的犯罪事实、证据、量刑建议及适用简易程序的意见，核实具结书签署的自愿性、真实性、合法性。法庭调查可以简化，但对有争议的事实和证据应当进行调查、质证，法庭辩论可以仅围绕有争议的问题进行。裁判文书可以简化。

47. 普通程序的适用。适用普通程序办理认罪认罚案件，可以适当简化法庭调查、辩论程序。公诉人宣读起诉书后，合议庭当庭询问被告人对指控的犯罪事实、证据及量刑建议的意见，核实具结书签署的自愿性、真实性、合法性。公诉人、辩护人、审判人员对被告人的讯问、发问可以简化。对控辩双方无异议的证据，可以仅就证据名称及证明内容进行说明；对控辩双方有异议，或者法庭认为有必要调查核实的证据，应当出示并进行质证。法庭辩论主要围绕有争议的问题进行，裁判文书可以适当简化。

48. 程序转换。人民法院在适用速裁程序审理过程中，发现有被告人的行为不构成犯罪或者不应当追究刑事责任、被告人违背意愿认罪认罚、被告人否认指控的犯罪事实情形的，应当转为普通程序审理。发现其他不宜适用速裁程序但符合简易程序适用条件的，应当转为简易程序重新审理。

发现有不宜适用简易程序审理情形的，应当转为普通程序审理。

人民检察院在人民法院适用速裁程序审理案件过程中，发现有不宜适用速裁程序审理情形的，应当建议人民法院转为普通程序或者简易程序重新审理；发现有不宜适用简易程序审理情形的，应当建议人民法院转为普通程序重新审理。

49. 被告人当庭认罪认罚案件的处理。被告人在侦查、审查起诉阶段没有认罪认罚，但当庭认罪，愿意接受处罚的，人民法院应当根据审理查明的事实，就定罪和量刑听取控辩双方意见，依法作出裁判。

50. 第二审程序中被告人认罪认罚案件的处理。被告人在第一审程序中未认罪认罚，在第二审程序中认罪认罚的，审理程序依照刑事诉讼法规定的第二审程序进行。第二审人民法院应当根据其认罪认罚的价值、作用决定是否从宽，并依法作出裁判。确定从宽幅度时应当与第一审程序认罪认罚有所区别。

十一、认罪认罚的反悔和撤回

51. 不起诉后反悔的处理。因犯罪嫌疑人认罪认罚，人民检察院依照刑事诉讼法第一百七十七条第二款作出不起诉决定后，犯罪嫌疑人否认指控的犯罪事实或者不积极履行赔礼道歉、退赃退赔、赔偿损失等义务的，人民检察院应当进行审查，区分下列情形依法作出处理：

（一）发现犯罪嫌疑人没有犯罪事实，或者符合刑事诉讼法第十六条规定的情形之一的，应当撤销原不起诉决定，依法重新作出不起诉决定；

（二）认为犯罪嫌疑人仍属于犯罪情节轻微，依照刑法规定不需要判处刑罚或者免除刑罚的，可以维持原不起诉决定；

（三）排除认罪认罚因素后，符合起诉条件的，应当根据案件具体情况撤销原不起诉决定，依法提起公诉。

52. 起诉前反悔的处理。犯罪嫌疑人认罪认罚，签署认罪认罚具结书，在人民检察院提起公诉前反悔的，具结书失效，人民检察院应当在全面审查事实证据的基础上，依法提起公诉。

53. 审判阶段反悔的处理。案件审理过程中，被告人反悔不再认罪认罚的，人民法院应当根据审理查明的事实，依法作出裁判。需要转换程序的，依照本意见的相关规定处理。

54. 人民检察院的法律监督。完善人民检察院对侦查活动和刑事审判活动的监督机制，加强对认罪认罚案件办理全过程的监督，规范认罪认罚案件的抗诉工作，确保无罪的人不受刑事追究、有罪的人受到公正处罚。

十二、未成年人认罪认罚案件的办理

55. 听取意见。人民法院、人民检察院办理未成年人认罪认罚案件，应当听取未成年犯罪嫌疑人、被告人的法定代理人的意见，法定代理人无法到场的，应当听取合适成年人的意见，但受案时犯罪嫌疑人已经成年的除外。

56. 具结书签署。未成年犯罪嫌疑人签署认罪认罚具结书时，其法定代理人应当到场并签字确认。法定代理人无法到场的，合适成年人应当到场签字确认。法定代理人、辩护人对未成年人认罪认罚有异议的，不需要签署认罪认罚具结书。

57. 程序适用。未成年人认罪认罚案件，不适用速裁程序，但应当贯彻教育、感化、挽救的方针，坚持从快从宽原则，确保案件及时办理，最大限度保护未成年人合法权益。

58. 法治教育。办理未成年人认罪认罚案件，应当做好未成年犯罪嫌疑人、被告人的认罪服法、悔过教育工作，实现惩教结合目的。

十三、附则

59. 国家安全机关、军队保卫部门、中国海警局、监狱办理刑事案件，适用本意见的有关规定。

60. 本指导意见由会签单位协商解释，自发布之日起施行。

最高人民法院关于审理发生在我国管辖海域
相关案件若干问题的规定（二）

（法释〔2016〕17号）

发布日期：2016-08-01
实施日期：2016-08-02
法规类型：司法解释

为正确审理发生在我国管辖海域相关案件，维护当事人合法权益，根据《中华人民共和国刑法》《中华人民共和国渔业法》《中华人民共和国民事诉讼法》《中华人民共和国刑事诉讼法》《中华人民共和国行政诉讼法》，结合审判实际，制定本规定。

第一条 当事人因船舶碰撞、海洋污染等事故受到损害，请求侵权人赔偿渔船、渔具、渔货损失以及收入损失的，人民法院应予支持。

当事人违反渔业法第二十三条，未取得捕捞许可证从事海上捕捞作业，依照前款规定主张收入损失的，人民法院不予支持。

第二条 人民法院在审判执行工作中，发现违法行为，需要有关单位对其依法处理的，应及时向相关单位提出司法建议，必要时可以抄送该单位的上级机关或者主管部门。违法行为涉嫌犯罪的，依法移送刑事侦查部门处理。

第三条 违反我国国（边）境管理法规，非法进入我国领海，具有下列情形之一的，应当认定为刑法第三百二十二条规定的"情节严重"：

（一）经驱赶拒不离开的；

（二）被驱离后又非法进入我国领海的；

（三）因非法进入我国领海被行政处罚或者被刑事处罚后，一年内又非法进入我国领海的；

（四）非法进入我国领海从事捕捞水产品等活动，尚不构成非法捕捞水产品等犯罪的；

（五）其他情节严重的情形。

第四条 违反保护水产资源法规，在海洋水域，在禁渔区、禁渔期或者使用禁用的工具、方法捕捞水产品，具有下列情形之一的，应当认定为刑法第三百四十条规定的"情节严重"：

（一）非法捕捞水产品一万公斤以上或者价值十万元以上的；

（二）非法捕捞有重要经济价值的水生动物苗种、怀卵亲体二千公斤以上或者价值二万元以上的；

（三）在水产种质资源保护区内捕捞水产品二千公斤以上或者价值二万元以上的；

（四）在禁渔区内使用禁用的工具或者方法捕捞的；

（五）在禁渔期内使用禁用的工具或者方法捕捞的；

（六）在公海使用禁用渔具从事捕捞作业，造成严重影响的；

（七）其他情节严重的情形。

第五条 非法采捕珊瑚、砗磲或者其他珍贵、濒危水生野生动物，具有下列情形之一的，应当认定为刑法第三百四十一条第一款规定的"情节严重"：

（一）价值在五十万元以上的；

（二）非法获利二十万元以上的；

（三）造成海域生态环境严重破坏的；

（四）造成严重国际影响的；

（五）其他情节严重的情形。

实施前款规定的行为，具有下列情形之一的，应当认定为刑法第三百四十一条第一款规定的"情节特别严重"：

（一）价值或者非法获利达到本条第一款规定标准五倍以上的；

（二）价值或者非法获利达到本条第一款规定的标准，造成海域生态环境严重破坏的；

（三）造成海域生态环境特别严重破坏的；

（四）造成特别严重国际影响的；

（五）其他情节特别严重的情形。

第六条 非法收购、运输、出售珊瑚、砗磲或者其他珍贵、濒危水生野生动物及其制品，具有下列情形之一的，应当认定为刑法第三百四十一条第一款规定的"情节严重"：

（一）价值在五十万元以上的；

（二）非法获利在二十万元以上的；

（三）具有其他严重情节的。

非法收购、运输、出售珊瑚、砗磲或者其他珍贵、濒危水生野生动物及其制品，具有下列情形之一的，应当认定为刑法第三百四十一条第一款规定的"情节特别严重"：

（一）价值在二百五十万元以上的；

（二）非法获利在一百万元以上的；

（三）具有其他特别严重情节的。

第七条 对案件涉及的珍贵、濒危水生野生动物的种属难以确定的，由司法鉴定机构出具鉴定意见，或者由国务院渔业行政主管部门指定的机构出具报告。

珍贵、濒危水生野生动物或者其制品的价值，依照国务院渔业行政主管部门的规定核定。核定价值低于实际交易价格的，以实际交易价格认定。

本解释所称珊瑚、砗磲，是指列入《国家重点保护野生动物名录》中国家一、二级保护的，以及列入《濒危野生动植物种国际贸易公约》附录一、附录二中的珊瑚、砗磲的所有种，包括活体和死体。

第八条 实施破坏海洋资源犯罪行为，同时构成非法捕捞罪、非法猎捕、杀害珍贵、濒危野生动物罪、组织他人偷越国（边）境罪、偷越国（边）境罪等犯罪的，依照处罚较重的规定定罪处罚。

有破坏海洋资源犯罪行为，又实施走私、妨害公务等犯罪的，依照数罪并罚的规定处理。

第九条 行政机关在行政诉讼中提交的于中华人民共和国领域外形成的，符合我国相关法律规定的证据，可以作为人民法院认定案件事实的依据。

下列证据不得作为定案依据：

（一）调查人员不具有所在国法律规定的调查权；

（二）证据调查过程不符合所在国法律规定，或者违反我国法律、法规的禁止性规定；

（三）证据不完整，或保管过程存在瑕疵，不能排除篡改可能的；

（四）提供的证据为复制件、复制品，无法与原件核对，且所在国执法部门亦未提供证明复制件、复制品与原件一致的公函；

（五）未履行中华人民共和国与该国订立的有关条约中规定的证明手续，或者未经所在国公证机关证明，并经中华人民共和国驻该国使领馆认证；

（六）不符合证据真实性、合法性、关联性的其他情形。

第十条 行政相对人未依法取得捕捞许可证擅自进行捕捞，行政机关认为该行为构成渔业法第四十一条规定的"情节严重"情形的，人民法院应当从以下方面综合审查，并作出认定：

（一）是否未依法取得渔业船舶检验证书或渔业船舶登记证书；

（二）是否故意遮挡、涂改船名、船籍港；

（三）是否标写伪造、变造的渔业船舶船名、船籍港，或者使用伪造、变造的渔业船舶证书；

（四）是否标写其他合法渔业船舶的船名、船籍港或者使用其他渔业船舶证书；

（五）是否非法安装挖捕珊瑚等国家重点保护水生野生动物设施；

（六）是否使用相关法律、法规、规章禁用的方法实施捕捞；

（七）是否非法捕捞水产品、非法捕捞有重要经济价值的水生动物苗种、怀卵亲体或者在水产种质资源保护区内捕捞水产品，数量或价值较大；

（八）是否于禁渔区、禁渔期实施捕捞；

（九）是否存在其他严重违法捕捞行为的情形。

第十一条 行政机关对停靠在渔港，无船名、船籍港和船舶证书的船舶，采取禁止离港、指定地点停放等强制措施，行政相对人以行政机关超越法定职权为由提起诉讼的，人民法院不予支持。

第十二条 无船名、无船籍港、无渔业船舶证书的船舶从事非法捕捞，行政机关经审慎调查，在无相反证据的情况下，将现场负责人或者实际负责人认定为违法行为人的，人民法院应予支持。

第十三条 行政机关有证据证明行政相对人采取将装载物品倒入海中等故意毁灭证据的行为，但行政相对人予以否认的，人民法院可以根据行政相对人的行为给行政机关举证造成困难的实际情况，适当降低行政机关的证明标准或者决定由行政相对人承担相反事实的证明责任。

第十四条 外国公民、无国籍人、外国组织，认为我国海洋、公安、海关、渔业行政主管部门及其所属的渔政监督管理机构等执法部门在行政执法过程中侵害其合法权益的，可以依据行政诉讼法等相关法律规定提起行政诉讼。

第十五条 本规定施行后尚未审结的一审、二审案件，适用本规定；本规定施行前已经终审，当事人申请再审或者按照审判监督程序决定再审的案件，不适用本规定。

第十六条 本规定自 2016 年 8 月 2 日起施行。

最高人民法院关于审理发生在我国管辖海域相关案件若干问题的规定（一）

（法释〔2016〕16 号）

发布日期：2016-08-01

实施日期：2016-08-02

法规类型：司法解释

为维护我国领土主权、海洋权益，平等保护中外当事人合法权利，明确我国管辖海域的司法管辖与法律适用，根据《中华人民共和国领海及毗连区法》《中华人民共和国专属经济区和大陆架法》《中华人民共和国刑法》《中华人民共和国出境入境管理法》《中华人民共和国治安管理处罚法》《中华人民共和国刑事诉讼法》《中华人民共和国民事诉讼法》《中华人民共和国海事诉讼特别程序法》《中华人民共和国行政诉讼法》及中华人民共和国缔结或者参加的有关国际条约，结合审判实际，制定本规定。

第一条 本规定所称我国管辖海域，是指中华人民共和国内水、领海、毗连区、专属经济区、大陆架，以及中华人民共和国管辖的其他海域。

第二条 中国公民或组织在我国与有关国家缔结的协定确定的共同管理的渔区或公海从事捕捞等作业的，适用本规定。

第三条 中国公民或者外国人在我国管辖海域实施非法猎捕、杀害珍贵濒危野生动物或者非法捕捞水产品等犯罪的，依照我国刑法追究刑事责任。

第四条 有关部门依据出境入境管理法、治安管理处罚法，对非法进入我国内水从事渔业生产或者渔业资源调查的外国人，作出行政强制措施或行政处罚决定，行政相对人不服的，可分别依据出境入境管理法第六十四条和治安管理处罚法第一百零二条的规定，向有关机关申请复议或向有管辖权的人民法院提起行政诉讼。

第五条 因在我国管辖海域内发生海损事故，请求损害赔偿提起的诉讼，由管辖该海域的海事法院、事故船舶最先到达地的海事法院、船舶被扣押地或者被告住所地海事法院管辖。

因在公海等我国管辖海域外发生海损事故，请求损害赔偿在我国法院提起的诉讼，由事故船舶最先到达地、船舶被扣押地或者被告住所地海事法院管辖。

事故船舶为中华人民共和国船舶的，还可以由船籍港所在地海事法院管辖。

第六条 在我国管辖海域内，因海上航运、渔业生产及其他海上作业造成污染，破坏海洋生态环境，请求损害赔偿提起的诉讼，由管辖该海域的海事法院管辖。

污染事故发生在我国管辖海域外，对我国管辖海域造成污染或污染威胁，请求损害赔偿或者预防措施费用提起的诉讼，由管辖该海域的海事法院或采取预防措施地的海事法院管辖。

第七条 本规定施行后尚未审结的案件，适用本规定；本规定施行前已经终审，当事人申请再审或者按照审判监督程序决定再审的案件，不适用本规定。

第八条 本规定自 2016 年 8 月 2 日起施行。

人民检察院办理羁押必要性审查案件规定（试行）

（高检发执检字〔2016〕1 号）

发布日期：2016-01-22
实施日期：2016-01-22
法规类型：规范性文件

第一章 总 则

第一条 为了加强和规范羁押必要性审查工作，维护被逮捕的犯罪嫌疑人、被告人合法权益，保障刑事诉讼活动顺利进行，根据《中华人民共和国刑事诉讼法》、《人民检察院刑事诉讼规则（试行）》等有关规定，结合检察工作实际，制定本规定。

第二条 羁押必要性审查，是指人民检察院依据《中华人民共和国刑事诉讼法》第九十三条规定，对被逮捕的犯罪嫌疑人、被告人有无继续羁押的必要性进行审查，对不需要继续羁押的，建议办案机关予以释放或者变更强制措施的监督活动。

第三条 羁押必要性审查案件由办案机关对应的同级人民检察院刑事执行检察部门统一办理,侦查监督、公诉、侦查、案件管理、检察技术等部门予以配合。

第四条 羁押必要性审查案件的受理、立案、结案、释放或者变更强制措施建议书等应当依照有关规定在检察机关统一业务应用系统登记、流转和办理,案件管理部门在案件立案后对办案期限、办案程序、办案质量等进行管理、监督、预警。

第五条 办理羁押必要性审查案件过程中,涉及国家秘密、商业秘密、个人隐私的,应当保密。

第六条 人民检察院进行羁押必要性审查,不得滥用建议权影响刑事诉讼依法进行。

第二章 立 案

第七条 犯罪嫌疑人、被告人及其法定代理人、近亲属、辩护人申请进行羁押必要性审查的,应当说明不需要继续羁押的理由。有相关证明材料的,应当一并提供。

第八条 羁押必要性审查的申请由办案机关对应的同级人民检察院刑事执行检察部门统一受理。

办案机关对应的同级人民检察院控告检察、案件管理等部门收到羁押必要性审查申请后,应当在一个工作日以内移送本院刑事执行检察部门。

其他人民检察院收到羁押必要性审查申请的,应当告知申请人向办案机关对应的同级人民检察院提出申请,或者在两个工作日以内将申请材料移送办案机关对应的同级人民检察院,并告知申请人。

第九条 刑事执行检察部门收到申请材料后,应当进行初审,并在三个工作日以内提出是否立案审查的意见。

第十条 刑事执行检察部门应当通过检察机关统一业务应用系统等途径及时查询本院批准或者决定、变更、撤销逮捕措施的情况。

第十一条 刑事执行检察部门对本院批准逮捕和同级人民法院决定逮捕的犯罪嫌疑人、被告人,应当依职权对羁押必要性进行初审。

第十二条 经初审,对于犯罪嫌疑人、被告人可能具有本规定第十七条、第十八条情形之一的,检察官应当制作立案报告书,经检察长或者分管副检察长批准后予以立案。

对于无理由或者理由明显不成立的申请,或者经人民检察院审查后未提供新的证明材料或者没有新的理由而再次申请的,由检察官决定不予立案,并书面告知申请人。

第三章 审 查

第十三条 人民检察院进行羁押必要性审查,可以采取以下方式:

(一)审查犯罪嫌疑人、被告人不需要继续羁押的理由和证明材料;

(二)听取犯罪嫌疑人、被告人及其法定代理人、辩护人的意见;

(三)听取被害人及其法定代理人、诉讼代理人的意见,了解是否达成和解协议;

(四)听取现阶段办案机关的意见;

(五)听取侦查监督部门或者公诉部门的意见;

(六)调查核实犯罪嫌疑人、被告人的身体状况;

(七)其他方式。

第十四条 人民检察院可以对羁押必要性审查案件进行公开审查。但是,涉及国家秘密、商业秘密、个人隐私的案件除外。

公开审查可以邀请与案件没有利害关系的人大代表、政协委员、人民监督员、特约检察员参加。

第十五条　人民检察院应当根据犯罪嫌疑人、被告人涉嫌犯罪事实、主观恶性、悔罪表现、身体状况、案件进展情况、可能判处的刑罚和有无再危害社会的危险等因素，综合评估有无必要继续羁押犯罪嫌疑人、被告人。

第十六条　评估犯罪嫌疑人、被告人有无继续羁押必要性可以采取量化方式，设置加分项目、减分项目、否决项目等具体标准。犯罪嫌疑人、被告人的得分情况可以作为综合评估的参考。

第十七条　经羁押必要性审查，发现犯罪嫌疑人、被告人具有下列情形之一的，应当向办案机关提出释放或者变更强制措施的建议：

（一）案件证据发生重大变化，没有证据证明有犯罪事实或者犯罪行为系犯罪嫌疑人、被告人所为的；

（二）案件事实或者情节发生变化，犯罪嫌疑人、被告人可能被判处拘役、管制、独立适用附加刑、免予刑事处罚或者判决无罪的；

（三）继续羁押犯罪嫌疑人、被告人，羁押期限将超过依法可能判处的刑期的；

（四）案件事实基本查清，证据已经收集固定，符合取保候审或者监视居住条件的。

第十八条　经羁押必要性审查，发现犯罪嫌疑人、被告人具有下列情形之一，且具有悔罪表现，不予羁押不致发生社会危险性的，可以向办案机关提出释放或者变更强制措施的建议：

（一）预备犯或者中止犯；

（二）共同犯罪中的从犯或者胁从犯；

（三）过失犯罪的；

（四）防卫过当或者避险过当的；

（五）主观恶性较小的初犯；

（六）系未成年人或者年满七十五周岁的人；

（七）与被害方依法自愿达成和解协议，且已经履行或者提供担保的；

（八）患有严重疾病、生活不能自理的；

（九）系怀孕或者正在哺乳自己婴儿的妇女；

（十）系生活不能自理的人的唯一扶养人；

（十一）可能被判处一年以下有期徒刑或者宣告缓刑的；

（十二）其他不需要继续羁押犯罪嫌疑人、被告人的情形。

第十九条　办理羁押必要性审查案件应当制作羁押必要性审查报告，报告中应当写明犯罪嫌疑人或者被告人基本情况、原案简要情况和诉讼阶段、立案审查理由和证据、办理情况、审查意见等。

第四章　结　案

第二十条　办理羁押必要性审查案件，应当在立案后十个工作日以内决定是否提出释放或者变更强制措施的建议。案件复杂的，可以延长五个工作日。

第二十一条　经审查认为无继续羁押必要的，检察官应当报经检察长或者分管副检察长批准，以本院名义向办案机关发出释放或者变更强制措施建议书，并要求办案机关在十日以内回复处理情况。

释放或者变更强制措施建议书应当说明不需要继续羁押犯罪嫌疑人、被告人的理由和法律依据。

第二十二条　人民检察院应当跟踪办案机关对释放或者变更强制措施建议的处理情况。

办案机关未在十日以内回复处理情况的，可以报经检察长或者分管副检察长批准，以本院名义向其发出纠正违法通知书，要求其及时回复。

第二十三条 经审查认为有继续羁押必要的，由检察官决定结案，并通知办案机关。

第二十四条 对于依申请立案审查的案件，人民检察院办结后，应当将提出建议和办案机关处理情况，或者有继续羁押必要的审查意见和理由及时书面告知申请人。

第二十五条 刑事执行检察部门应当通过检察机关统一业务应用系统等途径将审查情况、提出建议和办案机关处理情况及时通知本院侦查监督、公诉、侦查等部门。

第五章 附 则

第二十六条 对于检察机关正在侦查或者审查起诉的案件，刑事执行检察部门进行羁押必要性审查的，参照本规定办理。

第二十七条 人民检察院依看守所建议进行羁押必要性审查的，参照依申请进行羁押必要性审查的程序办理。

第二十八条 检察人员办理羁押必要性审查案件应当纳入检察机关司法办案监督体系，有受贿、玩忽职守、滥用职权、徇私枉法、泄露国家秘密等违纪违法行为的，依纪依法严肃处理；构成犯罪的，依法追究刑事责任。

第二十九条 本规定自发布之日起试行。

关于打击走私冷冻肉品维护食品安全的通告

（国家食品药品监管总局　海关总署　公安部通告 2015 年第 29 号）

发布日期：2015-07-12
实施日期：2015-07-12
法规类型：规范性文件

近日，国务院食品安全办会同海关总署、公安部、农业部、商务部、卫生计生委、质检总局、食品药品监管总局以及中央宣传部、国家网信办等部门对打击冷冻肉品走私、维护食品安全工作进行了研究，现将有关情况和意见通告如下：

一、为严厉打击冷冻肉品走私，防止未经检验检疫的冷冻肉品通过走私渠道进入国内市场危害公众健康，防范疫病传入危害我国畜牧产业安全，今年以来海关总署会同有关部门在全国部署开展打击冷冻肉品走私专项行动，打掉了多个走私团伙，取得重大阶段性成果。在今年查获的走私冷冻肉品中，有的查获时生产日期已达四、五年之久，对所有查获的走私冷冻肉品，海关均依法予以销毁。

二、海关总署、公安部将会同有关部门部署对走私冷冻肉品犯罪行为的调查，全力追查走私入境冷冻肉品的来源及销售去向，包括幕后指使人、承运企业和相关人员、承储冷库经营企业和相关人员以及采购使用的食品生产经营者。对查获的走私冷冻肉品，有关部门将严格按照规定进行处理，严禁不合格肉品流向"餐桌"。

三、食品药品监管总局要求所有冷冻仓库、肉食品经营企业、加工企业、餐饮企业严格依照有关法律规定，不得承储、购买、销售来源不明的冷冻肉品。2014 年以来凡承储、购买、销售过来源不明冷冻肉品的生产经营者，要于 7 月底前向所在省级或地市级食品药品监管部门主动报告。企业报告的情况，地方食品药品监管部门要及时报告食品药品监管总局。欢迎广大消费者和媒体对违法行为进行监督举报，对破获重大违法案件做出贡献的，有关部门将给予相应的奖励。

四、食品药品监管总局要求北京、天津、辽宁、上海、安徽、福建、山东、河南、湖北、湖南、广东、广西、云南等省（区、市）食品药品监管部门对行政区域内所有冷库进行排查，重点检查2014年以来承储冷冻肉品的来源、数量和销售去向。凡发现入出库数量与记录不符的、来源及销售去向不明的，编造、篡改相关记录的，要依法依规严肃处理，并向社会公布调查结果。相关违法犯罪线索要及时报告食品药品监管总局并通报所在地海关、公安部门。排查情况要于8月10日前报告食品药品监管总局。各地市县两级食品药品监管部门要认真落实对行政区域内食品生产经营企业日常检查的责任，日常检查频次、检查结果要及时向社会公布。

五、媒体是食品安全社会共治的重要力量，监管部门支持媒体监督。媒体报道食品安全事件要切实做到真实、公正。

特此通告。

最高人民法院、最高人民检察院关于办理走私刑事案件适用法律若干问题的解释

（法释〔2014〕10号）

发布日期：2014-08-12
实施日期：2014-09-10
法规类型：司法解释

为依法惩治走私犯罪活动，根据刑法有关规定，现就办理走私刑事案件适用法律的若干问题解释如下：

第一条 走私武器、弹药，具有下列情形之一的，可以认定为刑法第一百五十一条第一款规定的"情节较轻"：

（一）走私以压缩气体等非火药为动力发射枪弹的枪支二支以上不满五支的；

（二）走私气枪铅弹五百发以上不满二千五百发，或者其他子弹十发以上不满五十发的；

（三）未达到上述数量标准，但属于犯罪集团的首要分子，使用特种车辆从事走私活动，或者走私的武器、弹药被用于实施犯罪等情形的；

（四）走私各种口径在六十毫米以下常规炮弹、手榴弹或者枪榴弹等分别或者合计不满五枚的。

具有下列情形之一的，依照刑法第一百五十一条第一款的规定处七年以上有期徒刑，并处罚金或者没收财产：

（一）走私以火药为动力发射枪弹的枪支一支，或者以压缩气体等非火药为动力发射枪弹的枪支五支以上不满十支的；

（二）走私第一款第二项规定的弹药，数量在该项规定的最高数量以上不满最高数量五倍的；

（三）走私各种口径在六十毫米以下常规炮弹、手榴弹或者枪榴弹等分别或者合计达到五枚以上不满十枚，或者各种口径超过六十毫米以上常规炮弹合计不满五枚的；

（四）达到第一款第一、二、四项规定的数量标准，且属于犯罪集团的首要分子，使用特种车辆从事走私活动，或者走私的武器、弹药被用于实施犯罪等情形的。

具有下列情形之一的，应当认定为刑法第一百五十一条第一款规定的"情节特别严重"：

（一）走私第二款第一项规定的枪支，数量超过该项规定的数量标准的；

（二）走私第一款第二项规定的弹药，数量在该项规定的最高数量标准五倍以上的；

（三）走私第二款第三项规定的弹药，数量超过该项规定的数量标准，或者走私具有巨大杀伤力的非常规炮弹一枚以上的；

（四）达到第二款第一项至第三项规定的数量标准，且属于犯罪集团的首要分子，使用特种车辆从事走私活动，或者走私的武器、弹药被用于实施犯罪等情形的。

走私其他武器、弹药，构成犯罪的，参照本条各款规定的标准处罚。

第二条 刑法第一百五十一条第一款规定的"武器、弹药"的种类，参照《中华人民共和国进口税则》及《中华人民共和国禁止进出境物品表》的有关规定确定。

第三条 走私枪支散件，构成犯罪的，依照刑法第一百五十一条第一款的规定，以走私武器罪定罪处罚。成套枪支散件以相应数量的枪支计，非成套枪支散件以每三十件为一套枪支散件计。

第四条 走私各种弹药的弹头、弹壳，构成犯罪的，依照刑法第一百五十一条第一款的规定，以走私弹药罪定罪处罚。具体的定罪量刑标准，按照本解释第一条规定的数量标准的五倍执行。

走私报废或者无法组装并使用的各种弹药的弹头、弹壳，构成犯罪的，依照刑法第一百五十三条的规定，以走私普通货物、物品罪定罪处罚；属于废物的，依照刑法第一百五十二条第二款的规定，以走私废物罪定罪处罚。

弹头、弹壳是否属于前款规定的"报废或者无法组装并使用"或者"废物"，由国家有关技术部门进行鉴定。

第五条 走私国家禁止或者限制进出口的仿真枪、管制刀具，构成犯罪的，依照刑法第一百五十一条第三款的规定，以走私国家禁止进出口的货物、物品罪定罪处罚。具体的定罪量刑标准，适用本解释第十一条第一款第六、七项和第二款的规定。

走私的仿真枪经鉴定为枪支，构成犯罪的，依照刑法第一百五十一条第一款的规定，以走私武器罪定罪处罚。不以牟利或者从事违法犯罪活动为目的，且无其他严重情节的，可以依法从轻处罚；情节轻微不需要判处刑罚的，可以免予刑事处罚。

第六条 走私伪造的货币，数额在二千元以上不满二万元，或者数量在二百张（枚）以上不满二千张（枚）的，可以认定为刑法第一百五十一条第一款规定的"情节较轻"。

具有下列情形之一的，依照刑法第一百五十一条第一款的规定处七年以上有期徒刑，并处罚金或者没收财产：

（一）走私数额在二万元以上不满二十万元，或者数量在二千张（枚）以上不满二万张（枚）的；

（二）走私数额或者数量达到第一款规定的标准，且具有走私的伪造货币流入市场等情节的。

具有下列情形之一的，应当认定为刑法第一百五十一条第一款规定的"情节特别严重"：

（一）走私数额在二十万元以上，或者数量在二万张（枚）以上的；

（二）走私数额或者数量达到第二款第一项规定的标准，且属于犯罪集团的首要分子，使用特种车辆从事走私活动，或者走私的伪造货币流入市场等情形的。

第七条 刑法第一百五十一条第一款规定的"货币"，包括正在流通的人民币和境外货币。伪造的境外货币数额，折合成人民币计算。

第八条　走私国家禁止出口的三级文物二件以下的，可以认定为刑法第一百五十一条第二款规定的"情节较轻"。

具有下列情形之一的，依照刑法第一百五十一条第二款的规定处五年以上十年以下有期徒刑，并处罚金：

（一）走私国家禁止出口的二级文物不满三件，或者三级文物三件以上不满九件的；

（二）走私国家禁止出口的三级文物不满三件，且具有造成文物严重毁损或者无法追回等情节的。

具有下列情形之一的，应当认定为刑法第一百五十一条第二款规定的"情节特别严重"：

（一）走私国家禁止出口的一级文物一件以上，或者二级文物三件以上，或者三级文物九件以上的；

（二）走私国家禁止出口的文物达到第二款第一项规定的数量标准，且属于犯罪集团的首要分子，使用特种车辆从事走私活动，或者造成文物严重毁损、无法追回等情形的。

第九条　走私国家一、二级保护动物未达到本解释附表中（一）规定的数量标准，或者走私珍贵动物制品数额不满二十万元的，可以认定为刑法第一百五十一条第二款规定的"情节较轻"。

具有下列情形之一的，依照刑法第一百五十一条第二款的规定处五年以上十年以下有期徒刑，并处罚金：

（一）走私国家一、二级保护动物达到本解释附表中（一）规定的数量标准的；

（二）走私珍贵动物制品数额在二十万元以上不满一百万元的；

（三）走私国家一、二级保护动物未达到本解释附表中（一）规定的数量标准，但具有造成该珍贵动物死亡或者无法追回等情节的。

具有下列情形之一的，应当认定为刑法第一百五十一条第二款规定的"情节特别严重"：

（一）走私国家一、二级保护动物达到本解释附表中（二）规定的数量标准的；

（二）走私珍贵动物制品数额在一百万元以上的；

（三）走私国家一、二级保护动物达到本解释附表中（一）规定的数量标准，且属于犯罪集团的首要分子，使用特种车辆从事走私活动，或者造成该珍贵动物死亡、无法追回等情形的。

不以牟利为目的，为留作纪念而走私珍贵动物制品进境，数额不满十万元的，可以免予刑事处罚；情节显著轻微的，不作为犯罪处理。

第十条　刑法第一百五十一条第二款规定的"珍贵动物"，包括列入《国家重点保护野生动物名录》中的国家一、二级保护野生动物，《濒危野生动植物种国际贸易公约》附录Ⅰ、附录Ⅱ中的野生动物，以及驯养繁殖的上述动物。

走私本解释附表中未规定的珍贵动物的，参照附表中规定的同属或者同科动物的数量标准执行。

走私本解释附表中未规定珍贵动物的制品的，按照《最高人民法院、最高人民检察院、国家林业局、公安部、海关总署关于破坏野生动物资源刑事案件中涉及的 CITES 附录Ⅰ和附录Ⅱ所列陆生野生动物制品价值核定问题的通知》（林濒发〔2012〕239 号）的有关规定核定价值。

第十一条　走私国家禁止进出口的货物、物品，具有下列情形之一的，依照刑法第一百五十一条第三款的规定处五年以下有期徒刑或者拘役，并处或者单处罚金：

（一）走私国家一级保护野生植物五株以上不满二十五株，国家二级保护野生植物十株以上不满五十株，或者珍稀植物、珍稀植物制品数额在二十万元以上不满一百万元的；

（二）走私重点保护古生物化石或者未命名的古生物化石不满十件，或者一般保护古生物化石十件以上不满五十件的；

（三）走私禁止进出口的有毒物质一吨以上不满五吨，或者数额在二万元以上不满十万元的；

（四）走私来自境外疫区的动植物及其产品五吨以上不满二十五吨，或者数额在五万元以上不满二十五万元的；

（五）走私木炭、硅砂等妨害环境、资源保护的货物、物品十吨以上不满五十吨，或者数额在十万元以上不满五十万元的；

（六）走私旧机动车、切割车、旧机电产品或者其他禁止进出口的货物、物品二十吨以上不满一百吨，或者数额在二十万元以上不满一百万元的；

（七）数量或者数额未达到本款第一项至第六项规定的标准，但属于犯罪集团的首要分子，使用特种车辆从事走私活动，造成环境严重污染，或者引起甲类传染病传播、重大动植物疫情等情形的。

具有下列情形之一的，应当认定为刑法第一百五十一条第三款规定的"情节严重"：

（一）走私数量或者数额超过前款第一项至第六项规定的标准的；

（二）达到前款第一项至第六项规定的标准，且属于犯罪集团的首要分子，使用特种车辆从事走私活动，造成环境严重污染，或者引起甲类传染病传播、重大动植物疫情等情形的。

第十二条 刑法第一百五十一条第三款规定的"珍稀植物"，包括列入《国家重点保护野生植物名录》《国家重点保护野生药材物种名录》《国家珍贵树种名录》中的国家一、二级保护野生植物、国家重点保护的野生药材、珍贵树木，《濒危野生动植物种国际贸易公约》附录Ⅰ、附录Ⅱ中的野生植物，以及人工培育的上述植物。

本解释规定的"古生物化石"，按照《古生物化石保护条例》的规定予以认定。走私具有科学价值的古脊椎动物化石、古人类化石，构成犯罪的，依照刑法第一百五十一条第二款的规定，以走私文物罪定罪处罚。

第十三条 以牟利或者传播为目的，走私淫秽物品，达到下列数量之一的，可以认定为刑法第一百五十二条第一款规定的"情节较轻"：

（一）走私淫秽录像带、影碟五十盘（张）以上不满一百盘（张）的；

（二）走私淫秽录音带、音碟一百盘（张）以上不满二百盘（张）的；

（三）走私淫秽扑克、书刊、画册一百副（册）以上不满二百副（册）的；

（四）走私淫秽照片、画片五百张以上不满一千张的；

（五）走私其他淫秽物品相当于上述数量的。

走私淫秽物品在前款规定的最高数量以上不满最高数量五倍的，依照刑法第一百五十二条第一款的规定处三年以上十年以下有期徒刑，并处罚金。

走私淫秽物品在第一款规定的最高数量五倍以上，或者在第一款规定的最高数量以上不满五倍，但属于犯罪集团的首要分子，使用特种车辆从事走私活动等情形的，应当认定为刑法第一百五十二条第一款规定的"情节严重"。

第十四条 走私国家禁止进口的废物或者国家限制进口的可用作原料的废物，具有下列情形之一的，应当认定为刑法第一百五十二条第二款规定的"情节严重"：

（一）走私国家禁止进口的危险性固体废物、液态废物分别或者合计达到一吨以上不满五吨的；

（二）走私国家禁止进口的非危险性固体废物、液态废物分别或者合计达到五吨以上不满二十五吨的；

（三）走私国家限制进口的可用作原料的固体废物、液态废物分别或者合计达到二十吨以上不满一百吨的；

（四）未达到上述数量标准，但属于犯罪集团的首要分子，使用特种车辆从事走私活动，或者造成环境严重污染等情形的。

具有下列情形之一的，应当认定为刑法第一百五十二条第二款规定的"情节特别严重"：

（一）走私数量超过前款规定的标准的；

（二）达到前款规定的标准，且属于犯罪集团的首要分子，使用特种车辆从事走私活动，或者造成环境严重污染等情形的；

（三）未达到前款规定的标准，但造成环境严重污染且后果特别严重的。

走私置于容器中的气态废物，构成犯罪的，参照前两款规定的标准处罚。

第十五条 国家限制进口的可用作原料的废物的具体种类，参照国家有关部门的规定确定。

第十六条 走私普通货物、物品，偷逃应缴税额在十万元以上不满五十万元的，应当认定为刑法第一百五十三条第一款规定的"偷逃应缴税额较大"；偷逃应缴税额在五十万元以上不满二百五十万元的，应当认定为"偷逃应缴税额巨大"；偷逃应缴税额在二百五十万元以上的，应当认定为"偷逃应缴税额特别巨大"。

走私普通货物、物品，具有下列情形之一，偷逃应缴税额在三十万元以上不满五十万元的，应当认定为刑法第一百五十三条第一款规定的"其他严重情节"；偷逃应缴税额在一百五十万元以上不满二百五十万元的，应当认定为"其他特别严重情节"：

（一）犯罪集团的首要分子；

（二）使用特种车辆从事走私活动的；

（三）为实施走私犯罪，向国家机关工作人员行贿的；

（四）教唆、利用未成年人、孕妇等特殊人群走私的；

（五）聚众阻挠缉私的。

第十七条 刑法第一百五十三条第一款规定的"一年内曾因走私被给予二次行政处罚后又走私"中的"一年内"，以因走私第一次受到行政处罚的生效之日与"又走私"行为实施之日的时间间隔计算确定；"被给予二次行政处罚"的走私行为，包括走私普通货物、物品以及其他货物、物品；"又走私"行为仅指走私普通货物、物品。

第十八条 刑法第一百五十三条规定的"应缴税额"，包括进出口货物、物品应当缴纳的进出口关税和进口环节海关代征的税额。应缴税额以走私行为实施时的税则、税率、汇率和完税价格计算；多次走私的，以每次走私行为实施时的税则、税率、汇率和完税价格逐票计算；走私行为实施时间不能确定的，以案发时的税则、税率、汇率和完税价格计算。

刑法第一百五十三条第三款规定的"多次走私未经处理"，包括未经行政处理和刑事处理。

第十九条 刑法第一百五十四条规定的"保税货物"，是指经海关批准，未办理纳税手续进境，在境内储存、加工、装配后应予复运出境的货物，包括通过加工贸易、补偿贸易等方式进口的货物，以及在保税仓库、保税工厂、保税区或者免税商店内等储存、加工、寄售的货物。

第二十条 直接向走私人非法收购走私进口的货物、物品，在内海、领海、界河、界湖运输、收购、贩卖国家禁止进出口的物品，或者没有合法证明，在内海、领海、界河、界湖运输、收购、贩卖国家限制进出口的货物、物品，构成犯罪的，应当按照走私货物、物品的种类，分别依照刑法第一百五十一条、第一百五十二条、第一百五十三条、第三百四十七条、第三百五十条的规定定罪处罚。

刑法第一百五十五条第二项规定的"内海"，包括内河的入海口水域。

第二十一条 未经许可进出口国家限制进出口的货物、物品，构成犯罪的，应当依照刑法第一百五十一条、第一百五十二条的规定，以走私国家禁止进出口的货物、物品罪等罪名定罪处罚；偷逃应缴税额，同时又构成走私普通货物、物品罪的，依照处罚较重的规定定罪处罚。

取得许可，但超过许可数量进出口国家限制进出口的货物、物品，构成犯罪的，依照刑法第一百五十三条的规定，以走私普通货物、物品罪定罪处罚。

租用、借用或者使用购买的他人许可证，进出口国家限制进出口的货物、物品的，适用本条第一款的规定定罪处罚。

第二十二条 在走私的货物、物品中藏匿刑法第一百五十一条、第一百五十二条、第三百四十七条、第三百五十条规定的货物、物品，构成犯罪的，以实际走私的货物、物品定罪处罚；构成数罪的，实行数罪并罚。

第二十三条 实施走私犯罪，具有下列情形之一的，应当认定为犯罪既遂：

（一）在海关监管现场被查获的；

（二）以虚假申报方式走私，申报行为实施完毕的；

（三）以保税货物或者特定减税、免税进口的货物、物品为对象走私，在境内销售的，或者申请核销行为实施完毕的。

第二十四条 单位犯刑法第一百五十一条、第一百五十二条规定之罪，依照本解释规定的标准定罪处罚。

单位犯走私普通货物、物品罪，偷逃应缴税额在二十万元以上不满一百万元的，应当依照刑法第一百五十三条第二款的规定，对单位判处罚金，并对其直接负责的主管人员和其他直接责任人员，处三年以下有期徒刑或者拘役；偷逃应缴税额在一百万元以上不满五百万元的，应当认定为"情节严重"；偷逃应缴税额在五百万元以上的，应当认定为"情节特别严重"。

第二十五条 本解释发布实施后，《最高人民法院关于审理走私刑事案件具体应用法律若干问题的解释》（法释〔2000〕30号）、《最高人民法院关于审理走私刑事案件具体应用法律若干问题的解释（二）》（法释〔2006〕9号）同时废止。之前发布的司法解释与本解释不一致的，以本解释为准。

最高人民法院　最高人民检察院　公安部印发《关于办理走私、非法买卖麻黄碱类复方制剂等刑事案件适用法律若干问题的意见》的通知

（法发〔2012〕12号）

发布日期：2012-06-18
实施日期：2012-06-18
法规类型：司法解释

各省、自治区、直辖市高级人民法院、人民检察院、公安厅（局），解放军军事法院、军事检察院，新疆维吾尔自治区高级人民法院生产建设兵团分院，新疆生产建设兵团人民检察院、公安局：

为从源头上惩治毒品犯罪，遏制麻碱类复方制剂流入非法渠道被用于制造毒品，最高人民法院、最高人民检察院、公安部制定了《关于办理走私、非法买卖麻黄碱类复方制剂等刑事案件适用法律若干问题的意见》。现印发给你们，请认真贯彻执行。执行中遇到的问题，请及时分别层报最高人民法院、最高人民检察院、公安部。

为从源头上打击、遏制毒品犯罪，根据刑法等有关规定，结合司法实践，现就办理走私、非法买卖麻黄碱类复方制剂等刑事案件适用法律的若干问题，提出以下意见：

一、关于走私、非法买卖麻黄碱类复方制剂等行为的定性

以加工、提炼制毒物品制造毒品为目的，购买麻黄碱类复方制剂，或者运输、携带、寄递麻黄碱类复方制剂进出境的，依照刑法第三百四十七条的规定，以制造毒品罪定罪处罚。

以加工、提炼制毒物品为目的，购买麻黄碱类复方制剂，或者运输、携带、寄递麻黄碱类复方制剂进出境的，依照刑法第三百五十条第一款、第三款的规定，分别以非法买卖制毒物品罪、走私制毒物品罪定罪处罚。

将麻黄碱类复方制剂拆除包装、改变形态后进行走私或者非法买卖，或者明知是已拆除包装、改变形态的麻黄碱类复方制剂而进行走私或者非法买卖的，依照刑法第三百五十条第一款、第三款的规定，分别以走私制毒物品罪、非法买卖制毒物品罪定罪处罚。

非法买卖麻黄碱类复方制剂或者运输、携带、寄递麻黄碱类复方制剂进出境，没有证据证明系用于制造毒品或者走私、非法买卖制毒物品，或者未达到走私制毒物品罪、非法买卖制毒物品罪的定罪数量标准，构成非法经营罪、走私普通货物、物品罪等其他犯罪的，依法定罪处罚。

实施第一款、第二款规定的行为，同时构成其他犯罪的，依照处罚较重的规定定罪处罚。

二、关于利用麻黄碱类复方制剂加工、提炼制毒物品行为的定性

以制造毒品为目的，利用麻黄碱类复方制剂加工、提炼制毒物品的，依照刑法第三百四十七条的规定，以制造毒品罪定罪处罚。

以走私或者非法买卖为目的，利用麻黄碱类复方制剂加工、提炼制毒物品的，依照刑法第三百五十条第一款、第三款的规定，分别以走私制毒物品罪、非法买卖制毒物品罪定罪处罚。

三、关于共同犯罪的认定

明知他人利用麻黄碱类制毒物品制造毒品，向其提供麻黄碱类复方制剂，为其利用麻黄碱类复方制剂加工、提炼制毒物品，或者为其获取、利用麻黄碱类复方制剂提供其他帮助的，以制造毒品罪的共犯论处。

明知他人走私或者非法买卖麻黄碱类制毒物品，向其提供麻黄碱类复方制剂，为其利用麻黄碱类复方制剂加工、提炼制毒物品，或者为其获取、利用麻黄碱类复方制剂提供其他帮助的，分别以走私制毒物品罪、非法买卖制毒物品罪的共犯论处。

四、关于犯罪预备、未遂的认定

实施本意见规定的行为，符合犯罪预备或者未遂情形的，依照法律规定处罚。

五、关于犯罪嫌疑人、被告人主观目的与明知的认定

对于本意见规定的犯罪嫌疑人、被告人的主观目的与明知，应当根据物证、书证、证人证言以及犯罪嫌疑人、被告人供述和辩解等在案证据，结合犯罪嫌疑人、被告人的行为表现，重点考虑以下因素综合予以认定：

1. 购买、销售麻黄碱类复方制剂的价格是否明显高于市场交易价格；
2. 是否采用虚假信息、隐蔽手段运输、寄递、存储麻黄碱类复方制剂；
3. 是否采用伪报、伪装、藏匿或者绕行进出境等手段逃避海关、边防等检查；
4. 提供相关帮助行为获得的报酬是否合理；
5. 此前是否实施过同类违法犯罪行为；
6. 其他相关因素。

六、关于制毒物品数量的认定

实施本意见规定的行为，以走私制毒物品罪、非法买卖制毒物品罪定罪处罚的，应当以涉案麻黄碱类复方制剂中麻黄碱类物质的含量作为涉案制毒物品的数量。

实施本意见规定的行为，以制造毒品罪定罪处罚的，应当将涉案麻黄碱类复方制剂所含的麻黄碱类物质可以制成的毒品数量作为量刑情节考虑。

多次实施本意见规定的行为未经处理的，涉案制毒物品的数量累计计算。

七、关于定罪量刑的数量标准

实施本意见规定的行为，以走私制毒物品罪、非法买卖制毒物品罪定罪处罚的，涉案麻黄碱类复方制剂所含的麻黄碱类物质应当达到以下数量标准：麻黄碱、伪麻黄碱、消旋麻黄碱及其盐类五千克以上不满五十千克；去甲麻黄碱、甲基麻黄碱及其盐类十千克以上不满一百千克；麻黄浸膏、麻黄浸膏粉一百千克以上不满一千千克。达到上述数量标准上限的，认定为刑法第三百五十条第一款规定的"数量大"。

实施本意见规定的行为，以制造毒品罪定罪处罚的，无论涉案麻黄碱类复方制剂所含的麻黄碱类物质数量多少，都应当追究刑事责任。

八、关于麻黄碱类复方制剂的范围

本意见所称麻黄碱类复方制剂是指含有《易制毒化学品管理条例》（国务院令第445号）品种目录所列的麻黄碱（麻黄素）、伪麻黄碱（伪麻黄素）、消旋麻黄碱（消旋麻黄素）、去甲麻黄碱（去甲麻黄素）、甲基麻黄碱（甲基麻黄素）及其盐类，或者麻黄浸膏、麻黄浸膏粉等麻黄碱类物质的药品复方制剂。

公安部关于海关缉私部门认定管制刀具问题的批复

（公治〔2011〕550号）

发布日期：2011-09-16

实施日期：2011-09-16

法规类型：规范性文件

海关总署缉私局：

你局《关于鉴定管制刀具有关问题的请示》（缉私〔2011〕197号）收悉。现批复如下：

经研究，同意海关缉私部门对海关监管区内查获的管制刀具进行认定，由隶属海关缉私分局以上缉私部门依据公安部制定的《管制刀具认定标准》（公通字〔2007〕2号）组织实施。对难以做出准确认定或有争议的，由上一级海关缉私部门会同当地公安机关治安管理部门认定。海关缉私分局以上缉私部门应确定两名以上具有良好政治、业务素质，责任心强、有一定工作经验的民警负责认定工作。对送检认定和收缴的管制刀具，由隶属海关缉私分局以上缉私部门登记造册，妥善保管，适时集中销毁。

海关总署关于转发办理走私案件期间发生税率调整是否适用"从旧兼从轻"原则有关文件的通知

（署缉发〔2004〕292号）

发布日期：2014-12-18

实施日期：2014-12-18

法规类型：规范性文件

广东分署，天津、上海特派办，各直属海关：

近期，部分海关在办理走私普通货物、物品犯罪案件过程中，连续遇到因在办案期间国家关税税率、税种发生变更，当地司法机关以适用刑法"从旧兼从轻"原则为由，相继作出不起诉或建议海关缉私部门撤案的决定。总署认为该类案件不应适用"从旧兼从轻"原则，并就此问题函请最高人民检察院、最高人民法院予以明确。近日，最高人民检察院和最高人民法院研究室明确答复我署，在办理走私案件期间发生税率调整不适用"从旧兼从轻"原则；案发后，国家关税税率、税种发生的变更，不影响对该行为人的走私行为是否构成犯罪的认定。由于该问题在海关执法工作中具有普遍性，现将有关文件转发给你们，请据此办理此类案件。

最高人民法院、最高人民检察院、海关总署
关于办理走私刑事案件适用法律若干问题的意见

（法〔2002〕139号）

发布日期：2002-07-08
实施日期：2002-07-08
法规类型：司法解释

为研究解决近年来公安、司法机关在办理走私刑事案件中遇到的新情况、新问题，最高人民法院、最高人民检察院、海关总署共同开展了调查研究，根据修订后的刑法及有关司法解释的规定，在总结侦查、批捕、起诉、审判工作经验的基础上，就办理走私刑事案件的程序、证据以及法律适用等问题提出如下意见：

一、关于走私犯罪案件的管辖问题

根据刑事诉讼法的规定，走私犯罪案件由犯罪地的走私犯罪侦查机关立案侦查。走私犯罪案件复杂，环节多，其犯罪地可能涉及多个犯罪行为发生地，包括货物、物品的进口（境）地、出口（境）地、报关地、核销地等。如果发生刑法第一百五十四条、第一百五十五条规定的走私犯罪行为的，走私货物、物品的销售地、运输地、收购地和贩卖地均属于犯罪行为的发生地。对有多个走私犯罪行为发生地的，由最初受理的走私犯罪侦查机关或者由主要犯罪地的走私犯罪侦查机关管辖。对管辖有争议的，由共同的上级走私犯罪侦查机关指定管辖。

对发生在海（水）上的走私犯罪案件由该辖区的走私犯罪侦查机关管辖，但对走私船舶有跨辖区连续追缉情形的，由缉获走私船舶的走私犯罪侦查机关管辖。

人民检察院受理走私犯罪侦查机关提请批准逮捕、移送审查起诉的走私犯罪案件，人民法院审理人民检察院提起公诉的走私犯罪案件，按照《最高人民法院、最高人民检察院、公安部、司法部、海关总署关于走私犯罪侦查机关办理走私犯罪案件适用刑事诉讼程序若干问题的通知》（署侦〔1998〕742号）的有关规定执行。

二、关于电子数据证据的收集、保全问题

走私犯罪侦查机关对于能够证明走私犯罪案件真实情况的电子邮件、电子合同、电子帐册、单位内部的电子信息资料等电子数据应当作为刑事证据予以收集、保全。

侦查人员应当对提取、复制电子数据的过程制作有关文字说明，记明案由、对象、内容、提取、复制的时间、地点，电子数据的规格、类别、文件格式等，并由提取、复制电子数据的制作人、电子数据的持有人和能够证明提取、复制过程的见证人签名或者盖章，附所提取、复制的电子数据一并随案移送。

电子数据的持有人不在案或者拒绝签字的，侦查人员应当记明情况；有条件的可将提取、复制有关电子数据的过程拍照或者录像。

三、关于办理走私普通货物、物品刑事案件偷逃应缴税额的核定问题

在办理走私普通货物、物品刑事案件中，对走私行为人涉嫌偷逃应缴税额的核定，应当由走私犯罪案件管辖地的海关出具《涉嫌走私的货物、物品偷逃税款海关核定证明书》（以下简称《核定证明书》）。海关出具的《核定证明书》，经走私犯罪侦查机关、人民检察院、人民法院审查确认，可以作为办案的依据和定罪量刑的证据。

走私犯罪侦查机关、人民检察院和人民法院对《核定证明书》提出异议或者因核定偷税额的事实发生变化，认为需要补充核定或者重新核定的，可以要求原出具《核定证明书》的海关补充核定或者重新核定。

走私犯罪嫌疑人、被告人或者辩护人对《核定证明书》有异议，向走私犯罪侦查机关、人民检察院或者人民法院提出重新核定申请的，经走私犯罪侦查机关、人民检察院或者人民法院同意，可以重新核定。重新核定应当另行指派专人进行。

四、关于走私犯罪嫌疑人的逮捕条件

对走私犯罪嫌疑人提请逮捕和审查批准逮捕，应当依照刑事诉讼法第六十条规定的逮捕条件来办理。一般按照下列标准掌握：

（一）有证据证明有走私犯罪事实

1. 有证据证明发生了走私犯罪事实

有证据证明发生了走私犯罪事实，须同时满足下列两项条件：

（1）有证据证明发生了违反国家法律、法规，逃避海关监管的行为；

（2）查扣的或者有证据证明的走私货物、物品的数量、价值或者偷逃税额达到刑法及相关司法解释规定的起刑点。

2. 有证据证明走私犯罪事实系犯罪嫌疑人实施的

有下列情形之一，可认为走私犯罪事实系犯罪嫌疑人实施的：

（1）现场查获犯罪嫌疑人实施走私犯罪的；

（2）视听资料显示犯罪嫌疑人实施走私犯罪的；

（3）犯罪嫌疑人供认的；

（4）有证人证言指证的；

（5）有同案的犯罪嫌疑人供述的；

（6）其他证据能够证明犯罪嫌疑人实施走私犯罪的。

3. 证明犯罪嫌疑人实施走私犯罪行为的证据已经查证属实的

符合下列证据规格要求之一，属于证明犯罪嫌疑人实施走私犯罪行为的证据已经查证属实的：

（1）现场查获犯罪嫌疑人实施犯罪，有现场勘查笔录、留置盘问记录、海关扣留查问笔录或者海关查验（检查）记录等证据证实的；

（2）犯罪嫌疑人的供述有其他证据能够印证的；

（3）证人证言能够相互印证的；

（4）证人证言或者同案犯供述能够与其他证据相互印证的；

（5）证明犯罪嫌疑人实施走私犯罪的其他证据已经查证属实的。

（二）可能判处有期徒刑以上的刑罚

是指根据刑法第一百五十一条、第一百五十二条、第一百五十三条、第三百四十七条、第三百五十条等规定和《最高人民法院关于审理走私刑事案件具体应用法律若干问题的解释》等有关司法解释的规定，结合已查明的走私犯罪事实，对走私犯罪嫌疑人可能判处有期徒刑以上的刑罚。

（三）采取取保候审、监视居住等方法，尚不足以防止发生社会危险性而有逮捕必要的

主要是指：走私犯罪嫌疑人可能逃跑、自杀、串供、干扰证人作证以及伪造、毁灭证据等妨碍刑事诉讼活动的正常进行的，或者存在行凶报复、继续作案可能的。

五、关于走私犯罪嫌疑人、被告人主观故意的认定问题

行为人明知自己的行为违反国家法律法规，逃避海关监管，偷逃进出境货物、物品的应缴税额，或者逃避国家有关进出境的禁止性管理，并且希望或者放任危害结果发生的，应认

定为具有走私的主观故意。

走私主观故意中的"明知"是指行为人知道或者应当知道所从事的行为是走私行为。具有下列情形之一的，可以认定为"明知"，但有证据证明确属被蒙骗的除外：

（一）逃避海关监管，运输、携带、邮寄国家禁止进出境的货物、物品的；

（二）用特制的设备或者运输工具走私货物、物品的；

（三）未经海关同意，在非设关的码头、海（河）岸、陆路边境等地点，运输（驳载）、收购或者贩卖非法进出境货物、物品的；

（四）提供虚假的合同、发票、证明等商业单证委托他人办理通关手续的；

（五）以明显低于货物正常进（出）口的应缴税额委托他人代理进（出）口业务的；

（六）曾因同一种走私行为受过刑事处罚或者行政处罚的；

（七）其他有证据证明的情形。

六、关于行为人对其走私的具体对象不明确的案件的处理问题

走私犯罪嫌疑人主观上具有走私犯罪故意，但对其走私的具体对象不明确的，不影响走私犯罪构成，应当根据实际的走私对象定罪处罚。但是，确有证据证明行为人因受蒙骗而对走私对象发生认识错误的，可以从轻处罚。

七、关于走私珍贵动物制品行为的处罚问题

走私珍贵动物制品的，应当根据刑法第一百五十一条第二、四、五款和《最高人民法院关于审理走私刑事案件具体应用法律若干问题的解释》（以下简称《解释》）第四条的有关规定予以处罚，但同时具有下列情形，情节较轻的，一般不以犯罪论处：

（一）珍贵动物制品购买地允许交易；

（二）入境人员为留作纪念或者作为礼品而携带珍贵动物制品进境，不具有牟利目的的。

同时具有上述两种情形，达到《解释》第四条第三款规定的量刑标准的，一般处五年以下有期徒刑，并处罚金；达到《解释》第四条第四款规定的量刑标准的，一般处五年以上有期徒刑，并处罚金。

八、关于走私旧汽车、切割车等货物、物品的行为的定罪问题

走私刑法第一百五十一条、第一百五十二条、第三百四十七条、第三百五十条规定的货物、物品以外的，已被国家明令禁止进出口的货物、物品，例如旧汽车、切割车、侵犯知识产权的货物、来自疫区的动植物及其产品等，应当依照刑法第一百五十三条的规定，以走私普通货物、物品罪追究刑事责任。

九、关于利用购买的加工贸易登记手册、特定减免税批文等涉税单证进口货物行为的定性处理问题

加工贸易登记手册、特定减免税批文等涉税单证是海关根据国家法律法规以及有关政策性规定，给予特定企业用于保税货物经营管理和减免税优惠待遇的凭证。利用购买的加工贸易登记手册、特定减免税批文等涉税单证进口货物，实质是将一般贸易货物伪报为加工贸易保税货物或者特定减免税货物进口，以达到偷逃应缴税款的目的，应当适用刑法第一百五十三条以走私普通货物、物品罪定罪处罚。如果行为人与走私分子通谋出售上述涉税单证，或者在出卖批文后又以提供印章、向海关伪报保税货物、特定减免税货物等方式帮助买方办理进口通关手续的，对卖方依照刑法第一百五十六条以走私罪共犯定罪处罚。买卖上述涉税单证情节严重尚未进口货物的，依照刑法第二百八十条的规定定罪处罚。

十、关于在加工贸易活动中骗取海关核销行为的认定问题

在加工贸易经营活动中，以假出口、假结转或者利用虚假单证等方式骗取海关核销，致使保税货物、物品脱离海关监管，造成国家税款流失，情节严重的，依照刑法第一百五十三条的规定，以走私普通货物、物品罪追究刑事责任。但有证据证明因不可抗力原因导致保税货物脱离海关监管，经营人无法办理正常手续而骗取海关核销的，不认定为走私犯罪。

十一、关于伪报价格走私犯罪案件中实际成交价格的认定问题

走私犯罪案件中的伪报价格行为，是指犯罪嫌疑人、被告人在进出口货物、物品时，向海关申报进口或者出口的货物、物品的价格低于或者高于进出口货物的实际成交价格。

对实际成交价格的认定，在无法提取真、伪两套合同、发票等单证的情况下，可以根据犯罪嫌疑人、被告人的付汇渠道、资金流向、会计账册、境内外收发货人的真实交易方式，以及其他能够证明进出口货物实际成交价格的证据材料综合认定。

十二、关于出售走私货物已缴纳的增值税应否从走私偷逃应缴税额中扣除的问题

走私犯罪嫌疑人为出售走私货物而开具增值税专用发票并缴纳增值税，是其走私行为既遂后在流通领域获违法所得的一种手段，属于非法开具增值税专用发票。对走私犯罪嫌疑人因出售走私货物而实际缴纳走私货物增值税的，在核定走私货物偷逃应缴税额时，不应当将其已缴纳的增值税额从其走私偷逃应缴税额中扣除。

十三、关于刑法第一百五十四条规定的"销售牟利"的理解问题

刑法第一百五十四条第（一）、（二）项规定的"销售牟利"，是指行为人主观上为了牟取非法利益而擅自销售海关监管的保税货物、特定减免税货物。该种行为是否构成犯罪，应当根据偷逃的应缴税额是否达到刑法第一百五十三条及相关司法解释规定的数额标准予以认定。实际获利与否或者获利多少并不影响其定罪。

十四、关于海上走私犯罪案件如何追究运输人的刑事责任问题

对刑法第一百五十五条第（二）项规定的实施海上走私犯罪行为的运输人、收购人或者贩卖人应当追究刑事责任。对运输人，一般追究运输工具的负责人或者主要责任人的刑事责任，但对于事先通谋的、集资走私的、或者使用特殊的走私运输工具从事走私犯罪活动的，可以追究其他参与人员的刑事责任。

十五、关于刑法第一百五十六条规定的"与走私罪犯通谋"的理解问题

通谋是指犯罪行为人之间事先或者事中形成的共同的走私故意。下列情形可以认定为通谋：

（一）对明知他人从事走私活动而同意为其提供贷款、资金、账号、发票、证明、海关单证，提供运输、保管、邮寄或者其他方便的；

（二）多次为同一走私犯罪分子的走私行为提供前项帮助的。

十六、关于放纵走私罪的认定问题

依照刑法第四百一十一条的规定，负有特定监管义务的海关工作人员徇私舞弊，利用职权，放任、纵容走私犯罪行为，情节严重的，构成放纵走私罪。放纵走私行为，一般是消极的不作为。如果海关工作人员与走私分子通谋，在放纵走私过程中以积极的行为配合走私分子逃避海关监管或者在放纵走私之后分得赃款的，应以共同走私犯罪追究刑事责任。

海关工作人员收受贿赂又放纵走私的，应以受贿罪和放纵走私罪数罪并罚。

十七、关于单位走私犯罪案件诉讼代表人的确定及其相关问题

单位走私犯罪案件的诉讼代表人，应当是单位的法定代表人或者主要负责人。单位的法定代表人或者主要负责人被依法追究刑事责任或者因其他原因无法参与刑事诉讼的，人民检察院应当另行确定被告单位的其他负责人作为诉讼代表人参加诉讼。

接到出庭通知的被告单位的诉讼代表人应当出庭应诉。拒不出庭的，人民法院在必要的时候，可以拘传到庭。

对直接负责的主管人员和其他直接责任人员均无法归案的单位走私犯罪案件，只要单位走私犯罪的事实清楚、证据确实充分，且能够确定诉讼代表人代表单位参与刑事诉讼活动的，可以先行追究该单位的刑事责任。

被告单位没有合适人选作为诉讼代表人出庭的，因不具备追究该单位刑事责任的诉讼条件，可按照单位犯罪的条款先行追究单位犯罪中直接负责的主管人员或者其他直接责任人员的刑事责任。人民法院在对单位犯罪中直接负责的主管人员或者直接责任人员进行判决时，对于扣押、冻结的走私货物、物品、违法所得以及属于犯罪单位所有的走私犯罪工具，应当一并判决予以追缴、没收。

十八、关于单位走私犯罪及其直接负责的主管人员和直接责任人员的认定问题

具备下列特征的，可以认定为单位走私犯罪：（1）以单位的名义实施走私犯罪，即由单位集体研究决定，或者由单位的负责人或者被授权的其他人员决定、同意；（2）为单位谋取不正当利益或者违法所得大部分归单位所有。

依照《最高人民法院关于审理单位犯罪案件具体应用法律有关问题的解释》第二条的规定，个人为进行违法犯罪活动而设立的公司、企业、事业单位实施犯罪的，或者个人设立公司、企业、事业单位后，以实施犯罪为主要活动的，不以单位犯罪论处。单位是否以实施犯罪为主要活动，应根据单位实施走私行为的次数、频度、持续时间、单位进行合法经营的状况等因素综合考虑认定。

根据单位人员在单位走私犯罪活动中所发挥的不同作用，对其直接负责的主管人员和其他直接责任人员，可以确定为一人或者数人。对于受单位领导指派而积极参与实施走私犯罪行为的人员，如果其行为在走私犯罪的主要环节起重要作用的，可以认定为单位犯罪的直接责任人员。

十九、关于单位走私犯罪后发生分立、合并或者其他资产重组情形以及单位被依法注销、宣告破产等情况下，如何追究刑事责任的问题

单位走私犯罪后，单位发生分立、合并或者其他资产重组等情况的，只要承受该单位权利义务的单位存在，应当追究单位走私犯罪的刑事责任。走私单位发生分立、合并或者其他资产重组后，原单位名称发生更改的，仍以原单位（名称）作为被告单位。承受原单位权利义务的单位法定代表人或者负责人为诉讼代表人。

单位走私犯罪后，发生分立、合并或者其他资产重组情形，以及被依法注销、宣告破产等情况的，无论承受该单位权利义务的单位是否存在，均应追究原单位直接负责的主管人员和其他直接责任人员的刑事责任。

人民法院对原走私单位判处罚金，应当将承受原单位权利义务的单位作为被执行人。罚金超出新单位所承受的财产的，可在执行中予以减除。

二十、关于单位与个人共同走私普通货物、物品案件的处理问题

单位和个人（不包括单位直接负责的主管人员和其他直接责任人员）共同走私的，单位和个人均应对共同走私所偷逃应缴税额负责。

对单位和个人共同走私偷逃应缴税额为5万元以上不满25万元的，应当根据其在案件中所起的作用，区分不同情况做出处理。单位起主要作用的，对单位和个人均不追究刑事责任，由海关予以行政处理；个人起主要作用的，对个人依照刑法有关规定追究刑事责任，对单位由海关予以行政处理。无法认定单位或个人起主要作用的，对个人和单位分别按个人犯罪和单位犯罪的标准处理。

单位和个人共同走私偷逃应缴税额超过25万元且能区分主、从犯的，应当按照刑法关于主、从犯的有关规定，对从犯从轻、减轻处罚或者免除处罚。

二十一、关于单位走私犯罪案件自首的认定问题

在办理单位走私犯罪案件中，对单位集体决定自首的，或者单位直接负责的主管人员自首的，应当认定单位自首。认定单位自首后，如实交代主要犯罪事实的单位负责的其他主管人员和其他直接责任人员，可视为自首，但对拒不交代主要犯罪事实或逃避法律追究的人员，不以自首论。

二十二、关于共同走私犯罪案件如何判处罚金刑问题审理共同走私犯罪案件时，对各共同犯罪人判处罚金的总额应掌握在共同走私行为偷逃应缴税额的一倍以上五倍以下。

二十三、关于走私货物、物品、走私违法所得以及走私犯罪工具的处理问题

在办理走私犯罪案件过程中，对发现的走私货物、物品、走私违法所得以及属于走私犯罪分子所有的犯罪工具，走私犯罪侦查机关应当及时追缴，依法予以查扣、冻结。在移送审查起诉时应当将扣押物品文件清单、冻结存款证明文件等材料随案移送，对于扣押的危险品或者鲜活、易腐、易失效、易贬值等不宜长期保存的货物、物品，已经依法先行变卖、拍卖的，应当随案移送变卖、拍卖物品清单以及原物的照片或者录像资料；人民检察院在提起公诉时应当将上述扣押物品文件清单、冻结存款证明和变卖、拍卖物品清单一并移送；人民法院在判决走私罪案件时，应当对随案清单、证明文件中载明的款、物审查确认并依法判决予以追缴、没收；海关根据人民法院的判决和海关法的有关规定予以处理，上缴中央国库。

二十四、关于走私货物、物品无法扣押或者不便扣押情况下走私违法所得的追缴问题

在办理走私普通货物、物品犯罪案件中，对于走私货物、物品因流入国内市场或者投入使用，致使走私货物、物品无法扣押或者不便扣押的，应当按照走私货物、物品的进出口完税价格认定违法所得予以追缴；走私货物、物品实际销售价格高于进出口完税价格的，应当按照实际销售价格认定违法所得予以追缴。

国家林业局关于发布破坏野生动物资源刑事案中涉及走私的象牙及其制品价值标准的通知

（林濒发〔2001〕234号）

发布日期：2001-06-13
执行日期：2001-06-13
法规类型：规范性文件

各省、自治区、直辖市林业（农林）厅（局）：

亚洲象是国家一级保护野生动物，非洲象被依法核准为国家一级保护野生动物，国家禁止亚洲象和非洲象象牙及其制品的收购、运输、出售和进出口活动。近几年来，各地、各部门严格按照《濒危野生动植物种国际贸易公约》和我国野生动物保护法规的规定，严厉打击非法收购、运输、出售走私象牙及其制品违法犯罪活动，查获了大量非法收购、运输、出售和走私象牙及其制品案件。为确保各部门依法查处上述刑事案件，依据《林业部、财政部、国家物价局关于发布〈陆生野生动物资源保护管理费收费办法〉的通知》（林护字〔1992〕72号）、《林业部关于在野生动物案件中如何确定国家重点保护野生动物及其产品价值标准的通知》（林策通字〔1996〕8号）、《国家林业局、公安部关于印发森林和陆生野生动物刑事案件管辖及立案标准的通知》（林安发〔2001〕156号）和《最高人民法院关于审理破坏野生动物资源刑事案件具体应用法律若干问题的解释》（法释〔2000〕37号）的有关规定，现将破坏野生动物资源刑事案件中涉及走私的象牙及其制品的价值标准规定如下：

一根未加工象牙的价值为25万元；由整根象牙雕刻而成的一件象牙制品，应视为一根象牙，其价值为25万元；由一根象牙切割成数段象牙块或者雕刻成数件象牙制品的，这些象牙块或者象牙制品总合，也应视为一根象牙，其价值为 25 万元；对于无法确定是否属一根象牙切割或者雕刻成的象牙块或象牙制品，应根据其重量来核定，单价为 41667 元/千克。按上述价值标准核定的象牙及其制品价格低于实际销售价的按实际销售价格执行。

凡过去的有关规定与本通知不一致的，按本通知执行。

国务院关于严厉打击卷烟走私整顿卷烟市场通告的批复

（国函〔2000〕13 号）

发布日期：2000-02-12
实施日期：2000-02-18
法规类型：规范性文件

国家经贸委、公安部、海关总署、国家工商行政管理局、国家烟草专卖局：

国务院批准修改后的《关于严厉打击卷烟走私整顿卷烟市场的通告》，由国家烟草专卖局、公安部、海关总署、国家工商行政管理局发布施行。

附：关于严厉打击卷烟走私整顿卷烟市场的通告

附

关于严厉打击卷烟走私整顿卷烟市场的通告

为维护国家和消费者利益，进一步严厉打击卷烟走私的违法犯罪活动，整顿卷烟市场，保护民族卷烟工业和经营者的合法权益，特通告如下：

一、企业、事业单位和机关、团体以及个人走私卷烟或非法收购、运输、邮寄、贩卖、窝藏走私卷烟和其他非正常渠道流入市场的进口卷烟的，由海关、公安、工商行政管理和烟草专卖行政主管部门依法在其职责范围内进行处理；构成犯罪的，移交司法机关依法追究刑事责任。

二、凡正常进口的卷烟必须在箱包、条包和盒包上印有"由中国烟草总公司专卖"字样；免税店经营的卷烟必须有"中国关税未付"和国务院烟草专卖行政主管部门规定的专门标识；处理没收的非法进口卷烟在销售前，必须有烟草专卖行政主管部门在箱包和条包上加贴由国家烟草专卖局制定的"没收非法进口卷烟"专门标识。无上述标志的外国卷烟、出口倒流国产卷烟，由海关、公安、工商行政管理和烟草专卖行政主管部门予以没收。

三、在境内跨省（自治区、直辖市）运输进口卷烟（含处理没收的走私卷烟），必须持有国家烟草专卖行政主管部门开具的准运证；省（自治区、直辖市）内运输，必须持有省级烟草专卖行政主管部门开具的准运证。海关监管卷烟的转关运输，必须持有海关出具的转关运输单证。铁路、交通、民航等部门承运的进口卷烟及邮政部门邮寄超过规定数量的进口卷烟，必须验凭烟草专卖行政主管部门开具的准运证。无准运证或无转关运输单证运输进口卷烟、无准运证超量邮寄进口卷烟的，由有关执法部门予以没收，并处以罚款，其主管部门应视情节按有关规定给予严肃处理。

四、经营合法进口卷烟、免税烟的单位，必须持有烟草专卖行政主管部门核发的特种烟草专卖经营企业许可证；经营执法部门处理没收的走私卷烟的单位，其特种烟草专卖经营企业许可证所列经营品种范围必须包括处理没收非法进口卷烟。各经营单位要按规定渠道进货。无许可证擅自经营进口卷烟、免税烟的，由烟草专卖行政主管部门依法没收其违法所得；无许可证或超过许可证规定范围经营没收非法进口卷烟的，由工商行政管理和烟草专卖行政主管部门没收其经营的非法进口卷烟。情节严重的，工商行政管理部门可依法吊销其营业执照。

五、企业、事业单位和机关、团体以及个人为走私、贩私活动提供藏匿、运输和邮寄等便利条件构成犯罪的，移送司法机关追究刑事责任；不构成犯罪的，由海关、公安、工商行政管理和烟草专卖行政主管部门依法给予处罚。

六、各执法部门没收的非法进口卷烟，按照国家有关规定进行拍卖的，应定向拍卖给持有国家烟草专卖局核发的、经营品种包括处理没收非法进口卷烟的特种烟草专卖经营企业许可证的单位。其中批发企业只能将没收非法进口卷烟销售给有零售经营权的企业。凡违反上述规定的，由工商行政管理和烟草专卖行政主管部门没收其货物。情节严重的，可取消其经营资格。

七、清理整顿卷烟交易市场，对已成为非法进口卷烟集散地和销售场所的市场要坚决予以取缔。

八、对检举揭发、协助查缉走私、贩私有功的单位和个人，按有关规定给予奖励。凡使用暴力或威胁方式抗拒或围攻执法人员查缉走私、检查市场的，视情节轻重，依法追究其刑事责任，或依照《中华人民共和国治安管理处罚条例》的规定处罚。

九、本通告自发布之日起执行。1994 年 10 月 16 日国务院批准，国家烟草专卖局、公安部、国家工商行政管理局、海关总署发布的《关于严厉打击卷烟走私整顿卷烟市场的通告》同时废止。

财政部、中国人民银行、海关总署对《关于加强缉私罚没收入缴库和缉私缉毒办案支出管理的若干规定》的补充规定的通知

（财预字〔1999〕194 号）

发布日期：1999-05-05
执行日期：1999-05-05
法规类型：规范性文件

各省、自治区、直辖市、计划单列市财政厅（局），财政部驻各省、自治区、直辖市、计划单列市财政监察专员办事处，中国人民银行各分行、营业管理部、各省会（首府）城市中心支行、大连、宁波、厦门、青岛、深圳市中心支行，广东分署、各直属海关：

为了便于缉私罚没收入征缴入库，现对《关于加强缉私罚没收入缴库和缉私缉毒办案支出管理的若干规定》（财预字〔1998〕413 号）中有关问题补充规定如下：

一、收入缴库问题

1. 在《1999 年政府预算收支科目》"一般预算收入科目"、"罚没收入"类中增设"缉私补税收入"款级科目（科目编码为4313），用于反映各级海关从没收的各类走私货物、物品的变价款和追缴的私货价款中补征的进口关税和进口货物增值税。

2. 各级海关从没收的各类走私货物、物品的变价款和追缴的私货价款中补征的关税和进

口货物增值税，平时作为"缉私补税收入"就地缴入中央国库。次年1月库款报解整理期结束前，经中央总金库与财政、海关核对无误后，由财政部出具调库凭证，按13/30和17/30的比例一次性分别调入关税（款级）和进口货物增值税（项级）科目。

3. 缉私补税收入的缴库，由海关填写"海关缉私补税收入专用缴款书"，其中"缴款单位（人）"栏填"××海关"、"科目"栏填"缉私补税收入"；扣除补税部分后的缉私罚没收入缴库由代收机构填写"一般缴款书"，其中"缴款单位"栏填"××海关"、"预算科目名称"栏填"缉私罚没收入"。

4. 海关按照规定直接收取的零星罚没收入，账面余额不足1000元的，经本级财政部门同意，可每15日上缴一次；达到1000元的，应即时上缴国库。

5. 各级海关按照财预字〔1998〕413号文件规定的缴库办法已经补征的税款，不再按本规定进行调整。

6. 海关罚没收入（即海关缉毒罚没收入和违规罚没收入等其他海关罚没收入）仍按原规定办法执行，即上缴中央财政和地方财政各50%。

二、缉私罚没物品拍卖问题

1. 财政部授权驻各地财政监察专员办事处（以下简称专员办）与各直属海关共同指定缉私物品拍卖行，并参与缉私物品委托、拍卖事宜。

2. 私货价值（按市场价估计值）超过一定数额的，专员办与直属海关参与私货的拍卖；私货价值达不到一定数额的，可由直属海关直接委托拍卖行拍卖，但事后必须向专员办备案，专员办保留抽查的权利。价值限制由专员办与直属海关协商确定。

3. 实行异地拍卖，直属海关必须事先通知案发地专员办，案发地专员办或受案地专员办委托的异地专员办视情况决定是否参与拍卖，如不参与拍卖，直属海关应在拍卖事宜完毕后向专员办及时备案。

4. 案发地的行政区划与直属海关辖区不一致时，由直属海关与其所在地的专员办共同委托拍卖。

5. 对鲜活易腐物品，直属海关可先行处理，但事后应及时报专员办备案；对保管条件要求高、不易保存的其他私货，或因路途遥远等客观条件的限制，专员办无法及时参与委托、拍卖的，直属海关必须事先取得专员办的同意后，按规定程序先行处理，事后及时报专员办备案。

6. 备案应包括拍卖私货的品种、数量、结案日期、拍卖日期、市场价、拍卖底价、成交价等有关内容。

三、特殊物品补税问题

对缉私中没收的各种货币、有价证券和文物、金银及其制品、违禁品等，不补征30%的税款。

四、有关凭证问题

1. 国库收到缉私罚没收入后，将"一般缴款书"的第五联交给海关，海关据此对账、记账和编制报表，掌握罚没收入的入库情况，督促代收机构自觉缴库。

2. 因错缴或经行政机关复议后变更罚没的罚没收入，需要从中央国库办理退付的，根据被处罚当事人申请，海关按规定程序审批，报专员办审核，由专员办开具收入退还书，从缴纳地中央国库办理退付。中央国库办理退付后，专员办将收入退还书第一联复印并签章转缴纳地海关，海关凭此核销罚没收入的退库。

五、代收机构问题

缉私罚款实行处罚决定与罚款收缴分离后，罚款代收机构的确定以及科目的使用等应严格执行《罚款代收代缴管理办法》（财预字〔1998〕201号）的有关规定。

六、利息问题

缉私暂扣款和未结案件变价款所产生的利息，在结案后作为缉私罚没收入缴库；如发生退还利息，按本规定办理退库。

各地区、各部门应认真贯彻国务院文件精神，把缉私缉毒工作作为大事、要事来抓，督促缉私罚没收入尽快缴入国库，保障缉私缉毒支出的资金来源，保证缉私缉毒工作真正落到实处。

最高人民法院关于审理单位犯罪案件具体应用法律有关问题的解释

（法释〔1999〕14号）

发布日期：1999-06-25
实施日期：1999-06-25
法规类型：司法解释

为依法惩治单位犯罪活动，根据刑法的有关规定，现对审理单位犯罪案件具体应用法律的有关问题解释如下：

第一条 刑法第三十条规定的公司、企业、事业单位，既包括国有、集体所有的公司、企业、事业单位，也包括依法设立的合资经营、合作经营企业和具有法人资格的独资、私营等公司、企业、事业单位。

第二条 个人为进行违法犯罪活动而设立的公司、企业、事业单位实施犯罪的，或者公司、企业、事业单位设立后，以实施犯罪为主要活动的，不以单位犯罪论处。

第三条 盗用单位名义实施犯罪，违法所得由实施犯罪的个人私分的，依照刑法有关自然人犯罪的规定定罪处罚。

关于加强缉私罚没收入缴库和缉私缉毒办案支出管理的若干规定

（财预字〔1998〕413号）

发布日期：1998-12-09
实施日期：1998-12-09
法规类型：规范性文件

目前，走私贩毒斗争形势十分严峻。为了依法严厉打击走私贩毒犯罪活动，进一步规范缉私罚没收入缴库办法，保障缉私缉毒办案业务需要，严格缉私缉毒办案支出管理，现作如下规定：

一、根据联合缉私、统一处理的原则，海关、公安、工商行政管理等执法部门，要加大力度，严厉打击各类走私犯罪活动。公安、工商行政管理等部门查获的走私货物、物品，一律移交海关，由海关处理。具体移交办法由海关总署、公安部、国家工商行政管理局制定。

二、各级海关应按30%的综合税率，从没收的各类走私货物、物品的变价款和追缴的私货价款中，补征进口关税和进口货物增值税，其中，13%以关税科目入库，17%以进口货物增值税科目入库。

三、补缴税款后的走私货物、物品的变价收入，追缴的私货价款，以及海关、公安和工商行政管理等执法部门处理走私案件对单位和个人处以的罚款、没收的违法所得和非法款项等，全部上缴中央财政，任何单位和个人不得截留、挪用和坐支。

四、海关、公安和工商行政管理等执法部门的缉私罚款，按国家规定，实行处罚决定与罚款收缴分离的，一律由被处罚人缴至执法单位委托的罚款代收机构。

执法人员当场收缴的罚款，应当及时上缴单位财务管理部门，不得私存私放；单位财务部门应在收款后2日内（节假日顺延）上缴罚款代收机构。

五、缉私中收缴的各种违法所得和非法款项，应当比照第四条第一款的规定，由被处罚人缴至罚款代收机构。被处罚人到代收机构缴款有困难的，可由海关、公安、工商行政管理等执法部门直接收缴，直接收缴的款项，执法部门应于收到款项后2日内（节假日顺延），上缴委托的罚款代收机构。

六、除违禁品，金银、外币、文物等国家专管或专营的不允许流通的物品以及国家指定销售部门销售的物品外，对国家法律、法规允许流通的各类走私货物、物品，在案件结案之日起15日内，由财政部驻当地财政监察专员办事机构和各地海关依照《中华人民共和国拍卖法》的规定，共同委托当地政府指定的拍卖行公开拍卖，不得交由其他商业渠道作价收购；当地没有专设拍卖行的，委托当地政府指定的公物处理单位，按拍卖程序处理。

七、委托拍卖或处理走私货物、物品的变价款，由拍卖机构或货物、物品处理单位缴至海关委托的罚款代收机构，由代收机构上交国库，海关不得收取变价款。

八、补征的税款和缉私罚没收入，按下列规定办理缴库手续：

（一）补征的税款，由代收机构根据海关填开的"海关专用缴款书"，就地缴入中央金库。

（二）缉私罚没收入，由代收机构填写一般缴款书，就地缴入中央金库，具体办法按照《罚款代收代缴管理办法》（财预字〔1998〕201号）规定办理。

九、上交中央财政的缉私罚没收入，8%部分，由中央财政核拨公安部，公安部用于补助毒品走私和贩毒严重的地区开展禁毒工作；其余的部分，50%由中央财政核拨给海关总署，作为各级海关和向海关移交走私案件的公安（含公安边防部队，下同）、工商行政管理等执法部门的缉私办案费；50%由中央财政采用转移支付的办法，返还省级（含计划单列市，下同）财政。

返还省级财政的缉私罚没收入，一部分由省级财政留作调剂资金（最高不超过30%），专门用于调剂各地的缉私经费，其余部分应转拨至案件发案地当地财政，当地财政应主要用于公安、工商行政管理、海关等执法部门的缉私办案经费。

十、缉私办案经费的开支范围包括缉私办案方面的经常性支出和专项支出。经常性支出包括海关、公安、工商行政管理部门自身的缉私办案费，支付案件移交单位和协办单位的办案费、奖金，走私货物的运输、仓储、整理等费用，举报人奖金等；专项支出包括专用技术设备、缉私车船、武器装备的购置，专用码头、缉毒犬基地等方面的建设等。

十一、缉毒办案经费的开支范围包括公安部门自身的缉毒办案、情报调研、干部培训经费和禁毒宣传费，支付缉毒案件协办单位的办案费，举报人奖金以及缉毒装备购置费、县（区）基层戒毒所的装备设施和正常维修费等。

十二、对缉私和缉毒办案以及协助办案有功的单位和人员可以给予一定奖励，奖励经费在缉私和缉毒办案经费中开支。奖励办法由海关总署、公安部、国家工商行政管理局等商财政部另行制定。

十三、对财政安排的缉私缉毒经费，各级海关、公安、工商行政管理部门要切实加强支出管理，严格支出范围，控制支出规模，不得开支与缉私和缉毒办案工作无关的项目，坚决做到专款专用，严禁挪作他用。

十四、在中央财政增加缉私缉毒办案经费之后，海关、公安、工商行政管理等执法部门应加大打击走私贩毒犯罪的力度，不断提高案件的查获率。

十五、海关处理走私案件的暂扣款，由海关暂时保管，案件结案后应上缴国库的，海关应比照本办法的规定上缴。暂扣的货物、物品，案件结案后依本办法的有关规定处理。

十六、暂扣货物、物品因特殊原因应及时变价处理的，海关可变价处理，但须报财政部驻当地财政监察专员办事机构备案，处理货物、物品的变价收入由海关暂时保管，案件结案后应上缴国库的，海关按本办法的规定上缴。

十七、本规定自文件发布之日起执行。

公安部对部分刀具实行管制的暂行规定

（〔83〕公发〔治〕31号）

发布日期：1983-03-12

实施日期：2002-11-01

法规类型：规范性文件

（根据 2002 年 11 月 1 日国发〔2002〕24 号《国务院关于取消第一批行政审批项目的决定》修正）

第一条 为了保障公民人身安全，防止不法分子利用刀具作为凶器进行犯罪活动，特制订本规定。

第二条 本规定所管制的刀具是：匕首、三棱刀（包括机械加工用的三棱刮刀）、带有自锁装置的弹簧刀（跳刀）以及其他相类似的单刃、双刃、三棱尖刀。

第三条 匕首，除中国人民解放军和人民警察作为武器、警械配备的以外，专业狩猎人员和地质、勘探等野外作业人员必须持有的，须由县以上主管单位出具证明，经县以上公安机关批准，方准持有佩带。

佩带匕首人员如果不再从事原来的职业，应将匕首交还配发单位，《匕首佩带证》交回原发证公安机关。

第四条 机械加工使用的三棱刮刀，只限工作人员在工作场所使用，不得随意带出工作场所。

第五条 制造上述管制范围内刀具的工厂、作坊，必须经县、市以上主管部门审查同意和所在地县、市公安局批准，方准生产。刀具样品及其说明（名称、规格、型号、用途、产量）须送所在地县、市公安局备案。产品须铸刻商标和号码（顺序号或批号）。

第六条 经销上述管制范围内刀具的商店，必须经县、市以上主管部门审查同意和所在地县、市公安局批准。购销要建立登记制度，备公安机关检查。

第七条 购买上述管制范围内刀具的单位和个人，必须符合第三、四条关于持有和使用的规定。军队和警察，由县、团以上单位凭上一级主管部门批准的函件，向指定单位定购。专业狩猎人员和地质、勘探等野外作业人员，由所属单位向所在地县、市公安局（公安分局）

申请。三棱刮刀，凭单位介绍信向批准经销的商店购买。

第八条 使用上述管制范围内刀具的单位，必须建立健全使用保管制度，加强刀具的管理和检查，确保安全。持有上述刀具的个人，对刀具应妥善保管，不得随意赠送、转借他人使用。发现丢失、被盗，要及时报告公安保卫部门。凡因保管不当，造成丢失、被盗，而酿成严重后果的，要追究有关人员和单位领导的责任。

第九条 严禁任何单位和个人非法制造、销售和贩卖匕首、三棱刀、弹簧刀等属于管制范围内的各种刀具。严禁非法携带上述刀具进入车站、码头、机场、公园、商场、影剧院、展览馆或其他公共场所和乘坐火车、汽车、轮船、飞机。

第十条 本规定下达后，凡制造、销售上述管制范围内各种刀具的单位和持有匕首的专业狩猎人员和地质、勘探等野外作业人员，须向公安机关补办登记许可手续。非因生产、工作需要持有上述刀具的，应一律自动送交当地公安机关。

第十一条 少数民族由于生活习惯需要佩带的刀具，由民族自治地区制订办法管理。

少数民族使用的藏刀、腰刀、靴刀等，只准在民族自治地方（自治区、自治州、自治县）销售。

第十二条 违反本规定，非法制造、销售、携带和私自保存管制范围刀具的，公安机关应予取缔，没收其刀具，并按照《中华人民共和国治安管理处罚条例》有关条款予以治安处罚；有妨害公共安全行为，情节严重，触犯刑律的，依法追究刑事责任。

第十三条 各省、市、自治区人民政府可根据本规定，制订具体管理办法，报公安部备案。

对外援助篇

对外援助管理办法

（国家国际发展合作署　外交部　商务部令 2021 年第 1 号）

发布日期：2021-08-27
实施日期：2021-10-01
法规类型：部门规章

第一章　总　则

第一条　为了加强对外援助的战略谋划和统筹协调，规范对外援助管理，提升对外援助效果，依据有关法律、行政法规制定本办法。

第二条　本办法所称对外援助是指使用政府对外援助资金向受援方提供经济、技术、物资、人才、管理等支持的活动。

第三条　对外援助的受援方主要包括与中华人民共和国已经建立外交关系且有接受援助需要的发展中国家，以及以发展中国家为主的国际组织。

在人道主义援助等紧急或者特殊情况下，发达国家或者与中华人民共和国无外交关系的发展中国家也可以作为受援方。

第四条　对外援助致力于帮助受援方减轻与消除贫困，改善受援方民生和生态环境，促进受援方经济发展和社会进步，增强受援方自主可持续发展能力，巩固和发展与受援方的友好合作关系，促进高质量共建"一带一路"，推动构建新型国际关系，推动构建人类命运共同体。

第五条　对外援助应当坚持正确义利观和真实亲诚理念，相互尊重，平等相待，合作共赢；尊重受援国主权，不干涉他国内政，不附加任何政治条件；量力而行，尽力而为，重信守诺，善始善终；因国施策，共商共建，形式多样，注重实效。

第六条　国家国际发展合作署（以下简称国际发展合作署）负责拟订对外援助方针政策，推进对外援助方式改革，归口管理对外援助资金规模和使用方向，编制对外援助项目年度预决算，确定对外援助项目，监督评估对外援助项目实施情况，组织开展对外援助国际交流合作。

商务部等对外援助执行部门（以下简称援外执行部门）负责根据对外工作需要提出对外援助相关建议，承担对外援助具体执行工作，与受援方协商和办理对外援助项目实施具体事宜，负责项目组织管理，选定对外援助项目实施主体或者派出对外援助人员，管理本部门的对外援助资金。

外交部负责根据外交工作需要提出对外援助相关建议。驻外使领馆（团）统筹管理在驻在国（国际组织）的对外援助工作，协助办理对外援助有关事务，与受援方沟通援助需求并进行政策审核，负责对外援助项目实施的境外监督管理。

第七条　国际发展合作署会同有关部门建立对外援助部际协调机制，统筹协调对外援助重大问题。

第八条　国际发展合作署制定统一的中国政府对外援助标识，负责标识使用的监督管理。

第二章　对外援助政策规划

第九条　国际发展合作署会同有关部门拟订对外援助的战略方针和中长期政策规划，按照程序报批后执行。

第十条　国际发展合作署会同有关部门制定分国别的对外援助政策，按照程序报批后执行。

第十一条　国际发展合作署会同有关部门拟订对外援助总体方案和年度计划，按照程序报批后执行。

第十二条　国际发展合作署会同有关部门研究对外援助方式的改革措施，并推动改革措施落实。

第十三条　国际发展合作署牵头推进对外援助法制化建设，与援外执行部门根据职责分工制定相应的对外援助管理制度。

第十四条　国际发展合作署建立对外援助项目储备制度，搜集、审核和确定具体国别的对外援助储备项目，并对储备项目实行动态管理。

对外援助储备项目是编制对外援助资金计划和预算，以及对外援助项目立项的主要依据。

第十五条　国际发展合作署拟订对外提供援助的援款协议草案，与受援方进行谈判，并以中国政府名义签署协议。

第三章　对外援助方式

第十六条　对外援助资金主要包括无偿援助、无息贷款和优惠贷款三种类型。

无偿援助主要用于受援方在减贫、减灾、民生、社会福利、公共服务、人道主义等方面的援助需求。

无息贷款主要用于受援方在公共基础设施、工农业生产等方面的援助需求。

优惠贷款主要用于受援方在具有经济效益的生产型项目、资源能源开发项目、较大规模的基础设施建设项目等方面的援助需求。

第十七条　国际发展合作署通过南南合作援助基金等方式创新对外援助形式。

第十八条　对外援助以项目援助为主。

在人道主义援助等紧急或者特殊情况下，可以向受援方提供现汇援助。

第十九条　对外援助项目主要包括以下类型：

（一）成套项目，即通过组织或者指导施工、安装和试生产全过程或者其中部分阶段，向受援方提供生产生活、公共服务等成套设备和工程设施，并提供长效质量保证和配套技术服务的项目；

（二）物资项目，即向受援方提供一般生产生活物资、技术性产品或者单项设备，并承担必要配套技术服务的项目；

（三）技术援助项目，即综合采用选派专家、技术工人或者提供政策和技术咨询、设备等手段帮助受援方实现某一特定政策、管理或者技术目标的项目；

（四）人力资源开发合作项目，即为受援方人员提供各种形式的学历学位教育、研修培训、人员交流以及高级专家服务的项目；

（五）志愿服务项目，即选派志愿者到受援方从事公益性服务的项目；

（六）援外医疗队项目，即选派医务服务人员，并无偿提供部分医疗设备和药品，在受援方进行定点或者巡回医疗服务的项目；

（七）紧急人道主义援助项目，即在有关国家遭受人道主义灾难的情况下，通过提供紧急救援物资、现汇或者派出救援人员等实施救助的项目；

（八）南南合作援助基金项目，即使用南南合作援助基金，支持国际组织、社会组织、智库等实施的项目。

第二十条 对外援助项目一般通过政府间援助方式实施，主要有以下方式：

（一）中方负责实施；

（二）中方与受援方按商定分工合作实施；

（三）在落实中方外部监督的前提下由受援方自主实施；

（四）中方也可以同其他国家、国际组织、非政府组织等合作实施。

第二十一条 加强对外援助资金管理、援外优惠贷款管理，有关规定另行制定。

第四章 对外援助项目立项

第二十二条 受援方有援助需求时，应当将项目建议通过驻外使领馆（团）向中方提出，驻外使领馆（团）对受援方提出的项目建议进行国别政策审核并形成明确意见后报外交部和国际发展合作署，并抄报援外执行部门。

援外执行部门可以根据工作需要向国际发展合作署提出项目建议。

第二十三条 对外援助项目在立项前应当经过可行性研究。

中方可以要求受援方提供拟立项项目的相关资料，作为进行可行性研究的前提。

第二十四条 国际发展合作署组织项目前期论证，根据可行性研究结果确定项目，并按照程序批准立项。

第二十五条 对外援助项目立项后，国际发展合作署一般应当与受援方商签政府间立项协议，明确协议各方的权利和义务，主要包括项目内容、资金安排、实施配套条件、相关税收减免、安全保障等。

第二十六条 对外援助项目实施过程中涉及立项协议内容重大调整的，国际发展合作署按照程序报批后可以进行调整并与外方签订补充立项协议。

援外执行部门可以向国际发展合作署提出调整的建议。

第二十七条 中方同其他国家、国际组织、非政府组织等合作实施的对外援助项目，国际发展合作署一般应当与合作方签合作协议，明确各方权利义务。

第二十八条 优惠贷款项下的对外援助项目，国际发展合作署应当在承办金融机构出具评审意见后按照程序批准立项，并与受援方签署优惠贷款框架协议。

第二十九条 人道主义灾难发生后，国际发展合作署会同有关部门拟订紧急援助方案，并办理立项。

第五章 对外援助实施管理

第三十条 国际发展合作署根据现行部门分工统筹安排援外执行部门组织实施项目。

援外执行部门依据立项批准内容组织实施对外援助项目，对对外援助项目的安全、质量、进度、投资控制等负责，可以委托有关机构组织实施管理。

第三十一条 国际发展合作署会同有关部门推动重大项目实施，协调解决项目实施中的问题。

第三十二条 国际发展合作署和商务部按照职责分工对外援助项目实施主体资格进行管理，制定有关管理制度。

第三十三条 对外援助项目由中方负责实施的，援外执行部门依照相关法律法规选定具体项目实施主体。

第三十四条 对外援助项目实施主体不得将所承担的任务转包或者违法分包。

第三十五条 对于无偿援助和无息贷款项下的援助项目，援外执行部门一般应当与受援方商签对外援助项目实施协议，明确规定对外援助项目实施的具体事宜和双方权利义务。

第三十六条　对于无偿援助和无息贷款项下的援助项目，援外执行部门一般应当与实施主体商签对外援助项目实施合同，明确规定对外援助项目实施的具体事宜和双方权利义务。

第三十七条　因外交、国家安全或者承担的国际义务等原因，或者因不可抗力导致对外援助项目无法实施时，国际发展合作署按照程序报批后可以中断或者终止对外援助项目。

援外执行部门可以向国际发展合作署提出中断或者终止对外援助项目的建议。

第三十八条　对外援助项目执行完毕后，中方一般应当与受援方办理政府间交接手续，商签政府间交接证书。

第三十九条　国际发展合作署、援外执行部门会同有关部门建立对外援助出口物资口岸验放机制。

除涉及国家实施出口管制的货物、技术、服务等物项外，对外援助物资出口不纳入配额和许可证管理。

第四十条　对外援助资金应当专款专用、单独核算，任何单位和个人不得挪作他用。

第四十一条　对外援助人员是指政府或者对外援助项目实施主体派遣执行对外援助任务的人员。对外援助人员在外执行对外援助任务期间享有国家规定的待遇保障。对外援助人员在受援方当地执行对外援助任务期间应当遵守中国和受援方的法律法规，尊重受援方的风俗习惯。

对外援助项目实施主体应当加强对对外援助人员的管理和监督，按照有关规定保证其派遣的对外援助人员在外执行对外援助任务期间享有相应的工作和生活待遇及人身意外伤害保障。

对外援助人员在执行对外援助任务期间作出突出贡献的，国际发展合作署和援外执行部门可以依法给予表彰。在执行对外援助任务期间牺牲的，国际发展合作署和援外执行部门可以依法报请有关部门评定为烈士。

第四十二条　对于对外援助项目实施主体的违法违规行为，任何单位和个人可以依法向国际发展合作署和援外执行部门投诉或者举报。

第六章　对外援助监督和评估

第四十三条　国际发展合作署会同援外执行部门建立对外援助项目监督制度，对对外援助项目的实施情况进行监督。

第四十四条　国际发展合作署会同援外执行部门建立对外援助项目评估制度，制定对外援助项目实施情况评估标准，组织开展评估。

第四十五条　国际发展合作署会同援外执行部门建立对外援助项目实施主体诚信评价体系，按照职责分工对实施主体参与对外援助项目过程中的行为进行信用评价和管理。

第四十六条　国际发展合作署会同援外执行部门建立对外援助项目信息报送制度。

援外执行部门向国际发展合作署报送对外援助项目组织实施情况，以及项目组织实施过程中出现的质量、安全、进度和投资控制等重大问题。

驻外使领馆（团）向国际发展合作署、外交部和援外执行部门报送对外援助项目境外监管中发现的质量、安全、进度和投资控制等重大问题。

第四十七条　国际发展合作署会同援外执行部门依法建立对外援助统计制度，收集、汇总和编制对外援助统计资料。

援外执行部门、省级人民政府有关部门、有关单位应当按照对外援助统计制度，定期向国际发展合作署报送统计数据及相关信息。

第七章　法律责任

第四十八条　对外援助项目实施主体有下列行为之一的，国际发展合作署、援外执行部门依职权给予警告或者通报批评，可以并处人民币 3 万元以下罚款，并依法公开处罚决定：

（一）将所承担的对外援助项目任务转包或者违法分包的；

（二）未按对外援助项目实施合同履行义务或者迟延履行义务，影响项目正常实施，造成严重不良影响的；

（三）挪用对外援助资金的；

（四）未按规定保证外派对外援助人员工作和生活待遇，未提供人身意外伤害保障的。

对外援助项目实施主体违反相关法律、行政法规规定的，依照规定给予行政处罚；构成犯罪的，依法追究刑事责任。

第四十九条　国际发展合作署、援外执行部门和驻外使领馆（团）的工作人员在对外援助管理中有下列行为之一的，视情节轻重给予相应处分；构成犯罪的，依法追究刑事责任：

（一）利用职务便利索取他人财物，或者非法收受他人财物为他人谋取利益的；

（二）滥用职权、玩忽职守或者徇私舞弊，致使国家利益遭受损失的；

（三）泄露国家秘密的。

第八章　附　　则

第五十条　对外军事援助，按照国家和军队有关规定执行。

第五十一条　本办法自 2021 年 10 月 1 日起施行。商务部《对外援助管理办法（试行）》（商务部令 2014 年第 5 号）同时废止。

对外援助项目咨询服务单位资格认定办法

（国家国际发展合作署令 2020 年第 4 号）

发布日期：2020-10-30

实施日期：2020-12-01

法规类型：部门规章

第一章　总　　则

第一条　为规范对外援助项目咨询服务单位（以下简称援外项目咨询服务单位）资格认定，依据《行政许可法》和《国务院对确需保留的行政审批项目设定行政许可的决定》（国务院令 2004 年第 412 号），制定本办法。

第二条　本办法所称援外项目咨询服务单位是指经资格认定，可承担中国政府对外援助项目咨询服务任务的法人组织。

援外项目咨询服务单位包括：

（一）可行性研究单位，承担援外项目可行性研究任务。具体分为：

1. 工程类可行性研究单位，承担援外成套项目、以附带工程为主的技术援助项目的可行性研究任务。

2. 物资类可行性研究单位，承担援外物资项目、以提供物资为主的技术援助项目的可行性研究任务。

3. 服务类可行性研究单位，承担规划编制、政策咨询、教育培训、技术服务等以派遣专家为主的技术援助项目的可行性研究任务。

（二）项目咨询单位，承担援外项目预可行性研究、准备性技术研究、项目建议书编制、援外优惠贷款申请报告编制、重大战略项目融资方案编制和项目申请等立项前期咨询服务任务。

（三）评估咨询单位，承担援外项目可行性研究报告和项目建议书评估、援外优惠贷款申请报告评审、重大战略项目融资方案和项目申请报告评估、项目实施情况后评估任务。

（四）经济技术咨询单位，承担援外项目概预决算的编制和审查、合同价款审定任务。

第三条　国家国际发展合作署（以下简称国际发展合作署）负责援外项目咨询服务单位的资格认定和资格管理。

省、自治区、直辖市人民政府及新疆生产建设兵团负责对外援助工作的具体部门（以下统称省级主管部门）协助国际发展合作署进行援外项目咨询服务单位资格认定。

第四条　经资格认定的援外项目咨询服务单位可在相应的资格类别范围内承担援外项目咨询服务任务。

第二章　资格条件

第五条　援外项目咨询服务单位应具备以下基本资格条件：

（一）系依照中国法律在中国境内设立的法人，包括企业、事业单位和社会团体；

（二）所有出资人均为中国投资者；

（三）具备能够从事对外援助工作的专业部门和五名以上咨询工作人员，其中主要业务负责人从事咨询业务不少于十年；

（四）具备相应类别的境内（外）咨询服务业绩，具体业绩标准另行公告；

（五）前两个会计年度未出现亏损；

（六）前两年未受过刑事处罚、未因进行非法经营活动或违反有关援外管理规章受过行政处罚；

（七）依法纳税和缴纳社会保险费；

（八）具有良好的经营诚信表现。

第六条　申请工程类可行性研究单位资格的，除具备第五条规定的基本资格条件外，还应具备国务院相关行业主管部门颁发的工程设计综合甲级或行业甲级资质，且符合国务院相关行业主管部门指导认定的工程咨询单位甲级资信评价标准。

第七条　申请项目咨询单位资格的，除具备第五条规定的基本资格条件外，还应符合国务院相关行业主管部门指导认定的工程咨询单位甲级资信评价标准。

第八条　申请评估咨询单位资格的，除具备第五条规定的基本资格条件外，还应符合国务院相关行业主管部门指导认定的工程咨询单位综合甲级资信评价标准。

第九条　申请经济技术咨询单位资格的，除具备第五条规定的基本资格条件外，还应具备国务院相关主管部门颁发的工程造价咨询企业甲级资质。

第三章　资格审查

第十条　咨询服务单位申请援外项目咨询服务单位资格，应向国际发展合作署提交以下文件：

（一）申请书；

（二）单位法人及其法定代表人身份证明文件；

（三）企业出资情况证明文件和出资人身份证明文件，事业单位法人登记有关证明文件，或社会团体登记有关证明文件；

（四）专业技术力量情况说明，包括单位能够从事对外援助工作的专业部门及其工作人员名单，以及主要业务负责人的工作履历；

（五）开展境内（外）项目咨询服务的业绩证明材料；

（六）前两个年度单位会计报表；

（七）本单位关于前两年未受过刑事处罚、未因进行非法经营活动或违反有关援外管理规章受过行政处罚的声明；

（八）税务机关出具的前两年完税证明；

（九）社会保险经办机构出具的前两年缴费证明。

除上述文件外，申请工程类可行性研究单位资格还需提交国务院相关行业主管部门颁发的工程设计综合甲级或行业甲级资质证书，以及国务院相关行业主管部门指导认定的工程咨询单位甲级资信评价证书；申请项目咨询单位资格还需提交国务院相关行业主管部门指导认定的工程咨询单位甲级资信评价证书；申请评估咨询单位资格还需提交国务院相关行业主管部门指导认定的工程咨询单位综合甲级资信评价证书；申请经济技术咨询单位资格还需提交国务院相关行业主管部门颁发的工程造价咨询企业甲级资质证书。

第十一条 在国务院相关主管部门和机构登记的咨询服务单位直接向国际发展合作署提交申请，其他单位向所在地省级主管部门提交申请。

第十二条 向省级主管部门申请的，省级主管部门应当在收到申请文件之日起五个工作日内完成初核，将申请文件连同初核意见一并报国际发展合作署审核。

第十三条 国际发展合作署应在收到完备申请文件之日起二十个工作日内或收到省级主管部门初核意见之日起十五个工作日内完成审核，作出许可与否的决定。

准予许可的，国际发展合作署颁发有效期为两年的许可文件；不予许可的，国际发展合作署应当说明理由，并告知申请人享有依法申请行政复议或者提起行政诉讼的权利。

第十四条 国际发展合作署应公布经资格认定取得资格的援外项目咨询服务单位名单。

第十五条 取得资格的咨询服务单位需要延续资格许可有效期的，应当在有效期届满六十日前根据第十条和第十一条向国际发展合作署或所在地省级主管部门提出申请。

第十六条 省级主管部门和国际发展合作署根据第十二条和第十三条规定的期限对申请进行初核或审核，国际发展合作署在许可有效期届满前作出是否准予延期的决定。

第十七条 准予延期的，国际发展合作署颁发准予延期的许可文件；不予延期的，国际发展合作署应当说明理由，并告知咨询服务单位享有依法申请行政复议或者提起行政诉讼的权利。

第四章　资格管理

第十八条 援外项目咨询服务单位发生单位名称、单位类型、法定代表人、出资情况变更的，应在变更之日起一个月内向国际发展合作署备案，提供以下文件：

（一）变更申请表；

（二）变更登记证明文件；

（三）变更后的相关证明文件。

第十九条 援外项目咨询服务单位发生改制、分立或合并情形的，改制、分立或合并后新成立的单位应按照本办法规定重新申请资格认定。

第二十条 国际发展合作署建立援外项目咨询服务单位诚信评价体系，对咨询服务单位遵守援外管理规章和履行咨询服务合同等情况进行评价。

第二十一条 有下列情形之一的，国际发展合作署可依据职权或根据利害关系人的请求，撤销援外项目咨询服务单位资格：

（一）行政机关工作人员滥用职权、玩忽职守作出援外项目咨询服务单位资格许可决定的；

（二）违反法定程序作出援外项目咨询服务单位资格许可决定的；

（三）对不具备申请资格或不符合法定条件的申请人准予援外项目咨询服务单位资格许可的。

咨询服务单位以欺骗、贿赂等不正当手段获得资格的，国际发展合作署应撤销其资格。

第二十二条 援外项目咨询服务单位因有效期届满而丧失资格，不影响已中标项目的实施。

第五章　法律责任

第二十三条 咨询服务单位有下列情形之一的，国际发展合作署给予警告，可以并处三万元人民币以下罚款；违反相关法律、行政法规规定的，依照相关法律、行政法规的规定给予行政处罚；构成犯罪的，依法追究刑事责任：

（一）以欺骗、贿赂等不正当手段获得援外项目咨询服务单位资格的；

（二）以出租、出借等方式非法转让援外项目咨询服务单位资格的；

（三）隐瞒有关情况或者提供虚假材料获得援外项目咨询服务单位资格的。

第二十四条 国际发展合作署和省级主管部门工作人员在援外项目咨询服务单位资格管理过程中，违反有关法律法规和本办法规定的，视情节轻重给予相应处分；构成犯罪的，依法追究刑事责任。

第六章　附　则

第二十五条 对于暂无单位经资格认定取得援外项目咨询服务单位资格的专业领域，该专业咨询服务单位的选定按照援外项目采购规定执行。

第二十六条 本办法所称"中国投资者"不包括外商投资企业。

第二十七条 本办法自 2020 年 12 月 1 日起施行。施行之日起，《对外援助项目实施企业资格认定办法（试行）》（商务部令 2015 年第 1 号）中援外项目咨询服务单位有关规定与本办法规定不一致的，以本办法规定为准。

对外援助项目实施企业资格认定办法（试行）

（商务部令 2015 年第 1 号）

发布日期：2015-10-29
实施日期：2021-05-10
法规类型：部门规章

（根据 2019 年 11 月 30 日商务部令 2019 年第 1 号《商务部关于废止和修改部分规章的决定》第一次修订；根据 2021 年 5 月 10 日商务部令 2021 年第 2 号《商务部关于废止和修改部分规章的决定》第二次修订）

第一章　总　则

第一条　为规范对外援助项目实施企业（以下简称援外项目实施企业）的资格认定，依据《行政许可法》和《国务院对确需保留的行政审批项目设定行政许可的决定》（国务院令 2004 年第 412 号），制定本办法。

第二条　本办法所称援外项目实施企业是指经资格认定，可承担中国政府对外援助项目实施任务的企业和其他组织。

前款所称的援外项目实施企业包括：

（一）对外援助成套项目（以下简称成套项目）总承包企业和项目管理企业；

（二）对外援助物资项目（以下简称物资项目）总承包企业；

（三）对外技术援助项目（以下简称技术援助项目）实施单位；

（四）对外人力资源开发合作项目（以下简称人力资源项目）实施单位；

（五）对外援助项目咨询服务单位。

第三条　商务部负责援外项目实施企业的资格认定和资格管理。

省、自治区、直辖市及新疆生产建设兵团商务主管部门（以下统称省级商务主管部门）协助商务部进行援外项目实施企业资格认定。

援外项目管理机构协助商务部对援外项目实施企业进行资格管理。

第四条　商务部根据援外项目实施企业的不同类别，分别采用资格审查或资格招标方式进行援外项目实施企业资格认定。

经资格认定的援外项目实施企业可在相应的资格类别范围内承担援外项目具体实施任务。

第二章　资格条件及认定方式

第五条　援外项目实施企业应具备以下基本资格条件：

（一）系依照中国法律在中国境内设立的法人；

（二）所有出资人均为中国投资者；

（三）前三个会计年度未出现亏损；

（四）前三年未受过刑事处罚、未因进行非法经营活动或违反有关援外管理规章受过行政处罚；

（五）依法纳税和缴纳社会保险费。

第六条 商务部通过资格审查方式认定成套项目总承包企业资格。

申请成套项目总承包企业资格的，除具备第五条规定的基本资格条件外，还应具备以下条件：

（一）具备特级施工总承包资质；或具备一级施工总承包或相应等级的技术资质，申请前3年均列入商务部统计对外承包工程营业额前一百强；

（二）通过质量管理体系、环境管理体系、职业健康安全管理体系认证且认证资格有效；

（三）具有良好的金融资信条件；

（四）具有良好的经营诚信表现。

第七条 商务部通过资格招标方式认定成套项目管理企业资格。

参与成套项目管理企业资格招标的，除具备第五条规定的基本资格条件外，还应具备以下条件：

（1）具备国务院建设主管部门颁发的可从事项目管理服务的工程设计甲级资质，或国务院发展改革主管部门颁发的工程项目管理（全过程管理或全过程策划和准备阶段管理类别）甲级资格；

（2）具备国务院建设主管部门颁发的工程监理甲级资质，或与具备工程监理甲级资质法人单位签订长期合作协议；

（3）具备在境外开展相关业务的业绩；

（4）具有工程项目的项目管理经验。

第八条 商务部通过资格审查方式认定物资项目总承包企业资格。

申请物资项目总承包企业资格的，除具备第五条规定的基本资格条件外，还应具备以下条件：

（一）系符合《对外贸易法》规定的对外贸易经营者；

（二）具有良好的金融资信条件；

（三）申请前三年在受援国有进出口业绩；

（四）具有良好的经营诚信表现。

第九条 商务部通过资格招标方式认定技术援助项目实施单位资格。

参与技术援助项目实施单位资格招标的，除具备第五条规定的基本资格条件外，还应具备以下条件：

（一）具备相关专业的技术能力；

（二）具备在境外开展相关业务的业绩；

（三）具备相关项目的实施经验。

第十条 商务部通过资格招标方式认定人力资源项目实施单位资格。

参与人力资源项目实施单位资格招标的，除具备第五条规定的基本资格条件外，还应具备以下条件：

（一）具备丰富的对外培训经验和较强的外事接待能力；

（二）具备开展培训所需的师资力量、培训场所和其他软硬件；

（三）在相关行业、专业或领域内，具有较高的科研能力和影响力。

第十一条 商务部通过资格招标方式认定咨询服务单位资格。

参与咨询服务单位资格招标的，除具备第五条规定的基本资格条件外，还应具备以下条件：

（一）具备国务院有关行政主管部门核准的咨询资质或其他技术资质；

（二）具备开展境外项目咨询服务的相关业绩；

（三）具备项目咨询服务经验。

第三章　资格审查

第十二条　采取资格审查方式认定资格的，申请人应提交以下文件：

（一）申请书；

（二）企业法人营业执照和法定代表人身份证明文件；

（三）出资人身份证明文件；

（四）企业出资情况的说明并承诺属实；

（五）前三个年度企业会计报表；

（六）本企业关于前三年未受过刑事处罚、未因进行非法经营活动或违反有关援外管理规章受过行政处罚的声明；

（七）税务机关出具的前三年完税证明；

（八）社会保险经办机构出具的前三年缴费证明。

除上述文件外，申请成套项目总承包企业资格还须提交技术资质证书、质量管理体系认证证书、环境管理体系认证证书、职业健康安全管理体系认证证书和具有良好的经营诚信表现说明；申请物资项目总承包企业资格还须提交、海关统计信息部门出具的货物进出口业绩证明和具有良好的经营诚信表现说明及证明。

第十三条　中央企业和其他在国务院工商行政主管部门登记的企业直接向商务部提交申请，其他企业向所在地省级商务主管部门提交申请。

第十四条　企业向省级商务主管部门申请的，省级商务主管部门应当在收到企业提交的申请文件之日起五个工作日内完成初核，将企业申请文件连同初核意见一并报商务部审核。

第十五条　商务部应在收到企业提交的完备申请文件之日起二十个工作日内或收到省级商务主管部门初核意见之日起十五个工作日内完成审核，作出许可与否的决定。

准予许可的，商务部颁发有效期为三年的许可文件；不予许可的，商务部应当说明理由，并告知企业享有依法申请行政复议或者提起行政诉讼的权利。

第十六条　商务部应公布经资格审查取得资格的企业名单。

第十七条　取得资格的企业需要延续资格许可有效期的，应当在有效期届满六十日前按第十二条和第十三条向商务部或所在地省级商务主管部门提出申请。

省级商务主管部门和商务部按照第十四条和第十五条规定的期限对申请进行初核或审核，商务部在许可有效期届满前作出是否准予延期的决定。

准予延期的，商务部颁发准予延期三年的许可文件；不予延期的，商务部应当说明理由，并告知企业享有依法申请行政复议或者提起行政诉讼的权利。

第四章　资格招标

第十八条　采用资格招标方式认定资格的，商务部自本办法施行之日起每三年组织一次公开资格招标。

商务部依法委托招标代理机构组织招标。

第十九条　商务部应在组织资格招标前一个月发布招标公告，招标公告主要包括以下内容：

（一）招标代理机构的名称、地址和联系方式；

（二）援外项目实施企业资格招标的类别和数量；

（三）申请参与资格招标单位的资格要求；

（四）获取招标文件的时间、地点、方式；

（五）投标截止时间。

第二十条 招标文件开始发出之日起至投标单位提交投标文件截止之日止，应不少于二十日。

第二十一条 商务部对已发出的招标文件进行必要的澄清或修改的，应当在提交投标文件截止时间至少十五日前，以书面形式作出通知。该澄清或修改的内容为招标文件的组成部分。

第二十二条 申请参与资格招标的单位对招标文件有异议的，应当在投标截止时间十日前提出。商务部应当自收到异议之日起三日内作出答复；作出答复前，应当暂停招标投标活动。

第二十三条 申请参与资格招标的单位应按照招标文件要求编制投标文件，并在招标文件规定的截止时间前，将投标文件经单位法定代表人或其授权代表签字、加盖公章并密封后，送达指定地点。

逾期送达的、未送达至指定地点的或未按招标文件要求密封的投标文件无效，招标代理机构应当拒收。

第二十四条 商务部依法组建评标委员会。评标委员会应当按照招标文件规定的评标标准和方法，对投标文件进行评审。

评标委员会由商务部的代表和有关技术、经济等方面的专家组成，成员人数为五人以上单数，其中技术、经济等方面的专家不得少于成员总数的三分之二。

第二十五条 属下列情况之一的，评标委员会应当否决其投标：

（一）未按招标文件规定加盖公章的；

（二）未经单位法定代表人或其授权代表签字确认的；

（三）投标函与招标文件规定格式严重不符的；

（四）申请参与资格招标的单位不具备招标文件规定资格要求的。

第二十六条 评标委员会应自评标结束之日起两日内将评标报告提交商务部，评标报告主要包括评标结果和中标候选单位排序。

第二十七条 商务部自收到评标报告之日起五日内在评标报告推荐的中标候选单位中确定中标单位。

第二十八条 在正式授标前，商务部将中标单位名单公示五日，公示期满后公布通过资格招标的单位名单。

第二十九条 通过资格招标的，取得相应类别的援外项目实施企业资格，商务部颁发有效期为三年的许可文件。

第三十条 通过资格招标方式认定资格的援外项目实施企业，由于受到行政处罚或第三十四条规定等原因不能承担援外项目实施任务，且数量超出原定资格招标数量百分之三十的，商务部应及时组织补充资格招标，按原定资格招标数量补足援外项目实施企业。

第五章　资格管理

第三十一条 援外项目实施企业发生企业名称、企业类型、法定代表人、注册资本和出资人变更的，应在变更之日起一个月内向商务部备案，提供以下文件：

（一）变更申请表；

（二）工商行政管理机构出具的变更登记证明文件；

（三）变更后的相关证明文件。

第三十二条 援外项目实施企业发生改制、分立或合并情形的，改制、分立或合并后新成立的企业应按照本办法规定重新申请资格认定。原企业注销的，改制、合并或分立后的企业可继承原企业的援外业绩。

第三十三条　商务部建立援外项目实施企业诚信评价体系，根据企业遵守援外管理规章和履行项目实施合同情况将企业诚信状况分为良好、合格和不合格三个等级。

第三十四条　有下列情形之一的，商务部可依据职权或根据利害关系人的请求，撤销援外项目实施企业资格：

（一）行政机关工作人员滥用职权、玩忽职守作出援外项目实施企业资格许可决定的；

（二）违反法定程序作出援外项目实施企业资格许可决定的；

（三）对不具备申请资格或不符合法定条件的申请人准予援外项目实施企业资格许可的。

企业以欺骗、贿赂等不正当手段获得援外项目实施企业资格的，商务部应撤销其资格。

第三十五条　援外项目实施企业因有效期届满而丧失实施资格，不影响已中标项目的履行。

第六章　法律责任

第三十六条　有下列情形之一的，商务部给予警告，可以并处三万元人民币以下罚款；违反相关法律、行政法规规定的，依照相关法律、行政法规的规定给予行政处罚；构成犯罪的，依法追究刑事责任：

（一）企业以欺骗、贿赂等不正当手段获得援外项目实施企业资格的；

（二）企业以出租、出借等方式非法转让援外项目实施企业资格的。

第三十七条　商务部、省级商务主管部门和援外项目管理机构工作人员在援外项目实施企业资格管理过程中，违反有关法律法规和本办法规定的，视情节轻重给予相应处分；构成犯罪的，依法追究刑事责任。

第七章　附　则

第三十八条　在采取资格招标方式认定资格的援外项目实施企业类别项下，部分技术类别、业务类别因行业特点或其他限制条件暂时不能组织资格招标的，该技术类别或业务类别援外项目实施企业的选定按照援外项目采购规定执行。

第三十九条　有关第六条第二款第（三）项、第（四）项、第（五）项和第八条第二款第（二）项、第（四）项涉及的细化条件及第八条第二款第（三）项规定的受援国名单，商务部以公告方式另行公布。

第四十条　本办法所称"中国投资者"不包括外商投资企业。

第四十一条　本办法所称的"中央企业"是指国务院国有资产监督管理机构履行出资人职责的企业。

第四十二条　本办法所称"以上"，包括本数。

第四十三条　本办法由商务部负责解释。

第四十四条　本办法自公布之日起施行。《对外援助成套项目施工任务实施企业资格认定办法（试行）》（商务部2004年第9号令）和《对外援助物资项目实施企业资格管理办法》（商务部2011年第2号令）同时废止。

国家国际发展合作署关于对外援助项目咨询服务单位资格认定有关事宜的公告

发布日期：2020-10-30
实施日期：2020-10-30
法规类型：规范性文件

《对外援助项目咨询服务单位资格认定办法》（国际发展合作署令2020年第4号，以下简称《办法》）将于2020年12月1日起施行。为做好对外援助项目咨询服务单位资格认定工作，国际发展合作署就有关事宜公告如下：

一、有关条款解释

（一）《办法》第五条第三项规定的"从事对外援助工作的专业部门"既可以是申请单位专门从事对外援助工作的部门，也可以是非专门从事但归口负责对外援助工作的部门。"咨询工作人员"是指与本单位具有劳动关系或人事关系，并且满足以下条件之一的人员：1. 具有工程咨询（投资）专业技术人员职业资格；2. 具有工程类或经济类中级专业技术职称；3. 从事咨询工作的年限不低于五年。

（二）《办法》第五条第四项规定的"具备相应类别的境内（外）咨询服务业绩"指为境（内）外项目提供咨询服务的业绩，具体是指：具备相应类别的境外咨询服务业绩，同时，境（内）外咨询服务业绩应符合以下标准：1. 可行性研究单位。申请工程类可行性研究单位，前两年相应类别境内（外）业绩累计不低于1500万元人民币（币种下同）；申请物资类或服务类可行性研究单位，前两年相应类别境内（外）业绩累计不低于100万元。2. 项目咨询单位。申请前两年相应类别境内（外）业绩累计不低于1000万元。3. 评估咨询单位。申请前两年相应类别境内（外）业绩累计不低于1500万元。4. 经济技术咨询单位。申请前两年相应类别境内（外）业绩累计不低于500万元。

（三）《办法》第五条第八项规定的"具有良好的经营诚信表现"是指未列入有关国际组织和国务院主管部门制定的禁止性名单。

二、过渡安排

国际发展合作署自2020年12月1日起接收企业的资格申请材料，申请单位可根据《办法》规定和以上要求准备资格申请文件后随时向省级援外主管部门或国际发展合作署提交（具体申请程序和文件要求详见国际发展合作署网站援外项目咨询服务单位资格认定栏目，网址为http://www.cidca.gov.cn/xzxk.htm）。

按照原《对外援助项目实施企业资格认定办法》（商务部令2015年第1号）和商务部2015年第66号公告获得援外成套（技术援助）项目可研单位、物资项目可研单位、可行性研究评估单位、经济技术咨询单位资格的单位，2021年2月28日前可继续参与相应类别援外项目采购，并尽快依据《办法》重新申请资格。自2021年3月1日起，依据《办法》获得援外项目咨询服务相应类别资格的单位才能参与相应类别援外项目采购。

关务技术篇

原产地

● 综合管理 ●

中华人民共和国进出口货物原产地条例

（国务院令第 416 号）

发布日期：2004-09-03
实施日期：2019-03-18
法规类型：行政法规

（根据 2019 年 3 月 2 日国务院令第 709 号《国务院关于修改部分行政法规的决定》修正）

第一条　为了正确确定进出口货物的原产地，有效实施各项贸易措施，促进对外贸易发展，制定本条例。

第二条　本条例适用于实施最惠国待遇、反倾销和反补贴、保障措施、原产地标记管理、国别数量限制、关税配额等非优惠性贸易措施以及进行政府采购、贸易统计等活动对进出口货物原产地的确定。

实施优惠性贸易措施对进出口货物原产地的确定，不适用本条例。具体办法依照中华人民共和国缔结或者参加的国际条约、协定的有关规定另行制定。

第三条　完全在一个国家（地区）获得的货物，以该国（地区）为原产地；两个以上国家（地区）参与生产的货物，以最后完成实质性改变的国家（地区）为原产地。

第四条　本条例第三条所称完全在一个国家（地区）获得的货物，是指：

（一）在该国（地区）出生并饲养的活的动物；

（二）在该国（地区）野外捕捉、捕捞、搜集的动物；

（三）从该国（地区）的活的动物获得的未经加工的物品；

（四）在该国（地区）收获的植物和植物产品；

（五）在该国（地区）采掘的矿物；

（六）在该国（地区）获得的除本条第（一）项至第（五）项范围之外的其他天然生成的物品；

（七）在该国（地区）生产过程中产生的只能弃置或者回收用作材料的废碎料；

（八）在该国（地区）收集的不能修复或者修理的物品，或者从该物品中回收的零件或者材料；

（九）由合法悬挂该国旗帜的船舶从其领海以外海域获得的海洋捕捞物和其他物品；

（十）在合法悬挂该国旗帜的加工船上加工本条第（九）项所列物品获得的产品；

（十一）从该国领海以外享有专有开采权的海床或者海床底土获得的物品；

（十二）在该国（地区）完全从本条第（一）项至第（十一）项所列物品中生产的产品。

第五条 在确定货物是否在一个国家（地区）完全获得时，不考虑下列微小加工或者处理：

（一）为运输、贮存期间保存货物而作的加工或者处理；

（二）为货物便于装卸而作的加工或者处理；

（三）为货物销售而作的包装等加工或者处理。

第六条 本条例第三条规定的实质性改变的确定标准，以税则归类改变为基本标准；税则归类改变不能反映实质性改变的，以从价百分比、制造或者加工工序等为补充标准。具体标准由海关总署会同商务部制定。

本条第一款所称税则归类改变，是指在某一国家（地区）对非该国（地区）原产材料进行制造、加工后，所得货物在《中华人民共和国进出口税则》中某一级的税目归类发生了变化。

本条第一款所称从价百分比，是指在某一国家（地区）对非该国（地区）原产材料进行制造、加工后的增值部分，超过所得货物价值一定的百分比。

本条第一款所称制造或者加工工序，是指在某一国家（地区）进行的赋予制造、加工后所得货物基本特征的主要工序。

世界贸易组织《协调非优惠原产地规则》实施前，确定进出口货物原产地实质性改变的具体标准，由海关总署会同商务部根据实际情况另行制定。

第七条 货物生产过程中使用的能源、厂房、设备、机器和工具的原产地，以及未构成货物物质成分或者组成部件的材料的原产地，不影响该货物原产地的确定。

第八条 随所装货物进出口的包装、包装材料和容器，在《中华人民共和国进出口税则》中与该货物一并归类的，该包装、包装材料和容器的原产地不影响所装货物原产地的确定；对该包装、包装材料和容器的原产地不再单独确定，所装货物的原产地即为该包装、包装材料和容器的原产地。

随所装货物进出口的包装、包装材料和容器，在《中华人民共和国进出口税则》中与该货物不一并归类的，依照本条例的规定确定该包装、包装材料和容器的原产地。

第九条 按正常配备的种类和数量随货物进出口的附件、备件、工具和介绍说明性资料，在《中华人民共和国进出口税则》中与该货物一并归类的，该附件、备件、工具和介绍说明性资料的原产地不影响该货物原产地的确定；对该附件、备件、工具和介绍说明性资料的原产地不再单独确定，该货物的原产地即为该附件、备件、工具和介绍说明性资料的原产地。

随货物进出口的附件、备件、工具和介绍说明性资料在《中华人民共和国进出口税则》中虽与该货物一并归类，但超过正常配备的种类和数量的，以及在《中华人民共和国进出口税则》中与该货物不一并归类的，依照本条例的规定确定该附件、备件、工具和介绍说明性资料的原产地。

第十条 对货物所进行的任何加工或者处理，是为了规避中华人民共和国关于反倾销、反补贴和保障措施等有关规定的，海关在确定该货物的原产地时可以不考虑这类加工和处理。

第十一条 进口货物的收货人按照《中华人民共和国海关法》及有关规定办理进口货物的海关申报手续时，应当依照本条例规定的原产地确定标准如实申报进口货物的原产地；同一批货物的原产地不同的，应当分别申报原产地。

第十二条　进口货物进口前，进口货物的收货人或者与进口货物直接相关的其他当事人，在有正当理由的情况下，可以书面申请海关对将要进口的货物的原产地作出预确定决定；申请人应当按照规定向海关提供作出原产地预确定决定所需的资料。

海关应当在收到原产地预确定书面申请及全部必要资料之日起150天内，依照本条例的规定对该进口货物作出原产地预确定决定，并对外公布。

第十三条　海关接受申报后，应当按照本条例的规定审核确定进口货物的原产地。

已作出原产地预确定决定的货物，自预确定决定作出之日起3年内实际进口时，经海关审核其实际进口的货物与预确定决定所述货物相符，且本条例规定的原产地确定标准未发生变化的，海关不再重新确定该进口货物的原产地；经海关审核其实际进口的货物与预确定决定所述货物不相符的，海关应当按照本条例的规定重新审核确定该进口货物的原产地。

第十四条　海关在审核确定进口货物原产地时，可以要求进口货物的收货人提交该进口货物的原产地证书，并予以审验；必要时，可以请求该货物出口国（地区）的有关机构对该货物的原产地进行核查。

第十五条　根据对外贸易经营者提出的书面申请，海关可以依照《中华人民共和国海关法》第四十三条的规定，对将要进口的货物的原产地预先作出确定原产地的行政裁定，并对外公布。

进口相同的货物，应当适用相同的行政裁定。

第十六条　国家对原产地标记实施管理。货物或者其包装上标有原产地标记的，其原产地标记所标明的原产地应当与依照本条例所确定的原产地相一致。

第十七条　出口货物发货人可以向海关、中国国际贸易促进委员会及其地方分会（以下简称签证机构），申请领取出口货物原产地证书。

第十八条　出口货物发货人申请领取出口货物原产地证书，应当在签证机构办理注册登记手续，按照规定如实申报出口货物的原产地，并向签证机构提供签发出口货物原产地证书所需的资料。

第十九条　签证机构接受出口货物发货人的申请后，应当按照规定审查确定出口货物的原产地，签发出口货物原产地证书；对不属于原产于中华人民共和国境内的出口货物，应当拒绝签发出口货物原产地证书。

出口货物原产地证书签发管理的具体办法，由海关总署会同国务院其他有关部门、机构另行制定。

第二十条　应出口货物进口国（地区）有关机构的请求，海关、签证机构可以对出口货物的原产地情况进行核查，并及时将核查情况反馈进口国（地区）有关机构。

第二十一条　用于确定货物原产地的资料和信息，除按有关规定可以提供或者经提供该资料和信息的单位、个人的允许，海关、签证机构应当对该资料和信息予以保密。

第二十二条　违反本条例规定申报进口货物原产地的，依照《中华人民共和国对外贸易法》、《中华人民共和国海关法》和《中华人民共和国海关行政处罚实施条例》的有关规定进行处罚。

第二十三条　提供虚假材料骗取出口货物原产地证书或者伪造、变造、买卖或者盗窃出口货物原产地证书的，由海关处5000元以上10万元以下的罚款；骗取、伪造、变造、买卖或者盗窃作为海关放行凭证的出口货物原产地证书的，处货值金额等值以下的罚款，但货值金额低于5000元的，处5000元罚款。有违法所得的，由海关没收违法所得。构成犯罪，依法追究刑事责任。

第二十四条　进出口货物的原产地标记与依照本条例所确定的原产地不一致的，由海关责令改正。

第二十五条 确定进出口货物原产地的工作人员违反本条例规定的程序确定原产地的，或者泄露所知悉的商业秘密的，或者滥用职权、玩忽职守、徇私舞弊的，依法给予行政处分；有违法所得的，没收违法所得；构成犯罪的，依法追究刑事责任。

第二十六条 本条例下列用语的含义：

获得，是指捕捉、捕捞、搜集、收获、采掘、加工或者生产等。

货物原产地，是指依照本条例确定的获得某一货物的国家（地区）。

原产地证书，是指出口国（地区）根据原产地规则和有关要求签发的，明确指出该证中所列货物原产于某一特定国家（地区）的书面文件。

原产地标记，是指在货物或者包装上用来表明该货物原产地的文字和图形。

第二十七条 本条例自 2005 年 1 月 1 日起施行。1992 年 3 月 8 日国务院发布的《中华人民共和国出口货物原产地规则》、1986 年 12 月 6 日海关总署发布的《中华人民共和国海关关于进口货物原产地的暂行规定》同时废止。

中华人民共和国海关最不发达国家特别优惠
关税待遇进口货物原产地管理办法

（海关总署令第 231 号）

发布日期：2017-03-01
实施日期：2017-04-01
法规类型：部门规章

第一条 为了正确确定与我国建交的最不发达国家特别优惠关税待遇进口货物的原产地，促进我国与有关国家间的经贸往来，根据《中华人民共和国海关法》、《中华人民共和国进出口货物原产地条例》的有关规定，制定本办法。

第二条 本办法适用于从与我国建交的最不发达国家（以下称受惠国）进口并且享受特别优惠关税待遇货物的原产地管理。

第三条 进口货物符合下列条件之一的，其原产国为受惠国：

（一）完全在受惠国获得或者生产的；

（二）在受惠国境内全部使用符合本办法规定的原产材料生产的；

（三）在受惠国境内非完全获得或者生产，但是在该受惠国完成实质性改变的。

本条第一款第（三）项所称"实质性改变"，按照本办法第五条、第六条规定的标准予以确定。

原产于受惠国的货物，从受惠国直接运输至中国境内的，可以按照本办法规定申请适用《中华人民共和国进出口税则》（以下简称《税则》）中相应的特惠税率。

第四条 本办法第三条第一款第（一）项所称"完全在受惠国获得或者生产"的货物是指：

（一）在该受惠国出生并且饲养的活动物；

（二）在该受惠国从本条第（一）项所指的动物中获得的货物；

（三）在该受惠国收获、采摘或者采集的植物和植物产品；

（四）在该受惠国狩猎或者捕捞获得的货物；

（五）在该受惠国注册或者登记，并且合法悬挂该受惠国国旗的船只，在该受惠国根据符合其缔结的相关国际协定可以适用的国内法有权开发的境外水域得到的鱼类、甲壳类动物以及其他海洋生物；

（六）在该受惠国注册或者登记，并且合法悬挂该受惠国国旗的加工船上加工本条第（五）项所列货物获得的货物；

（七）在该受惠国开采或者提取的矿产品以及其他天然生成物质，或者从该受惠国根据符合其缔结的相关国际协定可以适用的国内法有权开采的境外水域、海床或者海床底土得到或者提取的除鱼类、甲壳类动物以及其他海洋生物以外的货物；

（八）在该受惠国消费过程中产生并且收集的仅适用于原材料回收的废旧物品；

（九）在该受惠国加工制造过程中产生的仅适用于原材料回收的废碎料；

（十）利用本条第（一）项至第（九）项所列货物在该受惠国加工所得的货物。

第五条 除《与我国建交的最不发达国家产品特定原产地规则》另有规定外，在受惠国境内使用非受惠国原产材料进行制造或者加工，所得货物在《税则》中的四位数级税则归类发生变化的，应当视为原产于该受惠国的货物。

使用非受惠国原产材料制造或者加工的货物，生产过程中所使用的非原产材料不符合本条第一款规定，但是按照《海关估价协定》确定的非原产材料成交价格不超过该货物价格的10%，并且符合本办法其他适用规定的，该货物仍然应当视为受惠国原产货物。

第六条 除《与我国建交的最不发达国家产品特定原产地规则》另有规定外，在受惠国境内使用非受惠国原产材料生产的货物，其区域价值成分不低于所得货物价格40%的，应当视为原产于该受惠国的货物。

本条第一款所称货物的区域价值成分应当按照下列方法计算比例：

$$区域价值成分 = \frac{货物价格 - 非原产材料价格}{货物价格} \times 100\%$$

其中，"货物价格"是指按照《海关估价协定》，在船上交货价格（FOB）基础上调整的货物价格。"非原产材料价格"是指按照《海关估价协定》确定的非原产材料的进口成本、运至目的港口或者地点的运费和保险费（CIF），包括不明原产地材料的价格。非原产材料由生产商在受惠国境内获得时，按照《海关估价协定》确定的成交价格，不包括将该非原产材料从供应商仓库运抵生产商所在地过程中产生的运费、保险费、包装费以及其他任何费用。

第七条 原产于中国的货物或者材料在受惠国境内被用于生产另一货物的，该货物或者材料应当视为受惠国的原产货物或者材料。

受惠国是特定区域性集团成员国的，该集团内其他受惠国的原产货物或者材料在该受惠国用于生产另一货物时，所使用的其他受惠国的原产货物或者材料可以视为该受惠国的原产货物或者材料。

第八条 下列微小加工或者处理不影响货物原产地的确定：

（一）为确保货物在运输或者储藏期间处于良好状态而进行的处理；

（二）把物品零部件装配成完整品，或者将产品拆成零部件的简单装配或者拆卸；

（三）更换包装、分拆、组合包装；

（四）洗涤、清洁、除尘、除去氧化物、除油、去漆以及去除其他涂层；

（五）纺织品的熨烫或者压平；

（六）简单的上漆以及磨光工序；

（七）谷物以及大米的去壳、部分或者完全的漂白、抛光以及上光；

（八）食糖上色或者加味，或者形成糖块的操作；部分或者全部将晶糖磨粉；

（九）水果、坚果以及蔬菜的去皮、去核以及去壳；

（十）削尖、简单研磨或者简单切割；

（十一）过滤、筛选、挑选、分类、分级、匹配（包括成套物品的组合）、纵切、弯曲、卷绕、展开；

（十二）简单装瓶、装罐、装壶、装袋、装箱或者装盒、固定于纸板或者木板以及其他简单的包装工序；

（十三）在产品或者其包装上粘贴或者印刷标志、标签、标识以及其他类似的区别标记；

（十四）同类或者不同类产品的简单混合；糖与其他材料的混合；

（十五）测试或者校准；

（十六）仅仅用水或者其他物质稀释，未实质改变货物的性质；

（十七）干燥、加盐（或者盐渍）、冷藏、冷冻；

（十八）动物屠宰；

（十九）第（一）项至第（十八）项中两项或者多项工序的组合。

第九条 属于《税则》归类总规则三所规定的成套货物，其中全部货物均原产于某一受惠国的，该成套货物即为原产于该受惠国；其中部分货物非原产于该受惠国，但是按照本办法第六条确定的比例未超过该成套货物价格15%的，该成套货物仍应当视为原产于该受惠国。

第十条 在确定货物的原产地时，货物生产过程中使用，本身不构成货物物质成分、也不成为货物组成部件的下列材料或者物品，其原产地不影响货物原产地的确定：

（一）燃料、能源、催化剂以及溶剂；

（二）用于测试或者检验货物的设备、装置以及用品；

（三）手套、眼镜、鞋靴、衣服、安全设备以及用品；

（四）工具、模具以及型模；

（五）用于维护设备和厂房建筑的备件以及材料；

（六）在生产中使用或者用于运行设备和维护厂房建筑的润滑剂、油（滑）脂、合成材料以及其他材料；

（七）在货物生产过程中使用，未构成该货物组成成分，但是能够合理表明其参与了该货物生产过程的任何其他货物。

第十一条 货物适用税则归类改变标准的，在确定货物的原产地时，与货物一起申报进口并在《税则》中与该货物一并归类的包装、包装材料和容器，以及正常配备的附件、备件、工具以及介绍说明性材料，不单独开具发票的，其原产地不影响货物原产地的确定。

货物适用区域价值成分标准的，在计算货物的区域价值成分时，与货物一起申报进口并在《税则》中与该货物一并归类的包装、包装材料和容器，以及正常配备的附件、备件、工具以及介绍说明性材料的价格应当予以计算。

第十二条 本办法所称直接运输，是指受惠国原产货物从该受惠国直接运输至我国境内，途中未经过中国和该受惠国以外的其他国家或者地区（以下简称"其他国家或者地区"）。

受惠国原产货物经过其他国家或者地区运输至我国境内，不论在运输途中是否转换运输工具或者作临时储存，同时符合下列条件的，应当视为直接运输：

（一）未进入其他国家或者地区的贸易或者消费领域；

（二）该货物在经过其他国家或者地区时，未做除装卸或者其他为使货物保持良好状态所必需处理以外的其他处理；

（三）处于该国家或者地区海关的监管之下。

本条第二款规定情形下，相关货物进入其他国家或者地区停留时间最长不得超过6个月。

第十三条 海关有证据证明进口货物有规避本办法嫌疑的，该进口货物不得享受特别优惠关税待遇。

第十四条　进口货物收货人或者其代理人应当在运输工具申报进境之日起 14 日内按照海关的申报规定填制《中华人民共和国海关进口货物报关单》，申明适用特惠税率，并且同时提交下列单证，海关总署另有规定的除外：

（一）符合本办法规定，并且在有效期内的原产地证书（格式见附件 1）或者原产地声明（格式见附件 2）；

（二）货物的商业发票；

（三）货物的全程运输单证。

货物经过其他国家或者地区运输至中国境内的，还应当提交其他国家或者地区海关出具的证明文件或者海关认可的其他证明文件。

海关已经通过相关信息交换系统接收受惠国原产地证书、证明文件电子数据的，对于该受惠国的原产货物，进口货物收货人或者其代理人无需提交相应的纸本单证。

进口货物收货人或者其代理人提交的本条第一款第（三）项所述运输单证可以满足直接运输相关规定的，也无需提交本条第二款所述证明文件。

第十五条　除海关总署另有规定外，原产地申报为受惠国的进口货物，其进口货物收货人或者其代理人在申报进口时未提交有效原产地证书或者原产地声明，或者海关未接收到第十四条第三款所述电子数据的，应当在货物放行前就该进口货物是否具备受惠国原产资格向海关进行补充申报（格式见附件 3）。

进口货物收货人或者其代理人依照前款规定就进口货物具备受惠国原产资格向海关进行补充申报并且依法提供相应税款担保的，海关按照规定办理进口手续，依照法律、行政法规规定不得办理担保的情形除外。由于提前放行等原因已经提交了与货物可能承担的最高税款总额相当的税款担保的，可以不再单独就货物是否具有原产资格提供担保。

进口货物收货人或者其代理人未按照有关规定向海关申报进口的，或者进口货物收货人或者其代理人在货物申报进口时未申明适用《税则》中的特惠税率，也未按照本条规定就该进口货物是否具备受惠国原产资格进行补充申报的，有关进口货物不适用《税则》中的特惠税率。

进口货物收货人或者其代理人在货物放行后向海关申请适用《税则》中特惠税率的，已征税款不予调整。

第十六条　进口货物收货人或者其代理人向海关提交的有效原产地证书应当同时符合下列条件：

（一）由受惠国政府指定的签证机构在货物不晚于出口后 5 个工作日内签发；

（二）符合本办法附件 1 所列格式，以英文填制；

（三）符合与受惠国通知中国海关的签证机构印章样本，以及海关或者口岸主管部门印章和签名相符等安全要求；

（四）所列的一项或者多项货物为同一批次的进口货物；

（五）具有不重复的有效原产地证书编号；

（六）注明确定货物具有原产资格的依据。

原产地证书自签发之日起 1 年内有效。

第十七条　海关已经应进口货物收货人或者其代理人申请依法作出原产地裁定，确认进口货物原产地为受惠国的，如果该裁定处于有效状态，据以作出该裁定的依据和事实也没有发生变化的，则该裁定项下货物进口时，进口货物收货人或者其代理人可以向海关提交原产地声明，申明适用《税则》中的特惠税率。

进口货物收货人或者其代理人向海关提交的原产地声明应当同时符合下列条件：

（一）符合本办法附件2所列格式，并且以中文填制；

（二）由进口货物收货人或者其代理人打印后填写并且正确署名；

（三）一份原产地声明只能对应一项裁定。

该声明自署名之日起1年内有效。

第十八条 海关对原产地证书的真实性、相关货物是否原产于相关受惠国或者是否符合本办法其他规定产生怀疑时，海关总署可以直接或者通过中国驻相关受惠国使领馆经济商务参赞处（室）向受惠国海关或者有效原产地证书签证机构提出核查要求，并且要求其自收到核查要求之日起180日内予以答复。必要时，经受惠国相关主管部门同意，海关总署可以派员访问受惠国的出口商或者生产商所在地，对受惠国主管机构的核查程序进行实地考察。

海关对进口货物收货人或者其代理人提交的原产地声明有疑问的，可以对出具该原产地声明的进口货物收货人或者其代理人开展核查，被核查的进口货物收货人或者其代理人应当自收到核查要求之日起180日内向海关提交书面答复。

未能在上述期限内收到答复的，该货物不得适用特惠税率。

在等待受惠国原产地证书核查结果期间，依照进口货物收货人或者其代理人的申请，海关可以依法选择按照该货物适用的最惠国税率、普通税率或者其他税率收取等值保证金后放行货物，并按规定办理进口手续、进行海关统计。核查完毕后，海关应当根据核查结果，立即办理退还保证金手续或者办理保证金转为进口税款手续，海关统计数据应当作相应修改。

对国家限制进口或者有违法嫌疑的进口货物，海关在原产地证书核查完毕前不得放行。

第十九条 有下列情形之一的，自货物进口之日起1年内，进口货物收货人或者其代理人可以在海关批准的担保期限内向海关申请解除税款担保：

（一）进口货物收货人或者其代理人已经按照本办法规定向海关进行补充申报并且提交了本办法第十四条所述有效原产地证书、原产地声明或者证明文件的；

（二）海关收到本办法第十四条第一款第（一）项、第二款所述电子数据的。

第二十条 同一批次进口的受惠国原产货物，经海关依法审定的完税价格不超过6000元人民币的，免予提交有效原产地证书或者原产地声明。

为规避本办法规定，一次或者多次进口货物的，不适用前款规定。

第二十一条 原产地证书被盗、遗失或者损毁，并且未经使用的，进口货物收货人或者其代理人可以要求该进口货物的出口人向受惠国原签证机构申请在原证书有效期内签发经核准的原产地证书真实副本。该副本应当在备注栏以英文注明"原产地证书正本（编号　　　日期　　　）经核准的真实副本"字样。经核准的原产地证书真实副本向海关提交后，原产地证书正本失效。原产地证书正本已经使用的，经核准的原产地证书副本无效。

第二十二条 有下列情形之一的，原产地证书可以在货物出口之日起1年内予以补发：

（一）由于不可抗力没有在货物不晚于出口后5个工作日内签发原产地证书的；

（二）授权机构确信已签发原产地证书，但由于不符合本办法第十六条规定，原产地证书未被海关接受的。

补发的原产地证书应当以英文注明"补发"字样。本条第一款第（一）项情形下，补发证书自货物实际出口之日起1年内有效；在第一款第（二）项情形下，补发证书的有效期应当与原产地证书的有效期相一致。

第二十三条 具有下列情形之一的，进口货物不适用特惠税率：

（一）进口货物不具备受惠国原产资格的；

（二）申报进口时，进口货物收货人或者其代理人没有按照本办法第十四条规定提交有效原产地证书或者原产地声明，也未就进口货物是否具备受惠国原产资格进行补充申报的；

（三）原产地证书或者原产地声明不符合本办法规定的；

（四）原产地证书所列货物与实际进口货物不符的；

（五）自受惠国海关或者签证机构收到原产地核查请求之日起180日内，海关没有收到受惠国海关或者签证机构答复结果，或者该答复结果未包含足以确定有效原产地证书真实性或者货物真实原产地信息的；

（六）自进口货物收货人或者其代理人收到原产地核查请求之日起180日内，海关没有收到进口货物收货人或者其代理人答复结果，或者该答复结果未包含足以确定有效原产地证书真实性或者货物真实原产地信息的；

（七）进口货物收货人或者其代理人存在其他不遵守本办法有关规定行为的。

第二十四条 海关对依照本办法规定获得的商业秘密依法负有保密义务。未经进口货物收货人同意，海关不得泄露或者用于其他用途，但是法律、行政法规及相关司法解释另有规定的除外。

第二十五条 违反本办法，构成走私行为、违反海关监管规定行为或者其他违反《中华人民共和国海关法》行为的，由海关依照《中华人民共和国海关法》和《中华人民共和国海关行政处罚实施条例》的有关规定予以处理；构成犯罪的，依法追究刑事责任。

第二十六条 本办法下列用语的含义：

受惠国，是指与中国签有对最不发达国家特别优惠关税待遇换文的国家或者地区；

材料，是指以物理形式构成另一货物的组成部分或者在生产另一货物的过程中所使用的货物，包括任何组件、零件、部件、成分或者原材料；

原产材料，是指根据本办法规定具备原产资格的材料；

生产，是指货物获得的方法，包括货物的种植、饲养、提取、采摘、采集、开采、收获、捕捞、诱捕、狩猎、制造、加工或者装配；

《海关估价协定》，是指作为《马拉喀什建立世贸组织协定》一部分的《关于履行1994年关税与贸易总协定第7条的协定》。

第二十七条 本办法中《与我国建交的最不发达国家产品特定原产地规则》和区域性集团名单由海关总署另行公告。

第二十八条 本办法由海关总署负责解释。

第二十九条 本办法自2017年4月1日起施行。2010年6月28日海关总署令第192号公布的《中华人民共和国海关最不发达国家特别优惠关税待遇进口货物原产地管理办法》、2013年7月1日海关总署令第210号公布的《海关总署关于修改〈中华人民共和国海关最不发达国家特别优惠关税待遇进口货物原产地管理办法〉的决定》同时废止。

附件：1. 原产地证书（略）

　　　2. 原产地声明（略）

　　　3. 《中华人民共和国海关进出口货物优惠原产地管理规定》进口货物原产资格申明（略）

中华人民共和国海关进出口货物优惠原产地管理规定

（海关总署令第 181 号）

发布日期：2009-01-08
实施日期：2009-03-01
法规类型：部门规章

第一条 为了正确确定优惠贸易协定项下进出口货物的原产地，规范海关对优惠贸易协定项下进出口货物原产地管理，根据《中华人民共和国海关法》（以下简称《海关法》）、《中华人民共和国进出口关税条例》、《中华人民共和国进出口货物原产地条例》，制定本规定。

第二条 本规定适用于海关对优惠贸易协定项下进出口货物原产地管理。

第三条 从优惠贸易协定成员国或者地区（以下简称成员国或者地区）直接运输进口的货物，符合下列情形之一的，其原产地为该成员国或者地区，适用《中华人民共和国进出口税则》中相应优惠贸易协定对应的协定税率或者特惠税率（以下简称协定税率或者特惠税率）：

（一）完全在该成员国或者地区获得或者生产的；

（二）非完全在该成员国或者地区获得或者生产，但符合本规定第五条、第六条规定的。

第四条 本规定第三条第（一）项所称的"完全在该成员国或者地区获得或者生产"的货物是指：

（一）在该成员国或者地区境内收获、采摘或者采集的植物产品；

（二）在该成员国或者地区境内出生并饲养的活动物；

（三）在该成员国或者地区领土或者领海开采、提取的矿产品；

（四）其他符合相应优惠贸易协定项下完全获得标准的货物。

第五条 本规定第三条第（二）项中，"非完全在该成员国或者地区获得或者生产"的货物，按照相应优惠贸易协定规定的税则归类改变标准、区域价值成分标准、制造加工工序标准或者其他标准确定其原产地。

（一）税则归类改变标准，是指原产于非成员国或者地区的材料在出口成员国或者地区境内进行制造、加工后，所得货物在《商品名称及编码协调制度》中税则归类发生了变化。

（二）区域价值成分标准，是指出口货物船上交货价格（FOB）扣除该货物生产过程中该成员国或者地区非原产材料价格后，所余价款在出口货物船上交货价格（FOB）中所占的百分比。

（三）制造加工工序标准，是指赋予加工后所得货物基本特征的主要工序。

（四）其他标准，是指除上述标准之外，成员国或者地区一致同意采用的确定货物原产地的其他标准。

第六条 原产于优惠贸易协定某一成员国或者地区的货物或者材料在同一优惠贸易协定另一成员国或者地区境内用于生产另一货物，并构成另一货物组成部分的，该货物或者材料应当视为原产于另一成员国或者地区境内。

第七条 为便于装载、运输、储存、销售进行的加工、包装、展示等微小加工或者处理，不影响货物原产地确定。

第八条　运输期间用于保护货物的包装材料及容器不影响货物原产地确定。

第九条　在货物生产过程中使用，本身不构成货物物质成分，也不成为货物组成部件的材料或者物品，其原产地不影响货物原产地确定。

第十条　本规定第三条所称的"直接运输"是指优惠贸易协定项下进口货物从该协定成员国或者地区直接运输至中国境内，途中未经过该协定成员国或者地区以外的其他国家或者地区（以下简称其他国家或者地区）。

原产于优惠贸易协定成员国或者地区的货物，经过其他国家或者地区运输至中国境内，不论在运输途中是否转换运输工具或者作临时储存，同时符合下列条件的，应当视为"直接运输"：

（一）该货物在经过其他国家或者地区时，未做除使货物保持良好状态所必需处理以外的其他处理；

（二）该货物在其他国家或者地区停留的时间未超过相应优惠贸易协定规定的期限；

（三）该货物在其他国家或者地区作临时储存时，处于该国家或者地区海关监管之下。

第十一条　法律、行政法规规定的有权签发出口货物原产地证书的机构（以下简称签证机构）可以签发优惠贸易协定项下出口货物原产地证书。

第十二条　签证机构应依据本规定以及相应优惠贸易协定项下所确定的原产地规则签发出口货物原产地证书。

第十三条　海关总署应当对签证机构是否依照本规定第十二条规定签发优惠贸易协定项下出口货物原产地证书进行监督和检查。

签证机构应当定期向海关总署报送依据本规定第十二条规定签发优惠贸易协定项下出口货物原产地证书的有关情况。

第十四条　货物申报进口时，进口货物收货人或者其代理人应当按照海关的申报规定填《中华人民共和国海关进口货物报关单》，申明适用协定税率或者特惠税率，并同时提交下列单证：

（一）货物的有效原产地证书正本，或者相关优惠贸易协定规定的原产地声明文件；

（二）货物的商业发票正本、运输单证等其他商业单证。

货物经过其他国家或者地区运输至中国境内，应当提交证明符合本规定第十条第二款规定的联运提单等证明文件；在其他国家或者地区临时储存的，还应当提交该国家或者地区海关出具的证明符合本规定第十条第二款规定的其他文件。

第十五条　进口货物收货人或者其代理人向海关提交的原产地证书应当同时符合下列要求：

（一）符合相应优惠贸易协定关于证书格式、填制内容、签章、提交期限等规定；

（二）与商业发票、报关单等单证的内容相符。

第十六条　原产地申报为优惠贸易协定成员国或者地区的货物，进口货物收货人及其代理人未依照本规定第十四条规定提交原产地证书、原产地声明的，应当在申报进口时就进口货物是否具备相应优惠贸易协定成员国或者地区原产资格向海关进行补充申报（格式见附件）。

第十七条　进口货物收货人或者其代理人依照本规定第十六条规定进行补充申报的，海关可以根据进口货物收货人或者其代理人的申请，按照协定税率或者特惠税率收取等值保证金后放行货物，并按照规定办理进口手续、进行海关统计。

海关认为需要对进口货物收货人或者其代理人提交的原产地证书的真实性、货物是否原产于优惠贸易协定成员国或者地区进行核查的，应当按照该货物适用的最惠国税率、普通税率或者其他税率收取相当于应缴税款的等值保证金后放行货物，并按照规定办理进口手续、进行海关统计。

第十八条 出口货物申报时，出口货物发货人应当按照海关的申报规定填制《中华人民共和国海关出口货物报关单》，并向海关提交原产地证书电子数据或者原产地证书正本的复印件。

第十九条 为确定货物原产地是否与进出口货物收发货人提交的原产地证书及其他申报单证相符，海关可以对进出口货物进行查验，具体程序按照《中华人民共和国海关进出口货物查验管理办法》有关规定办理。

第二十条 优惠贸易协定项下进出口货物及其包装上标有原产地标记的，其原产地标记所标明的原产地应当与依照本规定确定的货物原产地一致。

第二十一条 有下列情形之一的，进口货物不适用协定税率或者特惠税率：

（一）进口货物收货人或者其代理人在货物申报进口时没有提交符合规定的原产地证书、原产地声明，也未就进口货物是否具备原产资格进行补充申报的；

（二）进口货物收货人或者其代理人未提供商业发票、运输单证等其他商业单证，也未提交其他证明符合本规定第十四条规定的文件的；

（三）经查验或者核查，确认货物原产地与申报内容不符，或者无法确定货物真实原产地的；

（四）其他不符合本规定及相应优惠贸易协定规定的情形。

第二十二条 海关认为必要时，可以请求出口成员国或者地区主管机构对优惠贸易协定项下进口货物原产地进行核查。

海关也可以依据相应优惠贸易协定的规定就货物原产地开展核查访问。

第二十三条 海关认为必要时，可以对优惠贸易协定项下出口货物原产地进行核查，以确定其原产地。

应优惠贸易协定成员国或者地区要求，海关可以对出口货物原产地证书或者原产地进行核查，并应当在相应优惠贸易协定规定的期限内反馈核查结果。

第二十四条 进出口货物收发货人可以依照《中华人民共和国海关行政裁定管理暂行办法》有关规定，向海关申请原产地行政裁定。

第二十五条 海关总署可以依据有关法律、行政法规、海关规章的规定，对进出口货物作出具有普遍约束力的原产地决定。

第二十六条 海关对依照本规定获得的商业秘密依法负有保密义务。未经进出口货物收发货人同意，海关不得泄露或者用于其他用途，但是法律、行政法规及相关司法解释另有规定的除外。

第二十七条 违反本规定，构成走私行为、违反海关监管规定行为或者其他违反《海关法》行为的，由海关依照《海关法》、《中华人民共和国海关行政处罚实施条例》的有关规定予以处罚；构成犯罪的，依法追究刑事责任。

第二十八条 本规定下列用语的含义：

"生产"，是指获得货物的方法，包括货物的种植、饲养、开采、收获、捕捞、耕种、诱捕、狩猎、捕获、采集、收集、养殖、提取、制造、加工或者装配；

"非原产材料"，是指用于货物生产中的非优惠贸易协定成员国或者地区原产的材料，以及不明原产地的材料。

第二十九条 海关保税监管转内销货物享受协定税率或者特惠税率的具体实施办法由海关总署另行规定。

第三十条 本规定由海关总署负责解释。

第三十一条 本规定自 2009 年 3 月 1 日起施行。

附件：《中华人民共和国海关进出口货物优惠原产地管理规定》进口货物原产资格申明（略）

关于非优惠原产地规则中实质性改变标准的规定

（海关总署令第 122 号）

发布日期：2004-12-06
实施日期：2018-04-28
法规类型：部门规章

（根据 2018 年 4 月 28 日海关总署令第 238 号《海关总署关于修改部分规章的决定》修正）

第一条 为正确确定进出口货物的原产地，根据《中华人民共和国进出口货物原产地条例》的有关规定，制定本规定。

第二条 本规定适用于非优惠性贸易措施项下确定两个以上国家（地区）参与生产货物的原产地。

第三条 进出口货物实质性改变的确定标准，以税则归类改变为基本标准，税则归类改变不能反映实质性改变的，以从价百分比、制造或者加工工序等为补充标准。

第四条 "税则归类改变"标准，是指在某一国家（地区）对非该国（地区）原产材料进行制造、加工后，所得货物在《中华人民共和国进出口税则》中的四位数级税目归类发生了变化。

第五条 "制造、加工工序"标准，是指在某一国家（地区）进行的赋予制造、加工后所得货物基本特征的主要工序。

第六条 "从价百分比"标准，是指在某一国家（地区）对非该国（地区）原产材料进行制造、加工后的增值部分超过了所得货物价值的 30%。用公式表示如下：

$$\frac{工厂交货价-非该国（地区）原产材料价值}{工厂交货价}\times100\% \geq 30\%$$

"工厂交货价"是指支付给制造厂生产的成品的价格。

"非该国（地区）原产材料价值"是指直接用于制造或装配最终产品而进口原料、零部件的价值（含原产地不明的原料、零配件），以其进口"成本、保险费加运费"价格（CIF）计算。

上述"从价百分比"的计算应当符合公认的会计原则及《中华人民共和国进出口关税条例》。

第七条 以制造、加工工序和从价百分比为标准判定实质性改变的货物在《适用制造或者加工工序及从价百分比标准的货物清单》（见附件）中具体列明，并按列明的标准判定是否发生实质性改变。未列入《适用制造或者加工工序及从价百分比标准的货物清单》货物的实质性改变，应当适用税则归类改变标准。

第八条 《适用制造或者加工工序及从价百分比标准的货物清单》由海关总署会同商务

部根据实施情况修订并公告。

第九条 本规定自 2005 年 1 月 1 日起施行。

附件：适用制造或者加工工序及从价百分比标准的货物清单（略）

中华人民共和国非优惠原产地证书签证管理办法

（国家质量监督检验检疫总局令第 114 号）

发布日期：2009-06-14
实施日期：2018-07-01
法规类型：部门规章

（根据 2016 年 10 月 18 日国家质量监督检验检疫总局令第 184 号《国家质量监督检验检疫总局关于修改和废止部分规章的决定》第一次修正；根据 2018 年 4 月 28 日海关总署令第 238 号《海关总署关于修改部分规章的决定》第二次修正；根据 2018 年 5 月 29 日海关总署令第 240 号《海关总署关于修改部分规章的决定》第三次修正）

第一章 总 则

第一条 为规范中华人民共和国非优惠原产地证书签证管理工作，促进对外贸易发展，根据《中华人民共和国进出口商品检验法》及其实施条例、《中华人民共和国进出口货物原产地条例》及有关法律法规规定，制定本办法。

第二条 本办法所称中华人民共和国非优惠原产地证书（以下简称原产地证书）是指适用于实施最惠国待遇、反倾销和反补贴、保障措施、原产地标记管理、国别数量限制、关税配额等非优惠性贸易措施以及进行政府采购、贸易统计等活动中为确定出口货物原产于中华人民共和国境内所签发的书面证明文件。

第三条 海关总署对原产地证书的签证工作实施管理。

主管海关和中国国际贸易促进委员会及其地方分会按照分工负责原产地证书签证工作。

海关和中国国际贸易促进委员会及其地方分会以下统称签证机构。

第四条 向签证机构申请签发原产地证书的申请人（以下简称申请人）应当是出口货物的发货人。

第五条 申请人应当向签证机构提供真实的资料和信息。

海关总署和签证机构的工作人员对在签证工作中所知悉的商业秘密负有保密义务。

第六条 海关总署和签证机构对涉及生命和健康、环境保护、防止欺诈、国家安全等质量安全要求的产品，应当加强原产地签证管理。

第二章 原产地证书的申请与签发

第七条 申请人应当于货物出运前向申请人所在地、货物生产地或者出境口岸的签证机构申请办理原产地证书签证。申请人在初次申请办理原产地证书时，向所在地签证机构提供下列材料：

（一）填制真实准确的《中华人民共和国非优惠原产地证书申请企业备案表》；

（二）《原产地证书申报员授权书》及申报人员相关信息；

（三）原产地标记样式；

（四）中华人民共和国非优惠原产地证书申请书；

（五）按规定填制的《中华人民共和国非优惠原产地证书》；

（六）出口货物商业发票；

（七）申请签证的货物属于异地生产的，应当提交货源地签证机构出具的异地货物原产地调查结果；

（八）对含有两个以上国家（地区）参与生产或者签证机构需核实原产地真实性的货物，申请人应当提交《产品成本明细单》。

以电子方式申请原产地证书的，还应当提交《原产地证书电子签证申请表》和《原产地证书电子签证保证书》。

第八条 签证机构根据第七条第一款前四项的规定对申请人及其申报产品、原产地申报人员相关信息、原产地标记等信息进行核对无误后，向申请人发放《原产地证书申请企业备案证》。

第九条 第七条第一款前四项备案内容发生变更时，申请人应当及时到签证机构办理变更手续。

第十条 申请人取得《原产地证书申请企业备案证》再次申请办理原产地证书时，可免予提供第七条第一款前四项的材料。

第十一条 进口方要求出具官方机构签发的原产地证书的，申请人应当向海关申请办理；未明确要求的，申请人可以向海关、中国国际贸易促进委员会或者其地方分会申请办理。

第十二条 申请签证的货物属于异地生产的，申请人应当向货源地签证机构申请出具货物原产地调查结果。签证机构需要进一步核查的，货源地签证机构应当予以配合。

第十三条 签证机构接到原产地证书签证申请后，签证人员应当按照《中华人民共和国进出口货物原产地条例》和《关于非优惠原产地规则中实质性改变标准的规定》规定，对申请人的申请进行审核。

第十四条 签证机构可以对申请人申报的产品进行实地调查，核实生产设备、加工工序、原料及零部件的产地来源、制成品及其说明书和内外包装等，填写《原产地调查记录》。

第十五条 申请原产地证书的货物及其内、外包装或者说明书上，不得出现其他国家或者地区制造、生产的字样或者标记。

第十六条 参加国外展览的货物，申请人凭参展批件可以申请原产地证书。

货物在中国加工但未完成实质性改变的，申请人可以向签证机构申请签发加工、装配证书。

经中国转口的非原产货物，申请人可以向签证机构申请签发转口证书。

第十七条 签证机构应当在受理签证申请之日起2个工作日内完成审核，审核合格的，予以签证。

申请人未在签证机构备案的，签证机构应当自备案信息核对无误之日起2个工作日内完成签证申请的审核，审核合格的，予以签证。

调查核实所需时间不计入在内。

第十八条 国家鼓励申请人采用电子方式申办原产地证书。

申请人采用电子方式申报应当使用经统一评测合格的电子申报软件，并保证电子数据真实、准确。

签证机构在收到电子数据后，应当及时审核、签发原产地证书。

电子申报软件商应当确保电子申报软件的质量，并提供相关技术支持。

第十九条 一批货物只能申领一份原产地证书，申请人对于同一批货物不得重复申请原产地证书。

第二十条 原产地证书为正本 1 份、副本 3 份。其中正本和两份副本交申请人，另一份副本及随附资料由签证机构存档 3 年。

申请人因实际需要申请增加原产地证书副本的，签证机构应当予以办理。

原产地证书自签发之日起有效期为 1 年。更改、重发证书的有效期同原发证书。

第二十一条 已签发的证书正本遗失或者毁损，申请人可以在证书有效期内向签证机构提交《中华人民共和国非优惠原产地证书更改/重发申请书》，申请重发证书。

第二十二条 要求更改已签发的证书内容时，申请人应当在原产地证书有效期内提交《中华人民共和国非优惠原产地证书更改/重发申请书》，并退回原发证书。签证机构经核实后，方可签发新证书。

更改后的证书遗失或者毁损，需要重新发证的，应当按照本办法规定申请办理重新发证。

第二十三条 特殊情况下，申请人可以在货物出运后申请补发原产地证书。

申请补发原产地证书，除依照本办法第七条、第十条的规定提供相关资料外，还应当提交下列资料：

（一）补发原产地证书申请书；

（二）申请补发证书原因的书面说明；

（三）货物的提单等货运单据。

签证机构应当在原产地证书的签证机构专用栏内加注"补发"字样。

对于退运货物或无法核实原产地的货物，签证机构不予补发原产地证书。

第二十四条 进口方要求在商业发票及其他单证、货物包装上对货物原产地作声明的，对于完全原产的货物，申请人可以直接声明；对于含有非原产成分的货物，申请人必须向签证机构申领原产地证书后方可作原产地声明。

第三章　原产地调查

第二十五条 签证机构根据需要可以对申请原产地证书的货物实行签证调查，并填写《原产地调查记录》。

第二十六条 应进口国家（地区）有关机构的请求，签证机构应当对出口货物的原产地情况进行核查，并在收到查询函后 3 个月内将核查情况反馈进口国家（地区）有关机构。

被调查人应当配合调查工作，及时提供有关资料。

第二十七条 国家对出口货物原产地标记实施管理。

出口货物及其包装上标有原产地标记的，其原产地标记所标明的原产地应当与依照《中华人民共和国进出口货物原产地条例》所确定的原产地相一致。

出口货物的原产地标记标明的原产地与真实原产地不一致的，海关应当责令当事人改正。

第四章　监督管理

第二十八条 海关总署会同国务院有关部门对原产地签证工作进行监督和检查。

第二十九条 申请人应当建立签证产品相关档案。

出口货物生产企业应当建立原料来源、生产加工、成品出货等单据和记录档案。

前两款规定的档案应当至少保存 3 年。

第三十条 签证机构可以根据签证要求对申请人和签证产品进行核查。核查不合格的，签证机构应当责令整改或者注销备案。

第三十一条　签证机构应当对原产地证书签证印章和空白证书实行专门管理制度，不得将签字盖章的空白原产地证书交给申请人。

第三十二条　海关总署应当会同国务院有关部门制定原产地证书签证统计规范、确定统计项目。

签证机构负责本机构原产地证书的签证统计。中国国际贸易促进委员会负责汇总贸促会系统的签证统计数据。

各直属海关和中国国际贸易促进委员会定期向海关总署以电子数据方式报送签证统计数据。每年 7 月 20 日前报送上半年签证统计数据，次年 1 月 20 日前报送上一年度签证统计数据。

海关总署负责统一汇总各签证机构的签证统计数据，并向国务院有关部门通报。

第五章　法律责任

第三十三条　违反本办法规定的，由违法行为发生地的海关予以行政处罚。

贸促会系统在签证过程中发现违反本办法规定的，应当移交当地海关予以处理。

第三十四条　伪造、变造、买卖或者盗窃海关签发的原产地证书的，依法追究刑事责任；尚不够刑事处罚的，由海关按照《中华人民共和国进出口商品检验法》第三十六条规定责令改正，没收违法所得，并处货值金额等值以下罚款。

第三十五条　使用伪造、变造的海关签发的原产地证书的，构成犯罪的，依法追究刑事责任；尚不够刑事处罚的，由海关按照《中华人民共和国进出口商品检验法实施条例》第四十七条规定责令改正，没收违法所得，并处货物货值金额等值以下罚款。

第三十六条　伪造、变造、买卖或盗窃中国国际贸易促进委员会及其地方分会签发的原产地证书的，由海关按照《中华人民共和国进出口货物原产地条例》第二十三条规定处以5000 元以上 10 万元以下的罚款；伪造、变造、买卖或者盗窃作为海关放行凭证的中国国际贸易促进委员会及其地方分会签发的原产地证书的，处货值金额等值以下的罚款，但货值金额低于 5000 元的，处 5000 元罚款。有违法所得的，由海关没收违法所得。构成犯罪的，依法追究刑事责任。

第三十七条　提供虚假材料骗取原产地证书的，由海关按照《中华人民共和国进出口货物原产地条例》第二十三条规定处以 5000 元以上 10 万元以下的罚款；骗取原产地证书的，处货值金额等值以下的罚款，但货值金额低于 5000 元的，处 5000 元罚款。有违法所得的，由海关没收违法所得。构成犯罪的，依法追究刑事责任。

第三十八条　申请人提供虚假材料骗取备案的，有违法所得的，由海关处以违法所得 3 倍以下罚款，最高不超过 3 万元；没有违法所得的，处 1 万元以下罚款。

第三十九条　签证机构的工作人员有下列情形之一的，依法给予通报批评、取消签证资格或者行政处分；有违法所得的，没收违法所得；构成犯罪的，依法追究刑事责任：

（一）违反法律法规规定签证；

（二）无正当理由拒绝签证；

（三）泄露所知悉的商业秘密；

（四）滥用职权、玩忽职守、徇私舞弊。

第六章　附　则

第四十条　政府采购、反倾销、反补贴、反欺诈、原产地标记等需要出具原产地证书的，由海关按照本办法执行。

其他需要出具原产地证书的，或者需要在与原产地证书有关的贸易单证上盖章确认的，参照本办法执行。

　　第四十一条　证书格式正本为带长城图案浅蓝色水波纹底纹。证书内容用英文填制。海关总署和中国国际贸易促进委员会统一印制本系统使用的空白证书。

　　第四十二条　签发原产地证书，按照国家有关规定收取费用。

　　第四十三条　本办法由海关总署负责解释。

　　第四十四条　本办法自 2009 年 8 月 1 日起施行。本办法施行前制定的有关出口货物非优惠原产地证书签发管理的规定与本办法不符的，以本办法为准。

关于不再对输欧盟成员国、英国、加拿大、土耳其、乌克兰和列支敦士登等国家货物签发普惠制原产地证书的公告

（海关总署公告 2021 年第 84 号）

发布日期：2021-10-25

实施日期：2021-12-01

法规类型：规范性文件

　　根据《中华人民共和国普遍优惠制原产地证明书签证管理办法》，海关总署决定，自 2021 年 12 月 1 日起，对输往欧盟成员国、英国、加拿大、土耳其、乌克兰和列支敦士登等已不再给予中国普惠制关税优惠待遇国家的货物，海关不再签发普惠制原产地证书。

　　输上述国家的货物发货人需要原产地证明文件的，可以申请领取非优惠原产地证书。

　　特此公告。

关于不再对输欧亚经济联盟货物签发普惠制原产地证书的公告

（海关总署公告 2021 年第 73 号）

发布日期：2021-09-23

实施日期：2021-10-12

法规类型：规范性文件

　　根据欧亚经济委员会通报，欧亚经济联盟决定自 2021 年 10 月 12 日起不再给予中国输联盟产品普惠制关税优惠。现将有关事宜公告如下：

　　一、自 2021 年 10 月 12 日起，海关不再对输欧亚经济联盟成员国的货物签发普惠制原产地证书。

　　二、如输欧亚经济联盟成员国的货物发货人需要原产地证明文件，可申请签发非优惠原产地证书。

特此公告。

关于上线运行给予最不发达国家特别优惠关税待遇
原产地证书签发系统有关事宜的公告

（海关总署公告 2020 年第 94 号）

发布日期：2020-08-18
实施日期：2020-09-01
法规类型：规范性文件

为进一步推动给予与我国建交的最不发达国家特别优惠关税待遇措施的实施，便利合规货物进口通关，海关总署决定自 2020 年 9 月 10 日起试点运行"特别优惠关税待遇原产地证书签发系统"。现将有关事项公告如下：

一、面向孟加拉人民共和国、尼日尔共和国、埃塞俄比亚联邦民主共和国、莫桑比克共和国、东帝汶民主共和国等 5 个国家签证机构开放在线签发特惠原产地证书功能。在线签发的证书以字母"E"作为首位编号。

二、进口货物收货人或者其代理人（以下简称进口人）凭以字母"E"为首位编号的原产地证书申请享受特惠税率的，按照海关总署 2017 年第 67 号公告对"已实现原产地电子信息交换的优惠贸易协定项下进口货物"的有关要求填制报关单，提交原产地单证。

三、进口人凭上述在线签发证书以外的原产地证书申请享受特惠税率的，仍按照海关总署 2017 年第 67 号公告对"尚未实现原产地电子信息交换的优惠贸易协定项下进口货物"的有关要求填制报关单，提交原产地单证。

特此公告。

关于受理对输欧盟禽肉签发《输欧盟非优惠进口特别
安排项下产品原产地证书》的公告

（海关总署公告 2019 年第 54 号）

发布日期：2019-03-26
实施日期：2019-04-01
法规类型：规范性文件

欧委会 2019/398 号实施条例决定，自 2019 年 4 月 1 日起对中国输欧禽肉产品（欧盟税则号列 16023219、16023929、16023985）开放新的关税配额，对应我国税则号列 16023210、16023291、16023292、16023299、16023910、16023991、16023999，并要求随附相应的原产地证书。

为保障我国输欧禽肉能够适用欧盟配额内关税税率，自 2019 年 4 月 1 日起，涉及上述税则号列的输欧禽肉发货人可以向海关申请签发《输欧盟非优惠进口特别安排项下产品原产地证书》。

特此公告。

关于适用《中华人民共和国海关关于最不发达国家特别优惠关税待遇进口货物原产地管理办法》区域性集团名单的公告

（海关总署公告 2017 年第 11 号）

发布日期：2017-03-06
实施日期：2017-03-06
法规类型：规范性文件

根据《中华人民共和国海关关于最不发达国家特别优惠关税待遇进口货物原产地管理办法》（海关总署令第 231 号），现将适用该办法第七条的区域性集团名单公告如下：

一、东南亚国家联盟（ASEAN）中的柬埔寨王国和缅甸联邦共和国。

二、西非国家经济共同体（ECWAS）中的贝宁共和国、几内亚比绍共和国、多哥共和国、利比里亚共和国、塞拉利昂共和国、塞内加尔共和国和马里共和国。

特此公告。

关于优惠贸易协定项下符合"直接运输"单证事宜的公告

（海关总署公告 2015 年第 57 号）

发布日期：2015-12-07
实施日期：2015-12-20
法规类型：规范性文件

为便利各优惠贸易安排中"直接运输"条款的实施，对于经香港或澳门之外的第三方中转的进口货物，其收货人或者代理人（以下简称"进口人"）申报适用协定税率或特惠税率时向海关提交下列运输单证之一的，海关不再要求提交中转地海关出具的证明文件：

一、对空运或海运进口货物，经营国际快递业务的企业、民用航空运输企业、国际班轮运输经营者及其委托代理人出具的单份运输单证。该运输单证应在同一页上载明始发地为进口货物的原产国（地区）境内，且目的地为中国境内；原产于内陆国家（地区）的海运进口货物，始发地可为其海运始发地。

二、对已实现原产地电子数据交换的《海峡两岸经济合作框架协议》（ECFA）等协定项下集装箱运输货物，也可提交能够证明货物在运输过程中集装箱箱号、封志号未发生变动的全程运输单证。海关对上述运输单证有疑问的，进口人应当补充提交相关资料。

经香港、澳门中转货物的相关规定另行公告。

本公告自 2015 年 12 月 20 日起执行。海关总署公告 2015 年第 8 号同时废止。

中华人民共和国普遍优惠制原产地证明书签证管理办法实施细则

（国检务〔1990〕317 号）

发布日期：1990-09-28
实施日期：1990-09-28
法规类型：规范性文件

第一章 总 则

第一条 根据《中华人民共和国普遍优惠制原产地证明书签证管理办法》（以下简称《办法》）第三十二条之规定，特制定本实施细则。

第二条 普惠制原产地证明书是具有法律效力的官方证明文件。我国普惠制原产地证明书的签证管理工作由国家进出口商品检验局（以下简称国家商检局）统一负责；证书的签发和对出口产品申请原产地证明书的单位的监督检查工作由国家商检局设在各地的进出口商品检验机构（以下简称商检机构）负责。

对需要在香港签署"未再加工证明"的普惠制原产地证明书，经给惠国确认，国家商检局委托香港中国检验有限公司在香港负责办理签署工作。

第三条 普惠原制地证明书的签发，限于给惠国法令，公布并正式通知对我国实行普惠制待遇的国家所给予关税优惠的商品，受惠商品必须符合给惠国原产地规则。

第四条 申请办理普惠制原产地证明书的单位必须严格执行《办法》和本实施细则的规定，切实保证申请和填报的内容真实、准确。

授权签发普惠制原产地证明书的商检机构必须严格执行《办法》和本实施细则的规定，切实做到加强管理，认真签证，及时准确，维护信誉。

第二章 申请、注册和考核

第五条 下列单位可以向商检机构申请办理普惠制原产地证明书：

（一）有进出口经营权的国内企业；

（二）中外合资、中外合作和外商独资企业；

（三）国外企业、商社常驻中国代表机构；

（四）对外承接来料加工、来图来样加工、来件装配和补偿贸易业务的企业；

（五）经营旅游商品的销售部门；

（六）参加国际经济、文化交流及拍卖等活动需出售展品、样品等的有关单位。

第六条 凡申请办理普惠制原产地证明书的单位，必须预先在当地商检机构办理注册登记手续，第五条（六）项所列单位可酌情处理。

第七条 注册登记的程序如下：

（一）申请单位向当地商检机构领取《申请签发普惠制原产地证明书（FORM A）注册登记表》，并按要求填写。

（二）申请单位将填制的《申请签发普惠制原产地证明书（FORM A）注册登记表》，呈交商检机构，并按规定提交审批机关的批件和营业执照。"三来一补"企业还应提交协议副本。

申请单位使用的中英文对照的签证印章和手签人员姓名及手签笔迹都必须在注册时进行登记备案。

（三）商检机构对申请单位提交的表格和资料进行严格审查，并派员深入调查。经审查合格的，准予注册，发给《普惠制原产地证明书注册登记证》。对注册登记实行每两年复查一次。

第八条 为确保普惠制原产地证明书的真实性和准确性，各地商检机构在受理注册登记过程中，应着重调查和考核下列内容：

（一）生产加工单位的性质、经营管理和设备等状况；

（二）生产出口商品的能力和加工工序情况；

（三）所用原料、零部件以及包装物料的来源及所占比例；

（四）完成检验和最后包装的情况；

（五）出口产品的包装，商标及唛头情况。

经过认真调查，应对申请单位的生产条件、管理情况、出口商品的受惠资格、申请单位是否能注册，做出结论。

第九条 已经注册的企业、工厂必须建立完整的进料记录、生产记录和出货记录。其中，出货记录必须记载出口产品的品名、规格、数量、重量、包装、标记唛头、出厂价格、出运日期和进口国别等内容。上述记录和资料应保存两年以上，供商检机构及给惠国海关复查。

第三章　申请签证和制证

第十条 申请单位的证书手签人员应是该单位的法人代表或由法人代表指定的其他人员。原则上，每个单位可有三名以内手签人员，并须经过商检机构培训。经考核合格者方能在证书上签字。

手签人员应保持相对稳定，如有变动，申请单位应提前一个月向商检机构申报。

第十一条 申请办理普惠制原产地证明书的单位必须向商检机构提交下列文件资料：

（一）《普惠制原产地证明书申请书》一份；

（二）《普惠制原产地证明书（FORM A）》一套；

（三）正式的出口商业发票副本一份，申请单位使用的发票需盖章或手签，发票不得手写，并应注明包装、数量、毛重或另附装箱单或重量单。

含有进口成份的商品，必须提交《含进口成份受惠商品成本明细单》。

对以来料加工、进料加工方式生产的出口商品，还应提交有关的进料凭证。

必要时，申请单位还应提交信用证、合同、提单及报关单等。

第十二条 申请单位原则上向产品所在地商检机构申请办理普惠制原产地证明书。

属于下列情况之一者，亦可向异地商检机构申请签证：

（一）货物由当地运到异地口岸出口；

（二）在异地组织货源并直接出口。

第十三条 申请单位办理异地签证时，应向异地商检机构出示《普惠制原产地证明书注册登记证》，提交本实施细则第九条规定的文件资料。

申请异地签证的商品，凡含有进口成份的，还应提交产地商检机构出具的《GSP 原产地标准调查结果单》。

第十四条 对使用外国商标的商品，凡符合原产地规则的，申请单位可以向商检机构申请签发普惠制原产地证明书。但是，该商品及其包装上不得出现香港、澳门、台湾及中国以外的产地制造的字样。

第十五条　申请单位应于货物出运前五天向商检机构申请签证。

货物出运前未能及时申请，亦可事后申请签证。

办理"后发证书"，申请单位应提交报关单或提单或运单，由商检机构在证书第四栏加盖"后发"印章（ISSUED RETROSPECTIVELY）。

第十六条　如果已签发证书的正本被盗、遗失或损毁，申请单位请求重新签发证书时，必须做到以下两点：

（一）提交由法人签字的书面检查；

（二）在市级以上的报纸上声明原发证书作废。

经商检机构审查、同意重发证书时，应由商检机构在证书的第四栏加盖"复本"印章（DUPLICATE）、并加上文字批注："此证为××××年××月××日所发第××××××号证书的复本，原证书作废"（THIS CERTIFICATE IS IN REPLACEMENT OF CERTIFICATE OF ORIGIN NO. …DATED…WHICH IS CANCELLED）。

第十七条　如果申请单位要求更改已签发证书的内容时，必须申诉合理的原因和提供真实可靠的依据，同时应退回原证书。商检机构经核实并收回原发证书后，可签发新证书。原证无法追回的，将按第十六条有关遗失证书处理，同时由商检机构在新证书的第四栏注明"××××年××月××日所发第××××××号证书作废"（THE CERTIFICATE OF ORIGIN NO. …DATED…IS CANCELLED）。

第十八条　经给惠国确认，货物经香港转运时，需在普惠制原产地证明书上签署"未再加工证明"的，有关申请人可向香港中国检验有限公司提出申请。

第十九条　申请重发证书或更改证书内容，申请单位均须重新履行申请手续，并提交《重发或更改（FORM A）证书申请单》。

第二十条　申请单位应按规定缴纳费用。

凡申请重复证书和更改证书的，均应重新缴纳签证费。

第二十一条　普惠制原产地证明书（FORM A）由申请单位填制。

第二十二条　FORM A证书是国际上通用的普惠制原产地证明书格式。申请单位所需证书原则上由我国统一印制，但也可以使用其他国家按联合国贸发会规定格式印制的证书。

第二十三条　FORM A证书一般使用英文填制，应进口商要求，也可使用法文。特殊情况下，第二栏可以使用给惠国的文种。唛头标记不受文种限制，可据实填制。

第二十四条　申请单位的手签人员应熟悉各给惠国普惠制实施方案，给惠商品名称和编码，熟悉所经营的出口商品，尤其是含有进口成份的商品的原材料构成情况及加工工序情况，自觉执行《办法》。本实施细则和其他有关规定，切实保证所填制的证书真实、准确。

第二十五条　证书各栏目内容均用打字机填制，证面必须保持清洁，不得涂改和污损。

FORM A证书的填制方法，详见本实施细则的附件。

第四章　商检机构签证

第二十六条　签发普惠制原产地证明书是一项政策性和专业性很强的工作。商检机构的签证人员应符合下列要求：

（一）必须经过严格培训，考试合格，并向给惠国主管当局注册备案。

（二）熟悉各给惠国的普惠制实施方案，普惠制原产地证明书的格式内容及其填制方法；

（三）了解国际贸易惯例和我国对外贸易的方针政策；

（四）熟悉本地区出口商品，尤其是含有进口成份的商品的原料构成和加工工序情况；

（五）正确执行《办法》和本实施细则的规定；

（六）具有一定的外语水平，胜任签证工作。

第二十七条 签发 FORM A 证书的步骤如下：

（一）接受申请：应该看单证资料是否齐全，填写是否完整，文字是否清晰；印章、签字有无错漏。如发现不符合规定的，不予接受。

（二）审核签发：必须审查证书与申请书、发票是否一致，各栏内容是否真实，商品归类和文字缮打是否准确。对含有进口成份的商品，核查成本明细单等资料，必要时，对产品进行实地调查。

（三）商检机构在审核异地商品签证的过程中，发现问题或者产生疑问，应及时与产地商检机构联系。

符合要求的证书，由授权的官员在证书正本的第十一栏签名并加盖商检机构的签证章。

第二十八条 商检机构正式接受申请后，一般用两个工作日完成证书的签发工作。特殊情况，可以签发急件。需要到申请单位或工厂进行调查的，不受两个工作日时间的限制。

第二十九条 每套证书只签发一份正本，商检机构不在副本上签字、盖章。

第三十条 留底的证书副本、申请书、发票副本和其他有关资料应及时整理归档。档案资料应存放在专柜内，应有专人负责管理，保存期不少于两年。

第三十一条 为防止伪造、假冒证书，避免盲目签证，确保证书的真实性和准确性，维护商检机构的签证信誉，在国际经济、文化交流及拍卖等活动中需要办理普惠制产地证明书的，商检机构可派员随团（组）到境外签证。

第五章 调 查

第三十二条 在审核签证过程中，商检机构调查的重点是含进口成份的商品。除审阅资料外，必要时应实地调查证书项下商品的原材料情况，进口成份的比例及加工工序情况，据此判断该商品是否符合有关给惠国的原产地标准。

第三十三条 对生产出口商品的工厂，尤其是生产含进口成份的商品的工厂，商检机构应加强监督管理。对生产"完全原产"产品的工厂，每年抽查数不少于 5%，对生产含进口成份产品的工厂，每年抽查数不少于 10%。检查结果应填写《（FORM A）证书签证后的抽查或查询调查记录》，并妥善保存，以备查核。

第六章 处理退证查询

第三十四条 商检机构收到给惠国主管普惠制的有关当局的退证查询后，应及时地、认真地进行核实调查：

（一）先将退证与存档的有关资料逐一核对；

（二）再会同有关人员到出口单位和生产厂调查核实产品的原料、零部件来源、成本明细情况及加工工序，对专题查询；还要进行有针对性的调查。

第三十五条 根据调查结果，通过分析对方意图，找出问题的关键所在，制定解决问题的办法，有的放矢地拟出复函用语。

处理退证查询，应本着实事求是、统一对外的原则，既要符合给惠国普惠制方案的规定，又要有利于扩大我国出口，维护我国的政治和经济利益，维护我商检机构的信誉。

第三十六条 答复处理查询函，实行分级管理、各负其责。

（一）凡给惠国主管当局对我提出的退证查询（包括国家商检局转给各地商检机构的）由各商检机构（不包括下属处级机构）负责对外签复。对例行查询的答复函件，一般由主管处领导负责核签，对专题查询的答复函件，应由局领导核签。

各商检机构应将国外对方来函、退证复印本、答复函件及附件抄报国家商检局及有关单位备案。如有重大问题，还要抄报我驻有关给惠国大使馆商务处。

（二）给惠国主管当局同时向几个签证的商检机构对同一种商品进行查询，或经调查认为本商检机构没有把握答复的函件，各有关商检机构应在两个月内将调查结果，对方来函及有关附件的复印本，答复函稿等报国家商检局审核、然后决定由谁对外答复。如指定签证的商检机构答复的，其处理办法同前所述，如由国家商检局答复的，国家商检局将答复函抄给有关商检机构备案。

（三）如被查询的产品非属签证机构所在地区生产的，该商检机构可将查询函复印给生产地区商检机构。后者应根据来函提出的问题协助调查核实。在两个月内将调查结果函告有关签证商检机构，由该商检机构对外答复。答复函应抄送协助调查的商检机构备案。

第三十七条　处理退证查询的时限，从收到查询函之日起，一般不得超过两个月，特殊情况，最多不得超过三个月。如在给惠国方案规定的期限内无法做出答复的，应向对方说明原因，取得谅解，不得无故拖延或置之不理。

第三十八条　对给惠国主管当局的退证查询，应按国家商检局规定的统一格式，做好登记和统计工作，并按要求及时上报国家商检局。

第三十九条　在上述调查工作中，被调查和监督检查的单位应积极配合商检机构开展工作，提供必需的资料和证件，提供必要的工作条件。

第七章　惩　处

第四十条　下列行为属违反《办法》和本实施细则的规定：

（一）伪造、变造普惠制原产地证明书 FORM A；

（二）擅自涂改、加添商检机构签发证书的内容；

（三）填报不真实的内容，隐瞒进口成份；

（四）提供假单据；

（五）转借、转让或冒领证书或《申请签发普惠制原产地证明书注册登记证》；

（六）货物经香港转运，对申请签署了"未再加工证明"项下的商品进行除为了使货物处于良好状态以外的任何形式的再加工；

第四十一条　凡属本实施细则第四十条中所列行为之一者，商检机构将按照《中华人民共和国进出口商品检验法》第二十条之规定追究刑事责任，同时撤销注册，取消申请普惠制原产地证明书的资格；情节轻微的，给予罚款或通报处理。

当事人对商检机构的处罚决定不服，可按《中华人民共和国进出口商品检验法》有关条款的规定申请复议或向法院起诉。

第四十二条　货物运抵香港后，对申请办理了"未再加工证明"项下的商品进行了再加工；或者伪造"未再加工证明"的，一经发现，国家商检局将授权香港中国检验有限公司今后停止对有关申请单位签署"未再加工证明"，收回普惠制原产地证明书，并通知有关商检机构停止对有关出口商的出口商品签发普惠制原产地证明书。

第四十三条　凡签证人员玩忽职守，给国家造成政治影响或经济损失者，给予批评教育，直至按《中华人民共和国进出口商品检验法》第二十九条之规定惩处。

第四十四条　凡商检机构违反本实施细则关于办理"异地申请"的规定者，第一次处以警告处分，第二次通报批评，第三次则取消签发证书的权利。

第八章　附　则

第四十五条　授权签证的商检机构应在每年的一月十五日以前向国家商检局上报下列材料：

（一）普惠制签证管理工作总结；

（二）退证查询情况报表；

（三）应按国家商检局的规定及时上报微机统计软盘。

第四十六条 各地商检机构可根据《办法》和本实施细则的规定，结合本地区的具体情况制定补充规定。

第四十七条 本实施细则的制定，修改和解释由国家商检局负责。

第四十八条 本实施细则自发布之日起实施。

附件1：FORM A 证书的填制说明（略）

附件2：普惠制产地证明书申请书（略）

中华人民共和国普遍优惠制原产地证明书签证管理办法

（国检务〔1989〕443 号）

发布日期：1989-09-01

实施日期：1989-09-01

法规类型：部门规章

第一章　总　则

第一条 根据联合国贸发会议关于普惠制的决议和《中华人民共和国进出口商品检验法》，为加强普遍优惠制产地证明书（以下简称普惠制产地证）的签证管理工作，保证签证符合给惠国有关规定，使我国出口商品在给惠国顺利通关，获得减免关税的优惠待遇，特制定本办法。

第二条 普惠制产地证书是具有法律效力的官方证明文件。我国普惠制产地证书的签证工作由国家进出口商品检验局（以下简称国家商检局）负责统一管理，由国家商检局设在各地的进出口商品检验局及其分支机构（以下统称商检机构）负责签发。对需要在香港签署"未再加工证明"的普惠制产地证书，经给惠国确认，国家商检局委托香港中国检验有限公司负责签署。

第三条 普惠制产地证书的签发，限于给惠国已公布法令并正式通知对我国实行普惠制待遇的国家所给予关税优惠的商品。这些商品必须符合给惠国原产地规则及直运规则。

第四条 申请单位向商检机构申请签发普惠制产地证书，应严格按照各给惠国普惠制实施方案及本办法的规定，切实做到申请和填报的内容真实、准确。

第二章　注册和申请

第五条 申请办理普惠制产地证书的单位：

（一）有进出口经营权的国内企业；

（二）中外合资、中外合作和外商独资企业；

（三）国外企业、商社常驻中国代表机构；

（四）对外承接来料加工、来图来样加工、来件装配和被偿贸易业务的企业；

307

（五）经营旅游商品的销售部门；

（六）参加国际经济文化交流活动需出售展品、样品等的有关单位。

第六条 凡申请办理普惠制产地证书的单位，必须预先在当地商检机构办理注册登记手续。

第七条 办理注册登记时，申请单位必须提交审批机关的批件、营业执照、协议书以及其他有关文件。商检机构经过审核和调查，对符合注册登记条件的予以注册登记。

第八条 申请单位的印章和证书手签人员必须在注册的同时进行登记。手签人员应是申请单位的法人代表并应保持相对稳定，如有变动，应及时向商检机构申报。

第九条 申请签证时，必须向当地商检机构提交《普惠制产地证书申请书》，填制正确清楚的普惠制产地证书和出口商品的商业发票副本，以及必要的其他证件。含有进口成份的产品，还必须提交《含进口成份受惠商品成本明细单》。

第十条 申请单位原则上向所在地商检机构申请办理签证，特殊情况需在异地申请签证时，必须提供所在地商检机构注册登记的证明文件。

第十一条 对使用外国商标的商品，凡符合原产地规则的，可以申请签证。但是，该商品及其包装不得标有香港、台湾、澳门及中国以外的产地制造的字样。

第十二条 申请单位应于货物装运前向商检机构提出申请。申请单位若需要申请后发证书，必须向商检机构提交货物确已出运的证明文件。

第十三条 如果已签发的证书正本遗失或损毁，申请单位必须向商检机构书面申明理由和提供依据。经商检机构审核确认后方准于申请重发证书，同时声明原证书作废。

第十四条 申请单位要求更改已签发证书的内容，必须申明更改的理由和提供依据，经商检机构核实并收回原发证书后方准予换发新证书。

第十五条 申请重发或更改证书内容，申请单位均须重新履行申请手续。

第十六条 经香港转运至给惠国的产品，在获得商检机构签发的普惠制产地证书后，凡给惠国要求签署"未再加工证明"的，申请人需持上述证书及有关单证，向香港中国检验有限公司申请办理。

第十七条 申请单位应按规定缴纳签证费和注册费。

第三章 制 证

第十八条 普惠制原产地证书由申请单位填制。

第十九条 普惠制原产地证书采用联合国贸发会议规定的统一格式。

第二十条 申请单位的手签人员应熟悉各给惠国普惠制实施方案采用的商品名称和编码及填制普惠制证书的方法；熟悉所经营的出口受惠商品，尤其是含有进口成份的商品的原材料成份情况；自觉执行本办法及有关规定，切实保证普惠制产地证书的真实性和准确性，证面清洁美观，不得涂改。

第二十一条 证书一般使用英文填制，如给惠国有要求，也可以使用法文。

第四章 签 证

第二十二条 商检机构在接受申请时，要查看单证资料是否齐全，填写是否完整，文字是否清晰，印章、签字有无错漏。如发现不符合规定不接受申请。

第二十三条 商检机构证书签发人，必须经过严格培训并向给惠国主管当局注册备案。

第二十四条 接受正式申请后，证书一般两个工作日签出，特殊情况处急件处理。

第二十五条 每套证书只签发壹份正本，商检机构不在副本上签字盖章。

第五章 调 查

第二十六条 为确保普惠制原产地证书的真实性和准确性，商检机构将进行下列调查：

（一）在申请单位申请注册登记时，商检机构将审核有关书面材料并对其产品的原料及加工情况进行查核。

（二）签证过程中的调查。商检机构在接受办理普惠制产地证书的申请后，审核《含有进口成份受惠商品成本明细单》并对含进口成份的商品进行实地调查。

（三）签证后的调查。商检机构对所签发的证书项下的商品，将进行不定期抽查。

（四）给惠国查询的调查。在收到给惠国主管当局的退证查询时，商检机构将会同有关部门对产品的原料、零部件来源，成本构成情况及加工工序等进行核查，并在规定时限内将核查结果答复给惠国主管当局。

第二十七条 被调查的有关单位应及时提供有关资料、证件，为调查工作提供所必需的交通工具和食宿条件。

第六章 惩 处

第二十八条 由于申请单位填报内容有误或不真实而导致签证差错造成不良后果，视情节轻重给予批评、通报或罚款处理。

第二十九条 申请单位和人员隐瞒产品原材料来源或进口成份；或在申请书、证书内填报打印虚假情况，伪造、变造证书；或擅自涂改、加添证书内容，按情节轻重，对直接责任人员比照《商检法》第二十七条的规定追究刑事责任；情节轻微的，由商检机构处以罚款和通报。

第三十条 凡签证人员玩忽职守，给国家造成政治影响或经济损失者，应给予批评教育，直至比照《商检法》第二十九条的规定追究刑事责任。

第三十一条 货物运抵香港后，对申请办理"未再加工证明"项下的商品进行任何加工的，或伪造、变造"未再加工证明"的，国家商检局授权香港中国检验有限公司收回普惠制产地证书并停止对其签署"未再加工证明"。

第七章 附 则

第三十二条 国家商检局根据本办法制定实施细则。

第三十三条 本办法由国家商检局制定下达，由各地商检机构实施。本办法由国家商检局负责解释。

第三十四条 本办法自发布之日起实施。1982 年 12 月 1 日起实施的《国家进出口商品检验局普惠制产地证明书签证管理办法》同时废止。

《区域全面经济伙伴关系协定》

中华人民共和国海关《区域全面经济伙伴关系协定》项下进出口货物原产地管理办法

（海关总署令第 255 号）

发布日期：2021-11-23
实施日期：2022-01-01
法规类型：部门规章

第一章 总 则

第一条 为了正确确定《区域全面经济伙伴关系协定》（以下简称《协定》）项下进出口货物原产地，促进我国与《协定》其他成员方的经贸往来，根据《中华人民共和国海关法》《中华人民共和国进出口货物原产地条例》和《协定》的规定，制定本办法。

第二条 本办法适用于中华人民共和国与《协定》其他成员方之间的《协定》项下进出口货物原产地管理。

本办法所称成员方，是指已实施《协定》的国家（地区），具体清单由海关总署另行公布。

第二章 原产地规则

第三条 符合下列条件之一的货物，是《协定》项下原产货物（以下简称原产货物），具备《协定》项下原产资格（以下简称原产资格）：

（一）在一成员方完全获得或者生产；

（二）在一成员方完全使用原产材料生产；

（三）在一成员方使用非原产材料生产，但符合产品特定原产地规则规定的税则归类改变、区域价值成分、制造加工工序或者其他要求。

产品特定原产地规则由海关总署另行公告。

第四条 本办法第三条所称在一成员方完全获得或者生产的货物是指：

（一）在该成员方种植、收获、采摘或者收集的植物或者植物产品；

（二）在该成员方出生并饲养的活动物；

（三）从该成员方饲养的活动物获得的货物；

（四）在该成员方通过狩猎、诱捕、捕捞、耕种、水产养殖、收集或者捕捉直接获得的货物；

（五）从该成员方领土、领水、海床或者海床底土提取或者得到的，但未包括在本条第一至第四项的矿物质及其他天然资源；

（六）由该成员方船只依照国际法规定，从公海或者该成员方有权开发的专属经济区捕捞的海洋渔获产品和其他海洋生物；

（七）由该成员方或者该成员方的人依照国际法规定从该成员方领海以外的水域、海床或者海床底土获得的未包括在本条第六项的货物；

（八）在该成员方加工船上完全使用本条第六项或者第七项所述的货物加工或者制造的货物；

（九）在该成员方生产或者消费中产生的，仅用于废弃处置或者原材料回收利用的废碎料；

（十）在该成员方收集的，仅用于废弃处置或者原材料回收利用的旧货物；

（十一）在该成员方仅使用本条第一至第十项所列货物或者其衍生物获得或者生产的货物。

第五条 符合本办法第三条第一款第三项规定的货物，如在生产中使用的非原产材料在成员方仅经过下列一项或者多项加工或者处理，该货物仍不具备原产资格：

（一）为确保货物在运输或者储存期间保持良好状态进行的保存操作；

（二）为货物运输或者销售进行的包装或者展示；

（三）简单的加工，包括过滤、筛选、挑选、分类、磨锐、切割、纵切、研磨、弯曲、卷绕或者展开；

（四）在货物或者其包装上粘贴或者印刷标志、标签、标识以及其他类似的用于区别的标记；

（五）仅用水或者其他物质稀释，未实质改变货物的特性；

（六）将产品拆成零部件；

（七）屠宰动物；

（八）简单的上漆和磨光；

（九）简单的去皮、去核或者去壳；

（十）对产品进行简单混合，无论是否为不同种类的产品。

前款规定的"简单"，是指不需要专门技能，并且不需要专门生产、装配机械、仪器或者设备的情形。

第六条 在一成员方获得或者生产的原产货物或者原产材料，在另一成员方用于生产时，应当视为另一成员方的原产材料。

第七条 本办法第三条规定的区域价值成分应当按照下列公式之一计算：

（一）扣减公式

区域价值成分＝（货物离岸价格－非原产材料价格）÷货物离岸价格×100%

（二）累加公式

区域价值成分＝（原产材料价格＋直接人工成本＋直接经营费用成本＋利润＋其他成本）÷货物离岸价格×100%

货物离岸价格

原产材料价格，是指用于生产货物的原产材料和零部件的价格；

直接人工成本包括工资、薪酬和其他员工福利；

直接经营费用成本是指经营的总体费用；

非原产材料价格，是指非原产材料的进口成本、运至目的港口或者地点的运费和保险费，包括原产地不明材料的价格。非原产材料在一成员方境内获得时，其价格应当为在该成员方最早可确定的实付或者应付价格。

以下费用可以从非原产材料价格中扣除：

（一）将非原产材料运至生产商的运费、保险费、包装费，以及在此过程中产生的其他运输相关费用；

（二）未被免除、返还或者以其他方式退还的关税、其他税收和代理报关费；

（三）扣除废料及副产品回收价格后的废品和排放成本。

本办法规定的货物价格应当参照《WTO估价协定》计算。各项成本应当依照生产货物的成员方适用的公认会计准则记录和保存。

第八条　适用《协定》项下税则归类改变要求确定原产资格的货物，如不属于本办法第五条规定的情形，且生产过程中使用的不满足税则归类改变要求的非原产材料符合下列条件之一，应当视为原产货物：

（一）上述全部非原产材料按照本办法第七条确定的价格不超过该货物离岸价格的百分之十；

（二）货物归入《中华人民共和国进出口税则》（以下简称《税则》）第五十章至第六十三章的，上述全部非原产材料的重量不超过该货物总重量的百分之十。

第九条　下列包装材料和容器不影响货物原产资格的确定：

（一）运输期间用于保护货物的包装材料和容器；

（二）与货物一并归类的零售用包装材料和容器。

货物适用区域价值成分标准确定原产资格的，在计算货物的区域价值成分时，与货物一并归类的零售用包装材料和容器的价格应当纳入原产材料或者非原产材料的价格予以计算。

第十条　与货物一并申报进口，在《税则》中一并归类并且不单独开具发票的附件、备件、工具和说明材料不影响货物原产资格的确定。

货物适用区域价值成分标准确定原产资格的，在计算货物的区域价值成分时，前款所列附件、备件、工具和说明材料的价格应当纳入原产材料或者非原产材料的价格予以计算。

附件、备件、工具和说明材料的数量与价格应当在合理范围之内。

第十一条　在货物生产、测试或者检验过程中使用且本身不构成该货物组成成分的下列物料，应当视为原产材料：

（一）燃料及能源；

（二）工具、模具及型模；

（三）用于维护设备和建筑的备件及材料；

（四）在生产中使用或者用于运行设备和维护厂房建筑物的润滑剂、油（滑）脂、合成材料及其他材料；

（五）手套、眼镜、鞋靴、衣服、安全设备及用品；

（六）用于测试或者检验货物的设备、装置及用品；

（七）催化剂及溶剂；

（八）能合理证明用于生产的其他物料。

第十二条　对于出于商业目的可相互替换且性质实质相同的货物或者材料，应当通过下列方法之一区分后分别确定其原产资格：

（一）物理分离；

（二）出口成员方公认会计准则承认并在整个会计年度内连续使用的库存管理方法。

第十三条　确定货物原产资格时，货物的标准单元应当与根据《商品名称及编码协调制度公约》确定商品归类时的基本单位一致。

同一批运输货物中包括多个可归类在同一税则号列下的相同商品，应当分别确定每个商品的原产资格。

第十四条　具备原产资格并且列入进口成员方《特别货物清单》的货物，如出口成员方价值成分不低于百分之二十，其《协定》项下原产国（地区）（以下简称原产国（地区）

为出口成员方。

前款规定的出口成员方价值成分应当按照本办法第七条规定计算，但其他成员方生产的材料一律视为非原产材料。

各成员方《特别货物清单》由海关总署另行公告。

第十五条 具备原产资格但未列入进口成员方《特别货物清单》的货物，符合下列条件之一的，其原产国（地区）为出口成员方：

（一）货物在出口成员方完全获得或者生产；

（二）货物完全使用原产材料生产，并且在出口成员方经过了本办法第五条规定以外的加工或者处理；

（三）货物在出口成员方使用非原产材料生产，并且符合产品特定原产地规则的规定。

第十六条 具备原产资格，但根据本办法第十四条、第十五条规定无法确定原产国（地区）的货物，其原产国（地区）为是该货物在出口成员方的生产提供的全部原产材料价格占比最高的成员方。

第十七条 从出口成员方运输至进口成员方的原产货物，符合下列条件之一的，货物保有其原产资格：

（一）未途经其他国家（地区）；

（二）途经其他国家（地区），但除装卸、储存等物流活动、其他为运输货物或者保持货物良好状态的必要操作外，货物在其境内未经任何其他处理，并且处于这些国家（地区）海关的监管之下。

第三章　原产地证明

第十八条 《协定》项下原产地证明包括原产地证书和原产地声明。

原产地证明应当采用书面形式以英文填制，具体格式由海关总署另行公告。

第十九条 原产地证书应当符合下列条件：

（一）具有唯一的证书编号；

（二）注明货物具备原产资格的依据；

（三）由出口成员方的签证机构签发，具有该签证机构的授权签名和印章。

原产地证书应当在货物装运前签发；由于过失或者其他合理原因在装运后签发的，应当注明 "ISSUED RETROACTIVELY"（补发）字样。

原产地证书所载内容有更正的，更正处应当有出口成员方签证机构的授权签名和印章。

第二十条 经认证的原产地证书副本应当具有与原产地证书正本相同的原产地证书编号和签发日期，并且注明 "CERTIFIED TRUE COPY"（经认证的真实副本）字样，视为原产地证书正本。

第二十一条 原产地声明应当由经核准出口商开具，并且符合以下条件：

（一）具有该经核准出口商的唯一编号；

（二）具有唯一的声明编号；

（三）具有开具者的姓名和签名；

（四）注明开具原产地声明的日期；

（五）出口成员方已向其他成员方通报该经核准出口商信息。

第二十二条 对于在一成员方中转或者再次出口的未经处理的原产货物，该成员方的签证机构、经核准出口商可以依据初始原产地证明正本签发或者开具背对背原产地证明，用于证明货物的原产资格以及原产国（地区）未发生变化。

前款所述的处理不包括装卸、储存、拆分运输等物流操作、重新包装、根据进口成员方法律要求贴标以及其他为运输货物或者保持货物良好状态所进行的必要操作。

第二十三条 背对背原产地证明应当符合本办法对原产地证明的有关规定，并且符合以下条件：

（一）包含初始原产地证明的签发或者开具日期、编号及其他相关信息；

（二）经流拆分出口的货物应注明拆分后的数量，并且拆分后出口货物的数量总和不超过初始原产地证明所载的货物数量。

第二十四条 原产地证明自签发或者开具之日起1年内有效。

背对背原产地证明的有效期与初始原产地证明的有效期一致。

第四章 进口货物通关享惠程序

第二十五条 具备原产资格的进口货物，可以依据其原产国（地区）适用相应的《协定》项下税率。

第二十六条 进口货物收货人或者其代理人为进口原产货物申请适用《协定》项下税率的，应当按照海关总署有关规定申报，并且凭以下单证办理：

（一）有效的《协定》项下原产地证明；

（二）货物的商业发票；

（三）货物的全程运输单证。

货物经过其他国家（地区）运输至中国境内的，还应当提交证明货物符合本办法第十七条规定的其他证明文件。

第二十七条 《协定》项下原产地证明上无论是否标明货物原产国（地区），进口货物收货人或者其代理人可以申请适用对其他成员方相同原产货物实施的《协定》项下最高税率；在进口货物收货人或者其代理人能够证明为生产该货物提供原产材料的所有成员方时，也可以申请适用对上述成员方相同原产货物实施的《协定》项下最高税率。

第二十八条 同一批次进口原产货物完税价格不超过200美元的，进口货物收货人或者其代理人申请适用《协定》项下税率时可以免予提交原产地证明。

为规避本办法规定拆分申报进口货物的，不适用前款规定。

第二十九条 原产国（地区）申报为成员方的进口货物，进口货物收货人或者其代理人在办结海关手续前未取得有效原产地证明的，应当在办结海关手续前就该货物是否具备原产资格向海关进行补充申报，但海关总署另有规定的除外。

进口货物收货人或者其代理人依照前款规定就进口货物具备原产资格向海关进行补充申报并且提供税款担保的，海关应当依法办理进口手续。依照法律、行政法规规定不得办理担保的情形除外。因提前放行等原因已经提交了与货物可能承担的最高税款总额相当的税款担保的，视为符合本款关于提供税款担保的规定。

第三十条 为确定原产地证明的真实性和准确性，核实进口货物的原产资格和原产国（地区），海关可以通过以下方式开展原产地核查：

（一）要求进口货物收货人或者其代理人、境外出口商或者生产商提供补充信息；

（二）要求出口成员方签证机构或者主管部门提供补充信息。

必要时，海关可以经出口成员方同意后对境外出口商或者生产商进行实地核查，也可以通过与出口成员方商定的其他方式开展核查。

核查期间，海关可以应进口货物收货人或者其代理人申请办理担保放行，但法律法规另有规定的除外。

海关应当向进口货物收货人（或者其代理人）、境外出口商（或者生产商）或者出口成员方签证机构（或者主管部门）书面通报核查结果和理由。

第三十一条 具有下列情形之一的,海关应当依法办理担保财产、权利退还手续:

(一)进口货物收货人或者其代理人已经按照本办法规定向海关进行补充申报并且提交了有效《协定》项下原产地证明的;

(二)海关核查结果足以认定货物原产资格和原产国(地区)的。

第三十二条 具有下列情形之一的,进口货物不适用《协定》项下税率:

(一)进口货物收货人或者其代理人在货物办结海关手续前未按照本办法第二十六条规定申请适用《协定》项下税率,也未按照本办法第二十九条规定补充申报的;

(二)货物不具备原产资格的;

(三)原产地证明不符合本办法规定的;

(四)原产地证明所列货物与实际进口货物不符的;

(五)自进口货物收货人或者其代理人、境外出口商或者生产商、出口成员方签证机构或者主管部门收到原产地核查要求之日起 90 日内,海关未收到核查反馈,或者反馈结果不足以确定原产地证明真实性、货物原产资格或者原产国(地区)的;

(六)自出口成员方或者境外出口商、生产商收到实地核查要求之日起 30 日内,海关未收到回复,或者实地核查要求被拒绝的;

(七)进口货物收货人或者其代理人存在其他违反本办法有关规定的行为的。

第五章 出口货物签证程序

第三十三条 出口货物发货人及其代理人、已进行原产地企业备案的境内生产商及其代理人(以下统称申请人)可以向我国签证机构申请签发原产地证书。

第三十四条 申请人应当在货物装运前申请签发原产地证书,同时提交证明货物原产资格、原产国(地区)的材料。申请人应当对其提交材料的真实性、完整性、准确性负责。

申请人申请签发背对背原产地证书的,还应当提交初始原产地证明正本。

第三十五条 签证机构应当对申请人提交的材料进行审核,符合本办法规定的,签发原产地证书;不符合本办法规定的,决定不予签发原产地证书,书面通知申请人并且说明理由。

签证机构进行审核时,可以通过以下方式核实货物的原产资格和原产国(地区):

(一)要求申请人补充提供与货物原产资格、原产国(地区)相关的信息和资料;

(二)实地核实出口货物的生产设备、加工工序、原材料及零部件的原产资格、原产国(地区)以及出口货物说明书、包装、商标、唛头和原产地标记;

(三)查阅、复制有关合同、发票、账簿以及其他相关资料。

第三十六条 申请人由于过失或者其他合理原因,未能在装运前向签证机构申请签发原产地证书的,可以自货物装运之日起 1 年内向签证机构申请补发。

第三十七条 原产地证书所载信息有误或者需要补充信息的,申请人可以自原产地证书签发之日起 1 年内,凭原产地证书正本向原签证机构申请更正。签证机构可以通过以下方式更正:

(一)更正原产地证书,并且在更正处签名和盖章;

(二)签发新的原产地证书,并且作废原原产地证书。

第三十八条 已签发的原产地证书正本遗失或者损毁的,申请人可以自该原产地证书签发之日起 1 年内,向原签证机构申请签发经认证的原产地证书副本。

第三十九条 经核准出口商可以按照本办法规定对其出口或者生产的原产货物开具原产地声明。

海关按照《中华人民共和国海关经核准出口商管理办法》对经核准出口商实施管理。

第四十条 应进口成员方的请求,海关可以通过以下方式对出口货物的原产地情况进行核查：

（一）要求申请人补充提供与货物原产资格、原产国（地区）相关的信息和资料；

（二）实地核实出口货物的生产设备、加工工序、原材料及零部件的原产资格、原产国（地区）以及出口货物说明书、包装、商标、唛头和原产地标记；

（三）查阅、复制有关合同、发票、账簿以及其他相关资料。

第六章　附　则

第四十一条　申领原产地证书的出口货物发货人和生产商、开具原产地声明的经核准出口商应当自原产地证明签发或者开具之日起 3 年内，保存能够充分证明货物原产资格和原产国（地区）的文件记录。

适用《协定》项下税率进口货物的收货人应当自货物办结海关手续之日起 3 年内，保存能够充分证明货物原产资格和原产国（地区）的文件记录。

签证机构应当自原产地证书签发之日起 3 年内，保存原产地证书申请资料。

上述文件记录可以以电子或者纸质形式保存。

第四十二条　本办法下列用语的含义：

（一）出口成员方、进口成员方，分别是指货物申报出口和进口时所在的成员方；

（二）生产，是指获得货物的方法，包括货物的种植、开采、收获、耕种、养育、繁殖、提取、收集、采集、捕获、捕捞、水产养殖、诱捕、狩猎、制造、加工或者装配；

（三）原产材料，是指根据本办法规定具备原产资格的材料；

（四）非原产材料，是指根据本办法规定不具备原产资格的材料；

（五）有权开发，是指成员方依照与沿海国之间的协定或者安排享有获得沿海国渔业资源的权利；

（六）成员方加工船和成员方船只，分别是指在成员方注册并且有权悬挂该成员方旗帜的加工船和船只；但在澳大利亚专属经济区内作业的任何加工船或者船只，如果符合《1991 年渔业管理法（联邦）》或任何后续立法对"澳大利亚船"的定义，应当分别视为澳大利亚加工船或者船只；

（七）《WTO 估价协定》，是指《关于实施 1994 年关贸总协定第七条的协定》；

（八）公认会计准则，是指一成员方普遍接受或者官方认可的有关记录收入、费用、成本、资产和负债、信息披露以及编制财务报表的会计准则，包括普遍适用的广泛性指导原则以及详细的标准、惯例和程序；

（九）签证机构，是指由成员方指定或者授权签发原产地证书，并且已依照《协定》规定向其他成员方通报的机构。直属海关、隶属海关、中国国际贸易促进委员会及其地方分会是我国签证机构；

（十）主管机构，是指由成员方指定并且已依照《协定》规定向其他成员方通报的一个或者多个政府机构。

第四十三条　本办法由海关总署负责解释。

第四十四条　本办法自 2022 年 1 月 1 日起施行。

中华人民共和国海关经核准出口商管理办法

（海关总署令第 254 号）

发布日期：2021-11-23
实施日期：2022-01-01
法规类型：部门规章

第一条 为了有效实施中华人民共和国缔结或者参加的优惠贸易协定项下经核准出口商管理制度，规范出口货物原产地管理，促进对外贸易，根据《中华人民共和国政府和冰岛政府自由贸易协定》《中华人民共和国和瑞士联邦自由贸易协定》《中华人民共和国政府和毛里求斯共和国政府自由贸易协定》《区域全面经济伙伴关系协定》等优惠贸易协定（以下统称"相关优惠贸易协定"）的规定，制定本办法。

第二条 本办法所称的经核准出口商，是指经海关依法认定，可以对其出口或者生产的、具备相关优惠贸易协定项下原产资格的货物开具原产地声明的企业。

第三条 海关按照诚信守法便利原则，对经核准出口商实施管理。

海关建立经核准出口商管理信息化系统，提升经核准出口商管理便利化水平。

第四条 经核准出口商应当符合以下条件：

（一）海关高级认证企业；

（二）掌握相关优惠贸易协定项下原产地规则；

（三）建立完备的原产资格文件管理制度。

第五条 企业申请成为经核准出口商的，应当向其住所地直属海关（以下统称主管海关）提交书面申请。书面申请应当包含以下内容：

（一）企业中英文名称、中英文地址、统一社会信用代码、海关信用等级、企业类型、联系人信息等基本信息；

（二）企业主要出口货物的中英文名称、规格型号、HS 编码、适用的优惠贸易协定及具体原产地标准、货物所使用的全部材料及零部件组成情况等信息；

（三）掌握相关优惠贸易协定项下原产地规则的承诺声明；

（四）建立完备的货物原产资格文件管理制度的承诺声明；

（五）拟加盖在原产地声明上的印章印模。

申请材料涉及商业秘密的，应当在申请时以书面方式向主管海关提出保密要求，并且具体列明需要保密的内容。海关按照国家有关规定承担保密义务。

第六条 主管海关应当自收到申请材料之日起 30 日内进行审核并作出决定。

经审核，符合经核准出口商条件的，主管海关应当制发经核准出口商认定书，并给予经核准出口商编号；不符合经核准出口商条件的，主管海关应当制发不予认定经核准出口商决定书。

经核准出口商认定书、不予认定经核准出口商决定书应当送达申请人，并且自送达之日起生效。

第七条 经核准出口商认定的有效期为 3 年。

经核准出口商可以在有效期届满前 3 个月内，向主管海关书面申请续展。每次续展的有效期为 3 年。

第八条 海关总署依据中华人民共和国缔结或者参加的优惠贸易协定以及相关协议，与优惠贸易协定项下其他缔约方（以下简称其他缔约方）交换下列经核准出口商信息：

（一）经核准出口商编号；

（二）经核准出口商中英文名称；

（三）经核准出口商中英文地址；

（四）经核准出口商认定的生效日期和失效日期；

（五）相关优惠贸易协定要求交换的其他信息。

海关总署依据前款规定与其他缔约方完成信息交换后，主管海关应当通知经核准出口商可以依照本办法第九条、第十条规定开具原产地声明。

第九条 经核准出口商为其出口或者生产的货物开具原产地声明前，应当向主管海关提交货物的中英文名称、《商品名称及编码协调制度》6 位编码、适用的优惠贸易协定等信息。

相关货物的中英文名称、《商品名称及编码协调制度》6 位编码、适用的优惠贸易协定与已提交信息相同的，无需重复提交。

第十条 经核准出口商应当通过海关经核准出口商管理信息化系统开具原产地声明，并且对其开具的原产地声明的真实性和准确性负责。

经核准出口商依据本办法开具的原产地声明可以用于向其他缔约方申请享受相关优惠贸易协定项下优惠待遇。

第十一条 经核准出口商应当自原产地声明开具之日起 3 年内保存能够证明该货物原产资格的全部文件。相关文件可以以电子或者纸质形式保存。

经核准出口商不是出口货物生产商的，应当在开具原产地声明前要求生产商提供能够证明货物原产资格的证明文件，并且按照前款要求予以保存。

第十二条 海关可以对经核准出口商开具的原产地声明及其相关货物、原产资格文件管理制度及执行情况等实施检查，经核准出口商应当予以配合。

其他缔约方主管部门根据相关优惠贸易协定，提出对经核准出口商开具的原产地声明及其相关货物核查请求的，由海关总署统一组织实施。

经核准出口商应当将其收到的其他缔约方主管部门有关原产地声明及其相关货物的核查请求转交主管海关。

第十三条 经核准出口商信息或者货物信息发生变更的，经核准出口商未进行变更前，不得开具原产地声明。

第十四条 存在以下情形的，主管海关可以注销经核准出口商认定，并且书面通知该企业：

（一）经核准出口商申请注销的；

（二）经核准出口商不再符合海关总署规定的企业信用等级的；

（三）经核准出口商有效期届满未向主管海关申请续展的。

注销决定自作出之日起生效。

第十五条 存在以下情形的，主管海关可以撤销经核准出口商认定，并书面通知该企业：

（一）提供虚假材料骗取经核准出口商认定的；

（二）存在伪造或者买卖原产地声明行为的；

（三）经核准出口商未按本办法第十二条转交核查请求，情节严重的；

（四）经核准出口商开具的原产地声明不符合海关总署规定，1 年内累计数量超过上年度开具的原产地声明总数百分之一，并且涉及货物价值累计超过 100 万元的。

撤销决定自作出之日起生效，但依照本条第一款第一项规定撤销经核准出口商认定的，经核准出口商认定自始无效。

企业被海关撤销经核准出口商认定的，自被撤销之日起 2 年内不得提出经核准出口商认定申请。

第十六条 提供虚假材料骗取经核准出口商认定，或者伪造、买卖原产地声明的，主管海关应当给予警告，可以并处 1 万元以下罚款。

第十七条 海关依法对经核准出口商实施信用管理。

第十八条 海关对中华人民共和国缔结或者参加的其他优惠贸易协定项下经核准出口商的管理，适用本办法。

第十九条 本办法由海关总署负责解释。

第二十条 本办法自 2022 年 1 月 1 日起施行。

关于《区域全面经济伙伴关系协定》对菲律宾实施有关事宜的公告

（海关总署公告 2023 年第 53 号）

发布日期：2023-05-24
实施日期：2023-06-02
法规类型：规范性文件

根据《中华人民共和国海关〈区域全面经济伙伴关系协定〉项下进出口货物原产地管理办法》（海关总署令第 255 号，以下简称《办法》），现将有关事项公告如下：

根据《区域全面经济伙伴关系协定》（以下简称《协定》）有关规定，《协定》将于 2023 年 6 月 2 日起对菲律宾生效实施。《办法》第二条所述的成员方增加菲律宾，《办法》第十四条所述的《特别货物清单》增加《出口至菲律宾特别货物清单》（见附件）。

本公告自 2023 年 6 月 2 日起实施。

特此公告。

附件：出口至菲律宾特别货物清单（略）

国务院关税税则委员会关于对原产于菲律宾的部分进口货物实施《区域全面经济伙伴关系协定》（RCEP）协定税率的公告

（税委会公告 2023 年第 5 号）

发布日期：2023-05-06
实施日期：2023-06-02
法规类型：规范性文件

根据《中华人民共和国进出口关税条例》和《区域全面经济伙伴关系协定》（RCEP）有

关规定，以及 RCEP 对菲律宾生效情况，自 2023 年 6 月 2 日起，对原产于菲律宾的部分进口货物实施 RCEP 东盟成员国所适用的协定税率；2023 年税率在《中华人民共和国进出口税则（2023）》（税委会公告 2022 年第 12 号文件附件）协定税率栏中列明，其对应的协定中文简称为"东盟^R"。

关于《区域全面经济伙伴关系协定》实施新增事宜的公告

（海关总署公告 2022 年第 129 号）

发布日期：2022-12-23
实施日期：2023-01-02
法规类型：规范性文件

根据《中华人民共和国海关〈区域全面经济伙伴关系协定〉项下进出口货物原产地管理办法》（海关总署令第 255 号，以下简称《办法》），现将有关事项公告如下：

一、在世界海关组织公布的 2022 年版《商品名称及编码协调制度》（简称《协调制度》）的基础上，《区域全面经济伙伴关系协定》（以下简称《协定》）各成员已就产品特定原产地规则中产品名称及编码由 2012 年版《协调制度》向 2022 年版转换以及原产地证书格式达成一致。按照《办法》第三条及第十八条规定，现将转版后的协定项下产品特定原产地规则清单（见附件 1）以及原产地证书格式（见附件 2）予以公布，于 2023 年 1 月 1 日起实施，海关总署公告 2021 年第 106 号附件 1 和附件 3 同时停止执行。

二、自 2023 年 1 月 2 日起，《办法》第二条所述的成员方增加印度尼西亚，《办法》第十四条所述的《特别货物清单》增加《出口至印度尼西亚特别货物清单》（见附件 3）。输印度尼西亚的原产地证书为可自助打印证书，相关事项按照海关总署公告 2019 年第 77 号执行。

特此公告。

附件：1. 产品特定原产地规则

2. 原产地证书格式

3. 出口至印度尼西亚特别货物清单

关于《区域全面经济伙伴关系协定》对缅甸实施有关事宜的公告

（海关总署公告 2022 年第 36 号）

发布日期：2022-04-27
实施日期：2022-05-01
法规类型：规范性文件

经国务院批准，《区域全面经济伙伴关系协定》将于 2022 年 5 月 1 日起在中国和缅甸之间生效实施。《中华人民共和国海关〈区域全面经济伙伴关系协定〉项下进出口货物原产地管理办法》（海关总署令第 255 号）第二条所述的成员方增加缅甸。

本公告自 2022 年 5 月 1 日起施行。

特此公告。

关于《区域全面经济伙伴关系协定》实施有关事宜的公告

（海关总署公告 2022 年第 13 号）

发布日期：2022-01-28
实施日期：2022-03-18
法规类型：规范性文件

根据《中华人民共和国海关〈区域全面经济伙伴关系协定〉项下进出口货物原产地管理办法》（海关总署令第 255 号，以下简称《办法》），现将有关事项公告如下：

一、根据《区域全面经济伙伴关系协定》（以下简称《协定》）有关规定，《协定》将于 2022 年 3 月 18 日起对马来西亚生效实施，《办法》第二条所述的成员方同时增加马来西亚。

二、《协定》项下输韩国、马来西亚的原产地证书为可自助打印证书，自《协定》对该成员方生效之日起实施，相关事项按照海关总署公告 2019 年第 77 号执行。

特此公告。

关于公布《区域全面经济伙伴关系协定》实施新增事宜的公告

（海关总署公告 2022 年第 8 号）

发布日期：2022-01-20
实施日期：2022-02-01
法规类型：规范性文件

根据《中华人民共和国海关〈区域全面经济伙伴关系协定〉项下进出口货物原产地管理办法》（海关总署令第 255 号，以下简称《办法》），现将有关事项公告如下：

一、根据《区域全面经济伙伴关系协定》（以下简称《协定》）有关规定，《协定》将于 2022 年 2 月 1 日起对韩国生效实施。《办法》第二条所述的成员方增加韩国。《办法》第十四条所述的《特别货物清单》增加《出口至韩国特别货物清单》（见附件 1）。

二、海关总署公告 2021 年第 106 号第八条所述原产地证书格式增加原产地证书续页格式（见附件 2）。原产地证书所载内容无法在首页内完整列明的，出口成员方签证机构可通过续页补充列明。

本公告自 2022 年 2 月 1 日起实施。

特此公告。

附件：1. 出口至韩国特别货物清单（略）
　　　2. 原产地证书续页格式（略）

国务院关税税则委员会关于对原产于缅甸的部分进口货物实施《区域全面经济伙伴关系协定》（RCEP）协定税率的公告

（税委会公告〔2022〕5 号）

发布日期：2022-04-27
实施日期：2022-05-01
法规类型：规范性文件

根据《中华人民共和国进出口关税条例》和《区域全面经济伙伴关系协定》（RCEP）有关规定，以及 RCEP 对缅甸生效情况，自 2022 年 5 月 1 日起，对原产于缅甸的部分进口货物实施 RCEP 东盟成员国所适用的协定税率；2022 年税率在《中华人民共和国进出口税则（2022）》（税委会公告 2021 年第 10 号文件附件）协定税率栏中列明，其对应的中文简称为"东盟 R"。

国务院关税税则委员会关于对原产于马来西亚的部分进口货物实施《区域全面经济伙伴关系协定》（RCEP）协定税率的公告

（税委会公告〔2022〕2号）

发布日期：2022-02-15
实施日期：2022-03-18
法规类型：规范性文件

根据《中华人民共和国进出口关税条例》和《区域全面经济伙伴关系协定》（RCEP）有关规定，以及RCEP对马来西亚生效情况，自2022年3月18日起，对原产于马来西亚的部分进口货物实施RCEP东盟成员国所适用的协定税率；2022年税率在《中华人民共和国进出口税则（2022）》（税委会公告2021年第10号文件附件）协定税率栏中列明，其对应的中文简称为"东盟R"。

国务院关税税则委员会关于对原产于韩国的部分进口货物实施《区域全面经济伙伴关系协定》（RCEP）协定税率的公告

（税委会公告〔2022〕1号）

发布日期：2022-01-09
实施日期：2022-02-01
法规类型：规范性文件

根据《中华人民共和国进出口关税条例》和《区域全面经济伙伴关系协定》（RCEP）有关规定，以及RCEP对韩国生效情况，自2022年2月1日起，对原产于韩国的部分进口货物实施RCEP协定税率，2022年协定税率见附件。

附件：2022年对韩实施RCEP协定税率表（略）

关于《区域全面经济伙伴关系协定》实施相关事项的公告

（海关总署公告 2021 年第 106 号）

发布日期：2021-12-14
实施日期：2022-01-01
法规类型：规范性文件

根据海关总署公告 2022 年第 129 号《关于〈区域全面经济伙伴关系协定〉实施新增事宜的公告》此文件附件 1 和附件 3，2023 年 1 月 1 日起停止执行。

经国务院批准，《区域全面经济伙伴关系协定》（以下简称《协定》）自 2022 年 1 月 1 日起正式生效实施。根据《中华人民共和国海关〈区域全面经济伙伴关系协定〉项下进出口货物原产地管理办法》（以下简称《办法》，海关总署令第 255 号发布）规定，现将有关事项公告如下：

一、《办法》以及本公告中所述的成员方是指中国、文莱、柬埔寨、老挝、新加坡、泰国、越南、日本、新西兰、澳大利亚等自 2022 年 1 月 1 日起正式实施《协定》的国家。成员方范围后续发生变化的，海关总署将另行公告。

二、进口货物收货人或者其代理人（以下简称进口人）、出口货物发货人或者其代理人办理《协定》项下货物海关申报手续的，按照海关总署公告 2021 年第 34 号对"尚未实现原产地电子信息交换的优惠贸易协定项下进口货物"的有关要求填制《中华人民共和国海关进（出）口货物报关单》（以下简称《报关单》），提交原产地单证。《协定》的优惠贸易协定代码为"22"。

进口人通过"优惠贸易协定原产地要素申报系统"填报原产地证明电子数据时，原产地证明"《协定》项下原产国（地区）"栏目包含"＊"或者"＊＊"的，"优惠贸易协定项下原产地"栏目应当相应填报"原产地不明（按相关成员最高税率）"（字母代码 HRA，数字代码 801）或者"原产地不明（按所有成员最高税率）"（字母代码 HRB，数字代码 802）。

三、进口人依据《办法》第二十七条申请享受《协定》项下税率的，应当按照以下方式办理：

（一）申请适用对为该货物生产提供原产材料的其他成员方相同原产货物实施的《协定》项下最高税率的，《报关单》"优惠贸易协定项下原产地"栏目应当填报"原产地不明（按相关成员最高税率）"，并提供相关证明材料。

（二）申请适用对所有其他成员方相同原产货物实施的《协定》项下最高税率的，《报关单》"优惠贸易协定项下原产地"栏目应当填报"原产地不明（按所有成员最高税率）"。

四、根据《办法》第三十三条，申请人可以向海关、中国国际贸易促进委员会及其地方分会等我国签证机构申请签发《协定》项下原产地证书。

《协定》项下输新加坡、泰国、日本、新西兰和澳大利亚的原产地证书为可自助打印证书，相关事项按照海关总署公告 2019 年第 77 号执行。

五、海关认定的经核准出口商，应当按照海关总署令第 254 号及相关公告的规定出具原产地声明。

六、依据《办法》第二十二条申请签发或者开具背对背原产地证明，且货物进境时未通过"优惠贸易协定原产地要素申报系统"填报初始原产地证明电子数据的，原产地证书的申请人或者经核准出口商应当补充填报。

七、《协定》生效之前已经从其他成员方出口，尚未抵达我国的在途货物，进口人在2022年6月30日前向海关提交有效原产地证明的，可以申请享受《协定》项下协定税率。

《协定》生效之前已经从我国出口，尚未抵达其他成员方的在途货物，2022年6月30日前，申请人可以按照《办法》规定申请补发原产地证书，经核准出口商可以开具原产地声明。

八、《办法》第三条所述产品特定原产地规则见附件1；第十四条所述《特别货物清单》见附件2；第十八条所述原产地证书格式和填制说明见附件3，原产地声明最低信息要求见附件4；第二十九条所述向海关进行补充申报格式见附件5。

本公告自2022年1月1日起实施。

特此公告。

附件：1. 产品特定原产地规则（已废止）

2. 特别货物清单

3. 原产地证书格式（已废止）
4. 原产地声明最低信息要求
5. 进口货物原产资格申明

附件4

原产地声明最低信息要求

《协定》项下原产地声明应当包含以下信息：

一、出口商的名称及地址；

二、生产商的名称及地址（如已知）；

三、进口商或收货人的名称及地址；

四、货物描述及该货物的协调制度编码（6位）；

五、经核准出口商号码；

六、原产地声明唯一编号；

七、货物获得《协定》项下原产资格适用的原产地标准；

八、开具人员签名确认货物符合《协定》项下原产地规则所有相关要求；

九、《协定》项下原产国（地区）；

十、货物的离岸价格（货物适用区域价值成分获得《协定》项下原产资格的）；

十一、货物的数量；

十二、背对背原产地声明还应包含：初始原产地证明编号、签发日期、首次出口成员方的《协定》项下原产国（地区），初始原产地证明是原产地声明的，还应标注出口成员方经核准出口商号码。

附件5

进口货物原产资格申明

本人_____（姓名及职务）为进口货物收货人/进口货物收货人代理人（不适用的部分请划去），兹申明编号为_____的报关单所列第____项货物原产自《区域全面经济伙伴关系协定》成员国，且货物符合《区域全面经济伙伴关系协定》原产地规则的要求。

本人申请对上述货物适用《区域全面经济伙伴关系协定》协定税率，并提供税款担保后放行货物。本人承诺自提供税款担保之日起6个月内或者在海关批准延长的担保期限内补交《区域全面经济伙伴关系协定》原产地证明。

签名：_____

日期：_____

关于实施《中华人民共和国海关经核准
出口商管理办法》相关事项的公告

（海关总署公告2021年第105号）

发布日期：2021-12-10
实施日期：2022-01-01
法规类型：规范性文件

根据《中华人民共和国海关经核准出口商管理办法》（海关总署令第254号公布，以下简称《办法》）有关规定，现就经核准出口商管理有关事项公告如下：

一、申请人申请经核准出口商认定的，应当通过"中国国际贸易单一窗口"（https：//www.singlewindow.cn）或者"互联网＋海关"一体化网上办事平台（http：//online.customs.gov.cn）中的"经核准出口商管理信息化系统"（以下简称经核准出口商系统）提交《中华人民共和国海关经核准出口商认定申请书》（见附件1）。

经核准出口商应当通过经核准出口商系统办理续展、注销、信息变更、货物信息提交、原产地声明开具等事项。

海关通过经核准出口商系统向申请人、经核准出口商制发文书，发布通知。

二、海关审核申请人提交的申请后，符合《办法》所规定经核准出口商条件的，制发《中华人民共和国海关经核准出口商认定书》（见附件2）；不符合的，制发《中华人民共和国海关不予认定经核准出口商决定书》（见附件3）。

三、经核准出口商开具的《中华人民共和国政府和冰岛政府自由贸易协定》《中华人民共和国和瑞士联邦自由贸易协定》《区域全面经济伙伴关系协定》《中华人民共和国政府和毛里求斯共和国政府自由贸易协定》项下原产地声明，应当相应符合海关总署令第222号、第223号、第255号、海关总署公告2020年第128号的相关规定。

经核准出口商通过经核准出口商系统开具原产地声明后，按照所适用的协定的具体要求，由开具人员签名或者加盖印章确认原产地声明所列货物符合相关优惠贸易协定原产地规则。

四、经核准出口商符合《办法》第十四条规定注销情形的，海关注销其经核准出口商认定并制发《中华人民共和国海关经核准出口商认定注销通知书》（见附件4）。

五、经核准出口商符合《办法》第十五条规定撤销情形的，海关撤销其经核准出口商认定并制发《中华人民共和国海关经核准出口商认定撤销通知书》（见附件5）。

本公告自2022年1月1日起实施。海关总署公告2014年第52号、2020年第128号第二款经核准出口商制度相关规定同时废止。2021年12月31日前已被认定为相关协定项下经核准出口商的，在2022年3月31日前仍可依据原公告规定开具原产地声明。

特此公告。

附件：1. 中华人民共和国海关经核准出口商认定申请书（略）
     2. 中华人民共和国海关经核准出口商认定书（略）
     3. 中华人民共和国海关不予认定经核准出口商决定书（略）
     4. 中华人民共和国海关经核准出口商认定注销通知书（略）
     5. 中华人民共和国海关经核准出口商认定撤销通知书（略）

● 完税价格 ●

中华人民共和国海关审定进出口货物完税价格办法

（海关总署令第213号）

发布日期：2013-12-25
实施日期：2014-02-01
法规类型：部门规章

第一章 总 则

第一条 为了正确审查确定进出口货物的完税价格，根据《中华人民共和国海关法》（以下简称《海关法》）、《中华人民共和国进出口关税条例》的规定，制定本办法。

第二条 海关审查确定进出口货物的完税价格，应当遵循客观、公平、统一的原则。

第三条 海关审查确定进出口货物的完税价格，适用本办法。

内销保税货物完税价格的确定，准许进口的进境旅客行李物品、个人邮递物品以及其他个人自用物品的完税价格的确定，涉嫌走私的进出口货物、物品的计税价格的核定，不适用本办法。

第四条 海关应当按照国家有关规定，妥善保管纳税义务人提供的涉及商业秘密的资料，除法律、行政法规另有规定外，不得对外提供。

纳税义务人可以书面向海关提出为其保守商业秘密的要求，并且具体列明需要保密的内容，但是不得以商业秘密为理由拒绝向海关提供有关资料。

第二章　进口货物的完税价格

第一节　进口货物完税价格确定方法

第五条　进口货物的完税价格，由海关以该货物的成交价格为基础审查确定，并且应当包括货物运抵中华人民共和国境内输入地点起卸前的运输及其相关费用、保险费。

第六条　进口货物的成交价格不符合本章第二节规定的，或者成交价格不能确定的，海关经了解有关情况，并且与纳税义务人进行价格磋商后，依次以下列方法审查确定该货物的完税价格：

（一）相同货物成交价格估价方法；

（二）类似货物成交价格估价方法；

（三）倒扣价格估价方法；

（四）计算价格估价方法；

（五）合理方法。

纳税义务人向海关提供有关资料后，可以提出申请，颠倒前款第三项和第四项的适用次序。

第二节　成交价格估价方法

第七条　进口货物的成交价格，是指卖方向中华人民共和国境内销售该货物时买方为进口该货物向卖方实付、应付的，并且按照本章第三节的规定调整后的价款总额，包括直接支付的价款和间接支付的价款。

第八条　进口货物的成交价格应当符合下列条件：

（一）对买方处置或者使用进口货物不予限制，但是法律、行政法规规定实施的限制、对货物销售地域的限制和对货物价格无实质性影响的限制除外；

（二）进口货物的价格不得受到使该货物成交价格无法确定的条件或者因素的影响；

（三）卖方不得直接或者间接获得因买方销售、处置或者使用进口货物而产生的任何收益，或者虽然有收益但是能够按照本办法第十一条第一款第四项的规定做出调整；

（四）买卖双方之间没有特殊关系，或者虽然有特殊关系但是按照本办法第十七条、第十八条的规定未对成交价格产生影响。

第九条　有下列情形之一的，应当视为对买方处置或者使用进口货物进行了限制：

（一）进口货物只能用于展示或者免费赠送的；

（二）进口货物只能销售给指定第三方的；

（三）进口货物加工为成品后只能销售给卖方或者指定第三方的；

（四）其他经海关审查，认定买方对进口货物的处置或者使用受到限制的。

第十条　有下列情形之一的，应当视为进口货物的价格受到了使该货物成交价格无法确定的条件或者因素的影响：

（一）进口货物的价格是以买方向卖方购买一定数量的其他货物为条件而确定的；

（二）进口货物的价格是以买方向卖方销售其他货物为条件而确定的；

（三）其他经海关审查，认定货物的价格受到使该货物成交价格无法确定的条件或者因素影响的。

第三节　成交价格的调整项目

第十一条　以成交价格为基础审查确定进口货物的完税价格时，未包括在该货物实付、应付价格中的下列费用或者价值应当计入完税价格：

（一）由买方负担的下列费用：

1. 除购货佣金以外的佣金和经纪费；

2. 与该货物视为一体的容器费用；

3. 包装材料费用和包装劳务费用。

（二）与进口货物的生产和向中华人民共和国境内销售有关的，由买方以免费或者以低于成本的方式提供，并且可以按适当比例分摊的下列货物或者服务的价值：

1. 进口货物包含的材料、部件、零件和类似货物；

2. 在生产进口货物过程中使用的工具、模具和类似货物；

3. 在生产进口货物过程中消耗的材料；

4. 在境外进行的为生产进口货物所需的工程设计、技术研发、工艺及制图等相关服务。

（三）买方需向卖方或者有关方直接或者间接支付的特许权使用费，但是符合下列情形之一的除外：

1. 特许权使用费与该货物无关；

2. 特许权使用费的支付不构成该货物向中华人民共和国境内销售的条件。

（四）卖方直接或者间接从买方对该货物进口后销售、处置或者使用所得中获得的收益。

纳税义务人应当向海关提供本条所述费用或者价值的客观量化数据资料。纳税义务人不能提供的，海关与纳税义务人进行价格磋商后，按照本办法第六条列明的方法审查确定完税价格。

第十二条 在根据本办法第十一条第一款第二项确定应当计入进口货物完税价格的货物价值时，应当按照下列方法计算有关费用：

（一）由买方从与其无特殊关系的第三方购买的，应当计入的价值为购入价格；

（二）由买方自行生产或者从有特殊关系的第三方获得的，应当计入的价值为生产成本；

（三）由买方租赁获得的，应当计入的价值为买方承担的租赁成本；

（四）生产进口货物过程中使用的工具、模具和类似货物的价值，应当包括其工程设计、技术研发、工艺及制图等费用。

如果货物在被提供给卖方前已经被买方使用过，应当计入的价值为根据国内公认的会计原则对其进行折旧后的价值。

第十三条 符合下列条件之一的特许权使用费，应当视为与进口货物有关：

（一）特许权使用费是用于支付专利权或者专有技术使用权，且进口货物属于下列情形之一的：

1. 含有专利或者专有技术的；

2. 用专利方法或者专有技术生产的；

3. 为实施专利或者专有技术而专门设计或者制造的。

（二）特许权使用费是用于支付商标权，且进口货物属于下列情形之一的：

1. 附有商标的；

2. 进口后附上商标直接可以销售的；

3. 进口时已含有商标权，经过轻度加工后附上商标即可以销售的。

（三）特许权使用费是用于支付著作权，且进口货物属于下列情形之一的：

1. 含有软件、文字、乐曲、图片、图像或者其他类似内容的进口货物，包括磁带、磁盘、光盘或者其他类似载体的形式；

2. 含有其他享有著作权内容的进口货物。

（四）特许权使用费是用于支付分销权、销售权或者其他类似权利，且进口货物属于下列情形之一的：

1. 进口后可以直接销售的；

2. 经过轻度加工即可以销售的。

第十四条 买方不支付特许权使用费则不能购得进口货物，或者买方不支付特许权使用费则该货物不能以合同议定的条件成交的，应当视为特许权使用费的支付构成进口货物向中华人民共和国境内销售的条件。

第十五条 进口货物的价款中单独列明的下列税收、费用，不计入该货物的完税价格：

（一）厂房、机械或者设备等货物进口后发生的建设、安装、装配、维修或者技术援助费用，但是保修费用除外；

（二）进口货物运抵中华人民共和国境内输入地点起卸后发生的运输及其相关费用、保险费；

（三）进口关税、进口环节海关代征税及其他国内税；

（四）为在境内复制进口货物而支付的费用；

（五）境内外技术培训及境外考察费用。

同时符合下列条件的利息费用不计入完税价格：

（一）利息费用是买方为购买进口货物而融资所产生的；

（二）有书面的融资协议的；

（三）利息费用单独列明的；

（四）纳税义务人可以证明有关利率不高于在融资当时当地此类交易通常应当具有的利率水平，且没有融资安排的相同或者类似进口货物的价格与进口货物的实付、应付价格非常接近的。

第四节 特殊关系

第十六条 有下列情形之一的，应当认为买卖双方存在特殊关系：

（一）买卖双方为同一家族成员的；

（二）买卖双方互为商业上的高级职员或者董事的；

（三）一方直接或者间接地受另一方控制的；

（四）买卖双方都直接或者间接地受第三方控制的；

（五）买卖双方共同直接或者间接地控制第三方的；

（六）一方直接或者间接地拥有、控制或持有对方5%以上（含5%）公开发行的有表决权的股票或者股份的；

（七）一方是另一方的雇员、高级职员或者董事的；

（八）买卖双方是同一合伙的成员的。

买卖双方在经营上相互有联系，一方是另一方的独家代理、独家经销或者独家受让人，如果符合前款的规定，也应当视为存在特殊关系。

第十七条 买卖双方之间存在特殊关系，但是纳税义务人能证明其成交价格与同时或者大约同时发生的下列任何一款价格相近的，应当视为特殊关系未对进口货物的成交价格产生影响：

（一）向境内无特殊关系的买方出售的相同或者类似进口货物的成交价格；

（二）按照本办法第二十三条的规定所确定的相同或者类似进口货物的完税价格；

（三）按照本办法第二十五条的规定所确定的相同或者类似进口货物的完税价格。

海关在使用上述价格进行比较时，应当考虑商业水平和进口数量的不同，以及买卖双方有无特殊关系造成的费用差异。

第十八条　海关经对与货物销售有关的情况进行审查，认为符合一般商业惯例的，可以确定特殊关系未对进口货物的成交价格产生影响。

第五节　除成交价格估价方法以外的其他估价方法

第十九条　相同货物成交价格估价方法，是指海关以与进口货物同时或者大约同时向中华人民共和国境内销售的相同货物的成交价格为基础，审查确定进口货物的完税价格的估价方法。

第二十条　类似货物成交价格估价方法，是指海关以与进口货物同时或者大约同时向中华人民共和国境内销售的类似货物的成交价格为基础，审查确定进口货物的完税价格的估价方法。

第二十一条　按照相同或者类似货物成交价格估价方法的规定审查确定进口货物的完税价格时，应当使用与该货物具有相同商业水平且进口数量基本一致的相同或者类似货物的成交价格。使用上述价格时，应当以客观量化的数据资料，对该货物与相同或者类似货物之间由于运输距离和运输方式不同而在成本和其他费用方面产生的差异进行调整。

在没有前款所述的相同或者类似货物的成交价格的情况下，可以使用不同商业水平或者不同进口数量的相同或者类似货物的成交价格。使用上述价格时，应当以客观量化的数据资料，对因商业水平、进口数量、运输距离和运输方式不同而在价格、成本和其他费用方面产生的差异做出调整。

第二十二条　按照相同或者类似货物成交价格估价方法审查确定进口货物的完税价格时，应当首先使用同一生产商生产的相同或者类似货物的成交价格。

没有同一生产商生产的相同或者类似货物的成交价格的，可以使用同一生产国或者地区其他生产商生产的相同或者类似货物的成交价格。

如果有多个相同或者类似货物的成交价格，应当以最低的成交价格为基础审查确定进口货物的完税价格。

第二十三条　倒扣价格估价方法，是指海关以进口货物、相同或者类似进口货物在境内的销售价格为基础，扣除境内发生的有关费用后，审查确定进口货物完税价格的估价方法。该销售价格应当同时符合下列条件：

（一）是在该货物进口的同时或者大约同时，将该货物、相同或者类似进口货物在境内销售的价格；

（二）是按照货物进口时的状态销售的价格；

（三）是在境内第一销售环节销售的价格；

（四）是向境内无特殊关系方销售的价格；

（五）按照该价格销售的货物合计销售总量最大。

第二十四条　按照倒扣价格估价方法审查确定进口货物完税价格的，下列各项应当扣除：

（一）同等级或者同种类货物在境内第一销售环节销售时，通常的利润和一般费用（包括直接费用和间接费用）以及通常支付的佣金；

（二）货物运抵境内输入地点起卸后的运输及其相关费用、保险费；

（三）进口关税、进口环节海关代征税及其他国内税。

如果该货物、相同或者类似货物没有按照进口时的状态在境内销售，应纳税义务人要求，可以在符合本办法第二十三条规定的其他条件的情形下，使用经进一步加工后的货物的销售价格审查确定完税价格，但是应当同时扣除加工增值额。

前款所述的加工增值额应当依据与加工成本有关的客观量化数据资料、该行业公认的标准、计算方法及其他的行业惯例计算。

按照本条的规定确定扣除的项目时，应当使用与国内公认的会计原则相一致的原则和方法。

第二十五条 计算价格估价方法，是指海关以下列各项的总和为基础，审查确定进口货物完税价格的估价方法：

（一）生产该货物所使用的料件成本和加工费用；

（二）向境内销售同等级或者同种类货物通常的利润和一般费用（包括直接费用和间接费用）；

（三）该货物运抵境内输入地点起卸前的运输及相关费用、保险费。

按照前款的规定审查确定进口货物的完税价格时，海关在征得境外生产商同意并且提前通知有关国家或者地区政府后，可以在境外核实该企业提供的有关资料。

按照本条第一款的规定确定有关价值或者费用时，应当使用与生产国或者地区公认的会计原则相一致的原则和方法。

第二十六条 合理方法，是指当海关不能根据成交价格估价方法、相同货物成交价格估价方法、类似货物成交价格估价方法、倒扣价格估价方法和计算价格估价方法确定完税价格时，海关根据本办法第二条规定的原则，以客观量化的数据资料为基础审查确定进口货物完税价格的估价方法。

第二十七条 海关在采用合理方法确定进口货物的完税价格时，不得使用以下价格：

（一）境内生产的货物在境内的销售价格；

（二）可供选择的价格中较高的价格；

（三）货物在出口地市场的销售价格；

（四）以本办法第二十五条规定之外的价值或者费用计算的相同或者类似货物的价格；

（五）出口到第三国或者地区的货物的销售价格；

（六）最低限价或者武断、虚构的价格。

第三章 特殊进口货物的完税价格

第二十八条 运往境外修理的机械器具、运输工具或者其他货物，出境时已向海关报明，并且在海关规定的期限内复运进境的，应当以境外修理费和料件费为基础审查确定完税价格。

出境修理货物复运进境超过海关规定期限的，由海关按照本办法第二章的规定审查确定完税价格。

第二十九条 运往境外加工的货物，出境时已向海关报明，并且在海关规定期限内复运进境的，应当以境外加工费和料件费以及该货物复运进境的运输及其相关费用、保险费为基础审查确定完税价格。

出境加工货物复运进境超过海关规定期限的，由海关按照本办法第二章的规定审查确定完税价格。

第三十条 经海关批准的暂时进境货物，应当缴纳税款的，由海关按照本办法第二章的规定审查确定完税价格。经海关批准留购的暂时进境货物，以海关审查确定的留购价格作为完税价格。

第三十一条 租赁方式进口的货物，按照下列方法审查确定完税价格：

（一）以租金方式对外支付的租赁货物，在租赁期间以海关审查确定的租金作为完税价格，利息应当予以计入；

（二）留购的租赁货物以海关审查确定的留购价格作为完税价格；

（三）纳税义务人申请一次性缴纳税款的，可以选择申请按照本办法第六条列明的方法确定完税价格，或者按照海关审查确定的租金总额作为完税价格。

第三十二条 减税或者免税进口的货物应当补税时，应当以海关审查确定的该货物原进口时的价格，扣除折旧部分价值作为完税价格，其计算公式如下：

$$完税价格＝海关审查确定的该货物原进口时的价格×\left(1-\frac{补税时实际已进口的时间（月）}{监管年限×12}\right)$$

上述计算公式中"补税时实际已进口的时间"按月计算，不足 1 个月但是超过 15 日的，按照 1 个月计算；不超过 15 日的，不予计算。

第三十三条 易货贸易、寄售、捐赠、赠送等不存在成交价格的进口货物，海关与纳税义务人进行价格磋商后，按照本办法第六条列明的方法审查确定完税价格。

第三十四条 进口载有专供数据处理设备用软件的介质，具有下列情形之一的，应当以介质本身的价值或者成本为基础审查确定完税价格：

（一）介质本身的价值或者成本与所载软件的价值分列；

（二）介质本身的价值或者成本与所载软件的价值虽未分列，但是纳税义务人能够提供介质本身的价值或者成本的证明文件，或者能提供所载软件价值的证明文件。

含有美术、摄影、声音、图像、影视、游戏、电子出版物的介质不适用前款规定。

第四章　进口货物完税价格中的运输及其相关费用、保险费的计算

第三十五条 进口货物的运输及其相关费用，应当按照由买方实际支付或者应当支付的费用计算。如果进口货物的运输及其相关费用无法确定的，海关应当按照该货物进口同期的正常运输成本审查确定。

运输工具作为进口货物，利用自身动力进境的，海关在审查确定完税价格时，不再另行计入运输及其相关费用。

第三十六条 进口货物的保险费，应当按照实际支付的费用计算。如果进口货物的保险费无法确定或者未实际发生，海关应当按照"货价加运费"两者总额的3‰计算保险费，其计算公式如下：

保险费＝（货价＋运费）×3‰

第三十七条 邮运进口的货物，应当以邮费作为运输及其相关费用、保险费。

第五章　出口货物的完税价格

第三十八条 出口货物的完税价格由海关以该货物的成交价格为基础审查确定，并且应当包括货物运至中华人民共和国境内输出地点装载前的运输及其相关费用、保险费。

第三十九条 出口货物的成交价格，是指该货物出口销售时，卖方为出口该货物应当向买方直接收取和间接收取的价款总额。

第四十条 下列税收、费用不计入出口货物的完税价格：

（一）出口关税；

（二）在货物价款中单独列明的货物运至中华人民共和国境内输出地点装载后的运输及其相关费用、保险费。

第四十一条 出口货物的成交价格不能确定的，海关经了解有关情况，并且与纳税义务人进行价格磋商后，依次以下列价格审查确定该货物的完税价格：

（一）同时或者大约同时向同一国家或者地区出口的相同货物的成交价格；

（二）同时或者大约同时向同一国家或者地区出口的类似货物的成交价格；

（三）根据境内生产相同或者类似货物的成本、利润和一般费用（包括直接费用和间接费用）、境内发生的运输及其相关费用、保险费计算所得的价格；

（四）按照合理方法估定的价格。

第六章　完税价格的审查确定

第四十二条　纳税义务人向海关申报时，应当按照本办法的有关规定，如实向海关提供发票、合同、提单、装箱清单等单证。

根据海关要求，纳税义务人还应当如实提供与货物买卖有关的支付凭证以及证明申报价格真实、准确的其他商业单证、书面资料和电子数据。

货物买卖中发生本办法第二章第三节所列的价格调整项目的，或者发生本办法三十五条所列的运输及其相关费用的，纳税义务人应当如实向海关申报。

前款规定的价格调整项目或者运输及其相关费用如果需要分摊计算的，纳税义务人应当根据客观量化的标准进行分摊，并且同时向海关提供分摊的依据。

第四十三条　海关为审查申报价格的真实性、准确性，可以行使下列职权进行价格核查：

（一）查阅、复制与进出口货物有关的合同、发票、账册、结付汇凭证、单据、业务函电、录音录像制品和其他反映买卖双方关系及交易活动的商业单证、书面资料和电子数据；

（二）向进出口货物的纳税义务人及与其有资金往来或者有其他业务往来的公民、法人或者其他组织调查与进出口货物价格有关的问题；

（三）对进出口货物进行查验或者提取货样进行检验或者化验；

（四）进入纳税义务人的生产经营场所、货物存放场所，检查与进出口活动有关的货物和生产经营情况；

（五）经直属海关关长或者其授权的隶属海关关长批准，凭《中华人民共和国海关账户查询通知书》（见附件1）及有关海关工作人员的工作证件，可以查询纳税义务人在银行或者其他金融机构开立的单位账户的资金往来情况，并且向银行业监督管理机构通报有关情况；

（六）向税务部门查询了解与进出口货物有关的缴纳国内税情况。

海关在行使前款规定的各项职权时，纳税义务人及有关公民、法人或者其他组织应当如实反映情况，提供有关书面资料和电子数据，不得拒绝、拖延和隐瞒。

第四十四条　海关对申报价格的真实性、准确性有疑问时，或者认为买卖双方之间的特殊关系影响成交价格时，应当制发《中华人民共和国海关价格质疑通知书》（以下简称《价格质疑通知书》，见附件2），将质疑的理由书面告知纳税义务人或者其代理人，纳税义务人或者其代理人应当自收到《价格质疑通知书》之日起5个工作日内，以书面形式提供相关资料或者其他证据，证明其申报价格真实、准确或者双方之间的特殊关系未影响成交价格。

纳税义务人或者其代理人确有正当理由无法在规定时间内提供前款资料的，可以在规定期限届满前以书面形式向海关申请延期。

除特殊情况外，延期不得超过10个工作日。

第四十五条　海关制发《价格质疑通知书》后，有下列情形之一的，海关与纳税义务人进行价格磋商后，按照本办法第六条或者第四十一条列明的方法审查确定进出口货物的完税价格：

（一）纳税义务人或者其代理人在海关规定期限内，未能提供进一步说明的；

（二）纳税义务人或者其代理人提供有关资料、证据后，海关经审核其所提供的资料、证据，仍然有理由怀疑申报价格的真实性、准确性的；

（三）纳税义务人或者其代理人提供有关资料、证据后，海关经审核其所提供的资料、证据，仍然有理由认为买卖双方之间的特殊关系影响成交价格的。

第四十六条　海关经过审查认为进口货物无成交价格的，可以不进行价格质疑，经与纳税义务人进行价格磋商后，按照本办法第六条列明的方法审查确定完税价格。

海关经过审查认为出口货物无成交价格的，可以不进行价格质疑，经与纳税义务人进行价格磋商后，按照本办法第四十一条列明的方法审查确定完税价格。

第四十七条 按照本办法规定需要价格磋商的，海关应当依法向纳税义务人制发《中华人民共和国海关价格磋商通知书》（见附件3）。纳税义务人应当自收到通知之日起5个工作日内与海关进行价格磋商。纳税义务人在海关规定期限内与海关进行价格磋商的，海关应当制作《中华人民共和国海关价格磋商纪录表》（见附件4）。

纳税义务人未在通知规定的时限内与海关进行磋商的，视为其放弃价格磋商的权利，海关可以直接使用本办法第六条或者第四十一条列明的方法审查确定进出口货物的完税价格。

第四十八条 对符合下列情形之一的，经纳税义务人书面申请，海关可以不进行价格质疑以及价格磋商，按照本办法第六条或者第四十一条列明的方法审查确定进出口货物的完税价格：

（一）同一合同项下分批进出口的货物，海关对其中一批货物已经实施估价的；

（二）进出口货物的完税价格在人民币10万元以下或者关税及进口环节海关代征税总额在人民币2万元以下的；

（三）进出口货物属于危险品、鲜活品、易腐品、易失效品、废品、旧品等的。

第四十九条 海关审查确定进出口货物的完税价格期间，纳税义务人可以在依法向海关提供担保后，先行提取货物。

第五十条 海关审查确定进出口货物的完税价格后，纳税义务人可以提出书面申请，要求海关就如何确定其进出口货物的完税价格做出书面说明。海关应当根据要求出具《中华人民共和国海关估价告知书》（见附件5）。

第七章　附　则

第五十一条 本办法中下列用语的含义：

境内，是指中华人民共和国海关关境内。

完税价格，是指海关在计征关税时使用的计税价格。

买方，是指通过履行付款义务，购入货物，并且为此承担风险，享有收益的自然人、法人或者其他组织。其中进口货物的买方是指向中华人民共和国境内购进进口货物的买方。

卖方，是指销售货物的自然人、法人或者其他组织。其中进口货物的卖方是指向中华人民共和国境内销售进口货物的卖方。

向中华人民共和国境内销售，是指将进口货物实际运入中华人民共和国境内，货物的所有权和风险由卖方转移给买方，买方为此向卖方支付价款的行为。

实付、应付价格，是指买方为购买进口货物而直接或者间接支付的价款总额，即作为卖方销售进口货物的条件，由买方向卖方或者为履行卖方义务向第三方已经支付或者将要支付的全部款项。

间接支付，是指买方根据卖方的要求，将货款全部或者部分支付给第三方，或者冲抵买卖双方之间的其他资金往来的付款方式。

购货佣金，是指买方为购买进口货物向自己的采购代理人支付的劳务费用。

经纪费，是指买方为购买进口货物向代表买卖双方利益的经纪人支付的劳务费用。

相同货物，是指与进口货物在同一国家或者地区生产的，在物理性质、质量和信誉等所有方面都相同的货物，但是表面的微小差异允许存在。

类似货物，是指与进口货物在同一国家或者地区生产的，虽然不是在所有方面都相同，但是却具有相似的特征，相似的组成材料，相同的功能，并且在商业中可以互换的货物。

大约同时，是指海关接受货物申报之日的大约同时，最长不应当超过前后45日。按照倒扣价格法审查确定进口货物的完税价格时，如果进口货物、相同或者类似货物没有在海关接受进口货物申报之日前后 45 日内在境内销售，可以将在境内销售的时间延长至接受货物申报之日前后 90 日内。

公认的会计原则，是指有关国家或者地区会计核算工作中普遍遵循的原则性规范和会计核算业务的处理方法。包括对货物价值认定有关的权责发生制原则、配比原则、历史成本原则、划分收益性与资本性支出原则等。

特许权使用费，是指进口货物的买方为取得知识产权权利人及权利人有效授权人关于专利权、商标权、专有技术、著作权、分销权或者销售权的许可或者转让而支付的费用。

技术培训费用，是指基于卖方或者与卖方有关的第三方对买方派出的技术人员进行与进口货物有关的技术指导，进口货物的买方支付的培训师资及人员的教学、食宿、交通、医疗保险等其他费用。

软件，是指《计算机软件保护条例》规定的用于数据处理设备的程序和文档。

专有技术，是指以图纸、模型、技术资料和规范等形式体现的尚未公开的工艺流程、配方、产品设计、质量控制、检测以及营销管理等方面的知识、经验、方法和诀窍等。

轻度加工，是指稀释、混合、分类、简单装配、再包装或者其他类似加工。

同等级或者同种类货物，是指由特定产业或者产业部门生产的一组或者一系列货物中的货物，包括相同货物或者类似货物。

介质，是指磁带、磁盘、光盘。

价格核查，是指海关为确定进出口货物的完税价格，依法行使本办法第四十三条规定的职权，通过审查验证、核实数据、核对实物及相关账册等方法，对进出口货物申报成交价格的真实性、准确性以及买卖双方之间是否存在特殊关系影响成交价格进行的审查。

价格磋商，是指海关在使用除成交价格以外的估价方法时，在保守商业秘密的基础上，与纳税义务人交换彼此掌握的用于确定完税价格的数据资料的行为。

起卸前，是指货物起卸行为开始之前。

装载前，是指货物装载行为开始之前。

第五十二条 纳税义务人对海关确定完税价格有异议的，应当按照海关作出的相关行政决定依法缴纳税款，并且可以依法向上一级海关申请复议。对复议决定不服的，可以依法向人民法院提起行政诉讼。

第五十三条 违反本办法规定，构成走私行为、违反海关监管规定行为或者其他违反《海关法》行为的，由海关依照《海关法》和《中华人民共和国海关行政处罚实施条例》的有关规定予以处理；构成犯罪的，依法追究刑事责任。

第五十四条 本办法由海关总署负责解释。

第五十五条 本办法自 2014 年 2 月 1 日起施行。2006 年 3 月 28 日海关总署令第 148 号发布的《中华人民共和国海关审定进出口货物完税价格办法》同时废止。

附件 1-5（略）

中华人民共和国海关计核违反海关监管规定案件货物、物品价值办法

（海关总署令第 182 号）

发布日期：2009-01-22
实施日期：2009-06-01
法规类型：部门规章

第一章 总 则

第一条 为了准确计核违反海关监管规定案件的货物、物品价值，根据《中华人民共和国海关法》（以下简称《海关法》）、《中华人民共和国海关行政处罚实施条例》（以下简称《处罚条例》）、《中华人民共和国进出口关税条例》（以下简称《关税条例》）的规定，制定本办法。

第二条 计核违反海关监管规定案件货物、物品价值的，适用本办法。

第三条 海关应当在确定违法货物、物品及其完税价格，计核进出口关税、进口环节海关代征税或者进口税的基础上，根据违法货物、物品的完税价格和相应税款计核货物、物品价值。

第四条 海关计核违法货物、物品价值或者计核案件漏缴税款的，应当通过行政处罚告知书，将违法货物、物品价值或者漏缴税款数额告知当事人。

第二章 违法货物、物品的确定

第一节 违法货物的确定

第五条 违反国家进出口管理规定，进出口国家限制进出口货物，申报时不能向海关提交许可证件的，违法货物为不能提交许可证件的实际进出口货物。

第六条 货物进出口时应当申报的项目没有申报或者申报不实，影响国家许可证件管理的，违法货物为实际进出口货物。其中仅数量申报不实的，违法货物为实际进出口货物数量超出许可证件进出口额度部分的货物；许可证件为"非一批一证"管理，且许可证件还有剩余额度的，违法货物为实际进出口货物数量超出申报数量部分的货物。

第七条 货物进出口时应当申报的项目没有申报或者申报不实，影响国家税款征收的，违法货物为实际进出口货物。其中仅数量申报不实的，违法货物为实际进出口货物数量与申报数量差额部分的货物。

第八条 加工贸易货物进出口时应当申报的项目没有申报或者申报不实的，违法货物按以下方式确定：

（一）加工贸易货物进出口时应当申报的项目没有申报或者申报不实，影响国家许可证件管理的，违法货物按照本办法第六条确定。

（二）加工贸易货物进口时应当申报的项目没有申报或者申报不实，影响国家税款征收的，违法货物为实际进口货物；其中仅数量申报不实的，违法货物为实际进口货物数量与申报数量差额部分的货物。

（三）加工贸易货物出口时应当申报的项目没有申报或者申报不实，影响国家税款征收的，违法货物为申报出口货物所耗用的保税料件。其中仅数量申报不实的，违法货物为申报出口货物数量与实际出口货物数量差额部分货物所耗用的保税料件。

第九条 未经海关许可，擅自将海关监管货物开拆、提取、交付、发运、调换、改装、抵押、质押、留置、转让、更换标记、移作他用或者进行其他处置的，违法货物为被开拆、提取、交付、发运、调换、改装、抵押、质押、留置、转让、更换标记、移作他用或者进行其他处置的海关监管货物。

第十条 未经海关许可，在海关监管区以外存放海关监管货物的，违法货物为在海关监管区以外存放的海关监管货物。

第十一条 海关监管货物在运输、储存、加工、装配、寄售、展示中灭失、数量短少，且不能提供正当理由的，违法货物为灭失、数量短少货物。

有关货物品名、规格记录不真实，不能提供正当理由的，违法货物为应当真实记录的实际货物；有关货物数量记录不真实，不能提供正当理由的，违法货物为应当真实记录的实际数量与记录数量差额部分的货物。

第十二条 经营保税货物运输、储存、加工、装配、寄售、展示等业务，没有依照规定办理收存、交付、结转等手续的，违法货物为没有依照规定办理收存、交付、结转等海关手续的保税货物。

第十三条 经营保税货物运输、储存、加工、装配、寄售、展示等业务，没有依照规定办理核销手续，或者中止、延长、变更、转让有关合同不依照规定办理海关手续的，违法货物为已实际进口但未依法出口、结转、征税内销或者未进行其他合法处置的保税货物。

第十四条 没有如实向海关申报加工贸易制成品单耗的，违法货物为申报单耗与实际单耗的差额与制成品数量的乘积所对应的货物，其计算公式为：

违法货物＝制成品数量×（申报单位耗料量－实际单位耗料量）

第十五条 未按照规定期限将过境、转运、通运货物运输出境，擅自留在境内的，违法货物为擅自留在境内的过境、转运、通运货物。

第十六条 未按照规定期限将暂时进出口货物复运出境或者复运进境，擅自留在境内或者境外的，违法货物为擅自留在境内或者境外的暂时进出口货物。

第十七条 有违反海关监管规定的其他行为，致使海关不能或者中断对进出口货物实施监管的，违法货物为海关不能或者中断实施监管的进出口货物。

第二节 违法物品的确定

第十八条 未经海关许可，擅自将海关尚未放行的进出境物品开拆、交付、投递、转移或者进行其他处置的，违法物品为被开拆、交付、投递、转移或者进行其他处置的物品。

第十九条 个人运输、携带、邮寄超过合理数量的自用物品进出境未向海关申报的，或者运输、携带、邮寄超过规定数量但仍属自用的国家限制进出境物品进出境，未向海关申报但没有以藏匿、伪装等方式逃避海关监管的，违法物品为实际进出境自用物品数量超过合理数量或者规定数量部分的物品。

第二十条 个人运输、携带、邮寄物品进出境品名申报不实的，违法物品为实际进出境物品。

个人运输、携带、邮寄物品进出境数量申报不实的，违法物品为实际进出境物品数量超过合理数量或者规定数量部分的物品；申报数量超过合理数量或者规定数量的，违法物品为实际进出境物品数量超过申报数量部分的物品。

第二十一条 经海关登记准予暂时免税进境或者暂时免税出境的物品，未按照规定复带出境或者复带进境的，违法物品为未复带出境或者未复带进境的物品。

第二十二条　未经海关批准，过境人员将其所带物品留在境内的，违法物品为过境人员留在境内的物品。

第三章　违法货物、物品税款的计核

第二十三条　计核违法货物、物品税款的，应当根据办案需要收集以下单证、材料：

（一）违法货物、物品的报关单、进出境备案清单、合同、商业发票、提（运）单、保险单、加工贸易手册、电子账册、电子化手册、原产地证明、国内增值税发票以及其他有关单证；

（二）证明违法货物、物品品名、规格、成分、功能、生产工艺、新旧程度等属性的材料；

（三）证明违法货物、物品税款缴纳情况的材料；

（四）证明违法行为发生时间或者被发现时间的材料；

（五）计核税款需要收集的其他单证、材料。

第二十四条　违法货物、物品的完税价格应当按照《关税条例》、《中华人民共和国海关审定进出口货物完税价格办法》、《中华人民共和国进境物品完税价格表》的规定予以审定。

计核违法货物、物品的税款，应当适用违法行为发生之日实施的税率和汇率。违法行为发生之日无法确定的，适用违法行为被发现之日实施的税率和汇率。

第二十五条　应当申报的项目未申报或者申报不实案件的漏缴税款为实际进出口货物的应缴税款与申报进出口货物的计核税款的差额。

第二十六条　未经海关许可，擅自将特定减免税货物抵押、质押、留置、转让、移作他用或者进行其他处置的，违法货物的完税价格为海关审定的该货物原进口时的价格扣除折旧部分价值。

未经海关许可，擅自将特定减免税货物转让的，案件的漏缴税款为违法货物的应缴税款；擅自将特定减免税货物抵押、质押、留置、移作他用的，案件的漏缴税款为违法行为持续时间占海关监管年限的比例所对应的税款。

未经海关许可，擅自将不作价设备抵押、质押、留置、转让、移作他用或者进行其他处置的，有关完税价格、漏缴税款等参照本条第一、二款进行计核。

第二十七条　加工贸易进出口货物申报不实，影响国家税款征收的，案件的漏缴税款按以下方式计核：

（一）加工贸易货物进口申报不实的，实际进口货物的税款与申报进口货物的税款差额为案件的漏缴税款。

（二）加工贸易货物出口申报不实的，申报出口货物耗用保税料件的税款与实际出口货物耗用保税料件的税款差额为案件的漏缴税款。

（三）加工贸易货物以一般贸易方式出口的，实际出口货物耗用保税料件的税款为案件的漏缴税款。

第二十八条　海关计核货物、物品税款的，应当制作《中华人民共和国海关办理违反海关监管规定案件货物、物品税款计核证明书》（以下简称《税款计核证明书》，见附件），加盖海关税款计核专用章，并随附《中华人民共和国海关办理违反海关监管规定案件货物、物品税款计核资料清单》（以下简称《税款计核资料清单》）。

《税款计核证明书》应当包括以下内容：

（一）计核事项；

（二）计核依据和计核方法；

（三）计核结论；

（四）计核部门和计核人员签章。

《税款计核资料清单》应当包括货物、物品的品名、规格、税则号列、数量、完税价格、原产地、税率、汇率、税款等内容。

第四章　违法货物、物品价值的计核

第二十九条　违法货物价值依据违法货物的完税价格、进出口关税、进口环节海关代征税之和进行计核；违法物品价值依据违法物品的完税价格和进口税之和进行计核。

第三十条　国务院关税税则委员会规定按货物征税的进境物品，按照本办法有关货物价值的规定计核价值。

第五章　附　则

第三十一条　下列情形不需要计核违法货物、物品价值：

（一）依据《处罚条例》第十五条第（一）、（二）项、第二十一条至第二十四条、第二十六条至第三十二条规定作出行政处罚的；

（二）涉及禁止进出境的货物、物品，无法计核货物、物品价值的；

（三）涉及其他特殊货物、物品，价值难以确定的。

第三十二条　本办法所称"违法货物、物品"，是指违反海关监管规定的行为所指向的特定货物、物品。

第三十三条　本办法由海关总署负责解释。

第三十四条　本办法自 2009 年 6 月 1 日起施行。

附件：税款计核证明书（略）

关于公式定价进口货物完税价格确定有关问题的公告

（海关总署公告 2021 年第 44 号）

发布日期：2021-06-18

实施日期：2021-09-01

法规类型：规范性文件

为推进税收征管改革，提升通关便利化水平，根据《中华人民共和国进出口关税条例》《中华人民共和国海关进出口货物征税管理办法》《中华人民共和国海关审定进出口货物完税价格办法》（以下简称《审价办法》）和《中华人民共和国海关审定内销保税货物完税价格办法》（以下简称《内销保税货物审价办法》）的规定，现将公式定价进口货物完税价格确定的有关规定公告如下：

一、本公告所称的公式定价，是指在向中华人民共和国境内销售货物所签订的合同中，买卖双方未以具体明确的数值约定货物价格，而是以约定的定价公式确定货物结算价格的定价方式。

结算价格是指买方为购买该货物实付、应付的价款总额。

二、对同时符合下列条件的进口货物，以合同约定定价公式所确定的结算价格为基础确定完税价格：

（一）在货物运抵中华人民共和国境内前或保税货物内销前，买卖双方已书面约定定价公式；

（二）结算价格取决于买卖双方均无法控制的客观条件和因素；

（三）自货物申报进口之日起 6 个月内，能够根据合同约定的定价公式确定结算价格；

（四）结算价格符合《审价办法》中成交价格的有关规定。

三、纳税义务人应当在公式定价合同项下首批货物进口或内销前，向首批货物申报地海关或企业备案地海关提交《公式定价合同海关备案表》（详见附件 1，以下简称《备案表》），如实填写相关备案信息。海关自收齐《备案表》及相关材料之日起 3 个工作日内完成备案确认。

对于货物申报进口时或在"两步申报"通关模式下完整申报时能够确定货物结算价格的，纳税义务人无需向海关提交《备案表》。

四、纳税义务人申请备案需提供的材料包括：

（一）进口货物合同、协议（包括长期合同、总合同等）；

（二）定价公式的作价基础、计价期、结算期、折扣、成分含量、数量等影响价格的要素，以及进境关别、申报海关、批次和数量安排等情况说明；

（三）相关说明及其他有关资料。

五、纳税义务人申报进口公式定价货物，因故未能事先向海关备案的，应当在合同项下首批货物申报进口时补办备案手续。

六、经海关备案的公式定价合同发生变更的，纳税义务人应当在变更合同项下首批货物申报进口前，向原备案海关办理备案变更手续。

七、公式定价货物进口时结算价格不能确定，以暂定价格申报的，纳税义务人应当向海关办理税款担保。

八、纳税义务人申报进口货物时，应当根据实际情况填报报关单"公式定价确认""暂定价格确认"栏目，在报关单备注栏准确填写公式定价备案号，填制要求详见附件 2。

九、自货物申报进口之日起 6 个月内不能确定结算价格的，海关根据《审价办法》《内销保税货物审价办法》的相关规定审查确定完税价格。经纳税义务人申请，申报地海关同意，可以延长结算期限至 9 个月。

十、纳税义务人应当在公式定价货物结算价格确定之日起 30 日内向海关提供确定结算价格的相关材料，办理报关单修改手续，包括将"暂定价格确认"调整为"否"以及其他相关申报项目调整等内容。同时，办理税款缴纳及其他海关手续。结算价格确定之日为卖方根据定价公式出具最终结算发票的日期。

十一、本公告自 2021 年 9 月 1 日起施行，海关总署公告 2015 年第 15 号同时废止，海关总署公告 2019 年第 18 号附件《中华人民共和国海关进出口货物报关单填制规范》中有关规定与本公告不符的，以本公告为准。

特此公告。

附件：1. 公式定价合同海关备案表（样本）（略）
　　　2. 报关单填制要求（略）

关于特许权使用费申报纳税手续有关问题的公告

（海关总署公告 2019 年第 58 号）

发布日期：2019-03-27
实施日期：2019-05-01
法规类型：规范性文件

为做好特许权使用费申报纳税工作，现就特许权使用费申报纳税手续有关事项公告如下：

一、本公告所称特许权使用费是指《中华人民共和国海关审定进出口货物完税价格办法》（海关总署令第 213 号公布，以下简称《审价办法》）第五十一条所规定的特许权使用费；应税特许权使用费是指按照《审价办法》第十一条、第十三条和第十四条规定，应计入完税价格的特许权使用费。

二、纳税义务人在填制报关单时，应当在"支付特许权使用费确认"栏目填报确认是否存在应税特许权使用费。出口货物、加工贸易及保税监管货物（内销保税货物除外）免予填报。

对于存在需向卖方或者有关方直接或者间接支付与进口货物有关的应税特许权使用费的，无论是否已包含在进口货物实付、应付价格中，都应在"支付特许权使用费确认"栏目填报"是"。

对于不存在向卖方或者有关方直接或者间接支付与进口货物有关的应税特许权使用费的，在"支付特许权使用费确认"栏目填报"否"。

三、纳税义务人在货物申报进口时已支付应税特许权使用费的，已支付的金额应填报在报关单"杂费"栏目，无需填报在"总价"栏目。海关按照接受货物申报进口之日适用的税率、计征汇率，对特许权使用费征收税款。

四、纳税义务人在货物申报进口时未支付应税特许权使用费的，应在每次支付后的 30 日内向海关办理申报纳税手续，并填写《应税特许权使用费申报表》（见附件）。报关单"监管方式"栏目填报"特许权使用费后续征税"（代码 9500），"商品名称"栏目填报原进口货物名称，"商品编码"栏目填报原进口货物编码，"法定数量"栏目填报"0.1"，"总价"栏目填报每次支付的应税特许权使用费金额，"毛重"和"净重"栏目填报"1"。

海关按照接受纳税义务人办理特许权使用费申报纳税手续之日货物适用的税率、计征汇率，对特许权使用费征收税款。

五、因纳税义务人未按本公告第二条规定填报"支付特许权使用费确认"栏目造成少征或漏征税款的，海关可以自缴纳税款或者货物放行之日起至海关发现违反规定行为之日止，按日加收少征或者漏征税款万分之五的滞纳金。

纳税义务人按本公告第二条规定填报，但未按本公告第四条规定期限向海关办理特许权使用费申报纳税手续造成少征或者漏征税款的，海关可以自其应办理申报纳税手续期限届满之日起至办理申报纳税手续之日或海关发现违反规定行为之日止，按日加收少征或者漏征税款万分之五的滞纳金。

对于税款滞纳金减免有关事宜，按照海关总署 2015 年第 27 号公告和海关总署 2017 年第 32 号公告的有关规定办理。

六、本公告自 2019 年 5 月 1 日起实施。海关总署 2019 年第 18 号公告附件《中华人民共和国海关进出口货物报关单填制规范》第四十六条"支付特许权使用费确认"的规定同时停止执行，按照本公告规定执行。

特此公告。

附件：应税特许权使用费申报表（略）

关于修订飞机经营性租赁审定完税价格有关规定的公告

（海关总署公告 2016 年第 8 号）

发布日期：2016-01-29
实施日期：2016-01-29
法规类型：规范性文件

为进一步规范飞机经营性租赁完税价格审定工作，便利企业通关和海关管理，根据《中华人民共和国海关审定进出口货物完税价格办法》（海关总署令第 213 号，以下简称《审价办法》）及相关规定，现就有关事项公告如下：

一、租赁期间发生的由承租人承担的境外维修检修费用，按照《审价办法》第二十八条审价征税。

二、在飞机退租时，承租人因未符合飞机租赁贸易中约定的交还飞机条件而向出租人支付的补偿或赔偿费用，或为满足飞机交机条件而开展的维修检修所产生的维修检修费，无论发生在境内或境外，均按租金计入完税价格。

三、飞机租赁结束后未退还承租人的维修保证金，按租金计入完税价格。

四、对于出租人为纳税义务人，而由承租人依照合同约定，在合同规定的租金之外另行为出租人承担的预提所得税、营业税、增值税，属于间接支付的租金，应计入完税价格。

对于应计入完税价格的上述税款，应随下一次支付的租金一同向主管海关申报办理纳税手续；对于为支付最末一期租金而代缴的国内税收，承租人应在代缴税款后 30 日内向主管海关申报办理纳税手续。

五、在飞机租赁贸易中约定由承租方支付的与机身、零备件相关的保险，无论发生在境内或境外，属于间接支付的租金，应计入完税价格；与飞机租赁期间保持正常营运相关的保险费用，不计入完税价格。

承租人应于支付保险费用后 30 日内向主管海关申报办理纳税手续。

六、本公告自发布之日起实施，海关总署 2010 年第 47 号公告和 2011 年第 55 号公告同时废止。

本公告实施前已完成的维修检修，若在飞机租赁合同中约定应由承租人承担的，无论发生在境内或境外，其费用均按租金计入完税价格。其中飞机大修在境内进行的，承租人所支付费用发票中单独列明的增值税等国内税收、境内生产的零部件和材料费用及已征税的进口零部件和材料费用不计入完税价格。承租人应在支付维修检修费用后 30 日内向其所在地海关申报办理纳税手续。

本公告实施前已缴纳的国内税收比照本公告第四条办理。

本公告实施前已支付的保险费用比照本公告第五条办理，但如果航空保单无法区分飞机的机身、零备件一切险、第三者责任险、运营险等险种保费的，有关航空保费不计入租金的完税价格。

特此公告。

海关总署关税征管司关于公式定价进口货物违约赔偿确定完税价格有关问题的复函

（税管函〔2010〕212 号）

发布日期：2010－11－03
实施日期：2010－11－03
法规类型：规范性文件

宁波海关：

《宁波海关关于公式定价进口货物有关问题的请示》（甬关税发〔2010〕366 号）收悉。经研究，现就有关问题函复如下：

根据你关来文提供的信息尚无法对相关具体情况进行深入研判。对于企业未按照合同约定的数量进口相关货物造成违约而支付赔偿金的，通常可以认为该赔偿金是因进口货物数量低于合同约定数量造成数量水平差异，影响到合同规定的价格而进行的补偿，即赔偿金实质上是对价格的调整。为此，请你关进一步了解核实宁波金田铜业（集团）有限公司（以下简称金田铜业）有关合同等单证和贸易事实，以及相关合同中关于违约赔偿条款的具体规定，必要时，应要求金田铜业提供其他相关材料，以确定是否属于上述情况。如经核实，其支付的赔偿金属于对合同价格的调整，该赔偿金应全额计入实际进口货物的完税价格，并补征相应税款。如果金田铜业能够提供有关材料证明其所付赔偿金仅是对未履约行为的赔偿，而与实际进口货物及其价格无关，则不应计入相关货物的完税价格。

特此复函。

• 商品归类 •

中华人民共和国海关进出口货物商品归类管理规定

（海关总署令第 252 号）

发布日期：2021-09-18
实施日期：2021-11-01
法规类型：部门规章

第一条 为了规范进出口货物的商品归类，保证商品归类的准确性和统一性，根据《中华人民共和国海关法》（以下简称《海关法》）、《中华人民共和国进出口关税条例》（以下简称《关税条例》）以及其他有关法律、行政法规的规定，制定本规定。

第二条 本规定所称的商品归类，是指在《商品名称及编码协调制度公约》商品分类目录体系下，以《中华人民共和国进出口税则》为基础，按照《进出口税则商品及品目注释》《中华人民共和国进出口税则本国子目注释》以及海关总署发布的关于商品归类的行政裁定、商品归类决定的规定，确定进出口货物商品编码的行为。

进出口货物相关的国家标准、行业标准等可以作为商品归类的参考。

第三条 进出口货物收发货人或者其代理人（以下简称收发货人或者其代理人）对进出口货物进行商品归类，以及海关依法审核确定商品归类，适用本规定。

第四条 进出口货物的商品归类应当遵循客观、准确、统一的原则。

第五条 进出口货物的商品归类应当按照收发货人或者其代理人向海关申报时货物的实际状态确定。以提前申报方式进出口的货物，商品归类应当按照货物运抵海关监管区时的实际状态确定。法律、行政法规和海关总署规章另有规定的，依照有关规定办理。

第六条 由同一运输工具同时运抵同一口岸并且属于同一收货人、使用同一提单的多种进口货物，按照商品归类规则应当归入同一商品编码的，该收货人或者其代理人应当将有关商品一并归入该商品编码向海关申报。法律、行政法规和海关总署规章另有规定的，依照有关规定办理。

第七条 收发货人或者其代理人应当依照法律、行政法规以及其他相关规定，如实、准确申报其进出口货物的商品名称、规格型号等事项，并且对其申报的进出口货物进行商品归类，确定相应的商品编码。

第八条 海关在审核确定收发货人或者其代理人申报的商品归类事项时，可以依照《海关法》和《关税条例》的规定行使下列权力，收发货人或者其代理人应当予以配合：

（一）查阅、复制有关单证、资料；

（二）要求收发货人或者其代理人提供必要的样品及相关商品资料，包括外文资料的中文译文并且对译文内容负责；

（三）组织对进出口货物实施化验、检验。

收发货人或者其代理人隐瞒有关情况，或者拖延、拒绝提供有关单证、资料的，海关可以依法审核确定进出口货物的商品归类。

第九条 必要时，海关可以要求收发货人或者其代理人补充申报。

第十条 收发货人或者其代理人向海关提供的资料涉及商业秘密、未披露信息或者保密商务信息，要求海关予以保密的，应当以书面方式向海关提出保密要求，并且具体列明需要保密的内容。收发货人或者其代理人不得以商业秘密为理由拒绝向海关提供有关资料。

海关按照国家有关规定承担保密义务。

第十一条 必要时，海关可以依据《中华人民共和国进出口税则》《进出口税则商品及品目注释》《中华人民共和国进出口税则本国子目注释》和国家标准、行业标准，以及海关化验方法等，对进出口货物的属性、成分、含量、结构、品质、规格等进行化验、检验，并将化验、检验结果作为商品归类的依据。

第十二条 海关对进出口货物实施取样化验、检验的，收发货人或者其代理人应当到场协助，负责搬移货物，开拆和重封货物的包装，并按照海关要求签字确认。

收发货人或者其代理人拒不到场，或者海关认为必要时，海关可以径行取样，并通知货物存放场所的经营人或者运输工具负责人签字确认。

第十三条 收发货人或者其代理人应当及时提供化验、检验样品的相关单证和技术资料，并对其真实性和有效性负责。

第十四条 除特殊情况外，海关技术机构应当自收到送检样品之日起15日内作出化验、检验结果。

第十五条 除特殊情况外，海关应当在化验、检验结果作出后的1个工作日内，将相关信息通知收发货人或者其代理人。收发货人或者其代理人要求提供化验、检验结果纸本的，海关应当提供。

第十六条 其他化验、检验机构作出的化验、检验结果与海关技术机构或者海关委托的化验、检验机构作出的化验、检验结果不一致的，以海关认定的化验、检验结果为准。

第十七条 收发货人或者其代理人对化验、检验结果有异议的，可以在收到化验、检验结果之日起15日内向海关提出书面复验申请，海关应当组织复验。

已经复验的，收发货人或者其代理人不得对同一样品再次申请复验。

第十八条 海关发现收发货人或者其代理人申报的商品归类不准确的，按照商品归类的有关规定予以重新确定，并且按照报关单修改和撤销有关规定予以办理。

收发货人或者其代理人发现其申报的商品归类需要修改的，应当按照报关单修改和撤销有关规定向海关提出申请。

第十九条 海关对货物的商品归类审核确定前，收发货人或者其代理人要求放行货物的，应当按照海关事务担保的有关规定提供担保。

国家对进出境货物有限制性规定，应当提供许可证件而不能提供的，以及法律、行政法规规定不得担保的其他情形，海关不得办理担保放行。

第二十条 收发货人或者其代理人就其进出口货物的商品归类提出行政裁定、预裁定申请的，应当按照行政裁定、预裁定管理的有关规定办理。

第二十一条 海关总署可以依据有关法律、行政法规规定，对进出口货物作出具有普遍约束力的商品归类决定，并对外公布。

进出口相同货物，应当适用相同的商品归类决定。

第二十二条 作出商品归类决定所依据的法律、行政法规以及其他相关规定发生变化的，商品归类决定同时失效。

商品归类决定失效的，应当由海关总署对外公布。

第二十三条 海关总署发现商品归类决定需要修改的，应当及时予以修改并对外公布。

第二十四条 海关总署发现商品归类决定存在错误的，应当及时予以撤销并对外公布。

第二十五条 因商品归类引起退税或者补征、追征税款以及征收滞纳金的，依照有关法律、行政法规以及海关总署规章的规定办理。

第二十六条 违反本规定，构成走私行为、违反海关监管规定行为或者其他违反《海关法》行为的，由海关依照《海关法》《中华人民共和国海关行政处罚实施条例》等有关规定予以处理；构成犯罪的，依法追究刑事责任。

第二十七条 本规定所称商品编码是指《中华人民共和国进出口税则》商品分类目录中的编码。

同一商品编码项下其他商品编号的确定，按照相关规定办理。

第二十八条 本规定由海关总署负责解释。

第二十九条 本规定自 2021 年 11 月 1 日起施行。2007 年 3 月 2 日海关总署令第 158 号公布、2014 年 3 月 13 日海关总署令第 218 号修改的《中华人民共和国海关进出口货物商品归类管理规定》，2008 年 10 月 13 日海关总署令第 176 号公布的《中华人民共和国海关化验管理办法》同时废止。

商品名称及编码协调制度的国际公约

发布日期：1983-06-14
实施日期：1992-01-01（对中国生效）
法规类型：国际公约

前 言

本公约在海关合作理事会主持下制定。缔约各国：

切望便利国际贸易；

切望便利统计资料，特别是国际贸易统计资料的收集、对比与分析；

切望减少国际贸易往来中因分类制度不同，商品需重新命名、重新分类及重新编号而引起的费用，以及便利数据的传输和贸易单证的统一；

考虑到由于技术的发展与国际贸易格局的变化，必须对 1950 年 12 月 15 日在布鲁塞尔签署的海关税则商品分类目录公约进行全面修改；

考虑到上述公约所附的商品分类目录远不能达到各国政府和贸易界在关税及统计方面要求的详细程度；

考虑到准确、可比的数据对国际贸易谈判的重要性；

考虑到各种运输方式的运费计价和运输统计准备采用协调制度；

考虑到协调制度旨在最大限度地和商业上的商品名称与编号制度结合起来；

考虑到协调制度旨在促进进出口贸易统计与生产统计之间建立尽可能接近的相互对应关系；

考虑到协调制度与联合国的国际贸易标准分类之间仍应保持接近的相互对应关系；

考虑到希望有一部可供国际贸易有关各界人士使用的税则/统计合并目录以满足上述需要；

考虑到保证协调制度不断适应技术的发展和国际贸易格局的变化的重要性；

考虑到海关合作理事会设立的协调制度委员会在此方面已完成的工作；

考虑到上述商品分类目录公约已证明是达到某些所述目标的有效手段，因此，达到这方面预期效果的最好方法是缔结一个新的国际公约。

为此，经协商同意如下条款：

第一条 定义

本公约中：

a）"商品名称及编码协调制度"（以下简称"协调制度"）是指作为本公约附件的商品分类目录，它包括有目和子目及其相应的数字编号，类、章和子目的注释以及协调制度的归类总规则。

b）"税则目录"是指缔约国为征收进口的货物的关税按其法律制定的商品分类目录。

c）"统计目录"是指缔约国为了收集进出口贸易统计资料数据而制定的商品分类目录。

d）"税则/统计合并目录"是指缔约国为便于进口货物申报，依法制定的税则目录和统计目录合一的商品分类目录。

e）"关于创立理事会的公约"是指1950年12月15日在布鲁塞尔制定的关于创立海关合作理事会的公约。

f）"理事会"是指上述e）项所述的海关合作理事会。

g）"秘书长"是指理事会的秘书长。

h）"批准"是指批准、接受或同意。

第二条 附件

本公约附件为公约不可分割部分，本公约所有解释同样适用于公约附件。

第三条 缔约国的义务

一、除第四条各款所规定的情况外：

a）缔约各国，除本款c）项另有规定的以外，必须保证从本公约在本国生效之日起使其税则目录及统计目录与协调制度取得一致。为此，它必须保证在其税则目录及统计目录的制订中：

（1）采用协调制度的所有目和子目及其相应的编号，不得作任何增添或删改；

（2）采用协调制度的归类总规则以及所有类、章和子目的注释，不得更改协调制度的类、章、目或子目的范围；

（3）遵守协调制度的编号顺序。

b）缔约各国应按协调制度六位数级目录公布本国的进出口贸易统计资料，缔约各国还可在不影响商业秘密、国家安全等特殊情况下，主动公布超过上述范围的更详细的进出口贸易统计资料。

c）本条各项规定并不要求缔约各国在其税则目录中必须采用协调制度的子目，只要缔约国的编订其税则/统计合并目录中履行上述a）项（1）、（2）及（3）规定的义务。

二、缔约各国在履行本条第一款a）项规定义务的同时，为适应本国立法的要求，可以对协调制度的文字进行必要的改动。

三、本条各项规定不影响缔约各国在本国的税则目录或统计目录中，增列比协调制度六位数级目录更为详细的细目，但这些细目必须在本公约附件所规定的六位数级目录项下增列和编号。

第四条 发展中国家对协调制度的部分采用

一、发展中国家缔约国可以根据其国际贸易格局或行政管理能力，延期采用部分或全部的协调制度子目。

二、发展中国家缔约国按本规定部分采用协调制度，须同意尽最大努力在本公约对本国生效之日起五年内或根据本条第一款规定在本国认为合适的更长的期限内全部采用六位数的协调制度。

三、发展中国家缔约国根据本条规定部分采用协调制度，应对任何一个五位数级子目项下的六位数级子目全部采用或全部不采用；对任何一个目（四位数级）项下的五位数级子目，也应全部采用或全部不采用。对于部分采用的协调制度，其不采用的第六位数或第五、六两位数编号，应分别用"0"或"00"替代。

四、发展中国家根据本条规定部分采用协调制度，应在成为缔约国时，将本国在本公约对其生效之时不准备采用的子目通知秘书长。同时，它还应将准备采用的子目一并通知秘书长。

五、发展中国家根据本规定部分采用协调制度，可在成为缔约国时通知秘书长，它正式保证在本公约对其生效之日起三年内全部采用六位数的协调制度。

六、发展中国家缔约国根据本条规定部分采用协调制度，对其不采用的子目，不承担第三条规定的义务。

第五条 对发展中国家的技术援助

发达国家缔约国应向提出要求的发展中国家，按照双方所同意的条件，提供技术援助，特别是在人员培训，现行目录向协调制度转化，对已转化的目录如何不断适应协调制度的修改提出建议，以及在实施本公约各项规定等方面提供技术援助。

第六条 协调制度委员会

一、根据本公约建立一个委员会，称为协调制度委员会，委员会由缔约各国的代表组成。

二、协调制度委员会在正常情况下每年至少召开例会两次。

三、会议由秘书长负责召集，除缔约国另行决定外，会议应在理事会的总部举行。

四、每一缔约国在协调制度委员会内有一票表决权。但是，在本公约中（不影响此后签署的其他任何公约）关税或经济联盟以及它的一个或几个成员国如果同是缔约国时，这些缔约国应合起来只有一票表决权。同样，对按第十一条 b）项规定可以成为缔约国的关税或经济联盟，如果它的所有成员国都是缔约国，这些成员国也只能合起来有一票表决权。

五、协调制度委员会选举主席一名，副主席一名或若干名。

六、委员会的议事规则须由有表决权的缔约国 2/3 以上多数赞成票通过制定。该议事规则应报请理事会批准。

七、委员会可邀请有关的政府间组织及其他国际组织以观察员身份参加它的工作。

八、鉴于第七条第一款 a）项的规定，委员会必要时可设立若干小组委员或工作小组，这些机构的人员组成、表决权及议事规则由委员会决定。

第七条 委员会的职权

一、协调制度委员会根据第八条规定，行使下列职权：

a）根据用户需要、技术发展以及国际贸易格局的变化对本公约提出必要的修正案。

b）起草"注释"、"归类意见"及其他解释协调制度的指导性意见。

c）提出建议，确保协调制度的解释和执行的一致性。

d）整理并交流协调制度执行情况。

e）向缔约国、理事会成员国以及委员会认为有关的政府间组织和其他国际组织主动或根据要求提供协调制度中各种有关商品归类问题的情况或意见。

f）向理事会每届大会提交工作报告，其内容包括修正案、注释、归类意见及其他建议。

g）行使与协调制度有关而且理事会或缔约国也认为必要的其他各种职权。

二、协调制度委员会牵涉行政预算的决定须报请理事会批准。

第八条 理事会的作用

一、理事会负责审议协调制度委员会拟定的本公约修正案，并按第十六条规定的程序向缔约各国推荐，除非有既是本公约缔约国又是理事会成员国的国家要求有关修正案全部或部分送回委员会重新审议。

二、协调制度委员会按第七条第一款规定在会议中拟定的注释、归类意见、其他解释协调制度的意见以及为保证协调制度统一解释和执行的建议，如果在会议闭幕后第二个月末前没有本公约的缔约国通知秘书长，要求将问题提交理事会审议，均应视为已经理事会批准通过。

三、如果问题按本条第二款规定提交理事会，除非有既是本公约缔约国又是理事会成员国的国家要求将问题全部或部分交回委员会重新审议，理事会应批准通过上述注释、归类意见、其他意见或建议。

第九条　关税税率

缔约国加入本公约并不承担关税税率方面的任何义务。

第十条　争议的裁决

一、缔约国间对本公约解释或执行方面有任何争议应尽可能通过争议各方之间协商解决。

二、协调无法解决的争议应由争议各方提交协调制度委员会审议并提出解决建议。

三、协调制度委员会无法解决的争议，由委员会将问题提交理事会，由理事会按"关于创立理事会的公约"第三条 e）项规定提出建议。

四、争议各方可事先商定同意接受委员会或理事会的建议并遵照执行。

第十一条　缔约资格

下列国家（联盟）有资格成为本公约的缔约国：

a）理事会成员国；

b）有权缔结与本公约部分或全部问题有关的条约的关税或经济联盟；

c）秘书长按理事会指示邀请加入本公约的其他国家。

第十二条　缔约程序

一、任何具备缔约资格的国家及关税或经济联盟，经履行下列手续，均可成为本公约的缔约国：

a）在公约上不须经批准签字；

b）在公约上签字后（须经批准方可生效）递交批准书；

c）公约停止开放签字后，加入公约。

二、本公约于 1986 年 12 月 31 日前在布鲁塞尔的理事会总部对第十一条所列国家及关税或经济联盟开放供签署；此后，将开放供加入。

三、批准书或加入书向秘书长递交。

第十三条　生效日期

一、在至少有 17 个第十一条所列国家及关税或经济联盟在本公约上不须经批准签字或递交了批准书或加入书之日起 12 个月以后 24 个月以内的 1 月 1 日，本公约正式生效，但生效之日不得早于 1987 年 1 月 1 日。

二、在本条第一款规定的最低限额数达到后，任何国家及关税或经济联盟在本公约上不须经批准签字或递交批准书或加入书之日起 12 月以后 24 个月以内的 1 月 1 日，公约对其即行生效，除非该国或该关税或经济联盟规定更早的生效日期。但是，本款规定的生效日期不得先于本条第一款规定的生效日期。

第十四条　关于附属领土采用协调制度

一、任何国家在成为本公约缔约国之时或之后，可书面通知秘书长，声明本公约同样适用于所有或某些其国际关系由它负责的领土，并在通知中列出有关领土的名称。通知书的生效日期，除通知中规定更早日期外，应为秘书长接到通知之日起 12 个月以后 24 个月以内的 1

月1日。但是本公约不得在有关国家实施之前对其附属领土先行适用。

二、对于上述附属领土，在有关缔约国不再负责它的国际关系之日起，或在此日期之前按第十五条的程序通知秘书长之日起，本公约即行失效。

第十五条　退约

本公约有效期不受限制，但任何缔约国有权退约。除退约书规定了更迟的失效期外，秘书长接到退约书一年后，退约即行生效。

第十六条　修改程序

一、理事会可向缔约各国提出本公约修正案。

二、任何缔约国均可通知秘书长，对某项提出的修正案表示反对，并且可以在本条第三款规定的期限内撤回反对意见。

三、任何提出的修正案在秘书长发出通知之日起六个月后，只要没有仍未解决的反对意见，即视为已被接受。

四、已被接受的修正案对缔约各国生效之日为：

a）提出的修正案若在4月1日前发出通知，于通知的次年1月1日起生效；

b）提出的修正案在4月1日或4月1日之后发出通知，于发出通知之日起第三年的1月1日起生效。

五、缔约各国的统计目录、税则目录或者按第三条第一款c）项规定制定的税则/统计合并目录，应从本条第四款所规定修正案生效之日起与修改后的协调制度保持一致。

六、已在本公约上不须经批准签字，或已批准或加入本公约的任何国家及关税或经济联盟，于成为公约缔约国之日起，应视为接受了在此之前按本条第三款规定已经生效或已被接受的所有修正案。

第十七条　缔约国对协调制度享有的权力

对于任何涉及协调制度的问题，缔约各国在如下方面享受第六条第四款，第八条及第十六条第二款中规定的各项权力：

a）其按本公约规定采用的协调制度的全部内容；

b）本公约按第十三条规定对其生效之前，其所承诺按本公约规定日期采用的协调制度的全部内容；

c）正式保证在第四条第五款规定的三年期限内全部采用六位数级协调制度的，于期满前，对协调制度的全部内容。

第十八条　保留条款

本公约不允许有任何保留。

第十九条　秘书长的通知

秘书长应将下列情事通知全体缔约国、其他签约国、非本公约国的理事会成员国及联合国秘书长：

a）第四条规定的通知；

b）第十二条所述的签字、批准及加入；

c）按第十三条规定本公约生效的日期；

d）第十四条规定的通知；

e）第十五条规定的退约；

f）第十六条规定的本公约修正案；

g）按第十六条规定对修正案提出的反对意见及有关反对意见的撤回；

h）按第十六条规定已被接受的修正案及其生效日期。

第二十条 在联合国注册问题

本公约应理事会秘书长要求，按照联合国宪章第一零二条规定，向联合国注册。

经正式授权的公约签署人签字于后以资证明。

1983 年 6 月 14 日订于布鲁塞尔，以法文和英文两种文字写成，两种文本具有同等效力。正本共一份，由理事会秘书长保存。秘书长应向第十一条所列所有国家及关税或经济联盟分送经核证与正本相符的副本。

关务综合篇

种苗管理

中华人民共和国种子法

（主席令第 34 号）

发布日期：2000-07-08

实施日期：2022-03-01

法规类型：法律

（根据 2004 年 8 月 28 日第十届全国人民代表大会常务委员会第十一次会议《关于修改〈中华人民共和国种子法〉的决定》第一次修正；根据 2013 年 6 月 29 日第十二届全国人民代表大会常务委员会第三次会议《关于修改〈中华人民共和国文物保护法〉等十二部法律的决定》第二次修正；根据 2015 年 11 月 4 日第十二届全国人民代表大会常务委员会第十七次会议修订；根据 2021 年 12 月 24 日第十三届全国人民代表大会常务委员会第三十二次会议《关于修改〈中华人民共和国种子法〉的决定》第三次修正）

第一章 总 则

第一条 为了保护和合理利用种质资源，规范品种选育、种子生产经营和管理行为，加强种业科学技术研究，鼓励育种创新，保护植物新品种权，维护种子生产经营者、使用者的合法权益，提高种子质量，发展现代种业，保障国家粮食安全，促进农业和林业的发展，制定本法。

第二条 在中华人民共和国境内从事品种选育、种子生产经营和管理等活动，适用本法。

本法所称种子，是指农作物和林木的种植材料或者繁殖材料，包括籽粒、果实、根、茎、苗、芽、叶、花等。

第三条 国务院农业农村、林业草原主管部门分别主管全国农作物种子和林木种子工作；县级以上地方人民政府农业农村、林业草原主管部门分别主管本行政区域内农作物种子和林木种子工作。

各级人民政府及其有关部门应当采取措施，加强种子执法和监督，依法惩处侵害农民权益的种子违法行为。

第四条 国家扶持种质资源保护工作和选育、生产、更新、推广使用良种，鼓励品种选育和种子生产经营相结合，奖励在种质资源保护工作和良种选育、推广等工作中成绩显著的单位和个人。

第五条 省级以上人民政府应当根据科教兴农方针和农业、林业发展的需要制定种业发展规划并组织实施。

第六条 省级以上人民政府建立种子储备制度，主要用于发生灾害时的生产需要及余缺调剂，保障农业和林业生产安全。对储备的种子应当定期检验和更新。种子储备的具体办法由国务院规定。

第七条 转基因植物品种的选育、试验、审定和推广应当进行安全性评价，并采取严格的安全控制措施。国务院农业农村、林业草原主管部门应当加强跟踪监管并及时公告有关转基因植物品种审定和推广的信息。具体办法由国务院规定。

第二章 种质资源保护

第八条 国家依法保护种质资源，任何单位和个人不得侵占和破坏种质资源。

禁止采集或者采伐国家重点保护的天然种质资源。因科研等特殊情况需要采集或者采伐的，应当经国务院或者省、自治区、直辖市人民政府的农业农村、林业草原主管部门批准。

第九条 国家有计划地普查、收集、整理、鉴定、登记、保存、交流和利用种质资源，重点收集珍稀、濒危、特有资源和特色地方品种，定期公布可供利用的种质资源目录。具体办法由国务院农业农村、林业草原主管部门规定。

第十条 国务院农业农村、林业草原主管部门应当建立种质资源库、种质资源保护区或者种质资源保护地。省、自治区、直辖市人民政府农业农村、林业草原主管部门可以根据需要建立种质资源库、种质资源保护区、种质资源保护地。种质资源库、种质资源保护区、种质资源保护地的种质资源属公共资源，依法开放利用。

占用种质资源库、种质资源保护区或者种质资源保护地的，需经原设立机关同意。

第十一条 国家对种质资源享有主权。任何单位和个人向境外提供种质资源，或者与境外机构、个人开展合作研究利用种质资源的，应当报国务院农业农村、林业草原主管部门批准，并同时提交国家共享惠益的方案。国务院农业农村、林业草原主管部门可以委托省、自治区、直辖市人民政府农业农村、林业草原主管部门接收申请材料。国务院农业农村、林业草原主管部门应当将批准情况通报国务院生态环境主管部门。

从境外引进种质资源的，依照国务院农业农村、林业草原主管部门的有关规定办理。

第三章 品种选育、审定与登记

第十二条 国家支持科研院所及高等院校重点开展育种的基础性、前沿性和应用技术研究以及生物育种技术研究，支持常规作物、主要造林树种育种和无性繁殖材料选育等公益性研究。

国家鼓励种子企业充分利用公益性研究成果，培育具有自主知识产权的优良品种；鼓励种子企业与科研院所及高等院校构建技术研发平台，开展主要粮食作物、重要经济作物育种攻关，建立以市场为导向、利益共享、风险共担的产学研相结合的种业技术创新体系。

国家加强种业科技创新能力建设，促进种业科技成果转化，维护种业科技人员的合法权益。

第十三条 由财政资金支持形成的育种发明专利权和植物新品种权，除涉及国家安全、国家利益和重大社会公共利益的外，授权项目承担者依法取得。

由财政资金支持为主形成的育种成果的转让、许可等应当依法公开进行，禁止私自交易。

第十四条 单位和个人因林业草原主管部门为选育林木良种建立测定林、试验林、优树收集区、基因库等而减少经济收入的，批准建立的林业草原主管部门应当按照国家有关规定给予经济补偿。

第十五条 国家对主要农作物和主要林木实行品种审定制度。主要农作物品种和主要林木品种在推广前应当通过国家级或者省级审定。由省、自治区、直辖市人民政府林业草原主管部门确定的主要林木品种实行省级审定。

申请审定的品种应当符合特异性、一致性、稳定性要求。

主要农作物品种和主要林木品种的审定办法由国务院农业农村、林业草原主管部门规定。审定办法应当体现公正、公开、科学、效率的原则，有利于产量、品质、抗性等的提高与协调，有利于适应市场和生活消费需要的品种的推广。在制定、修改审定办法时，应当充分听取育种者、种子使用者、生产经营者和相关行业代表意见。

第十六条 国务院和省、自治区、直辖市人民政府的农业农村、林业草原主管部门分别设立由专业人员组成的农作物品种和林木品种审定委员会。品种审定委员会承担主要农作物品种和主要林木品种的审定工作，建立包括申请文件、品种审定试验数据、种子样品、审定意见和审定结论等内容的审定档案，保证可追溯。在审定通过的品种依法公布的相关信息中应当包括审定意见情况，接受监督。

品种审定实行回避制度。品种审定委员会委员、工作人员及相关测试、试验人员应当忠于职守，公正廉洁。对单位和个人举报或者监督检查发现的上述人员的违法行为，省级以上人民政府农业农村、林业草原主管部门和有关机关应当及时依法处理。

第十七条 实行选育生产经营相结合，符合国务院农业农村、林业草原主管部门规定条件的种子企业，对其自主研发的主要农作物品种、主要林木品种可以按照审定办法自行完成试验，达到审定标准的，品种审定委员会应当颁发审定证书。种子企业对试验数据的真实性负责，保证可追溯，接受省级以上人民政府农业农村、林业草原主管部门和社会的监督。

第十八条 审定未通过的农作物品种和林木品种，申请人有异议的，可以向原审定委员会或者国家级审定委员会申请复审。

第十九条 通过国家级审定的农作物品种和林木良种由国务院农业农村、林业草原主管部门公告，可以在全国适宜的生态区域推广。通过省级审定的农作物品种和林木良种由省、自治区、直辖市人民政府农业农村、林业草原主管部门公告，可以在本行政区域内适宜的生态区域推广；其他省、自治区、直辖市属于同一适宜生态区的地域引种农作物品种、林木良种的，引种者应当将引种的品种和区域报所在省、自治区、直辖市人民政府农业农村、林业草原主管部门备案。

引种本地区没有自然分布的林木品种，应当按照国家引种标准通过试验。

第二十条 省、自治区、直辖市人民政府农业农村、林业草原主管部门应当完善品种选育、审定工作的区域协作机制，促进优良品种的选育和推广。

第二十一条 审定通过的农作物品种和林木良种出现不可克服的严重缺陷等情形不宜继续推广、销售的，经原审定委员会审核确认后，撤销审定，由原公告部门发布公告，停止推广、销售。

第二十二条 国家对部分非主要农作物实行品种登记制度。列入非主要农作物登记目录的品种在推广前应当登记。

实行品种登记的农作物范围应当严格控制，并根据保护生物多样性、保证消费安全和用种安全的原则确定。登记目录由国务院农业农村主管部门制定和调整。

申请者申请品种登记应当向省、自治区、直辖市人民政府农业农村主管部门提交申请文件和种子样品，并对其真实性负责，保证可追溯，接受监督检查。申请文件包括品种的种类、名称、来源、特性、育种过程以及特异性、一致性、稳定性测试报告等。

省、自治区、直辖市人民政府农业农村主管部门自受理品种登记申请之日起二十个工作日内，对申请者提交的申请文件进行书面审查，符合要求的，报国务院农业农村主管部门予以登记公告。

对已登记品种存在申请文件、种子样品不实的，由国务院农业农村主管部门撤销该品种登记，并将该申请者的违法信息记入社会诚信档案，向社会公布；给种子使用者和其他种子生产经营者造成损失的，依法承担赔偿责任。

对已登记品种出现不可克服的严重缺陷等情形的，由国务院农业农村主管部门撤销登记，并发布公告，停止推广。

非主要农作物品种登记办法由国务院农业农村主管部门规定。

第二十三条 应当审定的农作物品种未经审定的，不得发布广告、推广、销售。

应当审定的林木品种未经审定通过的，不得作为良种推广、销售，但生产确需使用的，应当经林木品种审定委员会认定。

应当登记的农作物品种未经登记的，不得发布广告、推广，不得以登记品种的名义销售。

第二十四条 在中国境内没有经常居所或者营业场所的境外机构、个人在境内申请品种审定或者登记的，应当委托具有法人资格的境内种子企业代理。

第四章 新品种保护

第二十五条 国家实行植物新品种保护制度。对国家植物品种保护名录内经过人工选育或者发现的野生植物加以改良，具备新颖性、特异性、一致性、稳定性和适当命名的植物品种，由国务院农业农村、林业草原主管部门授予植物新品种权，保护植物新品种权所有人的合法权益。植物新品种权的内容和归属、授予条件、申请和受理、审查与批准，以及期限、终止和无效等依照本法、有关法律和行政法规规定执行。

国家鼓励和支持育种业科技创新、植物新品种培育及成果转化。取得植物新品种权的品种得到推广应用的，育种者依法获得相应的经济利益。

第二十六条 一个植物新品种只能授予一项植物新品种权。两个以上的申请人分别就同一个品种申请植物新品种权的，植物新品种权授予最先申请的人；同时申请的，植物新品种权授予最先完成该品种育种的人。

对违反法律，危害社会公共利益、生态环境的植物新品种，不授予植物新品种权。

第二十七条 授予植物新品种权的植物新品种名称，应当与相同或者相近的植物属或者种中已知品种的名称相区别。该名称经授权后即为该植物新品种的通用名称。

下列名称不得用于授权品种的命名：

（一）仅以数字表示的；

（二）违反社会公德的；

（三）对植物新品种的特征、特性或者育种者身份等容易引起误解的。

同一植物品种在申请新品种保护、品种审定、品种登记、推广、销售时只能使用同一个名称。生产推广、销售的种子应当与申请植物新品种保护、品种审定、品种登记时提供的样品相符。

第二十八条 植物新品种权所有人对其授权品种享有排他的独占权。植物新品种权所有人可以将植物新品种权许可他人实施，并按照合同约定收取许可使用费；许可使用费可以采取固定价款、从推广收益中提成等方式收取。

任何单位或者个人未经植物新品种所有人许可，不得生产、繁殖和为繁殖而进行处理、许诺销售、销售、进口、出口以及为实施上述行为而储存该授权品种的繁殖材料，不得为商业目的将该授权品种的繁殖材料重复使用于生产另一品种的繁殖材料。本法、有关法律、行政法规另有规定的除外。

实施前款规定的行为，涉及由未经许可使用授权品种的繁殖材料而获得的收获材料的，应当得到植物新品种权所有人的许可；但是，植物新品种权所有人对繁殖材料已有合理机会行使其权利的除外。

对实质性派生品种实施第二款、第三款规定行为的，应当征得原始品种的植物新品种权所有人的同意。

实质性派生品种制度的实施步骤和办法由国务院规定。

第二十九条 在下列情况下使用授权品种的，可以不经植物新品种权所有人许可，不向其支付使用费，但不得侵犯植物新品种权所有人依照本法、有关法律、行政法规享有的其他权利：

（一）利用授权品种进行育种及其他科研活动；

（二）农民自繁自用授权品种的繁殖材料。

第三十条 为了国家利益或者社会公共利益，国务院农业农村、林业草原主管部门可以作出实施植物新品种权强制许可的决定，并予以登记和公告。

取得实施强制许可的单位或者个人不享有独占的实施权，并且无权允许他人实施。

第五章 种子生产经营

第三十一条 从事种子进出口业务的种子生产经营许可证，由国务院农业农村、林业草原主管部门核发。国务院农业农村、林业草原主管部门可以委托省、自治区、直辖市人民政府农业农村、林业草原主管部门接收申请材料。

从事主要农作物杂交种子及其亲本种子、林木良种繁殖材料生产经营的，以及符合国务院农业农村主管部门规定条件的实行选育生产经营相结合的农作物种子企业的种子生产经营许可证，由省、自治区、直辖市人民政府农业农村、林业草原主管部门核发。

前两款规定以外的其他种子的生产经营许可证，由生产经营者所在地县级以上地方人民政府农业农村、林业草原主管部门核发。

只从事非主要农作物种子和非主要林木种子生产的，不需要办理种子生产经营许可证。

第三十二条 申请取得种子生产经营许可证的，应当具有与种子生产经营相适应的生产经营设施、设备及专业技术人员，以及法规和国务院农业农村、林业草原主管部门规定的其他条件。

从事种子生产的，还应当同时具有繁殖种子的隔离和培育条件，具有无检疫性有害生物的种子生产地点或者县级以上人民政府林业草原主管部门确定的采种林。

申请领取具有植物新品种权的种子生产经营许可证的，应当征得植物新品种权所有人的书面同意。

第三十三条 种子生产经营许可证应当载明生产经营者名称、地址、法定代表人、生产种子的品种、地点和种子经营的范围、有效期限、有效区域等事项。

前款事项发生变更的，应当自变更之日起三十日内，向原核发许可证机关申请变更登记。

除本法另有规定外，禁止任何单位和个人无种子生产经营许可证或者违反种子生产经营许可证的规定生产、经营种子。禁止伪造、变造、买卖、租借种子生产经营许可证。

第三十四条 种子生产应当执行种子生产技术规程和种子检验、检疫规程，保证种子符合净度、纯度、发芽率等质量要求和检疫要求。

县级以上人民政府农业农村、林业草原主管部门应当指导、支持种子生产经营者采用先进的种子生产技术，改进生产工艺，提高种子质量。

第三十五条 在林木种子生产基地内采集种子的，由种子生产基地的经营者组织进行，采集种子应当按照国家有关标准进行。

禁止抢采掠青、损坏母树，禁止在劣质林内、劣质母树上采集种子。

第三十六条 种子生产经营者应当建立和保存包括种子来源、产地、数量、质量、销售去向、销售日期和有关责任人员等内容的生产经营档案，保证可追溯。种子生产经营档案的具体载明事项，种子生产经营档案及种子样品的保存期限由国务院农业农村、林业草原主管部门规定。

第三十七条 农民个人自繁自用的常规种子有剩余的，可以在当地集贸市场上出售、串换，不需要办理种子生产经营许可证。

第三十八条 种子生产经营许可证的有效区域由发证机关在其管辖范围内确定。种子生产经营者在种子生产经营许可证载明的有效区域设立分支机构的，专门经营不再分装的包装种子的，或者受具有种子生产经营许可证的种子生产经营者以书面委托生产、代销其种子的，不需要办理种子生产经营许可证，但应当向当地农业农村、林业草原主管部门备案。

实行选育生产经营相结合、符合国务院农业农村、林业草原主管部门规定条件的种子企业的生产经营许可证的有效区域为全国。

第三十九条 销售的种子应当加工、分级、包装。但是不能加工、包装的除外。

大包装或者进口种子可以分装；实行分装的，应当标注分装单位，并对种子质量负责。

第四十条 销售的种子应当符合国家或者行业标准，附有标签和使用说明。标签和使用说明标注的内容应当与销售的种子相符。种子生产经营者对标注内容的真实性和种子质量负责。

标签应当标注种子类别、品种名称、品种审定或者登记编号、品种适宜种植区域及季节、生产经营者及注册地、质量指标、检疫证明编号、种子生产经营许可证编号和信息代码，以及国务院农业农村、林业草原主管部门规定的其他事项。

销售授权品种种子的，应当标注品种权号。

销售进口种子的，应当附有进口审批文号和中文标签。

销售转基因植物品种种子的，必须用明显的文字标注，并应当提示使用时的安全控制措施。

种子生产经营者应当遵守有关法律、法规的规定，诚实守信，向种子使用者提供种子生产者信息、种子的主要性状、主要栽培措施、适应性等使用条件的说明、风险提示与有关咨询服务，不得作虚假或者引人误解的宣传。

任何单位和个人不得非法干预种子生产经营者的生产经营自主权。

第四十一条 种子广告的内容应当符合本法和有关广告的法律、法规的规定，主要性状描述等应当与审定、登记公告一致。

第四十二条 运输或者邮寄种子应当依照有关法律、行政法规的规定进行检疫。

第四十三条 种子使用者有权按照自己的意愿购买种子，任何单位和个人不得非法干预。

第四十四条 国家对推广使用林木良种造林给予扶持。国家投资或者国家投资为主的造林项目和国有林业单位造林，应当根据林业草原主管部门制定的计划使用林木良种。

第四十五条 种子使用者因种子质量问题或者因种子的标签和使用说明标注的内容不真实，遭受损失的，种子使用者可以向出售种子的经营者要求赔偿，也可以向种子生产者或者其他经营者要求赔偿。赔偿额包括购种价款、可得利益损失和其他损失。属于种子生产者或者其他经营者责任的，出售种子的经营者赔偿后，有权向种子生产者或者其他经营者追偿；属于出售种子的经营者责任的，种子生产者或者其他经营者赔偿后，有权向出售种子的经营者追偿。

第六章 种子监督管理

第四十六条 农业农村、林业草原主管部门应当加强对种子质量的监督检查。种子质量管理办法、行业标准和检验方法，由国务院农业农村、林业草原主管部门制定。

农业农村、林业草原主管部门可以采用国家规定的快速检测方法对生产经营的种子品种进行检测，检测结果可以作为行政处罚依据。被检查人对检测结果有异议的，可以申请复检，复检不得采用同一检测方法。因检测结果错误给当事人造成损失的，依法承担赔偿责任。

第四十七条　农业农村、林业草原主管部门可以委托种子质量检验机构对种子质量进行检验。

承担种子质量检验的机构应当具备相应的检测条件、能力，并经省级以上人民政府有关主管部门考核合格。

种子质量检验机构应当配备种子检验员。种子检验员应当具有中专以上有关专业学历，具备相应的种子检验技术能力和水平。

第四十八条　禁止生产经营假、劣种子。农业农村、林业草原主管部门和有关部门依法打击生产经营假、劣种子的违法行为，保护农民合法权益，维护公平竞争的市场秩序。

下列种子为假种子：

（一）以非种子冒充种子或者以此种品种种子冒充其他品种种子的；

（二）种子种类、品种与标签标注的内容不符或者没有标签。

下列种子为劣种子：

（一）质量低于国家规定标准的；

（二）质量低于标签标注指标的；

（三）带有国家规定的检疫性有害生物的。

第四十九条　农业农村、林业草原主管部门是种子行政执法机关。种子执法人员依法执行公务时应当出示行政执法证件。农业农村、林业草原主管部门依法履行种子监督检查职责时，有权采取下列措施：

（一）进入生产经营场所进行现场检查；

（二）对种子进行取样测试、试验或者检验；

（三）查阅、复制有关合同、票据、账簿、生产经营档案及其他有关资料；

（四）查封、扣押有证据证明违法生产经营的种子，以及用于违法生产经营的工具、设备及运输工具等；

（五）查封违法从事种子生产经营活动的场所。

农业农村、林业草原主管部门依照本法规定行使职权，当事人应当协助、配合，不得拒绝、阻挠。

农业农村、林业草原主管部门所属的综合执法机构或者受其委托的种子管理机构，可以开展种子执法相关工作。

第五十条　种子生产经营者依法自愿成立种子行业协会，加强行业自律管理，维护成员合法权益，为成员和行业发展提供信息交流、技术培训、信用建设、市场营销和咨询等服务。

第五十一条　种子生产经营者可自愿向具有资质的认证机构申请种子质量认证。经认证合格的，可以在包装上使用认证标识。

第五十二条　由于不可抗力原因，为生产需要必须使用低于国家或者地方规定标准的农作物种子的，应当经用种地县级以上地方人民政府批准。

第五十三条　从事品种选育和种子生产经营以及管理的单位和个人应当遵守有关植物检疫法律、行政法规的规定，防止植物危险性病、虫、杂草及其他有害生物的传播和蔓延。

禁止任何单位和个人在种子生产基地从事检疫性有害生物接种试验。

第五十四条　省级以上人民政府农业农村、林业草原主管部门应当在统一的政府信息发布平台上发布品种审定、品种登记、新品种保护、种子生产经营许可、监督管理等信息。

国务院农业农村、林业草原主管部门建立植物品种标准样品库，为种子监督管理提供依据。

第五十五条　农业农村、林业草原主管部门及其工作人员，不得参与和从事种子生产经营活动。

第七章　种子进出口和对外合作

第五十六条　进口种子和出口种子必须实施检疫，防止植物危险性病、虫、杂草及其他有害生物传入境内和传出境外，具体检疫工作按照有关植物进出境检疫法律、行政法规的规定执行。

第五十七条　从事种子进出口业务的，应当具备种子生产经营许可证；其中，从事农作物种子进出口业务的，还应当按照国家有关规定取得种子进出口许可。

从境外引进农作物、林木种子的审定权限，农作物种子的进口审批办法，引进转基因植物品种的管理办法，由国务院规定。

第五十八条　进口种子的质量，应当达到国家标准或者行业标准。没有国家标准或者行业标准的，可以按照合同约定的标准执行。

第五十九条　为境外制种进口种子的，可以不受本法第五十七条第一款的限制，但应当具有对外制种合同，进口的种子只能用于制种，其产品不得在境内销售。

从境外引进农作物或者林木试验用种，应当隔离栽培，收获物也不得作为种子销售。

第六十条　禁止进出口假、劣种子以及属于国家规定不得进出口的种子。

第六十一条　国家建立种业国家安全审查机制。境外机构、个人投资、并购境内种子企业，或者与境内科研院所、种子企业开展技术合作，从事品种研发、种子生产经营的审批管理依照有关法律、行政法规的规定执行。

第八章　扶持措施

第六十二条　国家加大对种业发展的支持。对品种选育、生产、示范推广、种质资源保护、种子储备以及制种大县给予扶持。

国家鼓励推广使用高效、安全制种采种技术和先进适用的制种采种机械，将先进适用的制种采种机械纳入农机具购置补贴范围。

国家积极引导社会资金投资种业。

第六十三条　国家加强种业公益性基础设施建设，保障育种科研设施用地合理需求。

对优势种子繁育基地内的耕地，划入永久基本农田。优势种子繁育基地由国务院农业农村主管部门商所在省、自治区、直辖市人民政府确定。

第六十四条　对从事农作物和林木品种选育、生产的种子企业，按照国家有关规定给予扶持。

第六十五条　国家鼓励和引导金融机构为种子生产经营和收储提供信贷支持。

第六十六条　国家支持保险机构开展种子生产保险。省级以上人民政府可以采取保险费补贴等措施，支持发展种业生产保险。

第六十七条　国家鼓励科研院所及高等院校与种子企业开展育种科技人员交流，支持本单位的科技人员到种子企业从事种业成果转化活动；鼓励育种科研人才创新创业。

第六十八条　国务院农业农村、林业草原主管部门和异地繁育种子所在地的省、自治区、直辖市人民政府应当加强对异地繁育种子工作的管理和协调，交通运输部门应当优先保证种子的运输。

第九章　法律责任

第六十九条　农业农村、林业草原主管部门不依法作出行政许可决定，发现违法行为或者接到对违法行为的举报不予查处，或者有其他未依照本法规定履行职责的行为的，由本级人民政府或者上级人民政府有关部门责令改正，对负有责任的主管人员和其他直接责任人员依法给予处分。

违反本法第五十五条规定，农业农村、林业草原主管部门工作人员从事种子生产经营活动的，依法给予处分。

第七十条 违反本法第十六条规定，品种审定委员会委员和工作人员不依法履行职责，弄虚作假、徇私舞弊的，依法给予处分；自处分决定作出之日起五年内不得从事品种审定工作。

第七十一条 品种测试、试验和种子质量检验机构伪造测试、试验、检验数据或者出具虚假证明的，由县级以上人民政府农业农村、林业草原主管部门责令改正，对单位处五万元以上十万元以下罚款，对直接负责的主管人员和其他直接责任人员处一万元以上五万元以下罚款；有违法所得的，并处没收违法所得；给种子使用者和其他种子生产经营者造成损失的，与种子生产经营者承担连带责任；情节严重的，由省级以上人民政府有关主管部门取消种子质量检验资格。

第七十二条 违反本法第二十八条规定，有侵犯植物新品种权行为的，由当事人协商解决，不愿协商或者协商不成的，植物新品种权所有人或者利害关系人可以请求县级以上人民政府农业农村、林业草原主管部门进行处理，也可以直接向人民法院提起诉讼。

县级以上人民政府农业农村、林业草原主管部门，根据当事人自愿的原则，对侵犯植物新品种权所造成的损害赔偿可以进行调解。调解达成协议，当事人应当履行；当事人不履行协议或者调解未达成协议的，植物新品种权所有人或者利害关系人可以依法向人民法院提起诉讼。

侵犯植物新品种权的赔偿数额按照权利人因被侵权所受到的实际损失确定；实际损失难以确定的，可以按照侵权人因侵权所获得的利益确定。权利人的损失或者侵权人获得的利益难以确定的，可以参照该植物新品种权许可使用费的倍数合理确定。故意侵犯植物新品种权，情节严重的，可以在按照上述方法确定数额的一倍以上五倍以下确定赔偿数额。

权利人的损失、侵权人获得的利益和植物新品种许可使用费均难以确定的，人民法院可以根据植物新品种权的类型、侵权行为的性质和情节等因素，确定给予五百万元以下的赔偿。

赔偿数额应当包括权利人为制止侵权行为所支付的合理开支。

县级以上人民政府农业农村、林业草原主管部门处理侵犯植物新品种权案件时，为了维护社会公共利益，责令侵权人停止侵权行为，没收违法所得和种子；货值金额不足五万元的，并处一万元以上二十五万元以下罚款；货值金额五万元以上的，并处货值金额五倍以上十倍以下罚款。

假冒授权品种的，由县级以上人民政府农业农村、林业草原主管部门责令停止假冒行为，没收违法所得和种子；货值金额不足五万元的，并处一万元以上二十五万元以下罚款；货值金额五万元以上的，并处货值金额五倍以上十倍以下罚款。

第七十三条 当事人就植物新品种的申请权和植物新品种权的权属发生争议的，可以向人民法院提起诉讼。

第七十四条 违反本法第四十八条规定，生产经营假种子的，由县级以上人民政府农业农村、林业草原主管部门责令停止生产经营，没收违法所得和种子，吊销种子生产经营许可证；违法生产经营的货值金额不足二万元的，并处二万元以上二十万元以下罚款；货值金额二万元以上的，并处货值金额十倍以上二十倍以下罚款。

因生产经营假种子犯罪被判处有期徒刑以上刑罚的，种子企业或者其他单位的法定代表人、直接负责的主管人员自刑罚执行完毕之日起五年内不得担任种子企业的法定代表人、高级管理人员。

第七十五条 违反本法第四十八条规定，生产经营劣种子的，由县级以上人民政府农业农村、林业草原主管部门责令停止生产经营，没收违法所得和种子；违法生产经营的货值金额不足二万元的，并处一万元以上十万元以下罚款；货值金额二万元以上的，并处货值金额五倍以上十倍以下罚款；情节严重的，吊销种子生产经营许可证。

因生产经营劣种子犯罪被判处有期徒刑以上刑罚的，种子企业或者其他单位的法定代表人、直接负责的主管人员自刑罚执行完毕之日起五年内不得担任种子企业的法定代表人、高级管理人员。

第七十六条 违反本法第三十二条、第三十三条、第三十四条规定，有下列行为之一的，由县级以上人民政府农业农村、林业草原主管部门责令改正，没收违法所得和种子；违法生产经营的货值金额不足一万元的，并处三千元以上三万元以下罚款；货值金额一万元以上的，并处货值金额三倍以上五倍以下罚款；可以吊销种子生产经营许可证：

（一）未取得种子生产经营许可证生产经营种子的；

（二）以欺骗、贿赂等不正当手段取得种子生产经营许可证的；

（三）未按照种子生产经营许可证的规定生产经营种子的；

（四）伪造、变造、买卖、租借种子生产经营许可证的；

（五）不再具有繁殖种子的隔离和培育条件，或者不再具有无检疫性有害生物的种子生产地点或者县级以上人民政府林业草原主管部门确定的采种林，继续从事种子生产的；

（六）未执行种子检验、检疫规程生产种子的。

被吊销种子生产经营许可证的单位，其法定代表人、直接负责的主管人员自处罚决定作出之日起五年内不得担任种子企业的法定代表人、高级管理人员。

第七十七条 违反本法第二十一条、第二十二条、第二十三条规定，有下列行为之一的，由县级以上人民政府农业农村、林业草原主管部门责令停止违法行为，没收违法所得和种子，并处二万元以上二十万元以下罚款：

（一）对应当审定未经审定的农作物品种进行推广、销售的；

（二）作为良种推广、销售应当审定未经审定的林木品种的；

（三）推广、销售应当停止推广、销售的农作物品种或者林木良种的；

（四）对应当登记未经登记的农作物品种进行推广，或以登记品种的名义进行销售的；

（五）对已撤销登记的农作物品种进行推广，或者以登记品种的名义进行销售的。

违反本法第二十三条、第四十一条规定，对应当审定未经审定或者应当登记未经登记的农作物品种发布广告，或者广告中有关品种的主要性状描述的内容与审定、登记公告不一致的，依照《中华人民共和国广告法》的有关规定追究法律责任。

第七十八条 违反本法第五十七条、第五十九条、第六十条规定，有下列行为之一的，由县级以上人民政府农业农村、林业草原主管部门责令改正，没收违法所得和种子；违法生产经营的货值金额不足一万元的，并处三千元以上三万元以下罚款；货值金额一万元以上的，并处货值金额三倍以上五倍以下罚款；情节严重的，吊销种子生产经营许可证：

（一）未经许可进出口种子的；

（二）为境外制种的种子在境内销售的；

（三）从境外引进农作物或者林木种子进行引种试验的收获物作为种子在境内销售的；

（四）进出口假、劣种子或者属于国家规定不得进出口的种子的。

第七十九条 违反本法第三十六条、第三十八条、第三十九条、第四十条规定，有下列行为之一的，由县级以上人民政府农业农村、林业草原主管部门责令改正，处二千元以上二万元以下罚款：

（一）销售的种子应当包装而没有包装的；

（二）销售的种子没有使用说明或者标签内容不符合规定的；

（三）涂改标签的；

（四）未按规定建立、保存种子生产经营档案的；

（五）种子生产经营者在异地设立分支机构、专门经营不再分装的包装种子或者受委托生产、代销种子，未按规定备案的。

第八十条 违反本法第八条规定，侵占、破坏种质资源，私自采集或者采伐国家重点保护的天然种质资源的，由县级以上人民政府农业农村、林业草原主管部门责令停止违法行为，没收种质资源和违法所得，并处五千元以上五万元以下罚款；造成损失的，依法承担赔偿责任。

第八十一条 违反本法第十一条规定，向境外提供或者从境外引进种质资源，或者与境外机构、个人开展合作研究利用种质资源的，由国务院或者省、自治区、直辖市人民政府的农业农村、林业草原主管部门没收种质资源和违法所得，并处二万元以上二十万元以下罚款。

未取得农业农村、林业草原主管部门的批准文件携带、运输种质资源出境的，海关应当将该种质资源扣留，并移送省、自治区、直辖市人民政府农业农村、林业草原主管部门处理。

第八十二条 违反本法第三十五条规定，抢采掠青、损坏母树或者在劣质林内、劣质母树上采种的，由县级以上人民政府林业草原主管部门责令停止采种行为，没收所采种子，并处所采种子货值金额二倍以上五倍以下罚款。

第八十三条 违反本法第十七条规定，种子企业有造假行为的，由省级以上人民政府农业农村、林业草原主管部门处一百万元以上五百万元以下罚款；不得再依照本法第十七条的规定申请品种审定；给种子使用者和其他种子生产经营者造成损失的，依法承担赔偿责任。

第八十四条 违反本法第四十四条规定，未根据林业草原主管部门制定的计划使用林木良种的，由同级人民政府林业草原主管部门责令限期改正，逾期未改正的，处三千元以上三万元以下罚款。

第八十五条 违反本法第五十三条规定，在种子生产基地进行检疫性有害生物接种试验的，由县级以上人民政府农业农村、林业草原主管部门责令停止试验，处五千元以上五万元以下罚款。

第八十六条 违反本法第四十九条规定，拒绝、阻挠农业农村、林业草原主管部门依法实施监督检查的，处二千元以上五万元以下罚款，可以责令停产停业整顿；构成违反治安管理行为的，由公安机关依法给予治安管理处罚。

第八十七条 违反本法第十三条规定，私自交易育种成果，给本单位造成经济损失的，依法承担赔偿责任。

第八十八条 违反本法第四十三条规定，强迫种子使用者违背自己的意愿购买、使用种子，给使用者造成损失的，应当承担赔偿责任。

第八十九条 违反本法规定，构成犯罪的，依法追究刑事责任。

第十章 附 则

第九十条 本法下列用语的含义是：

（一）种质资源是指选育植物新品种的基础材料，包括各种植物的栽培种、野生种的繁殖材料以及利用上述繁殖材料人工创造的各种植物的遗传材料。

（二）品种是指经过人工选育或者发现并经过改良，形态特征和生物学特性一致，遗传性状相对稳定的植物群体。

（三）主要农作物是指稻、小麦、玉米、棉花、大豆。

（四）主要林木由国务院林业草原主管部门确定并公布；省、自治区、直辖市人民政府林业草原主管部门可以在国务院林业草原主管部门确定的主要林木之外确定其他八种以下的主要林木。

（五）林木良种是指通过审定的主要林木品种，在一定的区域内，其产量、适应性、抗性等方面明显优于当前主栽材料的繁殖材料和种植材料。

（六）新颖性是指申请植物新品种权的品种在申请日前，经申请权人自行或者同意销售、推广其种子，在中国境内未超过一年；在境外，木本或者藤本植物未超过六年，其他植物未超过四年。

本法施行后新列入国家植物品种保护名录的植物的属或者种，从名录公布之日起一年内提出植物新品种权申请的，在境内销售、推广该品种子未超过四年的，具备新颖性。

除销售、推广行为丧失新颖性外，下列情形视为已丧失新颖性：

1. 品种经省、自治区、直辖市人民政府农业农村、林业草原主管部门依据播种面积确认已经形成事实扩散的；

2. 农作物品种已审定或者登记两年以上未申请植物新品种权的。

（七）特异性是指一个植物品种有一个以上性状明显区别于已知品种。

（八）一致性是指一个植物品种的特性除可预期的自然变异外，群体内个体间相关的特征或者特性表现一致。

（九）稳定性是指一个植物品种经过反复繁殖后或者在特定繁殖周期结束时，其主要性状保持不变。

（十）实质派生品种是指由原始品种实质性派生，或者由该原始品种的实质性派生品种派生出来的品种，与原始品种有明显区别，并且除派生引起的性状差异外，在表达由原始品种基因型或者基因型组合产生的基本性状方面与原始品种相同。

（十一）已知品种是指已受理申请或者已通过品种审定、品种登记、新品种保护，或者已经销售、推广的植物品种。

（十二）标签是指印制、粘贴、固定或者附着在种子、种子包装物表面的特定图案及文字说明。

第九十一条 国家加强中药材种质资源保护，支持开展中药材育种科学技术研究。

草种、烟草种、中药材种、食用菌菌种的种质资源管理和选育、生产经营、管理等活动，参照本法执行。

第九十二条 本法自 2016 年 1 月 1 日起施行。

进出口农作物种子（苗）管理暂行办法

（农业部令第 14 号）

发布日期：1997-03-28
实施日期：2022-01-07
法规类型：部门规章

（根据 2022 年 1 月 7 日农业农村部令 2022 年第 1 号修订）

第一章 总 则

第一条 为了进一步贯彻有关种子管理法规，加强种质资源管理，促进我国农作物种子

（苗）的对外贸易与合作交流，特制定本办法。

第二条　本办法中进出口农作物种子（苗）（以下简称农作物种子）包括从国（境）外引进和与国（境）外交流研究用种质资源（以下简称进出口种质资源）、进出口生产用种子。

进出口生产用种子包括试验用种子、大田用商品种子和对外制种用种子。

第三条　从事进出口生产用种子业务和向国（境）外提供种质资源的单位应当具备中国法人资格。禁止个人从事进出口生产用种子业务和向国（境）外提供种质资源。

进出口大田用商品种子，应当具有与其进出口种子类别相符的种子生产、经营权及进出口权；没有进出口权的，由农业农村部指定的具有农作物种子进出口权的单位代理。

第二章　进出口生产用种子的管理

第四条　进出口生产用种子，由所在地省级农业农村主管部门审核，农业农村部审批。

第五条　进口试验用种子应坚持少而精的原则。每个进口品种，种子以 10 亩播量，苗木以 100 株为限。

第六条　进口试验用种子应在国家或省农作物品种审定委员会的统一安排指导下进行种植试验。

第七条　申请进口大田用商品种子，应符合下列条件：

（一）品种应当经国家或省级农作物品种审定委员会审定通过，国内暂时没有开展审定工作而生产上又急需的作物种类品种，应当提交至少 2 个生育周期的引种试验报告。

（二）种子质量应当达到国家标准或行业标准；对没有国家标准或行业标准的，可以在合同中约定或参考有关国际标准。

第八条　进口对外制种用种子，不受本办法第九条限制，但繁殖的种子不得在国内销售。

第九条　从事进口大田用商品种子业务的单位应当在每年 8 月底以前将下一年度进口种子计划上报所在地省级农业农村主管部门，由省级农业农村主管部门汇总后于 10 月底前报农业农村部。

第十条　国家鼓励种子出口，但列入种质资源"不对外交换的"和未列入目录的品种及杂交作物亲本种子原则上不允许出口。特殊情况，报经农业农村部批准。

第十一条　进出口生产用种子的申请和审批：

（一）进出口单位向审核机关提出申请，按规定的格式及要求填写《进（出）口农作物种子（苗）审批表》（见附件三），提交进出口种子品种说明；办理进出口对外制种用种子，应提交对外制种合同（或协议书）；办理进出口大田用商品种子，应提交有关《种子经营许可证》、《营业执照》和种子进出口权的有关证明文件。审核机关同意后，再转报审批机关审批。

（二）经审批机关审批同意，加盖"中华人民共和国农业农村部进出口农作物种子审批专用章"。种子进出口单位，持有效《进出口农作物种子（苗）审批表》批件到植物检疫机关办理检疫审批手续。办理进口农作物种子的，由农业农村部出具《动植物苗种进口免税审批证明》作为海关免税放行的依据。

第三章　进出口农作物种子管理的监督

第十二条　品资所应当在每季度开始的第一个月 10 日前，将上一季度进出口种质资源审批情况报农业农村部；每年 1 月 10 日前向农业农村部报上一年度工作总结。

第十三条　农业农村主管部门和有关部门工作人员违反本办法规定办理进出口审批或检疫审批的，由本单位或上级机关给予行政处分；涉嫌犯罪的，及时将案件移送司法机关，依法追究刑事责任。

第四章　附　则

第十四条　《进出口农作物种子（苗）审批表》由农业农村部统一印制；《对外交流农作

物种质资源申请表》、《对外提供农作物种质资源准许证》由农业农村部委托品资所统一印制。

第十五条 《进出口农作物种子（苗）审批表》的有效期为 6 个月，《动植物苗种进口免税审批证明》、《对外交流农作物种质资源准许证》的有效期为 3 个月。超过有效期限或需要改变进出口种子的品种、数量、进出口国家或地区的，均需重新办理审批手续。

第十六条 进出口农作物种子应办理植物检疫手续，具体办法按《中华人民共和国进出境动植物检疫法》、《中华人民共和国植物检疫条例》及有关植物检疫规章规定办理。

第十七条 本办法由农业农村部负责解释。

第十八条 本办法自发布之日起施行。

水产苗种管理办法

（农业部令第 4 号）

发布日期：2001-12-10
实施日期：2005-04-01
法规类型：部门规章

（根据 2005 年 1 月 5 日农业部令第 46 号修订）

第一章 总 则

第一条 为保护和合理利用水产种质资源，加强水产品种选育和苗种生产、经营、进出口管理，提高水产苗种质量，维护水产苗种生产者、经营者和使用者的合法权益，促进水产养殖业持续健康发展，根据《中华人民共和国渔业法》及有关法律法规，制定本办法。

第二条 本办法所称的水产苗种包括用于繁育、增养殖（栽培）生产和科研试验、观赏的水产动植物的亲本、稚体、幼体、受精卵、孢子及其遗传育种材料。

第三条 在中华人民共和国境内从事水产种质资源开发利用，品种选育、培育，水产苗种生产、经营、管理、进口、出口活动的单位和个人，应当遵守本办法。

珍稀、濒危水生野生动植物及其苗种的管理按有关法律法规的规定执行。

第四条 农业部负责全国水产种质资源和水产苗种管理工作。

县级以上地方人民政府渔业行政主管部门负责本行政区域内的水产种质资源和水产苗种管理工作。

第二章 种质资源保护和品种选育

第五条 国家有计划地搜集、整理、鉴定、保护、保存和合理利用水产种质资源。禁止任何单位和个人侵占和破坏水产种质资源。

第六条 国家保护水产种质资源及其生存环境，并在具有较高经济价值和遗传育种价值的水产种质资源的主要生长繁殖区域建立水产种质资源保护区。未经农业部批准，任何单位或者个人不得在水产种质资源保护区从事捕捞活动。

建设项目对水产种质资源产生不利影响的，依照《中华人民共和国渔业法》第三十五条的规定处理。

第七条　省级以上人民政府渔业行政主管部门根据水产增养殖生产发展的需要和自然条件及种质资源特点，合理布局和建设水产原、良种场。

国家级或省级原、良种场负责保存或选育种用遗传材料和亲本，向水产苗种繁育单位提供亲本。

第八条　用于杂交生产商品苗种的亲本必须是纯系群体。对可育的杂交种不得用作亲本繁育。

养殖可育的杂交个体和通过生物工程等技术改变遗传性状的个体及后代的，其场所必须建立严格的隔离和防逃措施，禁止将其投放于河流、湖泊、水库、海域等自然水域。

第九条　国家鼓励和支持水产优良品种的选育、培育和推广。县级以上人民政府渔业行政主管部门应当有计划地组织科研、教学和生产单位选育、培育水产优良新品种。

第十条　农业部设立全国水产原种和良种审定委员会，对水产新品种进行审定。

对审定合格的水产新品种，经农业部公告后方可推广。

第三章　生产经营管理

第十一条　单位和个人从事水产苗种生产，应当经县级以上地方人民政府渔业行政主管部门批准，取得水产苗种生产许可证。但是，渔业生产者自育、自用水产苗种的除外。

省级人民政府渔业行政主管部门负责水产原、良种场的水产苗种生产许可证的核发工作；其他水产苗种生产许可证发放权限由省级人民政府渔业行政主管部门规定。

水产苗种生产许可证由省级人民政府渔业行政主管部门统一印制。

第十二条　从事水产苗种生产的单位和个人应当具备下列条件：

（一）有固定的生产场地，水源充足，水质符合渔业用水标准；

（二）用于繁殖的亲本来源于原、良种场，质量符合种质标准；

（三）生产条件和设施符合水产苗种生产技术操作规程的要求；

（四）有与水产苗种生产和质量检验相适应的专业技术人员。

申请单位是水产原、良种场的，还应当符合农业部《水产原良种场生产管理规范》的要求。

第十三条　申请从事水产苗种生产的单位和个人应当填写水产苗种生产申请表，并提交证明其符合本办法第十二条规定条件的材料。

水产苗种生产申请表格式由省级人民政府渔业行政主管部门统一制订。

第十四条　县级以上地方人民政府渔业行政主管部门应当按照本办法第十一条第二款规定的审批权限，自受理申请之日起20日内对申请人提交的材料进行审查，并经现场考核后作出是否发放水产苗种生产许可证的决定。

第十五条　水产苗种生产单位和个人应当按照许可证规定的范围、种类等进行生产。需要变更生产范围、种类的，应当向原发证机关办理变更手续。

水产苗种生产许可证的许可有效期限为三年。期满需延期的，应当于期满三十日前向原发证机关提出申请，办理续展手续。

第十六条　水产苗种的生产应当遵守农业部制定的生产技术操作规程，保证苗种质量。

第十七条　县级以上人民政府渔业行政主管部门应当组织有关质量检验机构对辖区内苗种场的亲本和稚、幼体质量进行检验，检验不合格的，给予警告，限期整改；到期仍不合格的，由发证机关收回并注销水产苗种生产许可证。

第十八条　县级以上地方人民政府渔业行政主管部门应当加强对水产苗种的产地检疫。

国内异地引进水产苗种的，应当先到当地渔业行政主管部门办理检疫手续，经检疫合格后方可运输和销售。

检疫人员应当按照检疫规程实施检疫，对检疫合格的水产苗种出具检疫合格证明。

第十九条 禁止在水产苗种繁殖、栖息地从事采矿、挖沙、爆破、排放污水等破坏水域生态环境的活动。对水域环境造成污染的，依照《中华人民共和国水污染防治法》和《中华人民共和国海洋环境保护法》的有关规定处理。

在水生动物苗种主产区引水时，应当采取措施，保护苗种。

第四章 进出口管理

第二十条 单位和个人从事水产苗种进口和出口，应当经农业部或省级人民政府渔业行政主管部门批准。

第二十一条 农业部会同国务院有关部门制定水产苗种进口名录和出口名录，并定期公布。

水产苗种进口名录和出口名录分为 I、II、III 类。列入进口名录 I 类的水产苗种不得进口，列入出口名录 I 类的水产苗种不得出口；列入名录 II 类的水产苗种以及未列入名录的水产苗种的进口、出口由农业部审批，列入名录 III 类的水产苗种的进口、出口由省级人民政府渔业行政主管部门审批。

第二十二条 申请进口水产苗种的单位和个人应当提交以下材料：

（一）水产苗种进口申请表；

（二）水产苗种进口安全影响报告（包括对引进地区水域生态环境、生物种类的影响，进口水产苗种可能携带的病虫害及危害性等）；

（三）与境外签订的意向书、赠送协议书复印件；

（四）进口水产苗种所在国（地区）主管部门出具的产地证明；

（五）营业执照复印件。

第二十三条 进口未列入水产苗种进口名录的水产苗种的单位应当具备以下条件：

（一）具有完整的防逃、隔离设施，试验池面积不少于 3 公顷；

（二）具备一定的科研力量，具有从事种质、疾病及生态研究的中高级技术人员；

（三）具备开展种质检测、疫病检疫以及水质检测工作的基本仪器设备。

进口未列入水产苗种进口名录的水产苗种的单位，除按第二十二条的规定提供材料外，还应当提供以下材料：

（一）进口水产苗种所在国家或地区的相关资料：包括进口水产苗种的分类地位、生物学性状、遗传特性、经济性状及开发利用现状，栖息水域及该地区的气候特点、水域生态条件等；

（二）进口水产苗种人工繁殖、养殖情况；

（三）进口国家或地区水产苗种疫病发生情况。

第二十四条 申请出口水产苗种的单位和个人应提交水产苗种出口申请表。

第二十五条 进出口水产苗种的单位和个人应当向省级人民政府渔业行政主管部门提出申请。省级人民政府渔业行政主管部门应当自申请受理之日起 15 日内对进出口水产苗种的申报材料进行审查核实，按审批权限直接审批或初步审查后将审查意见和全部材料报农业部审批。

省级人民政府渔业行政主管部门应当将其审批的水产苗种进出口情况，在每年年底前报农业部备案。

第二十六条 农业部收到省级人民政府渔业行政主管部门报送的材料后，对申请进口水产苗种的，在 5 日内委托全国水产原种和良种审定委员会组织专家对申请进口的水产苗种进行安全影响评估，并在收到安全影响评估报告后 15 日内作出是否同意进口的决定；对申请出口水产苗种的，应当在 10 日内作出是否同意出口的决定。

第二十七条　申请水产苗种进出口的单位或个人应当凭农业部或省级人民政府渔业行政主管部门批准的水产苗种进出口审批表办理进出口手续。

水产苗种进出口申请表、审批表格式由农业部统一制定。

第二十八条　进口、出口水产苗种应当实施检疫，防止病害传入境内和传出境外，具体检疫工作按照《中华人民共和国进出境动植物检疫法》等法律法规的规定执行。

第二十九条　水产苗种进口实行属地监管。

进口单位和个人在进口水产苗种经出入境检验检疫机构检疫合格后，应当立即向所在地省级人民政府渔业行政主管部门报告，由所在地省级人民政府渔业行政主管部门或其委托的县级以上地方人民政府渔业行政主管部门具体负责入境后的监督检查。

第三十条　进口未列入水产苗种进口名录的水产苗种的，进口单位和个人应当在该水产苗种经出入境检验检疫机构检疫合格后，设置专门场所进行试养，特殊情况下应在农业部指定的场所进行。

试养期间一般为进口水产苗种的一个繁殖周期。试养期间，农业部不再批准该水产苗种的进口，进口单位不得向试养场所外扩散该试养苗种。

试养期满后的水产苗种应当经过全国水产原种和良种审定委员会审定、农业部公告后方可推广。

第三十一条　进口水产苗种投放于河流、湖泊、水库、海域等自然水域要严格遵守有关外来物种管理规定。

第五章　附　则

第三十二条　本办法所用术语的含义：

（一）原种：指取自模式种采集水域或取自其他天然水域的野生水生动植物种，以及用于选育的原始亲体。

（二）良种：指生长快、品质好、抗逆性强、性状稳定和适应一定地区自然条件，并适用于增养殖（栽培）生产的水产动植物种。

（三）杂交种：指将不同种、亚种、品种的水产动植物进行杂交获得的后代。

（四）品种：指经人工选育成的，遗传性状稳定，并具有不同于原种或同种内其他群体的优良经济性状的水生动植物。

（五）稚、幼体：指从孵出后至性成熟之前这一阶段的个体。

（六）亲本：指已达性成熟年龄的个体。

第三十三条　违反本办法的规定应当给予处罚的，依照《中华人民共和国渔业法》等法律法规的有关规定给予处罚。

第三十四条　转基因水产苗种的选育、培育、生产、经营和进出口管理，应当同时遵守《农业转基因生物安全管理条例》及国家其他有关规定。

第三十五条　本办法自 2005 年 4 月 1 日起施行。

关于进境种苗实施附条件提离便利化措施的公告

（海关总署公告 2022 年第 53 号）

发布日期：2022-06-29
实施日期：2022-07-05
法规类型：规范性文件

为支持植物种子、种苗及其他繁殖材料（以下简称种苗）引进，在有效确保生物安全的前提下，加快口岸验放速度，根据《中华人民共和国进出境动植物检疫法》及其实施条例有关规定，对符合条件的进口企业，允许其进境种苗实施附条件提离的便利化措施。现将有关事项公告如下：

一、本公告中的附条件提离，是指经口岸现场检查未见异常且已取样送检的进境种苗，可根据企业申请，在实验室检疫鉴定结果出具前，允许提离进境地口岸海关监管区，存放于符合防疫要求的场所。实验室检疫鉴定结果出具后，企业凭海关放行通知办理通关手续。

二、具备以下条件的进口企业，可以向口岸海关提出附条件提离申请：

（一）海关信用等级不为失信企业的；

（二）自有或有委托的存放场所，须经海关考核确认符合有关防疫规定，包括具备相对独立的存放空间、完善的出入库管理制度、防止有害生物逃逸、环境干净整洁等条件。

三、企业通过"单一窗口"报关时，勾选"两段准入"项下"附条件提离"申请，随附海关考核报告。口岸检查未见异常，完成取样送检后即可提离至存放场所。

四、进口企业应遵守海关监管相关规定，未经海关允许，不得将相关货物调离存放场所，不得销售、使用。

五、运输和存放期间，一旦发现擅自调离、销售、使用的，海关将立即取消对该企业实施上述便利化措施，依法依规追究相关企业责任。

六、本公告适用于存放场所与进境口岸在同一直属关区内，如存放场所与进境口岸在不同直属关区，进口企业可提出申请，由相关直属海关根据风险评估，制定协同监管方案报海关总署批准后实施。

七、进境种苗依法应当办理其他手续的，按照相关规定办理。

本公告自 2022 年 7 月 5 日起实施。

特此公告。

关于加强引进林草种子、苗木检疫审批与监管工作的通知

（林生规〔2022〕1号）

发布日期：2022-03-29
实施日期：2022-03-29
法规类型：规范性文件

各省、自治区、直辖市、新疆生产建设兵团林业和草原主管部门，各计划单列市林业和草原主管部门，国家林业和草原局各司局、各派出机构、各直属单位、大兴安岭集团、内蒙古、吉林、长白山、龙江、伊春森工集团：

为贯彻落实国家深化"放管服"改革要求，规范从国外（含境外，下同）引进林草种子、苗木的检疫管理，有效防止外来有害生物入侵和扩散，防范生物安全风险，现就加强引进林草种子、苗木（以下简称"林草引种"）检疫审批与监管工作有关事项通知如下：

一、规范许可程序

（一）申请单位应按要求填写并提供《引进林草种子、苗木检疫审批申请表》（见附件1）；引进需要隔离试种种苗的，还需提供隔离试种条件说明材料；引进展览用种苗的，还需提供展会批准文件、展览期间及结束后的管理措施；引进科研、交流、交换和赠送用种苗的，还需提供科研项目任务书、合同、协议、公函及隔离措施、项目完成后的处理措施等材料。

（二）审批机构应根据行政许可有关法律法规规定和职权范围开展引种检疫审批。

（三）审批机构应根据申请单位所具备的隔离试种条件和能力，审核引种种类和数量。经审查合格，核发《国外引进林草种子、苗木检疫审批单》（以下简称"审批单"）。审批单有效期限为6个月，特殊情况可适当延长，但不得超过9个月。

（四）审批机构无法确定引种风险程度的，可根据情况组织开展专家评审。属于国内首次引种或者引种国家（地区）为首次的，以及属于展览、科研、交流、交换、赠送的申请，须组织专家评审。专家评审时间不纳入法律法规规定的期限，时间一般控制在3个月以内。

（五）申请单位需变更审批单的有效期限和入境口岸的，应在有效期届满7个工作日前提出申请，并提交变更情况说明。获批准而没有引进的，申请单位应在有效期届满后7个工作日内将审批单退回。

二、加强隔离试种

（一）林草引种单位应具备与引进的种苗种类、数量相适应的隔离试种地。其中，引进果品生产或经营用种苗的，隔离试种地应为国家林业和草原局认定的普及型国外引种试种苗圃；政府、团体、科研教学机构引进用于展览、科研、交流、交换、赠送的种苗的，隔离试种地需通过审批机构组织的专家评审。

（二）隔离方式和期限

1. 引进用途为生产果品的或引进类型为木本实生苗、乔木、灌木、竹藤、盆景的，要进行全部隔离试种。其中：引进用途为生产果品的，隔离试种时间不得少于2年；首次引进的种类，时间不得少于1年；引进类型为木本实生苗、乔木、灌木、竹藤、盆景的，时间不得少于6个月。

2. 引进类型为种子、营养繁殖苗、花卉、种球、宿根、草茎、接穗、插条的，要进行抽

样隔离试种，抽样比例为 0.01%—5%。其中，林木种子、接穗、插条的隔离试种时间不得少于 6 个月，其他种类隔离试种时间不得少于 4 周。

3. 引进类型为草种、组培苗的或列入暂免隔离试种种类名单的，可以暂免隔离试种。暂免隔离试种植物种类实行名单制管理（见附件 2），由国家林业和草原局根据经济社会发展水平、检疫监管能力、国内外有害生物发生危害情况，以及林草引种的实际情况发布和调整。

4. 引进用于展览、科研、交流、交换、赠送的，由审批机构参考专家评审意见确定隔离方式和期限。

（三）省级审批机构应将首次引进种类的隔离试种情况报国家林业和草原局，隔离试种成功后，方可再次审批同一种类。

三、深化"放管服"改革

（一）普及型国外引种试种苗圃地资格证书有效期限由 3 年调整为 5 年，苗圃地使用权期限不少于 5 年，且不得占用耕地。

（二）审批机构应以"互联网+监管"为依托和改革方向，建立健全监管制度，履行监管责任。可通过现场检查、企业约谈、电话回访、视频监控等多种方式开展监管工作，也可组织县级以上林业和草原主管部门、行业协会等开展监管。

（三）引种单位应建立和完善档案，做到引种全过程留痕和可追溯管理。隔离试种档案应包括每批次引进种类的隔离试种情况、植物疫情监测和防治情况，以及出圃批次、时间、数量、去向等。暂免隔离试种的引种档案应包括每批次引进种类的去向、数量、时间、种植情况等。

（四）引种单位在隔离试种期间发现植物疫情时，应及时报告审批机构和当地植物检疫机构，并在植物检疫机构的监督指导下，对隔离试种和已移植销售的种苗及时采取封锁、控制和扑灭等措施，并承担疫情除治费用。

（五）引种单位未按规定开展隔离试种及相关工作的，或者不配合监管工作的，可纳入重点监管对象管理；因行政许可申请人隐瞒有关情况或者提供虚假材料，导致实际林草引种数量与审批数量相差大，或者审批单延期、变更比例达本单位本年度已发放审批单的 5% 的，暂停受理审批申请 3 个月；存在其他违法违规行为的，按国家有关规定处罚。

四、相关要求

（一）各级林业和草原主管部门要加强与农业农村、海关等部门的沟通和协作，鼓励行业协会等社团组织参与有关工作，支持规范、诚信、创新型企业发展。

（二）省级林业和草原主管部门可结合当地具体情况，制定林草引种管理办法。

本通知自印发之日起执行。《国家林业和草原局关于印发〈引进林草种子、苗木检疫审批与监管办法〉的通知》（林生规〔2019〕5 号）同时废止。

附件：1. 引进林草种子、苗木检疫审批申请表（式样）（略）
　　　2. 暂免隔离试种植物种类名单

附件 2

暂免隔离试种植物种类名单

蝴蝶兰 *Phalaenopsis* spp.　　　丽穗凤梨 *Vriesea carinata*
果子蔓 *Guzmania* spp.　　　　　大花蕙兰 *Cymbidium* spp.
康乃馨 *Dianthus caryophyllus*　　红掌 *Anthurium andreanum*
注：1. 以上植物以拉丁学名为准。2. 以上植物只限于人工培育的种类、品种。

关于将白蜡鞘孢菌列入进境植物检疫性有害生物名录的公告

（农业部、国家质量监督检验检疫总局、国家林业局公告第 1902 号）

发布日期：2013-03-06

实施日期：2013-03-06

法规类型：规范性文件

白蜡树枯梢病（Ash Dieback）是由白蜡鞘孢菌（*Chalara fraxinea* T. Kowalski）引起的毁灭性真菌病害。风险分析结果表明，白蜡鞘孢菌适生性强，其寄主白蜡属植物在我国广泛分布，该病菌一旦传入，定殖和扩散的风险很高，将对我国白蜡树生产和生态环境安全构成严重威胁。根据《中华人民共和国进出境动植物检疫法》及其实施条例有关规定，决定将白蜡鞘孢菌列入《中华人民共和国进境植物检疫性有害生物名录》，并采取以下紧急措施：

一、暂停从白蜡鞘孢菌疫情发生国家和地区（见附件）引进白蜡属植物种子、苗木等繁殖材料。

二、各地出入境检验检疫机构要依法加强对来自白蜡鞘孢菌疫情发生国家和地区的原木、锯材等的检验检疫，如发现白蜡树枯梢病菌，应对相关货物采取退运、销毁等检疫措施。

三、各级农业、出入境检验检疫、林业行政主管部门要依照职责分工严格国外引种检疫审批，加强疫情监测，严防疫情传入和扩散。

本公告自发布之日起执行。

附件：暂停引进白蜡属植物种子、苗木等繁殖材料国家和地区

附件

暂停引进白蜡属植物种子、苗木等繁殖材料国家和地区

爱尔兰、爱沙尼亚、奥地利、比利时、波兰、丹麦、德国、俄罗斯（加里宁格勒）、法国、芬兰、荷兰、捷克共和国、克罗地亚、拉脱维亚、立陶宛、罗马尼亚、挪威、瑞典、瑞士、斯洛伐克、斯洛文尼亚、匈牙利、意大利、英国、英国皇家属地根西岛等白蜡树枯梢病分布国家和地区。

禁止进口德国、新西兰的油菜茎基溃疡病菌主要寄主植物种子

（农业部　国家质量监督检验检疫总局公告第 1676 号）

发布日期：2011-12-21
实施日期：2011-12-21
法规类型：规范性文件

2010 年以来，中国出入境检验检疫机构先后两次分别从德国进口的油菜种子和新西兰进口的青菜种子中截获我国禁止进境植物检疫性有害生物——油菜茎基溃疡病菌（*Leptosphaeria maculans*（Desm.）Ces. et De Not.）。为防止该疫情传入，保护我国农业生产安全，根据《中华人民共和国进出境动植物检疫法》等有关法律法规的规定及风险分析结果，决定对德国和新西兰油菜茎基溃疡病菌寄主植物采取临时紧急检疫措施。

一、禁止进口德国、新西兰的油菜茎基溃疡病菌主要寄主植物种子（见附件）。一经发现，一律作退运或销毁处理。

二、停止办理进口德国、新西兰油菜茎基溃疡病菌主要寄主植物种子的检疫审批。

三、各地农业植物检疫机构要加强对近年来引进德国、新西兰油菜茎基溃疡病菌寄主植物种子种植区的疫情监测，发现疫情要立即依法处置，并按规定程序及时上报。

四、各出入境检验检疫机构要加强对进口油菜茎基溃疡病菌寄主植物种子的检疫监管及外来疫情监测工作。

本公告自发布之日起执行。

附件：油菜茎基溃疡病菌主要寄主植物名单

附件

油菜茎基溃疡病菌主要寄主植物名单

欧洲油菜（*Brassica napus* L.）、青菜（*Brassica chinensis* L.）、菜苔（*Brassia parachinensis* L. H. Bailey）、芥菜（*Brassica juncea*（L.）Czern. et Coss.）、芜菁（*Brassia rapa* L.）、甘蓝（*Brassia oleracea* L.）、黑芥（*Brassia nigra* L.）、白菜（*Brassia pekinensis*（Lour.）Rupr.）、萝卜（*Raphanus sativus* L.）、野萝卜（*Raphanus raphanistrum* L.）、白芥子（*Sinapis alba* L.）、芝麻菜（*Eruca sativa* Mill.）、遏蓝菜（*Thlaspi arvense* L.）。

暂停从椰心叶甲发生国家及地区引进棕榈科植物种苗

（农业部　国家林业局　国家出入境检验检疫局公告第 154 号）

发布日期：2001-03-26
实施日期：2001-03-26
法规类型：规范性文件

根据《中华人民共和国进出境动植物检疫法》等有关法律法规的规定，以及椰心叶甲（B. Longissima（Gestro））等植物疫情的最新变化情况，特公告如下：

一、自本公告发布之日起，暂停从有椰心叶甲发生的国家及地区，包括印度尼西亚、澳大利亚、巴布亚新几内亚、所罗门群岛、新喀里多尼亚、萨摩亚群岛、法属波利尼西亚、新赫布里第群岛、俾斯麦群岛、社会群岛、塔西提岛及中国台湾和香港进口棕榈科植物种苗。

二、请各省、自治区、直辖市、计划单列市农业、林业部门自本公告发布之日起暂停办理有关检疫审批手续。

三、对于在本公告发布前已办完检疫审批手续的进境棕榈科植物种苗，有关检验检疫部门要针对椰心叶甲采取严格的检疫和监管措施，防止疫情传入。

引进林木种子、苗木检疫审批与监管规定

（林造发〔2013〕218 号）

发布日期：2013-12-24
实施日期：2014-04-01
法规类型：规范性文件

第一章　总　则

第一条　为了规范从国外（含境外，下同）引进林木种子、苗木的检疫管理，有效防止外来有害生物入侵，保护我国的国土生态安全、经济贸易安全，根据《行政许可法》、《森林法》、《种子法》、《植物检疫条例》、《植物检疫条例实施细则（林业部分）》的相关规定，制定本规定。

第二条　凡从国外引进林木种子、苗木（以下简称"林木引种"）的检疫申请、受理、审批和监督管理，适用本规定。

第三条　本规定所称林木种子、苗木，是指林木的种植材料或者繁殖材料，包括籽粒、果实和根、茎、苗、芽、叶等，绿化、水土保持用的草种，以及省、自治区、直辖市人民政府已经规定由林业行政主管部门管理的种类。

第四条　国家林业局负责全国林木引种的检疫管理，各省级林业行政主管部门负责本辖

区林木引种的检疫管理，其所属的植物检疫机构负责执行林木引种检疫审批和监管任务。

国家林业局和各省级林业行政主管部门应当推行网上申报、审批管理，构建林木引种可追溯监管平台，建立和完善报检员制度、检疫备案制度，提高林木引种检疫审批工作效率和信息化水平。

第五条 林木引种检疫管理工作坚持公开透明、加强事中事后监管、落实责任主体、服务社会经济发展的原则，实行引种风险管理和种植地属地监管制度。

第六条 林木引种检疫管理工作应当加强与农业、质检等部门的沟通和协作；鼓励行业协会等社团组织参与有关工作，支持规范、诚信、创新型企业发展；服务国家和地方社会经济发展。

第二章　检疫申请

第七条 除草种和暂免隔离试种植物种类（见附件1）以外，引进的其他种类均应当进行隔离试种。引进需要隔离试种种类的申请人，应当具有国家认定的普及型国外引种试种苗圃资格的种植地。属于科研引种或者政府、团体、科研、教学部门交换、交流引种但不具备上述种植条件的申请人，引进的林木种子、苗木应当种植在达到国家林业局国外引种隔离试种苗圃认定条件的种植地。

第八条 国务院有关部门所属的在京单位向国家林业局提出林木引种检疫申请。其他申请林木引种的单位或者个人（以下简称"申请人"）申请引进需要隔离试种的种类时，应当向隔离试种地的省级林业行政主管部门所属的植物检疫机构提出林木引种检疫申请；引进不需要隔离试种的种类时，应当向申请人所在地省级林业行政主管部门所属的植物检疫机构提出林木引种检疫申请。

第九条 林木引种实行"谁申请谁负责"的责任制度。申请人负责提交申请材料，并对其真实性负责。

第十条 申请人申请林木引种时，除提交《引进林木种子、苗木检疫审批申请表》（式样见附件2）以外，还应当根据以下情况，提交相应的材料：

（一）属于经营性引种的，申请人应当提交林木种苗进出口经营资格的证明材料；

（二）属于科研引种以及政府、团体、科研、教学部门交流、交换引种的，申请人应当提交科研项目任务书、合同、协议书、隔离措施等材料；

（三）属于展览引种的，申请人应当提交展会批准文件、展览期间的管理措施、展览结束后的处理措施，以及展览区域安全性评定等材料；

（四）属于首次申请引种的和每年第一次申请引种的，申请人应当出示企业法人营业执照或者个人身份证并提交复印件；

（五）属于国内首次引种以及国内、省内首次引种国家和地区的，为便于及时准确进行审批，申请人可提供引进种类在原产地的有害生物发生危害情况的材料；在首次引种隔离试种期满后，申请人应当提交首次引种的疫情监测情况的材料。隔离试种成功后，申请人方可再次引进同一种类。

第十一条 根据申请引进种类的不同，申请人还应当符合下列相应要求：

（一）引进需要隔离试种种类的，申请人申请引进的种类、数量应当与隔离试种地的试种条件、试种能力一致，严禁超试种条件、试种能力申请引种；

（二）引进不需要隔离试种种类的，除检验检疫的原因不能按时提交外，申请人应当在申请种类入境后30天内，向负责审批的植物检疫机构提出入境检验检疫机构出具的入境货物检验检疫证明的材料；

（三）引进草种的，申请人在引进并确定种植地点后30天内，应当向负责审批的植物检疫机构提交种植地点、种植数量、种植类型、种植人及其联系方式等信息的材料，核销每批次引进种类的数量。每批次引进的草种应当在 8 个月内核销完；

（四）引进除草种以外的其他种类的，引进种类在到达国内并通关后 7 天内，申请人应当以书面等形式向负责审批的植物检疫机构提交引进回执（式样见附件 3），核销每批次引进种类的数量。

第十二条　申请人应当在签订的贸易合同、协议中订明中国法定的检疫要求，并订明输出国家或者地区政府植物检疫机关出具检疫证书，证明符合中国的检疫要求。

第三章　受理与审批

第十三条　负责审批的植物检疫机构应当根据行政许可有关法律法规规定和职权范围，对申请人提交的申请做出受理或者不予受理决定。对申请材料齐全、符合规定形式，或者申请人按照要求提交全部补正申请材料的，应当予以受理；对申请材料不齐全或者不符合有关规定要求的，应当当场或者在五日内一次性告知申请人需要补正的全部内容。

第十四条　负责审批的植物检疫机构应当对受理的检疫申请材料进行审查。

（一）申请材料齐全、符合规定要求的，应当自受理申请之日起，在二十个工作日内作出审批决定，并签发《国外引进林木种子、苗木检疫审批单》（以下简称"检疫审批单"）。检疫审批单批准的有效期为 3 个月，特殊情况的可适当延长，但最长不得超过 6 个月。在二十个工作日内不能作出决定的，经植物检疫机构负责人批准后，可延长十日；

（二）需要对申请材料的实质内容进行现场核实的，应当出具现场核查通知书并指派两名以上工作人员进行核查。现场核查的时间不计算在本条第一项规定的时间内；

（三）植物检疫机构应当逐步减少引进用于土壤直接种植草皮草种的审批，按照每年递减 20%的比例，5 年后不再审批此类草种的引进。

第十五条　国家实行林木引种风险管理制度。属于以下一种或多种情况的，由国家林业局组织开展风险评估：

（一）国内首次引进或者首次引种国家和地区的；

（二）国内有关部门或者国际有关组织已发布相关疫情警示和引种要求的，或者已确定拟引种国家发生相关重大植物疫情的；

（三）科研以及政府、团体、科研、教学部门交流、交换引种的；

（四）国内无法确定风险但经实地调研确需引进的。属于此类情况的，应当实施基于国外引种地风险查定的风险评估工作。风险查定的有关情况在国家林业局网站上公布；

（五）需带土引进的。国家原则上禁止审批该类引种事项。确需带土引进的，应当经国外引种地风险查定合格，通过专家全面评定，具备严格、可行的监管措施，并商国家质量监督检验检疫总局后开展；

（六）除上述情况以外，引进超过附件 4 中单次和年度引进数量的。

省级植物检疫机构审查到上述申请引进种类时，应当出具风险评估通知书，并告知申请人需报国家林业局进行风险评估；应当按照程序审核后报国家林业局进行风险评估，并根据风险评估结果依法做出行政许可决定。

国家和地方政府为发展社会经济需要确需引进经风险评估为风险特别大的种类，并且拟种植地县级以上地方政府做出负责监管和承担引进风险与疫情除治承诺、明确政府有关责任人的，可经国外引种地风险查定合格，在国家林业局确定的种植地内进行试种引种。

第十六条　属于国内已进行过引种，但拟引种种植地所在省级行政区没有引进过的，由省级植物检疫机构组织开展风险评估。

第十七条　申请引进种类属于第十五条第一、二、四、五项的，负责审批的植物检疫机构应当书面通知申请人，在申请人书面反馈需要风险评估或者引种地风险查定意见后，组织开展风险评估或者引种地风险查定。风险评估和风险查定的时间不计算在第十四条第一项规定的时间内。其中，风险评估时间一般控制在 3 个月以内；风险查定的时间一般控制在 1 年以内。

负责审批的植物检疫机构在确定可以引进第十五条第一、二、三项的种类后，首次审批时，审批数量一般为 10 株以内或相当于 10 株以内的数量。

第十八条 负责审批的植物检疫机构应当根据引进种类的不同，确定每批次引进种类的隔离试种方式和时限、监管单位及其联系方式；根据隔离试种条件和试种能力确定引种种类和引种数量。其中，隔离试种方式和时限应当按照以下规定进行确定：

（一）属于引进第十五条第一、二、三项的和第十六条情况的，应当全部进行隔离试种。其中，一年生植物不得少于 1 个生长周期，多年生植物不得少于 2 年；

（二）引进乔木、灌木、竹、藤等种类的，应当全部进行隔离试种，时间不得少于 6 个月。其中，属于实施引种地风险查定并用于经营性种植的种类，可在有害生物发生季节隔离试种期满 3 个月后，向所在地的省级植物检疫机构申请检疫，经检疫合格后可进行分散种植。分散种植时，申请人应当向所在省的省级植物检疫机构提供分散种植地点，并负责在分散种植后一年内，每季度报告一次疫情监测情况；属于实施引种地风险查定并用于生产性种植的种类，不得进行分散种植；

（三）引进花卉、药用植物、种球、营养繁殖苗等种类的（暂免隔离试种种类除外），应当进行抽样隔离试种，时间不得少于 1—4 周，抽样比例为每批次引进数量的 0.5%—5%，抽样数量最低不得少于 100 件，不足 100 件的应当全部隔离试种。

第十九条 申请人需要延续检疫审批时，应当在有效期限届满前 30 日内提出延续申请。审批单有效期限届满没有进行延续的，审批单自动作废。已逾有效期限或者需要变更引进种类、类型、数量、用途、引种地、输出国、供货商、种植地点等审批信息的，申请人应当重新办理检疫审批手续。获批准而没有引进的，申请人应当在有效期届满后 7 天内将审批单退回受理申请的植物检疫机构。实际引进数量与审批数量不一致的，申请人应当在引进种类到达国内并通关后的 7 天内，向受理申请的植物检疫机构报告。

第二十条 省级植物检疫机构应当在每年 1 月 31 日前，将本省上年度检疫审批情况及签发的检疫审批单据报送国家林业局。

第二十一条 检疫审批单由国家林业局统一印制。暂免隔离试种植物种类名单、风险管理表由国家林业局根据社会经济发展水平、检疫监管能力、国内外有害生物发生危害情况，以及林木引种的实际情况进行调整和修订。

第四章　检疫监管

第二十二条 县级以上地方各级林业植物检疫机构负责本辖区内引进种类的监管。

负责审批的省级林业植物检疫机构不能对审批引进的种类实施监管时，应当及时确定委托监管单位，并发送委托监管通知书（式样见附件5），杜绝无监管主体的情况发生。

国家林业局采取定期和不定期抽查方式，对各地林木引种检疫审批和监管工作进行检查。

第二十三条 国外林木引种隔离试种苗圃除具备国家林业局已规定的认定条件外，还应当具备以下条件：

（一）种植地为独立苗圃，周围环境和隔离设施设备建设情况达到防止有害生物自然传播和及时有效进行除害处理的隔离种植要求，并通过生产、管理、科研等单位专家的论证；

（二）具有监控设备、危险物品存放警示标志、苗圃进出入口车辆消毒池、温室进出入口缓冲隔离间和进出风口隔离控制装置等设施设备；

（三）从事经营性引进种植的，应当具有林木种苗进出口贸易资格的《林木种子经营许可证》。

国外林木引种隔离试种苗圃资格证书的有效期为3年。隔离试种苗圃应当建立和完善隔离试种档案。档案应当包括种植地基本情况、每批次引进种类的隔离试种情况（试种种类、数量和隔离时间等）、有害生物疫情监测和防治情况、出圃时的检疫情况，以及隔离试种种类的出圃批次、时间、数量、去向等。

第二十四条 负责审批的植物检疫机构在收到申请人提交的林木引种回执后，应当实施或者通知委托监管单位实施监管。

（一）监管单位应当定期对隔离试种地进行检查，发现未按规定进行隔离试种以及隔离试种地不符合规定条件的，应当立即向负责审批的植物检疫机构报告，并按照有关规定进行处理。

（二）隔离试种的种类需要分散种植时，申请人应当向种植地的县级以上植物检疫机构申请检疫，检疫合格并取得植物检疫证书后方可分散种植。

（三）省级植物检疫机构应当每年对隔离试种地有害生物发生情况、隔离试种条件、隔离后的分散种植情况等进行定期和不定期的调查和检查，并在每年1月31日前，将本省上年度调查和检查情况报送国家林业局。

第二十五条 申请人应当在每年12月31日前，将本年度引进种类的疫情监测情况报告给所在地省级植物检疫机构。

第二十六条 申请人在引种种植地发现疫情时，应当迅速报告给所在地省级植物检疫机构。申请人应当立即停止移植或者销售活动，并在植物检疫机构的指导和监督下，及时采取封锁、控制和扑灭等措施，严防疫情扩散。因申请人引种种植造成的疫情，实施疫情除治的费用和造成的损失由申请人承担和赔偿。在发现疫情前已经移植和销售的，应当在植物检疫机构的监督下，限期及时追回。

第五章 有关责任

第二十七条 林木引种检疫审批和监管人员违反本规定，有下列情形之一的，视情节由其上级行政机关或者监察机关责令改正，或者依法给予行政处分；构成犯罪的，依法追究刑事责任：

（一）违反本规定进行审批和监管的；

（二）审批国家禁止引进或者经风险评估确定不能引进的林木种子、苗木；

（三）索取或者收受他人财物或者谋取其他利益的；

（四）违反法律法规规定的其他行为。

第二十八条 申请人存在以下行为之一的，负责审批的植物检疫机构应当给予通报，并作为重点监管对象管理：

（一）获批准但没有引进的审批单，未在规定时间退回的；

（二）实际林木引种数量与审批数量相差大或者审批单延期、变更频次高的；

（三）引进后未按规定提交引进回执、入境货物检验检疫材料、核销材料的，或者未按规定进行核销和报告分散种植情况和疫情监测情况的。

第二十九条 申请人隐瞒有关情况或者提交虚假材料的，申请人在一年内不得再次申请引种。

第三十条 申请人以欺骗、贿赂等不正当手段取得林木引种审批许可的，申请人在三年内不得再次申请引种；构成犯罪的，依法追究刑事责任。

第三十一条 申请人存在以下行为之一的，应当依法给予行政处罚；构成犯罪的，依法追究刑事责任：

（一）涂改、倒卖、出租、出借检疫审批证件的，或者以其他形式非法转让林木引种许可的；

（二）超越审批许可范围进行活动的；

（三）未按照规定进行隔离试种的，以及隔离试种期满后，未按照规定办理检疫手续进行分散种植的；

（四）向负责监管的单位隐瞒有关情况、提供虚假材料或者拒绝提供反映其活动情况的真实材料的；

（五）违反本规定或者国家有关规定，引起植物疫情的，或者有引起植物疫情危险的；

（六）法律、法规规定的其他违法违规行为。

第六章　附　则

第三十二条　本规定由国家林业局负责解释。

第三十三条　各省级林业行政主管部门应当根据本规定，结合当地具体情况，制定实施办法，并报国家林业局备案。

第三十四条　本规定中的《引进林木种子、苗木检疫审批申请表》、《林木种子、苗木引进回执》、《引进林木种子、苗木委托监管通知书》由省级林业主管部门按照国家林业局规定的式样自行印制。

第三十五条　本规定自 2014 年 4 月 1 日起执行，有效期至 2019 年 3 月 31 日。《国家林业局关于印发〈引进林木种子苗木及其他繁殖材料检疫审批和监管规定〉的通知》（林造发〔2003〕80 号）同时废止。

附件：1. 暂免隔离试种植物种类名单
　　　2. 引进林木种子、苗木检疫审批申请表（式样）（略）
　　　3. 林木种子、苗木引进回执（式样）（略）
　　　4. 引进林木种子、苗木风险管理表（略）
　　　5. 引进林木种子、苗木委托监管通知书（式样）（略）

附件 1

暂免隔离试种植物种类名单

蝴蝶兰 *Phalaenopsis* spp.

丽穗凤梨 *Vriesea carinata*

果子蔓 *Guzmania* spp.

大花蕙兰 *Cymbidium* spp.

康乃馨 *Dianthus caryophyllus*

红掌 *Anthurium andreanum*

注：1. 以上植物以拉丁学名为准。
　　2. 以上植物只限于人工培育的种类、品种。

农业部关于进一步加强国外引种检疫审批管理工作的通知

（农农发〔1999〕7号）

发布日期：1999-06-03
实施日期：1999-06-03
法规类型：规范性文件

近年来，随着对外开放的进一步扩大，我国从国外引进农作物种子、苗木的种类和数量不断增多，促进了农业生产和经济贸易的发展。但是也出现了一些新情况新问题：一些引种单位事先未办检疫审批手续，即对外签定贸易合同、开出付款信用证或让对方发货，致使货物到港时仍未获得进口许可，种苗压船、压港，造成不必要的经济损失；少数省级审批部门违规越权审批，超限量或超范围审批，给审批管理带来混乱；由于生产性引种批次多，数量大，引进渠道复杂，种植地点分散，检疫风险增大；出入境检验检疫机构多次截获小麦矮腥黑穗病菌（TCK）、地中海实蝇、番茄环斑病毒等一类危险性检疫病虫，在国内也相继发现苜蓿黄萎病、蔗扁蛾、灰豆象、芒果象甲等一些新的危险性病虫，对农业生产构成严重威胁。为了适应扩大开放和加快经济发展的需要，进一步做好国外引种检疫审批管理工作，特作如下通知：

一、严格控制从国外大批量引种。国内需要的生产用种应立足于国内自繁自育，原则上不从国外大量引种，尤其是粮、棉、油、糖等对国内生产影响较大的大宗作物和国外疫情不清、引进后传播危险性病虫害可能性大的种苗更要严格控制。如因救灾备荒等特殊需要从国外超限量引种的，应由省级农业厅（局）植物检疫机构审核提出意见，报农业部植物检疫机构审批；凡因科学研究等特殊需要，须从国外引进禁止入境的品种资源的，由国家出入境检验检疫局办理特许审批。

二、适当调整省级检疫审批限量。根据《国外引种检疫审批管理办法》第七条第二款的规定，结合目前我国农业生产用种需求和国内外植物疫情的变化，对1993年农业部确定的"生产种苗引种检疫审批限量"作出适当调整（详见附件1），超过审批限量，应由省级农业厅（局）植物检疫机构签署审核意见后，报农业部植物检疫机构审批。

三、严格审批，科学管理。检疫审批是一项政策性和技术性都很强的工作，各省（区、市）必须按规定的程序和权限进行审批，严禁越权审批、超限量审批或化整为零审批；检疫审批单位不得为引种单位说情和严禁代办审批手续。违者视情节吊销其检疫审批权，取消责任人专职检疫员资格，追究主要领导责任。

为了便于口岸检疫把关监管和计算机单证管理，将现行《引进种子、苗木检疫审批单》五联单改为一式三联一回执（详见附件2），由全国农业技术推广服务中心统一制发，原五联单延用至1999年9月30日。各省（区、市）植物检疫机构出具的检疫审批单加盖审批省植物检疫专用章；全国农业技术推广服务中心出具的审批单加盖"中华人民共和国农业部植物检疫专用章"。

全国农业技术推广服务中心要加快检疫审批软件的研制开发，加强对国外引种疫情的收集和风险分析，尽早实现检疫审批计算机网络管理，使审批工作更加规范化、科学化。

四、关于农林检疫及其检疫审批的分工。请各出入境检验检疫机构根据国务院办公厅下发的《国务院办公厅关于水果、花卉、中药材等植物检疫工作分工问题的函》（国办函〔1997〕19号）的规定（见附件3）验单和接受报检。

五、严格申报程序，严禁先进口后报批。各引种单位和代理进口单位必须严格遵守国家有关引种检疫规定，在对外签定贸易合同、协议30日前办理审批手续。对于未办审批手续就对外签定合同而造成的后果及经济损失由有关引种单位自负。

为了避免经济损失和便于对外索赔，各引种单位在对外签订贸易合同时，一定要严谨慎重，合同中应单独注明检疫条款，列入审批提出的检疫要求，并要求附有输出国官方出具的植物检疫证书。

六、加强口岸检疫和隔离试种疫情监测。引进种苗隔离试种疫情监测是国外引种检疫的一项重要的基础性工作。为了及时准确掌握审批种苗口岸检疫和引进情况，请各出入境检验检疫机构按季度将检疫审批单回执统一返回全国农业技术推广服务中心植物检疫处，如在检疫中发现重大疫情时，须及时反馈。各地农业植检部门和检验检疫部门应密切配合，切实做好进境检疫、种苗引进后隔离试种期间的疫情监测工作和检疫处理，确保种苗的安全引进。

附件：1. 国外引进生产用种省级检疫审批限量
　　　2.《引进种子、苗木检疫审批单》（略）
　　　3.《国务院办公厅关于水果、花卉、中药材等植物检疫工作分工问题的函》（国办函〔1997〕19号）

附件1

国外引进生产用种省级检疫审批限量

种子类
粮食作物：稻、麦、玉米、谷类、高粱、豆类、薯类100公斤
经济作物：油菜、花生、油葵、甜菜、棉、麻、茄科、烟草、芦笋、椰菜、芹菜、甘蓝、洋葱、白菜、菠菜、胡萝卜、瓜类、菜豆类、西瓜、空心菜、草本花卉等500公斤
草坪草、牧草：1000公斤
苗木类（含种球）
果树：苹果、梨、桃、李、杏、梅、荔枝、葡萄、柑桔等100株
木本花卉：巴西木、发财树等500株
草本（水果）花卉：草莓、郁金香、康乃馨等5000株（头）

附件3

国务院办公厅关于水果、花卉、中药材等植物检疫工作分工问题的函

（国办函〔1997〕19号）

农业部、林业部：

为了保证《植物检疫条例》的贯彻实施，经国务院领导同意，现将水果、花卉、中药材等植物检疫的工作分工通知如下：

一、水果（核桃、板栗等干果除外）、花卉（野生珍贵花卉除外）、中药材由农业部门的植物检疫机构负责检疫；但是，省级人民政府已经规定由林业部门植物检疫机构检疫的，可以按其规定执行。

二、在植物检疫工作中，各地方农业、林业部门的植物检疫机构应当密切配合，相互承认检疫证明，不得重复检疫，重复收费。

国外引种检疫审批管理办法

（〔1993〕农（农）字第18号）

发布日期：1993-11-10
实施日期：2019-10-14
法规类型：部门规章

（根据1999年6月3日农农发〔1999〕7号《关于进一步加强国外引种检疫审批管理工作的通知》第一次修订；根据2017年4月17日农办农〔2017〕8号《农业部办公厅关于启用新版农业植物检疫单证的通知》第二次修订；根据2019年10月14日农业农村部公告第222号《农业农村部行政许可事项服务指南》第三次修订）

第一条 为了加强对国外（含境外，下同）引进种子、苗木和其他繁殖材料的检疫管理，根据《植物检疫条例》第十二条的规定，制定本办法。

第二条 从国外引进种子、苗木和其他繁殖材料，实行农业部和各省、自治区、直辖市农业厅（局）两级审批，其执行机构是农业部全国植物保护总站和各省、自治区，直辖市农业厅（局）植物检疫（植保植检）站。

第三条 引进种子、苗木和其他繁殖材料的单位或代理进口单位（以下统称引种单位）必须在对外贸易合同或者协议中，列入《引进种子、苗木检疫审批》上所提对外植物检疫要求，并订明必须附有输出国家或者地区政府植物检疫机关出具的植物检疫证书，证明符合我国所提对外植物检疫要求。

第四条 引种检疫申请

（一）引种单位应当在对外签订贸易合同、协议30日前，申请办理国外引种检疫审批手续。

（二）国务院和中央各部委所属在京单位、驻京部队单位、外国驻京机构等，向农业部全国植物保护总站提出申请；各省、自治区，直辖市有关单位和中央京外单位向引种植地的省、自治区、直辖市农业厅（局）植物检疫（植保植检）站提出申请。

（三）引种单位提出申请时，必须按规定的格式及要求填写《引进种子、苗木检疫审批申请书》（附件1）＊；引进生产用种苗须同时提供有效的进口种苗权证明材料。报农业部全国植物保护总站审批的生产用种苗，还须提供种植地的省，自治区，直辖市农业厅（局）植物检疫（植保植检）站签署的有关种苗的疫情监测报告。

（四）引种单位应调查了解引进植物在原产地的病虫发生情况，并在申请时向检疫审批单位提供有关疫情资料，对于引进数量较大、疫情不清，与农业安全生产密切相关的种苗，引种单位应事先进行有检疫人员参加的种苗原产地疫情调查。

第五条 检疫审批

（一）检疫审批单位自收到《引进种子、苗木检疫审批申请书》之日起 15 天内予以审批或签复。

（二）农作物种质资源和科研试验材料引进，国务院和中央各部门所属在京单位、驻京部队单位、外国驻京机构等，由农业部全国植物保护总站审批；各省、自治区、直辖市有关单位和中央京外单位由种植地的省、自治区、直辖市农业厅（局）植物检疫（植保植检）站审批，热带作物种质资源交换和引进由农业部农垦司签署意见后，报农业部全国植物保护总站审批，种质资源和科研试验材料检疫审批限量见附件 2。

（三）国际区域性试验和对外制种的种苗引进，由种植地的省、自治区、直辖市农业厅（局）植物检疫（植保植检）站签署意见后，报农业部全国植物保护总站审批。

（四）生产用种苗的引进

1. 对于新引进的（指从未引进和近三年内未引进的）的作物或品种的引进，必须事先少量隔离试种（种子以 2 亩地，苗木以 50 株用量为限），引种单位在申请引进前，应安排好隔离试种计划，隔离试种条件符合检疫要求后，由种植地的省、自治区、直辖市农业厅（局）植物检疫（植保植检）站审批。

2. 已在当地多年引进，经疫情监测，符合检疫要求的作物或品种，引种数量在"生产用种苗引种检疫审批限量"（见附件 3）*内的，由种植地的省，自治区、直辖市农业厅（局）植物检疫（植保植检）站审批（国务院和中央各部门所属在京单位、驻京部队单位、外国驻京机构等，由农业部全国植物保护总站审批）；引种数量超过审批限量的，由种植地的省、自治区、直辖市农业厅（局）植物检疫（植保植检）站签署意见后，报农业部全国植物保护总站审批。

（五）《引进种子、苗木检疫审批单》（附件 4）**的有效期限一般为 6 个月，特殊情况有效期限可适当延长，但最长有效期限不得超过一年。

引种单位办理检疫审批后，《引进种子、苗木检疫审批单》已逾有效期限或需要改变引进种苗的品种、数量、输出国家或者地区的，均须重新办理检疫审批手续。

第六条 种苗入境后检疫

（一）引进种苗经口岸动植物检疫机关检疫后，《引进种子、苗木检疫审批单》回执由口岸动植物检疫机关及时寄回种苗审批单位核查。

（二）种苗引进后，引种单位必须按照《引进种子、苗木检疫审批单》上指定的地点进行引进种苗隔离试种或者隔离种植。隔离试种或者隔离种植期限，一年生植物不得小于一个生育周期，多年生植物不得少于两年。隔离试种或者隔离种植期间，由种植地的省农业厅（局）植物检疫（植保植检）站负责疫情监测，并签署症情监测报告。必要时，由全国植物保护总站组织重点疫情监测。

（三）在隔离种植期间，发现疫情的，引进单位必须在检疫部门的指导和监督下，及时采取封锁、控制和消灭措施，严防疫情扩散，并承担实施检疫处理的全部费用。

第七条 检疫审批管理

（一）国外引种检疫审批实行季度报表制度。各省、自治区、直辖市植物检疫（植保植检）站应当在每新季度开始第一个月十日内，将上一季度"引进种苗检疫审批及疫情监测情况"（见附件 5）上报全国植物保护总站。发现重大疫情时，应当及时报告。

（二）"国外引种检疫审批限量表"，由全国植物保护总站根据疫情变化情况和农业生产发展的实际需要，进行修订。

《引进种子、苗木检疫审批申请书》、《引进种子、苗木检疫审批单》由农业部全国植物保护总站统一制定格式，各省、自治区，直辖市农业厅（局）统一翻印。

（三）国外引种检疫审批费、种植期间疫情监测费按国家有关规定收取。因实施重点疫情调查的检疫费用由引种单位承担。

第八条　违反本办法规定的，按国家有关植物检疫规定处罚。

第九条　本办法自发布之日起施行，1980 年 8 月 12 日农业部关于印发《引进种子、苗木检疫审批单》的函和 1990 年 8 月 13 日农业部印发《关于国外引种检疫审批工作的补充规定（试行）》的通知同时废止。

疫苗管理

中华人民共和国疫苗管理法

（主席令第 30 号）

发布日期：2019-06-29
实施日期：2019-12-01
法规类型：法律

第一章　总　则

第一条　为了加强疫苗管理，保证疫苗质量和供应，规范预防接种，促进疫苗行业发展，保障公众健康，维护公共卫生安全，制定本法。

第二条　在中华人民共和国境内从事疫苗研制、生产、流通和预防接种及其监督管理活动，适用本法。本法未作规定的，适用《中华人民共和国药品管理法》、《中华人民共和国传染病防治法》等法律、行政法规的规定。

本法所称疫苗，是指为预防、控制疾病的发生、流行，用于人体免疫接种的预防性生物制品，包括免疫规划疫苗和非免疫规划疫苗。

第三条　国家对疫苗实行最严格的管理制度，坚持安全第一、风险管理、全程管控、科学监管、社会共治。

第四条　国家坚持疫苗产品的战略性和公益性。

国家支持疫苗基础研究和应用研究，促进疫苗研制和创新，将预防、控制重大疾病的疫苗研制、生产和储备纳入国家战略。

国家制定疫苗行业发展规划和产业政策，支持疫苗产业发展和结构优化，鼓励疫苗生产规模化、集约化，不断提升疫苗生产工艺和质量水平。

第五条　疫苗上市许可持有人应当加强疫苗全生命周期质量管理，对疫苗的安全性、有效性和质量可控性负责。

从事疫苗研制、生产、流通和预防接种活动的单位和个人，应当遵守法律、法规、规章、标准和规范，保证全过程信息真实、准确、完整和可追溯，依法承担责任，接受社会监督。

第六条　国家实行免疫规划制度。

居住在中国境内的居民，依法享有接种免疫规划疫苗的权利，履行接种免疫规划疫苗的义务。政府免费向居民提供免疫规划疫苗。

县级以上人民政府及其有关部门应当保障适龄儿童接种免疫规划疫苗。监护人应当依法保证适龄儿童按时接种免疫规划疫苗。

第七条 县级以上人民政府应当将疫苗安全工作和预防接种工作纳入本级国民经济和社会发展规划，加强疫苗监督管理能力建设，建立健全疫苗监督管理工作机制。

县级以上地方人民政府对本行政区域疫苗监督管理工作负责，统一领导、组织、协调本行政区域疫苗监督管理工作。

第八条 国务院药品监督管理部门负责全国疫苗监督管理工作。国务院卫生健康主管部门负责全国预防接种监督管理工作。国务院其他有关部门在各自职责范围内负责与疫苗有关的监督管理工作。

省、自治区、直辖市人民政府药品监督管理部门负责本行政区域疫苗监督管理工作。设区的市级、县级人民政府承担药品监督管理职责的部门（以下称药品监督管理部门）负责本行政区域疫苗监督管理工作。县级以上地方人民政府卫生健康主管部门负责本行政区域预防接种监督管理工作。县级以上地方人民政府其他有关部门在各自职责范围内负责与疫苗有关的监督管理工作。

第九条 国务院和省、自治区、直辖市人民政府建立部门协调机制，统筹协调疫苗监督管理有关工作，定期分析疫苗安全形势，加强疫苗监督管理，保障疫苗供应。

第十条 国家实行疫苗全程电子追溯制度。

国务院药品监督管理部门会同国务院卫生健康主管部门制定统一的疫苗追溯标准和规范，建立全国疫苗电子追溯协同平台，整合疫苗生产、流通和预防接种全过程追溯信息，实现疫苗可追溯。

疫苗上市许可持有人应当建立疫苗电子追溯系统，与全国疫苗电子追溯协同平台相衔接，实现生产、流通和预防接种全过程最小包装单位疫苗可追溯、可核查。

疾病预防控制机构、接种单位应当依法如实记录疫苗流通、预防接种等情况，并按照规定向全国疫苗电子追溯协同平台提供追溯信息。

第十一条 疫苗研制、生产、检验等过程中应当建立健全生物安全管理制度，严格控制生物安全风险，加强菌毒株等病原微生物的生物安全管理，保护操作人员和公众的健康，保证菌毒株等病原微生物用途合法、正当。

疫苗研制、生产、检验等使用的菌毒株和细胞株，应当明确历史、生物学特征、代次，建立详细档案，保证来源合法、清晰、可追溯；来源不明的，不得使用。

第十二条 各级人民政府及其有关部门、疾病预防控制机构、接种单位、疫苗上市许可持有人和疫苗行业协会等应当通过全国儿童预防接种日等活动定期开展疫苗安全法律、法规以及预防接种知识等的宣传教育、普及工作。

新闻媒体应当开展疫苗安全法律、法规以及预防接种知识等的公益宣传，并对疫苗违法行为进行舆论监督。有关疫苗的宣传报道应当全面、科学、客观、公正。

第十三条 疫苗行业协会应当加强行业自律，建立健全行业规范，推动行业诚信体系建设，引导和督促会员依法开展生产经营等活动。

第二章　疫苗研制和注册

第十四条 国家根据疾病流行情况、人群免疫状况等因素，制定相关研制规划，安排必要资金，支持多联多价等新型疫苗的研制。

国家组织疫苗上市许可持有人、科研单位、医疗卫生机构联合攻关，研制疾病预防、控制急需的疫苗。

第十五条 国家鼓励疫苗上市许可持有人加大研制和创新资金投入，优化生产工艺，提升质量控制水平，推动疫苗技术进步。

第十六条 开展疫苗临床试验，应当经国务院药品监督管理部门依法批准。

疫苗临床试验应当由符合国务院药品监督管理部门和国务院卫生健康主管部门规定条件的三级医疗机构或者省级以上疾病预防控制机构实施或者组织实施。

国家鼓励符合条件的医疗机构、疾病预防控制机构等依法开展疫苗临床试验。

第十七条 疫苗临床试验申办者应当制定临床试验方案，建立临床试验安全监测与评价制度，审慎选择受试者，合理设置受试者群体和年龄组，并根据风险程度采取有效措施，保护受试者合法权益。

第十八条 开展疫苗临床试验，应当取得受试者的书面知情同意；受试者为无民事行为能力人的，应当取得其监护人的书面知情同意；受试者为限制民事行为能力人的，应当取得本人及其监护人的书面知情同意。

第十九条 在中国境内上市的疫苗应当经国务院药品监督管理部门批准，取得药品注册证书；申请疫苗注册，应当提供真实、充分、可靠的数据、资料和样品。

对疾病预防、控制急需的疫苗和创新疫苗，国务院药品监督管理部门应当予以优先审评审批。

第二十条 应对重大突发公共卫生事件急需的疫苗或者国务院卫生健康主管部门认定急需的其他疫苗，经评估获益大于风险的，国务院药品监督管理部门可以附条件批准疫苗注册申请。

出现特别重大突发公共卫生事件或者其他严重威胁公众健康的紧急事件，国务院卫生健康主管部门根据传染病预防、控制需要提出紧急使用疫苗的建议，经国务院药品监督管理部门组织论证同意后可以在一定范围和期限内紧急使用。

第二十一条 国务院药品监督管理部门在批准疫苗注册申请时，对疫苗的生产工艺、质量控制标准和说明书、标签予以核准。

国务院药品监督管理部门应当在其网站上及时公布疫苗说明书、标签内容。

第三章 疫苗生产和批签发

第二十二条 国家对疫苗生产实行严格准入制度。

从事疫苗生产活动，应当经省级以上人民政府药品监督管理部门批准，取得药品生产许可证。

从事疫苗生产活动，除符合《中华人民共和国药品管理法》规定的从事药品生产活动的条件外，还应当具备下列条件：

（一）具备适度规模和足够的产能储备；

（二）具有保证生物安全的制度和设施、设备；

（三）符合疾病预防、控制需要。

疫苗上市许可持有人应当具备疫苗生产能力；超出疫苗生产能力确需委托生产的，应当经国务院药品监督管理部门批准。接受委托生产的，应当遵守本法规定和国家有关规定，保证疫苗质量。

第二十三条 疫苗上市许可持有人的法定代表人、主要负责人应当具有良好的信用记录，生产管理负责人、质量管理负责人、质量受权人等关键岗位人员应当具有相关专业背景和从业经历。

疫苗上市许可持有人应当加强对前款规定人员的培训和考核，及时将其任职和变更情况向省、自治区、直辖市人民政府药品监督管理部门报告。

第二十四条 疫苗应当按照经核准的生产工艺和质量控制标准进行生产和检验，生产全过程应当符合药品生产质量管理规范的要求。

疫苗上市许可持有人应当按照规定对疫苗生产全过程和疫苗质量进行审核、检验。

第二十五条 疫苗上市许可持有人应当建立完整的生产质量管理体系，持续加强偏差管理，采用信息化手段如实记录生产、检验过程中形成的所有数据，确保生产全过程持续符合法定要求。

第二十六条 国家实行疫苗批签发制度。

每批疫苗销售前或者进口时，应当经国务院药品监督管理部门指定的批签发机构按照相关技术要求进行审核、检验。符合要求的，发给批签发证明；不符合要求的，发给不予批签发通知书。

不予批签发的疫苗不得销售，并应当由省、自治区、直辖市人民政府药品监督管理部门监督销毁；不予批签发的进口疫苗应当由口岸所在地药品监督管理部门监督销毁或者依法进行其他处理。

国务院药品监督管理部门、批签发机构应当及时公布上市疫苗批签发结果，供公众查询。

第二十七条 申请疫苗批签发应当按照规定向批签发机构提供批生产及检验记录摘要等资料和同批号产品等样品。进口疫苗还应当提供原产地证明、批签发证明；在原产地免予批签发的，应当提供免予批签发证明。

第二十八条 预防、控制传染病疫情或者应对突发事件急需的疫苗，经国务院药品监督管理部门批准，免予批签发。

第二十九条 疫苗批签发应当逐批进行资料审核和抽样检验。疫苗批签发检验项目和检验频次应当根据疫苗质量风险评估情况进行动态调整。

对疫苗批签发申请资料或者样品的真实性有疑问，或者存在其他需要进一步核实的情况的，批签发机构应当予以核实，必要时应当采用现场抽样检验等方式组织开展现场核实。

第三十条 批签发机构在批签发过程中发现疫苗存在重大质量风险的，应当及时向国务院药品监督管理部门和省、自治区、直辖市人民政府药品监督管理部门报告。

接到报告的部门应当立即对疫苗上市许可持有人进行现场检查，根据检查结果通知批签发机构对疫苗上市许可持有人的相关产品或者所有产品不予批签发或者暂停批签发，并责令疫苗上市许可持有人整改。疫苗上市许可持有人应当立即整改，并及时将整改情况向责令其整改的部门报告。

第三十一条 对生产工艺偏差、质量差异、生产过程中的故障和事故以及采取的措施，疫苗上市许可持有人应当如实记录，并在相应批产品申请批签发的文件中载明；可能影响疫苗质量的，疫苗上市许可持有人应当立即采取措施，并向省、自治区、直辖市人民政府药品监督管理部门报告。

第四章 疫苗流通

第三十二条 国家免疫规划疫苗由国务院卫生健康主管部门会同国务院财政部门等组织集中招标或者统一谈判，形成并公布中标价格或者成交价格，各省、自治区、直辖市实行统一采购。

国家免疫规划疫苗以外的其他免疫规划疫苗、非免疫规划疫苗由各省、自治区、直辖市通过省级公共资源交易平台组织采购。

第三十三条 疫苗的价格由疫苗上市许可持有人依法自主合理制定。疫苗的价格水平、差价率、利润率应当保持在合理幅度。

第三十四条 省级疾病预防控制机构应当根据国家免疫规划和本行政区域疾病预防、控制需要，制定本行政区域免疫规划疫苗使用计划，并按照国家有关规定向组织采购疫苗的部门报告，同时报省、自治区、直辖市人民政府卫生健康主管部门备案。

第三十五条 疫苗上市许可持有人应当按照采购合同约定，向疾病预防控制机构供应疫苗。

疾病预防控制机构应当按照规定向接种单位供应疫苗。

疾病预防控制机构以外的单位和个人不得向接种单位供应疫苗，接种单位不得接收该疫苗。

第三十六条 疫苗上市许可持有人应当按照采购合同约定，向疾病预防控制机构或者疾病预防控制机构指定的接种单位配送疫苗。

疫苗上市许可持有人、疾病预防控制机构自行配送疫苗应当具备疫苗冷链储存、运输条件，也可以委托符合条件的疫苗配送单位配送疫苗。

疾病预防控制机构配送非免疫规划疫苗可以收取储存、运输费用，具体办法由国务院财政部门会同国务院价格主管部门制定，收费标准由省、自治区、直辖市人民政府价格主管部门会同财政部门制定。

第三十七条 疾病预防控制机构、接种单位、疫苗上市许可持有人、疫苗配送单位应当遵守疫苗储存、运输管理规范，保证疫苗质量。

疫苗在储存、运输全过程中应当处于规定的温度环境，冷链储存、运输应当符合要求，并定时监测、记录温度。

疫苗储存、运输管理规范由国务院药品监督管理部门、国务院卫生健康主管部门共同制定。

第三十八条 疫苗上市许可持有人在销售疫苗时，应当提供加盖其印章的批签发证明复印件或者电子文件；销售进口疫苗的，还应当提供加盖其印章的进口药品通关单复印件或者电子文件。

疾病预防控制机构、接种单位在接收或者购进疫苗时，应当索取前款规定的证明文件，并保存至疫苗有效期满后不少于五年备查。

第三十九条 疫苗上市许可持有人应当按照规定，建立真实、准确、完整的销售记录，并保存至疫苗有效期满后不少于五年备查。

疾病预防控制机构、接种单位、疫苗配送单位应当按照规定，建立真实、准确、完整的接收、购进、储存、配送、供应记录，并保存至疫苗有效期满后不少于五年备查。

疾病预防控制机构、接种单位接收或者购进疫苗时，应当索取本次运输、储存全过程温度监测记录，并保存至疫苗有效期满后不少于五年备查；对不能提供本次运输、储存全过程温度监测记录或者温度控制不符合要求的，不得接收或者购进，并应当立即向县级以上地方人民政府药品监督管理部门、卫生健康主管部门报告。

第四十条 疾病预防控制机构、接种单位应当建立疫苗定期检查制度，对存在包装无法识别、储存温度不符合要求、超过有效期等问题的疫苗，采取隔离存放、设置警示标志等措施，并按照国务院药品监督管理部门、卫生健康主管部门、生态环境主管部门的规定处置。疾病预防控制机构、接种单位应当如实记录处置情况，处置记录应当保存至疫苗有效期满后不少于五年备查。

第五章　预防接种

第四十一条 国务院卫生健康主管部门制定国家免疫规划；国家免疫规划疫苗种类由国务院卫生健康主管部门会同国务院财政部门拟订，报国务院批准后公布。

国务院卫生健康主管部门建立国家免疫规划专家咨询委员会，并会同国务院财政部门建立国家免疫规划疫苗种类动态调整机制。

省、自治区、直辖市人民政府在执行国家免疫规划时，可以根据本行政区域疾病预防、控制需要，增加免疫规划疫苗种类，报国务院卫生健康主管部门备案并公布。

第四十二条　国务院卫生健康主管部门应当制定、公布预防接种工作规范，强化预防接种规范化管理。

国务院卫生健康主管部门应当制定、公布国家免疫规划疫苗的免疫程序和非免疫规划疫苗的使用指导原则。

省、自治区、直辖市人民政府卫生健康主管部门应当结合本行政区域实际情况制定接种方案，并报国务院卫生健康主管部门备案。

第四十三条　各级疾病预防控制机构应当按照各自职责，开展与预防接种相关的宣传、培训、技术指导、监测、评价、流行病学调查、应急处置等工作。

第四十四条　接种单位应当具备下列条件：

（一）取得医疗机构执业许可证；

（二）具有经过县级人民政府卫生健康主管部门组织的预防接种专业培训并考核合格的医师、护士或者乡村医生；

（三）具有符合疫苗储存、运输管理规范的冷藏设施、设备和冷藏保管制度。

县级以上地方人民政府卫生健康主管部门指定符合条件的医疗机构承担责任区域内免疫规划疫苗接种工作。符合条件的医疗机构可以承担非免疫规划疫苗接种工作，并应当报颁发其医疗机构执业许可证的卫生健康主管部门备案。

接种单位应当加强内部管理，开展预防接种工作应当遵守预防接种工作规范、免疫程序、疫苗使用指导原则和接种方案。

各级疾病预防控制机构应当加强对接种单位预防接种工作的技术指导和疫苗使用的管理。

第四十五条　医疗卫生人员实施接种，应当告知受种者或者其监护人所接种疫苗的品种、作用、禁忌、不良反应以及现场留观等注意事项，询问受种者的健康状况以及是否有接种禁忌等情况，并如实记录告知和询问情况。受种者或者其监护人应当如实提供受种者的健康状况和接种禁忌等情况。有接种禁忌不能接种的，医疗卫生人员应当向受种者或者其监护人提出医学建议，并如实记录提出医学建议情况。

医疗卫生人员在实施接种前，应当按照预防接种工作规范的要求，检查受种者健康状况、核查接种禁忌，查对预防接种证，检查疫苗、注射器的外观、批号、有效期，核对受种者的姓名、年龄和疫苗的品名、规格、剂量、接种部位、接种途径，做到受种者、预防接种证和疫苗信息相一致，确认无误后方可实施接种。

医疗卫生人员应当对符合接种条件的受种者实施接种。受种者在现场留观期间出现不良反应的，医疗卫生人员应当按照预防接种工作规范的要求，及时采取救治等措施。

第四十六条　医疗卫生人员应当按照国务院卫生健康主管部门的规定，真实、准确、完整记录疫苗的品种、上市许可持有人、最小包装单位的识别信息、有效期、接种时间、实施接种的医疗卫生人员、受种者等接种信息，确保接种信息可追溯、可查询。接种记录应当保存至疫苗有效期满后不少于五年备查。

第四十七条　国家对儿童实行预防接种证制度。在儿童出生后一个月内，其监护人应当到儿童居住地承担预防接种工作的接种单位或者出生医院为其办理预防接种证。接种单位或者出生医院不得拒绝办理。监护人应当妥善保管预防接种证。

预防接种实行居住地管理，儿童离开原居住地期间，由现居住地承担预防接种工作的接种单位负责对其实施接种。

预防接种证的格式由国务院卫生健康主管部门规定。

第四十八条　儿童入托、入学时，托幼机构、学校应当查验预防接种证，发现未按照规定接种免疫规划疫苗的，应当向儿童居住地或者托幼机构、学校所在地承担预防接种工作的接种单位报告，并配合接种单位督促其监护人按照规定补种。疾病预防控制机构应当为托幼机构、学校查验预防接种证等提供技术指导。

儿童入托、入学预防接种证查验办法由国务院卫生健康主管部门会同国务院教育行政部门制定。

第四十九条 接种单位接种免疫规划疫苗不得收取任何费用。

接种单位接种非免疫规划疫苗，除收取疫苗费用外，还可以收取接种服务费。接种服务费的收费标准由省、自治区、直辖市人民政府价格主管部门会同财政部门制定。

第五十条 县级以上地方人民政府卫生健康主管部门根据传染病监测和预警信息，为预防、控制传染病暴发、流行，报经本级人民政府决定，并报省级以上人民政府卫生健康主管部门备案，可以在本行政区域进行群体性预防接种。

需要在全国范围或者跨省、自治区、直辖市范围内进行群体性预防接种的，应当由国务院卫生健康主管部门决定。

作出群体性预防接种决定的县级以上地方人民政府或者国务院卫生健康主管部门应当组织有关部门做好人员培训、宣传教育、物资调用等工作。

任何单位和个人不得擅自进行群体性预防接种。

第五十一条 传染病暴发、流行时，县级以上地方人民政府或者其卫生健康主管部门需要采取应急接种措施的，依照法律、行政法规的规定执行。

第六章 异常反应监测和处理

第五十二条 预防接种异常反应，是指合格的疫苗在实施规范接种过程中或者实施规范接种后造成受种者机体组织器官、功能损害，相关各方均无过错的药品不良反应。

下列情形不属于预防接种异常反应：

（一）因疫苗本身特性引起的接种后一般反应；

（二）因疫苗质量问题给受种者造成的损害；

（三）因接种单位违反预防接种工作规范、免疫程序、疫苗使用指导原则、接种方案给受种者造成的损害；

（四）受种者在接种时正处于某种疾病的潜伏期或者前驱期，接种后偶合发病；

（五）受种者有疫苗说明书规定的接种禁忌，在接种前受种者或者其监护人未如实提供受种者的健康状况和接种禁忌等情况，接种后受种者原有疾病急性复发或者病情加重；

（六）因心理因素发生的个体或者群体的心因性反应。

第五十三条 国家加强预防接种异常反应监测。预防接种异常反应监测方案由国务院卫生健康主管部门会同国务院药品监督管理部门制定。

第五十四条 接种单位、医疗机构等发现疑似预防接种异常反应的，应当按照规定向疾病预防控制机构报告。

疫苗上市许可持有人应当设立专门机构，配备专职人员，主动收集、跟踪分析疑似预防接种异常反应，及时采取风险控制措施，将疑似预防接种异常反应向疾病预防控制机构报告，将质量分析报告提交省、自治区、直辖市人民政府药品监督管理部门。

第五十五条 对疑似预防接种异常反应，疾病预防控制机构应当按照规定及时报告，组织调查、诊断，并将调查、诊断结论告知受种者或者其监护人。对调查、诊断结论有争议的，可以根据国务院卫生健康主管部门制定的鉴定办法申请鉴定。

因预防接种导致受种者死亡、严重残疾，或者群体性疑似预防接种异常反应等对社会有重大影响的疑似预防接种异常反应，由设区的市级以上人民政府卫生健康主管部门、药品监督管理部门按照各自职责组织调查、处理。

第五十六条　国家实行预防接种异常反应补偿制度。实施接种过程中或者实施接种后出现受种者死亡、严重残疾、器官组织损伤等损害，属于预防接种异常反应或者不能排除的，应当给予补偿。补偿范围实行目录管理，并根据实际情况进行动态调整。

接种免疫规划疫苗所需的补偿费用，由省、自治区、直辖市人民政府财政部门在预防接种经费中安排；接种非免疫规划疫苗所需的补偿费用，由相关疫苗上市许可持有人承担。国家鼓励通过商业保险等多种形式对预防接种异常反应受种者予以补偿。

预防接种异常反应补偿应当及时、便民、合理。预防接种异常反应补偿范围、标准、程序由国务院规定，省、自治区、直辖市制定具体实施办法。

第七章　疫苗上市后管理

第五十七条　疫苗上市许可持有人应当建立健全疫苗全生命周期质量管理体系，制定并实施疫苗上市后风险管理计划，开展疫苗上市后研究，对疫苗的安全性、有效性和质量可控性进行进一步确证。

对批准疫苗注册申请时提出进一步研究要求的疫苗，疫苗上市许可持有人应当在规定期限内完成研究；逾期未完成研究或者不能证明其获益大于风险的，国务院药品监督管理部门应当依法处理，直至注销该疫苗的药品注册证书。

第五十八条　疫苗上市许可持有人应当对疫苗进行质量跟踪分析，持续提升质量控制标准，改进生产工艺，提高生产工艺稳定性。

生产工艺、生产场地、关键设备等发生变更的，应当进行评估、验证，按照国务院药品监督管理部门有关变更管理的规定备案或者报告；变更可能影响疫苗安全性、有效性和质量可控性的，应当经国务院药品监督管理部门批准。

第五十九条　疫苗上市许可持有人应当根据疫苗上市后研究、预防接种异常反应等情况持续更新说明书、标签，并按照规定申请核准或者备案。

国务院药品监督管理部门应当在其网站上及时公布更新后的疫苗说明书、标签内容。

第六十条　疫苗上市许可持有人应当建立疫苗质量回顾分析和风险报告制度，每年将疫苗生产流通、上市后研究、风险管理等情况按照规定如实向国务院药品监督管理部门报告。

第六十一条　国务院药品监督管理部门可以根据实际情况，责令疫苗上市许可持有人开展上市后评价或者直接组织开展上市后评价。

对预防接种异常反应严重或者其他原因危害人体健康的疫苗，国务院药品监督管理部门应当注销该疫苗的药品注册证书。

第六十二条　国务院药品监督管理部门可以根据疾病预防、控制需要和疫苗行业发展情况，组织对疫苗品种开展上市后评价，发现该疫苗品种的产品设计、生产工艺、安全性、有效性或者质量可控性明显劣于预防、控制同种疾病的其他疫苗品种的，应当注销该品种所有疫苗的药品注册证书并废止相应的国家药品标准。

第八章　保障措施

第六十三条　县级以上人民政府应当将疫苗安全工作、购买免疫规划疫苗和预防接种工作以及信息化建设等所需经费纳入本级政府预算，保证免疫规划制度的实施。

县级人民政府按照国家有关规定对从事预防接种工作的乡村医生和其他基层医疗卫生人员给予补助。

国家根据需要对经济欠发达地区的预防接种工作给予支持。省、自治区、直辖市人民政府和设区的市级人民政府应当对经济欠发达地区的县级人民政府开展与预防接种相关的工作给予必要的经费补助。

第六十四条 省、自治区、直辖市人民政府根据本行政区域传染病流行趋势，在国务院卫生健康主管部门确定的传染病预防、控制项目范围内，确定本行政区域与预防接种相关的项目，并保证项目的实施。

第六十五条 国务院卫生健康主管部门根据各省、自治区、直辖市国家免疫规划疫苗使用计划，向疫苗上市许可持有人提供国家免疫规划疫苗需求信息，疫苗上市许可持有人根据疫苗需求信息合理安排生产。

疫苗存在供应短缺风险时，国务院卫生健康主管部门、国务院药品监督管理部门提出建议，国务院工业和信息化主管部门、国务院财政部门应当采取有效措施，保障疫苗生产、供应。

疫苗上市许可持有人应当依法组织生产，保障疫苗供应；疫苗上市许可持有人停止疫苗生产的，应当及时向国务院药品监督管理部门或者省、自治区、直辖市人民政府药品监督管理部门报告。

第六十六条 国家将疫苗纳入战略物资储备，实行中央和省级两级储备。

国务院工业和信息化主管部门、财政部门会同国务院卫生健康主管部门、公安部门、市场监督管理部门和药品监督管理部门，根据疾病预防、控制和公共卫生应急准备的需要，加强储备疫苗的产能、产品管理，建立动态调整机制。

第六十七条 各级财政安排用于预防接种的经费应当专款专用，任何单位和个人不得挪用、挤占。

有关单位和个人使用预防接种的经费应当依法接受审计机关的审计监督。

第六十八条 国家实行疫苗责任强制保险制度。

疫苗上市许可持有人应当按照规定投保疫苗责任强制保险。因疫苗质量问题造成受种者损害的，保险公司在承保的责任限额内予以赔付。

疫苗责任强制保险制度的具体实施办法，由国务院药品监督管理部门会同国务院卫生健康主管部门、保险监督管理机构等制定。

第六十九条 传染病暴发、流行时，相关疫苗上市许可持有人应当及时生产和供应预防、控制传染病的疫苗。交通运输单位应当优先运输预防、控制传染病的疫苗。县级以上人民政府及其有关部门应当做好组织、协调、保障工作。

第九章 监督管理

第七十条 药品监督管理部门、卫生健康主管部门按照各自职责对疫苗研制、生产、流通和预防接种全过程进行监督管理，监督疫苗上市许可持有人、疾病预防控制机构、接种单位等依法履行义务。

药品监督管理部门依法对疫苗研制、生产、储存、运输以及预防接种中的疫苗质量进行监督检查。卫生健康主管部门依法对免疫规划制度的实施、预防接种活动进行监督检查。

药品监督管理部门应当加强对疫苗上市许可持有人的现场检查；必要时，可以对为疫苗研制、生产、流通等活动提供产品或者服务的单位和个人进行延伸检查；有关单位和个人应当予以配合，不得拒绝和隐瞒。

第七十一条 国家建设中央和省级两级职业化、专业化药品检查员队伍，加强对疫苗的监督检查。

省、自治区、直辖市人民政府药品监督管理部门选派检查员入驻疫苗上市许可持有人。检查员负责监督检查药品生产质量管理规范执行情况，收集疫苗质量风险和违法违规线索，向省、自治区、直辖市人民政府药品监督管理部门报告情况并提出建议，对派驻期间的行为负责。

第七十二条 疫苗质量管理存在安全隐患，疫苗上市许可持有人等未及时采取措施消除的，药品监督管理部门可以采取责任约谈、限期整改等措施。

严重违反药品相关质量管理规范的，药品监督管理部门应当责令暂停疫苗生产、销售、配送，立即整改；整改完成后，经药品监督管理部门检查符合要求的，方可恢复生产、销售、配送。

药品监督管理部门应当建立疫苗上市许可持有人及其相关人员信用记录制度，纳入全国信用信息共享平台，按照规定公示其严重失信信息，实施联合惩戒。

第七十三条 疫苗存在或者疑似存在质量问题的，疫苗上市许可持有人、疾病预防控制机构、接种单位应当立即停止销售、配送、使用，必要时立即停止生产，按照规定向县级以上人民政府药品监督管理部门、卫生健康主管部门报告。卫生健康主管部门应当立即组织疾病预防控制机构和接种单位采取必要的应急处置措施，同时向上级人民政府卫生健康主管部门报告。药品监督管理部门应当依法采取查封、扣押等措施。对已经销售的疫苗，疫苗上市许可持有人应当及时通知相关疾病预防控制机构、疫苗配送单位、接种单位，按照规定召回，如实记录召回和通知情况，疾病预防控制机构、疫苗配送单位、接种单位应当予以配合。

未依照前款规定停止生产、销售、配送、使用或者召回疫苗的，县级以上人民政府药品监督管理部门、卫生健康主管部门应当按照各自职责责令停止生产、销售、配送、使用或者召回疫苗。

疫苗上市许可持有人、疾病预防控制机构、接种单位发现存在或者疑似存在质量问题的疫苗，不得瞒报、谎报、缓报、漏报，不得隐匿、伪造、毁灭有关证据。

第七十四条 疫苗上市许可持有人应当建立信息公开制度，按照规定在其网站上及时公开疫苗产品信息、说明书和标签、药品相关质量管理规范执行情况、批签发情况、召回情况、接受检查和处罚情况以及投保疫苗责任强制保险情况等信息。

第七十五条 国务院药品监督管理部门会同国务院卫生健康主管部门等建立疫苗质量、预防接种等信息共享机制。

省级以上人民政府药品监督管理部门、卫生健康主管部门等应当按照科学、客观、及时、公开的原则，组织疫苗上市许可持有人、疾病预防控制机构、接种单位、新闻媒体、科研单位等，就疫苗质量和预防接种等信息进行交流沟通。

第七十六条 国家实行疫苗安全信息统一公布制度。

疫苗安全风险警示信息、重大疫苗安全事故及其调查处理信息和国务院确定需要统一公布的其他疫苗安全信息，由国务院药品监督管理部门会同有关部门公布。全国预防接种异常反应报告情况，由国务院卫生健康主管部门会同国务院药品监督管理部门统一公布。未经授权不得发布上述信息。公布重大疫苗安全信息，应当及时、准确、全面，并按照规定进行科学评估，作出必要的解释说明。

县级以上人民政府药品监督管理部门发现可能误导公众和社会舆论的疫苗安全信息，应当立即会同卫生健康主管部门及其他有关部门、专业机构、相关疫苗上市许可持有人等进行核实、分析，并及时公布结果。

任何单位和个人不得编造、散布虚假疫苗安全信息。

第七十七条 任何单位和个人有权依法了解疫苗信息，对疫苗监督管理工作提出意见、建议。

任何单位和个人有权向卫生健康主管部门、药品监督管理部门等部门举报疫苗违法行为，对卫生健康主管部门、药品监督管理部门等部门及其工作人员未依法履行监督管理职责的情况有权向本级或者上级人民政府及其有关部门、监察机关举报。有关部门、机关应当及时核实、处理；对查证属实的举报，按照规定给予举报人奖励；举报人举报所在单位严重违法行为，查证属实的，给予重奖。

第七十八条　县级以上人民政府应当制定疫苗安全事件应急预案，对疫苗安全事件分级、处置组织指挥体系与职责、预防预警机制、处置程序、应急保障措施等作出规定。

疫苗上市许可持有人应当制定疫苗安全事件处置方案，定期检查各项防范措施的落实情况，及时消除安全隐患。

发生疫苗安全事件，疫苗上市许可持有人应当立即向国务院药品监督管理部门或者省、自治区、直辖市人民政府药品监督管理部门报告；疾病预防控制机构、接种单位、医疗机构应当立即向县级以上人民政府卫生健康主管部门、药品监督管理部门报告。药品监督管理部门应当会同卫生健康主管部门按照应急预案的规定，成立疫苗安全事件处置指挥机构，开展医疗救治、风险控制、调查处理、信息发布、解释说明等工作，做好补种等善后处置工作。因质量问题造成的疫苗安全事件的补种费用由疫苗上市许可持有人承担。

有关单位和个人不得瞒报、谎报、缓报、漏报疫苗安全事件，不得隐匿、伪造、毁灭有关证据。

第十章　法律责任

第七十九条　违反本法规定，构成犯罪的，依法从重追究刑事责任。

第八十条　生产、销售的疫苗属于假药的，由省级以上人民政府药品监督管理部门没收违法所得和违法生产、销售的疫苗以及专门用于违法生产疫苗的原料、辅料、包装材料、设备等物品，责令停产停业整顿，吊销药品注册证书，直至吊销药品生产许可证等，并处违法生产、销售疫苗货值金额十五倍以上五十倍以下的罚款，货值金额不足五十万元的，按五十万元计算。

生产、销售的疫苗属于劣药的，由省级以上人民政府药品监督管理部门没收违法所得和违法生产、销售的疫苗以及专门用于违法生产疫苗的原料、辅料、包装材料、设备等物品，责令停产停业整顿，并处违法生产、销售疫苗货值金额十倍以上三十倍以下的罚款，货值金额不足五十万元的，按五十万元计算；情节严重的，吊销药品注册证书，直至吊销药品生产许可证等。

生产、销售的疫苗属于假药，或者生产、销售的疫苗属于劣药且情节严重的，由省级以上人民政府药品监督管理部门对法定代表人、主要负责人、直接负责的主管人员和关键岗位人员以及其他责任人员，没收违法行为发生期间自本单位所获收入，并处所获收入一倍以上十倍以下的罚款，终身禁止从事药品生产经营活动，由公安机关处五日以上十五日以下拘留。

第八十一条　有下列情形之一的，由省级以上人民政府药品监督管理部门没收违法所得和违法生产、销售的疫苗以及专门用于违法生产疫苗的原料、辅料、包装材料、设备等物品，责令停产停业整顿，并处违法生产、销售疫苗货值金额十五倍以上五十倍以下的罚款，货值金额不足五十万元的，按五十万元计算；情节严重的，吊销药品相关批准证明文件，直至吊销药品生产许可证等，对法定代表人、主要负责人、直接负责的主管人员和关键岗位人员以及其他责任人员，没收违法行为发生期间自本单位所获收入，并处所获收入百分之五十以上十倍以下的罚款，十年内直至终身禁止从事药品生产经营活动，由公安机关处五日以上十五日以下拘留：

（一）申请疫苗临床试验、注册、批签发提供虚假数据、资料、样品或者有其他欺骗行为；

（二）编造生产、检验记录或者更改产品批号；

（三）疾病预防控制机构以外的单位或者个人向接种单位供应疫苗；

（四）委托生产疫苗未经批准；

（五）生产工艺、生产场地、关键设备等发生变更按照规定应当经批准而未经批准；

（六）更新疫苗说明书、标签按照规定应当经核准而未经核准。

第八十二条 除本法另有规定的情形外，疫苗上市许可持有人或者其他单位违反药品相关质量管理规范的，由县级以上人民政府药品监督管理部门责令改正，给予警告；拒不改正的，处二十万元以上五十万元以下的罚款；情节严重的，处五十万元以上三百万元以下的罚款，责令停产停业整顿，直至吊销药品相关批准证明文件、药品生产许可证等，对法定代表人、主要负责人、直接负责的主管人员和关键岗位人员以及其他责任人员，没收违法行为发生期间自本单位所获收入，并处所获收入百分之五十以上五倍以下的罚款，十年内直至终身禁止从事药品生产经营活动。

第八十三条 违反本法规定，疫苗上市许可持有人有下列情形之一的，由省级以上人民政府药品监督管理部门责令改正，给予警告；拒不改正的，处二十万元以上五十万元以下的罚款；情节严重的，责令停产停业整顿，并处五十万元以上二百万元以下的罚款：

（一）未按照规定建立疫苗电子追溯系统；

（二）法定代表人、主要负责人和生产管理负责人、质量管理负责人、质量受权人等关键岗位人员不符合规定条件或者未按照规定对其进行培训、考核；

（三）未按照规定报告或者备案；

（四）未按照规定开展上市后研究，或者未按照规定设立机构、配备人员主动收集、跟踪分析疑似预防接种异常反应；

（五）未按照规定投保疫苗责任强制保险；

（六）未按照规定建立信息公开制度。

第八十四条 违反本法规定，批签发机构有下列情形之一的，由国务院药品监督管理部门责令改正，给予警告，对主要负责人、直接负责的主管人员和其他直接责任人员依法给予警告直至降级处分：

（一）未按照规定进行审核和检验；

（二）未及时公布上市疫苗批签发结果；

（三）未按照规定进行核实；

（四）发现疫苗存在重大质量风险未按照规定报告。

违反本法规定，批签发机构未按照规定发给批签发证明或者不予批签发通知书的，由国务院药品监督管理部门责令改正，给予警告，对主要负责人、直接负责的主管人员和其他直接责任人员依法给予降级或者撤职处分；情节严重的，对主要负责人、直接负责的主管人员和其他直接责任人员依法给予开除处分。

第八十五条 疾病预防控制机构、接种单位、疫苗上市许可持有人、疫苗配送单位违反疫苗储存、运输管理规范有关冷链储存、运输要求的，由县级以上人民政府药品监督管理部门责令改正，给予警告，对违法储存、运输的疫苗予以销毁，没收违法所得；拒不改正的，对接种单位、疫苗上市许可持有人、疫苗配送单位处二十万元以上一百万元以下的罚款；情节严重的，对接种单位、疫苗上市许可持有人、疫苗配送单位处违法储存、运输疫苗货值金额十倍以上三十倍以下的罚款，货值金额不足十万元的，按十万元计算，责令疫苗上市许可持有人、疫苗配送单位停产停业整顿，直至吊销药品相关批准证明文件、药品生产许可证等，对疫苗上市许可持有人、疫苗配送单位的法定代表人、主要负责人、直接负责的主管人员和关键岗位人员以及其他责任人员依照本法第八十二条规定给予处罚。

疾病预防控制机构、接种单位有前款规定违法行为的，由县级以上人民政府卫生健康主管部门对主要负责人、直接负责的主管人员和其他直接责任人员依法给予警告直至撤职处分，责令负有责任的医疗卫生人员暂停一年以上十八个月以下执业活动；造成严重后果的，对主要负责人、直接负责的主管人员和其他直接责任人员依法给予开除处分，并可以吊销接种单位的接种资格，由原发证部门吊销负有责任的医疗卫生人员的执业证书。

第八十六条　疾病预防控制机构、接种单位、疫苗上市许可持有人、疫苗配送单位有本法第八十五条规定以外的违反疫苗储存、运输管理规范行为的，由县级以上人民政府药品监督管理部门责令改正，给予警告，没收违法所得；拒不改正的，对接种单位、疫苗上市许可持有人、疫苗配送单位处十万元以上三十万元以下的罚款；情节严重的，对接种单位、疫苗上市许可持有人、疫苗配送单位处违法储存、运输疫苗货值金额三倍以上十倍以下的罚款，货值金额不足十万元的，按十万元计算。

疾病预防控制机构、接种单位有前款规定违法行为的，县级以上人民政府卫生健康主管部门可以对主要负责人、直接负责的主管人员和其他直接责任人员依法给予警告直至撤职处分，责令负有责任的医疗卫生人员暂停六个月以上一年以下执业活动；造成严重后果的，对主要负责人、直接负责的主管人员和其他直接责任人员依法给予开除处分，由原发证部门吊销负有责任的医疗卫生人员的执业证书。

第八十七条　违反本法规定，疾病预防控制机构、接种单位有下列情形之一的，由县级以上人民政府卫生健康主管部门责令改正，给予警告，没收违法所得；情节严重的，对主要负责人、直接负责的主管人员和其他直接责任人员依法给予警告直至撤职处分，责令负有责任的医疗卫生人员暂停一年以上十八个月以下执业活动；造成严重后果的，对主要负责人、直接负责的主管人员和其他直接责任人员依法给予开除处分，由原发证部门吊销负有责任的医疗卫生人员的执业证书：

（一）未按照规定供应、接收、采购疫苗；

（二）接种疫苗未遵守预防接种工作规范、免疫程序、疫苗使用指导原则、接种方案；

（三）擅自进行群体性预防接种。

第八十八条　违反本法规定，疾病预防控制机构、接种单位有下列情形之一的，由县级以上人民政府卫生健康主管部门责令改正，给予警告；情节严重的，对主要负责人、直接负责的主管人员和其他直接责任人员依法给予警告直至撤职处分，责令负有责任的医疗卫生人员暂停六个月以上一年以下执业活动；造成严重后果的，对主要负责人、直接负责的主管人员和其他直接责任人员依法给予开除处分，由原发证部门吊销负有责任的医疗卫生人员的执业证书：

（一）未按照规定提供追溯信息；

（二）接收或者购进疫苗时未按照规定索取并保存相关证明文件、温度监测记录；

（三）未按照规定建立并保存疫苗接收、购进、储存、配送、供应、接种、处置记录；

（四）未按照规定告知、询问受种者或者其监护人有关情况。

第八十九条　疾病预防控制机构、接种单位、医疗机构未按照规定报告疑似预防接种异常反应、疫苗安全事件等，或者未按照规定对疑似预防接种异常反应组织调查、诊断等的，由县级以上人民政府卫生健康主管部门责令改正，给予警告；情节严重的，对接种单位、医疗机构处五万元以上五十万元以下的罚款，对疾病预防控制机构、接种单位、医疗机构的主要负责人、直接负责的主管人员和其他直接责任人员依法给予警告直至撤职处分；造成严重后果的，对主要负责人、直接负责的主管人员和其他直接责任人员依法给予开除处分，由原发证部门吊销负有责任的医疗卫生人员的执业证书。

第九十条　疾病预防控制机构、接种单位违反本法规定收取费用的，由县级以上人民政府卫生健康主管部门监督其将违法收取的费用退还给原缴费的单位或者个人，并由县级以上人民政府市场监督管理部门依法给予处罚。

第九十一条　违反本法规定，未经县级以上地方人民政府卫生健康主管部门指定擅自从事免疫规划疫苗接种工作、从事非免疫规划疫苗接种工作不符合条件或者未备案的，由县级以上人民政府卫生健康主管部门责令改正，给予警告，没收违法所得和违法持有的疫苗，责令停业整顿，并处十万元以上一百万元以下的罚款，对主要负责人、直接负责的主管人员和其他直接责任人员依法给予处分。

违反本法规定，疾病预防控制机构、接种单位以外的单位或者个人擅自进行群体性预防接种的，由县级以上人民政府卫生健康主管部门责令改正，没收违法所得和违法持有的疫苗，并处违法持有的疫苗货值金额十倍以上三十倍以下的罚款，货值金额不足五万元的，按五万元计算。

第九十二条　监护人未依法保证适龄儿童按时接种免疫规划疫苗的，由县级人民政府卫生健康主管部门批评教育，责令改正。

托幼机构、学校在儿童入托、入学时未按照规定查验预防接种证，或者发现未按照规定接种的儿童后未向接种单位报告的，由县级以上地方人民政府教育行政部门责令改正，给予警告，对主要负责人、直接负责的主管人员和其他直接责任人员依法给予处分。

第九十三条　编造、散布虚假疫苗安全信息，或者在接种单位寻衅滋事，构成违反治安管理行为的，由公安机关依法给予治安管理处罚。

报纸、期刊、广播、电视、互联网站等传播媒介编造、散布虚假疫苗安全信息的，由有关部门依法给予处罚，对主要负责人、直接负责的主管人员和其他直接责任人员依法给予处分。

第九十四条　县级以上地方人民政府在疫苗监督管理工作中有下列情形之一的，对直接负责的主管人员和其他直接责任人员依法给予降级或者撤职处分；情节严重的，依法给予开除处分；造成严重后果的，其主要负责人应当引咎辞职：

（一）履行职责不力，造成严重不良影响或者重大损失；

（二）瞒报、谎报、缓报、漏报疫苗安全事件；

（三）干扰、阻碍对疫苗违法行为或者疫苗安全事件的调查；

（四）本行政区域发生特别重大疫苗安全事故，或者连续发生重大疫苗安全事故。

第九十五条　药品监督管理部门、卫生健康主管部门等部门在疫苗监督管理工作中有下列情形之一的，对直接负责的主管人员和其他直接责任人员依法给予降级或者撤职处分；情节严重的，依法给予开除处分；造成严重后果的，其主要负责人应当引咎辞职：

（一）未履行监督检查职责，或者发现违法行为不及时查处；

（二）擅自进行群体性预防接种；

（三）瞒报、谎报、缓报、漏报疫苗安全事件；

（四）干扰、阻碍对疫苗违法行为或者疫苗安全事件的调查；

（五）泄露举报人的信息；

（六）接到疑似预防接种异常反应相关报告，未按照规定组织调查、处理；

（七）其他未履行疫苗监督管理职责的行为，造成严重不良影响或者重大损失。

第九十六条　因疫苗质量问题造成受种者损害的，疫苗上市许可持有人应当依法承担赔偿责任。

疾病预防控制机构、接种单位因违反预防接种工作规范、免疫程序、疫苗使用指导原则、接种方案，造成受种者损害的，应当依法承担赔偿责任。

第十一章　附　则

第九十七条　本法下列用语的含义是：

免疫规划疫苗，是指居民应当按照政府的规定接种的疫苗，包括国家免疫规划确定的疫苗，省、自治区、直辖市人民政府在执行国家免疫规划时增加的疫苗，以及县级以上人民政府或者其卫生健康主管部门组织的应急接种或者群体性预防接种所使用的疫苗。

非免疫规划疫苗，是指由居民自愿接种的其他疫苗。

疫苗上市许可持有人，是指依法取得疫苗药品注册证书和药品生产许可证的企业。

第九十八条 国家鼓励疫苗生产企业按照国际采购要求生产、出口疫苗。

出口的疫苗应当符合进口国（地区）的标准或者合同要求。

第九十九条 出入境预防接种及所需疫苗的采购，由国境卫生检疫机关商国务院财政部门另行规定。

第一百条 本法自 2019 年 12 月 1 日起施行。

生物制品批签发管理办法

（国家市场监督管理总局令第 33 号）

发布日期：2020-12-11
实施日期：2021-03-01
法规类型：部门规章

第一章 总 则

第一条 为了加强生物制品监督管理，规范生物制品批签发行为，保证生物制品安全、有效，根据《中华人民共和国药品管理法》（以下简称《药品管理法》）、《中华人民共和国疫苗管理法》（以下简称《疫苗管理法》）有关规定，制定本办法。

第二条 本办法所称生物制品批签发，是指国家药品监督管理局对获得上市许可的疫苗类制品、血液制品、用于血源筛查的体外诊断试剂以及国家药品监督管理局规定的其他生物制品，在每批产品上市销售前或者进口时，经指定的批签发机构进行审核、检验，对符合要求的发给批签发证明的活动。

未通过批签发的产品，不得上市销售或者进口。依法经国家药品监督管理局批准免予批签发的产品除外。

第三条 批签发申请人应当是持有药品批准证明文件的境内外药品上市许可持有人。境外药品上市许可持有人应当指定我国境内企业法人办理批签发。

批签发产品应当按照经核准的工艺生产，并应当符合国家药品标准和药品注册标准。生产全过程应当符合药品生产质量管理规范的要求。药品上市许可持有人应当建立完整的生产质量管理体系，持续加强偏差管理。药品上市许可持有人对批签发产品生产、检验等过程中形成的资料、记录和数据的真实性负责。批签发资料应当经药品上市许可持有人的质量受权人审核并签发。

每批产品上市销售前或者进口时，批签发申请人应当主动提出批签发申请，依法履行批签发活动中的法定义务，保证申请批签发的产品质量可靠以及批签发申请资料和样品的真实性。

第四条 国家药品监督管理局主管全国生物制品批签发工作，负责规定批签发品种范围，指定批签发机构，明确批签发工作要求，指导批签发工作的实施。

省、自治区、直辖市药品监督管理部门负责本行政区域批签发申请人的监督管理，负责组织对本行政区域内批签发产品的现场检查；协助批签发机构开展现场核实，组织批签发产品的现场抽样及批签发不合格产品的处置，对批签发过程中发现的重大质量风险及违法违规行为进行调查处理，并将调查处理结果及时通知批签发机构；对企业生产过程中出现的可能影响产品质量的重大偏差进行调查，并出具审核评估报告；负责本行政区域内批签发机构的日常管理。

国家药品监督管理局指定的批签发机构负责批签发的受理、资料审核、样品检验等工作，并依法作出批签发决定。

中国食品药品检定研究院（以下简称中检院）组织制定批签发技术要求和技术考核细则，对拟承担批签发工作或者扩大批签发品种范围的药品检验机构进行能力评估和考核，对其他批签发机构进行业务指导、技术培训和考核评估；组织协调批签发机构批签发工作的实施。

国家药品监督管理局食品药品审核查验中心（以下简称核查中心）承担批签发过程中的境外现场检查等工作。

第五条 国家药品监督管理局对批签发产品建立基于风险的监督管理体系。必要时，可以通过现场核实验证批签发申请资料的真实性、可靠性。

第六条 生物制品批签发审核、检验应当依据国家药品标准和药品注册标准。

第二章　批签发机构确定

第七条 批签发机构及其所负责的批签发品种由国家药品监督管理局确定。

国家药品监督管理局根据批签发工作需要，适时公布新增批签发机构及批签发机构扩增批签发品种的评定标准、程序和条件。

第八条 药品检验机构可以按照评定标准和条件要求向省、自治区、直辖市药品监督管理部门提交承担批签发工作或者扩增批签发品种的相关工作材料。省、自治区、直辖市药品监督管理部门审查认为符合批签发机构评定标准的，向国家药品监督管理局提出批签发机构评估申请。中检院对提出申请的药品检验机构进行能力评估和考核。国家药品监督管理局根据考核结果确定由该药品检验机构承担相应品种的批签发工作，或者同意该批签发机构扩大批签发品种范围。

第九条 中检院应当根据批签发工作需要，对批签发机构进行评估，评估情况及时报告国家药品监督管理局。

第十条 批签发机构有下列情形之一的，国家药品监督管理局可以要求该机构停止批签发工作：

（一）发生重大差错、造成严重后果的；

（二）出具虚假检验报告的；

（三）经评估不再具备批签发机构评定标准和条件要求的。

第三章　批签发申请

第十一条 新批准上市的生物制品首次申请批签发前，批签发申请人应当在生物制品批签发管理系统内登记建档。登记时应当提交以下资料：

（一）生物制品批签发品种登记表；

（二）药品批准证明文件；

（三）合法生产的相关文件。

相关资料符合要求的，中检院应当在10日内完成所申请品种在生物制品批签发管理系统内的登记确认。

登记信息发生变化时，批签发申请人应当及时在生物制品批签发管理系统内变更。

第十二条 对拟申请批签发的每个品种，批签发申请人应当建立独立的批签发生产及检验记录摘要模板，报中检院核定后，由中检院分发给批签发机构和申请人。批签发申请人需要修订已核定的批签发生产及检验记录摘要模板的，应当向中检院提出申请，经中检院核定后方可变更。

第十三条 按照批签发管理的生物制品，批签发申请人在生产、检验完成后，应当在生物制品批签发管理系统内填写生物制品批签发申请表，并根据申请批签发产品的药品上市许可持有人所在地或者拟进口口岸所在地批签发机构设置情况，向相应属地的批签发机构申请批签发。

第十四条 批签发申请人凭生物制品批签发申请表向省、自治区、直辖市药品监督管理部门或者其指定的抽样机构提出抽样申请，抽样人员在5日内组织现场抽样，并将所抽样品封存。批签发申请人将封存样品在规定条件下送至批签发机构办理批签发登记，同时提交批签发申请资料。

省、自治区、直辖市药品监督管理部门负责组织本行政区域生产或者进口的批签发产品的抽样工作，按照国家药品监督管理局药品抽样规定制定抽样管理程序，确定相对固定的抽样机构和人员并在批签发机构备案，定期对抽样机构和人员进行培训，对抽样工作进行督查指导。

第十五条 批签发申请人申请批签发时，应当提供以下证明性文件、资料及样品：

（一）生物制品批签发申请表；

（二）药品批准证明文件；

（三）合法生产的相关文件；

（四）上市后变更的批准或者备案文件；

（五）质量受权人签字并加盖企业公章的批生产及检验记录摘要；

（六）数量满足相应品种批签发检验要求的同批号产品，必要时提供与检验相关的中间产品、标准物质、试剂等材料；

（七）生产管理负责人、质量管理负责人、质量受权人等关键人员变动情况的说明；

（八）与产品质量相关的其他资料。

申请疫苗批签发的，还应当提交疫苗的生产工艺偏差、质量差异、生产过程中的故障和事故以及采取措施的记录清单和对疫苗质量影响的评估结论；可能影响疫苗质量的，还应当提交偏差报告，包括偏差描述、处理措施、风险评估结论、已采取或者计划采取的纠正和预防措施等。对可能影响质量的重大偏差，应当提供所在地省、自治区、直辖市药品监督管理部门的审核评估报告。

进口疫苗类制品和血液制品应当同时提交生产企业所在国家或者地区的原产地证明以及药品管理当局出具的批签发证明文件。进口产品在本国免予批签发的，应当提供免予批签发的证明性文件。相关证明性文件应当同时提供经公证的中文译本。相关证明性文件为复印件的，应当加盖企业公章。

生物制品批生产及检验记录摘要，是指概述某一批生物制品全部生产工艺流程和质量控制关键环节检验结果的文件。该文件应当由企业质量管理部门和质量受权人审核确定。

第十六条 批签发机构收到申请资料及样品后，应当立即核对，交接双方登记签字确认后，妥善保存。批签发申请人无法现场签字确认的，应当提前递交书面承诺。

批签发机构应当在5日内决定是否受理。同意受理的，出具批签发受理通知书；不予受理的，予以退回，发给不予受理通知书并说明理由。

申请资料不齐全或者不符合规定形式的，批签发机构应当在 5 日内一次性书面告知批签发申请人需要补正的全部内容及资料补正时限。逾期不告知的，自收到申请资料和样品之日起即为受理。

批签发申请人收到补正资料通知后，应当在 10 日内补正资料，逾期未补正且无正当理由的，视为放弃申请，无需作出不予受理的决定。

申请资料存在可以当场更正的错误的，应当允许批签发申请人当场更正。

未获批签发机构受理的，不得更换其他批签发机构再次申请。

第十七条 对于国家疾病防控应急需要的生物制品，经国家药品监督管理局批准，企业在完成生产后即可向批签发机构申请同步批签发。

在批签发机构作出批签发合格结论前，批签发申请人应当将批签发申请资料补充完整并提交批签发机构。

第十八条 预防、控制传染病疫情或者应对突发事件急需的疫苗，经国家药品监督管理局批准，免予批签发。

第四章　审核、检验、检查与签发

第十九条 疫苗批签发应当逐批进行资料审核和抽样检验，其他生物制品批签发可以采取资料审核的方式，也可以采取资料审核和样品检验相结合的方式进行，并可根据需要进行现场核实。对不同品种检验项目和检验比例，由中检院负责组织论证，并抄报国家药品监督管理局。批签发机构按照确定的检验要求进行检验。

批签发机构在对具体品种的批签发过程中，可以根据该品种的工艺及质量控制成熟度和既往批签发等情况进行综合评估，动态调整该品种的检验项目和检验频次。批签发产品出现不合格项目的，批签发机构应当对后续批次产品的相应项目增加检验频次。

第二十条 资料审核的内容包括：

（一）申请资料内容是否符合要求；

（二）生产用原辅材料、菌种、毒种、细胞等是否与国家药品监督管理局批准的一致；

（三）生产工艺和过程控制是否与国家药品监督管理局批准的一致并符合国家药品标准要求；

（四）产品原液、半成品和成品的检验项目、检验方法和结果是否符合国家药品标准和药品注册标准的要求；

（五）产品关键质量指标趋势分析是否存在异常；

（六）产品包装、标签及说明书是否与国家药品监督管理局核准的内容一致；

（七）生产工艺偏差等对产品质量影响的风险评估报告；

（八）其他需要审核的项目。

第二十一条 有下列情形之一的，产品应当按照注册标准进行全部项目检验，至少连续生产的三批产品批签发合格后，方可进行部分项目检验：

（一）批签发申请人新获国家药品监督管理局批准上市的产品；

（二）生产场地发生变更并经批准的；

（三）生产工艺发生重大变更并经批准的；

（四）产品连续两年未申请批签发的；

（五）因违反相关法律法规被责令停产后经批准恢复生产的；

（六）有信息提示相应产品的质量或者质量控制可能存在潜在风险的。

第二十二条 批签发机构应当在本办法规定的工作时限内完成批签发工作。批签发申请人补正资料的时间、现场核实、现场检查和技术评估时间不计入批签发工作时限。

疫苗类产品应当在 60 日内完成批签发，血液制品和用于血源筛查的体外诊断试剂应当在 35 日内完成批签发。需要复试的，批签发工作时限可延长该检验项目的两个检验周期，并告知批签发申请人。

因品种特性及检验项目原因确需延长批签发时限的，经中检院审核确定后予以公开。

第二十三条 批签发机构因不可抗力或者突发公共卫生事件应急处置等原因，在规定的时限内不能完成批签发工作的，应当将批签发延期的时限、理由及预期恢复的时间书面通知批签发申请人。确实难以完成的，由中检院协调其他批签发机构承担。

第二十四条 批签发机构在保证资料审核和样品检验等技术审查工作独立性的前提下，可就批签发过程中需要解释的具体问题与批签发申请人进行沟通核实。核实工作可通过电话沟通、书面通知等形式进行，必要时可开展现场核实。需要批签发申请人提供说明或者补充资料的，应当书面通知，并明确回复时限。

批签发机构对批签发申请资料及样品真实性需要进一步核对的，应当及时派员到生产企业进行现场核实，可采取现场调阅原始记录、现场查看设备及日志等措施，并可视情况进行现场抽样检验。开展现场核实工作应当按照生物制品批签发现场核实相关要求进行，并通知省、自治区、直辖市药品监督管理部门派监管执法人员予以协助。

第二十五条 有下列情形之一的，批签发机构应当通报批签发申请人所在地和生产场地所在地省、自治区、直辖市药品监督管理部门，提出现场检查建议，并抄报国家药品监督管理局：

（一）无菌等重要安全性指标检验不合格的；

（二）效力等有效性指标连续两批检验不合格的；

（三）资料审核提示产品生产质量控制可能存在严重问题的，或者生产工艺偏差、质量差异、生产过程中的故障和事故需进一步核查的；

（四）批签发申请资料或者样品可能存在真实性问题的；

（五）其他提示产品存在重大质量风险的情形。

在上述问题调查处理期间，对批签发申请人相应品种可以暂停受理或者签发。

进口生物制品批签发中发现上述情形的，批签发机构应当报告国家药品监督管理局，并提出现场检查等相关建议。

第二十六条 省、自治区、直辖市药品监督管理部门接到批签发机构通报和现场检查建议后，应当在 10 日内进行现场检查。

检查结束后 10 日内，省、自治区、直辖市药品监督管理部门应当组织对批签发机构提出的相关批次产品的质量风险进行技术评估，作出明确结论；特殊情况下可适当延长期限并说明理由。国家药品监督管理局接到批签发机构关于进口产品通报和现场检查建议后，根据风险评估情况，及时组织核查中心进行境外现场检查。境外现场检查时限根据具体情况确定。

检查机构应当根据检查发现的风险程度和涉及范围，对可能需要采取紧急措施的，提出风险控制建议。接到通报的药品监督管理部门应当通知批签发机构对批签发申请人的相关产品或者所有产品不予批签发或者暂停批签发，并责令批签发申请人整改。

批签发申请人在查清问题原因并整改完成后，向药品监督管理部门和批签发机构报告。药品监督管理部门经确认符合要求后通知批签发机构，方可恢复批签发。

第二十七条 药品监督管理部门在监督检查中发现生物制品存在重大质量风险的，应当根据检查结果及时通知批签发机构对药品上市许可持有人的相关产品不予批签发或者暂停批签发。

第二十八条 批签发申请人申请撤回批签发的，应当说明理由，经批签发机构同意后方可撤回；批签发申请人应当向所在地省、自治区、直辖市药品监督管理部门报告批签发申请撤回情况。批签发机构已经确认资料审核提示缺陷、检验结果不符合规定的，批签发申请人不得撤回。

同步批签发过程中出现检验结果不符合规定情况等需要申请撤回批签发的，应当说明理由，经批签发机构同意后方可撤回。

第二十九条　批签发机构根据资料审核、样品检验或者现场检查等结果作出批签发结论。符合要求的，签发生物制品批签发证明，加盖批签发专用章，发给批签发申请人。

批签发机构签发的批签发电子证明与印制的批签发证明具有同等法律效力。

按照批签发管理的生物制品在销售时，应当出具加盖企业印章的该批产品的生物制品批签发证明复印件或者电子文件。

第三十条　有下列情形之一的，不予批签发，向批签发申请人出具生物制品不予批签发通知书，并抄送批签发申请人所在地或者进口口岸所在地省、自治区、直辖市药品监督管理部门：

（一）资料审核不符合要求的；

（二）样品检验不合格的；

（三）现场核实发现存在真实性问题的；

（四）现场检查发现违反药品生产质量管理规范且存在严重缺陷的；

（五）现场检查发现产品存在系统性、重大质量风险的；

（六）批签发申请人无正当理由，未在规定时限内补正资料的；

（七）经综合评估存在重大质量风险的；

（八）其他不符合法律法规要求的。

第三十一条　不予批签发或者撤回批签发的生物制品，由所在地省、自治区、直辖市药品监督管理部门按照有关规定监督批签发申请人销毁。不予批签发或者撤回批签发的进口生物制品由口岸所在地药品监督管理部门监督销毁，或者依法进行其他处理。

第三十二条　在批签发工作中发现企业产品存在质量问题或者其他安全隐患，涉及已上市流通批次的，批签发机构应当立即通报批签发申请人所在地和生产场地所在地省、自治区、直辖市药品监督管理部门；涉及进口生物制品的应当通报进口口岸所在地省、自治区、直辖市药品监督管理部门。接到通报的药品监督管理部门立即通知批签发申请人。

批签发申请人应当立即采取停止销售、使用，召回缺陷产品等措施，并按照有关规定在药品监督管理部门的监督下予以销毁。批签发申请人将销毁记录同时报药品监督管理部门和相应的批签发机构。

药品监督管理部门可以根据风险评估情况，采取责任约谈、限期整改等措施。

批签发申请人召回产品的，不免除其依法应当承担的其他法律责任。

第三十三条　批签发机构应当对批签发工作情况进行年度总结，由中检院汇总分析后，于每年3月底前向国家药品监督管理局报告。

第五章　复　审

第三十四条　批签发申请人对生物制品不予批签发通知书有异议的，可以自收到生物制品不予批签发通知书之日起7日内，向原批签发机构或者直接向中检院提出复审申请。

第三十五条　原批签发机构或者中检院应当在收到批签发申请人的复审申请之日起20日内作出是否复审的决定，复审内容仅限于原申请事项及原报送资料。需要复验的，其样品为原批签发机构保留的样品，其时限按照本办法第二十二条规定执行。

有下列情形之一的，不予复审：

（一）不合格项目为无菌、热原（细菌内毒素）等药品监督管理部门规定不得复验的项目；

（二）样品明显不均匀的；

（三）样品有效期不能满足检验需求的；

（四）批签发申请人书面承诺放弃复验的；

（五）未在规定时限内提出复审申请的；

（六）其他不宜进行复审的。

第三十六条 复审维持原决定的，发给生物制品批签发复审结果通知书，不再受理批签发申请人再次提出的复审申请；复审改变原结论的，收回原生物制品不予批签发通知书，发给生物制品批签发证明。

第六章 信息公开

第三十七条 国家药品监督管理局建立统一的生物制品批签发信息平台，公布批签发机构及调整情况、重大问题处理决定等信息，向批签发申请人提供可查询的批签发进度、批签发结论，及时公布已通过批签发的产品信息，供公众查询。

中检院负责生物制品批签发信息平台的日常运行和维护。

第三十八条 批签发机构应当在本机构网站或者申请受理场所公开批签发申请程序、需要提交的批签发材料目录和申请书示范文本、时限要求等信息。

第三十九条 已通过批签发的，批签发机构应当在 7 日内公开产品名称、批号、企业、效期、批签发证明编号等信息。

第七章 法律责任

第四十条 药品监督管理部门、批签发机构、核查中心及其工作人员在批签发工作中有下列情形之一的，依法对直接负责的主管人员和其他直接责任人员给予处分；构成犯罪的，依法追究刑事责任：

（一）对不符合法定条件的申请作出准予批签发结论或者超越法定职权作出批签发结论的；

（二）对符合法定条件的申请作出不予批签发结论的；

（三）批签发过程中违反程序要求，私自向批签发申请人或者第三方透露相关工作信息，造成严重后果的；

（四）批签发过程中收受、索取批签发申请人财物或者谋取其他利益的；

（五）未按规定进行现场检查的。

第四十一条 批签发机构在承担批签发相关工作时，出具虚假检验报告的，依照《药品管理法》第一百三十八条的规定予以处罚。

第四十二条 批签发申请人提供虚假资料或者样品，或者故意瞒报影响产品质量的重大变更情况，骗取生物制品批签发证明的，依照《药品管理法》第一百二十三条的规定予以处罚。

申请疫苗批签发提供虚假数据、资料、样品或者有其他欺骗行为的，依照《疫苗管理法》第八十一条的规定予以处罚。

伪造生物制品批签发证明的，依照《药品管理法》第一百二十二条的规定予以处罚。

第四十三条 销售、使用未获得生物制品批签发证明的生物制品的，依照《药品管理法》第一百二十四条的规定予以处罚。

第八章 附 则

第四十四条 本办法规定的期限以工作日计算，不含法定节假日。

第四十五条　按照批签发管理的生物制品进口时，还应当符合药品进口相关法律法规的规定。国家药品监督管理局规定批签发的生物制品，生物制品批签发证明可作为产品合格的通关证明。

出口疫苗应当符合进口国（地区）的标准或者合同要求，可按照进口国（地区）的标准或者合同要求申请批签发。

第四十六条　国家药品监督管理局负责颁布和更新批签发机构专用章，生物制品批签发专用章命名为"国家批签发机构专用章（×）"。其中，×代表批签发机构简称。

生物制品批签发申请表、生物制品批签发登记表、生物制品批签发证明、生物制品不予批签发通知书、生物制品批签发复审申请表、生物制品批签发复审结果通知书的格式由中检院统一制定并公布。

生物制品批签发证明、生物制品不予批签发通知书、生物制品批签发复审结果通知书，统一加盖生物制品批签发专用章。

第四十七条　生物制品批签发证明、生物制品不予批签发通知书、生物制品批签发复审结果通知书由批签发机构按照国家药品监督管理局规定的顺序编号，其格式为"批签×（进）检××××××××"，其中，前×符号代表批签发机构所在地省、自治区、直辖市行政区域或者机构的简称，进口生物制品使用"进"字；后8个×符号的前4位为公元年号，后4位为年内顺序号。

第四十八条　本办法自2021年3月1日起施行。2017年12月29日原国家食品药品监督管理总局令第39号公布的《生物制品批签发管理办法》同时废止。

医疗器械

● 综合管理 ●

医疗器械监督管理条例

（国务院令第 739 号）

发布日期：2021-02-09

实施日期：2021-06-01

法规类型：行政法规

第一章 总 则

第一条 为了保证医疗器械的安全、有效，保障人体健康和生命安全，促进医疗器械产业发展，制定本条例。

第二条 在中华人民共和国境内从事医疗器械的研制、生产、经营、使用活动及其监督管理，适用本条例。

第三条 国务院药品监督管理部门负责全国医疗器械监督管理工作。

国务院有关部门在各自的职责范围内负责与医疗器械有关的监督管理工作。

第四条 县级以上地方人民政府应当加强对本行政区域的医疗器械监督管理工作的领导，组织协调本行政区域内的医疗器械监督管理工作以及突发事件应对工作，加强医疗器械监督管理能力建设，为医疗器械安全工作提供保障。

县级以上地方人民政府负责药品监督管理的部门负责本行政区域的医疗器械监督管理工作。县级以上地方人民政府有关部门在各自的职责范围内负责与医疗器械有关的监督管理工作。

第五条 医疗器械监督管理遵循风险管理、全程管控、科学监管、社会共治的原则。

第六条 国家对医疗器械按照风险程度实行分类管理。

第一类是风险程度低，实行常规管理可以保证其安全、有效的医疗器械。

第二类是具有中度风险，需要严格控制管理以保证其安全、有效的医疗器械。

第三类是具有较高风险，需要采取特别措施严格控制管理以保证其安全、有效的医疗器械。

评价医疗器械风险程度，应当考虑医疗器械的预期目的、结构特征、使用方法等因素。

国务院药品监督管理部门负责制定医疗器械的分类规则和分类目录，并根据医疗器械生产、经营、使用情况，及时对医疗器械的风险变化进行分析、评价，对分类规则和分类目录进行调整。制定、调整分类规则和分类目录，应当充分听取医疗器械注册人、备案人、生产经营企业以及使用单位、行业组织的意见，并参考国际医疗器械分类实践。医疗器械分类规则和分类目录应当向社会公布。

第七条 医疗器械产品应当符合医疗器械强制性国家标准；尚无强制性国家标准的，应当符合医疗器械强制性行业标准。

第八条 国家制定医疗器械产业规划和政策，将医疗器械创新纳入发展重点，对创新医疗器械予以优先审评审批，支持创新医疗器械临床推广和使用，推动医疗器械产业高质量发展。国务院药品监督管理部门应当配合国务院有关部门，贯彻实施国家医疗器械产业规划和引导政策。

第九条 国家完善医疗器械创新体系，支持医疗器械的基础研究和应用研究，促进医疗器械新技术的推广和应用，在科技立项、融资、信贷、招标采购、医疗保险等方面予以支持。支持企业设立或者联合组建研制机构，鼓励企业与高等学校、科研院所、医疗机构等合作开展医疗器械的研究与创新，加强医疗器械知识产权保护，提高医疗器械自主创新能力。

第十条 国家加强医疗器械监督管理信息化建设，提高在线政务服务水平，为医疗器械行政许可、备案等提供便利。

第十一条 医疗器械行业组织应当加强行业自律，推进诚信体系建设，督促企业依法开展生产经营活动，引导企业诚实守信。

第十二条 对在医疗器械的研究与创新方面做出突出贡献的单位和个人，按照国家有关规定给予表彰奖励。

第二章 医疗器械产品注册与备案

第十三条 第一类医疗器械实行产品备案管理，第二类、第三类医疗器械实行产品注册管理。

医疗器械注册人、备案人应当加强医疗器械全生命周期质量管理，对研制、生产、经营、使用全过程中医疗器械的安全性、有效性依法承担责任。

第十四条 第一类医疗器械产品备案和申请第二类、第三类医疗器械产品注册，应当提交下列资料：

（一）产品风险分析资料；

（二）产品技术要求；

（三）产品检验报告；

（四）临床评价资料；

（五）产品说明书以及标签样稿；

（六）与产品研制、生产有关的质量管理体系文件；

（七）证明产品安全、有效所需的其他资料。

产品检验报告应当符合国务院药品监督管理部门的要求，可以是医疗器械注册申请人、备案人的自检报告，也可以是委托有资质的医疗器械检验机构出具的检验报告。

符合本条例第二十四条规定的免于进行临床评价情形的，可以免于提交临床评价资料。

医疗器械注册申请人、备案人应当确保提交的资料合法、真实、准确、完整和可追溯。

第十五条 第一类医疗器械产品备案，由备案人向所在地设区的市级人民政府负责药品监督管理的部门提交备案资料。

向我国境内出口第一类医疗器械的境外备案人，由其指定的我国境内企业法人向国务院药品监督管理部门提交备案资料和备案人所在国（地区）主管部门准许该医疗器械上市销售的证明文件。未在境外上市的创新医疗器械，可以不提交备案人所在国（地区）主管部门准许该医疗器械上市销售的证明文件。

备案人向负责药品监督管理的部门提交符合本条例规定的备案资料后即完成备案。负责药品监督管理的部门应当自收到备案资料之日起 5 个工作日内，通过国务院药品监督管理部门在线政务服务平台向社会公布备案有关信息。

备案资料载明的事项发生变化的，应当向原备案部门变更备案。

第十六条 申请第二类医疗器械产品注册，注册申请人应当向所在地省、自治区、直辖市人民政府药品监督管理部门提交注册申请资料。申请第三类医疗器械产品注册，注册申请人应当向国务院药品监督管理部门提交注册申请资料。

向我国境内出口第二类、第三类医疗器械的境外注册申请人，由其指定的我国境内企业法人向国务院药品监督管理部门提交注册申请资料和注册申请人所在国（地区）主管部门准许该医疗器械上市销售的证明文件。未在境外上市的创新医疗器械，可以不提交注册申请人所在国（地区）主管部门准许该医疗器械上市销售的证明文件。

国务院药品监督管理部门应当对医疗器械注册审查程序和要求作出规定，并加强对省、自治区、直辖市人民政府药品监督管理部门注册审查工作的监督指导。

第十七条 受理注册申请的药品监督管理部门应当对医疗器械的安全性、有效性以及注册申请人保证医疗器械安全、有效的质量管理能力等进行审查。

受理注册申请的药品监督管理部门应当自受理注册申请之日起 3 个工作日内将注册申请资料转交技术审评机构。技术审评机构应当在完成技术审评后，将审评意见提交受理注册申请的药品监督管理部门作为审批的依据。

受理注册申请的药品监督管理部门在组织对医疗器械的技术审评时认为有必要对质量管理体系进行核查的，应当组织开展质量管理体系核查。

第十八条 受理注册申请的药品监督管理部门应当自收到审评意见之日起 20 个工作日内作出决定。对符合条件的，准予注册并发给医疗器械注册证；对不符合条件的，不予注册并书面说明理由。

受理注册申请的药品监督管理部门应当自医疗器械准予注册之日起 5 个工作日内，通过国务院药品监督管理部门在线政务服务平台向社会公布注册有关信息。

第十九条 对用于治疗罕见疾病、严重危及生命且尚无有效治疗手段的疾病和应对公共卫生事件等急需的医疗器械，受理注册申请的药品监督管理部门可以作出附条件批准决定，并在医疗器械注册证中载明相关事项。

出现特别重大突发公共卫生事件或者其他严重威胁公众健康的紧急事件，国务院卫生主管部门根据预防、控制事件的需要提出紧急使用医疗器械的建议，经国务院药品监督管理部门组织论证同意后可以在一定范围和期限内紧急使用。

第二十条 医疗器械注册人、备案人应当履行下列义务：

（一）建立与产品相适应的质量管理体系并保持有效运行；

（二）制定上市后研究和风险管控计划并保证有效实施；

（三）依法开展不良事件监测和再评价；

（四）建立并执行产品追溯和召回制度；

（五）国务院药品监督管理部门规定的其他义务。

境外医疗器械注册人、备案人指定的我国境内企业法人应当协助注册人、备案人履行前款规定的义务。

第二十一条 已注册的第二类、第三类医疗器械产品，其设计、原材料、生产工艺、适用范围、使用方法等发生实质性变化，有可能影响该医疗器械安全、有效的，注册人应当向原注册部门申请办理变更注册手续；发生其他变化的，应当按照国务院药品监督管理部门的规定备案或者报告。

第二十二条 医疗器械注册证有效期为 5 年。有效期届满需要延续注册的，应当在有效期届满 6 个月前向原注册部门提出延续注册的申请。

除有本条第三款规定情形外，接到延续注册申请的药品监督管理部门应当在医疗器械注册证有效期届满前作出准予延续的决定。逾期未作决定的，视为准予延续。

有下列情形之一的，不予延续注册：

（一）未在规定期限内提出延续注册申请；

（二）医疗器械强制性标准已经修订，申请延续注册的医疗器械不能达到新要求；

（三）附条件批准的医疗器械，未在规定期限内完成医疗器械注册证载明事项。

第二十三条 对新研制的尚未列入分类目录的医疗器械，申请人可以依照本条例有关第三类医疗器械产品注册的规定直接申请产品注册，也可以依据分类规则判断产品类别并向国务院药品监督管理部门申请类别确认后依照本条例的规定申请产品注册或者进行产品备案。

直接申请第三类医疗器械产品注册的，国务院药品监督管理部门应当按照风险程度确定类别，对准予注册的医疗器械及时纳入分类目录。申请类别确认的，国务院药品监督管理部门应当自受理申请之日起 20 个工作日内对该医疗器械的类别进行判定并告知申请人。

第二十四条 医疗器械产品注册、备案，应当进行临床评价；但是符合下列情形之一，可以免于进行临床评价：

（一）工作机理明确、设计定型，生产工艺成熟，已上市的同品种医疗器械临床应用多年且无严重不良事件记录，不改变常规用途的；

（二）其他通过非临床评价能够证明该医疗器械安全、有效的。

国务院药品监督管理部门应当制定医疗器械临床评价指南。

第二十五条 进行医疗器械临床评价，可以根据产品特征、临床风险、已有临床数据等情形，通过开展临床试验，或者通过对同品种医疗器械临床文献资料、临床数据进行分析评价，证明医疗器械安全、有效。

按照国务院药品监督管理部门的规定，进行医疗器械临床评价时，已有临床文献资料、临床数据不足以确认产品安全、有效的医疗器械，应当开展临床试验。

第二十六条 开展医疗器械临床试验，应当按照医疗器械临床试验质量管理规范的要求，在具备相应条件的临床试验机构进行，并向临床试验申办者所在地省、自治区、直辖市人民政府药品监督管理部门备案。接受临床试验备案的药品监督管理部门应当将备案情况通报临床试验机构所在地同级药品监督管理部门和卫生主管部门。

医疗器械临床试验机构实行备案管理。医疗器械临床试验机构应当具备的条件以及备案管理办法和临床试验质量管理规范，由国务院药品监督管理部门会同国务院卫生主管部门制定并公布。

国家支持医疗机构开展临床试验，将临床试验条件和能力评价纳入医疗机构等级评审，鼓励医疗机构开展创新医疗器械临床试验。

第二十七条 第三类医疗器械临床试验对人体具有较高风险的，应当经国务院药品监督管理部门批准。国务院药品监督管理部门审批临床试验，应当对拟承担医疗器械临床试验的机构的设备、专业人员等条件，该医疗器械的风险程度，临床试验实施方案，临床受益与风险对比分析报告等进行综合分析，并自受理申请之日起 60 个工作日内作出决定并通知临床试验申办者。逾期未通知的，视为同意。准予开展临床试验的，应当通报临床试验机构所在地省、自治区、直辖市人民政府药品监督管理部门和卫生主管部门。

临床试验对人体具有较高风险的第三类医疗器械目录由国务院药品监督管理部门制定、调整并公布。

第二十八条　开展医疗器械临床试验，应当按照规定进行伦理审查，向受试者告知试验目的、用途和可能产生的风险等详细情况，获得受试者的书面知情同意；受试者为无民事行为能力人或者限制民事行为能力人的，应当依法获得其监护人的书面知情同意。

开展临床试验，不得以任何形式向受试者收取与临床试验有关的费用。

第二十九条　对正在开展临床试验的用于治疗严重危及生命且尚无有效治疗手段的疾病的医疗器械，经医学观察可能使患者获益，经伦理审查、知情同意后，可以在开展医疗器械临床试验的机构内免费用于其他病情相同的患者，其安全性数据可以用于医疗器械注册申请。

第三章　医疗器械生产

第三十条　从事医疗器械生产活动，应当具备下列条件：

（一）有与生产的医疗器械相适应的生产场地、环境条件、生产设备以及专业技术人员；

（二）有能对生产的医疗器械进行质量检验的机构或者专职检验人员以及检验设备

（三）有保证医疗器械质量的管理制度；

（四）有与生产的医疗器械相适应的售后服务能力；

（五）符合产品研制、生产工艺文件规定的要求。

第三十一条　从事第一类医疗器械生产的，应当向所在地设区的市级人民政府负责药品监督管理的部门备案，在提交符合本条例第三十条规定条件的有关资料后即完成备案。

医疗器械备案人自行生产第一类医疗器械的，可以在依照本条例第十五条规定进行产品备案时一并提交符合本条例第三十条规定条件的有关资料，即完成生产备案。

第三十二条　从事第二类、第三类医疗器械生产的，应当向所在地省、自治区、直辖市人民政府药品监督管理部门申请生产许可并提交其符合本条例第三十条规定条件的有关资料以及所生产医疗器械的注册证。

受理生产许可申请的药品监督管理部门应当对申请资料进行审核，按照国务院药品监督管理部门制定的医疗器械生产质量管理规范的要求进行核查，并自受理申请之日起 20 个工作日内作出决定。对符合规定条件的，准予许可并发给医疗器械生产许可证；对不符合规定条件的，不予许可并书面说明理由。

医疗器械生产许可证有效期为 5 年。有效期届满需要延续的，依照有关行政许可的法律规定办理延续手续。

第三十三条　医疗器械生产质量管理规范应当对医疗器械的设计开发、生产设备条件、原材料采购、生产过程控制、产品放行、企业的机构设置和人员配备等影响医疗器械安全、有效的事项作出明确规定。

第三十四条　医疗器械注册人、备案人可以自行生产医疗器械，也可以委托符合本条例规定、具备相应条件的企业生产医疗器械。

委托生产医疗器械的，医疗器械注册人、备案人应当对所委托生产的医疗器械质量负责，并加强对受托生产企业生产行为的管理，保证其按照法定要求进行生产。医疗器械注册人、备案人应当与受托生产企业签订委托协议，明确双方权利、义务和责任。受托生产企业应当依照法律法规、医疗器械生产质量管理规范、强制性标准、产品技术要求和委托协议组织生产，对生产行为负责，并接受委托方的监督。

具有高风险的植入性医疗器械不得委托生产，具体目录由国务院药品监督管理部门制定、调整并公布。

第三十五条　医疗器械注册人、备案人、受托生产企业应当按照医疗器械生产质量管理规范，建立健全与所生产医疗器械相适应的质量管理体系并保证其有效运行；严格按照经注册或者备案的产品技术要求组织生产，保证出厂的医疗器械符合强制性标准以及经注册或者备案的产品技术要求。

医疗器械注册人、备案人、受托生产企业应当定期对质量管理体系的运行情况进行自查，并按照国务院药品监督管理部门的规定提交自查报告。

第三十六条 医疗器械的生产条件发生变化，不再符合医疗器械质量管理体系要求的，医疗器械注册人、备案人、受托生产企业应当立即采取整改措施；可能影响医疗器械安全、有效的，应当立即停止生产活动，并向原生产许可或者生产备案部门报告。

第三十七条 医疗器械应当使用通用名称。通用名称应当符合国务院药品监督管理部门制定的医疗器械命名规则。

第三十八条 国家根据医疗器械产品类别，分步实施医疗器械唯一标识制度，实现医疗器械可追溯，具体办法由国务院药品监督管理部门会同国务院有关部门制定。

第三十九条 医疗器械应当有说明书、标签。说明书、标签的内容应当与经注册或者备案的相关内容一致，确保真实、准确。

医疗器械的说明书、标签应当标明下列事项：

（一）通用名称、型号、规格；

（二）医疗器械注册人、备案人、受托生产企业的名称、地址以及联系方式；

（三）生产日期，使用期限或者失效日期；

（四）产品性能、主要结构、适用范围；

（五）禁忌、注意事项以及其他需要警示或者提示的内容；

（六）安装和使用说明或者图示；

（七）维护和保养方法，特殊运输、贮存的条件、方法；

（八）产品技术要求规定应当标明的其他内容。

第二类、第三类医疗器械还应当标明医疗器械注册证证编号。

由消费者个人自行使用的医疗器械还应当具有安全使用的特别说明。

第四章　医疗器械经营与使用

第四十条 从事医疗器械经营活动，应当有与经营规模和经营范围相适应的经营场所和贮存条件，以及与经营的医疗器械相适应的质量管理制度和质量管理机构或者人员。

第四十一条 从事第二类医疗器械经营的，由经营企业向所在地设区的市级人民政府负责药品监督管理的部门备案并提交符合本条例第四十条规定条件的有关资料。

按照国务院药品监督管理部门的规定，对产品安全性、有效性不受流通过程影响的第二类医疗器械，可以免于经营备案。

第四十二条 从事第三类医疗器械经营的，经营企业应当向所在地设区的市级人民政府负责药品监督管理的部门申请经营许可并提交符合本条例第四十条规定条件的有关资料。

受理经营许可申请的负责药品监督管理的部门应当对申请资料进行审查，必要时组织核查，并自受理申请之日起 20 个工作日内作出决定。对符合规定条件的，准予许可并发给医疗器械经营许可证；对不符合规定条件的，不予许可并书面说明理由。

医疗器械经营许可证有效期为 5 年。有效期届满需要延续的，依照有关行政许可的法律规定办理延续手续。

第四十三条 医疗器械注册人、备案人经营其注册、备案的医疗器械，无需办理医疗器械经营许可或者备案，但应当符合本条例规定的经营条件。

第四十四条 从事医疗器械经营，应当依照法律法规和国务院药品监督管理部门制定的医疗器械经营质量管理规范的要求，建立健全与所经营医疗器械相适应的质量管理体系并保证其有效运行。

第四十五条 医疗器械经营企业、使用单位应当从具备合法资质的医疗器械注册人、备案人、生产经营企业购进医疗器械。购进医疗器械时，应当查验供货者的资质和医疗器械的合格证明文件，建立进货查验记录制度。从事第二类、第三类医疗器械批发业务以及第三类医疗器械零售业务的经营企业，还应当建立销售记录制度。

记录事项包括：

（一）医疗器械的名称、型号、规格、数量；

（二）医疗器械的生产批号、使用期限或者失效日期、销售日期；

（三）医疗器械注册人、备案人和受托生产企业的名称；

（四）供货者或者购货者的名称、地址以及联系方式；

（五）相关许可证明文件编号等。

进货查验记录和销售记录应当真实、准确、完整和可追溯，并按照国务院药品监督管理部门规定的期限予以保存。国家鼓励采用先进技术手段进行记录。

第四十六条 从事医疗器械网络销售的，应当是医疗器械注册人、备案人或者医疗器械经营企业。从事医疗器械网络销售的经营者，应当将从事医疗器械网络销售的相关信息告知所在地设区的市级人民政府负责药品监督管理的部门，经营第一类医疗器械和本条例第四十一条第二款规定的第二类医疗器械的除外。

为医疗器械网络交易提供服务的电子商务平台经营者应当对入网医疗器械经营者进行实名登记，审查其经营许可、备案情况和所经营医疗器械产品注册、备案情况，并对其经营行为进行管理。电子商务平台经营者发现入网医疗器械经营者有违反本条例规定行为的，应当及时制止并立即报告医疗器械经营者所在地设区的市级人民政府负责药品监督管理的部门；发现严重违法行为的，应当立即停止提供网络交易平台服务。

第四十七条 运输、贮存医疗器械，应当符合医疗器械说明书和标签标示的要求；对温度、湿度等环境条件有特殊要求的，应当采取相应措施，保证医疗器械的安全、有效。

第四十八条 医疗器械使用单位应当有与在用医疗器械品种、数量相适应的贮存场所和条件。医疗器械使用单位应当加强对工作人员的技术培训，按照产品说明书、技术操作规范等要求使用医疗器械。

医疗器械使用单位配置大型医用设备，应当符合国务院卫生主管部门制定的大型医用设备配置规划，与其功能定位、临床服务需求相适应，具有相应的技术条件、配套设施和具备相应资质、能力的专业技术人员，并经省级以上人民政府卫生主管部门批准，取得大型医用设备配置许可证。

大型医用设备配置管理办法由国务院卫生主管部门会同国务院有关部门制定。大型医用设备目录由国务院卫生主管部门商国务院有关部门提出，报国务院批准后执行。

第四十九条 医疗器械使用单位对重复使用的医疗器械，应当按照国务院卫生主管部门制定的消毒和管理的规定进行处理。

一次性使用的医疗器械不得重复使用，对使用过的应当按照国家有关规定销毁并记录。一次性使用的医疗器械目录由国务院药品监督管理部门会同国务院卫生主管部门制定、调整并公布。列入一次性使用的医疗器械目录，应当具有充足的无法重复使用的证据理由。重复使用可以保证安全、有效的医疗器械，不列入一次性使用的医疗器械目录。对因设计、生产工艺、消毒灭菌技术等改进后重复使用可以保证安全、有效的医疗器械，应当调整出一次性使用的医疗器械目录，允许重复使用。

第五十条 医疗器械使用单位对需要定期检查、检验、校准、保养、维护的医疗器械，应当按照产品说明书的要求进行检查、检验、校准、保养、维护并予以记录，及时进行分析、评估，确保医疗器械处于良好状态，保障使用质量；对使用期限长的大型医疗器械，应当逐台建立使用档案，记录其使用、维护、转让、实际使用时间等事项。记录保存期限不得少于医疗器械规定使用期限终止后 5 年。

第五十一条 医疗器械使用单位应当妥善保存购入第三类医疗器械的原始资料，并确保信息具有可追溯性。

使用大型医疗器械以及植入和介入类医疗器械的，应当将医疗器械的名称、关键性技术参数等信息以及与使用质量安全密切相关的必要信息记载到病历等相关记录中。

第五十二条 发现使用的医疗器械存在安全隐患的，医疗器械使用单位应当立即停止使用，并通知医疗器械注册人、备案人或者其他负责产品质量的机构进行检修；经检修仍不能达到使用安全标准的医疗器械，不得继续使用。

第五十三条 对国内尚无同品种产品上市的体外诊断试剂，符合条件的医疗机构根据本单位的临床需要，可以自行研制，在执业医师指导下在本单位内使用。具体管理办法由国务院药品监督管理部门会同国务院卫生主管部门制定。

第五十四条 负责药品监督管理的部门和卫生主管部门依据各自职责，分别对使用环节的医疗器械质量和医疗器械使用行为进行监督管理。

第五十五条 医疗器械经营企业、使用单位不得经营、使用未依法注册或者备案、无合格证明文件以及过期、失效、淘汰的医疗器械。

第五十六条 医疗器械使用单位之间转让在用医疗器械，转让方应当确保所转让的医疗器械安全、有效，不得转让过期、失效、淘汰以及检验不合格的医疗器械。

第五十七条 进口的医疗器械应当是依照本条例第二章的规定已注册或者已备案的医疗器械。

进口的医疗器械应当有中文说明书、中文标签。说明书、标签应当符合本条例规定以及相关强制性标准的要求，并在说明书中载明医疗器械的原产地以及境外医疗器械注册人、备案人指定的我国境内企业法人的名称、地址、联系方式。没有中文说明书、中文标签或者说明书、标签不符合本条规定的，不得进口。

医疗机构因临床急需进口少量第二类、第三类医疗器械的，经国务院药品监督管理部门或者国务院授权的省、自治区、直辖市人民政府批准，可以进口。进口的医疗器械应当在指定医疗机构内用于特定医疗目的。

禁止进口过期、失效、淘汰等已使用过的医疗器械。

第五十八条 出入境检验检疫机构依法对进口的医疗器械实施检验；检验不合格的，不得进口。

国务院药品监督管理部门应当及时向国家出入境检验检疫部门通报进口医疗器械的注册和备案情况。进口口岸所在地出入境检验检疫机构应当及时向所在地设区的市级人民政府负责药品监督管理的部门通报进口医疗器械的通关情况。

第五十九条 出口医疗器械的企业应当保证其出口的医疗器械符合进口国（地区）的要求。

第六十条 医疗器械广告的内容应当真实合法，以经负责药品监督管理的部门注册或者备案的医疗器械说明书为准，不得含有虚假、夸大、误导性的内容。

发布医疗器械广告，应当在发布前由省、自治区、直辖市人民政府确定的广告审查机关对广告内容进行审查，并取得医疗器械广告批准文号；未经审查，不得发布。

省级以上人民政府药品监督管理部门责令暂停生产、进口、经营和使用的医疗器械，在暂停期间不得发布涉及该医疗器械的广告。

医疗器械广告的审查办法由国务院市场监督管理部门制定。

第五章 不良事件的处理与医疗器械的召回

第六十一条 国家建立医疗器械不良事件监测制度，对医疗器械不良事件及时进行收集、分析、评价、控制。

第六十二条 医疗器械注册人、备案人应当建立医疗器械不良事件监测体系，配备与其产品相适应的不良事件监测机构和人员，对其产品主动开展不良事件监测，并按照国务院药品监督管理部门的规定，向医疗器械不良事件监测技术机构报告调查、分析、评价、产品风险控制等情况。

医疗器械生产经营企业、使用单位应当协助医疗器械注册人、备案人对所生产经营或者使用的医疗器械开展不良事件监测；发现医疗器械不良事件或者可疑不良事件，应当按照国务院药品监督管理部门的规定，向医疗器械不良事件监测技术机构报告。

其他单位和个人发现医疗器械不良事件或者可疑不良事件，有权向负责药品监督管理的部门或者医疗器械不良事件监测技术机构报告。

第六十三条 国务院药品监督管理部门应当加强医疗器械不良事件监测信息网络建设。

医疗器械不良事件监测技术机构应当加强医疗器械不良事件信息监测，主动收集不良事件信息；发现不良事件或者接到不良事件报告的，应当及时进行核实，必要时进行调查、分析、评估，向负责药品监督管理的部门和卫生主管部门报告并提出处理建议。

医疗器械不良事件监测技术机构应当公布联系方式，方便医疗器械注册人、备案人、生产经营企业、使用单位等报告医疗器械不良事件。

第六十四条 负责药品监督管理的部门应当根据医疗器械不良事件评估结果及时采取发布警示信息以及责令暂停生产、进口、经营和使用等控制措施。

省级以上人民政府药品监督管理部门应当会同同级卫生主管部门和相关部门组织对引起突发、群发的严重伤害或者死亡的医疗器械不良事件及时进行调查和处理，并组织对同类医疗器械加强监测。

负责药品监督管理的部门应当及时向同级卫生主管部门通报医疗器械使用单位的不良事件监测有关情况。

第六十五条 医疗器械注册人、备案人、生产经营企业、使用单位应当对医疗器械不良事件监测技术机构、负责药品监督管理的部门、卫生主管部门开展的医疗器械不良事件调查予以配合。

第六十六条 有下列情形之一的，医疗器械注册人、备案人应当主动开展已上市医疗器械再评价：

（一）根据科学研究的发展，对医疗器械的安全、有效有认识上的改变；

（二）医疗器械不良事件监测、评估结果表明医疗器械可能存在缺陷；

（三）国务院药品监督管理部门规定的其他情形。

医疗器械注册人、备案人应当根据再评价结果，采取相应控制措施，对已上市医疗器械进行改进，并按照规定进行注册变更或者备案变更。再评价结果表明已上市医疗器械不能保证安全、有效的，医疗器械注册人、备案人应当主动申请注销医疗器械注册证或者取消备案；医疗器械注册人、备案人未申请注销医疗器械注册证或者取消备案的，由负责药品监督管理的部门注销医疗器械注册证或者取消备案。

省级以上人民政府药品监督管理部门根据医疗器械不良事件监测、评估等情况，对已上市医疗器械开展再评价。再评价结果表明已上市医疗器械不能保证安全、有效的，应当注销医疗器械注册证或者取消备案。

负责药品监督管理的部门应当向社会及时公布注销医疗器械注册证和取消备案情况。被注销医疗器械注册证或者取消备案的医疗器械不得继续生产、进口、经营、使用。

第六十七条 医疗器械注册人、备案人发现生产的医疗器械不符合强制性标准、经注册或者备案的产品技术要求，或者存在其他缺陷的，应当立即停止生产，通知相关经营企业、使用单位和消费者停止经营和使用，召回已经上市销售的医疗器械，采取补救、销毁等措施，记录相关情况，发布相关信息，并将医疗器械召回和处理情况向负责药品监督管理的部门和卫生主管部门报告。

医疗器械受托生产企业、经营企业发现生产、经营的医疗器械存在前款规定情形的，应当立即停止生产、经营，通知医疗器械注册人、备案人，并记录停止生产、经营和通知情况。医疗器械注册人、备案人认为属于依照前款规定需要召回的医疗器械，应当立即召回。

医疗器械注册人、备案人、受托生产企业、经营企业未依照本条规定实施召回或者停止生产、经营的，负责药品监督管理的部门可以责令其召回或者停止生产、经营。

第六章 监督检查

第六十八条 国家建立职业化专业化检查员制度，加强对医疗器械的监督检查。

第六十九条 负责药品监督管理的部门应当对医疗器械的研制、生产、经营活动以及使用环节的医疗器械质量加强监督检查，并对下列事项进行重点监督检查：

（一）是否按照经注册或者备案的产品技术要求组织生产；

（二）质量管理体系是否保持有效运行；

（三）生产经营条件是否持续符合法定要求。

必要时，负责药品监督管理的部门可以对为医疗器械研制、生产、经营、使用等活动提供产品或者服务的其他相关单位和个人进行延伸检查。

第七十条 负责药品监督管理的部门在监督检查中有下列职权：

（一）进入现场实施检查、抽取样品；

（二）查阅、复制、查封、扣押有关合同、票据、账簿以及其他有关资料；

（三）查封、扣押不符合法定要求的医疗器械，违法使用的零配件、原材料以及用于违法生产经营医疗器械的工具、设备；

（四）查封违反本条例规定从事医疗器械生产经营活动的场所。

进行监督检查，应当出示执法证件，保守被检查单位的商业秘密。

有关单位和个人应当对监督检查予以配合，提供相关文件和资料，不得隐瞒、拒绝、阻挠。

第七十一条 卫生主管部门应当对医疗机构的医疗器械使用行为加强监督检查。实施监督检查时，可以进入医疗机构，查阅、复制有关档案、记录以及其他有关资料。

第七十二条 医疗器械生产经营过程中存在产品质量安全隐患，未及时采取措施消除的，负责药品监督管理的部门可以采取告诫、责任约谈、责令限期整改等措施。

对人体造成伤害或者有证据证明可能危害人体健康的医疗器械，负责药品监督管理的部门可以采取责令暂停生产、进口、经营、使用的紧急控制措施，并发布安全警示信息。

第七十三条 负责药品监督管理的部门应当加强对医疗器械注册人、备案人、生产经营企业和使用单位生产、经营、使用的医疗器械的抽查检验。抽查检验不得收取检验费和其他任何费用，所需费用纳入本级政府预算。省级以上人民政府药品监督管理部门应当根据抽查检验结论及时发布医疗器械质量公告。

卫生主管部门应当对大型医用设备的使用状况进行监督和评估；发现违规使用以及与大型医用设备相关的过度检查、过度治疗等情形的，应当立即纠正，依法予以处理。

第七十四条　负责药品监督管理的部门未及时发现医疗器械安全系统性风险，未及时消除监督管理区域内医疗器械安全隐患的，本级人民政府或者上级人民政府负责药品监督管理的部门应当对其主要负责人进行约谈。

地方人民政府未履行医疗器械安全职责，未及时消除区域性重大医疗器械安全隐患的，上级人民政府或者上级人民政府负责药品监督管理的部门应当对其主要负责人进行约谈。

被约谈的部门和地方人民政府应当立即采取措施，对医疗器械监督管理工作进行整改。

第七十五条　医疗器械检验机构资质认定工作按照国家有关规定实行统一管理。经国务院认证认可监督管理部门会同国务院药品监督管理部门认定的检验机构，方可对医疗器械实施检验。

负责药品监督管理的部门在执法工作中需要对医疗器械进行检验的，应当委托有资质的医疗器械检验机构进行，并支付相关费用。

当事人对检验结论有异议的，可以自收到检验结论之日起 7 个工作日内向实施抽样检验的部门或者其上一级负责药品监督管理的部门提出复检申请，由受理复检申请的部门在复检机构名录中随机确定复检机构进行复检。承担复检工作的医疗器械检验机构应当在国务院药品监督管理部门规定的时间内作出复检结论。复检结论为最终检验结论。复检机构与初检机构不得为同一机构；相关检验项目只有一家有资质的检验机构的，复检时应当变更承办部门或者人员。复检机构名录由国务院药品监督管理部门公布。

第七十六条　对可能存在有害物质或者擅自改变医疗器械设计、原材料和生产工艺并存在安全隐患的医疗器械，按照医疗器械国家标准、行业标准规定的检验项目和检验方法无法检验的，医疗器械检验机构可以使用国务院药品监督管理部门批准的补充检验项目和检验方法进行检验；使用补充检验项目、检验方法得出的检验结论，可以作为负责药品监督管理的部门认定医疗器械质量的依据。

第七十七条　市场监督管理部门应当依照有关广告管理的法律、行政法规的规定，对医疗器械广告进行监督检查，查处违法行为。

第七十八条　负责药品监督管理的部门应当通过国务院药品监督管理部门在线政务服务平台依法及时公布医疗器械许可、备案、抽查检验、违法行为查处等日常监督管理信息。但是，不得泄露当事人的商业秘密。

负责药品监督管理的部门建立医疗器械注册人、备案人、生产经营企业、使用单位信用档案，对有不良信用记录的增加监督检查频次，依法加强失信惩戒。

第七十九条　负责药品监督管理的部门等部门应当公布本单位的联系方式，接受咨询、投诉、举报。负责药品监督管理的部门等部门接到与医疗器械监督管理有关的咨询，应当及时答复；接到投诉、举报，应当及时核实、处理、答复。对咨询、投诉、举报情况及其答复、核实、处理情况，应当予以记录、保存。

有关医疗器械研制、生产、经营、使用行为的举报经调查属实的，负责药品监督管理的部门等部门对举报人应当给予奖励。有关部门应当为举报人保密。

第八十条　国务院药品监督管理部门制定、调整、修改本条例规定的目录以及与医疗器械监督管理有关的规范，应当公开征求意见；采取听证会、论证会等形式，听取专家、医疗器械注册人、备案人、生产经营企业、使用单位、消费者、行业协会以及相关组织等方面的意见。

第七章　法律责任

第八十一条　有下列情形之一的，由负责药品监督管理的部门没收违法所得、违法生产经营的医疗器械和用于违法生产经营的工具、设备、原材料等物品；违法生产经营的医疗械货值金额不足 1 万元的，并处 5 万元以上 15 万元以下罚款；货值金额 1 万元以上的，并处货值金额 15 倍以上 30 倍以下罚款；情节严重的，责令停产停业，10 年内不受理相关责任人以及单位提出的医疗器械许可申请，对违法单位的法定代表人、主要负责人、直接负责的主管人员和其他责任人员，没收违法行为发生期间自本单位所获收入，并处所获收入 30% 以上 3 倍以下罚款，终身禁止其从事医疗器械生产经营活动：

（一）生产、经营未取得医疗器械注册证的第二类、第三类医疗器械；

（二）未经许可从事第二类、第三类医疗器械生产活动；

（三）未经许可从事第三类医疗器械经营活动。

有前款第一项情形、情节严重的，由原发证部门吊销医疗器械生产许可证或者医疗器械经营许可证。

第八十二条 未经许可擅自配置使用大型医用设备的，由县级以上人民政府卫生主管部门责令停止使用，给予警告，没收违法所得；违法所得不足 1 万元的，并处 5 万元以上 10 万元以下罚款；违法所得 1 万元以上的，并处违法所得 10 倍以上 30 倍以下罚款；情节严重的，5 年内不受理相关责任人以及单位提出的大型医用设备配置许可申请，对违法单位的法定代表人、主要负责人、直接负责的主管人员和其他责任人员，没收违法行为发生期间自本单位所获收入，并处所获收入 30% 以上 3 倍以下罚款，依法给予处分。

第八十三条 在申请医疗器械行政许可时提供虚假资料或者采取其他欺骗手段的，不予行政许可，已经取得行政许可的，由作出行政许可决定的部门撤销行政许可，没收违法所得、违法生产经营使用的医疗器械，10 年内不受理相关责任人以及单位提出的医疗器械许可申请；违法生产经营使用的医疗器械货值金额不足 1 万元的，并处 5 万元以上 15 万元以下罚款；货值金额 1 万元以上的，并处货值金额 15 倍以上 30 倍以下罚款；情节严重的，责令停产停业，对违法单位的法定代表人、主要负责人、直接负责的主管人员和其他责任人员，没收违法行为发生期间自本单位所获收入，并处所获收入 30% 以上 3 倍以下罚款，终身禁止其从事医疗器械生产经营活动。

伪造、变造、买卖、出租、出借相关医疗器械许可证件的，由原发证部门予以收缴或者吊销，没收违法所得；违法所得不足 1 万元的，并处 5 万元以上 10 万元以下罚款；违法所得 1 万元以上的，并处违法所得 10 倍以上 20 倍以下罚款；构成违反治安管理行为的，由公安机关依法予以治安管理处罚。

第八十四条 有下列情形之一的，由负责药品监督管理的部门向社会公告单位和产品名称，责令限期改正；逾期不改正的，没收违法所得、违法生产经营的医疗器械；违法生产经营的医疗器械货值金额不足 1 万元的，并处 1 万元以上 5 万元以下罚款；货值金额 1 万元以上的，并处货值金额 5 倍以上 20 倍以下罚款；情节严重的，对违法单位的法定代表人、主要负责人、直接负责的主管人员和其他责任人员，没收违法行为发生期间自本单位所获收入，并处所获收入 30% 以上 2 倍以下罚款，5 年内禁止其从事医疗器械生产经营活动：

（一）生产、经营未经备案的第一类医疗器械；

（二）未经备案从事第一类医疗器械生产；

（三）经营第二类医疗器械，应当备案但未备案；

（四）已经备案的资料不符合要求。

第八十五条 备案时提供虚假资料的，由负责药品监督管理的部门向社会公告备案单位和产品名称，没收违法所得、违法生产经营的医疗器械；违法生产经营的医疗器械货值金额不足 1 万元的，并处 2 万元以上 5 万元以下罚款；货值金额 1 万元以上的，并处货值金额 5 倍以上 20 倍以下罚款；情节严重的，责令停产停业，对违法单位的法定代表人、主要负责人、直接负责的主管人员和其他责任人员，没收违法行为发生期间自本单位所获收入，并处所获收入 30% 以上 3 倍以下罚款，10 年内禁止其从事医疗器械生产经营活动。

第八十六条 有下列情形之一的，由负责药品监督管理的部门责令改正，没收违法生产经营使用的医疗器械；违法生产经营使用的医疗器械货值金额不足 1 万元的，并处 2 万元以上 5 万元以下罚款；货值金额 1 万元以上的，并处货值金额 5 倍以上 20 倍以下罚款；情节严重的，责令停产停业，直至由原发证部门吊销医疗器械注册证、医疗器械生产许可证、医疗器械经营许可证，对违法单位的法定代表人、主要负责人、直接负责的主管人员和其他责任人员，没收违法行为发生期间自本单位所获收入，并处所获收入 30% 以上 3 倍以下罚款，10 年内禁止其从事医疗器械生产经营活动：

（一）生产、经营、使用不符合强制性标准或者不符合经注册或者备案的产品技术要求的医疗器械；

（二）未按照经注册或者备案的产品技术要求组织生产，或者未依照本条例规定建立质量管理体系并保持有效运行，影响产品安全、有效；

（三）经营、使用无合格证明文件、过期、失效、淘汰的医疗器械，或者使用未依法注册的医疗器械；

（四）在负责药品监督管理的部门责令召回后仍拒不召回，或者在负责药品监督管理的部门责令停止或者暂停生产、进口、经营后，仍拒不停止生产、进口、经营医疗器械；

（五）委托不具备本条例规定条件的企业生产医疗器械，或者未对受托生产企业的生产行为进行管理；

（六）进口过期、失效、淘汰等已使用过的医疗器械。

第八十七条 医疗器械经营企业、使用单位履行了本条例规定的进货查验等义务，有充分证据证明其不知道所经营、使用的医疗器械为本条例第八十一条第一款第一项、第八十四条第一项、第八十六条第一项和第三项规定情形的医疗器械，并能如实说明其进货来源的，收缴其经营、使用的不符合法定要求的医疗器械，可以免除行政处罚。

第八十八条 有下列情形之一的，由负责药品监督管理的部门责令改正，处 1 万元以上 5 万元以下罚款；拒不改正的，处 5 万元以上 10 万元以下罚款；情节严重的，责令停产停业，直至由原发证部门吊销医疗器械生产许可证、医疗器械经营许可证，对违法单位的法定代表人、主要负责人、直接负责的主管人员和其他责任人员，没收违法行为发生期间自本单位所获收入，并处所获收入 30% 以上 2 倍以下罚款，5 年内禁止其从事医疗器械生产经营活动：

（一）生产条件发生变化、不再符合医疗器械质量管理体系要求，未依照本条例规定整改、停止生产、报告；

（二）生产、经营说明书、标签不符合本条例规定的医疗器械；

（三）未按照医疗器械说明书和标签标示要求运输、贮存医疗器械；

（四）转让过期、失效、淘汰或者检验不合格的在用医疗器械。

第八十九条 有下列情形之一的，由负责药品监督管理的部门和卫生主管部门依据各自职责责令改正，给予警告；拒不改正的，处 1 万元以上 10 万元以下罚款；情节严重的，责令停产停业，直至由原发证部门吊销医疗器械注册证、医疗器械生产许可证、医疗器械经营许可证，对违法单位的法定代表人、主要负责人、直接负责的主管人员和其他责任人员处 1 万元以上 3 万元以下罚款：

（一）未按照要求提交质量管理体系自查报告；

（二）从不具备合法资质的供货者购进医疗器械；

（三）医疗器械经营企业、使用单位未依照本条例规定建立并执行医疗器械进货查验记录制度；

（四）从事第二类、第三类医疗器械批发业务以及第三类医疗器械零售业务的经营企业未依照本条例规定建立并执行销售记录制度；

（五）医疗器械注册人、备案人、生产经营企业、使用单位未依照本条例规定开展医疗器械不良事件监测，未按照要求报告不良事件，或者对医疗器械不良事件监测技术机构、负责药品监督管理的部门、卫生主管部门开展的不良事件调查不予配合；

（六）医疗器械注册人、备案人未按照规定制定上市后研究和风险管控计划并保证有效实施；

（七）医疗器械注册人、备案人未按照规定建立并执行产品追溯制度；

（八）医疗器械注册人、备案人、经营企业从事医疗器械网络销售未按照规定告知负责药品监督管理的部门；

（九）对需要定期检查、检验、校准、保养、维护的医疗器械，医疗器械使用单位未按照产品说明书要求进行检查、检验、校准、保养、维护并予以记录，及时进行分析、评估，确保医疗器械处于良好状态；

（十）医疗器械使用单位未妥善保存购入第三类医疗器械的原始资料。

第九十条　有下列情形之一的，由县级以上人民政府卫生主管部门责令改正，给予警告；拒不改正的，处 5 万元以上 10 万元以下罚款；情节严重的，处 10 万元以上 30 万元以下罚款，责令暂停相关医疗器械使用活动，直至由原发证部门吊销执业许可证，依法责令相关责任人员暂停 6 个月以上 1 年以下执业活动，直至由原发证部门吊销相关人员执业证书，对违法单位的法定代表人、主要负责人、直接负责的主管人员和其他责任人员，没收违法行为发生期间自本单位所获收入，并处所获收入30%以上 3 倍以下罚款，依法给予处分：

（一）对重复使用的医疗器械，医疗器械使用单位未按照消毒和管理的规定进行处理；

（二）医疗器械使用单位重复使用一次性使用的医疗器械，或者未按照规定销毁使用过的一次性使用的医疗器械；

（三）医疗器械使用单位未按照规定将大型医疗器械以及植入和介入类医疗器械的信息记载到病历等相关记录中；

（四）医疗器械使用单位发现使用的医疗器械存在安全隐患未立即停止使用、通知检修，或者继续使用经检修仍不能达到使用安全标准的医疗器械；

（五）医疗器械使用单位违规使用大型医用设备，不能保障医疗质量安全。

第九十一条　违反进出口商品检验相关法律、行政法规进口医疗器械的，由出入境检验检疫机构依法处理。

第九十二条　为医疗器械网络交易提供服务的电子商务平台经营者违反本条例规定，未履行对入网医疗器械经营者进行实名登记，审查许可、注册、备案情况，制止并报告违法行为，停止提供网络交易平台服务等管理义务的，由负责药品监督管理的部门依照《中华人民共和国电子商务法》的规定给予处罚。

第九十三条　未进行医疗器械临床试验机构备案开展临床试验的，由负责药品监督管理的部门责令停止临床试验并改正；拒不改正的，该临床试验数据不得用于产品注册、备案，处 5 万元以上 10 万元以下罚款，并向社会公告；造成严重后果的，5 年内禁止其开展相关专业医疗器械临床试验，并处 10 万元以上 30 万元以下罚款，由卫生主管部门对违法单位的法定代表人、主要负责人、直接负责的主管人员和其他责任人员，没收违法行为发生期间自本单位所获收入，并处所获收入30%以上 3 倍以下罚款，依法给予处分。

临床试验申办者开展临床试验未经备案的，由负责药品监督管理的部门责令停止临床试验，对临床试验申办者处 5 万元以上 10 万元以下罚款，并向社会公告；造成严重后果的，处10 万元以上 30 万元以下罚款。该临床试验数据不得用于产品注册、备案，5 年内不受理相关责任人以及单位提出的医疗器械注册申请。

临床试验申办者未经批准开展对人体具有较高风险的第三类医疗器械临床试验的，由负责药品监督管理的部门责令立即停止临床试验，对临床试验申办者处10万元以上30万元以下罚款，并向社会公告；造成严重后果的，处30万元以上100万元以下罚款。该临床试验数据不得用于产品注册，10年内不受理相关责任人以及单位提出的医疗器械临床试验和注册申请，对违法单位的法定代表人、主要负责人、直接负责的主管人员和其他责任人员，没收违法行为发生期间自本单位所获收入，并处所获收入30%以上3倍以下罚款。

第九十四条 医疗器械临床试验机构开展医疗器械临床试验未遵守临床试验质量管理规范的，由负责药品监督管理的部门责令改正或者立即停止临床试验，处5万元以上10万元以下罚款；造成严重后果的，5年内禁止其开展相关专业医疗器械临床试验，由卫生主管部门对违法单位的法定代表人、主要负责人、直接负责的主管人员和其他责任人员，没收违法行为发生期间自本单位所获收入，并处所获收入30%以上3倍以下罚款，依法给予处分。

第九十五条 医疗器械临床试验机构出具虚假报告的，由负责药品监督管理的部门处10万元以上30万元以下罚款；有违法所得的，没收违法所得；10年内禁止其开展相关专业医疗器械临床试验；由卫生主管部门对违法单位的法定代表人、主要负责人、直接负责的主管人员和其他责任人员，没收违法行为发生期间自本单位所获收入，并处所获收入30%以上3倍以下罚款，依法给予处分。

第九十六条 医疗器械检验机构出具虚假检验报告的，由授予其资质的主管部门撤销检验资质，10年内不受理相关责任人以及单位提出的资质认定申请，并处10万元以上30万元以下罚款；有违法所得的，没收违法所得；对违法单位的法定代表人、主要负责人、直接负责的主管人员和其他责任人员，没收违法行为发生期间自本单位所获收入，并处所获收入30%以上3倍以下罚款，依法给予处分；受到开除处分的，10年内禁止其从事医疗器械检验工作。

第九十七条 违反本条例有关医疗器械广告管理规定的，依照《中华人民共和国广告法》的规定给予处罚。

第九十八条 境外医疗器械注册人、备案人指定的我国境内企业法人未依照本条例规定履行相关义务的，由省、自治区、直辖市人民政府药品监督管理部门责令改正，给予警告，并处5万元以上10万元以下罚款；情节严重的，处10万元以上50万元以下罚款，5年内禁止其法定代表人、主要负责人、直接负责的主管人员和其他责任人员从事医疗器械生产经营活动。

境外医疗器械注册人、备案人拒不履行依据本条例作出的行政处罚决定的，10年内禁止其医疗器械进口。

第九十九条 医疗器械研制、生产、经营单位和检验机构违反本条例规定使用禁止从事医疗器械生产经营活动、检验工作的人员的，由负责药品监督管理的部门责令改正，给予警告；拒不改正的，责令停产停业直至吊销许可证件。

第一百条 医疗器械技术审评机构、医疗器械不良事件监测技术机构未依照本条例规定履行职责，致使审评、监测工作出现重大失误的，由负责药品监督管理的部门责令改正，通报批评，给予警告；造成严重后果的，对违法单位的法定代表人、主要负责人、直接负责的主管人员和其他责任人员，依法给予处分。

第一百零一条 负责药品监督管理的部门或者其他有关部门工作人员违反本条例规定，滥用职权、玩忽职守、徇私舞弊的，依法给予处分。

第一百零二条 违反本条例规定，构成犯罪的，依法追究刑事责任；造成人身、财产或者其他损害的，依法承担赔偿责任。

第八章　附　则

第一百零三条　本条例下列用语的含义：

医疗器械，是指直接或者间接用于人体的仪器、设备、器具、体外诊断试剂及校准物、材料以及其他类似或者相关的物品，包括所需要的计算机软件；其效用主要通过物理等方式获得，不是通过药理学、免疫学或者代谢的方式获得，或者虽然有这些方式参与但是只起辅助作用；其目的是：

（一）疾病的诊断、预防、监护、治疗或者缓解；

（二）损伤的诊断、监护、治疗、缓解或者功能补偿；

（三）生理结构或者生理过程的检验、替代、调节或者支持；

（四）生命的支持或者维持；

（五）妊娠控制；

（六）通过对来自人体的样本进行检查，为医疗或者诊断目的提供信息。

医疗器械注册人、备案人，是指取得医疗器械注册证或者办理医疗器械备案的企业或者研制机构。

医疗器械使用单位，是指使用医疗器械为他人提供医疗等技术服务的机构，包括医疗机构、计划生育技术服务机构、血站、单采血浆站、康复辅助器具适配机构等。

大型医用设备，是指使用技术复杂、资金投入量大、运行成本高、对医疗费用影响大且纳入目录管理的大型医疗器械。

第一百零四条　医疗器械产品注册可以收取费用。具体收费项目、标准分别由国务院财政、价格主管部门按照国家有关规定制定。

第一百零五条　医疗卫生机构为应对突发公共卫生事件而研制的医疗器械的管理办法，由国务院药品监督管理部门会同国务院卫生主管部门制定。

从事非营利的避孕医疗器械的存储、调拨和供应，应当遵守国务院卫生主管部门会同国务院药品监督管理部门制定的管理办法。

中医医疗器械的技术指导原则，由国务院药品监督管理部门会同国务院中医药管理部门制定。

第一百零六条　军队医疗器械使用的监督管理，依照本条例和军队有关规定执行。

第一百零七条　本条例自 2021 年 6 月 1 日起施行。

进口医疗器械检验监督管理办法

（质检总局令第 95 号）

发布日期：2007−06−18
实施日期：2007−12−01
法规类型：部门规章

第一章　总　则

第一条　为加强进口医疗器械检验监督管理，保障人体健康和生命安全，根据《中华人民共和国进出口商品检验法》（以下简称商检法）及其实施条例和其他有关法律法规规定，制定本办法。

第二条 本办法适用于：

（一）对医疗器械进口单位实施分类管理；

（二）对进口医疗器械实施检验监管；

（三）对进口医疗器械实施风险预警及快速反应管理。

第三条 国家质量监督检验检疫总局（以下简称国家质检总局）主管全国进口医疗器械检验监督管理工作，负责组织收集整理与进口医疗器械相关的风险信息、风险评估并采取风险预警及快速反应措施。

国家质检总局设在各地的出入境检验检疫机构（以下简称检验检疫机构）负责所辖地区进口医疗器械检验监督管理工作，负责收集与进口医疗器械相关的风险信息及快速反应措施的具体实施。

第二章　医疗器械进口单位分类监管

第四条 检验检疫机构根据医疗器械进口单位的管理水平、诚信度、进口医疗器械产品的风险等级、质量状况和进口规模，对医疗器械进口单位实施分类监管，具体分为三类。

医疗器械进口单位可以根据条件自愿提出分类管理申请。

第五条 一类进口单位应当符合下列条件：

（一）严格遵守商检法及其实施条例、国家其他有关法律法规以及国家质检总局的相关规定，诚信度高，连续 5 年无不良记录；

（二）具有健全的质量管理体系，获得 ISO9000 质量体系认证，具备健全的质量管理制度，包括进口报检、进货验收、仓储保管、质量跟踪和缺陷报告等制度；

（三）具有 2 名以上经检验检疫机构培训合格的质量管理人员，熟悉相关产品的基本技术、性能和结构，了解我国对进口医疗器械检验监督管理；

（四）代理或者经营实施强制性产品认证制的进口医疗器械产品的，应当获得相应的证明文件；

（五）代理或者经营的进口医疗器械产品质量信誉良好，2 年内未发生由于产品质量责任方面的退货、索赔或者其他事故等；

（六）连续从事医疗器械进口业务不少于 6 年，并能提供相应的证明文件；

（七）近 2 年每年进口批次不少于 30 批；

（八）收集并保存有关医疗器械的国家标准、行业标准及医疗器械的法规规章及专项规定，建立和保存比较完善的进口医疗器械资料档案，保存期不少于 10 年；

（九）具备与其进口的医疗器械产品相适应的技术培训和售后服务能力，或者约定由第三方提供技术支持；

（十）具备与进口医疗器械产品范围与规模相适应的、相对独立的经营场所和仓储条件。

第六条 二类进口单位应当具备下列条件：

（一）严格遵守商检法及其实施条例、国家其他有关法律法规以及国家质检总局的相关规定，诚信度较高，连续 3 年无不良记录；

（二）具有健全的质量管理体系，具备健全的质量管理制度，包括进口报检、进货验收、仓储保管、质量跟踪和缺陷报告等制度；

（三）具有 1 名以上经检验检疫机构培训合格的质量管理人员，熟悉相关产品的基本技术、性能和结构，了解我国对进口医疗器械检验监督管理的人员；

（四）代理或者经营实施强制性产品认证制度的进口医疗器械产品的，应当获得相应的证明文件；

（五）代理或者经营的进口医疗器械产品质量信誉良好，1 年内未发生由于产品质量责任方面的退货、索赔或者其他事故等；

（六）连续从事医疗器械进口业务不少于 3 年，并能提供相应的证明文件；

（七）近 2 年每年进口批次不少于 10 批；

（八）收集并保存有关医疗器械的国家标准、行业标准及医疗器械的法规规章及专项规定，建立和保存比较完善的进口医疗器械资料档案，保存期不少于 10 年；

（九）具备与其进口的医疗器械产品相适应的技术培训和售后服务能力，或者约定由第三方提供技术支持；

（十）具备与进口医疗器械产品范围与规模相适应的、相对独立的经营场所。

第七条 三类进口单位包括：

（一）从事进口医疗器械业务不满 3 年的进口单位；

（二）从事进口医疗器械业务已满 3 年，但未提出分类管理申请的进口单位；

（三）提出分类申请，经考核不符合一、二类进口单位条件，未列入一、二类分类管理的进口单位。

第八条 申请一类进口单位或者二类进口单位的医疗器械进口单位（以下简称申请单位），应当向所在地直属检验检疫局提出申请，并提交以下材料：

（一）书面申请书，并有授权人签字和单位盖章；

（二）法人营业执照、医疗器械经营企业许可证；

（三）质量管理体系认证证书、质量管理文件；

（四）质量管理人员经检验检疫机构培训合格的证明文件；

（五）近 2 年每年进口批次的证明材料；

（六）遵守国家相关法律法规以及提供资料真实性的承诺书（自我声明）。

第九条 直属检验检疫局应当在 5 个工作日内完成对申请单位提交的申请的书面审核。申请材料不齐的，应当要求申请单位补正。

申请一类进口单位的，直属检验检疫局应当在完成书面审核后组织现场考核，考核合格的，将考核结果和相关材料报国家质检总局。国家质检总局对符合一类进口单位条件的申请单位进行核准，并定期对外公布一类进口单位名单。

申请二类进口单位的，直属检验检疫局完成书面审核后，可以自行或者委托进口单位所在地检验检疫机构组织现场考核。考核合格的，由直属检验检疫局予以核准并报国家质检总局备案，直属检验检疫局负责定期对外公布二类进口单位名单。

第三章 进口医疗器械风险等级及检验监管

第十条 检验检疫机构按照进口医疗器械的风险等级、进口单位的分类情况，根据国家质检总局的相关规定，对进口医疗器械实施现场检验，以及与后续监督管理（以下简称监督检验）相结合的检验监管模式。

第十一条 国家质检总局根据进口医疗器械的结构特征、使用形式、使用状况、国家医疗器械分类的相关规则以及进口检验管理的需要等，将进口医疗器械产品分为：高风险、较高风险和一般风险三个风险等级。

进口医疗器械产品风险等级目录由国家质检总局确定、调整，并在实施之日前 60 日公布。

第十二条 符合下列条件的进口医疗器械产品为高风险等级：

（一）植入人体的医疗器械；

（二）介入人体的有源医疗器械；

（三）用于支持、维持生命的医疗器械；

（四）对人体有潜在危险的医学影像设备及能量治疗设备；

（五）产品质量不稳定，多次发生重大质量事故，对其安全性有效性必须严格控制的医疗器械。

第十三条 符合下列条件的进口医疗器械产品为较高风险等级：

（一）介入人体的无源医疗器械；

（二）不属于高风险的其他与人体接触的有源医疗器械；

（三）产品质量较不稳定，多次发生质量问题，对其安全性有效性必须严格控制的医疗器械。

第十四条 未列入高风险、较高风险等级的进口医疗器械属于一般风险等级。

第十五条 进口高风险医疗器械的，按照以下方式进行检验管理：

（一）一类进口单位进口的，实施现场检验与监督检验相结合的方式，其中年批次现场检验率不低于50%；

（二）二、三类进口单位进口的，实施批批现场检验。

第十六条 进口较高风险医疗器械的，按照以下方式进行检验管理：

（一）一类进口单位进口的，年批次现场检验率不低于30%；

（二）二类进口单位进口的，年批次现场检验率不低于50%；

（三）三类进口单位进口的，实施批批现场检验。

第十七条 进口一般风险医疗器械的，实施现场检验与监督检验相结合的方式进行检验管理，其中年批次现场检验率分别为：

（一）一类进口单位进口的，年批次现场检验率不低于10%；

（二）二类进口单位进口的，年批次现场检验率不低于30%；

（三）三类进口单位进口的，年批次现场检验率不低于50%。

第十八条 根据需要，国家质检总局对高风险的进口医疗器械可以按照对外贸易合同约定，组织实施监造、装运前检验和监装。

第十九条 进口医疗器械进口时，进口医疗器械的收货人或者其代理人（以下简称报检人）应当向报关地检验检疫机构报检，并提供下列材料：

（一）报检规定中要求提供的单证；

（二）属于《实施强制性产品认证的产品目录》内的医疗器械，应当提供中国强制性认证证书；

（三）国务院药品监督管理部门审批注册的进口医疗器械注册证书；

（四）进口单位为一、二类进口单位的，应当提供检验检疫机构签发的进口单位分类证明文件。

第二十条 口岸检验检疫机构应当对报检材料进行审查，不符合要求的，应当通知报检人；经审查符合要求的，签发《入境货物通关单》，货物办理海关报关手续后，应当及时向检验检疫机构申请检验。

第二十一条 进口医疗器械应当在报检人报检时申报的目的地检验。

对需要结合安装调试实施检验的进口医疗器械，应当在报检时明确使用地，由使用地检验检疫机构实施检验。需要结合安装调试实施检验的进口医疗器械目录由国家质检总局对外公布实施。

对于植入式医疗器械等特殊产品，应当在国家质检总局指定的检验检疫机构实施检验。

第二十二条 检验检疫机构按照国家技术规范的强制性要求对进口医疗器械进行检验；尚未制定国家技术规范的强制性要求的，可以参照国家质检总局指定的国外有关标准进行检验。

第二十三条 检验检疫机构对进口医疗器械实施现场检验和监督检验的内容可以包括：

（一）产品与相关证书一致性的核查；

（二）数量、规格型号、外观的检验；

（三）包装、标签及标志的检验，如使用木质包装的，须实施检疫；

（四）说明书、随机文件资料的核查；

（五）机械、电气、电磁兼容等安全方面的检验；

（六）辐射、噪声、生化等卫生方面的检验；

（七）有毒有害物质排放、残留以及材料等环保方面的检验；

（八）涉及诊断、治疗的医疗器械性能方面的检验；

（九）产品标识、标志以及中文说明书的核查。

第二十四条 检验检疫机构对实施强制性产品认证制度的进口医疗器械实行入境验证，查验单证，核对证货是否相符，必要时抽取样品送指定实验室，按照强制性产品认证制度和国家规定的相关标准进行检测。

第二十五条 进口医疗器械经检验未发现不合格的，检验检疫机构应当出具《入境货物检验检疫证明》。

经检验发现不合格的，检验检疫机构应当出具《检验检疫处理通知书》，需要索赔的应当出具检验证书。涉及人身安全、健康、环境保护项目不合格的，或者可以技术处理的项目经技术处理后经检验仍不合格的，由检验检疫机构责令当事人销毁，或者退货并书面告知海关，并上报国家质检总局。

第四章　进口捐赠医疗器械检验监管

第二十六条 进口捐赠的医疗器械应当未经使用，且不得夹带有害环境、公共卫生的物品或者其他违禁物品。

第二十七条 进口捐赠医疗器械禁止夹带列入我国《禁止进口货物目录》的物品。

第二十八条 向中国境内捐赠医疗器械的境外捐赠机构，须由其或者其在中国的代理机构向国家质检总局办理捐赠机构及其捐赠医疗器械的备案。

第二十九条 国家质检总局在必要时可以对进口捐赠的医疗器械组织实施装运前预检验。

第三十条 接受进口捐赠医疗器械的单位或者其代理人应当持相关批准文件向报关地的检验检疫机构报检，向使用地的检验检疫机构申请检验。

检验检疫机构凭有效的相关批准文件接受报检，实施口岸查验，使用地检验。

第三十一条 境外捐赠的医疗器械经检验检疫机构检验合格并出具《入境货物检验检疫证明》后，受赠人方可使用；经检验不合格的，按照商检法及其实施条例的有关规定处理。

第五章　风险预警与快速反应

第三十二条 国家质检总局建立对进口医疗器械的风险预警机制。通过对缺陷进口医疗器械等信息的收集和评估，按照有关规定发布警示信息，并采取相应的风险预警措施及快速反应措施。

第三十三条 检验检疫机构需定期了解辖区内使用的进口医疗器械的质量状况，发现进口医疗器械发生重大质量事故，应及时报告国家质检总局。

第三十四条 进口医疗器械的制造商、进口单位和使用单位在发现其医疗器械中有缺陷的应当向检验检疫机构报告，对检验检疫机构采取的风险预警措施及快速反应措施应当予以配合。

第三十五条 对缺陷进口医疗器械的风险预警措施包括：

（一）向检验检疫机构发布风险警示通报，加强对缺陷产品制造商生产的和进口单位进口的医疗器械的检验监管；

（二）向缺陷产品的制造商、进口单位发布风险警示通告，敦促其及时采取措施，消除风险；

（三）向消费者和使用单位发布风险警示通告，提醒其注意缺陷进口医疗器械的风险和危害；

（四）向国内有关部门、有关国家和地区驻华使馆或者联络处、有关国际组织和机构通报情况，建议其采取必要的措施。

第三十六条 对缺陷进口医疗器械的快速反应措施包括：

（一）建议暂停使用存在缺陷的医疗器械；

（二）调整缺陷进口医疗器械进口单位的分类管理的类别；

（三）停止缺陷医疗器械的进口；

（四）暂停或者撤销缺陷进口医疗器械的国家强制性产品认证证书；

（五）其他必要的措施。

第六章　监督管理

第三十七条 检验检疫机构每年对一、二类进口单位进行至少一次监督审核，发现下列情况之一的，可以根据情节轻重对其作降类处理：

（一）进口单位出现不良诚信记录的；

（二）所进口的医疗器械存在重大安全隐患或者发生重大质量问题的；

（三）经检验检疫机构检验，进口单位年进口批次中出现不合格批次达10%；

（四）进口单位年进口批次未达到要求的；

（五）进口单位有违反法律法规其他行为的。

降类的进口单位必须在12个月后才能申请恢复原来的分类管理类别，且必须经过重新考核、核准、公布。

第三十八条 进口医疗器械出现下列情况之一的，检验检疫机构经本机构负责人批准，可以对进口医疗器械实施查封或者扣押，但海关监管货物除外：

（一）属于禁止进口的；

（二）存在安全卫生缺陷或者可能造成健康隐患、环境污染的；

（三）可能危害医患者生命财产安全，情况紧急的。

第三十九条 国家质检总局负责对检验检疫机构实施进口医疗器械检验监督管理人员资格的培训和考核工作。未经考核合格的人员不得从事进口医疗器械的检验监管工作。

第四十条 用于科研及其他非作用于患者目的的进口旧医疗器械，经国家质检总局及其他相关部门批准后，方可进口。

经原厂再制造的进口医疗器械，其安全及技术性能满足全新医疗器械应满足的要求，并符合国家其他有关规定的，由检验检疫机构进行合格评定后，经国家质检总局批准方可进口。

禁止进口前两款规定以外的其他旧医疗器械。

第七章　法律责任

第四十一条 擅自销售、使用未报检或者未经检验的属于法定检验的进口医疗器械，或者擅自销售、使用应当申请进口验证而未申请的进口医疗器械的，由检验检疫机构没收违法所得，并处商品货值金额5%以上20%以下罚款；构成犯罪的，依法追究刑事责任。

第四十二条　销售、使用经法定检验、抽查检验或者验证不合格的进口医疗器械的，由检验检疫机构责令停止销售、使用，没收违法所得和违法销售、使用的商品，并处违法销售、使用的商品货值金额等值以上3倍以下罚款；构成犯罪的，依法追究刑事责任。

第四十三条　医疗器械的进口单位进口国家禁止进口的旧医疗器械的，按照国家有关规定予以退货或者销毁。进口旧医疗器械属机电产品的，情节严重的，由检验检疫机构并处100万元以下罚款。

第四十四条　检验检疫机构的工作人员滥用职权，故意刁难的，徇私舞弊，伪造检验结果的，或者玩忽职守，延误检验出证的，依法给予行政处分；构成犯罪的，依法追究刑事责任。

第八章　附　则

第四十五条　本办法所指的进口医疗器械，是指从境外进入到中华人民共和国境内的，单独或者组合使用于人体的仪器、设备、器具、材料或者其他物品，包括所配套使用的软件，其使用旨在对疾病进行预防、诊断、治疗、监护、缓解，对损伤或者残疾进行诊断、治疗、监护、缓解、补偿，对解剖或者生理过程进行研究、替代、调节，对妊娠进行控制等。

本办法所指的缺陷进口医疗器械，是指不符合国家强制性标准的规定的，或者存在可能危及人身、财产安全的不合理危险的进口医疗器械。

本办法所指的进口单位是指具有法人资格，对外签订并执行进口医疗器械贸易合同或者委托外贸代理进口医疗器械的中国境内企业。

第四十六条　从境外进入保税区、出口加工区等海关监管区域供使用的医疗器械，以及从保税区、出口加工区等海关监管区域进入境内其他区域的医疗器械，按照本办法执行。

第四十七条　用于动物的进口医疗器械参照本办法执行。

第四十八条　进口医疗器械中属于锅炉压力容器的，其安全监督检验还应当符合国家质检总局其他相关规定。属于《中华人民共和国进口计量器具型式审查目录》内的进口医疗器械，还应当符合国家有关计量法律法规的规定。

第四十九条　本办法由国家质检总局负责解释。

第五十条　本办法自2007年12月1日起施行。

医疗器械经营监督管理办法

（国家市场监督管理总局令第54号）

发布日期：2022-03-10
实施日期：2022-05-01
法规类型：部门规章

第一章　总　则

第一条　为了加强医疗器械经营监督管理，规范医疗器械经营活动，保证医疗器械安全、有效，根据《医疗器械监督管理条例》，制定本办法。

第二条　在中华人民共和国境内从事医疗器械经营活动及其监督管理，应当遵守本办法。

第三条 从事医疗器械经营活动，应当遵守法律、法规、规章、强制性标准和医疗器械经营质量管理规范等要求，保证医疗器械经营过程信息真实、准确、完整和可追溯。

医疗器械注册人、备案人可以自行销售，也可以委托医疗器械经营企业销售其注册、备案的医疗器械。

第四条 按照医疗器械风险程度，医疗器械经营实施分类管理。

经营第三类医疗器械实行许可管理，经营第二类医疗器械实行备案管理，经营第一类医疗器械不需要许可和备案。

第五条 国家药品监督管理局主管全国医疗器械经营监督管理工作。

省、自治区、直辖市药品监督管理部门负责本行政区域的医疗器械经营监督管理工作。

设区的市级、县级负责药品监督管理的部门负责本行政区域的医疗器械经营监督管理工作。

第六条 药品监督管理部门依法设置或者指定的医疗器械检查、检验、监测与评价等专业技术机构，按照职责分工承担相关技术工作并出具技术意见，为医疗器械经营监督管理提供技术支持。

第七条 国家药品监督管理局加强医疗器械经营监督管理信息化建设，提高在线政务服务水平。

省、自治区、直辖市药品监督管理部门负责本行政区域医疗器械经营监督管理信息化建设和管理工作，按照国家药品监督管理局要求统筹推进医疗器械经营监督管理信息共享。

第八条 药品监督管理部门依法及时公开医疗器械经营许可、备案等信息以及监督检查、行政处罚的结果，方便公众查询，接受社会监督。

第二章 经营许可与备案管理

第九条 从事医疗器械经营活动，应当具备下列条件：

（一）与经营范围和经营规模相适应的质量管理机构或者质量管理人员，质量管理人员应当具有相关专业学历或者职称；

（二）与经营范围和经营规模相适应的经营场所；

（三）与经营范围和经营规模相适应的贮存条件；

（四）与经营的医疗器械相适应的质量管理制度；

（五）与经营的医疗器械相适应的专业指导、技术培训和售后服务的质量管理机构或者人员。

从事第三类医疗器械经营的企业还应当具有符合医疗器械经营质量管理制度要求的计算机信息管理系统，保证经营的产品可追溯。鼓励从事第一类、第二类医疗器械经营的企业建立符合医疗器械经营质量管理制度要求的计算机信息管理系统。

第十条 从事第三类医疗器械经营的，经营企业应当向所在地设区的市级负责药品监督管理的部门提出申请，并提交下列资料：

（一）法定代表人（企业负责人）、质量负责人身份证明、学历或者职称相关材料复印件；

（二）企业组织机构与部门设置；

（三）医疗器械经营范围、经营方式；

（四）经营场所和库房的地理位置图、平面图、房屋产权文件或者租赁协议复印件；

（五）主要经营设施、设备目录；

（六）经营质量管理制度、工作程序等文件目录；

（七）信息管理系统基本情况；

（八）经办人授权文件。

医疗器械经营许可申请人应当确保提交的资料合法、真实、准确、完整和可追溯。

第十一条 设区的市级负责药品监督管理的部门收到申请后，应当根据下列情况分别作出处理：

（一）申请事项属于本行政机关职权范围，申请资料齐全、符合法定形式的，应当受理申请；

（二）申请资料存在可以当场更正的错误的，应当允许申请人当场更正；

（三）申请资料不齐全或者不符合法定形式的，应当当场或者在5个工作日内一次告知申请人需要补正的全部内容。逾期不告知的，自收到申请资料之日起即为受理；

（四）申请事项不属于本行政机关职权范围的，应当即时作出不予受理的决定，并告知申请人向有关行政部门申请。

设区的市级负责药品监督管理的部门受理或者不予受理医疗器械经营许可申请的，应当出具加盖本行政机关专用印章和注明日期的受理或者不予受理通知书。

第十二条 法律、法规、规章规定实施行政许可应当听证的事项，或者药品监督管理部门认为需要听证的其他涉及公共利益的重大行政许可事项，药品监督管理部门应当向社会公告，并举行听证。医疗器械经营许可申请直接涉及申请人与他人之间重大利益关系的，药品监督管理部门在作出行政许可决定前，应当告知申请人、利害关系人享有要求听证的权利。

第十三条 设区的市级负责药品监督管理的部门自受理经营许可申请后，应当对申请资料进行审查，必要时按照医疗器械经营质量管理规范的要求开展现场核查，并自受理之日起20个工作日内作出决定。需要整改的，整改时间不计入审核时限。

符合规定条件的，作出准予许可的书面决定，并于10个工作日内发给医疗器械经营许可证；不符合规定条件的，作出不予许可的书面决定，并说明理由。

第十四条 医疗器械经营许可证有效期为5年，载明许可证编号、企业名称、统一社会信用代码、法定代表人、企业负责人、住所、经营场所、经营方式、经营范围、库房地址、发证部门、发证日期和有效期限等事项。

医疗器械经营许可证由国家药品监督管理局统一样式，由设区的市级负责药品监督管理的部门印制。

药品监督管理部门制作的医疗器械经营许可证的电子证书与纸质证书具有同等法律效力。

第十五条 医疗器械经营许可证变更的，应当向原发证部门提出医疗器械经营许可证变更申请，并提交本办法第十条规定中涉及变更内容的有关材料。经营场所、经营方式、经营范围、库房地址变更的，药品监督管理部门自受理之日起20个工作日内作出准予变更或者不予变更的决定。必要时按照医疗器械经营质量管理规范的要求开展现场核查。

需要整改的，整改时间不计入审核时限。不予变更的，应当书面说明理由并告知申请人。其他事项变更的，药品监督管理部门应当当场予以变更。

变更后的医疗器械经营许可证编号和有效期限不变。

第十六条 医疗器械经营许可证有效期届满需要延续的，医疗器械经营企业应当在有效期届满前90个工作日至30个工作日期间提出延续申请。逾期未提出延续申请的，不再受理其延续申请。

原发证部门应当按照本办法第十三条的规定对延续申请进行审查，必要时开展现场核查，在医疗器械经营许可证有效期届满前作出是否准予延续的决定。

经审查符合规定条件的，准予延续，延续后的医疗器械经营许可证编号不变。不符合规定条件的，责令限期整改；整改后仍不符合规定条件的，不予延续，并书面说明理由。逾期未作出决定的，视为准予延续。

延续许可的批准时间在原许可证有效期内的，延续起始日为原许可证到期日的次日；批准时间不在原许可证有效期内的，延续起始日为批准延续许可的日期。

第十七条　经营企业跨设区的市设置库房的，由医疗器械经营许可发证部门或者备案部门通报库房所在地设区的市级负责药品监督管理的部门。

第十八条　经营企业新设立独立经营场所的，应当依法单独申请医疗器械经营许可或者进行备案。

第十九条　医疗器械经营许可证遗失的，应当向原发证部门申请补发。原发证部门应当及时补发医疗器械经营许可证，补发的医疗器械经营许可证编号和有效期限与原许可证一致。

第二十条　有下列情形之一的，由原发证部门依法注销医疗器械经营许可证，并予以公告：

（一）主动申请注销的；

（二）有效期届满未延续的；

（三）市场主体资格依法终止的；

（四）医疗器械经营许可证依法被吊销或者撤销的；

（五）法律、法规规定应当注销行政许可的其他情形。

第二十一条　从事第二类医疗器械经营的，经营企业应当向所在地设区的市级负责药品监督管理的部门备案，并提交符合本办法第十条规定的资料（第七项除外），即完成经营备案，获取经营备案编号。

医疗器械经营备案人应当确保提交的资料合法、真实、准确、完整和可追溯。

第二十二条　必要时，设区的市级负责药品监督管理的部门在完成备案之日起 3 个月内，对提交的资料以及执行医疗器械经营质量管理规范情况开展现场检查。

现场检查发现与提交的资料不一致或者不符合医疗器械经营质量管理规范要求的，责令限期改正；不能保证产品安全、有效的，取消备案并向社会公告。

第二十三条　同时申请第三类医疗器械经营许可和进行第二类医疗器械经营备案的，或者已经取得第三类医疗器械经营许可进行第二类医疗器械备案的，可以免予提交相应资料。

第二十四条　第二类医疗器械经营企业的经营场所、经营方式、经营范围、库房地址等发生变化的，应当及时进行备案变更。必要时设区的市级负责药品监督管理的部门开展现场检查。现场检查不符合医疗器械经营质量管理规范要求的，责令限期改正；不能保证产品安全、有效的，取消备案并向社会公告。

第二十五条　对产品安全性、有效性不受流通过程影响的第二类医疗器械，可以免予经营备案。具体产品名录由国家药品监督管理局制定、调整并公布。

第二十六条　从事非营利的避孕医疗器械贮存、调拨和供应的机构，应当符合有关规定，无需办理医疗器械经营许可或者备案。

第二十七条　医疗器械注册人、备案人在其住所或者生产地址销售其注册、备案的医疗器械，无需办理医疗器械经营许可或者备案，但应当符合规定的经营条件；在其他场所贮存并销售医疗器械的，应当按照规定办理医疗器械经营许可或者备案。

第二十八条　任何单位和个人不得伪造、变造、买卖、出租、出借医疗器械经营许可证。

第三章　经营质量管理

第二十九条　从事医疗器械经营，应当按照法律法规和医疗器械经营质量管理规范的要求，建立覆盖采购、验收、贮存、销售、运输、售后服务等全过程的质量管理制度和质量控制措施，并做好相关记录，保证经营条件和经营活动持续符合要求。

第三十条　医疗器械经营企业应当建立并实施产品追溯制度，保证产品可追溯。

医疗器械经营企业应当按照国家有关规定执行医疗器械唯一标识制度。

第三十一条　医疗器械经营企业应当从具有合法资质的医疗器械注册人、备案人、经营企业购进医疗器械。

第三十二条　医疗器械经营企业应当建立进货查验记录制度，购进医疗器械时应当查验供货企业的资质，以及医疗器械注册证和备案信息、合格证明文件。进货查验记录应当真实、准确、完整和可追溯。进货查验记录包括：

（一）医疗器械的名称、型号、规格、数量；

（二）医疗器械注册证编号或者备案编号；

（三）医疗器械注册人、备案人和受托生产企业名称、生产许可证号或者备案编号；

（四）医疗器械的生产批号或者序列号、使用期限或者失效日期、购货日期等；

（五）供货者的名称、地址以及联系方式。

进货查验记录应当保存至医疗器械有效期满后 2 年；没有有效期的，不得少于 5 年。植入类医疗器械进货查验记录应当永久保存。

第三十三条　医疗器械经营企业应当采取有效措施，确保医疗器械运输、贮存符合医疗器械说明书或者标签标示要求，并做好相应记录。

对温度、湿度等环境条件有特殊要求的，应当采取相应措施，保证医疗器械的安全、有效。

第三十四条　医疗器械注册人、备案人和经营企业委托其他单位运输、贮存医疗器械的，应当对受托方运输、贮存医疗器械的质量保障能力进行评估，并与其签订委托协议，明确运输、贮存过程中的质量责任，确保运输、贮存过程中的质量安全。

第三十五条　为医疗器械注册人、备案人和经营企业专门提供运输、贮存服务的，应当与委托方签订书面协议，明确双方权利义务和质量责任，并具有与产品运输、贮存条件和规模相适应的设备设施，具备与委托方开展实时电子数据交换和实现产品经营质量管理全过程可追溯的信息管理平台和技术手段。

第三十六条　医疗器械注册人、备案人委托销售的，应当委托符合条件的医疗器械经营企业，并签订委托协议，明确双方的权利和义务。

第三十七条　医疗器械注册人、备案人和经营企业应当加强对销售人员的培训和管理，对销售人员以本企业名义从事的医疗器械购销行为承担法律责任。

第三十八条　从事第二类、第三类医疗器械批发业务以及第三类医疗器械零售业务的经营企业应当建立销售记录制度。销售记录信息应当真实、准确、完整和可追溯。销售记录包括：

（一）医疗器械的名称、型号、规格、注册证编号或者备案编号、数量、单价、金额；

（二）医疗器械的生产批号或者序列号、使用期限或者失效日期、销售日期；

（三）医疗器械注册人、备案人和受托生产企业名称、生产许可证编号或者备案编号。

从事第二类、第三类医疗器械批发业务的企业，销售记录还应当包括购货者的名称、地址、联系方式、相关许可证明文件编号或者备案编号等。

销售记录应当保存至医疗器械有效期满后 2 年；没有有效期的，不得少于 5 年。植入类医疗器械销售记录应当永久保存。

第三十九条　医疗器械经营企业应当提供售后服务。约定由供货者或者其他机构提供售后服务的，经营企业应当加强管理，保证医疗器械售后的安全使用。

第四十条　医疗器械经营企业应当配备专职或者兼职人员负责售后管理，对客户投诉的质量问题应当查明原因，采取有效措施及时处理和反馈，并做好记录，必要时及时通知医疗器械注册人、备案人、生产经营企业。

第四十一条　医疗器械经营企业应当协助医疗器械注册人、备案人，对所经营的医疗器械开展不良事件监测，按照国家药品监督管理局的规定，向医疗器械不良事件监测技术机构报告。

第四十二条 医疗器械经营企业发现其经营的医疗器械不符合强制性标准、经注册或者备案的产品技术要求，或者存在其他缺陷的，应当立即停止经营，通知医疗器械注册人、备案人等有关单位，并记录停止经营和通知情况。医疗器械注册人、备案人认为需要召回的，应当立即召回。

第四十三条 第三类医疗器械经营企业停业一年以上，恢复经营前，应当进行必要的验证和确认，并书面报告所在地设区的市级负责药品监督管理的部门。可能影响质量安全的，药品监督管理部门可以根据需要组织核查。

医疗器械注册人、备案人、经营企业经营条件发生重大变化，不再符合医疗器械经营质量管理体系要求的，应当立即采取整改措施；可能影响医疗器械安全、有效的，应当立即停止经营活动，并向原经营许可或者备案部门报告。

第四十四条 医疗器械经营企业应当建立质量管理自查制度，按照医疗器械经营质量管理规范要求进行自查，每年 3 月 31 日前向所在地市县级负责药品监督管理的部门提交上一年度的自查报告。

第四十五条 从事医疗器械经营活动的，不得经营未依法注册或者备案，无合格证明文件以及过期、失效、淘汰的医疗器械。

禁止进口、销售过期、失效、淘汰等已使用过的医疗器械。

第四章 监督检查

第四十六条 省、自治区、直辖市药品监督管理部门组织对本行政区域的医疗器械经营监督管理工作进行监督检查。

设区的市级、县级负责药品监督管理的部门负责本行政区域医疗器械经营活动的监督检查。

第四十七条 药品监督管理部门根据医疗器械经营企业质量管理和所经营医疗器械产品的风险程度，实施分类分级管理并动态调整。

第四十八条 设区的市级、县级负责药品监督管理的部门应当制定年度检查计划，明确监管重点、检查频次和覆盖范围并组织实施。

第四十九条 药品监督管理部门组织监督检查，检查方式原则上应当采取突击性监督检查，现场检查时不得少于两人，并出示执法证件，如实记录现场检查情况。检查发现存在质量安全风险或者不符合规范要求的，将检查结果书面告知被检查企业。需要整改的，应当明确整改内容以及整改期限，并进行跟踪检查。

第五十条 设区的市级、县级负责药品监督管理的部门应当对医疗器械经营企业符合医疗器械经营质量管理规范要求的情况进行监督检查，督促其规范经营活动。

第五十一条 设区的市级、县级负责药品监督管理的部门应当结合医疗器械经营企业提交的年度自查报告反映的情况加强监督检查。

第五十二条 药品监督管理部门应当对有下列情形的进行重点监督检查：

（一）上一年度监督检查中发现存在严重问题的；

（二）因违反有关法律、法规受到行政处罚的；

（三）风险会商确定的重点检查企业；

（四）有不良信用记录的；

（五）新开办或者经营条件发生重大变化的医疗器械批发企业和第三类医疗器械零售企业；

（六）为其他医疗器械注册人、备案人和生产经营企业专门提供贮存、运输服务的；

（七）其他需要重点监督检查的情形。

第五十三条 药品监督管理部门对不良事件监测、抽查检验、投诉举报等发现可能存在严重质量安全风险的，原则上应当开展有因检查。有因检查原则上采取非预先告知的方式进行。

第五十四条 药品监督管理部门根据医疗器械质量安全风险防控需要，可以对为医疗器械经营活动提供产品或者服务的其他相关单位和个人进行延伸检查。

第五十五条 医疗器械经营企业跨设区的市设置的库房，由库房所在地药品监督管理部门负责监督检查。

医疗器械经营企业所在地药品监督管理部门和库房所在地药品监督管理部门应当加强监管信息共享，必要时可以开展联合检查。

第五十六条 药品监督管理部门应当加强医疗器械经营环节的抽查检验，对抽查检验不合格的，应当及时处置。

省级以上药品监督管理部门应当根据抽查检验结论及时发布医疗器械质量公告。

第五十七条 经营的医疗器械对人体造成伤害或者有证据证明可能危害人体健康的，药品监督管理部门可以采取暂停进口、经营、使用的紧急控制措施，并发布安全警示信息。

监督检查中发现经营活动严重违反医疗器械经营质量管理规范，不能保证产品安全有效，可能危害人体健康的，依照前款规定处理。

第五十八条 药品监督管理部门应当根据监督检查、产品抽检、不良事件监测、投诉举报、行政处罚等情况，定期开展风险会商研判，做好医疗器械质量安全隐患排查和防控处置工作。

第五十九条 医疗器械注册人、备案人、经营企业对存在的医疗器械质量安全风险，未采取有效措施消除的，药品监督管理部门可以对医疗器械注册人、备案人、经营企业的法定代表人或者企业负责人进行责任约谈。

第六十条 设区的市级负责药品监督管理的部门应当建立并及时更新辖区内医疗器械经营企业信用档案。信用档案中应当包括医疗器械经营企业许可备案、监督检查结果、违法行为查处、质量抽查检验、自查报告、不良行为记录和投诉举报等信息。

对有不良信用记录的医疗器械注册人、备案人和经营企业，药品监督管理部门应当增加监督检查频次，依法加强失信惩戒。

第六十一条 药品监督管理部门应当公布接受投诉、举报的联系方式。接到举报的药品监督管理部门应当及时核实、处理、答复。经查证属实的，应当按照有关规定对举报人给予奖励。

第六十二条 药品监督管理部门在监督检查中，发现涉嫌违法行为的，应当及时收集和固定证据，依法立案查处；涉嫌犯罪的，及时移交公安机关处理。

第六十三条 药品监督管理部门及其工作人员对调查、检查中知悉的商业秘密应当保密。

第六十四条 药品监督管理部门及其工作人员在监督检查中，应当严格规范公正文明执法，严格执行廉政纪律，不得索取或者收受财物，不得谋取其他利益，不得妨碍企业的正常经营活动。

第五章 法律责任

第六十五条 医疗器械经营的违法行为，医疗器械监督管理条例等法律法规已有规定的，依照其规定。

第六十六条 有下列情形之一的，责令限期改正，并处1万元以上5万元以下罚款；情节严重的，处 5 万元以上 10 万元以下罚款；造成危害后果的，处 10 万元以上 20 万元以下罚款：

（一）第三类医疗器械经营企业擅自变更经营场所、经营范围、经营方式、库房地址；

（二）医疗器械经营许可证有效期届满后，未依法办理延续手续仍继续从事医疗器械经营活动。

未经许可从事第三类医疗器械经营活动的，依照医疗器械监督管理条例第八十一条的规定处罚。

第六十七条 违反医疗器械经营质量管理规范有关要求的，由药品监督管理部门责令限期改正；影响医疗器械产品安全、有效的，依照医疗器械监督管理条例第八十六条的规定处罚。

第六十八条 医疗器械经营企业未按照要求提交质量管理体系年度自查报告，或者违反本办法规定为其他医疗器械生产经营企业专门提供贮存、运输服务的，由药品监督管理部门责令限期改正；拒不改正的，处 1 万元以上 5 万元以下罚款；情节严重的，处 5 万元以上 10 万元以下罚款。

第六十九条 第三类医疗器械经营企业未按照本办法规定办理企业名称、法定代表人、企业负责人变更的，由药品监督管理部门责令限期改正；拒不改正的，处 5000 元以上 3 万元以下罚款。

第七十条 药品监督管理部门工作人员违反本办法规定，滥用职权、玩忽职守、徇私舞弊的，依法给予处分。

第六章 附 则

第七十一条 本办法下列用语的含义是：

医疗器械批发，是指将医疗器械销售给医疗器械生产企业、医疗器械经营企业、医疗器械使用单位或者其他有合理使用需求的单位的医疗器械经营行为。

医疗器械零售，是指将医疗器械直接销售给消费者个人使用的医疗器械经营行为。

第七十二条 从事医疗器械网络销售的，应当遵守法律、法规和规章有关规定。

第七十三条 本办法自 2022 年 5 月 1 日起施行。2014 年 7 月 30 日原国家食品药品监督管理总局令第 8 号公布的《医疗器械经营监督管理办法》同时废止。

医疗器械注册与备案管理办法

（国家市场监督管理总局令第 47 号）

发布日期：2021-08-26
实施日期：2021-10-01
法规类型：部门规章

第一章 总 则

第一条 为了规范医疗器械注册与备案行为，保证医疗器械的安全、有效和质量可控，根据《医疗器械监督管理条例》，制定本办法。

第二条 在中华人民共和国境内从事医疗器械注册、备案及其监督管理活动，适用本办法。

第三条 医疗器械注册是指医疗器械注册申请人（以下简称申请人）依照法定程序和要求提出医疗器械注册申请，药品监督管理部门依据法律法规，基于科学认知，进行安全性、有效性和质量可控性等审查，决定是否同意其申请的活动。

医疗器械备案是指医疗器械备案人（以下简称备案人）依照法定程序和要求向药品监督管理部门提交备案资料，药品监督管理部门对提交的备案资料存档备查的活动。

第四条 国家药品监督管理局主管全国医疗器械注册与备案管理工作，负责建立医疗器械注册与备案管理工作体系和制度，依法组织境内第三类和进口第二类、第三类医疗器械审评审批，进口第一类医疗器械备案以及相关监督管理工作，对地方医疗器械注册与备案工作进行监督指导。

第五条 国家药品监督管理局医疗器械技术审评中心（以下简称国家局器械审评中心）负责需进行临床试验审批的医疗器械临床试验申请以及境内第三类和进口第二类、第三类医疗器械产品注册申请、变更注册申请、延续注册申请等的技术审评工作。

国家药品监督管理局医疗器械标准管理中心、中国食品药品检定研究院、国家药品监督管理局食品药品审核查验中心（以下简称国家局审核查验中心）、国家药品监督管理局药品评价中心、国家药品监督管理局行政事项受理服务和投诉举报中心、国家药品监督管理局信息中心等其他专业技术机构，依职责承担实施医疗器械监督管理所需的医疗器械标准管理、分类界定、检验、核查、监测与评价、制证送达以及相应的信息化建设与管理等相关工作。

第六条 省、自治区、直辖市药品监督管理部门负责本行政区域内以下医疗器械注册相关管理工作：

（一）境内第二类医疗器械注册审评审批；

（二）境内第二类、第三类医疗器械质量管理体系核查；

（三）依法组织医疗器械临床试验机构以及临床试验的监督管理；

（四）对设区的市级负责药品监督管理的部门境内第一类医疗器械备案的监督指导。

省、自治区、直辖市药品监督管理部门设置或者指定的医疗器械专业技术机构，承担实施医疗器械监督管理所需的技术审评、检验、核查、监测与评价等工作。

设区的市级负责药品监督管理的部门负责境内第一类医疗器械产品备案管理工作。

第七条 医疗器械注册与备案管理遵循依法、科学、公开、公平、公正的原则。

第八条 第一类医疗器械实行产品备案管理。第二类、第三类医疗器械实行产品注册管理。

境内第一类医疗器械备案，备案人向设区的市级负责药品监督管理的部门提交备案资料。

境内第二类医疗器械由省、自治区、直辖市药品监督管理部门审查，批准后发给医疗器械注册证。

境内第三类医疗器械由国家药品监督管理局审查，批准后发给医疗器械注册证。

进口第一类医疗器械备案，备案人向国家药品监督管理局提交备案资料。

进口第二类、第三类医疗器械由国家药品监督管理局审查，批准后发给医疗器械注册证。

第九条 医疗器械注册人、备案人应当加强医疗器械全生命周期质量管理，对研制、生产、经营、使用全过程中的医疗器械的安全性、有效性和质量可控性依法承担责任。

第十条 国家药品监督管理局对临床急需医疗器械实行优先审批，对创新医疗器械实行特别审批，鼓励医疗器械的研究与创新，推动医疗器械产业高质量发展。

第十一条 国家药品监督管理局依法建立健全医疗器械标准、技术指导原则等体系，规范医疗器械技术审评和质量管理体系核查，指导和服务医疗器械研发和注册申请。

第十二条 药品监督管理部门依法及时公开医疗器械注册、备案相关信息，申请人可以查询审批进度和结果，公众可以查阅审批结果。

未经申请人同意，药品监督管理部门、专业技术机构及其工作人员、参与评审的专家等人员不得披露申请人或者备案人提交的商业秘密、未披露信息或者保密商务信息，法律另有规定或者涉及国家安全、重大社会公共利益的除外。

第二章　基本要求

第十三条　医疗器械注册、备案应当遵守相关法律、法规、规章、强制性标准，遵循医疗器械安全和性能基本原则，参照相关技术指导原则，证明注册、备案的医疗器械安全、有效、质量可控，保证全过程信息真实、准确、完整和可追溯。

第十四条　申请人、备案人应当为能够承担相应法律责任的企业或者研制机构。

境外申请人、备案人应当指定中国境内的企业法人作为代理人，办理相关医疗器械注册、备案事项。代理人应当依法协助注册人、备案人履行《医疗器械监督管理条例》第二十条第一款规定的义务，并协助境外注册人、备案人落实相应法律责任。

第十五条　申请人、备案人应当建立与产品相适应的质量管理体系，并保持有效运行。

第十六条　办理医疗器械注册、备案事项的人员应当具有相应的专业知识，熟悉医疗器械注册、备案管理的法律、法规、规章和注册管理相关规定。

第十七条　申请注册或者进行备案，应当按照国家药品监督管理局有关注册、备案的要求提交相关资料，申请人、备案人对资料的真实性负责。

注册、备案资料应当使用中文。根据外文资料翻译的，应当同时提供原文。引用未公开发表的文献资料时，应当提供资料权利人许可使用的文件。

第十八条　申请进口医疗器械注册、办理进口医疗器械备案，应当提交申请人、备案人注册地或者生产地所在国家（地区）主管部门准许该医疗器械上市销售的证明文件。

申请人、备案人注册地或者生产地所在国家（地区）未将该产品作为医疗器械管理的，申请人、备案人需提供相关文件，包括注册地或者生产地所在国家（地区）准许该产品上市销售的证明文件。

未在申请人、备案人注册地或者生产地所在国家（地区）上市的创新医疗器械，不需提交相关文件。

第十九条　医疗器械应当符合适用的强制性标准。产品结构特征、预期用途、使用方式等与强制性标准的适用范围不一致的，申请人、备案人应当提出不适用强制性标准的说明，并提供相关资料。

没有强制性标准的，鼓励申请人、备案人采用推荐性标准。

第二十条　医疗器械注册、备案工作应当遵循医疗器械分类规则和分类目录的有关要求。

第二十一条　药品监督管理部门持续推进审评审批制度改革，加强医疗器械监管科学研究，建立以技术审评为主导，核查、检验、监测与评价等为支撑的医疗器械注册管理技术体系，优化审评审批流程，提高审评审批能力，提升审评审批质量和效率。

第二十二条　医疗器械专业技术机构建立健全沟通交流制度，明确沟通交流的形式和内容，根据工作需要组织与申请人进行沟通交流。

第二十三条　医疗器械专业技术机构根据工作需要建立专家咨询制度，在审评、核查、检验等过程中就重大问题听取专家意见，充分发挥专家的技术支撑作用。

第三章　医疗器械注册

第一节　产品研制

第二十四条　医疗器械研制应当遵循风险管理原则，考虑现有公认技术水平，确保产品所有已知和可预见的风险以及非预期影响最小化并可接受，保证产品在正常使用中受益大于风险。

第二十五条　从事医疗器械产品研制实验活动，应当符合我国相关法律、法规和强制性标准等的要求。

第二十六条　申请人、备案人应当编制申请注册或者进行备案医疗器械的产品技术要求。

产品技术要求主要包括医疗器械成品的可进行客观判定的功能性、安全性指标和检测方法。

医疗器械应当符合经注册或者备案的产品技术要求。

第二十七条　申请人、备案人应当编制申请注册或者进行备案医疗器械的产品说明书和标签。

产品说明书和标签应当符合《医疗器械监督管理条例》第三十九条要求以及相关规定。

第二十八条　医疗器械研制，应当根据产品适用范围和技术特征开展医疗器械非临床研究。

非临床研究包括产品化学和物理性能研究，电气安全研究，辐射安全研究，软件研究，生物学特性研究，生物源材料安全性研究，消毒、灭菌工艺研究，动物试验研究，稳定性研究等。

申请注册或者进行备案，应当提交研制活动中产生的非临床证据，包括非临床研究报告综述、研究方案和研究报告。

第二十九条　医疗器械非临床研究过程中确定的功能性、安全性指标及方法应当与产品预期使用条件、目的相适应，研究样品应当具有代表性和典型性。必要时，应当进行方法学验证、统计学分析。

第三十条　申请注册或者进行备案，应当按照产品技术要求进行检验，并提交检验报告。检验合格的，方可开展临床试验或者申请注册、进行备案。

第三十一条　检验用产品应当能够代表申请注册或者进行备案产品的安全性和有效性，其生产应当符合医疗器械生产质量管理规范的相关要求。

第三十二条　申请注册或者进行备案提交的医疗器械产品检验报告可以是申请人、备案人的自检报告，也可以是委托有资质的医疗器械检验机构出具的检验报告。

第二节　临床评价

第三十三条　除本办法第三十四条规定情形外，医疗器械产品注册、备案，应当进行临床评价。

医疗器械临床评价是指采用科学合理的方法对临床数据进行分析、评价，以确认医疗器械在其适用范围内的安全性、有效性的活动。

申请医疗器械注册，应当提交临床评价资料。

第三十四条　有下列情形之一的，可以免于进行临床评价：

（一）工作机理明确、设计定型，生产工艺成熟，已上市的同品种医疗器械临床应用多年且无严重不良事件记录，不改变常规用途的；

（二）其他通过非临床评价能够证明该医疗器械安全、有效的。

免于进行临床评价的,可以免于提交临床评价资料。

免于进行临床评价的医疗器械目录由国家药品监督管理局制定、调整并公布。

第三十五条 开展医疗器械临床评价,可以根据产品特征、临床风险、已有临床数据等情形,通过开展临床试验,或者通过对同品种医疗器械临床文献资料、临床数据进行分析评价,证明医疗器械的安全性、有效性。

按照国家药品监督管理局的规定,进行医疗器械临床评价时,已有临床文献资料、临床数据不足以确认产品安全、有效的医疗器械,应当开展临床试验。

国家药品监督管理局制定医疗器械临床评价指南,明确通过同品种医疗器械临床文献资料、临床数据进行临床评价的要求,需要开展临床试验的情形,临床评价报告的撰写要求等。

第三十六条 通过同品种医疗器械临床文献资料、临床数据进行临床评价的,临床评价资料包括申请注册产品与同品种医疗器械的对比,同品种医疗器械临床数据的分析评价,申请注册产品与同品种产品存在差异时的科学证据以及评价结论等内容。

通过临床试验开展临床评价的,临床评价资料包括临床试验方案、伦理委员会意见、知情同意书、临床试验报告等。

第三十七条 开展医疗器械临床试验,应当按照医疗器械临床试验质量管理规范的要求,在具备相应条件并按照规定备案的医疗器械临床试验机构内进行。临床试验开始前,临床试验申办者应当向所在地省、自治区、直辖市药品监督管理部门进行临床试验备案。临床试验医疗器械的生产应当符合医疗器械生产质量管理规范的相关要求。

第三十八条 第三类医疗器械进行临床试验对人体具有较高风险的,应当经国家药品监督管理局批准。

临床试验审批是指国家药品监督管理局根据申请人的申请,对拟开展临床试验的医疗器械的风险程度、临床试验方案、临床受益与风险对比分析报告等进行综合分析,以决定是否同意开展临床试验的过程。

需进行临床试验审批的第三类医疗器械目录由国家药品监督管理局制定、调整并公布。需进行临床试验审批的第三类医疗器械临床试验应在符合要求的三级甲等医疗机构开展。

第三十九条 需进行医疗器械临床试验审批的,申请人应当按照相关要求提交综述资料、研究资料、临床资料、产品说明书和标签样稿等申请资料。

第四十条 国家局器械审评中心对受理的临床试验申请进行审评。对临床试验申请应当自受理申请之日 60 日内作出是否同意的决定,并通过国家局器械审评中心网站通知申请人。逾期未通知的,视为同意。

第四十一条 审评过程中需要申请人补正资料的,国家局器械审评中心应当一次告知需要补正的全部内容。申请人应当在收到补正通知 1 年内,按照补正通知的要求一次提供补充资料。国家局器械审评中心收到补充资料后,按照规定的时限完成技术审评。

申请人对补正通知内容有异议的,可以向国家局器械审评中心提出书面意见,说明理由并提供相应的技术支持资料。

申请人逾期未提交补充资料的,终止技术审评,作出不予批准的决定。

第四十二条 对于医疗器械临床试验期间出现的临床试验医疗器械相关严重不良事件,或者其他严重安全性风险信息,临床试验申办者应当按照相关要求,分别向所在地和临床试验机构所在地省、自治区、直辖市药品监督管理部门报告,并采取风险控制措施。未采取风险控制措施的,省、自治区、直辖市药品监督管理部门依法责令申办者采取相应的风险控制措施。

第四十三条 医疗器械临床试验中出现大范围临床试验医疗器械相关严重不良事件,或者其他重大安全性问题时,申办者应当暂停或者终止医疗器械临床试验,分别向所在地和临床试验机构所在地省、自治区、直辖市药品监督管理部门报告。未暂停或者终止的，省、自治区、直辖市药品监督管理部门依法责令申办者采取相应的风险控制措施。

第四十四条 已批准开展的临床试验，有下列情形之一的，国家药品监督管理局可以责令申请人终止已开展的医疗器械临床试验：

（一）临床试验申请资料虚假的；

（二）已有最新研究证实原批准的临床试验伦理性和科学性存在问题的；

（三）其他应当终止的情形。

第四十五条 医疗器械临床试验应当在批准后3年内实施；医疗器械临床试验申请自批准之日起，3年内未有受试者签署知情同意书的，该医疗器械临床试验许可自行失效。仍需进行临床试验的，应当重新申请。

第四十六条 对正在开展临床试验的用于治疗严重危及生命且尚无有效治疗手段的疾病的医疗器械，经医学观察可能使患者获益，经伦理审查、知情同意后，可以在开展医疗器械临床试验的机构内免费用于其他病情相同的患者，其安全性数据可以用于医疗器械注册申请。

第三节　注册体系核查

第四十七条 申请人应当在申请注册时提交与产品研制、生产有关的质量管理体系相关资料，受理注册申请的药品监督管理部门在产品技术审评时认为有必要对质量管理体系进行核查的，应当组织开展质量管理体系核查，并可以根据需要调阅原始资料。

第四十八条 境内第三类医疗器械质量管理体系核查，由国家局器械审评中心通知申请人所在地的省、自治区、直辖市药品监督管理部门开展。

境内第二类医疗器械质量管理体系核查，由申请人所在地的省、自治区、直辖市药品监督管理部门组织开展。

第四十九条 省、自治区、直辖市药品监督管理部门按照医疗器械生产质量管理规范的要求开展质量管理体系核查，重点对申请人是否按照医疗器械生产质量管理规范的要求建立与产品相适应的质量管理体系，以及与产品研制、生产有关的设计开发、生产管理、质量控制等内容进行核查。

在核查过程中，应当同时对检验用产品和临床试验产品的真实性进行核查，重点查阅设计开发过程相关记录，以及检验用产品和临床试验产品生产过程的相关记录。

提交自检报告的，应当对申请人、备案人或者受托机构研制过程中的检验能力、检验结果等进行重点核查。

第五十条 省、自治区、直辖市药品监督管理部门可以通过资料审查或者现场检查的方式开展质量管理体系核查。根据申请人的具体情况、监督检查情况、本次申请注册产品与既往已通过核查产品生产条件及工艺对比情况等，确定是否现场检查以及检查内容，避免重复检查。

第五十一条 国家局器械审评中心对进口第二类、第三类医疗器械开展技术审评时，认为有必要进行质量管理体系核查的，通知国家局审核查验中心根据相关要求开展核查。

第四节　产品注册

第五十二条 申请人应当在完成支持医疗器械注册的安全性、有效性研究，做好接受质量管理体系核查的准备后，提出医疗器械注册申请，并按照相关要求，通过在线注册申请等途径向药品监督管理部门提交下列注册申请资料：

（一）产品风险分析资料；

（二）产品技术要求；

（三）产品检验报告；

（四）临床评价资料；

（五）产品说明书以及标签样稿；

（六）与产品研制、生产有关的质量管理体系文件；

（七）证明产品安全、有效所需的其他资料。

第五十三条 药品监督管理部门收到申请后对申请资料进行审核，并根据下列情况分别作出处理：

（一）申请事项属于本行政机关职权范围，申请资料齐全、符合形式审核要求的，予以受理；

（二）申请资料存在可以当场更正的错误的，应当允许申请人当场更正；

（三）申请资料不齐全或者不符合法定形式的，应当当场或者在 5 日内一次告知申请人需要补正的全部内容，逾期不告知的，自收到申请资料之日起即为受理；

（四）申请事项依法不属于本行政机关职权范围的，应当即时作出不予受理的决定，并告知申请人向有关行政机关申请。

药品监督管理部门受理或者不予受理医疗器械注册申请，应当出具加盖本行政机关专用印章和注明日期的受理或者不予受理的通知书。

医疗器械注册申请受理后，需要申请人缴纳费用的，申请人应当按规定缴纳费用。申请人未在规定期限内缴纳费用的，视为申请人主动撤回申请，药品监督管理部门终止其注册程序。

第五十四条 技术审评过程中需要申请人补正资料的，技术审评机构应当一次告知需要补正的全部内容。申请人应当在收到补正通知 1 年内，按照补正通知要求一次提供补充资料；技术审评机构收到补充资料后，在规定的时限内完成技术审评。

申请人对补正通知内容有异议的，可以向相应的技术审评机构提出书面意见，说明理由并提供相应的技术支持资料。

申请人逾期未提交补充资料的，终止技术审评，药品监督管理部门作出不予注册的决定。

第五十五条 对于已受理的注册申请，申请人可以在行政许可决定作出前，向受理该申请的药品监督管理部门申请撤回注册申请及相关资料，并说明理由。同意撤回申请的，药品监督管理部门终止其注册程序。

审评、核查、审批过程中发现涉嫌存在隐瞒真实情况或者提供虚假信息等违法行为的，依法处理，申请人不得撤回医疗器械注册申请。

第五十六条 对于已受理的注册申请，有证据表明注册申请资料可能虚假的，药品监督管理部门可以中止审评审批。经核实后，根据核实结论继续审查或者作出不予注册的决定。

第五十七条 医疗器械注册申请审评期间，对于拟作出不通过的审评结论的，技术审评机构应当告知申请人不通过的理由，申请人可以在 15 日内向技术审评机构提出异议，异议内容仅限于原申请事项和原申请资料。技术审评机构结合申请人的异议意见进行综合评估并反馈申请人。异议处理时间不计入审评时限。

第五十八条 受理注册申请的药品监督管理部门应当在技术审评结束后，作出是否批准的决定。对符合安全、有效、质量可控要求的，准予注册，发给医疗器械注册证，经过核准的产品技术要求以附件形式发给申请人。对不予注册的，应当书面说明理由，并同时告知申请人享有依法申请行政复议或者提起行政诉讼的权利。

医疗器械注册证有效期为 5 年。

第五十九条 对于已受理的注册申请，有下列情形之一的，药品监督管理部门作出不予注册的决定，并告知申请人：

（一）申请人对拟上市销售医疗器械的安全性、有效性、质量可控性进行的研究及其结果无法证明产品安全、有效、质量可控的；

（二）质量管理体系核查不通过，以及申请人拒绝接受质量管理体系现场检查的；

（三）注册申请资料虚假的；

（四）注册申请资料内容混乱、矛盾，注册申请资料内容与申请项目明显不符，不能证明产品安全、有效、质量可控的；

（五）不予注册的其他情形。

第六十条 法律、法规、规章规定实施行政许可应当听证的事项，或者药品监督管理部门认为需要听证的其他涉及公共利益的重大行政许可事项，药品监督管理部门应当向社会公告，并举行听证。医疗器械注册申请直接涉及申请人与他人之间重大利益关系的，药品监督管理部门在作出行政许可决定前，应当告知申请人、利害关系人享有要求听证的权利。

第六十一条 对用于治疗罕见疾病、严重危及生命且尚无有效治疗手段的疾病和应对公共卫生事件等急需的医疗器械，药品监督管理部门可以作出附条件批准决定，并在医疗器械注册证中载明有效期、上市后需要继续完成的研究工作及完成时限等相关事项。

第六十二条 对附条件批准的医疗器械，注册人应当在医疗器械上市后收集受益和风险相关数据，持续对产品的受益和风险开展监测与评估，采取有效措施主动管控风险，并在规定期限内按照要求完成研究并提交相关资料。

第六十三条 对附条件批准的医疗器械，注册人逾期未按照要求完成研究或者不能证明其受益大于风险的，注册人应当及时申请办理医疗器械注册证注销手续，药品监督管理部门可以依法注销医疗器械注册证。

第六十四条 对新研制的尚未列入分类目录的医疗器械，申请人可以直接申请第三类医疗器械产品注册，也可以依据分类规则判断产品类别并向国家药品监督管理局申请类别确认后，申请产品注册或者进行产品备案。

直接申请第三类医疗器械注册的，国家药品监督管理局按照风险程度确定类别。境内医疗器械确定为第二类或者第一类的，应当告知申请人向相应的药品监督管理部门申请注册或者进行备案。

第六十五条 已注册的医疗器械，其管理类别由高类别调整为低类别的，医疗器械注册证在有效期内继续有效。有效期届满需要延续的，应当在医疗器械注册证有效期届满6个月前，按照调整后的类别向相应的药品监督管理部门申请延续注册或者进行备案。

医疗器械管理类别由低类别调整为高类别的，注册人应当按照改变后的类别向相应的药品监督管理部门申请注册。国家药品监督管理局在管理类别调整通知中应当对完成调整的时限作出规定。

第六十六条 医疗器械注册证及其附件遗失、损毁的，注册人应当向原发证机关申请补发，原发证机关核实后予以补发。

第六十七条 注册申请审查过程中及批准后发生专利权纠纷的，应当按照有关法律、法规的规定处理。

第四章 特殊注册程序

第一节 创新产品注册程序

第六十八条 符合下列要求的医疗器械，申请人可以申请适用创新产品注册程序：

（一）申请人通过其主导的技术创新活动，在中国依法拥有产品核心技术发明专利权，或者依法通过受让取得在中国发明专利权或其使用权，且申请适用创新产品注册程序的时间在专利授权公告日起 5 年内；或者核心技术发明专利的申请已由国务院专利行政部门公开，并由国家知识产权局专利检索咨询中心出具检索报告，载明产品核心技术方案具备新颖性和创造性；

（二）申请人已完成产品的前期研究并具有基本定型产品，研究过程真实和受控，研究数据完整和可溯源；

（三）产品主要工作原理或者作用机理为国内首创，产品性能或者安全性与同类产品比较有根本性改进，技术上处于国际领先水平，且具有显著的临床应用价值。

第六十九条　申请适用创新产品注册程序的，申请人应当在产品基本定型后，向国家药品监督管理局提出创新医疗器械审查申请。国家药品监督管理局组织专家进行审查，符合要求的，纳入创新产品注册程序。

第七十条　对于适用创新产品注册程序的医疗器械注册申请，国家药品监督管理局以及承担相关技术工作的机构，根据各自职责指定专人负责，及时沟通，提供指导。

纳入创新产品注册程序的医疗器械，国家局器械审评中心可以与申请人在注册申请受理前以及技术审评过程中就产品研制中的重大技术问题、重大安全性问题、临床试验方案、阶段性临床试验结果的总结与评价等问题沟通交流。

第七十一条　纳入创新产品注册程序的医疗器械，申请人主动要求终止或者国家药品监督管理局发现不再符合创新产品注册程序要求的，国家药品监督管理局终止相关产品的创新产品注册程序并告知申请人。

第七十二条　纳入创新产品注册程序的医疗器械，申请人在规定期限内未提出注册申请的，不再适用创新产品注册程序。

第二节　优先注册程序

第七十三条　满足下列情形之一的医疗器械，可以申请适用优先注册程序：

（一）诊断或者治疗罕见病、恶性肿瘤且具有明显临床优势，诊断或者治疗老年人特有和多发病且目前尚无有效诊断或者治疗手段，专用于儿童且具有明显临床优势，或者临床急需且在我国尚无同品种产品获准注册的医疗器械；

（二）列入国家科技重大专项或者国家重点研发计划的医疗器械；

（三）国家药品监督管理局规定的其他可以适用优先注册程序的医疗器械。

第七十四条　申请适用优先注册程序的，申请人应当在提出医疗器械注册申请时，向国家药品监督管理局提出适用优先注册程序的申请。属于第七十三条第一项情形的，由国家药品监督管理局组织专家进行审核，符合的，纳入优先注册程序；属于第七十三条第二项情形的，由国家局器械审评中心进行审核，符合的，纳入优先注册程序；属于第七十三条第三项情形的，由国家药品监督管理局广泛听取意见，并组织专家论证后确定是否纳入优先注册程序。

第七十五条　对纳入优先注册程序的医疗器械注册申请，国家药品监督管理局优先进行审评审批，省、自治区、直辖市药品监督管理部门优先安排医疗器械注册质量管理体系核查。

国家局器械审评中心在对纳入优先注册程序的医疗器械产品开展技术审评过程中，应当按照相关规定积极与申请人进行沟通交流，必要时，可以安排专项交流。

第三节　应急注册程序

第七十六条　国家药品监督管理局可以依法对突发公共卫生事件应急所需且在我国境内尚无同类产品上市，或者虽在我国境内已有同类产品上市但产品供应不能满足突发公共卫生事件应急处理需要的医疗器械实施应急注册。

第七十七条 申请适用应急注册程序的，申请人应当向国家药品监督管理局提出应急注册申请。符合条件的，纳入应急注册程序。

第七十八条 对实施应急注册的医疗器械注册申请，国家药品监督管理局按照统一指挥、早期介入、随到随审、科学审批的要求办理，并行开展医疗器械产品检验、体系核查、技术审评等工作。

第五章　变更注册与延续注册

第一节　变更注册

第七十九条 注册人应当主动开展医疗器械上市后研究，对医疗器械的安全性、有效性和质量可控性进行进一步确认，加强对已上市医疗器械的持续管理。

已注册的第二类、第三类医疗器械产品，其设计、原材料、生产工艺、适用范围、使用方法等发生实质性变化，有可能影响该医疗器械安全、有效的，注册人应当向原注册部门申请办理变更注册手续；发生其他变化的，应当在变化之日起 30 日内向原注册部门备案。

注册证载明的产品名称、型号、规格、结构及组成、适用范围、产品技术要求、进口医疗器械的生产地址等，属于前款规定的需要办理变更注册的事项。注册人名称和住所、代理人名称和住所等，属于前款规定的需要备案的事项。境内医疗器械生产地址变更的，注册人应当在办理相应的生产许可变更后办理备案。

发生其他变化的，注册人应当按照质量管理体系要求做好相关工作，并按照规定向药品监督管理部门报告。

第八十条 对于变更注册申请，技术审评机构应当重点针对变化部分进行审评，对变化后产品是否安全、有效、质量可控形成审评意见。

在对变更注册申请进行技术审评时，认为有必要对质量管理体系进行核查的，药品监督管理部门应当组织开展质量管理体系核查。

第八十一条 医疗器械变更注册文件与原医疗器械注册证合并使用，有效期截止日期与原医疗器械注册证相同。

第二节　延续注册

第八十二条 医疗器械注册证有效期届满需要延续注册的，注册人应当在医疗器械注册证有效期届满 6 个月前，向原注册部门申请延续注册，并按照相关要求提交申请资料。

除有本办法第八十三条规定情形外，接到延续注册申请的药品监督管理部门应当在医疗器械注册证有效期届满前作出准予延续的决定。逾期未作决定的，视为准予延续。

第八十三条 有下列情形之一的，不予延续注册：

（一）未在规定期限内提出延续注册申请；

（二）新的医疗器械强制性标准发布实施，申请延续注册的医疗器械不能达到新要求；

（三）附条件批准的医疗器械，未在规定期限内完成医疗器械注册证载明事项。

第八十四条 延续注册的批准时间在原注册证有效期内的，延续注册的注册证有效期起始日为原注册证到期日次日；批准时间不在原注册证有效期内的，延续注册的注册证有效期起始日为批准延续注册的日期。

第八十五条 医疗器械变更注册申请、延续注册申请的受理与审批程序，本章未作规定的，适用本办法第三章的相关规定。

第六章　医疗器械备案

第八十六条 第一类医疗器械生产前，应当进行产品备案。

第八十七条 进行医疗器械备案，备案人应当按照《医疗器械监督管理条例》的规定向药品监督管理部门提交备案资料，获取备案编号。

第八十八条 已备案的医疗器械，备案信息表中登载内容及备案的产品技术要求发生变化的，备案人应当向原备案部门变更备案，并提交变化情况的说明以及相关文件。药品监督管理部门应当将变更情况登载于备案信息中。

第八十九条 已备案的医疗器械管理类别调整为第二类或者第三类医疗器械的，应当按照本办法规定申请注册。

第七章 工作时限

第九十条 本办法所规定的时限是医疗器械注册的受理、技术审评、核查、审批等工作的最长时间。特殊注册程序相关工作时限，按特殊注册程序相关规定执行。

国家局器械审评中心等专业技术机构应当明确本单位工作程序和时限，并向社会公布。

第九十一条 药品监督管理部门收到医疗器械注册申请及临床试验申请后，应当自受理之日起3日内将申请资料转交技术审评机构。临床试验申请的受理要求适用于本办法第五十三条规定。

第九十二条 医疗器械注册技术审评时限，按照以下规定执行：

（一）医疗器械临床试验申请的技术审评时限为60日，申请资料补正后的技术审评时限为40日；

（二）第二类医疗器械注册申请、变更注册申请、延续注册申请的技术审评时限为60日，申请资料补正后的技术审评时限为60日；

（三）第三类医疗器械注册申请、变更注册申请、延续注册申请的技术审评时限为90日，申请资料补正后的技术审评时限为60日。

第九十三条 境内第三类医疗器械质量管理体系核查时限，按照以下规定执行：

（一）国家局器械审评中心应当在医疗器械注册申请受理后10日内通知相关省、自治区、直辖市药品监督管理部门启动核查；

（二）省、自治区、直辖市药品监督管理部门原则上在接到核查通知后30日内完成核查，并将核查情况、核查结果等相关材料反馈至国家局器械审评中心。

第九十四条 受理注册申请的药品监督管理部门应当自收到审评意见之日起20日内作出决定。

第九十五条 药品监督管理部门应当自作出医疗器械注册审批决定之日起10日内颁发、送达有关行政许可证件。

第九十六条 因产品特性以及技术审评、核查等工作遇到特殊情况确需延长时限的，延长时限不得超过原时限的二分之一，经医疗器械技术审评、核查等相关技术机构负责人批准后，由延长时限的技术机构书面告知申请人，并通知其他相关技术机构。

第九十七条 原发证机关应当自收到医疗器械注册证补办申请之日起20日内予以补发。

第九十八条 以下时间不计入相关工作时限：

（一）申请人补充资料、核查后整改等所占用的时间；

（二）因申请人原因延迟核查的时间；

（三）外聘专家咨询、召开专家咨询会、药械组合产品需要与药品审评机构联合审评的时间；

（四）根据规定中止审评审批程序的，中止审评审批程序期间所占用的时间；

（五）质量管理体系核查所占用的时间。

第九十九条 本办法规定的时限以工作日计算。

第八章　监督管理

第一百条　药品监督管理部门应当加强对医疗器械研制活动的监督检查，必要时可以对为医疗器械研制提供产品或者服务的单位和个人进行延伸检查，有关单位和个人应当予以配合，提供相关文件和资料，不得拒绝、隐瞒、阻挠。

第一百零一条　国家药品监督管理局建立并分步实施医疗器械唯一标识制度，申请人、备案人应当按照相关规定提交唯一标识相关信息，保证数据真实、准确、可溯源。

第一百零二条　国家药品监督管理局应当及时将代理人信息通报代理人所在地省、自治区、直辖市药品监督管理部门。省、自治区、直辖市药品监督管理部门对本行政区域内的代理人组织开展日常监督管理。

第一百零三条　省、自治区、直辖市药品监督管理部门根据医疗器械临床试验机构备案情况，组织对本行政区域内已经备案的临床试验机构开展备案后监督检查。对于新备案的医疗器械临床试验机构，应当在备案后 60 日内开展监督检查。

省、自治区、直辖市药品监督管理部门应当组织对本行政区域内医疗器械临床试验机构遵守医疗器械临床试验质量管理规范的情况进行日常监督检查，监督其持续符合规定要求。国家药品监督管理局根据需要对医疗器械临床试验机构进行监督检查。

第一百零四条　药品监督管理部门认为有必要的，可以对临床试验的真实性、准确性、完整性、规范性和可追溯性进行现场检查。

第一百零五条　承担第一类医疗器械产品备案工作的药品监督管理部门在备案后监督中，发现备案资料不规范的，应当责令备案人限期改正。

第一百零六条　药品监督管理部门未及时发现本行政区域内医疗器械注册管理系统性、区域性风险，或者未及时消除本行政区域内医疗器械注册管理系统性、区域性隐患的，上级药品监督管理部门可以对下级药品监督管理部门主要负责人进行约谈。

第九章　法律责任

第一百零七条　违反本办法第七十九条的规定，未按照要求对发生变化进行备案的，责令限期改正；逾期不改正的，处 1 万元以上 3 万元以下罚款。

第一百零八条　开展医疗器械临床试验未遵守临床试验质量管理规范的，依照《医疗器械监督管理条例》第九十四条予以处罚。

第一百零九条　医疗器械技术审评机构未依照本办法规定履行职责，致使审评工作出现重大失误的，由负责药品监督管理的部门责令改正，通报批评，给予警告；造成严重后果的，对违法单位的法定代表人、主要负责人、直接负责的主管人员和其他责任人员，依法给予处分。

第一百一十条　负责药品监督管理的部门工作人员违反规定，滥用职权、玩忽职守、徇私舞弊的，依法给予处分。

第十章　附　则

第一百一十一条　医疗器械注册或者备案单元原则上以产品的技术原理、结构组成、性能指标和适用范围为划分依据。

第一百一十二条　获准注册的医疗器械，是指与该医疗器械注册证及附件限定内容一致且在医疗器械注册证有效期内生产的医疗器械。

第一百一十三条　医疗器械注册证中"结构及组成"栏内所载明的组合部件，以更换耗材、售后服务、维修等为目的，用于原注册产品的，可以单独销售。

第一百一十四条 申请人在申请医疗器械产品注册、变更注册、临床试验审批中可以经医疗器械主文档所有者授权，引用经登记的医疗器械主文档。医疗器械主文档登记相关工作程序另行规定。

第一百一十五条 医疗器械注册证格式由国家药品监督管理局统一制定。

注册证编号的编排方式为：

×1 械注×2××××3×4××5××××6。其中：

×1 为注册审批部门所在地的简称：

境内第三类医疗器械、进口第二类、第三类医疗器械为"国"字；

境内第二类医疗器械为注册审批部门所在地省、自治区、直辖市简称；

×2 为注册形式：

"准"字适用于境内医疗器械；

"进"字适用于进口医疗器械；

"许"字适用于香港、澳门、台湾地区的医疗器械；

××××3 为首次注册年份；

×4 为产品管理类别；

××5 为产品分类编码；

××××6 为首次注册流水号。

延续注册的，××××3 和××××6 数字不变。产品管理类别调整的，应当重新编号。

第一百一十六条 第一类医疗器械备案编号的编排方式为：

×1 械备××××2××××3。其中：

×1 为备案部门所在地的简称：

进口第一类医疗器械为"国"字；

境内第一类医疗器械为备案部门所在地省、自治区、直辖市简称加所在地设区的市级行政区域的简称（无相应设区的市级行政区域时，仅为省、自治区、直辖市的简称）；

××××2 为备案年份；

××××3 为备案流水号。

第一百一十七条 药品监督管理部门制作的医疗器械注册证、变更注册文件电子文件与纸质文件具有同等法律效力。

第一百一十八条 根据工作需要，国家药品监督管理局可以依法委托省、自治区、直辖市药品监督管理部门或者技术机构、社会组织承担有关的具体工作。

第一百一十九条 省、自治区、直辖市药品监督管理部门可以参照本办法第四章规定制定本行政区域内第二类医疗器械特殊注册程序，并报国家药品监督管理局备案。

第一百二十条 医疗器械产品注册收费项目、收费标准按照国务院财政、价格主管部门的有关规定执行。

第一百二十一条 按照医疗器械管理的体外诊断试剂的注册与备案，适用《体外诊断试剂注册与备案管理办法》。

第一百二十二条 定制式医疗器械监督管理的有关规定，由国家药品监督管理局另行制定。

药械组合产品注册管理的有关规定，由国家药品监督管理局另行制定。

医疗器械紧急使用的有关规定，由国家药品监督管理局会同有关部门另行制定。

第一百二十三条 香港、澳门、台湾地区医疗器械的注册、备案，参照进口医疗器械办理。

第一百二十四条 本办法自 2021 年 10 月 1 日起施行。2014 年 7 月 30 日原国家食品药品监督管理总局令第4号公布的《医疗器械注册管理办法》同时废止。

医疗器械说明书和标签管理规定

（国家食品药品监督管理总局令第6号）

发布日期：2014-07-30
实施日期：2014-10-01
法规类型：规范性文件

第一条 为规范医疗器械说明书和标签，保证医疗器械使用的安全，根据《医疗器械监督管理条例》，制定本规定。

第二条 凡在中华人民共和国境内销售、使用的医疗器械，应当按照本规定要求附有说明书和标签。

第三条 医疗器械说明书是指由医疗器械注册人或者备案人制作，随产品提供给用户，涵盖该产品安全有效的基本信息，用以指导正确安装、调试、操作、使用、维护、保养的技术文件。

医疗器械标签是指在医疗器械或者其包装上附有的用于识别产品特征和标明安全警示等信息的文字说明及图形、符号。

第四条 医疗器械说明书和标签的内容应当科学、真实、完整、准确，并与产品特性相一致。

医疗器械说明书和标签的内容应当与经注册或者备案的相关内容一致。

医疗器械标签的内容应当与说明书有关内容相符合。

第五条 医疗器械说明书和标签对疾病名称、专业名词、诊断治疗过程和结果的表述，应当采用国家统一发布或者规范的专用词汇，度量衡单位应当符合国家相关标准的规定。

第六条 医疗器械说明书和标签中使用的符号或者识别颜色应当符合国家相关标准的规定；无相关标准规定的，该符号及识别颜色应当在说明书中描述。

第七条 医疗器械最小销售单元应当附有说明书。

医疗器械的使用者应当按照说明书使用医疗器械。

第八条 医疗器械的产品名称应当使用通用名称，通用名称应当符合国家食品药品监督管理总局制定的医疗器械命名规则。第二类、第三类医疗器械的产品名称应当与医疗器械注册证中的产品名称一致。

产品名称应当清晰地标明在说明书和标签的显著位置。

第九条 医疗器械说明书和标签文字内容应当使用中文，中文的使用应当符合国家通用的语言文字规范。医疗器械说明书和标签可以附加其他文种，但应当以中文表述为准。

医疗器械说明书和标签中的文字、符号、表格、数字、图形等应当准确、清晰、规范。

第十条 医疗器械说明书一般应当包括以下内容：

（一）产品名称、型号、规格；

（二）注册人或者备案人的名称、住所、联系方式及售后服务单位，进口医疗器械还应当载明代理人的名称、住所及联系方式；

（三）生产企业的名称、住所、生产地址、联系方式及生产许可证编号或者生产备案凭证编号，委托生产的还应当标注受托企业的名称、住所、生产地址、生产许可证编号或者生产备案凭证编号；

（四）医疗器械注册证编号或者备案凭证编号；

（五）产品技术要求的编号；

（六）产品性能、主要结构组成或者成分、适用范围；

（七）禁忌症、注意事项、警示以及提示的内容；

（八）安装和使用说明或者图示，由消费者个人自行使用的医疗器械还应当具有安全使用的特别说明；

（九）产品维护和保养方法，特殊储存、运输条件、方法；

（十）生产日期，使用期限或者失效日期；

（十一）配件清单，包括配件、附属品、损耗品更换周期以及更换方法的说明等；

（十二）医疗器械标签所用的图形、符号、缩写等内容的解释；

（十三）说明书的编制或者修订日期；

（十四）其他应当标注的内容。

第十一条 医疗器械说明书中有关注意事项、警示以及提示性内容主要包括：

（一）产品使用的对象；

（二）潜在的安全危害及使用限制；

（三）产品在正确使用过程中出现意外时，对操作者、使用者的保护措施以及应当采取的应急和纠正措施；

（四）必要的监测、评估、控制手段；

（五）一次性使用产品应当注明"一次性使用"字样或者符号，已灭菌产品应当注明灭菌方式以及灭菌包装损坏后的处理方法，使用前需要消毒或者灭菌的应当说明消毒或者灭菌的方法；

（六）产品需要同其他医疗器械一起安装或者联合使用时，应当注明联合使用器械的要求、使用方法、注意事项；

（七）在使用过程中，与其他产品可能产生的相互干扰及其可能出现的危害；

（八）产品使用中可能带来的不良事件或者产品成分中含有的可能引起副作用的成分或者辅料；

（九）医疗器械废弃处理时应当注意的事项，产品使用后需要处理的，应当注明相应的处理方法；

（十）根据产品特性，应当提示操作者、使用者注意的其他事项。

第十二条 重复使用的医疗器械应当在说明书中明确重复使用的处理过程，包括清洁、消毒、包装及灭菌的方法和重复使用的次数或者其他限制。

第十三条 医疗器械标签一般应当包括以下内容：

（一）产品名称、型号、规格；

（二）注册人或者备案人的名称、住所、联系方式，进口医疗器械还应当载明代理人的名称、住所及联系方式；

（三）医疗器械注册证编号或者备案凭证编号；

（四）生产企业的名称、住所、生产地址、联系方式及生产许可证编号或者生产备案凭证编号，委托生产的还应当标注受托企业的名称、住所、生产地址、生产许可证编号或者生产备案凭证编号；

（五）生产日期，使用期限或者失效日期；

（六）电源连接条件、输入功率；

（七）根据产品特性应当标注的图形、符号以及其他相关内容；

（八）必要的警示、注意事项；

（九）特殊储存、操作条件或者说明；

（十）使用中对环境有破坏或者负面影响的医疗器械，其标签应当包含警示标志或者中文警示说明；

（十一）带放射或者辐射的医疗器械，其标签应当包含警示标志或者中文警示说明。

医疗器械标签因位置或者大小受限而无法全部标明上述内容的，至少应当标注产品名称、型号、规格、生产日期和使用期限或者失效日期，并在标签中明确"其他内容详见说明书"。

第十四条 医疗器械说明书和标签不得有下列内容：

（一）含有"疗效最佳"、"保证治愈"、"包治"、"根治"、"即刻见效"、"完全无毒副作用"等表示功效的断言或者保证的；

（二）含有"最高技术"、"最科学"、"最先进"、"最佳"等绝对化语言和表示的；

（三）说明治愈率或者有效率的；

（四）与其他企业产品的功效和安全性相比较的；

（五）含有"保险公司保险"、"无效退款"等承诺性语言的；

（六）利用任何单位或者个人的名义、形象作证明或者推荐的；

（七）含有误导性说明，使人感到已经患某种疾病，或者使人误解不使用该医疗器械会患某种疾病或者加重病情的表述，以及其他虚假、夸大、误导性的内容；

（八）法律、法规规定禁止的其他内容。

第十五条 医疗器械说明书应当由注册申请人或者备案人在医疗器械注册或者备案时，提交食品药品监督管理部门审查或者备案，提交的说明书内容应当与其他注册或者备案资料相符合。

第十六条 经食品药品监督管理部门注册审查的医疗器械说明书的内容不得擅自更改。

已注册的医疗器械发生注册变更的，申请人应当在取得变更文件后，依据变更文件自行修改说明书和标签。

说明书的其他内容发生变化的，应当向医疗器械注册的审批部门书面告知，并提交说明书更改情况对比说明等相关文件。审批部门自收到书面告知之日起 20 个工作日内未发出不予同意通知书件的，说明书更改生效。

第十七条 已备案的医疗器械，备案信息表中登载内容、备案产品技术要求以及说明书其他内容发生变化的，备案人自行修改说明书和标签的相关内容。

第十八条 说明书和标签不符合本规定要求的，由县级以上食品药品监督管理部门按照《医疗器械监督管理条例》第六十七条的规定予以处罚。

第十九条 本规定自 2014 年 10 月 1 日起施行。2004 年 7 月 8 日公布的《医疗器械说明书、标签和包装标识管理规定》（原国家食品药品监督管理局令第 10 号）同时废止。

国家药监局关于医疗器械主文档登记事项的公告

（国家药监局公告 2021 年第 36 号）

发布日期：2021-03-12
实施日期：2021-03-12
法规类型：规范性文件

为贯彻落实中共中央办公厅、国务院办公厅《关于深化审评审批制度改革鼓励药品医疗器械创新的意见》、国务院《关于改革药品医疗器械审评审批制度的意见》精神，进一步提高医疗器械审评审批质量，建立更加科学高效的审评审批体系，鼓励创新，方便医疗器械生产企业选择原材料和关键元器件，简化注册申报，现将境内第三类和进口第二类、第三类医疗器械主文档登记有关事项公告如下：

一、医疗器械主文档内容主要涉及医疗器械原材料等。医疗器械注册申请人应当指导并协助主文档所有者按照医疗器械注册申报资料相关要求建立主文档。医疗器械注册申请人对其申报的医疗器械负全部责任。

二、医疗器械注册申请人在中华人民共和国境内提出的进口第二类、第三类及境内第三类医疗器械（含体外诊断试剂）注册、变更、临床试验审批等申请事项中所引用主文档的登记，适用于本公告。

三、国家药品监督管理局医疗器械技术审评中心（以下简称器审中心）建立医疗器械主文档登记平台（以下简称为登记平台）与数据库。主文档所有者可通过登记平台按本公告要求提交主文档登记资料，登记后获得主文档登记编号。器审中心待关联医疗器械提出注册相关申请后对主文档资料一并审评。

四、医疗器械主文档的登记为自愿行为。境内主文档所有者可自行申请登记。进口（含港澳台地区）主文档所有者应当委托境内代理机构申请登记。主文档登记资料均需经过主文档所有者签章，包括医疗器械主文档登记（更新）申请表及其随附登记资料和技术资料。外文文件还需提供简体中文翻译件（中文翻译件可由境内代理机构签章）。

五、主文档登记资料及签章等内容适用于医疗器械注册电子申报相关要求。主文档所有者或其代理机构申领 eRPS 系统配套使用的数字认证证书（Certificate Authority，CA）后，在电子申报系统中提交医疗器械主文档登记申请表（附件 1）或医疗器械主文档登记更新申请表（附件 2）、申请表随附登记资料、技术资料等登记资料。资料提交成功后，器审中心向主文档所有者或其代理机构发送医疗器械主文档登记回执（附件 3）。登记回执仅证明主文档存档待查，供医疗器械产品注册等申报事项引用。国家药监局器审中心将适时在其官方网站公开主文档登记相关信息（附件 4），以便于公众查询。

六、申请登记的医疗器械主文档登记资料形式要求见附件 5。

七、已登记的医疗器械主文档内容发生变化时，主文档所有者可申请登记资料的更新。医疗器械主文档登记更新申请表见附件 2。

八、医疗器械主文档登记具体要求详见《医疗器械主文档登记相关事项说明》（附件 6）。

各省、自治区、直辖市药品监督管理局可根据实际情况参照本公告开展境内第二类医疗器械主文档登记事项。

本公告自发布之日起实施。

特此公告。

附件：1. 医疗器械主文档登记申请表（略）

2. 医疗器械主文档登记更新申请表（略）

3. 医疗器械主文档登记回执（略）

4. 医疗器械主文档登记相关信息（略）

5. 医疗器械主文档登记资料形式要求（略）

6. 医疗器械主文档登记相关事项说明（略）

关于调整进口心脏起搏器检验机构

（海关总署公告 2020 年第 23 号）

发布日期：2020-02-08

实施日期：2020-03-01

法规类型：规范性文件

为进一步支持海南自由贸易港建设，促进海南博鳌乐城国际医疗旅游先行区相关产业发展，根据《中华人民共和国进出口商品检验法实施条例》和《国务院关于在海南博鳌乐城国际医疗旅游先行区暂停实施〈医疗器械监督管理条例〉有关规定的决定》（国发〔2018〕10号），海关总署决定增加海口海关为进口心脏起搏器检验实施机构。现就有关事项公告如下：

一、经海南省药品监督管理部门批准的临床急需进口心脏起搏器由海口海关实施法定检验。

二、企业凭临床急需进口心脏起搏器的批准文件及相关贸易单证向海关申报，申报的目的地检验检疫机关为海口海关。

三、海口海关对临床急需进口心脏起搏器依法实施入境验证监管，核对实货是否与批准文件中载明的信息相符，并检查是否为禁止进口的旧心脏起搏器。对涉及重大质量安全风险预警需实施抽样送检的，按照海关实际风险布控指令执行。

四、经检验合格的，海口海关依申请出具相关证书；经检验与批准文件不一致或属于禁止进口的旧心脏起搏器的，海关按不合格货物处置。

五、其他进口心脏起搏器仍由北京海关、上海海关按相关规定实施检验。

六、本公告所称临床急需进口心脏起搏器，是指海南博鳌乐城国际医疗旅游先行区内特定医疗机构因临床急需、进口已经在境外批准上市并获得成功临床应用经验且在我国尚无同品种产品获准注册的心脏起搏器。

本公告自 2020 年 3 月 1 日起实施。

特此公告。

医疗器械产品出口销售证明管理规定

（国家食品药品监督管理总局 2015 年第 18 号）

发布日期：2015-06-01
实施日期：2015-09-01
法规类型：规范性文件

第一条 为进一步规范食品药品监督管理部门出具医疗器械出口销售证明的服务性事项的办理，便利医疗器械生产企业产品出口，特制定本规定。

第二条 在我国已取得医疗器械产品注册证书及生产许可证书，或已办理医疗器械产品备案及生产备案的，食品药品监督管理部门可为相关生产企业（以下简称企业）出具《医疗器械产品出口销售证明》（格式见附件 1）。

第三条 企业所在地的省级食品药品监督管理部门负责本行政区域内《医疗器械产品出口销售证明》的管理工作。

第四条 企业应当向所在地省级食品药品监督管理部门或其指定的部门（以下简称出具证明部门）提交《医疗器械产品出口销售证明登记表》（格式见附件 2），并报送加盖企业公章的以下资料，资料内容应与出口产品的实际信息一致：

（一）企业营业执照的复印件；

（二）医疗器械生产许可证或备案凭证的复印件；

（三）医疗器械产品注册证或备案凭证的复印件；

（四）所提交材料真实性及中英文内容一致的自我保证声明。

第五条 出具证明部门应当对企业提交的相关资料进行审查核对。符合要求的，应当出具《医疗器械产品出口销售证明》；不符合要求的，应当及时说明理由。

需要出具《医疗器械产品出口销售证明》的企业，其生产不符合相关法规要求，企业信用等级较低，或在生产整改、涉案处理期间的，不予出具《医疗器械产品出口销售证明》。

第六条 《医疗器械产品出口销售证明》编号的编排方式为：××食药监械出×××××××× 号。其中：

第一位×代表生产企业所在地省、自治区、直辖市的简称；

第二位×代表生产企业所在地设区的市级行政区域的简称；

第三到第六位×代表 4 位数的证明出具年份；

第七到第十位×代表 4 位数的证明出具流水号。

第七条 《医疗器械产品出口销售证明》有效日期不应超过申报资料中企业提交的各类证件最先到达的截止日期，且最长不超过 2 年。

第八条 企业提交的相关资料发生变化的，应当及时报告出具证明部门。相关资料发生变化或有效期届满仍需继续使用的，企业应当重新办理《医疗器械产品出口销售证明》。

第九条 企业应当建立并保存出口产品档案。内容包括已办理的《医疗器械产品出口销售证明》和《医疗器械出口备案表》、购货合同、质量要求、检验报告、合格证明、包装、标签式样、报关单等，以保证产品出口过程的可追溯。

第十条 省级食品药品监督管理部门应当组织本行政区域内的出具证明部门及时公开

《医疗器械产品出口销售证明》相关信息。

食品药品监督管理部门发现相关企业的生产不符合相关法规要求，企业信用等级降为较低等级，或认为其不再符合出具证明有关情况的，以及企业报告提交的相关资料发生变化的，省级食品药品监督管理部门应当及时通告相关信息。

第十一条 企业提供虚假证明或者采取其他欺骗手段骗取《医疗器械产品出口销售证明》的，5年内不再为其出具《医疗器械产品出口销售证明》，并将企业名称、医疗器械生产许可证或备案凭证编号、医疗器械产品注册证或备案凭证编号、法定代表人和组织机构代码等信息予以通告。

第十二条 企业应当保证所出口产品符合医疗器械出口相关规定要求，并应当符合进口国的相关要求。在出口过程中所发生的一切法律责任，由企业自行承担。

第十三条 本规定自2015年9月1日起施行。自本规定实施之日起，此前文件与本规定不一致的，均以本规定为准。

第十四条 省级食品药品监督管理部门可依照本规定制定具体实施细则。

　　附件：1. 医疗器械产品出口销售证明（格式）（略）
　　　　　2. 医疗器械产品出口销售证明登记表（格式）（略）

财政部、发展改革委关于重新发布中央管理的食品药品监督管理部门行政事业性收费项目的通知

（财税〔2015〕2号）

发布日期：2015-04-21
实施日期：2015-04-21
法规类型：规范性文件

国家食品药品监督管理总局，各省、自治区、直辖市财政厅（局）、发展改革委、物价局：

按照《国务院机构改革和职能转变方案》的要求，为进一步规范行政事业性收费管理，现将重新审核后中央管理的食品药品监督管理部门行政事业性收费项目及有关问题通知如下：

一、药品注册费

（一）新药注册费。国家食品药品监督管理总局在受理新药（含参照新药申报的进口药品）注册（包括临床试验注册、生产注册）申请时，向申请人收取。

（二）仿制药注册费。国家食品药品监督管理总局在受理仿制药（含参照仿制药申报的进口药品）注册（包括生产注册、需要临床试验的生产注册）申请时，向申请人收取。

（三）补充申请注册费。国家食品药品监督管理总局在受理进口药品和改变药品内在质量的国产药品补充注册申请（变更已获准证明文件及附件中载明事项的注册申请，下同），以及省级食品药品监督管理部门在受理不改变药品内在质量的国产药品补充注册申请时，向申请人收取。

省级食品药品监督管理部门在受理属于备案的药品补充申请事项时，不得收费。

（四）再注册费。国家食品药品监督管理总局在受理进口药品再注册申请（药品批准证明文件有效期满，继续生产或者进口该药品的注册申请，下同），以及省级食品药品监督管理部

门在受理国产药品再注册申请时，向申请人收取。

（五）药品注册加急费。国家食品药品监督管理总局和省级食品药品监督管理部门在受理药品注册（包括新药注册、仿制药注册、补充申请注册和再注册）加急申请时，向申请人收取。加急申请受理的条件，按照国家食品药品监督管理总局的规定执行。

国家食品药品监督管理总局和省级食品药品监督管理部门收取药品注册费后，不得在审评、现场检查过程中再向药品注册申请人收取本通知规定之外的其他任何费用。

二、医疗器械产品注册费

（一）首次注册费。国家食品药品监督管理总局在受理境内第三类医疗器械产品和进口第二类、第三类医疗器械产品注册申请，以及省级食品药品监督管理部门在受理境内第二类医疗器械产品注册申请时，向申请人收取。

（二）变更注册费。国家食品药品监督管理总局在受理境内第三类医疗器械产品和进口第二类、第三类医疗器械产品变更注册申请（变更已获准证明文件及附件中载明事项和内容的注册申请，下同），以及省级食品药品监督管理部门在受理境内第二类医疗器械产品变更注册申请时，向申请人收取。

（三）延续注册费。国家食品药品监督管理总局在受理境内第三类医疗器械产品和进口第二类、第三类医疗器械产品延续注册申请（医疗器械注册证有效期满，办理延期的注册申请，下同），以及省级食品药品监督管理部门在受理境内第二类医疗器械产品延续注册申请时，向申请人收取。

（四）临床试验申请费。国家食品药品监督管理总局在受理境内和进口第三类高风险医疗器械临床试验申请时，向申请人收取。

第二类、第三类医疗器械产品分类办法依据《医疗器械监督管理条例》有关规定执行。

（五）医疗器械产品注册加急费。国家食品药品监督管理总局和省级食品药品监督管理部门在受理医疗器械产品注册（包括首次注册、变更注册、延续注册和临床试验申请）加急申请时，向申请人收取。加急申请受理的条件，按照国家食品药品监督管理总局的规定执行。

国家食品药品监督管理总局和省级食品药品监督管理部门收取医疗器械产品注册费后，不得在审评、现场检查过程中再向医疗器械产品注册申请人收取本通知规定之外的其他任何费用。

三、认证费

（一）药品生产质量管理规范（GMP）认证费。国家食品药品监督管理总局所属食品药品审核查验中心在对注射剂、放射性药品和生物制品生产单位进行 GMP 认证，以及省级食品药品监督管理部门在对注射剂、放射性药品和生物制品以外的其他药品生产单位进行 GMP 认证时，向申请人收取。

（二）药品经营质量管理规范（GSP）认证费。省及省以下食品药品监督管理部门在对药品经营单位进行 GSP 认证时，向申请人收取。

四、药品保护费

（一）药品行政保护费。国家食品药品监督管理总局药品行政保护办公室在受理涉外药品行政保护申请时，向申请人收取。

（二）中药品种保护费。国家食品药品监督管理总局所属国家中药品种保护审评委员会，以及省级食品药品监督管理部门在受理中药品种保护申请时，向申请人收取。

五、检验费

（一）药品检验费。国家食品药品监督管理总局所属中国食品药品检定研究院和省级食品药品监督管理部门所属检验机构，依照《药品管理法》、《药品管理法实施条例》的有关规定，对药品进行注册检验以及其他强制性检验时，向被检验单位和个人收取。

（二）医疗器械产品检验费。经国务院认证认可监督管理部门会同国家食品药品监督管理总局认定的检验机构，依照《医疗器械监督管理条例》规定，对医疗器械产品进行注册检验时，向被检验单位和个人收取。

对药品、医疗器械产品进行监督性抽查检验，不得收费。

六、麻醉、精神药品进出口许可证费

国家食品药品监督管理总局在受理麻醉药品和国家规定范围内的精神药品进口、出口许可申请并核发《进口准许证》、《出口准许证》时，向申请人收取。

七、符合《中小企业划型标准规定》（工信部联企业〔2011〕300号）的小微企业申请创新药注册的，免收新药注册费；申请创新医疗器械产品注册的，免收首次注册费；申请药品行政保护和中药品种保护的，免收药品保护费。

创新药、创新医疗器械产品的认定标准，按照国家食品药品监督管理总局有关规定执行。

八、上述收费项目的收费标准由国家发展改革委、财政部另行制定。

九、收费单位应按财务隶属关系分别使用财政部和省级财政部门统一印制的票据。

十、国家食品药品监督管理总局及所属事业单位的行政事业性收费收入，全额上缴中央国库，纳入中央财政预算管理。省及省以下食品药品监督管理部门及所属事业单位的行政事业性收费收入，全额上缴地方同级国库，纳入地方同级财政预算管理。具体缴库办法按照财政部和省级财政部门的规定执行。食品药品监督管理部门及所属事业单位依法开展注册、检验、认证等工作所需经费，通过同级财政预算统筹安排。

十一、收费单位应严格按上述规定执行，不得自行增加收费项目、扩大收费范围或调整收费标准，并自觉接受财政、价格、审计部门的监督检查。对违规多征、减免或缓征收费的，依照《财政违法行为处罚处分条例》和《违反行政事业性收费和罚没收入收支两条线管理规定行政处分暂行规定》等国家有关规定追究法律责任。

十二、本通知自发布之日起执行。此前有关规定与本通知不一致的，以本通知为准。

关于对进口捐赠医疗器械加强监督管理的公告

（国家质量监督检验检疫总局　海关总署　商务部　民政部公告2006年第17号）

发布日期：2006-02-15
实施日期：2006-02-15
法规类型：规范性文件

2004年以来，有国外慈善机构以捐赠名义向我国转移不符合国家规定的医疗器械，甚至医疗垃圾，存在重大的安全和健康隐患。为了确保进口医疗器械的安全、有效，保障我国公民人身健康和生命安全，根据国家有关法律法规，现就进口捐赠的医疗器械有关规定公告如下：

一、禁止境外捐赠人在向国内捐赠的医疗器械中夹带我国列入《禁止进口货物目录》的物品。

捐赠的医疗器械应为新品，并且已在中国办理过医疗器械注册，其中不得夹带有害环境、公共卫生和社会道德及政治渗透等违禁物品。

二、凡进口属于《自动进口许可机电产品目录》内的捐赠医疗器械，进口单位应当在办理海关报关手续前，向商务主管部门申请办理《中华人民共和国自动进口许可证》，并持该证件向海关办理通关手续。

三、国家质检总局在检验前对进口捐赠的医疗器械实施备案登记管理。凡向中国境内捐赠医疗器械的境外捐赠机构，须由其或其在中国的代理机构向国家质检总局申请登记；对国外捐赠机构所捐赠的医疗器械须在检验前向国家质检总局进行备案，并由国家质检总局对备案材料是否符合本公告第一条要求进行预审。必要时，国家质检总局将组织实施装运前预检验。国家特殊需要的，由民政部商国家质检总局作特殊处理。

四、海关对进口捐赠的医疗器械（不论是否属于《实施检验检疫的进出境商品目录》内），凭检验检疫机构出具的注明"上述物品为捐赠物品"的《入境货物通关单》验放，对其中涉及进口许可证管理的，海关还应验核进口许可证件。

五、接受进口捐赠医疗器械的单位或其代理必须向使用地检验检疫机构申请办理进口检验。检验检疫机构凭经核准有效的备案材料接受报检，实施口岸查验，使用地检验。

对经检验检疫合格的进口捐赠的医疗器械，检验检疫机构出具《入境货物检验检疫证明》后，受赠单位（或个人）方可使用。对判定不合格的进口捐赠的医疗器械，按照商检法及其实施条例的有关规定处理，或移交相关海关按有关规定处理。有关处理结果须尽快上报质检总局和海关总署。

六、民间组织业务主管单位和登记管理机关对接受进口捐赠的民间组织加强监督管理。对接受进口违反国家有关法律、法规捐赠的相关民间组织，尤其是涉及恶意向中国转移医疗垃圾的，应予以严肃处理，直至撤销其登记。

七、本公告自发布之日起执行。

● 备案注册 ●

国家药监局关于第一类医疗器械备案有关事项的公告

（国家药监局公告 2022 年第 62 号）

发布日期：2022-08-10
实施日期：2022-08-10
法规类型：部门规章

为做好第一类医疗器械备案工作，根据《医疗器械监督管理条例》（国务院令第 739 号）、《医疗器械注册与备案管理办法》（国家市场监督管理总局令第 47 号）、《体外诊断试剂注册与备案管理办法》（国家市场监督管理总局令第 48 号），现就第一类医疗器械（含第一类体外诊断试剂）备案有关事项公告如下：

一、医疗器械备案是指医疗器械备案人（以下简称备案人）依照法定程序和要求向药品监督管理部门提交备案资料，药品监督管理部门对提交的备案资料存档备查的活动。

二、境内第一类医疗器械备案，备案人向设区的市级负责药品监督管理的部门提交备案资料。进口第一类医疗器械备案，备案人向国家药品监督管理局提交备案资料。

三、判定产品管理类别时，应当结合产品实际情况，根据《第一类医疗器械产品目录》《体外诊断试剂分类子目录》等规定中产品描述、预期用途和品名举例进行判定。

按照《第一类医疗器械产品目录》《体外诊断试剂分类子目录》（以下统称目录）和有关分类界定结果等判定为第一类医疗器械的，备案人向相应的备案部门办理备案；超出目录内容的，根据相关工作程序申请分类界定，明确为第一类医疗器械的，向相应的备案部门办理备案。

四、办理医疗器械备案，备案人应当提交符合要求（见附件1）的备案资料，填写备案表（见附件2），获取备案编号。备案人应当确保提交的资料合法、真实、准确、完整和可追溯。

五、备案人提交符合附件1要求的备案资料后即完成备案。对备案的医疗器械，备案部门向备案人提供备案编号（备案编号告知书见附件3），并按照规定的时间公布《第一类医疗器械备案信息表》或《第一类体外诊断试剂备案信息表》（见附件4）中登载的有关信息。

六、已备案的医疗器械，备案信息表中登载内容及备案的产品技术要求发生变化，备案人应当向原备案部门变更备案，并提交变化情况的说明及相关文件。对变更备案的医疗器械，备案部门应当将变更情况登载于备案信息表"变更情况"栏中，并按照规定的时间公布变更情况相关信息。

七、备案部门应当按照第一类医疗器械备案操作规范（见附件5）开展备案工作。

八、第一类医疗器械备案编号的编排方式为：

×1械备××××2××××3。其中：

×1为备案部门所在地的简称：

进口第一类医疗器械为"国"字；

境内第一类医疗器械为备案部门所在地省、自治区、直辖市简称加所在地设区的市级行政区域的简称（无相应设区的市级行政区域时，仅为省、自治区、直辖市的简称）；

××××2为备案年份；

××××3为备案流水号。

九、国家药监局建立备案信息平台，汇集第一类医疗器械备案信息；省级药品监督管理部门负责本辖区内第一类医疗器械备案信息的收集和报送。对备案的，备案部门应当按照规定的时间在其网站公布备案信息表中登载的有关信息，省级药品监督管理部门按要求将境内第一类医疗器械备案信息及时上报国家药品监督管理局备案信息平台。

对变更备案的，备案部门将变更情况登载于备案信息表变更情况栏中，按照规定的时间在其网站公布变更备案的有关信息，省级药品监督管理部门按要求将境内第一类医疗器械变更备案信息及时上报国家药品监督管理局备案信息平台。

本公告自发布之日起施行。原国家食品药品监督管理总局发布的《关于第一类医疗器械备案有关事项的公告》（2014年第26号）同时废止。

特此公告。

附件：

1. 第一类医疗器械备案资料要求及说明
2. 第一类医疗器械备案表（格式）
3. 第一类医疗器械备案编号告知书
4. 第一类医疗器械备案信息表和第一类体外诊断试剂备案信息表

5. 第一类医疗器械备案操作规范

国家药监局关于发布以医疗器械作用为主的药械组合产品等 2 项注册审查指导原则的通告

（国家药监局公告 2022 年第 3 号）

发布日期：2022-01-11
实施日期：2022-01-11
法规类型：部门规章

为加强对药械组合产品注册工作的监督和指导，进一步鼓励具有临床价值的药械组合产品上市，构建适合我国国情的药械组合产品的管理模式，国家药品监督管理局将药械组合产品技术评价作为监管科学研究项目，组织制定了《以医疗器械作用为主的药械组合产品注册审查指导原则》《以医疗器械作用为主的药械组合产品中药物定性定量及体外释放研究注册审查指导原则》，现予发布。

特此通告。

附件：1. 以医疗器械作用为主的药械组合产品注册审查指导原则

2. 以医疗器械作用为主的药械组合产品中药物定性定量及体外释放研究注册审查

指导原则

国家药监局关于公布医疗器械注册申报资料 要求和批准证明文件格式的公告

（国家药监局公告 2021 年第 121 号）

发布日期：2021-09-29
实施日期：2022-01-01
法规类型：部门规章

为规范医疗器械注册管理，根据《医疗器械监督管理条例》（国务院令第 739 号）和《医疗器械注册与备案管理办法》（国家市场监督管理总局令第 47 号），国家药监局组织制定了医疗器械注册申报资料要求和批准证明文件格式（见附件），现予公布，自 2022 年 1 月 1 日起施行。原国家食品药品监督管理总局发布的《关于公布医疗器械注册申报资料要求和批准证明文件格式的公告》（原国家食品药品监督管理总局公告 2014 年第 43 号）同时废止。

特此公告。

附件：

1. 中华人民共和国医疗器械注册证（格式）
2. 中华人民共和国医疗器械变更注册（备案）文件（格式）（略）
3. 国家药品监督管理局医疗器械临床试验审批意见单（格式）（略）
4. 医疗器械注册申报资料和批准证明文件格式要求
5. 医疗器械注册申报资料要求及说明
6. 医疗器械延续注册申报资料要求及说明
7. 医疗器械变更备案/变更注册申报资料要求及说明
8. 医疗器械临床试验审批申报资料要求及说明
9. 医疗器械安全和性能基本原则清单

国家药品监督管理局关于实施《医疗器械注册与备案管理办法》《体外诊断试剂注册与备案管理办法》有关事项的通告

（国家药品监督管理局公告 2021 年第 76 号）

发布日期：2021-09-28
实施日期：2021-10-01
法规类型：规范性文件

《医疗器械注册与备案管理办法》（国家市场监督管理总局令第 47 号）和《体外诊断试剂注册与备案管理办法》（国家市场监督管理总局令第 48 号）（以下统称《办法》）已发布，自 2021 年 10 月 1 日起施行。为做好《办法》实施工作，现将有关事项通告如下：

一、关于《办法》实施前已受理注册申请项目的处理

《办法》实施前已受理但尚未作出审批决定的注册申请项目，药品监督管理部门按照原规定继续审评审批，符合上市条件的，发给医疗器械注册证。延续注册的注册证有效期起始日执行《办法》第八十四条规定。

二、关于补正材料涉及的检验报告

《办法》实施前已受理但尚未作出审批决定的注册申请项目，如补正材料涉及检验报告，注册申请人应当委托具有资质的医疗器械检验机构出具补充检验报告；如注册申请人的体系核查涵盖了检验能力，也可以按照《办法》及相关要求提交补充自检报告。

三、关于新的强制性标准实施之日前受理注册申请项目的审查

对于申请注册的医疗器械，其产品技术要求中引用的强制性标准发生变化的，除国家药监局在发布实施标准文件中另有规定外，在新标准实施之日前受理注册的，可以按照原标准进行审评审批。自新标准实施之日起，企业应当全面实施新标准，产品应当符合新标准要求。

四、关于医疗器械生物学试验

医疗器械生物学评价中涉及生物学试验的，其生物学试验报告由申请人在申请注册时作为研究资料提交。开展生物学试验，应当委托具有生物学试验资质的医疗器械检验机构按照相关标准进行试验。国外实验室出具的生物学试验报告，应当附有国外实验室表明其符合GLP 实验室要求的质量保证文件。

五、关于进口医疗器械和境内生产的医疗器械注册（备案）形式

进口医疗器械，应当由境外注册申请人（备案人）申请注册（办理备案）；境外企业在境内生产的医疗器械，应当由境内生产的企业作为注册申请人（备案人）申请注册（办理备案）。

六、关于第一类医疗器械备案

第一类医疗器械备案不需提交临床评价资料。

七、关于医疗器械注册管理相关文件

（一）《办法》实施后，附件中所列的医疗器械注册管理相关文件同时废止。

（二）《办法》中未涉及的事项，如国务院药品监督管理部门以前发布的医疗器械注册管理的文件中有明确规定的，仍执行原规定。

特此通告。

附件：废止文件目录

附件

废止文件目录

序号	文件名称	文号
1	关于印发医疗器械注册复审程序（试行）的通知	食药监办械〔2010〕92 号
2	食品药品监管总局关于实施《医疗器械注册管理办法》和《体外诊断试剂注册管理办法》有关事项的通知	食药监械管〔2014〕144 号
3	食品药品监管总局关于印发医疗器械检验机构开展医疗器械产品技术要求预评价工作规定的通知	食药监械管〔2014〕192 号
4	食品药品监管总局关于执行医疗器械和体外诊断试剂注册管理办法有关问题的通知	食药监械管〔2015〕247 号
5	国家食品药品监督管理总局关于发布医疗器械注册指定检验工作管理规定的通告	2015 年第 94 号
6	国家药品监督管理局关于修改医疗器械延续注册等部分申报资料要求的公告	2018 年第 53 号
7	国家药监局关于调整医疗器械临床试验审批程序的公告	2019 年第 26 号
8	国家药品监督管理局关于公布新修订免于进行临床试验医疗器械目录的通告	2018 年第 94 号
9	国家药监局关于公布新增和修订的免于进行临床试验医疗器械目录的通告	2019 年第 91 号
10	国家药监局关于发布免于进行临床试验医疗器械目录（第二批修订）的通告	2021 年第 3 号

国家药监局关于印发境内第二类医疗器械注册审批操作规范的通知

（国药监械注〔2021〕54号）

发布日期：2021-11-02
实施日期：2021-11-02
法规类型：规范性文件

各省、自治区、直辖市药品监督管理局，新疆生产建设兵团药品监督管理局：

为落实《医疗器械监督管理条例》（国务院令第739号）要求，根据《医疗器械注册与备案管理办法》（市场监管总局令第47号）和《体外诊断试剂注册与备案管理办法》（市场监管总局令第48号），国家局组织修订了《境内第二类医疗器械注册审批操作规范》，现予印发，自发布之日起施行。《食品药品监管总局关于印发境内第二类医疗器械注册审批操作规范的通知》（食药监械管〔2014〕209号）同时废止。

附件：《境内第二类医疗器械注册审批操作规范》

国家药监局关于印发境内第三类和进口医疗器械注册审批操作规范的通知

（国药监械注〔2021〕53号）

发布日期：2021-11-02
实施日期：2021-11-02
法规类型：规范性文件

各省、自治区、直辖市药品监督管理局，新疆生产建设兵团药品监督管理局：

为落实《医疗器械监督管理条例》（国务院令第739号）要求，根据《医疗器械注册与备案管理办法》（市场监管总局令第47号）《体外诊断试剂注册与备案管理办法》（市场监管总局令第48号），国家局组织修订了《境内第三类和进口医疗器械注册审批操作规范》，现予印发，自发布之日起施行。《食品药品监管总局关于印发境内第三类和进口医疗器械注册审批操作规范的通知》（食药监械管〔2014〕208号）同时废止。

附件：《境内第三类和进口医疗器械注册审批操作规范》

国家药监局关于药械组合产品注册有关事宜的通告

（国家药监局 2021 年第 52 号）

发布日期：2021-07-27
实施日期：2021-07-27
法规类型：规范性文件

为加强药械组合产品的注册管理，根据药品、医疗器械注册管理的有关规定，现就药械组合产品注册有关事宜通告如下：

一、药械组合产品系指由药品与医疗器械共同组成，并作为一个单一实体生产的医疗产品。

二、以药品作用为主的药械组合产品，应当按照药品有关要求申报注册；以医疗器械作用为主的药械组合产品，应当按照医疗器械有关要求申报注册。对于药械组合产品中所含药品或者医疗器械已获我国或者生产国（地区）批准上市销售的，相应的上市销售证明文件应当在申报注册时一并提交。药械组合产品的申报资料要求可参考相关文件和指导原则。

三、申请人应当充分评估其拟申报药械组合产品的属性。对于药械组合产品不能确定管理属性的，申请人应当在申报注册前向国家药品监督管理局医疗器械标准管理中心（以下简称标管中心）申请药械组合产品属性界定。

四、标管中心对受理的药械组合产品属性界定申请资料进行审查，按程序提出属性界定意见，在药械组合产品属性界定信息系统中告知申请人，并及时在其网站对外公布药械组合产品属性界定结果。

五、申请人根据产品属性界定结果，向国家药品监督管理局申报药品或者医疗器械注册申请，并在申请表中注明"药械组合产品"。

六、国家药品监督管理局药品审评中心与医疗器械技术审评中心建立协调机制。按照药品申报注册的药械组合产品，由药品审评中心牵头进行审评，需要联合审评的，注册申报资料转交医疗器械技术审评中心同步进行审评；按照医疗器械注册申报的药械组合产品，由医疗器械技术审评中心牵头进行审评，需要联合审评的，注册申报资料转交药品审评中心同步进行审评。对于联合审评的药械组合产品，药品审评中心与医疗器械技术审评中心应当协同开展申报产品的沟通咨询等工作；双方分别对相应部分的安全性、有效性及质量可控性出具审评报告，并明确审评结论，由牵头单位进行汇总并做出总体评价，出具总体审评结论后转入国家药品监督管理局相应业务司进行行政审批。

七、相关法规、文件中已有明确管理属性规定的，按其规定执行。

八、本通告自发布之日起实施，《关于药械组合产品注册有关事宜的通告》（原国家食品药品监督管理局通告 2009 年第 16 号）和《关于调整药械组合产品属性界定有关事项的通告》（国家药品监督管理局通告 2019 年第 28 号）同时废止。

特此通告。

附件：

1. 药械组合产品属性界定程序
2. 药械组合产品属性界定申请资料要求及说明

药品、医疗器械产品注册收费标准管理办法

（发改价格〔2015〕1006 号）

发布日期：2015-05-12
实施日期：2015-05-12
法规类型：规范性文件

第一条 为加强药品、医疗器械产品注册收费管理，规范注册收费行为，保障注册申请人的合法权益，促进注册工作健康发展，依据《中华人民共和国药品管理法》、《中华人民共和国药品管理法实施条例》、《医疗器械监督管理条例》等法律法规，制定本办法。

第二条 本办法适用于药品、医疗器械产品注册收费标准制定和管理。

第三条 药品、医疗器械产品注册费，是指食品药品监管部门向药品、医疗器械产品注册申请人收取的注册受理、审评、现场检查（医疗器械产品注册为质量管理体系核查，下同）等费用。

第四条 药品、医疗器械产品注册成本包括人工费、差旅费、会议费、信息与资料维护费、房租物业费、设备折旧费等费用支出。

人工费是指药品、医疗器械产品注册受理、审评、现场检查等过程中发生的符合国家财务列支规定的人员费用。

差旅费是指药品、医疗器械产品注册受理、审评、现场检查等过程中发生的符合国家财务列支规定的交通费、住宿费、伙食费等费用。

会议费是指药品、医疗器械产品注册受理、审评、现场检查等过程中召开专家咨询会、技术审评会、技术规范研讨会等发生的符合国家财务列支规定的费用。

信息与资料维护费是指药品、医疗器械产品注册受理、审评、现场检查过程中发生的符合国家财务列支规定的维护维修费、资料管理费、办公费、培训费、水电费等费用。

房租物业费是指药品、医疗器械产品注册受理、审评、现场检查过程中发生的符合国家财务列支规定的房屋租金、物业管理费等费用。

设备折旧费是指药品、医疗器械产品注册受理、审评、现场检查过程中发生的符合国家财务列支规定的所购置设备的折旧费用。

第五条 药品、医疗器械产品注册费标准按照收支平衡的原则制定。

第六条 国务院食品药品监管部门收取药品、医疗器械产品注册费标准为：药品、医疗器械产品注册费＝人日费用标准×注册所需人数×注册所需天数。

人日费用标准，按不高于 2400 元/人·天执行。

药品、医疗器械产品注册的具体人日费用标准及所需人数、天数，由国务院食品药品监管部门根据工作实际分类确定。其中，人数是指药品、医疗器械产品注册受理、审评、现场

检查等所需的平均工作人员数；天数是指完成药品、医疗器械产品注册所需的平均工作日数（每个工作日按 8 小时计）。

省级食品药品监管部门收取的药品、医疗器械产品注册费的收费标准，由省级价格、财政部门参照本办法相关规定制定。

第七条 药品、医疗器械产品注册申请人申请加急办理注册，加急办理的条件及加急费标准，由国务院食品药品监管部门规定。

第八条 药品、医疗器械产品注册费标准不包含药品、医疗器械产品注册检验费用，药品、医疗器械产品注册检验费按国家有关规定执行。

第九条 食品药品监管部门对进口药品、医疗器械产品注册，加收现场检查境外部分的交通费、食宿费和公杂费等费用。

第十条 药品、医疗器械产品注册费标准原则上每五年评估一次，根据评估情况进行适当调整。

第十一条 食品药品监管部门应根据药品、医疗器械产品注册所需人数、天数及收费项目，分类核定收费标准，并将收费项目、收费标准通过门户网站等媒体向社会公示。

第十二条 各级价格、财政部门按照职责分工加强监督检查，对违反本办法规定的行为，依据国家有关法律法规进行查处。

第十三条 本办法由国家发展改革委、财政部负责解释。

第十四条 本办法自发布之日起执行。以前规定与本办法不一致的，一律废止。

国务院食品药品监管部门公布药品、医疗器械产品注册收费具体标准以前，已经受理、但尚未作出行政审批结论的药品、医疗器械产品注册申请，按原收费政策执行。

国家食品药品监督管理总局关于发布药品、医疗器械产品注册收费标准的公告

（国家食药总局公告 2015 年第 53 号）

发布日期：2015-05-27

实施日期：2015-05-27

法规类型：规范性文件

根据财政部、国家发展改革委《关于重新发布中央管理的食品药品监督管理部门行政事业性收费项目的通知》（财税〔2015〕2 号）和《关于印发〈药品、医疗器械产品注册收费标准管理办法〉的通知》（发改价格〔2015〕1006 号），国家食品药品监督管理总局制定了《药品、医疗器械产品注册收费标准》、《药品注册收费实施细则（试行）》和《医疗器械产品注册收费实施细则（试行）》，现予公布，自公布之日起施行。

特此公告。

附件：1. 药品、医疗器械产品注册收费标准

2. 药品注册收费实施细则（试行）

3. 医疗器械产品注册收费实施细则（试行）

附件1

药品、医疗器械产品注册收费标准

一、药品注册费

国务院食品药品监督管理部门和省级食品药品监督管理部门依照法定职责，对新药临床试验申请、生产申请、仿制药申请、补充申请和再注册申请开展行政受理、现场检查/核查、技术审评等注册工作，并按标准收取有关费用。具体收费标准如下：

药品注册费标准

单位：万元

项目分类		国产	进口
新药注册费	临床试验	19.20	37.60
	生产上市	43.20	59.39
仿制药注册费	无需临床试验的生产/上市	18.36	36.76
	需临床试验的生产/上市	31.80	50.20
补充申请注册费	常规项	0.96	0.96
	需技术审评的	9.96	28.36
药品再注册费（五年一次）		由省级价格、财政部门制定	22.72

注：1. 药品注册收费按一个原料药或一个制剂为一个品种计收，如再增加一种规格，则按相应类别增收20%注册费。

2.《药品注册管理办法》中属于省级食品药品监督管理部门备案或国务院食品药品监督管理部门直接备案的药品补充申请事项，不收取补充申请注册费，如此类申请经审核认为申请内容需要技术审评的，申请人应按照需要技术审评的补充申请的收费标准补交费用。

3. 申请一次性进口药品的，收取药品注册费0.20万元。

4. 进口药品注册收费标准在国内相应注册收费标准基础上加收国内外检查交通费、住宿费和伙食费等差额。

5. 港、澳、台药品注册收费标准按进口药品注册收费标准执行。

6. 药品注册加急费收费标准另行制定。

二、医疗器械产品注册费

国务院食品药品监督管理部门和省级食品药品监督管理部门依照法定职责，对第二类、第三类医疗器械产品首次注册、变更注册、延续注册申请以及第三类高风险医疗器械临床试验申请开展行政受理、质量管理体系核查、技术审评等注册工作，并按标准收取有关费用。具体收费标准如下：

医疗器械产品注册费标准

单位：万元

项目分类		境内	进口
第二类	首次注册费	由省级价格、财政部门制定	21.09
	变更注册费	由省级价格、财政部门制定	4.20
	延续注册费（五年一次）	由省级价格、财政部门制定	4.08
第三类	首次注册费	15.36	30.88
	变更注册费	5.04	5.04
	延续注册费（五年一次）	4.08	4.08
	临床试验申请费（高风险医疗器械）	4.32	4.32

注：1. 医疗器械产品注册收费按《医疗器械注册管理办法》、《体外诊断试剂注册管理办法》确定的注册单元计收。

2.《医疗器械注册管理办法》、《体外诊断试剂注册管理办法》中属于备案的登记事项变更申请，不收取变更注册申请费。

3. 进口医疗器械产品首次注册收费标准在境内相应注册收费标准基础上加收境内外检查交通费、住宿费和伙食费等差额。

4. 港、澳、台医疗器械产品注册收费标准按进口医疗器械产品注册收费标准执行。

5. 医疗器械产品注册加急费收费标准另行制定。

附件2

药品注册收费实施细则（试行）

依据《药品注册管理办法》、《关于重新发布中央管理的食品药品监督管理部门行政事业性收费项目的通知》和《关于印发〈药品、医疗器械产品注册收费标准管理办法〉的通知》等有关规定，制定本实施细则。

一、药品注册费缴费程序

（一）新药注册申请

1. 国产药品。注册申请人向省级食品药品监督管理部门提出临床试验或生产申请，省级食品药品监督管理部门受理后出具《行政许可项目缴费通知书》，注册申请人按要求缴纳。

2. 参照新药申报的进口药品。注册申请人向国家食品药品监督管理总局提出临床试验（含国际多中心临床试验）或上市申请，国家食品药品监督管理总局受理后出具《行政许可项目缴费通知书》，注册申请人按要求缴纳。

（二）仿制药注册申请

1. 国产药品。注册申请人向省级食品药品监督管理部门提出申请，省级食品药品监督管理部门受理后出具《行政许可项目缴费通知书》，注册申请人按要求缴纳。

经技术审评需要进行临床试验的，注册申请人完成临床试验后，持《药物临床试验批件》及有关资料向省级食品药品监督管理部门提出现场核查申请，省级食品药品监督管理部门出具《行政许可项目缴费通知书》，注册申请人按要求补交差额（3180万余−1836万元＝1344万元）。

2. 参照仿制药申报的进口药品。注册申请人向国家食品药品监督管理总局提出申请，国家食品药品监督管理总局受理后出具《行政许可项目缴费通知书》，注册申请人按要求缴纳。

经技术审评需要进行临床试验的，注册申请人完成临床试验后，向国家食品药品监督管理总局提出上市申请，国家食品药品监督管理总局受理后出具《行政许可项目缴费通知书》，注册申请人按要求补交差额（5020万元－3676万元＝1344万元）。

（三）补充申请注册

1. 国产药品。注册申请人向省级食品药品监督管理部门提出申请，省级食品药品监督管理部门受理后出具《行政许可项目缴费通知书》，注册申请人按要求缴纳。

2. 进口药品。注册申请人向国家食品药品监督管理总局提出申请，国家食品药品监督管理总局受理后出具《行政许可项目缴费通知书》，注册申请人按要求缴纳。

（四）进口药品再注册申请

注册申请人向国家食品药品监督管理总局提出申请，国家食品药品监督管理总局受理后出具《行政许可项目缴费通知书》，注册申请人按要求缴纳。

二、药品注册费缴费说明

（一）新药申请包括《药品注册管理办法》附件1中药、天然药物注册分类1~8，附件2化学药品注册分类1~5和附件3生物制品注册分类1~15。新药申请按照申报临床试验和申报生产/上市分别缴费。单独申请新药证书的参照申请新药生产的收费标准缴费。

（二）仿制药申请包括《药品注册管理办法》附件1中药、天然药物注册分类9和附件2化学药品注册分类6。

（三）进口药品按照申报临床试验、申报上市分别缴费，参照《药品注册管理办法》相应注册分类执行新药和仿制药的收费标准。国际多中心临床试验申请参照进口药品临床试验的相应标准缴费。

（四）补充申请（常规项），包括《药品注册管理办法》附件4药品补充申请注册事项第2、14（改变制药厂商名称、注册地址、包装规格）、16（改变非直接接触药品的国外包装厂）、17、18（无需技术审评）项。

（五）补充申请（需技术审评的），包括《药品注册管理办法》附件4药品补充申请注册事项第1、3、4、5、6、7、8、9、10、11、12、13、14（改变药品名称、药品有效期）、15、16（改变直接接触药品的国外包装厂）、18（需技术审评的）项。

（六）继续申报新药（含进口药）Ⅱ期或Ⅲ期临床试验，按照《药品注册管理办法》附件4药品补充申请注册事项第18（需要技术审评）项申报并缴费。

（七）新药（含进口药）临床试验申请经批准予以减免临床试验的，申报新药生产或上市时，按照相应收费标准的50%收费，注册申请人应在《药品注册申请表》"其他特别申明事项"中予以说明。

（八）新原料药（含进口药）申请生产或上市时，按相应收费标准的50%收费，注册申请人应在《药品注册申请表》"其他特别申明事项"中予以说明。

（九）参照仿制药申报的进口药品申请，申请人应在《药品注册申请表》"其他特别申明事项"中予以说明。

（十）注册申请人应当在收到《行政许可项目缴费通知书》后5个工作日内按照要求缴纳注册费，未按要求缴纳的，其注册程序自行中止。

（十一）注册申请受理后，申请人主动提出撤回注册申请的，或国家食品药品监督管理总局依法做出不予许可决定的，已缴纳的注册费不予退回。再次提出注册申请的，应当重新缴纳费用。

三、小微企业收费优惠政策

（一）优惠范围

符合国务院规定的小微企业提出的符合下列情形的创新药注册申请，免收新药注册费和创新药Ⅱ期或Ⅲ期临床试验补充申请注册费。

Ⅰ. 治疗艾滋病、恶性肿瘤，且未在国内上市销售的从植物、动物、矿物等物质中提取的有效成份及其中药或天然药物制剂。

Ⅱ. 未在国内外上市销售的通过合成或者半合成的方法制得的化学原料药及其制剂。

Ⅲ. 治疗用生物制品注册分类1. 未在国内外上市销售的生物制品。

Ⅳ. 预防用生物制品注册分类1. 未在国内外上市销售的疫苗。

（二）需提交的材料

对符合《中小企业划型标准规定》（工信部联企业〔2011〕300号）条件的注册申请人，申请小微企业收费优惠政策时向执收单位提交下述材料：

1.《小型微型企业收费优惠申请表》（见附表）；

2. 企业的工商营业执照副本；

3. 上一年度企业所得税纳税申报表（须经税务部门盖章确认）或上一年度有效统计表（统计部门出具）。

另外，国产药品注册申请在填写注册申请表时，选择相应类别即可。

四、其他问题说明

（一）补缴费用问题。国产药品注册申请需补缴费用的，申请人持有关批件至省级食品药品监督管理部门补缴相关费用，并按法定程序开展余下工作；进口药品注册申请补缴费用的，申请人持有关批件至国家食品药品监督管理总局行政事项受理服务和投诉举报中心（以下简称受理和举报中心）补缴相关费用，并按法定程序开展余下工作。

（二）退费问题。因申请人原因错汇的，由申请人向受理和举报中心提出，并递交退费申请、汇款收据、《非税收入一般缴款书》等有关材料；非因申请人错汇的，由国家食品药品监督管理总局药品化妆品注册司向受理和举报中心下发退费通知书，受理和举报中心与注册申请人联系，并由注册申请人提交退费申请、汇款收据、《非税收入一般缴款书》等材料，于每年4月底或10月底前按规定办理退费手续。

（三）药械组合产品。药械组合产品以发挥主要作用的物质为准，相应收取注册费。

附表：小型微型企业收费优惠申请表（略）

附件3

医疗器械产品注册收费实施细则（试行）

依据《医疗器械注册管理办法》（国家食品药品监督管理总局令第4号）、《体外诊断试剂注册管理办法》（国家食品药品监督管理总局令第5号）、《关于重新发布中央管理的食品药品监督管理部门行政事业性收费项目的通知》和《关于印发〈药品、医疗器械产品注册收费标准管理办法〉的通知》等有关规定，制定本实施细则。

一、医疗器械产品注册费缴费程序

（一）首次注册申请

注册申请人向国家食品药品监督管理总局提出境内第三类、进口第二类和第三类医疗器械产品首次注册申请，国家食品药品监督管理总局受理后出具《行政许可项目缴费通知书》，注册申请人应当按要求缴纳。

（二）变更注册申请

注册申请人向国家食品药品监督管理总局提出境内第三类、进口第二类和第三类医疗器械产品许可事项变更注册申请，国家食品药品监督管理总局受理后出具《行政许可项目缴费通知书》，注册申请人应当按要求缴纳。

《医疗器械注册管理办法》、《体外诊断试剂注册管理办法》中属于注册登记事项变更的，不收取变更注册申请费用。

（三）延续注册申请

注册申请人向国家食品药品监督管理总局提出境内第三类、进口第二类和第三类医疗器械产品延续注册申请，国家食品药品监督管理总局受理后出具《行政许可项目缴费通知书》，注册申请人应当按要求缴纳。

（四）临床试验申请

医疗器械注册申请人向国家食品药品监督管理总局提出临床试验申请，国家食品药品监督管理总局受理后出具《行政许可项目缴费通知书》，注册申请人应当按要求缴纳。

需进行临床试验审批的第三类医疗器械目录由国家食品药品监督管理总局制定、调整并公布。

二、医疗器械产品注册费缴费说明

（一）注册申请人应当按照注册单元提出产品注册申请并按规定缴纳费用，对于根据相关要求需拆分注册单元的，被拆分出的注册单元应当另行申报。

（二）对注册申请人按进口第二类医疗器械申请首次注册，经技术审评确认为第三类医疗器械的，退出注册程序。注册申请人按确定后的管理类别重新申请注册，需补缴差额费用。

（三）按医疗器械管理的体外诊断试剂的注册收费适用于本实施细则。

（四）注册申请人应当在收到《行政许可项目缴费通知书》后5个工作日内按照要求缴纳注册费，未按要求缴纳的，其注册程序自行中止。

（五）注册申请受理后，申请人主动提出撤回注册申请的，或国家食品药品监督管理总局依法作出不予许可决定的，已缴纳的注册费不予退回。再次提出注册申请，应当重新缴纳费用。

（六）对于注册申请人按照第三类医疗器械产品申请首次注册，经技术审评确认为第一类、第二类医疗器械产品的，进口产品退还差额费用，境内产品退还全部已缴费用。

三、小微企业优惠政策

（一）优惠范围

小微企业提出的创新医疗器械产品首次注册申请，免收其注册费。创新医疗器械产品是指由国家食品药品监督管理总局创新医疗器械审查办公室依据总局《创新医疗器械特别审批程序（试行）》（食药监械管〔2014〕13号），对受理的创新医疗器械特别审批申请组织有关专家审查并在政府网站上公示后，同意进入特别审批程序的产品。

（二）需提交的材料

对符合《中小企业划型标准规定》（工信部联企业〔2011〕300号）条件的注册申请人，申请小微企业收费优惠政策时向受理和举报中心提交下述材料：

1. 《小型微型企业收费优惠申请表》（见附件2附表）；

2. 企业的工商营业执照副本；

3. 上一年度企业所得税纳税申报表（须经税务部门盖章确认）或上一年度有效统计表（统计部门出具）；

4. 由国家食品药品监督管理总局医疗器械技术审评中心出具的创新医疗器械特别审批申请审查通知单。

四、其他问题说明

（一）补缴费用问题。对于因进口第三类医疗器械产品按第二类申请注册退出注册程序的，申请人再次申报时持有关批件至国家食品药品监督管理总局行政事项受理服务和举报中心（以下简称受理和举报中心）补缴差额费用。

（二）退费问题。因申请人原因错汇的，由申请人向受理和举报中心提出，并递交退费申请、汇款收据、《非税收入一般缴款书》等有关材料；非因申请人错汇的，由国家食品药品监督管理总局医疗器械注册管理司向受理和举报中心下发退费通知书，受理和举报中心与注册申请人联系，并由注册申请人提交退费申请、汇款收据、《非税收入一般缴款书》等材料，于每年 4 月底或 10 月底前按规定办理退费手续。

（三）药械组合产品。药械组合产品以发挥主要作用的物质为准，相应收取注册费。

● 体外诊断试剂 ●

体外诊断试剂（医疗器械）体外诊断试剂注册与备案管理办法

（国家市场监督管理总局令第 48 号）

发布日期：2021-08-26
实施日期：2021-10-01
法规类型：部门规章

第一章 总 则

第一条 为了规范体外诊断试剂注册与备案行为，保证体外诊断试剂的安全、有效和质量可控，根据《医疗器械监督管理条例》，制定本办法。

第二条 在中华人民共和国境内开展体外诊断试剂注册、备案及其监督管理活动，适用本办法。

第三条 本办法所称体外诊断试剂，是指按医疗器械管理的体外诊断试剂，包括在疾病的预测、预防、诊断、治疗监测、预后观察和健康状态评价的过程中，用于人体样本体外检测的试剂、试剂盒、校准品、质控品等产品，可以单独使用，也可以与仪器、器具、设备或者系统组合使用。

按照药品管理的用于血源筛查的体外诊断试剂、采用放射性核素标记的体外诊断试剂不属于本办法管理范围。

第四条 体外诊断试剂注册是指体外诊断试剂注册申请人（以下简称申请人）依照法定程序和要求提出体外诊断试剂注册申请，药品监督管理部门依据法律法规，基于科学认知，进行安全性、有效性和质量可控性等审查，决定是否同意其申请的活动。

体外诊断试剂备案是指体外诊断试剂备案人（以下简称备案人）依照法定程序和要求向药品监督管理部门提交备案资料，药品监督管理部门对提交的备案资料存档备查的活动。

第五条 国家药品监督管理局主管全国体外诊断试剂注册与备案管理工作，负责建立体外诊断试剂注册与备案管理工作体系，依法组织境内第三类和进口第二类、第三类体外诊断试剂审评审批，进口第一类体外诊断试剂备案以及相关监督管理工作，对地方体外诊断试剂注册与备案工作进行监督指导。

第六条　国家药品监督管理局医疗器械技术审评中心（以下简称国家局器械审评中心）负责境内第三类和进口第二类、三类体外诊断试剂产品注册申请、变更注册申请、延续注册申请等的技术审评工作。

国家药品监督管理局医疗器械标准管理中心、中国食品药品检定研究院、国家药品监督管理局食品药品审核查验中心（以下简称国家局审核查验中心）、国家药品监督管理局药品评价中心、国家药品监督管理局行政事项受理服务和投诉举报中心、国家药品监督管理局信息中心等其他专业技术机构，依职责承担实施体外诊断试剂监督管理所需的体外诊断试剂标准管理、分类界定、检验、核查、监测与评价、制证送达以及相应的信息化建设与管理等相关工作。

第七条　省、自治区、直辖市药品监督管理部门负责本行政区域内以下体外诊断试剂注册相关管理工作：

（一）境内第二类体外诊断试剂注册审评审批；

（二）境内第二类、第三类体外诊断试剂质量管理体系核查；

（三）依法组织医疗器械临床试验机构以及临床试验的监督管理；

（四）对设区的市级负责药品监督管理的部门境内第一类体外诊断试剂备案的监督指导。

省、自治区、直辖市药品监督管理部门设置或者指定的医疗器械专业技术机构，承担实施体外诊断试剂监督管理所需的技术审评、检验、核查、监测与评价等工作。

设区的市级负责药品监督管理的部门负责境内第一类体外诊断试剂产品备案管理工作。

第八条　体外诊断试剂注册与备案遵循依法、科学、公开、公平、公正的原则。

第九条　第一类体外诊断试剂实行产品备案管理。第二类、第三类体外诊断试剂实行产品注册管理。

境内第一类体外诊断试剂备案，备案人向设区的市级负责药品监督管理的部门提交备案资料。

境内第二类体外诊断试剂由省、自治区、直辖市药品监督管理部门审查，批准后发给医疗器械注册证。

境内第三类体外诊断试剂由国家药品监督管理局审查，批准后发给医疗器械注册证。

进口第一类体外诊断试剂备案，备案人向国家药品监督管理局提交备案资料。

进口第二类、第三类体外诊断试剂由国家药品监督管理局审查，批准后发给医疗器械注册证。

第十条　体外诊断试剂注册人、备案人应当加强体外诊断试剂全生命周期质量管理，对研制、生产、经营、使用全过程中的体外诊断试剂的安全性、有效性和质量可控性依法承担责任。

第十一条　国家药品监督管理局对临床急需体外诊断试剂实行优先审批，对创新体外诊断试剂实行特别审批。鼓励体外诊断试剂的研究与创新，推动医疗器械产业高质量发展。

第十二条　国家药品监督管理局依法建立健全体外诊断试剂标准、技术指导原则等体系，规范体外诊断试剂技术审评和质量管理体系核查，指导和服务体外诊断试剂研发和注册申请。

第十三条　药品监督管理部门依法及时公开体外诊断试剂注册、备案相关信息，申请人可以查询审批进度和结果，公众可以查阅审批结果。

未经申请人同意，药品监督管理部门、专业技术机构及其工作人员、参与评审的专家等人员不得披露申请人或者备案人提交的商业秘密、未披露信息或者保密商务信息，法律另有规定或者涉及国家安全、重大社会公共利益的除外。

第二章　基本要求

第十四条　体外诊断试剂注册、备案，应当遵守相关法律、法规、规章、强制性标准、遵循体外诊断试剂安全和性能基本原则，参照相关技术指导原则，证明注册、备案的体外诊断试剂安全、有效、质量可控，保证信息真实、准确、完整和可追溯。

第十五条　申请人、备案人应当为能够承担相应法律责任的企业或者研制机构。

境外申请人、备案人应当指定中国境内的企业法人作为代理人，办理相关体外诊断试剂注册、备案事项。代理人应当依法协助注册人、备案人履行《医疗器械监督管理条例》第二十条第一款规定的义务，并协助境外注册人、备案人落实相应法律责任。

第十六条　申请人、备案人应当建立与产品研制、生产有关的质量管理体系，并保持有效运行。

第十七条　办理体外诊断试剂注册、备案事项的人员应当具有相关专业知识，熟悉体外诊断试剂注册、备案管理的法律、法规、规章和注册管理相关规定。

第十八条　申请注册或者进行备案，应当按照国家药品监督管理局有关注册、备案的要求提交相关资料，申请人、备案人对资料的真实性负责。

注册、备案资料应当使用中文。根据外文资料翻译的，应当同时提供原文。引用未公开发表的文献资料时，应当提供资料权利人许可使用的文件。

第十九条　申请进口体外诊断试剂注册、办理进口体外诊断试剂备案，应当提交申请人、备案人注册地或者生产地所在国家（地区）主管部门准许上市销售的证明文件。

申请人、备案人注册地或者生产地所在国家（地区）未将该产品作为医疗器械管理的，申请人、备案人需提供相关文件，包括注册地或者生产地所在国家（地区）准许该产品上市销售的证明文件。

未在申请人、备案人注册地或者生产地所在国家（地区）上市的按照创新产品注册程序审批的体外诊断试剂，不需提交相关文件。

第二十条　体外诊断试剂应当符合适用的强制性标准。产品结构特征、技术原理、预期用途、使用方式等与强制性标准的适用范围不一致的，申请人、备案人应当提出不适用强制性标准的说明，并提供相关资料。

没有强制性标准的，鼓励申请人、备案人采用推荐性标准。

第二十一条　体外诊断试剂注册、备案工作应当遵循体外诊断试剂分类规则和分类目录的有关要求。

第二十二条　药品监督管理部门持续推进审评审批制度改革，加强监管科学研究，建立以技术审评为主导，核查、检验、监测与评价等为支撑的体外诊断试剂注册管理技术体系，优化审评审批流程，提高审评审批能力，提升审评审批质量和效率。

第二十三条　医疗器械专业技术机构建立健全沟通交流制度，明确沟通交流的形式和内容，根据工作需要组织与申请人进行沟通交流。

第二十四条　医疗器械专业技术机构根据工作需要建立专家咨询制度，在审评、核查、检验等过程中就重大问题听取专家意见，充分发挥专家的技术支撑作用。

第三章　体外诊断试剂注册

第一节　产品研制

第二十五条　体外诊断试剂研制应当遵循风险管理原则，考虑现有公认技术水平，确保产品所有已知和可预见的风险以及非预期影响最小化并可接受，保证产品在正常使用中受益大于风险。

第二十六条　从事体外诊断试剂产品研制实验活动，应当符合我国相关法律、法规和强制性标准等的要求。

第二十七条　申请人、备案人应当编制申请注册或者进行备案体外诊断试剂的产品技术要求。

产品技术要求主要包括体外诊断试剂成品的可进行客观判定的功能性、安全性指标和检测方法。

第三类体外诊断试剂的产品技术要求中应当以附录形式明确主要原材料以及生产工艺要求。

体外诊断试剂应当符合经注册或者备案的产品技术要求。

第二十八条　申请人、备案人应当编制申请注册或者进行备案体外诊断试剂的产品说明书和标签。

产品说明书和标签应当符合《医疗器械监督管理条例》第三十九条要求以及相关规定。

第二十九条　体外诊断试剂研制，应当根据产品预期用途和技术特征开展体外诊断试剂非临床研究。

非临床研究指在实验室条件下对体外诊断试剂进行的试验或者评价，包括主要原材料的选择及制备、产品生产工艺、产品分析性能、阳性判断值或者参考区间、产品稳定性等的研究。

申请注册或者进行备案，应当提交研制活动中产生的非临床证据。

第三十条　体外诊断试剂非临床研究过程中确定的功能性、安全性指标及方法应当与产品预期使用条件、目的相适应，研究样品应当具有代表性和典型性。必要时，应当进行方法学验证、统计学分析。

第三十一条　申请注册或者进行备案，应当按照产品技术要求进行检验，并提交检验报告。检验合格的，方可开展临床试验或者申请注册、进行备案。

第三十二条　同一注册申请包括不同包装规格时，可以只进行一种包装规格产品的检验，检验用产品应当能够代表申请注册或者进行备案产品的安全性和有效性，其生产应当符合医疗器械生产质量管理规范的相关要求。

第三十三条　申请注册或者进行备案提交的检验报告可以是申请人、备案人的自检报告，也可以是委托有资质的医疗器械检验机构出具的检验报告。

第三类体外诊断试剂应当提供3个不同生产批次产品的检验报告。

第三十四条　对于有适用的国家标准品的，应当使用国家标准品对试剂进行检验。中国食品药品检定研究院负责组织国家标准品的制备和标定工作。

第二节　临床评价

第三十五条　体外诊断试剂临床评价是指采用科学合理的方法对临床数据进行分析、评价，对产品是否满足使用要求或者预期用途进行确认，以证明体外诊断试剂的安全性、有效性的过程。

第三十六条　体外诊断试剂临床试验是指在相应的临床环境中，对体外诊断试剂的临床性能进行的系统性研究。

国家药品监督管理局制定体外诊断试剂临床试验指南，明确开展临床试验的要求、临床试验报告的撰写要求等。

第三十七条　开展体外诊断试剂临床评价，应当进行临床试验证明体外诊断试剂的安全性、有效性。

符合如下情形的，可以免于进行临床试验：

（一）反应原理明确、设计定型、生产工艺成熟，已上市的同品种体外诊断试剂临床应用多年且无严重不良事件记录，不改变常规用途的；

（二）通过进行同品种方法学比对的方式能够证明该体外诊断试剂安全、有效的。

免于进行临床试验的第二类、第三类体外诊断试剂目录由国家药品监督管理局制定、调整并公布。

第三十八条 免于进行临床试验的体外诊断试剂，申请人应当通过对符合预期用途的临床样本进行同品种方法学比对的方式证明产品的安全性、有效性。

国家药品监督管理局制定免于进行临床试验的体外诊断试剂临床评价相关指南。

第三十九条 体外诊断试剂临床评价资料是指申请人进行临床评价所形成的文件。

开展临床试验的，临床试验资料包括临床试验方案、伦理委员会意见、知情同意书、临床试验报告以及相关数据等。

列入免于进行临床试验目录的体外诊断试剂，临床评价资料包括与同类已上市产品的对比分析、方法学比对数据、相关文献数据分析和经验数据分析等。

第四十条 同一注册申请包括不同包装规格时，可以只采用一种包装规格的产品进行临床评价，临床评价用产品应当代表申请注册或者进行备案产品的安全性和有效性。

校准品、质控品单独申请注册不需要提交临床评价资料。

第四十一条 开展体外诊断试剂临床试验，应当按照医疗器械临床试验质量管理规范的要求，在具备相应条件并按照规定备案的医疗器械临床试验机构内进行。临床试验开始前，临床试验申办者应当向所在地省、自治区、直辖市药品监督管理部门进行临床试验备案。临床试验体外诊断试剂的生产应当符合医疗器械生产质量管理规范的相关要求。

第四十二条 对于体外诊断试剂临床试验期间出现的临床试验体外诊断试剂相关严重不良事件，或者其他严重安全性风险信息，临床试验申办者应当按照相关要求，分别向所在地和临床试验机构所在地省、自治区、直辖市药品监督管理部门报告，并采取风险控制措施。未采取风险控制措施的，省、自治区、直辖市药品监督管理部门依法责令申办者采取相应的风险控制措施。

第四十三条 体外诊断试剂临床试验中出现大范围临床试验体外诊断试剂相关严重不良事件，或者其他重大安全性问题时，申办者应当暂停或者终止体外诊断试剂临床试验，分别向所在地和临床试验机构所在地省、自治区、直辖市药品监督管理部门报告。未暂停或者终止的，省、自治区、直辖市药品监督管理部门依法责令申办者采取相应的风险控制措施。

第四十四条 对预期供消费者个人自行使用的体外诊断试剂开展临床评价时，申请人还应当进行无医学背景的消费者对产品说明书认知能力的评价。

第四十五条 对正在开展临床试验的用于诊断严重危及生命且尚无有效诊断手段的疾病的体外诊断试剂，经医学观察可能使患者获益，经伦理审查、知情同意后，可以在开展体外诊断试剂的临床试验的机构内免费用于其他病情相同的患者，其安全性数据可以用于体外诊断试剂注册申请。

第三节　注册体系核查

第四十六条 申请人应当在申请注册时提交与产品研制、生产有关的质量管理体系相关资料，受理注册申请的药品监督管理部门在产品技术审评时认为有必要对质量管理体系进行核查的，应当组织开展质量管理体系核查，并可以根据需要调阅原始资料。

第四十七条 境内第三类体外诊断试剂质量管理体系核查，由国家局器械审评中心通知申请人所在地的省、自治区、直辖市药品监督管理部门开展。

境内第二类体外诊断试剂质量管理体系核查，由申请人所在地省、自治区、直辖市药品监督管理部门组织开展。

第四十八条 省、自治区、直辖市药品监督管理部门按照医疗器械生产质量管理规范的要求开展质量管理体系核查，重点对申请人是否按照医疗器械生产质量管理规范的要求建立与产品相适应的质量管理体系，以及与产品研制、生产有关的设计开发、生产管理、质量控制等内容进行核查。

在核查过程中，应当同时对检验用产品和临床试验产品的真实性进行核查，重点查阅设计开发过程相关记录，以及检验用产品和临床试验产品生产过程的相关记录。

提交自检报告的，应当对申请人、备案人或者受托机构研制过程中的检验能力、检验结果等进行重点核查。

第四十九条 省、自治区、直辖市药品监督管理部门可以通过资料审查或者现场检查的方式开展质量管理体系核查。根据申请人的具体情况、监督检查情况、本次申请注册产品与既往已通过核查产品生产条件及工艺对比情况等，确定是否现场检查以及检查内容，避免重复检查。

第五十条 国家局器械审评中心对进口第二类、第三类体外诊断试剂开展技术审评时，认为有必要进行质量管理体系核查的，通知国家局审核查验中心根据相关要求开展核查。

第四节 产品注册

第五十一条 申请人应当在完成支持体外诊断试剂注册的安全性、有效性研究，做好接受质量管理体系核查的准备后，提出体外诊断试剂注册申请，并按照相关要求，通过在线注册申请等途径向药品监督管理部门提交下列注册申请资料：

（一）产品风险分析资料；

（二）产品技术要求；

（三）产品检验报告；

（四）临床评价资料；

（五）产品说明书以及标签样稿；

（六）与产品研制、生产有关的质量管理体系文件；

（七）证明产品安全、有效所需的其他资料。

第五十二条 药品监督管理部门收到申请后对申请资料进行审核，并根据下列情况分别作出处理：

（一）申请事项属于本行政机关职权范围，申请资料齐全、符合形式审核要求的，予以受理；

（二）申请资料存在可以当场更正的错误的，应当允许申请人当场更正；

（三）申请资料不齐全或者不符合法定形式的，应当当场或者在5日内一次告知申请人需要补正的全部内容，逾期不告知的，自收到申请资料之日起即为受理；

（四）申请事项依法不属于本行政机关职权范围的，应当即时作出不予受理的决定，并告知申请人向有关行政机关申请。

药品监督管理部门受理或者不予受理体外诊断试剂注册申请，应当出具加盖本行政机关专用印章和注明日期的受理或者不予受理的通知书。

体外诊断试剂注册申请受理后，需要申请人缴纳费用的，申请人应当按规定缴纳费用。申请人未在规定期限内缴纳费用的，视为申请人主动撤回申请，药品监督管理部门终止其注册程序。

第五十三条 技术审评过程中需要申请人补正资料的，技术审评机构应当一次告知需要补正的全部内容。申请人应当在收到补正通知1年内，按照补正通知要求一次提供补充资料；技术审评机构收到补充资料后，在规定的时限内完成技术审评。

申请人对补正通知内容有异议的，可以向相应的技术审评机构提出书面意见，说明理由并提供相应的技术支持资料。

申请人逾期未提交补充资料的，终止技术审评，药品监督管理部门作出不予注册的决定。

第五十四条 对于已受理的注册申请，申请人可以在行政许可决定作出前，向受理该申请的药品监督管理部门申请撤回注册申请及相关资料，并说明理由。同意撤回申请的，药品监督管理部门终止其注册程序。

审评、核查、审批过程中发现涉嫌存在隐瞒真实情况或者提供虚假信息等违法行为的，依法处理，申请人不得撤回注册申请。

第五十五条 对于已受理的注册申请，有证据表明注册申请资料可能虚假的，药品监督管理部门可以中止审评审批。经核实后，根据核实结论继续审查或者作出不予注册的决定。

第五十六条 体外诊断试剂注册申请审评期间，对于拟作出不通过的审评结论的，技术审评机构应当告知申请人不通过的理由，申请人可以在 15 日内向技术审评机构提出异议，异议内容仅限于原申请事项和原申请资料。技术审评机构结合申请人的异议意见进行综合评估并反馈申请人。异议处理时间不计入审评时限。

第五十七条 受理注册申请的药品监督管理部门应当在技术审评结束后，作出是否批准的决定。对符合安全、有效、质量可控要求的，准予注册，发给医疗器械注册证，经过核准的产品技术要求和产品说明书以附件形式发给申请人。对不予注册的，应当书面说明理由，并同时告知申请人享有依法申请行政复议或者提起行政诉讼的权利。

医疗器械注册证有效期为 5 年。

第五十八条 对于已受理的注册申请，有下列情形之一的，药品监督管理部门作出不予注册的决定，并告知申请人：

（一）申请人对拟上市销售体外诊断试剂的安全性、有效性、质量可控性进行的研究及其结果无法证明产品安全、有效、质量可控的；

（二）质量管理体系核查不通过，以及申请人拒绝接受质量管理体系现场检查的；

（三）注册申请资料虚假的；

（四）注册申请资料内容混乱、矛盾，注册申请资料内容与申请项目明显不符，不能证明产品安全、有效、质量可控的；

（五）不予注册的其他情形。

第五十九条 法律、法规、规章规定实施行政许可应当听证的事项，或者药品监督管理部门认为需要听证的其他涉及公共利益的重大行政许可事项，药品监督管理部门应当向社会公告，并举行听证。医疗器械注册申请直接涉及申请人与他人之间重大利益关系的，药品监督管理部门在作出行政许可决定前，应当告知申请人、利害关系人享有要求听证的权利。

第六十条 对用于罕见疾病、严重危及生命且尚无有效诊断手段的疾病和应对公共卫生事件等急需的体外诊断试剂，药品监督管理部门可以作出附条件批准决定，并在医疗器械注册证中载明有效期、上市后需要继续完成的研究工作及完成时限等相关事项。

第六十一条 对附条件批准的体外诊断试剂，注册人应当在体外诊断试剂上市后收集受益和风险相关数据，持续对产品的受益和风险开展监测与评估，采取有效措施主动管控风险，并在规定期限内按照要求完成研究并提交相关资料。

第六十二条 对附条件批准的体外诊断试剂，注册人逾期未按照要求完成研究或者不能证明其受益大于风险的，注册人应当及时申请办理医疗器械注册证注销手续，药品监督管理部门可以依法注销医疗器械注册证。

第六十三条 对新研制的尚未列入体外诊断试剂分类目录的体外诊断试剂，申请人可以直接申请第三类体外诊断试剂产品注册，也可以依据分类规则判断产品类别并向国家药品监督管理局申请类别确认后，申请产品注册或者进行产品备案。

直接申请第三类体外诊断试剂注册的，国家药品监督管理局按照风险程度确定类别。境内体外诊断试剂确定为第二类或者第一类的，应当告知申请人向相应的药品监督管理部门申请注册或者进行备案。

第六十四条 已注册的体外诊断试剂，其管理类别由高类别调整为低类别的，医疗器械注册证在有效期内继续有效。有效期届满需要延续的，注册人应当在医疗器械注册证有效期届满6个月前，按照调整后的类别向相应的药品监督管理部门申请延续注册或者进行备案。

体外诊断试剂管理类别由低类别调整为高类别的，注册人应当按照改变后的类别向相应的药品监督管理部门申请注册。国家药品监督管理局在管理类别调整通知中应当对完成调整的时限作出规定。

第六十五条 医疗器械注册证及其附件遗失、损毁的，注册人应当向原发证机关申请补发，原发证机关核实后予以补发。

第六十六条 注册申请审查过程中及批准后发生专利权纠纷的，应当按照有关法律、法规的规定处理。

第四章　特殊注册程序

第一节　创新产品注册程序

第六十七条 符合下列要求的体外诊断试剂，申请人可以申请适用创新产品注册程序：

（一）申请人通过其主导的技术创新活动，在中国依法拥有产品核心技术发明专利权，或者依法通过受让取得在中国发明专利权或其使用权，且申请适用创新产品注册程序的时间在专利授权公告日起5年内；或者核心技术发明专利的申请已由国务院专利行政部门公开，并由国家知识产权局专利检索咨询中心出具检索报告，载明产品核心技术方案具备新颖性和创造性；

（二）申请人已完成产品的前期研究并具有基本定型产品，研究过程真实和受控，研究数据完整和可溯源；

（三）产品主要工作原理或者作用机理为国内首创，产品性能或者安全性与同类产品比较有根本性改进，技术上处于国际领先水平，且具有显著的临床应用价值。

第六十八条 申请适用创新产品注册程序的，申请人应当在产品基本定型后，向国家药品监督管理局提出创新医疗器械审查申请。国家药品监督管理局组织专家进行审查，符合要求的，纳入创新产品注册程序。

第六十九条 对于适用创新产品注册程序的体外诊断试剂注册申请，国家药品监督管理局以及承担相关技术工作的机构，根据各自职责指定专人负责，及时沟通，提供指导。

纳入创新产品注册程序的体外诊断试剂，国家局器械审评中心可与申请人在注册申请受理前以及技术审评过程中就产品研制中的重大技术问题、重大安全性问题、临床试验方案、阶段性临床试验结果的总结与评价等问题沟通交流。

第七十条 纳入创新产品注册程序的体外诊断试剂，申请人主动要求终止或者国家药品监督管理局发现不再符合创新产品注册程序要求的，国家药品监督管理局可终止相关产品的创新产品注册程序并告知申请人。

第七十一条 纳入创新产品注册程序的体外诊断试剂，申请人在规定期限内未提出注册申请的，不再适用创新产品注册程序。

第二节 优先注册程序

第七十二条 满足下列情形之一的体外诊断试剂，可以申请适用优先注册程序：

（一）诊断罕见病、恶性肿瘤，且具有明显临床优势，诊断老年人特有和多发疾病且目前尚无有效诊断手段，专用于儿童且具有明显临床优势，或者临床急需且在我国尚无同品种产品获准注册的医疗器械；

（二）列入国家科技重大专项或者国家重点研发计划的医疗器械；

（三）国家药品监督管理局规定的其他可以适用优先注册程序的医疗器械。

第七十三条 申请适用优先注册程序的，申请人应当在提出体外诊断试剂注册申请时，向国家药品监督管理局提出适用优先注册程序的申请。属于第七十二条第一项情形的，由国家药品监督管理局组织专家进行审核，符合的，纳入优先注册程序；属于第七十二条第二项情形的，由国家局器械审评中心进行审核，符合的，纳入优先注册程序；属于第七十二条第三项情形的，由国家药品监督管理局广泛听取意见，并组织专家论证后确定是否纳入优先注册程序。

第七十四条 对纳入优先注册程序的体外诊断试剂注册申请，国家药品监督管理局优先进行审评审批，省、自治区、直辖市药品监督管理部门优先安排注册质量管理体系核查。

国家局器械审评中心在对纳入优先注册程序的医疗器械产品开展技术审评过程中，应当按照相关规定积极与申请人进行沟通交流，必要时，可以安排专项交流。

第三节 应急注册程序

第七十五条 国家药品监督管理局可以依法对突发公共卫生事件应急所需且在我国境内尚无同类产品上市，或者虽在我国境内已有同类产品上市但产品供应不能满足突发公共卫生事件应急处理需要的体外诊断试剂实施应急注册。

第七十六条 申请适用应急注册程序的，申请人应当向国家药品监督管理局提出应急注册申请。符合条件的，纳入应急注册程序。

第七十七条 对实施应急注册的体外诊断试剂注册申请，国家药品监督管理局按照统一指挥、早期介入、随到随审、科学审批的要求办理，并行开展体外诊断试剂产品检验、体系核查、技术审评等工作。

第五章 变更注册与延续注册

第一节 变更注册

第七十八条 注册人应当主动开展体外诊断试剂上市后研究，对体外诊断试剂的安全性、有效性和质量可控性进行进一步确认，加强对已上市体外诊断试剂的持续管理。

已注册的第二类、第三类体外诊断试剂产品，其设计、原材料、生产工艺、适用范围、使用方法等发生实质性变化，有可能影响该体外诊断试剂安全、有效的，注册人应当向原注册部门申请办理变更注册手续；发生其他变化的，应当在变化之日起30日内向原注册部门备案。

注册证载明的产品名称、包装规格、主要组成成分、预期用途、产品技术要求、产品说明书、进口体外诊断试剂的生产地址等，属于前款规定的需要办理变更注册的事项。注册人名称和住所、代理人名称和住所等，属于前款规定的需要备案的事项。境内体外诊断试剂生产地址变更的，注册人应当在办理相应的生产许可变更后办理备案。

发生其他变化的，注册人应当按照质量管理体系要求做好相关工作，并按照规定向药品监督管理部门报告。

第七十九条 已注册的第二类、第三类体外诊断试剂，产品的核心技术原理等发生实质性改变，或者发生其他重大改变、对产品安全有效性产生重大影响，实质上构成新的产品的，不属于本章规定的变更申请事项，应当按照注册申请的规定办理。

第八十条 对于变更注册申请，技术审评机构应当重点针对变化部分进行审评，对变化后产品是否安全、有效、质量可控形成审评意见。

在对变更注册申请进行技术审评时，认为有必要对质量管理体系进行核查的，药品监督管理部门应当组织开展质量管理体系核查。

第八十一条 医疗器械变更注册文件与原医疗器械注册证合并使用，有效期截止日期与原医疗器械注册证相同。

第二节 延续注册

第八十二条 医疗器械注册证有效期届满需要延续注册的，注册人应当在医疗器械注册证有效期届满 6 个月前，向原注册部门申请延续注册，并按照相关要求提交申请资料。

除本办法第八十三条规定情形外，接到延续注册申请的药品监督管理部门应当在医疗器械注册证有效期届满前作出准予延续的决定。逾期未作决定的，视为准予延续。

第八十三条 有下列情形之一的，不予延续注册：

（一）未在规定期限内提出延续注册申请；

（二）新的体外诊断试剂强制性标准或者国家标准品发布实施，申请延续注册的体外诊断试剂不能达到新要求；

（三）附条件批准的体外诊断试剂，未在规定期限内完成医疗器械注册证载明事项。

第八十四条 延续注册的批准时间在原注册证有效期内的，延续注册的注册证有效期起始日为原注册证到期日次日；批准时间不在原注册证有效期内的，延续注册的注册证有效期起始日为批准延续注册的日期。

第八十五条 体外诊断试剂变更注册申请、延续注册申请的受理与审批程序，本章未作规定的，适用本办法第三章的相关规定。

第六章 体外诊断试剂备案

第八十六条 第一类体外诊断试剂生产前，应当进行产品备案。

第八十七条 进行体外诊断试剂备案，备案人应当按照《医疗器械监督管理条例》的规定向药品监督管理部门提交备案资料，获取备案编号。

第八十八条 已备案的体外诊断试剂，备案信息表中登载内容及备案的产品技术要求发生变化的，备案人应当向原备案部门变更备案，并提交变化情况的说明以及相关文件。药品监督管理部门应当将变更情况登载于备案信息中。

第八十九条 已备案的体外诊断试剂管理类别调整为第二类或者第三类体外诊断试剂的，应当按照本办法规定申请注册。

第七章 工作时限

第九十条 本办法所规定的时限是体外诊断试剂注册的受理、技术审评、核查、审批等工作的最长时间。特殊注册程序相关工作时限，按特殊注册程序相关规定执行。

国家局器械审评中心等专业技术机构应当明确本单位工作程序和时限，并向社会公布。

第九十一条　药品监督管理部门收到体外诊断试剂注册申请后，应当自受理之日起 3 日内将申请资料转交技术审评机构。

第九十二条　体外诊断试剂注册技术审评时限，按照以下规定执行：

（一）第二类体外诊断试剂注册申请、变更注册申请、延续注册申请的技术审评时限为 60 日，申请资料补正后的技术审评时限为 60 日；

（二）第三类体外诊断试剂注册申请、变更注册申请、延续注册申请的技术审评时限为 90 日，申请资料补正后的技术审评时限为 60 日。

第九十三条　境内第三类体外诊断试剂质量管理体系核查时限，按照以下规定执行：

（一）国家局器械审评中心应当在体外诊断试剂注册申请受理后 10 日内通知相关省、自治区、直辖市药品监督管理部门启动核查；

（二）省、自治区、直辖市药品监督管理部门原则上在接到核查通知后 30 日内完成核查，并将核查情况、核查结果等相关材料反馈至国家局器械审评中心。

第九十四条　受理注册申请的药品监督管理部门应当自收到审评意见之日起 20 日内作出决定。

第九十五条　药品监督管理部门应当自作出体外诊断试剂注册审批决定之日起 10 日内颁发、送达有关行政许可证件。

第九十六条　因产品特性以及技术审评、核查等工作遇到特殊情况确需延长时限的，延长时限不得超过原时限的二分之一，经医疗器械技术审评、核查等相关技术机构负责人批准后，由延长时限的技术机构书面告知申请人，并通知其他相关技术机构。

第九十七条　原发证机关应当自收到医疗器械注册证补办申请之日起 20 日内予以补发。

第九十八条　以下时间不计入相关工作时限：

（一）申请人补充资料、核查后整改等所占用的时间；

（二）因申请人原因延迟核查的时间；

（三）外聘专家咨询、召开专家咨询会、需要与药品审评机构联合审评的时间；

（四）根据规定中止审评审批程序的，中止审评审批程序期间所占用的时间；

（五）质量管理体系核查所占用的时间。

第九十九条　本办法规定的时限以工作日计算。

第八章　监督管理

第一百条　药品监督管理部门应当加强体外诊断试剂研制活动的监督检查，必要时可以对为体外诊断试剂研制提供产品或者服务的单位和个人进行延伸检查，有关单位和个人应当予以配合，提供相关文件和资料，不得拒绝、隐瞒、阻挠。

第一百零一条　国家药品监督管理局建立并分步实施医疗器械唯一标识制度，申请人、备案人应当按照相关规定提交唯一标识相关信息，保证数据真实、准确、可溯源。

第一百零二条　国家药品监督管理局应当及时将代理人信息通报代理人所在地省、自治区、直辖市药品监督管理部门。省、自治区、直辖市药品监督管理部门对本行政区域内的代理人组织开展日常监督管理。

第一百零三条　省、自治区、直辖市药品监督管理部门根据医疗器械临床试验机构备案情况，组织对本行政区域内已经备案的临床试验机构开展备案后监督检查。对于新备案的医疗器械临床试验机构，应当在备案后 60 日内开展监督检查。

省、自治区、直辖市药品监督管理部门应当组织对本行政区域内医疗器械临床试验机构遵守医疗器械临床试验质量管理规范的情况进行日常监督检查，监督其持续符合规定要求。

国家药品监督管理局根据需要对医疗器械临床试验机构进行监督检查。

第一百零四条 药品监督管理部门认为有必要的，可以对临床试验的真实性、准确性、完整性、规范性和可追溯性进行现场检查。

第一百零五条 承担第一类体外诊断试剂产品备案工作的药品监督管理部门在备案后监督中，发现备案资料不规范的，应当责令备案人限期改正。

第一百零六条 药品监督管理部门未及时发现本行政区域内体外诊断试剂注册管理系统性、区域性风险，或者未及时消除本行政区域内体外诊断试剂注册管理系统性、区域性隐患的，上级药品监督管理部门可以对下级药品监督管理部门主要负责人进行约谈。

第九章 法律责任

第一百零七条 违反本办法第七十八条的规定，未按照要求对发生变化进行备案的，责令限期改正；逾期不改正的，处1万元以上3万元以下罚款。

第一百零八条 开展体外诊断试剂临床试验未遵守临床试验质量管理规范的，依照《医疗器械监督管理条例》第九十四条予以处罚。

第一百零九条 医疗器械技术审评机构未依照本办法规定履行职责，致使审评工作出现重大失误的，由负责药品监督管理的部门责令改正，通报批评，给予警告；造成严重后果的，对违法单位的法定代表人、主要负责人、直接负责的主管人员和其他责任人员，依法给予处分。

第一百一十条 负责药品监督管理的部门工作人员违反规定，滥用职权、玩忽职守、徇私舞弊的，依法给予处分。

第十章 附　则

第一百一十一条 体外诊断试剂的命名应当遵循以下原则：

体外诊断试剂的产品名称一般由三部分组成。第一部分：被测物质的名称；第二部分：用途，如测定试剂盒、质控品等；第三部分：方法或者原理，如磁微粒化学发光免疫分析法、荧光 PCR 法、荧光原位杂交法等，本部分应当在括号中列出。

如果被测物组分较多或者有其他特殊情况，可以采用与产品相关的适应症名称或者其他替代名称。

第一类产品和校准品、质控品，依据其预期用途进行命名。

第一百一十二条 体外诊断试剂的注册或者备案单元应为单一试剂或者单一试剂盒，一个注册或者备案单元可以包括不同的包装规格。

校准品、质控品可以与配合使用的体外诊断试剂合并申请注册，也可以单独申请注册。

第一百一十三条 获准注册的体外诊断试剂，是指与该医疗器械注册证及附件限定内容一致且在医疗器械注册证有效期内生产的体外诊断试剂。

第一百一十四条 医疗器械注册证中"主要组成成分"栏内所载明的独立试剂组分，用于原注册产品的，可以单独销售。

第一百一十五条 申请人在申请体外诊断试剂产品注册、变更注册中可以经医疗器械主文档所有者授权，引用经登记的医疗器械主文档。医疗器械主文档由其所有者或代理机构办理登记，相关工作程序另行规定。

第一百一十六条 医疗器械注册证格式由国家药品监督管理局统一制定。

注册证编号的编排方式为：

×1械注×2××××3×4××5××××6。其中：

×1 为注册审批部门所在地的简称：

境内第三类体外诊断试剂、进口第二类、第三类体外诊断试剂为"国"字；

境内第二类体外诊断试剂为注册审批部门所在地省、自治区、直辖市简称；

×2 为注册形式：

"准"字适用于境内体外诊断试剂；

"进"字适用于进口体外诊断试剂；

"许"字适用于香港、澳门、台湾地区的体外诊断试剂；

××××3 为首次注册年份；

×4 为产品管理类别；

××5 为产品分类编码；

××××6 为首次注册流水号。

延续注册的，××××3 和××××6 数字不变。产品管理类别调整的，应当重新编号。

第一百一十七条 第一类医疗器械备案编号的编排方式为：

×1 械备××××2××××3。

其中：

×1 为备案部门所在地的简称：

进口第一类体外诊断试剂为"国"字；

境内第一类体外诊断试剂为备案部门所在地省、自治区、直辖市简称加所在地设区的市级行政区域的简称（无相应设区的市行政区域时，仅为省、自治区、直辖市的简称）；

××××2 为备案年份；

××××3 为备案流水号。

第一百一十八条 药品监督管理部门制作的医疗器械注册证、变更注册文件电子文件与纸质文件具有同等法律效力。

第一百一十九条 根据工作需要，国家药品监督管理局可以依法委托省、自治区、直辖市药品监督管理部门或者技术机构、社会组织承担有关的具体工作。

第一百二十条 省、自治区、直辖市药品监督管理部门可以参照本办法第四章规定制定本行政区域内第二类体外诊断试剂特殊注册程序，并报国家药品监督管理局备案。

第一百二十一条 体外诊断试剂产品注册收费项目、收费标准按照国务院财政、价格主管部门的有关规定执行。

第一百二十二条 体外诊断试剂紧急使用的有关规定，由国家药品监督管理局会同有关部门另行制定。

第一百二十三条 国内尚无同品种产品上市，医疗机构根据本单位的临床需要自行研制，在执业医师指导下在本单位内使用的体外诊断试剂，相关管理规定由国家药品监督管理局会同有关部门另行制定。

第一百二十四条 香港、澳门、台湾地区体外诊断试剂的注册、备案，参照进口体外诊断试剂办理。

第一百二十五条 本办法自 2021 年 10 月 1 日起施行。2014 年 7 月 30 日原国家食品药品监督管理总局令第 5 号公布的《体外诊断试剂注册管理办法》同时废止。

国家药监局关于发布《体外诊断试剂分类规则》的公告

（国家药监局公告 2021 年第 129 号）

发布日期：2021-10-27
实施日期：2021-10-27
法规类型：规范性文件

为规范体外诊断试剂分类管理，根据《医疗器械监督管理条例》（国务院令第 739 号），国家药品监督管理局组织制定了《体外诊断试剂分类规则》，现予发布，自发布之日起施行。

特此公告。

附件：体外诊断试剂分类规则

附件

体外诊断试剂分类规则

第一条 为规范体外诊断试剂分类管理，根据《医疗器械监督管理条例》，制定本规则。

第二条 本规则所述体外诊断试剂是指按照医疗器械管理的体外诊断试剂。按照药品管理的用于血源筛查的体外诊断试剂和采用放射性核素标记的体外诊断试剂，不属于本规则规定的范围。

用于细胞治疗、细胞回输、辅助生殖等的细胞培养基类产品，不属于本规则规定的范围。

第三条 本规则用于指导体外诊断试剂分类目录的制定和调整，确定新的体外诊断试剂的管理类别。

第四条 体外诊断试剂的管理类别应当根据产品风险程度进行判定。影响体外诊断试剂风险程度的因素包括但不限于以下内容：

（一）产品预期用途、适应症以及预期使用环境和使用者的专业知识；

（二）检验结果信息对医学诊断和治疗的影响程度；

（三）检验结果对个人和/或公共健康的影响。

第五条 体外诊断试剂根据风险程度由低到高，管理类别依次分为第一类、第二类和第三类。

第一类体外诊断试剂是指具有较低的个人风险，没有公共健康风险，实行常规管理可以保证其安全、有效的体外诊断试剂，通常为检验辅助试剂。

第二类体外诊断试剂是指具有中等的个人风险和/或公共健康风险，检验结果通常是几个决定因素之一，出现错误的结果不会危及生命或导致重大残疾，需要严格控制管理以保证其安全、有效的体外诊断试剂。

第三类体外诊断试剂是指具有较高的个人风险和/或公共健康风险，为临床诊断提供关键的信息，出现错误的结果会对个人和/或公共健康安全造成严重威胁，需要采取特别措施严格控制管理以保证其安全、有效的体外诊断试剂。

第六条 体外诊断试剂的分类应当根据如下规则进行判定：

（一）第一类体外诊断试剂

1. 不用于微生物鉴别或药敏试验的微生物培养基，以及仅用于细胞增殖培养，不具备对细胞的选择、诱导、分化功能，且培养的细胞用于体外诊断的细胞培养基；

2. 样本处理用产品，如溶血剂、稀释液、染色液、核酸提取试剂等；

3. 反应体系通用试剂，如缓冲液、底物液、增强液等。

（二）第二类体外诊断试剂

除已明确为第一类、第三类的体外诊断试剂，其他为第二类体外诊断试剂，主要包括：

1. 用于蛋白质检测的试剂；

2. 用于糖类检测的试剂；

3. 用于激素检测的试剂；

4. 用于酶类检测的试剂；

5. 用于酯类检测的试剂；

6. 用于维生素检测的试剂；

7. 用于无机离子检测的试剂；

8. 用于药物及药物代谢物检测的试剂；

9. 用于自身抗体检测的试剂；

10. 用于微生物鉴别或者药敏试验的试剂，以及用于细胞增殖培养，对细胞具有选择、诱导、分化功能，且培养的细胞用于体外诊断的细胞培养基；

11. 用于变态反应（过敏原）检测的试剂；

12. 用于其他生理、生化或者免疫功能指标检测的试剂。

（三）第三类体外诊断试剂

1. 与致病性病原体抗原、抗体以及核酸等检测相关的试剂；

2. 与血型、组织配型相关的试剂；

3. 与人类基因检测相关的试剂；

4. 与遗传性疾病检测相关的试剂；

5. 与麻醉药品、精神药品、医疗用毒性药品检测相关的试剂；

6. 与治疗药物作用靶点检测相关的试剂和伴随诊断用试剂；

伴随诊断用试剂是用于评价相关医疗产品安全有效性的工具，主要用于在治疗前和/或治疗中识别出最有可能从相关医疗产品获益的患者和因治疗而可能导致严重不良反应风险增加的患者。用于药物及药物代谢物检测的试剂不属于伴随诊断用试剂。

7. 与肿瘤筛查、诊断、辅助诊断、分期等相关的试剂。

第七条 体外诊断试剂分类时，还应当结合以下情形综合判定：

（一）第六条所列的第二类体外诊断试剂如用于肿瘤筛查、诊断、辅助诊断、分期等，或者用于遗传性疾病检测的试剂等，按照第三类体外诊断试剂管理。

（二）用于药物及药物代谢物检测的试剂，如该药物属于麻醉药品、精神药品或者医疗用毒性药品范围的，按照第三类体外诊断试剂管理。

（三）与第一类体外诊断试剂配合使用的校准品、质控品，按照第二类体外诊断试剂管理；与第二类、第三类体外诊断试剂配合使用的校准品、质控品按与试剂相同的类别管理；多项校准品、质控品，按照其中的高类别管理。

（四）具有明确诊断价值的流式细胞仪用抗体试剂、免疫组化用抗体试剂和原位杂交用探针试剂，流式细胞仪用淋巴细胞亚群分析试剂盒，依据其临床预期用途，根据第六条规定分别按照第二类或第三类体外诊断试剂管理。

仅为专业医生提供辅助诊断信息的流式细胞仪用单一抗体试剂、免疫组化用单一抗体试剂和原位杂交用单一探针试剂，以及流式细胞仪用同型对照抗体试剂，按照第一类体外诊断试剂管理。

（五）第六条所列第一类体外诊断试剂中的样本处理用产品，如为非通用产品，或参与反应并影响检验结果，应当与相应检测试剂的管理类别一致。

第八条　体外诊断试剂分类目录由国家药品监督管理局制定并发布。国家药品监督管理局根据体外诊断试剂生产、经营、使用情况，及时对体外诊断试剂的风险变化进行分析、评价，对体外诊断试剂分类目录进行调整。

新研制、尚未列入体外诊断试剂分类目录的体外诊断试剂，申请人可以直接申请第三类体外诊断试剂产品注册，也可以依据本分类规则判断产品类别并按照医疗器械分类界定工作流程申请分类界定。

第九条　国家药品监督管理局可以组织医疗器械分类技术委员会制定、调整体外诊断试剂分类目录。

第十条　本规则自发布之日起施行。既往发布的文件中体外诊断试剂分类原则与本规则不一致的，以本规则为准。

国家药监局关于公布体外诊断试剂注册申报资料要求和批准证明文件格式的公告

（国家药监局公告 2021 年第 122 号）

发布日期：2021-09-29
实施日期：2022-01-01
法规类型：部门规章

为规范体外诊断试剂注册管理，根据《医疗器械监督管理条例》（国务院令第 739 号）和《体外诊断试剂注册与备案管理办法》（国家市场监督管理总局令第 48 号），国家药监局组织制定了体外诊断试剂注册申报资料要求和批准证明文件格式（见附件），现予公布，自 2022 年 1 月 1 日起施行。原国家食品药品监督管理总局发布的《关于公布体外诊断试剂注册申报资料要求和批准证明文件格式的公告》（原国家食品药品监督管理总局公告 2014 年第 44 号）同时废止。

特此公告。

附件：

1. 中华人民共和国医疗器械注册证（体外诊断试剂）（格式）
2. 中华人民共和国医疗器械变更注册（备案）文件（体外诊断试剂）（格式）
3. 医疗器械注册申报资料和批准证明文件格式要求（体外诊断试剂）
4. 体外诊断试剂注册申报资料要求及说明
5. 体外诊断试剂延续注册申报资料要求及说明
6. 体外诊断试剂变更备案/变更注册申报资料要求及说明
7. 体外诊断试剂安全和性能基本原则清单

国家药监局关于发布免于临床试验体外诊断试剂目录的通告

（国家药监局公告 2021 年第 70 号）

发布日期：2021-09-16
实施日期：2021-10-01
法规类型：部门规章

为做好医疗器械注册管理工作，根据《体外诊断试剂注册与备案管理办法》（国家市场监督管理总局令第 48 号），国家药监局组织制定了免于临床试验体外诊断试剂目录，现予发布，自 2021 年 10 月 1 日起施行。

特此通告。

附件：免于临床试验体外诊断试剂目录

食品药品监管总局关于过敏原类、流式细胞仪配套用、免疫组化和原位杂交类体外诊断试剂产品属性及类别调整的通告

（国家食品药品监督管理总局通告 2017 年第 226 号）

发布日期：2017-12-28
实施日期：2018-03-01
法规类型：部门规章

为贯彻落实《国务院关于改革药品医疗器械审评审批制度的意见》（国发〔2015〕44 号）和中共中央办公厅、国务院办公厅印发的《关于深化审评审批制度改革鼓励药品医疗器械创新的意见》（厅字〔2017〕42 号），进一步做好体外诊断试剂分类管理工作，科学、合理确定和划分部分体外诊断试剂属性和类别，根据《医疗器械监督管理条例》《体外诊断试剂注册管理办法》等有关规定，国家食品药品监督管理总局根据医疗器械生产、经营、使用情况和风险分析，充分听取医疗器械生产经营企业以及使用单位、行业组织的意见，参考国际医疗器械分类实践，组织研究调整了过敏原类、流式细胞仪配套用、免疫组化和原位杂交类体外诊断试剂的属性界定和分类原则，制定了产品分类列表并明确了有关实施要求。

一、产品属性界定和分类原则

（一）过敏原类体外诊断试剂

与变态反应（过敏原）相关的试剂，包括总 IgE 检测试剂、特异性 IgE 抗体检测试剂，作为第二类医疗器械管理。

（二）流式细胞仪配套用体外诊断试剂

1. 作为第三类体外诊断试剂管理的产品，包括：

（1）指导临床用药的抗体试剂；

（2）淋巴细胞亚群分析试剂盒；

（3）具有明确诊断价值的抗体试剂。

2. 作为第二类体外诊断试剂管理的产品，包括：

流式细胞分析用通用计数试剂（计数管、计数微球）、试验条件设定试剂（荧光补偿微球）等。

3. 作为第一类体外诊断试剂管理的产品，包括：

（1）具有辅助诊断价值的抗体试剂；

（2）流式细胞仪样本处理试剂（溶血素、缓冲液、固定液、破膜剂、鞘液等）；

（3）同型对照抗体试剂及其组合。

（三）免疫组化和原位杂交类体外诊断试剂

1. 作为第三类体外诊断试剂管理的产品，包括：

（1）指导临床用药的特异性抗体或探针试剂；

（2）具有明确诊断价值的抗体或探针试剂。

2. 作为第一类体外诊断试剂管理的产品，包括：

（1）具有辅助诊断价值的抗体或探针试剂；

（2）染色液；

（3）免疫组化和原位杂交实验用样本处理试剂、反应体系通用试剂。

（四）暂不按照医疗器械管理的产品

1. 无临床预期用途的抗体、探针等试剂；

2. 仪器清洗、维护、保养、调试试剂（激光、电压等校准微球）等。

按照上述原则确定的《流式细胞仪配套用体外诊断试剂产品分类列表》《免疫组化和原位杂交类体外诊断试剂产品分类列表》和《不作为医疗器械管理产品列表》分别见附件1、2、3。

目前产品分类列表所列产品，如声称或研究发现有符合上述分类原则的新的临床预期用途，应按照上述分类原则重新界定其管理类别。

对于根据上述分类原则和产品分类列表不能判断其管理属性和管理类别的过敏原类、流式细胞仪配套用、免疫组化和原位杂交类体外诊断试剂，可以按照分类界定程序申请分类界定。

二、实施要求

（一）对于已注册的体外诊断试剂，其管理类别由高类别调整为低类别的，在有效期内的医疗器械注册证继续有效。

如需延续的，注册人应当在医疗器械注册证有效期届满6个月前，按照改变后的类别向食品药品监督管理部门申请延续注册或者办理备案。

（二）对于已受理尚未完成注册审批的体外诊断试剂，食品药品监督管理部门按照调整前的类别开展审评审批。

（三）对于不作为医疗器械管理的产品，食品药品监督管理部门不再受理其注册申请，对于已受理尚未完成注册审评审批的，食品药品监督管理部门不再继续审评审批，将注册申报资料退回申请人。

（四）医疗器械注册证有效期内发生注册变更的，注册人应当向原注册部门申请注册变更。

（五）省、自治区、直辖市食品药品监督管理部门应当进一步加强上述体外诊断试剂的注册审批和上市后监管工作。

本通告自 2018 年 3 月 1 日起实施。

附件：1. 流式细胞仪配套用体外诊断试剂产品分类列表（略）
2. 免疫组化和原位杂交类体外诊断试剂产品分类列表（略）

3. 不作为医疗器械管理产品列表

药品管理

● 综合管理 ●

中华人民共和国中医药法

（主席令第 59 号）

发布日期：2016-12-25
实施日期：2017-07-01
法规类型：法律

第一章 总 则

第一条 为了继承和弘扬中医药，保障和促进中医药事业发展，保护人民健康，制定本法。

第二条 本法所称中医药，是包括汉族和少数民族医药在内的我国各民族医药的统称，是反映中华民族对生命、健康和疾病的认识，具有悠久历史传统和独特理论及技术方法的医药学体系。

第三条 中医药事业是我国医药卫生事业的重要组成部分。国家大力发展中医药事业，实行中西医并重的方针，建立符合中医药特点的管理制度，充分发挥中医药在我国医药卫生事业中的作用。

发展中医药事业应当遵循中医药发展规律，坚持继承和创新相结合，保持和发挥中医药特色和优势，运用现代科学技术，促进中医药理论和实践的发展。

国家鼓励中医西医相互学习，相互补充，协调发展，发挥各自优势，促进中西医结合。

第四条 县级以上人民政府应当将中医药事业纳入国民经济和社会发展规划，建立健全中医药管理体系，统筹推进中医药事业发展。

第五条 国务院中医药主管部门负责全国的中医药管理工作。国务院其他有关部门在各自职责范围内负责与中医药管理有关的工作。

县级以上地方人民政府中医药主管部门负责本行政区域的中医药管理工作。县级以上地方人民政府其他有关部门在各自职责范围内负责与中医药管理有关的工作。

第六条 国家加强中医药服务体系建设，合理规划和配置中医药服务资源，为公民获得中医药服务提供保障。

国家支持社会力量投资中医药事业，支持组织和个人捐赠、资助中医药事业。

第七条 国家发展中医药教育，建立适应中医药事业发展需要、规模适宜、结构合理、形式多样的中医药教育体系，培养中医药人才。

第八条 国家支持中医药科学研究和技术开发，鼓励中医药科学技术创新，推广应用中医药科学技术成果，保护中医药知识产权，提高中医药科学技术水平。

第九条 国家支持中医药对外交流与合作，促进中医药的国际传播和应用。

第十条 对在中医药事业中做出突出贡献的组织和个人，按照国家有关规定给予表彰、奖励。

第二章 中医药服务

第十一条 县级以上人民政府应当将中医医疗机构建设纳入医疗机构设置规划，举办规模适宜的中医医疗机构，扶持有中医药特色和优势的医疗机构发展。

合并、撤销政府举办的中医医疗机构或者改变其中医医疗性质，应当征求上一级人民政府中医药主管部门的意见。

第十二条 政府举办的综合医院、妇幼保健机构和有条件的专科医院、社区卫生服务中心、乡镇卫生院，应当设置中医药科室。

县级以上人民政府应当采取措施，增强社区卫生服务站和村卫生室提供中医药服务的能力。

第十三条 国家支持社会力量举办中医医疗机构。

社会力量举办的中医医疗机构在准入、执业、基本医疗保险、科研教学、医务人员职称评定等方面享有与政府举办的中医医疗机构同等的权利。

第十四条 举办中医医疗机构应当按照国家有关医疗机构管理的规定办理审批手续，并遵守医疗机构管理的有关规定。

举办中医诊所的，将诊所的名称、地址、诊疗范围、人员配备情况等报所在地县级人民政府中医药主管部门备案后即可开展执业活动。中医诊所应当将本诊所的诊疗范围、中医医师的姓名及其执业范围在诊所的明显位置公示，不得超出备案范围开展医疗活动。具体办法由国务院中医药主管部门拟订，报国务院卫生行政部门审核、发布。

第十五条 从事中医医疗活动的人员应当依照《中华人民共和国执业医师法》的规定，通过中医医师资格考试取得中医医师资格，并进行执业注册。中医医师资格考试的内容应当体现中医药特点。

以师承方式学习中医或者经多年实践，医术确有专长的人员，由至少两名中医医师推荐，经省、自治区、直辖市人民政府中医药主管部门组织实践技能和效果考核合格后，即可取得中医医师资格；按照考核内容进行执业注册后，即可在注册的执业范围内，以个人开业的方式或者在医疗机构内从事中医医疗活动。国务院中医药主管部门应当根据中医药技术方法的安全风险拟订本款规定人员的分类考核办法，报国务院卫生行政部门审核、发布。

第十六条 中医医疗机构配备医务人员应当以中医药专业技术人员为主，主要提供中医药服务；经考试取得医师资格的中医医师按照国家有关规定，经培训、考核合格后，可以在执业活动中采用与其专业相关的现代科学技术方法。在医疗活动中采用现代科学技术方法的，应当有利于保持和发挥中医药特色和优势。

社区卫生服务中心、乡镇卫生院、社区卫生服务站以及有条件的村卫生室应当合理配备中医药专业技术人员，并运用和推广适宜的中医药技术方法。

第十七条 开展中医药服务，应当以中医药理论为指导，运用中医药技术方法，并符合国务院中医药主管部门制定的中医药服务基本要求。

  第十八条 县级以上人民政府应当发展中医药预防、保健服务，并按照国家有关规定将其纳入基本公共卫生服务项目统筹实施。

  县级以上人民政府应当发挥中医药在突发公共卫生事件应急工作中的作用，加强中医药应急物资、设备、设施、技术与人才资源储备。

  医疗卫生机构应当在疾病预防与控制中积极运用中医药理论和技术方法。

  第十九条 医疗机构发布中医医疗广告，应当经所在地省、自治区、直辖市人民政府中医药主管部门审查批准；未经审查批准，不得发布。发布的中医医疗广告内容应当与经审查批准的内容相符合，并符合《中华人民共和国广告法》的有关规定。

  第二十条 县级以上人民政府中医药主管部门应当加强对中医药服务的监督检查，并将下列事项作为监督检查的重点：

  （一）中医医疗机构、中医医师是否超出规定的范围开展医疗活动；

  （二）开展中医药服务是否符合国务院中医药主管部门制定的中医药服务基本要求；

  （三）中医医疗广告发布行为是否符合本法的规定。

  中医药主管部门依法开展监督检查，有关单位和个人应当予以配合，不得拒绝或者阻挠。

第三章 中药保护与发展

  第二十一条 国家制定中药材种植养殖、采集、贮存和初加工的技术规范、标准，加强对中药材生产流通全过程的质量监督管理，保障中药材质量安全。

  第二十二条 国家鼓励发展中药材规范化种植养殖，严格管理农药、肥料等农业投入品的使用，禁止在中药材种植过程中使用剧毒、高毒农药，支持中药材良种繁育，提高中药材质量。

  第二十三条 国家建立道地中药材评价体系，支持道地中药材品种选育，扶持道地中药材生产基地建设，加强道地中药材生产基地生态环境保护，鼓励采取地理标志产品保护等措施保护道地中药材。

  前款所称道地中药材，是指经过中医临床长期应用优选出来的，产在特定地域，与其他地区所产同种中药材相比，品质和疗效更好，且质量稳定，具有较高知名度的中药材。

  第二十四条 国务院药品监督管理部门应当组织并加强对中药材质量的监测，定期向社会公布监测结果。国务院有关部门应当协助做好中药材质量监测有关工作。

  采集、贮存中药材以及对中药材进行初加工，应当符合国家有关技术规范、标准和管理规定。

  国家鼓励发展中药材现代流通体系，提高中药材包装、仓储等技术水平，建立中药材流通追溯体系。药品生产企业购进中药材应当建立进货查验记录制度。中药材经营者应当建立进货查验和购销记录制度，并标明中药材产地。

  第二十五条 国家保护药用野生动植物资源，对药用野生动植物资源实行动态监测和定期普查，建立药用野生动植物资源种质基因库，鼓励发展人工种植养殖，支持依法开展珍贵、濒危药用野生动植物的保护、繁育及其相关研究。

  第二十六条 在村医疗机构执业的中医医师、具备中药材知识和识别能力的乡村医生，按照国家有关规定可以自种、自采地产中药材并在其执业活动中使用。

  第二十七条 国家保护中药饮片传统炮制技术和工艺，支持应用传统工艺炮制中药饮片，鼓励运用现代科学技术开展中药饮片炮制技术研究。

  第二十八条 对市场上没有供应的中药饮片，医疗机构可以根据本医疗机构医师处方的需要，在本医疗机构内炮制、使用。医疗机构应当遵守中药饮片炮制的有关规定，对其炮制的中药饮片的质量负责，保证药品安全。医疗机构炮制中药饮片，应当向所在地设区的市级人民政府药品监督管理部门备案。

根据临床用药需要，医疗机构可以凭本医疗机构医师的处方对中药饮片进行再加工。

第二十九条 国家鼓励和支持中药新药的研制和生产。

国家保护传统中药加工技术和工艺，支持传统剂型中成药的生产，鼓励运用现代科学技术研究开发传统中成药。

第三十条 生产符合国家规定条件的来源于古代经典名方的中药复方制剂，在申请药品批准文号时，可以仅提供非临床安全性研究资料。具体管理办法由国务院药品监督管理部门会同中医药主管部门制定。

前款所称古代经典名方，是指至今仍广泛应用、疗效确切、具有明显特色与优势的古代中医典籍所记载的方剂。具体目录由国务院中医药主管部门会同药品监督管理部门制定。

第三十一条 国家鼓励医疗机构根据本医疗机构临床用药需要配制和使用中药制剂，支持应用传统工艺配制中药制剂，支持以中药制剂为基础研制中药新药。

医疗机构配制中药制剂，应当依照《中华人民共和国药品管理法》的规定取得医疗机构制剂许可证，或者委托取得药品生产许可证的药品生产企业、取得医疗机构制剂许可证的其他医疗机构配制中药制剂。委托配制中药制剂，应当向委托方所在地省、自治区、直辖市人民政府药品监督管理部门备案。

医疗机构对其配制的中药制剂的质量负责；委托配制中药制剂的，委托方和受托方对所配制的中药制剂的质量分别承担相应责任。

第三十二条 医疗机构配制的中药制剂品种，应当依法取得制剂批准文号。但是，仅应用传统工艺配制的中药制剂品种，向医疗机构所在地省、自治区、直辖市人民政府药品监督管理部门备案后即可配制，不需要取得制剂批准文号。

医疗机构应当加强对备案的中药制剂品种的不良反应监测，并按照国家有关规定进行报告。药品监督管理部门应当加强对备案的中药制剂品种配制、使用的监督检查。

第四章 中医药人才培养

第三十三条 中医药教育应当遵循中医药人才成长规律，以中医药内容为主，体现中医药文化特色，注重中医药经典理论和中医药临床实践、现代教育方式和传统教育方式相结合。

第三十四条 国家完善中医药学校教育体系，支持专门实施中医药教育的高等学校、中等职业学校和其他教育机构的发展。

中医药学校教育的培养目标、修业年限、教学形式、教学内容、教学评价及学术水平评价标准等，应当体现中医药学科特色，符合中医药学科发展规律。

第三十五条 国家发展中医药师承教育，支持有丰富临床经验和技术专长的中医医师、中药专业技术人员在执业、业务活动中带徒授业，传授中医药理论和技术方法，培养中医药专业技术人员。

第三十六条 国家加强对中医医师和城乡基层中医药专业技术人员的培养和培训。

国家发展中西医结合教育，培养高层次的中西医结合人才。

第三十七条 县级以上地方人民政府中医药主管部门应当组织开展中医药继续教育，加强对医务人员，特别是城乡基层医务人员中医药基本知识和技能的培训。

中医药专业技术人员应当按照规定参加继续教育，所在机构应当为其接受继续教育创造条件。

第五章 中医药科学研究

第三十八条 国家鼓励科研机构、高等学校、医疗机构和药品生产企业等，运用现代科学技术和传统中医药研究方法，开展中医药科学研究，加强中西医结合研究，促进中医药理论和技术方法的继承和创新。

第三十九条 国家采取措施支持对中医药古籍文献、著名中医药专家的学术思想和诊疗经验以及民间中医药技术方法的整理、研究和利用。

国家鼓励组织和个人捐献有科学研究和临床应用价值的中医药文献、秘方、验方、诊疗方法和技术。

第四十条 国家建立和完善符合中医药特点的科学技术创新体系、评价体系和管理体制，推动中医药科学技术进步与创新。

第四十一条 国家采取措施，加强对中医药基础理论和辨证论治方法，常见病、多发病、慢性病和重大疑难疾病、重大传染病的中医药防治，以及其他对中医药理论和实践发展有重大促进作用的项目的科学研究。

第六章　中医药传承与文化传播

第四十二条 对具有重要学术价值的中医药理论和技术方法，省级以上人民政府中医药主管部门应当组织遴选本行政区域内的中医药学术传承项目和传承人，并为传承活动提供必要的条件。传承人应当开展传承活动，培养后继人才，收集整理并妥善保存相关的学术资料。属于非物质文化遗产代表性项目的，依照《中华人民共和国非物质文化遗产法》的有关规定开展传承活动。

第四十三条 国家建立中医药传统知识保护数据库、保护名录和保护制度。

中医药传统知识持有人对其持有的中医药传统知识享有传承使用的权利，对他人获取、利用其持有的中医药传统知识享有知情同意和利益分享等权利。

国家对经依法认定属于国家秘密的传统中药处方组成和生产工艺实行特殊保护。

第四十四条 国家发展中医养生保健服务，支持社会力量举办规范的中医养生保健机构。中医养生保健服务规范、标准由国务院中医药主管部门制定。

第四十五条 县级以上人民政府应当加强中医药文化宣传，普及中医药知识，鼓励组织和个人创作中医药文化和科普作品。

第四十六条 开展中医药文化宣传和知识普及活动，应当遵守国家有关规定。任何组织或者个人不得对中医药作虚假、夸大宣传，不得冒用中医药名义牟取不正当利益。

广播、电视、报刊、互联网等媒体开展中医药知识宣传，应当聘请中医药专业技术人员进行。

第七章　保障措施

第四十七条 县级以上人民政府应当为中医药事业发展提供政策支持和条件保障，将中医药事业发展经费纳入本级财政预算。

县级以上人民政府及其有关部门制定基本医疗保险支付政策、药物政策等医药卫生政策，应当有中医药主管部门参加，注重发挥中医药的优势，支持提供和利用中医药服务。

第四十八条 县级以上人民政府及其有关部门应当按照法定价格管理权限，合理确定中医医疗服务的收费项目和标准，体现中医医疗服务成本和专业技术价值。

第四十九条 县级以上地方人民政府有关部门应当按照国家规定，将符合条件的中医医疗机构纳入基本医疗保险定点医疗机构范围，将符合条件的中医诊疗项目、中药饮片、中成药和医疗机构中药制剂纳入基本医疗保险基金支付范围。

第五十条 国家加强中医药标准体系建设，根据中医药特点对需要统一的技术要求制定标准并及时修订。

中医药国家标准、行业标准由国务院有关部门依据职责制定或者修订，并在其网站上公布，供公众免费查阅。

国家推动建立中医药国际标准体系。

第五十一条　开展法律、行政法规规定的与中医药有关的评审、评估、鉴定活动，应当成立中医药评审、评估、鉴定的专门组织，或者有中医药专家参加。

第五十二条　国家采取措施，加大对少数民族医药传承创新、应用发展和人才培养的扶持力度，加强少数民族医疗机构和医师队伍建设，促进和规范少数民族医药事业发展。

第八章　法律责任

第五十三条　县级以上人民政府中医药主管部门及其他有关部门未履行本法规定的职责的，由本级人民政府或者上级人民政府有关部门责令改正；情节严重的，对直接负责的主管人员和其他直接责任人员，依法给予处分。

第五十四条　违反本法规定，中医诊所超出备案范围开展医疗活动的，由所在地县级人民政府中医药主管部门责令改正，没收违法所得，并处一万元以上三万元以下罚款；情节严重的，责令停止执业活动。

中医诊所被责令停止执业活动的，其直接负责的主管人员自处罚决定作出之日起五年内不得在医疗机构内从事管理工作。医疗机构聘用上述不得从事管理工作的人员从事管理工作的，由原发证部门吊销执业许可证或者由原备案部门责令停止执业活动。

第五十五条　违反本法规定，经考核取得医师资格的中医医师超出注册的执业范围从事医疗活动的，由县级以上人民政府中医药主管部门责令暂停六个月以上一年以下执业活动，并处一万元以上三万元以下罚款；情节严重的，吊销执业证书。

第五十六条　违反本法规定，举办中医诊所、炮制中药饮片、委托配制中药制剂应当备案而未备案，或者备案时提供虚假材料的，由中医药主管部门和药品监督管理部门按照各自职责分工责令改正，没收违法所得，并处三万元以下罚款，向社会公告相关信息；拒不改正的，责令停止执业活动或者责令停止炮制中药饮片、委托配制中药制剂活动，其直接责任人员五年内不得从事中医药相关活动。

医疗机构应用传统工艺配制中药制剂未依照本法规定备案，或者未按照备案材料载明的要求配制中药制剂的，按生产假药给予处罚。

第五十七条　违反本法规定，发布的中医医疗广告内容与经审查批准的内容不相符的，由原审查部门撤销该广告的审查批准文件，一年内不受理该医疗机构的广告审查申请。

违反本法规定，发布中医医疗广告有前款规定以外违法行为的，依照《中华人民共和国广告法》的规定给予处罚。

第五十八条　违反本法规定，在中药材种植过程中使用剧毒、高毒农药的，依照有关法律、法规规定给予处罚；情节严重的，可以由公安机关对其直接负责的主管人员和其他直接责任人员处五日以上十五日以下拘留。

第五十九条　违反本法规定，造成人身、财产损害的，依法承担民事责任；构成犯罪的，依法追究刑事责任。

第九章　附　则

第六十条　中医药的管理，本法未作规定的，适用《中华人民共和国执业医师法》、《中华人民共和国药品管理法》等相关法律、行政法规的规定。

军队的中医药管理，由军队卫生主管部门依照本法和军队有关规定组织实施。

第六十一条　民族自治地方可以根据《中华人民共和国民族区域自治法》和本法的有关

规定，结合实际，制定促进和规范本地方少数民族医药事业发展的办法。

第六十二条　盲人按照国家有关规定取得盲人医疗按摩人员资格的，可以以个人开业的方式或者在医疗机构内提供医疗按摩服务。

第六十三条　本法自 2017 年 7 月 1 日起施行。

中华人民共和国药品管理法

（主席令第 31 号）

发布日期：2019-08-26
实施日期：2019-12-01
法规类型：法律

（2001 年 2 月 28 日第九届全国人民代表大会常务委员会第二十次会议第一次修订；根据 2013 年 12 月 28 日第十二届全国人民代表大会常务委员会第六次会议《关于修改〈中华人民共和国海洋环境保护法〉等七部法律的决定》第一次修正；2015 年 4 月 24 日第十二届全国人民代表大会常务委员会第十四次会议《关于修改〈中华人民共和国药品管理法〉的决定》第二次修正；2019 年 8 月 26 日第十三届全国人民代表大会常务委员会第十二次会议第二次修订）

第一章　总　则

第一条　为了加强药品管理，保证药品质量，保障公众用药安全和合法权益，保护和促进公众健康，制定本法。

第二条　在中华人民共和国境内从事药品研制、生产、经营、使用和监督管理活动，适用本法。

本法所称药品，是指用于预防、治疗、诊断人的疾病，有目的地调节人的生理机能并规定有适应症或者功能主治、用法和用量的物质，包括中药、化学药和生物制品等。

第三条　药品管理应当以人民健康为中心，坚持风险管理、全程管控、社会共治的原则，建立科学、严格的监督管理制度，全面提升药品质量，保障药品的安全、有效、可及。

第四条　国家发展现代药和传统药，充分发挥其在预防、医疗和保健中的作用。国家保护野生药材资源和中药品种，鼓励培育道地中药材。

第五条　国家鼓励研究和创制新药，保护公民、法人和其他组织研究、开发新药的合法权益。

第六条　国家对药品管理实行药品上市许可持有人制度。药品上市许可持有人依法对药品研制、生产、经营、使用全过程中药品的安全性、有效性和质量可控性负责。

第七条　从事药品研制、生产、经营、使用活动，应当遵守法律、法规、规章、标准和规范，保证全过程信息真实、准确、完整和可追溯。

第八条　国务院药品监督管理部门主管全国药品监督管理工作。国务院有关部门在各自职责范围内负责与药品有关的监督管理工作。国务院药品监督管理部门配合国务院有关部门，执行国家药品行业发展规划和产业政策。

省、自治区、直辖市人民政府药品监督管理部门负责本行政区域内的药品监督管理工作。设区的市级、县级人民政府承担药品监督管理职责的部门（以下称药品监督管理部门）负责本行政区域内的药品监督管理工作。县级以上地方人民政府有关部门在各自职责范围内负责与药品有关的监督管理工作。

第九条 县级以上地方人民政府对本行政区域内的药品监督管理工作负责，统一领导、组织、协调本行政区域内的药品监督管理工作以及药品安全突发事件应对工作，建立健全药品监督管理工作机制和信息共享机制。

第十条 县级以上人民政府应当将药品安全工作纳入本级国民经济和社会发展规划，将药品安全工作经费列入本级政府预算，加强药品监督管理能力建设，为药品安全工作提供保障。

第十一条 药品监督管理部门设置或者指定的药品专业技术机构，承担依法实施药品监督管理所需的审评、检验、核查、监测与评价等工作。

第十二条 国家建立健全药品追溯制度。国务院药品监督管理部门应当制定统一的药品追溯标准和规范，推进药品追溯信息互通共享，实现药品可追溯。

国家建立药物警戒制度，对药品不良反应及其他与用药有关的有害反应进行监测、识别、评估和控制。

第十三条 各级人民政府及其有关部门、药品行业协会等应当加强药品安全宣传教育，开展药品安全法律法规等知识的普及工作。

新闻媒体应当开展药品安全法律法规等知识的公益宣传，并对药品违法行为进行舆论监督。有关药品的宣传报道应当全面、科学、客观、公正。

第十四条 药品行业协会应当加强行业自律，建立健全行业规范，推动行业诚信体系建设，引导和督促会员依法开展药品生产经营等活动。

第十五条 县级以上人民政府及其有关部门对在药品研制、生产、经营、使用和监督管理工作中做出突出贡献的单位和个人，按照国家有关规定给予表彰、奖励。

第二章 药品研制和注册

第十六条 国家支持以临床价值为导向、对人的疾病具有明确或者特殊疗效的药物创新，鼓励具有新的治疗机理、治疗严重危及生命的疾病或者罕见病、对人体具有多靶向系统性调节干预功能等的新药研制，推动药品技术进步。

国家鼓励运用现代科学技术和传统中药研究方法开展中药科学技术研究和药物开发，建立和完善符合中药特点的技术评价体系，促进中药传承创新。

国家采取有效措施，鼓励儿童用药品的研制和创新，支持开发符合儿童生理特征的儿童用药品新品种、剂型和规格，对儿童用药品予以优先审评审批。

第十七条 从事药品研制活动，应当遵守药物非临床研究质量管理规范、药物临床试验质量管理规范，保证药品研制全过程持续符合法定要求。

药物非临床研究质量管理规范、药物临床试验质量管理规范由国务院药品监督管理部门会同国务院有关部门制定。

第十八条 开展药物非临床研究，应当符合国家有关规定，有与研究项目相适应的人员、场地、设备、仪器和管理制度，保证有关数据、资料和样品的真实性。

第十九条 开展药物临床试验，应当按照国务院药品监督管理部门的规定如实报送研制方法、质量指标、药理及毒理试验结果等有关数据、资料和样品，经国务院药品监督管理部门批准。国务院药品监督管理部门应当自受理临床试验申请之日起六十个工作日内决定是否同意并通知临床试验申办者，逾期未通知的，视为同意。其中，开展生物等效性试验的，报国务院药品监督管理部门备案。

开展药物临床试验，应当在具备相应条件的临床试验机构进行。药物临床试验机构实行备案管理，具体办法由国务院药品监督管理部门、国务院卫生健康主管部门共同制定。

第二十条　开展药物临床试验，应当符合伦理原则，制定临床试验方案，经伦理委员会审查同意。

伦理委员会应当建立伦理审查工作制度，保证伦理审查过程独立、客观、公正，监督规范开展药物临床试验，保障受试者合法权益，维护社会公共利益。

第二十一条　实施药物临床试验，应当向受试者或者其监护人如实说明和解释临床试验的目的和风险等详细情况，取得受试者或者其监护人自愿签署的知情同意书，并采取有效措施保护受试者合法权益。

第二十二条　药物临床试验期间，发现存在安全性问题或者其他风险的，临床试验申办者应当及时调整临床试验方案、暂停或者终止临床试验，并向国务院药品监督管理部门报告。必要时，国务院药品监督管理部门可以责令调整临床试验方案、暂停或者终止临床试验。

第二十三条　对正在开展临床试验的用于治疗严重危及生命且尚无有效治疗手段的疾病的药物，经医学观察可能获益，并且符合伦理原则的，经审查、知情同意后可以在开展临床试验的机构内用于其他病情相同的患者。

第二十四条　在中国境内上市的药品，应当经国务院药品监督管理部门批准，取得药品注册证书；但是，未实施审批管理的中药材和中药饮片除外。实施审批管理的中药材、中药饮片品种目录由国务院药品监督管理部门会同国务院中医药主管部门制定。

申请药品注册，应当提供真实、充分、可靠的数据、资料和样品，证明药品的安全性、有效性和质量可控性。

第二十五条　对申请注册的药品，国务院药品监督管理部门应当组织药学、医学和其他技术人员进行审评，对药品的安全性、有效性和质量可控性以及申请人的质量管理、风险防控和责任赔偿等能力进行审查；符合条件的，颁发药品注册证书。

国务院药品监督管理部门在审批药品时，对化学原料药一并审评审批，对相关辅料、直接接触药品的包装材料和容器一并审评，对药品的质量标准、生产工艺、标签和说明书一并核准。

本法所称辅料，是指生产药品和调配处方时所用的赋形剂和附加剂。

第二十六条　对治疗严重危及生命且尚无有效治疗手段的疾病以及公共卫生方面急需的药品，药物临床试验已有数据显示疗效并能预测其临床价值的，可以附条件批准，并在药品注册证书中载明相关事项。

第二十七条　国务院药品监督管理部门应当完善药品审评审批工作制度，加强能力建设，建立健全沟通交流、专家咨询等机制，优化审评审批流程，提高审评审批效率。

批准上市药品的审评结论和依据应当依法公开，接受社会监督。对审评审批中知悉的商业秘密应当保密。

第二十八条　药品应当符合国家药品标准。经国务院药品监督管理部门核准的药品质量标准高于国家药品标准的，按照经核准的药品质量标准执行；没有国家药品标准的，应当符合经核准的药品质量标准。

国务院药品监督管理部门颁布的《中华人民共和国药典》和药品标准为国家药品标准。

国务院药品监督管理部门会同国务院卫生健康主管部门组织药典委员会，负责国家药品标准的制定和修订。

国务院药品监督管理部门设置或者指定的药品检验机构负责标定国家药品标准品、对照品。

第二十九条　列入国家药品标准的药品名称为药品通用名称。已经作为药品通用名称的，该名称不得作为药品商标使用。

第三章　药品上市许可持有人

第三十条　药品上市许可持有人是指取得药品注册证书的企业或者药品研制机构等。

药品上市许可持有人应当依照本法规定，对药品的非临床研究、临床试验、生产经营、上市后研究、不良反应监测及报告与处理等承担责任。其他从事药品研制、生产、经营、储存、运输、使用等活动的单位和个人依法承担相应责任。

药品上市许可持有人的法定代表人、主要负责人对药品质量全面负责。

第三十一条　药品上市许可持有人应当建立药品质量保证体系，配备专门人员独立负责药品质量管理。

药品上市许可持有人应当对受托药品生产企业、药品经营企业的质量管理体系进行定期审核，监督其持续具备质量保证和控制能力。

第三十二条　药品上市许可持有人可以自行生产药品，也可以委托药品生产企业生产。

药品上市许可持有人自行生产药品的，应当依照本法规定取得药品生产许可证；委托生产的，应当委托符合条件的药品生产企业。药品上市许可持有人和受托生产企业应当签订委托协议和质量协议，并严格履行协议约定的义务。

国务院药品监督管理部门制定药品委托生产质量协议指南，指导、监督药品上市许可持有人和受托生产企业履行药品质量保证义务。

血液制品、麻醉药品、精神药品、医疗用毒性药品、药品类易制毒化学品不得委托生产；但是，国务院药品监督管理部门另有规定的除外。

第三十三条　药品上市许可持有人应当建立药品上市放行规程，对药品生产企业出厂放行的药品进行审核，经质量受权人签字后方可放行。不符合国家药品标准的，不得放行。

第三十四条　药品上市许可持有人可以自行销售其取得药品注册证书的药品，也可以委托药品经营企业销售。药品上市许可持有人从事药品零售活动的，应当取得药品经营许可证。

药品上市许可持有人自行销售药品的，应当具备本法第五十二条规定的条件；委托销售的，应当委托符合条件的药品经营企业。药品上市许可持有人和受托经营企业应当签订委托协议，并严格履行协议约定的义务。

第三十五条　药品上市许可持有人、药品生产企业、药品经营企业委托储存、运输药品的，应当对受托方的质量保证能力和风险管理能力进行评估，与其签订委托协议，约定药品质量责任、操作规程等内容，并对受托方进行监督。

第三十六条　药品上市许可持有人、药品生产企业、药品经营企业和医疗机构应当建立并实施药品追溯制度，按照规定提供追溯信息，保证药品可追溯。

第三十七条　药品上市许可持有人应当建立年度报告制度，每年将药品生产销售、上市后研究、风险管理等情况按照规定向省、自治区、直辖市人民政府药品监督管理部门报告。

第三十八条　药品上市许可持有人为境外企业的，应当由其指定的在中国境内的企业法人履行药品上市许可持有人义务，与药品上市许可持有人承担连带责任。

第三十九条　中药饮片生产企业履行药品上市许可持有人的相关义务，对中药饮片生产、销售实行全过程管理，建立中药饮片追溯体系，保证中药饮片安全、有效、可追溯。

第四十条　经国务院药品监督管理部门批准，药品上市许可持有人可以转让药品上市许可。受让方应当具备保障药品安全性、有效性和质量可控性的质量管理、风险防控和责任赔偿等能力，履行药品上市许可持有人义务。

第四章　药品生产

第四十一条　从事药品生产活动，应当经所在地省、自治区、直辖市人民政府药品监督管理部门批准，取得药品生产许可证。无药品生产许可证的，不得生产药品。

药品生产许可证应当标明有效期和生产范围，到期重新审查发证。

第四十二条　从事药品生产活动，应当具备以下条件：

（一）有依法经过资格认定的药学技术人员、工程技术人员及相应的技术工人；

（二）有与药品生产相适应的厂房、设施和卫生环境；

（三）有能对所生产药品进行质量管理和质量检验的机构、人员及必要的仪器设备；

（四）有保证药品质量的规章制度，并符合国务院药品监督管理部门依据本法制定的药品生产质量管理规范要求。

第四十三条　从事药品生产活动，应当遵守药品生产质量管理规范，建立健全药品生产质量管理体系，保证药品生产全过程持续符合法定要求。

药品生产企业的法定代表人、主要负责人对本企业的药品生产活动全面负责。

第四十四条　药品应当按照国家药品标准和经药品监督管理部门核准的生产工艺进行生产。生产、检验记录应当完整准确，不得编造。

中药饮片应当按照国家药品标准炮制；国家药品标准没有规定的，应当按照省、自治区、直辖市人民政府药品监督管理部门制定的炮制规范炮制。省、自治区、直辖市人民政府药品监督管理部门制定的炮制规范应当报国务院药品监督管理部门备案。不符合国家药品标准或者不按照省、自治区、直辖市人民政府药品监督管理部门制定的炮制规范炮制的，不得出厂、销售。

第四十五条　生产药品所需的原料、辅料，应当符合药用要求、药品生产质量管理规范的有关要求。

生产药品，应当按照规定对供应原料、辅料等的供应商进行审核，保证购进、使用的原料、辅料等符合前款规定要求。

第四十六条　直接接触药品的包装材料和容器，应当符合药用要求，符合保障人体健康、安全的标准。

对不合格的直接接触药品的包装材料和容器，由药品监督管理部门责令停止使用。

第四十七条　药品生产企业应当对药品进行质量检验。不符合国家药品标准的，不得出厂。

药品生产企业应当建立药品出厂放行规程，明确出厂放行的标准、条件。符合标准、条件的，经质量受权人签字后方可放行。

第四十八条　药品包装应当适合药品质量的要求，方便储存、运输和医疗使用。

发运中药材应当有包装。在每件包装上，应当注明品名、产地、日期、供货单位，并附有质量合格的标志。

第四十九条　药品包装应当按照规定印有或者贴有标签并附有说明书。

标签或者说明书应当注明药品的通用名称、成份、规格、上市许可持有人及其地址、生产企业及其地址、批准文号、产品批号、生产日期、有效期、适应症或者功能主治、用法、用量、禁忌、不良反应和注意事项。标签、说明书中的文字应当清晰，生产日期、有效期等事项应当显著标注，容易辨识。

麻醉药品、精神药品、医疗用毒性药品、放射性药品、外用药品和非处方药的标签、说明书，应当印有规定的标志。

第五十条　药品上市许可持有人、药品生产企业、药品经营企业和医疗机构中直接接触药品的工作人员，应当每年进行健康检查。患有传染病或者其他可能污染药品的疾病的，不得从事直接接触药品的工作。

第五章　药品经营

第五十一条　从事药品批发活动，应当经所在地省、自治区、直辖市人民政府药品监督管理部门批准，取得药品经营许可证。从事药品零售活动，应当经所在地县级以上地方人民政府药品监督管理部门批准，取得药品经营许可证。无药品经营许可证的，不得经营药品。

药品经营许可证应当标明有效期和经营范围，到期重新审查发证。

药品监督管理部门实施药品经营许可，除依据本法第五十二条规定的条件外，还应当遵循方便群众购药的原则。

第五十二条　从事药品经营活动应当具备以下条件：

（一）有依法经过资格认定的药师或者其他药学技术人员；

（二）有与所经营药品相适应的营业场所、设备、仓储设施和卫生环境；

（三）有与所经营药品相适应的质量管理机构或者人员；

（四）有保证药品质量的规章制度，并符合国务院药品监督管理部门依据本法制定的药品经营质量管理规范要求。

第五十三条　从事药品经营活动，应当遵守药品经营质量管理规范，建立健全药品经营质量管理体系，保证药品经营全过程持续符合法定要求。

国家鼓励、引导药品零售连锁经营。从事药品零售连锁经营活动的企业总部，应当建立统一的质量管理制度，对所属零售企业的经营活动履行管理责任。

药品经营企业的法定代表人、主要负责人对本企业的药品经营活动全面负责。

第五十四条　国家对药品实行处方药与非处方药分类管理制度。具体办法由国务院药品监督管理部门会同国务院卫生健康主管部门制定。

第五十五条　药品上市许可持有人、药品生产企业、药品经营企业和医疗机构应当从药品上市许可持有人或者具有药品生产、经营资格的企业购进药品；但是，购进未实施审批管理的中药材除外。

第五十六条　药品经营企业购进药品，应当建立并执行进货检查验收制度，验明药品合格证明和其他标识；不符合规定要求的，不得购进和销售。

第五十七条　药品经营企业购销药品，应当有真实、完整的购销记录。购销记录应当注明药品的通用名称、剂型、规格、产品批号、有效期、上市许可持有人、生产企业、购销单位、购销数量、购销价格、购销日期及国务院药品监督管理部门规定的其他内容。

第五十八条　药品经营企业零售药品应当准确无误，并正确说明用法、用量和注意事项；调配处方应当经过核对，对处方所列药品不得擅自更改或者代用。对有配伍禁忌或者超剂量的处方，应当拒绝调配；必要时，经处方医师更正或者重新签字，方可调配。

药品经营企业销售中药材，应当标明产地。

依法经过资格认定的药师或者其他药学技术人员负责本企业的药品管理、处方审核和调配、合理用药指导等工作。

第五十九条　药品经营企业应当制定和执行药品保管制度，采取必要的冷藏、防冻、防潮、防虫、防鼠等措施，保证药品质量。

药品入库和出库应当执行检查制度。

第六十条　城乡集市贸易市场可以出售中药材，国务院另有规定的除外。

第六十一条　药品上市许可持有人、药品经营企业通过网络销售药品，应当遵守本法药品经营的有关规定。具体管理办法由国务院药品监督管理部门会同国务院卫生健康主管部门等部门制定。

疫苗、血液制品、麻醉药品、精神药品、医疗用毒性药品、放射性药品、药品类易制毒化学品等国家实行特殊管理的药品不得在网络上销售。

第六十二条 药品网络交易第三方平台提供者应当按照国务院药品监督管理部门的规定，向所在地省、自治区、直辖市人民政府药品监督管理部门备案。

第三方平台提供者应当依法对申请进入平台经营的药品上市许可持有人、药品经营企业的资质等进行审核，保证其符合法定要求，并对发生在平台的药品经营行为进行管理。

第三方平台提供者发现进入平台经营的药品上市许可持有人、药品经营企业有违反本法规定行为的，应当及时制止并立即报告所在地县级人民政府药品监督管理部门；发现严重违法行为的，应当立即停止提供网络交易平台服务。

第六十三条 新发现和从境外引种的药材，经国务院药品监督管理部门批准后，方可销售。

第六十四条 药品应当从允许药品进口的口岸进口，并由进口药品的企业向口岸所在地药品监督管理部门备案。海关凭药品监督管理部门出具的进口药品通关单办理通关手续。无进口药品通关单的，海关不得放行。

口岸所在地药品监督管理部门应当通知药品检验机构按照国务院药品监督管理部门的规定对进口药品进行抽查检验。

允许药品进口的口岸由国务院药品监督管理部门会同海关总署提出，报国务院批准。

第六十五条 医疗机构因临床急需进口少量药品的，经国务院药品监督管理部门或者国务院授权的省、自治区、直辖市人民政府批准，可以进口。进口的药品应当在指定医疗机构内用于特定医疗目的。

个人自用携带入境少量药品，按照国家有关规定办理。

第六十六条 进口、出口麻醉药品和国家规定范围内的精神药品，应当持有国务院药品监督管理部门颁发的进口准许证、出口准许证。

第六十七条 禁止进口疗效不确切、不良反应大或者因其他原因危害人体健康的药品。

第六十八条 国务院药品监督管理部门对下列药品在销售前或者进口时，应当指定药品检验机构进行检验；未经检验或者检验不合格的，不得销售或者进口：

（一）首次在中国境内销售的药品；

（二）国务院药品监督管理部门规定的生物制品；

（三）国务院规定的其他药品。

第六章 医疗机构药事管理

第六十九条 医疗机构应当配备依法经过资格认定的药师或者其他药学技术人员，负责本单位的药品管理、处方审核和调配、合理用药指导等工作。非药学技术人员不得直接从事药剂技术工作。

第七十条 医疗机构购进药品，应当建立并执行进货检查验收制度，验明药品合格证明和其他标识；不符合规定要求的，不得购进和使用。

第七十一条 医疗机构应当有与所使用药品相适应的场所、设备、仓储设施和卫生环境，制定和执行药品保管制度，采取必要的冷藏、防冻、防潮、防虫、防鼠等措施，保证药品质量。

第七十二条 医疗机构应当坚持安全有效、经济合理的用药原则，遵循药品临床应用指导原则、临床诊疗指南和药品说明书等合理用药，对医师处方、用药医嘱的适宜性进行审核。

医疗机构以外的其他药品使用单位，应当遵守本法有关医疗机构使用药品的规定。

第七十三条 依法经过资格认定的药师或者其他药学技术人员调配处方，应当进行核对，对处方所列药品不得擅自更改或者代用。对有配伍禁忌或者超剂量的处方，应当拒绝调配；必要时，经处方医师更正或者重新签字，方可调配。

第七十四条 医疗机构配制制剂，应当经所在地省、自治区、直辖市人民政府药品监督管理部门批准，取得医疗机构制剂许可证。无医疗机构制剂许可证的，不得配制制剂。

医疗机构制剂许可证应当标明有效期，到期重新审查发证。

第七十五条 医疗机构配制制剂，应当有能够保证制剂质量的设施、管理制度、检验仪器和卫生环境。

医疗机构配制制剂，应当按照经核准的工艺进行，所需的原料、辅料和包装材料等应当符合药用要求。

第七十六条 医疗机构配制的制剂，应当是本单位临床需要而市场上没有供应的品种，并应当经所在地省、自治区、直辖市人民政府药品监督管理部门批准；但是，法律对配制中药制剂另有规定的除外。

医疗机构配制的制剂应当按照规定进行质量检验；合格的，凭医师处方在本单位使用。经国务院药品监督管理部门或者省、自治区、直辖市人民政府药品监督管理部门批准，医疗机构配制的制剂可以在指定的医疗机构之间调剂使用。

医疗机构配制的制剂不得在市场上销售。

第七章 药品上市后管理

第七十七条 药品上市许可持有人应当制定药品上市后风险管理计划，主动开展药品上市后研究，对药品的安全性、有效性和质量可控性进行进一步确证，加强对已上市药品的持续管理。

第七十八条 对附条件批准的药品，药品上市许可持有人应当采取相应风险管理措施，并在规定期限内按照要求完成相关研究；逾期未按照要求完成研究或者不能证明其获益大于风险的，国务院药品监督管理部门应当依法处理，直至注销药品注册证书。

第七十九条 对药品生产过程中的变更，按照其对药品安全性、有效性和质量可控性的风险和产生影响的程度，实行分类管理。属于重大变更的，应当经国务院药品监督管理部门批准，其他变更应当按照国务院药品监督管理部门的规定备案或者报告。

药品上市许可持有人应当按照国务院药品监督管理部门的规定，全面评估、验证变更事项对药品安全性、有效性和质量可控性的影响。

第八十条 药品上市许可持有人应当开展药品上市后不良反应监测，主动收集、跟踪分析疑似药品不良反应信息，对已识别风险的药品及时采取风险控制措施。

第八十一条 药品上市许可持有人、药品生产企业、药品经营企业和医疗机构应当经常考察本单位所生产、经营、使用的药品质量、疗效和不良反应。发现疑似不良反应的，应当及时向药品监督管理部门和卫生健康主管部门报告。具体办法由国务院药品监督管理部门会同国务院卫生健康主管部门制定。

对已确认发生严重不良反应的药品，由国务院药品监督管理部门或者省、自治区、直辖市人民政府药品监督管理部门根据实际情况采取停止生产、销售、使用等紧急控制措施，并应当在五日内组织鉴定，自鉴定结论作出之日起十五日内依法作出行政处理决定。

第八十二条 药品存在质量问题或者其他安全隐患的，药品上市许可持有人应当立即停止销售，告知相关药品经营企业和医疗机构停止销售和使用，召回已销售的药品，及时公开召回信息，必要时应当立即停止生产，并将药品召回和处理情况向省、自治区、直辖市人民政府药品监督管理部门和卫生健康主管部门报告。药品生产企业、药品经营企业和医疗机构应当配合。

药品上市许可持有人依法应当召回药品而未召回的，省、自治区、直辖市人民政府药品监督管理部门应当责令其召回。

第八十三条 药品上市许可持有人应当对已上市药品的安全性、有效性和质量可控性定期开展上市后评价。必要时，国务院药品监督管理部门可以责令药品上市许可持有人开展上市后评价或者直接组织开展上市后评价。

经评价，对疗效不确切、不良反应大或者因其他原因危害人体健康的药品，应当注销药品注册证书。

已被注销药品注册证书的药品，不得生产或者进口、销售和使用。

已被注销药品注册证书、超过有效期等的药品，应当由药品监督管理部门监督销毁或者依法采取其他无害化处理等措施。

第八章　药品价格和广告

第八十四条 国家完善药品采购管理制度，对药品价格进行监测，开展成本价格调查，加强药品价格监督检查，依法查处价格垄断、哄抬价格等药品价格违法行为，维护药品价格秩序。

第八十五条 依法实行市场调节价的药品，药品上市许可持有人、药品生产企业、药品经营企业和医疗机构应当按照公平、合理和诚实信用、质价相符的原则制定价格，为用药者提供价格合理的药品。

药品上市许可持有人、药品生产企业、药品经营企业和医疗机构应当遵守国务院药品价格主管部门关于药品价格管理的规定，制定和标明药品零售价格，禁止暴利、价格垄断和价格欺诈等行为。

第八十六条 药品上市许可持有人、药品生产企业、药品经营企业和医疗机构应当依法向药品价格主管部门提供其药品的实际购销价格和购销数量等资料。

第八十七条 医疗机构应当向患者提供所用药品的价格清单，按照规定如实公布其常用药品的价格，加强合理用药管理。具体办法由国务院卫生健康主管部门制定。

第八十八条 禁止药品上市许可持有人、药品生产企业、药品经营企业和医疗机构在药品购销中给予、收受回扣或者其他不正当利益。

禁止药品上市许可持有人、药品生产企业、药品经营企业或者代理人以任何名义给予使用其药品的医疗机构的负责人、药品采购人员、医师、药师等有关人员财物或者其他不正当利益。禁止医疗机构的负责人、药品采购人员、医师、药师等有关人员以任何名义收受药品上市许可持有人、药品生产企业、药品经营企业或者代理人给予的财物或者其他不正当利益。

第八十九条 药品广告应当经广告主所在地省、自治区、直辖市人民政府确定的广告审查机关批准；未经批准的，不得发布。

第九十条 药品广告的内容应当真实、合法，以国务院药品监督管理部门核准的药品说明书为准，不得含有虚假的内容。

药品广告不得含有表示功效、安全性的断言或者保证；不得利用国家机关、科研单位、学术机构、行业协会或者专家、学者、医师、药师、患者等的名义或者形象作推荐、证明。

非药品广告不得有涉及药品的宣传。

第九十一条 药品价格和广告，本法未作规定的，适用《中华人民共和国价格法》、《中华人民共和国反垄断法》、《中华人民共和国反不正当竞争法》、《中华人民共和国广告法》等的规定。

第九章　药品储备和供应

第九十二条　国家实行药品储备制度，建立中央和地方两级药品储备。

发生重大灾情、疫情或者其他突发事件时，依照《中华人民共和国突发事件应对法》的规定，可以紧急调用药品。

第九十三条　国家实行基本药物制度，遴选适当数量的基本药物品种，加强组织生产和储备，提高基本药物的供给能力，满足疾病防治基本用药需求。

第九十四条　国家建立药品供求监测体系，及时收集和汇总分析短缺药品供求信息，对短缺药品实行预警，采取应对措施。

第九十五条　国家实行短缺药品清单管理制度。具体办法由国务院卫生健康主管部门会同国务院药品监督管理部门等部门制定。

药品上市许可持有人停止生产短缺药品的，应当按照规定向国务院药品监督管理部门或者省、自治区、直辖市人民政府药品监督管理部门报告。

第九十六条　国家鼓励短缺药品的研制和生产，对临床急需的短缺药品、防治重大传染病和罕见病等疾病的新药予以优先审评审批。

第九十七条　对短缺药品，国务院可以限制或者禁止出口。必要时，国务院有关部门可以采取组织生产、价格干预和扩大进口等措施，保障药品供应。

药品上市许可持有人、药品生产企业、药品经营企业应当按照规定保障药品的生产和供应。

第十章　监督管理

第九十八条　禁止生产（包括配制，下同）、销售、使用假药、劣药。

有下列情形之一的，为假药：

（一）药品所含成份与国家药品标准规定的成份不符；

（二）以非药品冒充药品或者以他种药品冒充此种药品；

（三）变质的药品；

（四）药品所标明的适应症或者功能主治超出规定范围。

有下列情形之一的，为劣药：

（一）药品成份的含量不符合国家药品标准；

（二）被污染的药品；

（三）未标明或者更改有效期的药品；

（四）未注明或者更改产品批号的药品；

（五）超过有效期的药品；

（六）擅自添加防腐剂、辅料的药品；

（七）其他不符合药品标准的药品。

禁止未取得药品批准证明文件生产、进口药品；禁止使用未按照规定审评、审批的原料药、包装材料和容器生产药品。

第九十九条　药品监督管理部门应当依照法律、法规的规定对药品研制、生产、经营和药品使用单位使用药品等活动进行监督检查，必要时可以对为药品研制、生产、经营、使用提供产品或者服务的单位和个人进行延伸检查，有关单位和个人应当予以配合，不得拒绝和隐瞒。

药品监督管理部门应当对高风险的药品实施重点监督检查。

对有证据证明可能存在安全隐患的，药品监督管理部门根据监督检查情况，应当采取告诚、约谈、限期整改以及暂停生产、销售、使用、进口等措施，并及时公布检查处理结果。

药品监督管理部门进行监督检查时，应当出示证明文件，对监督检查中知悉的商业秘密应当保密。

第一百条　药品监督管理部门根据监督管理的需要，可以对药品质量进行抽查检验。抽查检验应当按照规定抽样，并不得收取任何费用；抽样应当购买样品。所需费用按照国务院规定列支。

对有证据证明可能危害人体健康的药品及其有关材料，药品监督管理部门可以查封、扣押，并在七日内作出行政处理决定；药品需要检验的，应当自检验报告书发出之日起十五日内作出行政处理决定。

第一百零一条　国务院和省、自治区、直辖市人民政府的药品监督管理部门应当定期公告药品质量抽查检验结果；公告不当的，应当在原公告范围内予以更正。

第一百零二条　当事人对药品检验结果有异议的，可以自收到药品检验结果之日起七日内向原药品检验机构或者上一级药品监督管理部门设置或者指定的药品检验机构申请复验，也可以直接向国务院药品监督管理部门设置或者指定的药品检验机构申请复验。受理复验的药品检验机构应当在国务院药品监督管理部门规定的时间内作出复验结论。

第一百零三条　药品监督管理部门应当对药品上市许可持有人、药品生产企业、药品经营企业和药物非临床安全性评价研究机构、药物临床试验机构等遵守药品生产质量管理规范、药品经营质量管理规范、药物非临床研究质量管理规范、药物临床试验质量管理规范等情况进行检查，监督其持续符合法定要求。

第一百零四条　国家建立职业化、专业化药品检查员队伍。检查员应当熟悉药品法律法规，具备药品专业知识。

第一百零五条　药品监督管理部门建立药品上市许可持有人、药品生产企业、药品经营企业、药物非临床安全性评价研究机构、药物临床试验机构和医疗机构药品安全信用档案，记录许可颁发、日常监督检查结果、违法行为查处等情况，依法向社会公布并及时更新；对有不良信用记录的，增加监督检查频次，并可以按照国家规定实施联合惩戒。

第一百零六条　药品监督管理部门应当公布本部门的电子邮件地址、电话，接受咨询、投诉、举报，并依法及时答复、核实、处理。对查证属实的举报，按照有关规定给予举报人奖励。

药品监督管理部门应当对举报人的信息予以保密，保护举报人的合法权益。举报人举报所在单位的，该单位不得以解除、变更劳动合同或者其他方式对举报人进行打击报复。

第一百零七条　国家实行药品安全信息统一公布制度。国家药品安全总体情况、药品安全风险警示信息、重大药品安全事件及其调查处理信息和国务院确定需要统一公布的其他信息由国务院药品监督管理部门统一公布。药品安全风险警示信息和重大药品安全事件及其调查处理信息的影响限于特定区域的，也可以由有关省、自治区、直辖市人民政府药品监督管理部门公布。未经授权不得发布上述信息。

公布药品安全信息，应当及时、准确、全面，并进行必要的说明，避免误导。

任何单位和个人不得编造、散布虚假药品安全信息。

第一百零八条　县级以上人民政府应当制定药品安全事件应急预案。药品上市许可持有人、药品生产企业、药品经营企业和医疗机构等应当制定本单位的药品安全事件处置方案，并组织开展培训和应急演练。

发生药品安全事件，县级以上人民政府应当按照应急预案立即组织开展应对工作；有关单位应当立即采取有效措施进行处置，防止危害扩大。

第一百零九条　药品监督管理部门未及时发现药品安全系统性风险，未及时消除监督管理区域内药品安全隐患的，本级人民政府或者上级人民政府药品监督管理部门应当对其主要负责人进行约谈。

地方人民政府未履行药品安全职责，未及时消除区域性重大药品安全隐患的，上级人民政府或者上级人民政府药品监督管理部门应当对其主要负责人进行约谈。

被约谈的部门和地方人民政府应当立即采取措施，对药品监督管理工作进行整改。约谈情况和整改情况应当纳入有关部门和地方人民政府药品监督管理工作评议、考核记录。

第一百一十条 地方人民政府及其药品监督管理部门不得以要求实施药品检验、审批等手段限制或者排斥非本地区药品上市许可持有人、药品生产企业生产的药品进入本地区。

第一百一十一条 药品监督管理部门及其设置或者指定的药品专业技术机构不得参与药品生产经营活动，不得以其名义推荐或者监制、监销药品。

药品监督管理部门及其设置或者指定的药品专业技术机构的工作人员不得参与药品生产经营活动。

第一百一十二条 国务院对麻醉药品、精神药品、医疗用毒性药品、放射性药品、药品类易制毒化学品等有其他特殊管理规定的，依照其规定。

第一百一十三条 药品监督管理部门发现药品违法行为涉嫌犯罪的，应当及时将案件移送公安机关。

对依法不需要追究刑事责任或者免予刑事处罚，但应当追究行政责任的，公安机关、人民检察院、人民法院应当及时将案件移送药品监督管理部门。

公安机关、人民检察院、人民法院商请药品监督管理部门、生态环境主管部门等部门提供检验结论、认定意见以及对涉案药品进行无害化处理等协助的，有关部门应当及时提供，予以协助。

第十一章　法律责任

第一百一十四条 违反本法规定，构成犯罪的，依法追究刑事责任。

第一百一十五条 未取得药品生产许可证、药品经营许可证或者医疗机构制剂许可证生产、销售药品的，责令关闭，没收违法生产、销售的药品和违法所得，并处违法生产、销售的药品（包括已售出和未售出的药品，下同）货值金额十五倍以上三十倍以下的罚款；货值金额不足十万元的，按十万元计算。

第一百一十六条 生产、销售假药的，没收违法生产、销售的药品和违法所得，责令停产停业整顿，吊销药品批准证明文件，并处违法生产、销售的药品货值金额十五倍以上三十倍以下的罚款；货值金额不足十万元的，按十万元计算；情节严重的，吊销药品生产许可证、药品经营许可证或者医疗机构制剂许可证，十年内不受理其相应申请；药品上市许可持有人为境外企业的，十年内禁止其药品进口。

第一百一十七条 生产、销售劣药的，没收违法生产、销售的药品和违法所得，并处违法生产、销售的药品货值金额十倍以上二十倍以下的罚款；违法生产、批发的药品货值金额不足十万元的，按十万元计算，违法零售的药品货值金额不足一万元的，按一万元计算；情节严重的，责令停产停业整顿直至吊销药品批准证明文件、药品生产许可证、药品经营许可证或者医疗机构制剂许可证。

生产、销售的中药饮片不符合药品标准，尚不影响安全性、有效性的，责令限期改正，给予警告；可以处十万元以上五十万元以下的罚款。

第一百一十八条 生产、销售假药，或者生产、销售劣药且情节严重的，对法定代表人、主要负责人、直接负责的主管人员和其他责任人员，没收违法行为发生期间自本单位所获收入，并处所获收入百分之三十以上三倍以下的罚款，终身禁止从事药品生产经营活动，并可以由公安机关处五日以上十五日以下的拘留。

对生产者专门用于生产假药、劣药的原料、辅料、包装材料、生产设备予以没收。

第一百一十九条　药品使用单位使用假药、劣药的，按照销售假药、零售劣药的规定处罚；情节严重的，法定代表人、主要负责人、直接负责的主管人员和其他责任人员有医疗卫生人员执业证书的，还应当吊销执业证书。

第一百二十条　知道或者应当知道属于假药、劣药或者本法第一百二十四条第一款第一项至第五项规定的药品，而为其提供储存、运输等便利条件的，没收全部储存、运输收入，并处违法收入一倍以上五倍以下的罚款；情节严重的，并处违法收入五倍以上十五倍以下的罚款；违法收入不足五万元的，按五万元计算。

第一百二十一条　对假药、劣药的处罚决定，应当依法载明药品检验机构的质量检验结论。

第一百二十二条　伪造、变造、出租、出借、非法买卖许可证或者药品批准证明文件的，没收违法所得，并处违法所得一倍以上五倍以下的罚款；情节严重的，并处违法所得五倍以上十五倍以下的罚款，吊销药品生产许可证、药品经营许可证、医疗机构制剂许可证或者药品批准证明文件，对法定代表人、主要负责人、直接负责的主管人员和其他责任人员，处二万元以上二十万元以下的罚款，十年内禁止从事药品生产经营活动，并可以由公安机关处五日以上十五日以下的拘留；违法所得不足十万元的，按十万元计算。

第一百二十三条　提供虚假的证明、数据、资料、样品或者采取其他手段骗取临床试验许可、药品生产许可、药品经营许可、医疗机构制剂许可或者药品注册等许可的，撤销相关许可，十年内不受理其相应申请，并处五十万元以上五百万元以下的罚款；情节严重的，对法定代表人、主要负责人、直接负责的主管人员和其他责任人员，处二万元以上二十万元以下的罚款，十年内禁止从事药品生产经营活动，并可以由公安机关处五日以上十五日以下的拘留。

第一百二十四条　违反本法规定，有下列行为之一的，没收违法生产、进口、销售的药品和违法所得以及专门用于违法生产的原料、辅料、包装材料和生产设备，责令停产停业整顿，并处违法生产、进口、销售的药品货值金额十五倍以上三十倍以下的罚款；货值金额不足十万元的，按十万元计算；情节严重的，吊销药品批准证明文件直至吊销药品生产许可证、药品经营许可证或者医疗机构制剂许可证，对法定代表人、主要负责人、直接负责的主管人员和其他责任人员，没收违法行为发生期间自本单位所获收入，并处所获收入百分之三十以上三倍以下的罚款，十年直至终身禁止从事药品生产经营活动，并可以由公安机关处五日以上十五日以下的拘留：

（一）未取得药品批准证明文件生产、进口药品；

（二）使用采取欺骗手段取得的药品批准证明文件生产、进口药品；

（三）使用未经审评审批的原料药生产药品；

（四）应当检验而未经检验即销售药品；

（五）生产、销售国务院药品监督管理部门禁止使用的药品；

（六）编造生产、检验记录；

（七）未经批准在药品生产过程中进行重大变更。

销售前款第一项至第三项规定的药品，或者药品使用单位使用前款第一项至第五项规定的药品的，依照前款规定处罚；情节严重的，药品使用单位的法定代表人、主要负责人、直接负责的主管人员和其他责任人员有医疗卫生人员执业证书的，还应当吊销执业证书。

未经批准进口少量境外已合法上市的药品，情节较轻的，可以依法减轻或者免予处罚。

第一百二十五条　违反本法规定，有下列行为之一的，没收违法生产、销售的药品和违法所得以及包装材料、容器,责令停产停业整顿,并处五十万元以上五百万元以下的罚款;情节严重的,吊销药品批准证明文件、药品生产许可证、药品经营许可证,对法定代表人、主要负责人、直接负责的主管人员和其他责任人员处二万元以上二十万元以下的罚款,十年直至终身禁止从事药品生产经营活动:

(一)未经批准开展药物临床试验;

(二)使用未经审评的直接接触药品的包装材料或者容器生产药品,或者销售该类药品;

(三)使用未经核准的标签、说明书。

第一百二十六条 除本法另有规定的情形外,药品上市许可持有人、药品生产企业、药品经营企业、药物非临床安全性评价研究机构、药物临床试验机构等未遵守药品生产质量管理规范、药品经营质量管理规范、药物非临床研究质量管理规范、药物临床试验质量管理规范等的,责令限期改正,给予警告;逾期不改正的,处十万元以上五十万元以下的罚款;情节严重的,处五十万元以上二百万元以下的罚款,责令停产停业整顿直至吊销药品批准证明文件、药品生产许可证、药品经营许可证等,药物非临床安全性评价研究机构、药物临床试验机构等五年内不得开展药物非临床安全性评价研究、药物临床试验,对法定代表人、主要负责人、直接负责的主管人员和其他责任人员,没收违法行为发生期间自本单位所获收入,并处所获收入百分之十以上百分之五十以下的罚款,十年直至终身禁止从事药品生产经营等活动。

第一百二十七条 违反本法规定,有下列行为之一的,责令限期改正,给予警告;逾期不改正的,处十万元以上五十万元以下的罚款:

(一)开展生物等效性试验未备案;

(二)药物临床试验期间,发现存在安全性问题或者其他风险,临床试验申办者未及时调整临床试验方案、暂停或者终止临床试验,或者未向国务院药品监督管理部门报告;

(三)未按照规定建立并实施药品追溯制度;

(四)未按照规定提交年度报告;

(五)未按照规定对药品生产过程中的变更进行备案或者报告;

(六)未制定药品上市后风险管理计划;

(七)未按照规定开展药品上市后研究或者上市后评价。

第一百二十八条 除依法应当按照假药、劣药处罚的外,药品包装未按照规定印有、贴有标签或者附说明书,标签、说明书未按照规定注明相关信息或者印有规定标志的,责令改正,给予警告;情节严重的,吊销药品注册证书。

第一百二十九条 违反本法规定,药品上市许可持有人、药品生产企业、药品经营企业或者医疗机构未从药品上市许可持有人或者具有药品生产、经营资格的企业购进药品的,责令改正,没收违法购进的药品和违法所得,并处违法购进药品货值金额二倍以上十倍以下的罚款;情节严重的,并处货值金额十倍以上三十倍以下的罚款,吊销药品批准证明文件、药品生产许可证、药品经营许可证或者医疗机构执业许可证;货值金额不足五万元的,按五万元计算。

第一百三十条 违反本法规定,药品经营企业购销药品未按照规定进行记录,零售药品未正确说明用法、用量等事项,或者未按照规定调配处方的,责令改正,给予警告;情节严重的,吊销药品经营许可证。

第一百三十一条 违反本法规定,药品网络交易第三方平台提供者未履行资质审核、报告、停止提供网络交易平台服务等义务的,责令改正,没收违法所得,并处二十万元以上二百万元以下的罚款;情节严重的,责令停业整顿,并处二百万元以上五百万元以下的罚款。

第一百三十二条 进口已获得药品注册证书的药品,未按照规定向允许药品进口的口岸所在地药品监督管理部门备案的，责令限期改正，给予警告；逾期不改正的，吊销药品注册证书。

第一百三十三条 违反本法规定，医疗机构将其配制的制剂在市场上销售的，责令改正，没收违法销售的制剂和违法所得，并处违法销售制剂货值金额二倍以上五倍以下的罚款；情节严重的，并处货值金额五倍以上十五倍以下的罚款；货值金额不足五万元的，按五万元计算。

第一百三十四条 药品上市许可持有人未按照规定开展药品不良反应监测或者报告疑似药品不良反应的，责令限期改正，给予警告；逾期不改正的，责令停产停业整顿，并处十万元以上一百万元以下的罚款。

药品经营企业未按照规定报告疑似药品不良反应的，责令限期改正，给予警告；逾期不改正的，责令停产停业整顿，并处五万元以上五十万元以下的罚款。

医疗机构未按照规定报告疑似药品不良反应的，责令限期改正，给予警告；逾期不改正的，处五万元以上五十万元以下的罚款。

第一百三十五条 药品上市许可持有人在省、自治区、直辖市人民政府药品监督管理部门责令其召回后，拒不召回的，处应召回药品货值金额五倍以上十倍以下的罚款；货值金额不足十万元的，按十万元计算；情节严重的，吊销药品批准证明文件、药品生产许可证、药品经营许可证，对法定代表人、主要负责人、直接负责的主管人员和其他责任人员，处二万元以上二十万元以下的罚款。药品生产企业、药品经营企业、医疗机构拒不配合召回的，处十万元以上五十万元以下的罚款。

第一百三十六条 药品上市许可持有人为境外企业的，其指定的在中国境内的企业法人未依照本法规定履行相关义务的，适用本法有关药品上市许可持有人法律责任的规定。

第一百三十七条 有下列行为之一的，在本法规定的处罚幅度内从重处罚：

（一）以麻醉药品、精神药品、医疗用毒性药品、放射性药品、药品类易制毒化学品冒充其他药品，或者以其他药品冒充上述药品；

（二）生产、销售以孕产妇、儿童为主要使用对象的假药、劣药；

（三）生产、销售的生物制品属于假药、劣药；

（四）生产、销售假药、劣药，造成人身伤害后果；

（五）生产、销售假药、劣药，经处理后再犯；

（六）拒绝、逃避监督检查，伪造、销毁、隐匿有关证据材料，或者擅自动用查封、扣押物品。

第一百三十八条 药品检验机构出具虚假检验报告的，责令改正，给予警告，对单位并处二十万元以上一百万元以下的罚款；对直接负责的主管人员和其他直接责任人员依法给予降级、撤职、开除处分，没收违法所得，并处五万元以下的罚款；情节严重的，撤销其检验资格。药品检验机构出具的检验结果不实，造成损失的，应当承担相应的赔偿责任。

第一百三十九条 本法第一百一十五条至第一百三十八条规定的行政处罚，由县级以上人民政府药品监督管理部门按照职责分工决定；撤销许可、吊销许可证件的，由原批准、发证的部门决定。

第一百四十条 药品上市许可持有人、药品生产企业、药品经营企业或者医疗机构违反本法规定聘用人员的，由药品监督管理部门或者卫生健康主管部门责令解聘，处五万元以上二十万元以下的罚款。

第一百四十一条 药品上市许可持有人、药品生产企业、药品经营企业或者医疗机构在药品购销中给予、收受回扣或者其他不正当利益的，药品上市许可持有人、药品生产企业、药品经营企业或者代理人给予使用其药品的医疗机构的负责人、药品采购人员、医师、药师等有关人员财物或者其他不正当利益的，由市场监督管理部门没收违法所得，并处三十万元以上三百万元以下的罚款；情节严重的，吊销药品上市许可持有人、药品生产企业、药品经营企业营业执照，并由药品监督管理部门吊销药品批准证明文件、药品生产许可证、药品经营许可证。

药品上市许可持有人、药品生产企业、药品经营企业在药品研制、生产、经营中向国家工作人员行贿的，对法定代表人、主要负责人、直接负责的主管人员和其他责任人员终身禁止从事药品生产经营活动。

第一百四十二条 药品上市许可持有人、药品生产企业、药品经营企业的负责人、采购人员等有关人员在药品购销中收受其他药品上市许可持有人、药品生产企业、药品经营企业或者代理人给予的财物或者其他不正当利益的，没收违法所得，依法给予处罚；情节严重的，五年内禁止从事药品生产经营活动。

医疗机构的负责人、药品采购人员、医师、药师等有关人员收受药品上市许可持有人、药品生产企业、药品经营企业或者代理人给予的财物或者其他不正当利益的，由卫生健康主管部门或者本单位给予处分，没收违法所得；情节严重的，还应当吊销其执业证书。

第一百四十三条 违反本法规定，编造、散布虚假药品安全信息，构成违反治安管理行为的，由公安机关依法给予治安管理处罚。

第一百四十四条 药品上市许可持有人、药品生产企业、药品经营企业或者医疗机构违反本法规定，给用药者造成损害的，依法承担赔偿责任。

因药品质量问题受到损害的，受害人可以向药品上市许可持有人、药品生产企业请求赔偿损失，也可以向药品经营企业、医疗机构请求赔偿损失。接到受害人赔偿请求的，应当实行首负责任制，先行赔付；先行赔付后，可以依法追偿。

生产假药、劣药或者明知是假药、劣药仍然销售、使用的，受害人或者其近亲属除请求赔偿损失外，还可以请求支付价款十倍或者损失三倍的赔偿金；增加赔偿的金额不足一千元的，为一千元。

第一百四十五条 药品监督管理部门或者其设置、指定的药品专业技术机构参与药品生产经营活动的，由其上级主管机关责令改正，没收违法收入；情节严重的，对直接负责的主管人员和其他直接责任人员依法给予处分。

药品监督管理部门或者其设置、指定的药品专业技术机构的工作人员参与药品生产经营活动的，依法给予处分。

第一百四十六条 药品监督管理部门或者其设置、指定的药品检验机构在药品监督检验中违法收取检验费用的，由政府有关部门责令退还，对直接负责的主管人员和其他直接责任人员依法给予处分；情节严重的，撤销其检验资格。

第一百四十七条 违反本法规定，药品监督管理部门有下列行为之一的，应当撤销相关许可，对直接负责的主管人员和其他直接责任人员依法给予处分：

（一）不符合条件而批准进行药物临床试验；

（二）对不符合条件的药品颁发药品注册证书；

（三）对不符合条件的单位颁发药品生产许可证、药品经营许可证或者医疗机构制剂许可证。

第一百四十八条 违反本法规定，县级以上地方人民政府有下列行为之一的，对直接负责的主管人员和其他直接责任人员给予记过或者记大过处分；情节严重的，给予降级、撤职或者开除处分：

（一）瞒报、谎报、缓报、漏报药品安全事件；

（二）未及时消除区域性重大药品安全隐患，造成本行政区域内发生特别重大药品安全事件，或者连续发生重大药品安全事件；

（三）履行职责不力，造成严重不良影响或者重大损失。

第一百四十九条 违反本法规定，药品监督管理等部门有下列行为之一的，对直接负责的主管人员和其他直接责任人员给予记过或者记大过处分；情节较重的，给予降级或者撤职处分；情节严重的，给予开除处分：

（一）瞒报、谎报、缓报、漏报药品安全事件；

（二）对发现的药品安全违法行为未及时查处；

（三）未及时发现药品安全系统性风险，或者未及时消除监督管理区域内药品安全隐患，造成严重影响；

（四）其他不履行药品监督管理职责，造成严重不良影响或者重大损失。

第一百五十条 药品监督管理人员滥用职权、徇私舞弊、玩忽职守的，依法给予处分。查处假药、劣药违法行为有失职、渎职行为的，对药品监督管理部门直接负责的主管人员和其他直接责任人员依法从重给予处分。

第一百五十一条 本章规定的货值金额以违法生产、销售药品的标价计算；没有标价的，按照同类药品的市场价格计算。

第十二章 附 则

第一百五十二条 中药材种植、采集和饲养的管理，依照有关法律、法规的规定执行。

第一百五十三条 地区性民间习用药材的管理办法，由国务院药品监督管理部门会同国务院中医药主管部门制定。

第一百五十四条 中国人民解放军和中国人民武装警察部队执行本法的具体办法，由国务院、中央军事委员会依据本法制定。

第一百五十五条 本法自 2019 年 12 月 1 日起施行。

反兴奋剂条例

（国务院令第 398 号）

发布日期：2004-01-13
实施日期：2018-09-18
法规类型：行政法规

（根据 2011 年 1 月 8 日国务院令第 588 号《国务院关于废止和修改部分行政法规的决定》第一次修订；根据 2014 年 7 月 29 日国务院令第 653 号《国务院关于修改部分行政法规的决定》第二次修订；根据 2018 年 9 月 18 日国务院令第 703 号《国务院关于修改部分行政法规的决定》第三次修订）

第一章 总 则

第一条 为了防止在体育运动中使用兴奋剂，保护体育运动参加者的身心健康，维护体育竞赛的公平竞争，根据《中华人民共和国体育法》和其他有关法律，制定本条例。

第二条　本条例所称兴奋剂，是指兴奋剂目录所列的禁用物质等。兴奋剂目录由国务院体育主管部门会同国务院药品监督管理部门、国务院卫生主管部门、国务院商务主管部门和海关总署制定、调整并公布。

第三条　国家提倡健康、文明的体育运动，加强反兴奋剂的宣传、教育和监督管理，坚持严格禁止、严格检查、严肃处理的反兴奋剂工作方针，禁止使用兴奋剂。

任何单位和个人不得向体育运动参加者提供或者变相提供兴奋剂。

第四条　国务院体育主管部门负责并组织全国的反兴奋剂工作。

县级以上人民政府负责药品监督管理的部门和卫生、教育等有关部门，在各自职责范围内依照本条例和有关法律、行政法规的规定负责反兴奋剂工作。

第五条　县级以上人民政府体育主管部门，应当加强反兴奋剂宣传、教育工作，提高体育运动参加者和公众的反兴奋剂意识。

广播电台、电视台、报刊媒体以及互联网信息服务提供者应当开展反兴奋剂的宣传。

第六条　任何单位和个人发现违反本条例规定行为的，有权向体育主管部门和其他有关部门举报。

第二章　兴奋剂管理

第七条　国家对兴奋剂目录所列禁用物质实行严格管理，任何单位和个人不得非法生产、销售、进出口。

第八条　生产兴奋剂目录所列蛋白同化制剂、肽类激素（以下简称蛋白同化制剂、肽类激素），应当依照《中华人民共和国药品管理法》（以下简称药品管理法）的规定取得《药品生产许可证》、药品批准文号。

生产企业应当记录蛋白同化制剂、肽类激素的生产、销售和库存情况，并保存记录至超过蛋白同化制剂、肽类激素有效期2年。

第九条　依照药品管理法的规定取得《药品经营许可证》的药品批发企业，具备下列条件，并经省、自治区、直辖市人民政府药品监督管理部门批准，方可经营蛋白同化制剂、肽类激素：

（一）有专门的管理人员；

（二）有专储仓库或者专储药柜；

（三）有专门的验收、检查、保管、销售和出入库登记制度；

（四）法律、行政法规规定的其他条件。

蛋白同化制剂、肽类激素的验收、检查、保管、销售和出入库登记记录应当保存至超过蛋白同化制剂、肽类激素有效期2年。

第十条　除胰岛素外，药品零售企业不得经营蛋白同化制剂或者其他肽类激素。

第十一条　进口蛋白同化制剂、肽类激素，除依照药品管理法及其实施条例的规定取得国务院药品监督管理部门发给的进口药品注册证书外，还应当取得省、自治区、直辖市人民政府药品监督管理部门颁发的进口准许证。

申请进口蛋白同化制剂、肽类激素，应当说明其用途。省、自治区、直辖市人民政府药品监督管理部门应当自收到申请之日起15个工作日内作出决定；对用途合法的，应当予以批准，发给进口准许证。海关凭进口准许证放行。

第十二条　申请出口蛋白同化制剂、肽类激素，应当说明供应对象并提交进口国政府主管部门的相关证明文件等资料。省、自治区、直辖市人民政府药品监督管理部门应当自收到申请之日起15个工作日内作出决定；提交进口国政府主管部门的相关证明文件等资料的，应当予以批准，发给出口准许证。海关凭出口准许证放行。

第十三条　境内企业接受境外企业委托生产蛋白同化制剂、肽类激素，应当签订书面委托生产合同，并将委托生产合同报省、自治区、直辖市人民政府药品监督管理部门备案。委托生产合同应当载明委托企业的国籍、委托生产的蛋白同化制剂或者肽类激素的品种、数量、生产日期等内容。

境内企业接受境外企业委托生产的蛋白同化制剂、肽类激素不得在境内销售。

第十四条　蛋白同化制剂、肽类激素的生产企业只能向医疗机构、符合本条例第九条规定的药品批发企业和其他同类生产企业供应蛋白同化制剂、肽类激素。

蛋白同化制剂、肽类激素的批发企业只能向医疗机构、蛋白同化制剂、肽类激素的生产企业和其他同类批发企业供应蛋白同化制剂、肽类激素。

蛋白同化制剂、肽类激素的进口单位只能向蛋白同化制剂、肽类激素的生产企业、医疗机构和符合本条例第九条规定的药品批发企业供应蛋白同化制剂、肽类激素。

肽类激素中的胰岛素除依照本条第一款、第二款、第三款的规定供应外，还可以向药品零售企业供应。

第十五条　医疗机构只能凭依法享有处方权的执业医师开具的处方向患者提供蛋白同化制剂、肽类激素。处方应当保存2年。

第十六条　兴奋剂目录所列禁用物质属于麻醉药品、精神药品、医疗用毒性药品和易制毒化学品的，其生产、销售、进口、运输和使用，依照药品管理法和有关行政法规的规定实行特殊管理。

蛋白同化制剂、肽类激素和前款规定以外的兴奋剂目录所列其他禁用物质，实行处方药管理。

第十七条　药品、食品中含有兴奋剂目录所列禁用物质的，生产企业应当在包装标识或者产品说明书上用中文注明"运动员慎用"字样。

第三章　反兴奋剂义务

第十八条　实施运动员注册管理的体育社会团体（以下简称体育社会团体）应当加强对在本体育社会团体注册的运动员和教练、领队、队医等运动员辅助人员的监督管理和反兴奋剂的教育、培训。

运动员管理单位应当加强对其所属的运动员和运动员辅助人员的监督管理和反兴奋剂的教育、培训。

第十九条　体育社会团体、运动员管理单位和其他单位，不得向运动员提供兴奋剂，不得组织、强迫、欺骗运动员在体育运动中使用兴奋剂。

科研单位不得为使用兴奋剂或者逃避兴奋剂检查提供技术支持。

第二十条　运动员管理单位应当为其所属运动员约定医疗机构，指导运动员因医疗目的合理使用药物；应当记录并按照兴奋剂检查规则的规定向相关体育社会团体提供其所属运动员的医疗信息和药物使用情况。

第二十一条　体育社会团体、运动员管理单位，应当按照兴奋剂检查规则的规定提供运动员名单和每名运动员的教练、所从事的运动项目以及运动成绩等相关信息，并为兴奋剂检查提供便利。

第二十二条　全国性体育社会团体应当对在本体育社会团体注册的成员的下列行为规定处理措施和处理程序：

（一）运动员使用兴奋剂的；

（二）运动员辅助人员、运动员管理单位向运动员提供兴奋剂的；

（三）运动员、运动员辅助人员、运动员管理单位拒绝、阻挠兴奋剂检查的。

前款所指的处理程序还应当规定当事人的抗辩权和申诉权。全国性体育社会团体应当将处理措施和处理程序报国务院体育主管部门备案。

第二十三条 运动员辅助人员应当教育、提示运动员不得使用兴奋剂，并向运动员提供有关反兴奋剂规则的咨询。

运动员辅助人员不得向运动员提供兴奋剂，不得组织、强迫、欺骗、教唆、协助运动员在体育运动中使用兴奋剂，不得阻挠兴奋剂检查，不得实施影响采样结果的行为。

运动员发现运动员辅助人员违反前款规定的，有权检举、控告。

第二十四条 运动员不得在体育运动中使用兴奋剂。

第二十五条 在体育社会团体注册的运动员、运动员辅助人员凭依法享有处方权的执业医师开具的处方，方可持有含有兴奋剂目录所列禁用物质的药品。

在体育社会团体注册的运动员接受医疗诊断时，应当按照兴奋剂检查规则的规定向医师说明其运动员身份。医师对其使用药品时，应当首先选择不含兴奋剂目录所列禁用物质的药品；确需使用含有这类禁用物质的药品的，应当告知其药品性质和使用后果。

第二十六条 在全国性体育社会团体注册的运动员，因医疗目的确需使用含有兴奋剂目录所列禁用物质的药品的，应当按照兴奋剂检查规则的规定申请核准后方可使用。

第二十七条 运动员应当接受兴奋剂检查，不得实施影响采样结果的行为。

第二十八条 在全国性体育社会团体注册的运动员离开运动员驻地的，应当按照兴奋剂检查规则的规定报告。

第二十九条 实施中等及中等以上教育的学校和其他教育机构应当加强反兴奋剂教育，提高学生的反兴奋剂意识，并采取措施防止在学校体育活动中使用兴奋剂；发现学生使用兴奋剂，应当予以制止。

体育专业教育应当包括反兴奋剂的教学内容。

第三十条 体育健身活动经营单位及其专业指导人员，不得向体育健身活动参加者提供含有禁用物质的药品、食品。

第四章 兴奋剂检查与检测

第三十一条 国务院体育主管部门应当制定兴奋剂检查规则和兴奋剂检查计划并组织实施。

第三十二条 国务院体育主管部门应当根据兴奋剂检查计划，决定对全国性体育竞赛的参赛运动员实施赛内兴奋剂检查；并可以决定对省级体育竞赛的参赛运动员实施赛内兴奋剂检查。

其他体育竞赛需要进行赛内兴奋剂检查的，由竞赛组织者决定。

第三十三条 国务院体育主管部门应当根据兴奋剂检查计划，决定对在全国性体育社会团体注册的运动员实施赛外兴奋剂检查。

第三十四条 兴奋剂检查工作人员（以下简称检查人员）应当按照兴奋剂检查规则实施兴奋剂检查。

第三十五条 实施兴奋剂检查，应当有 2 名以上检查人员参加。检查人员履行兴奋剂检查职责时，应当出示兴奋剂检查证件；向运动员采集受检样本时，还应当出示按照兴奋剂检查规则签发的一次性兴奋剂检查授权书。

检查人员履行兴奋剂检查职责时，有权进入体育训练场所、体育竞赛场所和运动员驻地。有关单位和人员应当对检查人员履行兴奋剂检查职责予以配合，不得拒绝、阻挠。

第三十六条 受检样本由国务院体育主管部门确定的符合兴奋剂检测条件的检测机构检测。

兴奋剂检测机构及其工作人员，应当按照兴奋剂检查规则规定的范围和标准对受检样本进行检测。

第五章　法律责任

第三十七条　体育主管部门和其他行政机关及其工作人员不履行职责，或者包庇、纵容非法使用、提供兴奋剂，或者有其他违反本条例行为的，对负有责任的主管人员和其他直接责任人员，依法给予行政处分；构成犯罪的，依法追究刑事责任。

第三十八条　违反本条例规定，有下列行为之一的，由县级以上人民政府负责药品监督管理的部门按照国务院药品监督管理部门规定的职责分工，没收非法生产、经营的蛋白同化制剂、肽类激素和违法所得，并处违法生产、经营药品货值金额2倍以上5倍以下的罚款；情节严重的，由发证机关吊销《药品生产许可证》、《药品经营许可证》；构成犯罪的，依法追究刑事责任：

（一）生产企业擅自生产蛋白同化制剂、肽类激素，或者未按照本条例规定渠道供应蛋白同化制剂、肽类激素的；

（二）药品批发企业擅自经营蛋白同化制剂、肽类激素，或者未按照本条例规定渠道供应蛋白同化制剂、肽类激素的；

（三）药品零售企业擅自经营蛋白同化制剂、肽类激素的。

第三十九条　体育社会团体、运动员管理单位向运动员提供兴奋剂或者组织、强迫、欺骗运动员在体育运动中使用兴奋剂的，由国务院体育主管部门或者省、自治区、直辖市人民政府体育主管部门收缴非法持有的兴奋剂；负有责任的主管人员和其他直接责任人员4年内不得从事体育管理工作和运动员辅助工作；情节严重的，终身不得从事体育管理工作和运动员辅助工作；造成运动员人身损害的，依法承担民事赔偿责任；构成犯罪的，依法追究刑事责任。

体育社会团体、运动员管理单位未履行本条例规定的其他义务的，由国务院体育主管部门或者省、自治区、直辖市人民政府体育主管部门责令改正；造成严重后果的，负有责任的主管人员和其他直接责任人员2年内不得从事体育管理工作和运动员辅助工作。

第四十条　运动员辅助人员组织、强迫、欺骗、教唆运动员在体育运动中使用兴奋剂的，由国务院体育主管部门或者省、自治区、直辖市人民政府体育主管部门收缴非法持有的兴奋剂；4年内不得从事运动员辅助工作和体育管理工作；情节严重的，终身不得从事运动员辅助工作和体育管理工作；造成运动员人身损害的，依法承担民事赔偿责任；构成犯罪的，依法追究刑事责任。

运动员辅助人员向运动员提供兴奋剂，或者协助运动员在体育运动中使用兴奋剂，或者实施影响采样结果行为的，由国务院体育主管部门或者省、自治区、直辖市人民政府体育主管部门收缴非法持有的兴奋剂；2年内不得从事运动员辅助工作和体育管理工作；情节严重的，终身不得从事运动员辅助工作和体育管理工作；造成运动员人身损害的，依法承担民事赔偿责任；构成犯罪的，依法追究刑事责任。

第四十一条　运动员辅助人员非法持有兴奋剂的，由国务院体育主管部门或者省、自治区、直辖市人民政府体育主管部门收缴非法持有的兴奋剂；情节严重的，2年内不得从事运动员辅助工作。

第四十二条　体育社会团体、运动员管理单位违反本条例规定，负有责任的主管人员和其他直接责任人员属于国家工作人员的，还应当依法给予撤职、开除的行政处分。

运动员辅助人员违反本条例规定，属于国家工作人员的，还应当依法给予撤职、开除的行政处分。

第四十三条　按照本条例第三十九条、第四十条、第四十一条规定作出的处理决定应当公开，公众有权查阅。

第四十四条　医师未按照本条例的规定使用药品，或者未履行告知义务的，由县级以上人民政府卫生主管部门给予警告；造成严重后果的，责令暂停 6 个月以上 1 年以下执业活动。

第四十五条　体育健身活动经营单位向体育健身活动参加者提供含有禁用物质的药品、食品的，由负责药品监督管理的部门、食品安全监督管理部门依照药品管理法、《中华人民共和国食品安全法》和有关行政法规的规定予以处罚。

第四十六条　运动员违反本条例规定的，由有关体育社会团体、运动员管理单位、竞赛组织者作出取消参赛资格、取消比赛成绩或者禁赛的处理。

运动员因受到前款规定的处理不服的，可以向体育仲裁机构申请仲裁。

第六章　附　则

第四十七条　本条例自 2004 年 3 月 1 日起施行。

中华人民共和国药品管理法实施条例

（国务院令第 360 号）

发布日期：2002-08-04
实施日期：2019-03-02
法规类型：行政法规

（根据 2016 年 2 月 6 日国务院令第 666 号《国务院关于修改部分行政法规的决定》第一次修订，根据 2019 年 3 月 2 日国务院令第 709 号《国务院关于修改部分行政法规的决定》第二次修订）

第一章　总　则

第一条　根据《中华人民共和国药品管理法》（以下简称《药品管理法》），制定本条例。

第二条　国务院药品监督管理部门设置国家药品检验机构。

省、自治区、直辖市人民政府药品监督管理部门可以在本行政区域内设置药品检验机构。地方药品检验机构的设置规划由省、自治区、直辖市人民政府药品监督管理部门提出，报省、自治区、直辖市人民政府批准。

国务院和省、自治区、直辖市人民政府的药品监督管理部门可以根据需要，确定符合药品检验条件的检验机构承担药品检验工作。

第二章　药品生产企业管理

第三条　开办药品生产企业，申办人应当向拟办企业所在地省、自治区、直辖市人民政府药品监督管理部门提出申请。省、自治区、直辖市人民政府药品监督管理部门应当自收到申请之日起 30 个工作日内，依据《药品管理法》第八条规定的开办条件组织验收；验收合格的，发给《药品生产许可证》。

第四条　药品生产企业变更《药品生产许可证》许可事项的，应当在许可事项发生变更30日前，向原发证机关申请《药品生产许可证》变更登记；未经批准，不得变更许可事项。原发证机关应当自收到申请之日起15个工作日内作出决定。

第五条　省级以上人民政府药品监督管理部门应当按照《药品生产质量管理规范》和国务院药品监督管理部门规定的实施办法和实施步骤，组织对药品生产企业的认证工作；符合《药品生产质量管理规范》的，发给认证证书。其中，生产注剂、放射性药品和国务院药品监督管理部门规定的生物制品的药品生产企业的认证工作，由国务院药品监督管理部门负责。

《药品生产质量管理规范》认证证书的格式由国务院药品监督管理部门统一规定。

第六条　新开办药品生产企业、药品生产企业新建药品生产车间或者新增生产剂型的，应当自取得药品生产证明文件或者经批准正式生产之日起30日内，按照规定向药品监督管理部门申请《药品生产质量管理规范》认证。受理申请的药品监督管理部门应当自收到企业申请之日起6个月内，组织对申请企业是否符合《药品生产质量管理规范》进行认证；认证合格的，发给认证证书。

第七条　国务院药品监督管理部门应当设立《药品生产质量管理规范》认证检查员库。《药品生产质量管理规范》认证检查员必须符合国务院药品监督管理部门规定的条件。进行《药品生产质量管理规范》认证，必须按照国务院药品监督管理部门的规定，从《药品生产质量管理规范》认证检查员库中随机抽取认证检查员组成认证检查组进行认证检查。

第八条　《药品生产许可证》有效期为5年。有效期届满，需要继续生产药品的，持证企业应当在许可证有效期届满前6个月，按照国务院药品监督管理部门的规定申请换发《药品生产许可证》。

药品生产企业终止生产药品或者关闭的，《药品生产许可证》由原发证部门缴销。

第九条　药品生产企业生产药品所使用的原料药，必须具有国务院药品监督管理部门核发的药品批准文号或者进口药品注册证书、医药产品注册证书；但是，未实施批准文号管理的中药材、中药饮片除外。

第十条　依据《药品管理法》第十三条规定，接受委托生产药品的，受托方必须是持有与其受托生产的药品相适应的《药品生产质量管理规范》认证证书的药品生产企业。

疫苗、血液制品和国务院药品监督管理部门规定的其他药品，不得委托生产。

第三章　药品经营企业管理

第十一条　开办药品批发企业，申办人应当向拟办企业所在地省、自治区、直辖市人民政府药品监督管理部门提出申请。省、自治区、直辖市人民政府药品监督管理部门应当自收到申请之日起30个工作日内，依据国务院药品监督管理部门规定的设置标准作出是否同意筹建的决定。申办人完成拟办企业筹建后，应当向原审批部门申请验收。原审批部门应当自收到申请之日起30个工作日内，依据《药品管理法》第十五条规定的开办条件组织验收；符合条件的，发给《药品经营许可证》。

第十二条　开办药品零售企业，申办人应当向拟办企业所在地设区的市级药品监督管理机构或者省、自治区、直辖市人民政府药品监督管理部门直接设置的县级药品监督管理机构提出申请。受理申请的药品监督管理机构应当自收到申请之日起30个工作日内，依据国务院药品监督管理部门的规定，结合当地常住人口数量、地域、交通状况和实际需要进行审查，作出是否同意筹建的决定。申办人完成拟办企业筹建后，应当向原审批机构申请验收。原审批机构应当自收到申请之日起15个工作日内，依据《药品管理法》第十五条规定的开办条件组织验收；符合条件的，发给《药品经营许可证》。

第十三条　省、自治区、直辖市人民政府药品监督管理部门和设区的市级药品监督管理机构负责组织药品经营企业的认证工作。药品经营企业应当按照国务院药品监督管理部门规定的实施办法和实施步骤，通过省、自治区、直辖市人民政府药品监督管理部门或者设区的市级药品监督管理机构组织的《药品经营质量管理规范》的认证，取得认证证书。《药品经营质量管理规范》认证证书的格式由国务院药品监督管理部门统一规定。

新开办药品批发企业和药品零售企业，应当自取得《药品经营许可证》之日起30日内，向发给其《药品经营许可证》的药品监督管理部门或者药品监督管理机构申请《药品经营质量管理规范》认证。受理申请的药品监督管理部门或者药品监督管理机构应当自收到申请之日起3个月内，按照国务院药品监督管理部门的规定，组织对申请认证的药品批发企业或者药品零售企业是否符合《药品经营质量管理规范》进行认证；认证合格的，发给认证证书。

第十四条　省、自治区、直辖市人民政府药品监督管理部门应当设立《药品经营质量管理规范》认证检查员库。《药品经营质量管理规范》认证检查员必须符合国务院药品监督管理部门规定的条件。进行《药品经营质量管理规范》认证，必须按照国务院药品监督管理部门的规定，从《药品经营质量管理规范》认证检查员库中随机抽取认证检查员组成认证检查组进行认证检查。

第十五条　国家实行处方药和非处方药分类管理制度。国家根据非处方药品的安全性，将非处方药分为甲类非处方药和乙类非处方药。

经营处方药、甲类非处方药的药品零售企业，应当配备执业药师或者其他依法经资格认定的药学技术人员。经营乙类非处方药的药品零售企业，应当配备经设区的市级药品监督管理机构或者省、自治区、直辖市人民政府药品监督管理部门直接设置的县级药品监督管理机构组织考核合格的业务人员。

第十六条　药品经营企业变更《药品经营许可证》许可事项的，应当在许可事项发生变更30日前，向原发证机关申请《药品经营许可证》变更登记；未经批准，不得变更许可事项。原发证机关应当自收到企业申请之日起15个工作日内作出决定。

第十七条　《药品经营许可证》有效期为5年。有效期届满，需要继续经营药品的，持证企业应当在许可证有效期届满前6个月，按照国务院药品监督管理部门的规定申请换发《药品经营许可证》。

药品经营企业终止经营药品或者关闭的，《药品经营许可证》由原发证机关缴销。

第十八条　交通不便的边远地区城乡集市贸易市场没有药品零售企业的，当地药品零售企业经所在地县（市）药品监督管理机构批准并到工商行政管理部门办理登记注册后，可以在该城乡集市贸易市场内设点并在批准经营的药品范围内销售非处方药。

第十九条　通过互联网进行药品交易的药品生产企业、药品经营企业、医疗机构及其交易的药品，必须符合《药品管理法》和本条例的规定。互联网药品交易服务的管理办法，由国务院药品监督管理部门会同国务院有关部门制定。

第四章　医疗机构的药剂管理

第二十条　医疗机构设立制剂室，应当向所在地省、自治区、直辖市人民政府卫生行政部门提出申请，经审核同意后，报同级人民政府药品监督管理部门审批；省、自治区、直辖市人民政府药品监督管理部门验收合格的，予以批准，发给《医疗机构制剂许可证》。

省、自治区、直辖市人民政府卫生行政部门和药品监督管理部门应当在各自收到申请之日起30个工作日内，作出是否同意或者批准的决定。

第二十一条　医疗机构变更《医疗机构制剂许可证》许可事项的，应当在许可事项发生变更30日前，依照本条例第二十条的规定向原审核、批准机关申请《医疗机构制剂许可证》

变更登记；未经批准，不得变更许可事项。原审核、批准机关应当在各自收到申请之日起 15 个工作日内作出决定。

医疗机构新增配制剂型或者改变配制场所的，应当经所在地省、自治区、直辖市人民政府药品监督管理部门验收合格后，依照前款规定办理《医疗机构制剂许可证》变更登记。

第二十二条 《医疗机构制剂许可证》有效期为 5 年。有效期届满，需要继续配制制剂的，医疗机构应当在许可证有效期届满前 6 个月，按照国务院药品监督管理部门的规定申请换发《医疗机构制剂许可证》。

医疗机构终止配制制剂或者关闭的，《医疗机构制剂许可证》由原发证机关缴销。

第二十三条 医疗机构配制制剂，必须按照国务院药品监督管理部门的规定报送有关资料和样品，经所在地省、自治区、直辖市人民政府药品监督管理部门批准，并发给制剂批准文号后，方可配制。

第二十四条 医疗机构配制的制剂不得在市场上销售或者变相销售，不得发布医疗机构制剂广告。

发生灾情、疫情、突发事件或者临床急需而市场没有供应时，经国务院或者省、自治区、直辖市人民政府的药品监督管理部门批准，在规定期限内，医疗机构配制的制剂可以在指定的医疗机构之间调剂使用。

国务院药品监督管理部门规定的特殊制剂的调剂使用以及省、自治区、直辖市之间医疗机构制剂的调剂使用，必须经国务院药品监督管理部门批准。

第二十五条 医疗机构审核和调配处方的药剂人员必须是依法经资格认定的药学技术人员。

第二十六条 医疗机构购进药品，必须有真实、完整的药品购进记录。药品购进记录必须注明药品的通用名称、剂型、规格、批号、有效期、生产厂商、供货单位、购货数量、购进价格、购货日期以及国务院药品监督管理部门规定的其他内容。

第二十七条 医疗机构向患者提供的药品应当与诊疗范围相适应，并凭执业医师或者执业助理医师的处方调配。

计划生育技术服务机构采购和向患者提供药品，其范围应当与经批准的服务范围相一致，并凭执业医师或者执业助理医师的处方调配。

个人设置的门诊部、诊所等医疗机构不得配备常用药品和急救药品以外的其他药品。常用药品和急救药品的范围和品种，由所在地的省、自治区、直辖市人民政府卫生行政部门会同同级人民政府药品监督管理部门规定。

第五章 药品管理

第二十八条 药物非临床安全性评价研究机构必须执行《药物非临床研究质量管理规范》，药物临床试验机构必须执行《药物临床试验质量管理规范》。《药物非临床研究质量管理规范》、《药物临床试验质量管理规范》由国务院药品监督管理部门分别商国务院科学技术行政部门和国务院卫生行政部门制定。

第二十九条 药物临床试验、生产药品和进口药品，应当符合《药品管理法》及本条例的规定，经国务院药品监督管理部门审查批准；国务院药品监督管理部门可以委托省、自治区、直辖市人民政府药品监督管理部门对申报药物的研制情况及条件进行审查，对申报资料进行形式审查，并对试制的样品进行检验。具体办法由国务院药品监督管理部门制定。

第三十条 研制新药，需要进行临床试验的，应当依照《药品管理法》第二十九条的规定，经国务院药品监督管理部门批准。

药物临床试验申请经国务院药品监督管理部门批准后，申报人应当在经依法认定的具有药物临床试验资格的机构中选择承担药物临床试验的机构，并将该临床试验机构报国务院药品监督管理部门和国务院卫生行政部门备案。

药物临床试验机构进行药物临床试验，应当事先告知受试者或者其监护人真实情况，并取得其书面同意。

第三十一条 生产已有国家标准的药品，应当按照国务院药品监督管理部门的规定，向省、自治区、直辖市人民政府药品监督管理部门或者国务院药品监督管理部门提出申请，报送有关技术资料并提供相关证明文件。省、自治区、直辖市人民政府药品监督管理部门应当自受理申请之日起 30 个工作日内进行审查，提出意见后报送国务院药品监督管理部门审核，并同时将审查意见通知申报方。国务院药品监督管理部门经审核符合规定的，发给药品批准文号。

第三十二条 变更研制新药、生产药品和进口药品已获批准证明文件及其附件中载明事项的，应当向国务院药品监督管理部门提出补充申请；国务院药品监督管理部门经审核符合规定的，应当予以批准。其中，不改变药品内在质量的，应当向省、自治区、直辖市人民政府药品监督管理部门提出补充申请；省、自治区、直辖市人民政府药品监督管理部门经审核符合规定的，应当予以批准，并报国务院药品监督管理部门备案。不改变药品内在质量的补充申请事项由国务院药品监督管理部门制定。

第三十三条 国务院药品监督管理部门根据保护公众健康的要求，可以对药品生产企业生产的新药品种设立不超过 5 年的监测期；在监测期内，不得批准其他企业生产和进口。

第三十四条 国家对获得生产或者销售含有新型化学成份药品许可的生产者或者销售者提交的自行取得且未披露的试验数据和其他数据实施保护，任何人不得对该未披露的试验数据和其他数据进行不正当的商业利用。

自药品生产者或者销售者获得生产、销售新型化学成份药品的许可证明文件之日起 6 年内，对其他申请人未经已获得许可的申请人同意，使用前款数据申请生产、销售新型化学成份药品许可的，药品监督管理部门不予许可；但是，其他申请人提交自行取得数据的除外。

除下列情形外，药品监督管理部门不得披露本条第一款规定的数据：

（一）公共利益需要；

（二）已采取措施确保该类数据不会被不正当地进行商业利用。

第三十五条 申请进口的药品，应当是在生产国家或者地区获得上市许可的药品；未在生产国家或者地区获得上市许可的，经国务院药品监督管理部门确认该药品品种安全、有效而且临床需要的，可以依照《药品管理法》及本条例的规定批准进口。

进口药品，应当按照国务院药品监督管理部门的规定申请注册。国外企业生产的药品取得《进口药品注册证》，中国香港、澳门和台湾地区企业生产的药品取得《医药产品注册证》后，方可进口。

第三十六条 医疗机构因临床急需进口少量药品的，应当持《医疗机构执业许可证》向国务院药品监督管理部门提出申请；经批准后，方可进口。进口的药品应当在指定医疗机构内用于特定医疗目的。

第三十七条 进口药品到岸后，进口单位应当持《进口药品注册证》或者《医药产品注册证》以及产地证明原件、购货合同副本、装箱单、运单、货运发票、出厂检验报告书、说明书等材料，向口岸所在地药品监督管理部门备案。口岸所在地药品监督管理部门经审查，提交的材料符合要求的，发给《进口药品通关单》。进口单位凭《进口药品通关单》向海关办理报关验放手续。

口岸所在地药品监督管理部门应当通知药品检验机构对进口药品逐批进行抽查检验；但是，有《药品管理法》第四十一条规定情形的除外。

第三十八条　疫苗类制品、血液制品、用于血源筛查的体外诊断试剂以及国务院药品监督管理部门规定的其他生物制品在销售前或者进口时，应当按照国务院药品监督管理部门的规定进行检验或者审核批准；检验不合格或者未获批准的，不得销售或者进口。

第三十九条　国家鼓励培育中药材。对集中规模化栽培养殖、质量可以控制并符合国务院药品监督管理部门规定条件的中药材品种，实行批准文号管理。

第四十条　国务院药品监督管理部门对已批准生产、销售的药品进行再评价，根据药品再评价结果，可以采取责令修改药品说明书，暂停生产、销售和使用的措施；对不良反应大或者其他原因危害人体健康的药品，应当撤销该药品批准证明文件。

第四十一条　国务院药品监督管理部门核发的药品批准文号、《进口药品注册证》、《医药产品注册证》的有效期为 5 年。有效期届满，需要继续生产或者进口的，应当在有效期届满前 6 个月申请再注册。药品再注册时，应当按照国务院药品监督管理部门的规定报送相关资料。有效期届满，未申请再注册或者经审查不符合国务院药品监督管理部门关于再注册的规定的，注销其药品批准文号、《进口药品注册证》或者《医药产品注册证》。

药品批准文号的再注册由省、自治区、直辖市人民政府药品监督管理部门审批，并报国务院药品监督管理部门备案；《进口药品注册证》、《医药产品注册证》的再注册由国务院药品监督管理部门审批。

第四十二条　非药品不得在其包装、标签、说明书及有关宣传资料上进行含有预防、治疗、诊断人体疾病等有关内容的宣传；但是，法律、行政法规另有规定的除外。

第六章　药品包装的管理

第四十三条　药品生产企业使用的直接接触药品的包装材料和容器，必须符合药用要求和保障人体健康、安全的标准。

直接接触药品的包装材料和容器的管理办法、产品目录和药用要求与标准，由国务院药品监督管理部门组织制定并公布。

第四十四条　生产中药饮片，应当选用与药品性质相适应的包装材料和容器；包装不符合规定的中药饮片，不得销售。中药饮片包装必须印有或者贴有标签。

中药饮片的标签必须注明品名、规格、产地、生产企业、产品批号、生产日期，实施批准文号管理的中药饮片还必须注明药品批准文号。

第四十五条　药品包装、标签、说明书必须依照《药品管理法》第五十四条和国务院药品监督管理部门的规定印制。

药品商品名称应当符合国务院药品监督管理部门的规定。

第四十六条　医疗机构配制制剂所使用的直接接触药品的包装材料和容器、制剂的标签和说明书应当符合《药品管理法》第六章和本条例的有关规定，并经省、自治区、直辖市人民政府药品监督管理部门批准。

第七章　药品价格和广告的管理

第四十七条　政府价格主管部门依照《价格法》第二十八条的规定实行药品价格监测时，为掌握、分析药品价格变动和趋势，可以指定部分药品生产企业、药品经营企业和医疗机构作为价格监测点单位；定点单位应当给予配合、支持，如实提供有关信息资料。

第四十八条　发布药品广告，应当向药品生产企业所在地省、自治区、直辖市人民政府药品监督管理部门报送有关材料。省、自治区、直辖市人民政府药品监督管理部门应当自收到有关材料之日起 10 个工作日内作出是否核发药品广告批准文号的决定；核发药品广告批准文号的，应当同时报国务院药品监督管理部门备案。具体办法由国务院药品监督管理部门制定。

发布进口药品广告，应当依照前款规定向进口药品代理机构所在地省、自治区、直辖市人民政府药品监督管理部门申请药品广告批准文号。

在药品生产企业所在地和进口药品代理机构所在地以外的省、自治区、直辖市发布药品广告的，发布广告的企业应当在发布前向发布地省、自治区、直辖市人民政府药品监督管理部门备案。接受备案的省、自治区、直辖市人民政府药品监督管理部门发现药品广告批准内容不符合药品广告管理规定的，应当交由原核发部门处理。

第四十九条 经国务院或者省、自治区、直辖市人民政府的药品监督管理部门决定，责令暂停生产、销售和使用的药品，在暂停期间不得发布该品种药品广告；已经发布广告的，必须立即停止。

第五十条 未经省、自治区、直辖市人民政府药品监督管理部门批准的药品广告，使用伪造、冒用、失效的药品广告批准文号的广告，或者因其他广告违法活动被撤销药品广告批准文号的广告，发布广告的企业、广告经营者、广告发布者必须立即停止该药品广告的发布。

对违法发布药品广告，情节严重的，省、自治区、直辖市人民政府药品监督管理部门可以予以公告。

第八章　药品监督

第五十一条 药品监督管理部门（含省级人民政府药品监督管理部门依法设立的药品监督管理机构，下同）依法对药品的研制、生产、经营、使用实施监督检查。

第五十二条 药品抽样必须由两名以上药品监督检查人员实施，并按照国务院药品监督管理部门的规定进行抽样；被抽检方应当提供抽检样品，不得拒绝。

药品被抽检单位没有正当理由，拒绝抽查检验的，国务院药品监督管理部门和被抽检单位所在地省、自治区、直辖市人民政府药品监督管理部门可以宣布停止该单位拒绝抽检的药品上市销售和使用。

第五十三条 对有掺杂、掺假嫌疑的药品，在国家药品标准规定的检验方法和检验项目不能检验时，药品检验机构可以补充检验方法和检验项目进行药品检验；经国务院药品监督管理部门批准后，使用补充检验方法和检验项目所得出的检验结果，可以作为药品监督管理部门认定药品质量的依据。

第五十四条 国务院和省、自治区、直辖市人民政府的药品监督管理部门应当根据药品质量抽查检验结果，定期发布药品质量公告。药品质量公告应当包括抽验药品的品名、检品来源、生产企业、生产批号、药品规格、检验机构、检验依据、检验结果、不合格项目等内容。药品质量公告不当的，发布部门应当自确认公告不当之日起5日内，在原公告范围内予以更正。

当事人对药品检验机构的检验结果有异议，申请复验的，应当向负责复验的药品检验机构提交书面申请、原药品检验报告书。复验的样品从原药品检验机构留样中抽取。

第五十五条 药品监督管理部门依法对有证据证明可能危害人体健康的药品及其有关证据材料采取查封、扣押的行政强制措施的，应当自采取行政强制措施之日起7日内作出是否立案的决定；需要检验的，应当自检验报告书发出之日起15日内作出是否立案的决定；不符合立案条件的，应当解除行政强制措施；需要暂停销售和使用的，应当由国务院或者省、自治区、直辖市人民政府的药品监督管理部门作出决定。

第五十六条 药品抽查检验，不得收取任何费用。

当事人对药品检验结果有异议，申请复验的，应当按照国务院有关部门或者省、自治区、直辖市人民政府有关部门的规定，向复验机构预先支付药品检验费用。复验结论与原检验结论不一致的，复验检验费用由原药品检验机构承担。

第五十七条 依据《药品管理法》和本条例的规定核发证书、进行药品注册、药品认证和实施药品审批检验及其强制性检验，可以收取费用。具体收费标准由国务院财政部门、国务院价格主管部门制定。

第九章 法律责任

第五十八条 药品生产企业、药品经营企业有下列情形之一的，由药品监督管理部门依照《药品管理法》第七十九条的规定给予处罚：

（一）开办药品生产企业、药品生产企业新建药品生产车间、新增生产剂型，在国务院药品监督管理部门规定的时间内未通过《药品生产质量管理规范》认证，仍进行药品生产的；

（二）开办药品经营企业，在国务院药品监督管理部门规定的时间内未通过《药品经营质量管理规范》认证，仍进行药品经营的。

第五十九条 违反《药品管理法》第十三条的规定，擅自委托或者接受委托生产药品的，对委托方和受托方均依照《药品管理法》第七十四条的规定给予处罚。

第六十条 未经批准，擅自在城乡集市贸易市场设点销售药品或者在城乡集市贸易市场设点销售的药品超出批准经营的药品范围的，依照《药品管理法》第七十三条的规定给予处罚。

第六十一条 未经批准，医疗机构擅自使用其他医疗机构配制的制剂的，依照《药品管理法》第八十条的规定给予处罚。

第六十二条 个人设置的门诊部、诊所等医疗机构向患者提供的药品超出规定的范围和品种的，依照《药品管理法》第七十三条的规定给予处罚。

第六十三条 医疗机构使用假药、劣药的，依照《药品管理法》第七十四条、第七十五条的规定给予处罚。

第六十四条 违反《药品管理法》第二十九条的规定，擅自进行临床试验的，对承担药物临床试验的机构，依照《药品管理法》第七十九条的规定给予处罚。

第六十五条 药品申报者在申报临床试验时，报送虚假研制方法、质量标准、药理及毒理试验结果等有关资料和样品的，国务院药品监督管理部门对该申报药品的临床试验不予批准，对药品申报者给予警告；情节严重的，3年内不受理该药品申报者申报该品种的临床试验申请。

第六十六条 生产没有国家药品标准的中药饮片，不符合省、自治区、直辖市人民政府药品监督管理部门制定的炮制规范的；医疗机构不按照省、自治区、直辖市人民政府药品监督管理部门批准的标准配制制剂的，依照《药品管理法》第七十五条的规定给予处罚。

第六十七条 药品监督管理部门及其工作人员违反规定，泄露生产者、销售者为获得生产、销售含有新型化学成份药品许可而提交的未披露试验数据或者其他数据，造成申请人损失的，由药品监督管理部门依法承担赔偿责任；药品监督管理部门赔偿损失后，应当责令故意或者有重大过失的工作人员承担部分或者全部赔偿费用，并对直接责任人员依法给予行政处分。

第六十八条 药品生产企业、药品经营企业生产、经营的药品及医疗机构配制的制剂，其包装、标签、说明书违反《药品管理法》及本条例规定的，依照《药品管理法》第八十六条的规定给予处罚。

第六十九条 药品生产企业、药品经营企业和医疗机构变更药品生产经营许可事项，应当办理变更登记手续而未办理的，由原发证部门给予警告，责令限期补办变更登记手续；逾期不补办的，宣布其《药品生产许可证》、《药品经营许可证》和《医疗机构制剂许可证》无效；仍从事药品生产经营活动的，依照《药品管理法》第七十三条的规定给予处罚。

第七十条 篡改经批准的药品广告内容的，由药品监督管理部门责令广告主立即停止该药品广告的发布，并由原审批的药品监督管理部门依照《药品管理法》第九十二条的规定给予处罚。

药品监督管理部门撤销药品广告批准文号后，应当自作出行政处理决定之日起 5 个工作日内通知广告监督管理机关。广告监督管理机关应当自收到药品监督管理部门通知之日起 15 个工作日内，依照《中华人民共和国广告法》的有关规定作出行政处理决定。

第七十一条 发布药品广告的企业在药品生产企业所在地或者进口药品代理机构所在地以外的省、自治区、直辖市发布药品广告，未按照规定向发布地省、自治区、直辖市人民政府药品监督管理部门备案的，由发布地的药品监督管理部门责令限期改正；逾期不改正的，停止该药品品种在发布地的广告发布活动。

第七十二条 未经省、自治区、直辖市人民政府药品监督管理部门批准，擅自发布药品广告的，药品监督管理部门发现后，应当通知广告监督管理部门依法查处。

第七十三条 违反《药品管理法》和本条例的规定，有下列行为之一的，由药品监督管理部门在《药品管理法》和本条例规定的处罚幅度内从重处罚：

（一）以麻醉药品、精神药品、医疗用毒性药品、放射性药品冒充其他药品，或者以其他药品冒充上述药品的；

（二）生产、销售以孕产妇、婴幼儿及儿童为主要使用对象的假药、劣药的；

（三）生产、销售的生物制品、血液制品属于假药、劣药的；

（四）生产、销售、使用假药、劣药，造成人员伤害后果的；

（五）生产、销售、使用假药、劣药，经处理后重犯的；

（六）拒绝、逃避监督检查，或者伪造、销毁、隐匿有关证据材料的，或者擅自动用查封、扣押物品的。

第七十四条 药品监督管理部门设置的派出机构，有权作出《药品管理法》和本条例规定的警告、罚款、没收违法生产、销售的药品和违法所得的行政处罚。

第七十五条 药品经营企业、医疗机构未违反《药品管理法》和本条例的有关规定，并有充分证据证明其不知道所销售或者使用的药品是假药、劣药的，应当没收其销售或者使用的假药、劣药和违法所得；但是，可以免除其他行政处罚。

第七十六条 依照《药品管理法》和本条例的规定没收的物品，由药品监督管理部门按照规定监督处理。

第十章 附 则

第七十七条 本条例下列用语的含义：

药品合格证明和其他标识，是指药品生产批准证明文件、药品检验报告书、药品的包装、标签和说明书。

新药，是指未曾在中国境内上市销售的药品。

处方药，是指凭执业医师和执业助理医师处方方可购买、调配和使用的药品。

非处方药，是指由国务院药品监督管理部门公布的，不需要凭执业医师和执业助理医师处方，消费者可以自行判断、购买和使用的药品。

医疗机构制剂，是指医疗机构根据本单位临床需要经批准而配制、自用的固定处方制剂。

药品认证，是指药品监督管理部门对药品研制、生产、经营、使用单位实施相应质量管理规范进行检查、评价并决定是否发给相应认证证书的过程。

药品经营方式，是指药品批发和药品零售。

药品经营范围，是指经药品监督管理部门核准经营药品的品种类别。

药品批发企业，是指将购进的药品销售给药品生产企业、药品经营企业、医疗机构的药品经营企业。

药品零售企业，是指将购进的药品直接销售给消费者的药品经营企业。

第七十八条　《药品管理法》第四十一条中"首次在中国销售的药品"，是指国内或者国外药品生产企业第一次在中国销售的药品，包括不同药品生产企业生产的相同品种。

第七十九条　《药品管理法》第五十九条第二款"禁止药品的生产企业、经营企业或者其他代理人以任何名义给予使用其药品的医疗机构的负责人、药品采购人员、医师等有关人员以财物或者其他利益"中的"财物或者其他利益"，是指药品的生产企业、经营企业或者其代理人向医疗机构的负责人、药品采购人员、医师等有关人员提供的目的在于影响其药品采购或者药品处方行为的不正当利益。

第八十条　本条例自 2002 年 9 月 15 日起施行。

放射性药品管理办法

（国务院令第 25 号）

发布日期：1989-01-13
实施日期：2022-05-01
法规类型：行政法规

（根据 2011 年 1 月 8 日国务院令第 588 号《国务院关于废止和修改部分行政法规的决定》第一次修订；根据 2017 年 3 月 1 日国务院令第 676 号《国务院关于修改和废止部分行政法规的决定》第二次修订；根据 2022 年 3 月 29 日国务院令第 752 号《国务院关于修改和废止部分行政法规的决定》第三次修订）

第一章　总　则

第一条　为了加强放射性药品的管理，根据《中华人民共和国药品管理法》（以下称《药品管理法》）的规定，制定本办法。

第二条　放射性药品是指用于临床诊断或者治疗的放射性核素制剂或者其标记药物。

第三条　凡在中华人民共和国领域内进行放射性药品的研究、生产、经营、运输、使用、检验、监督管理的单位和个人都必须遵守本办法。

第四条　国务院药品监督管理部门负责全国放射性药品监督管理工作。国务院国防科技工业主管部门依据职责负责与放射性药品有关的管理工作。国务院环境保护主管部门负责与放射性药品有关的辐射安全与防护的监督管理工作。

第二章　放射性新药的研制、临床研究和审批

第五条　放射性新药的研制内容，包括工艺路线、质量标准、临床前药理及临床研究。研制单位在制订新药工艺路线的同时，必须研究该药的理化性能、纯度（包括核素纯度）及检验方法、药理、毒理、动物药代动力学、放射性比活度、剂量、剂型、稳定性等。

　　研制单位对放射免疫分析药盒必须进行可测限度、范围、特异性、准确度、精密度、稳定性等方法学的研究。

　　放射性新药的分类，按国务院药品监督管理部门有关药品注册的规定办理。

　　第六条　研制单位研制的放射性新药，在进行临床试验或者验证前，应当向国务院药品监督管理部门提出申请，按规定报送资料及样品，经国务院药品监督管理部门审批同意后，在国务院药品监督管理部门指定的药物临床试验机构进行临床研究。

　　第七条　研制单位在放射性新药临床研究结束后，向国务院药品监督管理部门提出申请，经国务院药品监督管理部门审核批准，发给新药证书。国务院药品监督管理部门在审核批准时，应当征求国务院国防科技工业主管部门的意见。

　　第八条　放射性新药投入生产，需由生产单位或者取得放射性药品生产许可证的研制单位，凭新药证书（副本）向国务院药品监督管理部门提出生产该药的申请，并提供样品，由国务院药品监督管理部门审核发给批准文号。

第三章　　放射性药品的生产、经营和进出口

　　第九条　国家根据需要，对放射性药品的生产企业实行合理布局。

　　第十条　开办放射性药品生产、经营企业，必须具备《药品管理法》规定的条件，符合国家有关放射性同位素安全和防护的规定与标准，并履行环境影响评价文件的审批手续；开办放射性药品生产企业，经所在省、自治区、直辖市国防科技工业主管部门审查同意，所在省、自治区、直辖市药品监督管理部门审核批准后，由所在省、自治区、直辖市药品监督管理部门发给《放射性药品生产企业许可证》；开办放射性药品经营企业，经所在省、自治区、直辖市药品监督管理部门审核并征求所在省、自治区、直辖市国防科技工业主管部门意见后批准的，由所在省、自治区、直辖市药品监督管理部门发给《放射性药品经营企业许可证》。无许可证的生产、经营企业，一律不准生产、销售放射性药品。

　　第十一条　《放射性药品生产企业许可证》、《放射性药品经营企业许可证》的有效期为5年，期满前6个月，放射性药品生产、经营企业应当分别向原发证的药品监督管理部门重新提出申请，按第十条审批程序批准后，换发新证。

　　第十二条　放射性药品生产企业生产已有国家标准的放射性药品，必须经国务院药品监督管理部门征求国务院国防科技工业主管部门意见后审核批准，并发给批准文号。凡是改变国务院药品监督管理部门已批准的生产工艺路线和药品标准的，生产单位必须按原报批程序提出补充申请，经国务院药品监督管理部门批准后方能生产。

　　第十三条　放射性药品生产、经营企业，必须配备与生产、经营放射性药品相适应的专业技术人员，具有安全、防护和废气、废物、废水处理等设施，并建立严格的质量管理制度。

　　第十四条　放射性药品生产、经营企业，必须建立质量检验机构，严格实行生产全过程的质量控制和检验。产品出厂前，须经质量检验。符合国家药品标准的产品方可出厂，不符合标准的产品一律不准出厂。

　　经国务院药品监督管理部门审核批准的含有短半衰期放射性核素的药品，可以边检验边出厂，但发现质量不符合国家药品标准时，该药品的生产企业应当立即停止生产、销售，并立即通知使用单位停止使用，同时报告国务院药品监督管理、卫生行政、国防科技工业主管部门。

　　第十五条　放射性药品的生产、经营单位和医疗单位凭省、自治区、直辖市药品监督管理部门发给的《放射性药品生产企业许可证》、《放射性药品经营企业许可证》，医疗单位凭省、自治区、直辖市药品监督管理部门发给的《放射性药品使用许可证》，开展放射性药品的购销活动。

第十六条　进口的放射性药品品种，必须符合我国的药品标准或者其他药用要求，并依照《药品管理法》的规定取得进口药品注册证书。

进出口放射性药品，应当按照国家有关对外贸易、放射性同位素安全和防护的规定，办理进出口手续。

第十七条　进口放射性药品，必须经国务院药品监督管理部门指定的药品检验机构抽样检验；检验合格的，方准进口。

对于经国务院药品监督管理部门审核批准的含有短半衰期放射性核素的药品，在保证安全使用的情况下，可以采取边进口检验，边投入使用的办法。进口检验单位发现药品质量不符合要求时，应当立即通知使用单位停止使用，并报告国务院药品监督管理、卫生行政、国防科技工业主管部门。

第四章　放射性药品的包装和运输

第十八条　放射性药品的包装必须安全实用，符合放射性药品质量要求，具有与放射性剂量相适应的防护装置。包装必须分内包装和外包装两部分，外包装必须贴有商标、标签、说明书和放射性药品标志，内包装必须贴有标签。

标签必须注明药品品名、放射性比活度、装量。

说明书除注明前款内容外，还须注明生产单位、批准文号、批号、主要成份、出厂日期、放射性核素半衰期、适应症、用法、用量、禁忌症、有效期和注意事项等。

第十九条　放射性药品的运输，按国家运输、邮政等部门制订的有关规定执行。

严禁任何单位和个人随身携带放射性药品乘坐公共交通运输工具。

第五章　放射性药品的使用

第二十条　医疗单位设置核医学科、室（同位素室），必须配备与其医疗任务相适应的并经核医学技术培训的技术人员。非核医学专业技术人员未经培训，不得从事放射性药品使用工作。

第二十一条　医疗单位使用放射性药品，必须符合国家有关放射性同位素安全和防护的规定。所在地的省、自治区、直辖市药品监督管理部门，应当根据医疗单位核医疗技术人员的水平、设备条件，核发相应等级的《放射性药品使用许可证》，无许可证的医疗单位不得临床使用放射性药品。

《放射性药品使用许可证》有效期为5年，期满前6个月，医疗单位应当向原发证的行政部门重新提出申请，经审核批准后，换发新证。

第二十二条　医疗单位配制、使用放射性制剂，应当符合《药品管理法》及其实施条例的相关规定。

第二十三条　持有《放射性药品使用许可证》的医疗单位，必须负责对使用的放射性药品进行临床质量检验，收集药品不良反应等项工作，并定期向所在地药品监督管理、卫生行政部门报告。由省、自治区、直辖市药品监督管理、卫生行政部门汇总后分别报国务院药品监督管理、卫生行政部门。

第二十四条　放射性药品使用后的废物（包括患者排出物），必须按国家有关规定妥善处置。

第六章　放射性药品标准和检验

第二十五条　放射性药品的国家标准，由国务院药品监督管理部门药典委员会负责制定和修订，报国务院药品监督管理部门审批颁发。

第二十六条　放射性药品的检验由国务院药品监督管理部门公布的药品检验机构承担。

第七章　附　则

第二十七条　对违反本办法规定的单位或者个人，由县以上药品监督管理、卫生行政部门，按照《药品管理法》和有关法规的规定处罚。

第二十八条　本办法自发布之日起施行。

药品网络销售监督管理办法

（国家市场监督管理总局令第 58 号）

发布日期：2022-08-03
实施日期：2022-12-01
法规类型：部门规章

第一章　总　则

第一条　为了规范药品网络销售和药品网络交易平台服务活动，保障公众用药安全，根据《中华人民共和国药品管理法》（以下简称药品管理法）等法律、行政法规，制定本办法。

第二条　在中华人民共和国境内从事药品网络销售、提供药品网络交易平台服务及其监督管理，应当遵守本办法。

第三条　国家药品监督管理局主管全国药品网络销售的监督管理工作。

省级药品监督管理部门负责本行政区域内药品网络销售的监督管理工作，负责监督管理药品网络交易第三方平台以及药品上市许可持有人、药品批发企业通过网络销售药品的活动。

设区的市级、县级承担药品监督管理职责的部门（以下称药品监督管理部门）负责本行政区域内药品网络销售的监督管理工作，负责监督管理药品零售企业通过网络销售药品的活动。

第四条　从事药品网络销售、提供药品网络交易平台服务，应当遵守药品法律、法规、规章、标准和规范，依法诚信经营，保障药品质量安全。

第五条　从事药品网络销售、提供药品网络交易平台服务，应当采取有效措施保证交易全过程信息真实、准确、完整和可追溯，并遵守国家个人信息保护的有关规定。

第六条　药品监督管理部门应当与相关部门加强协作，充分发挥行业组织等机构的作用，推进信用体系建设，促进社会共治。

第二章　药品网络销售管理

第七条　从事药品网络销售的，应当是具备保证网络销售药品安全能力的药品上市许可持有人或者药品经营企业。

中药饮片生产企业销售其生产的中药饮片，应当履行药品上市许可持有人相关义务。

第八条　药品网络销售企业应当按照经过批准的经营方式和经营范围经营。药品网络销售企业为药品上市许可持有人的，仅能销售其取得药品注册证书的药品。未取得药品零售资质的，不得向个人销售药品。

疫苗、血液制品、麻醉药品、精神药品、医疗用毒性药品、放射性药品、药品类易制毒化学品等国家实行特殊管理的药品不得在网络上销售，具体目录由国家药品监督管理局组织制定。

药品网络零售企业不得违反规定以买药品赠药品、买商品赠药品等方式向个人赠送处方药、甲类非处方药。

第九条 通过网络向个人销售处方药的，应当确保处方来源真实、可靠，并实行实名制。

药品网络零售企业应当与电子处方提供单位签订协议，并严格按照有关规定进行处方审核调配，对已经使用的电子处方进行标记，避免处方重复使用。

第三方平台承接电子处方的，应当对电子处方提供单位的情况进行核实，并签订协议。

药品网络零售企业接收的处方为纸质处方影印版本的，应当采取有效措施避免处方重复使用。

第十条 药品网络销售企业应当建立并实施药品质量安全管理、风险控制、药品追溯、储存配送管理、不良反应报告、投诉举报处理等制度。

药品网络零售企业还应当建立在线药学服务制度，由依法经过资格认定的药师或者其他药学技术人员开展处方审核调配、指导合理用药等工作。依法经过资格认定的药师或者其他药学技术人员数量应当与经营规模相适应。

第十一条 药品网络销售企业应当向药品监督管理部门报告企业名称、网站名称、应用程序名称、IP地址、域名、药品生产许可证或者药品经营许可证等信息。信息发生变化的，应当在10个工作日内报告。

药品网络销售企业为药品上市许可持有人或者药品批发企业的，应当向所在地省级药品监督管理部门报告。药品网络销售企业为药品零售企业的，应当向所在地市县级药品监督管理部门报告。

第十二条 药品网络销售企业应当在网站首页或者经营活动的主页面显著位置，持续公示其药品生产或者经营许可证信息。药品网络零售企业还应当展示依法配备的药师或者其他药学技术人员的资格认定等信息。上述信息发生变化的，应当在10个工作日内予以更新。

第十三条 药品网络销售企业展示的药品相关信息应当真实、准确、合法。

从事处方药销售的药品网络零售企业，应当在每个药品展示页面下突出显示"处方药须凭处方在药师指导下购买和使用"等风险警示信息。处方药销售前，应当向消费者充分告知相关风险警示信息，并经消费者确认知情。

药品网络零售企业应当将处方药与非处方药区分展示，并在相关网页上显著标示处方药、非处方药。

药品网络零售企业在处方药销售主页面、首页面不得直接公开展示处方药包装、标签等信息。通过处方审核前，不得展示说明书等信息，不得提供处方药购买的相关服务。

第十四条 药品网络零售企业应当对药品配送的质量与安全负责。配送药品，应当根据药品数量、运输距离、运输时间、温湿度要求等情况，选择适宜的运输工具和设施设备，配送的药品应当放置在独立空间并明显标识，确保符合要求、全程可追溯。

药品网络零售企业委托配送的，应当对受托企业的质量管理体系进行审核，与受托企业签订质量协议，约定药品质量责任、操作规程等内容，并对受托方进行监督。

药品网络零售的具体配送要求由国家药品监督管理局另行制定。

第十五条 向个人销售药品的，应当按照规定出具销售凭证。销售凭证可以以电子形式出具，药品最小销售单元的销售记录应当清晰留存，确保可追溯。

药品网络销售企业应当完整保存供货企业资质文件、电子交易等记录。销售处方药的药品网络零售企业还应当保存处方、在线药学服务等记录。相关记录保存期限不少于5年，且不少于药品有效期满后 1 年。

第十六条 药品网络销售企业对存在质量问题或者安全隐患的药品，应当依法采取相应的风险控制措施，并及时在网站首页或者经营活动主页面公开相应信息。

第三章 平台管理

第十七条 第三方平台应当建立药品质量安全管理机构，配备药学技术人员承担药品质量安全管理工作，建立并实施药品质量安全、药品信息展示、处方审核、处方药实名购买、药品配送、交易记录保存、不良反应报告、投诉举报处理等管理制度。

第三方平台应当加强检查，对入驻平台的药品网络销售企业的药品信息展示、处方审核、药品销售和配送等行为进行管理，督促其严格履行法定义务。

第十八条 第三方平台应当将企业名称、法定代表人、统一社会信用代码、网站名称以及域名等信息向平台所在地省级药品监督管理部门备案。省级药品监督管理部门应当将平台备案信息公示。

第十九条 第三方平台应当在其网站首页或者从事药品经营活动的主页面显著位置，持续公示营业执照、相关行政许可和备案、联系方式、投诉举报方式等信息或者上述信息的链接标识。

第三方平台展示药品信息应当遵守本办法第十三条的规定。

第二十条 第三方平台应当对申请入驻的药品网络销售企业资质、质量安全保证能力等进行审核，对药品网络销售企业建立登记档案，至少每六个月核验更新一次，确保入驻的药品网络销售企业符合法定要求。

第三方平台应当与药品网络销售企业签订协议，明确双方药品质量安全责任。

第二十一条 第三方平台应当保存药品展示、交易记录与投诉举报等信息。保存期限不少于 5 年，且不少于药品有效期满后 1 年。第三方平台应当确保有关资料、信息和数据的真实、完整，并为入驻的药品网络销售企业自行保存数据提供便利。

第二十二条 第三方平台应当对药品网络销售活动建立检查监控制度。发现入驻的药品网络销售企业有违法行为的，应当及时制止并立即向所在地县级药品监督管理部门报告。

第二十三条 第三方平台发现下列严重违法行为的，应当立即停止提供网络交易平台服务，停止展示药品相关信息：

（一）不具备资质销售药品的；

（二）违反本办法第八条规定销售国家实行特殊管理的药品的；

（三）超过药品经营许可范围销售药品的；

（四）因违法行为被药品监督管理部门责令停止销售、吊销药品批准证明文件或者吊销药品经营许可证的；

（五）其他严重违法行为的。

药品注册证书被依法撤销、注销的，不得展示相关药品的信息。

第二十四条 出现突发公共卫生事件或者其他严重威胁公众健康的紧急事件时，第三方平台、药品网络销售企业应当遵守国家有关应急处置规定，依法采取相应的控制和处置措施。

药品上市许可持有人依法召回药品的，第三方平台、药品网络销售企业应当积极予以配合。

第二十五条 药品监督管理部门开展监督检查、案件查办、事件处置等工作时，第三方平台应当予以配合。药品监督管理部门发现药品网络销售企业存在违法行为，依法要求第三方平台采取措施制止的，第三方平台应当及时履行相关义务。

药品监督管理部门依照法律、行政法规要求提供有关平台内销售者、销售记录、药学服务以及追溯等信息的，第三方平台应当及时予以提供。

鼓励第三方平台与药品监督管理部门建立开放数据接口等形式的自动化信息报送机制。

第四章　监督检查

第二十六条　药品监督管理部门应当依照法律、法规、规章等规定，按照职责分工对第三方平台和药品网络销售企业实施监督检查。

第二十七条　药品监督管理部门对第三方平台和药品网络销售企业进行检查时，可以依法采取下列措施：

（一）进入药品网络销售和网络平台服务有关场所实施现场检查；

（二）对网络销售的药品进行抽样检验；

（三）询问有关人员，了解药品网络销售活动相关情况；

（四）依法查阅、复制交易数据、合同、票据、账簿以及其他相关资料；

（五）对有证据证明可能危害人体健康的药品及其有关材料，依法采取查封、扣押措施；

（六）法律、法规规定可以采取的其他措施。

必要时，药品监督管理部门可以对为药品研制、生产、经营、使用提供产品或者服务的单位和个人进行延伸检查。

第二十八条　对第三方平台、药品上市许可持有人、药品批发企业通过网络销售药品违法行为的查处，由省级药品监督管理部门负责。对药品网络零售企业违法行为的查处，由市县级药品监督管理部门负责。

药品网络销售违法行为由违法行为发生地的药品监督管理部门负责查处。因药品网络销售活动引发药品安全事件或者有证据证明可能危害人体健康的，也可以由违法行为结果地的药品监督管理部门负责。

第二十九条　药品监督管理部门应当加强药品网络销售监测工作。省级药品监督管理部门建立的药品网络销售监测平台，应当与国家药品网络销售监测平台实现数据对接。

药品监督管理部门对监测发现的违法行为，应当依法按职责进行调查处置。

药品监督管理部门对网络销售违法行为的技术监测记录资料，可以依法作为实施行政处罚或者采取行政措施的电子数据证据。

第三十条　对有证据证明可能存在安全隐患的，药品监督管理部门应当根据监督检查情况，对药品网络销售企业或者第三方平台等采取告诫、约谈、限期整改以及暂停生产、销售、使用、进口等措施，并及时公布检查处理结果。

第三十一条　药品监督管理部门应当对药品网络销售企业或者第三方平台提供的个人信息和商业秘密严格保密，不得泄露、出售或者非法向他人提供。

第五章　法律责任

第三十二条　法律、行政法规对药品网络销售违法行为的处罚有规定的，依照其规定。药品监督管理部门发现药品网络销售违法行为涉嫌犯罪的，应当及时将案件移送公安机关。

第三十三条　违反本办法第八条第二款的规定，通过网络销售国家实行特殊管理的药品，法律、行政法规已有规定的，依照法律、行政法规的规定处罚。法律、行政法规未作规定的，责令限期改正，处 5 万元以上 10 万元以下罚款；造成危害后果的，处 10 万元以上 20 万元以下罚款。

第三十四条　违反本办法第九条第一款、第二款的规定，责令限期改正，处 3 万元以上 5 万元以下罚款；情节严重的，处 5 万元以上 10 万元以下罚款。

违反本办法第九条第三款的规定，责令限期改正，处 5 万元以上 10 万元以下罚款；造成危害后果的，处 10 万元以上 20 万元以下罚款。

违反本办法第九条第四款的规定，责令限期改正，处 1 万元以上 3 万元以下罚款；情节严重的，处 3 万元以上 5 万元以下罚款。

第三十五条 违反本办法第十一条的规定，责令限期改正，逾期不改正的，处 1 万元以上 3 万元以下罚款；情节严重的，处 3 万元以上 5 万元以下罚款。

第三十六条 违反本办法第十三条、第十九条第二款的规定，责令限期改正；逾期不改正的，处 5 万元以上 10 万元以下罚款。

第三十七条 违反本办法第十四条、第十五条的规定，药品网络销售企业未遵守药品经营质量管理规范的，依照药品管理法第一百二十六条的规定进行处罚。

第三十八条 违反本办法第十七条第一款的规定，责令限期改正，处 3 万元以上 10 万元以下罚款；造成危害后果的，处 10 万元以上 20 万元以下罚款。

第三十九条 违反本办法第十八条的规定，责令限期改正，逾期不改正的，处 5 万元以上 10 万元以下罚款；造成危害后果的，处 10 万元以上 20 万元以下罚款。

第四十条 违反本办法第二十条、第二十二条、第二十三条的规定，第三方平台未履行资质审核、报告、停止提供网络交易平台服务等义务的，依照药品管理法第一百三十一条的规定处罚。

第四十一条 药品监督管理部门及其工作人员不履行职责或者滥用职权、玩忽职守、徇私舞弊，依法追究法律责任；构成犯罪的，依法追究刑事责任。

第六章 附 则

第四十二条 本办法自 2022 年 12 月 1 日起施行。

蛋白同化制剂和肽类激素进出口管理办法

（国家食品药品监督管理局总局令第 9 号）

发布日期：2014-09-28
实施日期：2017-11-17
法规类型：部门规章

（根据 2017 年 11 月 7 日国家食品药品监督管理总局局务会议《关于修改部分规章的决定》修正）

第一条 为规范蛋白同化制剂、肽类激素的进出口管理，根据《中华人民共和国药品管理法》《中华人民共和国海关法》《反兴奋剂条例》等法律、行政法规，制定本办法。

第二条 国家对蛋白同化制剂、肽类激素实行进出口准许证管理。

第三条 进口蛋白同化制剂、肽类激素，进口单位应当向所在地省、自治区、直辖市食品药品监督管理部门提出申请。

第四条 进口供医疗使用的蛋白同化制剂、肽类激素，进口单位应当报送以下资料：

（一）药品进口申请表。

（二）购货合同或者订单复印件。

（三）《进口药品注册证》（或者《医药产品注册证》）（正本或者副本）复印件。

（四）进口单位的《药品经营许可证》《企业法人营业执照》《进出口企业资格证书》（或者《对外贸易经营者备案登记表》）复印件；药品生产企业进口本企业所需原料药和制剂中间体（包括境内分包装用制剂），应当报送《药品生产许可证》《企业法人营业执照》复印件。

（五）《进口药品注册证》（或者《医药产品注册证》）持有者如委托其他公司代理出口其药品的，需提供委托出口函。

上述各类复印件应当加盖进口单位公章。

第五条 因教学、科研需要而进口蛋白同化制剂、肽类激素的，进口单位应当报送以下资料：

（一）药品进口申请表；

（二）购货合同或者订单复印件；

（三）国内使用单位合法资质的证明文件、药品使用数量的测算依据以及使用单位出具的合法使用和管理该药品保证函；

（四）相应科研项目的批准文件或者相应主管部门的批准文件；

（五）接受使用单位委托代理进口的，还需提供委托代理协议复印件和进口单位的《企业法人营业执照》《进出口企业资格证书》（或者《对外贸易经营者备案登记表》）复印件。

上述各类复印件应当加盖进口单位公章。

第六条 境内企业因接受境外企业委托生产而需要进口蛋白同化制剂、肽类激素的，报送本办法第五条第一款第（一）项、第（三）项、第（五）项规定的资料。

上述各类复印件应当加盖进口单位公章。

第七条 省、自治区、直辖市食品药品监督管理部门收到进口申请及有关资料后，应当于15个工作日内作出是否同意进口的决定；对同意进口的，发给药品《进口准许证》；对不同意进口的，应当书面说明理由。

第八条 进口蛋白同化制剂、肽类激素必须经由国务院批准的允许药品进口的口岸进口。进口单位持省、自治区、直辖市食品药品监督管理部门核发的药品《进口准许证》向海关办理报关手续。进口蛋白同化制剂、肽类激素无需办理《进口药品通关单》。

第九条 进口供医疗使用的蛋白同化制剂、肽类激素（包括首次在中国销售的），进口单位应当于进口手续完成后，及时填写《进口药品报验单》，持《进口药品注册证》（或者《医药产品注册证》）原件（正本或者副本）、药品《进口准许证》原件，向进口口岸食品药品监督管理部门报送下列资料一式两份，申请办理《进口药品口岸检验通知书》：

（一）《进口药品注册证》（或者《医药产品注册证》）（正本或者副本）和药品《进口准许证》复印件；

（二）进口单位的《药品生产许可证》或者《药品经营许可证》复印件，《企业法人营业执照》复印件；

（三）原产地证明复印件；

（四）购货合同复印件；

（五）装箱单、提运单和货运发票复印件；

（六）出厂检验报告书复印件；

（七）药品说明书及包装、标签的式样（原料药和制剂中间体除外）。

上述各类复印件应当加盖进口单位公章。

第十条 口岸食品药品监督管理部门接到《进口药品报验单》及相关资料，审查无误后，将《进口药品注册证》（或者《医药产品注册证》）（正本或者副本）原件、药品《进口准许证》原件交还进口单位，并应当于当日向负责检验的口岸药品检验所发出《进口药品口岸检验通知书》，附本办法第九条规定的资料 1 份。

口岸药品检验所接到《进口药品口岸检验通知书》后，应当在 2 个工作日内与进口单位联系，到存货地点进行抽样，抽样完成后，应当在药品《进口准许证》原件第一联背面注明"已抽样"字样，并加盖抽样单位的公章。

第十一条 因教学、科研需要而进口的蛋白同化制剂、肽类激素以及境内企业接受境外企业委托生产而需要进口的蛋白同化制剂、肽类激素，予以免检。对免检的进口蛋白同化制剂、肽类激素，其收货人不免除持进口准许证向海关办理手续的义务。

第十二条 有下列情形之一的，口岸食品药品监督管理部门应当及时将有关情况通告发证机关：

（一）口岸食品药品监督管理部门根据《药品进口管理办法》第十七条规定，不予发放《进口药品口岸检验通知书》的；

（二）口岸药品检验所根据《药品进口管理办法》第二十五条规定，不予抽样的。

口岸食品药品监督管理部门对具有前款情形并已进口的全部药品，应当采取查封、扣押的行政强制措施，并于查封、扣押之日起 7 日内作出责令复运出境决定，通知进口单位按照本办法规定的蛋白同化制剂、肽类激素出口程序办理药品《出口准许证》，将进口药品全部退回原出口国。

进口单位收到责令复运出境决定之日起 10 日内不答复或者未明确表示复运出境的，已查封、扣押的药品由口岸食品药品监督管理部门监督销毁。

第十三条 进口的蛋白同化制剂、肽类激素经口岸药品检验所检验不符合标准规定的，进口单位应当在收到《进口药品检验报告书》后 2 日内，将全部进口药品流通、使用的详细情况，报告所在地口岸食品药品监督管理部门。

口岸食品药品监督管理部门收到《进口药品检验报告书》后，应当及时采取对全部药品予以查封、扣押的行政强制措施，并在 7 日内作出是否立案的决定。

进口单位未在规定时间内提出复验或者经复验仍不符合标准规定的，口岸食品药品监督管理部门应当作出责令复运出境决定，通知进口单位按照本办法规定的蛋白同化制剂、肽类激素出口程序办理药品《出口准许证》，将进口药品全部退回原出口国。进口单位收到责令复运出境决定之日起 10 日内不答复或者未明确表示复运出境的，由口岸食品药品监督管理部门监督销毁。

经复验符合标准规定的，口岸食品药品监督管理部门应当解除查封、扣押的行政强制措施。

口岸食品药品监督管理部门应当将按照本条第二款、第三款、第四款规定处理的情况及时通告发证机关，同时通告各省、自治区、直辖市食品药品监督管理部门和其他口岸食品药品监督管理部门。

第十四条 国内药品生产企业、经营企业以及医疗机构采购进口蛋白同化制剂、肽类激素时，供货单位应当提供《进口药品注册证》（或者《医药产品注册证》）复印件、药品《进口准许证》复印件和《进口药品检验报告书》复印件，并在上述各类复印件上加盖供货单位公章。

第十五条 出口蛋白同化制剂、肽类激素，出口单位应当向所在地省、自治区、直辖市食品药品监督管理部门提出申请，报送下列资料：

（一）药品出口申请表。

（二）进口国家或者地区的药品管理机构提供的进口准许证正本（或者复印件及公证文本）。

如进口国家或者地区对蛋白同化制剂、肽类激素进口尚未实行许可证管理制度，需提供进口国家的药品管理机构提供的该类药品进口无需核发进口准许证的证明文件（正本）以及以下文件之一：

1. 进口国家或者地区的药品管理机构提供的同意进口该药品的证明文件正本（或者复印件及公证文本）；

2. 进口单位合法资质的证明文件和该药品用途合法的证明文件正本（或者复印件及公证文本）。

（三）购货合同或者订单复印件（自营产品出口的生产企业除外）。

（四）外销合同或者订单复印件。

（五）出口药品如为国内药品生产企业经批准生产的品种，须提供该药品生产企业的《药品生产许可证》《企业法人营业执照》及药品的批准证明文件复印件。

出口药物如为境内企业接受境外企业委托生产的品种，须提供与境外委托企业签订的委托生产合同。委托生产合同应当明确规定双方的权利和义务、法律责任等，产品质量由委托方负责。

（六）出口企业的《企业法人营业执照》《进出口企业资格证书》（或者《对外贸易经营者备案登记表》）复印件。

上述各类复印件应当加盖出口单位公章。

第十六条 按照本办法第十二条、第十三条规定复运出境的，申请药品《出口准许证》时，应当提供下列资料：

（一）出口国原出口单位申请退货的证明材料；

（二）药品《进口准许证》。

第十七条 省、自治区、直辖市食品药品监督管理部门收到出口申请及有关资料后，应当于15个工作日内作出是否同意出口的决定；对同意出口的，发给药品《出口准许证》；对不同意出口的，应当书面说明理由。

对根据本办法第十六条规定申请办理药品《出口准许证》的，发证机关应当在药品《出口准许证》上注明"原货退回"字样。

第十八条 出口单位持省、自治区、直辖市食品药品监督管理部门核发的药品《出口准许证》向海关办理报关手续。

第十九条 进出口单位在办理报关手续时，应当多提交一联报关单，并向海关申请签退该联报关单。海关凭药品《进口准许证》《出口准许证》在该联报关单上加盖"验讫章"后退进出口单位。

进出口完成后1个月内，进出口单位应当将药品《进口准许证》《出口准许证》的第一联、海关签章的报关单退回发证机关。

取得药品进出口准许证后未进行相关进出口贸易的，进出口单位应当于准许证有效期满后1个月内将原准许证退回发证机关。

第二十条 药品《进口准许证》有效期1年。药品《出口准许证》有效期不超过3个月（有效期时限不跨年度）。

药品《进口准许证》《出口准许证》实行"一证一关"，只能在有效期内一次性使用，证面内容不得更改。因故延期进出口的，可以持原进出口准许证办理一次延期换证手续。

第二十一条 药品《进口准许证》《出口准许证》如有遗失，进出口单位应当立即向原发证机关书面报告挂失。原发证机关收到挂失报告后，通知口岸海关。原发证机关经核实无不良后果的，予以重新补发。

第二十二条 药品《进口准许证》《出口准许证》由国家食品药品监督管理总局统一印制。

第二十三条 以加工贸易方式进出口蛋白同化制剂、肽类激素的，海关凭药品《进口准许证》《出口准许证》办理验放手续并实施监管。确因特殊情况无法出口的，移交货物所在地食品药品监督管理部门按规定处理，海关凭有关证明材料办理核销手续。

第二十四条 海关特殊监管区域和保税监管场所与境外进出及海关特殊监管区域、保税监管场所之间进出的蛋白同化制剂、肽类激素，免予办理药品《进口准许证》《出口准许证》，由海关实施监管。

从海关特殊监管区域和保税监管场所进入境内区外的蛋白同化制剂、肽类激素，应当办理药品《进口准许证》。

从境内区外进入海关特殊监管区域和保税监管场所的蛋白同化制剂、肽类激素，应当办理药品《出口准许证》。

第二十五条 个人因医疗需要携带或者邮寄进出境自用合理数量范围内的蛋白同化制剂、肽类激素的，海关按照卫生计生部门有关处方的管理规定凭医疗机构处方予以验放。

第二十六条 除本办法另有规定外，供医疗使用的蛋白同化制剂、肽类激素的进口、口岸检验、监督管理等方面，参照《药品进口管理办法》有关药品进口的规定执行。

第二十七条 本办法所称进口供医疗使用的蛋白同化制剂、肽类激素，是指进口的蛋白同化制剂、肽类激素拟用于生产制剂或者拟在中国境内上市销售。

进口单位：是指依照本办法取得的药品《进口准许证》上载明的进口单位。

出口单位：是指依照本办法取得的药品《出口准许证》上载明的出口单位。

第二十八条 本办法自2014年12月1日起施行。2006年7月28日公布的《蛋白同化制剂、肽类激素进出口管理办法（暂行）》（国家食品药品监督管理局、海关总署、国家体育总局令第25号）同时废止。

药品进口管理办法

（国家食品药品监督管理局 海关总署令第4号）

发布日期：2003-08-18
实施日期：2012-08-24
法规类型：部门规章

（根据2012年8月24日卫生部、海关总署令第86号《关于修改〈药品进口管理办法〉的决定》修正）

第一章 总 则

第一条 为规范药品进口备案、报关和口岸检验工作，保证进口药品的质量，根据《中华人民共和国药品管理法》、《中华人民共和国海关法》、《中华人民共和国药品管理法实施条例》（以下简称《药品管理法》、《海关法》、《药品管理法实施条例》）及相关法律法规的规定，制定本办法。

第二条 药品的进口备案、报关、口岸检验以及进口，适用本办法。

第三条 药品必须经由国务院批准的允许药品进口的口岸进口。

第四条 本办法所称进口备案，是指进口单位向允许药品进口的口岸所在地药品监督管理部门（以下称口岸药品监督管理局）申请办理《进口药品通关单》的过程。麻醉药品、精神药品进口备案，是指进口单位向口岸药品监督管理局申请办理《进口药品口岸检验通知书》的过程。

本办法所称口岸检验，是指国家食品药品监督管理局确定的药品检验机构（以下称口岸药品检验所）对抵达口岸的进口药品依法实施的检验工作。

第五条 进口药品必须取得国家食品药品监督管理局核发的《进口药品注册证》（或者《医药产品注册证》），或者《进口药品批件》后，方可办理进口备案和口岸检验手续。

进口麻醉药品、精神药品，还必须取得国家食品药品监督管理局核发的麻醉药品、精神药品《进口准许证》。

第六条 进口单位持《进口药品通关单》向海关申报，海关凭口岸药品监督管理局出具的《进口药品通关单》，办理进口药品的报关验放手续。

进口麻醉药品、精神药品，海关凭国家食品药品监督管理局核发的麻醉药品、精神药品《进口准许证》办理报关验放手续。

第七条 国家食品药品监督管理局会同海关总署制定、修订、公布进口药品目录。

第二章 进口备案

第八条 口岸药品监督管理局负责药品的进口备案工作。口岸药品监督管理局承担的进口备案工作受国家食品药品监督管理局的领导，其具体职责包括：

（一）受理进口备案申请，审查进口备案资料；

（二）办理进口备案或者不予进口备案的有关事项；

（三）联系海关办理与进口备案有关的事项；

（四）通知口岸药品检验所对进口药品实施口岸检验；

（五）对进口备案和口岸检验中发现的问题进行监督处理；

（六）国家食品药品监督管理局规定的其他事项。

第九条 报验单位应当是持有《药品经营许可证》的独立法人。药品生产企业进口本企业所需原料药和制剂中间体（包括境内分包装用制剂），应当持有《药品生产许可证》。

第十条 下列情形的进口药品，必须经口岸药品检验所检验符合标准规定后，方可办理进口备案手续。检验不符合标准规定的，口岸药品监督管理局不予进口备案：

（一）国家食品药品监督管理局规定的生物制品；

（二）首次在中国境内销售的药品；

（三）国务院规定的其他药品。

第十一条 进口单位签订购货合同时，货物到岸地应当从允许药品进口的口岸选择。其中本办法第十条规定情形的药品，必须经由国家特别批准的允许药品进口的口岸进口。

第十二条 进口备案，应当向货物到岸地口岸药品监督管理局提出申请，并由负责本口岸药品检验的口岸药品检验所进行检验。

第十三条 办理进口备案，报验单位应当填写《进口药品报验单》，持《进口药品注册证》（或者《医药产品注册证》）（正本或者副本）原件，进口麻醉药品、精神药品还应当持麻醉药品、精神药品《进口准许证》原件，向所在地口岸药品监督管理局报送所进口品种的有关资料一式两份：

（一）《进口药品注册证》（或者《医药产品注册证》）（正本或者副本）复印件；麻醉药品、精神药品的《进口准许证》复印件；

（二）报验单位的《药品经营许可证》和《企业法人营业执照》复印件；

（三）原产地证明复印件；

（四）购货合同复印件；

（五）装箱单、提运单和货运发票复印件；

（六）出厂检验报告书复印件；

（七）药品说明书及包装、标签的式样（原料药和制剂中间体除外）；

（八）国家食品药品监督管理局规定批签发的生物制品，需要提供生产检定记录摘要及生产国或者地区药品管理机构出具的批签发证明原件；

（九）本办法第十条规定情形以外的药品，应当提交最近一次《进口药品检验报告书》和《进口药品通关单》复印件。

药品生产企业自行进口本企业生产所需原料药和制剂中间体的进口备案，第（二）项资料应当提交其《药品生产许可证》和《企业法人营业执照》复印件。

经其他国家或者地区转口的进口药品，需要同时提交从原产地到各转口地的全部购货合同、装箱单、提运单和货运发票等。

上述各类复印件应当加盖进口单位公章。

第十四条 口岸药品监督管理局接到《进口药品报验单》及相关资料后，按照下列程序的要求予以审查：

（一）逐项核查所报资料是否完整、真实；

（二）查验《进口药品注册证》（或者《医药产品注册证》）（正本或者副本）原件，或者麻醉药品、精神药品的《进口准许证》原件真实性；

（三）审查无误后，将《进口药品注册证》（或者《医药产品注册证》）（正本或者副本）原件，或者麻醉药品、精神药品的《进口准许证》原件，交还报验单位，并于当日办结进口备案的相关手续。

第十五条 本办法第十条规定情形的药品，口岸药品监督管理局审查全部资料无误后，应当向负责检验的口岸药品检验所发出《进口药品口岸检验通知书》，附本办法第十三条规定的资料一份，同时向海关发出《进口药品抽样通知书》。有关口岸药品检验进入海关监管场所抽样的管理规定，由国家食品药品监督管理局与海关总署另行制定。

口岸药品检验所按照《进口药品口岸检验通知书》规定的抽样地点，抽取检验样品，进行质量检验，并将检验结果送交所在地口岸药品监督管理局。检验符合标准规定的，准予进口备案，由口岸药品监督管理局发出《进口药品通关单》；不符合标准规定的，不予进口备案，由口岸药品监督管理局发出《药品不予进口备案通知书》。

第十六条 本办法第十条规定情形以外的药品，口岸药品监督管理局审查全部资料无误后，准予进口备案，发出《进口药品通关单》。同时向负责检验的口岸药品检验所发出《进口药品口岸检验通知书》，附本办法第十三条规定的资料一份。

对麻醉药品、精神药品，口岸药品监督管理局审查全部资料无误后，应当只向负责检验的口岸药品检验所发出《进口药品口岸检验通知书》，附本办法第十三条规定的资料一份，无需办理《进口药品通关单》。

口岸药品检验所应当到《进口药品口岸检验通知书》规定的抽样地点抽取样品，进行质量检验，并将检验结果送交所在地口岸药品监督管理局。对检验不符合标准规定的药品，由口岸药品监督管理局依照《药品管理法》及有关规定处理。

第十七条 下列情形之一的进口药品，不予进口备案，由口岸药品监督管理局发出《药品不予进口备案通知书》；对麻醉药品、精神药品，口岸药品监督管理局不予发放《进口药品口岸检验通知书》：

（一）不能提供《进口药品注册证》（或者《医药产品注册证》）（正本或者副本）、《进口药品批件》或者麻醉药品、精神药品的《进口准许证》原件的；

（二）办理进口备案时，《进口药品注册证》（或者《医药产品注册证》），或者麻醉药品、精神药品的《进口准许证》已超过有效期的；

（三）办理进口备案时，药品的有效期限已不满 12 个月的。（对于药品本身有效期不足 12 个月的，进口备案时，其有效期限应当不低于 6 个月）；

（四）原产地证明所标示的实际生产地与《进口药品注册证》（或者《医药产品注册证》）规定的产地不符的，或者区域性国际组织出具的原产地证明未标明《进口药品注册证》（或者《医药产品注册证》）规定产地的；

（五）进口单位未取得《药品经营许可证》（生产企业应当取得《药品生产许可证》）和《企业法人营业执照》的；

（六）到岸品种的包装、标签与国家食品药品监督管理局的规定不符的；

（七）药品制剂无中文说明书或者中文说明书与批准的说明书不一致的；

（八）未在国务院批准的允许药品进口的口岸组织进口的，或者货物到岸地不属于所在地口岸药品监督管理局管辖范围的；

（九）国家食品药品监督管理局规定批签发的生物制品未提供有效的生产国或者地区药品管理机构出具的生物制品批签发证明文件的；

（十）伪造、变造有关文件和票据的；

（十一）《进口药品注册证》（或者《医药产品注册证》）已被撤销的；

（十二）本办法第十条规定情形的药品，口岸药品检验所根据本办法第二十五条的规定不予抽样的；

（十三）本办法第十条规定情形的药品，口岸检验不符合标准规定的；

（十四）药品监督管理部门有其他证据证明进口药品可能危害人体健康的。

第十八条　对不予进口备案的进口药品，进口单位应当予以退运。无法退运的，由海关移交口岸药品监督管理局监督处理。

第十九条　进口临床急需药品、捐赠药品、新药研究和药品注册所需样品或者对照药品等，必须经国家食品药品监督管理局批准，并凭国家食品药品监督管理局核发的《进口药品批件》，按照本办法第十六条的规定，办理进口备案手续。

第三章　口岸检验

第二十条　口岸药品检验所由国家食品药品监督管理局根据进口药品口岸检验工作的需要确定。口岸药品检验所的职责包括：

（一）对到岸货物实施现场核验；

（二）核查出厂检验报告书和原产地证明原件；

（三）按照规定进行抽样；

（四）对进口药品实施口岸检验；

（五）对有异议的检验结果进行复验；

（六）国家食品药品监督管理局规定的其他事项。

第二十一条　中国药品生物制品检定所负责进口药品口岸检验工作的指导和协调。口岸检验所需标准品、对照品由中国药品生物制品检定所负责审核、标定。

第二十二条　口岸药品检验所应当按照《进口药品注册证》（或者《医药产品注册证》）载明的注册标准对进口药品进行检验。

第二十三条　口岸药品检验所接到《进口药品口岸检验通知书》后，应当在 2 日内与进口单位联系，到规定的存货地点按照《进口药品抽样规定》进行现场抽样。

进口单位应当在抽样前，提供出厂检验报告书和原产地证明原件。

对需进入海关监管区抽样的，口岸药品检验所应当同时与海关联系抽样事宜，并征得海关同意。抽样时，进口单位和海关的人员应当同时在场。

第二十四条 口岸药品检验所现场抽样时，应当注意核查进口品种的实际到货情况，做好抽样记录并填写《进口药品抽样记录单》。

本办法第十条规定情形以外的药品，抽样完成后，口岸药品检验所应当在进口单位持有的《进口药品通关单》原件上注明"已抽样"的字样，并加盖抽样单位的公章。

对麻醉药品、精神药品，抽样完成后，应当在《进口准许证》原件上注明"已抽样"的字样，并加盖抽样单位的公章。

第二十五条 对有下列情形之一的进口药品，口岸药品检验所不予抽样：

（一）未提供出厂检验报告书和原产地证明原件，或者所提供的原件与申报进口备案时的复印件不符的；

（二）装运唛头与单证不符的；

（三）进口药品批号或者数量与单证不符的；

（四）进口药品包装及标签与单证不符的；

（五）药品监督管理部门有其他证据证明进口药品可能危害人体健康的。

对不予抽样的药品，口岸药品检验所应当在 2 日内，将《进口药品抽样记录单》送交所在地口岸药品监督管理局。

第二十六条 口岸药品检验所应当及时对所抽取的样品进行检验，并在抽样后 20 日内，完成检验工作，出具《进口药品检验报告书》。特殊品种或者特殊情况不能按时完成检验时，可以适当延长检验期限，并通知进口单位和口岸药品监督管理局。

《进口药品检验报告书》应当明确标有"符合标准规定"或者"不符合标准规定"的检验结论。

国家食品药品监督管理局规定批签发的生物制品，口岸检验符合标准规定，审核符合要求的，应当同时发放生物制品批签发证明。

第二十七条 对检验符合标准规定的进口药品，口岸药品检验所应当将《进口药品检验报告书》送交所在地口岸药品监督管理局和进口单位。

对检验不符合标准规定的进口药品，口岸药品检验所应当将《进口药品检验报告书》及时发送口岸药品监督管理局和其他口岸药品检验所，同时报送国家食品药品监督管理局和中国药品生物制品检定所。

第二十八条 进口药品的检验样品应当保存至有效期满。不易贮存的留样，可根据实际情况掌握保存时间。索赔或者退货药品的留样应当保存至该案完结时。超过保存期的留样，由口岸药品检验所予以处理并记录备案。

第二十九条 进口单位对检验结果有异议的，可以自收到检验结果之日起 7 日内向原口岸药品检验所申请复验，也可以直接向中国药品生物制品检定所申请复验。生物制品的复验直接向中国药品生物制品检定所申请。

口岸药品检验所在受理复验申请后，应当及时通知口岸药品监督管理局，并自受理复验之日起 10 日内，作出复验结论，通知口岸药品监督管理局、其他口岸药品检验所，报国家食品药品监督管理局和中国药品生物制品检定所。

第四章 监督管理

第三十条 口岸药品检验所根据本办法第二十五条的规定不予抽样但已办结海关验放手续的药品，口岸药品监督管理局应当对已进口的全部药品采取查封、扣押的行政强制措施。

第三十一条 本办法第十条规定情形以外的药品，经口岸药品检验所检验不符合标准规定的，进口单位应当在收到《进口药品检验报告书》后 2 日内，将全部进口药品流通、使用的详细情况，报告所在地口岸药品监督管理局。

所在地口岸药品监督管理局收到《进口药品检验报告书》后，应当及时采取对全部药品予以查封、扣押的行政强制措施，并在 7 日内作出行政处理决定。对申请复验的，必须自检验报告书发出之日起 15 日内作出行政处理决定。有关情况应当及时报告国家食品药品监督管理局，同时通告各省、自治区、直辖市药品监督管理局和其他口岸药品监督管理局。

第三十二条 未在规定时间内提出复验或者经复验仍不符合标准规定的，口岸药品监督管理局应当按照《药品管理法》以及有关规定作出行政处理决定。有关情况应当及时报告国家食品药品监督管理局，同时通告各省、自治区、直辖市药品监督管理局和其他口岸药品监督管理局。

经复验符合标准规定的，口岸药品监督管理局应当解除查封、扣押的行政强制措施，并将处理情况报告国家食品药品监督管理局，同时通告各省、自治区、直辖市药品监督管理局和其他口岸药品监督管理局。

第三十三条 药品进口备案中发现的其他问题，由口岸药品监督管理局按照《药品管理法》以及有关规定予以处理。

第三十四条 国内药品生产企业、经营企业以及医疗机构采购进口药品时，供货单位应当同时提供以下资料：

（一）《进口药品注册证》（或者《医药产品注册证》）复印件、《进口药品批件》复印件；

（二）《进口药品检验报告书》复印件或者注明"已抽样"并加盖公章的《进口药品通关单》复印件；

国家食品药品监督管理局规定批签发的生物制品，需要同时提供口岸药品检验所核发的批签发证明复印件。

进口麻醉药品、精神药品，应当同时提供其《进口药品注册证》（或者《医药产品注册证》）复印件、《进口准许证》复印件和《进口药品检验报告书》复印件。

上述各类复印件均需加盖供货单位公章。

第三十五条 口岸药品监督管理局和口岸药品检验所应当建立严格的进口备案资料和口岸检验资料的管理制度，并对进口单位的呈报资料承担保密责任。

第三十六条 对于违反本办法进口备案和口岸检验有关规定的口岸药品监督管理局和口岸药品检验所，国家食品药品监督管理局将根据情节给予批评、通报批评，情节严重的停止其进口备案和口岸检验资格。

第三十七条 违反本办法涉及海关有关规定的，海关按照《海关法》、《中华人民共和国海关法行政处罚实施细则》的规定处理。

第五章 附 则

第三十八条 本办法所称进口单位，包括经营单位、收货单位和报验单位。

经营单位，是指对外签订并执行进出口贸易合同的中国境内企业或单位。

收货单位，是指购货合同和货运发票中载明的收货人或者货主。

报验单位，是指该批进口药品的实际货主或者境内经销商，并具体负责办理进口备案和口岸检验手续。

收货单位和报验单位可以为同一单位。

第三十九条 从境外进入保税仓库、保税区、出口加工区的药品，免予办理进口备案和口岸检验等进口手续，海关按有关规定实施监管；从保税仓库、出口监管仓库、保税区、出口加工区出库或出区进入国内的药品，按本办法有关规定办理进口备案和口岸检验等手续。

经批准以加工贸易方式进口的原料药、药材，免予办理进口备案和口岸检验等进口手续，其原料药及制成品禁止转为内销。确因特殊情况无法出口的，移交地方药品监督管理部门按规定处理，海关予以核销。

进出境人员随身携带的个人自用的少量药品，应当以自用、合理数量为限，并接受海关监管。

第四十条 进口暂未列入进口药品目录的原料药，应当遵照本办法的规定，到口岸药品监督管理局办理进口备案手续。

第四十一条 药材进口备案和口岸检验的规定，由国家食品药品监督管理局另行制定。

第四十二条 进口麻醉药品、精神药品凭《进口药品注册证》（或者《医药产品注册证》），按照国务院麻醉药品、精神药品管理的有关法规办理《进口准许证》。

第四十三条 本办法规定的麻醉药品、精神药品是指供临床使用的品种，科研、教学、兽用等麻醉药品、精神药品的进口，按照国务院麻醉药品、精神药品管理的有关法规执行。

第四十四条 本办法由国家食品药品监督管理局和海关总署负责解释。

第四十五条 本办法自 2004 年 1 月 1 日起实施。1999 年 5 月 1 日实施的《进口药品管理办法》同时废止。

关于启用《出口欧盟原料药证明文件》和《药品出口销售证明》电子证明的公告

（国家药品监督管理局公告 2022 年第 95 号）

发布日期：2022-10-27
实施日期：2022-12-01
法规类型：部门规章

为深入贯彻落实党中央、国务院关于深化"证照分离"改革重大决策部署，优化营商环境，进一步激发市场主体发展活力，提升国家药监局"互联网+药品监管"应用服务水平，为药品出口企业提供更加高效便捷的政务服务，经研究决定，自 2022 年 12 月 1 日起，正式启用《出口欧盟原料药证明文件》和《药品出口销售证明》电子证明，现将有关事项公告如下：

一、自 2022 年 12 月 1 日起，对签发的《出口欧盟原料药证明文件》和《药品出口销售证明》启用电子证明。电子证明与纸质证明具有同等效力。

二、结合我国药品出口工作实践和世卫组织相关最新指南，启用《药品出口销售证明》新模板（见附件）。自 2022 年 12 月 1 日起，各省级药品监管部门应当按照更新后的模板签发《药品出口销售证明》。

三、做好启用电子证明的宣贯和指导工作。使用国家药监局应用系统制发的电子证明的，申请人须先行在国家药监局网上办事大厅注册并实名认证，进入网上办事大厅法人空间"我的证照"栏目，也可登录"中国药监 App"，查看下载相应的电子证明。申请人应妥善保管电子证明。国家药监局制发的电子证明常见问题及解答，见国家药监局网上办事大厅电子证照帮助栏目。

四、使用本省应用系统制发的电子证明的，省级药品监管部门应当向行政区域内企业明确有关办事指南，做好指导和服务。

特此公告。

附件：《药品出口销售证明》模板（2022年版）（略）

关于印发《临床急需药品临时进口工作方案》和《氯巴占临时进口工作方案》的通知

（国卫药政发〔2022〕18号）

发布日期：2022-06-23
实施日期：2022-06-23
法规类型：部门规章

各省、自治区、直辖市及新疆生产建设兵团卫生健康委、药监局：

为进一步完善药品供应保障政策，满足人民群众特定临床急需用药需求，根据《中华人民共和国药品管理法》有关规定，我们制定了《临床急需药品临时进口工作方案》和《氯巴占临时进口工作方案》。现印发给你们，请遵照执行，并做好组织实施工作。

附件：1. 临床急需药品临时进口工作方案
2. 氯巴占临时进口工作方案

附件1

临床急需药品临时进口工作方案

为进一步完善药品供应保障政策，满足人民群众特定临床急需用药需求，根据《中华人民共和国药品管理法》有关规定，制定本方案。

一、工作目标

明确各部门职责，各负其责，加强组织保障和监管力度，规范、高效地开展临床急需药品临时进口工作。

二、药品范围

适用于国内无注册上市、无企业生产或短时期内无法恢复生产的境外已上市临床急需少量药品。其中，临床急需少量药品为符合下列情形之一的药品：

（一）用于治疗罕见病的药品；

（二）用于防治严重危及生命疾病，且尚无有效治疗或预防手段的药品；

（三）用于防治严重危及生命疾病，且具有明显临床优势的药品。

三、申请工作流程

（一）医疗机构应向国家药监局或国务院授权的省、自治区、直辖市人民政府提出临时进口申请，并按要求提供以下材料：

1. 医疗机构的机构合法登记文件复印件（如医疗机构执业许可证、营业执照（如有）、组织机构代码证等）。

2. 申请报告及承诺书。内容应包括：拟申请进口药品的具体用途、进口的必要性说明、申请医疗机构的名称、地址及联系人信息。医疗机构书面承诺拟进口药品在指定医疗机构内用于特定医疗目的，不得用于申请用途以外的其他用途。

3. 拟进口药品清单。内容应包括：药品名称、剂型、规格、进口数量、境外持有人名称地址、生产企业名称地址、药品产地、拟申报通关的口岸名称。

上述材料须加盖医疗机构公章。

（二）国家药监局收到医疗机构申请后，可就申请医疗机构是否具备使用管理能力、药品是否临床急需、药品需求量是否合理等征求国家卫生健康委意见。国家卫生健康委可视情况征求医疗机构所在地省级卫生健康主管部门意见。国家药监局在接到国家卫生健康委书面反馈意见后 3 个工作日内，对符合要求的申请，以局综合司函形式作出同意进口的复函，复函抄送国家卫生健康委、各省级药品监督管理部门及口岸药品监督管理部门，国家卫生健康委抄送各省级卫生健康主管部门。

（三）医疗机构依据复函向口岸药品监督管理部门申请办理《进口药品通关单》。此类进口药品，无需进行口岸检验。

（四）进口药品若属于麻醉药品和国家规定范围内的精神药品，还需要向国家药监局申请进口准许证。医疗机构可以委托进口单位办理进口准许证。进口单位按照国家药监局网上办事大厅公布的供临床使用麻醉药品和精神药品的进口审批办事指南提出申请。

具体材料包括：麻醉（精神）药品进口申请表；购货合同或订单复印件；医疗机构委托代理协议复印件；进口单位的《营业执照》《对外贸易经营者备案登记表》复印件（自由贸易试验区内注册企业无需提交《对外贸易经营者备案登记表》复印件）；出口单位如为该药品的销售代理公司，还需提供委托代理协议和出口单位合法资质证明文件、公证文本以及认证文本；申报资料真实性自我保证声明。符合规定的，国家药监局在 3 个工作日内出具进口准许证。

该项申请可与（一）医疗机构申请临时进口同步提交申报材料，国家药监局予同步审批。申请人因自身原因无法同步提交申报材料的，也可将（一）与（四）分别提交申请。

（5）进口麻醉药品、国家规定范围内的精神药品的，凭进口准许证办理报关验放手续。

（6）进口药品属于治疗罕见病的，原则上由全国罕见病诊疗协作网的 1 家医疗机构作为牵头进口机构，汇总全国范围内用药需求、使用该药的医疗机构名单和承诺书，按照本方案要求牵头提出临时进口申请并组织做好使用管理工作。

四、药品使用管理

使用临时进口药品的医疗机构应按照《医疗机构药事管理规定》，重点做好以下工作：

（一）制定临床技术规范，明确药品的临床诊治用途、患者群体、使用科室及医生名单；建立专项管理制度，对医师处方、用药医嘱的适宜性进行审核，严格规范医师用药行为。

（二）监测记录临时进口药品使用相关的临床诊疗病历及药品安全性、有效性、经济性、依从性、不良反应等信息数据，并应当长期保存。若发生严重不良反应时，及时通报医疗机构所在省份的药品监督管理部门、卫生健康主管部门、国内药品经营企业。省级药品监督管理部门与省级卫生健康主管部门共同研判临床用药风险，必要时采取停止使用等紧急控制措施，并分别报告上级主管部门。

（三）制定完善的安全防范措施和风险监控处置预案。

（四）应按规定对临时进口药品合理储存。

（五）应按年度对临时进口药品进行评估，并报告省级卫生健康主管部门。

（六）按规定选取药品经营企业开展采购、进口和配送临时进口药品等相关工作。

（七）属于罕见病用药的，原则上应当依托《中国罕见病诊疗服务信息系统》和全国罕见病诊疗协作网加强药品使用的科学化管理。

五、相关方权责

医疗机构、经营企业依法对临时进口药品承担风险责任。医疗机构应当与经营企业签订协议，经营企业应当与境外生产企业签订协议，明确双方责任，保证药品质量。

制定责任风险分担和免责相关规定。在用药前，医生应向患者明确说明病情、用药风险和其他需要告知的事项，并取得书面知情同意；不能或者不宜向患者说明的，应当向患者的近亲属说明，并取得其书面知情同意。

六、国务院授权的省、自治区、直辖市人民政府可参照本工作方案结合自身工作实际制定相应工作程序及要求。

附件2

氯巴占临时进口工作方案

为满足氯巴占临床用药急需，根据《临床急需药品临时进口工作方案》有关规定，制定氯巴占临时进口工作方案。

一、申请工作流程

（一）国家卫生健康委组织提出氯巴占临床需求量，确定使用医疗机构名单，选定牵头进口的医疗机构，组织拟定药品使用规范和处方资质要求，明确患者知情同意和医生免责要求。

（二）牵头进口的医疗机构应向国家药监局提出临时进口申请，并按要求提供以下材料：

1. 医疗机构的机构合法登记文件复印件（如医疗机构执业许可证、营业执照（如有）、组织机构代码证等）。

2. 申请报告及承诺书。内容应包括：申请医疗机构的名称、地址及联系人信息。医疗机构书面承诺拟进口药品在指定医疗机构内用于特定医疗目的，不得用于申请用途以外的其他用途。

3. 拟进口药品清单。内容应包括：药品名称、剂型、规格、进口数量、境外持有人名称地址、生产企业名称地址、药品产地、拟申报通关的口岸名称。

上述材料须加盖医疗机构公章。

同时，牵头进口的医疗机构可委托进口单位办理进口准许证。进口单位应按照国家药监局网上办事大厅公布的供临床使用麻醉药品和精神药品的进口审批办事指南，提出进口准许证申请，具体材料包括：

4. 精神药品进口申请表。

5. 购货合同或订单复印件。

6. 医疗机构委托代理协议复印件。

7. 进口单位的《营业执照》《对外贸易经营者备案登记表》复印件（自由贸易试验区内注册企业无需提交《对外贸易经营者备案登记表》复印件）。

8. 出口单位如为该药品的销售代理公司，还需提供委托代理协议和出口单位合法资质证明文件、公证文本以及认证文本。

9. 申报资料真实性自我保证声明。

上述1-9项材料可同步提交，因申请单位自身原因无法同步提交的，也可将1-3项及4-9项分别提交。

（三）国家药监局收到医疗机构相关申请后，对符合要求的，在3个工作日内以局综合司函形式作出同意进口的复函，复函抄送国家卫生健康委、各省级药品监督管理部门及口岸药品监督管理部门，国家卫生健康委抄送各省级卫生健康主管部门。同时，出具进口准许证。

（四）进口单位持进口准许证直接向海关办理通关手续。此类进口药品，无需进行口岸检验。

二、药品使用管理

使用临时进口药品的医疗机构应按照《医疗机构药事管理规定》，重点做好以下工作：

（一）制定临床技术规范，明确药品的临床诊治用途、患者群体、使用科室及医生名单；建立专项管理制度，对医师处方、用药医嘱的适宜性进行审核，严格规范医师用药行为。

（二）监测记录临时进口药品使用相关的临床诊疗病历及药品安全性、有效性、经济性、依从性、不良反应等信息数据，并应当长期保存。若发生严重不良反应时，及时通报医疗机构所在省份的药品监督管理部门、卫生健康主管部门、国内药品经营企业。省级药品监督管理部门与省级卫生健康主管部门共同研判临床用药风险，必要时采取停止使用等紧急控制措施，并分别报告上级主管部门。

（三）制定完善的安全防范措施和风险监控处置预案。

（四）应按规定对临时进口药品合理储存。

（五）应按年度对临时进口药品进行评估，并报告省级卫生健康主管部门。

（六）按规定选取药品经营企业开展采购、进口和配送临时进口药品等相关工作。

（七）依托《中国罕见病诊疗服务信息系统》和全国罕见病诊疗协作网加强药品使用的科学化管理。

三、处方医师的资质条件和管理要求

（一）从事癫痫或儿童癫痫诊治 10 年以上，副主任医师或主任医师；

（二）具有麻醉药品和精神药品处方权；

（三）有使用苯二氮䓬类治疗癫痫的临床使用经验；

（四）能够严格掌握氯巴占的适应证（限癫痫）；

（五）熟悉氯巴占的用法用量、治疗效果评估、不良反应监测与处理；

（六）按照目前各自所在医院苯二氮䓬类药品使用要求，且每张处方最多不得超过 1 个月用量。

四、相关方权责

牵头的医疗机构、经营企业依法对临时进口药品承担风险责任。医疗机构应当与经营企业签订协议，经营企业应当与境外生产企业签订协议，明确双方责任，保证药品质量。

制定责任风险分担和免责相关规定。在用药前，医生应向患者明确说明病情、用药风险和其他需要告知的事项，并取得书面知情同意；不能或者不宜向患者说明的，应当向患者的近亲属说明，并取得其书面知情同意。

粤港澳大湾区药品医疗器械监管创新发展工作方案

（国市监药〔2020〕159号）

发布日期：2020-09-29
实施日期：2020-09-29
法规类型：规范性文件

为深入实施《粤港澳大湾区发展规划纲要》，推进粤港澳大湾区药品医疗器械监管创新发展，探索建立互动互利的药品医疗器械合作新模式，提升监管体系和能力现代化水平，制定本方案。

一、总体要求

（一）指导思想。

以习近平新时代中国特色社会主义思想为指导，深入贯彻落实习近平总书记关于粤港澳大湾区建设的重要指示精神和"四个最严"要求，按照党中央、国务院决策部署，坚持新发展理念，深入推进"放管服"改革，创新药品医疗器械监管方式，整合监管资源，促进医药产业在粤港澳大湾区融合发展，更好地满足粤港澳大湾区居民用药用械需求，保障用药用械安全，塑造具有创新活力的健康湾区。

（二）基本原则。

坚持"一国两制"、依法办事。把维护国家药品医疗器械监管体制和尊重港澳监管机制差异有机结合起来，推动粤港澳监管机制对接，促进药品医疗器械创新发展，实现粤港澳大湾区医药产业共同发展。

坚持共享发展，改善民生。坚持以人民为中心的发展思想，围绕粤港澳大湾区居民需求，通过创新药品医疗器械监管方式，不断提供优质的药品医疗器械和服务，使粤港澳大湾区居民获得感、幸福感、安全感更加充实、更有保障、更可持续。

坚持分步实施，试点先行。针对粤港澳大湾区内地进口药品医疗器械需求，为加强监管确保安全，坚持分步实施，先期在一些条件比较成熟的地方和医疗机构作为试点，在取得可复制、可推广经验后扩展至粤港澳大湾区其他符合要求的区域和医疗机构。

（三）总体目标。

到2022年，基本建立粤港澳大湾区内地医疗机构使用港澳上市药品医疗器械的体制机制，粤港澳大湾区内地指定医疗机构基本具备为港澳提供高水平的医疗用药用械条件；建设粤港澳大湾区内地与港澳地区药品医疗器械研发、生产、流通和使用的"软联通"机制，推动粤港澳大湾区医药产业融合发展，积极稳妥开展港澳外用中成药审评审批、港澳药品医疗器械在大湾区内地生产等试点工作；建立国家药品医疗器械技术支撑机构，促进粤港澳大湾区医药产业快速健康发展；凭借粤港澳大湾区的国际化区位优势，推进中医药标准化、现代化、国际化。

到2035年，建立完善的粤港澳大湾区药品医疗器械监管协调机制，为港澳和大湾区内地居民提供便利的药品医疗器械产品及服务；打造粤港澳大湾区医药产业高水平科技创新平台，实现粤港澳大湾区医药产业深度融合和药品医疗器械生产制造产业升级，建成全国医药产业创新发展示范区和宜居宜业宜游的国际一流湾区。

二、重点任务

（一）在粤港澳大湾区内地9市开业的指定医疗机构使用临床急需、已在港澳上市的药品，由国家药监局批准改为由国务院授权广东省人民政府批准。

一是实施范围。关于指定医疗机构范围。港澳医疗卫生服务提供主体在粤港澳大湾区内地9市以独资、合资或者合作等方式设置，且经广东省卫生健康委审核确定的医疗机构。坚持分步实施，先期以香港大学深圳医院为试点，在取得阶段性进展后逐步扩展至其他符合要求的指定医疗机构。相关核定条件和程序由广东省卫生健康委负责制定。关于进口药品目录范围。由广东省卫生健康委、药监局会同港澳卫生部门根据临床需求和药品上市情况确定进口药品目录，并实行动态调整。

二是实施程序。关于进口审批。指定医疗机构提出临床用药需求申请，广东省卫生健康委根据申请出具审核意见，评估内容包括拟进口药品是否属于临床急需。指定医疗机构根据审核意见向广东省药监局提出进口申请，符合要求的，由广东省药监局核发批件。关于通关管理。指定医疗机构凭批件向粤港澳大湾区内地口岸药监局申请办理《进口药品通关单》，海关按规定办理通关手续。指定医疗机构按规定委托药品经营企业采购、进口和配送药品。

（二）在粤港澳大湾区内地9市暂停实施《医疗器械监督管理条例》第十一条第二款，区域内开业的指定医疗机构使用临床急需、港澳公立医院已采购使用、具有临床应用先进性的医疗器械，由广东省政府批准。

一是暂停法规条款实施。暂时调整《医疗器械监督管理条例》第十一条第二款"向我国境内出口第二类、第三类医疗器械的境外生产企业，应当由其在我国境内设立的代表机构或者指定我国境内的企业法人作为代理人，向国务院食品药品监督管理部门提交注册申请资料和注册申请人所在国（地区）主管部门准许该医疗器械上市销售的证明文件"在粤港澳大湾区内地9市实施。

二是实施范围。关于指定医疗机构范围。港澳医疗卫生服务提供主体在粤港澳大湾区内地9市以独资、合资或者合作等方式设置，且经广东省卫生健康委审核确定的医疗机构。坚持分步实施，先期以香港大学深圳医院为试点，在取得可复制、可推广的经验后逐步扩展至其他符合要求的指定医疗机构。相关核定条件和程序由广东省卫生健康委负责制定。关于进口医疗器械目录范围。港澳公立医院已采购使用、属于临床急需、具有临床应用先进性的医疗器械，由广东省卫生健康委、药监局会同港澳卫生部门根据临床需求确定进口医疗器械目录，并实施动态调整。

三是实施程序。关于进口审批。指定医疗机构提出用械申请，广东省卫生健康委对临床需求进行评估并出具审核意见，评估内容包括拟进口医疗器械是否属于临床急需且无其他治疗手段、国内目前已上市产品能否达到同等治疗效果、医疗机构的器械使用能力等。广东省药监局对临床应用先进性进行评估，对国内无同品种获批注册上市的医疗器械予以支持并出具进口批复意见。广东省商务厅按相关规定对属于大型医用设备的医疗器械出具进口审核意见。关于通关管理。指定医疗机构凭广东省药监局的批复意见（属于大型医用设备的医疗器械还应提供广东省商务厅出具的进口审核意见）申请医疗器械进口报关，广东海关按规定核验放行。指定医疗机构按规定委托医疗器械经营企业采购、进口和配送医疗器械。

（三）加快国家药监局药品和医疗器械审评检查大湾区分中心建设。大湾区分中心作为国家药监局药品和医疗器械审评中心的派出机构，主要承担协助国家药监局药品和医疗器械审评机构开展审评事前事中沟通指导及相关检查等工作，建立审评审批的便捷机制。

（四）支持在横琴粤澳合作中医药科技产业园发展中医药产业。一是简化外用中成药注册审批流程。国家药监局委托广东省药监局对在港澳已上市传统外用中成药进行审批，具体目录由广东省药监局商港澳药品监管部门制定并报国家药监局备案。二是推进中医药产品创新研发。支持在横琴粤澳合作中医药科技产业园设立中医药产品创新孵化中心，鼓励中医医疗机构在产业园发展医疗机构制剂，鼓励在产业园研发中医疗器械。三是加强中医药政策和技术研究。由广东省药监局、国家药监局南方医药经济研究所与横琴粤澳合作中医药科技产业园共同开展中医药标准和国际交流策略等政策和技术研究，搭建中医药政策和技术研究、交流、传播平台，为加快完善中医药政策体系建设、促进中医药事业发展献言建策，推动中医药标准化、现代化、国际化。

（五）在粤港澳大湾区开展药品上市许可持有人、医疗器械注册人制度改革。药品上市许可持有人、医疗器械注册人为港澳企业的，由其指定粤港澳大湾区内地企业法人履行药品上市许可持有人、医疗器械注册人义务的，与相关港澳企业承担连带责任。支持港澳药品上市许可持有人、医疗器械注册人将持有的药品医疗器械在粤港澳大湾区内地9市符合条件的企业生产。

（六）在中山市设立药品进口口岸。按程序申报在广东省中山市增设药品进口口岸，评估论证将广东省药品检验所中山实验室作为口岸药品检验所。

三、保障措施

（一）建立协作机制。国家市场监管总局、国家药监局会同国家发展改革委、商务部、国家卫生健康委、海关总署、国务院港澳办、国家中医药局等有关部门协调推动实施相关工作。广东省人民政府牵头建立广东省省内及与港澳特别行政区政府之间的协作机制，具体负责落实工作。国家药监局指导广东省药监局同港澳药品监管等部门建立粤港澳三地药品监管协作机制，研究确定协作重要事项，定期通报监管情况，动态调整允许使用的药品医疗器械目录和范围。

（二）健全配套制度。广东省药监局会同有关方面梳理药品医疗器械创新监管配套制度清单，根据职能分别制定指定医疗机构、药品医疗器械在粤港澳大湾区的采购、进口、通关、贮存、配送、使用过程监管配套制度和管理办法，明确指定医疗机构的认定条件，规范临床急需药品医疗器械的进口程序和使用条件，细化贮存、维护、管理要求，明确不良反应、不良事件监测、应急处置等内容。涉及内地对港澳单独开放措施，纳入内地与香港、澳门《关于建立更紧密经贸关系的安排》（CEPA）框架下实施。

（三）落实监管责任。广东省各相关职能部门按照拟定的配套制度严格审核审批，做到申请条件、申报材料、进口通关流程及使用管理等不变，审批标准不降低，严防临床急需进口药品医疗器械管理失控。加快建设临床急需进口药品医疗器械监管信息平台，建立涵盖采购、进口、通关、贮存、配送、使用全过程管理的追溯体系，实现药品医疗器械来源可溯、去向可追、风险可控、责任可究。加强日常监督检查，探索实施分级分类监管、"日常检查+飞行检查"等措施。健全不良反应、事件监测体系，建立不良反应、事件监测信息通报机制，及时采取有效措施控制风险。

（四）强化主体责任。严格执行医疗机构准入条件，实施法定代表人承诺制。指定医疗机构加强药品医疗器械采购、进口、使用、贮存、维护保养、伦理审核、患者知情同意、不良事件报告、产品召回、损害赔偿等管理。药品医疗器械经营企业加强采购、进口、贮存和配送管理。医疗机构申请临床急需进口药品医疗器械的，必须由法定代表人签署承诺书，承诺申报资料真实，确保药品医疗器械在本医疗机构使用，对所进口药品医疗器械的使用风险负全部责任。

（五）完善救济体系。指定医疗机构与患者签订知情同意书，明确纠纷解决途径，借鉴港澳处理医疗事故的工作模式，参照国际通行的保险赔付机制，保障患者在使用进口药品医疗器械后出现医疗事故情况下的合法权益。药品监管部门负责制定应急预案，指定医疗机构负责制定应急方案，加大舆情监测力度，快速有效做好事故核查、处置等工作。

关于贯彻实施《中华人民共和国药品管理法》有关事项的公告

（国家药监局公告 2019 年第 103 号）

发布日期：2019-11-29

实施日期：2019-11-29

法规类型：部门规章

《中华人民共和国药品管理法》（以下称药品管理法）已由第十三届全国人大常委会第十二次会议于 2019 年 8 月 26 日修订通过，自 2019 年 12 月 1 日起施行。国家药监局正在抓紧开

展配套规章、规范性文件和技术指南的制修订工作,并将按程序陆续发布。现就贯彻实施新修订的药品管理法有关事项公告如下:

一、关于药品上市许可持有人制度

新修订的药品管理法全面实施药品上市许可持有人制度。自 2019 年 12 月 1 日起,凡持有药品注册证书(药品批准文号、进口药品注册证、医药产品注册证)的企业或者药品研制机构为药品上市许可持有人,应当严格履行药品上市许可持有人义务,依法对药品研制、生产、经营、使用全过程中药品的安全性、有效性和质量可控性负责。

二、关于临床试验机构备案管理

自 2019 年 12 月 1 日起,药物临床试验机构实施备案管理。2019 年 12 月 1 日以前已经受理尚未完成审批的临床试验机构资格认定申请,不再继续审批,按照规定进行备案。

三、关于药品 GMP、GSP 管理要求

自 2019 年 12 月 1 日起,取消药品 GMP、GSP 认证,不再受理 GMP、GSP 认证申请,不再发放药品 GMP、GSP 证书。2019 年 12 月 1 日以前受理的认证申请,按照原药品 GMP、GSP 认证有关规定办理。2019 年 12 月 1 日前完成现场检查并符合要求的,发放药品 GMP、GSP 证书。凡现行法规要求进行现场检查的,2019 年 12 月 1 日后应当继续开展现场检查,并将现场检查结果通知企业;检查不符合要求的,按照规定依法予以处理。

四、关于化学原料药一并审评审批

2019 年 12 月 1 日起,对化学原料药不再发放药品注册证书,由化学原料药生产企业在原辅包登记平台上登记,实行一并审评审批。

五、关于药品违法行为查处

药品研制、生产、经营、使用违法行为发生在 2019 年 12 月 1 日以前的,适用修订前的药品管理法,但新修订的药品管理法不认为违法或者处罚较轻的,适用新修订的药品管理法。违法行为发生在 12 月 1 日以后的,适用新修订的药品管理法。

各级药品监管部门要坚决贯彻药品安全"四个最严"要求,加强新修订的药品管理法的宣传贯彻工作,进一步加大监督检查力度,督促企业生产经营行为持续合规,依法严厉查处各类违法违规行为,切实维护广大人民群众用药安全。

特此公告。

药品出口销售证明管理规定

(国药监药管〔2018〕43 号)

发布日期:2018-11-09
实施日期:2018-11-09
法规类型:规范性文件

第一条 为进一步规范《药品出口销售证明》的办理,为我国药品出口提供便利和服务,制定本规定。

第二条 《药品出口销售证明》适用于中华人民共和国境内的药品上市许可持有人、药品生产企业已批准上市药品的出口,国务院有关部门限制或者禁止出口的药品除外。

对于与已批准上市药品的未注册规格(单位剂量),药品上市许可持有人、药品生产企业按照药品生产质量管理规范要求生产的，也可适用本规定。

对于未在我国注册的药品，药品上市许可持有人、药品生产企业按照药品生产质量管理规范要求生产的，且符合与我国有相关协议的国际组织要求的，也可适用本规定。

出具《药品出口销售证明》是根据企业申请，为其药品出口提供便利的服务事项。

第三条 由各省、自治区、直辖市药品监督管理部门负责本行政区域内《药品出口销售证明》出具办理工作（已批准上市的药品的式样见附件1，已批准上市药品的未注册规格的式样见附件2，未在我国注册的药品的式样见附件3）。

第四条 药品上市许可持有人、药品生产企业办理药品出口销售证明的，应当向所在地省级药品监督管理部门提交《药品出口销售证明申请表》（式样见附件4）。

对于已批准上市的药品、已批准上市药品的未注册规格，应当分别提交相应的《药品出口销售证明申请表》，同时提交以下资料：

（一）药品上市许可持有人证明文件或者药品生产企业的《药品生产许可证》正、副本（均为复印件）；

（二）已批准上市药品的药品注册证书（复印件）；

（三）境内监管机构近3年内最近一次相关品种接受监督检查的相关资料（均为复印件）；

（四）《营业执照》（复印件）；

（五）按照批签发管理的生物制品须提交《生物制品批签发合格证》（复印件）；

（六）申请者承诺书；

（七）省级药品监督管理部门另行公示要求提交的其他资料。

对于未在我国注册的药品，提交《药品出口销售证明申请表》的同时，提交以下资料：

（一）药品上市许可持有人证明文件或者药品生产企业的《药品生产许可证》正、副本（均为复印件）；

（二）与我国有相关协议的国际组织提供的相关品种证明文件（原件）；

（三）《营业执照》（复印件）；

（四）境内监管机构近3年内最近一次生产场地接受监督检查的相关资料（复印件）；

（五）申请者承诺书；

（六）省级药品监督管理部门另行公示要求提交的其他资料。

所有以复印件形式提交的材料需加盖申请者的公章，内容应当真实准确。

第五条 药品监督管理部门认为企业提交的资料不能充分证明药品生产质量管理规范合规性的，可以根据需要开展现场检查。不符合药品生产质量管理规范要求的，不予出具《药品出口销售证明》，并依法依规作出处理。

第六条 《药品出口销售证明》编号的编排方式为：省份简称××××××××号，示例："编号：京20180001号""蒙20180001号"。英文编号编排方式为：No. 省份英文××××××××。省份英文应当参考证明出具单位的英文译法，略去空格，示例： "No. Beijing20180001" "No. InnerMongolia20080001"。其中：第一位到第四位×代表4位数的证明出具年份；第五位到第八位×代表4位数的证明出具流水号。

第七条 《药品出口销售证明》有效期不超过2年，且不应超过申请资料中所有证明文件的有效期，有效期届满前应当重新申请。

第八条 《药品出口销售证明》有效期内，各级药品监督管理部门对于现场检查发现不符合药品生产质量管理规范要求的，所在地省级药品监督管理部门对相应的《药品出口销售证明》予以注销。

《药品出口销售证明》的持有者和生产场地属不同省份的，如生产场地在检查中被发现不符合药品生产质量管理规范要求，持有者应当立即将该情况报告持有者所在地省级药品监督管理部门，对相应的《药品出口销售证明》予以注销。

第九条 凡是提供虚假证明或者采用其他手段骗取《药品出口销售证明》的，或者知悉生产场地不符合药品生产质量管理规范要求未立即报告的，注销其相应《药品出口销售证明》，5年内不再为其出具《药品出口销售证明》，并将企业名称、法定代表人、社会信用代码等信息通报征信机构进行联合惩戒。

第十条 出口药品上市许可持有人、药品生产企业应当保证所出口的产品符合进口国的各项法律要求，并承担相应法律责任。

出口药品上市许可持有人、药品生产企业应当建立出口药品档案。内容包括《药品出口销售证明》、购货合同、质量要求、检验报告、包装、标签式样、报关单等，以保证药品出口过程的可追溯。

第十一条 各省、自治区、直辖市药品监督管理部门可依照本规定制定具体实施细则，明确工作程序、办理时限和相关要求。

鼓励各省、自治区、直辖市药品监督管理部门推行网上办理、电子申报、出证，方便申请者办理。

第十二条 各省、自治区、直辖市药品监督管理部门应当及时将《药品出口销售证明》的数据信息通过信息系统上报国家药品监督管理局。

国家药品监督管理局在政府网站公示《药品出口销售证明》相关信息，以便公众查证，接受社会监督。

第十三条 本规定自发布之日起施行。此前印发的相关文件与本规定不一致的，以本规定为准。

> 附件：1. 药品出口销售证明（已在中国批准上市的药品）（略）
> 2. 药品出口销售证明（已在中国批准上市药品的未注册规格）（略）
> 3. 药品出口销售证明（未在中国注册药品）（略）
> 4. 药品出口销售证明申请表（略）

关于进口化学药品通关检验有关事项的公告

（国家药品监督管理局公告 2018 年第 12 号）

发布日期：2018-04-24
实施日期：2018-04-24
法规类型：规范性文件

为落实国务院常务会议精神，减轻广大患者特别是癌症患者药费负担并有更多用药选择，现就进口化学药品通关检验有关事项公告如下：

一、进口化学原料药及制剂（不含首次在中国销售的化学药品）在进口时不再逐批强制检验。口岸所在地药品监督管理部门在办理进口化学药品备案时不再出具《进口药品口岸检验通知书》，口岸药品检验所不再对进口化学药品进行口岸检验。

二、进口药品上市许可持有人须对进口药品的生产制造、销售配送、不良反应报告等承担全部法律责任，应确保生产过程持续合规，确保对上市药品进行持续研究，保障药品质量安全。进口药品上市许可持有人应当按照相关规定向中国食品药品检定研究院提交标准物质。

三、各级药品监管部门应当加强对进口药品的市场监督抽检，加大监督检查力度，发现违法违规行为的，严格依法查处。

四、口岸所在地药品监管部门应当按照相关规定向中国食品药品检定研究院报送进口药品备案信息汇总。

五、本公告发布之日前已经完成抽样的进口化学药品检验任务，各口岸药品检验机构继续按原规定开展检验工作。

六、本公告自发布之日起实施。

特此公告。

关于研制过程中所需研究用对照药品一次性进口有关事宜的公告

（国家食品药品监督管理总局公告 2016 年第 120 号）

发布日期：2016-06-23
实施日期：2016-06-23
法规类型：部门规章

根据《国务院关于改革药品医疗器械审评审批制度的意见》（国发〔2015〕44 号）、《国务院办公厅关于开展仿制药质量和疗效一致性评价意见的通知》（国办发〔2016〕8 号）、《药品注册管理办法》（国家食品药品监督管理局令 2007 年第 28 号）、《药品进口管理办法》（国家食品药品监督管理局、海关总署令 2003 年第 4 号）及《关于药品注册审评审批若干政策的公告》（国家食品药品监督管理总局公告 2015 年第 230 号）的有关规定，对符合条件的药物研制过程中所需对照药品，可予以一次性进口。现将有关事项公告如下：

一、适用范围

药品研发机构或药品生产企业在研究过程中，对已在中国境外上市但境内未上市的药品，拟用于下列用途的，可申请一次性进口：

（一）以中国境内药品注册为目的的研究中用于对照药品的制剂或原料药；

（二）以仿制药质量和疗效一致性评价为目的的研究中用于对照药品的化学药品制剂或原料药。

二、申报程序

国家食品药品监督管理总局委托各省级食品药品监督管理部门负责办理研制过程中所需对照药品一次性进口的受理、审查及审批。具体申报程序如下：

（一）符合适用范围条件的，申请人按资料要求准备资料，填写《进口药品批件申请表》（附件 1），向所在地省级食品药品监督管理部门提出对照药品的一次性进口申请。研发机构或生产企业也可委托代理机构作为申请人提出相应申请。

（二）各省级食品药品监督管理部门应当在 5 个工作日进行形式审查，符合要求的，准予受理，并出具受理通知书。

（三）受理后，各省级食品药品监督管理部门在 20 个工作日内对一次性进口申请进行审查，符合要求的，发给《进口药品批件》（附件 2）；不符合要求的，发给《审批意见通知件》。

《进口药品批件》有效期为12个月，批件应注明所进口对照药品的具体用途，同时明确相关责任要求。批件抄送国家食品药品监管总局、通关口岸所在地省级食品药品监管部门。属于委托办理的，同时抄送委托方所在地省级食品药品监管部门。

三、申报资料要求

（一）申请人机构合法登记证明文件复印件（如营业执照、组织机构代码证等）。属于委托申请的，另须提供委托人的合法登记证明文件复印件及委托证明文件。

（二）申请报告。内容应包括：拟申请进口对照药品的境内外上市情况、拟申请进口对照药品的来源、具体用途、数量、使用计划及拟进口药品的口岸。申请人书面承诺所进口药品不得用于上市销售及申请用途以外的其他用途。

上述申请报告及承诺须加盖申请人公章，申请人属于委托代理的，由委托方提供上述材料。

（三）拟进口对照药品的国外获准上市证明材料（可提供上市国家药品监管部门核发的批准证明文件复印件、境外上市的药品说明书或上市国家药品监管部门网站公开信息等）。

（四）申请人属于委托代理的，提供委托方研发机构或生产企业所在地省级食品药品监管部门出具的审查意见表（附件3）。

四、进口备案要求

拟进口的对照药品应从《进口药品批件》载明的药品进口口岸进口。进口备案按照以下程序办理：

（一）申请人向口岸食品药品监督管理局提出申请办理《进口通关单》，并同时提供以下资料：

1. 所进口药品的《进口药品批件》；

2. 申请人机构合法登记证明文件复印件（如营业执照、组织机构代码证等）。属于委托申请的，另须提供委托人的合法登记证明文件复印件及委托证明文件；

3. 原产地证明复印件；

4. 货物合同复印件；

5. 装箱单、提运单和货运发票复印件；

6. 药品说明书及包装、标签式样（原料药和制剂中间体除外）；

7. 经其他国家或者地区转口的进口药品，需要同时提交从原产地到各转口地的全部购货合同、装箱单、提运单和货运发票等。

上述各类复印件应当加盖申请人公章。

（二）口岸食品药品监督管理局应按照《药品进口管理办法》的相关规定办理对照药品的进口备案。审查工作中，加强对原产地证明文件、购货合同以及发票等文件的审核，确认所进口对照药品的真实产地。

（三）口岸食品药品监督管理局审查全部资料无误后，准予进口备案，发出《进口药品通关单》。

（四）研究用对照药品的一次性进口申请，可不要求进行口岸检验。

五、其他要求

（一）申请人负责所进口对照药品在药物研究过程中的科学性和合理性，承担所进口对照药品的质量安全、使用管理以及过程中的风险防控和处理，严格按照批准的用途使用。

申请人属于委托代理的，由委托方承担上述责任与义务。

（二）用于临床试验的对照药品，进口后经检验合格方可用于临床试验。申请人可自行检验，也可委托药品检验所进行委托检验。检验标准可选用下列之一：（1）生产厂家的质量标准；（2）《中华人民共和国药典》现行版中收载的标准；（3）申请人自拟标准，且符合《中华人民共和国药典》现行版的通用要求。

临床研究过程中及研究结束后，申请人应及时向所在地省级食品药品监督管理部门报告相关使用情况。

申请人属于委托代理的，由委托方完成上述工作。

（三）各省级食品药品监督管理部门负责行政区域内药品研发机构和药品生产企业的日常监管，对其药品研究过程中的进口对照药品的使用情况应加强监督与核查，特别是用于临床试验的对照药品，应予以重点监管，保障临床用药安全。

（四）属于麻醉药品、精神药品、临床试验用生物制品的对照药品，不适用本公告。

特此公告。

　　附件：1.《进口药品批件》申请表（略）
　　　　　2. 进口药品批件（略）
　　　　　3. 审查意见表（略）

关于进口药品符合《中华人民共和国药典》有关事宜的通知

（食药监药化管〔2016〕18号）

发布日期：2016-02-16
实施日期：2016-02-16
法规类型：规范性文件

各口岸食品药品监督管理局、口岸药检所：

为严格执行《中华人民共和国药典》，保障进口药品质量，现将有关事宜通知如下：

一、所有进口药品必须符合《中华人民共和国药典》的有关要求，进口药品口岸检验应按照《中华人民共和国药典》2015年版的相应要求对进口药品进行检验，不符合要求的不得进口。

对于《中华人民共和国药典》2015年版收载的品种，进口药品口岸检验在符合进口药品注册标准基础上，应同时符合《中华人民共和国药典》2015年版相关标准。

对于《中华人民共和国药典》2015年版未收载的品种，其口岸检验应符合《中华人民共和国药典》2015年版的相关通用要求。

对于已按《关于实施〈中华人民共和国药典〉2015年版有关事宜的公告》（2015年第105号）第五条要求提交补充申请，但尚未获得批准的进口药品，补充申请审评审批期间，其口岸检验仍执行原进口药品注册标准。属于本情形的，在办理进口备案时，应提交相关补充申请的《药品注册申请表》及受理通知书的复印件。

二、各口岸食品药品监督管理部门应加强对口岸药品检验机构的指导，确保进口备案与口岸检验工作顺利衔接。药品进口口岸所在地省、自治区、直辖市食品药品监督管理部门应加强对进口备案与口岸检验工作的日常监督和管理，保障进口药品质量安全。

关于实施《药品进口管理办法》有关事宜的通知

（国食药监注〔2003〕320 号）

发布日期：2003-11-19
实施日期：2004-01-01
法规类型：规范性文件

各口岸药品监督管理局、各口岸药品检验所，海关总署广东分署，天津、上海特派办，各直属海关：

根据国家食品药品监督管理局、海关总署第 4 号令，《药品进口管理办法》（下称《办法》）将于 2004 年 1 月 1 日起施行。为切实做好《办法》的贯彻实施工作，现将有关事宜通知如下：

一、经国务院批准，18 个允许药品进口的口岸城市为：北京市、天津市、上海市、大连市、青岛市、成都市、武汉市、重庆市、厦门市、南京市、杭州市、宁波市、福州市、广州市、深圳市、珠海市、海口市、西安市。

为加强管理，提高通关效率，根据国务院批示，国家食品药品监督管理局与海关总署进一步确定了上述城市允许药品进口的具体通关口岸名单（附件 1）。

二、2004 年 1 月 1 日起，按照《办法》的规定，所有进口药品（包括麻醉药品、精神药品）的到岸地必须为上述 18 个城市的指定通关口岸。

三、根据药品进口备案工作的需要，下列 18 个药品监督管理局由国家食品药品监督管理局确定为口岸药品监督管理局：北京市、天津市、上海市、大连市、青岛市、成都市、武汉市、重庆市、厦门市、南京市、杭州市、宁波市、福州市、广州市、深圳市、珠海市、海口市、西安市药品监督管理局。各口岸药品监督管理局的通信地址和电话见附件 2。

四、根据进口药品检验工作的需要，国家食品药品监督管理局授权中国药品生物制品检定所及北京市、天津市、上海市、大连市、青岛市、成都市、武汉市、重庆市、厦门市、广州市药品检验所和江苏省、浙江省、福建省、海南省、广东省、陕西省药品检验所为口岸药品检验所。各口岸药品检验所的通信地址和电话见附件 3。

五、各口岸药品监督管理局和口岸药品检验所根据所在口岸城市的具体情况，分别确定管辖范围和工作分工。每个口岸药品监督管理局按照所分管的口岸，只与一个口岸药品检验所确立进口备案和口岸检验的工作关系，其具体管辖范围和分工按照国家食品药品监督管理局制定的《药品进口口岸与归口管理的药监局及药品检验所分配表》（附件 4）执行。

六、新的《进口药品目录》，国家食品药品监督管理局将会同海关总署另行公布。新目录公布前，进口药品管理范围仍按原国家药品监督管理局《关于加强进口药品管理有关问题的通知》（国药管注〔2000〕622 号）的附件 1《进口药品管理目录》执行。

麻醉药品、精神药品的管理范围，仍按原国家药品监督管理局《关于加强麻醉药品精神药品进出口管理有关问题的通知》（国药监安〔2001〕585 号）的附件 1《麻醉药品管制品种目录》和附件 2《精神药品管制品种目录》执行。

七、药品进口备案采用统一印章，章名为"×××药品监督管理局药品进口备案专用章"。"专用章"由国家食品药品监督管理局刻制、颁发，各口岸药品监督管理局在办理药品进口备案时使用。其中国家食品药品监督管理局持有的"国家食品药品监督管理局药品进口备案专用章"，对应所有允许药品进口的口岸。全部印章样式见附件5。

八、进口列入《进口药品目录》商品编码范围的商品，海关凭国家食品药品监督管理局授权部门签发的加盖"×××药品监督管理局药品进口备案专用章"的《进口药品通关单》，及其他有关单证办理报关验放手续。《进口药品通关单》仅限在该单上注明的口岸海关使用，并实行一批一证制度，证面内容不得更改，如需更改，须换发新证。海关对麻醉药品、精神药品的监管仍按国家食品药品监督管理局和海关总署对麻醉药品、精神药品的有关管理规定执行。

九、对《办法》实施后报关进口但口岸药品监督管理局不予备案，不能提供《进口药品通关单》的上述商品，海关可凭进口收货人或其代理人的申请按照有关规定予以办理直接退运手续。

十、对《办法》第十条规定的药品，根据国务院批准，其到岸地必须为北京市、上海市和广州市3个口岸城市的指定通关口岸。

《办法》第十条规定的生物制品为疫苗类、血液制品类及血源筛查用诊断试剂等（目录见附件6），国家食品药品监督管理局将根据情况，适时对该目录进行调整。

十一、考虑到附件6所列品种对仓储条件有专门的要求，在专用海关监管仓库尚未确定前，该类生物制品暂按如下规定办理进口备案手续：口岸药品监督管理局在接到《进口药品报验单》及相关资料后，按照《办法》第十六条的规定办理《进口药品通关单》和专门的《进口药品口岸检验通知书》（样式见附件7）。口岸药品检验所在抽样后，口岸药品监督管理局应将全部药品予以加封，待药品检验合格后，予以启封、放行，允许销售使用。

十二、附件6所列品种中，人血白蛋白根据到岸地的不同，分别由北京市、上海市或广东省药品检验所负责抽样和口岸检验。其他品种到岸地为北京市的，由中国药品生物制品检定所负责抽样和口岸检验，口岸药品监督管理局应将《进口药品口岸检验通知书》发给中国药品生物制品检定所。到岸地为上海市、广州市的，由上海市药品检验所、广东省药品检验所负责抽样，中国药品生物制品检定所负责口岸检验。口岸药品监督管理局应开具专门的《进口药品口岸检验通知书》，发给上海市药品检验所、广东省药品检验所。上海市药品检验所、广东省药品检验所应在抽样后2日内，将样品送中国药品生物制品检定所。

国家食品药品监督管理局将根据口岸药品检验所对生物制品的检测能力，适时授权开展其他生物制品的口岸检验工作。对于《办法》第十条规定情形以外的生物制品，到岸地口岸药品检验所应严格按照该品种的进口药品注册标准进行口岸检验，如该口岸药品检验所尚不具备检验条件或能力，可以委托中国药品生物制品检定所检验。

十三、自2004年1月1日起，口岸药品监督管理局开始履行《办法》规定的职责，正式受理药品进口备案申请，承担办理《进口药品通关单》有关事宜，口岸药品检验所原进口报验职能同时停止。2004年1月1日起，进口单位必须向口岸药品监督管理局提出药品进口备案申请。

2003年12月31日前由口岸药品检验所发出的有效期内的《进口药品通关单》，可以继续使用；超过有效期尚未办理报关手续的，2004年1月1日后，应到口岸药品监督管理局换领《进口药品通关单》。

十四、为保证药品进口备案工作的质量和标准化，国家食品药品监督管理局制定了《药品进口备案工作指南》（附件8），请各口岸药品监督管理局在办理药品进口备案具体工作中遵照执行。

十五、药品进口备案对于各口岸药品监督管理局是一项新的工作，各口岸药品监督管理局应切实加强《办法》及相关法律、法规及有关知识的学习，在进口备案工作中发现的问题应及时上报国家食品药品监督管理局。口岸药品监督管理局和海关应加强联系、协调和配合，确保进口备案工作的顺利进行。

十六、自 2004 年 1 月 1 日起，原《进口药品管理办法》规定的预防性生物制品、血液制品进口批件审查审批制度予以取消。

十七、原国家药品监督管理局《关于加强进口药品管理有关问题的通知》（国药管注〔2000〕622 号）和海关总署《关于转发国家药品药品监督管理局"关于加强进口药品管理有关问题的通知"的通知》（署法〔2001〕71 号），自 2004 年 1 月 1 日起停止执行。

以上，请遵照执行。

附件：1. 药品进口口岸名单（略）

2. 口岸药品监督管理局名单（略）

3. 口岸药品检验所名单（略）

4. 药品进口口岸与归口管理的药监局及药品检验所分配表（略）

5. 药品进口备案专用章式样（略）

6. 国家食品药品监督管理局规定的生物制品目录（略）

7. 进口药品口岸检验通知书（略）

8. 药品进口备案工作指南

附件 8

药品进口备案工作指南

2001 年 12 月 1 日正式施行的《中华人民共和国药品管理法》第四十条、第四十一条，2002 年 9 月 15 日正式施行的《药品管理法实施条例》第三十八条、第三十九条，对药品进口的口岸、登记备案、口岸检验等，作出了法律规定。《药品进口管理办法》所规范的事项，是对该法律规定的具体贯彻和实施。本指南旨在规范各口岸药品监督管理局的工作程序、工作内容和工作标准，便于各口岸药品监督管理局在药品进口备案日常工作中遵守和使用，以保证药品进口备案的工作质量和工作效率。

一、药品进口备案受理的基本原则

（一）取得有效的批准注册和进口证明

所进口品种需获得国家食品药品监督管理局核发的《进口药品注册证》、《医药产品注册证》。麻醉药品、精神药品尚应同时取得国家食品药品监督管理局核发的《进口准许证》。

进口临床急需药品、捐赠药品、新药研究和药品注册所需样品或者对照药品等应取得国家食品药品监督管理局核发的《进口药品批件》。

未取得上述注册证、准许证或批件的进口药品，一律不得办理药品进口备案手续。

（二）货物到岸地为允许药品进口口岸

进口品种的到岸地必须为国务院批准的十八个允许药品进口的城市所辖口岸，即北京市、天津市、上海市、大连市、青岛市、南京市、杭州市、宁波市、福州市、厦门市、广州市、深圳市、珠海市、海口市、成都市、重庆市、武汉市、西安市。从任何其他口岸进口的，不得办理药品进口备案手续。

（三）进口口岸特别限定

《药品进口管理办法》第十条规定情形的品种，即国家食品药品监督管理局规定的生物制品、首次在中国境内销售的药品以及国务院规定的其他药品，其到岸地只能为北京市、上海市、广州市三个城市所辖口岸。从其他任何口岸进口的，一律不得办理药品进口备案手续。

"首次在中国境内销售的药品"是指在中国首次申请办理药品进口备案手续的药品。具体工作中，凡不能提供前一次《进口药品检验报告书》或《进口药品通关单》复印件的品种，即可确定为"首次在中国境内销售的药品"。

（四）报验单位资格符合要求

报验单位必须取得《药品经营许可证》。药品生产企业自行进本企业生产所需原料药和制剂中间体，必须取得《药品生产许可证》。

（五）进口备案工作各负其责

进口单位需填写《进口药品报验单》，备齐《药品进口管理办法》第十三条规定的全部资料，向该批货物到岸地所在口岸药品监督管理局申请药品进口备案。口岸药品监督管理局应按照国家食品药品监督管理局事先确定的工作分工，向负责该口岸进口检验的口岸药品检验所发出《药品进口管理办法》规定的全部相关资料和文件。

（七）药品进口备案不跨口岸

药品进口备案不得跨口岸申请或受理，即一个品种在选择到货口岸后，其负责药品进口备案的口岸药品监督管理局即已自动确定，进口单位并不再具有可选择向其他口岸药品监督管理局申请药品进口备案的机会。口岸药品监督管理局亦不得受理不属本局管辖范围的药品进口备案申请。

例如，选择北京市所辖口岸为到岸地，负责药品进口备案的口岸药品监督管理局只能是北京市药品监督管理局，进口单位不能到天津市药品监督管理局或其他任何口岸药品监督管理局申请药品进口备案，天津市药品监督管理局或其他任何口岸药品监督管理局，亦不能受理该批货物的药品进口备案申请。

二、药品进口备案工作基本程序

药品进口备案分为备案资料验收、注册证明文件查验、受理、办理四个基本步骤。

（一）药品进口备案资料验收

按照《药品进口管理办法》第十三条的规定，逐项检查以下资料是否完整、真实：

1. 《进口药品注册证》（或者《医药产品注册证》）（正本或者副本）复印件；麻醉药品、精神药品的《进口准许证》复印件；

2. 报验单位的《药品经营许可证》和《企业法人营业执照》复印件；

3. 原产地证明复印件；

4. 购货合同复印件；

5. 装箱单、提运单和货运发票复印件；

6. 出厂检验报告书复印件；

7. 药品说明书及包装、标签的式样（原料药和制剂中间体除外）；

8. 国家食品药品监督管理局规定批签发的生物制品，需要提供生产检定记录摘要及生产国或者地区药品管理机构出具的批签发证明原件；

9. 《药品进口办理办法》第十条规定情形以外的药品，应当提交最近一次《进口药品检验报告书》和《进口药品通关单》复印件。

（二）注册证明文件查验

当场检查《进口药品注册证》、《医药产品注册证》（正本或副本）、《进口准许证》或者《进口药品批件》原件，并与国家食品药品监督管理局核发的原件或复印件的内容逐项进行核对。

（三）受理

药品进口备案资料和《进口药品注册证》、《医药产品注册证》（正本或副本）、《进口准许证》、《进口药品批件》原件当场检查无误后，予以受理，将原件交还进口单位，进入办理程序。

（四）办理

根据所进口品种是否为《药品进口管理办法》第十条规定情形的药品，其药品进口备案的办理程序不同，但所有手续必须在当日完成，所有办理的文件必须采用国家食品药品监督管理局制定的统一软件打印完成，并加盖国家食品药品监督管理局颁发的统一格式的"药品进口备案专用章"。所有印制完成的文件，应按照规定及时发给进口单位、口岸药品检验所和海关。

1. 《药品进口管理办法》第十条规定情形的药品（称为首次进口品种），应遵照《药品进口管理办法》第十五条的规定执行。符合要求的，应在当日向负责检验的口岸药品检验所发出《进口药品口岸检验通知书》，附《药品进口管理办法》第十三条规定的资料一套，同时向负责该口岸报关事务的海关发出《进口药品抽样通知书》。不符合要求的，在当日发出《药品不予进口备案通知书》。

对符合要求的品种，其下一步办理程序需待口岸药品检验所完成检验工作后进行。检验工作完成，口岸药品监督管理局在收到《进口药品检验报告书》后，对检验结论为"符合标准规定"的品种，应在当日发出《进口药品通关单》。对检验结论为"不符合标准规定"的品种，应在当日发出《药品不予进口备案通知书》。

2. 《药品进口管理办法》第十条规定情形以外的药品（称为非首次品种），应遵照《药品进口管理办法》第十六条的规定执行。符合要求的，应在当日发出《进口药品通关单》，同时向负责检验的口岸药品检验所发出《进口药品口岸检验通知书》，附《药品进口管理办法》第十三条规定的资料一套。不符合要求的，应在当日发出《药品不予进口备案通知书》。

3. 对麻醉药品和精神药品，不管是否为首次进口品种，均应遵照《药品进口管理办法》第十六条的规定执行。符合要求的，应在当日向负责检验的口岸药品检验所发出《进口药品口岸检验通知书》，附《药品进口管理办法》第十三条规定的资料一套，无需办理《进口药品通关单》。不符合要求的，应在当日发出《药品不予进口备案通知书》。

4. 持国家食品药品监督管理局核发的《进口药品批件》，申请临床急需药品、捐赠药品、新药研究和药品注册所需样品或者对照药品的进口备案，符合要求的，应在当日发出《进口药品通关单》，同时向负责检验的口岸药品检验所发出《进口药品口岸检验通知书》，附《药品进口管理办法》第十三条规定的资料一套。不符合要求的，应在当日发出《药品不予进口备案通知书》。

三、《进口药品报验单》的审查

（一）〔HS 商品编码〕

为海关制订的海关商品编码，应与海关发布的编码相一致。

（二）〔药品名称（中文、英文）〕、〔商品名（中文、英文）〕、〔剂型〕、〔规格〕、〔包装规格〕、〔药品有效期〕

应完全与《进口药品注册证》、《医药产品注册证》或《进口药品批件》规定的内容一致。

（三）、〔注册证号〕

为《进口药品注册证》或《医药产品注册证》右上角的编号，或国家食品药品监督管理局《进口药品批件》编号。

（四）〔合同号〕

为所签定购货合同的合同号或唛头号。

（五）〔检验标准〕

为《进口药品注册证》、《医药产品注册证》"备注 2"项下规定的"进口药品注册标准"编号，或国家食品药品监督管理局规定的其他标准的名称或编号。

（六）〔索赔期〕

为购货合同规定的索赔日期。

（七）〔货物数量〕

为按《进口药品注册证》或《医药产品注册证》载明的包装规格为基本单位的货物总数。如，瓶、盒、公斤等。

（八）〔件数〕

为大包装的件数。

（九）〔批号〕

为此次到岸品种的全部药品批号，须逐批记录，不得遗漏。

（十）〔货值〕

为进口药品的实际货值，按货币种类如实填写。

（十一）〔发货港（地）〕

指出口国家的发货地点。如港口、机场等。

（十二）〔发货日期〕

为此药品运单上的发货日期（一般在运单的右下角）。转口贸易的发货日期为转口地的再次发货日期。

（十三）〔运输工具〕

为此批药品的实际载运工具。如空运、海运或铁路运输等。

（十四）〔航/班次〕

为此批药品运输工具的航班号、船号或车次号。

（十五）〔到岸港（地）〕

为货物到达我国的具体口岸名称。

（十六）〔到岸日期〕

货物的实际进境日期，为运单上的到岸日期（一般为海关监管仓库专用章上的日期）。

（十七）〔负责海关〕

为货物到岸地的具体负责海关的名称。如：北京机场海关。

（十八）〔存货地点〕

首次品种的货物到达口岸后海关监管仓库的名称和地址。非首次品种为办结海关手续后，货物实际存放仓库的名称和地址。

（十九）〔生产厂商〕

为此批货物的国外生产厂名称。

（二十）〔发货单位〕

为购货合同中的卖方。

（二十一）〔收货单位〕

为购货合同中的买方。单位名称、地址、联系人、电话应填写清楚，并加盖公章。

（二十二）〔报验单位〕

为该批货物的实际货主或境内经销商。单位名称、地址、联系人、电话和《药品经营许可证》应填写清楚，并加盖公章。〔收货单位〕和〔报验单位〕可为同一单位。

四、药品进口备案审查要点及注意事项

（一）药品进口口岸

根据本指南"受理的基本原则"，注意审查申请药品进口备案品种的到岸地是否为国务院批准的十八个允许药品进口的城市所辖口岸，注意审查《药品进口管理办法》第十条规定情形的药品，其到岸地是否为北京市、上海市、广州市三个城市所辖口岸。注意审查申报品种的到岸地是否为国家食品药品监督管理局划定的本局职责范围。

未在国务院批准的十八个允许药品进口的城市所辖口岸进口的，《药品进口管理办法》第十条规定情形的药品未在北京市、上海市、广州市三个城市所辖口岸进口的，一律不得受理和办理药品进口备案手续。经确定申报品种的到岸地不是本局职责范围的，应告知进口单位到应负责管辖的口岸药品监督管理局申请办理进口备案手续。

（二）《药品进口办理办法》第十条规定情形的品种

办理过程中应注意甄别申报品种是否为《药品进口办理办法》第十条规定情形的品种：

1. 对进口化学药品、中药和天然药品制剂、治疗性生物制品，凡不能提供此前同一品种已有进口的《进口药品检验报告书》和《进口药品通关单》复印件的，即应为《药品进口办理办法》第十条规定情形的品种，并应遵照《药品进口办理办法》第十五条的规定办理进口备案手续。

2. 对国家规定的批签发的生物制品，如疫苗、血液制品、血源筛查试剂等，应根据国家食品药品监督管理局颁发的品种名单，不管是否此前已有过进口，其每次进口备案均须遵照《药品进口办理办法》第十五条的规定办理。

3. 其他情形的进口品种，则应遵照《药品进口办理办法》第十六条的规定办理进口备案。

（三）《进口药品注册证》、《医药产品注册证》、《进口药品批件》以及麻醉药品、精神药品《进口准许证》

《进口药品注册证》为国家食品药品监督管理局核发的批准国外生产的药品进口和上市销售的注册证明文件。为国家食品药品监督管理局核发的批准我国台湾、香港和澳门地区生产的药品进口和上市销售的注册证明文件。麻醉药品、精神药品《进口准许证》为境外生产的麻醉药品、精神药品（包括台湾、香港和澳门地区）在取得《进口药品注册证》或《医药产品注册证》后，国家食品药品监督管理局根据国务院麻醉药品、精神药品的管理规定核发的允许进口的批准文件。为国家食品药品监督管理局核发的允许临床急需药品、捐赠药品、新药研究和药品注册所需样品或者对照药品等一次性进口的批准文件。

《进口药品注册证》和《医药产品注册证》分为正本、副本，正本和副本具有完全相同的作用。《进口药品注册证》、《医药产品注册证》（正本或副本）原件上部用显性油墨印有中华人民共和国国徽图案，仅在紫外光下显现，须注意每次认真核对。《进口药品批件》仅在批件规定的有效期内一次性使用，进口备案办理完毕，必须在规定位置将该批件注销，原件交还进口单位。

国家食品药品监督管理局会及时将已核发的《进口药品注册证》、《医药产品注册证》、《进口准许证》、《进口药品批件》的复印件及有关资料，发送各口岸药品监督管理局。在进口备案办理过程，各口岸药品监督管理局应注意审查上述注册证、准许证、批件是否尚在规定的有效期内，尤其注意审查其进口备案的内容是否与国家食品药品监督管理局批准的内容的一致性。

（四）原产地证明（CERTIFICAT OF ORIGIN）

原产地证明为药品生产国或地区的商会、商检或海关等部门出具，用以证明所进口货物真实产地的证明性文件。原产地证明应标明购货单位名称、药品名称、规格、批号、数量、出证日期等，并具有签字和印章。出口国生产厂、进口商、合同号、发票号、重量等因各国的规定有不同，上述项目有些可能缺项，但必须有合同号和重量，并与装箱单相符。

注意原产地的会同号与合同应一致。尤其注意原产地证明载明的产地、生产厂等应与国家食品药品监督管理局核发的《进口药品注册证》、《医药产品注册证》、《进口准许证》、《进口药品批件》一致。

（五）购货合同副本（CONTRACT）

审查内容包括合同号码、药品名称、规格、数量、单价、金额、索赔期、装运口岸、目的口岸、买卖双方签字签字日期。

应注意核实其内容是否与装箱单和发票一致，签字日期是否在《进口药品注册证》、《医药产品注册证》、《进口药品批件》、《进口准许证》有效期之前。

（六）装箱单（PACKING LIST），运单（AIRWAY BILL），货运发票（INVOICE）

重点审查内容包括：

1. 装箱单：货号、毛重、净重、体积、批号、数量、效期等

2. 提运单：出口国生产厂、进口商、航空公司、船运、铁路、离岸口岸、到岸口岸、承运人、毛重、体积、计量重量、费率、金额、是否低温储存、运单号码等。

3. 货运发票：进口商名称、发票日期、发票号、合同号、付款方式（时间，地点）、品名、数量、生产日期、效期、数量、单价、总价、英文总价等。

因各国或地区的规定不同，上述项目可能缺项，但应注意上述三项内容均须与购货合同一致。

五、其他注意问题

1.《进口药品注册证》和《医药产品注册证》应每次查验。

2. 进口单位在取得《进口药品通关单》后，必须在 15 天之内报关，如因客观原因延误的，应将通关单退回出具通关单的口岸药品监督管理局，并附上有关延误原因的说明。口岸药品监督管理局可另行出具。

3. 报验单位必须持有《药品经营许可证》或《药品生产许可证》。收货单位必须是独立法人单位，但无需取得《药品经营许可证》或《药品生产许可证》。应注意《药品经营许可证》或《药品生产许可证》的许可范围和效期。

4. 申请进口备案时，到货品种的实际有效期限不应低于十二个月，对于药品本身有效期不足 12 个月的，其有效期限不应低于 6 个月。到货品种的药品有效期，注意必须与国家食品药品监督管理局批准药品有效期一致。

5. 申报品种的药品名称、商品名、规格、包装规格、公司和生产厂名称、地址等必须与《进口药品注册证》或《医药产品注册证》一致。

6. 药品制剂必须附有中文说明书，中文说明书与国家食品药品监督管理局批准的说明书内容必须一致，尤其是适应症和安全性内容。

7. 药品包装标签内容应与《进口药品注册证》、《医药产品注册证》规定内容的一致。

8. 有关文件和票据不得有编造、涂改现象。

9. 出厂检验报告书应包括本次到货品种每个批号的出厂检验报告书，应注意检验日期，并必须有签字。

10. 进口疫苗、血液制品、血源筛查试剂等国家规定批签发的生物制品必须提供有效的生产国生物制品批签发证明。

• 药品注册 •

药品注册管理办法

（国家市场监督管理总局令第 27 号）

发布日期：2020-01-22
实施日期：2020-07-01
法规类型：部门规章

第一章　总　则

第一条　为规范药品注册行为，保证药品的安全、有效和质量可控，根据《中华人民共和国药品管理法》（以下简称《药品管理法》）、《中华人民共和国中医药法》、《中华人民共和国疫苗管理法》（以下简称《疫苗管理法》）、《中华人民共和国行政许可法》、《中华人民共和国药品管理法实施条例》等法律、行政法规，制定本办法。

第二条　在中华人民共和国境内以药品上市为目的，从事药品研制、注册及监督管理活动，适用本办法。

第三条　药品注册是指药品注册申请人（以下简称申请人）依照法定程序和相关要求提出药物临床试验、药品上市许可、再注册等申请以及补充申请，药品监督管理部门基于法律法规和现有科学认知进行安全性、有效性和质量可控性等审查，决定是否同意其申请的活动。

申请人取得药品注册证书后，为药品上市许可持有人（以下简称持有人）。

第四条　药品注册按照中药、化学药和生物制品等进行分类注册管理。

中药注册按照中药创新药、中药改良型新药、古代经典名方中药复方制剂、同名同方药等进行分类。

化学药注册按照化学药创新药、化学药改良型新药、仿制药等进行分类。

生物制品注册按照生物制品创新药、生物制品改良型新药、已上市生物制品（含生物类似药）等进行分类。

中药、化学药和生物制品等药品的细化分类和相应的申报资料要求，由国家药品监督管理局根据注册药品的产品特性、创新程度和审评管理需要组织制定，并向社会公布。

境外生产药品的注册申请，按照药品的细化分类和相应的申报资料要求执行。

第五条　国家药品监督管理局主管全国药品注册管理工作，负责建立药品注册管理工作体系和制度，制定药品注册管理规范，依法组织药品注册审评审批以及相关的监督管理工作。国家药品监督管理局药品审评中心（以下简称药品审评中心）负责药物临床试验申请、药品上市许可申请、补充申请和境外生产药品再注册申请等的审评。中国食品药品检定研究院（以下简称中检院）、国家药典委员会（以下简称药典委）、国家药品监督管理局食品药品审核查验中心（以下简称药品核查中心）、国家药品监督管理局药品评价中心（以下简称药品评价中心）、国家药品监督管理局行政事项受理服务和投诉举报中心、国家药品监督管理局信息中心（以下简称信息中心）等药品专业技术机构，承担依法实施药品注册管理所需的药品注册检验、通用名称核准、核查、监测与评价、制证送达以及相应的信息化建设与管理等相关工作。

第六条 省、自治区、直辖市药品监督管理部门负责本行政区域内以下药品注册相关管理工作：

（一）境内生产药品再注册申请的受理、审查和审批；

（二）药品上市后变更的备案、报告事项管理；

（三）组织对药物非临床安全性评价研究机构、药物临床试验机构的日常监管及违法行为的查处；

（四）参与国家药品监督管理局组织的药品注册核查、检验等工作；

（五）国家药品监督管理局委托实施的药品注册相关事项。

省、自治区、直辖市药品监督管理部门设置或者指定的药品专业技术机构，承担依法实施药品监督管理所需的审评、检验、核查、监测与评价等工作。

第七条 药品注册管理遵循公开、公平、公正原则，以临床价值为导向，鼓励研究和创制新药，积极推动仿制药发展。

国家药品监督管理局持续推进审评审批制度改革，优化审评审批程序，提高审评审批效率，建立以审评为主导、检验、核查、监测与评价等为支撑的药品注册管理体系。

第二章 基本制度和要求

第八条 从事药物研制和药品注册活动，应当遵守有关法律、法规、规章、标准和规范；参照相关技术指导原则，采用其他评价方法和技术的，应当证明其科学性、适用性；应当保证全过程信息真实、准确、完整和可追溯。

药品应当符合国家药品标准和经国家药品监督管理局核准的药品质量标准。经国家药品监督管理局核准的药品质量标准，为药品注册标准。药品注册标准应当符合《中华人民共和国药典》通用技术要求，不得低于《中华人民共和国药典》的规定。申报注册品种的检测项目或者指标不适用《中华人民共和国药典》的，申请人应当提供充分的支持性数据。

药品审评中心等专业技术机构，应当根据科学进展、行业发展实际和药品监督管理工作需要制定技术指导原则和程序，并向社会公布。

第九条 申请人应当为能够承担相应法律责任的企业或者药品研制机构等。境外申请人应当指定中国境内的企业法人办理相关药品注册事项。

第十条 申请人在申请药品上市注册前，应当完成药学、药理毒理学和药物临床试验等相关研究工作。药物非临床安全性评价研究应当在经过药物非临床研究质量管理规范认证的机构开展，并遵守药物非临床研究质量管理规范。药物临床试验应当经批准，其中生物等效性试验应当备案；药物临床试验应当在符合相关规定的药物临床试验机构开展，并遵守药物临床试验质量管理规范。

申请药品注册，应当提供真实、充分、可靠的数据、资料和样品，证明药品的安全性、有效性和质量可控性。

使用境外研究资料和数据支持药品注册的，其来源、研究机构或者实验室条件、质量体系要求及其他管理条件等应当符合国际人用药品注册技术要求协调会通行原则，并符合我国药品注册管理的相关要求。

第十一条 变更原药品注册批准证明文件及其附件所载明的事项或者内容的，申请人应当按照规定，参照相关技术指导原则，对药品变更进行充分研究和验证，充分评估变更可能对药品安全性、有效性和质量可控性的影响，按照变更程序提出补充申请、备案或者报告。

第十二条　药品注册证书有效期为五年，药品注册证书有效期内持有人应当持续保证上市药品的安全性、有效性和质量可控性，并在有效期届满前六个月申请药品再注册。

第十三条　国家药品监督管理局建立药品加快上市注册制度，支持以临床价值为导向的药物创新。对符合条件的药品注册申请，申请人可以申请适用突破性治疗药物、附条件批准、优先审评审批及特别审批程序。在药品研制和注册过程中，药品监督管理部门及其专业技术机构给予必要的技术指导、沟通交流、优先配置资源、缩短审评时限等政策和技术支持。

第十四条　国家药品监督管理局建立化学原料药、辅料及直接接触药品的包装材料和容器关联审评审批制度。在审批药品制剂时，对化学原料药一并审评审批，对相关辅料、直接接触药品的包装材料和容器一并审评。药品审评中心建立化学原料药、辅料及直接接触药品的包装材料和容器信息登记平台，对相关登记信息进行公示，供相关申请人或者持有人选择，并在相关药品制剂注册申请审评时关联审评。

第十五条　处方药和非处方药实行分类注册和转换管理。药品审评中心根据非处方药的特点，制定非处方药上市注册相关技术指导原则和程序，并向社会公布。药品评价中心制定处方药和非处方药上市后转换相关技术要求和程序，并向社会公布。

第十六条　申请人在药物临床试验申请前、药物临床试验过程中以及药品上市许可申请前等关键阶段，可以就重大问题与药品审评中心等专业技术机构进行沟通交流。药品注册过程中，药品审评中心等专业技术机构可以根据工作需要组织与申请人进行沟通交流。

沟通交流的程序、要求和时限，由药品审评中心等专业技术机构依照职能分别制定，并向社会公布。

第十七条　药品审评中心等专业技术机构根据工作需要建立专家咨询制度，成立专家咨询委员会，在审评、核查、检验、通用名称核准等过程中就重大问题听取专家意见，充分发挥专家的技术支撑作用。

第十八条　国家药品监督管理局建立收载新批准上市以及通过仿制药质量和疗效一致性评价的化学药品目录集，载明药品名称、活性成分、剂型、规格、是否为参比制剂、持有人等相关信息，及时更新并向社会公开。化学药品目录集收载程序和要求，由药品审评中心制定，并向社会公布。

第十九条　国家药品监督管理局支持中药传承和创新，建立和完善符合中药特点的注册管理制度和技术评价体系，鼓励运用现代科学技术和传统研究方法研制中药，加强中药质量控制，提高中药临床试验水平。

中药注册申请，申请人应当进行临床价值和资源评估，突出以临床价值为导向，促进资源可持续利用。

第三章　药品上市注册

第一节　药物临床试验

第二十条　本办法所称药物临床试验是指以药品上市注册为目的，为确定药物安全性与有效性在人体开展的药物研究。

第二十一条　药物临床试验分为Ⅰ期临床试验、Ⅱ期临床试验、Ⅲ期临床试验、Ⅳ期临床试验以及生物等效性试验。根据药物特点和研究目的，研究内容包括临床药理学研究、探索性临床试验、确证性临床试验和上市后研究。

第二十二条　药物临床试验应当在具备相应条件并按规定备案的药物临床试验机构开展。其中，疫苗临床试验应当由符合国家药品监督管理局和国家卫生健康委员会规定条件的三级医疗机构或者省级以上疾病预防控制机构实施或者组织实施。

第二十三条 申请人完成支持药物临床试验的药学、药理毒理学等研究后，提出药物临床试验申请的，应当按照申报资料要求提交相关研究资料。经形式审查，申报资料符合要求的，予以受理。药品审评中心应当组织药学、医学和其他技术人员对已受理的药物临床试验申请进行审评。对药物临床试验申请应当自受理之日起六十日内决定是否同意开展，并通过药品审评中心网站通知申请人审批结果；逾期未通知的，视为同意，申请人可以按照提交的方案开展药物临床试验。

申请人获准开展药物临床试验的为药物临床试验申办者（以下简称申办者）。

第二十四条 申请人拟开展生物等效性试验的，应当按照要求在药品审评中心网站完成生物等效性试验备案后，按照备案的方案开展相关研究工作。

第二十五条 开展药物临床试验，应当经伦理委员会审查同意。

药物临床试验用药品的管理应当符合药物临床试验质量管理规范的有关要求。

第二十六条 获准开展药物临床试验的，申办者在开展后续分期药物临床试验前，应当制定相应的药物临床试验方案，经伦理委员会审查同意后开展，并在药品审评中心网站提交相应的药物临床试验方案和支持性资料。

第二十七条 获准开展药物临床试验的药物拟增加适应症（或者功能主治）以及增加与其他药物联合用药的，申请人应当提出新的药物临床试验申请，经批准后方可开展新的药物临床试验。

获准上市的药品增加适应症（或者功能主治）需要开展药物临床试验的，应当提出新的药物临床试验申请。

第二十八条 申办者应当定期在药品审评中心网站提交研发期间安全性更新报告。研发期间安全性更新报告应当每年提交一次，于药物临床试验获准后每满一年后的两个月内提交。药品审评中心可以根据审查情况，要求申办者调整报告周期。

对于药物临床试验期间出现的可疑且非预期严重不良反应和其他潜在的严重安全性风险信息，申办者应当按照相关要求及时向药品审评中心报告。根据安全性风险严重程度，可以要求申办者采取调整药物临床试验方案、知情同意书、研究者手册等加强风险控制的措施，必要时可以要求申办者暂停或者终止药物临床试验。

研发期间安全性更新报告的具体要求由药品审评中心制定公布。

第二十九条 药物临床试验期间，发生药物临床试验方案变更、非临床或者药学的变化或者有新发现的，申办者应当按照规定，参照相关技术指导原则，充分评估对受试者安全的影响。

申办者评估认为不影响受试者安全的，可以直接实施并在研发期间安全性更新报告中报告。可能增加受试者安全性风险的，应当提出补充申请。对补充申请应当自受理之日起六十日内决定是否同意，并通过药品审评中心网站通知申请人审批结果；逾期未通知的，视为同意。

申办者发生变更的，由变更后的申办者承担药物临床试验的相关责任和义务。

第三十条 药物临床试验期间，发现存在安全性问题或者其他风险的，申办者应当及时调整临床试验方案、暂停或者终止临床试验，并向药品审评中心报告。

有下列情形之一的，可以要求申办者调整药物临床试验方案、暂停或者终止药物临床试验：

（一）伦理委员会未履行职责的；

（二）不能有效保证受试者安全的；

（三）申办者未按照要求提交研发期间安全性更新报告的；

（四）申办者未及时处置并报告可疑且非预期严重不良反应的；

（五）有证据证明研究药物无效的；

（六）临床试验用药品出现质量问题的；

（七）药物临床试验过程中弄虚作假的；

（八）其他违反药物临床试验质量管理规范的情形。

药物临床试验中出现大范围、非预期的严重不良反应，或者有证据证明临床试验用药品存在严重质量问题时，申办者和药物临床试验机构应当立即停止药物临床试验。药品监督管理部门依职责可以责令调整临床试验方案、暂停或者终止药物临床试验。

第三十一条　药物临床试验被责令暂停后，申办者拟继续开展药物临床试验的，应当在完成整改后提出恢复药物临床试验的补充申请，经审查同意后方可继续开展药物临床试验。药物临床试验暂停时间满三年且未申请并获准恢复药物临床试验的，该药物临床试验许可自行失效。

药物临床试验终止后，拟继续开展药物临床试验的，应当重新提出药物临床试验申请。

第三十二条　药物临床试验应当在批准后三年内实施。药物临床试验申请自获准之日起，三年内未有受试者签署知情同意书的，该药物临床试验许可自行失效。仍需实施药物临床试验的，应当重新申请。

第三十三条　申办者应当在开展药物临床试验前在药物临床试验登记与信息公示平台登记药物临床试验方案等信息。药物临床试验期间，申办者应当持续更新登记信息，并在药物临床试验结束后登记药物临床试验结果等信息。登记信息在平台进行公示，申办者对药物临床试验登记信息的真实性负责。

药物临床试验登记和信息公示的具体要求，由药品审评中心制定公布。

第二节　药品上市许可

第三十四条　申请人在完成支持药品上市注册的药学、药理毒理学和药物临床试验等研究，确定质量标准，完成商业规模生产工艺验证，并做好接受药品注册核查检验的准备后，提出药品上市许可申请，按照申报资料要求提交相关研究资料。经对申报资料进行形式审查，符合要求的，予以受理。

第三十五条　仿制药、按照药品管理的体外诊断试剂以及其他符合条件的情形，经申请人评估，认为无需或者不能开展药物临床试验，符合豁免药物临床试验条件的，申请人可以直接提出药品上市许可申请。豁免药物临床试验的技术指导原则和有关具体要求，由药品审评中心制定公布。

仿制药应当与参比制剂质量和疗效一致。申请人应当参照相关技术指导原则选择合理的参比制剂。

第三十六条　符合以下情形之一的，可以直接提出非处方药上市许可申请：

（一）境内已有相同活性成分、适应症（或者功能主治）、剂型、规格的非处方药上市的药品；

（二）经国家药品监督管理局确定的非处方药改变剂型或者规格，但不改变适应症（或者功能主治）、给药剂量以及给药途径的药品；

（三）使用国家药品监督管理局确定的非处方药的活性成份组成的新的复方制剂；

（四）其他直接申报非处方药上市许可的情形。

第三十七条　申报药品拟使用的药品通用名称，未列入国家药品标准或者药品注册标准的，申请人应当在提出药品上市许可申请时同时提出通用名称核准申请。药品上市许可申请受理后，通用名称核准相关资料转药典委，药典委核准后反馈药品审评中心。

申报药品拟使用的药品通用名称，已列入国家药品标准或者药品注册标准，药品审评中心在审评过程中认为需要核准药品通用名称的，应当通知药典委核准通用名称并提供相关资料，药典委核准后反馈药品审评中心。

药典委在核准药品通用名称时，应当与申请人做好沟通交流，并将核准结果告知申请人。

第三十八条 药品审评中心应当组织药学、医学和其他技术人员，按要求对已受理的药品上市许可申请进行审评。

审评过程中基于风险启动药品注册核查、检验，相关技术机构应当在规定时限内完成核查、检验工作。

药品审评中心根据药品注册申报资料、核查结果、检验结果等，对药品的安全性、有效性和质量可控性等进行综合审评，非处方药还应当转药品评价中心进行非处方药适宜性审查。

第三十九条 综合审评结论通过的，批准药品上市，发给药品注册证书。综合审评结论不通过的，作出不予批准决定。药品注册证书载明药品批准文号、持有人、生产企业等信息。非处方药的药品注册证书还应当注明非处方药类别。

经核准的药品生产工艺、质量标准、说明书和标签作为药品注册证书的附件一并发给申请人，必要时还应当附药品上市后研究要求。上述信息纳入药品品种档案，并根据上市后变更情况及时更新。

药品批准上市后，持有人应当按照国家药品监督管理局核准的生产工艺和质量标准生产药品，并按照药品生产质量管理规范要求进行细化和实施。

第四十条 药品上市许可申请审评期间，发生可能影响药品安全性、有效性和质量可控性的重大变更的，申请人应当撤回原注册申请，补充研究后重新申报。

申请人名称变更、注册地址名称变更等不涉及技术审评内容的，应当及时书面告知药品审评中心并提交相关证明性资料。

第三节 关联审评审批

第四十一条 药品审评中心在审评药品制剂注册申请时，对药品制剂选用的化学原料药、辅料及直接接触药品的包装材料和容器进行关联审评。

化学原料药、辅料及直接接触药品的包装材料和容器生产企业应当按照关联审评审批制度要求，在化学原料药、辅料及直接接触药品的包装材料和容器登记平台登记产品信息和研究资料。药品审评中心向社会公示登记号、产品名称、企业名称、生产地址等基本信息，供药品制剂注册申请人选择。

第四十二条 药品制剂申请人提出药品注册申请，可以直接选用已登记的化学原料药、辅料及直接接触药品的包装材料和容器；选用未登记的化学原料药、辅料及直接接触药品的包装材料和容器的，相关研究资料应当随药品制剂注册申请一并申报。

第四十三条 药品审评中心在审评药品制剂注册申请时，对药品制剂选用的化学原料药、辅料及直接接触药品的包装材料和容器进行关联审评，需补充资料的，按照补充资料程序要求药品制剂申请人或者化学原料药、辅料及直接接触药品的包装材料和容器登记企业补充资料，可以基于风险提出对化学原料药、辅料及直接接触药品的包装材料和容器企业进行延伸检查。

仿制境内已上市药品所用的化学原料药的，可以申请单独审评审批。

第四十四条 化学原料药、辅料及直接接触药品的包装材料和容器关联审评通过的或者单独审评审批通过的，药品审评中心在化学原料药、辅料及直接接触药品的包装材料和容器登记平台更新登记状态标识，向社会公示相关信息。其中，化学原料药同时发给化学原料药批准通知书及核准后的生产工艺、质量标准和标签，化学原料药批准通知书中载明登记号；不予批准的，发给化学原料药不予批准通知书。

未通过关联审评审批的、化学原料药、辅料及直接接触药品的包装材料和容器产品的登记状态维持不变，相关药品制剂申请不予批准。

第四节 药品注册核查

第四十五条 药品注册核查，是指为核实申报资料的真实性、一致性以及药品上市商业化生产条件，检查药品研制的合规性、数据可靠性等，对研制现场和生产现场开展的核查活动，以及必要时对药品注册申请所涉及的化学原料药、辅料及直接接触药品的包装材料和容器生产企业、供应商或者其他委托机构开展的延伸检查活动。

药品注册核查启动的原则、程序、时限和要求，由药品审评中心制定公布；药品注册核查实施的原则、程序、时限和要求，由药品核查中心制定公布。

第四十六条 药品审评中心根据药物创新程度、药物研究机构既往接受核查情况等，基于风险决定是否开展药品注册研制现场核查。

药品审评中心决定启动药品注册研制现场核查的，通知药品核查中心在审评期间组织实施核查，同时告知申请人。药品核查中心应当在规定时限内完成现场核查，并将核查情况、核查结论等相关材料反馈药品审评中心进行综合审评。

第四十七条 药品审评中心根据申报注册的品种、工艺、设施、既往接受核查情况等因素，基于风险决定是否启动药品注册生产现场核查。

对于创新药、改良型新药以及生物制品等，应当进行药品注册生产现场核查和上市前药品生产质量管理规范检查。

对于仿制药等，根据是否已获得相应生产范围药品生产许可证且已有同剂型品种上市等情况，基于风险进行药品注册生产现场核查、上市前药品生产质量管理规范检查。

第四十八条 药品注册申请受理后，药品审评中心应当在受理后四十日内进行初步审查，需要药品注册生产现场核查的，通知药品核查中心组织核查，提供核查所需的相关材料，同时告知申请人以及申请人或者生产企业所在地省、自治区、直辖市药品监督管理部门。药品核查中心原则上应当在审评时限届满四十日前完成核查工作，并将核查情况、核查结果等相关材料反馈至药品审评中心。

需要上市前药品生产质量管理规范检查的，由药品核查中心协调相关省、自治区、直辖市药品监督管理部门与药品注册生产现场核查同步实施。上市前药品生产质量管理规范检查的管理要求，按照药品生产监督管理办法的有关规定执行。

申请人应当在规定时限内接受核查。

第四十九条 药品审评中心在审评过程中，发现申报资料真实性存疑或者有明确线索举报等，需要现场检查核实的，应当启动有因检查，必要时进行抽样检验。

第五十条 申请药品上市许可时，申请人和生产企业应当已取得相应的药品生产许可证。

第五节 药品注册检验

第五十一条 药品注册检验，包括标准复核和样品检验。标准复核，是指对申请人申报药品标准中设定项目的科学性、检验方法的可行性、质控指标的合理性等进行的实验室评估。样品检验，是指按照申请人申报或者药品审评中心核定的药品质量标准对样品进行的实验室检验。

药品注册检验启动的原则、程序、时限等要求，由药品审评中心组织制定公布。药品注册申请受理前提出药品注册检验的具体工作程序和要求以及药品注册检验技术要求和规范，由中检院制定公布。

第五十二条 与国家药品标准收载的同品种药品使用的检验项目和检验方法一致的，可以不进行标准复核，只进行样品检验。其他情形应当进行标准复核和样品检验。

第五十三条 中检院或者经国家药品监督管理局指定的药品检验机构承担以下药品注册检验：

（一）创新药；

（二）改良型新药（中药除外）；

（三）生物制品、放射性药品和按照药品管理的体外诊断试剂；

（四）国家药品监督管理局规定的其他药品。

境外生产药品的药品注册检验由中检院组织口岸药品检验机构实施。

其他药品的注册检验，由申请人或者生产企业所在地省级药品检验机构承担。

第五十四条 申请人完成支持药品上市的药学相关研究，确定质量标准，并完成商业规模生产工艺验证后，可以在药品注册申请受理前向中检院或者省、自治区、直辖市药品监督管理部门提出药品注册检验；申请人未在药品注册申请受理前提出药品注册检验的，在药品注册申请受理后四十日内由药品审评中心启动药品注册检验。原则上申请人在药品注册申请受理前只能提出一次药品注册检验，不得同时向多个药品检验机构提出药品注册检验。

申请人提交的药品注册检验资料应当与药品注册申报资料的相应内容一致，不得在药品注册检验过程中变更药品检验机构、样品和资料等。

第五十五条 境内生产药品的注册申请，申请人在药品注册申请受理前提出药品注册检验的，向相关省、自治区、直辖市药品监督管理部门申请抽样，省、自治区、直辖市药品监督管理部门组织进行抽样并封签，由申请人将抽样单、样品、检验所需资料及标准物质等送至相应药品检验机构。

境外生产药品的注册申请，申请人在药品注册申请受理前提出药品注册检验的，申请人应当按规定要求抽取样品，并将样品、检验所需资料及标准物质等送至中检院。

第五十六条 境内生产药品的注册申请，药品注册申请受理后需要药品注册检验的，药品审评中心应当在受理后四十日内向药品检验机构和申请人发出药品注册检验通知。申请人向相关省、自治区、直辖市药品监督管理部门申请抽样，省、自治区、直辖市药品监督管理部门组织进行抽样并封签，申请人应当在规定时限内将抽样单、样品、检验所需资料及标准物质等送至相应药品检验机构。

境外生产药品的注册申请，药品注册申请受理后需要药品注册检验的，申请人应当按规定要求抽取样品，并将样品、检验所需资料及标准物质等送至中检院。

第五十七条 药品检验机构应当在五日内对申请人提交的检验用样品及资料等进行审核，作出是否接收的决定，同时告知药品审评中心。需要补正的，应当一次性告知申请人。

药品检验机构原则上应当在审评时限届满四十日前，将标准复核意见和检验报告反馈至药品审评中心。

第五十八条 在药品审评、核查过程中，发现申报资料真实性存疑或者有明确线索举报，或者认为有必要进行样品检验的，可抽取样品进行样品检验。

审评过程中，药品审评中心可以基于风险提出质量标准单项复核。

第四章　药品加快上市注册程序

第一节　突破性治疗药物程序

第五十九条　药物临床试验期间，用于防治严重危及生命或者严重影响生存质量的疾病，且尚无有效防治手段或者与现有治疗手段相比有足够证据表明具有明显临床优势的创新药或者改良型新药等，申请人可以申请适用突破性治疗药物程序。

第六十条　申请适用突破性治疗药物程序的，申请人应当向药品审评中心提出申请。符合条件的，药品审评中心按照程序公示后纳入突破性治疗药物程序。

第六十一条　对纳入突破性治疗药物程序的药物临床试验，给予以下政策支持：

（一）申请人可以在药物临床试验的关键阶段向药品审评中心提出沟通交流申请，药品审评中心安排审评人员进行沟通交流；

（二）申请人可以将阶段性研究资料提交药品审评中心，药品审评中心基于已有研究资料，对下一步研究方案提出意见或者建议，并反馈给申请人。

第六十二条　对纳入突破性治疗药物程序的药物临床试验，申请人发现不再符合纳入条件时，应当及时向药品审评中心提出终止突破性治疗药物程序。药品审评中心发现不再符合纳入条件的，应当及时终止该品种的突破性治疗药物程序，并告知申请人。

第二节　附条件批准程序

第六十三条　药物临床试验期间，符合以下情形的药品，可以申请附条件批准：

（一）治疗严重危及生命且尚无有效治疗手段的疾病的药品，药物临床试验已有数据证实疗效并能预测其临床价值的；

（二）公共卫生方面急需的药品，药物临床试验已有数据显示疗效并能预测其临床价值的；

（三）应对重大突发公共卫生事件急需的疫苗或者国家卫生健康委员会认定急需的其他疫苗，经评估获益大于风险的。

第六十四条　申请附条件批准的，申请人应当就附条件批准上市的条件和上市后继续完成的研究工作等与药品审评中心沟通交流，经沟通交流确认后提出药品上市许可申请。

经审评，符合附条件批准要求的，在药品注册证书中载明附条件批准药品注册证书的有效期、上市后需要继续完成的研究工作及完成时限等相关事项。

第六十五条　审评过程中，发现纳入附条件批准程序的药品注册申请不能满足附条件批准条件的，药品审评中心应当终止该品种附条件批准程序，并告知申请人按照正常程序研究申报。

第六十六条　对附条件批准的药品，持有人应当在药品上市后采取相应的风险管理措施，并在规定期限内按照要求完成药物临床试验等相关研究，以补充申请方式申报。

对批准疫苗注册申请时提出进一步研究要求的，疫苗持有人应当在规定期限内完成研究。

第六十七条　对附条件批准的药品，持有人逾期未按照要求完成研究或者不能证明其获益大于风险的，国家药品监督管理局应当依法处理，直至注销药品注册证书。

第三节　优先审评审批程序

第六十八条　药品上市许可申请时，以下具有明显临床价值的药品，可以申请适用优先审评审批程序：

（一）临床急需的短缺药品、防治重大传染病和罕见病等疾病的创新药和改良型新药；

（二）符合儿童生理特征的儿童用药品新品种、剂型和规格；

（三）疾病预防、控制急需的疫苗和创新疫苗；

（四）纳入突破性治疗药物程序的药品；

（五）符合附条件批准的药品；

（六）国家药品监督管理局规定其他优先审评审批的情形。

第六十九条　申请人在提出药品上市许可申请前，应当与药品审评中心沟通交流，经沟通交流确认后，在提出药品上市许可申请的同时，向药品审评中心提出优先审评审批申请。符合条件的，药品审评中心按照程序公示后纳入优先审评审批程序。

第七十条　对纳入优先审评审批程序的药品上市许可申请，给予以下政策支持：

（一）药品上市许可申请的审评时限为一百三十日；

（二）临床急需的境外已上市境内未上市的罕见病药品，审评时限为七十日；

（三）需要核查、检验和核准药品通用名称的，予以优先安排；

（四）经沟通交流确认后，可以补充提交技术资料。

第七十一条　审评过程中，发现纳入优先审评审批程序的药品注册申请不能满足优先审评审批条件的，药品审评中心应当终止该品种优先审评审批程序，按照正常审评程序审评，并告知申请人。

第四节　特别审批程序

第七十二条　在发生突发公共卫生事件的威胁时以及突发公共卫生事件发生后，国家药品监督管理局可以依法决定对突发公共卫生事件应急所需防治药品实行特别审批。

第七十三条　对实施特别审批的药品注册申请，国家药品监督管理局按照统一指挥、早期介入、快速高效、科学审批的原则，组织加快并同步开展药品注册受理、审评、核查、检验工作。特别审批的情形、程序、时限、要求等按照药品特别审批程序规定执行。

第七十四条　对纳入特别审批程序的药品，可以根据疾病防控的特定需要，限定其在一定期限和范围内使用。

第七十五条　对纳入特别审批程序的药品，发现其不再符合纳入条件的，应当终止该药品的特别审批程序，并告知申请人。

第五章　药品上市后变更和再注册

第一节　药品上市后研究和变更

第七十六条　持有人应当主动开展药品上市后研究，对药品的安全性、有效性和质量可控性进行进一步确证，加强对已上市药品的持续管理。

药品注册证书及附件要求持有人在药品上市后开展相关研究工作的，持有人应当在规定时限内完成并按照要求提出补充申请、备案或者报告。

药品批准上市后，持有人应当持续开展药品安全性和有效性研究，根据有关数据及时备案或者提出修订说明书的补充申请，不断更新完善说明书和标签。药品监督管理部门依职责可以根据药品不良反应监测和药品上市后评价结果等，要求持有人对说明书和标签进行修订。

第七十七条　药品上市后的变更，按照其对药品安全性、有效性和质量可控性的风险和产生影响的程度，实行分类管理，分为审批类变更、备案类变更和报告类变更。

持有人应当按照相关规定，参照相关技术指导原则，全面评估、验证变更事项对药品安全性、有效性和质量可控性的影响，进行相应的研究工作。

药品上市后变更研究的技术指导原则，由药品审评中心制定，并向社会公布。

第七十八条 以下变更，持有人应当以补充申请方式申报，经批准后实施：

（一）药品生产过程中的重大变更；

（二）药品说明书中涉及有效性内容以及增加安全性风险的其他内容的变更；

（三）持有人转让药品上市许可；

（四）国家药品监督管理局规定需要审批的其他变更。

第七十九条 以下变更，持有人应当在变更实施前，报所在地省、自治区、直辖市药品监督管理部门备案：

（一）药品生产过程中的中等变更；

（二）药品包装标签内容的变更；

（三）药品分包装；

（四）国家药品监督管理局规定需要备案的其他变更。

境外生产药品发生上述变更的，应当在变更实施前报药品审评中心备案。

药品分包装备案的程序和要求，由药品审评中心制定发布。

第八十条 以下变更，持有人应当在年度报告中报告：

（一）药品生产过程中的微小变更；

（二）国家药品监督管理局规定需要报告的其他变更。

第八十一条 药品上市后提出的补充申请，需要核查、检验的，参照本办法有关药品注册核查、检验程序进行。

第二节　药品再注册

第八十二条 持有人应当在药品注册证书有效期届满前六个月申请再注册。境内生产药品再注册申请由持有人向其所在地省、自治区、直辖市药品监督管理部门提出，境外生产药品再注册申请由持有人向药品审评中心提出。

第八十三条 药品再注册申请受理后，省、自治区、直辖市药品监督管理部门或者药品审评中心对持有人开展药品上市后评价和不良反应监测情况，按照药品批准证明文件和药品监督管理部门要求开展相关工作情况，以及药品批准证明文件载明信息变化情况等进行审查，符合规定的，予以再注册，发给药品再注册批准通知书。不符合规定的，不予再注册，并报请国家药品监督管理局注销药品注册证书。

第八十四条 有下列情形之一的，不予再注册：

（一）有效期届满未提出再注册申请的；

（二）药品注册证书有效期内持有人不能履行持续考察药品质量、疗效和不良反应责任的；

（三）未在规定时限内完成药品批准证明文件和药品监督管理部门要求的研究工作且无合理理由的；

（四）经上市后评价，属于疗效不确切、不良反应大或者因其他原因危害人体健康的；

（五）法律、行政法规规定的其他不予再注册情形。

对不予再注册的药品，药品注册证书有效期届满时予以注销。

第六章　受理、撤回申请、审批决定和争议解决

第八十五条 药品监督管理部门收到药品注册申请后进行形式审查，并根据下列情况分别作出是否受理的决定：

（一）申请事项依法不需要取得行政许可的，应当即时作出不予受理的决定，并说明理由。

（二）申请事项依法不属于本部门职权范围的，应当即时作出不予受理的决定，并告知申请人向有关行政机关申请。

（三）申报资料存在可以当场更正的错误的，应当允许申请人当场更正；更正后申请材料齐全、符合法定形式的，应当予以受理。

（四）申报资料不齐全或者不符合法定形式的，应当当场或者在五日内一次告知申请人需要补正的全部内容。按照规定需要在告知时一并退回申请材料的，应当予以退回。申请人应当在三十日内完成补正资料。申请人无正当理由逾期不予补正的，视为放弃申请，无需作出不予受理的决定。逾期未告知申请人补正的，自收到申请材料之日起即为受理。

（五）申请事项属于本部门职权范围，申报资料齐全、符合法定形式，或者申请人按照要求提交全部补正资料的，应当受理药品注册申请。

药品注册申请受理后，需要申请人缴纳费用的，申请人应当按规定缴纳费用。申请人未在规定期限内缴纳费用的，终止药品注册审评审批。

第八十六条 药品注册申请受理后，有药品安全性新发现的，申请人应当及时报告并补充相关资料。

第八十七条 药品注册申请受理后，需要申请人在原申报资料基础上补充新的技术资料的，药品审评中心原则上提出一次补充资料要求，列明全部问题后，以书面方式通知申请人在八十日内补充提交资料。申请人应当一次性按要求提交全部补充资料，补充资料时间不计入药品审评时限。药品审评中心收到申请人全部补充资料后启动审评，审评时限延长三分之一；适用优先审评审批程序的，审评时限延长四分之一。

不需要申请人补充新的技术资料，仅需要申请人对原申报资料进行解释说明的，药品审评中心通知申请人在五日内按照要求提交相关解释说明。

药品审评中心认为存在实质性缺陷无法补正的，不再要求申请人补充资料。基于已有申报资料做出不予批准的决定。

第八十八条 药物临床试验申请、药物临床试验期间的补充申请，在审评期间，不得补充新的技术资料；如需要开展新的研究，申请人可以在撤回后重新提出申请。

第八十九条 药品注册申请受理后，申请人可以提出撤回申请。同意撤回申请的，药品审评中心或者省、自治区、直辖市药品监督管理部门终止其注册程序，并告知药品注册核查、检验等技术机构。审评、核查和检验过程中发现涉嫌存在隐瞒真实情况或者提供虚假信息等违法行为的，依法处理，申请人不得撤回药品注册申请。

第九十条 药品注册期间，对于审评结论为不通过的，药品审评中心应当告知申请人不通过的理由，申请人可以在十五日内向药品审评中心提出异议。药品审评中心结合申请人的异议意见进行综合评估并反馈申请人。

申请人对综合评估结果仍有异议的，药品审评中心应当按照规定，在五十日内组织专家咨询委员会论证，并综合专家论证结果形成最终的审评结论。

申请人异议和专家论证时间不计入审评时限。

第九十一条 药品注册期间，申请人认为工作人员在药品注册受理、审评、核查、检验、审批等工作中违反规定或者有不规范行为的，可以向其所在单位或者上级机关投诉举报。

第九十二条 药品注册申请符合法定要求的，予以批准。

药品注册申请有下列情形之一的，不予批准：

（一）药物临床试验申请的研究资料不足以支持开展药物临床试验或者不能保障受试者安全的；

（二）申报资料显示其申请药品安全性、有效性、质量可控性等存在较大缺陷的；

（三）申报资料不能证明药品安全性、有效性、质量可控性，或者经评估认为药品风险大于获益的；

（四）申请人未能在规定时限内补充资料的；

（五）申请人拒绝接受或者无正当理由未在规定时限内接受药品注册核查、检验的；

（六）药品注册过程中认为申报资料不真实，申请人不能证明其真实性的；

（七）药品注册现场核查或者样品检验结果不符合规定的；

（八）法律法规规定的不应当批准的其他情形。

第九十三条 药品注册申请审批结束后，申请人对行政许可决定有异议的，可以依法提起行政复议或者行政诉讼。

第七章　工作时限

第九十四条 本办法所规定的时限是药品注册的受理、审评、核查、检验、审批等工作的最长时间。优先审评审批程序相关工作时限，按优先审评审批相关规定执行。

药品审评中心等专业技术机构应当明确本单位工作程序和时限，并向社会公布。

第九十五条 药品监督管理部门收到药品注册申请后进行形式审查，应当在五日内作出受理、补正或者不予受理决定。

第九十六条 药品注册审评时限，按照以下规定执行：

（一）药物临床试验申请、药物临床试验期间补充申请的审评审批时限为六十日；

（二）药品上市许可申请审评时限为二百日，其中优先审评审批程序的审评时限为一百三十，临床急需境外已上市罕见病用药优先审评审批程序的审评时限为七十日；

（三）单独申报仿制境内已上市化学原料药的审评时限为二百日；

（四）审批类变更的补充申请审评时限为六十日，补充申请合并申报事项的，审评时限为八十日，其中涉及临床试验研究数据审查、药品注册核查检验的审评时限为二百日；

（五）药品通用名称核准时限为三十日；

（六）非处方药适宜性审核时限为三十日。

关联审评时限与其关联药品制剂的审评时限一致。

第九十七条 药品注册核查时限，按照以下规定执行：

（一）药品审评中心应当在药品注册申请受理后四十日内通知药品核查中心启动核查，并同时通知申请人；

（二）药品核查中心原则上在审评时限届满四十日前完成药品注册生产现场核查，并将核查情况、核查结果等相关材料反馈至药品审评中心。

第九十八条 药品注册检验时限，按照以下规定执行：

（一）样品检验时限为六十日，样品检验和标准复核同时进行的时限为九十日；

（二）药品注册检验过程中补充资料时限为三十日；

（三）药品检验机构原则上在审评时限届满四十日前完成药品注册检验相关工作，并将药品标准复核意见和检验报告反馈至药品审评中心。

第九十九条 药品再注册审查审批时限为一百二十日。

第一百条 行政审批决定应当在二十日内作出。

第一百零一条 药品监督管理部门应当自作出药品注册审批决定之日起十日内颁发、送达有关行政许可证件。

第一百零二条 因品种特性及审评、核查、检验等工作遇到特殊情况确需延长时限的，延长的时限不得超过原时限的二分之一，经药品审评、核查、检验等相关技术机构负责人批准后，由延长时限的技术机构书面告知申请人，并通知其他相关技术机构。

第一百零三条 以下时间不计入相关工作时限：

（一）申请人补充资料、核查后整改以及按要求核对生产工艺、质量标准和说明书等所占用的时间；

（二）因申请人原因延迟核查、检验、召开专家咨询会等的时间；

（三）根据法律法规的规定中止审评审批程序的，中止审评审批程序期间所占用的时间；

（四）启动境外核查的，境外核查所占用的时间。

第八章　监督管理

第一百零四条　国家药品监督管理局负责对药品审评中心等相关专业技术机构及省、自治区、直辖市药品监督管理部门承担药品注册管理相关工作的监督管理、考核评价与指导。

第一百零五条　药品监督管理部门应当依照法律、法规的规定对药品研制活动进行监督检查，必要时可以对为药品研制提供产品或者服务的单位和个人进行延伸检查，有关单位和个人应当予以配合，不得拒绝和隐瞒。

第一百零六条　信息中心负责建立药品品种档案，对药品实行编码管理，汇集药品注册申报、临床试验期间安全性相关报告、审评、核查、检验、审批以及药品上市后变更的审批、备案、报告等信息，并持续更新。药品品种档案和编码管理的相关制度，由信息中心制定公布。

第一百零七条　省、自治区、直辖市药品监督管理部门应当组织对辖区内药物非临床安全性评价研究机构、药物临床试验机构等遵守药物非临床研究质量管理规范、药物临床试验质量管理规范等情况进行日常监督检查，监督其持续符合法定要求。国家药品监督管理局根据需要进行药物非临床安全性评价研究机构、药物临床试验机构等研究机构的监督检查。

第一百零八条　国家药品监督管理局建立药品安全信用管理制度，药品核查中心负责建立药物非临床安全性评价研究机构、药物临床试验机构药品安全信用档案，记录许可颁发、日常监督检查结果、违法行为查处等情况，依法向社会公布并及时更新。药品监督管理部门对有不良信用记录的，增加监督检查频次，并可以按照国家规定实施联合惩戒。药物非临床安全性评价研究机构、药物临床试验机构药品安全信用档案的相关制度，由药品核查中心制定公布。

第一百零九条　国家药品监督管理局依法向社会公布药品注册审批事项清单及法律依据、审批要求和办理时限，向申请人公开药品注册进度，向社会公开批准上市药品的审评结论和依据以及监督检查发现的违法违规行为，接受社会监督。

批准上市药品的说明书应当向社会公开并及时更新。其中，疫苗还应当公开标签内容并及时更新。

未经申请人同意，药品监督管理部门、专业技术机构及其工作人员、参与专家评审等的人员不得披露申请人提交的商业秘密、未披露信息或者保密商务信息，法律另有规定或者涉及国家安全、重大社会公共利益的除外。

第一百一十条　具有下列情形之一的，由国家药品监督管理局注销药品注册证书，并予以公布：

（一）持有人自行提出注销药品注册证书的；

（二）按照本办法规定不予再注册的；

（三）持有人药品注册证书、药品生产许可证等行政许可被依法吊销或者撤销的；

（四）按照《药品管理法》第八十三条的规定，疗效不确切、不良反应大或者因其他原因危害人体健康的；

（五）按照《疫苗管理法》第六十一条的规定，经上市后评价，预防接种异常反应严重或者其他原因危害人体健康的；

（六）按照《疫苗管理法》第六十二条的规定，经上市后评价发现该疫苗品种的产品设计、生产工艺、安全性、有效性或者质量可控性明显劣于预防、控制同种疾病的其他疫苗品种的；

（七）违反法律、行政法规规定，未按照药品批准证明文件要求或者药品监督管理部门要求在规定时限内完成相应研究工作且无合理理由的；

（八）其他依法应当注销药品注册证书的情形。

第九章 法律责任

第一百一十一条 在药品注册过程中，提供虚假的证明、数据、资料、样品或者采取其他手段骗取临床试验许可或者药品注册等许可的，按照《药品管理法》第一百二十三条处理。

第一百一十二条 申请疫苗临床试验、注册提供虚假数据、资料、样品或者有其他欺骗行为的，按照《疫苗管理法》第八十一条进行处理。

第一百一十三条 在药品注册过程中，药物非临床安全性评价研究机构、药物临床试验机构等，未按照规定遵守药物非临床研究质量管理规范、药物临床试验质量管理规范等的，按照《药品管理法》第一百二十六条处理。

第一百一十四条 未经批准开展药物临床试验的，按照《药品管理法》第一百二十五条处理；开展生物等效性试验未备案的，按照《药品管理法》第一百二十七条处理。

第一百一十五条 药物临床试验期间，发现存在安全性问题或者其他风险，临床试验申办者未及时调整临床试验方案、暂停或者终止临床试验，或者未向国家药品监督管理局报告的，按照《药品管理法》第一百二十七条处理。

第一百一十六条 违反本办法第二十八条、第三十三条规定，申办者有下列情形之一的，责令限期改正，逾期不改正的，处一万元以上三万元以下罚款：

（一）开展药物临床试验前未按规定在药物临床试验登记与信息公示平台进行登记；

（二）未按规定提交研发期间安全性更新报告；

（三）药物临床试验结束后未登记临床试验结果等信息。

第一百一十七条 药品检验机构在承担药品注册所需要的检验工作时，出具虚假检验报告的，按照《药品管理法》第一百三十八条处理。

第一百一十八条 对不符合条件而批准进行药物临床试验、不符合条件的药品颁发药品注册证书的，按照《药品管理法》第一百四十七条处理。

第一百一十九条 药品监督管理部门及其工作人员在药品注册管理过程中有违法违规行为的，按照相关法律法规处理。

第十章 附 则

第一百二十条 麻醉药品、精神药品、医疗用毒性药品、放射性药品、药品类易制毒化学品等有其他特殊管理规定药品的注册申请，除按照本办法的规定办理外，还应当符合国家的其他有关规定。

第一百二十一条 出口疫苗的标准应当符合进口国（地区）的标准或者合同要求。

第一百二十二条 拟申报注册的药械组合产品，已有同类产品经属性界定为药品的，按照药品进行申报；尚未经属性界定的，申请人应当在申报注册前向国家药品监督管理局申请产品属性界定。属性界定为药品为主的，按照本办法规定的程序进行注册，其中属于医疗器械部分的研究资料由国家药品监督管理局医疗器械技术审评中心作出审评结论后，转交药品审评中心进行综合审评。

第一百二十三条 境内生产药品批准文号格式为：国药准字 H（Z、S）+四位年号+四位顺序号。中国香港、澳门和台湾地区生产药品批准文号格式为：国药准字 H（Z、S）C+四位年号+四位顺序号。

境外生产药品批准文号格式为：国药准字 H（Z、S）J+四位年号+四位顺序号。

其中，H 代表化学药，Z 代表中药，S 代表生物制品。

药品批准文号，不因上市后的注册事项的变更而改变。

中药另有规定的从其规定。

第一百二十四条 药品监督管理部门制作的药品注册批准证明电子文件及原料药批准文件电子文件与纸质文件具有同等法律效力。

第一百二十五条 本办法规定的期限以工作日计算。

第一百二十六条 本办法自 2020 年 7 月 1 日起施行。2007 年 7 月 10 日原国家食品药品监督管理局令第 28 号公布的《药品注册管理办法》同时废止。

·药品税收·

关于罕见病药品增值税政策的通知

（财税〔2019〕24 号）

发布日期：2019-02-20
实施日期：2019-03-01
法规类型：规范性文件

各省、自治区、直辖市、计划单列市财政厅（局），新疆生产建设兵团财政局，海关总署广东分署、各直属海关，国家税务总局各省、自治区、直辖市、计划单列市税务局：

为鼓励罕见病制药产业发展，降低患者用药成本，现将罕见病药品增值税政策通知如下：

一、自 2019 年 3 月 1 日起，增值税一般纳税人生产销售和批发、零售罕见病药品，可选择按照简易办法依照 3%征收率计算缴纳增值税。上述纳税人选择简易办法计算缴纳增值税后，36 个月内不得变更。

二、自 2019 年 3 月 1 日起，对进口罕见病药品，减按 3%征收进口环节增值税。

三、纳税人应单独核算罕见病药品的销售额。未单独核算的，不得适用本通知第一条规定的简易征收政策。

四、本通知所称罕见病药品，是指经国家药品监督管理部门批准注册的罕见病药品制剂及原料药。罕见病药品清单（第一批）见附件。罕见病药品范围实行动态调整，由财政部、海关总署、税务总局、药监局根据变化情况适时明确。

附件：罕见病药品清单（第一批）

关于抗癌药品增值税政策的通知

（财税〔2018〕47号）

发布日期：2018-04-27
实施日期：2018-04-27
法规类型：规范性文件

各省、自治区、直辖市、计划单列市财政厅（局）、国家税务局，海关总署广东分署、各直属海关，新疆生产建设兵团财政局：

为鼓励抗癌制药产业发展，降低患者用药成本，现将抗癌药品增值税政策通知如下：

一、自2018年5月1日起，增值税一般纳税人生产销售和批发、零售抗癌药品，可选择按照简易办法依照3%征收率计算缴纳增值税。上述纳税人选择简易办法计算缴纳增值税后，36个月内不得变更。

二、自2018年5月1日起，对进口抗癌药品，减按3%征收进口环节增值税。

三、纳税人应单独核算抗癌药品的销售额。未单独核算的，不得适用本通知第一条规定的简易征收政策。

四、本通知所称抗癌药品，是指经国家药品监督管理部门批准注册的抗癌制剂及原料药。抗癌药品清单（第一批）见附件。抗癌药品范围实行动态调整，由财政部、海关总署、税务总局、国家药品监督管理局根据变化情况适时明确。

附件：抗癌药品清单（第一批）

● 药品口岸 ●

关于增设石家庄航空口岸为药品进口口岸有关事宜的通知

（药监综药注〔2022〕91号）

发布日期：2022-11-15
实施日期：2022-11-15
法规类型：规范性文件

各口岸药品监督管理局、各口岸药品检验所，海关总署广东分署，天津、上海特派办，各直属海关：

经国务院批准，同意增设石家庄航空口岸为药品进口口岸。现将有关事项通知如下：

一、自本通知发布之日起，除《药品进口管理办法》（以下简称《办法》）第十条规定的药品外，其他进口中药（不含中药材）、化学药品（包括麻醉药品、精神药品）可经由石家庄航空口岸（关区代码为0410）进口。

二、增加石家庄市市场监督管理局为口岸药品监督管理部门。自本通知发布之日起，石家庄市市场监督管理局开始履行《办法》规定的口岸药品监督管理部门的职责。

三、石家庄市市场监督管理局在办理药品进口备案时使用"石家庄市市场监督管理局药品进口备案专用章"，印章式样见附件。

四、石家庄市市场监督管理局与河北省药品医疗器械检验研究院建立药品进口备案和口岸检验的工作关系。自本通知发布之日起，河北省药品医疗器械检验研究院开始承担石家庄航空口岸的药品口岸检验工作。

附件：石家庄市市场监督管理局药品进口备案专用章式样（略）

关于增设崇左市爱店口岸药材进口边境口岸有关事项的通知

（药监综药注〔2022〕61号）

发布日期：2022-06-20
实施日期：2022-06-20
法规类型：规范性文件

广西壮族自治区药品监督管理局，各口岸药品监督管理局、各口岸药品检验所，海关总署广东分署，天津、上海特派办，各直属海关：

经国务院批准，同意增设广西壮族自治区崇左市爱店口岸为药材进口边境口岸。为进一步规范爱店口岸药材进口工作，现将有关事项通知如下：

一、广西壮族自治区崇左市爱店口岸的关区代码为7225。

二、崇左市市场监督管理局在办理爱店口岸进口药材的备案工作时，使用已启用的登记备案专用章。

三、崇左市市场监督管理局与广西壮族自治区食品药品检验所建立进口药材备案和口岸检验的工作关系，规范开展爱店口岸进口药材的备案、组织口岸检验工作。

四、广西壮族自治区药品监督管理局应当加强辖区内的进口药材监督管理工作，提高进口药材备案和口岸检验的信息化水平。

关于同意长沙航空口岸等七个药品进口口岸
增加进口药材事项的批复

（国药监药注函〔2022〕6号）

发布日期：2022-01-26
实施日期：2022-01-26
法规类型：规范性文件

　　湖南省药品监督管理局，江苏省药品监督管理局，河南省药品监督管理局，山东省药品监督管理局，辽宁省药品监督管理局，广东省药品监督管理局：

　　根据《食品药品监管总局办公厅　海关总署办公厅关于印发增设允许药品进口口岸工作评估考核方案的通知》（食药监办药化管〔2015〕134号）、《食品药品监管总局　海关总署关于增设允许药材进口边境口岸有关事宜的通知》（食药监药化管〔2016〕149号）文件有关规定，我局组织中国食品药品检定研究院对长沙、苏州、无锡、郑州、济南、沈阳、深圳7个药品进口口岸及其对应的口岸药检所增加中药材进口事项的申请进行了评估，基本符合口岸药品检验机构对药材进口检验的条件。经研究，并商海关总署同意，现批复如下：

　　一、同意长沙、苏州、无锡、郑州、济南、沈阳、深圳7个药品进口口岸药品监督管理部门及其对应的口岸药品检验机构增加中药材进口事项的申请。各口岸、口岸药品监督管理部门和口岸药品检验机构的对应关系见附件。

　　二、各单位应持续加强自身建设，不断提高管理能力和技术水平，保障药材进口管理工作顺利开展。

　　附件：口岸与口岸药品监督管理部门和口岸药品检验机构对应关系表（略）

关于增设中山市中山港口岸为药品进口口岸的公告

（国家药品监督管理局　海关总署公告2021年第154号）

发布日期：2021-12-24
实施日期：2021-12-24
法规类型：规范性文件

　　根据《中华人民共和国药品管理法》，经国务院批准，同意增设中山市中山港口岸为药品进口口岸。现将有关事宜公告如下：

　　一、自本公告发布之日起，除《药品进口管理办法》（以下简称《办法》）第十条规定的药品外，其他进口中药（含中药材）、化学药品（包括麻醉药品、精神药品）可经由中山市中山港口岸进口。

二、增加中山市市场监督管理局为口岸药品监督管理部门，由其承担中山港口岸药品进口备案的具体工作。

三、广东省药品检验所为中山市中山港口岸药品检验机构。自本公告发布之日起，广东省药品检验所开始承担中山市中山港口岸的药品口岸检验工作。

特此公告。

附件：1. 广东省中山市市场监督管理局联系方式（略）
　　　2. 广东省药品检验所联系方式（略）

办公厅关于增设长春空港口岸为药品进口口岸的通知

（药监综药注〔2021〕78号）

发布日期：2021-08-16
实施日期：2021-08-16
法规类型：规范性文件

各口岸药品监督管理局、各口岸药品检验所，海关总署广东分署，天津、上海特派办，各直属海关：

经国务院批准，同意增设长春空港口岸为药品进口口岸。现将有关事宜通知如下：

一、自本通知发布之日起，除《药品进口管理办法》（以下简称《办法》）第十条规定的药品外，其他进口药品（包括麻醉药品、精神药品）可经由长春空港口岸（长春龙嘉国际机场关区代码为1511）进口。

二、增加吉林省药品监督管理局为口岸药品监督管理部门。自本通知发布之日起，吉林省药品监督管理局开始履行《办法》规定的口岸药品监督管理部门的职责。

三、吉林省药品监督管理局在办理药品进口备案时使用"吉林省药品监督管理局药品进口备案专用章"，印章式样见附件。

四、吉林省药品监督管理局与吉林省药品检验研究院建立药品进口备案和口岸检验的工作关系。自本通知发布之日起，吉林省药品检验研究院开始承担长春空港口岸的药品口岸检验工作。

附件：吉林省药品监督管理局药品进口备案专用章式样（略）

关于增设无锡航空口岸、江阴港口岸为药品进口口岸的公告

（国家药品监督管理局　海关总署公告 2020 年第 97 号）

发布日期：2020-09-02
实施日期：2020-09-02
法规类型：规范性文件

根据《中华人民共和国药品管理法》，经国务院批准，同意增设无锡航空口岸、江阴港口岸为药品进口口岸。现将有关事宜公告如下：

一、自本公告发布之日起，除《药品进口管理办法》（以下简称《办法》）第十条规定的药品外，其他进口药品（包括麻醉药品、精神药品）可经由无锡航空口岸、江阴港口岸进口。

二、增加无锡市市场监督管理局为口岸药品监督管理部门，由其承担无锡航空口岸、江阴港口岸药品进口备案的具体工作。

三、增加无锡市药品安全检验检测中心为口岸药品检验机构。自本公告发布之日起，无锡市药品安全检验检测中心开始承担无锡航空口岸、江阴港口岸的药品口岸检验工作。

特此公告。

附件：1. 无锡市市场监督管理局联系方式（略）
　　　2. 无锡市药品安全检验检测中心联系方式（略）

关于增设沈阳航空口岸为药品进口口岸的公告

（国家药品监督管理局　海关总署公告 2019 年第 116 号）

发布日期：2019-12-24
实施日期：2019-12-24
法规类型：规范性文件

根据《中华人民共和国药品管理法》，经国务院批准，同意增设沈阳航空口岸为药品进口口岸。现将有关事宜公告如下：

一、自本公告发布之日起，除《药品进口管理办法》第十条规定的药品外，其他进口药品（包括麻醉药品、精神药品）可经由沈阳航空口岸进口。

二、增加沈阳市市场监督管理局为口岸药品监督管理部门，由其承担沈阳航空口岸药品进口备案的具体工作。

三、增加辽宁省药品检验检测院为口岸药品检验机构。自本公告发布之日起，辽宁省药品检验检测院开始承担沈阳航空口岸的药品口岸检验工作。

特此公告。

附件：1. 沈阳市市场监督管理局联系方式（略）
　　　2. 辽宁省药品检验检测院联系方式（略）

关于增设郑州航空港口岸为药品进口口岸的公告

（国家药品监督管理局　海关总署公告 2019 年第 110 号）

发布日期：2019-12-12
实施日期：2019-12-12
法规类型：规范性文件

根据《中华人民共和国药品管理法》，经国务院批准，同意增设郑州航空港口岸为药品进口口岸。现将有关事宜公告如下：

一、自本公告发布之日起，除《药品进口管理办法》（以下简称《办法》）第十条规定的药品外，其他进口药品（包括麻醉药品、精神药品）可经由郑州航空港口岸进口。

二、增加郑州市市场监督管理局为口岸药品监督管理部门，由其承担郑州航空港口岸药品进口备案的具体工作。

三、增加河南省食品药品检验所为口岸药品检验机构。自本公告发布之日起，河南省食品药品检验所开始承担郑州航空港口岸的药品口岸检验工作。

特此公告。

附件：1. 郑州市市场监督管理局联系方式（略）
　　　2. 河南省食品药品检验所联系方式（略）

关于印发首次药品进口口岸评估标准的通知

（药监综药注〔2019〕112 号）

发布日期：2019-12-30
实施日期：2019-12-30
法规类型：规范性文件

一、申请增设首次药品（不含药材）进口口岸应与需求相匹配。区域内已设立自由贸易区的或地方政府设置生物医药产业园区，有明确规划涉及生物医药产业的，区域内生物医药企业提出明确首次药品进口需求的。

二、申请首次药品进口的口岸药品检验机构应具有可了解掌握国外最新药品技术标准的国内外专家不少于 3 人（如世界卫生组织、美国药典会、欧洲 EDQM 专家等，国内药典委员会委员、国际 GMP 检查员等）。

三、申请首次药品进口的口岸药品检验机构应具有国家级标准相关科研项目研究经历。具有国际药品标准（国外药典标准）的研究工作经历并至少50个国内药品标准的研究工作经历（包括国家药典标准、国家药品注册标准）。

四、申请首次药品进口的口岸药品检验机构近三年内参加国内权威机构（中国合格评定国家认可委员会、中国食品药品检定研究院等）组织的能力验证及比对试验至少10次，参加国际权威机构（世界卫生组织、国际药学联合会、欧洲药品质量管理局等）组织的能力验证试验至少2次，且均应为满意级别。

五、申请首次药品进口的口岸药品检验机构检验检测能力应满足药品口岸检验的要求，具备覆盖国内外药典标准收载的全部项目能力。近5年完成各类药品检验任务涉及全检的国内外标准数量不少于100个，其中进口药品标准数量不少于30个（包括进口药品的口岸检验、监督抽检、药品标准复核工作）。

六、申请首次药品进口的口岸药品检验机构应具备独立的科研能力，机构应承担过省部级以上的相关科研项目研究工作。

关于同意重庆口岸药品监督管理局增设生物制品进口备案职能的批复

（国药监药注函〔2019〕9号）

发布日期：2019-01-16
实施日期：2019-01-16
法规类型：规范性文件

重庆市药品监督管理局：

你局《关于申请增设生物制品通关备案及进口检验功能的请示》（渝药监文〔2018〕10号）收悉。根据《国务院关于支持自由贸易试验区深化改革创新若干措施的通知》（国发〔2018〕38号）精神，以及《食品药品监管总局办公厅　海关总署办公厅关于印发增设允许药品进口口岸工作评估考核方案的通知》（食药监办药化管〔2015〕134号）有关规定，我局组织中国食品药品检定研究院对重庆市食品药品检验检测研究院进行了考核评估，基本符合口岸药品检验机构对生物制品进口检验的条件。经研究，现批复如下：

一、同意重庆口岸药品监督管理局增设生物制品进口备案职能。自本批复印发之日起，重庆口岸药品监督管理局可办理生物制品进口备案手续。

二、重庆市食品药品检验检测研究院负责进口生物制品的口岸检验工作。对目前重庆市食品药品检验检测研究院尚不具备检验能力的品种、项目以及按批签发管理的生物制品，可由重庆市食品药品检验检测研究院根据重庆市口岸药品监督管理局发出的《进口药品口岸检验通知书》抽取样品后，送中国食品药品检定研究院进行检验。重庆市口岸药品监督管理局凭中国食品药品检定研究院出具的检验报告办理进口备案手续。

三、你局和重庆市食品药品检验检测研究院应持续加强自身建设，不断提高管理能力和技术水平，保障药品进口管理工作的顺利开展。

关于增设济南航空口岸为药品进口口岸的公告

（国家药品监督管理局　海关总署公告2018年第36号）

发布日期：2018-06-12
实施日期：2018-06-12
法规类型：规范性文件

根据《中华人民共和国药品管理法》，经国务院批准，同意增设济南航空口岸为药品进口口岸。现将有关事宜公告如下：

一、自本公告发布之日起，除《药品进口管理办法》（以下简称《办法》）第十条规定的药品外，其他进口药品（包括麻醉药品、精神药品）可经由济南航空口岸进口。

二、增加山东省食品药品监督管理局为口岸药品监督管理局，由其承担济南航空口岸药品进口备案的具体工作。

三、增加山东省食品药品检验研究院为口岸药品检验所。自本公告发布之日起，山东省食品药品检验研究院开始承担济南航空口岸的药品口岸检验工作。

特此公告。

附件：1. 济南航空口岸药品监督管理局联系方式（略）
　　　2. 济南航空口岸药品检验所联系方式（略）

关于允许苏州工业园区口岸进口药品的通知

（食药监办药化管〔2013〕113号）

发布日期：2013-10-29
实施日期：2013-10-29
法规类型：规范性文件

各口岸药品监督管理局、各口岸药品检验所，海关总署广东分署，天津、上海特派办，各直属海关：

为进一步支持苏州工业园区的发展，经国务院批准，同意苏州工业园区口岸进口药品。现将有关事宜通知如下：

一、自本通知发布之日起，除《药品进口管理办法》（以下简称《办法》）第十条规定的药品外，其他进口药品（包括麻醉药品、精神药品）可经由苏州工业园区海关所辖的苏州工业园区口岸进口。

二、增加苏州市食品药品监督管理局为口岸药品监督管理局。自本通知发布之日起，苏州市食品药品监督管理局开始履行《办法》规定的口岸药品监督管理局的职责。

苏州市食品药品监督管理局药品进口备案办公室承担苏州市食品药品监督管理局药品进口备案的具体工作。

联系单位：苏州市食品药品监督管理局

联系地址：苏州市竹辉路 467 号

邮政编码：215007

联 系 人：杨文刚

电　　话：0512-65306637

传　　真：0512-65302397

电子邮箱：szsda@163.com

三、苏州市食品药品监督管理局在办理药品进口备案时使用"苏州市食品药品监督管理局药品进口备案专用章"，印章式样见附件。

四、苏州市食品药品监督管理局与江苏省食品药品检验所建立药品进口备案和口岸检验的工作关系。自本通知发布之日起，江苏省食品药品检验所开始承担苏州工业园区口岸的药品口岸检验工作。

附件：苏州市食品药品监督管理局药品进口备案专用章式样（略）

关于增列南宁市为药品进口口岸城市的公告

（国食药监注〔2004〕489 号）

发布日期：2004-10-22

实施日期：2004-10-22

法规类型：规范性文件

为进一步便利中国和东盟各国开展药品进出口贸易，经国务院批准，同意增列南宁市为药品进口的口岸城市。现将有关事宜公告如下：

一、自本公告发布之日起，除《药品进口管理办法》第十条规定的药品外，其他进口药品（包括麻醉药品、精神药品）可经由南宁市直属海关所辖的口岸进口。

二、增加南宁市药品监督管理局为口岸药品监督管理局。

南宁市药品监督管理局药品进口备案办公室承担南宁市药品监督管理局药品进口备案的具体工作。

地址：广西省南宁市新竹路 14-4 号

邮政编码：530022

联系人：欧俊军

电话：0771-5889761

传真：0771-5889761

电子邮箱：nn-port@gxfda.gov.cn

三、授权广西壮族自治区药品检验所为口岸药品检验所。

地址：广西南宁市新民路 1-1 号

邮政编码：530021

电话：0771-2619291

传真：0771-2611064

特此公告。

关于进口药品通关口岸管理事宜的公告

（国食药监注〔2004〕115 号）

发布日期：2004-04-30

实施日期：2004-04-30

法规类型：规范性文件

根据国家食品药品监督管理局、海关总署《关于实施〈药品进口管理办法〉有关事宜的通知》（国食药监注〔2003〕320 号）（以下简称《通知》），药品进口的口岸城市为：北京市、天津市、上海市、大连市、青岛市、成都市、武汉市、重庆市、厦门市、南京市、杭州市、宁波市、福州市、广州市、深圳市、珠海市、海口市、西安市。为加强管理，国家食品药品监督管理局与海关总署进一步确定了上述 18 个允许药品进口的具体通关口岸名单，并作为《通知》附件 1 下发。实施一段时间以来，取得了一定效果。随着我国对外贸易的迅速发展，药品在各口岸的进口状况经常发生变化，为适应贸易发展的新形势，经研究决定，自2004 年 5 月 1 日起，不再限定药品进口口岸城市内直属海关所辖的具体进口口岸，即在上述18 个城市直属海关所辖的所有口岸均可进口药品。药品进口口岸所在地海关凭已注明进口口岸的《进口药品通关单》办理有关验放手续。

关于增加深圳、珠海二市为进口药品报关口岸的通知

（国药管注〔2000〕88 号）

发布日期：2000-03-17

实施日期：2000-03-17

法规类型：规范性文件

各口岸药品检验所：

经研究，决定自即日起增加深圳市和珠海市为进口药品报关口岸。深圳市的口岸报验工作由广东省药品检验所负责，珠海市的口岸报验工作由广州市药品检验所负责。

进口单位可按照《进口药品管理办法》及有关规定，由深圳和珠海二市组织药品进口并办理报验手续。

特此通知。

• 精麻药品 •

麻醉药品和精神药品管理条例

（国务院令第 442 号）

发布日期：2005-08-03

实施日期：2016-02-06

法规类型：行政法规

（根据 2013 年 12 月 7 日国务院令第 645 号《国务院关于修改部分行政法规的决定》第一次修订；根据 2016 年 2 月 6 日国务院令第 666 号《国务院关于修改部分行政法规的决定》第二次修订）

第一章　总　则

第一条　为加强麻醉药品和精神药品的管理，保证麻醉药品和精神药品的合法、安全、合理使用，防止流入非法渠道，根据药品管理法和其他有关法律的规定，制定本条例。

第二条　麻醉药品药用原植物的种植，麻醉药品和精神药品的实验研究、生产、经营、使用、储存、运输等活动以及监督管理，适用本条例。

麻醉药品和精神药品的进出口依照有关法律的规定办理。

第三条　本条例所称麻醉药品和精神药品，是指列入麻醉药品目录、精神药品目录（以下称目录）的药品和其他物质。精神药品分为第一类精神药品和第二类精神药品。

目录由国务院药品监督管理部门会同国务院公安部门、国务院卫生主管部门制定、调整并公布。

上市销售但尚未列入目录的药品和其他物质或者第二类精神药品发生滥用，已经造成或者可能造成严重社会危害的，国务院药品监督管理部门会同国务院公安部门、国务院卫生主管部门应当及时将该药品和该物质列入目录或者将该第二类精神药品调整为第一类精神药品。

第四条　国家对麻醉药品药用原植物以及麻醉药品和精神药品实行管制。除本条例另有规定的外，任何单位、个人不得进行麻醉药品药用原植物的种植以及麻醉药品和精神药品的实验研究、生产、经营、使用、储存、运输等活动。

第五条　国务院药品监督管理部门负责全国麻醉药品和精神药品的监督管理工作，并会同国务院农业主管部门对麻醉药品药用原植物实施监督管理。国务院公安部门负责对造成麻醉药品药用原植物、麻醉药品和精神药品流入非法渠道的行为进行查处。国务院其他有关主管部门在各自的职责范围内负责与麻醉药品和精神药品有关的管理工作。

省、自治区、直辖市人民政府药品监督管理部门负责本行政区域内麻醉药品和精神药品的监督管理工作。县级以上地方公安机关负责对本行政区域内造成麻醉药品和精神药品流入非法渠道的行为进行查处。县级以上地方人民政府其他有关主管部门在各自的职责范围内负责与麻醉药品和精神药品有关的管理工作。

第六条 麻醉药品和精神药品生产、经营企业和使用单位可以依法参加行业协会。行业协会应当加强行业自律管理。

第二章 种植、实验研究和生产

第七条 国家根据麻醉药品和精神药品的医疗、国家储备和企业生产所需原料的需要确定需求总量，对麻醉药品药用原植物的种植、麻醉药品和精神药品的生产实行总量控制。

国务院药品监督管理部门根据麻醉药品和精神药品的需求总量制定年度生产计划。

国务院药品监督管理部门和国务院农业主管部门根据麻醉药品年度生产计划，制定麻醉药品药用原植物年度种植计划。

第八条 麻醉药品药用原植物种植企业应当根据年度种植计划，种植麻醉药品药用原植物。

麻醉药品药用原植物种植企业应当向国务院药品监督管理部门和国务院农业主管部门定期报告种植情况。

第九条 麻醉药品药用原植物种植企业由国务院药品监督管理部门和国务院农业主管部门共同确定，其他单位和个人不得种植麻醉药品药用原植物。

第十条 开展麻醉药品和精神药品实验研究活动应当具备下列条件，并经国务院药品监督管理部门批准：

（一）以医疗、科学研究或者教学为目的；

（二）有保证实验所需麻醉药品和精神药品安全的措施和管理制度；

（三）单位及其工作人员2年内没有违反有关禁毒的法律、行政法规规定的行为。

第十一条 麻醉药品和精神药品的实验研究单位申请相关药品批准证明文件，应当依照药品管理法的规定办理；需要转让研究成果的，应当经国务院药品监督管理部门批准。

第十二条 药品研究单位在普通药品的实验研究过程中，产生本条例规定的管制品种的，应当立即停止实验研究活动，并向国务院药品监督管理部门报告。国务院药品监督管理部门应当根据情况，及时作出是否同意其继续实验研究的决定。

第十三条 麻醉药品和第一类精神药品的临床试验，不得以健康人为受试对象。

第十四条 国家对麻醉药品和精神药品实行定点生产制度。

国务院药品监督管理部门应当根据麻醉药品和精神药品的需求总量，确定麻醉药品和精神药品定点生产企业的数量和布局，并根据年度需求总量对数量和布局进行调整、公布。

第十五条 麻醉药品和精神药品的定点生产企业应当具备下列条件：

（一）有药品生产许可证；

（二）有麻醉药品和精神药品实验研究批准文件；

（三）有符合规定的麻醉药品和精神药品生产设施、储存条件和相应的安全管理设施；

（四）有通过网络实施企业安全生产管理和向药品监督管理部门报告生产信息的能力；

（五）有保证麻醉药品和精神药品安全生产的管理制度；

（六）有与麻醉药品和精神药品安全生产要求相适应的管理水平和经营规模；

（七）麻醉药品和精神药品生产管理、质量管理部门的人员应当熟悉麻醉药品和精神药品管理以及有关禁毒的法律、行政法规；

（八）没有生产、销售假药、劣药或者违反有关禁毒的法律、行政法规规定的行为；

（九）符合国务院药品监督管理部门公布的麻醉药品和精神药品定点生产企业数量和布局的要求。

第十六条 从事麻醉药品、精神药品生产的企业，应当经所在地省、自治区、直辖市人民政府药品监督管理部门批准。

第十七条 定点生产企业生产麻醉药品和精神药品，应当依照药品管理法的规定取得药品批准文号。

国务院药品监督管理部门应当组织医学、药学、社会学、伦理学和禁毒等方面的专家成立专家组，由专家组对申请首次上市的麻醉药品和精神药品的社会危害性和被滥用的可能性进行评价，并提出是否批准的建议。

未取得药品批准文号的，不得生产麻醉药品和精神药品。

第十八条 发生重大突发事件，定点生产企业无法正常生产或者不能保证供应麻醉药品和精神药品时，国务院药品监督管理部门可以决定其他药品生产企业生产麻醉药品和精神药品。

重大突发事件结束后，国务院药品监督管理部门应当及时决定前款规定的企业停止麻醉药品和精神药品的生产。

第十九条 定点生产企业应当严格按照麻醉药品和精神药品年度生产计划安排生产，并依照规定向所在地省、自治区、直辖市人民政府药品监督管理部门报告生产情况。

第二十条 定点生产企业应当依照本条例的规定，将麻醉药品和精神药品销售给具有麻醉药品和精神药品经营资格的企业或者依照本条例规定批准的其他单位。

第二十一条 麻醉药品和精神药品的标签应当印有国务院药品监督管理部门规定的标志。

第三章 经 营

第二十二条 国家对麻醉药品和精神药品实行定点经营制度。

国务院药品监督管理部门应当根据麻醉药品和第一类精神药品的需求总量，确定麻醉药品和第一类精神药品的定点批发企业布局，并应当根据年度需求总量对布局进行调整、公布。

药品经营企业不得经营麻醉药品原料药和第一类精神药品原料药。但是，供医疗、科学研究、教学使用的小包装的上述药品可以由国务院药品监督管理部门规定的药品批发企业经营。

第二十三条 麻醉药品和精神药品定点批发企业除应当具备药品管理法第十五条规定的药品经营企业的开办条件外，还应当具备下列条件：

（一）有符合本条例规定的麻醉药品和精神药品储存条件；

（二）有通过网络实施企业安全管理和向药品监督管理部门报告经营信息的能力；

（三）单位及其工作人员 2 年内没有违反有关禁毒的法律、行政法规规定的行为；

（四）符合国务院药品监督管理部门公布的定点批发企业布局。

麻醉药品和第一类精神药品的定点批发企业，还应当具有保证供应责任区域内医疗机构所需麻醉药品和第一类精神药品的能力，并具有保证麻醉药品和第一类精神药品安全经营的管理制度。

第二十四条 跨省、自治区、直辖市从事麻醉药品和第一类精神药品批发业务的企业（以下称全国性批发企业），应当经国务院药品监督管理部门批准；在本省、自治区、直辖市行政区域内从事麻醉药品和第一类精神药品批发业务的企业（以下称区域性批发企业），应当经所在地省、自治区、直辖市人民政府药品监督管理部门批准。

专门从事第二类精神药品批发业务的企业，应当经所在地省、自治区、直辖市人民政府药品监督管理部门批准。

全国性批发企业和区域性批发企业可以从事第二类精神药品批发业务。

第二十五条 全国性批发企业可以向区域性批发企业，或者经批准可以向取得麻醉药品和第一类精神药品使用资格的医疗机构以及依照本条例规定批准的其他单位销售麻醉药品和第一类精神药品。

全国性批发企业向取得麻醉药品和第一类精神药品使用资格的医疗机构销售麻醉药品和第一类精神药品，应当经医疗机构所在地省、自治区、直辖市人民政府药品监督管理部门批准。

国务院药品监督管理部门在批准全国性批发企业时，应当明确其所承担供药责任的区域。

第二十六条 区域性批发企业可以向本省、自治区、直辖市行政区域内取得麻醉药品和第一类精神药品使用资格的医疗机构销售麻醉药品和第一类精神药品；由于特殊地理位置的原因，需要就近向其他省、自治区、直辖市行政区域内取得麻醉药品和第一类精神药品使用资格的医疗机构销售的，应当经企业所在地省、自治区、直辖市人民政府药品监督管理部门批准。审批情况由负责审批的药品监督管理部门在批准后 5 日内通报医疗机构所在地省、自治区、直辖市人民政府药品监督管理部门。

省、自治区、直辖市人民政府药品监督管理部门在批准区域性批发企业时，应当明确其所承担供药责任的区域。

区域性批发企业之间因医疗急需、运输困难等特殊情况需要调剂麻醉药品和第一类精神药品的，应当在调剂后 2 日内将调剂情况分别报所在地省、自治区、直辖市人民政府药品监督管理部门备案。

第二十七条 全国性批发企业应当从定点生产企业购进麻醉药品和第一类精神药品。

区域性批发企业可以从全国性批发企业购进麻醉药品和第一类精神药品；经所在地省、自治区、直辖市人民政府药品监督管理部门批准，也可以从定点生产企业购进麻醉药品和第一类精神药品。

第二十八条 全国性批发企业和区域性批发企业向医疗机构销售麻醉药品和第一类精神药品，应当将药品送至医疗机构。医疗机构不得自行提货。

第二十九条 第二类精神药品定点批发企业可以向医疗机构、定点批发企业和符合本条例第三十一条规定的药品零售企业以及依照本条例规定批准的其他单位销售第二类精神药品。

第三十条 麻醉药品和第一类精神药品不得零售。

禁止使用现金进行麻醉药品和精神药品交易，但是个人合法购买麻醉药品和精神药品的除外。

第三十一条 经所在地设区的市级药品监督管理部门批准，实行统一进货、统一配送、统一管理的药品零售连锁企业可以从事第二类精神药品零售业务。

第三十二条 第二类精神药品零售企业应当凭执业医师出具的处方，按规定剂量销售第二类精神药品，并将处方保存 2 年备查；禁止超剂量或者无处方销售第二类精神药品；不得向未成年人销售第二类精神药品。

第三十三条 麻醉药品和精神药品实行政府定价，在制定出厂和批发价格的基础上，逐步实行全国统一零售价格。具体办法由国务院价格主管部门制定。

第四章 使 用

第三十四条 药品生产企业需要以麻醉药品和第一类精神药品为原料生产普通药品的，应当向所在地省、自治区、直辖市人民政府药品监督管理部门报送年度需求计划，由省、自治区、直辖市人民政府药品监督管理部门汇总报国务院药品监督管理部门批准后，向定点生产企业购买。

药品生产企业需要以第二类精神药品为原料生产普通药品的，应当将年度需求计划报所在地省、自治区、直辖市人民政府药品监督管理部门，并向定点批发企业或者定点生产企业购买。

第三十五条 食品、食品添加剂、化妆品、油漆等非药品生产企业需要使用咖啡因作为原料的，应当经所在地省、自治区、直辖市人民政府药品监督管理部门批准，向定点批发企业或者定点生产企业购买。

科学研究、教学单位需要使用麻醉药品和精神药品开展实验、教学活动的，应当经所在地省、自治区、直辖市人民政府药品监督管理部门批准，向定点批发企业或者定点生产企业购买。

需要使用麻醉药品和精神药品的标准品、对照品的，应当经所在地省、自治区、直辖市人民政府药品监督管理部门批准，向国务院药品监督管理部门批准的单位购买。

第三十六条 医疗机构需要使用麻醉药品和第一类精神药品的，应当经所在地设区的市级人民政府卫生主管部门批准，取得麻醉药品、第一类精神药品购用印鉴卡（以下称印鉴卡）。医疗机构应当凭印鉴卡向本省、自治区、直辖市行政区域内的定点批发企业购买麻醉药品和第一类精神药品。

设区的市级人民政府卫生主管部门发给医疗机构印鉴卡时，应当将取得印鉴卡的医疗机构情况抄送所在地设区的市级药品监督管理部门，并报省、自治区、直辖市人民政府卫生主管部门备案。省、自治区、直辖市人民政府卫生主管部门应当将取得印鉴卡的医疗机构名单向本行政区域内的定点批发企业通报。

第三十七条 医疗机构取得印鉴卡应当具备下列条件：

（一）有专职的麻醉药品和第一类精神药品管理人员；

（二）有获得麻醉药品和第一类精神药品处方资格的执业医师；

（三）有保证麻醉药品和第一类精神药品安全储存的设施和管理制度。

第三十八条 医疗机构应当按照国务院卫生主管部门的规定，对本单位执业医师进行有关麻醉药品和精神药品使用知识的培训、考核，经考核合格的，授予麻醉药品和第一类精神药品处方资格。执业医师取得麻醉药品和第一类精神药品的处方资格后，方可在本医疗机构开具麻醉药品和第一类精神药品处方，但不得为自己开具该种处方。

医疗机构应当将具有麻醉药品和第一类精神药品处方资格的执业医师名单及其变更情况，定期报送所在地设区的市级人民政府卫生主管部门，并抄送同级药品监督管理部门。

医务人员应当根据国务院卫生主管部门制定的临床应用指导原则，使用麻醉药品和精神药品。

第三十九条 具有麻醉药品和第一类精神药品处方资格的执业医师，根据临床应用指导原则，对确需使用麻醉药品或者第一类精神药品的患者，应当满足其合理用药需求。在医疗机构就诊的癌症疼痛患者和其他危重患者得不到麻醉药品或者第一类精神药品时，患者或者其亲属可以向执业医师提出申请。具有麻醉药品和第一类精神药品处方资格的执业医师认为要求合理的，应当及时为患者提供所需麻醉药品或者第一类精神药品。

第四十条 执业医师应当使用专用处方开具麻醉药品和精神药品，单张处方的最大用量应当符合国务院卫生主管部门的规定。

对麻醉药品和第一类精神药品处方，处方的调配人、核对人应当仔细核对，签署姓名，并予以登记；对不符合本条例规定的，处方的调配人、核对人应当拒绝发药。

麻醉药品和精神药品专用处方的格式由国务院卫生主管部门规定。

第四十一条 医疗机构应当对麻醉药品和精神药品处方进行专册登记，加强管理。麻醉药品处方至少保存3年，精神药品处方至少保存2年。

第四十二条 医疗机构抢救病人急需麻醉药品和第一类精神药品而本医疗机构无法提供时，可以从其他医疗机构或者定点批发企业紧急借用；抢救工作结束后，应当及时将借用情况报所在地设区的市级药品监督管理部门和卫生主管部门备案。

第四十三条　对临床需要而市场无供应的麻醉药品和精神药品，持有医疗机构制剂许可证和印鉴卡的医疗机构需要配制制剂的，应当经所在地省、自治区、直辖市人民政府药品监督管理部门批准。医疗机构配制的麻醉药品和精神药品制剂只能在本医疗机构使用，不得对外销售。

第四十四条　因治疗疾病需要，个人凭医疗机构出具的医疗诊断书、本人身份证明，可以携带单张处方最大用量以内的麻醉药品和第一类精神药品；携带麻醉药品和第一类精神药品出入境的，由海关根据自用、合理的原则放行。

医务人员为了医疗需要携带少量麻醉药品和精神药品出入境的，应当持有省级以上人民政府药品监督管理部门发放的携带麻醉药品和精神药品证明。海关凭携带麻醉药品和精神药品证明放行。

第四十五条　医疗机构、戒毒机构以开展戒毒治疗为目的，可以使用美沙酮或者国家确定的其他用于戒毒治疗的麻醉药品和精神药品。具体管理办法由国务院药品监督管理部门、国务院公安部门和国务院卫生主管部门制定。

第五章　储　存

第四十六条　麻醉药品药用原植物种植企业、定点生产企业、全国性批发企业和区域性批发企业以及国家设立的麻醉药品储存单位，应当设置储存麻醉药品和第一类精神药品的专库。该专库应当符合下列要求：

（一）安装专用防盗门，实行双人双锁管理；

（二）具有相应的防火设施；

（三）具有监控设施和报警装置，报警装置应当与公安机关报警系统联网。

全国性批发企业经国务院药品监督管理部门批准设立的药品储存点应当符合前款的规定。麻醉药品定点生产企业应将麻醉药品原料药和制剂分别存放。

第四十七条　麻醉药品和第一类精神药品的使用单位应当设立专库或者专柜储存麻醉药品和第一类精神药品。专库应当设有防盗设施并安装报警装置；专柜应当使用保险柜。专库和专柜应当实行双人双锁管理。

第四十八条　麻醉药品药用原植物种植企业、定点生产企业、全国性批发企业和区域性批发企业、国家设立的麻醉药品储存单位以及麻醉药品和第一类精神药品的使用单位，应当配备专人负责管理工作，并建立储存麻醉药品和第一类精神药品的专用账册。药品入库双人验收，出库双人复核，做到账物相符。专用账册的保存期限应当自药品有效期满之日起不少于5年。

第四十九条　第二类精神药品经营企业应当在药品库房中设立独立的专库或者专柜储存第二类精神药品，并建立专用账册，实行专人管理。专用账册的保存期限应当自药品有效期满之日起不少于5年。

第六章　运　输

第五十条　托运、承运和自行运输麻醉药品和精神药品的，应当采取安全保障措施，防止麻醉药品和精神药品在运输过程中被盗、被抢、丢失。

第五十一条　通过铁路运输麻醉药品和第一类精神药品的，应当使用集装箱或者铁路行李车运输，具体办法由国务院药品监督管理部门会同国务院铁路主管部门制定。

没有铁路需要通过公路或者水路运输麻醉药品和第一类精神药品的，应当由专人负责押运。

第五十二条　托运或者自行运输麻醉药品和第一类精神药品的单位，应当向所在地设区的市级药品监督管理部门申请领取运输证明。运输证明有效期为 1 年。

运输证明应当由专人保管，不得涂改、转让、转借。

第五十三条 托运人办理麻醉药品和第一类精神药品运输手续，应当将运输证明副本交付承运人。承运人应当查验、收存运输证明副本，并检查货物包装。没有运输证明或者货物包装不符合规定的，承运人不得承运。

承运人在运输过程中应当携带运输证明副本，以备查验。

第五十四条 邮寄麻醉药品和精神药品，寄件人应当提交所在地设区的市级药品监督管理部门出具的准予邮寄证明。邮政营业机构应当查验、收存准予邮寄证明；没有准予邮寄证明的，邮政营业机构不得收寄。

省、自治区、直辖市邮政主管部门指定符合安全保障条件的邮政营业机构负责收寄麻醉药品和精神药品。邮政营业机构收寄麻醉药品和精神药品，应当依法对收寄的麻醉药品和精神药品予以查验。

邮寄麻醉药品和精神药品的具体管理办法，由国务院药品监督管理部门会同国务院邮政主管部门制定。

第五十五条 定点生产企业、全国性批发企业和区域性批发企业之间运输麻醉药品、第一类精神药品，发货人在发货前应当向所在地省、自治区、直辖市人民政府药品监督管理部门报送本次运输的相关信息。属于跨省、自治区、直辖市运输的，收到信息的药品监督管理部门应当向收货人所在地的同级药品监督管理部门通报；属于在本省、自治区、直辖市行政区域内运输的，收到信息的药品监督管理部门应当向收货人所在地设区的市级药品监督管理部门通报。

第七章　审批程序和监督管理

第五十六条 申请人提出本条例规定的审批事项申请，应当提交能够证明其符合本条例规定条件的相关资料。审批部门应当自收到申请之日起 40 日内作出是否批准的决定；作出批准决定的，发给许可证明文件或者在相关许可证明文件上加注许可事项；作出不予批准决定的，应当书面说明理由。

确定定点生产企业和定点批发企业，审批部门应当在经审查符合条件的企业中，根据布局的要求，通过公平竞争的方式初步确定定点生产企业和定点批发企业，并予公布。其他符合条件的企业可以自公布之日起 10 日内向审批部门提出异议。审批部门应当自收到异议之日起 20 日内对异议进行审查，并作出是否调整的决定。

第五十七条 药品监督管理部门应当根据规定的职责权限，对麻醉药品药用原植物的种植以及麻醉药品和精神药品的实验研究、生产、经营、使用、储存、运输活动进行监督检查。

第五十八条 省级以上人民政府药品监督管理部门根据实际情况建立监控信息网络，对定点生产企业、定点批发企业和使用单位的麻醉药品和精神药品生产、进货、销售、库存、使用的数量以及流向实行实时监控，并与同级公安机关做到信息共享。

第五十九条 尚未连接监控信息网络的麻醉药品和精神药品定点生产企业、定点批发企业和使用单位，应当每月通过电子信息、传真、书面等方式，将本单位麻醉药品和精神药品生产、进货、销售、库存、使用的数量以及流向，报所在地设区的市级药品监督管理部门和公安机关；医疗机构还应当报所在地设区的市级人民政府卫生主管部门。

设区的市级药品监督管理部门应当每 3 个月向上一级药品监督管理部门报告本地区麻醉药品和精神药品的相关情况。

第六十条 对已经发生滥用，造成严重社会危害的麻醉药品和精神药品品种，国务院药品监督管理部门应当采取在一定期限内中止生产、经营、使用或者限定其使用范围和用途等措施。对不再作为药品使用的麻醉药品和精神药品，国务院药品监督管理部门应当撤销其药品批准文号和药品标准，并予以公布。

药品监督管理部门、卫生主管部门发现生产、经营企业和使用单位的麻醉药品和精神药品管理存在安全隐患时，应当责令其立即排除或者限期排除；对有证据证明可能流入非法渠道的，应当及时采取查封、扣押的行政强制措施，在7日内作出行政处理决定，并通报同级公安机关。

药品监督管理部门发现取得印鉴卡的医疗机构未依照规定购买麻醉药品和第一类精神药品时，应当及时通报同级卫生主管部门。接到通报的卫生主管部门应当立即调查处理。必要时，药品监督管理部门可以责令定点批发企业中止向该医疗机构销售麻醉药品和第一类精神药品。

第六十一条 麻醉药品和精神药品的生产、经营企业和使用单位对过期、损坏的麻醉药品和精神药品应当登记造册，并向所在地县级药品监督管理部门申请销毁。药品监督管理部门应当自接到申请之日起5日内到场监督销毁。医疗机构对存放在本单位的过期、损坏麻醉药品和精神药品，应当按照本条规定的程序向卫生主管部门提出申请，由卫生主管部门负责监督销毁。

对依法收缴的麻醉药品和精神药品，除经国务院药品监督管理部门或者国务院公安部门批准用于科学研究外，应当依照国家有关规定予以销毁。

第六十二条 县级以上人民政府卫生主管部门应当对执业医师开具麻醉药品和精神药品处方的情况进行监督检查。

第六十三条 药品监督管理部门、卫生主管部门和公安机关应当互相通报麻醉药品和精神药品生产、经营企业和使用单位的名单以及其他管理信息。

各级药品监督管理部门应当将在麻醉药品药用原植物的种植以及麻醉药品和精神药品的实验研究、生产、经营、使用、储存、运输等各环节的管理中的审批、撤销等事项通报同级公安机关。

麻醉药品和精神药品的经营企业、使用单位报送各级药品监督管理部门的备案事项，应当同时报送同级公安机关。

第六十四条 发生麻醉药品和精神药品被盗、被抢、丢失或者其他流入非法渠道的情形的，案发单位应当立即采取必要的控制措施，同时报告所在地县级公安机关和药品监督管理部门。医疗机构发生上述情形的，还应当报告其主管部门。

公安机关接到报告、举报，或者有证据证明麻醉药品和精神药品可能流入非法渠道时，应当及时开展调查，并可以对相关单位采取必要的控制措施。

药品监督管理部门、卫生主管部门以及其他有关部门应当配合公安机关开展工作。

第八章 法律责任

第六十五条 药品监督管理部门、卫生主管部门违反本条例的规定，有下列情形之一的，由其上级行政机关或者监察机关责令改正；情节严重的，对直接负责的主管人员和其他直接责任人员依法给予行政处分；构成犯罪的，依法追究刑事责任：

（一）对不符合条件的申请人准予行政许可或者超越法定职权作出准予行政许可决定的；

（二）未到场监督销毁过期、损坏的麻醉药品和精神药品的；

（三）未依法履行监督检查职责，应当发现而未发现违法行为、发现违法行为不及时查处，或者未依照本条例规定的程序实施监督检查的；

（四）违反本条例规定的其他失职、渎职行为。

第六十六条 麻醉药品药用原植物种植企业违反本条例的规定，有下列情形之一的，由药品监督管理部门责令限期改正，给予警告；逾期不改正的，处 5 万元以上 10 万元以下的罚款；情节严重的，取消其种植资格：

（一）未依照麻醉药品药用原植物年度种植计划进行种植的；

（二）未依照规定报告种植情况的；

（三）未依照规定储存麻醉药品的。

第六十七条　定点生产企业违反本条例的规定，有下列情形之一的，由药品监督管理部门责令限期改正，给予警告，并没收违法所得和违法销售的药品；逾期不改正的，责令停产，并处 5 万元以上 10 万元以下的罚款；情节严重的，取消其定点生产资格：

（一）未按照麻醉药品和精神药品年度生产计划安排生产的；

（二）未依照规定向药品监督管理部门报告生产情况的；

（三）未依照规定储存麻醉药品和精神药品，或者未依照规定建立、保存专用账册的；

（四）未依照规定销售麻醉药品和精神药品的；

（五）未依照规定销毁麻醉药品和精神药品的。

第六十八条　定点批发企业违反本条例的规定销售麻醉药品和精神药品，或者违反本条例的规定经营麻醉药品原料药和第一类精神药品原料药的，由药品监督管理部门责令限期改正，给予警告，并没收违法所得和违法销售的药品；逾期不改正的，责令停业，并处违法销售药品货值金额 2 倍以上 5 倍以下的罚款；情节严重的，取消其定点批发资格。

第六十九条　定点批发企业违反本条例的规定，有下列情形之一的，由药品监督管理部门责令限期改正，给予警告；逾期不改正的，责令停业，并处 2 万元以上 5 万元以下的罚款；情节严重的，取消其定点批发资格：

（一）未依照规定购进麻醉药品和第一类精神药品的；

（二）未保证供药责任区域内的麻醉药品和第一类精神药品的供应的；

（三）未对医疗机构履行送货义务的；

（四）未依照规定报告麻醉药品和精神药品的进货、销售、库存数量以及流向的；

（五）未依照规定储存麻醉药品和精神药品，或者未依照规定建立、保存专用账册的；

（六）未依照规定销毁麻醉药品和精神药品的；

（七）区域性批发企业之间违反本条例的规定调剂麻醉药品和第一类精神药品，或者因特殊情况调剂麻醉药品和第一类精神药品后未依照规定备案的。

第七十条　第二类精神药品零售企业违反本条例的规定储存、销售或者销毁第二类精神药品的，由药品监督管理部门责令限期改正，给予警告，并没收违法所得和违法销售的药品；逾期不改正的，责令停业，并处 5000 元以上 2 万元以下的罚款；情节严重的，取消其第二类精神药品零售资格。

第七十一条　本条例第三十四条、第三十五条规定的单位违反本条例的规定，购买麻醉药品和精神药品的，由药品监督管理部门没收违法购买的麻醉药品和精神药品，责令限期改正，给予警告；逾期不改正的，责令停产或者停止相关活动，并处 2 万元以上 5 万元以下的罚款。

第七十二条　取得印鉴卡的医疗机构违反本条例的规定，有下列情形之一的，由设区的市级人民政府卫生主管部门责令限期改正，给予警告；逾期不改正的，处 5000 元以上 1 万元以下的罚款；情节严重的，吊销其印鉴卡；对直接负责的主管人员和其他直接责任人员，依法给予降级、撤职、开除的处分：

（一）未依照规定购买、储存麻醉药品和第一类精神药品的；

（二）未依照规定保存麻醉药品和精神药品专用处方，或者未依照规定进行处方专册登记的；

（三）未依照规定报告麻醉药品和精神药品的进货、库存、使用数量的；

（四）紧急借用麻醉药品和第一类精神药品后未备案的；

（五）未依照规定销毁麻醉药品和精神药品的。

第七十三条 具有麻醉药品和第一类精神药品处方资格的执业医师，违反本条例的规定开具麻醉药品和第一类精神药品处方，或者未按照临床应用指导原则的要求使用麻醉药品和第一类精神药品的，由其所在医疗机构取消其麻醉药品和第一类精神药品处方资格；造成严重后果的，由原发证部门吊销其执业证书。执业医师未按照临床应用指导原则的要求使用第二类精神药品或者未使用专用处方开具第二类精神药品，造成严重后果的，由原发证部门吊销其执业证书。

未取得麻醉药品和第一类精神药品处方资格的执业医师擅自开具麻醉药品和第一类精神药品处方，由县级以上人民政府卫生主管部门给予警告，暂停其执业活动；造成严重后果的，吊销其执业证书；构成犯罪的，依法追究刑事责任。

处方的调配人、核对人违反本条例的规定未对麻醉药品和第一类精神药品处方进行核对，造成严重后果的，由原发证部门吊销其执业证书。

第七十四条 违反本条例的规定运输麻醉药品和精神药品的，由药品监督管理部门和运输管理部门依照各自职责，责令改正，给予警告，处2万元以上5万元以下的罚款。

收寄麻醉药品、精神药品的邮政营业机构未依照本条例的规定办理邮寄手续的，由邮政主管部门责令改正，给予警告；造成麻醉药品、精神药品邮件丢失的，依照邮政法律、行政法规的规定处理。

第七十五条 提供虚假材料、隐瞒有关情况，或者采取其他欺骗手段取得麻醉药品和精神药品的实验研究、生产、经营、使用资格的，由原审批部门撤销其已取得的资格，5年内不得提出有关麻醉药品和精神药品的申请；情节严重的，处1万元以上3万元以下的罚款，有药品生产许可证、药品经营许可证、医疗机构执业许可证的，依法吊销其许可证明文件。

第七十六条 药品研究单位在普通药品的实验研究和研制过程中，产生本条例规定管制的麻醉药品和精神药品，未依照本条例的规定报告的，由药品监督管理部门责令改正，给予警告，没收违法药品；拒不改正的，责令停止实验研究和研制活动。

第七十七条 药物临床试验机构以健康人为麻醉药品和第一类精神药品临床试验的受试对象的，由药品监督管理部门责令停止违法行为，给予警告；情节严重的，取消其药物临床试验机构的资格；构成犯罪的，依法追究刑事责任。对受试对象造成损害的，药物临床试验机构依法承担治疗和赔偿责任。

第七十八条 定点生产企业、定点批发企业和第二类精神药品零售企业生产、销售假劣麻醉药品和精神药品的，由药品监督管理部门取消其定点生产资格、定点批发资格或者第二类精神药品零售资格，并依照药品管理法的有关规定予以处罚。

第七十九条 定点生产企业、定点批发企业和其他单位使用现金进行麻醉药品和精神药品交易的，由药品监督管理部门责令改正，给予警告，没收违法交易的药品，并处5万元以上10万元以下的罚款。

第八十条 发生麻醉药品和精神药品被盗、被抢、丢失案件的单位，违反本条例的规定未采取必要的控制措施或者未依照本条例的规定报告的，由药品监督管理部门和卫生主管部门依照各自职责，责令改正，给予警告；情节严重的，处5000元以上1万元以下的罚款；有上级主管部门的，由其上级主管部门对直接负责的主管人员和其他直接责任人员，依法给予降级、撤职的处分。

第八十一条 依法取得麻醉药品药用原植物种植或者麻醉药品和精神药品实验研究、生产、经营、使用、运输等资格的单位，倒卖、转让、出租、出借、涂改其麻醉药品和精神药品许可证明文件的，由原审批部门吊销相应许可证明文件，没收违法所得；情节严重的，处违法所得 2 倍以上 5 倍以下的罚款；没有违法所得的，处 2 万元以上 5 万元以下的罚款；构成犯罪的，依法追究刑事责任。

第八十二条　违反本条例的规定，致使麻醉药品和精神药品流入非法渠道造成危害，构成犯罪的，依法追究刑事责任；尚不构成犯罪的，由县级以上公安机关处 5 万元以上 10 万元以下的罚款；有违法所得的，没收违法所得；情节严重的，处违法所得 2 倍以上 5 倍以下的罚款；由原发证部门吊销其药品生产、经营和使用许可证明文件。

药品监督管理部门、卫生主管部门在监督管理工作中发现前款规定情形的，应当立即通报所在地同级公安机关，并依照国家有关规定，将案件以及相关材料移送公安机关。

第八十三条　本章规定由药品监督管理部门作出的行政处罚，由县级以上药品监督管理部门按照国务院药品监督管理部门规定的职责分工决定。

第九章　附　则

第八十四条　本条例所称实验研究是指以医疗、科学研究或者教学为目的的临床前药物研究。

经批准可以开展与计划生育有关的临床医疗服务的计划生育技术服务机构需要使用麻醉药品和精神药品的，依照本条例有关医疗机构使用麻醉药品和精神药品的规定执行。

第八十五条　麻醉药品目录中的罂粟壳只能用于中药饮片和中成药的生产以及医疗配方使用。具体管理办法由国务院药品监督管理部门另行制定。

第八十六条　生产含麻醉药品的复方制剂，需要购进、储存、使用麻醉药品原料药的，应当遵守本条例有关麻醉药品管理的规定。

第八十七条　军队医疗机构麻醉药品和精神药品的供应、使用，由国务院药品监督管理部门会同中国人民解放军总后勤部依据本条例制定具体管理办法。

第八十八条　对动物用麻醉药品和精神药品的管理，由国务院兽医主管部门会同国务院药品监督管理部门依据本条例制定具体管理办法。

第八十九条　本条例自 2005 年 11 月 1 日起施行。1987 年 11 月 28 日国务院发布的《麻醉药品管理办法》和 1988 年 12 月 27 日国务院发布的《精神药品管理办法》同时废止。

关于麻醉药品和精神药品进出口管理有关事宜的公告

（国家药监局　海关总署公告 2022 年第 115 号）

发布日期：2022-11-18
实施日期：2023-01-01
法规类型：规范性文件

为进一步深化"放管服"改革，加强麻醉药品和精神药品进出口管理，促进麻醉药品和精神药品跨境贸易便利化和规范化，根据《中华人民共和国药品管理法》《麻醉药品和精神药品管理条例》，现将有关事宜通知如下：

一、根据《中华人民共和国药品管理法》《麻醉药品和精神药品管理条例》等法律法规，国家对麻醉药品和精神药品实行进出口准许证管理。进口、出口麻醉药品和精神药品应当取得国家药监局颁发的进口准许证（附件1）、出口准许证（附件2）。进口麻醉药品和精神药品无需办理进口药品通关单。

二、申请人在国家药监局网上办事大厅注册并实名认证后，按照《国家药监局关于启用药品业务应用系统的公告》（2019年第112号）网上申请进出口准许证，或可通过中国国际贸易"单一窗口"网上申请进出口准许证。

三、国家药监局同步发放进出口电子准许证和纸质证件，电子证件和纸质证件具有同等法律效力。申请人可进入国家药监局网上办事大厅"我的证照"栏目或登录"中国药监App"，查看下载进出口电子准许证。

四、海关通过联网核查验核准许证电子证件，不再进行纸面签注。海关总署及时将进出口准许证使用情况，药品名称、包装规格和进出口数量、进出口日期等核销数据反馈国家药监局。

五、进口准许证有效期1年，可以跨自然年使用；出口准许证有效期不超过3个月，有效期时限不跨自然年。进出口准许证实行"一证一关"（仅能在证面载明的口岸办理通关验放手续），且只能在有效期内一次性使用。

六、医务人员为医疗需要携带少量麻醉药品和精神药品出入境的，应当持所在地省级药品监管部门发放的携带麻醉药品和精神药品证明（附件3）。海关凭携带麻醉药品和精神药品证明放行。

本公告自2023年1月1日起施行。本公告实施前国家药监局核发的进口准许证在有效期内可继续使用。2001年12月31日原国家药品监督管理局、海关总署联合发布的《关于加强麻醉药品精神药品进出口管理有关问题的通知》（国药监安〔2001〕585号）同时废止。

特此公告。

附件：1. 进口准许证式样（略）

2. 出口准许证式样（略）

3. 携带麻醉药品和精神药品证明式样（略）

非药用类麻醉药品和精神药品列管办法

（公通字〔2015〕27号）

发布日期：2015-09-24
实施日期：2015-10-01
法规类型：规范性文件

第一条　为加强对非药用类麻醉药品和精神药品的管理，防止非法生产、经营、运输、使用和进出口，根据《中华人民共和国禁毒法》和《麻醉药品和精神药品管理条例》等法律、法规的规定，制定本办法。

第二条　本办法所称的非药用类麻醉药品和精神药品，是指未作为药品生产和使用，具有成瘾性或者成瘾潜力且易被滥用的物质。

第三条　麻醉药品和精神药品按照药用类和非药用类分类列管。除麻醉药品和精神药品管理品种目录已有列管品种外，新增非药用类麻醉药品和精神药品管制品种由本办法附表列示。非药用类麻醉药品和精神药品管制品种目录的调整由国务院公安部门会同国务院食品药品监督管理部门和国务院卫生计生行政部门负责。

非药用类麻醉药品和精神药品发现医药用途，调整列入药品目录的，不再列入非药用类麻醉药品和精神药品管制品种目录。

第四条 对列管的非药用类麻醉药品和精神药品，禁止任何单位和个人生产、买卖、运输、使用、储存和进出口。因科研、实验需要使用非药用类麻醉药品和精神药品，在药品、医疗器械生产、检测中需要使用非药用类麻醉药品和精神药品标准品、对照品，以及药品生产过程中非药用类麻醉药品和精神药品中间体的管理，按照有关规定执行。

各级公安机关和有关部门依法加强对非药用类麻醉药品和精神药品违法犯罪行为的打击处理。

第五条 各地禁毒委员会办公室（以下简称禁毒办）应当组织公安机关和有关部门加强对非药用类麻醉药品和精神药品的监测，并将监测情况及时上报国家禁毒办。国家禁毒办经汇总、分析后，应当及时发布预警信息。对国家禁毒办发布预警的未列管非药用类麻醉药品和精神药品，各地禁毒办应当进行重点监测。

第六条 国家禁毒办认为需要对特定非药用类麻醉药品和精神药品进行列管的，应当交由非药用类麻醉药品和精神药品专家委员会（以下简称专家委员会）进行风险评估和列管论证。

第七条 专家委员会由国务院公安部门、食品药品监督管理部门、卫生计生行政部门、工业和信息化管理部门、海关等部门的专业人员以及医学、药学、法学、司法鉴定、化工等领域的专家学者组成。

专家委员会应当对拟列管的非药用类麻醉药品和精神药品进行下列风险评估和列管论证，并提出是否予以列管的建议：

（一）成瘾性或者成瘾潜力；

（二）对人身心健康的危害性；

（三）非法制造、贩运或者走私活动情况；

（四）滥用或者扩散情况；

（五）造成国内、国际危害或者其他社会危害情况。

专家委员会启动对拟列管的非药用类麻醉药品和精神药品的风险评估和列管论证工作后，应当在 3 个月内完成。

第八条 对专家委员会评估后提出列管建议的，国家禁毒办应当建议国务院公安部门会同食品药品监督管理部门和卫生计生行政部门予以列管。

第九条 国务院公安部门会同食品药品监督管理部门和卫生计生行政部门应当在接到国家禁毒办列管建议后 6 个月内，完成对非药用类麻醉药品和精神药品的列管工作。

对于情况紧急、不及时列管不利于遏制危害发展蔓延的，风险评估和列管工作应当加快进程。

第十条 本办法自 2015 年 10 月 1 日起施行。

附表：非药用类麻醉药品和精神药品管制品种增补目录

麻醉药品和精神药品邮寄管理办法

（国食药监安〔2005〕498号）

发布日期：2005-10-25
实施日期：2005-11-01
法规类型：规范性文件

第一条 为加强麻醉药品和精神药品邮寄管理，确保邮寄安全，防止丢失、损毁、被盗，根据《邮政法》和《麻醉药品和精神药品管理条例》有关规定，制定本办法。

第二条 本办法所称麻醉药品和精神药品是指列入国务院药品监督管理部门会同国务院公安部门、国务院卫生主管部门公布的麻醉药品、精神药品目录所列的药品和其他物质。

第三条 与麻醉药品和精神药品有关的生产经营企业、医疗机构、教学科研单位通过邮政营业机构邮寄麻醉药品和精神药品的，适用本办法。

第四条 各省、自治区、直辖市邮政主管部门指定符合安全保障条件的邮政营业机构负责收寄麻醉药品和精神药品，并将指定的邮政营业机构名单报所在地省、自治区、直辖市药品监督管理部门和国家邮政局备案。

指定收寄的邮政营业机构应具备如下条件：

（一）有保证麻醉药品和精神药品安全邮寄的管理制度；

（二）没有违反有关禁毒的法律、法规规定的行为；

（三）封装设备齐全。

第五条 麻醉药品和精神药品的寄件单位要事先向所在地省、自治区、直辖市药品监督管理部门申请办理《麻醉药品、精神药品邮寄证明》（简称邮寄证明）。邮寄证明一证一次有效。办理邮寄证明时需要提供以下资料：

（一）麻醉药品、精神药品邮寄证明申请表（见附件1）；

（二）加盖单位公章的《药品生产许可证》或《药品经营许可证》（仅药品生产、经营企业提供）；

（三）加盖单位公章的《企业营业执照》或登记证书复印件；

（四）经办人身份证明、法人委托书。

经省、自治区、直辖市药品监督管理部门审查合格的，应在1日内发给邮寄证明。

邮寄证明样式（见附件2）由国务院药品监督管理部门制定，省级药品监督管理部门印制。

第六条 邮政营业机构收寄麻醉药品和精神药品时应当查验、收存邮寄证明并与详情单相关联一并存档，依据邮寄证明办理收寄手续。没有邮寄证明的不得收寄。邮寄证明保存1年备查。

寄件人应当在详情单货品名称栏内填写"麻醉药品"或"精神药品"字样，详情单上加盖寄件单位运输专用章。邮寄物品的收件人必须是单位。邮寄麻醉药品和精神药品应在窗口投交，邮政营业机构应当对收寄的麻醉药品和精神药品进行查验、核对。

第七条 邮政营业机构应积极配合寄件单位查询邮件在途情况。

第八条 收件单位应确定经办人办理收取麻醉药品、精神药品邮件。邮件到达收件单位，经办人在详情单上签字并加盖收件单位收货专用章；收件单位须到邮政营业机构领取麻醉药品、精神药品的，经办人应在详情单上签字并加盖收件单位公章，同时出示经办人身份证明。

第九条　承担麻醉药品和精神药品邮寄业务的邮政营业机构应严格执行安全管理制度，采取必要的防范措施，保证麻醉药品和精神药品在邮寄过程中的安全。

邮政营业机构应当每季度将收寄麻醉药品和精神药品情况集中上报所在地省、自治区、直辖市邮政主管部门，由省、自治区、直辖市邮政主管部门汇总后报国家邮政局。

第十条　邮寄过程中发生麻醉药品丢失、损毁、被盗的，邮政营业机构按邮政有关规定赔偿。其中丢失、被盗的，还应报当地公安机关、邮政主管部门和药品监督管理部门。

第十一条　本办法由国家食品药品监督管理局和国家邮政局负责解释。

第十二条　本办法自 2005 年 11 月 1 日起施行。

药材管理

中药品种保护条例

（国务院令第 106 号）

发布日期：1992-10-14
实施日期：2018-09-18
法规类型：行政法规

（根据 2018 年 9 月 18 日国务院令第 703 号《国务院关于修改部分行政法规的决定》修订）

第一章　总　则

第一条　为了提高中药品种的质量，保护中药生产企业的合法权益，促进中药事业的发展，制定本条例。

第二条　本条例适用于中国境内生产制造的中药品种，包括中成药、天然药物的提取物及其制剂和中药人工制成品。

申请专利的中药品种，依照专利法的规定办理，不适用本条例。

第三条　国家鼓励研制开发临床有效的中药品种，对质量稳定、疗效确切的中药品种实行分级保护制度。

第四条　国务院药品监督管理部门负责全国中药品种保护的监督管理工作。

第二章　中药保护品种等级的划分和审批

第五条　依照本条例受保护的中药品种，必须是列入国家药品标准的品种。经国务院药品监督管理部门认定，列为省、自治区、直辖市药品标准的品种，也可以申请保护。

受保护的中药品种分为一、二级。

第六条　符合下列条件之一的中药品种，可以申请一级保护：

（一）对特定疾病有特殊疗效的；

（二）相当于国家一级保护野生药材物种的人工制成品；

（三）用于预防和治疗特殊疾病的。

第七条　符合下列条件之一的中药品种，可以申请二级保护：

（一）符合本条例第六条规定的品种或者已经解除一级保护的品种；

（二）对特定疾病有显著疗效的；

（三）从天然药物中提取的有效物质及特殊制剂。

第八条 国务院药品监督管理部门批准的新药，按照国务院药品监督管理部门规定的保护期给予保护；其中，符合本条例第六条、第七条规定的，在国务院药品监督管理部门批准的保护期限届满前六个月，可以重新依照本条例的规定申请保护。

第九条 申请办理中药品种保护的程序：

（一）中药生产企业对其生产的符合本条例第五条、第六条、第七条、第八条规定的中药品种，可以向所在地省、自治区、直辖市人民政府药品监督管理部门提出申请，由省、自治区、直辖市人民政府药品监督管理部门初审签署意见后，报国务院药品监督管理部门。特殊情况下，中药生产企业也可以直接向国务院药品监督管理部门提出申请。

（二）国务院药品监督管理部门委托国家中药品种保护审评委员会负责对申请保护的中药品种进行审评。国家中药品种保护审评委员会应当自接到申请报告书之日起六个月内作出审评结论。

（三）根据国家中药品种保护审评委员会的审评结论，由国务院药品监督管理部门决定是否给予保护。批准保护的中药品种，由国务院药品监督管理部门发给《中药保护品种证书》。

国务院药品监督管理部门负责组织国家中药品种保护审评委员会，委员会成员由国务院药品监督管理部门聘请中医药方面的医疗、科研、检验及经营、管理专家担任。

第十条 申请中药品种保护的企业，应当按照国务院药品监督管理部门的规定，向国家中药品种保护审评委员会提交完整的资料。

第十一条 对批准保护的中药品种以及保护期满的中药品种，由国务院药品监督管理部门在指定的专业报刊上予以公告。

第三章 中药保护品种的保护

第十二条 中药保护品种的保护期限：

中药一级保护品种分别为三十年、二十年、十年。

中药二级保护品种为七年。

第十三条 中药一级保护品种的处方组成、工艺制法，在保护期限内由获得《中药保护品种证书》的生产企业和有关的药品监督管理部门及有关单位和个人负责保密，不得公开。

负有保密责任的有关部门、企业和单位应当按照国家有关规定，建立必要的保密制度。

第十四条 向国外转让中药一级保护品种的处方组成、工艺制法的，应当按照国家有关保密的规定办理。

第十五条 中药一级保护品种因特殊情况需要延长保护期限的，由生产企业在该品种保护期满前六个月，依照本条例第九条规定的程序申报。延长的保护期限由国务院药品监督管理部门根据国家中药品种保护审评委员会的审评结果确定；但是，每次延长的保护期限不得超过第一次批准的保护期限。

第十六条 中药二级保护品种在保护期满后可以延长七年。

申请延长保护期的中药二级保护品种，应当在保护期满前六个月，由生产企业依照本条例第九条规定的程序申报。

第十七条 被批准保护的中药品种，在保护期限内限于由获得《中药保护品种证书》的企业生产；但是，本条例第十九条另有规定的除外。

第十八条 国务院药品监督管理部门批准保护的中药品种如果在批准前是由多家企业生产的，其中未申请《中药保护品种证书》的企业应当自公告发布之日起六个月内向国务院药品监督管理部门申报，并依照本条例第十条的规定提供有关资料，由国务院药品监督管理部门指定药品检验机构对该申报品种进行同品种的质量检验。国务院药品监督管理部门根据检验结果，可以采取以下措施：

（一）对达到国家药品标准的，补发《中药保护品种证书》；

（二）对未达到国家药品标准的，依照药品管理的法律、行政法规的规定撤销该中药品种的批准文号。

第十九条 对临床用药紧缺的中药保护品种的仿制，须经国务院药品监督管理部门批准并发给批准文号。仿制企业应当付给持有《中药保护品种证书》并转让该中药品种的处方组成、工艺制法的企业合理的使用费，其数额由双方商定；双方不能达成协议的，由国务院药品监督管理部门裁决。

第二十条 生产中药保护品种的企业应当根据省、自治区、直辖市人民政府药品监督管理部门提出的要求，改进生产条件，提高品种质量。

第二十一条 中药保护品种在保护期内向国外申请注册的，须经国务院药品监督管理部门批准。

第四章 罚 则

第二十二条 违反本条例第十三条的规定，造成泄密的责任人员，由其所在单位或者上级机关给予行政处分；构成犯罪的，依法追究刑事责任。

第二十三条 违反本条例第十七条的规定，擅自仿制中药保护品种的，由县级以上人民政府负责药品监督管理的部门以生产假药依法论处。

伪造《中药品种保护证书》及有关证明文件进行生产、销售的，由县级以上人民政府负责药品监督管理的部门没收其全部有关药品及违法所得，并可以处以有关药品正品价格三倍以下罚款。

上述行为构成犯罪的，由司法机关依法追究刑事责任。

第二十四条 当事人对负责药品监督管理的部门的处罚决定不服的，可以依照有关法律、行政法规的规定，申请行政复议或者提起行政诉讼。

第五章 附 则

第二十五条 有关中药保护品种的申报要求、申报表格等，由国务院药品监督管理部门制定。

第二十六条 本条例自一九九三年一月一日起施行。

进出境中药材检疫监督管理办法

（国家质检总局令第 169 号）

发布日期：2015-10-21
实施日期：2018-11-23
法规类型：部门规章

（根据 2018 年 4 月 28 日海关总署令第 238 号《海关总署关于修改部分规章的决定》第一次修正；根据 2018 年 5 月 29 日海关总署令第 240 号《海关总署关于修改部分规章的决定》第二次修正；根据 2018 年 11 月 23 日海关总署令第 243 号《海关总署关于修改部分规章的决定》第三次修正）

第一章 总 则

第一条 为加强进出境中药材检疫监督管理工作，防止动植物疫病疫情传入传出国境，保护农、林、牧、渔业生产和人体健康，保护生态安全，根据《中华人民共和国进出境动植物检疫法》及其实施条例等法律法规的规定，制定本办法。

第二条 本办法所称中药材是指药用植物、动物的药用部分，采收后经初加工形成的原料药材。

第三条 本办法适用于申报为药用的进出境中药材检疫及监督管理。

申报为食用的进出境中药材检验检疫及监督管理按照海关总署有关进出口食品的规定执行。

第四条 海关总署统一管理全国进出境中药材检疫及监督管理工作。

主管海关负责所辖地区的进出境中药材检疫及监督管理工作。

第五条 海关总署对进出境中药材实施用途申报制度。中药材进出境时，企业应当向主管海关申报预期用途，明确"药用"或者"食用"。

申报为"药用"的中药材应为列入《中华人民共和国药典》药材目录的物品。申报为"食用"的中药材应为国家法律、行政法规、规章、文件规定可用于食品的物品。

第六条 海关总署对进出境中药材实施风险管理；对向中国境内输出中药材的境外生产、加工、存放单位（以下简称境外生产企业）实施注册登记管理；按照输入国家或者地区的要求对出境中药材生产、加工、存放单位（以下简称出境生产企业）实施注册登记管理；对进出境中药材生产、经营企业实行诚信管理等。

第七条 进出境中药材企业应当依照法律、行政法规和有关标准从事生产、加工、经营活动，承担防疫主体责任，对社会和公众负责，保证进出境中药材安全，主动接受监督，承担社会责任。

第二章 进境检疫监管

第八条 海关总署对进境中药材实施检疫准入制度，包括产品风险分析、监管体系评估与审查、确定检疫要求、境外生产企业注册登记以及进境检疫等。

第九条 海关总署对首次向中国输出中药材的国家或者地区进行产品风险分析、监管体系评估，对已有贸易的国家和地区进行回顾性审查。

海关总署根据风险分析、评估审查结果，与输出国家或者地区主管部门协商确定向中国输出中药材的检疫要求，商签有关议定书，确定检疫证书。

海关总署负责制定、调整并在海关总署网站公布允许进境中药材的国家或者地区名单以及产品种类。

第十条 海关总署根据风险分析的结果，确定需要实施境外生产、加工、存放单位注册登记的中药材品种目录，并实施动态调整。注册登记评审程序和技术要求由海关总署另行制定、发布。

海关总署对列入目录的中药材境外生产企业实施注册登记。注册登记有效期为4年。

第十一条 境外生产企业应当符合输出国家或者地区法律法规的要求，并符合中国国家技术规范的强制性要求。

第十二条 输出国家或者地区主管部门在境外生产企业申请向中国注册登记时，需对其进行审查，符合本办法第十条、第十一条相关规定后，向海关总署推荐，并提交下列中文或者中英文对照材料：

（一）所在国家或者地区相关的动植物疫情、兽医卫生、公共卫生、植物保护、企业注册管理等方面的法律法规，所在国家或者地区主管部门机构设置和人员情况及法律法规执行等方面的书面资料；

（二）申请注册登记的境外生产企业名单；

（三）所在国家或者地区主管部门对其推荐企业的防疫、卫生控制实际情况的评估结论；

（四）所在国家或者地区主管部门对其推荐的企业符合中国法律法规要求的声明；

（五）企业注册申请书，厂区、车间、仓库的平面图、工艺流程图、动物或者植物检疫防控体系文件、防疫消毒处理设施照片、废弃物和包装物无害化处理设施照片等。

第十三条　海关总署收到推荐材料并经书面审查合格后，经与输出国家或者地区主管部门协商，可以派员到输出国家或者地区对其监管体系进行评估，对申请注册登记的境外生产企业进行检查。

经检查符合要求的申请企业，予以注册登记。

第十四条　已取得注册登记需延续的境外生产企业，由输出国家或者地区主管部门在有效期届满6个月前，按本办法第十二条规定向海关总署提出申请。海关总署可以派员到输出国家或者地区对其监管体系进行回顾性审查，并对申请的境外生产企业进行检查。

对回顾性审查符合要求的国家或者地区，经检查符合要求的境外生产企业，予以注册登记，有效期延长4年。

第十五条　进境中药材需办理进境动植物检疫审批的，货主或者其代理人应当在签订贸易合同前，按照进境动植物检疫审批管理办法的规定取得《中华人民共和国进境动植物检疫许可证》。

第十六条　海关总署可以根据实际需要，并商输出中药材国家或者地区政府主管部门同意，派员到输出国家或者地区进行预检。

第十七条　中药材进境前或者进境时，货主或者其代理人应当凭下列材料，向进境口岸海关报检：

（一）输出国家或者地区官方出具的符合海关总署要求的检疫证书；

（二）原产地证明、贸易合同、提单、装箱单、发票。

第十八条　海关对货主或者其代理人提交的相关证件进行审核，符合要求的，受理报检。

无输出国家或者地区政府动植物检疫机构出具的有效检疫证书，需要注册登记未按要求办理注册登记的，或者未依法办理检疫审批手续的，海关可以根据具体情况，作退回或者销毁处理。

第十九条　对进境中药材，海关按照中国法律法规规定和国家强制性标准要求，进境动植物检疫许可证列明的要求，以及本办法第九条确定的检疫要求实施检疫。

第二十条　进境口岸海关应当按照下列规定实施现场检疫：

（一）查询启运时间和港口、途经国家或者地区、装载清单等，核对单证是否真实有效，单证与货物的名称、数（重）量、输出国家或者地区、唛头、标记、境外生产企业名称、注册登记号等是否相符；

（二）包装是否完好，是否带有动植物性包装、铺垫材料，并符合《中华人民共和国进出境动植物检疫法》及其实施条例、进境货物木质包装检疫监督管理办法的规定；

（三）中药材有无腐败变质现象，有无携带有害生物、动物排泄物或者其他动物组织等，有无携带动物尸体、土壤及其他禁止进境物。

第二十一条　现场查验有下列情形之一的，海关签发检疫处理通知书，并作相应检疫处理：

（一）属于法律法规禁止进境的、带有禁止进境物的、货证不符的、发现严重腐败变质的作退回或者销毁处理；

（二）对包装破损的，由货主或者其代理人负责整理完好，方可卸离运输工具。海关对受污染的场地、物品、器具进行检疫处理；

（三）带有有害生物、动物排泄物或者其他动物组织等的，按照有关规定进行检疫处理；

（四）对受到病虫害污染或者疑似受到病虫害污染的，封存有关货物，对被污染的货物、装卸工具、场地进行消毒处理。

第二十二条　现场检疫中发现病虫害、病虫为害症状，或者根据相关工作程序需进行实验室检疫的，海关应当对进境中药材采样，并送实验室。

第二十三条　中药材在取得检疫合格证明前，应当存放在海关认可的地点，未经海关许可，任何单位和个人不得擅自调离、销售、加工。

《进境动植物检疫许可证》列明该产品由目的地海关实施检疫、加工监管，口岸海关验证查验或做外包装消毒处理后，出具《入境货物调离通知单》，收货人或者其代理人在规定时限内向目的地海关申请检疫。未经检疫，不得销售、加工。

需要进境检疫审批的进境中药材应当在检疫审批许可明列的指定企业中存放和加工。

第二十四条　进境中药材经检疫合格，海关出具入境货物检验检疫证明后，方可销售、使用或者在指定企业存放、加工。入境货物检验检疫证明均应列明货物的名称、原产国家或者地区、数/重量、生产批号/生产日期、用途等。

第二十五条　检疫不合格的，海关签发检疫处理通知书，由货主或者其代理人在海关的监督下，作除害、退回或者销毁处理，经除害处理合格的准予进境。

需要由海关出证索赔的，海关按照规定签发相关检疫证书。

第二十六条　装运进境中药材的运输工具和集装箱应当符合安全卫生要求。需要实施防疫消毒处理的，应当在进境口岸海关的监督下实施防疫消毒处理。未经海关许可，不得将进境中药材卸离运输工具、集装箱或者运递。

第二十七条　境内货主或者其代理人应当建立中药材进境和销售、加工记录制度，做好相关记录并至少保存2年。同时应当配备中药材防疫安全管理人员，建立中药材防疫管理制度。

第三章　出境检疫监管

第二十八条　出境中药材应当符合中国政府与输入国家或者地区签订的检疫协议、议定书、备忘录等规定，以及进境国家或者地区的标准或者合同要求。

第二十九条　出境生产企业应当达到输入国家或者地区法律法规的相关要求，并符合中国有关法律法规规定。

第三十条　出境生产企业应当建立完善的防疫体系和溯源管理制度。

出境生产企业应当建立原料、包装材料等进货采购、验收记录、生产加工记录、出厂检验记录、出入库记录等，详细记录出境中药材生产加工全过程的防疫管理和产品溯源情况。

上述记录应当真实，保存期限不得少于2年。

出境生产企业应当配备检疫管理人员，明确防疫责任人。

第三十一条　输入国家或者地区要求对向其输出中药材的出境生产企业注册登记的，海关实行注册登记。注册登记有效期为4年。

第三十二条　出境生产企业申请注册登记时，应当提交下列材料：

（一）《出境中药材生产企业检疫注册登记申请表》；

（二）厂区平面图，并提供重点区域的照片或者视频资料；

（三）产品加工工艺。

第三十三条　所在地直属海关对出境生产企业的申请，应当根据下列情况分别作出处理：

（一）申请材料齐全、符合法定形式或者申请人按照要求提交全部补正申请材料的，应当受理申请；

（二）申请材料存在可以当场更正的错误的，应当允许申请人当场更正；

（三）申请材料不齐全或者不符合法定形式的，应当当场或者在 5 个工作日内一次告知申请人需要补正的全部内容，逾期不告知的，自收到申请材料之日起即为受理。

直属海关受理或者不予受理申请，应当出具加盖本行政机关专用印章和注明日期的书面凭证。

第三十四条　直属海关应当在受理申请后组成评审组，对提出申请的出境生产企业进行现场评审。评审组应当在现场评审结束后及时向直属海关提交评审报告。

第三十五条　直属海关应当自受理申请之日起 20 日内对申请人的申请事项作出是否准予注册登记的决定；准予注册登记的，颁发注册登记证。

直属海关自受理申请之日起 20 日内不能作出决定的，经直属海关负责人批准，可以延长 10 日，并应当将延长期限的理由告知申请人。

第三十六条　注册登记出境生产企业变更企业名称、法定代表人、产品种类、存放、生产加工能力等，应当在变更后 30 日内向直属海关提出书面申请，填写《出境中药材生产企业检疫注册登记申请表》，并提交与变更内容相关的资料。

变更企业名称、法定代表人的，由直属海关审核有关资料后，直接办理变更手续。

变更产品种类或者生产能力的，由直属海关审核有关资料并组织现场评审，评审合格后，办理变更手续。

企业迁址的，应当重新向直属海关申请办理注册登记手续。

第三十七条　需要向境外推荐注册的，直属海关应当将通过初审的出境生产企业名单上报海关总署。海关总署组织评估，统一向输入国家或者地区主管部门推荐并办理有关手续。

第三十八条　出境中药材的货主或者其代理人应当向中药材生产企业所在地海关报检，报检时，需如实申报产品的预期用途，并提交以下材料：

（一）合同、发票、装箱单；

（二）生产企业出具的出厂合格证明；

（三）产品符合进境国家或者地区动植物检疫要求的书面声明。

第三十九条　海关应当按照本办法第二十八条规定对出境中药材实施检疫监管。

出境中药材经检疫合格或者经除害处理合格的，海关应当按照规定出具有关检疫证单，准予出境。

检疫不合格又无有效方法作除害处理的，不准出境。

第四十条　海关可以根据海关总署相关要求，结合所辖地区中药材出境情况、输入国家或者地区要求、生产企业管理能力和水平、生产企业的诚信度，以及风险监测等因素，在风险分析的基础上，对辖区出境中药材和生产企业实施分类管理。

第四章　监督管理

第四十一条　海关对进出境中药材的生产、加工、存放过程实施检疫监督。

第四十二条　海关总署对进出境中药材实施动植物疫病疫情监测。

主管海关在监测中发现问题时，应当及时按规定处置和报告。

第四十三条　进境中药材的货主或者其代理人和出境中药材生产企业应当建立疫情信息报告制度和应急处置方案。发现疫情信息应当及时向海关报告并积极配合海关进行疫情处置。

第四十四条　海关总署根据获得的风险信息，在风险分析的基础上，发布风险预警信息通报，并决定对相关产品采取以下控制措施：

（一）有条件地限制进境或者出境，包括严密监控、加严检疫等；

（二）禁止进境或者出境，就地销毁或者作退运处理；

（三）撤销生产企业注册登记资格；

（四）启动有关应急处置预案。

主管海关负责组织实施风险预警及控制措施。

第四十五条 海关总署可以参照国际通行做法，对不确定的风险直接发布风险预警通告，并采取本办法第四十四条规定的控制措施。同时及时收集和补充有关信息和资料，进行风险分析。

第四十六条 进出境中药材疫情风险已消除或者降低到可接受的程度时，海关总署应当及时解除风险预警通报或者风险预警通告以及控制措施。

第四十七条 海关对中药材进出境检疫中发现的疫情，特别是重大疫情，应当按照进出境重大动植物疫情应急处置预案进行处置。

第四十八条 海关应当将进出境中药材的货主或者其代理人以及境内外生产企业纳入诚信管理。

第五章　法律责任

第四十九条 进出境中药材货主或者其代理人，有下列违法行为之一的，海关应当按照《中华人民共和国动植物检疫法》第四十条，《中华人民共和国动植物检疫法实施条例》第五十九条之规定，予以处罚：

（一）未报检或者未依法办理检疫审批手续或者未按检疫审批的规定执行的；

（二）报检的中药材与实际不符的。

第五十条 有下列违法行为之一的，海关应当按照《中华人民共和国动植物检疫法实施条例》第六十条之规定，予以处罚：

（一）未经海关许可擅自将进境中药材卸离运输工具或者投递的；

（二）擅自开拆、损毁动植物检疫封识或者标志的。

第五十一条 有下列违法行为之一的，依法追究刑事责任；尚不构成犯罪或者犯罪情节显著轻微依法不需要判处刑罚的，海关应当按照《中华人民共和国动植物检疫法实施条例》第六十二条之规定，予以处罚：

（一）引起重大动植物疫情的；

（二）伪造、变造检验检疫单证、印章、标志、封识的。

第五十二条 海关工作人员在对进出境中药材实施检疫和监督管理工作中滥用职权，故意刁难当事人的，徇私舞弊，伪造检验检疫结果的，或者玩忽职守，延误检验检疫出证的，依法给予行政处分；构成犯罪的，依法追究刑事责任。

第六章　附　则

第五十三条 进出境中药材涉及野生或者濒危保护动物、植物的，应当符合我国或者相关国家或者地区有关法律法规要求。

第五十四条 以国际快递、邮寄和旅客携带方式进出境中药材的，应当符合相关规定。

第五十五条 过境中药材的检疫按照《中华人民共和国进出境动植物检疫法》及其实施条例办理。

第五十六条 本办法由海关总署负责解释。

第五十七条 本办法自 2015 年 12 月 1 日起施行。

进口药材管理办法

（国家市场监督管理总局令第 9 号）

发布日期：2019-05-16
实施日期：2020-01-01
法规类型：部门规章

第一章 总 则

第一条 为加强进口药材监督管理，保证进口药材质量，根据《中华人民共和国药品管理法》、《中华人民共和国药品管理法实施条例》等法律、行政法规，制定本办法。

第二条 进口药材申请、审批、备案、口岸检验以及监督管理，适用本办法。

第三条 药材应当从国务院批准的允许药品进口的口岸或者允许药材进口的边境口岸进口。

第四条 国家药品监督管理局主管全国进口药材监督管理工作。国家药品监督管理局委托省、自治区、直辖市药品监督管理部门（以下简称省级药品监督管理部门）实施首次进口药材审批，并对委托实施首次进口药材审批的行为进行监督指导。

省级药品监督管理部门依法对进口药材进行监督管理，并在委托范围内以国家药品监督管理局的名义实施首次进口药材审批。

允许药品进口的口岸或者允许药材进口的边境口岸所在地负责药品监督管理的部门（以下简称口岸药品监督管理部门）负责进口药材的备案，组织口岸检验并进行监督管理。

第五条 本办法所称药材进口单位是指办理首次进口药材审批的申请人或者办理进口药材备案的单位。

药材进口单位，应当是中国境内的中成药上市许可持有人、中药生产企业，以及具有中药材或者中药饮片经营范围的药品经营企业。

第六条 首次进口药材，应当按照本办法规定取得进口药材批件后，向口岸药品监督管理部门办理备案。首次进口药材，是指非同一国家（地区）、非同一申请人、非同一药材基原的进口药材。

非首次进口药材，应当按照本办法规定直接向口岸药品监督管理部门办理备案。非首次进口药材实行目录管理，具体目录由国家药品监督管理局制定并调整。尚未列入目录，但申请人、药材基原以及国家（地区）均未发生变更的，按照非首次进口药材管理。

第七条 进口的药材应当符合国家药品标准。中国药典现行版未收载的品种，应当执行进口药材标准；中国药典现行版、进口药材标准均未收载的品种，应当执行其他的国家药品标准。少数民族地区进口当地习用的少数民族药材，尚无国家药品标准的，应当符合相应的省、自治区药材标准。

第二章 首次进口药材申请与审批

第八条 首次进口药材，申请人应当通过国家药品监督管理局的信息系统（以下简称信息系统）填写进口药材申请表，并向所在地省级药品监督管理部门报送以下资料：

（一）进口药材申请表；

（二）申请人药品生产许可证或者药品经营许可证复印件，申请人为中成药上市许可持有人的，应当提供相关药品批准证明文件复印件；

（三）出口商主体登记证明文件复印件；

（四）购货合同及其公证文书复印件；

（五）药材产地生态环境、资源储量、野生或者种植养殖情况、采收及产地初加工等信息；

（六）药材标准及标准来源；

（七）由中国境内具有动、植物基原鉴定资质的机构出具的载有鉴定依据、鉴定结论、样品图片、鉴定人、鉴定机构及其公章等信息的药材基原鉴定证明原件。

申请人应当对申报资料的真实性负责。

第九条 省级药品监督管理部门收到首次进口药材申报资料后，应当对申报资料的规范性、完整性进行形式审查。申报资料存在可以当场更正的错误的，应当允许申请人当场更正；申报资料不齐全或者不符合法定形式的，应当当场或者 5 日内一次告知申请人需要补正的全部内容，逾期不告知的，自收到申报资料之日起即为受理。

省级药品监督管理部门受理或者不予受理首次进口药材申请，应当出具受理或者不予受理通知书；不予受理的，应当书面说明理由。

第十条 申请人收到首次进口药材受理通知书后，应当及时将检验样品报送所在地省级药品检验机构，同时提交本办法第八条规定的资料。

第十一条 省级药品检验机构收到检验样品和相关资料后，应当在 30 日内完成样品检验，向申请人出具进口药材检验报告书，并报送省级药品监督管理部门。因品种特性或者检验项目等原因确需延长检验时间的，应当将延期的时限、理由书面报告省级药品监督管理部门并告知申请人。

第十二条 申请人对检验结果有异议的，可以依照药品管理法的规定申请复验。药品检验机构应当在复验申请受理后 20 日内作出复验结论，并报告省级药品监督管理部门，通知申请人。

第十三条 在审批过程中，省级药品监督管理部门认为需要申请人补充资料的，应当一次告知需要补充的全部内容。

申请人应当在收到补充资料通知书后 4 个月内，按照要求一次提供补充资料。逾期未提交补充资料的，作出不予批准的决定。因不可抗力等原因无法在规定时限内提交补充资料的，申请人应当向所在地省级药品监督管理部门提出延期申请，并说明理由。

第十四条 省级药品监督管理部门应当自受理申请之日起 20 日内作出准予或者不予批准的决定。对符合要求的，发给一次性进口药材批件。检验、补充资料期限不计入审批时限。

第十五条 变更进口药材批件批准事项的，申请人应当通过信息系统填写进口药材补充申请表，向原发出批件的省级药品监督管理部门提出补充申请。补充申请的申请人应当是原进口药材批件的持有者，并报送以下资料：

（一）进口药材补充申请表；

（二）进口药材批件原件；

（三）与变更事项有关的材料。

申请人变更名称的，除第一款规定资料外，还应当报送申请人药品生产许可证或者药品经营许可证以及变更记录页复印件，或者药品批准证明文件以及持有人名称变更补充申请批件复印件。

申请人变更到货口岸的，除第一款规定资料外，还应当报送购货合同及其公证文书复印件。

第十六条 省级药品监督管理部门应当在补充申请受理后 20 日内完成审批。对符合要求的，发给进口药材补充申请批件。

第十七条 省级药品监督管理部门决定予以批准的，应当在作出批准决定后 10 日内，向申请人送达进口药材批件或者进口药材补充申请批件；决定不予批准的，应当在作出不予批准决定后 10 日内，向申请人送达审查意见通知书，并说明理由，告知申请人享有依法申请行政复议或者提起行政诉讼的权利。

第三章 备 案

第十八条 首次进口药材申请人应当在取得进口药材批件后 1 年内，从进口药材批件注明的到货口岸组织药材进口。

第十九条 进口单位应当向口岸药品监督管理部门备案，通过信息系统填报进口药材报验单，并报送以下资料：

（一）进口药材报验单原件；

（二）产地证明复印件；

（三）药材标准及标准来源；

（四）装箱单、提运单和货运发票复印件；

（五）经其他国家（地区）转口的进口药材，应当同时提交产地到各转口地的全部购货合同、装箱单、提运单和货运发票复印件；

（六）进口药材涉及《濒危野生动植物种国际贸易公约》限制进出口的濒危野生动植物的，还应当提供国家濒危物种进出口管理机构核发的允许进出口证明书复印件。

办理首次进口药材备案的，除第一款规定资料外，还应当报送进口药材批件和进口药材补充申请批件（如有）复印件。

办理非首次进口药材备案的，除第一款规定资料外，还应当报送进口单位的药品生产许可证或者药品经营许可证复印件、出口商主体登记证明文件复印件、购货合同及其公证文书复印件。进口单位为中成药上市许可持有人的，应当提供相关药品批准证明文件复印件。

第二十条 口岸药品监督管理部门应当对备案资料的完整性、规范性进行形式审查，符合要求的，发给进口药品通关单，收回首次进口药材批件，同时向口岸药品检验机构发出进口药材口岸检验通知书，并附备案资料一份。

第二十一条 进口单位持进口药品通关单向海关办理报关验放手续。

第四章 口岸检验

第二十二条 口岸药品检验机构收到进口药材口岸检验通知书后，应当在 2 日内与进口单位商定现场抽样时间，按时到规定的存货地点进行现场抽样。现场抽样时，进口单位应当出示产地证明原件。

第二十三条 口岸药品检验机构应当对产地证明原件和药材实际到货情况与口岸药品监督管理部门提供的备案资料的一致性进行核查。符合要求的，予以抽样，填写进口药材抽样记录单，在进口单位持有的进口药品通关单原件上注明"已抽样"字样，并加盖抽样单位公章；不符合要求的，不予抽样，并在 2 日内报告所在地口岸药品监督管理部门。

第二十四条 口岸药品检验机构一般应当在抽样后 20 日内完成检验工作，出具进口药材检验报告书。因客观原因无法按时完成检验的，应当将延期的时限、理由书面告知进口单位并报告口岸药品监督管理部门。

口岸药品检验机构应当将进口药材检验报告书报送口岸药品监督管理部门，并告知进口单位。

经口岸检验合格的进口药材方可销售使用。

第二十五条 进口单位对检验结果有异议的，可以依照药品管理法的规定申请复验。药品检验机构应当在复验申请受理后 20 日内作出复验结论，并报告口岸药品监督管理部门，通知进口单位。

第五章 监督管理

第二十六条 口岸药品监督管理部门收到进口药材不予抽样通知书后，对有证据证明可能危害人体健康且已办结海关验放手续的全部药材采取查封、扣押的行政强制措施，并在 7 日内作出处理决定。

第二十七条 对检验不符合标准规定且已办结海关验放手续的进口药材，口岸药品监督管理部门应当在收到检验报告书后及时采取查封、扣押的行政强制措施，并依法作出处理决定，同时将有关处理情况报告所在地省级药品监督管理部门。

第二十八条 国家药品监督管理局根据需要，可以对进口药材的产地、初加工等生产现场组织实施境外检查。药材进口单位应当协调出口商配合检查。

第二十九条 中成药上市许可持有人、中药生产企业和药品经营企业采购进口药材时，应当查验口岸药品检验机构出具的进口药材检验报告书复印件和注明"已抽样"并加盖公章的进口药品通关单复印件，严格执行药品追溯管理的有关规定。

第三十条 进口药材的包装必须适合进口药材的质量要求，方便储存、运输以及进口检验。在每件包装上，必须注明药材中文名称、批件编号（非首次进口药材除外）、产地、唛头号、进口单位名称、出口商名称、到货口岸、重量以及加工包装日期等。

第三十一条 药材进口申请受理、审批结果、有关违法违规的情形及其处罚结果应当在国家药品监督管理部门网站公开。

第六章 法律责任

第三十二条 进口单位提供虚假的证明、文件资料样品或者采取其他欺骗手段取得首次进口药材批件的，依照药品管理法等法律法规的规定处理。

第三十三条 进口单位提供虚假证明、文件资料或者采取其他欺骗手段办理备案的，给予警告，并处 1 万元以上 3 万元以下罚款。

第七章 附 则

第三十四条 进口药材批件编号格式为：（省、自治区、直辖市简称）药材进字+4 位年号+4 位顺序号。

第三十五条 本办法自 2020 年 1 月 1 日起施行。原国家食品药品监督管理局 2005 年 11 月 24 日公布的《进口药材管理办法（试行）》同时废止。

关于增设广西壮族自治区崇左市爱店口岸
为药材进口边境口岸的公告

（国家药监局　海关总署公告 2022 年第 20 号）

发布日期：2022-03-10
实施日期：2022-03-10
法规类型：规范性文件

根据《中华人民共和国药品管理法》，经国务院批准，同意增设广西壮族自治区崇左市爱店口岸（以下简称爱店口岸）为药材进口边境口岸。现将有关事项公告如下：

一、自本公告发布之日起，药材可经由爱店口岸进口。所进口药材应符合《进口药材管理办法》等有关规定。

二、广西壮族自治区崇左市市场监督管理局为爱店口岸对应的口岸药品监督管理部门，自本公告发布之日起，开始承担爱店口岸进口药材的备案，组织口岸检验并进行监督管理工作。

三、广西壮族自治区食品药品检验所为爱店口岸对应的口岸药品检验机构，自本公告发布之日起，开始承担爱店口岸的药材口岸检验工作。

特此公告。

附件：1. 广西壮族自治区崇左市市场监督管理局联系方式（略）
　　　2. 广西壮族自治区食品药品检验所联系方式（略）

关于实施《进口药材管理办法》有关事项的公告

（国家药品监督管理局　海关总署　国家市场监督管理总局公告 2020 年第 3 号）

发布日期：2020-01-06
实施日期：2020-01-06
法规类型：规范性文件

《进口药材管理办法》（国家市场监督管理总局令第 9 号，以下简称《办法》）已于 2019 年 5 月 16 日发布，自 2020 年 1 月 1 日起施行。现就有关事项公告如下：

一、关于首次进口药材的申请与审批

（一）对 2020 年 1 月 1 日前国家药品监督管理局已正式受理，但未完成审批的申请，仍按原有关规定审批，申请人也可以申请撤回提交的申请。

（二）首次进口药材，申请人应当登录国家药品监督管理局网站网上办事大厅（网址：https://zwfw.nmpa.gov.cn），通过"法人服务"项下办理首次进口药材申请，并按《办法》要求向所在地省级药品监督管理部门报送有关资料，取得《进口药材批件》。

（三）各省级药品监督管理部门通过国家药品监管专网（地址：10.64.1.30）受理首次进口药材申请，并按《办法》规定实施审批。

二、关于进口药材的备案

（一）药材进口单位和口岸药品监督管理部门按照《国家药监局关于启用新版药品和药材进口备案管理系统的公告》（2019 年第 107 号）提示，登录备案系统相应窗口在线办理进口药材备案。

（二）国家药品监督管理局已对 2006 年、2011 年发布的两批《非首次进口药材品种目录》进行了修订、合并（详见附件 1），原有目录予以废止。凡申请进口列入目录中的药材品种，申请人无须取得《进口药材批件》，直接按照《办法》规定向口岸药品监督管理部门进行非首次进口药材备案，各口岸药品监督管理部门应按非首次进口药材进行形式审查。

三、关于进口药材的口岸检验

国家药品监督管理局确定的口岸药品检验机构负责进口药材的口岸检验工作。各口岸或者边境口岸、口岸药品监督管理部门和口岸药品检验机构的对应关系见附件 2、附件 3。

各级海关、药品监督管理部门要坚决贯彻药品安全"四个最严"要求，充分认识《办法》实施的重要意义，认真学习、深刻理解、熟练掌握，结合本地区工作实际，抓好贯彻落实的各项工作，保证进口药材质量，切实维护广大人民群众用药安全。

特此公告。

附件：1. 非首次进口药材品种目录

2. 口岸与口岸药品监督管理部门和口岸药品检验机构对应关系表（略）
3. 边境口岸与口岸药品监督管理部门和口岸药品检验机构对应关系表（略）

关于药料用人工种植麻黄草出口配额申请等事项的公告

（商务部公告 2018 年第 88 号）

发布日期：2018-11-06
实施日期：2018-11-06
法规类型：规范性文件

根据《中华人民共和国对外贸易法》、《中华人民共和国货物进出口条例》、《出口商品配额管理办法》、《货物出口许可证管理办法》，商务部、公安部、生态环境部、海关总署、国家药品监督管理局 2018 年第 83 号公告规定，现就药料用人工种植麻黄草（税则编码 1211500019）出口配额申请等事项公告如下：

一、出口配额申请条件

（一）经工商行政管理部门登记注册、已办理对外贸易经营者备案登记、具有独立法人资格。

（二）在主产地投资建立自有麻黄草人工种植基地，出口的人工种植麻黄草产自本企业的有关基地。

（三）属于中药材及饮片出口企业，近三年每年均有中药材及饮片出口实绩（以商务部查询的海关统计为准）。

（四）已对外签订出口意向书，并在其中明确所出口麻黄草仅限于药料用。

（五）出具承诺及确认书，承诺只出口自有基地人工种植的麻黄草，确认近三年内在经济活动中无违法、违规行为。

二、出口配额申请及下达程序

（一）各地符合申请条件的企业，须向所在省、自治区、直辖市、计划单列市及新疆生产建设兵团商务主管部门（以下简称地方商务主管部门）提出申请。

（二）地方商务主管部门负责汇总本地区企业申请，于每年 11 月 1 日至 11 月 15 日将本地区企业申请材料转报商务部。中央管理企业直接将申请函及有关材料报送商务部。

（三）商务部经公安部出口核查确认后，于每年 12 月 15 日前将年度配额分配方案下达给有关地方商务主管部门及中央管理企业，抄送公安部。

三、出口配额申请材料

符合申请条件的企业应提交如下申请材料：

（一）地方商务主管部门出具的转报申请函正本（中央管理企业除外）。

（二）企业的申请报告正本。

（三）人工种植麻黄草基地所在地县级人民政府出具的基地说明材料正本。

（四）已对外签订的出口意向书正本，意向书中需明确所出口麻黄草仅限于药料用。

企业的各项申请材料需经企业法人代表签字确认，提供电子版扫描件。地方商务主管部门负责将转报申请函（扫描件）和企业的申请材料发送至商务部专用邮箱。邮箱地址：qing-fangchumhc@ mofcom. gov. cn，联系电话：010-65197731。

四、出口许可证签发

商务部委托天津特办负责签发药料用人工种植麻黄草出口许可证。天津特办凭商务部下达的年度配额分配方案，按照有关出口许可证管理规定为符合条件的企业核发《中华人民共和国出口许可证》。出口企业凭《中华人民共和国出口许可证》向天津海关办理报关验放手续。

五、监督与核查

商务部将会同公安部等部门对经营者的人工种植麻黄草基地和出口情况进行实地核查。凡申报材料不实或出口中存在违反用途规定和申请承诺行为的，商务部将收回其尚未使用的当年度配额，并不再受理其下一年度配额申请。

关于调整麻黄草出口管理政策的公告

（商务部　公安部　生态环境部　海关总署　国家药品监督管理局公告 2018 年第 83 号）

发布日期：2018-09-27
实施日期：2018-09-27
法规类型：规范性文件

为保护生态环境和野生麻黄草资源，支持麻黄草人工种植业，落实国务院对麻黄草的管理要求，根据《中华人民共和国对外贸易法》《中华人民共和国货物进出口管理条例》《出口商品配额管理办法》的有关规定，商务部、公安部、生态环境部、海关总署、国家药品监督管理局决定对麻黄草出口管理相关措施进行调整。有关事项公布如下：

一、自 2019 年 1 月 1 日起，对麻黄草实施出口配额管理，不再实行禁止出口管理。麻黄草年度配额总量、申请的具体条件和程序等事项由商务部另行公布。

二、根据禁毒工作和生态环境保护需要，仅安排属于药料用的人工种植麻黄草出口。符合条件的经营者可按规定向商务部申请出口配额，凭配额证明向商务部申领《中华人民共和国出口许可证》，凭《中华人民共和国出口许可证》向海关办理报关验放手续。

三、为维护对外贸易秩序，对麻黄草出口实行指定口岸报关出口。麻黄草出口的报关口岸指定为天津海关。

四、本公告适用于所有贸易方式。

关于增设吉隆、普兰药材进口边境口岸的公告

（国家食品药品监督管理总局、海关总署公告 2018 年第 13 号）

发布日期：2018-01-25
实施日期：2018-01-25
法规类型：规范性文件

为贯彻"一带一路"国家发展战略，根据《中华人民共和国药品管理法》，经国务院批准，同意增设吉隆口岸、普兰口岸为药材进口边境口岸。现将有关事宜公告如下：

一、自本公告发布之日起，药材可经由吉隆口岸、普兰口岸进口，所进口药材应当为该口岸接壤及邻近国家（地区）所产药材。

二、日喀则市食品药品监督管理局承担吉隆口岸药材进口登记备案的具体工作。

三、增加阿里地区食品药品监督管理局为边境口岸药品监督管理局，由其承担普兰口岸药材进口登记备案的具体工作。

四、自本公告发布之日起，西藏自治区食品药品检验研究院开始承担吉隆口岸、普兰口岸的药材口岸检验工作。

特此公告。

附件：吉隆、普兰边境口岸药品监督管理局联系方式（略）

关于施行《进口药材管理办法（试行）》有关事宜的通知

（国食药监注〔2006〕39号）

发布日期：2006-01-27

实施日期：2006-02-01

法规类型：规范性文件

各省、自治区、直辖市食品药品监督管理局（药品监督管理局），各口岸、边境口岸食品药品监督管理局，各口岸药品检验所，各边境口岸所在地省级药品检验所：

《进口药材管理办法（试行）》（局令第22号，以下简称《办法》）已于2005年11月24日发布，自2006年2月1日施行。现将有关事宜通知如下：

一、关于进口药材的申请与审批

（一）对2006年2月1日前我局正式受理，但未完成审批的品种，我局仍按原有关规定审批。

（二）自2006年2月1日，申请药材进口，申请人应当按《办法》要求填写《进口药材申请表》，并向我局报送有关资料。《进口药材申请表》等各种表格已刊登在我局网站（www.sda.gov.cn）和中国药品生物制品检定所网站（www.nicpbp.org.cn），申请人可自行登录下载填写。

（三）为方便申请药材进口，我局制订了《非首次进口药材品种目录（第一批）》（见附件1）。凡申请进口列入目录中的药材品种，申请人按照非首次进口药材的申报资料项目及要求上报资料，我局将按非首次进口药材进行技术审评和行政审查。

二、关于进口药材的登记备案

为保证进口药材登记备案工作的顺利开展，我局组织编制了《进口药材报验管理信息系统》，供口岸或者边境口岸食品药品监督管理局在登记备案时使用。各口岸或者边境口岸食品药品监督管理局应根据《进口药材报验管理信息系统》要求，配备必备的计算机及针式打印机等器材。《进口药材报验系统》我局将另行通知发送。

三、关于进口药材的口岸检验

（一）国家食品药品监督管理局确定的口岸药品检验所或者边境口岸所在地省级药品检验所负责进口药材的口岸检验工作。各口岸药品检验所、边境口岸所在地省级药品检验所的通讯地址和电话见附件2、附件3，各口岸药品检验所、边境口岸所在地省级药品检验所与口岸或者边境口岸食品药品监督管理局、口岸或者边境口岸对应关系表见附件4、附件5。

（二）对《进口药材批件》注明的"检验标准"中含有重金属和（或）农药残留量检测项目的品种，各口岸药品检验所、边境口岸所在地的省级药品检验所应严格按检验标准进行检验。

各省级食品药品监督管理部门及有关单位应当注意收集实施《办法》工作中遇到的问题和意见，并及时反馈我局。

附件：1. 非首次进口药材品种名单（第一批）（略）

2. 口岸药品检验所的通讯地址和电话（略）

3. 边境口岸所在地省级药品检验所的通讯地址和电话（略）

4. 口岸与口岸食品药品监督管理局、口岸药品检验所的对应关系表（略）

5. 边境口岸与边境口岸食品药品监督管理局、边境口岸所在地省级药品检验所的对应关系表（略）

文　物

中华人民共和国文物保护法

（全国人大常务委员会令第 11 号）

发布日期：1982-11-19

实施日期：2017-11-04

法规类型：法律

（1982 年 11 月 19 日第五届全国人民代表大会常务委员会第二十五次会议通过，根据 1991 年 6 月 29 日第七届全国人民代表大会常务委员会第二十次会议《关于修改〈中华人民共和国文物保护法〉第三十条、第三十一条的决定》第一次修正；2002 年 10 月 28 日第九届全国人民代表大会常务委员会第三十次会议修订，根据 2007 年 12 月 29 日第十届全国人民代表大会常务委员会第三十一次会议《关于修改〈中华人民共和国文物保护法〉的决定》第二次修正；根据 2013 年 6 月 29 日第十二届全国人民代表大会常务委员会第三次会议《关于修改〈中华人民共和国文物保护法〉等十二部法律的决定》第三次修正；根据 2015 年 4 月 24 日第十二届全国人民代表大会常务委员会第十四次会议《关于修改〈中华人民共和国文物保护法〉的决定》第四次修正；根据 2017 年 11 月 4 日第十二届全国人民代表大会常务委员会第三十次会议《关于修改〈中华人民共和国会计法〉等十一部法律的决定》第五次修正）

第一章　总　则

第一条　为了加强对文物的保护，继承中华民族优秀的历史文化遗产，促进科学研究工作，进行爱国主义和革命传统教育，建设社会主义精神文明和物质文明，根据宪法，制定本法。

第二条　在中华人民共和国境内，下列文物受国家保护：

（一）具有历史、艺术、科学价值的古文化遗址、古墓葬、古建筑、石窟寺和石刻、壁画；

（二）与重大历史事件、革命运动或者著名人物有关的以及具有重要纪念意义、教育意义或者史料价值的近代现代重要史迹、实物、代表性建筑；

（三）历史上各时代珍贵的艺术品、工艺美术品；

（四）历史上各时代重要的文献资料以及具有历史、艺术、科学价值的手稿和图书资料等；

（五）反映历史上各时代、各民族社会制度、社会生产、社会生活的代表性实物。

文物认定的标准和办法由国务院文物行政部门制定，并报国务院批准。

具有科学价值的古脊椎动物化石和古人类化石同文物一样受国家保护。

第三条 古文化遗址、古墓葬、古建筑、石窟寺、石刻、壁画、近代现代重要史迹和代表性建筑等不可移动文物，根据它们的历史、艺术、科学价值，可以分别确定为全国重点文物保护单位，省级文物保护单位，市、县级文物保护单位。

历史上各时代重要实物、艺术品、文献、手稿、图书资料、代表性实物等可移动文物，分为珍贵文物和一般文物；珍贵文物分为一级文物、二级文物、三级文物。

第四条 文物工作贯彻保护为主、抢救第一、合理利用、加强管理的方针。

第五条 中华人民共和国境内地下、内水和领海中遗存的一切文物，属于国家所有。

古文化遗址、古墓葬、石窟寺属于国家所有。国家指定保护的纪念建筑物、古建筑、石刻、壁画、近代现代代表性建筑等不可移动文物，除国家另有规定的以外，属于国家所有。

国有不可移动文物的所有权不因其所依附的土地所有权或者使用权的改变而改变。

下列可移动文物，属于国家所有：

（一）中国境内出土的文物，国家另有规定的除外；

（二）国有文物收藏单位以及其他国家机关、部队和国有企业、事业组织等收藏、保管的文物；

（三）国家征集、购买的文物；

（四）公民、法人和其他组织捐赠给国家的文物；

（五）法律规定属于国家所有的其他文物。

属于国家所有的可移动文物的所有权不因其保管、收藏单位的终止或者变更而改变。

国有文物所有权受法律保护，不容侵犯。

第六条 属于集体所有和私人所有的纪念建筑物、古建筑和祖传文物以及依法取得的其他文物，其所有权受法律保护。文物的所有者必须遵守国家有关文物保护的法律、法规的规定。

第七条 一切机关、组织和个人都有依法保护文物的义务。

第八条 国务院文物行政部门主管全国文物保护工作。

地方各级人民政府负责本行政区域内的文物保护工作。县级以上地方人民政府承担文物保护工作的部门对本行政区域内的文物保护实施监督管理。

县级以上人民政府有关行政部门在各自的职责范围内，负责有关的文物保护工作。

第九条 各级人民政府应当重视文物保护，正确处理经济建设、社会发展与文物保护的关系，确保文物安全。

基本建设、旅游发展必须遵守文物保护工作的方针，其活动不得对文物造成损害。

公安机关、工商行政管理部门、海关、城乡建设规划部门和其他有关国家机关，应当依法认真履行所承担的保护文物的职责，维护文物管理秩序。

第十条 国家发展文物保护事业。县级以上人民政府应当将文物保护事业纳入本级国民经济和社会发展规划，所需经费列入本级财政预算。

国家用于文物保护的财政拨款随着财政收入增长而增加。

国有博物馆、纪念馆、文物保护单位等的事业性收入，专门用于文物保护，任何单位或者个人不得侵占、挪用。

国家鼓励通过捐赠等方式设立文物保护社会基金，专门用于文物保护，任何单位或者个人不得侵占、挪用。

第十一条 文物是不可再生的文化资源。国家加强文物保护的宣传教育，增强全民文物保护的意识，鼓励文物保护的科学研究，提高文物保护的科学技术水平。

第十二条 有下列事迹的单位或者个人，由国家给予精神鼓励或者物质奖励：

（一）认真执行文物保护法律、法规，保护文物成绩显著的；

（二）为保护文物与违法犯罪行为作坚决斗争的；

（三）将个人收藏的重要文物捐献给国家或者为文物保护事业作出捐赠的；

（四）发现文物及时上报或者上交，使文物得到保护的；

（五）在考古发掘工作中作出重大贡献的；

（六）在文物保护科学技术方面有重要发明创造或者其他重要贡献的；

（七）在文物面临破坏危险时，抢救文物有功的；

（八）长期从事文物工作，作出显著成绩的。

第二章 不可移动文物

第十三条 国务院文物行政部门在省级、市、县级文物保护单位中，选择具有重大历史、艺术、科学价值的确定为全国重点文物保护单位，或者直接确定为全国重点文物保护单位，报国务院核定公布。

省级文物保护单位，由省、自治区、直辖市人民政府核定公布，并报国务院备案。

市级和县级文物保护单位，分别由设区的市、自治州和县级人民政府核定公布，并报省、自治区、直辖市人民政府备案。

尚未核定公布为文物保护单位的不可移动文物，由县级人民政府文物行政部门予以登记并公布。

第十四条 保存文物特别丰富并且具有重大历史价值或者革命纪念意义的城市，由国务院核定公布为历史文化名城。

保存文物特别丰富并且具有重大历史价值或者革命纪念意义的城镇、街道、村庄，由省、自治区、直辖市人民政府核定公布为历史文化街区、村镇，并报国务院备案。

历史文化名城和历史文化街区、村镇所在地的县级以上地方人民政府应当组织编制专门的历史文化名城和历史文化街区、村镇保护规划，并纳入城市总体规划。

历史文化名城和历史文化街区、村镇的保护办法，由国务院制定。

第十五条 各级文物保护单位，分别由省、自治区、直辖市人民政府和市、县级人民政府划定必要的保护范围，作出标志说明，建立记录档案，并区别情况分别设置专门机构或者专人负责管理。全国重点文物保护单位的保护范围和记录档案，由省、自治区、直辖市人民政府文物行政部门报国务院文物行政部门备案。

县级以上地方人民政府文物行政部门应当根据不同文物的保护需要，制定文物保护单位和未核定为文物保护单位的不可移动文物的具体保护措施，并公告施行。

第十六条 各级人民政府制定城乡建设规划，应当根据文物保护的需要，事先由城乡建设规划部门会同文物行政部门商定对本行政区域内各级文物保护单位的保护措施，并纳入规划。

第十七条 文物保护单位的保护范围内不得进行其他建设工程或者爆破、钻探、挖掘等作业。但是，因特殊情况需要在文物保护单位的保护范围内进行其他建设工程或者爆破、钻探、挖掘等作业的，必须保证文物保护单位的安全，并经核定公布该文物保护单位的人民政府批准，在批准前应当征得上一级人民政府文物行政部门同意；在全国重点文物保护单位的保护范围内进行其他建设工程或者爆破、钻探、挖掘等作业的，必须经省、自治区、直辖市人民政府批准，在批准前应当征得国务院文物行政部门同意。

第十八条 根据保护文物的实际需要，经省、自治区、直辖市人民政府批准，可以在文物保护单位的周围划出一定的建设控制地带，并予以公布。

　　在文物保护单位的建设控制地带内进行建设工程，不得破坏文物保护单位的历史风貌；工程设计方案应当根据文物保护单位的级别，经相应的文物行政部门同意后，报城乡建设规划部门批准。

　　第十九条　在文物保护单位的保护范围和建设控制地带内，不得建设污染文物保护单位及其环境的设施，不得进行可能影响文物保护单位安全及其环境的活动。对已有的污染文物保护单位及其环境的设施，应当限期治理。

　　第二十条　建设工程选址，应当尽可能避开不可移动文物；因特殊情况不能避开的，对文物保护单位应当尽可能实施原址保护。

　　实施原址保护的，建设单位应当事先确定保护措施，根据文物保护单位的级别报相应的文物行政部门批准；未经批准的，不得开工建设。

　　无法实施原址保护，必须迁移异地保护或者拆除的，应当报省、自治区、直辖市人民政府批准；迁移或者拆除省级文物保护单位的，批准前须征得国务院文物行政部门同意。全国重点文物保护单位不得拆除；需要迁移的，须由省、自治区、直辖市人民政府报国务院批准。

　　依照前款规定拆除的国有不可移动文物中具有收藏价值的壁画、雕塑、建筑构件等，由文物行政部门指定的文物收藏单位收藏。

　　本条规定的原址保护、迁移、拆除所需费用，由建设单位列入建设工程预算。

　　第二十一条　国有不可移动文物由使用人负责修缮、保养；非国有不可移动文物由所有人负责修缮、保养。非国有不可移动文物有损毁危险，所有人不具备修缮能力的，当地人民政府应当给予帮助；所有人具备修缮能力而拒不依法履行修缮义务的，县级以上人民政府可以给予抢救修缮，所需费用由所有人负担。

　　对文物保护单位进行修缮，应当根据文物保护单位的级别报相应的文物行政部门批准；对未核定为文物保护单位的不可移动文物进行修缮，应当报登记的县级人民政府文物行政部门批准。

　　文物保护单位的修缮、迁移、重建，由取得文物保护工程资质证书的单位承担。

　　对不可移动文物进行修缮、保养、迁移，必须遵守不改变文物原状的原则。

　　第二十二条　不可移动文物已经全部毁坏的，应当实施遗址保护，不得在原址重建。但是，因特殊情况需要在原址重建的，由省、自治区、直辖市人民政府文物行政部门报省、自治区、直辖市人民政府批准；全国重点文物保护单位需要在原址重建的，由省、自治区、直辖市人民政府报国务院批准。

　　第二十三条　核定为文物保护单位的属于国家所有的纪念建筑物或者古建筑，除可以建立博物馆、保管所或者辟为参观游览场所外，作其他用途的，市、县级文物保护单位应当经核定公布该文物保护单位的人民政府文物行政部门征得上一级文物行政部门同意后，报核定公布该文物保护单位的人民政府批准；省级文物保护单位应当经核定公布该文物保护单位的省级人民政府的文物行政部门审核同意后，报该省级人民政府批准；全国重点文物保护单位作其他用途的，应当由省、自治区、直辖市人民政府报国务院批准。国有未核定为文物保护单位的不可移动文物作其他用途的，应当报告县级人民政府文物行政部门。

　　第二十四条　国有不可移动文物不得转让、抵押。建立博物馆、保管所或者辟为参观游览场所的国有文物保护单位，不得作为企业资产经营。

　　第二十五条　非国有不可移动文物不得转让、抵押给外国人。

　　非国有不可移动文物转让、抵押或者改变用途的，应当根据其级别报相应的文物行政部门备案。

　　第二十六条　使用不可移动文物，必须遵守不改变文物原状的原则，负责保护建筑物及其附属文物的安全，不得损毁、改建、添建或者拆除不可移动文物。

对危害文物保护单位安全、破坏文物保护单位历史风貌的建筑物、构筑物，当地人民政府应当及时调查处理，必要时，对该建筑物、构筑物予以拆迁。

第三章 考古发掘

第二十七条 一切考古发掘工作，必须履行报批手续；从事考古发掘的单位，应当经国务院文物行政部门批准。

地下埋藏的文物，任何单位或者个人都不得私自发掘。

第二十八条 从事考古发掘的单位，为了科学研究进行考古发掘，应当提出发掘计划，报国务院文物行政部门批准；对全国重点文物保护单位的考古发掘计划，应当经国务院文物行政部门审核后报国务院批准。国务院文物行政部门在批准或者审核前，应当征求社会科学研究机构及其他科研机构和有关专家的意见。

第二十九条 进行大型基本建设工程，建设单位应当事先报请省、自治区、直辖市人民政府文物行政部门组织从事考古发掘的单位在工程范围内有可能埋藏文物的地方进行考古调查、勘探。

考古调查、勘探中发现文物的，由省、自治区、直辖市人民政府文物行政部门根据文物保护的要求会同建设单位共同商定保护措施；遇有重要发现的，由省、自治区、直辖市人民政府文物行政部门及时报国务院文物行政部门处理。

第三十条 需要配合建设工程进行的考古发掘工作，应当由省、自治区、直辖市文物行政部门在勘探工作的基础上提出发掘计划，报国务院文物行政部门批准。国务院文物行政部门在批准前，应当征求社会科学研究机构及其他科研机构和有关专家的意见。

确因建设工期紧迫或者有自然破坏危险，对古文化遗址、古墓葬急需进行抢救发掘的，由省、自治区、直辖市人民政府文物行政部门组织发掘，并同时补办审批手续。

第三十一条 凡因进行基本建设和生产建设需要的考古调查、勘探、发掘，所需费用由建设单位列入建设工程预算。

第三十二条 在进行建设工程或者在农业生产中，任何单位或者个人发现文物，应当保护现场，立即报告当地文物行政部门，文物行政部门接到报告后，如无特殊情况，应当在二十四小时内赶赴现场，并在七日内提出处理意见。文物行政部门可以报请当地人民政府通知公安机关协助保护现场；发现重要文物的，应当立即上报国务院文物行政部门，国务院文物行政部门应当在接到报告后十五日内提出处理意见。

依照前款规定发现的文物属于国家所有，任何单位或者个人不得哄抢、私分、藏匿。

第三十三条 非经国务院文物行政部门报国务院特别许可，任何外国人或者外国团体不得在中华人民共和国境内进行考古调查、勘探、发掘。

第三十四条 考古调查、勘探、发掘的结果，应当报告国务院文物行政部门和省、自治区、直辖市人民政府文物行政部门。

考古发掘的文物，应当登记造册，妥善保管，按照国家有关规定移交给由省、自治区、直辖市人民政府文物行政部门或者国务院文物行政部门指定的国有博物馆、图书馆或者其他国有收藏文物的单位收藏。经省、自治区、直辖市人民政府文物行政部门批准，从事考古发掘的单位可以保留少量出土文物作为科研标本。

考古发掘的文物，任何单位或者个人不得侵占。

第三十五条 根据保证文物安全、进行科学研究和充分发挥文物作用的需要，省、自治区、直辖市人民政府文物行政部门经本级人民政府批准，可以调用本行政区域内的出土文物；国务院文物行政部门经国务院批准，可以调用全国的重要出土文物。

第四章　馆藏文物

第三十六条　博物馆、图书馆和其他文物收藏单位对收藏的文物，必须区分文物等级，设置藏品档案，建立严格的管理制度，并报主管的文物行政部门备案。

县级以上地方人民政府文物行政部门应当分别建立本行政区域内的馆藏文物档案；国务院文物行政部门应当建立国家一级文物藏品档案和其主管的国有文物收藏单位馆藏文物档案。

第三十七条　文物收藏单位可以通过下列方式取得文物：

（一）购买；

（二）接受捐赠；

（三）依法交换；

（四）法律、行政法规规定的其他方式。

国有文物收藏单位还可以通过文物行政部门指定保管或者调拨方式取得文物。

第三十八条　文物收藏单位应当根据馆藏文物的保护需要，按照国家有关规定建立、健全管理制度，并报主管的文物行政部门备案。未经批准，任何单位或者个人不得调取馆藏文物。

文物收藏单位的法定代表人对馆藏文物的安全负责。国有文物收藏单位的法定代表人离任时，应当按照馆藏文物档案办理馆藏文物移交手续。

第三十九条　国务院文物行政部门可以调拨全国的国有馆藏文物。省、自治区、直辖市人民政府文物行政部门可以调拨本行政区域内其主管的国有文物收藏单位馆藏文物；调拨国有馆藏一级文物，应当报国务院文物行政部门备案。

国有文物收藏单位可以申请调拨国有馆藏文物。

第四十条　文物收藏单位应当充分发挥馆藏文物的作用，通过举办展览、科学研究等活动，加强对中华民族优秀的历史文化和革命传统的宣传教育。

国有文物收藏单位之间因举办展览、科学研究等需借用馆藏文物的，应当报主管的文物行政部门备案；借用馆藏一级文物的，应当同时报国务院文物行政部门备案。

非国有文物收藏单位和其他单位举办展览需借用国有馆藏文物的，应当报主管的文物行政部门批准；借用馆藏一级文物，应当经国务院文物行政部门批准。

文物收藏单位之间借用文物的最长期限不得超过三年。

第四十一条　已经建立馆藏文物档案的国有文物收藏单位，经省、自治区、直辖市人民政府文物行政部门批准，并报国务院文物行政部门备案，其馆藏文物可以在国有文物收藏单位之间交换。

第四十二条　未建立馆藏文物档案的国有文物收藏单位，不得依照本法第四十条、第四十一条的规定处置其馆藏文物。

第四十三条　依法调拨、交换、借用国有馆藏文物，取得文物的文物收藏单位可以对提供文物的文物收藏单位给予合理补偿，具体管理办法由国务院文物行政部门制定。

国有文物收藏单位调拨、交换、出借文物所得的补偿费用，必须用于改善文物的收藏条件和收集新的文物，不得挪作他用；任何单位或者个人不得侵占。

调拨、交换、借用的文物必须严格保管，不得丢失、损毁。

第四十四条　禁止国有文物收藏单位将馆藏文物赠与、出租或者出售给其他单位、个人。

第四十五条　国有文物收藏单位不再收藏的文物的处置办法，由国务院另行制定。

第四十六条　修复馆藏文物，不得改变馆藏文物的原状；复制、拍摄、拓印馆藏文物，不得对馆藏文物造成损害。具体管理办法由国务院制定。

不可移动文物的单体文物的修复、复制、拍摄、拓印，适用前款规定。

第四十七条　博物馆、图书馆和其他收藏文物的单位应当按照国家有关规定配备防火、防盗、防自然损坏的设施，确保馆藏文物的安全。

第四十八条　馆藏一级文物损毁的，应当报国务院文物行政部门核查处理。其他馆藏文物损毁的，应当报省、自治区、直辖市人民政府文物行政部门核查处理；省、自治区、直辖市人民政府文物行政部门应当将核查处理结果报国务院文物行政部门备案。

馆藏文物被盗、被抢或者丢失的，文物收藏单位应当立即向公安机关报案，并同时向主管的文物行政部门报告。

第四十九条　文物行政部门和国有文物收藏单位的工作人员不得借用国有文物，不得非法侵占国有文物。

第五章　民间收藏文物

第五十条　文物收藏单位以外的公民、法人和其他组织可以收藏通过下列方式取得的文物：

（一）依法继承或者接受赠与；

（二）从文物商店购买；

（三）从经营文物拍卖的拍卖企业购买；

（四）公民个人合法所有的文物相互交换或者依法转让；

（五）国家规定的其他合法方式。

文物收藏单位以外的公民、法人和其他组织收藏的前款文物可以依法流通。

第五十一条　公民、法人和其他组织不得买卖下列文物：

（一）国有文物，但是国家允许的除外；

（二）非国有馆藏珍贵文物；

（三）国有不可移动文物中的壁画、雕塑、建筑构件等，但是依法拆除的国有不可移动文物中的壁画、雕塑、建筑构件等不属于本法第二十条第四款规定的应由文物收藏单位收藏的除外；

（四）来源不符合本法第五十条规定的文物。

第五十二条　国家鼓励文物收藏单位以外的公民、法人和其他组织将其收藏的文物捐赠给国有文物收藏单位或者出借给文物收藏单位展览和研究。

国有文物收藏单位应当尊重并按照捐赠人的意愿，对捐赠的文物妥善收藏、保管和展示。

国家禁止出境的文物，不得转让、出租、质押给外国人。

第五十三条　文物商店应当由省、自治区、直辖市人民政府文物行政部门批准设立，依法进行管理。

文物商店不得从事文物拍卖经营活动，不得设立经营文物拍卖的拍卖企业。

第五十四条　依法设立的拍卖企业经营文物拍卖的，应当取得省、自治区、直辖市人民政府文物行政部门颁发的文物拍卖许可证。

经营文物拍卖的拍卖企业不得从事文物购销经营活动，不得设立文物商店。

第五十五条　文物行政部门的工作人员不得举办或者参与举办文物商店或者经营文物拍卖的拍卖企业。

文物收藏单位不得举办或者参与举办文物商店或者经营文物拍卖的拍卖企业。

禁止设立中外合资、中外合作和外商独资的文物商店或者经营文物拍卖的拍卖企业。

除经批准的文物商店、经营文物拍卖的拍卖企业外，其他单位或者个人不得从事文物的商业经营活动。

第五十六条　文物商店不得销售、拍卖企业不得拍卖本法第五十一条规定的文物。

拍卖企业拍卖的文物，在拍卖前应当经省、自治区、直辖市人民政府文物行政部门审核，并报国务院文物行政部门备案。

第五十七条　省、自治区、直辖市人民政府文物行政部门应当建立文物购销、拍卖信息与信用管理系统。文物商店购买、销售文物，拍卖企业拍卖文物，应当按照国家有关规定作出记录，并于销售、拍卖文物后三十日内报省、自治区、直辖市人民政府文物行政部门备案。

拍卖文物时，委托人、买受人要求对其身份保密的，文物行政部门应当为其保密；但是，法律、行政法规另有规定的除外。

第五十八条　文物行政部门在审核拟拍卖的文物时，可以指定国有文物收藏单位优先购买其中的珍贵文物。购买价格由文物收藏单位的代表与文物的委托人协商确定。

第五十九条　银行、冶炼厂、造纸厂以及废旧物资回收单位，应当与当地文物行政部门共同负责拣选掺杂在金银器和废旧物资中的文物。拣选文物除供银行研究所必需的历史货币可以由人民银行留用外，应当移交当地文物行政部门。移交拣选文物，应当给予合理补偿。

第六章　文物出境进境

第六十条　国有文物、非国有文物中的珍贵文物和国家规定禁止出境的其他文物，不得出境；但是依照本法规定出境展览或者因特殊需要经国务院批准出境的除外。

第六十一条　文物出境，应当经国务院文物行政部门指定的文物进出境审核机构审核。经审核允许出境的文物，由国务院文物行政部门发给文物出境许可证，从国务院文物行政部门指定的口岸出境。

任何单位或者个人运送、邮寄、携带文物出境，应当向海关申报；海关凭文物出境许可证放行。

第六十二条　文物出境展览，应当报国务院文物行政部门批准；一级文物超过国务院规定数量的，应当报国务院批准。

一级文物中的孤品和易损品，禁止出境展览。

出境展览的文物出境，由文物进出境审核机构审核、登记。海关凭国务院文物行政部门或者国务院的批准文件放行。出境展览的文物复进境，由原文物进出境审核机构审核查验。

第六十三条　文物临时进境，应当向海关申报，并报文物进出境审核机构审核、登记。

临时进境的文物复出境，必须经原审核、登记的文物进出境审核机构审核查验；经审核查验无误的，由国务院文物行政部门发给文物出境许可证，海关凭文物出境许可证放行。

第七章　法律责任

第六十四条　违反本法规定，有下列行为之一，构成犯罪的，依法追究刑事责任：

（一）盗掘古文化遗址、古墓葬的；

（二）故意或者过失损毁国家保护的珍贵文物的；

（三）擅自将国有馆藏文物出售或者私自送给非国有单位或者个人的；

（四）将国家禁止出境的珍贵文物私自出售或者送给外国人的；

（五）以牟利为目的倒卖国家禁止经营的文物的；

（六）走私文物的；

（七）盗窃、哄抢、私分或者非法侵占国有文物的；

（八）应当追究刑事责任的其他妨害文物管理行为。

第六十五条　违反本法规定，造成文物灭失、损毁的，依法承担民事责任。

违反本法规定，构成违反治安管理行为的，由公安机关依法给予治安管理处罚。

违反本法规定，构成走私行为，尚不构成犯罪的，由海关依照有关法律、行政法规的规定给予处罚。

第六十六条 有下列行为之一，尚不构成犯罪的，由县级以上人民政府文物主管部门责令改正，造成严重后果的，处五万元以上五十万元以下的罚款；情节严重的，由原发证机关吊销资质证书：

（一）擅自在文物保护单位的保护范围内进行建设工程或者爆破、钻探、挖掘等作业的；

（二）在文物保护单位的建设控制地带内进行建设工程，其工程设计方案未经文物行政部门同意、报城乡建设规划部门批准，对文物保护单位的历史风貌造成破坏的；

（三）擅自迁移、拆除不可移动文物的；

（四）擅自修缮不可移动文物，明显改变文物原状的；

（五）擅自在原址重建已全部毁坏的不可移动文物，造成文物破坏的；

（六）施工单位未取得文物保护工程资质证书，擅自从事文物修缮、迁移、重建的。

刻划、涂污或者损坏文物尚不严重的，或者损毁依照本法第十五条第一款规定设立的文物保护单位标志的，由公安机关或者文物所在单位给予警告，可以并处罚款。

第六十七条 在文物保护单位的保护范围内或者建设控制地带内建设污染文物保护单位及其环境的设施的，或者对已有的污染文物保护单位及其环境的设施未在规定的期限内完成治理的，由环境保护行政部门依照有关法律、法规的规定给予处罚。

第六十八条 有下列行为之一的，由县级以上人民政府文物主管部门责令改正，没收违法所得，违法所得一万元以上的，并处违法所得二倍以上五倍以下的罚款；违法所得不足一万元的，并处五千元以上二万元以下的罚款：

（一）转让或者抵押国有不可移动文物，或者将国有不可移动文物作为企业资产经营的；

（二）将非国有不可移动文物转让或者抵押给外国人的；

（三）擅自改变国有文物保护单位的用途的。

第六十九条 历史文化名城的布局、环境、历史风貌等遭到严重破坏的，由国务院撤销其历史文化名城称号；历史文化城镇、街道、村庄的布局、环境、历史风貌等遭到严重破坏的，由省、自治区、直辖市人民政府撤销其历史文化街区、村镇称号；对负有责任的主管人员和其他直接责任人员依法给予行政处分。

第七十条 有下列行为之一，尚不构成犯罪的，由县级以上人民政府文物主管部门责令改正，可以并处二万元以下的罚款，有违法所得的，没收违法所得：

（一）文物收藏单位未按照国家有关规定配备防火、防盗、防自然损坏的设施的；

（二）国有文物收藏单位法定代表人离任时未按照馆藏文物档案移交馆藏文物，或者所移交的馆藏文物与馆藏文物档案不符的；

（三）将国有馆藏文物赠与、出租或者出售给其他单位、个人的；

（四）违反本法第四十条、第四十一条、第四十五条规定处置国有馆藏文物的；

（五）违反本法第四十三条规定挪用或者侵占依法调拨、交换、出借文物所得补偿费用的。

第七十一条 买卖国家禁止买卖的文物或者将禁止出境的文物转让、出租、质押给外国人，尚不构成犯罪的，由县级以上人民政府文物主管部门责令改正，没收违法所得，违法经营额一万元以上的，并处违法经营额二倍以上五倍以下的罚款；违法经营额不足一万元的，并处五千元以上二万元以下的罚款。

文物商店、拍卖企业有前款规定的违法行为的，由县级以上人民政府文物主管部门没收违法所得、非法经营的文物，违法经营额五万元以上的，并处违法经营额一倍以上三倍以下的罚款；违法经营额不足五万元的，并处五千元以上五万元以下的罚款；情节严重的，由原发证机关吊销许可证书。

第七十二条 未经许可，擅自设立文物商店、经营文物拍卖的拍卖企业，或者擅自从事文物的商业经营活动，尚不构成犯罪的，由工商行政管理部门依法予以制止，没收违法所得、非法经营的文物，违法经营额五万元以上的，并处违法经营额二倍以上五倍以下的罚款；违法经营额不足五万元的，并处二万元以上十万元以下的罚款。

第七十三条 有下列情形之一的，由工商行政管理部门没收违法所得、非法经营的文物，违法经营额五万元以上的，并处违法经营额一倍以上三倍以下的罚款；违法经营额不足五万元的，并处五千元以上五万元以下的罚款；情节严重的，由原发证机关吊销许可证书：

（一）文物商店从事文物拍卖经营活动的；

（二）经营文物拍卖的拍卖企业从事文物购销经营活动的；

（三）拍卖企业拍卖的文物，未经审核的；

（四）文物收藏单位从事文物的商业经营活动的。

第七十四条 有下列行为之一，尚不构成犯罪的，由县级以上人民政府文物主管部门会同公安机关追缴文物；情节严重的，处五千元以上五万元以下的罚款：

（一）发现文物隐匿不报或者拒不上交的；

（二）未按照规定移交拣选文物的。

第七十五条 有下列行为之一的，由县级以上人民政府文物主管部门责令改正：

（一）改变国有未核定为文物保护单位的不可移动文物的用途，未依照本法规定报告的；

（二）转让、抵押非国有不可移动文物或者改变其用途，未依照本法规定备案的；

（三）国有不可移动文物的使用人拒不依法履行修缮义务的；

（四）考古发掘单位未经批准擅自进行考古发掘，或者不如实报告考古发掘结果的；

（五）文物收藏单位未按照国家有关规定建立馆藏文物档案、管理制度，或者未将馆藏文物档案、管理制度备案的；

（六）违反本法第三十八条规定，未经批准擅自调取馆藏文物的；

（七）馆藏文物损毁未报文物行政部门核查处理，或者馆藏文物被盗、被抢或者丢失，文物收藏单位未及时向公安机关或者文物行政部门报告的；

（八）文物商店销售文物或者拍卖企业拍卖文物，未按照国家有关规定作出记录或者未将所作记录报文物行政部门备案的。

第七十六条 文物行政部门、文物收藏单位、文物商店、经营文物拍卖的拍卖企业的工作人员，有下列行为之一的，依法给予行政处分，情节严重的，依法开除公职或者吊销其从业资格；构成犯罪的，依法追究刑事责任：

（一）文物行政部门的工作人员违反本法规定，滥用审批权限、不履行职责或者发现违法行为不予查处，造成严重后果的；

（二）文物行政部门和国有文物收藏单位的工作人员借用或者非法侵占国有文物的；

（三）文物行政部门的工作人员举办或者参与举办文物商店或者经营文物拍卖的拍卖企业的；

（四）因不负责任造成文物保护单位、珍贵文物损毁或者流失的；

（五）贪污、挪用文物保护经费的。

前款被开除公职或者被吊销从业资格的人员，自被开除公职或者被吊销从业资格之日起十年内不得担任文物管理人员或者从事文物经营活动。

第七十七条 有本法第六十六条、第六十八条、第七十条、第七十一条、第七十四条、第七十五条规定所列行为之一的，负有责任的主管人员和其他直接责任人员是国家工作人员的，依法给予行政处分。

第七十八条 公安机关、工商行政管理部门、海关、城乡建设规划部门和其他国家机关，违反本法规定滥用职权、玩忽职守、徇私舞弊，造成国家保护的珍贵文物损毁或者流失的，对负有责任的主管人员和其他直接责任人员依法给予行政处分；构成犯罪的，依法追究刑事责任。

第七十九条 人民法院、人民检察院、公安机关、海关和工商行政管理部门依法没收的文物应当登记造册，妥善保管，结案后无偿移交文物行政部门，由文物行政部门指定的国有文物收藏单位收藏。

第八章 附 则

第八十条 本法自公布之日起施行。

古生物化石保护条例

（国务院令第 580 号）

发布日期：2010-09-05
实施日期：2019-03-02
法规类型：行政法规

（根据 2019 年 3 月 2 日国务院令第 709 号《国务院关于修改部分行政法规的决定》修订）

第一章 总 则

第一条 为了加强对古生物化石的保护，促进古生物化石的科学研究和合理利用，制定本条例。

第二条 在中华人民共和国领域和中华人民共和国管辖的其他海域从事古生物化石发掘、收藏等活动以及古生物化石进出境，应当遵守本条例。

本条例所称古生物化石，是指地质历史时期形成并赋存于地层中的动物和植物的实体化石及其遗迹化石。

古猿、古人类化石以及与人类活动有关的第四纪古脊椎动物化石的保护依照国家文物保护的有关规定执行。

第三条 中华人民共和国领域和中华人民共和国管辖的其他海域遗存的古生物化石属于国家所有。

国有的博物馆、科学研究单位、高等院校和其他收藏单位收藏的古生物化石，以及单位和个人捐赠给国家的古生物化石属于国家所有，不因其收藏单位的终止或者变更而改变其所有权。

第四条 国家对古生物化石实行分类管理、重点保护、科研优先、合理利用的原则。

第五条 国务院自然资源主管部门主管全国古生物化石保护工作。县级以上地方人民政府自然资源主管部门主管本行政区域古生物化石保护工作。

县级以上人民政府公安、市场监督管理等部门按照各自的职责负责古生物化石保护的有关工作。

第六条 国务院自然资源主管部门负责组织成立国家古生物化石专家委员会。国家古生物化石专家委员会由国务院有关部门和中国古生物学会推荐的专家组成，承担重点保护古生物化石名录的拟定、国家级古生物化石自然保护区建立的咨询、古生物化石发掘申请的评审、重点保护古生物化石进出境的鉴定等工作，具体办法由国务院自然资源主管部门制定。

第七条　按照在生物进化以及生物分类上的重要程度，将古生物化石划分为重点保护古生物化石和一般保护古生物化石。

具有重要科学研究价值或者数量稀少的下列古生物化石，应当列为重点保护古生物化石：

（一）已经命名的古生物化石种属的模式标本；

（二）保存完整或者较完整的古脊椎动物实体化石；

（三）大型的或者集中分布的高等植物化石、无脊椎动物化石和古脊椎动物的足迹等遗迹化石；

（四）国务院自然资源主管部门确定的其他需要重点保护的古生物化石。

重点保护古生物化石名录由国家古生物化石专家委员会拟定，由国务院自然资源主管部门批准并公布。

第八条　重点保护古生物化石集中的区域，应当建立国家级古生物化石自然保护区；一般保护古生物化石集中的区域，同时该区域已经发现重点保护古生物化石的，应当建立地方级古生物化石自然保护区。建立古生物化石自然保护区的程序，依照《中华人民共和国自然保护区条例》的规定执行。

建立国家级古生物化石自然保护区，应当征求国家古生物化石专家委员会的意见。

第九条　县级以上人民政府应当加强对古生物化石保护工作的领导，将古生物化石保护工作所需经费列入本级财政预算。

县级以上人民政府应当组织有关部门开展古生物化石保护知识的宣传教育，增强公众保护古生物化石的意识，并按照国家有关规定对在古生物化石保护工作中做出突出成绩的单位和个人给予奖励。

第二章　古生物化石发掘

第十条　因科学研究、教学、科学普及或者对古生物化石进行抢救性保护等需要，方可发掘古生物化石。发掘古生物化石的，应当符合本条例第十一条第二款规定的条件，并依照本条例的规定取得批准。

本条例所称发掘，是指有一定工作面，使用机械或者其他动力工具挖掘古生物化石的活动。

第十一条　在国家级古生物化石自然保护区内发掘古生物化石，或者在其他区域发掘重点保护古生物化石的，应当向国务院自然资源主管部门提出申请并取得批准；在国家级古生物化石自然保护区外发掘一般保护古生物化石的，应当向古生物化石所在地省、自治区、直辖市人民政府自然资源主管部门提出申请并取得批准。

申请发掘古生物化石的单位应当符合下列条件，并在提出申请时提交其符合下列条件的证明材料以及发掘项目概况、发掘方案、发掘标本保存方案和发掘区自然生态条件恢复方案：

（一）有 3 名以上拥有古生物专业或者相关专业技术职称，并有 3 年以上古生物化石发掘经历的技术人员（其中至少有 1 名技术人员具有古生物专业高级职称并作为发掘活动的领队）；

（二）有符合古生物化石发掘需要的设施、设备；

（三）有与古生物化石保护相适应的处理技术和工艺；

（四）有符合古生物化石保管需要的设施、设备和场所。

第十二条　国务院自然资源主管部门应当自受理申请之日起 3 个工作日内将申请材料送国

家古生物化石专家委员会。国家古生物化石专家委员会应当自收到申请材料之日起10个工作日内出具书面评审意见。评审意见应当作为是否批准古生物化石发掘的重要依据。

国务院自然资源主管部门应当自受理申请之日起30个工作日内完成审查，对申请单位符合本条例第十一条第二款规定条件，同时古生物化石发掘方案、发掘标本保存方案和发掘区自然生态条件恢复方案切实可行的，予以批准；对不符合条件的，书面通知申请单位并说明理由。

国务院自然资源主管部门批准古生物化石发掘申请前，应当征求古生物化石所在地省、自治区、直辖市人民政府自然资源主管部门的意见；批准发掘申请后，应当将批准发掘古生物化石的情况通报古生物化石所在地省、自治区、直辖市人民政府自然资源主管部门。

第十三条 省、自治区、直辖市人民政府自然资源主管部门受理古生物化石发掘申请的，应当依照本条例第十二条第二款规定的期限和要求进行审查、批准，并听取古生物专家的意见。

第十四条 发掘古生物化石的单位，应当按照批准的发掘方案进行发掘；确需改变发掘方案的，应当报原批准发掘的自然资源主管部门批准。

第十五条 发掘古生物化石的单位，应当自发掘或者科学研究、教学等活动结束之日起30日内，对发掘的古生物化石登记造册，作出相应的描述与标注，并移交给批准发掘的自然资源主管部门指定的符合条件的收藏单位收藏。

第十六条 进行区域地质调查或者科学研究机构、高等院校等因科学研究、教学需要零星采集古生物化石标本的，不需要申请批准，但是，应当在采集活动开始前将采集时间、采集地点、采集数量等情况书面告知古生物化石所在地的省、自治区、直辖市人民政府自然资源主管部门。采集的古生物化石的收藏应当遵守本条例的规定。

本条例所称零星采集，是指使用手持非机械工具在地表挖掘极少量古生物化石，同时不对地表和其他资源造成影响的活动。

第十七条 外国人、外国组织因中外合作进行科学研究需要，方可在中华人民共和国领域和中华人民共和国管辖的其他海域发掘古生物化石。发掘古生物化石的，应当经国务院自然资源主管部门批准，采取与符合本条例第十一条第二款规定条件的中方单位合作的方式进行，并遵守本条例有关古生物化石发掘、收藏、进出境的规定。

第十八条 单位和个人在生产、建设等活动中发现古生物化石的，应当保护好现场，并立即报告所在地县级以上地方人民政府自然资源主管部门。

县级以上地方人民政府自然资源主管部门接到报告后，应当在24小时内赶赴现场，并在7日内提出处理意见。确有必要的，可以报请当地人民政府通知公安机关协助保护现场。发现重点保护古生物化石的，应当逐级上报至国务院自然资源主管部门，由国务院自然资源主管部门提出处理意见。

生产、建设等活动中发现的古生物化石需要进行抢救性发掘的，由提出处理意见的自然资源主管部门组织符合本条例第十一条第二款规定条件的单位发掘。

第十九条 县级以上人民政府自然资源主管部门应当加强对古生物化石发掘活动的监督检查，发现未经依法批准擅自发掘古生物化石，或者不按照批准的发掘方案发掘古生物化石的，应当依法予以处理。

第三章　古生物化石收藏

第二十条 古生物化石的收藏单位，应当符合下列条件：

（一）有固定的馆址、专用展室、相应面积的藏品保管场所；

（二）有相应数量的拥有相关研究成果的古生物专业或者相关专业的技术人员；

（三）有防止古生物化石自然损毁的技术、工艺和设备；

（四）有完备的防火、防盗等设施、设备和完善的安全保卫等管理制度；

（五）有维持正常运转所需的经费。

县级以上人民政府自然资源主管部门应当加强对古生物化石收藏单位的管理和监督检查。

第二十一条 国务院自然资源主管部门负责建立全国的重点保护古生物化石档案和数据库。县级以上地方人民政府自然资源主管部门负责建立本行政区域的重点保护古生物化石档案和数据库。

收藏单位应当建立本单位收藏的古生物化石档案，并如实对收藏的古生物化石作出描述与标注。

第二十二条 国家鼓励单位和个人将其收藏的重点保护古生物化石捐赠给符合条件的收藏单位收藏。

除收藏单位之间转让、交换、赠与其收藏的重点保护古生物化石外，其他任何单位和个人不得买卖重点保护古生物化石。买卖一般保护古生物化石的，应当在县级以上地方人民政府指定的场所进行。具体办法由省、自治区、直辖市人民政府制定。

第二十三条 国有收藏单位不得将其收藏的重点保护古生物化石转让、交换、赠与给非国有收藏单位或者个人。

任何单位和个人不得将其收藏的重点保护古生物化石转让、交换、赠与、质押给外国人或者外国组织。

第二十四条 收藏单位之间转让、交换、赠与其收藏的重点保护古生物化石的，应当在事后向国务院自然资源主管部门备案。具体办法由国务院自然资源主管部门制定。

第二十五条 公安、市场监督管理、海关等部门应当对依法没收的古生物化石登记造册、妥善保管，并在结案后 30 个工作日内移交给同级自然资源主管部门。接受移交的自然资源主管部门应当出具接收凭证，并将接收的古生物化石交符合条件的收藏单位收藏。

国有收藏单位不再收藏的一般保护古生物化石，应当按照国务院自然资源主管部门的规定处理。

第四章 古生物化石进出境

第二十六条 未命名的古生物化石不得出境。

重点保护古生物化石符合下列条件之一的，经国务院自然资源主管部门批准，方可出境：

（一）因科学研究需要与国外有关研究机构进行合作的；

（二）因科学、文化交流需要在境外进行展览的。

一般保护古生物化石经所在地省、自治区、直辖市人民政府自然资源主管部门批准，方可出境。

第二十七条 申请古生物化石出境的，应当向国务院自然资源主管部门或者省、自治区、直辖市人民政府自然资源主管部门提出出境申请，并提交出境古生物化石的清单和照片。出境申请应当包括申请人的基本情况和古生物化石的出境地点、出境目的、出境时间等内容。

申请重点保护古生物化石出境的，申请人还应当提供外方合作单位的基本情况和合作科学研究合同或者展览合同，以及古生物化石的应急保护预案、保护措施、保险证明等材料。

第二十八条 申请重点保护古生物化石出境的，国务院自然资源主管部门应当自受理申请之日起 3 个工作日内将申请材料送国家古生物化石专家委员会。国家古生物化石专家委员会应当自收到申请材料之日起 10 个工作日内对申请出境的重点保护古生物化石进行鉴定，确认古生物化石的种属、数量和完好程度，并出具书面鉴定意见。鉴定意见应当作为是否批准重点保护古生物化石出境的重要依据。

国务院自然资源主管部门应当自受理申请之日起 20 个工作日内完成审查，符合规定条件的，作出批准出境的决定；不符合规定条件的，书面通知申请人并说明理由。

第二十九条　申请一般保护古生物化石出境的，省、自治区、直辖市人民政府自然资源主管部门应当自受理申请之日起 20 个工作日内完成审查，同意出境的，作出批准出境的决定；不同意出境的，书面通知申请人并说明理由。

第三十条　古生物化石出境批准文件的有效期为 90 日；超过有效期出境的，应当重新提出出境申请。

重点古生物化石在境外停留的期限一般不超过 6 个月；因特殊情况确需延长境外停留时间的，应当在境外停留期限届满 60 日前向国务院自然资源主管部门申请延期。延长期限最长不超过 6 个月。

第三十一条　经批准出境的重点保护古生物化石出境后进境的，申请人应当自办结进境海关手续之日起 5 日内向国务院自然资源主管部门申请进境核查。

国务院自然资源主管部门应当自受理申请之日起 3 个工作日内将申请材料送国家古生物化石专家委员会。国家古生物化石专家委员会应当自收到申请材料之日起 5 个工作日内对出境后进境的重点保护古生物化石进行鉴定，并出具书面鉴定意见。鉴定意见应当作为重点保护古生物化石进境核查结论的重要依据。

国务院自然资源主管部门应当自受理申请之日起 15 个工作日内完成核查，作出核查结论；对确认为非原出境重点保护古生物化石的，责令申请人追回原出境重点保护古生物化石。

第三十二条　境外古生物化石临时进境的，应当交由海关加封，由境内有关单位或者个人自办结进境海关手续之日起 5 日内向国务院自然资源主管部门申请核查、登记。国务院自然资源主管部门核查海关封志完好无损的，逐件进行拍照、登记。

临时进境的古生物化石进境后出境的，由境内有关单位或者个人向国务院自然资源主管部门申请核查。国务院自然资源主管部门应当依照本条例第三十一条第二款规定的程序，自受理申请之日起 15 个工作日内完成核查，对确认为原临时进境的古生物化石的，批准出境。

境内单位或者个人从境外取得的古生物化石进境的，应当向海关申报，按照海关管理的有关规定办理进境手续。

第三十三条　运送、邮寄、携带古生物化石出境的，应当如实向海关申报，并向海关提交国务院自然资源主管部门或者省、自治区、直辖市人民政府自然资源主管部门的出境批准文件。

对有理由怀疑属于古生物化石的物品出境的，海关可以要求有关单位或者个人向国务院自然资源主管部门或者出境口岸所在地的省、自治区、直辖市人民政府自然资源主管部门申请办理是否属于古生物化石的证明文件。

第三十四条　国家对违法出境的古生物化石有权进行追索。

国务院自然资源主管部门代表国家具体负责追索工作。国务院外交、公安、海关等部门应当配合国务院自然资源主管部门做好违法出境古生物化石的追索工作。

第五章　法律责任

第三十五条　县级以上人民政府自然资源主管部门及其工作人员有下列行为之一的，对直接负责的主管人员和其他直接责任人员依法给予处分；直接负责的主管人员和其他直接责任人员构成犯罪的，依法追究刑事责任：

（一）未依照本条例规定批准古生物化石发掘的；

（二）未依照本条例规定批准古生物化石出境的；

（三）发现违反本条例规定的行为不予查处，或者接到举报不依法处理的；

（四）其他不依法履行监督管理职责的行为。

第三十六条 单位或者个人有下列行为之一的，由县级以上人民政府自然资源主管部门责令停止发掘，限期改正，没收发掘的古生物化石，并处 20 万元以上 50 万元以下的罚款；构成违反治安管理行为的，由公安机关依法给予治安管理处罚；构成犯罪的，依法追究刑事责任：

（一）未经批准发掘古生物化石的；

（二）未按照批准的发掘方案发掘古生物化石的。

有前款第（二）项行为，情节严重的，由批准古生物化石发掘的自然资源主管部门撤销批准发掘的决定。

第三十七条 古生物化石发掘单位未按照规定移交发掘的古生物化石的，由批准古生物化石发掘的自然资源主管部门责令限期改正；逾期不改正，或者造成古生物化石损毁的，处 10 万元以上 50 万元以下的罚款；直接负责的主管人员和其他直接责任人员构成犯罪的，依法追究刑事责任。

第三十八条 古生物化石收藏单位不符合收藏条件收藏古生物化石的，由县级以上人民政府自然资源主管部门责令限期改正；逾期不改正的，处 5 万元以上 10 万元以下的罚款；已严重影响其收藏的重点保护古生物化石安全的，由国务院自然资源主管部门指定符合条件的收藏单位代为收藏，代为收藏的费用由原收藏单位承担。

第三十九条 古生物化石收藏单位未按照规定建立本单位收藏的古生物化石档案的，由县级以上人民政府自然资源主管部门责令限期改正；逾期不改正的，没收有关古生物化石，并处 2 万元的罚款。

第四十条 单位或者个人违反规定买卖重点保护古生物化石的，由市场监督管理部门责令限期改正，没收违法所得，并处 5 万元以上 20 万元以下的罚款；构成违反治安管理行为的，由公安机关依法给予治安管理处罚；构成犯罪的，依法追究刑事责任。

第四十一条 国有收藏单位将其收藏的重点保护古生物化石违法转让、交换、赠与给非国有收藏单位或者个人的，由县级以上人民政府自然资源主管部门对国有收藏单位处 20 万元以上 50 万元以下的罚款，对直接负责的主管人员和其他直接责任人员依法给予处分；构成犯罪的，依法追究刑事责任。

第四十二条 单位或者个人将其收藏的重点保护古生物化石转让、交换、赠与、质押给外国人或者外国组织的，由县级以上人民政府自然资源主管部门责令限期追回，对个人处 2 万元以上 10 万元以下的罚款，对单位处 10 万元以上 50 万元以下的罚款；有违法所得的，没收违法所得；构成犯罪的，依法追究刑事责任。

第四十三条 单位或者个人未取得批准运送、邮寄、携带古生物化石出境的，由海关依照有关法律、行政法规的规定予以处理；构成犯罪的，依法追究刑事责任。

第四十四条 县级以上人民政府自然资源主管部门、其他有关部门的工作人员，或者国有的博物馆、科学研究单位、高等院校、其他收藏单位以及发掘单位的工作人员，利用职务上的便利，将国有古生物化石非法占为己有的，依法给予处分，由县级以上人民政府自然资源主管部门追回非法占有的古生物化石；有违法所得的，没收违法所得；构成犯罪的，依法追究刑事责任。

第六章 附 则

第四十五条 本条例自 2011 年 1 月 1 日起施行。

中华人民共和国文物保护法实施条例

（国务院令第 377 号）

发布日期：2003-05-18
实施日期：2017-10-23
法规类型：行政法规

（根据 2013 年 12 月 7 日国务院令第 645 号《国务院关于修改部分行政法规的决定》第一次修订；根据 2016 年 2 月 6 日国务院令第 666 号《国务院关于修改部分行政法规的决定》第二次修订；根据 2017 年 3 月 1 日国务院令第 676 号《国务院关于修改和废止部分行政法规的决定》第三次修订；根据 2017 年 10 月 7 日国务院令第 687 号《国务院关于修改部分行政法规的决定》第四次修订）

第一章　总　则

第一条　根据《中华人民共和国文物保护法》（以下简称文物保护法），制定本实施条例。

第二条　国家重点文物保护专项补助经费和地方文物保护专项经费，由县级以上人民政府文物行政主管部门、投资主管部门、财政部门按照国家有关规定共同实施管理。任何单位或者个人不得侵占、挪用。

第三条　国有的博物馆、纪念馆、文物保护单位等的事业性收入，应当用于下列用途：

（一）文物的保管、陈列、修复、征集；

（二）国有的博物馆、纪念馆、文物保护单位的修缮和建设；

（三）文物的安全防范；

（四）考古调查、勘探、发掘；

（五）文物保护的科学研究、宣传教育。

第四条　文物行政主管部门和教育、科技、新闻出版、广播电视行政主管部门，应当做好文物保护的宣传教育工作。

第五条　国务院文物行政主管部门和省、自治区、直辖市人民政府文物行政主管部门，应当制定文物保护的科学技术研究规划，采取有效措施，促进文物保护科成果的推广和应用，提高文物保护的科学技术水平。

第六条　有文物保护法第十二条所列事迹之一的单位或者个人，由人民政府及其文物行政主管部门、有关部门给予精神鼓励或者物质奖励。

第二章　不可移动文物

第七条　历史文化名城，由国务院建设行政主管部门会同国务院文物行政主管部门报国务院核定公布。

历史文化街区、村镇，由省、自治区、直辖市人民政府城乡规划行政主管部门会同文物行政主管部门报本级人民政府核定公布。

县级以上地方人民政府组织编制的历史文化名城和历史文化街区、村镇的保护规划，应当符合文物保护的要求。

第八条 全国重点文物保护单位和省级文物保护单位自核定公布之日起1年内，由省、自治区、直辖市人民政府划定必要的保护范围，作出标志说明，建立记录档案，设置专门机构或者指定专人负责管理。

设区的市、自治州级和县级文物保护单位自核定公布之日起1年内，由核定公布该文物保护单位的人民政府划定保护范围，作出标志说明，建立记录档案，设置专门机构或者指定专人负责管理。

第九条 文物保护单位的保护范围，是指对文物保护单位本体及周围一定范围实施重点保护的区域。

文物保护单位的保护范围，应当根据文物保护单位的类别、规模、内容以及周围环境的历史和现实情况合理划定，并在文物保护单位本体之外保持一定的安全距离，确保文物保护单位的真实性和完整性。

第十条 文物保护单位的标志说明，应当包括文物保护单位的级别、名称、公布机关、公布日期、立标机关、立标日期等内容。民族自治地区的文物保护单位的标志说明，应当同时用规范汉字和当地通用的少数民族文字书写。

第十一条 文物保护单位的记录档案，应当包括文物保护单位本体记录等科学技术资料和有关文献记载、行政管理等内容。

文物保护单位的记录档案，应当充分利用文字、音像制品、图画、拓片、摹本、电子文本等形式，有效表现其所载内容。

第十二条 古文化遗址、古墓葬、石窟寺和属于国家所有的纪念建筑物、古建筑，被核定公布为文物保护单位的，由县级以上地方人民政府设置专门机构或者指定机构负责管理。其他文物保护单位，由县级以上地方人民政府设置专门机构或者指定机构、专人负责管理；指定专人负责管理的，可以采取聘请文物保护员的形式。

文物保护单位有使用单位的，使用单位应当设立群众性文物保护组织；没有使用单位的，文物保护单位所在地的村民委员会或者居民委员会可以设立群众性文物保护组织。文物行政主管部门应当对群众性文物保护组织的活动给予指导和支持。

负责管理文物保护单位的机构，应当建立健全规章制度，采取安全防范措施；其安全保卫人员，可以依法配备防卫器械。

第十三条 文物保护单位的建设控制地带，是指在文物保护单位的保护范围外，为保护文物保护单位的安全、环境、历史风貌对建设项目加以限制的区域。

文物保护单位的建设控制地带，应当根据文物保护单位的类别、规模、内容以及周围环境的历史和现实情况合理划定。

第十四条 全国重点文物保护单位的建设控制地带，经省、自治区、直辖市人民政府批准，由省、自治区、直辖市人民政府的文物行政主管部门会同城乡规划行政主管部门划定并公布。

省级、设区的市、自治州级和县级文物保护单位的建设控制地带，经省、自治区、直辖市人民政府批准，由核定公布该文物保护单位的人民政府的文物行政主管部门会同城乡规划行政主管部门划定并公布。

第十五条 承担文物保护单位的修缮、迁移、重建工程的单位，应当同时取得文物行政主管部门发给的相应等级的文物保护工程资质证书和建设行政主管部门发给的相应等级的资质证书。其中，不涉及建筑活动的文物保护单位的修缮、迁移、重建，应当由取得文物行政主管部门发给的相应等级的文物保护工程资质证书的单位承担。

第十六条 申领文物保护工程资质证书，应当具备下列条件：

（一）有取得文物博物专业技术职务的人员；

（二）有从事文物保护工程所需的技术设备；

（三）法律、行政法规规定的其他条件。

第十七条　申领文物保护工程资质证书，应当向省、自治区、直辖市人民政府文物行政主管部门或者国务院文物行政主管部门提出申请。省、自治区、直辖市人民政府文物行政主管部门或者国务院文物行政主管部门应当自收到申请之日起30个工作日内作出批准或者不批准的决定。决定批准的，发给相应等级的文物保护工程资质证书；决定不批准的，应当书面通知当事人并说明理由。文物保护工程资质等级的分级标准和审批办法，由国务院文物行政主管部门制定。

第十八条　文物行政主管部门在审批文物保护单位的修缮计划和工程设计方案前，应当征求上一级人民政府文物行政主管部门的意见。

第十九条　危害全国重点文物保护单位安全或者破坏其历史风貌的建筑物、构筑物，由省、自治区、直辖市人民政府负责调查处理。

危害省级、设区的市、自治州级、县级文物保护单位安全或者破坏其历史风貌的建筑物、构筑物，由核定公布该文物保护单位的人民政府负责调查处理。

危害尚未核定公布为文物保护单位的不可移动文物安全的建筑物、构筑物，由县级人民政府负责调查处理。

第三章　考古发掘

第二十条　申请从事考古发掘的单位，取得考古发掘资质证书，应当具备下列条件：

（1）（一）有4名以上接受过考古专业训练且主持过考古发掘项目的人员；

（2）（二）有取得文物博物专业技术职务的人员；

（3）（三）有从事文物安全保卫的专业人员；

（4）（四）有从事考古发掘所需的技术设备；

（5）（五）有保障文物安全的设施和场所；

（6）（六）法律、行政法规规定的其他条件。

第二十一条　申领考古发掘资质证书，应当向国务院文物行政主管部门提出申请。国务院文物行政主管部门应当自收到申请之日起30个工作日内作出批准或者不批准的决定。决定批准的，发给考古发掘资质证书；决定不批准的，应当书面通知当事人并说明理由。

第二十二条　考古发掘项目实行项目负责人负责制度。

第二十三条　配合建设工程进行的考古调查、勘探、发掘，由省、自治区、直辖市人民政府文物行政主管部门组织实施。跨省、自治区、直辖市的建设工程范围内的考古调查、勘探、发掘，由建设工程所在地的有关省、自治区、直辖市人民政府文物行政主管部门联合组织实施；其中，特别重要的建设工程范围内的考古调查、勘探、发掘，由国务院文物行政主管部门组织实施。

建设单位对配合建设工程进行的考古调查、勘探、发掘，应当予以协助，不得妨碍考古调查、勘探、发掘。

第二十四条　国务院文物行政主管部门应当自收到文物保护法第三十条第一款规定的发掘计划之日起30个工作日内作出批准或者不批准决定。决定批准的，发给批准文件；决定不批准的，应当书面通知当事人并说明理由。

文物保护法第三十条第二款规定的抢救性发掘，省、自治区、直辖市人民政府文物行政主管部门应当自开工之日起10个工作日内向国务院文物行政主管部门补办审批手续。

第二十五条　考古调查、勘探、发掘所需经费的范围和标准，按照国家有关规定执行。

第二十六条　从事考古发掘的单位应当在考古发掘完成之日起30个工作日内向省、自治区、直辖市人民政府文物行政主管部门和国务院文物行政主管部门提交结项报告，并于提交结项报告之日起 3 年内向省、自治区、直辖市人民政府文物行政主管部门和国务院文物行政主管部门提交考古发掘报告。

第二十七条　从事考古发掘的单位提交考古发掘报告后，经省、自治区、直辖市人民政府文物行政主管部门批准，可以保留少量出土文物作为科研标本，并应当于提交发掘报告之日起 6 个月内将其他出土文物移交给由省、自治区、直辖市人民政府文物行政主管部门指定的国有的博物馆、图书馆或者其他国有文物收藏单位收藏。

第四章　馆藏文物

第二十八条　文物收藏单位应当建立馆藏文物的接收、鉴定、登记、编目和档案制度，库房管理制度，出入库、注销和统计制度，保养、修复和复制制度。

第二十九条　县级人民政府文物行政主管部门应当将本行政区域内的馆藏文物档案，按照行政隶属关系报设区的市、自治州级人民政府文物行政主管部门或者省、自治区、直辖市人民政府文物行政主管部门备案；设区的市、自治州级人民政府文物行政主管部门应当将本行政区域内的馆藏文物档案，报省、自治区、直辖市人民政府文物行政主管部门备案；省、自治区、直辖市人民政府文物行政主管部门应当将本行政区域内的一级文物藏品档案，报国务院文物行政主管部门备案。

第三十条　文物收藏单位之间借用馆藏文物，借用人应当对借用的馆藏文物采取必要的保护措施，确保文物的安全。

借用的馆藏文物的灭失、损坏风险，除当事人另有约定外，由借用该馆藏文物的文物收藏单位承担。

第三十一条　国有文物收藏单位未依照文物保护法第三十六条的规定建立馆藏文物档案并将馆藏文物档案报主管的文物行政主管部门备案的，不得交换、借用馆藏文物。

第三十二条　修复、复制、拓印馆藏二级文物和馆藏三级文物的，应当报省、自治区、直辖市人民政府文物行政主管部门批准；修复、复制、拓印馆藏一级文物的，应当报国务院文物行政主管部门批准。

第三十三条　从事馆藏文物修复、复制、拓印的单位，应当具备下列条件：

（一）有取得中级以上文物博物专业技术职务的人员；

（二）有从事馆藏文物修复、复制、拓印所需的场所和技术设备；

（三）法律、行政法规规定的其他条件。

第三十四条　从事馆藏文物修复、复制、拓印，应当向省、自治区、直辖市人民政府文物行政主管部门提出申请。省、自治区、直辖市人民政府文物行政主管部门应当自收到申请之日起 30 个工作日内作出批准或者不批准的决定。决定批准的，发给相应等级的资质证书；决定不批准的，应当书面通知当事人并说明理由。

第三十五条　为制作出版物、音像制品等拍摄馆藏文物的，应当征得文物收藏单位同意，并签署拍摄协议，明确文物保护措施和责任。文物收藏单位应当自拍摄工作完成后 10 个工作日内，将拍摄情况向文物行政主管部门报告。

第三十六条　馆藏文物被盗、被抢或者丢失的，文物收藏单位应当立即向公安机关报案，并同时向主管的文物行政主管部门报告；主管的文物行政主管部门应当在接到文物收藏单位的报告后 24 小时内，将有关情况报告国务院文物行政主管部门。

第三十七条　国家机关和国有的企业、事业组织等收藏、保管国有文物的，应当履行下列义务：

（一）建立文物藏品档案制度，并将文物藏品档案报所在地省、自治区、直辖市人民政府文物行政主管部门备案；

（二）建立、健全文物藏品的保养、修复等管理制度，确保文物安全；

（三）文物藏品被盗、被抢或者丢失的，应当立即向公安机关报案，并同时向所在地省、自治区、直辖市人民政府文物行政主管部门报告。

第五章　民间收藏文物

第三十八条　文物收藏单位以外的公民、法人和其他组织，可以依法收藏文物，其依法收藏的文物的所有权受法律保护。

公民、法人和其他组织依法收藏文物的，可以要求文物行政主管部门对其收藏的文物提供鉴定、修复、保管等方面的咨询。

第三十九条　设立文物商店，应当具备下列条件：

（一）有 200 万元人民币以上的注册资本；

（二）有 5 名以上取得中级以上文物博物专业技术职务的人员；

（三）有保管文物的场所、设施和技术条件；

（四）法律、行政法规规定的其他条件。

第四十条　设立文物商店，应当向省、自治区、直辖市人民政府文物行政主管部门提出申请。省、自治区、直辖市人民政府文物行政主管部门应当自收到申请之日起 30 个工作日内作出批准或者不批准的决定。决定批准的，发给批准文件；决定不批准的，应当书面通知当事人并说明理由。

第四十一条　依法设立的拍卖企业，从事文物拍卖经营活动的，应当有 5 名以上取得高级文物博物专业技术职务的文物拍卖专业人员，并取得省、自治区、直辖市人民政府文物行政主管部门发给的文物拍卖许可证。

第四十二条　依法设立的拍卖企业申领文物拍卖许可证，应当向省、自治区、直辖市人民政府文物行政主管部门提出申请。省、自治区、直辖市人民政府文物行政主管部门应当自收到申请之日起 30 个工作日内作出批准或者不批准的决定。决定批准的，发给文物拍卖许可证；决定不批准的，应当书面通知当事人并说明理由。

第四十三条　文物商店购买、销售文物，经营文物拍卖的拍卖企业拍卖文物，应当记录文物的名称、图录、来源、文物的出卖人、委托人和买受人的姓名或者名称、住所、有效身份证件号码或者有效证照号码以及成交价格，并报省、自治区、直辖市人民政府文物行政主管部门备案。接受备案的文物行政主管部门应当依法为其保密，并将该记录保存 75 年。

文物行政主管部门应当加强对文物商店和经营文物拍卖的拍卖企业的监督检查。

第六章　文物出境进境

第四十四条　国务院文物行政主管部门指定的文物进出境审核机构，应当有 5 名以上取得中级以上文物博物专业技术职务的文物进出境责任鉴定人员。

第四十五条　运送、邮寄、携带文物出境，应当在文物出境前依法报文物进出境审核机构审核。文物进出境审核机构应当自收到申请之日起 15 个工作日内作出是否允许出境的决定。

文物进出境审核机构审核文物，应当有 3 名以上文物博物专业技术人员参加；其中，应当有 2 名以上文物进出境责任鉴定人员。

文物出境审核意见，由文物进出境责任鉴定员共同签署；对经审核，文物进出境责任鉴定员一致同意允许出境的文物，文物进出境审核机构方可作出允许出境的决定。

文物出境审核标准，由国务院文物行政主管部门制定。

第四十六条　文物进出境审核机构应当对所审核进出境文物的名称、质地、尺寸、级别，当事人的姓名或者名称、住所、有效身份证件号码或者有效证照号码，以及进出境口岸、文物去向和审核日期等内容进行登记。

第四十七条 经审核允许出境的文物，由国务院文物行政主管部门发给文物出境许可证，并由文物进出境审核机构标明文物出境标识。经审核允许出境的文物，应当从国务院文物行政主管部门指定的口岸出境。海关查验文物出境标识后，凭文物出境许可证放行。

经审核不允许出境的文物，由文物进出境审核机构发还当事人。

第四十八条 文物出境展览的承办单位，应当在举办展览前6个月向国务院文物行政主管部门提出申请。国务院文物行政主管部门应当自收到申请之日起30个工作日内作出批准或者不批准的决定。决定批准的，发给批准文件；决定不批准的，应当书面通知当事人并说明理由。

一级文物展品超过120件（套）的，或者一级文物展品超过展品总数的20%的，应当报国务院批准。

第四十九条 一级文物中的孤品和易损品，禁止出境展览。禁止出境展览文物的目录，由国务院文物行政主管部门定期公布。

未曾在国内正式展出的文物，不得出境展览。

第五十条 文物出境展览的期限不得超过1年。因特殊需要，经原审批机关批准可以延期；但是，延期最长不得超过1年。

第五十一条 文物出境展览期间，出现可能危及展览文物安全情形的，原审批机关可以决定中止或者撤销展览。

第五十二条 临时进境的文物，经海关将文物加封后，交由当事人报文物进出境审核机构审核、登记。文物进出境审核机构查验海关封志完好无损后，对每件临时进境文物标明文物临时进境标识，并登记拍照。

临时进境文物复出境时，应当由原审核、登记的文物进出境审核机构核对入境登记拍照记录，查验文物临时进境标识无误后标明文物出境标识，并由国务院文物行政主管部门发给文物出境许可证。

未履行本条第一款规定的手续临时进境的文物复出境的，依照本章关于文物出境的规定办理。

第五十三条 任何单位或者个人不得擅自剥除、更换、挪用或者损毁文物出境标识、文物临时进境标识。

第七章 法律责任

第五十四条 公安机关、工商行政管理、文物、海关、城乡规划、建设等有关部门及其工作人员，违反本条例规定，滥用审批权限、不履行职责或者发现违法行为不予查处的，对负有责任的主管人员和其他直接责任人员依法给予行政处分；构成犯罪的，依法追究刑事责任。

第五十五条 违反本条例规定，未取得相应等级的文物保护工程资质证书，擅自承担文物保护单位的修缮、迁移、重建工程的，由文物行政主管部门责令限期改正；逾期不改正，或者造成严重后果的，处5万元以上50万元以下的罚款；构成犯罪的，依法追究刑事责任。

违反本条例规定，未取得建设行政主管部门发给的相应等级的资质证书，擅自承担含有建筑活动的文物保护单位的修缮、迁移、重建工程的，由建设行政主管部门依照有关法律、行政法规的规定予以处罚。

第五十六条 违反本条例规定，未取得资质证书，擅自从事馆藏文物的修复、复制、拓印活动的，由文物行政主管部门责令停止违法活动；没收违法所得和从事违法活动的专用工具、设备；造成严重后果的，并处1万元以上10万元以下的罚款；构成犯罪的，依法追究刑事责任。

第五十七条　文物保护法第六十六条第二款规定的罚款，数额为 200 元以下。

第五十八条　违反本条例规定，未经批准擅自修复、复制、拓印馆藏珍贵文物的，由文物行政主管部门给予警告；造成严重后果的，处 2000 元以上 2 万元以下的罚款；对负有责任的主管人员和其他直接责任人员依法给予行政处分。

文物收藏单位违反本条例规定，未在规定期限内将文物拍摄情况向文物行政主管部门报告的，由文物行政主管部门责令限期改正；逾期不改正的，对负有责任的主管人员和其他直接责任人员依法给予行政处分。

第五十九条　考古发掘单位违反本条例规定，未在规定期限内提交结项报告或者考古发掘报告的，由省、自治区、直辖市人民政府文物行政主管部门或者国务院文物行政主管部门责令限期改正；逾期不改正的，对负有责任的主管人员和其他直接责任人员依法给予行政处分。

第六十条　考古发掘单位违反本条例规定，未在规定期限内移交文物的，由省、自治区、直辖市人民政府文物行政主管部门或者国务院文物行政主管部门责令限期改正；逾期不改正，或者造成严重后果的，对负有责任的主管人员和其他直接责任人员依法给予行政处分。

第六十一条　违反本条例规定，文物出境展览超过展览期限的，由国务院文物行政主管部门责令限期改正；对负有责任的主管人员和其他直接责任人员依法给予行政处分。

第六十二条　依照文物保护法第六十六条、第七十三条的规定，单位被处以吊销许可证行政处罚的，应当依法到工商行政管理部门办理变更登记或者注销登记；逾期未办理的，由工商行政管理部门吊销营业执照。

第六十三条　违反本条例规定，改变国有的博物馆、纪念馆、文物保护单位等的事业性收入的用途的，对负有责任的主管人员和其他直接责任人员依法给予行政处分；构成犯罪的，依法追究刑事责任。

第八章　附　则

第六十四条　本条例自 2003 年 7 月 1 日起施行。

古生物化石保护条例实施办法

（国土资源部令第 57 号）

发布日期：2012-12-27
实施日期：2019-07-24
法规类型：部门规章

（根据 2015 年 5 月 6 日国土资源部第 2 次部务会议《国土资源部关于修改〈地质灾害危险性评估单位资质管理办法〉等 5 部规章的决定》第一次修正；根据 2016 年 1 月 5 日国土资源部第 1 次部务会议《国土资源部关于修改和废止部分规章的决定》第二次修正；根据 2019 年 7 月 16 日自然资源部第 2 次部务会议《自然资源部关于第一批废止修改的部门规章的决定》第三次修正）

第一章　总　则

第一条　依据《古生物化石保护条例》（以下简称《条例》），制定本办法。

第二条 自然资源部负责全国古生物化石保护的组织、协调、指导和监督管理，履行下列职责：

（一）依据法律、行政法规和国家有关规定，研究制定古生物化石保护的规章制度、方针政策以及有关技术标准和规范；

（二）组织成立国家古生物化石专家委员会，制定章程，保障国家古生物化石专家委员会依照《条例》的规定开展工作，发挥专家的专业指导和咨询作用；

（三）组织制定国家古生物化石分级标准，审查批准并分批公布重点保护古生物化石名录和重点保护古生物化石集中产地名录；

（四）依据《条例》规定的权限和程序，负责古生物化石发掘、流通、进出境等相关事项的审批；

（五）建立和管理全国的重点保护古生物化石档案和数据库；

（六）监督检查古生物化石保护和管理的法律、行政法规的实施，依法查处重大违法案件；

（七）组织开展古生物化石保护的科学研究、宣传教育和管理业务培训；

（八）法律、行政法规规定的其他职责。

第三条 省、自治区、直辖市人民政府自然资源主管部门负责本行政区域内古生物化石保护的组织、协调、指导和监督管理，履行下列职责：

（一）贯彻执行古生物化石保护的法律、法规、规章制度和方针政策；

（二）组织协调有关部门和单位支持国家古生物化石专家委员会依照《条例》的规定开展工作。通过成立省级古生物化石专家委员会等方式，发挥专家的专业指导和咨询作用；

（三）依据《条例》和省、自治区、直辖市有关规定确定的权限和程序，负责本行政区域内一般保护古生物化石发掘、进出境等相关事项的审批；

（四）建立和管理本行政区域的重点保护古生物化石档案和数据库；

（五）监督检查古生物化石保护和管理法律、法规、规章在本行政区域内的实施，依法查处违法案件；

（六）组织开展本行政区域内古生物化石保护的科学研究、宣传教育和管理业务培训；

（七）法律、法规以及自然资源部规定的其他职责。

第四条 设区的市、县级人民政府自然资源主管部门依据《条例》和省、自治区、直辖市的有关规定，负责本行政区域内古生物化石保护的管理和监督检查。

第五条 县级以上人民政府自然资源主管部门应当确定相应的机构和人员承担古生物化石保护的管理和监督检查工作。

第六条 国家古生物化石专家委员会负责为古生物化石保护和管理提供专业指导和咨询，主要承担下列工作：

（一）参与古生物化石保护和管理的法律、法规、规章制度和方针政策的制定；

（二）对重点保护古生物化石集中产地保护规划出具评审意见；

（三）拟定古生物化石保护和管理的有关技术标准和规范；

（四）拟定重点保护古生物化石名录和重点保护古生物化石集中产地名录；

（五）为建立国家级古生物化石自然保护区和涉及重点保护古生物化石的地质公园、博物馆等提供咨询服务；

（六）对古生物化石发掘申请出具评审意见；

（七）对申请进出境的重点保护古生物化石、涉嫌违法进出境的古生物化石、有关部门查获的古生物化石等出具鉴定意见；

（八）对古生物化石收藏单位进行评估定级；

（九）开展古生物化石保护和管理的专业培训；

（十）自然资源部规定的其他事项。

自然资源部成立国家古生物化石专家委员会办公室，负责国家古生物化石专家委员会的日常工作。

国家古生物化石专家委员会的章程由自然资源部另行制定。

省、自治区、直辖市人民政府自然资源主管部门可以根据实际工作需要，成立省级古生物化石专家委员会及办公室，具体办法由省、自治区、直辖市人民政府自然资源主管部门制定。省级古生物化石专家委员会接受国家古生物化石专家委员会的专业指导。

第七条 古生物化石分为重点保护古生物化石和一般保护古生物化石。按照科学价值重要程度、保存完整程度和稀少程度，将重点保护古生物化石划分为一级、二级和三级。

重点保护古生物化石分级标准和重点保护古生物化石名录由自然资源部另行制定。

第八条 重点保护古生物化石集中产地所在地设区的市、县级人民政府自然资源主管部门，应当组织编制重点保护古生物化石集中产地保护规划，针对当地古生物化石的分布、产出情况，分类采取保护措施，作出具体安排。重点保护古生物化石集中产地保护规划由所在地的省、自治区、直辖市人民政府自然资源主管部门初审，经国家古生物化石专家委员会评审通过，由所在地设区的市、县级人民政府批准后实施。

重点保护古生物化石集中产地保护规划经批准后，重点保护古生物化石集中产地所在地设区的市、县级人民政府自然资源主管部门应当在30个工作日内逐级上报自然资源部备案。

重点保护古生物化石集中产地名录由国家古生物化石专家委员会拟定，由自然资源部公布。

第九条 申请建立国家级古生物化石自然保护区和涉及重点保护古生物化石的地质公园、博物馆的，申请单位应当在向有关主管部门提出申请前征求国家古生物化石专家委员会的意见。

第十条 县级以上人民政府自然资源主管部门应当将古生物化石保护工作所需经费纳入年度预算，专款用于古生物化石保护管理、产地和标本保护、调查评价、规划编制、评审鉴定、咨询评估、科研科普、宣传培训等工作。

第十一条 单位或者个人有下列行为之一的，由县级以上人民政府自然资源主管部门给予奖励：

（一）严格执行国家有关法律法规，在古生物化石保护管理、科学研究、宣传教育等方面做出显著成绩的；

（二）举报或制止违法犯罪行为，使重点保护古生物化石得到保护的；

（三）将合法收藏的重点保护古生物化石捐赠给国有收藏单位的；

（四）发现重点保护古生物化石及时报告或者上交的；

（五）其他对古生物化石保护工作做出突出贡献的。

第十二条 国家鼓励单位或者个人通过捐赠等方式设立古生物化石保护基金，专门用于古生物化石保护，任何单位或者个人不得侵占、挪用。

第二章 古生物化石发掘

第十三条 在国家级古生物化石自然保护区内发掘古生物化石，或者在其他区域发掘古生物化石涉及重点保护古生物化石的，应当向自然资源部提出申请并取得批准。

除前款规定的情形外，其他申请发掘古生物化石的，应当向古生物化石所在地的省、自治区、直辖市人民政府自然资源主管部门提出申请并取得批准。

第十四条 申请发掘古生物化石的单位，应当提交下列材料：

（一）古生物化石发掘申请表；

（二）申请发掘古生物化石单位的证明材料；

（三）古生物化石发掘方案，包括发掘时间和地点、发掘对象、发掘地的地形地貌、区域地质条件、发掘面积、层位和工作量、发掘技术路线、发掘领队及参加人员情况等；

（四）古生物化石发掘标本保存方案，包括发掘的古生物化石可能的属种、古生物化石标本保存场所及其保存条件、防止化石标本风化、损毁的措施等；

（五）古生物化石发掘区自然生态条件恢复方案，包括发掘区自然生态条件现状、发掘后恢复自然生态条件的目标任务和措施、自然生态条件恢复工程量、自然生态条件恢复工程经费概算及筹措情况；

（六）法律、法规规定的其他材料。

第十五条 本办法第十四条第二项规定的证明材料包括：

（一）单位性质证明材料；

（二）3名以上技术人员的古生物专业或者相关专业的技术职称证书，及其3年以上古生物化石的发掘经历证明。发掘活动的领队除应当提供3年以上古生物化石的发掘经历证明以外，还应当提供古生物专业高级职称证书；

（三）符合古生物化石发掘需要的设施、设备的证明材料；

（四）古生物化石修复技术和保护工艺的证明材料；

（五）符合古生物化石安全保管的设施、设备和场所的证明材料。

同一单位两年内再次提出发掘申请的，可以不再提交以上材料，但应当提供发掘活动领队的证明材料。

第十六条 自然资源部应当自受理发掘申请之日起5个工作日内，向古生物化石所在地的省、自治区、直辖市人民政府自然资源主管部门发送征求意见函。省、自治区、直辖市人民政府自然资源主管部门应当听取古生物化石所在地设区的市、县级自然资源主管部门的意见，并在10个工作日内向自然资源部回复意见。

第十七条 自然资源部和省、自治区、直辖市人民政府自然资源主管部门批准发掘申请后，应当将批准文件抄送古生物化石所在地的县级以上地方人民政府自然资源主管部门。

第十八条 发掘古生物化石的单位，改变古生物化石发掘方案、发掘标本保存方案和发掘区自然生态条件恢复方案的，应当报原批准发掘的自然资源主管部门批准。

第十九条 依据《条例》的规定零星采集古生物化石标本的，不需要申请批准。零星采集活动的负责人应当在采集活动开始前向古生物化石所在地的省、自治区、直辖市人民政府自然资源主管部门提交零星采集古生物化石告知书。有关省、自治区、直辖市人民政府自然资源主管部门应当予以支持。

零星采集单位应当按照零星采集古生物化石告知书中的内容开展采集活动。确需改变零星采集计划的，采集活动的负责人应将变更情况及时告知古生物化石所在地的省、自治区、直辖市人民政府自然资源主管部门。

第二十条 中外合作开展的科学研究项目，需要在中华人民共和国领域和中华人民共和国管辖的其他海域发掘古生物化石的，发掘申请由中方化石发掘单位向自然资源部提出，发掘领队由中方人员担任，发掘的古生物化石归中方所有。

第二十一条 建设工程选址，应当避开重点保护古生物化石赋存的区域；确实无法避开的，应当采取必要的保护措施，或者依据《条例》的有关规定由县级以上人民政府自然资源主管部门组织实施抢救性发掘。

第二十二条 发掘古生物化石给他人生产、生活造成损失的，发掘单位应当采取必要的补救措施，并承担相应的赔偿责任。

第三章　古生物化石收藏

第二十三条　古生物化石收藏单位可以通过下列方式合法收藏重点保护古生物化石：

（一）依法发掘；

（二）依法转让、交换、赠与；

（三）接受委托保管、展示；

（四）自然资源主管部门指定收藏；

（五）法律、法规规定的其他方式。

任何单位和个人不得收藏违法获得或者不能证明合法来源的古生物化石。

第二十四条　收藏古生物化石的收藏单位，应当符合《条例》规定的收藏条件，保障其收藏的古生物化石安全。

依据收藏条件，将古生物化石收藏单位分为甲、乙、丙三个级别。古生物化石收藏单位的级别，由国家古生物化石专家委员会评定，并定期开展评估。国家古生物化石专家委员会应当将级别评定结果和评估结果报自然资源部备案。

级别评定结果和评估结果应当定期公布，作为县级以上人民政府自然资源主管部门对收藏单位进行管理和监督检查的重要依据。

第二十五条　甲级古生物化石收藏单位应当符合下列条件：

（一）有固定的馆址、专用展室和保管场所；

（二）古生物化石收藏、修复、展示的场所及附属设施的面积不小于2000平方米；

（三）拥有相关研究成果的古生物专业或者相关专业的技术人员不少于20人；

（四）有防止古生物化石自然毁损的技术、工艺和完备的防火防盗等设施、设备；

（五）有完善的古生物化石档案和数据库系统；

（六）有完善的古生物化石收集、登记、入库、保管、使用、注销以及资产、安全防范等方面的管理制度；

（七）有稳定的经费来源，设立了年度保护专项经费。

第二十六条　乙级古生物化石收藏单位应当符合下列条件：

（一）有固定的馆址、专用展室和保管场所；

（二）古生物化石收藏、修复、展示的场所及附属设施的面积不小于1000平方米；

（三）拥有相关研究成果的古生物专业或者相关专业的技术人员不少于10人；

（四）有防止古生物化石自然毁损的技术、工艺和比较完备的防火防盗等设施、设备；

（五）有比较完善的古生物化石档案和数据库系统；

（六）有比较完善的古生物化石收集、登记、入库、保管、使用、注销以及资产、安全防范等方面的管理制度；

（七）有稳定的经费来源，能保障正常运转。

第二十七条　丙级古生物化石收藏单位应当符合下列条件：

（一）有固定的馆址、专用展室和保管场所；

（二）古生物化石收藏、展示的场所及附属设施的面积不小于300平方米；

（三）拥有相关研究成果的古生物专业或者相关专业的技术人员不少于3人；

（四）有防止古生物化石自然毁损的技术、工艺和防火防盗等设施、设备；

（五）建立了古生物化石档案和数据库；

（六）建立了古生物化石收集、登记、入库、保管、使用、注销以及资产、安全防范等方面的管理制度；

（七）有稳定的经费来源，能维持正常运转。

第二十八条 收藏古生物化石模式标本的单位，应当符合甲级古生物化石收藏单位的收藏条件。收藏模式标本以外的一级重点保护古生物化石的单位，应当符合乙级以上古生物化石收藏单位的收藏条件。收藏二级、三级重点保护古生物化石的单位，应当符合丙级以上古生物化石收藏单位的收藏条件。但是，有下列情形之一的除外：

（一）在古生物化石产地和地质公园内设立的博物馆（陈列馆），因科普宣传需要收藏本地发掘的古生物化石的；

（二）古生物化石科研机构、高等院校，因科学研究、教学的需要，在标本库中保存古生物化石的；

（三）自然资源部规定的其他情形。

前款规定的单位收藏和保存重点保护古生物化石的，应当采取必要的保护措施。

第二十九条 古生物化石收藏单位应当建立古生物化石档案，并将本单位收藏的重点保护古生物化石档案报所在地的县级以上人民政府自然资源主管部门备案。

古生物化石收藏单位应当在档案中如实对本单位收藏的古生物化石作出描述和标注，并根据收藏情况变化及时对档案作出变更。古生物化石收藏单位对本单位的古生物化石档案的真实性负责。

收藏单位的法定代表人变更时，应当办理本单位收藏的古生物化石档案的移交手续。

第三十条 自然资源部负责制定古生物化石档案和数据库建设标准，建立和管理全国的重点保护古生物化石档案和数据库。县级以上地方人民政府自然资源主管部门负责建立和管理本行政区域的重点保护古生物化石档案和数据库。

第三十一条 重点保护古生物化石失窃或者遗失的，收藏单位应当立即向当地公安机关报案，同时向所在地的县级以上人民政府自然资源主管部门报告。县级以上人民政府自然资源主管部门应当在24小时内逐级上报自然资源部。自然资源部应当立即通报海关总署，防止重点保护古生物化石流失境外。

第三十二条 国家古生物化石专家委员会每三年组织专家对古生物化石收藏单位进行一次评估，并根据评估结果，对收藏单位的级别进行调整。

收藏单位对级别评定结果和评估结果有异议的，可以申请国家古生物化石专家委员会另行组织专家重新评估。

第三十三条 古生物化石收藏单位应当在每年1月31日前向所在地设区的市、县级人民政府自然资源主管部门报送年度报告。年度报告应当包括本单位上一年度藏品、人员和机构的变动情况以及国内外展览、标本安全、科普教育、科学研究、财务管理等情况。

设区的市、县级人民政府自然资源主管部门应当在每年2月28日前，将上一年度本行政区域内古生物化石收藏单位年度报告逐级上报省、自治区、直辖市人民政府自然资源主管部门。省、自治区、直辖市人民政府自然资源主管部门应当在每年3月31日前汇总并报送自然资源部。

县级以上人民政府自然资源主管部门应当对古生物化石收藏单位进行实地抽查。

第三十四条 国家鼓励单位和个人将《条例》施行前收藏的重点保护古生物化石，在规定期限内到所在地的省、自治区、直辖市人民政府自然资源主管部门进行登记。省、自治区、直辖市人民政府自然资源主管部门应当将登记结果纳入本行政区域的重点保护古生物化石档案和数据库。

第三十五条 国家鼓励单位或个人将其合法收藏的重点保护古生物化石委托符合条件的收藏单位代为保管或者展示。

第三十六条 自然资源部或者省、自治区、直辖市人民政府自然资源主管部门应当组织专家对公安、市场监管、海关等部门查获的有理由怀疑属于古生物化石的物品进行鉴定，出具是否属于古生物化石的证明文件。

公安、市场监督管理、海关等部门依法没收的古生物化石由同级自然资源主管部门负责接收。有关自然资源主管部门应当出具接收凭证，并将接收的古生物化石交符合条件的收藏单位收藏。

第四章 古生物化石流通

第三十七条 除收藏单位之间转让、交换、赠与其收藏的重点保护古生物化石外，重点保护古生物化石不得流通。国家鼓励单位和个人将其合法收藏的重点保护古生物化石捐赠给符合条件的收藏单位收藏。

第三十八条 收藏单位不得将收藏的重点保护古生物化石转让、交换、赠与给不符合收藏条件的单位和个人。收藏单位之间转让、交换、赠与其收藏的重点保护古生物化石的，应当签订转让、交换、赠与合同，并在转移重点保护古生物化石之日起 20 日内，由接收方将转让、交换、赠与合同以及古生物化石清单和照片报自然资源部备案。

第三十九条 买卖一般保护古生物化石的，应当依据省、自治区、直辖市人民政府的规定，在县级以上地方人民政府指定的场所进行。县级以上地方人民政府自然资源主管部门应当加强对本行政区域内一般保护古生物化石买卖的监督管理。

第四十条 收藏单位不再收藏的一般保护古生物化石，可以依法流通。

第五章 古生物化石进出境

第四十一条 自然资源部对全国的古生物化石出境活动进行统筹协调。省、自治区、直辖市人民政府自然资源主管部门，应当在每年 12 月 31 日前，将本行政区域内有关单位的下一年度古生物化石出境计划汇总上报自然资源部。

第四十二条 申请重点保护古生物化石出境的单位或者个人应当向自然资源部提交下列材料：

（一）古生物化石出境申请表；

（二）申请出境的古生物化石清单和照片。古生物化石清单内容包括标本编号、标本名称、重点保护级别、产地、发掘时间、发掘层位、标本尺寸和收藏单位等；

（三）外方合作单位的基本情况及资信证明；

（四）合作研究合同或者展览合同；

（五）出境古生物化石的保护措施；

（六）出境古生物化石的应急保护预案；

（七）出境古生物化石的保险证明；

（八）自然资源部规定的其他材料。

第四十三条 申请一般保护古生物化石出境的单位或者个人应当向所在地的省、自治区、直辖市人民政府自然资源主管部门提交下列材料：

（一）古生物化石出境申请表；

（二）申请出境的古生物化石清单和照片。古生物化石清单内容包括标本名称、产地、标本尺寸及数量等。

第四十四条 经批准出境的重点保护古生物化石进境的，申请人应当自办结进境海关手续之日起 5 日内向自然资源部申请进境核查，提交出境古生物化石进境核查申请表。

第四十五条 境外古生物化石临时进境的，境内的合作单位或者个人应当依据《条例》的规定向自然资源部申请核查、登记，提交下列材料：

（一）境外古生物化石临时进境核查申请表；

（二）合作合同；

（三）进境化石的清单和照片。古生物化石清单内容包括标本名称、属种、编号、尺寸、产地等；

（四）外方批准古生物化石合法出境的证明材料。

第四十六条 境外古生物化石在境内展览、合作研究或教学等活动结束后，由境内有关单位或者个人向自然资源部申请核查，提交下列材料：

（一）境外古生物化石复出境申请表；

（二）复出境古生物化石清单及照片。古生物化石清单内容包括标本名称、属种、编号、尺寸、产地等；

（三）自然资源部对该批古生物化石进境的核查、登记凭证。

第四十七条 对境外查获的有理由怀疑属于我国古生物化石的物品，自然资源部应当组织国家古生物化石专家委员会进行鉴定。对违法出境的古生物化石，自然资源部应当在国务院外交、公安、海关等部门的支持和配合下进行追索。追回的古生物化石，由自然资源部交符合相应条件的收藏单位收藏。

第四十八条 因科学研究、文化交流等原因合法出境的古生物化石，境外停留期限超过批准期限的，批准出境的自然资源主管部门应当责令境内申请人限期追回出境的古生物化石。逾期未追回的，参照本办法关于违法出境的古生物化石的有关规定处理。

第六章 法律责任

第四十九条 县级以上人民政府自然资源主管部门及其工作人员有下列行为之一的，由上级人民政府自然资源主管部门责令限期改正；逾期不改正的，对直接负责的主管人员和其他直接责任人员依法给予处分：

（一）未依照本办法的规定编制和实施重点保护古生物化石集中产地保护规划的；

（二）未依照本办法的规定建立和管理古生物化石档案和数据库的；

（三）未依照本办法的规定将重点保护古生物化石失窃或者遗失的情况报告自然资源部的；

（四）其他不依法履行监督管理职责的行为。

第五十条 未经批准发掘古生物化石或者未按照批准的发掘方案发掘古生物化石的，县级以上人民政府自然资源主管部门责令停止发掘，限期改正，没收发掘的古生物化石，并处罚款。在国家级古生物化石自然保护区、国家地质公园和重点保护古生物化石集中产地内违法发掘的，处 30 万元以上 50 万元以下罚款；在其他区域内违法发掘的，处 20 万元以上 30 万元以下罚款。

未经批准或者未按照批准的发掘方案发掘古生物化石，构成违反治安管理行为的，由公安机关依法给予治安管理处罚；构成犯罪的，依法追究刑事责任。

未按照批准的发掘方案发掘古生物化石，情节严重的，由批准古生物化石发掘的自然资源主管部门撤销批准发掘的决定。

第五十一条 单位或者个人在生产、建设活动中发现古生物化石不报告的，由县级以上人民政府自然资源主管部门对建设工程实施单位处 1 万元以下罚款；造成古生物化石损毁的，依法承担相应的法律责任。

第五十二条 古生物化石发掘单位未按照规定移交古生物化石的，由批准发掘的自然资源主管部门责令限期改正；逾期不改正，或者造成古生物化石损毁的，涉及一般保护古生物化石的，处 10 万元以上 20 万元以下罚款；涉及重点保护古生物化石的，处 20 万元以上 50 万元以下罚款；直接负责的主管人员和其他直接责任人员构成犯罪的，依法追究刑事责任。

第五十三条　收藏单位不符合本办法规定的收藏条件收藏古生物化石的，由县级以上人民政府自然资源主管部门责令限期改正；逾期不改正的，处 5 万元以上 10 万元以下的罚款；已严重影响其收藏的重点保护古生物化石安全的，由自然资源部指定符合本办法规定的收藏条件的收藏单位代为收藏，代为收藏的费用由原收藏单位承担。

第五十四条　单位或者个人违反本办法的规定，收藏违法获得或者不能证明合法来源的重点保护古生物化石的，由县级以上人民政府自然资源主管部门依法没收有关古生物化石，并处 3 万元以下罚款。

第五十五条　国有收藏单位将其收藏的重点保护古生物化石违法转让、交换、赠与给非国有收藏单位或者个人的，由县级以上人民政府自然资源主管部门责令限期改正；逾期不改正的，涉及三级重点保护古生物化石的，对国有收藏单位处 20 万元以上 30 万元以下罚款；涉及二级重点保护古生物化石的，对国有收藏单位处 30 万元以上 40 万元以下罚款；涉及一级重点保护古生物化石的，对国有收藏单位处 40 万元以上 50 万元以下罚款，对直接负责的主管人员和其他直接责任人员依法给予处分；构成犯罪的，依法追究刑事责任。

第五十六条　单位或者个人将其收藏的重点保护古生物化石转让、交换、赠与、质押给外国人或者外国组织的，由县级以上人民政府自然资源主管部门责令限期追回，涉及三级重点保护古生物化石的，对单位处 10 万元以上 30 万元以下罚款，对个人处 2 万元以上 3 万元以下罚款；涉及二级重点保护古生物化石的，对单位处 30 万元以上 40 万元以下罚款，对个人处 3 万元以上 5 万元以下罚款；涉及一级重点保护古生物化石的，对单位处 40 万元以上 50 万元以下罚款，对个人处 5 万元以上 10 万元以下罚款；有违法所得的，没收违法所得；构成犯罪的，依法追究刑事责任。

第五十七条　古生物化石专家违反法律法规和本办法的规定，开展评审、鉴定、评估等工作，违背职业道德、危害国家利益的，不得担任国家古生物化石专家委员会或者省级古生物化石专家委员会的委员；构成犯罪的，依法追究刑事责任。

第七章　附　则

第五十八条　本办法规定的古生物化石发掘申请表、零星采集古生物化石告知书、古生物化石出境申请表、出境古生物化石进境核查申请表、境外古生物化石临时进境核查申请表、境外古生物化石复出境申请表等申请材料的格式由自然资源部另行制定。

第五十九条　本办法自 2013 年 3 月 1 日起施行。

文物进出境审核管理办法

（文化部令第 42 号）

发布日期：2007-07-13
实施日期：2007-07-13
法规类型：部门规章

第一条　为加强对文物进出境审核的管理，根据《中华人民共和国文物保护法》和《中华人民共和国文物保护法实施条例》，制定本办法。

第二条　国家文物局负责文物进出境审核管理工作，指定文物进出境审核机构承担文物进出境审核工作。文物进出境审核机构是文物行政执法机构，依法独立行使职权，向国家文物局汇报工作，接受国家文物局业务指导。

第三条 文物进出境审核机构由国家文物局和省级人民政府联合组建。省级人民政府应当保障文物进出境审核机构的编制、办公场所及工作经费。国家文物局应当对文物进出境审核机构的业务经费予以补助。

第四条 文物进出境审核机构应当具备以下条件：

（一）有 7 名以上专职文物鉴定人员，其中文物进出境责任鉴定员不少于 5 名；

（二）有固定的办公场所和必要的技术设备；

（三）工作经费全额纳入财政预算。

第五条 国家文物局根据文物进出境审核工作的需要，指定具备条件的文物进出境审核机构承担文物进出境审核工作，使用文物出境标识和文物临时进境标识，对允许出境的文物发放文物出境许可证。

第六条 文物进出境审核机构的工作人员实行持证上岗制度，不得在文物商店或者拍卖企业任职、兼职。文物进出境审核机构的主要负责人应当取得国家文物局颁发的资格证书。文物进出境责任鉴定员应当取得大学本科以上学历和文物博物专业中级以上职称，并经国家文物局考核合格。

第七条 文物进出境审核机构的日常管理工作由所在地省级文物主管部门负责。省级文物主管部门应当制定相关管理制度，并报国家文物局备案。文物进出境审核机构应当采取措施，保证审核工作高效公正。

第八条 下列文物出境，应当经过审核：

（一）1949 年（含）以前的各类艺术品、工艺美术品；

（二）1949 年（含）以前的手稿、文献资料和图书资料；

（三）1949 年（含）以前的与各民族社会制度、社会生产、社会生活有关的实物；

（四）1949 年以后的与重大事件或著名人物有关的代表性实物；

（五）1949 年以后的反映各民族生产活动、生活习俗、文化艺术和宗教信仰的代表性实物；

（六）国家文物局公布限制出境的已故现代著名书画家、工艺美术家作品；

（七）古猿化石、古人类化石，以及与人类活动有关的第四纪古脊椎动物化石。

文物出境审核标准，由国家文物局定期修订并公布。

第九条 运送、邮寄、携带文物出境，应当在文物出境前填写文物出境申请表，报文物进出境审核机构审核。

文物进出境审核机构应当自收到文物出境申请之日起 15 个工作日内作出是否允许出境的审核意见。

第十条 文物进出境审核机构审核文物，应当有 3 名以上专职文物鉴定人员参加，其中文物进出境责任鉴定员不得少于 2 名。文物出境许可证，由参加审核的文物进出境责任鉴定员共同签署。文物进出境责任鉴定员一致同意允许出境的文物，文物进出境审核机构方可加盖文物出境审核专用章。

第十一条 经审核允许出境的文物，由文物进出境审核机构标明文物出境标识，发放文物出境许可证。海关查验文物出境标识后，凭文物出境许可证放行。文物出境许可证一式三联，第一联由文物进出境审核机构留存，第二联由文物出境地海关留存，第三联由文物出境携运人留存。经审核不允许出境的文物，由文物进出境审核机构登记并发还。根据出境地海关或者携运人的要求，文物进出境审核机构可以为经审核属于文物复仿制品的申报物品出具文物复仿制品证明。

第十二条　因修复、展览、销售、鉴定等原因临时进境的文物，经海关加封后，报文物进出境审核机构审核、登记。文物进出境审核机构查验海关封志完好无损后，对每件临时进境文物进行审核，标明文物临时进境标识并登记。临时进境文物复出境时，应向原审核、登记的文物进出境审核机构申报。文物进出境审核机构应对照进境记录审核查验，确认文物临时进境标识无误后，标明文物出境标识，发给文物出境许可证。

第十三条　临时进境文物在境内滞留时间，除经海关和文物进出境审核机构批准外，不得超过6个月。临时进境文物滞留境内逾期复出境，依照文物出境审核标准和程序进行审核。

第十四条　因展览、科研等原因临时出境的文物，出境前应向文物进出境审核机构申报。文物进出境审核机构应当按国家文物局的批准文件办理审核登记手续。
临时出境文物复进境时，由原审核登记的文物进出境审核机构审核查验。

第十五条　文物进出境审核机构在审核文物过程中，发现涉嫌非法持有文物或文物流失问题的，应立即向公安机关和国家文物局报告。

第十六条　文物出境标识、文物临时进境标识和文物出境许可证，由文物进出境审核机构指定专人保管。使用上述物品，由文物进出境审核机构负责人签字确认。

第十七条　违反本办法规定，造成文物流失的，依据有关规定追究责任人的责任。

第十八条　文物出境标识、文物临时进境标识、文物出境许可证、文物复仿制品证明和文物出境申请表，由国家文物局统一制作。

第十九条　尚未组建文物进出境审核机构的省、自治区、直辖市，应当根据本办法的规定组建文物进出境审核机构；组建前的文物进出境审核工作由国家文物局指定文物进出境审核机构承担。

第二十条　本办法自公布之日起施行，1989年文化部发布的《文物出境鉴定管理办法》同日废止。

关于颁布1911年后已故书画等8类作品限制出境名家名单的通知

（文物博发〔2023〕13号）

发布日期：2023-05-05
实施日期：2023-05-05
法规类型：规范性文件

各省、自治区、直辖市文物局（文化和旅游厅/局），各国家文物进出境审核管理处：

为加强文物保护工作，防止近现代珍贵文物流失，完善文物出境审核标准体系，根据《中华人民共和国文物保护法》《中华人民共和国文物保护法实施条例》《文物进出境审核管理办法》《文物出境审核标准》相关规定，我局研究修订了1911年后已故书画类作品限制出境名家名单，研究制定了1911年后已故陶瓷、雕塑、扇子、织绣、玺印、烟壶、漆器等7类作品限制出境名家名单（见附件）。

现将上述8类名家名单印发给你们。请根据《文物出境审核标准》确定的原则和禁限，在文物进出境审核管理工作中参照执行。

2001年颁布的《一九四九年后已故著名书画家作品限制出境的鉴定标准》《一七九五年至一九四九年间著名书画家作品限制出境的鉴定标准》和2013年颁布的《1949年后已故著名

书画家作品限制出境鉴定标准（第二批）》，自本通知发布之日起废止。

特此通知。

附件：1. 1911 年后已故书画类作品限制出境名家名单

2. 1911 年后已故陶瓷类作品限制出境名家名单

3. 1911 年后已故雕塑类作品限制出境名家名单

4. 1911 年后已故扇子类作品限制出境名家名单

5. 1911 年后已故织绣类作品限制出境名家名单

6. 1911 年后已故玺印类作品限制出境名家名单

7. 1911 年后已故烟壶类作品限制出境名家名单

8. 1911 年后已故漆器类作品限制出境名家、漆器类作品限制出境名作坊名单

附件 1

1911 年后已故书画类作品限制出境名家名单

一、作品一律不准出境者（41 人）

于 照（非闇）	于右任	丰子恺	王式廓
石 鲁	刘奎龄	刘海粟	齐 璜（白石）
关山月	严 复（几道）	李可染	李叔同（弘一）
吴作人	吴俊卿（昌硕）	吴冠中	吴湖帆
何香凝	沈尹默	张 爰（大千）	陆俨少
陈云彰（少梅）	陈师曾（衡恪）	陈逸飞	林风眠
林散之	赵朴初	钱松嵒	徐悲鸿
高 嵛（剑父）	高 嵡（奇峰）	郭沫若	黄 质（宾虹）
黄 胄	梁启超（任公）	董希文	蒋兆和
傅抱石	谢稚柳	溥 儒（心畬）	颜文樑
潘天寿			

二、代表作不准出境者（158 人）

丁佛言（松游）	丁衍庸	于希宁	马 晋
马一浮	马叙伦	王 伟	王 贤（个簃）
王 襄	王心竟	王叔晖	王闿运（湘绮）
王雪涛	王朝闻	王福庵	王蘧常
戈 荃（湘岚）	方人定	方济众	邓尔疋
邓散木	古 元	叶浅予	叶恭绰
田世光	白 蕉	白雪石	冯 迥（超然）
冯建吴	亚 明	吕凤子	朱屺瞻
朱复戡	朱家济	刘子久	刘旦宅
刘炳森	刘凌沧	刘继卣	关 良
江寒汀	汤 涤（定之）	许麟庐	苏葆桢
李 英（苦禅）	李 耕	李铁夫	李琼玖
杨守敬（惺吾）	来楚生	吴 桐（琴木）	吴 徵（待秋）
吴华源	吴庆云（石仙）	吴 苃之	吴显曾（光宇）
吴家琭（玉如）	吴熙曾（镜汀）	何 瀛（海霞）	余任天

余绍宋（越园）	应野平	沙孟海	沈曾植（寐叟）
宋文治	启 功	张 仃	张 泽（善子）
张大壮	张书旂	张克和（石园）	张伯英（勺圃）
张其翼	张宗祥	张振铎	张肇铭
陆 恢（廉夫）	陆 翀（抑非）	陆维钊	陈 年（半丁）
陈之佛	陈子庄（石壶）	陈子奋	陈树人（猛进）
陈秋草	邵 章	林 纾（琴南）	罗振玉（雪堂）
罗惇曧（复堪）	金 城（北楼）	周 仁（怀民）	周元亮
周思聪	周肇祥	郑 昶（午昌）	郑乃珖
郑孝胥（苏戡）	郑诵先	宗其香	赵 起（云壑）
赵少昂	赵望云	胡小石	胡佩衡
俞 礼（达夫）	俞 明（涤凡）	彦 涵	姜 筠（颖生）
娄师白	贺天健	秦 裕（仲文）	顾廷龙
顾麟士（鹤逸）	钱君匋	钱振锽（名山）	倪 田（墨耕）
徐 操	徐世昌（菊人）	徐宗浩	高二适
高剑僧（秋溪）	郭味蕖	唐 云	容 庚
诸乐三	陶一清	黄山寿（旭初）	黄幻吾
黄君璧	黄苗子	黄秋园	黄般若
黄新波	萧 愻（谦中）	萧俊贤（屋泉）	萧淑芳
曹克家	常书鸿	崔子范	康有为（长素）
章士钊	章炳麟（太炎）	商承祚	董 揆（寿平）
程 璋（瑶笙）	程十发	傅增湘	曾 熙（农髯）
谢之光	谢无量	溥 忻	溥 伒
蔡若虹	蔡鹤汀	黎冰鸿	黎雄才
潘絜兹	魏紫熙		

附件 2

1911 年后已故陶瓷类作品限制出境名家名单

一、作品一律不准出境者（10 人）

王 琦	王大凡	邓碧珊	毕伯涛	刘雨岑	何许人	汪晓棠	汪野亭
程意亭	潘陶宇					

二、代表作不准出境者（15 人）

王 步	方云峰	田鹤仙	许友义	苏学金	汪大沧	陈渭岩	范大生
俞国良	徐仲南	徐顺元	蒋燕亭	曾龙升	潘玉书	潘庸秉

附件 3

1911 年后已故雕塑类作品限制出境名家名单

一、作品一律不准出境者（1 人）

江小鹣

二、代表作不准出境者（14 人）

王子云	王丙召	王静远	刘开渠	李金发	张辰伯	陈锡钧	周轻鼎

郑 可　　萧传玖　　程曼叔　　傅天仇　　滑田友　　廖新学

附件 4

1911 年后已故扇子类作品限制出境名家名单

一、作品一律不准出境者（3 人）

张槱如　　龚玉璋　　谭维德

二、代表作不准出境者（11 人）

支慈庵　　张志鱼　　孙小匏　　杨云康　　余仲嘉　　花剑南　　陈澹如　　金绍坊
庞仲经　　徐素白　　盛丙云

附件 5

1911 年后已故织绣类作品限制出境名家名单

一、作品一律不准出境者（7 人）

王茂仙　　李仪徽　　余 德　　沈 立　　沈 寿　　沈金水　　宋铭黄

二、代表作不准出境者（11 人）

吉干臣　　杨守玉　　杨佩珍　　张华璂　　张福永　　金静芬　　施宗淑　　都锦生
凌 抒　　黄 妹　　萧咏霞

附件 6

1911 年后已故玺印类作品限制出境名家名单

一、作品一律不准出境者（4 人）

齐璜（白石）　　吴俊卿（昌硕）　　赵叔孺　　钟以敬

二、代表作不准出境者（23 人）

丁辅之　　马 衡　　王福庵　　方介堪　　邓尔疋　　邓散木　　叶 铭　　冯康侯
朱复戡　　乔大壮　　寿石工　　李尹桑　　来楚生　　吴朴堂　　吴 隐　　沙孟海
陈巨来　　赵 石　　顿立夫　　钱瘦铁　　徐新周　　唐醉石　　韩登安

附件 7

1911 年后已故烟壶类作品限制出境名家名单

一、作品一律不准出境者（4 人）

丁二仲　　马少宣　　叶仲三　　毕荣九

二、代表作不准出境者（4 人）

叶晓峰　　叶奉祺　　张文堂　　薛京万

附件8

1911 年后已故漆器类作品限制出境名家、漆器类作品限制出境名作坊名单

一、代表作不准出境者（9 人）

乔泉玉　　杜炳臣　　李芝卿　　余书云　　林廷群　　梁国海　　谭新篁　　高秀泉
蔡文沛

二、1911 年至 1949 年间代表作不准出境名作坊（6 家）

广泰成　　沈绍安＊记　　易荣泰　　继古斋　　钿雅斋　　梁福盛

关于规范文物出入境展览审批工作的通知

（文物博函〔2012〕583 号）

发布日期：2012-03-12
实施日期：2012-03-12
法规类型：规范性文件

各省、自治区、直辖市文物局（文化厅）：

　　近年来，各地积极贯彻落实国家文物局发布的《文物出国（境）展览管理规定》和《文物入境展览管理暂行规定》，文物出入境展览水平和质量不断提高。为进一步加强文物出入境展览管理，促进文物出入境展览交流的专业化、科学化，现就规范文物出入境展览审批有关事项通知如下：

　　一、加强策化展览能力建设，制订科学的展览大纲。博物馆等文物出入境展览举办单位，要坚持以我为主、为我所用的原则，加强与境外合作博物馆沟通协作，充分做好展览前期准备特别是展览大纲研究编制，强调展览的思想性、学术性。要积极组织我方专家主动参与展览选题、内容设计、形式设计和图录编制以及有关学术研讨、宣传推广各项活动的方案拟订及论证，充分体现我方最新研究成果，科学、准确传播中华文化和人类优秀文明成果，更好地满足公众多元化的精神文化需求。

　　二、科学遴选文物展品，确保文物展品安全。博物馆等文物出入境展览举办单位，要坚持文物安全第一的原则，从符合博物馆标准的角度，加强评估论证，强化安全措施，确保文物展品安全。一级文物中的孤品和易损品，未定级文物、未在国内正式展出过或未在国内报刊公开发表的文物和其他保存状况差不适宜出境展览的文物，以及处于休眠养护期的文物，一律不得出境展览。要避免选用博物馆基本陈列（含原状陈列）中的文物特别是核心文物出境展览，切实维护基本陈列（含原状陈列）的完整性。

　　三、完善交流机制，确定合适的合作办展主体。博物馆等文物出入境展览举办单位，要加强境外合作办展博物馆资格和条件的评估论证。鼓励深化与境外知名博物馆直接合作办展，积极创造条件逐步实现互换展览。加强出境展览中拟同场展出除我方文物之外的中国文物展品，以及入境展览中拟包含的非文博机构或私人的文物展品的真实性和来源合法性的评估论证，确保展览符合博物馆标准。

　　四、完善申报材料，严格按规定履行审批手续。博物馆等文物出入境展览举办单位，要编制严谨规范的展览项目申报文本，并附展览方案和展览大纲。省级文物行政部门要严把文

物出入境展览项目初审关，对拟举办的文物出入境展览组织专家评估论证，重点针对展览方案和展览大纲、文物清单、安全保障、境外合作单位资质、展览协议草案、文物保险估价等提出明确意见，上报文件中应附专家评估论证意见。要严格遵循展览审批时限，确保做到出境展览项目实施前6个月、入境展览项目实施前3个月上报我局审批。今后凡不按规定时限申请许可的出入境展览项目，我局原则上不予受理。

五、加强资料收集，及时建立完善的档案。博物馆等文物出入境展览举办单位应加强展览全过程相关资料的系统收集，建立完备的展览档案，展览结束后要及时全面总结，并于展览结束之日起2个月内，将展览结项备案表、结项报告及相关音像资料报省级文物行政部门审核后报我局备案。今后凡不按规定及时办理文物出入境展览结项备案的，我局将暂停审批其新的文物出入境展览项目。

特此通知。

文物入境展览管理暂行规定

（文物博发〔2010〕23号）

发布日期：2010-06-08
实施日期：2010-06-08
法规类型：规范性文件

第一条 为加强文物入境展览的管理，根据《中华人民共和国文物保护法》及其实施条例等相关法规，制订本规定。

第二条 本规定所称文物入境展览，是指文物系统的博物馆等文物收藏单位（以下简称举办单位），利用外国及香港、澳门特别行政区和台湾地区博物馆提供的文物，在境内举办的公益性展览。

第三条 文物入境展览应当符合中华人民共和国法律法规和政策，及国际组织关于保护文化财产及促进国际交流的公约规范。

第四条 国家文物局负责全国文物入境展览的管理，履行以下职责：

（一）制定文物入境展览管理的政策和规定；

（二）审核文物入境展览项目；

（三）监督、协调文物入境展览项目实施。

第五条 省级文物行政部门负责本行政区域文物入境展览的管理，履行以下职责：

（一）监督文物入境展览管理政策和规定的执行；

（二）核报文物入境展览项目；

（三）监督、协调文物入境展览项目实施；

（四）核报展览协议书及展览结项材料。

第六条 举办单位应当于展览项目实施前3个月，向省级文物行政部门提交申请。省级文物行政部门初审同意后，报国家文物局审核。

申请材料包括：

（一）文物入境展览申报表（包括文物入境展览展品目录及展品登记表）；

（二）展览协议书草案（包括展览的名称、时间、地点、展品目录，及展品安全、保险、点交、运输、知识产权的使用与保护，境外来华人员、展览相关费用等，双方的权利和义务）；

（三）文物提供方出具的证明文物真实性和来源合法性的法律文件；

（四）展览举办各方的有关背景资料、资信证明；

文物入境展览申报表和展览协议书草案应同时报送纸质和电子文档各一份。

省级文物行政部门初审意见应当包括：展览缘由，主（承）办单位，展览名称、时间、地点，展品数量，展品保险估价，筹展及人员费用，入境口岸等内容，及联系人、联系方式。

第七条 文物入境展览展品涉及《濒危野生动植物种国际贸易公约》所规定的濒危物种制品的，申报时应当附具国家有关部门的批准文件。

第八条 经核准的文物入境展览协议书草案、展品目录等，如需修改或者变更的，应当重新履行报审手续。

第九条 举办单位应当于展览协议书签订之日起1个月内，将协议书副本报省级文物行政部门审核，并报国家文物局备案。

第十条 举办单位应当负责入境展品的安全，并确保展览的场地、设施和展示方式符合文物展览的要求。

第十一条 举办单位应于展览结束之日起2个月内，将展览结项备案表、结项报告及相关音像资料，报省级文物行政部门审核，并报国家文物局备案。

第十二条 文物入境展览的展品进境，举办单位应持国家文物局的核准文件，由指定的文物进出境审核机构审核、登记，并从指定的口岸进境。入境展览的文物复出境，应向原进境口岸申报，经原文物进出境审核机构审核查验后，办理海关手续。

第十三条 违反本规定，有下列行为之一的，由国家文物局根据情节轻重，给予警告或暂停举办文物入境展览等处分：

（一）未如实申报文物入境展览项目申请材料的；

（二）未经核准，擅自签订文物入境展览协议书的；

（三）展览内容不当，造成恶劣社会影响的；

（四）造成文物安全责任事故的；

（五）未及时报送文物入境展览协议书、结项备案表和结项报告的。

第十四条 本规定自发布之日起施行。

关于实施《文物出境审核标准》的补充通知

（文物博发〔2007〕35号）

发布日期：2007-07-25

实施日期：2007-07-25

法规类型：规范性文件

各省、自治区、直辖市文物局（文化厅、文管会）：

2007年6月5日，我局公布实施《文物出境审核标准》，原《文物出口鉴定参考标准》同时废止。为确保《文物出境审核标准》的顺利执行，现将有关事项补充通知如下：

一、《文物出境审核标准》印发前，各地文物商店所存已按《文物出口鉴定参考标准》审核并加盖火漆印的文物，出境时一律按《文物出境审核标准》重新进行审核。

二、《文物出境审核标准》印发前，已为个人购买准备携运出境并持有正式税务发票的文物，出境时可按《文物出口鉴定参考标准》进行审核，时间截至 2007 年 9 月 1 日止。

特此通知。

文物出境审核标准

（文物博发〔2007〕30 号）

发布日期：2007-06-05
实施日期：2007-06-05
法规类型：规范性文件

说　明

一、为加强我国文化遗产保护，防止珍贵文物流失，根据《中华人民共和国文物保护法》、《中华人民共和国文物保护法实施条例》，制定本标准。

二、文物进出境审核机构在开展文物出境审核工作时，执行本标准。

三、本标准以 1949 年为主要标准线。凡在 1949 年以前（含 1949 年）生产、制作的具有一定历史、艺术、科学价值的文物，原则上禁止出境。其中，1911 年以前（含 1911 年）生产、制作的文物一律禁止出境。

四、少数民族文物以 1966 年为主要标准线。凡在 1966 年以前（含 1966 年）生产、制作的有代表性的少数民族文物禁止出境。

五、现存我国境内的外国文物、图书，与我国的文物、图书一样，分类执行本标准。

六、凡有损国家、民族利益，或者有可能引起不良社会影响的文物，不论年限，一律禁止出境。

七、未列入本标准范围之内的文物，如经文物进出境审核机构审核，确有重大历史、艺术、科学价值的，应禁止出境。

八、本标准所列文物分属不同审核类别的，按禁止出境下限执行。

九、本标准由国家文物局负责解释并定期修订。

十、本标准实施后，此前国家文物局发布的其他规定与本标准不一致的，以本标准为准。

审核类别		禁限
1. 化石		
	古猿化石、古人类化石以及与人类活动有关的第四纪古脊椎动物化石	一律禁止出境
2. 建筑物的实物资料		

审核类别		禁限
2.1 建筑模型、图样	建筑的木制模型、纸制烫样、平面立面图、内部装修画样及工程作法等	一九一一年以前的禁止出境
	具有重要历史、艺术、科学价值的	一九四九年以前的禁止出境
2.2 建筑物装修、构件	包括园林建筑构件	一九一一年以前的禁止出境
	具有重要历史、艺术、科学价值的	一九四九年以前的禁止出境
3. 绘画、书法		
3.1 中国画及书法		一九一一年以前的禁止出境 一九一一年后参照名单执行
	肖像、影像、画像、风俗画、战功图、纪事图、行乐图等	一九四九年以前的禁止出境 属于本人或其亲属的肖像、影像、画像等不在此限
3.2 油画、水彩画、水粉画	包括素描（含速写）、漫画、版画的原作和原版等	一九四九年以前的禁止出境 一九四九年后参照名单执行
	具有重大历史、艺术价值，产生广泛社会影响的	一律禁止出境
3.3 壁画	宫殿、庙宇、石窟、墓葬中的壁画等	一九四九年以前的禁止出境
	近现代著名壁画的原稿、设计方案及图稿	一律禁止出境
4. 碑帖、拓片		
	碑碣、墓志、造像题记、摩崖等拓片及套帖	一九四九年以前的禁止出境
	古器物拓片，包括铭文、纹饰及全形拓片	一九四九年以前的禁止出境
	新发现的重要的或原作已毁损的石刻等拓片	一律禁止出境
5. 雕塑		
	人像、佛像、动植物造型及摆件等	一九一一年以前的禁止出境
	名家作品	参照名单执行
	具有重大历史、艺术价值，产生广泛社会影响的	一律禁止出境
6. 铭刻		
6.1 甲骨	包括残破、无字或后刻文字及花纹的甲骨和卜骨	一律禁止出境
6.2 玺印		一九一一年以前的禁止出境
	名家制印	参照名单执行
	历代官印，包括玺、印、戳记等	一律禁止出境
	各类军政机构、党派、群众团体使用过的，以及其他有特殊意义的印章、关防、印信等；著名人物使用过的有代表性的个人印章	一九四九年以前的禁止出境
6.3 封泥		一律禁止出境
6.4 符契	包括符节、铁券、铅券、腰牌等	一九一一年以前的禁止出境

审核类别		禁限
6.5 勋章、奖章、纪念章		一九一一年以前的禁止出境
	反映重大历史事件，有特殊意义的；颁发给著名人物的；有重要艺术价值的	一九四九年以前的禁止出境 属于本人或其亲属的不在此限
6.6 碑刻	历代石经、刻石、碑刻、经幢、墓志等	一九四九年以前的禁止出境
6.7 版片	书版、图版、画版、印刷版等	一九四九年以前的禁止出境
7. 图书文献		
7.1 竹简、木简	包括无字的	一律禁止出境
7.2 书札		一九一一年以前的禁止出境
	名人书札	一九四九年以前的禁止出境 属于本人或其亲属的一般来往函件不在此限
7.3 手稿		一九一一年以前的禁止出境
	涉及重大历史事件的或著名人物撰写的重要文件、电报、信函、题词、代表性著作的手稿等	一律禁止出境 属于本人的信函、题词、代表性著作的手稿等不在此限
7.4 书籍		一九一一年以前的禁止出境
	存量不多的木板书及石印、铅印的完整的大部丛书，如图书集成、四部丛刊、丛书集成、万有文库等	一九四九年以前的禁止出境
	有重要历史、学术价值的报刊、教材、图册等	一九四九年以前的禁止出境
	有重大影响的出版物的原始版本或最早版本	一九四九年以前的禁止出境
	有领袖人物重要批注手迹的	一律禁止出境
	地方志、家谱、族谱	一九四九年以前的禁止出境
7.5 图籍	各种方式印刷和绘制的天文图、舆地图、水道图、水利图、道里图、边防图、战功图、盐场图、行政区划图等	一九四九年以前的禁止出境
	非公开发售的各种地图等	一律禁止出境
7.6 文献档案		一九一一年以前的禁止出境
	有重要历史价值的	一律禁止出境
	重大事件或历次群众性运动中散发、张贴的传单、标语、漫画等	一律禁止出境
	重要战役的战报及相关宣传品等	一律禁止出境
8. 钱币		
8.1 古钱币	各种实物货币、金属称量货币、压胜钱、金银钱等	一九一一年以前的禁止出境

审核类别		禁限
8.2 古钞	宝钞、银票、钱票、私钞等	一九一一年以前的禁止出境
8.3 近现代机制币	金、银、铜、镍等金属币和纪念币	一九四九年以前的禁止出境
8.4 近现代钞票	具有重要历史、艺术、科学价值的	一九四九年以前的禁止出境
8.5 钱范	古代各种钱范和近代各种硬币的模具	一律禁止出境
8.6 钞版	各时期各种材质的钞版	一律禁止出境
8.7 钱币设计图稿	包括样钱、雕母、母钱等	一律禁止出境
9. 舆服		
9.1 车船舆轿	包括零部件	一九一一年以前的禁止出境
9.2 车具、马具	包括零部件	一九一一年以前的禁止出境
9.3 鞋帽		一九一一年以前的禁止出境
9.4 服装		一九一一年以前的禁止出境
9.5 首饰		一九一一年以前的禁止出境
9.6 佩饰		一九一一年以前的禁止出境
10. 器具		
10.1 生产工具		一九一一年以前的禁止出境
	反映近现代生产力发展的代表性实物，如工业设备、仪器等	一九四九年以前的禁止出境
10.2 兵器		一九一一年以前的禁止出境
	中国自制的各种枪炮	一九四九年以前的禁止出境
	名人使用过的或有记年记事铭文的	一律禁止出境
10.3 乐器	包括舞乐用具	一九一一年以前的禁止出境
	已故著名艺人使用过的	一律禁止出境
10.4 仪仗		一九一一年以前的禁止出境
10.5 度量衡	包括附件	一九一一年以前的禁止出境
10.6 法器	包括乐器、幡、旗等	一九一一年以前的禁止出境
10.7 明器	各种材质所制的专为殉葬用的俑及器物	一九一一年以前的禁止出境
10.8 仪器	包括日晷、罗盘、天文钟、天文仪、算筹等有关天文历算的仪器和科学实验仪器及其部件	一九四九年以前的禁止出境
10.9 家具	各种材质的家具及其部件	一九一一年以前的禁止出境
	黄花梨、紫檀、乌木、鸡翅木、铁梨木家具	一九四九年以前的禁止出境

续表4

审核类别		禁限
10.10 金属器	青铜器	一九一一年以前的禁止出境
	金、银、铜、铁、锡、铅等制品	一九一一年以前的禁止出境
10.11 陶瓷器	包括具有历史、艺术、科学价值的残片	一九一一年以前的禁止出境
	官窑器、民窑堂名款识，有纪年、纪事或作为历史事件标志性的器物及残件	一九四九年以前的禁止出境
	名家制品	参照名单执行
10.12 漆器		一九一一年以前的禁止出境
	名家、名作坊或有名人款识的制品	参照名单执行
10.13 织绣品	各种织物、刺绣及其制成品和残片，包括附属于手卷、画轴、册页上的包首、隔水等所用织绣品	一九一一年以前的禁止出境
	地毯、挂毯等	一九一一年以前的禁止出境
	成匹的各种绸、缎、绫、罗、纱、绢、锦、棉、麻、呢、绒等织物	一九四九年以前的禁止出境
	织绣、印染等名家制品	参照名单执行
	缂丝、缂毛（包括残片）	一九四九年以前的禁止出境
10.14 钟表		一九一一年以前的禁止出境
10.15 烟壶		一九一一年以前的禁止出境
	名家制品	参照名单执行
10.16 扇子	包括扇骨、扇面	一九一一年以前的禁止出境
	名家制品	参照名单执行
11. 民俗用品		
11.1 民间艺术作品	年画、神马、剪纸、泥人等各种类型的民间艺术作品	一九一一年以前的禁止出境
	具有重要艺术价值的	一九四九年以前的禁止出境
11.2 生活及文娱用品	灯具、锁具、餐具、茶具、棋牌、玩具等	一九一一年以前的禁止出境
	稀有的具有地方特色的代表性实物和民间文化用品	一九四九年以前的禁止出境
12. 文具		
12.1 纸	素纸，包括信笺及手卷、册页所附的素纸	一九一一年以前的禁止出境
	腊笺、金花笺、印花笺、暗花笺等	一九四九年以前的禁止出境
12.2 砚		一九一一年以前的禁止出境
	名家制砚或名人用砚	一九四九年以前的禁止出境
12.3 笔	包括笔杆	一九一一年以前的禁止出境
12.4 墨	包括墨模	一九四九年以前的禁止出境

审核类别		禁限
12.5 其他文具	各种材质的笔筒、笔架、镇纸、臂格、墨床、墨盒等	一九一一年以前的禁止出境
	名家制品或名人用品	一九四九年以前的禁止出境
13. 戏剧曲艺用品		
	包括戏衣、皮影、木偶以及各种与戏剧曲艺有关的道具	一九一一年以前的禁止出境
	唱片	一九四九年以前的禁止出境
14. 工艺美术品		
14.1 玉石器	包括翡翠、玛瑙、水晶、孔雀石、碧玺、绿松石、青金石等各种玉石及琥珀、雄精、珊瑚等制品	一九一一年以前的禁止出境
	材质珍稀，工艺水平高，有一定历史价值和其他特殊意义的	一九四九年以前的禁止出境
14.2 玻璃器		一九一一年以前的禁止出境
14.3 珐琅器	掐丝珐琅、画珐琅等	一九一一年以前的禁止出境
14.4 木雕		一九一一年以前的禁止出境
14.5 牙角器	象牙、犀角制品	一律禁止出境
	车渠、玳瑁等其他骨、角制品	一九一一年以前的禁止出境
14.6 藤竹器	各种藤竹制品、草编制品等	一九一一年以前的禁止出境
14.7 火画	包括通草画、纸织画等	一九一一年以前的禁止出境
14.8 玻璃油画	肖像画、风俗画	一九四九年以前的禁止出境 属于本人或其亲属的肖像画不在此限
	一般故事画、寿意画等	一九一一年以前的禁止出境
14.9 铁画		一九四九年以前的禁止出境
15. 邮票、邮品		
		一九一一年以前的禁止出境
	珍贵的邮票、实寄封、明信片、邮简等	一九四九年以前的禁止出境
	邮票及未发行邮票的设计原图、印样	一律禁止出境
	邮票的印版	一律禁止出境
16. 少数民族文物		
16.1 民族服饰	包括各种材质的佩饰	一九六六年以前的禁止出境
16.2 生产工具	能够反映民族传统生产方式的工具	一九六六年以前的禁止出境

续表6

审核类别		禁限
16.3 民俗生活用品	反映民族传统生活方式、具有民族工艺特点的	一九六六年以前的禁止出境
16.4 建筑物实物资料	具有代表性的民族建筑构件	一九六六年以前的禁止出境
16.5 民族工艺品	木雕、木刻、骨雕、漆器、陶器、银器、面具、唐卡、刺绣、织物、乐器等	一九六六年以前的禁止出境
16.6 宗教祭祀、礼仪活动用品	少数民族宗教祭祀及其他民族礼仪活动的用品	一九六六年以前的禁止出境
16.7 文献、书画、碑帖、石刻	包括以少数民族语言文字记录的、有关本民族的文献档案，文艺作品的刻本、抄本，绘画、家谱、书札、碑帖、石刻等	一九六六年以前的禁止出境
16.8 名人遗物	与重要历史事件、活动相关的	一律禁止出境

文物出境展览管理规定

（文物办发〔2005〕13号）

发布日期：2005-05-27
实施日期：2005-05-27
法规类型：规范性文件

第一章 总 则

第一条 为加强文物出境展览的管理，根据《中华人民共和国文物保护法》和《中华人民共和国文物保护法实施条例》，制定本规定。

第二条 本规定所称文物出境展览，是指下列机构在境外（包括外国及我国香港、澳门特别行政区和台湾地区）举办的各类文物展览：

（一）国家文物局；

（二）国家文物局指定的从事文物出境展览的单位；

（三）省级文物行政部门；

（四）境内各文物收藏单位。

第三条 出境展览的文物应当经过文物收藏单位的登记和定级，并已在国内公开展出。

第四条 国家文物局负责全国文物出境展览的归口管理，其职责是：

（一）审核文物出境展览计划，制定并公布全国文物出境展览计划；

（二）审批文物出境展览项目；

（三）组织或指定专门机构承办大型文物出境展览；

（四）制定并定期公布禁止和限制出境展览文物的目录；

（五）监督和检查文物出境展览的情况；

（六）查处文物出境展览中的违法、违规行为。

第五条 省级文物行政部门负责本行政区域文物出境展览的归口管理，其职责是：

（一）核报文物出境展览计划；

（二）核报文物出境展览项目；

（三）协调文物出境展览的组织工作；

（四）核报禁止和限制出境展览文物的目录；

（五）核报展览协议书及展览结项有关资料；

（六）监督和检查文物出境展览的情况；

（七）查处文物出境展览中的违法、违规行为。

第六条 文物出境展览应确保文物安全。文物出境展览的承办单位应落实文物安全责任制，并对文物安全负全责。

第七条 举办文物出境展览应适当收取筹展费、文物养护费等有关费用。

第二章 文物出境展览的审批和结项

第八条 文物出境展览，应当报国家文物局批准。其中一级文物展品超过 120 件（套），或者一级文物展品超过展品总数的 20% 的，由国家文物局报国务院审批。

第九条 年度计划的报批程序：

（一）国家文物局指定的从事文物出境展览的单位，各省级文物行政部门以及境内文物收藏单位，应在每年的 5 月底前向国家文物局书面申报下一年度文物出境展览计划。地方各级文物行政部门所辖的文物收藏单位的出境展览计划，应经省级文物行政部门提出意见后报国家文物局。

（二）国家文物局应于每年的 6 月底前制定并公布下一年度全国文物出境展览计划。

第十条 文物出境展览项目的报批程序：

（一）国家文物局指定的从事文物出境展览的单位，各省级文物行政部门以及境内文物收藏单位，应在展览项目实施的 6 个月前提出项目的书面申请报国家文物局审批。地方各级文物行政部门所辖的文物收藏单位举办出境展览，应经省级文物行政部门提出意见后报国家文物局审批。

（二）国家文物局应自收到申请之日起 30 个工作日内作出批准或者不批准的决定。决定批准的，发给批准文件；决定不批准的，应书面通知当事人并说明理由。

第十一条 文物出境展览项目的书面申请应包括下列内容：

（一）合作各方的有关背景资料、资信证明和境外合作方的邀请信。

（二）经过草签的展览协议书草案，内容包括：

1. 举办展览的机构、所在地及国别；

2. 展览的名称、时间、出展场地；

3. 展品的安全、运输、保险，及赔偿责任和费用；

4. 展品的点交方式及地点；

5. 展览派出人员的安排及所需费用；

6. 展览有关费用和支付方式；

7. 有关知识产权问题。

（三）展品目录、文物出境展览展品申报表和展品估价。文物出境展览展品申报表应按国家文物局制定的统一格式填写,并附汇总登记表。

上述书面申请应另附电子文本一份。

第十二条 下列文物禁止出境展览:

(一)古尸;

(二)宗教场所的主尊造像;

(三)一级文物中的孤品和易损品;

(四)列入禁止出境文物目录的;

(五)文物保存状况不宜出境展览的。

第十三条 下列文物限制出境展览:

(一)简牍、帛书;

(二)元代以前的书画、缂丝作品;

(三)宋、元时期有代表性的瓷器孤品;

(四)唐写本、宋刻本古籍;

(五)宋代以前的大幅完整丝织品;

(六)大幅壁画和重要壁画;

(七)唐宋以前的陵墓石刻及泥塑造像;

(八)质地为象牙、犀角等被《濒危野生动植物物种国际贸易公约》列为禁止进出口物品种类的文物。

第十四条 未经批准,任何单位和个人不得对外作出文物出境展览的承诺或签订有关的正式协议书。

第十五条 经批准的文物出境展览协议书草案、展品目录、展品估价等,如需更改应重新履行报批程序。

第十六条 文物出境展览的承办单位应于展览协议书签订之日起1个月内将展览协议书报送国家文物局备案。

第十七条 文物出境展览的承办单位应于展览结束之日起2个月内向国家文物局提交文物出境展览结项备案表、结项报告及展览音像资料。

第三章 出境展览文物的出境及复进境

第十八条 出境展览的文物出境,应持国家文物局的批准文件,向文物进出境审核机构申请,由文物进出境审核机构审核、登记,并从国家文物局指定的口岸出境。海关凭国家文物局的批准文件和文物进出境审核机构出具的证书放行。出境展览的文物复进境,应向海关申报,经原文物进出境审核机构审核查验后,凭原文物进出境审核机构出具的证书办理海关结项手续。

第十九条 文物出境展览的期限不得超过1年。因特殊需要,经原审批机关批准可以延期;但是,延期最长不得超过1年。

第四章 文物出境展览的展品安全

第二十条 文物出境展览的承办单位应对出境展览的文物进行严格的安全检查,现状不能保证安全的文物一律不得申报出境展览。

第二十一条 出境展览的文物应当按照经批准的展品估价保险。出境展览文物保险的险种至少应包括财产一切险和运输一切险。

第二十二条 文物出境展览的点交应当在符合文物保管条件和安全条件的场地进行。点交现场应当采取有针对性的安全保卫措施,严格规定点交流程。点交记录应详尽准确。

第二十三条　出境展览文物的包装工作应严格按照技术规范执行。由包装公司承担文物出境展览的包装工作时，包装公司应具备包装中国文物展品的资信和能力，承办单位负责对包装工作进行监督和指导。

第二十四条　文物出境展览的运输工作应由具备承运中国文物展品的资信和能力的运输公司承担。承办单位负责对运输工作进行监督和指导。

第二十五条　文物出境展览的承办单位应确保境外展览的场地、设施和方式符合中国文物陈列的安全要求。

第二十六条　制作展览图录的照片原则上由出境展览的承办单位提供，不得允许外方合作者自行拍摄。重要文物展览的电视和广告宣传需要摄录展品的，由出境展览的承办单位根据《文物拍摄管理暂行办法》的规定执行。

第五章　文物出境展览人员的派出

第二十七条　文物出境应派出代表团参加展览开幕活动，并配备工作组参与展品点交，监督和指导陈列的布置和撤除，监督展览协议书的执行情况。根据展览工作的需要，展览承办单位应派出工作组评估境外展览的场地和设施是否符合中国文物陈列的要求。

第二十八条　文物出境展览工作人员应热爱祖国，维护国家的主权和利益，维护民族尊严，严格遵守外事纪律，熟悉展览及展品情况。工作组应由具有中级以上专业技术职务的人员（或从事文物保管等工作五年以上的人员）参加。大型文物展览工作组组长应由具有高级专业技术职务的人员担任。

第二十九条　出境展览的承办单位应当为文物出境展览工作人员在境外工作期间安排人身安全及紧急医疗保险。

第六章　罚　则

第三十条　违反本规定，有下列行为之一的，由国家文物局根据情节轻重，给予警告、通报批评、暂停文物出境展览等处罚：

（一）未经批准，签订文物出境展览协议书的；

（二）未如实申报文物出境展览项目有关内容的；

（三）工作人员玩忽职守，造成文物灭失、损毁，或其他恶劣影响的；

（四）未经批准，延长文物出境展览时间或在境外停留时间的；

（五）未在规定期限内报送文物出境展览协议书、结项备案表和结项报告，或未如实填写文物出境展览展品申报表及结项备案表的。

暂停文物出境展览的时间视情节轻重确定，最短时间为1年。

第七章　附　则

第三十一条　文物出境展览合同纠纷的解决适用中国法律。

第三十二条　其他收藏文物的单位举办文物出境展览，参照本规定执行。

第三十三条　国家文物局原发布的有关规定凡有与本规定相抵触的内容，以本规定为准。

第三十四条　本规定由国家文物局负责解释。

第三十五条　本规定自颁布之日起施行。

出国（境）文物展览展品运输规定

（文物办发〔2001〕036号）

发布日期：2001-07-30
实施日期：2001-07-30
法规类型：规范性文件

第一条 为了保证出国（境）文物展览的展品在国际、国内运输过程中的安全、准确、快捷，特制订本规定。

第二条 展品运输是指展品包装结束后，通过运输工具将展品移动至目的地的行为（包括展品装卸作业）。其责任范围为自出发地的展品包装箱离地时始，至到达目的地的展品包装箱落地时止。

第三条 展品运输实行承运人负责制并通过合同管理制度实现。

第四条 展品承运人的资格由国家文物局根据本规定认定并颁发资格证书，国家文物局得定期向社会公布展品承运人名单。

第五条 展品承运人的资格分为国内运输和国际运输两类。国内运输承运人不得从事国际运输业务。

第六条 展品国内运输承运人必须具有以下资格：

1. 在中国境内注册的能够独立承担经济责任和民事责任的企业；

2. 必须具备多年从事文物展览运输工作经验，可以确保文物运输的安全，并可承担由于运输而造成展品损坏的法律责任和经济责任。

3. 有固定的营业场所和健全的组织机构，有对文物运输业务熟悉的经营管理人员、专业技术人员及相应的运输设备。

第七条 展品国际运输承运人除必须具有展品国内运输承运人的资格外，还须具有以下资格：

1. 具有国家经济贸易部核发的国际货物运输代理企业批准证书；

2. 具有国家海关总署核发的代理报关企业注册登记证书及海关批准的展品货物进出口代理报关资格证书；

3. 具有国家交通管理部门和民航管理部门核发的运输经营许可证书。

第八条 国家文物局在认为有必要时可组成专家小组对申请承运人资格的企业进行考评和审核。

第九条 取得展品承运人资格的企业必须在每年度3月底以前到国家文物局办理年度检验手续。

第十条 国家文物局可视情况作出取消展品承运人资格或不办理年度检验手续的决定。

第十一条 出国（境）文物展览的境外展览方或国内参展单位在确定展品承运人后，应依照经国家文物局批准的文物展览协议书的有关内容，与展品承运人签订展品委托运输合同。此合同应报国家文物局备案。

第十二条 出国（境）文物展览展品委托运输合同应包括以下内容：

1. 展品的名称、数量、重量；

2. 展品委托方、接收方的名称，运输的起始和目的地及时间；

3. 使用的运输工具；

4. 展品运输需要办理的审批、检验和报关等手续；

5. 展品的内、外包装；

6. 押运人员的派出及责任；

7. 委托方、承运人及接收方对展品的点交和检验；

8. 保险及承运人的违约责任；

9. 其他相关内容。

第十三条 出国（境）文物展览展品的运输包装，应符合国家文物局发布的《出国（境）文物展览包装工作规范》。

第十四条 展品委托方以文字、照片或录相等形式记录展品在运输前的保存状况。展品承运人、展品接收方及其他相关检验人员根据记录对展品进行点交和检验。

第十五条 展品运输过程中应遵守如下要求：

1. 运输工具的选择以保障展品安全为前提；

2. 使用汽车或火车的运输，应有武装人员押运；

3. 国际运输过程中应有中方人员随行；

4. 运送展品的汽车在高速公路上的车速不应超过90公里/小时；

5. 装卸作业中，展品包装箱的倾斜角不得超过30度。

第十六条 出国（境）文物展览展品必须在北京、上海、天津、广州、西安、深圳等指定口岸出境。

第十七条 境外展览方或国内参展单位委托没有展品承运人资格的单位运输展品，或不与承运人签订展品运输合同，由国家文物局取消其举办展览或参加展览的资格。由此造成展品损失的，应依照法律追究其民事和刑事责任。

第十八条 本规定自发布之日起施行。

出国（境）文物展品包装工作规范

（文物办发〔2001〕036号）

发布日期：2001-07-30

实施日期：2001-07-30

法规类型：规范性文件

一、总则

第一条 为保证出国（境）文物展览包装工作规范化、科学化，保证文物在赴国（境）外展出过程中安全无损，制定本规范。

第二条 本规定所指"文物展品"，是指出国（境）文物展览中所展出的经文物部门注册、登记、确定级别的文物。

第三条 展品包装工作的要求是：结构合理、坚固耐用、拆卸方便、复位容易、美观简洁、一目了然，适合集装箱（车、飞机）装载，适于长途运输。

第四条 凡经国家文物局批准的出国（境）文物展览的展品必须按照本规范要求进行内、

外包装。

二、包装单位和人员

第五条 举办出国（境）文物展览的单位，必须指定专门的从事文物展品包装工作的单位或由专人负责包装工作。

第六条 国家文物局认定有能力的单位可以从事专门的文物展品包装工作。从事包装工作的人员，必须经过国家文物局（或由国家文物局指定的培训机构）举办的专业技术培训班培训，并经考核获得资格证书后，方能从事文物展品包装工作。

第七条 包装工作人员应热爱本职工作，爱护文物，具有强烈的责任心。

第八条 未经国家文物局特别许可，外国团体、法人、自然人不得在文物展览单位从事文物包装工作。

三、包装技术

第九条 包装材料的选用

（一）制作内、外包装箱均应使用目前国际通用的复合木质材料为板材，如多层板、夹心板等。禁止使用未经高温处理的原木为材料。

（二）内、外包装箱的防震层应选用质地柔韧、弹力好的高密度吹塑板及泡沫塑料为材料。

（三）填充物应以海绵、各种密度的聚氯板和高密度聚苯板等为材料。禁止使用旧报纸、卫生纸、纸屑、锯末、麦秸、砂土等作为填充材料。

第十条 外包装箱制作要求

（一）常规式外包装箱的制作要求

外包装箱应具有坚固性及较强的防震、防冲撞、抗压和防水性能。

1. 尺寸规格：按照运输方式不同，外包装箱的尺寸规格可分为空运、陆运两种。

空运外包装箱的尺寸规格：（长×宽×高　单位 cm）

①157×105×160

②157×105×80

③79×105×80

陆运外包装箱的尺寸规格：（长×宽×高　单位 cm）

①不超过 1190×220×225

②不超过 590×220×225

2. 箱体材料：多层板

3. 箱内壁防震层厚度应达 2—5cm，防水层所使用的塑料布应在 0.05mm 以上。

4. 箱外表显著位置要有防倒置、防雨、易碎标识并标明箱号。

5. 外包装箱与内包装箱之间应用防震减压的填充物填实，不得留有空隙。

6. 外包装箱表面不应该有突出的锁扣等装置，以避免箱体移位时发生拉挂等现象，影响箱体安全。

（二）直接式外包装箱的制作要求

直接式外包装系指一些份量较重（如大型石雕、陶塑、青铜器等）、体积较大（如屏风、宝座、家具等）的展品，需直接装箱运输。直接式外包装箱的制作要求与常规式有所不同。

1. 尺寸规格：应视展品的具体大小而定。但箱体的尺寸要比展品至少大出 5—10cm，以便防震层的制作。

2. 箱体材料：多层板。

直接式外包装箱应特别注意板材的选用，尤其是份量较重的展品，应选用质地坚实、承重力强的板材，复合板的厚度应达到 1 顧 2—2cm。必要时可用木方作框架、横撑加固。避免发生包装箱变形，破损等现象。

3. 直接式外包装箱的防震层要加厚，四周及顶面应达到 3—5cm，底面应达到 7—8cm。

4. 其他要求与常规式外包装箱相同。

第十一条 内包装箱（盒）制作要求

1. 尺寸规格：内包装箱（盒）的尺寸应视展品的大小而定。

2. 箱体材料：多层板，或达到国际标准的瓦楞纸板。

3. 防震层：由于内包装箱的防震层直接接触展品，所以防震层材料应选用细密、柔软、弹性好的中密度吹塑板为宜。

4. 根据展品需要，箱（盒）内应放置防虫剂、干燥剂等。

5. 对于箱内结构复杂的内包装，须附装箱示意图或在箱体表加注警示性文字。

第十二条 几种常用的包装方式

（一）悬空减震法：箱内立支架，将展品置于支架上架空，然后固定于其上。

（二）捆扎法：先将两块多层板做成直角形框，将展品放置其上，用带子把展品捆扎在背板上。注意底板和背板均应粘贴较厚防震层，背板的防震层还应依照器物的形状镂挖出大致凹槽，增大接触面，以便增加固定效果。

（三）点式固定法：在箱内壁选两组对称点，粘贴高、中密度吹塑板块，以使展品固定于箱中。

（四）紧压法：选定若干个受力部位，用包裹海绵或粘贴绒毡的木方将物体紧压、固定于箱体上。

（五）镂挖法：依照展品的形状，在较厚的中密度板、海绵板上镂挖出凹槽，将器物放置其中，使之不移位。

此种方法适用于小件玉器、瓷器、金银器，以及形状不规则的展品。

第十三条 展品包装程序

第一步根据展品的质地、形状、大小，制作内包装箱（盒），包括制作箱体、箱内防震层等。

第二步展品外面可根据需要包裹一层绵纸，以起到保护器物表层、增加防震、防止移位的作用。注意不得使用报纸、牛皮纸等。

第三步选用适当的包装方法将展品固定于内包装箱（盒）内，直接式展品则直接固定于外包装箱内。

第四步将若干个内包装箱（盒）码入外包装箱盒内。

第五步填实空隙、固定、封箱。

四、包装质量监督

第十四条 国家文物局可指定或委托有关单位为文物展品的指导、检查和质量监督单位，对出国（境）文物展览的展品包装进行质量检查，符合本规范要求的，方可出国（境）展览。

第十五条 凡违反本规定进行操作，而使展品存在不安全隐患的，一经查出，即令其重新包装；对仍达不到规范要求的，则禁止其出国（境）展览。

第十六条 对不采纳检查人员意见，或弄虚作假而使不合乎包装规范的展品出国（境）展览，并导致展品损伤或损毁、给国家造成损失的，要追究单位责任人和有关人员的行政责任，给予处罚，情节严重者，应追究有关人员的刑事责任。

第十七条 本规范自发布之日起施行。

文物、博物馆单位接受国外及港澳台地区捐赠管理暂行规定

（文物外发〔1998〕021号）

发布日期：2001-07-30

实施日期：2001-07-30

法规类型：规范性文件

第一章 总 则

第一条 为了加强对文物、博物馆单位接受国外及港澳台地区捐赠工作的管理，鼓励国外及港澳台各界人士保护中华文物的热情，维护捐赠人的合法权益，根据《中华人民共和国宪法》、《中华人民共和国公益事业捐赠法》和有关法律、法规的规定，制定本规定。

第二条 本规定适用于国外及香港、澳门特别行政区和台湾地区的有关部门、友好人士、国际组织、基金会等自愿捐赠文物及捐助、赠予中国内地文物、博物馆单位用于文物保护和博物馆建设的资金、设备等行为。

第三条 本规定所称受赠单位，系指接受捐赠的国家文物局、各省、自治区文物行政主管部门及所属的各级文物博物馆单位和中国文物保护基金会。

第四条 国外及港澳台地区用于文物保护的捐赠必须遵守国家有关法律，有益于文物的保护。

第五条 文物、博物馆单位接受捐赠应当遵循捐赠者自愿和尊重捐赠人意愿的原则。

第六条 国外及港澳台地区对各级文物博物馆单位的捐赠受法律保护。任何单位和个人不得侵占、挪用捐赠的资金和设备。

第七条 各级文物行政管理部门负责所属单位接受捐赠工作的管理。全国重点文物保护单位接受的捐建项目须报国家文物局审核。

第二章 捐赠人的权利

第八条 捐赠人有权选择其捐赠款物的方式、品种、数量、金额、用途和受赠对象。任何单位和个人不得擅自改变捐赠人的捐赠意向；不得擅自改变捐赠资金和设备的性质和用途。

第九条 捐赠人有权对其捐赠款物的使用进行监督检查，有权对捐赠款物、捐赠项目直接或委托有关单位或个人进行检查、审计。

对违反捐赠人意愿的行为，捐赠人有权提出质询或向有关主管部门投诉，受赠单位的有关主管部门应当及时查明情况，予以说明、纠正和处理。

第十条 捐赠人有权提出对所捐赠的文物在展出时予以必要的说明。在符合有关文物保护规定的条件下，捐赠人对其捐赠的项目可以留名纪念，但捐赠人要求为其捐赠项目冠名，应当经省级以上文物行政主管部门批准。在全国重点文物保护单位保护范围内设置纪念性标志的，须报国家文物局批准。

第十一条 捐赠人可以附带提出其他合理要求，受赠单位和有关部门应予以认真考虑并尽量落实。

第三章　受赠管理

第十二条　捐赠人向受赠单位表示捐赠意愿后，受赠单位应当按照行政隶属关系向上级文物行政主管部门申报。

受赠单位在办理受赠申报手续时应当提交申请接受捐赠项目的报告和清单。

申请接受捐赠款物及申请接受捐赠项目的报告，应当包括以下内容：

（一）捐赠人背景材料；

（二）捐赠人的捐赠文书；

（三）捐赠人的捐赠方式；

（四）捐赠人附带提出的其他要求；

（五）受赠项目情况；

（六）受赠单位的意见。

清单中应当包括捐赠的品种、数量、金额、用途等内容。

第十三条　国家文物局或各省、自治区、直辖市文物行政管理部门，应在收到申请报告后十五日之内将审核意见书面回复受赠单位。

捐赠人临时捐赠的，受赠单位接受捐赠后应按前款规定及时（五日内）补办受赠申报手续。

第十四条　受赠单位在收到受赠款物后，应当向捐赠人出具合法有效的证据，并对捐赠的款物造册登记入帐。

受赠单位应当妥善管理捐赠款物，并按照捐赠的人意愿使用。

第十五条　受赠单位应建立捐赠款物使用管理责任制，加强监督检查，管好用好捐赠资金和设备。

第十六条　经批准进口并经海关验放的捐赠物资，可以享受减免税的部分，由海关按照国家有关规定办理，并实行监管。

第十七条　受赠单位不得将捐赠的物资出售。

第十八条　捐赠属于工程项目或科研项目的，该工程项目或科研项目应事先依法履行必要的报批手续，并委托监理机构对项目进行监理。

第十九条　受赠单位应当定期对捐赠款物的使用情况进行核查，对捐赠项目应当进行项目审计。核查和审计结果应及时报告上级行政主管部门，并向捐赠人通报。

第四章　奖　惩

第二十条　有关部门可以给予捐赠人以必要的鼓励和表彰。对捐赠数额较大的（人民币一百万元以上或价值相当的设备），可以由当地文物行政主管部门批准或建议同级人民政府授予荣誉称号。

第二十一条　有下列情况之一的，由上级文物行政主管部门责令其纠正，并视情节轻重分别给予直接责任人及有关行政领导人通报批评或行政处分。

（一）违反第六条、第十四条、第十五条规定，受赠单位未妥善管理和使用捐赠款物，造成损失的。

（二）违反第八条、第十七条规定，擅自改变捐赠项目的性质、用途或出售捐赠物资的。

（三）违反第十二条、第十三条规定，受赠单位未办理申报手续接受捐赠的。

（四）违反第十九条规定，受赠单位未按照规定对捐赠款物和捐赠项目进行核查、审计的。

第二十二条　贪污、盗窃、挪用、侵占捐赠款物的，除追缴款物外，对有关责任人给予行政处分；构成犯罪的，依法追究刑事责任。

第五章　附　则

第二十三条　本规定由国家文物局负责解释。

第二十四条　本规定自发布之日起施行。

▽

特种设备

△

中华人民共和国特种设备安全法

（主席令第 4 号）

发布日期：2013-06-29
实施日期：2014-01-01
法规类型：法律

第一章 总 则

第一条 为了加强特种设备安全工作，预防特种设备事故，保障人身和财产安全，促进经济社会发展，制定本法。

第二条 特种设备的生产（包括设计、制造、安装、改造、修理）、经营、使用、检验、检测和特种设备安全的监督管理，适用本法。

本法所称特种设备，是指对人身和财产安全有较大危险性的锅炉、压力容器（含气瓶）、压力管道、电梯、起重机械、客运索道、大型游乐设施、场（厂）内专用机动车辆，以及法律、行政法规规定适用本法的其他特种设备。

国家对特种设备实行目录管理。特种设备目录由国务院负责特种设备安全监督管理的部门制定，报国务院批准后执行。

第三条 特种设备安全工作应当坚持安全第一、预防为主、节能环保、综合治理的原则。

第四条 国家对特种设备的生产、经营、使用，实施分类的、全过程的安全监督管理。

第五条 国务院负责特种设备安全监督管理的部门对全国特种设备安全实施监督管理。县级以上地方各级人民政府负责特种设备安全监督管理的部门对本行政区域内特种设备安全实施监督管理。

第六条 国务院和地方各级人民政府应当加强对特种设备安全工作的领导，督促各有关部门依法履行监督管理职责。

县级以上地方各级人民政府应当建立协调机制，及时协调、解决特种设备安全监督管理中存在的问题。

第七条 特种设备生产、经营、使用单位应当遵守本法和其他有关法律、法规，建立、健全特种设备安全和节能责任制度，加强特种设备安全和节能管理，确保特种设备生产、经营、使用安全，符合节能要求。

第八条 特种设备生产、经营、使用、检验、检测应当遵守有关特种设备安全技术规范及相关标准。

特种设备安全技术规范由国务院负责特种设备安全监督管理的部门制定。

第九条 特种设备行业协会应当加强行业自律,推进行业诚信体系建设,提高特种设备安全管理水平。

第十条 国家支持有关特种设备安全的科学技术研究,鼓励先进技术和先进管理方法的推广应用,对做出突出贡献的单位和个人给奖励。

第十一条 负责特种设备安全监督管理的部门应当加强特种设备安全宣传教育,普及特种设备安全知识,增强社会公众的特种设备安全意识。

第十二条 任何单位和个人有权向负责特种设备安全监督管理的部门和有关部门举报涉及特种设备安全的违法行为,接到举报的部门应当及时处理。

第二章 生产、经营、使用

第一节 一般规定

第十三条 特种设备生产、经营、使用单位及其主要负责人对其生产、经营、使用的特种设备安全负责。

特种设备生产、经营、使用单位应当按照国家有关规定配备特种设备安全管理人员、检测人员和作业人员,并对其进行必要的安全教育和技能培训。

第十四条 特种设备安全管理人员、检测人员和作业人员应当按照国家有关规定取得相应资格,方可从事相关工作。特种设备安全管理人员、检测人员和作业人员应当严格执行安全技术规范和管理制度,保证特种设备安全。

第十五条 特种设备生产、经营、使用单位对其生产、经营、使用的特种设备应当进行自行检测和维护保养,对国家规定实行检验的特种设备应当及时申报并接受检验。

第十六条 特种设备采用新材料、新技术、新工艺,与安全技术规范的要求不一致,或者安全技术规范未作要求、可能对安全性能有重大影响的,应当向国务院负责特种设备安全监督管理的部门申报,由国务院负责特种设备安全监督管理的部门及时委托安全技术咨询机构或者相关专业机构进行技术评审,评审结果经国务院负责特种设备安全监督管理的部门批准,方可投入生产、使用。

国务院负责特种设备安全监督管理的部门应当将允许使用的新材料、新技术、新工艺的有关技术要求,及时纳入安全技术规范。

第十七条 国家鼓励投保特种设备安全责任保险。

第二节 生 产

第十八条 国家按照分类监督管理的原则对特种设备生产实行许可制度。特种设备生产单位应当具备下列条件,并经负责特种设备安全监督管理的部门许可,方可从事生产活动:

(一)有与生产相适应的专业技术人员;

(二)有与生产相适应的设备、设施和工作场所;

(三)有健全的质量保证、安全管理和岗位责任等制度。

第十九条 特种设备生产单位应当保证特种设备生产符合安全技术规范及相关标准的要求,对其生产的特种设备的安全性能负责。不得生产不符合安全性能要求和能效指标以及国家明令淘汰的特种设备。

第二十条 锅炉、气瓶、氧舱、客运索道、大型游乐设施的设计文件,应当经负责特种设备安全监督管理的部门核准的检验机构鉴定,方可用于制造。

特种设备产品、部件或者试制的特种设备新产品、新部件以及特种设备采用的新材料,按照安全技术规范的要求需要通过型式试验进行安全性验证的，应当经负责特种设备安全监督管理的部门核准的检验机构进行型式试验。

第二十一条 特种设备出厂时，应当随附安全技术规范要求的设计文件、产品质量合格证明、安装及使用维护保养说明、监督检验证明等相关技术资料和文件，并在特种设备显著位置设置产品铭牌、安全警示标志及其说明。

第二十二条 电梯的安装、改造、修理，必须由电梯制造单位或者其委托的依照本法取得相应许可的单位进行。电梯制造单位委托其他单位进行电梯安装、改造、修理的，应当对其安装、改造、修理进行安全指导和监控，并按照安全技术规范的要求进行校验和调试。电梯制造单位对电梯安全性能负责。

第二十三条 特种设备安装、改造、修理的施工单位应当在施工前将拟进行的特种设备安装、改造、修理情况书面告知直辖市或者设区的市级人民政府负责特种设备安全监督管理的部门。

第二十四条 特种设备安装、改造、修理竣工后，安装、改造、修理的施工单位应当在验收后三十日内将相关技术资料和文件移交特种设备使用单位。特种设备使用单位应当将其存入该特种设备的安全技术档案。

第二十五条 锅炉、压力容器、压力管道元件等特种设备的制造过程和锅炉、压力容器、压力管道、电梯、起重机械、客运索道、大型游乐设施的安装、改造、重大修理过程，应当经特种设备检验机构按照安全技术规范的要求进行监督检验；未经监督检验或者监督检验不合格的，不得出厂或者交付使用。

第二十六条 国家建立缺陷特种设备召回制度。因生产原因造成特种设备存在危及安全的同一性缺陷的，特种设备生产单位应当立即停止生产，主动召回。

国务院负责特种设备安全监督管理的部门发现特种设备存在应当召回而未召回的情形时，应当责令特种设备生产单位召回。

第三节 经 营

第二十七条 特种设备销售单位销售的特种设备，应当符合安全技术规范及相关标准的要求，其设计文件、产品质量合格证明、安装及使用维护保养说明、监督检验证明等相关技术资料和文件应当齐全。

特种设备销售单位应当建立特种设备检查验收和销售记录制度。

禁止销售未取得许可生产的特种设备，未经检验和检验不合格的特种设备，或者国家明令淘汰和已经报废的特种设备。

第二十八条 特种设备出租单位不得出租未取得许可生产的特种设备或者国家明令淘汰和已经报废的特种设备，以及未按照安全技术规范的要求进行维护保养和未经检验或者检验不合格的特种设备。

第二十九条 特种设备在出租期间的使用管理和维护保养义务由特种设备出租单位承担，法律另有规定或者当事人另有约定的除外。

第三十条 进口的特种设备应当符合我国安全技术规范的要求，并经检验合格；需要取得我国特种设备生产许可的，应当取得许可。

进口特种设备随附的技术资料和文件应当符合本法第二十一条的规定，其安装及使用维护保养说明、产品铭牌、安全警示标志及其说明应当采用中文。

特种设备的进出口检验，应当遵守有关进出口商品检验的法律、行政法规。

第三十一条 进口特种设备，应当向进口地负责特种设备安全监督管理的部门履行提前告知义务。

第四节　使　用

第三十二条　特种设备使用单位应当使用取得许可生产并经检验合格的特种设备。

禁止使用国家明令淘汰和已经报废的特种设备。

第三十三条　特种设备使用单位应当在特种设备投入使用前或者投入使用后三十日内，向负责特种设备安全监督管理的部门办理使用登记，取得使用登记证书。登记标志应当置于该特种设备的显著位置。

第三十四条　特种设备使用单位应当建立岗位责任、隐患治理、应急救援等安全管理制度，制定操作规程，保证特种设备安全运行。

第三十五条　特种设备使用单位应当建立特种设备安全技术档案。安全技术档案应当包括以下内容：

（一）特种设备的设计文件、产品质量合格证明、安装及使用维护保养说明、监督检验证明等相关技术资料和文件；

（二）特种设备的定期检验和定期自行检查记录；

（三）特种设备的日常使用状况记录；

（四）特种设备及其附属仪器仪表的维护保养记录；

（五）特种设备的运行故障和事故记录。

第三十六条　电梯、客运索道、大型游乐设施等为公众提供服务的特种设备的运营使用单位，应当对特种设备的使用安全负责，设置特种设备安全管理机构或者配备专职的特种设备安全管理人员；其他特种设备使用单位，应当根据情况设置特种设备安全管理机构或者配备专职、兼职的特种设备安全管理人员。

第三十七条　特种设备的使用应当具有规定的安全距离、安全防护措施。

与特种设备安全相关的建筑物、附属设施，应当符合有关法律、行政法规的规定。

第三十八条　特种设备属于共有的，共有人可以委托物业服务单位或者其他管理人管理特种设备，受托人履行本法规定的特种设备使用单位的义务，承担相应责任。共有人未委托的，由共有人或者实际管理人履行管理义务，承担相应责任。

第三十九条　特种设备使用单位应当对其使用的特种设备进行经常性维护保养和定期自行检查，并作出记录。

特种设备使用单位应当对其使用的特种设备的安全附件、安全保护装置进行定期校验、检修，并作出记录。

第四十条　特种设备使用单位应当按照安全技术规范的要求，在检验合格有效期届满前一个月向特种设备检验机构提出定期检验要求。

特种设备检验机构接到定期检验要求后，应当按照安全技术规范的要求及时进行安全性能检验。特种设备使用单位应当将定期检验标志置于该特种设备的显著位置。

未经定期检验或者检验不合格的特种设备，不得继续使用。

第四十一条　特种设备安全管理人员应当对特种设备使用状况进行经常性检查，发现问题应当立即处理；情况紧急时，可以决定停止使用特种设备并及时报告本单位有关负责人。

特种设备作业人员在作业过程中发现事故隐患或者其他不安全因素，应当立即向特种设备安全管理人员和单位有关负责人报告；特种设备运行不正常时，特种设备作业人员应当按照操作规程采取有效措施保证安全。

第四十二条　特种设备出现故障或者发生异常情况，特种设备使用单位应当对其进行全面检查，消除事故隐患，方可继续使用。

第四十三条　客运索道、大型游乐设施在每日投入使用前，其运营使用单位应当进行试运行和例行安全检查，并对安全附件和安全保护装置进行检查确认。

电梯、客运索道、大型游乐设施的运营使用单位应当将电梯、客运索道、大型游乐设施的安全使用说明、安全注意事项和警示标志置于易于为乘客注意的显著位置。

公众乘坐或者操作电梯、客运索道、大型游乐设施，应当遵守安全使用说明和安全注意事项的要求，服从有关工作人员的管理和指挥；遇有运行不正常时，应当按照安全指引，有序撤离。

第四十四条 锅炉使用单位应当按照安全技术规范的要求进行锅炉水（介）质处理，并接受特种设备检验机构的定期检验。

从事锅炉清洗，应当按照安全技术规范的要求进行，并接受特种设备检验机构的监督检验。

第四十五条 电梯的维护保养应当由电梯制造单位或者依照本法取得许可的安装、改造、修理单位进行。

电梯的维护保养单位应当在维护保养中严格执行安全技术规范的要求，保证其维护保养的电梯的安全性能，并负责落实现场安全防护措施，保证施工安全。

电梯的维护保养单位应当对其维护保养的电梯的安全性能负责；接到故障通知后，应当立即赶赴现场，并采取必要的应急救援措施。

第四十六条 电梯投入使用后，电梯制造单位应当对其制造的电梯的安全运行情况进行跟踪调查和了解，对电梯的维护保养单位或者使用单位在维护保养和安全运行方面存在的问题，提出改进建议，并提供必要的技术帮助；发现电梯存在严重事故隐患时，应当及时告知电梯使用单位，并向负责特种设备安全监督管理的部门报告。电梯制造单位对调查和了解的情况，应当作出记录。

第四十七条 特种设备进行改造、修理，按照规定需要变更使用登记的，应当办理变更登记，方可继续使用。

第四十八条 特种设备存在严重事故隐患，无改造、修理价值，或者达到安全技术规范规定的其他报废条件的，特种设备使用单位应当依法履行报废义务，采取必要措施消除该特种设备的使用功能，并向原登记的负责特种设备安全监督管理的部门办理使用登记证书注销手续。

前款规定报废条件以外的特种设备，达到设计使用年限可以继续使用的，应当按照安全技术规范的要求通过检验或者安全评估，并办理使用登记证书变更，方可继续使用。允许继续使用的，应当采取加强检验、检测和维护保养等措施，确保使用安全。

第四十九条 移动式压力容器、气瓶充装单位，应当具备下列条件，并经负责特种设备安全监督管理的部门许可，方可从事充装活动：

（一）有与充装和管理相适应的管理人员和技术人员；

（二）有与充装和管理相适应的充装设备、检测手段、场地厂房、器具、安全设施；

（三）有健全的充装管理制度、责任制度、处理措施。

充装单位应当建立充装前后的检查、记录制度，禁止对不符合安全技术规范要求的移动式压力容器和气瓶进行充装。

气瓶充装单位应当向气体使用者提供符合安全技术规范要求的气瓶，对气体使用者进行气瓶安全使用指导，并按照安全技术规范的要求办理气瓶使用登记，及时申报定期检验。

第三章 检验、检测

第五十条 从事本法规定的监督检验、定期检验的特种设备检验机构，以及为特种设备生产、经营、使用提供检测服务的特种设备检测机构，应当具备下列条件，并经负责特种设备安全监督管理的部门核准，方可从事检验、检测工作：

（一）有与检验、检测工作相适应的检验、检测人员；

（二）有与检验、检测工作相适应的检验、检测仪器和设备；

（三）有健全的检验、检测管理制度和责任制度。

第五十一条 特种设备检验、检测机构的检验、检测人员应当经考核，取得检验、检测人员资格，方可从事检验、检测工作。

特种设备检验、检测机构的检验、检测人员不得同时在两个以上检验、检测机构中执业；变更执业机构的，应当依法办理变更手续。

第五十二条 特种设备检验、检测工作应当遵守法律、行政法规的规定，并按照安全技术规范的要求进行。

特种设备检验、检测机构及其检验、检测人员应当依法为特种设备生产、经营、使用单位提供安全、可靠、便捷、诚信的检验、检测服务。

第五十三条 特种设备检验、检测机构及其检验、检测人员应当客观、公正、及时地出具检验、检测报告，并对检验、检测结果和鉴定结论负责。

特种设备检验、检测机构及其检验、检测人员在检验、检测中发现特种设备存在严重事故隐患时，应当及时告知相关单位，并立即向负责特种设备安全监督管理的部门报告。

负责特种设备安全监督管理的部门应当组织对特种设备检验、检测机构的检验、检测结果和鉴定结论进行监督抽查，但应当防止重复抽查。监督抽查结果应当向社会公布。

第五十四条 特种设备生产、经营、使用单位应当按照安全技术规范的要求向特种设备检验、检测机构及其检验、检测人员提供特种设备相关资料和必要的检验、检测条件，并对资料的真实性负责。

第五十五条 特种设备检验、检测机构及其检验、检测人员对检验、检测过程中知悉的商业秘密，负有保密义务。

特种设备检验、检测机构及其检验、检测人员不得从事有关特种设备的生产、经营活动，不得推荐或者监制、监销特种设备。

第五十六条 特种设备检验机构及其检验人员利用检验工作故意刁难特种设备生产、经营、使用单位的，特种设备生产、经营、使用单位有权向负责特种设备安全监督管理的部门投诉，接到投诉的部门应当及时进行调查处理。

第四章　监督管理

第五十七条 负责特种设备安全监督管理的部门依照本法规定，对特种设备生产、经营、使用单位和检验、检测机构实施监督检查。

负责特种设备安全监督管理的部门应当对学校、幼儿园以及医院、车站、客运码头、商场、体育场馆、展览馆、公园等公众聚集场所的特种设备，实施重点安全监督检查。

第五十八条 负责特种设备安全监督管理的部门实施本法规定的许可工作，应当依照本法和其他有关法律、行政法规规定的条件和程序以及安全技术规范的要求进行审查；不符合规定的，不得许可。

第五十九条 负责特种设备安全监督管理的部门在办理本法规定的许可时，其受理、审查、许可的程序必须公开，并应当自受理申请之日起三十日内，作出许可或者不予许可的决定；不予许可的，应当书面向申请人说明理由。

第六十条 负责特种设备安全监督管理的部门对依法办理使用登记的特种设备应当建立完整的监督管理档案和信息查询系统；对达到报废条件的特种设备，应当及时督促特种设备使用单位依法履行报废义务。

第六十一条 负责特种设备安全监督管理的部门在依法履行监督检查职责时，可以行使下列职权：

（一）进入现场进行检查，向特种设备生产、经营、使用单位和检验、检测机构的主要负责人和其他有关人员调查、了解有关情况；

（二）根据举报或者取得的涉嫌违法证据，查阅、复制特种设备生产、经营、使用单位和检验、检测机构的有关合同、发票、账簿以及其他有关资料；

（三）对有证据表明不符合安全技术规范要求或者存在严重事故隐患的特种设备实施查封、扣押；

（四）对流入市场的达到报废条件或者已经报废的特种设备实施查封、扣押；

（五）对违反本法规定的行为作出行政处罚决定。

第六十二条 负责特种设备安全监督管理的部门在依法履行职责过程中，发现违反本法规定和安全技术规范要求的行为或者特种设备存在事故隐患时，应当以书面形式发出特种设备安全监察指令，责令有关单位及时采取措施予以改正或者消除事故隐患。紧急情况下要求有关单位采取紧急处置措施的，应当随后补发特种设备安全监察指令。

第六十三条 负责特种设备安全监督管理的部门在依法履行职责过程中，发现重大违法行为或者特种设备存在严重事故隐患时，应当责令有关单位立即停止违法行为、采取措施消除事故隐患，并及时向上级负责特种设备安全监督管理的部门报告。接到报告的负责特种设备安全监督管理的部门应当采取必要措施，及时予以处理。

对违法行为、严重事故隐患的处理需要当地人民政府和有关部门的支持、配合时，负责特种设备安全监督管理的部门应当报告当地人民政府，并通知其他有关部门。当地人民政府和其他有关部门应当采取必要措施，及时予以处理。

第六十四条 地方各级人民政府负责特种设备安全监督管理的部门不得要求已经依照本法规定在其他地方取得许可的特种设备生产单位重复取得许可，不得要求对已经依照本法规定在其他地方检验合格的特种设备重复进行检验。

第六十五条 负责特种设备安全监督管理的部门的安全监察人员应当熟悉相关法律、法规，具有相应的专业知识和工作经验，取得特种设备安全行政执法证件。

特种设备安全监察人员应当忠于职守、坚持原则、秉公执法。

负责特种设备安全监督管理的部门实施安全监督检查时，应当有二名以上特种设备安全监察人员参加，并出示有效的特种设备安全行政执法证件。

第六十六条 负责特种设备安全监督管理的部门对特种设备生产、经营、使用单位和检验、检测机构实施监督检查，应当对每次监督检查的内容、发现的问题及处理情况作出记录，并由参加监督检查的特种设备安全监察人员和被检查单位的有关负责人签字后归档。被检查单位的有关负责人拒绝签字的，特种设备安全监察人员应当将情况记录在案。

第六十七条 负责特种设备安全监督管理的部门及其工作人员不得推荐或者监制、监销特种设备；对履行职责过程中知悉的商业秘密负有保密义务。

第六十八条 国务院负责特种设备安全监督管理的部门和省、自治区、直辖市人民政府负责特种设备安全监督管理的部门应当定期向社会公布特种设备安全总体状况。

第五章 事故应急救援与调查处理

第六十九条 国务院负责特种设备安全监督管理的部门应当依法组织制定特种设备重特大事故应急预案，报国务院批准后纳入国家突发事件应急预案体系。

县级以上地方各级人民政府及其负责特种设备安全监督管理的部门应当依法组织制定本行政区域内特种设备事故应急预案，建立或者纳入相应的应急处置与救援体系。

特种设备使用单位应当制定特种设备事故应急专项预案，并定期进行应急演练。

第七十条 特种设备发生事故后，事故发生单位应当按照应急预案采取措施，组织抢救，防止事故扩大，减少人员伤亡和财产损失，保护事故现场和有关证据，并及时向事故发生地县级以上人民政府负责特种设备安全监督管理的部门和有关部门报告。

县级以上人民政府负责特种设备安全监督管理的部门接到事故报告，应当尽快核实情况，立即向本级人民政府报告，并按照规定逐级上报。必要时，负责特种设备安全监督管理的部门可以越级上报事故情况。对特别重大事故、重大事故，国务院负责特种设备安全监督管理的部门应当立即报告国务院并通报国务院安全生产监督管理部门等有关部门。

与事故相关的单位和人员不得迟报、谎报或者瞒报事故情况，不得隐匿、毁灭有关证据或者故意破坏事故现场。

第七十一条 事故发生地人民政府接到事故报告，应当依法启动应急预案，采取应急处置措施，组织应急救援。

第七十二条 特种设备发生特别重大事故，由国务院或者国务院授权有关部门组织事故调查组进行调查。

发生重大事故，由国务院负责特种设备安全监督管理的部门会同有关部门组织事故调查组进行调查。

发生较大事故，由省、自治区、直辖市人民政府负责特种设备安全监督管理的部门会同有关部门组织事故调查组进行调查。

发生一般事故，由设区的市级人民政府负责特种设备安全监督管理的部门会同有关部门组织事故调查组进行调查。

事故调查组应当依法、独立、公正开展调查，提出事故调查报告。

第七十三条 组织事故调查的部门应当将事故调查报告报本级人民政府，并报上一级人民政府负责特种设备安全监督管理的部门备案。有关部门和单位应当依照法律、行政法规的规定，追究事故责任单位和人员的责任。

事故责任单位应当依法落实整改措施，预防同类事故发生。事故造成损害的，事故责任单位应当依法承担赔偿责任。

第六章 法律责任

第七十四条 违反本法规定，未经许可从事特种设备生产活动的，责令停止生产，没收违法制造的特种设备，处十万元以上五十万元以下罚款；有违法所得的，没收违法所得；已经实施安装、改造、修理的，责令恢复原状或者责令限期由取得许可的单位重新安装、改造、修理。

第七十五条 违反本法规定，特种设备的设计文件未经鉴定，擅自用于制造的，责令改正，没收违法制造的特种设备，处五万元以上五十万元以下罚款。

第七十六条 违反本法规定，未进行型式试验的，责令限期改正；逾期未改正的，处三万元以上三十万元以下罚款。

第七十七条 违反本法规定，特种设备出厂时，未按照安全技术规范的要求随附相关技术资料和文件的，责令限期改正；逾期未改正的，责令停止制造、销售，处二万元以上二十万元以下罚款；有违法所得的，没收违法所得。

第七十八条 违反本法规定，特种设备安装、改造、修理的施工单位在施工前未书面告知负责特种设备安全监督管理的部门即行施工的，或者在验收后三十日内未将相关技术资料和文件移交特种设备使用单位的，责令限期改正；逾期未改正的，处一万元以上十万元以下罚款。

第七十九条　违反本法规定，特种设备的制造、安装、改造、重大修理以及锅炉清洗过程，未经监督检验的，责令限期改正；逾期未改正的，处五万元以上二十万元以下罚款；有违法所得的，没收违法所得；情节严重的，吊销生产许可证。

第八十条　违反本法规定，电梯制造单位有下列情形之一的，责令限期改正；逾期未改正的，处一万元以上十万元以下罚款：

（一）未按照安全技术规范的要求对电梯进行校验、调试的；

（二）对电梯的安全运行情况进行跟踪调查和了解时，发现存在严重事故隐患，未及时告知电梯使用单位并向负责特种设备安全监督管理的部门报告的。

第八十一条　违反本法规定，特种设备生产单位有下列行为之一的，责令限期改正；逾期未改正的，责令停止生产，处五万元以上五十万元以下罚款；情节严重的，吊销生产许可证：

（一）不再具备生产条件、生产许可证已经过期或者超出许可范围生产的；

（二）明知特种设备存在同一性缺陷，未立即停止生产并召回的。

违反本法规定，特种设备生产单位生产、销售、交付国家明令淘汰的特种设备的，责令停止生产、销售，没收违法生产、销售、交付的特种设备，处三万元以上三十万元以下罚款；有违法所得的，没收违法所得。

特种设备生产单位涂改、倒卖、出租、出借生产许可证的，责令停止生产，处五万元以上五十万元以下罚款；情节严重的，吊销生产许可证。

第八十二条　违反本法规定，特种设备经营单位有下列行为之一的，责令停止经营，没收违法经营的特种设备，处三万元以上三十万元以下罚款；有违法所得的，没收违法所得：

（一）销售、出租未取得许可生产，未经检验或者检验不合格的特种设备的；

（二）销售、出租国家明令淘汰、已经报废的特种设备，或者未按照安全技术规范的要求进行维护保养的特种设备的。

违反本法规定，特种设备销售单位未建立检查验收和销售记录制度，或者进口特种设备未履行提前告知义务的，责令改正，处一万元以上十万元以下罚款。

特种设备生产单位销售、交付未经检验或者检验不合格的特种设备的，依照本条第一款规定处罚；情节严重的，吊销生产许可证。

第八十三条　违反本法规定，特种设备使用单位有下列行为之一的，责令限期改正；逾期未改正的，责令停止使用有关特种设备，处一万元以上十万元以下罚款：

（一）使用特种设备未按照规定办理使用登记的；

（二）未建立特种设备安全技术档案或者安全技术档案不符合规定要求，或者未依法设置使用登记标志、定期检验标志的；

（三）未对其使用的特种设备进行经常性维护保养和定期自行检查，或者未对其使用的特种设备的安全附件、安全保护装置进行定期校验、检修，并作出记录的；

（四）未按照安全技术规范的要求及时申报并接受检验的；

（五）未按照安全技术规范的要求进行锅炉水（介）质处理的；

（六）未制定特种设备事故应急专项预案的。

第八十四条　违反本法规定，特种设备使用单位有下列行为之一的，责令停止使用有关特种设备，处三万元以上三十万元以下罚款：

（一）使用未取得许可生产，未经检验或者检验不合格的特种设备，或者国家明令淘汰、已经报废的特种设备的；

（二）特种设备出现故障或者发生异常情况，未对其进行全面检查、消除事故隐患，继续使用的；

（三）特种设备存在严重事故隐患，无改造、修理价值，或者达到安全技术规范规定的其他报废条件，未依法履行报废义务，并办理使用登记证书注销手续的。

第八十五条 违反本法规定，移动式压力容器、气瓶充装单位有下列行为之一的，责令改正，处二万元以上二十万元以下罚款；情节严重的，吊销充装许可证：

（一）未按照规定实施充装前后的检查、记录制度的；

（二）对不符合安全技术规范要求的移动式压力容器和气瓶进行充装的。

违反本法规定，未经许可，擅自从事移动式压力容器或者气瓶充装活动的，予以取缔，没收违法充装的气瓶，处十万元以上五十万元以下罚款；有违法所得的，没收违法所得。

第八十六条 违反本法规定，特种设备生产、经营、使用单位有下列情形之一的，责令限期改正；逾期未改正的，责令停止使用有关特种设备或者停产停业整顿，处一万元以上五万元以下罚款：

（一）未配备具有相应资格的特种设备安全管理人员、检测人员和作业人员的；

（二）使用未取得相应资格的人员从事特种设备安全管理、检测和作业的；

（三）未对特种设备安全管理人员、检测人员和作业人员进行安全教育和技能培训的。

第八十七条 违反本法规定，电梯、客运索道、大型游乐设施的运营使用单位有下列情形之一的，责令限期改正；逾期未改正的，责令停止使用有关特种设备或者停产停业整顿，处二万元以上十万元以下罚款：

（一）未设置特种设备安全管理机构或者配备专职的特种设备安全管理人员的；

（二）客运索道、大型游乐设施每日投入使用前，未进行试运行和例行安全检查，未对安全附件和安全保护装置进行检查确认的；

（三）未将电梯、客运索道、大型游乐设施的安全使用说明、安全注意事项和警示标志置于易于为乘客注意的显著位置的。

第八十八条 违反本法规定，未经许可，擅自从事电梯维护保养的，责令停止违法行为，处一万元以上十万元以下罚款；有违法所得的，没收违法所得。

电梯的维护保养单位未按照本法规定以及安全技术规范的要求，进行电梯维护保养的，依照前款规定处罚。

第八十九条 发生特种设备事故，有下列情形之一的，对单位处五万元以上二十万元以下罚款；对主要负责人处一万元以上五万元以下罚款；主要负责人属于国家工作人员的，并依法给予处分：

（一）发生特种设备事故时，不立即组织抢救或者在事故调查处理期间擅离职守或者逃匿的；

（二）对特种设备事故迟报、谎报或者瞒报的。

第九十条 发生事故，对负有责任的单位除要求其依法承担相应的赔偿等责任外，依照下列规定处以罚款：

（一）发生一般事故，处十万元以上二十万元以下罚款；

（二）发生较大事故，处二十万元以上五十万元以下罚款；

（三）发生重大事故，处五十万元以上二百万元以下罚款。

第九十一条 对事故发生负有责任的单位的主要负责人未依法履行职责或者负有领导责任的，依照下列规定处以罚款；属于国家工作人员的，并依法给予处分：

（一）发生一般事故，处上一年年收入百分之三十的罚款；

（二）发生较大事故，处上一年年收入百分之四十的罚款；

（三）发生重大事故，处上一年年收入百分之六十的罚款。

第九十二条 违反本法规定，特种设备安全管理人员、检测人员和作业人员不履行岗位职责，违反操作规程和有关安全规章制度，造成事故的，吊销相关人员的资格。

第九十三条 违反本法规定，特种设备检验、检测机构及其检验、检测人员有下列行为之一的，责令改正，对机构处五万元以上二十万元以下罚款，对直接负责的主管人员和其他直接责任人员处五千元以上五万元以下罚款；情节严重的，吊销机构资质和有关人员的资格：

（一）未经核准或者超出核准范围、使用未取得相应资格的人员从事检验、检测的；

（二）未按照安全技术规范的要求进行检验、检测的；

（三）出具虚假的检验、检测结果和鉴定结论或者检验、检测结果和鉴定结论严重失实的；

（四）发现特种设备存在严重事故隐患，未及时告知相关单位，并立即向负责特种设备安全监督管理的部门报告的；

（五）泄露检验、检测过程中知悉的商业秘密的；

（六）从事有关特种设备的生产、经营活动的；

（七）推荐或者监制、监销特种设备的；

（八）利用检验工作故意刁难相关单位的。

违反本法规定，特种设备检验、检测机构的检验、检测人员同时在两个以上检验、检测机构中执业的，处五千元以上五万元以下罚款；情节严重的，吊销其资格。

第九十四条 违反本法规定，负责特种设备安全监督管理的部门及其工作人员有下列行为之一的，由上级机关责令改正；对直接负责的主管人员和其他直接责任人员，依法给予处分：

（一）未依照法律、行政法规规定的条件、程序实施许可的；

（二）发现未经许可擅自从事特种设备的生产、使用或者检验、检测活动不予取缔或者不依法予以处理的；

（三）发现特种设备生产单位不再具备本法规定的条件而不吊销许可证，或者发现特种设备生产、经营、使用违法行为不予查处的；

（四）发现特种设备检验、检测机构不再具备本法规定的条件而不撤销其核准，或者对其出具虚假的检验、检测结果和鉴定结论或者检验、检测结果和鉴定结论严重失实的行为不予查处的；

（五）发现违反本法规定和安全技术规范要求的行为或者特种设备存在事故隐患，不立即处理的；

（六）发现重大违法行为或者特种设备存在严重事故隐患，未及时向上级负责特种设备安全监督管理的部门报告，或者接到报告的负责特种设备安全监督管理的部门不立即处理的；

（七）要求已经依照本法规定在其他地方取得许可的特种设备生产单位重复取得许可，或者要求对已经依照本法规定在其他地方检验合格的特种设备重复进行检验的；

（八）推荐或者监制、监销特种设备的；

（九）泄露履行职责过程中知悉的商业秘密的；

（十）接到特种设备事故报告未立即向本级人民政府报告，并按照规定上报的；

（十一）迟报、漏报、谎报或者瞒报事故的；

（十二）妨碍事故救援或者事故调查处理的；

（十三）其他滥用职权、玩忽职守、徇私舞弊的行为。

第九十五条 违反本法规定，特种设备生产、经营、使用单位或者检验、检测机构拒不接受负责特种设备安全监督管理的部门依法实施的监督检查的，责令限期改正；逾期未改正的，责令停产停业整顿，处二万元以上二十万元以下罚款。

特种设备生产、经营、使用单位擅自动用、调换、转移、损毁被查封、扣押的特种设备或者其主要部件的，责令改正，处五万元以上二十万元以下罚款；情节严重的，吊销生产许可证，注销特种设备使用登记证书。

第九十六条 违反本法规定，被依法吊销许可证的，自吊销许可证之日起三年内，负责特种设备安全监督管理的部门不予受理其新的许可申请。

第九十七条 违反本法规定，造成人身、财产损害的，依法承担民事责任。

违反本法规定，应当承担民事赔偿责任和缴纳罚款、罚金，其财产不足以同时支付时，先承担民事赔偿责任。

第九十八条 违反本法规定，构成违反治安管理行为的，依法给予治安管理处罚；构成犯罪的，依法追究刑事责任。

第七章 附 则

第九十九条 特种设备行政许可、检验的收费，依照法律、行政法规的规定执行。

第一百条 军事装备、核设施、航空航天器使用的特种设备安全的监督管理不适用本法。

铁路机车、海上设施和船舶、矿山井下使用的特种设备以及民用机场专用设备安全的监督管理，房屋建筑工地、市政工程工地用起重机械和场（厂）内专用机动车辆的安装、使用的监督管理，由有关部门依照本法和其他有关法律的规定实施。

第一百零一条 本法自 2014 年 1 月 1 日起施行。

特种设备安全监察条例

（国务院令第 373 号）

发布日期：2003-03-11
实施日期：2009-05-01
法规类型：行政法规

（根据 2009 年 1 月 24 日《国务院关于修改〈特种设备安全监察条例〉的决定》修订）

第一章 总 则

第一条 为了加强特种设备的安全监察，防止和减少事故，保障人民群众生命和财产安全，促进经济发展，制定本条例。

第二条 本条例所称特种设备是指涉及生命安全、危险性较大的锅炉、压力容器（含气瓶，下同）、压力管道、电梯、起重机械、客运索道、大型游乐设施和场（厂）内专用机动车辆。

前款特种设备的目录由国务院负责特种设备安全监督管理的部门（以下简称国务院特种设备安全监督管理部门）制订，报国务院批准后执行。

第三条 特种设备的生产（含设计、制造、安装、改造、维修，下同）、使用、检验检测及其监督检查，应当遵守本条例，但本条例另有规定的除外。

军事装备、核设施、航空航天器、铁路机车、海上设施和船舶以及矿山井下使用的特种设备、民用机场专用设备的安全监察不适用本条例。

房屋建筑工地和市政工程工地用起重机械、场（厂）内专用机动车辆的安装、使用的监督管理，由建设行政主管部门依照有关法律、法规的规定执行。

第四条 国务院特种设备安全监督管理部门负责全国特种设备的安全监察工作，县以上地方负责特种设备安全监督管理的部门对本行政区域内特种设备实施安全监察（以下统称特种设备安全监督管理部门）。

第五条 特种设备生产、使用单位应当建立健全特种设备安全、节能管理制度和岗位安全、节能责任制度。

特种设备生产、使用单位的主要负责人应当对本单位特种设备的安全和节能全面负责。

特种设备生产、使用单位和特种设备检验检测机构，应当接受特种设备安全监督管理部门依法进行的特种设备安全监察。

第六条 特种设备检验检测机构，应当依照本条例规定，进行检验检测工作，对其检验检测结果、鉴定结论承担法律责任。

第七条 县级以上地方人民政府应当督促、支持特种设备安全监督管理部门依法履行安全监察职责，对特种设备安全监察中存在的重大问题及时予以协调、解决。

第八条 国家鼓励推行科学的管理方法，采用先进技术，提高特种设备安全性能和管理水平，增强特种设备生产、使用单位防范事故的能力，对取得显著成绩的单位和个人，给予奖励。

国家鼓励特种设备节能技术的研究、开发、示范和推广，促进特种设备节能技术创新和应用。

特种设备生产、使用单位和特种设备检验检测机构，应当保证必要的安全和节能投入。

国家鼓励实行特种设备责任保险制度，提高事故赔付能力。

第九条 任何单位和个人对违反本条例规定的行为，有权向特种设备安全监督管理部门和行政监察等有关部门举报。

特种设备安全监督管理部门应当建立特种设备安全监察举报制度，公布举报电话、信箱或者电子邮件地址，受理对特种设备生产、使用和检验检测违法行为的举报，并及时予以处理。

特种设备安全监督管理部门和行政监察等有关部门应当为举报人保密，并按照国家有关规定给予奖励。

第二章 特种设备的生产

第十条 特种设备生产单位，应当依照本条例规定以及国务院特种设备安全监督管理部门制订并公布的安全技术规范（以下简称安全技术规范）的要求，进行生产活动。

特种设备生产单位对其生产的特种设备的安全性能和能效指标负责，不得生产不符合安全性能要求和能效指标的特种设备，不得生产国家产业政策明令淘汰的特种设备。

第十一条 压力容器的设计单位应当经国务院特种设备安全监督管理部门许可，方可从事压力容器的设计活动。

压力容器的设计单位应当具备下列条件：

（一）有与压力容器设计相适应的设计人员、设计审核人员；

（二）有与压力容器设计相适应的场所和设备；

（三）有与压力容器设计相适应的健全的管理制度和责任制度。

第十二条 锅炉、压力容器中的气瓶（以下简称气瓶）、氧舱和客运索道、大型游乐设施以及高耗能特种设备的设计文件，应当经国务院特种设备安全监督管理部门核准的检验检测机构鉴定，方可用于制造。

第十三条 按照安全技术规范的要求，应当进行型式试验的特种设备产品、部件或者试制特种设备新产品、新部件、新材料，必须进行型式试验和能效测试。

第十四条 锅炉、压力容器、电梯、起重机械、客运索道、大型游乐设施及其安全附件、安全保护装置的制造、安装、改造单位，以及压力管道用管子、管件、阀门、法兰、补偿器、安全保护装置等（以下简称压力管道元件）的制造单位和场（厂）内专用机动车辆的制造、改造单位，应当经国务院特种设备安全监督管理部门许可，方可从事相应的活动。

前款特种设备的制造、安装、改造单位应当具备下列条件：

（一）有与特种设备制造、安装、改造相适应的专业技术人员和技术工人；

（二）有与特种设备制造、安装、改造相适应的生产条件和检测手段；

（三）有健全的质量管理制度和责任制度。

第十五条 特种设备出厂时，应当附有安全技术规范要求的设计文件、产品质量合格证明、安装及使用维修说明、监督检验证明等文件。

第十六条 锅炉、压力容器、电梯、起重机械、客运索道、大型游乐设施、场（厂）内专用机动车辆的维修单位，应当有与特种设备维修相适应的专业技术人员和技术工人以及必要的检测手段，并经省、自治区、直辖市特种设备安全监督管理部门许可，方可从事相应的维修活动。

第十七条 锅炉、压力容器、起重机械、客运索道、大型游乐设施的安装、改造、维修以及场（厂）内专用机动车辆的改造、维修，必须由依照本条例取得许可的单位进行。

电梯的安装、改造、维修，必须由电梯制造单位或者其通过合同委托、同意的依照本条例取得许可的单位进行。电梯制造单位对电梯质量以及安全运行涉及的质量问题负责。

特种设备安装、改造、维修的施工单位应当在施工前将拟进行的特种设备安装、改造、维修情况书面告知直辖市或者设区的市的特种设备安全监督管理部门，告知后即可施工。

第十八条 电梯井道的土建工程必须符合建筑工程质量要求。电梯安装施工过程中，电梯安装单位应当遵守施工现场的安全生产要求，落实现场安全防护措施。电梯安装施工过程中，施工现场的安全生产监督，由有关部门依照有关法律、行政法规的规定执行。

电梯安装施工过程中，电梯安装单位应当服从建筑施工总承包单位对施工现场的安全生产管理，并订立合同，明确各自的安全责任。

第十九条 电梯的制造、安装、改造和维修活动，必须严格遵守安全技术规范的要求。电梯制造单位委托或者同意其他单位进行电梯安装、改造、维修活动的，应当对其安装、改造、维修活动进行安全指导和监控。电梯的安装、改造、维修活动结束后，电梯制造单位应当按照安全技术规范的要求对电梯进行校验和调试，并对校验和调试的结果负责。

第二十条 锅炉、压力容器、电梯、起重机械、客运索道、大型游乐设施的安装、改造、维修以及场（厂）内专用机动车辆的改造、维修竣工后，安装、改造、维修的施工单位应当在验收后30日内将有关技术资料移交使用单位，高耗能特种设备还应当按照安全技术规范的要求提交能效测试报告。使用单位应当将其存入该特种设备的安全技术档案。

第二十一条 锅炉、压力容器、压力管道元件、起重机械、大型游乐设施的制造过程和锅炉、压力容器、电梯、起重机械、客运索道、大型游乐设施的安装、改造、重大维修过程，必须经国务院特种设备安全监督管理部门核准的检验检测机构按照安全技术规范的要求进行监督检验；未经监督检验合格的不得出厂或者交付使用。

第二十二条 移动式压力容器、气瓶充装单位应当经省、自治区、直辖市的特种设备安全监督管理部门许可，方可从事充装活动。

充装单位应当具备下列条件：

（一）有与充装和管理相适应的管理人员和技术人员；

（二）有与充装和管理相适应的充装设备、检测手段、场地厂房、器具、安全设施；

（三）有健全的充装管理制度、责任制度、紧急处理措施。

气瓶充装单位应当向气体使用者提供符合安全技术规范要求的气瓶，对使用者进行气瓶安全使用指导，并按照安全技术规范的要求办理气瓶使用登记，提出气瓶的定期检验要求。

第三章　特种设备的使用

第二十三条　特种设备使用单位，应当严格执行本条例和有关安全生产的法律、行政法规的规定，保证特种设备的安全使用。

第二十四条　特种设备使用单位应当使用符合安全技术规范要求的特种设备。特种设备投入使用前，使用单位应当核对其是否附有本条例第十五条规定的相关文件。

第二十五条　特种设备在投入使用前或者投入使用后 30 日内，特种设备使用单位应当向直辖市或者设区的市的特种设备安全监督管理部门登记。登记标志应当置于或者附着于该特种设备的显著位置。

第二十六条　特种设备使用单位应当建立特种设备安全技术档案。安全技术档案应当包括以下内容：

（一）特种设备的设计文件、制造单位、产品质量合格证明、使用维护说明等文件以及安装技术文件和资料；

（二）特种设备的定期检验和定期自行检查的记录；

（三）特种设备的日常使用状况记录；

（四）特种设备及其安全附件、安全保护装置、测量调控装置及有关附属仪器仪表的日常维护保养记录；

（五）特种设备运行故障和事故记录；

（六）高耗能特种设备的能效测试报告、能耗状况记录以及节能改造技术资料。

第二十七条　特种设备使用单位应当对在用特种设备进行经常性日常维护保养，并定期自行检查。

特种设备使用单位对在用特种设备应当至少每月进行一次自行检查，并作出记录。特种设备使用单位在对在用特种设备进行自行检查和日常维护保养时发现异常情况的，应当及时处理。

特种设备使用单位应当对在用特种设备的安全附件、安全保护装置、测量调控装置及有关附属仪器仪表进行定期校验、检修，并作出记录。

锅炉使用单位应当按照安全技术规范的要求进行锅炉水（介）质处理，并接受特种设备检验检测机构实施的水（介）质处理定期检验。

从事锅炉清洗的单位，应当按照安全技术规范的要求进行锅炉清洗，并接受特种设备检验检测机构实施的锅炉清洗过程监督检验。

第二十八条　特种设备使用单位应当按照安全技术规范的定期检验要求，在安全检验合格有效期届满前 1 个月向特种设备检验检测机构提出定期检验要求。

检验检测机构接到定期检验要求后，应当按照安全技术规范的要求及时进行安全性能检验和能效测试。

未经定期检验或者检验不合格的特种设备，不得继续使用。

第二十九条　特种设备出现故障或者发生异常情况，使用单位应当对其进行全面检查，消除事故隐患后，方可重新投入使用。

特种设备不符合能效指标的，特种设备使用单位应当采取相应措施进行整改。

第三十条　特种设备存在严重事故隐患，无改造、维修价值，或者超过安全技术规范规定使用年限,特种设备使用单位应当及时予以报废,并应当向原登记的特种设备安全监督管理部门办理注销。

第三十一条 电梯的日常维护保养必须由依照本条例取得许可的安装、改造、维修单位或者电梯制造单位进行。

电梯应当至少每 15 日进行一次清洁、润滑、调整和检查。

第三十二条 电梯的日常维护保养单位应当在维护保养中严格执行国家安全技术规范的要求,保证其维护保养的电梯的安全技术性能,并负责落实现场安全防护措施,保证施工安全。

电梯的日常维护保养单位,应当对其维护保养的电梯的安全性能负责。接到故障通知后,应当立即赶赴现场,并采取必要的应急救援措施。

第三十三条 电梯、客运索道、大型游乐设施等为公众提供服务的特种设备运营使用单位,应当设置特种设备安全管理机构或者配备专职的安全管理人员;其他特种设备使用单位,应当根据情况设置特种设备安全管理机构或者配备专职、兼职的安全管理人员。

特种设备的安全管理人员应当对特种设备使用状况进行经常性检查,发现问题的应当立即处理;情况紧急时,可以决定停止使用特种设备并及时报告本单位有关负责人。

第三十四条 客运索道、大型游乐设施的运营使用单位在客运索道、大型游乐设施每日投入使用前,应当进行试运行和例行安全检查,并对安全装置进行检查确认。

电梯、客运索道、大型游乐设施的运营使用单位应当将电梯、客运索道、大型游乐设施的安全注意事项和警示标志置于易于为乘客注意的显著位置。

第三十五条 客运索道、大型游乐设施的运营使用单位的主要负责人应当熟悉客运索道、大型游乐设施的相关安全知识,并全面负责客运索道、大型游乐设施的安全使用。

客运索道、大型游乐设施的运营使用单位的主要负责人至少应当每月召开一次会议,督促、检查客运索道、大型游乐设施的安全使用工作。

客运索道、大型游乐设施的运营使用单位,应当结合本单位的实际情况,配备相应数量的营救装备和急救物品。

第三十六条 电梯、客运索道、大型游乐设施的乘客应当遵守使用安全注意事项的要求,服从有关工作人员的指挥。

第三十七条 电梯投入使用后,电梯制造单位应当对其制造的电梯的安全运行情况进行跟踪调查和了解,对电梯的日常维护保养单位或者电梯的使用单位在安全运行方面存在的问题,提出改进建议,并提供必要的技术帮助。发现电梯存在严重事故隐患的,应当及时向特种设备安全监督管理部门报告。电梯制造单位对调查和了解的情况,应当作出记录。

第三十八条 锅炉、压力容器、电梯、起重机械、客运索道、大型游乐设施、场(厂)内专用机动车辆的作业人员及其相关管理人员(以下统称特种设备作业人员),应当按照国家有关规定经特种设备安全监督管理部门考核合格,取得国家统一格式的特种作业人员证书,方可从事相应的作业或者管理工作。

第三十九条 特种设备使用单位应当对特种设备作业人员进行特种设备安全、节能教育和培训,保证特种设备作业人员具备必要的特种设备安全、节能知识。

特种设备作业人员在作业中应当严格执行特种设备的操作规程和有关的安全规章制度。

第四十条 特种设备作业人员在作业过程中发现事故隐患或者其他不安全因素,应当立即向现场安全管理人员和单位有关负责人报告。

第四章 检验检测

第四十一条 从事本条例规定的监督检验、定期检验、型式试验以及专门为特种设备生产、使用、检验检测提供无损检测服务的特种设备检验检测机构，应当经国务院特种设备安全监督管理部门核准。

特种设备使用单位设立的特种设备检验检测机构，经国务院特种设备安全监督管理部门核准，负责本单位核准范围内的特种设备定期检验工作。

第四十二条 特种设备检验检测机构，应当具备下列条件：

（一）有与所从事的检验检测工作相适应的检验检测人员；

（二）有与所从事的检验检测工作相适应的检验检测仪器和设备；

（三）有健全的检验检测管理制度、检验检测责任制度。

第四十三条 特种设备的监督检验、定期检验、型式试验和无损检测应当由依照本条例经核准的特种设备检验检测机构进行。

特种设备检验检测工作应当符合安全技术规范的要求。

第四十四条 从事本条例规定的监督检验、定期检验、型式试验和无损检测的特种设备检验检测人员应当经国务院特种设备安全监督管理部门组织考核合格，取得检验检测人员证书，方可从事检验检测工作。

检验检测人员从事检验检测工作，必须在特种设备检验检测机构执业，但不得同时在两个以上检验检测机构中执业。

第四十五条 特种设备检验检测机构和检验检测人员进行特种设备检验检测，应当遵循诚信原则和方便企业的原则，为特种设备生产、使用单位提供可靠、便捷的检验检测服务。

特种设备检验检测机构和检验检测人员对涉及的被检验检测单位的商业秘密，负有保密义务。

第四十六条 特种设备检验检测机构和检验检测人员应当客观、公正、及时地出具检验检测结果、鉴定结论。检验检测结果、鉴定结论经检验检测人员签字后，由检验检测机构负责人签署。

特种设备检验检测机构和检验检测人员对检验检测结果、鉴定结论负责。

国务院特种设备安全监督管理部门应当组织对特种设备检验检测机构的检验检测结果、鉴定结论进行监督抽查。县以上地方负责特种设备安全监督管理的部门在本行政区域内也可以组织监督抽查，但是要防止重复抽查。监督抽查结果应当向社会公布。

第四十七条 特种设备检验检测机构和检验检测人员不得从事特种设备的生产、销售，不得以其名义推荐或者监制、监销特种设备。

第四十八条 特种设备检验检测机构进行特种设备检验检测，发现严重事故隐患或者能耗严重超标的，应当及时告知特种设备使用单位，并立即向特种设备安全监督管理部门报告。

第四十九条 特种设备检验检测机构和检验检测人员利用检验检测工作故意刁难特种设备生产、使用单位，特种设备生产、使用单位有权向特种设备安全监督管理部门投诉，接到投诉的特种设备安全监督管理部门应当及时进行调查处理。

第五章　监督检查

第五十条 特种设备安全监督管理部门依照本条例规定，对特种设备生产、使用单位和检验检测机构实施安全监察。

对学校、幼儿园以及车站、客运码头、商场、体育场馆、展览馆、公园等公众聚集场所的特种设备，特种设备安全监督管理部门应当实施重点安全监察。

第五十一条 特种设备安全监督管理部门根据举报或者取得的涉嫌违法证据，对涉嫌违反本条例规定的行为进行查处时，可以行使下列职权：

（一）向特种设备生产、使用单位和检验检测机构的法定代表人、主要负责人和其他有关人员调查、了解与涉嫌从事违反本条例的生产、使用、检验检测有关的情况；

（二）查阅、复制特种设备生产、使用单位和检验检测机构的有关合同、发票、账簿以及其他有关资料；

（三）对有证据表明不符合安全技术规范要求的或者有其他严重事故隐患、能耗严重超标的特种设备，予以查封或者扣押。

第五十二条 依照本条例规定实施许可、核准、登记的特种设备安全监督管理部门，应当严格依照本条例规定条件和安全技术规范要求对有关事项进行审查；不符合本条例规定条件和安全技术规范要求的，不得许可、核准、登记；在申请办理许可、核准期间，特种设备安全监督管理部门发现申请人未经许可从事特种设备相应活动或者伪造许可、核准证书的，不予受理或者不予许可、核准，并在1年内不再受理其新的许可、核准申请。

未依法取得许可、核准、登记的单位擅自从事特种设备的生产、使用或者检验检测活动的，特种设备安全监督管理部门应当依法予以处理。

违反本条例规定，被依法撤销许可的，自撤销许可之日起3年内，特种设备安全监督管理部门不予受理其新的许可申请。

第五十三条 特种设备安全监督管理部门在办理本条例规定的有关行政审批事项时，其受理、审查、许可、核准的程序必须公开，并应当自受理申请之日起30日内，作出许可、核准或者不予许可、核准的决定；不予许可、核准的，应当书面向申请人说明理由。

第五十四条 地方各级特种设备安全监督管理部门不得以任何形式进行地方保护和地区封锁，不得对已经依照本条例规定在其他地方取得许可的特种设备生产单位重复进行许可，也不得要求对依照本条例规定在其他地方检验检测合格的特种设备，重复进行检验检测。

第五十五条 特种设备安全监督管理部门的安全监察人员（以下简称特种设备安全监察人员）应当熟悉相关法律、法规、规章和安全技术规范，具有相应的专业知识和工作经验，并经国务院特种设备安全监督管理部门考核，取得特种设备安全监察人员证书。

特种设备安全监察人员应当忠于职守、坚持原则、秉公执法。

第五十六条 特种设备安全监督管理部门对特种设备生产、使用单位和检验检测机构实施安全监察时，应当有两名以上特种设备安全监察人员参加，并出示有效的特种设备安全监察人员证件。

第五十七条 特种设备安全监督管理部门对特种设备生产、使用单位和检验检测机构实施安全监察，应当对每次安全监察的内容、发现的问题及处理情况，作出记录，并由参加安全监察的特种设备安全监察人员和被检查单位的有关负责人签字后归档。被检查单位的有关负责人拒绝签字的，特种设备安全监察人员应当将情况记录在案。

第五十八条 特种设备安全监督管理部门对特种设备生产、使用单位和检验检测机构进行安全监察时，发现有违反本条例规定和安全技术规范要求的行为或者在用的特种设备存在事故隐患、不符合能效指标的，应当以书面形式发出特种设备安全监察指令，责令有关单位及时采取措施，予以改正或者消除事故隐患。紧急情况下需要采取紧急处置措施的，应当随后补发书面通知。

第五十九条 特种设备安全监督管理部门对特种设备生产、使用单位和检验检测机构进行安全监察，发现重大违法行为或者严重事故隐患时，应当在采取必要措施的同时，及时向上级特种设备安全监督管理部门报告。接到报告的特种设备安全监督管理部门应当采取必要措施，及时予以处理。

对违法行为、严重事故隐患或者不符合能效指标的处理需要当地人民政府和有关部门的支持、配合时，特种设备安全监督管理部门应当报告当地人民政府，并通知其他有关部门。当地人民政府和其他有关部门应当采取必要措施，及时予以处理。

第六十条 国务院特种设备安全监督管理部门和省、自治区、直辖市特种设备安全监督管理部门应当定期向社会公布特种设备安全以及能效状况。

公布特种设备安全以及能效状况，应当包括下列内容：

（一）特种设备质量安全状况；

（二）特种设备事故的情况、特点、原因分析、防范对策；

（三）特种设备能效状况；

（四）其他需要公布的情况。

第六章　事故预防和调查处理

第六十一条 有下列情形之一的，为特别重大事故：

（一）特种设备事故造成30人以上死亡，或者100人以上重伤（包括急性工业中毒，下同），或者1亿元以上直接经济损失的；

（二）600兆瓦以上锅炉爆炸的；

（三）压力容器、压力管道有毒介质泄漏，造成15万人以上转移的；

（四）客运索道、大型游乐设施高空滞留100人以上并且时间在48小时以上的。

第六十二条 有下列情形之一的，为重大事故：

（一）特种设备事故造成10人以上30人以下死亡，或者50人以上100人以下重伤，或者5000万元以上1亿元以下直接经济损失的；

（二）600兆瓦以上锅炉因安全故障中断运行240小时以上的；

（三）压力容器、压力管道有毒介质泄漏，造成5万人以上15万人以下转移的；

（四）客运索道、大型游乐设施高空滞留100人以上并且时间在24小时以上48小时以下的。

第六十三条 有下列情形之一的，为较大事故：

（一）特种设备事故造成3人以上10人以下死亡，或者10人以上50人以下重伤，或者1000万元以上5000万元以下直接经济损失的；

（二）锅炉、压力容器、压力管道爆炸的；

（三）压力容器、压力管道有毒介质泄漏，造成1万人以上5万人以下转移的；

（四）起重机械整体倾覆的；

（五）客运索道、大型游乐设施高空滞留人员12小时以上的。

第六十四条 有下列情形之一的，为一般事故：

（一）特种设备事故造成3人以下死亡，或者10人以下重伤，或者1万元以上1000万元以下直接经济损失的；

（二）压力容器、压力管道有毒介质泄漏，造成500人以上1万人以下转移的；

（三）电梯轿厢滞留人员2小时以上的；

（四）起重机械主要受力结构件折断或者起升机构坠落的；

（五）客运索道高空滞留人员3.5小时以上12小时以下的；

（六）大型游乐设施高空滞留人员1小时以上12小时以下的。

除前款规定外，国务院特种设备安全监督管理部门可以对一般事故的其他情形做出补充规定。

第六十五条 特种设备安全监督管理部门应当制定特种设备应急预案。特种设备使用单位应当制定事故应急专项预案，并定期进行事故应急演练。

压力容器、压力管道发生爆炸或者泄漏，在抢险救援时应当区分介质特性，严格按照相关预案规定程序处理，防止二次爆炸。

第六十六条　特种设备事故发生后，事故发生单位应当立即启动事故应急预案，组织抢救，防止事故扩大，减少人员伤亡和财产损失，并及时向事故发生地县以上特种设备安全监督管理部门和有关部门报告。

县以上特种设备安全监督管理部门接到事故报告，应当尽快核实有关情况，立即向所在地人民政府报告，并逐级上报事故情况。必要时，特种设备安全监督管理部门可以越级上报事故情况。对特别重大事故、重大事故，国务院特种设备安全监督管理部门应当立即报告国务院并通报国务院安全生产监督管理部门等有关部门。

第六十七条　特别重大事故由国务院或者国务院授权有关部门组织事故调查组进行调查。

重大事故由国务院特种设备安全监督管理部门会同有关部门组织事故调查组进行调查。

较大事故由省、自治区、直辖市特种设备安全监督管理部门会同有关部门组织事故调查组进行调查。

一般事故由设区的市的特种设备安全监督管理部门会同有关部门组织事故调查组进行调查。

第六十八条　事故调查报告应当由负责组织事故调查的特种设备安全监督管理部门的所在地人民政府批复，并报上一级特种设备安全监督管理部门备案。

有关机关应当按照批复，依照法律、行政法规规定的权限和程序，对事故责任单位和有关人员进行行政处罚，对负有事故责任的国家工作人员进行处分。

第六十九条　特种设备安全监督管理部门应当在有关地方人民政府的领导下，组织开展特种设备事故调查处理工作。

有关地方人民政府应当支持、配合上级人民政府或者特种设备安全监督管理部门的事故调查处理工作，并提供必要的便利条件。

第七十条　特种设备安全监督管理部门应当对发生事故的原因进行分析，并根据特种设备的管理和技术特点、事故情况对相关安全技术规范进行评估；需要制定或者修订相关安全技术规范的，应当及时制定或者修订。

第七十一条　本章所称的"以上"包括本数，所称的"以下"不包括本数。

第七章　法律责任

第七十二条　未经许可，擅自从事压力容器设计活动的，由特种设备安全监督管理部门予以取缔，处5万元以上20万元以下罚款；有违法所得的，没收违法所得；触犯刑律的，对负有责任的主管人员和其他直接责任人员依照刑法关于非法经营罪或者其他罪的规定，依法追究刑事责任。

第七十三条　锅炉、气瓶、氧舱和客运索道、大型游乐设施以及高耗能特种设备的设计文件，未经国务院特种设备安全监督管理部门核准的检验检测机构鉴定，擅自用于制造的，由特种设备安全监督管理部门责令改正，没收非法制造的产品，处5万元以上20万元以下罚款；触犯刑律的，对负有责任的主管人员和其他直接责任人员依照刑法关于生产、销售伪劣产品罪、非法经营罪或者其他罪的规定，依法追究刑事责任。

第七十四条　按照安全技术规范的要求应当进行型式试验的特种设备产品、部件或者试制特种设备新产品、新部件，未进行整机或者部件型式试验的，由特种设备安全监督管理部门责令限期改正；逾期未改正的，处2万元以上10万元以下罚款。

第七十五条　未经许可，擅自从事锅炉、压力容器、电梯、起重机械、客运索道、大型游乐设施、场（厂）内专用机动车辆及其安全附件、安全保护装置的制造、安装、改造以及压力管道元件的制造活动的，由特种设备安全监督管理部门予以取缔，没收非法制造的产品，已经实施安装、改造的，责令恢复原状或者责令限期由取得许可的单位重新安装、改造，处

10 万元以上 50 万元以下罚款；触犯刑律的，对负有责任的主管人员和其他直接责任人员依照刑法关于生产、销售伪劣产品罪、非法经营罪、重大责任事故罪或者其他罪的规定，依法追究刑事责任。

第七十六条 特种设备出厂时，未按照安全技术规范的要求附有设计文件、产品质量合格证明、安装及使用维修说明、监督检验证明等文件的，由特种设备安全监督管理部门责令改正；情节严重的，责令停止生产、销售，处违法生产、销售货值金额 30% 以下罚款；有违法所得的，没收违法所得。

第七十七条 未经许可，擅自从事锅炉、压力容器、电梯、起重机械、客运索道、大型游乐设施、场（厂）内专用机动车辆的维修或者日常维护保养的，由特种设备安全监督管理部门予以取缔，处 1 万元以上 5 万元以下罚款；有违法所得的，没收违法所得；触犯刑律的，对负有责任的主管人员和其他直接责任人员依照刑法关于非法经营罪、重大责任事故罪或者其他罪的规定，依法追究刑事责任。

第七十八条 锅炉、压力容器、电梯、起重机械、客运索道、大型游乐设施的安装、改造、维修的施工单位以及场（厂）内专用机动车辆的改造、维修单位，在施工前未将拟进行的特种设备安装、改造、维修情况书面告知直辖市或者设区的市的特种设备安全监督管理部门即行施工的，或者在验收后 30 日内未将有关技术资料移交锅炉、压力容器、电梯、起重机械、客运索道、大型游乐设施的使用单位的，由特种设备安全监督管理部门责令限期改正；逾期未改正的，处 2000 元以上 1 万元以下罚款。

第七十九条 锅炉、压力容器、压力管道元件、起重机械、大型游乐设施的制造过程和锅炉、压力容器、电梯、起重机械、客运索道、大型游乐设施的安装、改造、重大维修过程，以及锅炉清洗过程，未经国务院特种设备安全监督管理部门核准的检验检测机构按照安全技术规范的要求进行监督检验的，由特种设备安全监督管理部门责令改正，已经出厂的，没收违法生产、销售的产品，已经实施安装、改造、重大维修或者清洗的，责令限期进行监督检验，处 5 万元以上 20 万元以下罚款；有违法所得的，没收违法所得；情节严重的，撤销制造、安装、改造或者维修单位已经取得的许可，并由工商行政管理部门吊销其营业执照；触犯刑律的，对负有责任的主管人员和其他直接责任人员依照刑法关于生产、销售伪劣产品罪或者其他罪的规定，依法追究刑事责任。

第八十条 未经许可，擅自从事移动式压力容器或者气瓶充装活动的，由特种设备安全监督管理部门予以取缔，没收违法充装的气瓶，处 10 万元以上 50 万元以下罚款；有违法所得的，没收违法所得；触犯刑律的，对负有责任的主管人员和其他直接责任人员依照刑法关于非法经营罪或者其他罪的规定，依法追究刑事责任。

移动式压力容器、气瓶充装单位未按照安全技术规范的要求进行充装活动的，由特种设备安全监督管理部门责令改正，处 2 万元以上 10 万元以下罚款；情节严重的，撤销其充装资格。

第八十一条 电梯制造单位有下列情形之一的，由特种设备安全监督管理部门责令限期改正；逾期未改正的，予以通报批评：

（一）未依照本条例第十九条的规定对电梯进行校验、调试的；

（二）对电梯的安全运行情况进行跟踪调查和了解时，发现存在严重事故隐患，未及时向特种设备安全监督管理部门报告的。

第八十二条 已经取得许可、核准的特种设备生产单位、检验检测机构有下列行为之一的，由特种设备安全监督管理部门责令改正，处 2 万元以上 10 万元以下罚款；情节严重的，撤销其相应资格：

（一）未按照安全技术规范的要求办理许可证变更手续的；

（二）不再符合本条例规定或者安全技术规范要求的条件，继续从事特种设备生产、检验检测的；

（三）未依照本条例规定或者安全技术规范要求进行特种设备生产、检验检测的；

（四）伪造、变造、出租、出借、转让许可证书或者监督检验报告的。

第八十三条 特种设备使用单位有下列情形之一的，由特种设备安全监督管理部门责令限期改正；逾期未改正的，处 2000 元以上 2 万元以下罚款；情节严重的，责令停止使用或者停产停业整顿：

（一）特种设备投入使用前或者投入使用后 30 日内，未向特种设备安全监督管理部门登记，擅自将其投入使用的；

（二）未依照本条例第二十六条的规定，建立特种设备安全技术档案的；

（三）未依照本条例第二十七条的规定，对在用特种设备进行经常性日常维护保养和定期自行检查的，或者对在用特种设备的安全附件、安全保护装置、测量调控装置及有关附属仪器仪表进行定期校验、检修，并作出记录的；

（四）未按照安全技术规范的定期检验要求，在安全检验合格有效期届满前 1 个月向特种设备检验检测机构提出定期检验要求的；

（五）使用未经定期检验或者检验不合格的特种设备的；

（六）特种设备出现故障或者发生异常情况，未对其进行全面检查、消除事故隐患，继续投入使用的；

（七）未制定特种设备事故应急专项预案的；

（八）未依照本条例第三十一条第二款的规定，对电梯进行清洁、润滑、调整和检查的；

（九）未按照安全技术规范要求进行锅炉水（介）质处理的；

（十）特种设备不符合能效指标，未及时采取相应措施进行整改的。

特种设备使用单位使用未取得生产许可的单位生产的特种设备或者将非承压锅炉、非压力容器作为承压锅炉、压力容器使用的，由特种设备安全监督管理部门责令停止使用，予以没收，处 2 万元以上 10 万元以下罚款。

第八十四条 特种设备存在严重事故隐患，无改造、维修价值，或者超过安全技术规范规定的使用年限，特种设备使用单位未予以报废，并向原登记的特种设备安全监督管理部门办理注销的，由特种设备安全监督管理部门责令限期改正；逾期未改正的，处 5 万元以上 20 万元以下罚款。

第八十五条 电梯、客运索道、大型游乐设施的运营使用单位有下列情形之一的，由特种设备安全监督管理部门责令限期改正；逾期未改正的，责令停止使用或者停产停业整顿，处 1 万元以上 5 万元以下罚款：

（一）客运索道、大型游乐设施每日投入使用前，未进行试运行和例行安全检查，并对安全装置进行检查确认的；

（二）未将电梯、客运索道、大型游乐设施的安全注意事项和警示标志置于易于为乘客注意的显著位置的。

第八十六条 特种设备使用单位有下列情形之一的，由特种设备安全监督管理部门责令限期改正；逾期未改正的，责令停止使用或者停产停业整顿，处 2000 元以上 2 万元以下罚款：

（一）未依照本条例规定设置特种设备安全管理机构或者配备专职、兼职的安全管理人员的；

（二）从事特种设备作业的人员，未取得相应特种作业人员证书，上岗作业的；

（三）未对特种设备作业人员进行特种设备安全教育和培训的。

第八十七条 发生特种设备事故，有下列情形之一的，对单位，由特种设备安全监督管理部门处 5 万元以上 20 万元以下罚款；对主要负责人，由特种设备安全监督管理部门处 4000 元以上 2 万元以下罚款；属于国家工作人员的，依法给予处分；触犯刑律的，依照刑法关于重大责任事故罪或者其他罪的规定，依法追究刑事责任：

（一）特种设备使用单位的主要负责人在本单位发生特种设备事故时，不立即组织抢救或者在事故调查处理期间擅离职守或者逃匿的；

（二）特种设备使用单位的主要负责人对特种设备事故隐瞒不报、谎报或者拖延不报的。

第八十八条 对事故发生负有责任的单位，由特种设备安全监督管理部门依照下列规定处以罚款：

（一）发生一般事故的，处 10 万元以上 20 万元以下罚款；

（二）发生较大事故的，处 20 万元以上 50 万元以下罚款；

（三）发生重大事故的，处 50 万元以上 200 万元以下罚款。

第八十九条 对事故发生负有责任的单位的主要负责人未依法履行职责，导致事故发生的，由特种设备安全监督管理部门依照下列规定处罚款；属于国家工作人员的，并依法给予处分；触犯刑律的，依照刑法关于重大责任事故罪或者其他罪的规定，依法追究刑事责任：

（一）发生一般事故的，处上一年年收入 30% 的罚款；

（二）发生较大事故的，处上一年年收入 40% 的罚款；

（三）发生重大事故的，处上一年年收入 60% 的罚款。

第九十条 特种设备作业人员违反特种设备的操作规程和有关的安全规章制度操作，或者在作业过程中发现事故隐患或者其他不安全因素，未立即向现场安全管理人员和单位有关负责人报告的，由特种设备使用单位给予批评教育、处分；情节严重的，撤销特种设备作业人员资格；触犯刑律的，依照刑法关于重大责任事故罪或者其他罪的规定，依法追究刑事责任。

第九十一条 未经核准，擅自从事本条例所规定的监督检验、定期检验、型式试验以及无损检测等检验检测活动的，由特种设备安全监督管理部门予以取缔，处 5 万元以上 20 万元以下罚款；有违法所得的，没收违法所得；触犯刑律的，对负有责任的主管人员和其他直接责任人员依照刑法关于非法经营罪或者其他罪的规定，依法追究刑事责任。

第九十二条 特种设备检验检测机构，有下列情形之一的，由特种设备安全监督管理部门处 2 万元以上 10 万元以下罚款；情节严重的，撤销其检验检测资格：

（一）聘用未经特种设备安全监督管理部门组织考核合格并取得检验检测人员证书的人员，从事相关检验检测工作的；

（二）在进行特种设备检验检测中，发现严重事故隐患或者能耗严重超标，未及时告知特种设备使用单位，并立即向特种设备安全监督管理部门报告的。

第九十三条 特种设备检验检测机构和检验检测人员，出具虚假的检验检测结果、鉴定结论或者检验检测结果、鉴定结论严重失实的，由特种设备安全监督管理部门对检验检测机构没收违法所得，处 5 万元以上 20 万元以下罚款，情节严重的，撤销其检验检测资格；对检验检测人员处 5000 元以上 5 万元以下罚款，情节严重的，撤销其检验检测资格，触犯刑律的，依照刑法关于中介组织人员提供虚假证明文件罪、中介组织人员出具证明文件重大失实罪或者其他罪的规定，依法追究刑事责任。

特种设备检验检测机构和检验检测人员，出具虚假的检验检测结果、鉴定结论或者检验检测结果、鉴定结论严重失实，造成损害的，应当承担赔偿责任。

第九十四条 特种设备检验检测机构或者检验检测人员从事特种设备的生产、销售，或者以其名义推荐或者监制、监销特种设备的，由特种设备安全监督管理部门撤销特种设备检验检测机构和检验检测人员的资格，处 5 万元以上 20 万元以下罚款；有违法所得的，没收违法所得。

第九十五条 特种设备检验检测机构和检验检测人员利用检验检测工作故意刁难特种设备生产、使用单位，由特种设备安全监督管理部门责令改正；拒不改正的，撤销其检验检测资格。

第九十六条 检验检测人员，从事检验检测工作，不在特种设备检验检测机构执业或者同时在两个以上检验检测机构中执业的，由特种设备安全监督管理部门责令改正，情节严重的，给予停止执业 6 个月以上 2 年以下的处罚；有违法所得的，没收违法所得。

第九十七条 特种设备安全监督管理部门及其特种设备安全监察人员，有下列违法行为之一的，对直接负责的主管人员和其他直接责任人员，依法给予降级或者撤职的处分；触犯刑律的，依照刑法关于受贿罪、滥用职权罪、玩忽职守罪或者其他罪的规定，依法追究刑事责任：

（一）不按照本条例规定的条件和安全技术规范要求，实施许可、核准、登记的；

（二）发现未经许可、核准、登记擅自从事特种设备的生产、使用或者检验检测活动不予取缔或者不依法予以处理的；

（三）发现特种设备生产、使用单位不再具备本条例规定的条件而不撤销其原许可，或者发现特种设备生产、使用违法行为不予查处的；

（四）发现特种设备检验检测机构不再具备本条例规定的条件而不撤销其原核准，或者对其出具虚假的检验检测结果、鉴定结论或者检验检测结果、鉴定结论严重失实的行为不予查处的；

（五）对依照本条例规定在其他地方取得许可的特种设备生产单位重复进行许可，或者对依照本条例规定在其他地方检验检测合格的特种设备，重复进行检验检测的；

（六）发现有违反本条例和安全技术规范的行为或者在用的特种设备存在严重事故隐患，不立即处理的；

（七）发现重大的违法行为或者严重事故隐患，未及时向上级特种设备安全监督管理部门报告，或者接到报告的特种设备安全监督管理部门不立即处理的；

（八）迟报、漏报、瞒报或者谎报事故的；

（九）妨碍事故救援或者事故调查处理的。

第九十八条 特种设备的生产、使用单位或者检验检测机构，拒不接受特种设备安全监督管理部门依法实施的安全监察的，由特种设备安全监督管理部门责令限期改正；逾期未改正的，责令停产停业整顿，处 2 万元以上 10 万元以下罚款；触犯刑律的，依照刑法关于妨害公务罪或者其他罪的规定，依法追究刑事责任。

特种设备生产、使用单位擅自动用、调换、转移、损毁被查封、扣押的特种设备或者其主要部件的，由特种设备安全监督管理部门责令改正，处 5 万元以上 20 万元以下罚款；情节严重的，撤销其相应资格。

第八章　附　则

第九十九条 本条例下列用语的含义是：

（一）锅炉，是指利用各种燃料、电或者其他能源，将所盛装的液体加热到一定的参数，并对外输出热能的设备，其范围规定为容积大于或者等于30L的承压蒸汽锅炉；出口水压大于或者等于 0.1MPa（表压），且额定功率大于或者等于 0.1MW 的承压热水锅炉；有机热载体锅炉。

（二）压力容器，是指盛装气体或者液体，承载一定压力的密闭设备，其范围规定为最高工作压力大于或者等于 0.1MPa（表压），且压力与容积的乘积大于或者等于 2.5MPa·L 的气体、液化气体和最高工作温度高于或者等于标准沸点的液体的固定式容器和移动式容器；盛装公称工作压力大于或者等于 0.2MPa（表压），且压力与容积的乘积大于或者等于 1.0MPa·L 的气体、液化气体和标准沸点等于或者低于 60℃液体的气瓶；氧舱等。

（三）压力管道，是指利用一定的压力，用于输送气体或者液体的管状设备，其范围规定为最高工作压力大于或者等于 0.1MPa（表压）的气体、液化气体、蒸汽介质或者可燃、易爆、有毒、有腐蚀性、最高工作温度高于或者等于标准沸点的液体介质，且公称直径大于 25mm 的管道。

（四）电梯，是指动力驱动，利用沿刚性导轨运行的箱体或者沿固定线路运行的梯级（踏步），进行升降或者平行运送人、货物的机电设备，包括载人（货）电梯、自动扶梯、自动人行道等。

（五）起重机械，是指用于垂直升降或者垂直升降并水平移动重物的机电设备，其范围规定为额定起重量大于或者等于 0.5t 的升降机；额定起重量大于或者等于 1t，且提升高度大于或者等于 2m 的起重机和承重形式固定的电动葫芦等。

（六）客运索道，是指动力驱动，利用柔性绳索牵引箱体等运载工具运送人员的机电设备，包括客运架空索道、客运缆车、客运拖牵索道等。

（七）大型游乐设施，是指用于经营目的，承载乘客游乐的设施，其范围规定为设计最大运行线速度大于或者等于 2m/s，或者运行高度距离地面高于或者等于 2m 的载人大型游乐设施。

（八）场（厂）内专用机动车辆，是指除道路交通、农用车辆以外仅在工厂厂区、旅游景区、游乐场所等特定区域使用的专用机动车辆。

特种设备包括其所用的材料、附属的安全附件、安全保护装置和与安全保护装置相关的设施。

第一百条 压力管道设计、安装、使用的安全监督管理办法由国务院另行制定。

第一百零一条 国务院特种设备安全监督管理部门可以授权省、自治区、直辖市特种设备安全监督管理部门负责本条例规定的特种设备行政许可工作，具体办法由国务院特种设备安全监督管理部门制定。

第一百零二条 特种设备行政许可、检验检测，应当按照国家有关规定收取费用。

第一百零三条 本条例自 2003 年 6 月 1 日起施行。1982 年 2 月 6 日国务院发布的《锅炉压力容器安全监察暂行条例》同时废止。

关于承压特种设备制造许可有关事项的公告

（国家质检总局公告 2012 年第 151 号）

发布日期：2012-10-11
实施日期：2012-10-11
法规类型：规范性文件

为进一步规范进口承压特种设备制造许可要求，现将有关事项公告如下：

一、制造许可要求

（一）锅炉、压力容器、气瓶及其安全附件、安全保护装置（包括安全阀、爆破片和气瓶瓶阀）的制造单位和压力管道用安全阀、爆破片的制造单位应当取得特种设备制造许可。

（二）其他进口压力管道元件暂不要求取得特种设备制造许可，但应当符合中国安全技术规范和国家标准的强制性要求。首次进口的压力管道元件应当由质检总局核准的压力管道元件型式试验机构进行型式试验。压力管道元件进口报检时，应当向出入境检验检疫部门提交型式试验机构出具的型式试验合格证明，经安全性能检验合格，可以在中国境内销售和使用。随进口锅炉压力容器整机配套出厂的压力管道元件无需进行型式试验，其产品质量由锅炉压力容器制造厂负责，并应随进口锅炉压力容器同时进行产品安全性能检验。

二、质量保证体系要求

从本公告发布之日起六个月后，境外取（换）制造许可证的锅炉压力容器制造企业的质量保证体系应当满足《特种设备制造安装改造维修质量保证体系基本要求》（TSG Z0004-2007）。

三、基本安全要求

压力容器安全质量应当满足其所适用的压力容器安全技术监察规程所规定的基本安全要求。固定式压力容器和移动式压力容器产品，无法采用中国标准制造时，持证企业可以采用国际上广泛使用的成熟标准进行设计制造，同时应向质检总局特种设备许可办公室（以下简称许可办）提交其产品符合中国安全规范规定的压力容器基本安全要求的申明（以下简称"符合性申明"）和其产品与符合压力容器基本安全要求的比照表（以下简称"比照表"），同一类型且相同设计参数的产品，符合性申明和比照表只需提交一次。许可办收到书面资料后，将在5个工作日内通知持证企业已取得符合性申明的编号并在许可办网站上公示编号。制造单位应将公示编号、符合性申明和比照表纳入产品出厂资料。符合性申明具体格式见附件1；固定式压力容器产品比照表的具体格式见附件2；移动式压力容器产品比照表的具体格式见附件3。

对于气瓶及气瓶用阀门类产品，无法采用中国标准制造时，应向许可办提交其所依据的标准，并由中国的相关标准化技术组织按照《气瓶安全监察规程》及有关规定进行标准评审备案。持证企业应当按照评审备案后的标准进行产品的设计、制造和检验，并由质检总局核准的检验机构进行型式试验和设计文件鉴定。

四、风险评估要求

对Ⅲ类固定式压力容器和移动式压力容器、超高压容器，制造企业应在产品出厂资料中提供风险评估报告（见附件4）。

五、其他

自本公告发布之日起，《锅炉压力容器制造许可条件》（国质检锅〔2003〕194号）第四章及第五十二条至第五十七条和第十六条中"如制造的压力容器设计压力<10MPa，同时最大直径<150mm且水容积<25L，则无须申请压力容器制造许可。"的要求不再执行。

特此公告。

附件：1. 压力容器产品符合质量基本安全要求的申明（略）

    2. 固定式压力容器产品与《固定式压力容器安全技术监察规程》质量基本安全要求比照表（略）

    3. 移动式压力容器产品与《移动式压力容器安全技术监察规程》质量基本安全要求比照表（略）

    4. 风险评估报告的基本要求（略）

关于调整进出口锅炉压力容器、压力管道检验监管工作的通知

（国质检检〔2006〕107号）

发布日期：2006-03-24
实施日期：2006-03-24
法规类型：规范性文件

各直属检验检疫局，各省、自治区、直辖市质量技术监督局：

随着改革开放的深入，社会主义市场体制逐步完善，原国家劳动人事部和原国家商检局于1985年发布的《进出口锅炉压力容器监督管理办法（试行）》（下称"管理办法"）中个别条款不适应新形势的问题越来越突出，经研究，现就进出口锅炉压力容器检验监管相关规定做如下调整：

一、对于出口锅炉、压力容器、压力管道元件，检验检疫机构应根据抽样标准抽取样品送经国家质检总局核准的特种设备监督检验机构（以下简称检验机构）检验，安全性能检验合格后，贸易关系人应持检验机构出具的安全性能检验报告，直接向检验检疫机构报检，无须再经省级锅炉安全监察机构审核盖章。

二、进口成套设备中的压力容器、压力管道元件也应获得总局签发的制造许可证。因特殊需要，经国家批准进口的旧成套设备中属关键部件的压力容器、压力管道元件，须经当地检验机构安全性能检验合格后，出具安全性能检验合格证明，办理检验检疫手续后，准许安装使用并办理使用登记。

特殊物品

中华人民共和国生物安全法

（主席令第 56 号）

发布日期：2020-10-14
实施日期：2021-04-15
法规类型：法律

第一章 总 则

第一条 为了维护国家安全，防范和应对生物安全风险，保障人民生命健康，保护生物资源和生态环境，促进生物技术健康发展，推动构建人类命运共同体，实现人与自然和谐共生，制定本法。

第二条 本法所称生物安全，是指国家有效防范和应对危险生物因子及相关因素威胁，生物技术能够稳定健康发展，人民生命健康和生态系统相对处于没有危险和不受威胁的状态，生物领域具备维护国家安全和持续发展的能力。

从事下列活动，适用本法：

（一）防控重大新发突发传染病、动植物疫情；

（二）生物技术研究、开发与应用；

（三）病原微生物实验室生物安全管理；

（四）人类遗传资源与生物资源安全管理；

（五）防范外来物种入侵与保护生物多样性；

（六）应对微生物耐药；

（七）防范生物恐怖袭击与防御生物武器威胁；

（八）其他与生物安全相关的活动。

第三条 生物安全是国家安全的重要组成部分。维护生物安全应当贯彻总体国家安全观，统筹发展和安全，坚持以人为本、风险预防、分类管理、协同配合的原则。

第四条 坚持中国共产党对国家生物安全工作的领导，建立健全国家生物安全领导体制，加强国家生物安全风险防控和治理体系建设，提高国家生物安全治理能力。

第五条 国家鼓励生物科技创新，加强生物安全基础设施和生物科技人才队伍建设，支持生物产业发展，以创新驱动提升生物科技水平，增强生物安全保障能力。

第六条 国家加强生物安全领域的国际合作，履行中华人民共和国缔结或者参加的国际条约规定的义务，支持参与生物科技交流合作与生物安全事件国际救援，积极参与生物安全国际规则的研究与制定，推动完善全球生物安全治理。

第七条 各级人民政府及其有关部门应当加强生物安全法律法规和生物安全知识宣传普及工作，引导基层群众性自治组织、社会组织开展生物安全法律法规和生物安全知识宣传，促进全社会生物安全意识的提升。

相关科研院校、医疗机构以及其他企业事业单位应当将生物安全法律法规和生物安全知识纳入教育培训内容，加强学生、从业人员生物安全意识和伦理意识的培养。

新闻媒体应当开展生物安全法律法规和生物安全知识公益宣传，对生物安全违法行为进行舆论监督，增强公众维护生物安全的社会责任意识。

第八条 任何单位和个人不得危害生物安全。

任何单位和个人有权举报危害生物安全的行为；接到举报的部门应当及时依法处理。

第九条 对在生物安全工作中做出突出贡献的单位和个人，县级以上人民政府及其有关部门按照国家规定予以表彰和奖励。

第二章 生物安全风险防控体制

第十条 中央国家安全领导机构负责国家生物安全工作的决策和议事协调，研究制定、指导实施国家生物安全战略和有关重大方针政策，统筹协调国家生物安全的重大事项和重要工作，建立国家生物安全工作协调机制。

省、自治区、直辖市建立生物安全工作协调机制，组织协调、督促推进本行政区域内生物安全相关工作。

第十一条 国家生物安全工作协调机制由国务院卫生健康、农业农村、科学技术、外交等主管部门和有关军事机关组成，分析研判国家生物安全形势，组织协调、督促推进国家生物安全相关工作。国家生物安全工作协调机制设立办公室，负责协调机制的日常工作。

国家生物安全工作协调机制成员单位和国务院其他有关部门根据职责分工，负责生物安全相关工作。

第十二条 国家生物安全工作协调机制设立专家委员会，为国家生物安全战略研究、政策制定及实施提供决策咨询。

国务院有关部门组织建立相关领域、行业的生物安全技术咨询专家委员会，为生物安全工作提供咨询、评估、论证等技术支撑。

第十三条 地方各级人民政府对本行政区域内生物安全工作负责。

县级以上地方人民政府有关部门根据职责分工，负责生物安全相关工作。

基层群众性自治组织应当协助地方人民政府以及有关部门做好生物安全风险防控、应急处置和宣传教育等工作。

有关单位和个人应当配合做好生物安全风险防控和应急处置等工作。

第十四条 国家建立生物安全风险监测预警制度。国家生物安全工作协调机制组织建立国家生物安全风险监测预警体系，提高生物安全风险识别和分析能力。

第十五条 国家建立生物安全风险调查评估制度。国家生物安全工作协调机制应当根据风险监测的数据、资料等信息，定期组织开展生物安全风险调查评估。

有下列情形之一的，有关部门应当及时开展生物安全风险调查评估，依法采取必要的风险防控措施：

（一）通过风险监测或者接到举报发现可能存在生物安全风险；

（二）为确定监督管理的重点领域、重点项目，制定、调整生物安全相关名录或者清单；

（三）发生重大新发突发传染病、动植物疫情等危害生物安全的事件；

（四）需要调查评估的其他情形。

第十六条 国家建立生物安全信息共享制度。国家生物安全工作协调机制组织建立统一的国家生物安全信息平台，有关部门应当将生物安全数据、资料等信息汇交国家生物安全信息平台，实现信息共享。

第十七条 国家建立生物安全信息发布制度。国家生物安全总体情况、重大生物安全风险警示信息、重大生物安全事件及其调查处理信息等重大生物安全信息，由国家生物安全工作协调机制成员单位根据职责分工发布；其他生物安全信息由国务院有关部门和县级以上地方人民政府及其有关部门根据职责权限发布。

任何单位和个人不得编造、散布虚假的生物安全信息。

第十八条 国家建立生物安全名录和清单制度。国务院及其有关部门根据生物安全工作需要，对涉及生物安全的材料、设备、技术、活动、重要生物资源数据、传染病、动植物疫病、外来入侵物种等制定、公布名录或者清单，并动态调整。

第十九条 国家建立生物安全标准制度。国务院标准化主管部门和国务院其他有关部门根据职责分工，制定和完善生物安全领域相关标准。

国家生物安全工作协调机制组织有关部门加强不同领域生物安全标准的协调和衔接，建立和完善生物安全标准体系。

第二十条 国家建立生物安全审查制度。对影响或者可能影响国家安全的生物领域重大事项和活动，由国务院有关部门进行生物安全审查，有效防范和化解生物安全风险。

第二十一条 国家建立统一领导、协同联动、有序高效的生物安全应急制度。

国务院有关部门应当组织制定相关领域、行业生物安全事件应急预案，根据应急预案和统一部署开展应急演练、应急处置、应急救援和事后恢复等工作。

县级以上地方人民政府及其有关部门应当制定并组织、指导和督促相关企业事业单位制定生物安全事件应急预案，加强应急准备、人员培训和应急演练，开展生物安全事件应急处置、应急救援和事后恢复等工作。

中国人民解放军、中国人民武装警察部队按照中央军事委员会的命令，依法参加生物安全事件应急处置和应急救援工作。

第二十二条 国家建立生物安全事件调查溯源制度。发生重大新发突发传染病、动植物疫情和不明原因的生物安全事件，国家生物安全工作协调机制应当组织开展调查溯源，确定事件性质，全面评估事件影响，提出意见建议。

第二十三条 国家建立首次进境或者暂停后恢复进境的动植物、动植物产品、高风险生物因子国家准入制度。

进出境的人员、运输工具、集装箱、货物、物品、包装物和国际航行船舶压舱水排放等应当符合我国生物安全管理要求。

海关对发现的进出境和过境生物安全风险，应当依法处置。经评估为生物安全高风险的人员、运输工具、货物、物品等，应当从指定的国境口岸进境，并采取严格的风险防控措施。

第二十四条 国家建立境外重大生物安全事件应对制度。境外发生重大生物安全事件的，海关依法采取生物安全紧急防控措施，加强证件核验，提高查验比例，暂停相关人员、运输工具、货物、物品等进境。必要时经国务院同意，可以采取暂时关闭有关口岸、封锁有关国境等措施。

第二十五条 县级以上人民政府有关部门应当依法开展生物安全监督检查工作，被检查单位和个人应当配合，如实说明情况，提供资料，不得拒绝、阻挠。

涉及专业技术要求较高、执法业务难度较大的监督检查工作，应当有生物安全专业技术人员参加。

第二十六条 县级以上人民政府有关部门实施生物安全监督检查，可以依法采取下列措施：

（一）进入被检查单位、地点或者涉嫌实施生物安全违法行为的场所进行现场监测、勘查、检查或者核查；

（二）向有关单位和个人了解情况；

（三）查阅、复制有关文件、资料、档案、记录、凭证等；

（四）查封涉嫌实施生物安全违法行为的场所、设施；

（五）扣押涉嫌实施生物安全违法行为的工具、设备以及相关物品；

（六）法律法规规定的其他措施。

有关单位和个人的生物安全违法信息应当依法纳入全国信用信息共享平台。

第三章　防控重大新发突发传染病、动植物疫情

第二十七条　国务院卫生健康、农业农村、林业草原、海关、生态环境主管部门应当建立新发突发传染病、动植物疫情、进出境检疫、生物技术环境安全监测网络，组织监测站点布局、建设，完善监测信息报告系统，开展主动监测和病原检测，并纳入国家生物安全风险监测预警体系。

第二十八条　疾病预防控制机构、动物疫病预防控制机构、植物病虫害预防控制机构（以下统称专业机构）应当对传染病、动植物疫病和列入监测范围的不明原因疾病开展主动监测，收集、分析、报告监测信息，预测新发突发传染病、动植物疫病的发生、流行趋势。

国务院有关部门、县级以上地方人民政府及其有关部门应当根据预测和职责权限及时发布预警，并采取相应的防控措施。

第二十九条　任何单位和个人发现传染病、动植物疫病的，应当及时向医疗机构、有关专业机构或者部门报告。

医疗机构、专业机构及其工作人员发现传染病、动植物疫病或者不明原因的聚集性疾病的，应当及时报告，并采取保护性措施。

依法应当报告的，任何单位和个人不得瞒报、谎报、缓报、漏报，不得授意他人瞒报、谎报、缓报，不得阻碍他人报告。

第三十条　国家建立重大新发突发传染病、动植物疫情联防联控机制。

发生重大新发突发传染病、动植物疫情，应当依照有关法律法规和应急预案的规定及时采取控制措施；国务院卫生健康、农业农村、林业草原主管部门应当立即组织疫情会商研判，将会商研判结论向中央国家安全领导机构和国务院报告，并通报国家生物安全工作协调机制其他成员单位和国务院其他有关部门。

发生重大新发突发传染病、动植物疫情，地方各级人民政府统一履行本行政区域内疫情防控职责，加强组织领导，开展群防群控、医疗救治，动员和鼓励社会力量依法有序参与疫情防控工作。

第三十一条　国家加强国境、口岸传染病和动植物疫情联合防控能力建设，建立传染病、动植物疫情防控国际合作网络，尽早发现、控制重大新发突发传染病、动植物疫情。

第三十二条　国家保护野生动物，加强动物防疫，防止动物源性传染病传播。

第三十三条　国家加强对抗生素药物等抗微生物药物使用和残留的管理，支持应对微生物耐药的基础研究和科技攻关。

县级以上人民政府卫生健康主管部门应当加强对医疗机构合理用药的指导和监督，采取措施防止抗微生物药物的不合理使用。县级以上人民政府农业农村、林业草原主管部门应当加强对农业生产中合理用药的指导和监督，采取措施防止抗微生物药物的不合理使用，降低在农业生产环境中的残留。

国务院卫生健康、农业农村、林业草原、生态环境等主管部门和药品监督管理部门应当根据职责分工，评估抗微生物药物残留对人体健康、环境的危害，建立抗微生物药物污染物指标评价体系。

第四章　生物技术研究、开发与应用安全

第三十四条　国家加强对生物技术研究、开发与应用活动的安全管理，禁止从事危及公众健康、损害生物资源、破坏生态系统和生物多样性等危害生物安全的生物技术研究、开发与应用活动。

从事生物技术研究、开发与应用活动，应当符合伦理原则。

第三十五条　从事生物技术研究、开发与应用活动的单位应当对本单位生物技术研究、开发与应用的安全负责，采取生物安全风险防控措施，制定生物安全培训、跟踪检查、定期报告等工作制度，强化过程管理。

第三十六条　国家对生物技术研究、开发活动实行分类管理。根据对公众健康、工业农业、生态环境等造成危害的风险程度，将生物技术研究、开发活动分为高风险、中风险、低风险三类。

生物技术研究、开发活动风险分类标准及名录由国务院科学技术、卫生健康、农业农村等主管部门根据职责分工，会同国务院其他有关部门制定、调整并公布。

第三十七条　从事生物技术研究、开发活动，应当遵守国家生物技术研究开发安全管理规范。

从事生物技术研究、开发活动，应当进行风险类别判断，密切关注风险变化，及时采取应对措施。

第三十八条　从事高风险、中风险生物技术研究、开发活动，应当由在我国境内依法成立的法人组织进行，并依法取得批准或者进行备案。

从事高风险、中风险生物技术研究、开发活动，应当进行风险评估，制定风险防控计划和生物安全事件应急预案，降低研究、开发活动实施的风险。

第三十九条　国家对涉及生物安全的重要设备和特殊生物因子实行追溯管理。购买或者引进列入管控清单的重要设备和特殊生物因子，应当进行登记，确保可追溯，并报国务院有关部门备案。

个人不得购买或者持有列入管控清单的重要设备和特殊生物因子。

第四十条　从事生物医学新技术临床研究，应当通过伦理审查，并在具备相应条件的医疗机构内进行；进行人体临床研究操作的，应当由符合相应条件的卫生专业技术人员执行。

第四十一条　国务院有关部门依法对生物技术应用活动进行跟踪评估，发现存在生物安全风险的，应当及时采取有效补救和管控措施。

第五章　病原微生物实验室生物安全

第四十二条　国家加强对病原微生物实验室生物安全的管理，制定统一的实验室生物安全标准。病原微生物实验室应当符合生物安全国家标准和要求。

从事病原微生物实验活动，应当严格遵守有关国家标准和实验室技术规范、操作规程，采取安全防范措施。

第四十三条　国家根据病原微生物的传染性、感染后对人和动物的个体或者群体的危害程度，对病原微生物实行分类管理。

从事高致病性或者疑似高致病性病原微生物样本采集、保藏、运输活动，应当具备相应条件，符合生物安全管理规范。具体办法由国务院卫生健康、农业农村主管部门制定。

第四十四条 设立病原微生物实验室，应当依法取得批准或者进行备案。

个人不得设立病原微生物实验室或者从事病原微生物实验活动。

第四十五条 国家根据对病原微生物的生物安全防护水平，对病原微生物实验室实行分等级管理。

从事病原微生物实验活动应当在相应等级的实验室进行。低等级病原微生物实验室不得从事国家病原微生物目录规定应当在高等级病原微生物实验室进行的病原微生物实验活动。

第四十六条 高等级病原微生物实验室从事高致病性或者疑似高致病性病原微生物实验活动，应当经省级以上人民政府卫生健康或者农业农村主管部门批准，并将实验活动情况向批准部门报告。

对我国尚未发现或者已经宣布消灭的病原微生物，未经批准不得从事相关实验活动。

第四十七条 病原微生物实验室应当采取措施，加强对实验动物的管理，防止实验动物逃逸，对使用后的实验动物按照国家规定进行无害化处理，实现实验动物可追溯。禁止将使用后的实验动物流入市场。

病原微生物实验室应当加强对实验活动废弃物的管理，依法对废水、废气以及其他废弃物进行处置，采取措施防止污染。

第四十八条 病原微生物实验室的设立单位负责实验室的生物安全管理，制定科学、严格的管理制度，定期对有关生物安全规定的落实情况进行检查，对实验室设施、设备、材料等进行检查、维护和更新，确保其符合国家标准。

病原微生物实验室设立单位的法定代表人和实验室负责人对实验室的生物安全负责。

第四十九条 病原微生物实验室的设立单位应当建立和完善安全保卫制度，采取安全保卫措施，保障实验室及其病原微生物的安全。

国家加强对高等级病原微生物实验室的安全保卫。高等级病原微生物实验室应当接受公安机关等部门有关实验室安全保卫工作的监督指导，严防高致病性病原微生物泄漏、丢失和被盗、被抢。

国家建立高等级病原微生物实验室人员进入审核制度。进入高等级病原微生物实验室的人员应当经实验室负责人批准。对可能影响实验室生物安全的，不予批准；对批准进入的，应当采取安全保障措施。

第五十条 病原微生物实验室的设立单位应当制定生物安全事件应急预案，定期组织开展人员培训和应急演练。发生高致病性病原微生物泄漏、丢失和被盗、被抢或者其他生物安全风险的，应当按照应急预案的规定及时采取控制措施，并按照国家规定报告。

第五十一条 病原微生物实验室所在地省级人民政府及其卫生健康主管部门应当加强实验室所在地感染性疾病医疗资源配置，提高感染性疾病医疗救治能力。

第五十二条 企业对涉及病原微生物操作的生产车间的生物安全管理，依照有关病原微生物实验室的规定和其他生物安全管理规范进行。

涉及生物毒素、植物有害生物及其他生物因子操作的生物安全实验室的建设和管理，参照有关病原微生物实验室的规定执行。

第六章　人类遗传资源与生物资源安全

第五十三条 国家加强对我国人类遗传资源和生物资源采集、保藏、利用、对外提供等活动的管理和监督，保障人类遗传资源和生物资源安全。

国家对我国人类遗传资源和生物资源享有主权。

第五十四条 国家开展人类遗传资源和生物资源调查。

国务院科学技术主管部门组织开展我国人类遗传资源调查，制定重要遗传家系和特定地区人类遗传资源申报登记办法。

国务院科学技术、自然资源、生态环境、卫生健康、农业农村、林业草原、中医药主管部门根据职责分工，组织开展生物资源调查，制定重要生物资源申报登记办法。

第五十五条 采集、保藏、利用、对外提供我国人类遗传资源，应当符合伦理原则，不得危害公众健康、国家安全和社会公共利益。

第五十六条 从事下列活动，应当经国务院科学技术主管部门批准：

（一）采集我国重要遗传家系、特定地区人类遗传资源或者采集国务院科学技术主管部门规定的种类、数量的人类遗传资源；

（二）保藏我国人类遗传资源；

（三）利用我国人类遗传资源开展国际科学研究合作；

（四）将我国人类遗传资源材料运送、邮寄、携带出境。

前款规定不包括以临床诊疗、采供血服务、查处违法犯罪、兴奋剂检测和殡葬等为目的采集、保藏人类遗传资源及开展的相关活动。

为了取得相关药品和医疗器械在我国上市许可，在临床试验机构利用我国人类遗传资源开展国际合作临床试验、不涉及人类遗传资源出境的，不需要批准；但是，在开展临床试验前应当将拟使用的人类遗传资源种类、数量及用途向国务院科学技术主管部门备案。

境外组织、个人及其设立或者实际控制的机构不得在我国境内采集、保藏我国人类遗传资源，不得向境外提供我国人类遗传资源。

第五十七条 将我国人类遗传资源信息向境外组织、个人及其设立或者实际控制的机构提供或者开放使用的，应当向国务院科学技术主管部门事先报告并提交信息备份。

第五十八条 采集、保藏、利用、运输出境我国珍贵、濒危、特有物种及其可用于再生或者繁殖传代的个体、器官、组织、细胞、基因等遗传资源，应当遵守有关法律法规。

境外组织、个人及其设立或者实际控制的机构获取和利用我国生物资源，应当依法取得批准。

第五十九条 利用我国生物资源开展国际科学研究合作，应当依法取得批准。

利用我国人类遗传资源和生物资源开展国际科学研究合作，应当保证中方单位及其研究人员全过程、实质性地参与研究，依法分享相关权益。

第六十条 国家加强对外来物种入侵的防范和应对，保护生物多样性。国务院农业农村主管部门会同国务院其他有关部门制定外来入侵物种名录和管理办法。

国务院有关部门根据职责分工，加强对外来入侵物种的调查、监测、预警、控制、评估、清除以及生态修复等工作。

任何单位和个人未经批准，不得擅自引进、释放或者丢弃外来物种。

第七章　防范生物恐怖与生物武器威胁

第六十一条 国家采取一切必要措施防范生物恐怖与生物武器威胁。

禁止开发、制造或者以其他方式获取、储存、持有和使用生物武器。

禁止以任何方式唆使、资助、协助他人开发、制造或者以其他方式获取生物武器。

第六十二条 国务院有关部门制定、修改、公布可被用于生物恐怖活动、制造生物武器的生物体、生物毒素、设备或者技术清单，加强监管，防止其被用于制造生物武器或者恐怖目的。

第六十三条 国务院有关部门和有关军事机关根据职责分工，加强对可被用于生物恐怖活动、制造生物武器的生物体、生物毒素、设备或者技术进出境、进出口、获取、制造、转移和投放等活动的监测、调查，采取必要的防范和处置措施。

第六十四条 国务院有关部门、省级人民政府及其有关部门负责组织遭受生物恐怖袭击、生物武器攻击后的人员救治与安置、环境消毒、生态修复、安全监测和社会秩序恢复等工作。

国务院有关部门、省级人民政府及其有关部门应当有效引导社会舆论科学、准确报道生物恐怖袭击和生物武器攻击事件，及时发布疏散、转移和紧急避难等信息，对应急处置与恢复过程中遭受污染的区域和人员进行长期环境监测和健康监测。

第六十五条 国家组织开展对我国境内战争遗留生物武器及其危害结果、潜在影响的调查。

国家组织建设存放和处理战争遗留生物武器设施，保障对战争遗留生物武器的安全处置。

第八章 生物安全能力建设

第六十六条 国家制定生物安全事业发展规划，加强生物安全能力建设，提高应对生物安全事件的能力和水平。

县级以上人民政府应当支持生物安全事业发展，按照事权划分，将支持下列生物安全事业发展的相关支出列入政府预算：

（一）监测网络的构建和运行；

（二）应急处置和防控物资的储备；

（三）关键基础设施的建设和运行；

（四）关键技术和产品的研究、开发；

（五）人类遗传资源和生物资源的调查、保藏；

（六）法律法规规定的其他重要生物安全事业。

第六十七条 国家采取措施支持生物安全科技研究，加强生物安全风险防御与管控技术研究，整合优势力量和资源，建立多学科、多部门协同创新的联合攻关机制，推动生物安全核心关键技术和重大防御产品的成果产出与转化应用，提高生物安全的科技保障能力。

第六十八条 国家统筹布局全国生物安全基础设施建设。国务院有关部门根据职责分工，加快建设生物信息、人类遗传资源保藏、菌（毒）种保藏、动植物遗传资源保藏、高等级病原微生物实验室等方面的生物安全国家战略资源平台，建立共享利用机制，为生物安全科技创新提供战略保障和支撑。

第六十九条 国务院有关部门根据职责分工，加强生物基础科学研究人才和生物领域专业技术人才培养，推动生物基础科学学科建设和科学研究。

国家生物安全基础设施重要岗位的从业人员应当具备符合要求的资格，相关信息应当向国务院有关部门备案，并接受岗位培训。

第七十条 国家加强重大新发突发传染病、动植物疫情等生物安全风险防控的物资储备。

国家加强生物安全应急药品、装备等物资的研究、开发和技术储备。国务院有关部门根据职责分工，落实生物安全应急药品、装备等物资研究、开发和技术储备的相关措施。

国务院有关部门和县级以上地方人民政府及其有关部门应当保障生物安全事件应急处置所需的医疗救护设备、救治药品、医疗器械等物资的生产、供应和调配；交通运输主管部门应当及时组织协调运输经营单位优先运送。

第七十一条 国家对从事高致病性病原微生物实验活动、生物安全事件现场处置等高风险生物安全工作的人员，提供有效的防护措施和医疗保障。

第九章 法律责任

第七十二条 违反本法规定，履行生物安全管理职责的工作人员在生物安全工作中滥用职权、玩忽职守、徇私舞弊或者有其他违法行为的，依法给予处分。

第七十三条 违反本法规定，医疗机构、专业机构或者其工作人员瞒报、谎报、缓报、漏报，授意他人瞒报、谎报、缓报，或者阻碍他人报告传染病、动植物疫病或者不明原因的聚集性疾病的，由县级以上人民政府有关部门责令改正，给予警告；对法定代表人、主要负责人、直接负责的主管人员和其他直接责任人员，依法给予处分，并可以依法暂停一定期限的执业活动直至吊销相关执业证书。

违反本法规定，编造、散布虚假的生物安全信息，构成违反治安管理行为的，由公安机关依法给予治安管理处罚。

第七十四条 违反本法规定，从事国家禁止的生物技术研究、开发与应用活动的，由县级以上人民政府卫生健康、科学技术、农业农村主管部门根据职责分工，责令停止违法行为，没收违法所得、技术资料和用于违法行为的工具、设备、原材料等物品，处一百万元以上一千万元以下的罚款；违法所得在一百万元以上的，处违法所得十倍以上二十倍以下的罚款，并可以依法禁止一定期限内从事相应的生物技术研究、开发与应用活动，吊销相关许可证件；对法定代表人、主要负责人、直接负责的主管人员和其他直接责任人员，依法给予处分，处十万元以上二十万元以下的罚款，十年直至终身禁止从事相应的生物技术研究、开发与应用活动，依法吊销相关执业证书。

第七十五条 违反本法规定，从事生物技术研究、开发活动未遵守国家生物技术研究开发安全管理规范的，由县级以上人民政府有关部门根据职责分工，责令改正，给予警告，可以并处二万元以上二十万元以下的罚款；拒不改正或者造成严重后果的，责令停止研究、开发活动，并处二十万元以上二百万元以下的罚款。

第七十六条 违反本法规定，从事病原微生物实验活动未在相应等级的实验室进行，或者高等级病原微生物实验室未经批准从事高致病性、疑似高致病性病原微生物实验活动的，由县级以上地方人民政府卫生健康、农业农村主管部门根据职责分工，责令停止违法行为，监督其将用于实验活动的病原微生物销毁或者送交保藏机构，给予警告；造成传染病传播、流行或者其他严重后果的，对法定代表人、主要负责人、直接负责的主管人员和其他直接责任人员依法给予撤职、开除处分。

第七十七条 违反本法规定，将使用后的实验动物流入市场的，由县级以上人民政府科学技术主管部门责令改正，没收违法所得，并处二十万元以上一百万元以下的罚款；违法所得在二十万元以上的，并处违法所得五倍以上十倍以下的罚款；情节严重的，由发证部门吊销相关许可证件。

第七十八条 违反本法规定，有下列行为之一的，由县级以上人民政府有关部门根据职责分工，责令改正，没收违法所得，给予警告，可以并处十万元以上一百万元以下的罚款：

（一）购买或者引进列入管控清单的重要设备、特殊生物因子未进行登记，或者未报国务院有关部门备案；

（二）个人购买或者持有列入管控清单的重要设备或者特殊生物因子；

（三）个人设立病原微生物实验室或者从事病原微生物实验活动；

（四）未经实验室负责人批准进入高等级病原微生物实验室。

第七十九条 违反本法规定，未经批准，采集、保藏我国人类遗传资源或者利用我国人类遗传资源开展国际科学研究合作的，由国务院科学技术主管部门责令停止违法行为，没收违法所得和违法采集、保藏的人类遗传资源，并处五十万元以上五百万元以下的罚款，违法所得在一百万元以上的，并处违法所得五倍以上十倍以下的罚款；情节严重的，对法定代表人、主要负责人、直接负责的主管人员和其他直接责任人员，依法给予处分，五年内禁止从事相应活动。

第八十条 违反本法规定，境外组织、个人及其设立或者实际控制的机构在我国境内采集、保藏我国人类遗传资源，或者向境外提供我国人类遗传资源的，由国务院科学技术主管部门责令停止违法行为，没收违法所得和违法采集、保藏的人类遗传资源，并处一百万元以上一千万元以下的罚款；违法所得在一百万元以上的，并处违法所得十倍以上二十倍以下的罚款。

第八十一条 违反本法规定，未经批准，擅自引进外来物种的，由县级以上人民政府有关部门根据职责分工，没收引进的外来物种，并处五万元以上二十五万元以下的罚款。

违反本法规定，未经批准，擅自释放或者丢弃外来物种的，由县级以上人民政府有关部门根据职责分工，责令限期捕回、找回释放或者丢弃的外来物种，处一万元以上五万元以下的罚款。

第八十二条 违反本法规定，构成犯罪的，依法追究刑事责任；造成人身、财产或者其他损害的，依法承担民事责任。

第八十三条 违反本法规定的生物安全违法行为，本法未规定法律责任，其他有关法律、行政法规有规定的，依照其规定。

第八十四条 境外组织或者个人通过运输、邮寄、携带危险生物因子入境或者以其他方式危害我国生物安全的，依法追究法律责任，并可以采取其他必要措施。

第十章 附　则

第八十五条 本法下列术语的含义：

（一）生物因子，是指动物、植物、微生物、生物毒素及其他生物活性物质。

（二）重大新发突发传染病，是指我国境内首次出现或者已经宣布消灭再次发生，或者突然发生，造成或者可能造成公众健康和生命安全严重损害，引起社会恐慌，影响社会稳定的传染病。

（三）重大新发突发动物疫情，是指我国境内首次发生或者已经宣布消灭的动物疫病再次发生，或者发病率、死亡率较高的潜伏动物疫病突然发生并迅速传播，给养殖业生产安全造成严重威胁、危害，以及可能对公众健康和生命安全造成危害的情形。

（四）重大新发突发植物疫情，是指我国境内首次发生或者已经宣布消灭的严重危害植物的真菌、细菌、病毒、昆虫、线虫、杂草、害鼠、软体动物等再次引发病虫害，或者本地有害生物突然大范围发生并迅速传播，对农作物、林木等植物造成严重危害的情形。

（五）生物技术研究、开发与应用，是指通过科学和工程原理认识、改造、合成、利用生物而从事的科学研究、技术开发与应用等活动。

（六）病原微生物，是指可以侵犯人、动物引起感染甚至传染病的微生物，包括病毒、细菌、真菌、立克次体、寄生虫等。

（七）植物有害生物，是指能够对农作物、林木等植物造成危害的真菌、细菌、病毒、昆虫、线虫、杂草、害鼠、软体动物等生物。

（八）人类遗传资源，包括人类遗传资源材料和人类遗传资源信息。人类遗传资源材料是指含有人体基因组、基因等遗传物质的器官、组织、细胞等遗传材料。人类遗传资源信息是指利用人类遗传资源材料产生的数据等信息资料。

（九）微生物耐药，是指微生物对抗微生物药物产生抗性，导致抗微生物药物不能有效控制微生物的感染。

（十）生物武器，是指类型和数量不属于预防、保护或者其他和平用途所正当需要的、任何来源或者任何方法产生的微生物剂、其他生物剂以及生物毒素；也包括为将上述生物剂、生物毒素使用于敌对目的或者武装冲突而设计的武器、设备或者运载工具。

（十一）生物恐怖，是指故意使用致病性微生物、生物毒素等实施袭击，损害人类或者动植物健康，引起社会恐慌，企图达到特定政治目的的行为。

第八十六条 生物安全信息属于国家秘密的，应当依照《中华人民共和国保守国家秘密法》和国家其他有关保密规定实施保密管理。

第八十七条 中国人民解放军、中国人民武装警察部队的生物安全活动，由中央军事委员会依照本法规定的原则另行规定。

第八十八条 本法自 2021 年 4 月 15 日起施行。

血液制品管理条例

（国务院令第 208 号）

发布日期：1996-12-30
实施日期：2016-02-06
法规类型：行政法规

（根据 2016 年 2 月 6 日国务院令第 666 号《国务院关于修改部分行政法规的决定》修订）

第一章 总 则

第一条 为了加强血液制品管理，预防和控制经血液途径传播的疾病，保证血液制品的质量，根据药品管理法和传染病防治法，制定本条例。

第二条 本条例适用于在中华人民共和国境内从事原料血浆的采集、供应以及血液制品的生产、经营活动。

第三条 国务院卫生行政部门对全国的原料血浆的采集、供应和血液制品的生产、经营活动实施监督管理。

县级以上地方各级人民政府卫生行政部门对本行政区域内的原料血浆的采集、供应和血液制品的生产、经营活动，依照本条例第三十条规定的职责实施监督管理。

第二章 原料血浆的管理

第四条 国家实行单采血浆站统一规划、设置的制度。

国务院卫生行政部门根据核准的全国生产用原料血浆的需求，对单采血浆站的布局、数量和规模制定总体规划。省、自治区、直辖市人民政府卫生行政部门根据总体规划制定本行政区域内单采血浆站设置规划和采集血浆的区域规划，并报国务院卫生行政部门备案。

第五条 单采血浆站由血液制品生产单位设置或者由县级人民政府卫生行政部门设置，专门从事单采血浆活动，具有独立法人资格。其他任何单位和个人不得从事单采血浆活动。

第六条 设置单采血浆站，必须具备下列条件：

（一）符合单采血浆站布局、数量、规模的规划；

（二）具有与所采集原料血浆相适应的卫生专业技术人员；

（三）具有与所采集原料血浆相适应的场所及卫生环境；

（四）具有识别供血浆者的身份识别系统；

（五）具有与所采集原料血浆相适应的单采血浆机械及其他设施；

（六）具有对所采集原料血浆进行质量检验的技术人员以及必要的仪器设备。

第七条 申请设置单采血浆站的，由县级人民政府卫生行政部门初审，经设区的市、自治州人民政府卫生行政部门或者省、自治区人民政府设立的派出机关的卫生行政机构审查同意，报省、自治区、直辖市人民政府卫生行政部门审批；经审查符合条件的，由省、自治区、直辖市人民政府卫生行政部门核发《单采血浆许可证》，并报国务院卫生行政部门备案。

单采血浆站只能对省、自治区、直辖市人民政府卫生行政部门划定区域内的供血浆者进行筛选和采集血浆。

第八条 《单采血浆许可证》应当规定有效期。

第九条 在一个采供血浆区域内，只能设置一个单采血浆站。

严禁单采血浆站采集非划定区域内的供血浆者和其他人员的血浆。

第十条 单采血浆站必须对供血浆者进行健康检查；检查合格的，由县级人民政府卫生行政部门核发《供血浆证》。

供血浆者健康检查标准，由国务院卫生行政部门制定。

第十一条 《供血浆证》由省、自治区、直辖市人民政府卫生行政部门负责设计和印制。《供血浆证》不得涂改、伪造、转让。

第十二条 单采血浆站在采集血浆前，必须对供血浆者进行身份识别并核实其《供血浆证》，确认无误的，方可按照规定程序进行健康检查和血液化验；对检查、化验合格的，按照有关技术操作标准及程序采集血浆，并建立供血浆者健康检查及供血浆记录档案；对检查、化验不合格的，由单采血浆站收缴《供血浆证》，并由所在地县级人民政府卫生行政部门监督销毁。

严禁采集无《供血浆证》者的血浆。

血浆采集技术操作标准及程序，由国务院卫生行政部门制定。

第十三条 单采血浆站只能向一个与其签订质量责任书的血液制品生产单位供应原料血浆，严禁向其他任何单位供应原料血浆。

第十四条 单采血浆站必须使用单采血浆机械采集血浆，严禁手工操作采集血浆。采集的血浆必须按单人份冰冻保存，不得混浆。

严禁单采血浆站采集血液或者将所采集的原料血浆用于临床。

第十五条 单采血浆站必须使用有产品批准文号并经国家药品生物制品检定机构逐批检定合格的体外诊断试剂以及合格的一次性采血浆器材。

采血浆器材等一次性消耗品使用后，必须按照国家有关规定予以销毁，并作记录。

第十六条 单采血浆站采集的原料血浆的包装、储存、运输，必须符合国家规定的卫生标准和要求。

第十七条 单采血浆站必须依照传染病防治法及其实施办法等有关规定，严格执行消毒管理及疫情上报制度。

第十八条 单采血浆站应当每半年向所在地的县级人民政府卫生行政部门报告有关原料血浆采集情况，同时抄报设区的市、自治州人民政府卫生行政部门或者省、自治区人民政府设立的派出机关的卫生行政机构及省、自治区、直辖市人民政府卫生行政部门。省、自治区、直辖市人民政府卫生行政部门应当每年向国务院卫生行政部门汇总报告本行政区域内原料血浆的采集情况。

第十九条 国家禁止出口原料血浆。

第三章 血液制品生产经营单位管理

第二十条 新建、改建或者扩建血液制品生产单位，经国务院卫生行政部门根据总体规

720

划进行立项审查同意后，由省、自治区、直辖市人民政府卫生行政部门依照药品管理法的规定审核批准。

第二十一条 血液制品生产单位必须达到国务院卫生行政部门制定的《药品生产质量管理规范》规定的标准，经国务院卫生行政部门审查合格，并依法向工商行政管理部门申领营业执照后，方可从事血液制品的生产活动。

第二十二条 血液制品生产单位应当积极开发新品种，提高血浆综合利用率。

血液制品生产单位生产国内已经生产的品种，必须依法向国务院卫生行政部门申请产品批准文号；国内尚未生产的品种，必须按照国家有关新药审批的程序和要求申报。

第二十三条 严禁血液制品生产单位出让、出租、出借以及与他人共用《药品生产企业许可证》和产品批准文号。

第二十四条 血液制品生产单位不得向无《单采血浆许可证》的单采血浆站或者未与其签订质量责任书的单采血浆站及其他任何单位收集原料血浆。

血液制品生产单位不得向其他任何单位供应原料血浆。

第二十五条 血液制品生产单位在原料血浆投料生产前，必须使用有产品批准文号并经国家药品生物制品检定机构逐批检定合格的体外诊断试剂，对每一人份血浆进行全面复检，并作检测记录。

原料血浆经复检不合格的，不得投料生产，并必须在省级药品监督员监督下按照规定程序和方法予以销毁，并作记录。

原料血浆经复检发现有经血液途径传播的疾病的，必须通知供应血浆的单采血浆站，并及时上报所在地省、自治区、直辖市人民政府卫生行政部门。

第二十六条 血液制品出厂前，必须经过质量检验；经检验不符合国家标准的，严禁出厂。

第二十七条 开办血液制品经营单位，由省、自治区、直辖市人民政府卫生行政部门审核批准。

第二十八条 血液制品经营单位应当具备与所经营的产品相适应的冷藏条件和熟悉所经营品种的业务人员。

第二十九条 血液制品生产经营单位生产、包装、储存、运输、经营血液制品，应当符合国家规定的卫生标准和要求。

第四章 监督管理

第三十条 县级以上地方各级人民政府卫生行政部门依照本条例的规定负责本行政区域内的单采血浆站、供血浆者、原料血浆的采集及血液制品经营单位的监督管理。

省、自治区、直辖市人民政府卫生行政部门依照本条例的规定负责本行政区域内的血液制品生产单位的监督管理。

县级以上地方各级人民政府卫生行政部门的监督人员执行职务时，可以按照国家有关规定抽取样品和索取有关资料，有关单位不得拒绝和隐瞒。

第三十一条 省、自治区、直辖市人民政府卫生行政部门每年组织1次对本行政区域内单采血浆站的监督检查并进行年度注册。

设区的市、自治州人民政府卫生行政部门或者省、自治区人民政府设立的派出机关的卫生行政机构每半年对本行政区域内的单采血浆站进行1次检查。

第三十二条 国家药品生物制品检定机构及国务院卫生行政部门指定的省级药品检验机构，应当依照本条例和国家规定的标准和要求，对血液制品生产单位生产的产品定期进行检定。

第三十三条　国务院卫生行政部门负责全国进出口血液制品的审批及监督管理。

第五章　罚　则

第三十四条　违反本条例规定，未取得省、自治区、直辖市人民政府卫生行政部门核发的《单采血浆许可证》，非法从事组织、采集、供应、倒卖原料血浆活动的，由县级以上地方人民政府卫生行政部门予以取缔，没收违法所得和从事违法活动的器材、设备，并处违法所得 5 倍以上 10 倍以下的罚款，没有违法所得的，并处 5 万元以上 10 万元以下的罚款；造成经血液途径传播的疾病传播、人身伤害等危害，构成犯罪的，依法追究刑事责任。

第三十五条　单采血浆站有下列行为之一的，由县级以上地方人民政府卫生行政部门责令限期改正，处 5 万元以上 10 万元以下的罚款；有第八项所列行为的，或者有下列其他行为并且情节严重的，由省、自治区、直辖市人民政府卫生行政部门吊销《单采血浆许可证》；构成犯罪的，对负有直接责任的主管人员和其他直接责任人员依法追究刑事责任：

（一）采集血浆前，未按照国务院卫生行政部门颁布的健康检查标准对供血浆者进行健康检查和血液化验的；

（二）采集非划定区域内的供血浆者或者其他人员的血浆的，或者不对供血浆者进行身份识别，采集冒名顶替者、健康检查不合格者或者无《供血浆证》者的血浆的；

（三）违反国务院卫生行政部门制定的血浆采集技术操作标准和程序，过频过量采集血浆的；

（四）向医疗机构直接供应原料血浆或者擅自采集血液的；

（五）未使用单采血浆机械进行血浆采集的；

（六）未使用有产品批准文号并经国家药品生物制品检定机构逐批检定合格的体外诊断试剂以及合格的一次性采血浆器材的；

（七）未按照国家规定的卫生标准和要求包装、储存、运输原料血浆的；

（八）对国家规定检测项目检测结果呈阳性的血浆不清除、不及时上报的；

（九）对污染的注射器、采血浆器材及不合格血浆等不经消毒处理，擅自倾倒，污染环境，造成社会危害的；

（十）重复使用一次性采血浆器材的；

（十一）向与其签订质量责任书的血液制品生产单位以外的其他单位供应原料血浆的。

第三十六条　单采血浆站已知其采集的血浆检测结果呈阳性，仍向血液制品生产单位供应的，由省、自治区、直辖市人民政府卫生行政部门吊销《单采血浆许可证》，由县级以上地方人民政府卫生行政部门没收违法所得，并处 10 万元以上 30 万元以下的罚款；造成经血液途径传播的疾病传播、人身伤害等危害，构成犯罪的，对负有直接责任的主管人员和其他直接责任人员依法追究刑事责任。

第三十七条　涂改、伪造、转让《供血浆证》的，由县级人民政府卫生行政部门收缴《供血浆证》，没收违法所得，并处违法所得 3 倍以上 5 倍以下的罚款，没有违法所得的，并处 1 万元以下的罚款；构成犯罪的，依法追究刑事责任。

第三十八条　血液制品生产单位有下列行为之一的，由省级以上人民政府卫生行政部门依照药品管理法及其实施办法等有关规定，按照生产假药、劣药予以处罚；构成犯罪的，对负有直接责任的主管人员和其他直接责任人员依法追究刑事责任：

（一）使用无《单采血浆许可证》的单采血浆站或者未与其签订质量责任书的单采血浆站及其他任何单位供应的原料血浆的，或者非法采集原料血浆的；

（二）投料生产前未对原料血浆进行复检的，或者使用没有产品批准文号或者未经国家药品生物制品检定机构逐批检定合格的体外诊断试剂进行复检的，或者将检测不合格的原料血浆投入生产的；

（三）擅自更改生产工艺和质量标准的，或者将检验不合格的产品出厂的；

（四）与他人共用产品批准文号的。

第三十九条　血液制品生产单位违反本条例规定，擅自向其他单位出让、出租、出借以及与他人共用《药品生产企业许可证》、产品批准文号或者供应原料血浆的，由省级以上人民政府卫生行政部门没收违法所得，并处违法所得 5 倍以上 10 倍以下的罚款，没有违法所得的，并处 5 万元以上 10 万元以下的罚款。

第四十条　违反本条例规定，血液制品生产经营单位生产、包装、储存、运输、经营血液制品不符合国家规定的卫生标准和要求的，由省、自治区、直辖市人民政府卫生行政部门责令改正，可以处 1 万元以下的罚款。

第四十一条　在血液制品生产单位成品库待出厂的产品中，经抽检有一批次达不到国家规定的指标，经复检仍不合格的，由国务院卫生行政部门撤销该血液制品批准文号。

第四十二条　违反本条例规定，擅自进出口血液制品或者出口原料血浆的，由省级以上人民政府卫生行政部门没收所进出口的血液制品或者所出口的原料血浆和违法所得，并处所进出口的血液制品或者所出口的原料血浆总值 3 倍以上 5 倍以下的罚款。

第四十三条　血液制品检验人员虚报、瞒报、涂改、伪造检验报告及有关资料的，依法给予行政处分；构成犯罪的，依法追究刑事责任。

第四十四条　卫生行政部门工作人员滥用职权、玩忽职守、徇私舞弊、索贿受贿，构成犯罪的，依法追究刑事责任；尚不构成犯罪的，依法给予行政处分。

第六章　附　则

第四十五条　本条例下列用语的含义：

血液制品，是特指各种人血浆蛋白制品。

原料血浆，是指由单采血浆站采集的专用于血液制品生产原料的血浆。

供血浆者，是指提供血液制品生产用原料血浆的人员。

单采血浆站，是指根据地区血源资源，按照有关标准和要求并经严格审批设立，采集供应血液制品生产用原料血浆的单位。

第四十六条　本条例施行前已经设立的单采血浆站和血液制品生产经营单位应当自本条例施行之日起 6 个月内，依照本条例的规定重新办理审批手续；凡不符合本条例规定的，一律予以关闭。

本条例施行前已经设立的单采血浆站适用本条例第六条第五项的时间，由国务院卫生行政部门另行规定。

第四十七条　本条例自发布之日起施行。

出入境特殊物品卫生检疫管理规定

（国家质量监督检验检疫总局令第 160 号）

发布日期：2015-01-21
实施日期：2018-11-23
法规类型：部门规章

（根据 2016 年 10 月 18 日国家质量监督检验检疫总局令第 184 号《国家质量监督检验检疫总局关于修改和废止部分规章的决定》第一次修订；根据 2018 年 4 月 28 日海关总署令第 238 号《海关总署关于修改部分规章的决定》第二次修正；根据 2018 年 5 月 29 日海关总署令第 240 号《海关总署关于修改部分规章的决定》第三次修正；根据 2018 年 11 月 23 日海关总署令第 243 号《海关总署关于修改部分规章的决定》第四次修正）

第一章　总　则

第一条　为了规范出入境特殊物品卫生检疫监督管理，防止传染病传入、传出，防控生物安全风险，保护人体健康，根据《中华人民共和国国境卫生检疫法》及其实施细则、《艾滋病防治条例》《病原微生物实验室生物安全管理条例》和《人类遗传资源管理暂行办法》等法律法规规定，制定本规定。

第二条　本规定适用于入境、出境的微生物、人体组织、生物制品、血液及其制品等特殊物品的卫生检疫监督管理。

第三条　海关总署统一管理全国出入境特殊物品的卫生检疫监督管理工作；主管海关负责所辖地区的出入境特殊物品卫生检疫监督管理工作。

第四条　出入境特殊物品卫生检疫监督管理遵循风险管理原则，在风险评估的基础上根据风险等级实施检疫审批、检疫查验和监督管理。

海关总署可以对输出国家或者地区的生物安全控制体系进行评估。

第五条　出入境特殊物品的货主或者其代理人，应当按照法律法规规定和相关标准的要求，输入、输出以及生产、经营、使用特殊物品，对社会和公众负责，保证特殊物品安全，接受社会监督，承担社会责任。

第二章　检疫审批

第六条　直属海关负责辖区内出入境特殊物品的卫生检疫审批（以下简称特殊物品审批）工作。

第七条　申请特殊物品审批应当具备下列条件：

（一）法律法规规定须获得相关部门批准文件的，应当获得相应批准文件；

（二）具备与出入境特殊物品相适应的生物安全控制能力。

第八条　入境特殊物品的货主或者其代理人应当在特殊物品交运前向目的地直属海关申请特殊物品审批。

出境特殊物品的货主或者其代理人应当在特殊物品交运前向其所在地直属海关申请特殊

物品审批。

第九条 申请特殊物品审批的，货主或者其代理人应当按照以下规定提供相应材料：

（一）《入/出境特殊物品卫生检疫审批申请表》；

（二）出入境特殊物品描述性材料，包括特殊物品中英文名称、类别、成分、来源、用途、主要销售渠道、输出输入的国家或者地区、生产商等；

（三）入境用于预防、诊断、治疗人类疾病的生物制品、人体血液制品，应当提供国务院药品监督管理部门发给的进口药品注册证书；

（四）入境、出境特殊物品含有或者可能含有病原微生物的，应当提供病原微生物的学名（中文和拉丁文）、生物学特性的说明性文件（中英文对照件）以及生产经营者或者使用者具备相应生物安全防控水平的证明文件；

（五）出境用于预防、诊断、治疗的人类疾病的生物制品、人体血液制品，应当提供药品监督管理部门出具的销售证明；

（六）出境特殊物品涉及人类遗传资源管理范畴的，应当取得人类遗传资源管理部门出具的批准文件，海关对有关批准文件电子数据进行系统自动比对验核；

（七）使用含有或者可能含有病原微生物的出入境特殊物品的单位，应当提供与生物安全风险等级相适应的生物安全实验室资质证明，BSL－3级以上实验室必须获得国家认可机构的认可；

（八）出入境高致病性病原微生物菌（毒）种或者样本的，应当提供省级以上人民政府卫生主管部门的批准文件。

第十条 申请人为单位的，首次申请特殊物品审批时，除提供本规定第九条所规定的材料以外，还应当提供下列材料：

（一）单位基本情况，如单位管理体系认证情况、单位地址、生产场所、实验室设置、仓储设施设备、产品加工情况、生产过程或者工艺流程、平面图等；

（二）实验室生物安全资质证明文件。

申请人为自然人的，应当提供身份证复印件。

出入境病原微生物或者可能含有病原微生物的特殊物品，其申请人不得为自然人。

第十一条 直属海关对申请人提出的特殊物品审批申请，应当根据下列情况分别作出处理：

（一）申请事项依法不需要取得特殊物品审批的，应当即时告知申请人不予受理；

（二）申请事项依法不属于本单位职权范围的，应当即时作出不予受理的决定，并告知申请人向有关行政机关或者其他直属海关申请；

（三）申请材料存在可以当场更正的错误的，应当允许申请人当场更正；

（四）申请材料不齐全或者不符合法定形式的，应当当场或者自收到申请材料之日起5日内一次性告知申请人需要补正的全部内容。逾期不告知的，自收到申请材料之日起即为受理；

（五）申请事项属于本单位职权范围，申请材料齐全、符合法定形式，或者申请人按照本单位的要求提交全部补正申请材料的，应当受理行政许可申请。

第十二条 直属海关对申请材料应当及时进行书面审查。并可以根据情况采取专家资料审查、现场评估、实验室检测等方式对申请材料的实质内容进行核实。

第十三条 申请人的申请符合法定条件、标准的，直属海关应当自受理之日起20日内签发《入/出境特殊物品卫生检疫审批单》（以下简称《特殊物品审批单》）。

申请人的申请不符合法定条件、标准的，直属海关应当自受理之日起20日内作出不予审批的书面决定并说明理由，告知申请人享有依法申请行政复议或者提起行政诉讼的权利。

直属海关20日内不能作出审批或者不予审批决定的，经本行政机关负责人批准，可以延长 10 日，并应当将延长期限的理由告知申请人。

第十四条 《特殊物品审批单》有效期如下：

（一）含有或者可能含有高致病性病原微生物的特殊物品，有效期为 3 个月。

（二）含有或者可能含有其他病原微生物的特殊物品，有效期为 6 个月。

（三）除上述规定以外的其他特殊物品，有效期为 12 个月。

《特殊物品审批单》在有效期内可以分批核销使用。超过有效期的，应当重新申请。

第三章 检疫查验

第十五条 入境特殊物品到达口岸后，货主或者其代理人应当凭《特殊物品审批单》及其他材料向入境口岸海关报检。

出境特殊物品的货主或者其代理人应当在出境前凭《特殊物品审批单》及其他材料向其所在地海关报检。

报检材料不齐全或者不符合法定形式的，海关不予入境或者出境。

第十六条 受理报检的海关应当按照下列要求对出入境特殊物品实施现场查验，并填写《入/出境特殊物品卫生检疫现场查验记录》：

（一）检查出入境特殊物品名称、成分、批号、规格、数量、有效期、运输储存条件、输出/输入国和生产厂家等项目是否与《特殊物品审批单》的内容相符；

（二）检查出入境特殊物品包装是否安全无破损，不渗、不漏，存在生物安全风险的是否具有符合相关要求的生物危险品标识。

入境口岸查验现场不具备查验特殊物品所需安全防护条件的，应当将特殊物品运送到符合生物安全等级条件的指定场所实施查验。

第十七条 对需实验室检测的入境特殊物品，货主或者其代理人应当按照口岸海关的要求将特殊物品存放在符合条件的储存场所，经检疫合格后方可移运或者使用。口岸海关不具备检测能力的，应当委托有相应资质的实验室进行检测。

含有或者可能含有病原微生物、毒素等生物安全危害因子的入境特殊物品的，口岸海关实施现场查验后应当及时电子转单给目的地海关。目的地海关应当实施后续监管。

第十八条 邮寄、携带的出入境特殊物品，未取得《特殊物品审批单》的，海关应当予以截留并出具截留凭证，截留期限不超过 7 天。

邮递人或者携带人在截留期限内取得《特殊物品审批单》后，海关按照本规定第十六条规定进行查验，经检疫查验合格的予以放行。

第十九条 携带自用且仅限于预防或者治疗疾病用的血液制品或者生物制品出入境的，不需办理卫生检疫审批手续，出入境时应当向海关出示医院的有关证明；允许携带量以处方或者说明书确定的一个疗程为限。

第二十条 口岸海关对经卫生检疫符合要求的出入境特殊物品予以放行。有下列情况之一的，由口岸海关签发《检验检疫处理通知书》，予以退运或者销毁：

（一）名称、批号、规格、生物活性成分等与特殊物品审批内容不相符的；

（二）超出卫生检疫审批的数量范围的；

（三）包装不符合特殊物品安全管理要求的；

（四）经检疫查验不符合卫生检疫要求的；

（五）被截留邮寄、携带特殊物品自截留之日起 7 日内未取得《特殊物品审批单》的，或者取得《特殊物品审批单》后，经检疫查验不合格的。

口岸海关对处理结果应当做好记录、归档。

第四章　监督管理

第二十一条　出入境特殊物品单位，应当建立特殊物品安全管理制度，严格按照特殊物品审批的用途生产、使用或者销售特殊物品。

出入境特殊物品单位应当建立特殊物品生产、使用、销售记录。记录应当真实，保存期限不得少于 2 年。

第二十二条　海关对出入境特殊物品实施风险管理，根据出入境特殊物品可能传播人类疾病的风险对不同风险程度的特殊物品划分为不同的风险等级，并采取不同的卫生检疫监管方式。

出入境特殊物品的风险等级及其对应的卫生检疫监管方式由海关总署统一公布。

第二十三条　需实施后续监管的入境特殊物品，其使用单位应当在特殊物品入境后 30 日内，到目的地海关申报，由目的地海关实施后续监管。

第二十四条　海关对入境特殊物品实施后续监管的内容包括：

（一）使用单位的实验室是否与《特殊物品审批单》一致；

（二）入境特殊物品是否与《特殊物品审批单》货证相符。

第二十五条　在后续监管过程中发现下列情形的，由海关撤回《特殊物品审批单》，责令其退运或者销毁：

（一）使用单位的实验室与《特殊物品审批单》不一致的；

（二）入境特殊物品与《特殊物品审批单》货证不符的。

海关对后续监管过程中发现的问题，应当通报原审批的直属海关。情节严重的应当及时上报海关总署。

第二十六条　海关工作人员应当秉公执法、忠于职守，在履行职责中，对所知悉的商业秘密负有保密义务。

第五章　法律责任

第二十七条　违反本规定，有下列情形之一的，由海关按照《中华人民共和国国境卫生检疫法实施细则》第一百一十条规定处以警告或者 100 元以上 5000 元以下的罚款：

（一）拒绝接受检疫或者抵制卫生检疫监督管理的；

（二）伪造或者涂改卫生检疫单、证的；

（三）瞒报携带禁止进口的微生物、人体组织、生物制品、血液及其制品或者其他可能引起传染病传播的动物和物品的。

第二十八条　违反本规定，有下列情形之一的，有违法所得的，由海关处以 3 万元以下的罚款：

（一）以欺骗、贿赂等不正当手段取得特殊物品审批的；

（二）未经海关许可，擅自移运、销售、使用特殊物品的；

（三）未向海关报检或者提供虚假材料，骗取检验检疫证单的；

（四）未在相应的生物安全等级实验室对特殊物品开展操作的或者特殊物品使用单位不具备相应等级的生物安全控制能力的；未建立特殊物品使用、销售记录或者记录与实际不符的；

（五）未经海关同意，擅自使用需后续监管的入境特殊物品的。

第二十九条　出入境特殊物品的货主或者其代理人拒绝、阻碍海关及其工作人员依法执行职务的，依法移送有关部门处理。

第三十条　海关工作人员徇私舞弊、滥用职权、玩忽职守，违反相关法律法规的，依法给予行政处分；情节严重，构成犯罪的，依法追究刑事责任。

第三十一条　对违反本办法，引起检疫传染病传播或者有引起检疫传染病传播严重危险的，依照《中华人民共和国刑法》的有关规定追究刑事责任。

第六章　附　则

第三十二条　本规定下列用语的含义：

微生物是指病毒、细菌、真菌、放线菌、立克次氏体、螺旋体、衣原体、支原体等医学微生物菌（毒）种及样本以及寄生虫、环保微生物菌剂。

人体组织是指人体细胞、细胞系、胚胎、器官、组织、骨髓、分泌物、排泄物等。

人类遗传资源是指含有人体基因组、基因及其产物的器官、组织、细胞、血液、制备物、重组脱氧核糖核酸（DNA）构建体等遗传材料及相关的信息资料。

生物制品是指用于人类医学、生命科学相关领域的疫苗、抗毒素、诊断用试剂、细胞因子、酶及其制剂以及毒素、抗原、变态反应原、抗体、抗原-抗体复合物、核酸、免疫调节剂、微生态制剂等生物活性制剂。

血液是指人类的全血、血浆成分和特殊血液成分。

血液制品是指各种人类血浆蛋白制品。

出入境特殊物品单位是指从事特殊物品生产、使用、销售、科研、医疗、检验、医药研发外包的法人或者其他组织。

第三十三条　进出口环保用微生物菌剂卫生检疫监督管理按照《进出口环保用微生物菌剂环境安全管理办法》（环境保护部、国家质检总局令第10号）的规定执行。

第三十四条　进出境特殊物品应当实施动植物检疫的，按照进出境动植物检疫法律法规的规定执行。

第三十五条　本规定由海关总署负责解释。

第三十六条　本规定自2015年3月1日起施行，国家质检总局2005年10月17日发布的《出入境特殊物品卫生检疫管理规定》（国家质检总局令第83号）同时废止。

关于公布《特殊物品海关检验检疫名称和商品编号对应名录》的公告

（海关总署公告2023年第28号）

发布日期：2023-04-02
实施日期：2023-04-02
法规类型：规范性文件

为保障我国生物安全，进一步加强出入境特殊物品卫生检疫监管，根据《中华人民共和国生物安全法》、《中华人民共和国国境卫生检疫法》及其实施细则、《中华人民共和国进出口税则（2023）》、《中华人民共和国海关统计商品目录（2023年版）》及海关总署相关公告，海关总署制定了《特殊物品海关检验检疫名称和商品编号对应名录》（见附件），现予以公布。

未列入对应名录的出入境特殊物品根据《中华人民共和国海关进出口货物报关单填制规范》要求进行申报。

本公告自发布之日起实施，海关总署公告2022年第26号同时废止。

特此公告。

附件：特殊物品海关检验检疫名称和商品编号对应名录（略）

关于出入境特殊物品卫生检疫审批有关事宜的公告

（海关总署公告 2021 年第 52 号）

发布日期：2021-07-08
实施日期：2021-07-08
法规类型：规范性文件

为落实国务院促外贸稳增长的部署要求，全力保障企业复工复产，现将海关出入境特殊物品卫生检疫审批有关事项公告如下：

《出入境特殊物品卫生检疫管理规定》第九条第五项规定"出境用于预防、诊断、治疗的人类疾病的生物制品、人体血液制品，应当提供药品监督管理部门出具的销售证明"中所指的"销售证明"，包含药品监督管理部门出具的《医疗器械出口备案表》和《医疗器械产品出口销售证明》，两者均可作为企业办理出入境特殊物品卫生检疫审批相关申请材料。

本公告自公布之日起实施。

关于禁止特殊物品过境相关事宜的公告

（海关总署公告 2019 年第 180 号）

发布日期：2019-11-21
实施日期：2019-11-21
法规类型：规范性文件

为筑牢口岸检疫防线，保障我国生物安全，根据《中华人民共和国国境卫生检疫法》及其实施细则规定，微生物、人体组织、生物制品、血液及其制品等特殊物品生物安全风险较高，禁止过境。

本公告自发布之日起正式施行。

特此公告。

出入境特殊物品风险管理工作规范（试行）

（国质检卫〔2015〕269号）

发布日期：2015-06-19
实施日期：2015-06-19
法规类型：规范性文件

第一条 为规范出入境特殊物品（以下简称特殊物品）风险管理，提高特殊物品卫生检疫监管的科学性、有效性，根据《中华人民共和国国境卫生检疫法》及其实施细则、《出入境特殊物品卫生检疫管理规定》《环保用微生物菌剂进出口环境安全管理办法》《人类遗传资源管理办法》等有关法律法规的要求，制定本工作规范。

第二条 本工作规范适用于特殊物品和特殊物品生产、经营、使用单位及其代理人（以下简称特殊物品单位）的生物安全风险管理。

第三条 特殊物品风险管理，是指遵循风险管理原则，对特殊物品实行风险分级、对特殊物品单位实行监管分类，采取相应的检疫监管措施，并动态调整。

第四条 质检总局负责特殊物品风险管理的规划、指导和监督，发布特殊物品风险分级名录。

直属检验检疫局负责根据特殊物品分级名录实施特殊物品分级管理，负责本辖区特殊物品单位的分类及监督管理。

第五条 质检总局根据特殊物品致病性、致病途径、使用方式和用途以及可控性等风险因素，将特殊物品划分为A、B、C、D四个级别（附件1）。

第六条 直属检验检疫局根据特殊物品单位的生物安全控制能力和信用等级进行综合评定，将出入境特殊物品单位分为一、二、三、四类，并做好评定过程的记录和结果公布。

（一）生物安全控制能力。

根据特殊物品单位资质及其提供的生物安全资料，经现场考核，将特殊物品单位的生物安全控制能力分为1、2、3、4级，与BSL-1、BSL-2、BSL-3、BSL-4相对应。

因资料不完整、无法进行现场考核的特殊物品单位的生物安全控制能力等级视同为1级。

（二）信用等级。

根据《出入境检验检疫企业信用管理办法》对辖区内出入境特殊物品单位实施信用管理，将其信用等级评定为AA、A、B、C、D五级，未评定的按B级管理。

（1）特殊物品单位分类。

综合评分＝生物安全控制能力的等级数 X 信用系数

信用系数：AA＝1.2 A＝1 B＝0.8 C＝0.6 D＝0.4

一类单位：综合评分大于等于3分的；

二类单位：综合评分大于等于2分小于3分的；

三类单位：综合评分大于等于1分小于2分的；

四类单位：综合评分小于1分的。

第七条 特殊物品单位信息发生改变的，如单位名称、地址、法定代表人、经营范围、实验室安全等级等，所在地检验检疫机构应当及时予以变更。

特殊物品单位信息的变更影响其分类时，检验检疫机构应当及时调整其分类，必要时可以进行现场审核。

第八条 直属检验检疫局根据特殊物品的风险等级采取相应的审批、查验和监管。

A 级特殊物品检疫审批需核查相关主管部门批准文件，审批单有效使用次数为一次，不能核销，批批查验，并实施后续监管。

B 级特殊物品检疫审批需开展风险评估，审批单一次审批，分批核销，抽批查验（抽批率不低于 30%，首次出入境必须查验），全部实施后续监管。取得相关部门批准文件的 B 级特殊物品，应由审批人员判定是否需要开展风险评估，如无需开展风险评估，可以直接进入审批程序。

C 级特殊物品检疫审批由审批人员直接判定，无需风险评估，审批单有效使用次数为多次，允许核销，实施抽批查验，且查验抽批率不低于 20%，首次出入境必须查验。

D 级特殊物品检疫审批需核查药品监督管理部门的批准文件，审批单有效使用次数为多次，允许核销，实施抽批查验，且入境查验抽批率不低于 10%，出境不低于 2%，首次出入境必须查验。可以授权分支机构开展行政许可审批。

第九条 直属检验检疫局应当根据特殊物品单位分类结合特殊物品风险分级，对特殊物品单位实施相应的监督管理。

（一）一类单位日常监管每年不少于 1 次（年进出口批次大于等于 1）。

（二）二类单位日常监管每年不少于 2 次（年进出口批次大于等于 2）。

（三）三类单位日常监管每年不少于 3 次（年进出口批次大于等于 3）。

（四）四类单位日常监管每年不少于 4 次（年进出口批次大于等于 4）。

第十条 检验检疫机构应当按照第九条要求对辖区内特殊物品单位开展日常监管，参照《出入境特殊物品单位生物安全监管记录表》（附件 2）做好监管记录。

日常监管内容为：

（一）核查被监管单位的生物安全信息等与所申报是否相符，以及境外生物安全控制体系是否完备；

（二）核查被监管单位是否具有生物安全管理体系并正常运行；

（三）核查被监管单位的特殊物品生产、使用、运输、保存、销售、销毁记录。

第十一条 本规范由质检总局卫生司负责解释。

附件：1. 出入境特殊物品风险分级监管表（略）

2. 出入境特殊物品单位生物安全监管记录表（略）

饲料和饲料添加剂

饲料和饲料添加剂管理条例

（国务院令第 266 号）

发布日期：1999－05－29

实施日期：2017－10－07

法规类型：行政法规

（根据 2001 年 11 月 29 日国务院令第 327 号《国务院关于修改〈饲料和饲料添加剂管理条例〉的决定》第一次修订；2011 年 10 月 26 日国务院第 177 次常务会议修订通过，根据 2013 年 12 月 7 日国务院令第 645 号《国务院关于修改部分行政法规的决定》第二次修订；根据 2016 年 2 月 6 日国务院令第 666 号《国务院关于修改部分行政法规的决定》第三次修订；根据 2017 年 3 月 1 日国务院令第 676 号《国务院关于修改和废止部分行政法规的决定》第四次修订）

第一章　总　则

第一条　为了加强对饲料、饲料添加剂的管理，提高饲料、饲料添加剂的质量，保障动物产品质量安全，维护公众健康，制定本条例。

第二条　本条例所称饲料，是指经工业化加工、制作的供动物食用的产品，包括单一饲料、添加剂预混合饲料、浓缩饲料、配合饲料和精料补充料。

本条例所称饲料添加剂，是指在饲料加工、制作、使用过程中添加的少量或者微量物质，包括营养性饲料添加剂和一般饲料添加剂。

饲料原料目录和饲料添加剂品种目录由国务院农业行政主管部门制定并公布。

第三条　国务院农业行政主管部门负责全国饲料、饲料添加剂的监督管理工作。

县级以上地方人民政府负责饲料、饲料添加剂管理的部门（以下简称饲料管理部门），负责本行政区域饲料、饲料添加剂的监督管理工作。

第四条　县级以上地方人民政府统一领导本行政区域饲料、饲料添加剂的监督管理工作，建立健全监督管理机制，保障监督管理工作的开展。

第五条　饲料、饲料添加剂生产企业、经营者应当建立健全质量安全制度，对其生产、经营的饲料、饲料添加剂的质量安全负责。

第六条　任何组织或者个人有权举报在饲料、饲料添加剂生产、经营、使用过程中违反本条例的行为，有权对饲料、饲料添加剂监督管理工作提出意见和建议。

第二章　审定和登记

第七条　国家鼓励研制新饲料、新饲料添加剂。

研制新饲料、新饲料添加剂，应当遵循科学、安全、有效、环保的原则，保证新饲料、新饲料添加剂的质量安全。

第八条　研制的新饲料、新饲料添加剂投入生产前，研制者或者生产企业应当向国务院农业行政主管部门提出审定申请，并提供该新饲料、新饲料添加剂的样品和下列资料：

（一）名称、主要成分、理化性质、研制方法、生产工艺、质量标准、检测方法、检验报告、稳定性试验报告、环境影响报告和污染防治措施；

（二）国务院农业行政主管部门指定的试验机构出具的该新饲料、新饲料添加剂的饲喂效果、残留消解动态以及毒理学安全性评价报告。

申请新饲料添加剂审定的，还应当说明该新饲料添加剂的添加目的、使用方法，并提供该饲料添加剂残留可能对人体健康造成影响的分析评价报告。

第九条　国务院农业行政主管部门应当自受理申请之日起 5 个工作日内，将新饲料、新饲料添加剂的样品和申请资料交全国饲料评审委员会，对该新饲料、新饲料添加剂的安全性、有效性及其对环境的影响进行评审。

全国饲料评审委员会由养殖、饲料加工、动物营养、毒理、药理、代谢、卫生、化工合成、生物技术、质量标准、环境保护、食品安全风险评估等方面的专家组成。全国饲料评审委员会对新饲料、新饲料添加剂的评审采取评审会议的形式，评审会议应当有 9 名以上全国饲料评审委员会专家参加，根据需要也可以邀请 1 至 2 名全国饲料评审委员会专家以外的专家参加，参加评审的专家对评审事项具有表决权。评审会议应当形成评审意见和会议纪要，并由参加评审的专家审核签字；有不同意见的，应当注明。参加评审的专家应当依法公平、公正履行职责，对评审资料保密，存在回避事由的，应当主动回避。

全国饲料评审委员会应当自收到新饲料、新饲料添加剂的样品和申请资料之日起 9 个月内出具评审结果并提交国务院农业行政主管部门；但是，全国饲料评审委员会决定由申请人进行相关试验的，经国务院农业行政主管部门同意，评审时间可以延长 3 个月。

国务院农业行政主管部门应当自收到评审结果之日起 10 个工作日内作出是否核发新饲料、新饲料添加剂证书的决定；决定不予核发的，应当书面通知申请人并说明理由。

第十条　国务院农业行政主管部门核发新饲料、新饲料添加剂证书，应当同时按照职责权限公布该新饲料、新饲料添加剂的产品质量标准。

第十一条　新饲料、新饲料添加剂的监测期为 5 年。新饲料、新饲料添加剂处于监测期的，不受理其他就该新饲料、新饲料添加剂的生产申请和进口登记申请，但超过 3 年不投入生产的除外。

生产企业应当收集处于监测期的新饲料、新饲料添加剂的质量稳定性及其对动物产品质量安全的影响等信息，并向国务院农业行政主管部门报告；国务院农业行政主管部门应当对新饲料、新饲料添加剂的质量安全状况组织跟踪监测，证实其存在安全问题的，应当撤销新饲料、新饲料添加剂证书并予以公告。

第十二条　向中国出口中国境内尚未使用但出口国已经批准生产和使用的饲料、饲料添加剂的，由出口方驻中国境内的办事机构或者其委托的中国境内代理机构向国务院农业行政主管部门申请登记，并提供该饲料、饲料添加剂的样品和下列资料：

（一）商标、标签和推广应用情况；

（二）生产地批准生产、使用的证明和生产地以外其他国家、地区的登记资料；

（三）主要成分、理化性质、研制方法、生产工艺、质量标准、检测方法、检验报告、稳定性试验报告、环境影响报告和污染防治措施；

（四）国务院农业行政主管部门指定的试验机构出具的该饲料、饲料添加剂的饲喂效果、残留消解动态以及毒理学安全性评价报告。

申请饲料添加剂进口登记的，还应当说明该饲料添加剂的添加目的、使用方法，并提供该饲料添加剂残留可能对人体健康造成影响的分析评价报告。

国务院农业行政主管部门应当依照本条例第九条规定的新饲料、新饲料添加剂的评审程序组织评审，并决定是否核发饲料、饲料添加剂进口登记证。

首次向中国出口中国境内已经使用且出口国已经批准生产和使用的饲料、饲料添加剂的，应当依照本条第一款、第二款的规定申请登记。国务院农业行政主管部门应当自受理申请之日起 10 个工作日内对申请资料进行审查；审查合格的，将样品交由指定的机构进行复核检测；复核检测合格的，国务院农业行政主管部门应当在 10 个工作日内核发饲料、饲料添加剂进口登记证。

饲料、饲料添加剂进口登记证有效期为 5 年。进口登记证有效期满需要继续向中国出口饲料、饲料添加剂的，应当在有效期届满 6 个月前申请续展。

禁止进口未取得饲料、饲料添加剂进口登记证的饲料、饲料添加剂。

第十三条 国家对已经取得新饲料、新饲料添加剂证书或者饲料、饲料添加剂进口登记证的、含有新化合物的饲料、饲料添加剂的申请人提交的其自己所取得且未披露的试验数据和其他数据实施保护。

自核发证书之日起 6 年内，对其他申请人未经已取得新饲料、新饲料添加剂证书或者饲料、饲料添加剂进口登记证的申请人同意，使用前款规定的数据申请新饲料、新饲料添加剂审定或者饲料、饲料添加剂进口登记的，国务院农业行政主管部门不予审定或者登记；但是，其他申请人提交其自己所取得的数据的除外。

除下列情形外，国务院农业行政主管部门不得披露本条第一款规定的数据：

（一）公共利益需要；

（二）已采取措施确保该类信息不会被不正当地进行商业使用。

第三章　生产、经营和使用

第十四条 设立饲料、饲料添加剂生产企业，应当符合饲料工业发展规划和产业政策，并具备下列条件：

（一）有与生产饲料、饲料添加剂相适应的厂房、设备和仓储设施；

（二）有与生产饲料、饲料添加剂相适应的专职技术人员；

（三）有必要的产品质量检验机构、人员、设施和质量管理制度；

（四）有符合国家规定的安全、卫生要求的生产环境；

（五）有符合国家环境保护要求的污染防治措施；

（六）国务院农业行政主管部门制定的饲料、饲料添加剂质量安全管理规范规定的其他条件。

第十五条 申请从事饲料、饲料添加剂生产的企业，申请人应当向省、自治区、直辖市人民政府饲料管理部门提出申请。省、自治区、直辖市人民政府饲料管理部门应当自受理申请之日起 10 个工作日内进行书面审查；审查合格的，组织进行现场审核，并根据审核结果在 10 个工作日内作出是否核发生产许可证的决定。

生产许可证有效期为 5 年。生产许可证有效期满需要继续生产饲料、饲料添加剂的，应当在有效期届满 6 个月前申请续展。

第十六条 饲料添加剂、添加剂预混合饲料生产企业取得生产许可证后，由省、自治区、直辖市人民政府饲料管理部门按照国务院农业行政主管部门的规定，核发相应的产品批准文号。

第十七条　饲料、饲料添加剂生产企业应当按照国务院农业行政主管部门的规定和有关标准，对采购的饲料原料、单一饲料、饲料添加剂、药物饲料添加剂、添加剂预混合饲料和用于饲料添加剂生产的原料进行查验或者检验。

饲料生产企业使用限制使用的饲料原料、单一饲料、饲料添加剂、药物饲料添加剂、添加剂预混合饲料生产饲料的，应当遵守国务院农业行政主管部门的限制性规定。禁止使用国务院农业行政主管部门公布的饲料原料目录、饲料添加剂品种目录和药物饲料添加剂品种目录以外的任何物质生产饲料。

饲料、饲料添加剂生产企业应当如实记录采购的饲料原料、单一饲料、饲料添加剂、药物饲料添加剂、添加剂预混合饲料和用于饲料添加剂生产的原料的名称、产地、数量、保质期、许可证明文件编号、质量检验信息、生产企业名称或者供货者名称及其联系方式、进货日期等。记录保存期限不得少于2年。

第十八条　饲料、饲料添加剂生产企业，应当按照产品质量标准以及国务院农业行政主管部门制定的饲料、饲料添加剂质量安全管理规范和饲料添加剂安全使用规范组织生产，对生产过程实施有效控制并实行生产记录和产品留样观察制度。

第十九条　饲料、饲料添加剂生产企业应当对生产的饲料、饲料添加剂进行产品质量检验；检验合格的，应当附具产品质量检验合格证。未经产品质量检验、检验不合格或者未附具产品质量检验合格证的，不得出厂销售。

饲料、饲料添加剂生产企业应当如实记录出厂销售的饲料、饲料添加剂的名称、数量、生产日期、生产批次、质量检验信息、购货者名称及其联系方式、销售日期等。记录保存期限不得少于2年。

第二十条　出厂销售的饲料、饲料添加剂应当包装，包装应当符合国家有关安全、卫生的规定。

饲料生产企业直接销售给养殖者的饲料可以使用罐装车运输。罐装车应当符合国家有关安全、卫生的规定，并随罐装车附具符合本条例第二十一条规定的标签。

易燃或者其他特殊的饲料、饲料添加剂的包装应当有警示标志或者说明，并注明储运注意事项。

第二十一条　饲料、饲料添加剂的包装上应当附具标签。标签应当以中文或者适用符号标明产品名称、原料组成、产品成分分析保证值、净重或者净含量、贮存条件、使用说明、注意事项、生产日期、保质期、生产企业名称以及地址、许可证明文件编号和产品质量标准等。加入药物饲料添加剂的，还应当标明"加入药物饲料添加剂"字样，并标明其通用名称、含量和休药期。乳和乳制品以外的动物源性饲料，还应当标明"本产品不得饲喂反刍动物"字样。

第二十二条　饲料、饲料添加剂经营者应当符合下列条件：

（一）有与经营饲料、饲料添加剂相适应的经营场所和仓储设施；

（二）有具备饲料、饲料添加剂使用、贮存等知识的技术人员；

（三）有必要的产品质量管理和安全管理制度。

第二十三条　饲料、饲料添加剂经营者进货时应当查验产品标签、产品质量检验合格证和相应的许可证明文件。

饲料、饲料添加剂经营者不得对饲料、饲料添加剂进行拆包、分装，不得对饲料、饲料添加剂进行再加工或者添加任何物质。

禁止经营用国务院农业行政主管部门公布的饲料原料目录、饲料添加剂品种目录和药物饲料添加剂品种目录以外的任何物质生产的饲料。

饲料、饲料添加剂经营者应当建立产品购销台账，如实记录购销产品的名称、许可证明文件编号、规格、数量、保质期、生产企业名称或者供货者名称及其联系方式、购销时间等。购销台账保存期限不得少于2年。

第二十四条 向中国出口的饲料、饲料添加剂应当包装，包装应当符合中国有关安全、卫生的规定，并附具符合本条例第二十一条规定的标签。

向中国出口的饲料、饲料添加剂应当符合中国有关检验检疫的要求，由出入境检验检疫机构依法实施检验检疫，并对其包装和标签进行核查。包装和标签不符合要求的，不得入境。

境外企业不得直接在中国销售饲料、饲料添加剂。境外企业在中国销售饲料、饲料添加剂的，应当依法在中国境内设立销售机构或者委托符合条件的中国境内代理机构销售。

第二十五条 养殖者应当按照产品使用说明和注意事项使用饲料。在饲料或者动物饮用水中添加饲料添加剂的，应当符合饲料添加剂使用说明和注意事项的要求，遵守国务院农业行政主管部门制定的饲料添加剂安全使用规范。

养殖者使用自行配制的饲料的，应当遵守国务院农业行政主管部门制定的自行配制饲料使用规范，并不得对外提供自行配制的饲料。

使用限制使用的物质养殖动物的，应当遵守国务院农业行政主管部门的限制性规定。禁止在饲料、动物饮用水中添加国务院农业行政主管部门公布禁用的物质以及对人体具有直接或者潜在危害的其他物质，或者直接使用上述物质养殖动物。禁止在反刍动物饲料中添加乳和乳制品以外的动物源性成分。

第二十六条 国务院农业行政主管部门和县级以上地方人民政府饲料管理部门应当加强饲料、饲料添加剂质量安全知识的宣传，提高养殖者的质量安全意识，指导养殖者安全、合理使用饲料、饲料添加剂。

第二十七条 饲料、饲料添加剂在使用过程中被证实对养殖动物、人体健康或者环境有害的，由国务院农业行政主管部门决定禁用并予以公布。

第二十八条 饲料、饲料添加剂生产企业发现其生产的饲料、饲料添加剂对养殖动物、人体健康有害或者存在其他安全隐患的，应当立即停止生产，通知经营者、使用者，向饲料管理部门报告，主动召回产品，并记录召回和通知情况。召回的产品应当在饲料管理部门监督下予以无害化处理或者销毁。

饲料、饲料添加剂经营者发现其销售的饲料、饲料添加剂具有前款规定情形的，应当立即停止销售，通知生产企业、供货者和使用者，向饲料管理部门报告，并记录通知情况。

养殖者发现其使用的饲料、饲料添加剂具有本条第一款规定情形的，应当立即停止使用，通知供货者，并向饲料管理部门报告。

第二十九条 禁止生产、经营、使用未取得新饲料、新饲料添加剂证书的新饲料、新饲料添加剂以及禁用的饲料、饲料添加剂。

禁止经营、使用无产品标签、无生产许可证、无产品质量标准、无产品质量检验合格证的饲料、饲料添加剂。禁止经营、使用无产品批准文号的饲料添加剂、添加剂预混合饲料。禁止经营、使用未取得饲料、饲料添加剂进口登记证的进口饲料、进口饲料添加剂。

第三十条 禁止对饲料、饲料添加剂作具有预防或者治疗动物疾病作用的说明或者宣传。但是，饲料中添加药物饲料添加剂的，可以对所添加的药物饲料添加剂的作用加以说明。

第三十一条 国务院农业行政主管部门和省、自治区、直辖市人民政府饲料管理部门应当按照职责权限对全国或者本行政区域饲料、饲料添加剂的质量安全状况进行监测，并根据监测情况发布饲料、饲料添加剂质量安全预警信息。

第三十二条 国务院农业行政主管部门和县级以上地方人民政府饲料管理部门，应当根据需要定期或者不定期组织实施饲料、饲料添加剂监督抽查；饲料、饲料添加剂监督抽查检测工作由国务院农业行政主管部门或者省、自治区、直辖市人民政府饲料管理部门指定的具有相应技术条件的机构承担。饲料、饲料添加剂监督抽查不得收费。

国务院农业行政主管部门和省、自治区、直辖市人民政府饲料管理部门应当按照职责权限公布监督抽查结果，并可以公布具有不良记录的饲料、饲料添加剂生产企业、经营者名单。

第三十三条 县级以上地方人民政府饲料管理部门应当建立饲料、饲料添加剂监督管理档案，记录日常监督检查、违法行为查处等情况。

第三十四条 国务院农业行政主管部门和县级以上地方人民政府饲料管理部门在监督检查中可以采取下列措施：

（一）对饲料、饲料添加剂生产、经营、使用场所实施现场检查；

（二）查阅、复制有关合同、票据、账簿和其他相关资料；

（三）查封、扣押有证据证明用于违法生产饲料的饲料原料、单一饲料、饲料添加剂、药物饲料添加剂、添加剂预混合饲料，用于违法生产饲料添加剂的原料，用于违法生产饲料、饲料添加剂的工具、设施，违法生产、经营、使用的饲料、饲料添加剂；

（四）查封违法生产、经营饲料、饲料添加剂的场所。

第四章 法律责任

第三十五条 国务院农业行政主管部门、县级以上地方人民政府饲料管理部门或者其他依照本条例规定行使监督管理权的部门及其工作人员，不履行本条例规定的职责或者滥用职权、玩忽职守、徇私舞弊的，对直接负责的主管人员和其他直接责任人员，依法给予处分；直接负责的主管人员和其他直接责任人员构成犯罪的，依法追究刑事责任。

第三十六条 提供虚假的资料、样品或者采取其他欺骗方式取得许可证明文件的，由发证机关撤销相关许可证明文件，处 5 万元以上 10 万元以下罚款，申请人 3 年内不得就同一事项申请行政许可。以欺骗方式取得许可证明文件给他人造成损失的，依法承担赔偿责任。

第三十七条 假冒、伪造或者买卖许可证明文件的，由国务院农业行政主管部门或者县级以上地方人民政府饲料管理部门按照职责权限收缴或者吊销、撤销相关许可证明文件；构成犯罪的，依法追究刑事责任。

第三十八条 未取得生产许可证生产饲料、饲料添加剂的，由县级以上地方人民政府饲料管理部门责令停止生产，没收违法所得、违法生产的产品和用于违法生产饲料的饲料原料、单一饲料、饲料添加剂、药物饲料添加剂、添加剂预混合饲料以及用于违法生产饲料添加剂的原料，违法生产的产品货值金额不足 1 万元的，并处 1 万元以上 5 万元以下罚款，货值金额 1 万元以上的，并处货值金额 5 倍以上 10 倍以下罚款；情节严重的，没收其生产设备，生产企业的主要负责人和直接负责的主管人员 10 年内不得从事饲料、饲料添加剂生产、经营活动。

已经取得生产许可证，但不再具备本条例第十四条规定的条件而继续生产饲料、饲料添加剂的，由县级以上地方人民政府饲料管理部门责令停止生产、限期改正，并处 1 万元以上 5 万元以下罚款；逾期不改正的，由发证机关吊销生产许可证。

已经取得生产许可证，但未取得产品批准文号而生产饲料添加剂、添加剂预混合饲料的，由县级以上地方人民政府饲料管理部门责令停止生产，没收违法所得、违法生产的产品和用于违法生产饲料的饲料原料、单一饲料、饲料添加剂、药物饲料添加剂以及用于违法生产饲料添加剂的原料，限期补办产品批准文号，并处违法生产的产品货值金额 1 倍以上 3 倍以下罚款；情节严重的，由发证机关吊销生产许可证。

第三十九条 饲料、饲料添加剂生产企业有下列行为之一的，由县级以上地方人民政府饲料管理部门责令改正，没收违法所得、违法生产的产品和用于违法生产饲料的饲料原料、单一饲料、饲料添加剂、药物饲料添加剂、添加剂预混合饲料以及用于违法生产饲料添加剂的原料，违法生产的产品货值金额不足1万元的，并处1万元以上5万元以下罚款，货值金额1万元以上的，并处货值金额5倍以上10倍以下罚款；情节严重的，由发证机关吊销、撤销相关许可证明文件，生产企业的主要负责人和直接负责的主管人员10年内不得从事饲料、饲料添加剂生产、经营活动；构成犯罪的，依法追究刑事责任：

（一）使用限制使用的饲料原料、单一饲料、饲料添加剂、药物饲料添加剂、添加剂预混合饲料生产饲料，不遵守国务院农业行政主管部门的限制性规定的；

（二）使用国务院农业行政主管部门公布的饲料原料目录、饲料添加剂品种目录和药物饲料添加剂品种目录以外的物质生产饲料的；

（三）生产未取得新饲料、新饲料添加剂证书的新饲料、新饲料添加剂或者禁用的饲料、饲料添加剂的。

第四十条 饲料、饲料添加剂生产企业有下列行为之一的，由县级以上地方人民政府饲料管理部门责令改正，处1万元以上2万元以下罚款；拒不改正的，没收违法所得、违法生产的产品和用于违法生产饲料的饲料原料、单一饲料、饲料添加剂、药物饲料添加剂、添加剂预混合饲料以及用于违法生产饲料添加剂的原料，并处5万元以上10万元以下罚款；情节严重的，责令停止生产，可以由发证机关吊销、撤销相关许可证明文件：

（一）不按照国务院农业行政主管部门的规定和有关标准对采购的饲料原料、单一饲料、饲料添加剂、药物饲料添加剂、添加剂预混合饲料和用于饲料添加剂生产的原料进行查验或者检验的；

（二）饲料、饲料添加剂生产过程中不遵守国务院农业行政主管部门制定的饲料、饲料添加剂质量安全管理规范和饲料添加剂安全使用规范的；

（三）生产的饲料、饲料添加剂未经产品质量检验的。

第四十一条 饲料、饲料添加剂生产企业不依照本条例规定实行采购、生产、销售记录制度或者产品留样观察制度的，由县级以上地方人民政府饲料管理部门责令改正，处1万元以上2万元以下罚款；拒不改正的，没收违法所得、违法生产的产品和用于违法生产饲料的饲料原料、单一饲料、饲料添加剂、药物饲料添加剂、添加剂预混合饲料以及用于违法生产饲料添加剂的原料，处2万元以上5万元以下罚款，并可以由发证机关吊销、撤销相关许可证明文件。

饲料、饲料添加剂生产企业销售的饲料、饲料添加剂未附具产品质量检验合格证或者包装、标签不符合规定的，由县级以上地方人民政府饲料管理部门责令改正；情节严重的，没收违法所得和违法销售的产品，可以处违法销售的产品货值金额30%以下罚款。

第四十二条 不符合本条例第二十二条规定的条件经营饲料、饲料添加剂的，由县级人民政府饲料管理部门责令限期改正；逾期不改的，没收违法所得和违法经营的产品，违法经营的产品货值金额不足1万元的，并处2000元以上2万元以下罚款，货值金额1万元以上的，并处货值金额2倍以上5倍以下罚款；情节严重的，责令停止经营，并通知工商行政管理部门，由工商行政管理部门吊销营业执照。

第四十三条 饲料、饲料添加剂经营者有下列行为之一的，由县级人民政府饲料管理部门责令改正，没收违法所得和违法经营的产品，违法经营的产品货值金额不足1万元的，并处2000元以上2万元以下罚款，货值金额1万元以上的，并处货值金额2倍以上5倍以下罚款；情节严重的，责令停止经营，并通知工商行政管理部门，由工商行政管理部门吊销营业执照；构成犯罪的，依法追究刑事责任：

（一）对饲料、饲料添加剂进行再加工或者添加物质的；

（二）经营无产品标签、无生产许可证、无产品质量检验合格证的饲料、饲料添加剂的；

（三）经营无产品批准文号的饲料添加剂、添加剂预混合饲料的；

（四）经营用国务院农业行政主管部门公布的饲料原料目录、饲料添加剂品种目录和药物饲料添加剂品种目录以外的物质生产的饲料的；

（五）经营未取得新饲料、新饲料添加剂证书的新饲料、新饲料添加剂或者未取得饲料、饲料添加剂进口登记证的进口饲料、进口饲料添加剂以及禁用的饲料、饲料添加剂的。

第四十四条 饲料、饲料添加剂经营者有下列行为之一的，由县级人民政府饲料管理部门责令改正，没收违法所得和违法经营的产品，并处 2000 元以上 1 万元以下罚款：

（一）对饲料、饲料添加剂进行拆包、分装的；

（二）不依照本条例规定实行产品购销台账制度的；

（三）经营的饲料、饲料添加剂失效、霉变或者超过保质期的。

第四十五条 对本条例第二十八条规定的饲料、饲料添加剂，生产企业不主动召回的，由县级以上地方人民政府饲料管理部门责令召回，并监督生产企业对召回的产品予以无害化处理或者销毁；情节严重的，没收违法所得，并处应召回的产品货值金额 1 倍以上 3 倍以下罚款，可以由发证机关吊销、撤销相关许可证明文件；生产企业对召回的产品不予以无害化处理或者销毁的，由县级人民政府饲料管理部门代为销毁，所需费用由生产企业承担。

对本条例第二十八条规定的饲料、饲料添加剂，经营者不停止销售的，由县级以上地方人民政府饲料管理部门责令停止销售；拒不停止销售的，没收违法所得，处 1000 元以上 5 万元以下罚款；情节严重的，责令停止经营，并通知工商行政管理部门，由工商行政管理部门吊销营业执照。

第四十六条 饲料、饲料添加剂生产企业、经营者有下列行为之一的，由县级以上地方人民政府饲料管理部门责令停止生产、经营，没收违法所得和违法生产、经营的产品，违法生产、经营的产品货值金额不足 1 万元的，并处 2000 元以上 2 万元以下罚款，货值金额 1 万元以上的，并处货值金额 2 倍以上 5 倍以下罚款；构成犯罪的，依法追究刑事责任：

（一）在生产、经营过程中，以非饲料、非饲料添加剂冒充饲料、饲料添加剂或者以此种饲料、饲料添加剂冒充他种饲料、饲料添加剂的；

（二）生产、经营无产品质量标准或者不符合产品质量标准的饲料、饲料添加剂的；

（三）生产、经营的饲料、饲料添加剂与标签标示的内容不一致的。

饲料、饲料添加剂生产企业有前款规定的行为，情节严重的，由发证机关吊销、撤销相关许可证明文件；饲料、饲料添加剂经营者有前款规定的行为，情节严重的，通知工商行政管理部门，由工商行政管理部门吊销营业执照。

第四十七条 养殖者有下列行为之一的，由县级人民政府饲料管理部门没收违法使用的产品和非法添加物质，对单位处 1 万元以上 5 万元以下罚款，对个人处 5000 元以下罚款；构成犯罪的，依法追究刑事责任：

（一）使用未取得新饲料、新饲料添加剂证书的新饲料、新饲料添加剂或者未取得饲料、饲料添加剂进口登记证的进口饲料、进口饲料添加剂的；

（二）使用无产品标签、无生产许可证、无产品质量标准、无产品质量检验合格证的饲料、饲料添加剂的；

（三）使用无产品批准文号的饲料添加剂、添加剂预混合饲料的；

（四）在饲料或者动物饮用水中添加饲料添加剂，不遵守国务院农业行政主管部门制定的饲料添加剂安全使用规范的；

（五）使用自行配制的饲料，不遵守国务院农业行政主管部门制定的自行配制饲料使用规范的；

（六）使用限制使用的物质养殖动物，不遵守国务院农业行政主管部门的限制性规定的；

（七）在反刍动物饲料中添加乳和乳制品以外的动物源性成分的。

在饲料或者动物饮用水中添加国务院农业行政主管部门公布禁用的物质以及对人体具有直接或者潜在危害的其他物质，或者直接使用上述物质养殖动物的，由县级以上地方人民政府饲料管理部门责令其对饲喂了违禁物质的动物进行无害化处理，处 3 万元以上 10 万元以下罚款；构成犯罪的，依法追究刑事责任。

第四十八条 养殖者对外提供自行配制的饲料的，由县级人民政府饲料管理部门责令改正，处 2000 元以上 2 万元以下罚款。

第五章　附　则

第四十九条 本条例下列用语的含义：

（一）饲料原料，是指来源于动物、植物、微生物或者矿物质，用于加工制作饲料但不属于饲料添加剂的饲用物质。

（二）单一饲料，是指来源于一种动物、植物、微生物或者矿物质，用于饲料产品生产的饲料。

（三）添加剂预混合饲料，是指由两种（类）或者两种（类）以上营养性饲料添加剂为主，与载体或者稀释剂按照一定比例配制的饲料，包括复合预混合饲料、微量元素预混合饲料、维生素预混合饲料。

（四）浓缩饲料，是指主要由蛋白质、矿物质和饲料添加剂按照一定比例配制的饲料。

（五）配合饲料，是指根据养殖动物营养需要，将多种饲料原料和饲料添加剂按照一定比例配制的饲料。

（六）精料补充料，是指为补充草食动物的营养，将多种饲料原料和饲料添加剂按照一定比例配制的饲料。

（七）营养性饲料添加剂，是指为补充饲料营养成分而掺入饲料中的少量或者微量物质，包括饲料级氨基酸、维生素、矿物质微量元素、酶制剂、非蛋白氮等。

（八）一般饲料添加剂，是指为保证或者改善饲料品质、提高饲料利用率而掺入饲料中的少量或者微量物质。

（九）药物饲料添加剂，是指为预防、治疗动物疾病而掺入载体或者稀释剂的兽药的预混合物质。

（十）许可证明文件，是指新饲料、新饲料添加剂证书，饲料、饲料添加剂进口登记证，饲料、饲料添加剂生产许可证，饲料添加剂、添加剂预混合饲料产品批准文号。

第五十条 药物饲料添加剂的管理，依照《兽药管理条例》的规定执行。

第五十一条 本条例自 2012 年 5 月 1 日起施行。

进出口饲料和饲料添加剂检验检疫监督管理办法

（国家质检总局令第 118 号）

发布日期：2009-07-20
实施日期：2023-03-09
法规类型：部门规章

（根据 2016 年 10 月 18 日国家质量监督检验检疫总局令第 184 号《国家质量监督检验检疫总局关于修改和废止部分规章的决定》第一次修正；根据 2018 年 4 月 28 日海关总署令第 238 号《海关总署关于修改部分规章的决定》第二次修正；根据 2018 年 5 月 29 日海关总署令第 240 号《海关总署关于修改部分规章的决定》第三次修正；根据 2018 年 11 月 23 日海关总署令第 243 号《海关总署关于修改部分规章的决定》第四次修正；根据 2023 年 3 月 9 日海关总署令第 262 号《海关总署关于修改部分规章的决定》第五次修正）

第一章 总 则

第一条 为规范进出口饲料和饲料添加剂的检验检疫监督管理工作，提高进出口饲料和饲料添加剂安全水平，保护动物和人体健康，根据《中华人民共和国进出境动植物检疫法》及其实施条例、《中华人民共和国进出口商品检验法》及其实施条例、《国务院关于加强食品等产品安全监督管理的特别规定》等有关法律法规规定，制定本办法。

第二条 本办法适用于进口、出口及过境饲料和饲料添加剂（以下简称饲料）的检验检疫和监督管理。

作饲料用途的动植物及其产品按照本办法的规定管理。

药物饲料添加剂不适用本办法。

第三条 海关总署统一管理全国进出口饲料的检验检疫和监督管理工作。

主管海关负责所辖区域进出口饲料的检验检疫和监督管理工作。

第二章 风险管理

第四条 海关总署对进出口饲料实施风险管理，包括在风险分析的基础上，对进出口饲料实施的产品风险分级、企业分类、监管体系审查、风险监控、风险警示等措施。

第五条 海关按照进出口饲料的产品风险级别，采取不同的检验检疫监管模式并进行动态调整。

第六条 海关根据进出口饲料的产品风险级别、企业诚信程度、安全卫生控制能力、监管体系有效性等，对注册登记的境外生产、加工、存放企业（以下简称境外生产企业）和国内出口饲料生产、加工、存放企业（以下简称出口生产企业）实施企业分类管理，采取不同的检验检疫监管模式并进行动态调整。

第七条 海关总署按照饲料产品种类分别制定进口饲料的检验检疫要求。对首次向中国出口饲料的国家或者地区进行风险分析，对曾经或者正在向中国出口饲料的国家或者地区进行回顾性审查，重点审查其饲料安全监管体系。根据风险分析或者回顾性审查结果，制定调整并公布允许进口饲料的国家或者地区名单和饲料产品种类。

第八条 海关总署对进出口饲料实施风险监控，制定进出口饲料年度风险监控计划，编制年度风险监控报告。直属海关结合本地实际情况制定具体实施方案并组织实施。

第九条 海关总署根据进出口饲料安全形势、检验检疫中发现的问题、国内外相关组织机构通报的问题以及国内外市场发生的饲料安全问题，在风险分析的基础上及时发布风险警示信息。

第三章 进口检验检疫

第一节 注册登记

第十条 海关总署对允许进口饲料的国家或者地区的生产企业实施注册登记制度，进口饲料应当来自注册登记的境外生产企业。

第十一条 境外生产企业应当符合输出国家或者地区法律法规和标准的相关要求，并达到与中国有关法律法规和标准的等效要求，经输出国家或者地区主管部门审查合格后向海关总署推荐。推荐材料应当包括：

（一）企业信息：企业名称、地址、官方批准编号；

（二）注册产品信息：注册产品名称、主要原料、用途等；

（三）官方证明：证明所推荐的企业已经主管部门批准，其产品允许在输出国家或者地区自由销售。

第十二条 海关总署应当对推荐材料进行审查。

审查不合格的，通知输出国家或者地区主管部门补正。

审查合格的，经与输出国家或者地区主管部门协商后，海关总署派出专家到输出国家或者地区对其饲料安全监管体系进行审查，并对申请注册登记的企业进行抽查。对抽查不符合要求的企业，不予注册登记，并将原因向输出国家或者地区主管部门通报；对抽查符合要求的及未被抽查的其他推荐企业，予以注册登记，并在海关总署官方网站上公布。

第十三条 注册登记的有效期为 5 年。

需要延期的境外生产企业，由输出国家或者地区主管部门在有效期届满前 6 个月向海关总署提出延期。必要时，海关总署可以派出专家到输出国家或者地区对其饲料安全监管体系进行回顾性审查，并对申请延期的境外生产企业进行抽查，对抽查符合要求的及未被抽查的其他申请延期境外生产企业，注册登记有效期延长 5 年。

第十四条 经注册登记的境外生产企业停产、转产、倒闭或者被输出国家或者地区主管部门吊销生产许可证、营业执照的，海关总署注销其注册登记。

第二节 检验检疫

第十五条 进口饲料需要办理进境动植物检疫许可证的，应当按照相关规定办理进境动植物检疫许可证。

第十六条 货主或者其代理人应当在饲料入境前或者入境时向海关报检，报检时应当提供原产地证书、贸易合同、提单、发票等，并根据对产品的不同要求提供输出国家或者地区检验检疫证书。

第十七条 海关按照以下要求对进口饲料实施检验检疫：

（一）中国法律法规、国家强制性标准和相关检验检疫要求；

（二）双边协议、议定书、备忘录；

（三）《进境动植物检疫许可证》列明的要求。

第十八条 海关按照下列规定对进口饲料实施现场查验：

（一）核对货证：核对单证与货物的名称、数（重）量、包装、生产日期、集装箱号码、输出国家或者地区、生产企业名称和注册登记号等是否相符；

（二）标签检查：标签是否符合饲料标签国家标准；

（三）感官检查：包装、容器是否完好，是否超过保质期，有无腐败变质，有无携带有害生物，有无土壤、动物尸体、动物排泄物等禁止进境物。

第十九条 现场查验有下列情形之一的，海关签发《检验检疫处理通知单》，由货主或者其他代理人在海关的监督下，作退回或者销毁处理：

（一）输出国家或者地区未被列入允许进口的国家或者地区名单的；

（二）来自非注册登记境外生产企业的产品；

（三）来自注册登记境外生产企业的非注册登记产品；

（四）货证不符的；

（五）标签不符合标准且无法更正的；

（六）超过保质期或者腐败变质的；

（七）发现土壤、动物尸体、动物排泄物、检疫性有害生物，无法进行有效的检疫处理的。

第二十条 现场查验发现散包、容器破裂的，由货主或者代理人负责整理完好。包装破损且有传播动植物疫病风险的，应当对所污染的场地、物品、器具进行检疫处理。

第二十一条 海关对来自不同类别境外生产企业的产品按照相应的检验检疫监管模式抽取样品，出具《抽/采样凭证》，送实验室进行安全卫生项目的检测。

被抽取样品送实验室检测的货物，应当调运到海关指定的待检存放场所等待检测结果。

第二十二条 经检验检疫合格的，海关签发《入境货物检验检疫证明》，予以放行。

经检验检疫不合格的，海关签发《检验检疫处理通知书》，由货主或者其代理人在海关的监督下，作除害、退回或者销毁处理，经除害处理合格的准予进境；需要对外索赔的，由海关出具相关证书。海关应当将进口饲料检验检疫不合格信息上报海关总署。

第二十三条 货主或者其代理人未取得海关出具的《入境货物检验检疫证明》前，不得擅自转移、销售、使用进口饲料。

第二十四条 进口饲料分港卸货的，先期卸货港海关应当以书面形式将检验检疫结果及处理情况及时通知其他分卸港所在地海关；需要对外出证的，由卸毕港海关汇总后出具证书。

第三节 监督管理

第二十五条 进口饲料包装上应当有中文标签，标签应当符合中国饲料标签国家标准。

散装的进口饲料，进口企业应当在海关指定的场所包装并加施饲料标签后方可入境，直接调运到海关指定的生产、加工企业用于饲料生产的，免予加施标签。

国家对进口动物源性饲料的饲用范围有限制的，进入市场销售的动物源性饲料包装上应当注明饲用范围。

第二十六条 海关对饲料进口企业（以下简称进口企业）实施备案管理。进口企业应当在首次报检前或者报检时向所在地海关备案。

第二十七条 进口企业应当建立经营档案，记录进口饲料的报检号、品名、数/重量、包装、输出国家或者地区、国外出口商、境外生产企业名称及其注册登记号、《入境货物检验检疫证明》、进口饲料流向等信息，记录保存期限不得少于2年。

第二十八条 海关对备案进口企业的经营档案进行定期审查，审查不合格的，将其列入不良记录企业名单，对其进口的饲料加严检验检疫。

第二十九条 国外发生的饲料安全事故涉及已经进口的饲料、国内有关部门通报或者用户投诉进口饲料出现安全卫生问题的，海关应当开展追溯性调查，并按照国家有关规定进行处理。

进口的饲料存在前款所列情形，可能对动物和人体健康和生命安全造成损害的，饲料进口企业应当主动召回，并向海关报告。进口企业不履行召回义务的，海关可以责令进口企业召回并将其列入不良记录企业名单。

第四章　出口检验检疫

第一节　注册登记

第三十条　海关总署对出口饲料的出口生产企业实施注册登记制度，出口饲料应当来自注册登记的出口生产企业。

第三十一条　申请注册登记的企业应当符合下列条件：

（一）厂房、工艺、设备和设施。

1. 厂址应当避开工业污染源，与养殖场、屠宰场、居民点保持适当距离；

2. 厂房、车间布局合理，生产区与生活区、办公区分开；

3. 工艺设计合理，符合安全卫生要求；

4. 具备与生产能力相适应的厂房、设备及仓储设施；

5. 具备有害生物（啮齿动物、苍蝇、仓储害虫、鸟类等）防控设施。

（二）具有与其所生产产品相适应的质量管理机构和专业技术人员。

（三）具有与安全卫生控制相适应的检测能力。

（四）管理制度。

1. 岗位责任制度；

2. 人员培训制度；

3. 从业人员健康检查制度；

4. 按照危害分析与关键控制点（HACCP）原理建立质量管理体系，在风险分析的基础上开展自检自控；

5. 标准卫生操作规范（SSOP）；

6. 原辅料、包装材料合格供应商评价和验收制度；

7. 饲料标签管理制度和产品追溯制度；

8. 废弃物、废水处理制度；

9. 客户投诉处理制度；

10. 质量安全突发事件应急管理制度。

（五）海关总署按照饲料产品种类分别制定的出口检验检疫要求。

第三十二条　出口生产企业应当向所在地直属海关申请注册登记，并提交下列材料：

（一）《出口饲料生产、加工、存放企业检验检疫注册登记申请表》；

（二）国家饲料主管部门有审查、生产许可、产品批准文号等要求的，须提供获得批准的相关证明文件；

（三）生产工艺流程图，并标明必要的工艺参数（涉及商业秘密的除外）；

（四）厂区平面图，并提供重点区域的照片或者视频资料；

（五）申请注册登记的产品及原料清单。

第三十三条　直属海关应当对申请材料及时进行审查，根据下列情况在 5 日内作出受理或者不予受理决定，并书面通知申请人：

（一）申请材料存在可以当场更正的错误的，允许申请人当场更正；

（二）申请材料不齐全或者不符合法定形式的，应当当场或者在 5 日内一次书面告知申请人需要补正的全部内容，逾期不告知的，自收到申请材料之日起即为受理；

（三）申请材料齐全、符合法定形式或者申请人按照要求提交全部补正申请材料的，应当受理申请。

第三十四条 直属海关应当在受理申请后组成评审组，对申请注册登记的出口生产企业进行现场评审。评审组应当在现场评审结束后向直属海关提交评审报告。

第三十五条 直属海关应当自受理申请之日起 20 日内对申请人的申请事项作出是否准予注册登记的决定；准予注册登记的，颁发《出口饲料生产、加工、存放企业检验检疫注册登记证》（以下简称《注册登记证》）。

直属海关自受理申请之日起 20 日内不能作出决定的，经直属海关负责人批准，可以延长 10 日，并应当将延长期限的理由告知申请人。

第三十六条 《注册登记证》自颁发之日起生效，有效期 5 年。

属于同一企业、位于不同地点、具有独立生产线和质量管理体系的出口生产企业应当分别申请注册登记。

每一注册登记出口生产企业使用一个注册登记编号。经注册登记的出口生产企业的注册登记编号专厂专用。

第三十七条 出口生产企业变更企业名称、法定代表人、产品品种、生产能力等的，应当在变更后 30 日内向所在地直属海关提出书面申请，填写《出口饲料生产、加工、存放企业检验检疫注册登记申请表》，并提交与变更内容相关的资料。

变更企业名称、法定代表人的，由直属海关审核有关资料后，直接办理变更手续。

变更产品品种或者生产能力的，由直属海关审核有关资料并组织现场评审，评审合格后，办理变更手续。

企业迁址的，应当重新向直属海关申请办理注册登记手续。

因停产、转产、倒闭等原因不再从事出口饲料业务的，应当向所在地直属海关办理注销手续。

第三十八条 获得注册登记的出口生产企业需要延续注册登记有效期的，应当在有效期届满前 3 个月按本办法规定提出申请。

第三十九条 直属海关应当在完成注册登记、变更或者注销工作后 30 日内，将相关信息上报海关总署备案。

第四十条 进口国家或者地区要求提供注册登记的出口生产企业名单的，由直属海关审查合格后，上报海关总署。海关总署组织进行抽查评估后，统一向进口国家或者地区主管部门推荐并办理有关手续。

第二节　检验检疫

第四十一条 海关按照下列要求对出口饲料实施检验检疫：

（一）输入国家或者地区检验检疫要求；

（二）双边协议、议定书、备忘录；

（三）中国法律法规、强制性标准和相关检验检疫要求；

（四）贸易合同或者信用证注明的检疫要求。

第四十二条 饲料出口前，货主或者代理人应当凭贸易合同、出厂合格证明等单证向产地海关报检。海关对所提供的单证进行审核，符合要求的受理报检。

第四十三条 受理报检后，海关按照下列规定实施现场检验检疫：

（一）核对货证：核对单证与货物的名称、数（重）量、生产日期、批号、包装、唛头、出口生产企业名称或者注册登记号等是否相符；

（二）标签检查：标签是否符合要求；

（三）感官检查：包装、容器是否完好，有无腐败变质，有无携带有害生物，有无土壤、动物尸体、动物排泄物等。

第四十四条 海关对来自不同类别出口生产企业的产品按照相应的检验检疫监管模式抽取样品，出具《抽/采样凭证》，送实验室进行安全卫生项目的检测。

第四十五条 经检验检疫合格的，海关出具《出境货物换证凭单》、检验检疫证书等相关证书；检验检疫不合格的，经有效方法处理并重新检验检疫合格的，可以按照规定出具相关单证，予以放行；无有效方法处理或者虽经处理重新检验检疫仍不合格的，不予放行，并出具《出境货物不合格通知单》。

第四十六条 出境口岸海关按照出境货物换证查验的相关规定查验，重点检查货证是否相符。查验不合格的，不予放行。

第四十七条 产地海关与出境口岸海关应当及时交流信息。

在检验检疫过程中发现安全卫生问题，应当采取相应措施，并及时上报海关总署。

第三节 监督管理

第四十八条 取得注册登记的出口饲料生产、加工企业应当遵守下列要求：

（一）有效运行自检自控体系；

（二）按照进口国家或者地区的标准或者合同要求生产出口产品；

（三）遵守我国有关药物和添加剂管理规定，不得存放、使用我国和进口国家或者地区禁止使用的药物和添加物；

（四）出口饲料的包装、装载容器和运输工具应当符合安全卫生要求。标签应当符合进口国家或者地区的有关要求。包装或者标签上应当注明生产企业名称或者注册登记号、产品用途；

（五）建立企业档案，记录生产过程中使用的原辅料名称、数（重）量及其供应商、原料验收、半产品及成品自检自控、入库、出库、出口、有害生物控制、产品召回等情况，记录档案至少保存2年；

（六）如实填写《出口饲料监管手册》，记录海关监管、抽样、检查、年审情况以及国外官方机构考察等内容。

取得注册登记的饲料存放企业应当建立企业档案，记录存放饲料名称、数/重量、货主、入库、出库、有害生物防控情况，记录档案至少保留2年。

第四十九条 海关对辖区内注册登记的出口生产企业实施日常监督管理，内容包括：

（一）环境卫生；

（二）有害生物防控措施；

（三）有毒有害物质自检自控的有效性；

（四）原辅料或者其供应商变更情况；

（五）包装物、铺垫材料和成品库；

（六）生产设备、用具、运输工具的安全卫生；

（七）批次及标签管理情况；

（八）涉及安全卫生的其他内容；

（九）《出口饲料监管手册》记录情况。

第五十条 海关对注册登记的出口生产企业实施年审，年审合格的在《注册登记证》（副本）上加注年审合格记录。

第五十一条　海关对饲料出口企业（以下简称出口企业）实施备案管理。出口企业应当在首次报检前或者报检时向所在地海关备案。

出口与生产为同一企业的，不必办理备案。

第五十二条　出口企业应当建立经营档案并接受海关的核查。档案应当记录出口饲料的报检号、品名、数（重）量、包装、进口国家或者地区、国外进口商、供货企业名称及其注册登记号等信息，档案至少保留 2 年。

第五十三条　海关应当建立注册登记的出口生产企业以及出口企业诚信档案，建立良好记录企业名单和不良记录企业名单。

第五十四条　出口饲料被国内外海关检出疫病、有毒有害物质超标或者其他安全卫生质量问题的，海关核实有关情况后，实施加严检验检疫监管措施。

第五十五条　注册登记的出口生产企业和备案的出口企业发现其生产、经营的相关产品可能受到污染并影响饲料安全，或者其出口产品在国外涉嫌引发饲料安全事件时，应当在 24 小时内报告所在地海关，同时采取控制措施，防止不合格产品继续出厂。海关接到报告后，应当于 24 小时内逐级上报至海关总署。

第五十六条　已注册登记的出口生产企业发生下列情况之一的，由直属海关撤回其注册登记：

（一）准予注册登记所依据的客观情况发生重大变化，达不到注册登记条件要求的；

（二）注册登记内容发生变更，未办理变更手续的；

（三）年审不合格的。

第五十七条　有下列情形之一的，直属海关根据利害关系人的请求或者依据职权，可以撤销注册登记：

（一）直属海关工作人员滥用职权、玩忽职守作出准予注册登记的；

（二）超越法定职权作出准予注册登记的；

（三）违反法定程序作出准予注册登记的；

（四）对不具备申请资格或者不符合法定条件的出口生产企业准予注册登记的；

（五）依法可以撤销注册登记的其他情形。

出口生产企业以欺骗、贿赂等不正当手段取得注册登记的，应当予以撤销。

第五十八条　有下列情形之一的，直属海关应当依法办理注册登记的注销手续：

（一）注册登记有效期届满未延续的；

（二）出口生产企业依法终止的；

（三）企业因停产、转产、倒闭等原因不再从事出口饲料业务的；

（四）注册登记依法被撤销、撤回或者吊销的；

（五）因不可抗力导致注册登记事项无法实施的；

（六）法律、法规规定的应当注销注册登记的其他情形。

第五章　过境检验检疫

第五十九条　运输饲料过境的，承运人或者押运人应当持货运单和输出国家或者地区主管部门出具的证书，向入境口岸海关报检，并书面提交过境运输路线。

第六十条　装载过境饲料的运输工具和包装物、装载容器应当完好，经入境口岸海关检查，发现运输工具或者包装物、装载容器有可能造成途中散漏的，承运人或者押运人应当按照口岸海关的要求，采取密封措施；无法采取密封措施的，不准过境。

第六十一条　输出国家或者地区未被列入第七条规定的允许进口的国家或者地区名单的，应当获得海关总署的批准方可过境。

第六十二条 过境的饲料，由入境口岸海关查验单证，核对货证相符，加施封识后放行，并通知出境口岸海关，由出境口岸海关监督出境。

第六章 法律责任

第六十三条 有下列情形之一的，由海关按照《国务院关于加强食品等产品安全监督管理的特别规定》予以处罚：

（一）存放、使用我国或者进口国家或者地区禁止使用的药物、添加剂以及其他原辅料的；

（二）以非注册登记饲料生产、加工企业生产的产品冒充注册登记出口生产企业产品的；

（三）明知有安全隐患，隐瞒不报，拒不履行事故报告义务继续进出口的；

（四）拒不履行产品召回义务的。

第六十四条 有下列情形之一的，由海关按照《中华人民共和国进出境动植物检疫法实施条例》处3000元以上3万元以下罚款：

（一）未经海关批准，擅自将进口、过境饲料卸离运输工具或者运递的；

（二）擅自开拆过境饲料的包装，或者擅自开拆、损毁动植物检疫封识或者标志的。

第六十五条 有下列情形之一的，依法追究刑事责任；尚不构成犯罪或者犯罪情节显著轻微依法不需要判处刑罚的，由海关按照《中华人民共和国进出境动植物检疫法实施条例》处2万元以上5万元以下的罚款：

（一）引起重大动植物疫情的；

（二）伪造、变造动植物检疫单证、印章、标志、封识的。

第六十六条 有下列情形之一，有违法所得的，由海关处以违法所得3倍以下罚款，最高不超过3万元；没有违法所得的，处以1万元以下罚款：

（一）使用伪造、变造的动植物检疫单证、印章、标志、封识的；

（二）使用伪造、变造的输出国家或者地区主管部门检疫证明文件的；

（三）使用伪造、变造的其他相关证明文件的；

（四）拒不接受海关监督管理的。

第六十七条 海关工作人员滥用职权，故意刁难，徇私舞弊，伪造检验结果，或者玩忽职守，延误检验出证，依法给予行政处分；构成犯罪的，依法追究刑事责任。

第七章 附 则

第六十八条 本办法下列用语的含义是：

饲料：指经种植、养殖、加工、制作的供动物食用的产品及其原料，包括饵料用活动物、饲料用（含饵料用）冰鲜冷冻动物产品及水产品、加工动物蛋白及油脂、宠物食品及咬胶、饲草类、青贮料、饲料粮谷类、糠麸饼粕渣类、加工植物蛋白及植物粉类、配合饲料、添加剂预混合饲料等。

饲料添加剂：指饲料加工、制作、使用过程中添加的少量或者微量物质，包括营养性饲料添加剂、一般饲料添加剂等。

加工动物蛋白及油脂：包括肉粉（畜禽）、肉骨粉（畜禽）、鱼粉、鱼油、鱼膏、虾粉、鱿鱼肝粉、鱿鱼粉、乌贼膏、乌贼粉、鱼精粉、干贝精粉、血粉、血浆粉、血球粉、血细胞粉、血清粉、发酵血粉、动物下脚料粉、羽毛粉、水解羽毛粉、水解毛发蛋白粉、皮革蛋白粉、蹄粉、角粉、鸡杂粉、肠膜蛋白粉、明胶、乳清粉、乳粉、蛋粉、干蚕蛹及其粉、骨粉、骨灰、骨炭、骨制磷酸氢钙、虾壳粉、蛋壳粉、骨胶、动物油渣、动物脂肪、饲料级混合油、干虫及其粉等。

出厂合格证明：指注册登记的出口饲料或者饲料添加剂生产、加工企业出具的，证明其产品经本企业自检自控体系评定为合格的文件。

第六十九条 本办法由海关总署负责解释。

第七十条 本办法自 2009 年 9 月 1 日起施行。自施行之日起，进出口饲料有关检验检疫管理的规定与本办法不一致的，以本办法为准。

进口饲料和饲料添加剂登记管理办法

（农业部令 2014 年第 2 号）

发布日期：2014-01-13
实施日期：2017-11-30
法规类型：部门规章

（根据 2016 年 5 月 30 日农业部令 2016 年第 3 号《农业部决定废止的规章和规范性文件》第一次修改；根据 2017 年 11 月 30 日农业部令 2017 年第 8 号《农业部决定修改的规章和规范性文件》第二次修改）

第一条 为加强进口饲料、饲料添加剂监督管理，保障动物产品质量安全，根据《饲料和饲料添加剂管理条例》，制定本办法。

第二条 本办法所称饲料，是指经工业化加工、制作的供动物食用的产品，包括单一饲料、添加剂预混合饲料、浓缩饲料、配合饲料和精料补充料。

本办法所称饲料添加剂，是指在饲料加工、制作、使用过程中添加的少量或者微量物质，包括营养性饲料添加剂和一般饲料添加剂。

第三条 境外企业首次向中国出口饲料、饲料添加剂，应当向农业部申请进口登记，取得饲料、饲料添加剂进口登记证；未取得进口登记证的，不得在中国境内销售、使用。

第四条 境外企业申请进口登记，由境外企业驻中国境内的办事机构或者委托的中国境内代理机构办理。

第五条 申请进口登记的饲料、饲料添加剂，应当符合生产地和中国的相关法律法规、技术规范的要求。

生产地未批准生产、使用或者禁止生产、使用的饲料、饲料添加剂，不予登记。

第六条 申请饲料、饲料添加剂进口登记，应当向农业部提交真实、完整、规范的申请资料（中英文对照，一式两份）和样品。

第七条 申请资料包括：

（一）饲料、饲料添加剂进口登记申请表。

（二）委托书和境内代理机构资质证明；境外企业委托其驻中国代表机构代理登记的，应当提供委托书原件和《外国企业常驻中国代表机构登记证》复印件；委托境内其他机构代理登记的，应当提供委托书原件和代理机构法人营业执照复印件。

（三）生产地批准生产、使用的证明，生产地以外其他国家、地区的登记资料，产品推广应用情况。

（四）进口饲料的产品名称、组成成分、理化性质、适用范围、使用方法；进口饲料添加剂的产品名称、主要成分、理化性质、产品来源、使用目的、适用范围、使用方法。

（五）生产工艺、质量标准、检测方法和检验报告。

（六）生产地使用的标签、商标和中文标签式样。

（七）微生物产品或者发酵制品，还应当提供生产所用菌株的保藏情况说明。

向中国出口本办法第十三条规定的饲料、饲料添加剂的，还应当提交以下申请资料：

（一）有效组分的化学结构鉴定报告或动物、植物、微生物的分类鉴定报告。

（二）农业部指定的试验机构出具的产品有效性评价试验报告、安全性评价试验报告（包括靶动物耐受性评价报告、毒理学安全评价报告、代谢和残留评价报告等）；申请饲料添加剂进口登记的，还应当提供该饲料添加剂在养殖产品中的残留可能对人体健康造成影响的分析评价报告。

（三）稳定性试验报告、环境影响报告。

（四）在饲料产品中有最高限量要求的，还应当提供最高限量值和有效组分在饲料产品中的检测方法。

第八条 产品样品应当符合以下要求：

（一）每个产品提供 3 个批次、每个批次 2 份的样品，每份样品不少于检测需要量的 5 倍；

（二）必要时提供相关的标准品或者化学对照品。

第九条 农业部自受理申请之日起 10 个工作日内对申请资料进行审查；审查合格的，通知申请人将样品交由农业部指定的检验机构进行复核检测。

第十条 复核检测包括质量标准复核和样品检测。检测方法有国家标准和行业标准的，优先采用国家标准或者行业标准；没有国家标准和行业标准的，采用申请人提供的检测方法；必要时，检验机构可以根据实际情况对检测方法进行调整。

检验机构应当在 3 个月内完成复核检测工作，并将复核检测报告报送农业部，同时抄送申请人。

第十一条 境外企业对复核检测结果有异议的，应当自收到复核检测报告之日起 15 个工作日内申请复检。

第十二条 复核检测合格的，农业部在 10 个工作日内核发饲料、饲料添加剂进口登记证，并予以公告。

第十三条 申请进口登记的饲料、饲料添加剂有下列情形之一的，由农业部依照新饲料、新饲料添加剂的评审程序组织评审：

（一）向中国出口中国境内尚未使用但生产地已经批准生产和使用的饲料、饲料添加剂的；

（二）饲料添加剂扩大适用范围的；

（三）饲料添加剂含量规格低于饲料添加剂安全使用规范要求的，但由饲料添加剂与载体或者稀释剂按照一定比例配制的除外；

（四）饲料添加剂生产工艺发生重大变化的；

（五）农业部已核发新饲料、新饲料添加剂证书的产品，自获证之日起超过 3 年未投入生产的；

（六）存在质量安全风险的其他情形。

第十四条 饲料、饲料添加剂进口登记证有效期为 5 年。

饲料、饲料添加剂进口登记证有效期满需要继续向中国出口饲料、饲料添加剂的，应当在有效期届满 6 个月前申请续展。

第十五条 申请续展应当提供以下资料：

（一）进口饲料、饲料添加剂续展登记申请表；

（二）进口登记证复印件；

（三）委托书和境内代理机构资质证明；

（四）生产地批准生产、使用的证明；

（五）质量标准、检测方法和检验报告；

（六）生产地使用的标签、商标和中文标签式样。

第十六条 有下列情形之一的，申请续展时还应当提交样品进行复核检测：

（一）根据相关法律法规、技术规范，需要对产品质量安全检测项目进行调整的；

（二）产品检测方法发生改变的；

（三）监督抽查中有不合格记录的。

第十七条 进口登记证有效期内，进口饲料、饲料添加剂的生产场所迁址，或者产品质量标准、生产工艺、适用范围等发生变化的，应当重新申请登记。

第十八条 进口饲料、饲料添加剂在进口登记证有效期内有下列情形之一的，应当申请变更登记：

（一）产品的中文或外文商品名称改变的；

（二）申请企业名称改变的；

（三）生产厂家名称改变的；

（四）生产地址名称改变的。

第十九条 申请变更登记应当提供以下资料：

（一）进口饲料、饲料添加剂变更登记申请表；

（二）委托书和境内代理机构资质证明；

（三）进口登记证原件；

（四）变更说明及相关证明文件。

农业部在受理变更登记申请后 10 个工作日内作出是否准予变更的决定。

第二十条 从事进口饲料、饲料添加剂登记工作的相关单位和人员，应当对申请人提交的需要保密的技术资料保密。

第二十一条 境外企业应当依法在中国境内设立销售机构或者委托符合条件的中国境内代理机构销售进口饲料、饲料添加剂。

境外企业不得直接在中国境内销售进口饲料、饲料添加剂。

第二十二条 境外企业应当在取得饲料、饲料添加剂进口登记证之日起 6 个月内，在中国境内设立销售机构或者委托销售代理机构并报农业部备案。

前款规定的销售机构或者销售代理机构发生变更的，应当在 1 个月内报农业部重新备案。

第二十三条 进口饲料、饲料添加剂应当包装，包装应当符合中国有关安全、卫生的规定，并附具符合规定的中文标签。

第二十四条 进口饲料、饲料添加剂在使用过程中被证实对养殖动物、人体健康或环境有害的，由农业部公告禁用并撤销进口登记证。

饲料、饲料添加剂进口登记证有效期内，生产地禁止使用该饲料、饲料添加剂产品或者撤销其生产、使用许可的，境外企业应当立即向农业部报告，由农业部撤销进口登记证并公告。

第二十五条 境外企业发现其向中国出口的饲料、饲料添加剂对养殖动物、人体健康有害或者存在其他安全隐患的，应当立即通知其在中国境内的销售机构或者销售代理机构，并向农业部报告。

境外企业在中国境内的销售机构或者销售代理机构应当主动召回前款规定的产品，记录召回情况，并向销售地饲料管理部门报告。

召回的产品应当在县级以上地方人民政府饲料管理部门监督下予以无害化处理或者销毁。

第二十六条 农业部和县级以上地方人民政府饲料管理部门，应当根据需要定期或者不定期组织实施进口饲料、饲料添加剂监督抽查；进口饲料、饲料添加剂监督抽查检测工作由农业部或者省、自治区、直辖市人民政府饲料管理部门指定的具有相应技术条件的机构承担。

进口饲料、饲料添加剂监督抽查检测，依据进口登记过程中复核检测确定的质量标准进行。

第二十七条 农业部和省级人民政府饲料管理部门应当及时公布监督抽查结果，并可以公布具有不良记录的境外企业及其销售机构、销售代理机构名单。

第二十八条 从事进口饲料、饲料添加剂登记工作的相关人员，不履行本办法规定的职责或者滥用职权、玩忽职守、徇私舞弊的，依法给予处分；构成犯罪的，依法追究刑事责任。

第二十九条 提供虚假资料、样品或者采取其他欺骗手段申请进口登记的，农业部对该申请不予受理或者不予批准，1年内不再受理该境外企业和登记代理机构的进口登记申请。

提供虚假资料、样品或者采取其他欺骗方式取得饲料、饲料添加剂进口登记证的，由农业部撤销进口登记证，对登记代理机构处5万元以上10万元以下罚款，3年内不再受理该境外企业和登记代理机构的进口登记申请。

第三十条 其他违反本办法的行为，依照《饲料和饲料添加剂管理条例》的有关规定处罚。

第三十一条 本办法自2014年7月1日起施行。农业部2000年8月17日公布、2004年7月1日修订的《进口饲料和饲料添加剂登记管理办法》同时废止。

宠物饲料规范性文件

（农业农村部公告第20号）

发布日期：2018-05-04
实施日期：2018-06-01
法规类型：规范性文件

为进一步加强宠物饲料管理，规范宠物饲料市场，促进宠物饲料行业发展，我部在全面梳理《饲料和饲料添加剂管理条例》（以下简称《条例》）及其配套规章适用规定、充分考虑宠物饲料特殊性和管理需要的基础上，制定了《宠物饲料管理办法》《宠物饲料生产企业许可条件》《宠物饲料标签规定》《宠物饲料卫生规定》《宠物配合饲料生产许可申报材料要求》《宠物添加剂预混合饲料生产许可申报材料要求》等规范性文件，现予公布，并就有关事项公告如下：

一、2018年6月1日前，已经按照《条例》及其配套规章规定取得饲料生产许可证的宠物配合饲料、宠物添加剂预混合饲料生产企业，可以在生产许可证有效期内继续从事生产经营活动；有效期届满需要继续生产经营的，按照本公告规范性文件的有关规定申请办理饲料生产许可证。

二、根据《宠物饲料管理办法》产品分类规定被纳入生产许可管理，且本公告发布前已经生产宠物配合饲料、宠物添加剂预混合饲料但尚未取得饲料生产许可证的企业，应当在2019年9月1日前按照本公告规范性文件的有关规定申请办理并取得饲料生产许可证。

三、2018 年 6 月 1 日前，已经按照《条例》及其配套规章规定取得进口登记证的进口宠物配合饲料、进口宠物添加剂预混合饲料产品，可以在进口登记证有效期内继续进口销售；有效期届满需要继续进口销售的，按照本公告规范性文件的有关规定申请办理进口登记证。

四、根据《宠物饲料管理办法》产品分类规定被纳入进口登记管理，且本公告发布前已经在中国境内进口销售但未取得进口登记证的进口宠物配合饲料、进口宠物添加剂预混合饲料产品，应当在 2019 年 9 月 1 日前按照本公告规范性文件的有关规定申请办理并取得进口登记证。

五、自 2018 年 6 月 1 日起，申请从事宠物配合饲料、宠物添加剂预混合饲料生产，或者申请办理宠物配合饲料、宠物添加剂预混合饲料进口登记，按照本公告规范性文件的有关规定执行。

六、宠物配合饲料、宠物添加剂预混合饲料生产企业核发饲料生产许可证。根据企业申报情况，饲料生产许可证上的产品类别应当分别标示宠物配合饲料、宠物添加剂预混合饲料；产品品种应当分别标示固态宠物配合饲料、半固态宠物配合饲料、液态宠物配合饲料、固态宠物添加剂预混合饲料、半固态宠物添加剂预混合饲料、液态宠物添加剂预混合饲料。

七、2018 年 6 月 1 日前，已经按照《条例》及其配套规章规定取得供宠物直接食用的混合型饲料添加剂生产许可证和进口登记证的生产企业和进口产品，应当根据《宠物饲料管理办法》产品分类规定，在 2019 年 9 月 1 日前按照本公告规范性文件的有关规定申请办理并取得饲料生产许可证和进口登记证。

八、供宠物饲料生产企业使用的混合型饲料添加剂、添加剂预混合饲料的管理不适用本公告规范性文件的规定，其生产、经营、使用和进口按《条例》及其配套规章中有关混合型饲料添加剂、添加剂预混合饲料的管理要求执行。

九、宠物饲料生产企业应当按照《宠物饲料标签规定》的要求制定产品标签，2019 年 9 月 1 日以后生产的国产和进口宠物饲料产品所附具的标签，应当符合《宠物饲料标签规定》的要求。

十、宠物饲料生产企业应当切实加强对产品卫生指标的控制，2019 年 1 月 1 日以后生产的国产和进口宠物饲料产品的卫生指标，应当符合《宠物饲料卫生规定》的要求。

十一、根据《宠物饲料管理办法》有关规定，自 2018 年 6 月 1 日起，有关宠物添加剂预混合饲料生产企业已经获得的相关产品的批准文号、其他宠物饲料生产企业已经获得的饲料生产许可证，不再作为宠物饲料检查、执法的依据和内容。

十二、本公告规定的有关管理过渡期结束后，各级饲料管理部门开展宠物饲料监管执法工作，应当按照本公告规范性文件的有关规定执行。

十三、各级饲料管理部门要继续加强宠物饲料监督管理工作，除本公告第二条、第四条规定的情形外，对于其他未取得许可证明文件生产或者进口宠物配合饲料、宠物添加剂预混合饲料的违法行为，应当按照《条例》有关规定从严处罚。

附件：1. 宠物饲料管理办法（略）
2. 宠物饲料生产企业许可条件（略）
3. 宠物饲料标签规定（略）
4. 宠物饲料卫生规定（略）
5. 宠物配合饲料生产许可申报材料要求（略）
6. 宠物添加剂预混合饲料生产许可申报材料要求（略）

进出口饲料和饲料添加剂风险级别及检验检疫监管方式

（国家质检总局公告 2015 年第 144 号）

发布日期：2015-12-07

实施日期：2015-12-07

法规类型：规范性文件

类别	种类		风险级别	进口检验检疫监管方式	出口检验检疫监管方式
动物源性饲料	饲料用活动物		I 级	进口前须申请并取得《进境动植物检疫许可证》；进口时查验检疫证书并实施检疫；对进口后的隔离、加工场所实施检疫监督。	符合进口国家或地区的要求
	饲料用（含饵料用）冰鲜冷冻动物产品		I 级	进口前须申请并取得《进境动植物检疫许可证》；进口时查验检疫证书并实施检疫；对进口后的加工场所实施检疫监督。	符合进口国家或地区的要求
	饲料用（含饵料用）水产品		III 级	进口时查验检疫证书并实施检疫。	符合进口国家或地区的要求
	加工动物蛋白及油脂		II 级	进口前须申请并取得《进境动植物检疫许可证》（另有规定的按照相关要求执行）；进口时查验检疫证书并实施检疫。	符合进口国家或地区的要求
	宠物食品和咬胶	生的宠物食品	I 级	进口前须申请并取得《进境动植物检疫许可证》；进口时查验检疫证书并实施检疫，对进口后的加工场所实施检疫监督。	符合进口国家或地区的要求
		其他	II 级	进口前须申请并取得《进境动植物检疫许可证》（另有规定的按照相关要求执行）；进口时查验检疫证书并实施检疫。	符合进口国家或地区的要求

续表

类别	种类		风险级别	进口检验检疫监管方式	出口检验检疫监管方式
植物源性饲料	饲料粮谷类		I级	进口前须申请并取得《进境动植物检疫许可证》；进口时查验检疫证书并实施检疫；对进口后的加工场所实施检疫监督。	符合进口国家或地区的要求
	饲料用草籽		I级	进口前须申请并取得《进境动植物检疫许可证》；进口时查验检疫证书并实施检疫；对进口后的加工场所实施检疫监督。	符合进口国家或地区的要求
	饲草类		II级	进口前须申请并取得《进境动植物检疫许可证》（另有规定的按照相关要求执行）；进口时查验检疫证书并实施检疫。	符合进口国家或地区的要求
	加工植物蛋白、糠麸饼粕渣类	来自TCK疫区的麦麸	I级	进口前须申请并取得《进境动植物检疫许可证》；进口时查验检疫证书并实施检疫；对进口后的加工场所实施检疫监督。	符合进口国家或地区的要求
		其他	II级	进口前须申请并取得《进境动植物检疫许可证》（另有规定的按照相关要求执行）；进口时查验检疫证书并实施检疫。	符合进口国家或地区的要求
	青贮料		III级	进口时查验检疫证书并实施检疫。	符合进口国家或地区的要求
	植物粉类		III级	进口时查验检疫证书并实施检疫。	符合进口国家或地区的要求
饲料添加剂、添加剂预混合饲料	配合饲料		II级	进口前须申请并取得《进境动植物检疫许可证》（另有规定的按照相关要求执行）；进口时查验检疫证书并实施检疫。	符合进口国家或地区的要求
	含动物源性成分		II级	进口前须申请并取得《进境动植物检疫许可证》（另有规定的按照相关要求执行）；进口时查验检疫证书并实施检疫。	符合进口国家或地区的要求
	不含动物源性成分但含植物源性成分		按所含的植物源性成份分级	参照对应植物源性成份的监管方式。	符合进口国家或地区的要求
	其他		IV级	进口时实施检疫。	符合进口国家或地区的要求

进口鱼粉级别变更

（农业部公告第 1935 号）

发布日期：2013-05-06
实施日期：2013-05-06
法规类型：规范性文件

为了加强进口鱼粉产品质量安全监管，保障相关贸易顺利开展，根据《饲料和饲料添加剂管理条例》、《进口饲料和饲料添加剂管理办法》、《饲料原料目录》和鱼粉国家标准（GB/T 19164—2003）的有关规定，现公告如下：

一、已登记的高级别进口鱼粉的生产厂家可将登记范围扩展为由低级至高级鱼粉。即登记为一、二级进口鱼粉的，可变更为"三级至一级"或"三级至二级"鱼粉，但不得低于鱼粉国家标准中的三级鱼粉标准。按照《进口饲料和饲料添加剂变更登记材料要求》（农业部公告第 611 号）的有关规定，申请办理鱼粉级别变更。申请事项为变更产品中文或英文商品名称。

二、按照《饲料原料目录》要求，自 2013 年 1 月 1 日起，所有向中国出口的鱼粉必须在其标签中标示挥发性盐基氮等强制性标识指标。

三、各级饲料管理部门应严格按照生产厂家申报的产品质量标准对进口鱼粉产品进行监管。饲料质检机构将采用鱼粉国家标准中的检测方法对其进行监督抽查检测。

兽药管理

兽药管理条例

（国务院令第 404 号）

发布日期：2004-04-09
实施日期：2020-04-02
法规类型：行政法规

（根据 2014 年 7 月 29 日国务院令第 653 号《国务院关于修改部分行政法规的决定》第一次修订；根据 2016 年 2 月 6 日国务院令第 666 号《国务院关于修改部分行政法规的决定》第二次修订；根据 2020 年 3 月 27 日国务院令第 726 号《国务院关于修改和废止部分行政法规的决定》第三次修订）

第一章　总　则

第一条　为了加强兽药管理，保证兽药质量，防治动物疾病，促进养殖业的发展，维护人体健康，制定本条例。

第二条　在中华人民共和国境内从事兽药的研制、生产、经营、进出口、使用和监督管理，应当遵守本条例。

第三条　国务院兽医行政管理部门负责全国的兽药监督管理工作。

县级以上地方人民政府兽医行政管理部门负责本行政区域内的兽药监督管理工作。

第四条　国家实行兽用处方药和非处方药分类管理制度。兽用处方药和非处方药分类管理的办法和具体实施步骤，由国务院兽医行政管理部门规定。

第五条　国家实行兽药储备制度。

发生重大动物疫情、灾情或者其他突发事件时，国务院兽医行政管理部门可以紧急调用国家储备的兽药；必要时，也可以调用国家储备以外的兽药。

第二章　新兽药研制

第六条　国家鼓励研制新兽药，依法保护研制者的合法权益。

第七条　研制新兽药，应当具有与研制相适应的场所、仪器设备、专业技术人员、安全管理规范和措施。

研制新兽药，应当进行安全性评价。从事兽药安全性评价的单位应当遵守国务院兽医行政管理部门制定的兽药非临床研究质量管理规范和兽药临床试验质量管理规范。

省级以上人民政府兽医行政管理部门应当对兽药安全性评价单位是否符合兽药非临床研究质量管理规范和兽药临床试验质量管理规范的要求进行监督检查，并公布监督检查结果。

第八条 研制新兽药，应当在临床试验前向临床试验场所所在地省、自治区、直辖市人民政府兽医行政管理部门备案，并附具该新兽药实验室阶段安全性评价报告及其他临床前研究资料。

研制的新兽药属于生物制品的，应当在临床试验前向国务院兽医行政管理部门提出申请，国务院兽医行政管理部门应当自收到申请之日起60个工作日内将审查结果书面通知申请人。

研制新兽药需要使用一类病原微生物的，还应当具备国务院兽医行政管理部门规定的条件，并在实验室阶段前报国务院兽医行政管理部门批准。

第九条 临床试验完成后，新兽药研制者向国务院兽医行政管理部门提出新兽药注册申请时，应当提交该新兽药的样品和下列资料：

（一）名称、主要成分、理化性质；

（二）研制方法、生产工艺、质量标准和检测方法；

（三）药理和毒理试验结果、临床试验报告和稳定性试验报告；

（四）环境影响报告和污染防治措施。

研制的新兽药属于生物制品的，还应当提供菌（毒、虫）种、细胞等有关材料和资料。菌（毒、虫）种、细胞由国务院兽医行政管理部门指定的机构保藏。

研制用于食用动物的新兽药，还应当按照国务院兽医行政管理部门的规定进行兽药残留试验并提供休药期、最高残留限量标准、残留检测方法及其制定依据等资料。

国务院兽医行政管理部门应当自收到申请之日起10个工作日内，将决定受理的新兽药资料送其设立的兽药评审机构进行评审，将新兽药样品送其指定的检验机构复核检验，并自收到评审和复核检验结论之日起60个工作日内完成审查。审查合格的，发给新兽药注册证书，并发布该兽药的质量标准；不合格的，应当书面通知申请人。

第十条 国家对依法获得注册的、含有新化合物的兽药的申请人提交的其自己所取得且未披露的试验数据和其他数据实施保护。

自注册之日起6年内，对其他申请人未经已获得注册兽药的申请人同意，使用前款规定的数据申请兽药注册的，兽药注册机关不予注册；但是，其他申请人提交其自己所取得的数据的除外。

除下列情况外，兽药注册机关不得披露本条第一款规定的数据：

（一）公共利益需要；

（二）已采取措施确保该类信息不会被不正当地进行商业使用。

第三章 兽药生产

第十一条 从事兽药生产的企业，应当符合国家兽药行业发展规划和产业政策，并具备下列条件：

（一）与所生产的兽药相适应的兽医学、药学或者相关专业的技术人员；

（二）与所生产的兽药相适应的厂房、设施；

（三）与所生产的兽药相适应的兽药质量管理和质量检验的机构、人员、仪器设备；

（四）符合安全、卫生要求的生产环境；

（五）兽药生产质量管理规范规定的其他生产条件。

符合前款规定条件的，申请人方可向省、自治区、直辖市人民政府兽医行政管理部门提出申请，并附具符合前款规定条件的证明材料；省、自治区、直辖市人民政府兽医行政管理部门应当自收到申请之日起40个工作日内完成审查。经审查合格的，发给兽药生产许可证；不合格的，应当书面通知申请人。

第十二条　兽药生产许可证应当载明生产范围、生产地点、有效期和法定代表人姓名、住址等事项。

兽药生产许可证有效期为 5 年。有效期届满，需要继续生产兽药的，应当在许可证有效期届满前 6 个月到发证机关申请换发兽药生产许可证。

第十三条　兽药生产企业变更生产范围、生产地点的，应当依照本条例第十一条的规定申请换发兽药生产许可证；变更企业名称、法定代表人的，应当在办理工商变更登记手续后15 个工作日内，到发证机关申请换发兽药生产许可证。

第十四条　兽药生产企业应当按照国务院兽医行政管理部门制定的兽药生产质量管理规范组织生产。

省级以上人民政府兽医行政管理部门，应当对兽药生产企业是否符合兽药生产质量管理规范的要求进行监督检查，并公布检查结果。

第十五条　兽药生产企业生产兽药，应当取得国务院兽医行政管理部门核发的产品批准文号，产品批准文号的有效期为 5 年。兽药产品批准文号的核发办法由国务院兽医行政管理部门制定。

第十六条　兽药生产企业应当按照兽药国家标准和国务院兽医行政管理部门批准的生产工艺进行生产。兽药生产企业改变影响兽药质量的生产工艺的，应当报原批准部门审核批准。

兽药生产企业应当建立生产记录，生产记录应当完整、准确。

第十七条　生产兽药所需的原料、辅料，应当符合国家标准或者所生产兽药的质量要求。直接接触兽药的包装材料和容器应当符合药用要求。

第十八条　兽药出厂前应当经过质量检验，不符合质量标准的不得出厂。

兽药出厂应当附有产品质量合格证。

禁止生产假、劣兽药。

第十九条　兽药生产企业生产的每批兽用生物制品，在出厂前应当由国务院兽医行政管理部门指定的检验机构审查核对，并在必要时进行抽查检验；未经审查核对或者抽查检验不合格的，不得销售。

强制免疫所需兽用生物制品，由国务院兽医行政管理部门指定的企业生产。

第二十条　兽药包装应当按照规定印有或者贴有标签，附具说明书，并在显著位置注明"兽用"字样。

兽药的标签和说明书经国务院兽医行政管理部门批准并公布后，方可使用。

兽药的标签或者说明书，应当以中文注明兽药的通用名称、成分及其含量、规格、生产企业、产品批准文号（进口兽药注册证号）、产品批号、生产日期、有效期、适应症或者功能主治、用法、用量、休药期、禁忌、不良反应、注意事项、运输贮存保管条件及其他应当说明的内容。有商品名称的，还应当注明商品名称。

除前款规定的内容外，兽用处方药的标签或者说明书还应当印有国务院兽医行政管理部门规定的警示内容，其中兽用麻醉药品、精神药品、毒性药品和放射性药品还应当印有国务院兽医行政管理部门规定的特殊标志；兽用非处方药的标签或者说明书还应当印有国务院兽医行政管理部门规定的非处方药标志。

第二十一条　国务院兽医行政管理部门，根据保证动物产品质量安全和人体健康的需要，可以对新兽药设立不超过 5 年的监测期；在监测期内，不得批准其他企业生产或者进口该新兽药。生产企业应当在监测期内收集该新兽药的疗效、不良反应等资料，并及时报送国务院兽医行政管理部门。

第四章　兽药经营

第二十二条　经营兽药的企业，应当具备下列条件：

（一）与所经营的兽药相适应的兽药技术人员；

（二）与所经营的兽药相适应的营业场所、设备、仓库设施；

（三）与所经营的兽药相适应的质量管理机构或者人员；

（四）兽药经营质量管理规范规定的其他经营条件。

符合前款规定条件的，申请人方可向市、县人民政府兽医行政管理部门提出申请，并附具符合前款规定条件的证明材料；经营兽用生物制品的，应当向省、自治区、直辖市人民政府兽医行政管理部门提出申请，并附具符合前款规定条件的证明材料。

县级以上地方人民政府兽医行政管理部门，应当自收到申请之日起 30 个工作日内完成审查。审查合格的，发给兽药经营许可证；不合格的，应当书面通知申请人。

第二十三条 兽药经营许可证应当载明经营范围、经营地点、有效期和法定代表人姓名、住址等事项。

兽药经营许可证有效期为 5 年。有效期届满，需要继续经营兽药的，应当在许可证有效期届满前 6 个月到发证机关申请换发兽药经营许可证。

第二十四条 兽药经营企业变更经营范围、经营地点的，应当依照本条例第二十二条的规定申请换发兽药经营许可证；变更企业名称、法定代表人的，应当在办理工商变更登记手续后 15 个工作日内，到发证机关申请换发兽药经营许可证。

第二十五条 兽药经营企业，应当遵守国务院兽医行政管理部门制定的兽药经营质量管理规范。

县级以上地方人民政府兽医行政管理部门，应当对兽药经营企业是否符合兽药经营质量管理规范的要求进行监督检查，并公布检查结果。

第二十六条 兽药经营企业购进兽药，应当将兽药产品与产品标签或者说明书、产品质量合格证核对无误。

第二十七条 兽药经营企业，应当向购买者说明兽药的功能主治、用法、用量和注意事项。销售兽用处方药的，应当遵守兽用处方药管理办法。

兽药经营企业销售兽用中药材的，应当注明产地。

禁止兽药经营企业经营人用药品和假、劣兽药。

第二十八条 兽药经营企业购销兽药，应当建立购销记录。购销记录应当载明兽药的商品名称、通用名称、剂型、规格、批号、有效期、生产厂商、购销单位、购销数量、购销日期和国务院兽医行政管理部门规定的其他事项。

第二十九条 兽药经营企业，应当建立兽药保管制度，采取必要的冷藏、防冻、防潮、防虫、防鼠等措施，保持所经营兽药的质量。

兽药入库、出库，应当执行检查验收制度，并有准确记录。

第三十条 强制免疫所需兽用生物制品的经营，应当符合国务院兽医行政管理部门的规定。

第三十一条 兽药广告的内容应当与兽药说明书内容相一致，在全国重点媒体发布兽药广告的，应当经国务院兽医行政管理部门审查批准，取得兽药广告审查批准文号。在地方媒体发布兽药广告的，应当经省、自治区、直辖市人民政府兽医行政管理部门审查批准，取得兽药广告审查批准文号；未经批准的，不得发布。

第五章　兽药进出口

第三十二条 首次向中国出口的兽药，由出口方驻中国境内的办事机构或者其委托的中国境内代理机构向国务院兽医行政管理部门申请注册，并提交下列资料和物品：

（一）生产企业所在国家（地区）兽药管理部门批准生产、销售的证明文件。

（二）生产企业所在国家（地区）兽药管理部门颁发的符合兽药生产质量管理规范的证明文件。

（三）兽药的制造方法、生产工艺、质量标准、检测方法、药理和毒理试验结果、临床试验报告、稳定性试验报告及其他相关资料；用于食用动物的兽药的休药期、最高残留限量标准、残留检测方法及其制定依据等资料。

（四）兽药的标签和说明书样本。

（五）兽药的样品、对照品、标准品。

（六）环境影响报告和污染防治措施。

（七）涉及兽药安全性的其他资料。

申请向中国出口兽用生物制品的，还应当提供菌（毒、虫）种、细胞等有关材料和资料。

第三十三条 国务院兽医行政管理部门，应当自收到申请之日起 10 个工作日内组织初步审查。经初步审查合格的，应当将决定受理的兽药资料送其设立的兽药评审机构进行评审，将该兽药样品送其指定的检验机构复核检验，并自收到评审和复核检验结论之日起 60 个工作日内完成审查。经审查合格的，发给进口兽药注册证书，并发布该兽药的质量标准；不合格的，应当书面通知申请人。

在审查过程中，国务院兽医行政管理部门可以对向中国出口兽药的企业是否符合兽药生产质量管理规范的要求进行考查，并有权要求该企业在国务院兽医行政管理部门指定的机构进行该兽药的安全性和有效性试验。

国内急需兽药、少量科研用兽药或者注册兽药的样品、对照品、标准品的进口，按照国务院兽医行政管理部门的规定办理。

第三十四条 进口兽药注册证书的有效期为 5 年。有效期届满，需要继续向中国出口兽药的，应当在有效期届满前 6 个月向发证机关申请再注册。

第三十五条 境外企业不得在中国直接销售兽药。境外企业在中国销售兽药，应当依法在中国境内设立销售机构或者委托符合条件的中国境内代理机构。

进口在中国已取得进口兽药注册证书的兽药的，中国境内代理机构凭进口兽药注册证书到口岸所在地人民政府兽医行政管理部门办理进口兽药通关单。海关凭进口兽药通关单放行。兽药进口管理办法由国务院兽医行政管理部门会同海关总署制定。

兽用生物制品进口后，应当依照本条例第十九条的规定进行审查核对和抽查检验。其他兽药进口后，由当地兽医行政管理部门通知兽药检验机构进行抽查检验。

第三十六条 禁止进口下列兽药：

（一）药效不确定、不良反应大以及可能对养殖业、人体健康造成危害或者存在潜在风险的；

（二）来自疫区可能造成疫病在中国境内传播的兽用生物制品；

（三）经考查生产条件不符合规定的；

（四）国务院兽医行政管理部门禁止生产、经营和使用的。

第三十七条 向中国境外出口兽药，进口方要求提供兽药出口证明文件的，国务院兽医行政管理部门或者企业所在地的省、自治区、直辖市人民政府兽医行政管理部门可以出具出口兽药证明文件。

国内防疫急需的疫苗，国务院兽医行政管理部门可以限制或者禁止出口。

第六章　兽药使用

第三十八条 兽药使用单位，应当遵守国务院兽医行政管理部门制定的兽药安全使用规定，并建立用药记录。

第三十九条　禁止使用假、劣兽药以及国务院兽医行政管理部门规定禁止使用的药品和其他化合物。禁止使用的药品和其他化合物目录由国务院兽医行政管理部门制定公布。

第四十条　有休药期规定的兽药用于食用动物时，饲养者应当向购买者或者屠宰者提供准确、真实的用药记录；购买者或者屠宰者应当确保动物及其产品在用药期、休药期内不被用于食品消费。

第四十一条　国务院兽医行政管理部门，负责制定公布在饲料中允许添加的药物饲料添加剂品种目录。

禁止在饲料和动物饮用水中添加激素类药品和国务院兽医行政管理部门规定的其他禁用药品。

经批准可以在饲料中添加的兽药，应当由兽药生产企业制成药物饲料添加剂后方可添加。禁止将原料药直接添加到饲料及动物饮用水中或者直接饲喂动物。

禁止将人用药品用于动物。

第四十二条　国务院兽医行政管理部门，应当制定并组织实施国家动物及动物产品兽药残留监控计划。

县级以上人民政府兽医行政管理部门，负责组织对动物产品中兽药残留量的检测。兽药残留检测结果，由国务院兽医行政管理部门或者省、自治区、直辖市人民政府兽医行政管理部门按照权限予以公布。

动物产品的生产者、销售者对检测结果有异议的，可以自收到检测结果之日起7个工作日内向组织实施兽药残留检测的兽医行政管理部门或者其上级兽医行政管理部门提出申请，由受理申请的兽医行政管理部门指定检验机构进行复检。

兽药残留限量标准和残留检测方法，由国务院兽医行政管理部门制定发布。

第四十三条　禁止销售含有违禁药物或者兽药残留量超过标准的食用动物产品。

第七章　兽药监督管理

第四十四条　县级以上人民政府兽医行政管理部门行使兽药监督管理权。

兽药检验工作由国务院兽医行政管理部门和省、自治区、直辖市人民政府兽医行政管理部门设立的兽药检验机构承担。国务院兽医行政管理部门，可以根据需要认定其他检验机构承担兽药检验工作。

当事人对兽药检验结果有异议的，可以自收到检验结果之日起7个工作日内向实施检验的机构或者上级兽医行政管理部门设立的检验机构申请复检。

第四十五条　兽药应当符合兽药国家标准。

国家兽药典委员会拟定的、国务院兽医行政管理部门发布的《中华人民共和国兽药典》和国务院兽医行政管理部门发布的其他兽药质量标准为兽药国家标准。

兽药国家标准的标准品和对照品的标定工作由国务院兽医行政管理部门设立的兽药检验机构负责。

第四十六条　兽医行政管理部门依法进行监督检查时，对有证据证明可能是假、劣兽药的，应当采取查封、扣押的行政强制措施，并自采取行政强制措施之日起7个工作日内作出是否立案的决定；需要检验的，应当自检验报告书发出之日起15个工作日内作出是否立案的决定；不符合立案条件的，应当解除行政强制措施；需要暂停生产的，由国务院兽医行政管理部门或者省、自治区、直辖市人民政府兽医行政管理部门按照权限作出决定；需要暂停经营、使用的，由县级以上人民政府兽医行政管理部门按照权限作出决定。

未经行政强制措施决定机关或者其上级机关批准，不得擅自转移、使用、销毁、销售被查封或者扣押的兽药及有关材料。

第四十七条　有下列情形之一的，为假兽药：

（一）以非兽药冒充兽药或者以他种兽药冒充此种兽药的；

（二）兽药所含成分的种类、名称与兽药国家标准不符合的。

有下列情形之一的，按照假兽药处理：

（一）国务院兽医行政管理部门规定禁止使用的；

（二）依照本条例规定应当经审查批准而未经审查批准即生产、进口的，或者依照本条例规定应当经抽查检验、审查核对而未经抽查检验、审查核对即销售、进口的；

（三）变质的；

（四）被污染的；

（五）所标明的适应症或者功能主治超出规定范围的。

第四十八条　有下列情形之一的，为劣兽药：

（一）成分含量不符合兽药国家标准或者不标明有效成分的；

（二）不标明或者更改有效期或者超过有效期的；

（三）不标明或者更改产品批号的；

（四）其他不符合兽药国家标准，但不属于假兽药的。

第四十九条　禁止将兽用原料药拆零销售或者销售给兽药生产企业以外的单位和个人。

禁止未经兽医开具处方销售、购买、使用国务院兽医行政管理部门规定实行处方药管理的兽药。

第五十条　国家实行兽药不良反应报告制度。

兽药生产企业、经营企业、兽药使用单位和开具处方的兽医人员发现可能与兽药使用有关的严重不良反应，应当立即向所在地人民政府兽医行政管理部门报告。

第五十一条　兽药生产企业、经营企业停止生产、经营超过6个月或者关闭的，由发证机关责令其交回兽药生产许可证、兽药经营许可证。

第五十二条　禁止买卖、出租、出借兽药生产许可证、兽药经营许可证和兽药批准证明文件。

第五十三条　兽药评审检验的收费项目和标准，由国务院财政部门会同国务院价格主管部门制定，并予以公告。

第五十四条　各级兽医行政管理部门、兽药检验机构及其工作人员，不得参与兽药生产、经营活动，不得以其名义推荐或者监制、监销兽药。

第八章　法律责任

第五十五条　兽医行政管理部门及其工作人员利用职务上的便利收取他人财物或者谋取其他利益，对不符合法定条件的单位和个人核发许可证、签署审查同意意见，不履行监督职责，或者发现违法行为不予查处，造成严重后果，构成犯罪的，依法追究刑事责任；尚不构成犯罪的，依法给予行政处分。

第五十六条　违反本条例规定，无兽药生产许可证、兽药经营许可证生产、经营兽药的，或者虽有兽药生产许可证、兽药经营许可证，生产、经营假、劣兽药的，或者兽药经营企业经营人用药品的，责令其停止生产、经营，没收用于违法生产的原料、辅料、包装材料及生产、经营的兽药和违法所得，并处违法生产、经营的兽药（包括已出售的和未出售的兽药，下同）货值金额2倍以上5倍以下罚款，货值金额无法查证核实的，处10万元以上20万元以下罚款；无兽药生产许可证生产兽药，情节严重的，没收其生产设备；生产、经营假、劣兽药，情节严重的，吊销兽药生产许可证、兽药经营许可证；构成犯罪的，依法追究刑事责任；给他人造成损失的，依法承担赔偿责任。生产、经营企业的主要负责人和直接负责的主管人员终身不得从事兽药的生产、经营活动。

擅自生产强制免疫所需兽用生物制品的，按照无兽药生产许可证生产兽药处罚。

第五十七条 违反本条例规定，提供虚假的资料、样品或者采取其他欺骗手段取得兽药生产许可证、兽药经营许可证或者兽药批准证明文件的，吊销兽药生产许可证、兽药经营许可证或者撤销兽药批准证明文件，并处 5 万元以上 10 万元以下罚款；给他人造成损失的，依法承担赔偿责任。其主要负责人和直接负责的主管人员终身不得从事兽药的生产、经营和进出口活动。

第五十八条 买卖、出租、出借兽药生产许可证、兽药经营许可证和兽药批准证明文件的，没收违法所得，并处 1 万元以上 10 万元以下罚款；情节严重的，吊销兽药生产许可证、兽药经营许可证或者撤销兽药批准证明文件；构成犯罪的，依法追究刑事责任；给他人造成损失的，依法承担赔偿责任。

第五十九条 违反本条例规定，兽药安全性评价单位、临床试验单位、生产和经营企业未按照规定实施兽药研究试验、生产、经营质量管理规范，给予警告，责令其限期改正；逾期不改正的，责令停止兽药研究试验、生产、经营活动，并处 5 万元以下罚款；情节严重的，吊销兽药生产许可证、兽药经营许可证；给他人造成损失的，依法承担赔偿责任。

违反本条例规定，研制新兽药不具备规定的条件擅自使用一类病原微生物或者在实验室阶段前未经批准的，责令其停止实验，并处 5 万元以上 10 万元以下罚款；构成犯罪的，依法追究刑事责任；给他人造成损失的，依法承担赔偿责任。

违反本条例规定，开展新兽药临床试验应当备案而未备案的，责令其立即改正，给予警告，并处 5 万元以上 10 万元以下罚款；给他人造成损失的，依法承担赔偿责任。

第六十条 违反本条例规定，兽药的标签和说明书未经批准的，责令其限期改正；逾期不改正的，按照生产、经营假兽药处罚；有兽药产品批准文号的，撤销兽药产品批准文号；给他人造成损失的，依法承担赔偿责任。

兽药包装上未附有标签和说明书，或者标签和说明书与批准的内容不一致的，责令其限期改正；情节严重的，依照前款规定处罚。

第六十一条 违反本条例规定，境外企业在中国直接销售兽药的，责令其限期改正，没收直接销售的兽药和违法所得，并处 5 万元以上 10 万元以下罚款；情节严重的，吊销进口兽药注册证书；给他人造成损失的，依法承担赔偿责任。

第六十二条 违反本条例规定，未按照国家有关兽药安全使用规定使用兽药的、未建立用药记录或者记录不完整真实的，或者使用禁止使用的药品和其他化合物的，或者将人用药品用于动物的，责令其立即改正，并对饲喂了违禁药物及其他化合物的动物及其产品进行无害化处理；对违法单位处 1 万元以上 5 万元以下罚款；给他人造成损失的，依法承担赔偿责任。

第六十三条 违反本条例规定，销售尚在用药期、休药期内的动物及其产品用于食品消费的，或者销售含有违禁药物和兽药残留超标的动物产品用于食品消费的，责令其对含有违禁药物和兽药残留超标的动物产品进行无害化处理，没收违法所得，并处 3 万元以上 10 万元以下罚款；构成犯罪的，依法追究刑事责任；给他人造成损失的，依法承担赔偿责任。

第六十四条 违反本条例规定，擅自转移、使用、销毁、销售被查封或者扣押的兽药及有关材料的，责令其停止违法行为，给予警告，并处 5 万元以上 10 万元以下罚款。

第六十五条 违反本条例规定，兽药生产企业、经营企业、兽药使用单位和开具处方的兽医人员发现可能与兽药使用有关的严重不良反应，不向所在地人民政府兽医行政管理部门报告的，给予警告，并处 5000 元以上 1 万元以下罚款。

生产企业在新兽药监测期内不收集或者不及时报送该新兽药的疗效、不良反应等资料的，责令其限期改正，并处 1 万元以上 5 万元以下罚款；情节严重的，撤销该新兽药的产品批准文号。

第六十六条 违反本条例规定，未经兽医开具处方销售、购买、使用兽用处方药的，责令其限期改正，没收违法所得，并处 5 万元以下罚款；给他人造成损失的，依法承担赔偿责任。

第六十七条 违反本条例规定，兽药生产、经营企业把原料药销售给兽药生产企业以外的单位和个人，或者兽药经营企业拆零销售原料药的，责令其立即改正，给予警告，没收违法所得，并处 2 万元以上 5 万元以下罚款；情节严重的，吊销兽药生产许可证、兽药经营许可证；给他人造成损失的，依法承担赔偿责任。

第六十八条 违反本条例规定，在饲料和动物饮用水中添加激素类药品和国务院兽医行政管理部门规定的其他禁用药品，依照《饲料和饲料添加剂管理条例》的有关规定处罚；直接将原料药添加到饲料及动物饮用水中，或者饲喂动物的，责令其立即改正，并处 1 万元以上 3 万元以下罚款；给他人造成损失的，依法承担赔偿责任。

第六十九条 有下列情形之一的，撤销兽药的产品批准文号或者吊销进口兽药注册证书：

（一）抽查检验连续 2 次不合格的；

（二）药效不确定、不良反应大以及可能对养殖业、人体健康造成危害或者存在潜在风险的；

（三）国务院兽医行政管理部门禁止生产、经营和使用的兽药。

被撤销产品批准文号或者被吊销进口兽药注册证书的兽药，不得继续生产、进口、经营和使用。已经生产、进口的，由所在地兽医行政管理部门监督销毁，所需费用由违法行为人承担；给他人造成损失的，依法承担赔偿责任。

第七十条 本条例规定的行政处罚由县级以上人民政府兽医行政管理部门决定；其中吊销兽药生产许可证、兽药经营许可证，撤销兽药批准证明文件或者责令停止兽药研究试验的，由发证、批准、备案部门决定。

上级兽医行政管理部门对下级兽医行政管理部门违反本条例的行政行为，应当责令限期改正；逾期不改正的，有权予以改变或者撤销。

第七十一条 本条例规定的货值金额以违法生产、经营兽药的标价计算；没有标价的，按照同类兽药的市场价格计算。

第九章 附 则

第七十二条 本条例下列用语的含义是：

（一）兽药，是指用于预防、治疗、诊断动物疾病或者有目的地调节动物生理机能的物质（含药物饲料添加剂），主要包括：血清制品、疫苗、诊断制品、微生态制品、中药材、中成药、化学药品、抗生素、生化药品、放射性药品及外用杀虫剂、消毒剂等。

（二）兽用处方药，是指凭兽医处方方可购买和使用的兽药。

（三）兽用非处方药，是指由国务院兽医行政管理部门公布的、不需要凭兽医处方就可以自行购买并按照说明书使用的兽药。

（四）兽药生产企业，是指专门生产兽药的企业和兼产兽药的企业，包括从事兽药分装的企业。

（五）兽药经营企业，是指经营兽药的专营企业或者兼营企业。

（六）新兽药，是指未曾在中国境内上市销售的兽用药品。

（七）兽药批准证明文件，是指兽药产品批准文号、进口兽药注册证书、出口兽药证明文件、新兽药注册证书等文件。

第七十三条　兽用麻醉药品、精神药品、毒性药品和放射性药品等特殊药品，依照国家有关规定管理。

第七十四条　水产养殖中的兽药使用、兽药残留检测和监督管理以及水产养殖过程中违法用药的行政处罚，由县级以上人民政府渔业主管部门及其所属的渔政监督管理机构负责。

第七十五条　本条例自 2004 年 11 月 1 日起施行。

兽药注册办法

（农业部令第 44 号）

发布日期：2004－11－24
实施日期：2005－01－01
法规类型：部门规章

第一章　总　则

第一条　为保证兽药安全、有效和质量可控，规范兽药注册行为，根据《兽药管理条例》，制定本办法。

第二条　在中华人民共和国境内从事新兽药注册和进口兽药注册，应当遵守本办法。

第三条　农业部负责全国兽药注册工作。

农业部兽药审评委员会负责新兽药和进口兽药注册资料的评审工作。

中国兽医药品监察所和农业部指定的其他兽药检验机构承担兽药注册的复核检验工作。

第二章　新兽药注册

第四条　新兽药注册申请人应当在完成临床试验后，向农业部提出申请，并按《兽药注册资料要求》提交相关资料。

第五条　联合研制的新兽药，可以由其中一个单位申请注册或联合申请注册，但不得重复申请注册；联合申请注册的，应当共同署名作为该新兽药的申请人。

第六条　申请新兽药注册所报送的资料应当完整、规范，数据必须真实、可靠。引用文献资料应当注明著作名称、刊物名称及卷、期、页等；未公开发表的文献资料应当提供资料所有者许可使用的证明文件；外文资料应当按照要求提供中文译本。

申请新兽药注册时，申请人应当提交保证书，承诺对他人的知识产权不构成侵权并对可能的侵权后果负责，保证自行取得的试验数据的真实性。

申报资料含有境外兽药试验研究资料的，应当附具境外研究机构提供的资料项目、页码情况说明和该机构经公证的合法登记证明文件。

第七条　有下列情形之一的新兽药注册申请，不予受理：

（一）农业部已公告在监测期，申请人不能证明数据为自己取得的兽药；

（二）经基因工程技术获得，未通过生物安全评价的灭活疫苗、诊断制品之外的兽药；

（三）申请材料不符合要求，在规定期间内未补正的；

（四）不予受理的其他情形。

第八条　农业部自收到申请之日起 10 个工作日内，将决定受理的新兽药注册申请资料送农业部兽药审评委员会进行技术评审，并通知申请人提交复核检验所需的连续 3 个生产批号的样品和有关资料，送指定的兽药检验机构进行复核检验。

申请的新兽药属于生物制品的，必要时，应对有关种毒进行检验。

第九条　农业部兽药审评委员会应当自收到资料之日起 120 个工作日内提出评审意见，报送农业部。

评审中需要补充资料的，申请人应当自收到通知之日起 6 个月内补齐有关数据；逾期未补正的，视为自动撤回注册申请。

第十条　兽药检验机构应当在规定时间内完成复核检验，并将检验报告书和复核意见送达申请人，同时报农业部和农业部兽药审评委员会。

初次样品检验不合格的，申请人可以再送样复核检验一次。

第十一条　农业部自收到技术评审和复核检验结论之日起 60 个工作日内完成审查；必要时，可派员进行现场核查。审查合格的，发给《新兽药注册证书》，并予以公告，同时发布该新兽药的标准、标签和说明书。不合格的，书面通知申请人。

第十二条　新兽药注册审批期间，新兽药的技术要求由于相同品种在境外获准上市而发生变化的，按原技术要求审批。

第三章　进口兽药注册

第十三条　首次向中国出口兽药，应当由出口方驻中国境内的办事机构或由其委托的中国境内代理机构向农业部提出申请，填写《兽药注册申请表》，并按《兽药注册资料要求》提交相关资料。

申请向中国出口兽用生物制品的，还应当提供菌（毒、虫）种、细胞等有关材料和资料。

第十四条　申请兽药制剂进口注册，必须提供用于生产该制剂的原料药和辅料、直接接触兽药的包装材料和容器合法来源的证明文件。原料药尚未取得农业部批准的，须同时申请原料药注册，并应当报送有关的生产工艺、质量指标和检验方法等研究资料。

第十五条　申请进口兽药注册所报送的资料应当完整、规范，数据必须真实、可靠。引用文献资料应当注明著作名称、刊物名称及卷、期、页等；外文资料应当按照要求提供中文译本。

第十六条　农业部自收到申请之日起 10 个工作日内组织初步审查，经初步审查合格的，予以受理，书面通知申请人。

予以受理的，农业部将进口兽药注册申请资料送农业部兽药审评委员会进行技术评审，并通知申请人提交复核检验所需的连续 3 个生产批号的样品和有关资料，送指定的兽药检验机构进行复核检验。

第十七条　有下列情形之一的进口兽药注册申请，不予受理：

（一）农业部已公告在监测期，申请人不能证明数据为自己取得的兽药；

（二）经基因工程技术获得，未通过生物安全评价的灭活疫苗、诊断制品之外的兽药；

（三）我国规定的一类疫病以及国内未发生疫病的活疫苗；

（四）来自疫区可能造成疫病在中国境内传播的兽用生物制品；

（五）申请资料不符合要求，在规定期间内未补正的；

（六）不予受理的其他情形。

第十八条　进口兽药注册的评审和检验程序适用本办法第九条和第十条的规定。

第十九条　申请进口注册的兽用化学药品，应当在中华人民共和国境内指定的机构进行相关临床试验和残留检测方法验证；必要时，农业部可以要求进行残留消除试验，以确定休药期。

申请进口注册的兽药属于生物制品的，农业部可以要求在中华人民共和国境内指定的机构进行安全性和有效性试验。

第二十条 农业部自收到技术评审和复核检验结论之日起 60 个工作日内完成审查；必要时，可派员进行现场核查。审查合格的，发给《进口兽药注册证书》，并予以公告；中国香港、澳门和台湾地区的生产企业申请注册的兽药，发给《兽药注册证书》。审查不合格的，书面通知申请人。

农业部在批准进口兽药注册的同时，发布经核准的进口兽药标准和产品标签、说明书。

第二十一条 农业部对申请进口注册的兽药进行风险分析，经风险分析存在安全风险的，不予注册。

第四章 兽药变更注册

第二十二条 已经注册的兽药拟改变原批准事项的，应当向农业部申请兽药变更注册。

第二十三条 申请人申请变更注册时，应当填写《兽药变更注册申请表》，报送有关资料和说明。涉及兽药产品权属变化的，应当提供有效证明文件。

进口兽药的变更注册，申请人还应当提交生产企业所在国家（地区）兽药管理机构批准变更的文件。

第二十四条 农业部对决定受理的不需进行技术审评的兽药变更注册申请，自收到申请之日起 30 个工作日内完成审查。审查合格的，批准变更注册。

需要进行技术审评的兽药变更注册申请，农业部将受理的材料送农业部兽药审评委员会评审，并通知申请人提交复核检验所需的连续 3 个生产批号的样品和有关资料，送指定的兽药检验机构进行复核检验。

第二十五条 兽药变更注册申请的评审、检验的程序、时限和要求适用本办法新兽药注册和进口兽药注册的规定。

申请修改兽药标准变更注册的，兽药检验机构应当进行标准复核。

第二十六条 农业部自收到技术评审和复核检验结论之日起 30 个工作日内完成审查，审查合格的，批准变更注册。审查不合格的，书面告知申请人。

第五章 进口兽药再注册

第二十七条 《进口兽药注册证书》和《兽药注册证书》的有效期为 5 年。有效期届满需要继续进口的，申请人应当在有效期届满 6 个月前向农业部提出再注册申请。

第二十八条 申请进口兽药再注册时，应当填写《兽药再注册申请表》，并按《兽药注册资料要求》提交相关资料。

第二十九条 农业部在受理进口兽药再注册申请后，应当在 20 个工作日内完成审查。符合规定的，予以再注册。不符合规定的，书面通知申请人。

第三十条 有下列情形之一的，不予再注册：

（一）未在有效期届满 6 个月前提出再注册申请的；

（二）未按规定提交兽药不良反应监测报告的；

（三）经农业部安全再评价被列为禁止使用品种的；

（四）经考查生产条件不符合规定的；

（五）经风险分析存在安全风险的；

（六）我国规定的一类疫病以及国内未发生疫病的活疫苗；

（七）来自疫区可能造成疫病在中国境内传播的兽用生物制品；

（八）其他依法不予再注册的。

第三十一条 不予再注册的，由农业部注销其《进口兽药注册证书》或《兽药注册证书》，并予以公告。

第六章　兽药复核检验

第三十二条　申请兽药注册应当进行兽药复核检验，包括样品检验和兽药质量标准复核。

第三十三条　从事兽药复核检验的兽药检验机构，应当符合兽药检验质量管理规范。

第三十四条　申请人应当向兽药检验机构提供兽药复核检验所需要的有关资料和样品，提供检验用标准物质和必需材料。

申请兽药注册所需的 3 批样品，应当在取得《兽药 GMP 证书》的车间生产。每批的样品应为拟上市销售的 3 个最小包装，并为检验用量的 3~5 倍。

第三十五条　兽药检验机构进行兽药质量标准复核时，除进行样品检验外，还应当根据该兽药的研究数据、国内外同类产品的兽药质量标准和国家有关要求，对该兽药的兽药质量标准、检验项目和方法等提出复核意见。

第三十六条　兽药检验机构在接到检验通知和样品后，应当在 90 个工作日内完成样品检验，出具检验报告书；需用特殊方法检验的兽药应当在 120 个工作日内完成。

需要进行样品检验和兽药质量标准复核的，兽药检验机构应当在 120 个工作日内完成；需用特殊方法检验的兽药应当在 150 个工作日内完成。

第七章　兽药标准物质的管理

第三十七条　中国兽医药品监察所负责标定和供应国家兽药标准物质。

中国兽医药品监察所可以组织相关的省、自治区、直辖市兽药监察所、兽药研究机构或兽药生产企业协作标定国家兽药标准物质。

第三十八条　申请人在申请新兽药注册和进口兽药注册时，应当向中国兽医药品监察所提供制备该兽药标准物质的原料，并报送有关标准物质的研究资料。

第三十九条　中国兽医药品监察所对兽药标准物质的原料选择、制备方法、标定方法、标定结果、定值准确性、量值溯源、稳定性及分装与包装条件等资料进行全面技术审核；必要时，进行标定或组织进行标定，并做出可否作为国家兽药质量标准物质的推荐结论，报国家兽药典委员会审查。

第四十条　农业部根据国家兽药典委员会的审查意见批准国家兽药质量标准物质，并发布兽药标准物质清单及质量标准。

第八章　罚　则

第四十一条　申请人提供虚假的资料、样品或者采取其他欺骗手段申请注册的，农业部对该申请不予批准，对申请人给予警告，申请人在一年内不得再次申请该兽药的注册。

申请人提供虚假的资料、样品或者采取其他欺骗手段取得兽药注册证明文件的，按《兽药管理条例》第五十七条的规定给予处罚，申请人在三年内不得再次申请该兽药的注册。

第四十二条　其他违反本办法规定的行为，依照《兽药管理条例》的有关规定进行处罚。

第九章　附　则

第四十三条　属于兽用麻醉药品、兽用精神药品、兽医医疗用毒性药品、放射性药品的新兽药和进口兽药注册申请，除按照本办法办理外，还应当符合国家其他有关规定。

第四十四条　根据动物防疫需要，农业部对国家兽医参考实验室推荐的强制免疫用疫苗生产所用菌（毒）种的变更实行备案制，不需进行变更注册。

第四十五条　本办法自 2005 年 1 月 1 日起施行。

兽用生物制品经营管理办法

（农业农村部令 2021 年第 2 号）

发布日期：2021-03-17
实施日期：2021-05-15
法规类型：部门规章

第一条 为了加强兽用生物制品经营管理，保证兽用生物制品质量，根据《兽药管理条例》，制定本办法。

第二条 在中华人民共和国境内从事兽用生物制品的分发、经营和监督管理，应当遵守本办法。

第三条 本办法所称兽用生物制品，是指以天然或者人工改造的微生物、寄生虫、生物毒素或者生物组织及代谢产物等为材料，采用生物学、分子生物学或者生物化学、生物工程等相应技术制成的，用于预防、治疗、诊断动物疫病或者有目的地调节动物生理机能的兽药，主要包括血清制品、疫苗、诊断制品和微生态制品等。

第四条 兽用生物制品分为国家强制免疫计划所需兽用生物制品（以下简称国家强制免疫用生物制品）和非国家强制免疫计划所需兽用生物制品（以下简称非国家强制免疫用生物制品）。

国家强制免疫用生物制品品种名录由农业农村部确定并公布。非国家强制免疫用生物制品是指农业农村部确定的强制免疫用生物制品以外的兽用生物制品。

第五条 农业农村部负责全国兽用生物制品的监督管理工作。县级以上地方人民政府畜牧兽医主管部门负责本行政区域内兽用生物制品的监督管理工作。

第六条 兽用生物制品生产企业可以将本企业生产的兽用生物制品销售给各级人民政府畜牧兽医主管部门或养殖场（户）、动物诊疗机构等使用者，也可以委托经销商销售。

发生重大动物疫情、灾情或者其他突发事件时，根据工作需要，国家强制免疫用生物制品由农业农村部统一调用，生产企业不得自行销售。

第七条 从事兽用生物制品经营的企业，应当依法取得《兽药经营许可证》。《兽药经营许可证》的经营范围应当具体载明国家强制免疫用生物制品、非国家强制免疫用生物制品等产品类别和委托的兽用生物制品生产企业名称。经营范围发生变化的，应当办理变更手续。

第八条 兽用生物制品生产企业可自主确定、调整经销商，并与经销商签订销售代理合同，明确代理范围等事项。

经销商只能经营所代理兽用生物制品生产企业生产的兽用生物制品，不得经营未经委托的其他企业生产的兽用生物制品。经销商可以将所代理的产品销售给使用者和获得生产企业委托的其他经销商。

第九条 省级人民政府畜牧兽医主管部门对国家强制免疫用生物制品可以依法组织实行政府采购、分发。

承担国家强制免疫用生物制品政府采购、分发任务的单位，应当建立国家强制免疫用生物制品贮存、运输、分发等管理制度，建立真实、完整的分发和冷链运输记录，记录应当保存至制品有效期满 2 年后。

第十条　向国家强制免疫用生物制品生产企业或其委托的经销商采购自用的国家强制免疫用生物制品的养殖场（户），在申请强制免疫补助经费时，应当按要求将采购的品种、数量、生产企业及经销商等信息提供给所在地县级地方人民政府畜牧兽医主管部门。

养殖场（户）应当建立真实、完整的采购、贮存、使用记录，并保存至制品有效期满2年后。

第十一条　兽用生物制品生产、经营企业应当遵守兽药生产质量管理规范和兽药经营质量管理规范各项规定，建立真实、完整的贮存、销售、冷链运输记录，经营企业还应当建立真实、完整的采购记录。贮存记录应当每日记录贮存设施设备温度；销售记录和采购记录应当载明产品名称、产品批号、产品规格、产品数量、生产日期、有效期、供货单位或收货单位和地址、发货日期等内容；冷链运输记录应当记录起运和到达时的温度。

第十二条　兽用生物制品生产、经营企业自行配送兽用生物制品的，应当具备相应的冷链贮存、运输条件，也可以委托具备相应冷链贮存、运输条件的配送单位配送，并对委托配送的产品质量负责。冷链贮存、运输全过程应当处于规定的贮藏温度环境下。

第十三条　兽用生物制品生产、经营企业以及承担国家强制免疫用生物制品政府采购、分发任务的单位，应当按照兽药产品追溯要求及时、准确、完整地上传制品入库、出库追溯数据至国家兽药追溯系统。

第十四条　县级以上地方人民政府畜牧兽医主管部门应当依法加强对兽用生物制品生产、经营企业和使用者监督检查，发现有违反《兽药管理条例》和本办法规定情形的，应当依法做出处理决定或者报告上级畜牧兽医主管部门。

第十五条　各级畜牧兽医主管部门、兽药检验机构、动物卫生监督机构、动物疫病预防控制机构及其工作人员，不得参与兽用生物制品生产、经营活动，不得以其名义推荐或者监制、监销兽用生物制品和进行广告宣传。

第十六条　养殖场（户）、动物诊疗机构等使用者采购的或者经政府分发获得的兽用生物制品只限自用，不得转手销售。

养殖场（户）、动物诊疗机构等使用者转手销售兽用生物制品的，或者兽用生物制品经营企业超出《兽药经营许可证》载明的经营范围经营兽用生物制品的，属于无证经营，按照《兽药管理条例》第五十六条的规定处罚；属于国家强制免疫用生物制品的，依法从重处罚。

第十七条　兽用生物制品生产、经营企业未按照要求实施兽药产品追溯，以及未按照要求建立真实、完整的贮存、销售、冷链运输记录或未实施冷链贮存、运输的，按照《兽药管理条例》第五十九条的规定处罚。

第十八条　进口兽用生物制品的经营管理，还应当适用《兽药进口管理办法》。

第十九条　本办法自2021年5月15日起施行。农业部2007年3月29日发布的《兽用生物制品经营管理办法》（农业部令第3号）同时废止。

兽药进口管理办法

（农业部　海关总署令第2号）

发布日期：2007-07-31
实施日期：2022-01-07
法规类型：部门规章

（根据 2019 年 4 月 25 日农业农村部令 2019 年第 2 号《农业农村部关于修改和废止部分规章、规范性文件的决定》第一次修改；根据 2022 年 1 月 7 日农业农村部令 2022 年第 1 号《农业农村部关于修改和废止部分规章、规范性文件的决定》第二次修改）

第一章　总　则

第一条　为了加强进口兽药的监督管理，规范兽药进口行为，保证进口兽药质量，根据《中华人民共和国海关法》和《兽药管理条例》，制定本办法。

第二条　在中华人民共和国境内从事兽药进口、进口兽药的经营和监督管理，应当遵守本办法。

进口兽药实行目录管理。《进口兽药管理目录》由农业农村部会同海关总署制定、调整并公布。

第三条　农业农村部负责全国进口兽药的监督管理工作。

县级以上地方人民政府兽医主管部门负责本行政区域内进口兽药的监督管理工作。

第四条　兽药应当从具备检验能力的兽药检验机构所在地口岸进口（以下简称兽药进口口岸）。兽药检验机构名单由农业农村部确定并公布。

第二章　兽药进口申请

第五条　兽药进口应当办理《进口兽药通关单》。《进口兽药通关单》由中国境内代理商向兽药进口口岸所在地省级人民政府兽医主管部门申请。申请时，应当提交下列材料：

（一）兽药进口申请表；

（二）代理合同（授权书）和购货合同复印件；

（三）工商营业执照复印件；兽药生产企业申请进口本企业生产所需原料药的，提交工商营业执照复印件；

（四）产品出厂检验报告；

（五）装箱单、提运单和货运发票复印件；

（六）产品中文标签、说明书式样。

申请兽用生物制品《进口兽药通关单》的，还应当向兽药进口口岸所在地省级人民政府兽医主管部门提交生产企业所在国家（地区）兽药管理部门出具的批签发证明。

第六条　兽药进口口岸所在地省级人民政府兽医主管部门应当自收到申请之日起 2 个工作日内完成审查。审查合格的，发给《进口兽药通关单》；不合格的，书面通知申请人，并说明理由。

《进口兽药通关单》主要载明代理商名称、有效期限、兽药进口口岸、海关商品编码、商品名称、生产企业名称、进口数量、包装规格等内容。

兽药进口口岸所在地省级人民政府兽医主管部门应当在每月上旬将上月核发的《进口兽药通关单》报农业农村部备案。

第七条 进口少量科研用兽药，应当向农业农村部申请，并提交兽药进口申请表和科研项目的立项报告、试验方案等材料。

进口注册用兽药样品、对照品、标准品、菌（毒、虫）种、细胞的，应当向农业农村部申请，并提交兽药进口申请表。

农业农村部受理申请后组织风险评估，并自收到评估结论之日起5个工作日内完成审查。审查合格的，发给《进口兽药通关单》；不合格的，书面通知申请人，并说明理由。

第八条 国内急需的兽药，由农业农村部指定单位进口，并发给《进口兽药通关单》。

第九条 《进口兽药通关单》实行一单一关，在30日有效期内只能一次性使用，内容不得更改，过期应当重新办理。

第三章　进口兽药经营

第十条 境外企业不得在中国境内直接销售兽药。

进口的兽用生物制品，由中国境内的兽药经营企业作为代理商销售，但外商独资、中外合资和合作经营企业不得销售进口的兽用生物制品。

兽用生物制品以外的其他进口兽药，由境外企业依法在中国境内设立的销售机构或者符合条件的中国境内兽药经营企业作为代理商销售。

第十一条 境外企业在中国境内设立的销售机构、委托的代理商及代理商确定的经销商，应当取得《兽药经营许可证》，并遵守农业农村部制定的兽药经营质量管理规范。

销售进口兽用生物制品的《兽药经营许可证》，应当载明委托的境外企业名称及委托销售的产品类别等内容。

第十二条 进口兽药销售代理商由境外企业确定、调整，并报农业农村部备案。

境外企业应当与代理商签订进口兽药销售代理合同，明确代理范围等事项。

第十三条 进口兽用生物制品，除境外企业确定的代理商及代理商确定的经销商外，其他兽药经营企业不得经营。

第十四条 进口的兽药标签和说明书应当用中文标注。

第十五条 养殖户、养殖场、动物诊疗机构等使用者采购的进口兽药只限自用，不得转手销售。

第四章　监督管理

第十六条 进口列入《进口兽药管理目录》的兽药，进口单位进口时，需持《进口兽药通关单》向海关申报，海关按货物进口管理的相关规定办理通关手续。

进口单位办理报关手续时，因企业申报不实或者伪报用途所产生的后果，由进口单位承担相应的法律责任。

第十七条 经批准以加工贸易方式进口兽药的，海关按照有关规定实施监管。进口料件或加工制成品属于兽药且无法出口的，应当按照本办法规定办理《进口兽药通关单》，海关凭《进口兽药通关单》办理内销手续。未取得《进口兽药通关单》的，由加工贸易企业所在地省级人民政府兽医主管部门监督销毁，海关凭有关证明材料办理核销手续。销毁所需费用由加工贸易企业承担。

第十八条 以暂时进口方式进口的不在中国境内销售的兽药，不需要办理《进口兽药通关单》。暂时进口期满后应当全部复运出境，因特殊原因确需进口的，依照本办法和相关规定办理进口手续后方可在境内销售。无法复运出境又无法办理进口手续的，经进口单位所在地省级人民政府兽医主管部门批准，并商进境地直属海关同意，由所在地省级人民政府兽医主管部门监督销毁，海关凭有关证明材料办理核销手续。销毁所需费用由进口单位承担。

第十九条　从境外进入保税区、出口加工区及其他海关特殊监管区域和保税监管场所的兽药及海关特殊监管区域、保税监管场所之间进出的兽药，免予办理《进口兽药通关单》，由海关按照有关规定实施监管。

从保税区、出口加工区及其他海关特殊监管区域和保税监管场所进入境内区外的兽药，应当办理《进口兽药通关单》。

第二十条　兽用生物制品进口后，代理商应当向农业农村部指定的检验机构申请办理审查核对和抽查检验手续。未经审查核对或者抽查检验不合格的，不得销售。

其他兽药进口后，由兽药进口口岸所在地省级人民政府兽医主管部门通知兽药检验机构进行抽查检验。

第二十一条　县级以上地方人民政府兽医主管部门应当将进口兽药纳入兽药监督抽检计划，加强对进口兽药的监督检查，发现违反《兽药管理条例》和本办法规定情形的，应当依法作出处理决定。

第二十二条　禁止进口下列兽药：

（一）经风险评估可能对养殖业、人体健康造成危害或者存在潜在风险的；

（二）疗效不确定、不良反应大的；

（三）来自疫区可能造成疫病在中国境内传播的兽用生物制品；

（四）生产条件不符合规定的；

（五）标签和说明书不符合规定的；

（六）被撤销、吊销《进口兽药注册证书》的；

（七）《进口兽药注册证书》有效期届满的；

（八）未取得《进口兽药通关单》的；

（九）农业农村部禁止生产、经营和使用的。

第二十三条　提供虚假资料或者采取其他欺骗手段取得进口兽药证明文件的，按照《兽药管理条例》第五十七条的规定处罚。

伪造、涂改进口兽药证明文件进口兽药的，按照《兽药管理条例》第四十七条、第五十六条的规定处理。

第二十四条　买卖、出租、出借《进口兽药通关单》的，按照《兽药管理条例》第五十八条的规定处罚。

第二十五条　养殖户、养殖场、动物诊疗机构等使用者将采购的进口兽药转手销售的，或者代理商、经销商超出《兽药经营许可证》范围经营进口兽用生物制品的，属于无证经营，按照《兽药管理条例》第五十六条的规定处罚。

第二十六条　兽药进口构成走私或者违反海关监管规定的，由海关根据《中华人民共和国海关法》及其相关法律、法规的规定处理。

第五章　附　则

第二十七条　兽用麻醉药品、精神药品、毒性药品和放射性药品等特殊药品的进口管理，除遵守本办法的规定外，还应当遵守国家关于麻醉药品、精神药品、毒性药品和放射性药品的管理规定。

第二十八条　本办法所称进口兽药证明文件，是指《进口兽药注册证书》、《进口兽药通关单》等。

第二十九条 兽药进口申请表可以从农业农村部官方网站下载。

第三十条 本办法自 2008 年 1 月 1 日起施行。海关总署发布的《海关总署关于验放进口兽药的通知》（〔88〕署货字第 725 号）、《海关总署关于明确进口人畜共用兽药有关验放问题的通知》（署法发〔2001〕276 号）、中华人民共和国海关总署公告 2001 年第 7 号同时废止。

中华人民共和国食品安全法

（主席令第 21 号）

发布日期：2015-04-24
实施日期：2021-04-29
法规类型：法律

（根据 2018 年 12 月 29 日第十三届全国人民代表大会常务委员会第七次会议《关于修改〈中华人民共和国产品质量法〉等五部法律的决定》第一次修正；根据 2021 年 4 月 29 日第十三届全国人民代表大会常务委员会第二十八次会议《关于修改〈中华人民共和国道路交通安全法〉等八部法律的决定》第二次修正）

第一章 总 则

第一条 为了保证食品安全，保障公众身体健康和生命安全，制定本法。

第二条 在中华人民共和国境内从事下列活动，应当遵守本法：

（一）食品生产和加工（以下称食品生产），食品销售和餐饮服务（以下称食品经营）；

（二）食品添加剂的生产经营；

（三）用于食品的包装材料、容器、洗涤剂、消毒剂和用于食品生产经营的工具、设备（以下称食品相关产品）的生产经营；

（四）食品生产经营者使用食品添加剂、食品相关产品；

（五）食品的贮存和运输；

（六）对食品、食品添加剂、食品相关产品的安全管理。

供食用的源于农业的初级产品（以下称食用农产品）的质量安全管理，遵守《中华人民共和国农产品质量安全法》的规定。但是，食用农产品的市场销售、有关质量安全标准的制定、有关安全信息的公布和本法对农业投入品作出规定的，应当遵守本法的规定。

第三条 食品安全工作实行预防为主、风险管理、全程控制、社会共治，建立科学、严格的监督管理制度。

第四条 食品生产经营者对其生产经营食品的安全负责。

食品生产经营者应当依照法律、法规和食品安全标准从事生产经营活动，保证食品安全，诚信自律，对社会和公众负责，接受社会监督，承担社会责任。

第五条 国务院设立食品安全委员会，其职责由国务院规定。

国务院食品安全监督管理部门依照本法和国务院规定的职责，对食品生产经营活动实施监督管理。

国务院卫生行政部门依照本法和国务院规定的职责，组织开展食品安全风险监测和风险评估，会同国务院食品安全监督管理部门制定并公布食品安全国家标准。

国务院其他有关部门依照本法和国务院规定的职责，承担有关食品安全工作。

第六条 县级以上地方人民政府对本行政区域的食品安全监督管理工作负责，统一领导、组织、协调本行政区域的食品安全监督管理工作以及食品安全突发事件应对工作，建立健全食品安全全程监督管理工作机制和信息共享机制。

县级以上地方人民政府依照本法和国务院的规定，确定本级食品安全监督管理、卫生行政部门和其他有关部门的职责。有关部门在各自职责范围内负责本行政区域的食品安全监督管理工作。

县级人民政府食品安全监督管理部门可以在乡镇或者特定区域设立派出机构。

第七条 县级以上地方人民政府实行食品安全监督管理责任制。上级人民政府负责对下一级人民政府的食品安全监督管理工作进行评议、考核。县级以上地方人民政府负责对本级食品安全监督管理部门和其他有关部门的食品安全监督管理工作进行评议、考核。

第八条 县级以上人民政府应当将食品安全工作纳入本级国民经济和社会发展规划，将食品安全工作经费列入本级政府财政预算，加强食品安全监督管理能力建设，为食品安全工作提供保障。

县级以上人民政府食品安全监督管理部门和其他有关部门应当加强沟通、密切配合，按照各自职责分工，依法行使职权，承担责任。

第九条 食品行业协会应当加强行业自律，按照章程建立健全行业规范和奖惩机制，提供食品安全信息、技术等服务，引导和督促食品生产经营者依法生产经营，推动行业诚信建设，宣传、普及食品安全知识。

消费者协会和其他消费者组织对违反本法规定，损害消费者合法权益的行为，依法进行社会监督。

第十条 各级人民政府应当加强食品安全的宣传教育，普及食品安全知识，鼓励社会组织、基层群众性自治组织、食品生产经营者开展食品安全法律、法规以及食品安全标准和知识的普及工作，倡导健康的饮食方式，增强消费者食品安全意识和自我保护能力。

新闻媒体应当开展食品安全法律、法规以及食品安全标准和知识的公益宣传，并对食品安全违法行为进行舆论监督。有关食品安全的宣传报道应当真实、公正。

第十一条 国家鼓励和支持开展与食品安全有关的基础研究、应用研究，鼓励和支持食品生产经营者为提高食品安全水平采用先进技术和先进管理规范。

国家对农药的使用实行严格的管理制度，加快淘汰剧毒、高毒、高残留农药，推动替代产品的研发和应用，鼓励使用高效低毒低残留农药。

第十二条 任何组织或者个人有权举报食品安全违法行为，依法向有关部门了解食品安全信息，对食品安全监督管理工作提出意见和建议。

第十三条 对在食品安全工作中做出突出贡献的单位和个人，按照国家有关规定给予表彰、奖励。

第二章 食品安全风险监测和评估

第十四条 国家建立食品安全风险监测制度，对食源性疾病、食品污染以及食品中的有害因素进行监测。

国务院卫生行政部门会同国务院食品安全监督管理等部门，制定、实施国家食品安全风险监测计划。

国务院食品安全监督管理部门和其他有关部门获知有关食品安全风险信息后，应当立即核实并向国务院卫生行政部门通报。对有关部门通报的食品安全风险信息以及医疗机构报告的食源性疾病等有关疾病信息，国务院卫生行政部门应当会同国务院有关部门分析研究，认为必要的，及时调整国家食品安全风险监测计划。

省、自治区、直辖市人民政府卫生行政部门会同同级食品安全监督管理等部门，根据国家食品安全风险监测计划，结合本行政区域的具体情况，制定、调整本行政区域的食品安全风险监测方案，报国务院卫生行政部门备案并实施。

第十五条　承担食品安全风险监测工作的技术机构应当根据食品安全风险监测计划和监测方案开展监测工作，保证监测数据真实、准确，并按照食品安全风险监测计划和监测方案的要求报送监测数据和分析结果。

食品安全风险监测工作人员有权进入相关食用农产品种植养殖、食品生产经营场所采集样品、收集相关数据。采集样品应当按照市场价格支付费用。

第十六条　食品安全风险监测结果表明可能存在食品安全隐患的，县级以上人民政府卫生行政部门应当及时将相关信息通报同级食品安全监督管理等部门，并报告本级人民政府和上级人民政府卫生行政部门。食品安全监督管理等部门应当组织开展进一步调查。

第十七条　国家建立食品安全风险评估制度，运用科学方法，根据食品安全风险监测信息、科学数据以及有关信息，对食品、食品添加剂、食品相关产品中生物性、化学性和物理性危害因素进行风险评估。

国务院卫生行政部门负责组织食品安全风险评估工作，成立由医学、农业、食品、营养、生物、环境等方面的专家组成的食品安全风险评估专家委员会进行食品安全风险评估。食品安全风险评估结果由国务院卫生行政部门公布。

对农药、肥料、兽药、饲料和饲料添加剂等的安全性评估，应当有食品安全风险评估专家委员会的专家参加。

食品安全风险评估不得向生产经营者收取费用，采集样品应当按照市场价格支付费用。

第十八条　有下列情形之一的，应当进行食品安全风险评估：

（一）通过食品安全风险监测或者接到举报发现食品、食品添加剂、食品相关产品可能存在安全隐患的；

（二）为制定或者修订食品安全国家标准提供科学依据需要进行风险评估的；

（三）为确定监督管理的重点领域、重点品种需要进行风险评估的；

（四）发现新的可能危害食品安全因素的；

（五）需要判断某一因素是否构成食品安全隐患的；

（六）国务院卫生行政部门认为需要进行风险评估的其他情形。

第十九条　国务院食品安全监督管理、农业行政等部门在监督管理工作中发现需要进行食品安全风险评估的，应当向国务院卫生行政部门提出食品安全风险评估的建议，并提供风险来源、相关检验数据和结论等信息、资料。属于本法第十八条规定情形的，国务院卫生行政部门应当及时进行食品安全风险评估，并向国务院有关部门通报评估结果。

第二十条　省级以上人民政府卫生行政、农业行政部门应当及时相互通报食品、食用农产品安全风险监测信息。

国务院卫生行政、农业行政部门应当及时相互通报食品、食用农产品安全风险评估结果等信息。

第二十一条　食品安全风险评估结果是制定、修订食品安全标准和实施食品安全监督管理的科学依据。

经食品安全风险评估，得出食品、食品添加剂、食品相关产品不安全结论的，国务院食品安全监督管理等部门应当依据各自职责立即向社会公告，告知消费者停止食用或者使用，并采取相应措施，确保该食品、食品添加剂、食品相关产品停止生产经营；需要制定、修订相关食品安全国家标准的，国务院卫生行政部门应当会同国务院食品安全监督管理部门立即制定、修订。

第二十二条 国务院食品安全监督管理部门应当会同国务院有关部门，根据食品安全风险评估结果、食品安全监督管理信息，对食品安全状况进行综合分析。对经综合分析表明可能具有较高程度安全风险的食品，国务院食品安全监督管理部门应当及时提出食品安全风险警示，并向社会公布。

第二十三条 县级以上人民政府食品安全监督管理部门和其他有关部门、食品安全风险评估专家委员会及其技术机构，应当按照科学、客观、及时、公开的原则，组织食品生产经营者、食品检验机构、认证机构、食品行业协会、消费者协会以及新闻媒体等，就食品安全风险评估信息和食品安全监督管理信息进行交流沟通。

第三章　食品安全标准

第二十四条 制定食品安全标准，应当以保障公众身体健康为宗旨，做到科学合理、安全可靠。

第二十五条 食品安全标准是强制执行的标准。除食品安全标准外，不得制定其他食品强制性标准。

第二十六条 食品安全标准应当包括下列内容：

（一）食品、食品添加剂、食品相关产品中的致病性微生物，农药残留、兽药残留、生物毒素、重金属等污染物质以及其他危害人体健康物质的限量规定；

（二）食品添加剂的品种、使用范围、用量；

（三）专供婴幼儿和其他特定人群的主辅食品的营养成分要求；

（四）对与卫生、营养等食品安全要求有关的标签、标志、说明书的要求；

（五）食品生产经营过程的卫生要求；

（六）与食品安全有关的质量要求；

（七）与食品安全有关的食品检验方法与规程；

（八）其他需要制定为食品安全标准的内容。

第二十七条 食品安全国家标准由国务院卫生行政部门会同国务院食品安全监督管理部门制定、公布，国务院标准化行政部门提供国家标准编号。

食品中农药残留、兽药残留的限量规定及其检验方法与规程由国务院卫生行政部门、国务院农业行政部门会同国务院食品安全监督管理部门制定。

屠宰畜、禽的检验规程由国务院农业行政部门会同国务院卫生行政部门制定。

第二十八条 制定食品安全国家标准，应当依据食品安全风险评估结果并充分考虑食用农产品安全风险评估结果，参照相关的国际标准和国际食品安全风险评估结果，并将食品安全国家标准草案向社会公布，广泛听取食品生产经营者、消费者、有关部门等方面的意见。

食品安全国家标准应当经国务院卫生行政部门组织的食品安全国家标准审评委员会审查通过。食品安全国家标准审评委员会由医学、农业、食品、营养、生物、环境等方面的专家以及国务院有关部门、食品行业协会、消费者协会的代表组成，对食品安全国家标准草案的科学性和实用性等进行审查。

第二十九条 对地方特色食品，没有食品安全国家标准的，省、自治区、直辖市人民政府卫生行政部门可以制定并公布食品安全地方标准，报国务院卫生行政部门备案。食品安全国家标准制定后，该地方标准即行废止。

第三十条 国家鼓励食品生产企业制定严于食品安全国家标准或者地方标准的企业标准，在本企业适用，并报省、自治区、直辖市人民政府卫生行政部门备案。

第三十一条 省级以上人民政府卫生行政部门应当在其网站上公布制定和备案的食品安全国家标准、地方标准和企业标准，供公众免费查阅、下载。

对食品安全标准执行过程中的问题，县级以上人民政府卫生行政部门应当会同有关部门及时给予指导、解答。

第三十二条 省级以上人民政府卫生行政部门应当会同同级食品安全监督管理、农业行政等部门，分别对食品安全国家标准和地方标准的执行情况进行跟踪评价，并根据评价结果及时修订食品安全标准。

省级以上人民政府食品安全监督管理、农业行政等部门应当对食品安全标准执行中存在的问题进行收集、汇总，并及时向同级卫生行政部门通报。

食品生产经营者、食品行业协会发现食品安全标准在执行中存在问题的，应当立即向卫生行政部门报告。

第四章　食品生产经营

第一节　一般规定

第三十三条 食品生产经营应当符合食品安全标准，并符合下列要求：

（一）具有与生产经营的食品品种、数量相适应的食品原料处理和食品加工、包装、贮存等场所，保持该场所环境整洁，并与有毒、有害场所以及其他污染源保持规定的距离；

（二）具有与生产经营的食品品种、数量相适应的生产经营设备或者设施，有相应的消毒、更衣、盥洗、采光、照明、通风、防腐、防尘、防蝇、防鼠、防虫、洗涤以及处理废水、存放垃圾和废弃物的设备或者设施；

（三）有专职或者兼职的食品安全专业技术人员、食品安全管理人员和保证食品安全的规章制度；

（四）具有合理的设备布局和工艺流程，防止待加工食品与直接入口食品、原料与成品交叉污染，避免食品接触有毒物、不洁物；

（五）餐具、饮具和盛放直接入口食品的容器，使用前应当洗净、消毒，炊具、用具用后应当洗净，保持清洁；

（六）贮存、运输和装卸食品的容器、工具和设备应当安全、无害，保持清洁，防止食品污染，并符合保证食品安全所需的温度、湿度等特殊要求，不得将食品与有毒、有害物品一同贮存、运输；

（七）直接入口的食品应当使用无毒、清洁的包装材料、餐具、饮具和容器；

（八）食品生产经营人员应当保持个人卫生，生产经营食品时，应当将手洗净，穿戴清洁的工作衣、帽等；销售无包装的直接入口食品时，应当使用无毒、清洁的容器、售货工具和设备；

（九）用水应当符合国家规定的生活饮用水卫生标准；

（十）使用的洗涤剂、消毒剂应当对人体安全、无害；

（十一）法律、法规规定的其他要求。

非食品生产经营者从事食品贮存、运输和装卸的，应当符合前款第六项的规定。

第三十四条 禁止生产经营下列食品、食品添加剂、食品相关产品：

（一）用非食品原料生产的食品或者添加食品添加剂以外的化学物质和其他可能危害人体

健康物质的食品，或者用回收食品作为原料生产的食品；

（二）致病性微生物，农药残留、兽药残留、生物毒素、重金属等污染物质以及其他危害人体健康的物质含量超过食品安全标准限量的食品、食品添加剂、食品相关产品；

（三）用超过保质期的食品原料、食品添加剂生产的食品、食品添加剂；

（四）超范围、超限量使用食品添加剂的食品；

（五）营养成分不符合食品安全标准的专供婴幼儿和其他特定人群的主辅食品；

（六）腐败变质、油脂酸败、霉变生虫、污秽不洁、混有异物、掺假掺杂或者感官性状异常的食品、食品添加剂；

（七）病死、毒死或者死因不明的禽、畜、兽、水产动物肉类及其制品；

（八）未按规定进行检疫或者检疫不合格的肉类，或者未经检验或者检验不合格的肉类制品；

（九）被包装材料、容器、运输工具等污染的食品、食品添加剂；

（十）标注虚假生产日期、保质期或者超过保质期的食品、食品添加剂；

（十一）无标签的预包装食品、食品添加剂；

（十二）国家为防病等特殊需要明令禁止生产经营的食品；

（十三）其他不符合法律、法规或者食品安全标准的食品、食品添加剂、食品相关产品。

第三十五条 国家对食品生产经营实行许可制度。从事食品生产、食品销售、餐饮服务，应当依法取得许可。但是，销售食用农产品和仅销售预包装食品的，不需要取得许可。仅销售预包装食品的，应当报所在地县级以上地方人民政府食品安全监督管理部门备案。

县级以上地方人民政府食品安全监督管理部门应当依照《中华人民共和国行政许可法》的规定，审核申请人提交的本法第三十三条第一款第一项至第四项规定要求的相关资料，必要时对申请人的生产经营场所进行现场核查；对符合规定条件的，准予许可；对不符合规定条件的，不予许可并书面说明理由。

第三十六条 食品生产加工小作坊和食品摊贩等从事食品生产经营活动，应当符合本法规定的与其生产经营规模、条件相适应的食品安全要求，保证所生产经营的食品卫生、无毒、无害，食品安全监督管理部门应当对其加强监督管理。

县级以上地方人民政府应当对食品生产加工小作坊、食品摊贩等进行综合治理，加强服务和统一规划，改善其生产经营环境，鼓励和支持其改进生产经营条件，进入集中交易市场、店铺等固定场所经营，或者在指定的临时经营区域、时段经营。

食品生产加工小作坊和食品摊贩等的具体管理办法由省、自治区、直辖市制定。

第三十七条 利用新的食品原料生产食品，或者生产食品添加剂新品种、食品相关产品新品种，应当向国务院卫生行政部门提交相关产品的安全性评估材料。国务院卫生行政部门应当自收到申请之日起六十日内组织审查；对符合食品安全要求的，准予许可并公布；对不符合食品安全要求的，不予许可并书面说明理由。

第三十八条 生产经营的食品中不得添加药品，但是可以添加按照传统既是食品又是中药材的物质。按照传统既是食品又是中药材的物质目录由国务院卫生行政部门会同国务院食品安全监督管理部门制定、公布。

第三十九条 国家对食品添加剂生产实行许可制度。从事食品添加剂生产，应当具有与所生产食品添加剂品种相适应的场所、生产设备或者设施、专业技术人员和管理制度，并依照本法第三十五条第二款规定的程序，取得食品添加剂生产许可。

生产食品添加剂应当符合法律、法规和食品安全国家标准。

第四十条 食品添加剂应当在技术上确有必要且经过风险评估证明安全可靠，方可列入允许使用的范围；有关食品安全国家标准应当根据技术必要性和食品安全风险评估结果及时修订。

食品生产经营者应当按照食品安全国家标准使用食品添加剂。

第四十一条 生产食品相关产品应当符合法律、法规和食品安全国家标准。对直接接触食品的包装材料等具有较高风险的食品相关产品，按照国家有关工业产品生产许可证管理的规定实施生产许可。食品安全监督管理部门应当加强对食品相关产品生产活动的监督管理。

第四十二条 国家建立食品安全全程追溯制度。

食品生产经营者应当依照本法的规定，建立食品安全追溯体系，保证食品可追溯。国家鼓励食品生产经营者采用信息化手段采集、留存生产经营信息，建立食品安全追溯体系。

国务院食品安全监督管理部门会同国务院农业行政等有关部门建立食品安全全程追溯协作机制。

第四十三条 地方各级人民政府应当采取措施鼓励食品规模化生产和连锁经营、配送。

国家鼓励食品生产经营企业参加食品安全责任保险。

第二节 生产经营过程控制

第四十四条 食品生产经营企业应当建立健全食品安全管理制度，对职工进行食品安全知识培训，加强食品检验工作，依法从事生产经营活动。

食品生产经营企业的主要负责人应当落实企业食品安全管理制度，对本企业的食品安全工作全面负责。

食品生产经营企业应当配备食品安全管理人员，加强对其培训和考核。经考核不具备食品安全管理能力的，不得上岗。食品安全监督管理部门应当对企业食品安全管理人员随机进行监督抽查考核并公布考核情况。监督抽查考核不得收取费用。

第四十五条 食品生产经营者应当建立并执行从业人员健康管理制度。患有国务院卫生行政部门规定的有碍食品安全疾病的人员，不得从事接触直接入口食品的工作。

从事接触直接入口食品工作的食品生产经营人员应当每年进行健康检查，取得健康证明后方可上岗工作。

第四十六条 食品生产企业应当就下列事项制定并实施控制要求，保证所生产的食品符合食品安全标准：

（一）原料采购、原料验收、投料等原料控制；

（二）生产工序、设备、贮存、包装等生产关键环节控制；

（三）原料检验、半成品检验、成品出厂检验等检验控制；

（四）运输和交付控制。

第四十七条 食品生产经营者应当建立食品安全自查制度，定期对食品安全状况进行检查评价。生产经营条件发生变化，不再符合食品安全要求的，食品生产经营者应当立即采取整改措施；有发生食品安全事故潜在风险的，应当立即停止食品生产经营活动，并向所在地县级人民政府食品安全监督管理部门报告。

第四十八条 国家鼓励食品生产经营企业符合良好生产规范要求，实施危害分析与关键控制点体系，提高食品安全管理水平。

对通过良好生产规范、危害分析与关键控制点体系认证的食品生产经营企业，认证机构应当依法实施跟踪调查；对不再符合认证要求的企业，应当依法撤销认证，及时向县级以上人民政府食品安全监督管理部门通报，并向社会公布。认证机构实施跟踪调查不得收取费用。

第四十九条 食用农产品生产者应当按照食品安全标准和国家有关规定使用农药、肥料、兽药、饲料和饲料添加剂等农业投入品，严格执行农业投入品使用安全间隔期或者休药期的规定，不得使用国家明令禁止的农业投入品。禁止将剧毒、高毒农药用于蔬菜、瓜果、茶叶和中草药材等国家规定的农作物。

食用农产品的生产企业和农民专业合作经济组织应当建立农业投入品使用记录制度。

县级以上人民政府农业行政部门应当加强对农业投入品使用的监督管理和指导,建立健全农业投入品安全使用制度。

第五十条 食品生产者采购食品原料、食品添加剂、食品相关产品,应当查验供货者的许可证和产品合格证明;对无法提供合格证明的食品原料,应当按照食品安全标准进行检验;不得采购或者使用不符合食品安全标准的食品原料、食品添加剂、食品相关产品。

食品生产企业应当建立食品原料、食品添加剂、食品相关产品进货查验记录制度,如实记录食品原料、食品添加剂、食品相关产品的名称、规格、数量、生产日期或者生产批号、保质期、进货日期以及供货者名称、地址、联系方式等内容,并保存相关凭证。记录和凭证保存期限不得少于产品保质期满后六个月;没有明确保质期的,保存期限不得少于二年。

第五十一条 食品生产企业应当建立食品出厂检验记录制度,查验出厂食品的检验合格证和安全状况,如实记录食品的名称、规格、数量、生产日期或者生产批号、保质期、检验合格证号、销售日期以及购货者名称、地址、联系方式等内容,并保存相关凭证。记录和凭证保存期限应当符合本法第五十条第二款的规定。

第五十二条 食品、食品添加剂、食品相关产品的生产者,应当按照食品安全标准对所生产的食品、食品添加剂、食品相关产品进行检验,检验合格后方可出厂或者销售。

第五十三条 食品经营者采购食品,应当查验供货者的许可证和食品出厂检验合格证或者其他合格证明(以下称合格证明文件)。

食品经营企业应当建立食品进货查验记录制度,如实记录食品的名称、规格、数量、生产日期或者生产批号、保质期、进货日期以及供货者名称、地址、联系方式等内容,并保存相关凭证。记录和凭证保存期限应当符合本法第五十条第二款的规定。

实行统一配送经营方式的食品经营企业,可以由企业总部统一查验供货者的许可证和食品合格证明文件,进行食品进货查验记录。

从事食品批发业务的经营企业应当建立食品销售记录制度,如实记录批发食品的名称、规格、数量、生产日期或者生产批号、保质期、销售日期以及购货者名称、地址、联系方式等内容,并保存相关凭证。记录和凭证保存期限应当符合本法第五十条第二款的规定。

第五十四条 食品经营者应当按照保证食品安全的要求贮存食品,定期检查库存食品,及时清理变质或者超过保质期的食品。

食品经营者贮存散装食品,应当在贮存位置标明食品的名称、生产日期或者生产批号、保质期、生产者名称及联系方式等内容。

第五十五条 餐饮服务提供者应当制定并实施原料控制要求,不得采购不符合食品安全标准的食品原料。倡导餐饮服务提供者公开加工过程,公示食品原料及其来源等信息。

餐饮服务提供者在加工过程中应当检查待加工的食品及原料,发现有本法第三十四条第六项规定情形的,不得加工或者使用。

第五十六条 餐饮服务提供者应当定期维护食品加工、贮存、陈列等设施、设备;定期清洗、校验保温设施及冷藏、冷冻设施。

餐饮服务提供者应当按照要求对餐具、饮具进行清洗消毒,不得使用未经清洗消毒的餐具、饮具;餐饮服务提供者委托清洗消毒餐具、饮具的,应当委托符合本法规定条件的餐具、饮具集中消毒服务单位。

第五十七条 学校、托幼机构、养老机构、建筑工地等集中用餐单位的食堂应当严格遵守法律、法规和食品安全标准;从供餐单位订餐的,应当从取得食品生产经营许可的企业订购,并按照要求对订购的食品进行查验。供餐单位应当严格遵守法律、法规和食品安全标准,当餐加工，确保食品安全。

学校、托幼机构、养老机构、建筑工地等集中用餐单位的主管部门应当加强对集中用餐单位的食品安全教育和日常管理，降低食品安全风险，及时消除食品安全隐患。

第五十八条　餐具、饮具集中消毒服务单位应当具备相应的作业场所、清洗消毒设备或者设施，用水和使用的洗涤剂、消毒剂应当符合相关食品安全国家标准和其他国家标准、卫生规范。

餐具、饮具集中消毒服务单位应当对消毒餐具、饮具进行逐批检验，检验合格后方可出厂，并应当随附消毒合格证明。消毒后的餐具、饮具应当在独立包装上标注单位名称、地址、联系方式、消毒日期以及使用期限等内容。

第五十九条　食品添加剂生产者应当建立食品添加剂出厂检验记录制度，查验出厂产品的检验合格证和安全状况，如实记录食品添加剂的名称、规格、数量、生产日期或者生产批号、保质期、检验合格证号、销售日期以及购货者名称、地址、联系方式等相关内容，并保存相关凭证。记录和凭证保存期限应当符合本法第五十条第二款的规定。

第六十条　食品添加剂经营者采购食品添加剂，应当依法查验供货者的许可证和产品合格证明文件，如实记录食品添加剂的名称、规格、数量、生产日期或者生产批号、保质期、进货日期以及供货者名称、地址、联系方式等内容，并保存相关凭证。记录和凭证保存期限应当符合本法第五十条第二款的规定。

第六十一条　集中交易市场的开办者、柜台出租者和展销会举办者，应当依法审查入场食品经营者的许可证，明确其食品安全管理责任，定期对其经营环境和条件进行检查，发现其有违反本法规定行为的，应当及时制止并立即报告所在地县级人民政府食品安全监督管理部门。

第六十二条　网络食品交易第三方平台提供者应当对入网食品经营者进行实名登记，明确其食品安全管理责任；依法应当取得许可证的，还应当审查其许可证。

网络食品交易第三方平台提供者发现入网食品经营者有违反本法规定行为的，应当及时制止并立即报告所在地县级人民政府食品安全监督管理部门；发现严重违法行为的，应当立即停止提供网络交易平台服务。

第六十三条　国家建立食品召回制度。食品生产者发现其生产的食品不符合食品安全标准或者有证据证明可能危害人体健康的，应当立即停止生产，召回已经上市销售的食品，通知相关生产经营者和消费者，并记录召回和通知情况。

食品经营者发现其经营的食品有前款规定情形的，应当立即停止经营，通知相关生产经营者和消费者，并记录停止经营和通知情况。食品生产者认为应当召回的，应当立即召回。由于食品经营者的原因造成其经营的食品有前款规定情形的，食品经营者应当召回。

食品生产经营者应当对召回的食品采取无害化处理、销毁等措施，防止其再次流入市场。但是，对因标签、标志或者说明书不符合食品安全标准而被召回的食品，食品生产者在采取补救措施且能保证食品安全的情况下可以继续销售；销售时应当向消费者明示补救措施。

食品生产经营者应当将食品召回和处理情况向所在地县级人民政府食品安全监督管理部门报告；需要对召回的食品进行无害化处理、销毁的，应当提前报告时间、地点。食品安全监督管理部门认为必要的，可以实施现场监督。

食品生产经营者未依照本条规定召回或者停止经营的，县级以上人民政府食品安全监督管理部门可以责令其召回或者停止经营。

第六十四条　食用农产品批发市场应当配备检验设备和检验人员或者委托符合本法规定的食品检验机构，对进入该批发市场销售的食用农产品进行抽样检验；发现不符合食品安全标准的，应当要求销售者立即停止销售，并向食品安全监督管理部门报告。

第六十五条 食用农产品销售者应当建立食用农产品进货查验记录制度，如实记录食用农产品的名称、数量、进货日期以及供货者名称、地址、联系方式等内容，并保存相关凭证。记录和凭证保存期限不得少于六个月。

第六十六条 进入市场销售的食用农产品在包装、保鲜、贮存、运输中使用保鲜剂、防腐剂等食品添加剂和包装材料等食品相关产品，应当符合食品安全国家标准。

第三节 标签、说明书和广告

第六十七条 预包装食品的包装上应当有标签。标签应当标明下列事项：

（一）名称、规格、净含量、生产日期；

（二）成分或者配料表；

（三）生产者的名称、地址、联系方式；

（四）保质期；

（五）产品标准代号；

（六）贮存条件；

（七）所使用的食品添加剂在国家标准中的通用名称；

（八）生产许可证编号；

（九）法律、法规或者食品安全标准规定应当标明的其他事项。

专供婴幼儿和其他特定人群的主辅食品，其标签还应当标明主要营养成分及其含量。

食品安全国家标准对标签标注事项另有规定的，从其规定。

第六十八条 食品经营者销售散装食品，应当在散装食品的容器、外包装上标明食品的名称、生产日期或者生产批号、保质期以及生产经营者名称、地址、联系方式等内容。

第六十九条 生产经营转基因食品应当按照规定显著标示。

第七十条 食品添加剂应当有标签、说明书和包装。标签、说明书应当载明本法第六十七条第一款第一项至第六项、第八项、第九项规定的事项，以及食品添加剂的使用范围、用量、使用方法，并在标签上载明"食品添加剂"字样。

第七十一条 食品和食品添加剂的标签、说明书，不得含有虚假内容，不得涉及疾病预防、治疗功能。生产经营者对其提供的标签、说明书的内容负责。

食品和食品添加剂的标签、说明书应当清楚、明显，生产日期、保质期等事项应当显著标注，容易辨识。

食品和食品添加剂与其标签、说明书的内容不符的，不得上市销售。

第七十二条 食品经营者应当按照食品标签标示的警示标志、警示说明或者注意事项的要求销售食品。

第七十三条 食品广告的内容应当真实合法，不得含有虚假内容，不得涉及疾病预防、治疗功能。食品生产经营者对食品广告内容的真实性、合法性负责。

县级以上人民政府食品安全监督管理部门和其他有关部门以及食品检验机构、食品行业协会不得以广告或者其他形式向消费者推荐食品。消费者组织不得以收取费用或者其他牟取利益的方式向消费者推荐食品。

第四节 特殊食品

第七十四条 国家对保健食品、特殊医学用途配方食品和婴幼儿配方食品等特殊食品实行严格监督管理。

第七十五条 保健食品声称保健功能，应当具有科学依据，不得对人体产生急性、亚急性或者慢性危害。

保健食品原料目录和允许保健食品声称的保健功能目录，由国务院食品安全监督管理部门会同国务院卫生行政部门、国家中医药管理部门制定、调整并公布。

保健食品原料目录应当包括原料名称、用量及其对应的功效；列入保健食品原料目录的原料只能用于保健食品生产，不得用于其他食品生产。

第七十六条 使用保健食品原料目录以外原料的保健食品和首次进口的保健食品应当经国务院食品安全监督管理部门注册。但是，首次进口的保健食品中属于补充维生素、矿物质等营养物质的，应当报国务院食品安全监督管理部门备案。其他保健食品应当报省、自治区、直辖市人民政府食品安全监督管理部门备案。

进口的保健食品应当是出口国（地区）主管部门准许上市销售的产品。

第七十七条 依法应当注册的保健食品，注册时应当提交保健食品的研发报告、产品配方、生产工艺、安全性和保健功能评价、标签、说明书等材料及样品，并提供相关证明文件。国务院食品安全监督管理部门经组织技术审评，对符合安全和功能声称要求的，准予注册；对不符合要求的，不予注册并书面说明理由。对使用保健食品原料目录以外原料的保健食品作出准予注册决定的，应当及时将该原料纳入保健食品原料目录。

依法应当备案的保健食品，备案时应当提交产品配方、生产工艺、标签、说明书以及表明产品安全性和保健功能的材料。

第七十八条 保健食品的标签、说明书不得涉及疾病预防、治疗功能，内容应当真实，与注册或者备案的内容相一致，载明适宜人群、不适宜人群、功效成分或者标志性成分及其含量等，并声明"本品不能代替药物"。保健食品的功能和成分应当与标签、说明书相一致。

第七十九条 保健食品广告除应当符合本法第七十三条第一款的规定外，还应当声明"本品不能代替药物"；其内容应当经生产企业所在地省、自治区、直辖市人民政府食品安全监督管理部门审查批准，取得保健食品广告批准文件。省、自治区、直辖市人民政府食品安全监督管理部门应当公布并及时更新已经批准的保健食品广告目录以及批准的广告内容。

第八十条 特殊医学用途配方食品应当经国务院食品安全监督管理部门注册。注册时，应当提交产品配方、生产工艺、标签、说明书以及表明产品安全性、营养充足性和特殊医学用途临床效果的材料。

特殊医学用途配方食品广告适用《中华人民共和国广告法》和其他法律、行政法规关于药品广告管理的规定。

第八十一条 婴幼儿配方食品生产企业应当实施从原料进厂到成品出厂的全过程质量控制，对出厂的婴幼儿配方食品实施逐批检验，保证食品安全。

生产婴幼儿配方食品使用的生鲜乳、辅料等食品原料、食品添加剂等，应当符合法律、行政法规的规定和食品安全国家标准，保证婴幼儿生长发育所需的营养成分。

婴幼儿配方食品生产企业应当将食品原料、食品添加剂、产品配方及标签等事项向省、自治区、直辖市人民政府食品安全监督管理部门备案。

婴幼儿配方乳粉的产品配方应当经国务院食品安全监督管理部门注册。注册时，应当提交配方研发报告和其他表明配方科学性、安全性的材料。

不得以分装方式生产婴幼儿配方乳粉，同一企业不得用同一配方生产不同品牌的婴幼儿配方乳粉。

第八十二条 保健食品、特殊医学用途配方食品、婴幼儿配方乳粉的注册人或者备案人应当对其提交材料的真实性负责。

省级以上人民政府食品安全监督管理部门应当及时公布注册或者备案的保健食品、特殊医学用途配方食品、婴幼儿配方乳粉目录，并对注册或者备案中获知的企业商业秘密予以保密。

保健食品、特殊医学用途配方食品、婴幼儿配方乳粉生产企业应当按照注册或者备案的产品配方、生产工艺等技术要求组织生产。

第八十三条 生产保健食品，特殊医学用途配方食品、婴幼儿配方食品和其他专供特定人群的主辅食品的企业，应当按照良好生产规范的要求建立与所生产食品相适应的生产质量管理体系，定期对该体系的运行情况进行自查，保证其有效运行，并向所在地县级人民政府食品安全监督管理部门提交自查报告。

第五章 食品检验

第八十四条 食品检验机构按照国家有关认证认可的规定取得资质认定后，方可从事食品检验活动。但是，法律另有规定的除外。

食品检验机构的资质认定条件和检验规范，由国务院食品安全监督管理部门规定。

符合本法规定的食品检验机构出具的检验报告具有同等效力。

县级以上人民政府应当整合食品检验资源，实现资源共享。

第八十五条 食品检验由食品检验机构指定的检验人独立进行。

检验人应当依照有关法律、法规的规定，并按照食品安全标准和检验规范对食品进行检验，尊重科学，恪守职业道德，保证出具的检验数据和结论客观、公正，不得出具虚假检验报告。

第八十六条 食品检验实行食品检验机构与检验人负责制。食品检验报告应当加盖食品检验机构公章，并有检验人的签名或者盖章。食品检验机构和检验人对出具的食品检验报告负责。

第八十七条 县级以上人民政府食品安全监督管理部门应当对食品进行定期或者不定期的抽样检验，并依据有关规定公布检验结果，不得免检。进行抽样检验，应当购买抽取的样品，委托符合本法规定的食品检验机构进行检验，并支付相关费用；不得向食品生产经营者收取检验费和其他费用。

第八十八条 对依照本法规定实施的检验结论有异议的，食品生产经营者可以自收到检验结论之日起七个工作日内向实施抽样检验的食品安全监督管理部门或者其上一级食品安全监督管理部门提出复检申请，由受理复检申请的食品安全监督管理部门在公布的复检机构名录中随机确定复检机构进行复检。复检机构出具的复检结论为最终检验结论。复检机构与初检机构不得为同一机构。复检机构名录由国务院认证认可监督管理、食品安全监督管理、卫生行政、农业行政等部门共同公布。

采用国家规定的快速检测方法对食用农产品进行抽查检测，被抽查人对检测结果有异议的，可以自收到检测结果时起四小时内申请复检。复检不得采用快速检测方法。

第八十九条 食品生产企业可以自行对所生产的食品进行检验，也可以委托符合本法规定的食品检验机构进行检验。

食品行业协会和消费者协会等组织、消费者需要委托食品检验机构对食品进行检验的，应当委托符合本法规定的食品检验机构进行。

第九十条 食品添加剂的检验，适用本法有关食品检验的规定。

第六章 食品进出口

第九十一条 国家出入境检验检疫部门对进出口食品安全实施监督管理。

第九十二条 进口的食品、食品添加剂、食品相关产品应当符合我国食品安全国家标准。

进口的食品、食品添加剂应当经出入境检验检疫机构依照进出口商品检验相关法律、行政法规的规定检验合格。

进口的食品、食品添加剂应当按照国家出入境检验检疫部门的要求随附合格证明材料。

第九十三条 进口尚无食品安全国家标准的食品，由境外出口商、境外生产企业或者其委托的进口商向国务院卫生行政部门提交所执行的相关国家（地区）标准或者国际标准。国务院卫生行政部门对相关标准进行审查，认为符合食品安全要求的，决定暂予适用，并及时制定相应的食品安全国家标准。进口利用新的食品原料生产的食品或者进口食品添加剂新品种、食品相关产品新品种，依照本法第三十七条的规定办理。

出入境检验检疫机构按照国务院卫生行政部门的要求，对前款规定的食品、食品添加剂、食品相关产品进行检验。检验结果应当公开。

第九十四条 境外出口商、境外生产企业应当保证向我国出口的食品、食品添加剂、食品相关产品符合本法以及我国其他有关法律、行政法规的规定和食品安全国家标准的要求，并对标签、说明书的内容负责。

进口商应当建立境外出口商、境外生产企业审核制度，重点审核前款规定的内容；审核不合格的，不得进口。

发现进口食品不符合我国食品安全国家标准或者有证据证明可能危害人体健康的，进口商应当立即停止进口，并依照本法第六十三条的规定召回。

第九十五条 境外发生的食品安全事件可能对我国境内造成影响，或者在进口食品、食品添加剂、食品相关产品中发现严重食品安全问题的，国家出入境检验检疫部门应当及时采取风险预警或者控制措施，并向国务院食品安全监督管理、卫生行政、农业行政部门通报。接到通报的部门应当及时采取相应措施。

县级以上人民政府食品安全监督管理部门对国内市场上销售的进口食品、食品添加剂实施监督管理。发现存在严重食品安全问题的，国务院食品安全监督管理部门应当及时向国家出入境检验检疫部门通报。国家出入境检验检疫部门应当及时采取相应措施。

第九十六条 向我国境内出口食品的境外出口商或者代理商、进口食品的进口商应当向国家出入境检验检疫部门备案。向我国境内出口食品的境外食品生产企业应当经国家出入境检验检疫部门注册。已经注册的境外食品生产企业提供虚假材料，或者因其自身的原因致使进口食品发生重大食品安全事故的，国家出入境检验检疫部门应当撤销注册并公告。

国家出入境检验检疫部门应当定期公布已经备案的境外出口商、代理商、进口商和已经注册的境外食品生产企业名单。

第九十七条 进口的预包装食品、食品添加剂应当有中文标签；依法应当有说明书的，还应当有中文说明书。标签、说明书应当符合本法以及我国其他有关法律、行政法规的规定和食品安全国家标准的要求，并载明食品的原产地以及境内代理商的名称、地址、联系方式。预包装食品没有中文标签、中文说明书或者标签、说明书不符合本条规定的，不得进口。

第九十八条 进口商应当建立食品、食品添加剂进口和销售记录制度，如实记录食品、食品添加剂的名称、规格、数量、生产日期、生产或者进口批号、保质期、境外出口商和购货者名称、地址及联系方式、交货日期等内容，并保存相关凭证。记录和凭证保存期限应当符合本法第五十条第二款的规定。

第九十九条 出口食品生产企业应当保证其出口食品符合进口国（地区）的标准或者合同要求。

出口食品生产企业和出口食品原料种植、养殖场应向国家出入境检验检疫部门备案。

第一百条 国家出入境检验检疫部门应当收集、汇总下列进出口食品安全信息，并及时通报相关部门、机构和企业：

（一）出入境检验检疫机构对进出口食品实施检验检疫发现的食品安全信息；

（二）食品行业协会和消费者协会等组织、消费者反映的进口食品安全信息；

（三）国际组织、境外政府机构发布的风险预警信息及其他食品安全信息，以及境外食品行业协会等组织、消费者反映的食品安全信息；

（四）其他食品安全信息。

国家出入境检验检疫部门应当对进出口食品的进口商、出口商和出口食品生产企业实施信用管理，建立信用记录，并依法向社会公布。对有不良记录的进口商、出口商和出口食品生产企业，应当加强对其进出口食品的检验检疫。

第一百零一条 国家出入境检验检疫部门可以对向我国境内出口食品的国家（地区）的食品安全管理体系和食品安全状况进行评估和审查，并根据评估和审查结果，确定相应检验检疫要求。

第七章 食品安全事故处置

第一百零二条 国务院组织制定国家食品安全事故应急预案。

县级以上地方人民政府应当根据有关法律、法规的规定和上级人民政府的食品安全事故应急预案以及本行政区域的实际情况，制定本行政区域的食品安全事故应急预案，并报上一级人民政府备案。

食品安全事故应急预案应当对食品安全事故分级、事故处置组织指挥体系与职责、预防预警机制、处置程序、应急保障措施等作出规定。

食品生产经营企业应当制定食品安全事故处置方案，定期检查本企业各项食品安全防范措施的落实情况，及时消除事故隐患。

第一百零三条 发生食品安全事故的单位应当立即采取措施，防止事故扩大。事故单位和接收病人进行治疗的单位应当及时向事故发生地县级人民政府食品安全监督管理、卫生行政部门报告。

县级以上人民政府农业行政等部门在日常监督管理中发现食品安全事故或者接到事故举报，应当立即向同级食品安全监督管理部门通报。

发生食品安全事故，接到报告的县级人民政府食品安全监督管理部门应当按照应急预案的规定向本级人民政府和上级人民政府食品安全监督管理部门报告。县级人民政府和上级人民政府食品安全监督管理部门应当按照应急预案的规定上报。

任何单位和个人不得对食品安全事故隐瞒、谎报、缓报，不得隐匿、伪造、毁灭有关证据。

第一百零四条 医疗机构发现其接收的病人属于食源性疾病病人或者疑似病人的，应当按照规定及时将相关信息向所在地县级人民政府卫生行政部门报告。县级人民政府卫生行政部门认为与食品安全有关的，应当及时通报同级食品安全监督管理部门。

县级以上人民政府卫生行政部门在调查处理传染病或者其他突发公共卫生事件中发现与食品安全相关的信息，应当及时通报同级食品安全监督管理部门。

第一百零五条 县级以上人民政府食品安全监督管理部门接到食品安全事故的报告后，应当立即会同同级卫生行政、农业行政等部门进行调查处理，并采取下列措施，防止或者减轻社会危害：

（一）开展应急救援工作，组织救治因食品安全事故导致人身伤害的人员；

（二）封存可能导致食品安全事故的食品及其原料，并立即进行检验；对确认属于被污染的食品及其原料，责令食品生产经营者依照本法第六十三条的规定召回或者停止经营；

（三）封存被污染的食品相关产品，并责令进行清洗消毒；

（四）做好信息发布工作，依法对食品安全事故及其处理情况进行发布，并对可能产生的危害加以解释、说明。

发生食品安全事故需要启动应急预案的，县级以上人民政府应当立即成立事故处置指挥机构，启动应急预案，依照前款和应急预案的规定进行处置。

发生食品安全事故，县级以上疾病预防控制机构应当对事故现场进行卫生处理，并对与事故有关的因素开展流行病学调查，有关部门应当予以协助。县级以上疾病预防控制机构应当向同级食品安全监督管理、卫生行政部门提交流行病学调查报告。

第一百零六条　发生食品安全事故，设区的市级以上人民政府食品安全监督管理部门应当立即会同有关部门进行事故责任调查，督促有关部门履行职责，向本级人民政府和上一级人民政府食品安全监督管理部门提出事故责任调查处理报告。

涉及两个以上省、自治区、直辖市的重大食品安全事故由国务院食品安全监督管理部门依照前款规定组织事故责任调查。

第一百零七条　调查食品安全事故，应当坚持实事求是、尊重科学的原则，及时、准确查清事故性质和原因，认定事故责任，提出整改措施。

调查食品安全事故，除了查明事故单位的责任，还应当查明有关监督管理部门、食品检验机构、认证机构及其工作人员的责任。

第一百零八条　食品安全事故调查部门有权向有关单位和个人了解与事故有关的情况，并要求提供相关资料和样品。有关单位和个人应当予以配合，按照要求提供相关资料和样品，不得拒绝。

任何单位和个人不得阻挠、干涉食品安全事故的调查处理。

第八章　监督管理

第一百零九条　县级以上人民政府食品安全监督管理部门根据食品安全风险监测、风险评估结果和食品安全状况等，确定监督管理的重点、方式和频次，实施风险分级管理。

县级以上地方人民政府组织本级食品安全监督管理、农业行政等部门制定本行政区域的食品安全年度监督管理计划，向社会公布并组织实施。

食品安全年度监督管理计划应当将下列事项作为监督管理的重点：

（一）专供婴幼儿和其他特定人群的主辅食品；

（二）保健食品生产过程中的添加行为和按照注册或者备案的技术要求组织生产的情况，保健食品标签、说明书以及宣传材料中有关功能宣传的情况；

（三）发生食品安全事故风险较高的食品生产经营者；

（四）食品安全风险监测结果表明可能存在食品安全隐患的事项。

第一百一十条　县级以上人民政府食品安全监督管理部门履行食品安全监督管理职责，有权采取下列措施，对生产经营者遵守本法的情况进行监督检查：

（一）进入生产经营场所实施现场检查；

（二）对生产经营的食品、食品添加剂、食品相关产品进行抽样检验；

（三）查阅、复制有关合同、票据、账簿以及其他有关资料；

（四）查封、扣押有证据证明不符合食品安全标准或者有证据证明存在安全隐患以及用于违法生产经营的食品、食品添加剂、食品相关产品；

（五）查封违法从事生产经营活动的场所。

第一百一十一条　对食品安全风险评估结果证明食品存在安全隐患，需要制定、修订食品安全标准的，在制定、修订食品安全标准前，国务院卫生行政部门应当及时会同国务院有关部门规定食品中有害物质的临时限量值和临时检验方法，作为生产经营和监督管理的依据。

第一百一十二条　县级以上人民政府食品安全监督管理部门在食品安全监督管理工作中可以采用国家规定的快速检测方法对食品进行抽查检测。

对抽查检测结果表明可能不符合食品安全标准的食品，应当依照本法第八十七条的规定进行检验。抽查检测结果确定有关食品不符合食品安全标准的，可以作为行政处罚的依据。

第一百一十三条　县级以上人民政府食品安全监督管理部门应当建立食品生产经营者食品安全信用档案，记录许可颁发、日常监督检查结果、违法行为查处等情况，依法向社会公布并实时更新；对有不良信用记录的食品生产经营者增加监督检查频次，对违法行为情节严重的食品生产经营者，可以通报投资主管部门、证券监督管理机构和有关的金融机构。

第一百一十四条　食品生产经营过程中存在食品安全隐患，未及时采取措施消除的，县级以上人民政府食品安全监督管理部门可以对食品生产经营者的法定代表人或者主要负责人进行责任约谈。食品生产经营者应当立即采取措施，进行整改，消除隐患。责任约谈情况和整改情况应当纳入食品生产经营者食品安全信用档案。

第一百一十五条　县级以上人民政府食品安全监督管理等部门应当公布本部门的电子邮件地址或者电话，接受咨询、投诉、举报。接到咨询、投诉、举报，对属于本部门职责的，应当受理并在法定期限内及时答复、核实、处理；对不属于本部门职责的，应当移交有权处理的部门并书面通知咨询、投诉、举报人。有权处理的部门应当在法定期限内及时处理，不得推诿。对查证属实的举报，给予举报人奖励。

有关部门应当对举报人的信息予以保密，保护举报人的合法权益。举报人举报所在企业的，该企业不得以解除、变更劳动合同或者其他方式对举报人进行打击报复。

第一百一十六条　县级以上人民政府食品安全监督管理等部门应当加强对执法人员食品安全法律、法规、标准和专业知识与执法能力等的培训，并组织考核。不具备相应知识和能力的，不得从事食品安全执法工作。

食品生产经营者、食品行业协会、消费者协会等发现食品安全执法人员在执法过程中有违反法律、法规规定的行为以及不规范执法行为的，可以向本级或者上级人民政府食品安全监督管理等部门或者监察机关投诉、举报。接到投诉、举报的部门或者机关应当进行核实，并将经核实的情况向食品安全执法人员所在部门通报；涉嫌违法违纪的，按照本法和有关规定处理。

第一百一十七条　县级以上人民政府食品安全监督管理等部门未及时发现食品安全系统性风险，未及时消除监督管理区域内的食品安全隐患的，本级人民政府可以对其主要负责人进行责任约谈。

地方人民政府未履行食品安全职责，未及时消除区域性重大食品安全隐患的，上级人民政府可以对其主要负责人进行责任约谈。

被约谈的食品安全监督管理等部门、地方人民政府应当立即采取措施，对食品安全监督管理工作进行整改。

责任约谈情况和整改情况应当纳入地方人民政府和有关部门食品安全监督管理工作评议、考核记录。

第一百一十八条　国家建立统一的食品安全信息平台，实行食品安全信息统一公布制度。国家食品安全总体情况、食品安全风险警示信息、重大食品安全事故及其调查处理信息和国务院确定需要统一公布的其他信息由国务院食品安全监督管理部门统一公布。食品安全风险警示信息和重大食品安全事故及其调查处理信息的影响限于特定区域的，也可以由有关省、自治区、直辖市人民政府食品安全监督管理部门公布。未经授权不得发布上述信息。

县级以上人民政府食品安全监督管理、农业行政部门依据各自职责公布食品安全日常监督管理信息。

公布食品安全信息，应当做到准确、及时，并进行必要的解释说明，避免误导消费者和社会舆论。

第一百一十九条　县级以上地方人民政府食品安全监督管理、卫生行政、农业行政部门获知本法规定需要统一公布的信息，应当向上级主管部门报告，由上级主管部门立即报告国务院食品安全监督管理部门；必要时，可以直接向国务院食品安全监督管理部门报告。

县级以上人民政府食品安全监督管理、卫生行政、农业行政部门应当相互通报获知的食品安全信息。

第一百二十条　任何单位和个人不得编造、散布虚假食品安全信息。

县级以上人民政府食品安全监督管理部门发现可能误导消费者和社会舆论的食品安全信息，应当立即组织有关部门、专业机构、相关食品生产经营者等进行核实、分析，并及时公布结果。

第一百二十一条　县级以上人民政府食品安全监督管理等部门发现涉嫌食品安全犯罪的，应当按照有关规定及时将案件移送公安机关。对移送的案件，公安机关应当及时审查；认为有犯罪事实需要追究刑事责任的，应当立案侦查。

公安机关在食品安全犯罪案件侦查过程中认为没有犯罪事实，或者犯罪事实显著轻微，不需要追究刑事责任，但依法应当追究行政责任的，应当及时将案件移送食品安全监督管理等部门和监察机关，有关部门应当依法处理。

公安机关商请食品安全监督管理、生态环境等部门提供检验结论、认定意见以及对涉案物品进行无害化处理等协助的，有关部门应当及时提供，予以协助。

第九章　法律责任

第一百二十二条　违反本法规定，未取得食品生产经营许可从事食品生产经营活动，或者未取得食品添加剂生产许可从事食品添加剂生产活动的，由县级以上人民政府食品安全监督管理部门没收违法所得和违法生产经营的食品、食品添加剂以及用于违法生产经营的工具、设备、原料等物品；违法生产经营的食品、食品添加剂货值金额不足一万元的，并处五万元以上十万元以下罚款；货值金额一万元以上的，并处货值金额十倍以上二十倍以下罚款。

明知从事前款规定的违法行为，仍为其提供生产经营场所或者其他条件的，由县级以上人民政府食品安全监督管理部门责令停止违法行为，没收违法所得，并处五万元以上十万元以下罚款；使消费者的合法权益受到损害的，应当与食品、食品添加剂生产经营者承担连带责任。

第一百二十三条　违反本法规定，有下列情形之一，尚不构成犯罪的，由县级以上人民政府食品安全监督管理部门没收违法所得和违法生产经营的食品，并可以没收用于违法生产经营的工具、设备、原料等物品；违法生产经营的食品货值金额不足一万元的，并处十万元以上十五万元以下罚款；货值金额一万元以上的，并处货值金额十五倍以上三十倍以下罚款；情节严重的，吊销许可证，并可以由公安机关对其直接负责的主管人员和其他直接责任人员处五日以上十五日以下拘留：

（一）用非食品原料生产食品、在食品中添加食品添加剂以外的化学物质和其他可能危害人体健康的物质，或者用回收食品作为原料生产食品，或者经营上述食品；

（二）生产经营营养成分不符合食品安全标准的专供婴幼儿和其他特定人群的主辅食品；

（三）经营病死、毒死或者死因不明的禽、畜、兽、水产动物肉类，或者生产经营其制品；

（四）经营未按规定进行检疫或者检疫不合格的肉类，或者生产经营未经检验或者检验不合格的肉类制品；

（五）生产经营国家为防病等特殊需要明令禁止生产经营的食品；

（六）生产经营添加药品的食品。

明知从事前款规定的违法行为，仍为其提供生产经营场所或者其他条件的，由县级以上人民政府食品安全监督管理部门责令停止违法行为，没收违法所得，并处十万元以上二十万元以下罚款；使消费者的合法权益受到损害的，应当与食品生产经营者承担连带责任。

违法使用剧毒、高毒农药的，除依照有关法律、法规规定给予处罚外，可以由公安机关依照第一款规定给予拘留。

第一百二十四条 违反本法规定，有下列情形之一，尚不构成犯罪的，由县级以上人民政府食品安全监督管理部门没收违法所得和违法生产经营的食品、食品添加剂，并可以没收用于违法生产经营的工具、设备、原料等物品；违法生产经营的食品、食品添加剂货值金额不足一万元的，并处五万元以上十万元以下罚款；货值金额一万元以上的，并处货值金额十倍以上二十倍以下罚款；情节严重的，吊销许可证：

（一）生产经营致病性微生物，农药残留、兽药残留、生物毒素、重金属等污染物质以及其他危害人体健康的物质含量超过食品安全标准限量的食品、食品添加剂；

（二）用超过保质期的食品原料、食品添加剂生产食品、食品添加剂，或者经营上述食品、食品添加剂；

（三）生产经营超范围、超限量使用食品添加剂的食品；

（四）生产经营腐败变质、油脂酸败、霉变生虫、污秽不洁、混有异物、掺假掺杂或者感官性状异常的食品、食品添加剂；

（五）生产经营标注虚假生产日期、保质期或者超过保质期的食品、食品添加剂；

（六）生产经营未按规定注册的保健食品、特殊医学用途配方食品、婴幼儿配方乳粉，或者未按注册的产品配方、生产工艺等技术要求组织生产；

（七）以分装方式生产婴幼儿配方乳粉，或者同一企业以同一配方生产不同品牌的婴幼儿配方乳粉；

（八）利用新的食品原料生产食品，或者生产食品添加剂新品种，未通过安全性评估；

（九）食品生产经营者在食品安全监督管理部门责令其召回或者停止经营后，仍拒不召回或者停止经营。

除前款和本法第一百二十三条、第一百二十五条规定的情形外，生产经营不符合法律、法规或者食品安全标准的食品、食品添加剂的，依照前款规定给予处罚。

生产食品相关产品新品种，未通过安全性评估，或者生产不符合食品安全标准的食品相关产品的，由县级以上人民政府食品安全监督管理部门依照第一款规定给予处罚。

第一百二十五条 违反本法规定，有下列情形之一的，由县级以上人民政府食品安全监督管理部门没收违法所得和违法生产经营的食品、食品添加剂，并可以没收用于违法生产经营的工具、设备、原料等物品；违法生产经营的食品、食品添加剂货值金额不足一万元的，并处五千元以上五万元以下罚款；货值金额一万元以上的，并处货值金额五倍以上十倍以下罚款；情节严重的，责令停产停业，直至吊销许可证：

（一）生产经营被包装材料、容器、运输工具等污染的食品、食品添加剂；

（二）生产经营无标签的预包装食品、食品添加剂或者标签、说明书不符合本法规定的食品、食品添加剂；

（三）生产经营转基因食品未按规定进行标示；

（四）食品生产经营者采购或者使用不符合食品安全标准的食品原料、食品添加剂、食品相关产品。

生产经营的食品、食品添加剂的标签、说明书存在瑕疵但不影响食品安全且不会对消费者造成误导的，由县级以上人民政府食品安全监督管理部门责令改正；拒不改正的，处二千元以下罚款。

第一百二十六条 违反本法规定，有下列情形之一的，由县级以上人民政府食品安全监督管理部门责令改正，给予警告；拒不改正的，处五千元以上五万元以下罚款；情节严重的，责令停产停业，直至吊销许可证：

（一）食品、食品添加剂生产者未按规定对采购的食品原料和生产的食品、食品添加剂进行检验；

（二）食品生产经营企业未按规定建立食品安全管理制度，或者未按规定配备或者培训、考核食品安全管理人员；

（三）食品、食品添加剂生产经营者进货时未查验许可证和相关证明文件，或者未按规定建立并遵守进货查验记录、出厂检验记录和销售记录制度；

（四）食品生产经营企业未制定食品安全事故处置方案；

（五）餐具、饮具和盛放直接入口食品的容器，使用前未经洗净、消毒或者清洗消毒不合格，或者餐饮服务设施、设备未按规定定期维护、清洗、校验；

（六）食品生产经营者安排未取得健康证明或者患有国务院卫生行政部门规定的有碍食品安全疾病的人员从事接触直接入口食品的工作；

（七）食品经营者未按规定要求销售食品；

（八）保健食品生产企业未按规定向食品安全监督管理部门备案，或者未按备案的产品配方、生产工艺等技术要求组织生产；

（九）婴幼儿配方食品生产企业未将食品原料、食品添加剂、产品配方、标签等向食品安全监督管理部门备案；

（十）特殊食品生产企业未按规定建立生产质量管理体系并有效运行，或者未定期提交自查报告；

（十一）食品生产经营者未定期对食品安全状况进行检查评价，或者生产经营条件发生变化，未按规定处理；

（十二）学校、托幼机构、养老机构、建筑工地等集中用餐单位未按规定履行食品安全管理责任；

（十三）食品生产企业、餐饮服务提供者未按规定制定、实施生产经营过程控制要求。

餐具、饮具集中消毒服务单位违反本法规定用水，使用洗涤剂、消毒剂，或者出厂的餐具、饮具未按规定检验合格并随附消毒合格证明，或者未按规定在独立包装上标注相关内容的，由县级以上人民政府卫生行政部门依照前款规定给予处罚。

食品相关产品生产者未按规定对生产的食品相关产品进行检验的，由县级以上人民政府食品安全监督管理部门依照第一款规定给予处罚。

食用农产品销售者违反本法第六十五条规定的，由县级以上人民政府食品安全监督管理部门依照第一款规定给予处罚。

第一百二十七条 对食品生产加工小作坊、食品摊贩等的违法行为的处罚，依照省、自治区、直辖市制定的具体管理办法执行。

第一百二十八条 违反本法规定，事故单位在发生食品安全事故后未进行处置、报告的，由有关主管部门按照各自职责分工责令改正，给予警告；隐匿、伪造、毁灭有关证据的，责令停产停业，没收违法所得，并处十万元以上五十万元以下罚款；造成严重后果的，吊销许可证。

第一百二十九条 违反本法规定，有下列情形之一的，由出入境检验检疫机构依照本法第一百二十四条的规定给予处罚：

（一）提供虚假材料，进口不符合我国食品安全国家标准的食品、食品添加剂、食品相关产品；

（二）进口尚无食品安全国家标准的食品，未提交所执行的标准并经国务院卫生行政部门审查，或者进口利用新的食品原料生产的食品或者进口食品添加剂新品种、食品相关产品新品种，未通过安全性评估；

（三）未遵守本法的规定出口食品；

（四）进口商在有关主管部门责令其依照本法规定召回进口的食品后，仍拒不召回。

违反本法规定，进口商未建立并遵守食品、食品添加剂进口和销售记录制度、境外出口商或者生产企业审核制度的，由出入境检验检疫机构依照本法第一百二十六条的规定给予处罚。

第一百三十条 违反本法规定，集中交易市场的开办者、柜台出租者、展销会的举办者允许未依法取得许可的食品经营者进入市场销售食品，或者未履行检查、报告等义务的，由县级以上人民政府食品安全监督管理部门责令改正，没收违法所得，并处五万元以上二十万元以下罚款；造成严重后果的，责令停业，直至由原发证部门吊销许可证；使消费者的合法权益受到损害的，应当与食品经营者承担连带责任。

食用农产品批发市场违反本法第六十四条规定的，依照前款规定承担责任。

第一百三十一条 违反本法规定，网络食品交易第三方平台提供者未对入网食品经营者进行实名登记、审查许可证，或者未履行报告、停止提供网络交易平台服务等义务的，由县级以上人民政府食品安全监督管理部门责令改正，没收违法所得，并处五万元以上二十万元以下罚款；造成严重后果的，责令停业，直至由原发证部门吊销许可证；使消费者的合法权益受到损害的，应当与食品经营者承担连带责任。

消费者通过网络食品交易第三方平台购买食品，其合法权益受到损害的，可以向入网食品经营者或者食品生产者要求赔偿。网络食品交易第三方平台提供者不能提供入网食品经营者的真实名称、地址和有效联系方式的，由网络食品交易第三方平台提供者赔偿。网络食品交易第三方平台提供者赔偿后，有权向入网食品经营者或者食品生产者追偿。网络食品交易第三方平台提供者作出更有利于消费者承诺的，应当履行其承诺。

第一百三十二条 违反本法规定，未按要求进行食品贮存、运输和装卸的，由县级以上人民政府食品安全监督管理等部门按照各自职责分工责令改正，给予警告；拒不改正的，责令停产停业，并处一万元以上五万元以下罚款；情节严重的，吊销许可证。

第一百三十三条 违反本法规定，拒绝、阻挠、干涉有关部门、机构及其工作人员依法开展食品安全监督检查、事故调查处理、风险监测和风险评估的，由有关主管部门按照各自职责分工责令停产停业，并处二千元以上五万元以下罚款；情节严重的，吊销许可证；构成违反治安管理行为的，由公安机关依法给予治安管理处罚。

违反本法规定，对举报人以解除、变更劳动合同或者其他方式打击报复的，应当依照有关法律的规定承担责任。

第一百三十四条 食品生产经营者在一年内累计三次因违反本法规定受到责令停产停业、吊销许可证以外处罚的，由食品安全监督管理部门责令停产停业，直至吊销许可证。

第一百三十五条 被吊销许可证的食品生产经营者及其法定代表人、直接负责的主管人员和其他直接责任人员自处罚决定作出之日起五年内不得申请食品生产经营许可，或者从事食品生产经营管理工作、担任食品生产经营企业食品安全管理人员。

因食品安全犯罪被判处有期徒刑以上刑罚的，终身不得从事食品生产经营管理工作，也不得担任食品生产经营企业食品安全管理人员。

食品生产经营者聘用人员违反前两款规定的，由县级以上人民政府食品安全监督管理部门吊销许可证。

第一百三十六条 食品经营者履行了本法规定的进货查验等义务，有充分证据证明其不知道所采购的食品不符合食品安全标准，并能如实说明其进货来源的，可以免予处罚，但应当依法没收其不符合食品安全标准的食品；造成人身、财产或者其他损害的，依法承担赔偿责任。

第一百三十七条　违反本法规定，承担食品安全风险监测、风险评估工作的技术机构、技术人员提供虚假监测、评估信息的，依法对技术机构直接负责的主管人员和技术人员给予撤职、开除处分；有执业资格的，由授予其资格的主管部门吊销执业证书。

第一百三十八条　违反本法规定，食品检验机构、食品检验人员出具虚假检验报告的，由授予其资质的主管部门或者机构撤销该食品检验机构的检验资质，没收所收取的检验费用，并处检验费用五倍以上十倍以下罚款，检验费用不足一万元的，并处五万元以上十万元以下罚款；依法对食品检验机构直接负责的主管人员和食品检验人员给予撤职或者开除处分；导致发生重大食品安全事故的，对直接负责的主管人员和食品检验人员给予开除处分。

违反本法规定，受到开除处分的食品检验机构人员，自处分决定作出之日起十年内不得从事食品检验工作；因食品安全违法行为受到刑事处罚或者因出具虚假检验报告导致发生重大食品安全事故受到开除处分的食品检验机构人员，终身不得从事食品检验工作。食品检验机构聘用不得从事食品检验工作的人员的，由授予其资质的主管部门或者机构撤销该食品检验机构的检验资质。

食品检验机构出具虚假检验报告，使消费者的合法权益受到损害的，应当与食品生产经营者承担连带责任。

第一百三十九条　违反本法规定，认证机构出具虚假认证结论，由认证认可监督管理部门没收所收取的认证费用，并处认证费用五倍以上十倍以下罚款，认证费用不足一万元的，并处五万元以上十万元以下罚款；情节严重的，责令停业，直至撤销认证机构批准文件，并向社会公布；对直接负责的主管人员和负有直接责任的认证人员，撤销其执业资格。

认证机构出具虚假认证结论，使消费者的合法权益受到损害的，应当与食品生产经营者承担连带责任。

第一百四十条　违反本法规定，在广告中对食品作虚假宣传，欺骗消费者，或者发布未取得批准文件、广告内容与批准文件不一致的保健食品广告的，依照《中华人民共和国广告法》的规定给予处罚。

广告经营者、发布者设计、制作、发布虚假食品广告，使消费者的合法权益受到损害的，应当与食品生产经营者承担连带责任。

社会团体或者其他组织、个人在虚假广告或者其他虚假宣传中向消费者推荐食品，使消费者的合法权益受到损害的，应当与食品生产经营者承担连带责任。

违反本法规定，食品安全监督管理等部门、食品检验机构、食品行业协会以广告或者其他形式向消费者推荐食品，消费者组织以收取费用或者其他牟取利益的方式向消费者推荐食品的，由有关主管部门没收违法所得，依法对直接负责的主管人员和其他直接责任人员给予记大过、降级或者撤职处分；情节严重的，给予开除处分。

对食品作虚假宣传且情节严重的，由省级以上人民政府食品安全监督管理部门决定暂停销售该食品，并向社会公布；仍然销售食品的，由县级以上人民政府食品安全监督管理部门没收违法所得和违法销售的食品，并处二万元以上五万元以下罚款。

第一百四十一条　违反本法规定，编造、散布虚假食品安全信息，构成违反治安管理行为的，由公安机关依法给予治安管理处罚。

媒体编造、散布虚假食品安全信息的，由有关主管部门依法给予处罚，并对直接负责的主管人员和其他直接责任人员给予处分；使公民、法人或者其他组织的合法权益受到损害的，依法承担消除影响、恢复名誉、赔偿损失、赔礼道歉等民事责任。

第一百四十二条 违反本法规定，县级以上地方人民政府有下列行为之一的，对直接负责的主管人员和其他直接责任人员给予记大过处分；情节较重的，给予降级或者撤职处分；情节严重的，给予开除处分；造成严重后果的，其主要负责人还应当引咎辞职：

（一）对发生在本行政区域内的食品安全事故，未及时组织协调有关部门开展有效处置，造成不良影响或者损失；

（二）对本行政区域内涉及多环节的区域性食品安全问题，未及时组织整治，造成不良影响或者损失；

（三）隐瞒、谎报、缓报食品安全事故；

（四）本行政区域内发生特别重大食品安全事故，或者连续发生重大食品安全事故。

第一百四十三条 违反本法规定，县级以上地方人民政府有下列行为之一的，对直接负责的主管人员和其他直接责任人员给予警告、记过或者记大过处分；造成严重后果的，给予降级或者撤职处分：

（一）未确定有关部门的食品安全监督管理职责，未建立健全食品安全全程监督管理工作机制和信息共享机制，未落实食品安全监督管理责任制；

（二）未制定本行政区域的食品安全事故应急预案，或者发生食品安全事故后未按规定立即成立事故处置指挥机构、启动应急预案。

第一百四十四条 违反本法规定，县级以上人民政府食品安全监督管理、卫生行政、农业行政等部门有下列行为之一的，对直接负责的主管人员和其他直接责任人员给予记大过处分；情节较重的，给予降级或者撤职处分；情节严重的，给予开除处分；造成严重后果的，其主要负责人还应当引咎辞职：

（一）隐瞒、谎报、缓报食品安全事故；

（二）未按规定查处食品安全事故，或者接到食品安全事故报告未及时处理，造成事故扩大或者蔓延；

（三）经食品安全风险评估得出食品、食品添加剂、食品相关产品不安全结论后，未及时采取相应措施，造成食品安全事故或不良社会影响；

（四）对不符合条件的申请人准予许可，或者超越法定职权准予许可；

（五）不履行食品安全监督管理职责，导致发生食品安全事故。

第一百四十五条 违反本法规定，县级以上人民政府食品安全监督管理、卫生行政、农业行政等部门有下列行为之一，造成不良后果的，对直接负责的主管人员和其他直接责任人员给予警告、记过或者记大过处分；情节较重的，给予降级或者撤职处分；情节严重的，给予开除处分：

（一）在获知有关食品安全信息后，未按规定向上级主管部门和本级人民政府报告，或者未按规定相互通报；

（二）未按规定公布食品安全信息；

（三）不履行法定职责，对查处食品安全违法行为不配合，或者滥用职权、玩忽职守、徇私舞弊。

第一百四十六条 食品安全监督管理等部门在履行食品安全监督管理职责过程中，违法实施检查、强制等执法措施，给生产经营者造成损失的，应当依法予以赔偿，对直接负责的主管人员和其他直接责任人员依法给予处分。

第一百四十七条 违反本法规定，造成人身、财产或者其他损害的，依法承担赔偿责任。生产经营者财产不足以同时承担民事赔偿责任和缴纳罚款、罚金时，先承担民事赔偿责任。

第一百四十八条 消费者因不符合食品安全标准的食品受到损害的，可以向经营者要求赔偿损失，也可以向生产者要求赔偿损失。接到消费者赔偿要求的生产经营者，应当实行首负责任制，先行赔付，不得推诿；属于生产者责任的，经营者赔偿后有权向生产者追偿；属于经营者责任的，生产者赔偿后有权向经营者追偿。

生产不符合食品安全标准的食品或者经营明知是不符合食品安全标准的食品，消费者除要求赔偿损失外，还可以向生产者或者经营者要求支付价款十倍或者损失三倍的赔偿金；增加赔偿的金额不足一千元的，为一千元。但是，食品的标签、说明书存在不影响食品安全且不会对消费者造成误导的瑕疵的除外。

第一百四十九条 违反本法规定，构成犯罪的，依法追究刑事责任。

第十章 附 则

第一百五十条 本法下列用语的含义：

食品，指各种供人食用或者饮用的成品和原料以及按照传统既是食品又是中药材的物品，但是不包括以治疗为目的的物品。

食品安全，指食品无毒、无害，符合应当有的营养要求，对人体健康不造成任何急性、亚急性或者慢性危害。

预包装食品，指预先定量包装或者制作在包装材料、容器中的食品。

食品添加剂，指为改善食品品质和色、香、味以及为防腐、保鲜和加工工艺的需要而加入食品中的人工合成或者天然物质，包括营养强化剂。

用于食品的包装材料和容器，指包装、盛放食品或者食品添加剂用的纸、竹、木、金属、搪瓷、陶瓷、塑料、橡胶、天然纤维、化学纤维、玻璃等制品和直接接触食品或者食品添加剂的涂料。

用于食品生产经营的工具、设备，指在食品或者食品添加剂生产、销售、使用过程中直接接触食品或者食品添加剂的机械、管道、传送带、容器、用具、餐具等。

用于食品的洗涤剂、消毒剂，指直接用于洗涤或者消毒食品、餐具、饮具以及直接接触食品的工具、设备或者食品包装材料和容器的物质。

食品保质期，指食品在标明的贮存条件下保持品质的期限。

食源性疾病，指食品中致病因素进入人体引起的感染性、中毒性等疾病，包括食物中毒。

食品安全事故，指食源性疾病、食品污染等源于食品，对人体健康有危害或者可能有危害的事故。

第一百五十一条 转基因食品和食盐的食品安全管理，本法未作规定的，适用其他法律、行政法规的规定。

第一百五十二条 铁路、民航运营中食品安全的管理办法由国务院食品安全监督管理部门会同国务院有关部门依照本法制定。

保健食品的具体管理办法由国务院食品安全监督管理部门依照本法制定。

食品相关产品生产活动的具体管理办法由国务院食品安全监督管理部门依照本法制定。

国境口岸食品的监督管理由出入境检验检疫机构依照本法以及有关法律、行政法规的规定实施。

军队专用食品和自供食品的食品安全管理办法由中央军事委员会依照本法制定。

第一百五十三条 国务院根据实际需要，可以对食品安全监督管理体制作出调整。

第一百五十四条 本法自 2015 年 10 月 1 日起施行。

中华人民共和国食品安全法实施条例

（国务院令第 721 号）

发布日期：2009-07-20

实施日期：2019-12-01

法规类型：行政法规

（根据 2016 年 2 月 6 日国务院令第 666 号《国务院关于修改部分行政法规的决定》修订）

第一章 总 则

第一条 根据《中华人民共和国食品安全法》（以下简称食品安全法），制定本条例。

第二条 食品生产经营者应当依照法律、法规和食品安全标准从事生产经营活动，建立健全食品安全管理制度，采取有效措施预防和控制食品安全风险，保证食品安全。

第三条 国务院食品安全委员会负责分析食品安全形势，研究部署、统筹指导食品安全工作，提出食品安全监督管理的重大政策措施，督促落实食品安全监督管理责任。县级以上地方人民政府食品安全委员会按照本级人民政府规定的职责开展工作。

第四条 县级以上人民政府建立统一权威的食品安全监督管理体制，加强食品安全监督管理能力建设。

县级以上人民政府食品安全监督管理部门和其他有关部门应当依法履行职责，加强协调配合，做好食品安全监督管理工作。

乡镇人民政府和街道办事处应当支持、协助县级人民政府食品安全监督管理部门及其派出机构依法开展食品安全监督管理工作。

第五条 国家将食品安全知识纳入国民素质教育内容，普及食品安全科学常识和法律知识，提高全社会的食品安全意识。

第二章 食品安全风险监测和评估

第六条 县级以上人民政府卫生行政部门会同同级食品安全监督管理等部门建立食品安全风险监测会商机制，汇总、分析风险监测数据，研判食品安全风险，形成食品安全风险监测分析报告，报本级人民政府；县级以上地方人民政府卫生行政部门还应当将食品安全风险监测分析报告同时报上一级人民政府卫生行政部门。食品安全风险监测会商的具体办法由国务院卫生行政部门会同国务院食品安全监督管理等部门制定。

第七条 食品安全风险监测结果表明存在食品安全隐患，食品安全监督管理等部门经进一步调查确认有必要通知相关食品生产经营者的，应当及时通知。

接到通知的食品生产经营者应当立即进行自查，发现食品不符合食品安全标准或者有证据证明可能危害人体健康的，应当依照食品安全法第六十三条的规定停止生产、经营，实施食品召回，并报告相关情况。

第八条 国务院卫生行政、食品安全监督管理等部门发现需要对农药、肥料、兽药、饲料和饲料添加剂等进行安全性评估的，应当向国务院农业行政部门提出安全性评估建议。国务院农业行政部门应当及时组织评估，并向国务院有关部门通报评估结果。

第九条　国务院食品安全监督管理部门和其他有关部门建立食品安全风险信息交流机制，明确食品安全风险信息交流的内容、程序和要求。

第三章　食品安全标准

第十条　国务院卫生行政部门会同国务院食品安全监督管理、农业行政等部门制定食品安全国家标准规划及其年度实施计划。国务院卫生行政部门应当在其网站上公布食品安全国家标准规划及其年度实施计划的草案，公开征求意见。

第十一条　省、自治区、直辖市人民政府卫生行政部门依照食品安全法第二十九条的规定制定食品安全地方标准，应当公开征求意见。省、自治区、直辖市人民政府卫生行政部门应当自食品安全地方标准公布之日起30个工作日内，将地方标准报国务院卫生行政部门备案。国务院卫生行政部门发现备案的食品安全地方标准违反法律、法规或者食品安全国家标准的，应当及时予以纠正。

食品安全地方标准依法废止的，省、自治区、直辖市人民政府卫生行政部门应当及时在其网站上公布废止情况。

第十二条　保健食品、特殊医学用途配方食品、婴幼儿配方食品等特殊食品不属于地方特色食品，不得对其制定食品安全地方标准。

第十三条　食品安全标准公布后，食品生产经营者可以在食品安全标准规定的实施日期之前实施并公开提前实施情况。

第十四条　食品生产企业不得制定低于食品安全国家标准或者地方标准要求的企业标准。食品生产企业制定食品安全指标严于食品安全国家标准或者地方标准的企业标准的，应当报省、自治区、直辖市人民政府卫生行政部门备案。

食品生产企业制定企业标准的，应当公开，供公众免费查阅。

第四章　食品生产经营

第十五条　食品生产经营许可的有效期为5年。

食品生产经营者的生产经营条件发生变化，不再符合食品生产经营要求的，食品生产经营者应当立即采取整改措施；需要重新办理许可手续的，应当依法办理。

第十六条　国务院卫生行政部门应当及时公布新的食品原料、食品添加剂新品种和食品相关产品新品种目录以及所适用的食品安全国家标准。

对按照传统既是食品又是中药材的物质目录，国务院卫生行政部门会同国务院食品安全监督管理部门应当及时更新。

第十七条　国务院食品安全监督管理部门会同国务院农业行政等有关部门明确食品安全全程追溯基本要求，指导食品生产经营者通过信息化手段建立、完善食品安全追溯体系。

食品安全监督管理等部门应当将婴幼儿配方食品等针对特定人群的食品以及其他食品安全风险较高或者销售量大的食品的追溯体系建设作为监督检查的重点。

第十八条　食品生产经营者应当建立食品安全追溯体系，依照食品安全法的规定如实记录并保存进货查验、出厂检验、食品销售等信息，保证食品可追溯。

第十九条　食品生产经营企业的主要负责人对本企业的食品安全工作全面负责，建立并落实本企业的食品安全责任制，加强供货者管理、进货查验和出厂检验、生产经营过程控制、食品安全自查等工作。食品生产经营企业的食品安全管理人员应当协助企业主要负责人做好食品安全管理工作。

第二十条　食品生产经营企业应当加强对食品安全管理人员的培训和考核。食品安全管理人员应当掌握与其岗位相适应的食品安全法律、法规、标准和专业知识,具备食品安全管理能力。食品安全监督管理部门应当对企业食品安全管理人员进行随机监督抽查考核。考核指南由国务院食品安全监督管理部门制定、公布。

第二十一条 食品、食品添加剂生产经营者委托生产食品、食品添加剂的,应当委托取得食品生产许可、食品添加剂生产许可的生产者生产,并对其生产行为进行监督,对委托生产的食品、食品添加剂的安全负责。受托方应当按照法律、法规、食品安全标准以及合同约定进行生产,对生产行为负责,并接受委托方的监督。

第二十二条 食品生产经营者不得在食品生产、加工场所贮存依照本条例第六十三条规定制定的名录中的物质。

第二十三条 对食品进行辐照加工,应当遵守食品安全国家标准,并按照食品安全国家标准的要求对辐照加工食品进行检验和标注。

第二十四条 贮存、运对温度、湿度等有特殊要求的食品,应当具备保温、冷藏或者冷冻等设备设施,并保持有效运行。

第二十五条 食品生产经营者委托贮存、运输食品的,应当对受托方的食品安全保障能力进行审核,并监督受托方按照保证食品安全的要求贮存、运输食品。受托方应当保证食品贮存、运输条件符合食品安全的要求,加强食品贮存、运输过程管理。

接受食品生产经营者委托贮存、运输食品的,应当如实记录委托方和收货方的名称、地址、联系方式等内容。记录保存期限不得少于贮存、运输结束后2年。

非食品生产经营者从事对温度、湿度等有特殊要求的食品贮存业务的,应当自取得营业执照之日起30个工作日内向所在地县级人民政府食品安全监督管理部门备案。

第二十六条 餐饮服务提供者委托餐具饮具集中消毒服务单位提供清洗消毒服务的,应当查验、留存餐具饮具集中消毒服务单位的营业执照复印件和消毒合格证明。保存期限不得少于消毒餐具饮具使用期限到期后6个月。

第二十七条 餐具饮具集中消毒服务单位应当建立餐具饮具出厂检验记录制度,如实记录出厂餐具饮具的数量、消毒日期和批号、使用期限、出厂日期以及委托方名称、地址、联系方式等内容。出厂检验记录保存期限不得少于消毒餐具饮具使用期限到期后6个月。消毒后的餐具饮具应当在独立包装上标注单位名称、地址、联系方式、消毒日期和批号以及使用期限等内容。

第二十八条 学校、托幼机构、养老机构、建筑工地等集中用餐单位的食堂应当执行原料控制、餐具饮具清洗消毒、食品留样等制度,并依照食品安全法第四十七条的规定定期开展食堂食品安全自查。

承包经营集中用餐单位食堂的,应当依法取得食品经营许可,并对食堂的食品安全负责。集中用餐单位应当督促承包方落实食品安全管理制度,承担管理责任。

第二十九条 食品生产经营者应当对变质、超过保质期或者回收的食品进行显著标示或者单独存放在有明确标志的场所,及时采取无害化处理、销毁等措施并如实记录。

食品安全法所称回收食品,是指已经售出,因违反法律、法规、食品安全标准或者超过保质期等原因,被召回或者退回的食品,不包括依照食品安全法第六十三条第三款的规定可以继续销售的食品。

第三十条 县级以上地方人民政府根据需要建设必要的食品无害化处理和销毁设施。食品生产经营者可以按照规定使用政府建设的设施对食品进行无害化处理或者予以销毁。

第三十一条 食品集中交易市场的开办者、食品展销会的举办者应当在市场开业或者展销会举办前向所在地县级人民政府食品安全监督管理部门报告。

第三十二条 网络食品交易第三方平台提供者应当妥善保存入网食品经营者的登记信息

和交易信息。县级以上人民政府食品安全监督管理部门开展食品安全监督检查、食品安全案件调查处理、食品安全事故处置确需了解有关信息的，经其负责人批准，可以要求网络食品交易第三方平台提供者提供，网络食品交易第三方平台提供者应当按照要求提供。县级以上人民政府食品安全监督管理部门及其工作人员对网络食品交易第三方平台提供者提供的信息依法负有保密义务。

第三十三条　生产经营转基因食品应当显著标示，标示办法由国务院食品安全监督管理部门会同国务院农业行政部门制定。

第三十四条　禁止利用包括会议、讲座、健康咨询在内的任何方式对食品进行虚假宣传。食品安全监督管理部门发现虚假宣传行为的，应当依法及时处理。

第三十五条　保健食品生产工艺有原料提取、纯化等前处理工序的，生产企业应当具备相应的原料前处理能力。

第三十六条　特殊医学用途配方食品生产企业应当按照食品安全国家标准规定的检验项目对出厂产品实施逐批检验。

特殊医学用途配方食品中的特定全营养配方食品应当通过医疗机构或者药品零售企业向消费者销售。医疗机构、药品零售企业销售特定全营养配方食品的，不需要取得食品经营许可，但是应当遵守食品安全法和本条例关于食品销售的规定。

第三十七条　特殊医学用途配方食品中的特定全营养配方食品广告按照处方药广告管理，其他类别的特殊医学用途配方食品广告按照非处方药广告管理。

第三十八条　对保健食品之外的其他食品，不得声称具有保健功能。

对添加食品安全国家标准规定的选择性添加物质的婴幼儿配方食品，不得以选择性添加物质命名。

第三十九条　特殊食品的标签、说明书内容应当与注册或者备案的标签、说明书一致。销售特殊食品，应当核对食品标签、说明书内容是否与注册或者备案的标签、说明书一致，不一致的不得销售。省级以上人民政府食品安全监督管理部门应当在其网站上公布注册或者备案的特殊食品的标签、说明书。

特殊食品不得与普通食品或者药品混放销售。

第五章　食品检验

第四十条　对食品进行抽样检验，应当按照食品安全标准、注册或者备案的特殊食品的产品技术要求以及国家有关规定确定的检验项目和检验方法进行。

第四十一条　对可能掺杂掺假的食品，按照现有食品安全标准规定的检验项目和检验方法以及依照食品安全法第一百一十一条和本条例第六十三条规定制定的检验项目和检验方法无法检验的，国务院食品安全监督管理部门可以制定补充检验项目和检验方法，用于对食品的抽样检验、食品安全案件调查处理和食品安全事故处置。

第四十二条　依照食品安全法第八十八条的规定申请复检的，申请人应当向复检机构先行支付复检费用。复检结论表明食品不合格的，复检费用由复检申请人承担；复检结论表明食品合格的，复检费用由实施抽样检验的食品安全监督管理部门承担。

复检机构无正当理由不得拒绝承担复检任务。

第四十三条　任何单位和个人不得发布未依法取得资质认定的食品检验机构出具的食品检验信息，不得利用上述检验信息对食品、食品生产经营者进行等级评定，欺骗、误导消费者。

第六章　食品进出口

第四十四条　进口商进口食品、食品添加剂，应当按照规定向出入境检验检疫机构报检，如实申报产品相关信息，并随附法律、行政法规规定的合格证明材料。

第四十五条 进口食品运达口岸后，应当存放在出入境检验检疫机构指定或者认可的场所；需要移动的，应当按照出入境检验检疫机构的要求采取必要的安全防护措施。大宗散装进口食品应当在卸货口岸进行检验。

第四十六条 国家出入境检验检疫部门根据风险管理需要，可以对部分食品实行指定口岸进口。

第四十七条 国务院卫生行政部门依照食品安全法第九十三条的规定对境外出口商、境外生产企业或者其委托的进口商提交的相关国家（地区）标准或者国际标准进行审查，认为符合食品安全要求的，决定暂予适用并予以公布；暂予适用的标准公布前，不得进口尚无食品安全国家标准的食品。

食品安全国家标准中通用标准已经涵盖的食品不属于食品安全法第九十三条规定的尚无食品安全国家标准的食品。

第四十八条 进口商应当建立境外出口商、境外生产企业审核制度，重点审核境外出口商、境外生产企业制定和执行食品安全风险控制措施的情况以及向我国出口的食品是否符合食品安全法、本条例和其他有关法律、行政法规的规定以及食品安全国家标准的要求。

第四十九条 进口商依照食品安全法第九十四条第三款的规定召回进口食品的，应当将食品召回和处理情况向所在地县级人民政府食品安全监督管理部门和所在地出入境检验检疫机构报告。

第五十条 国家出入境检验检疫部门发现已经注册的境外食品生产企业不再符合注册要求的，应当责令其在规定期限内整改，整改期间暂停进口其生产的食品；经整改仍不符合注册要求的，国家出入境检验检疫部门应当撤销境外食品生产企业注册并公告。

第五十一条 对通过我国良好生产规范、危害分析与关键控制点体系认证的境外生产企业，认证机构应当依法实施跟踪调查。对不再符合认证要求的企业，认证机构应当依法撤销认证并向社会公布。

第五十二条 境外发生的食品安全事件可能对我国境内造成影响，或者在进口食品、食品添加剂、食品相关产品中发现严重食品安全问题的，国家出入境检验检疫部门应当及时进行风险预警，并可以对相关的食品、食品添加剂、食品相关产品采取下列控制措施：

（一）退货或者销毁处理；

（二）有条件地限制进口；

（三）暂停或者禁止进口。

第五十三条 出口食品、食品添加剂的生产企业应当保证其出口食品、食品添加剂符合进口国家（地区）的标准或者合同要求；我国缔结或者参加的国际条约、协定有要求的，还应当符合国际条约、协定的要求。

第七章 食品安全事故处置

第五十四条 食品安全事故按照国家食品安全事故应急预案实行分级管理。县级以上人民政府食品安全监督管理部门会同同级有关部门负责食品安全事故调查处理。

县级以上人民政府应当根据实际情况及时修改、完善食品安全事故应急预案。

第五十五条 县级以上人民政府应当完善食品安全事故应急管理机制，改善应急装备，做好应急物资储备和应急队伍建设，加强应急培训、演练。

第五十六条 发生食品安全事故的单位应当对导致或者可能导致食品安全事故的食品及原料、工具、设备、设施等，立即采取封存等控制措施。

第五十七条 县级以上人民政府食品安全监督管理部门接到食品安全事故报告后，应当立即会同同级卫生行政、农业行政等部门依照食品安全法第一百零五条的规定进行调查处理。食品安全监督管理部门应当对事故单位封存的食品及原料、工具、设备、设施等予以保护，需要封存而事故单位尚未封存的应当直接封存或者责令事故单位立即封存，并通知疾病预防控制机构对与事故有关的因素开展流行病学调查。

疾病预防控制机构应当在调查结束后向同级食品安全监督管理、卫生行政部门同时提交流行病学调查报告。

任何单位和个人不得拒绝、阻挠疾病预防控制机构开展流行病学调查。有关部门应当对疾病预防控制机构开展流行病学调查予以协助。

第五十八条 国务院食品安全监督管理部门会同国务院卫生行政、农业行政等部门定期对全国食品安全事故情况进行分析，完善食品安全监督管理措施，预防和减少事故的发生。

第八章 监督管理

第五十九条 设区的市级以上人民政府食品安全监督管理部门根据监督管理工作需要，可以对由下级人民政府食品安全监督管理部门负责日常监督管理的食品生产经营者实施随机监督检查，也可以组织下级人民政府食品安全监督管理部门对食品生产经营者实施异地监督检查。

设区的市级以上人民政府食品安全监督管理部门认为必要的，可以直接调查处理下级人民政府食品安全监督管理部门管辖的食品安全违法案件，也可以指定其他下级人民政府食品安全监督管理部门调查处理。

第六十条 国家建立食品安全检查员制度，依托现有资源加强职业化检查员队伍建设，强化考核培训，提高检查员专业化水平。

第六十一条 县级以上人民政府食品安全监督管理部门依照食品安全法第一百一十条的规定实施查封、扣押措施，查封、扣押的期限不得超过 30 日；情况复杂的，经实施查封、扣押措施的食品安全监督管理部门负责人批准，可以延长，延长期限不得超过 45 日。

第六十二条 网络食品交易第三方平台多次出现入网食品经营者违法经营或者入网食品经营者的违法经营行为造成严重后果的，县级以上人民政府食品安全监督管理部门可以对网络食品交易第三方平台提供者的法定代表人或者主要负责人进行责任约谈。

第六十三条 国务院食品安全监督管理部门会同国务院卫生行政等部门根据食源性疾病信息、食品安全风险监测信息和监督管理信息等，对发现的添加或者可能添加到食品中的非食品用化学物质和其他可能危害人体健康的物质，制定名录及检测方法并予以公布。

第六十四条 县级以上地方人民政府卫生行政部门应当对餐具饮具集中消毒服务单位进行监督检查，发现不符合法律、法规、国家相关标准以及相关卫生规范等要求的，应当及时调查处理。监督检查的结果应当向社会公布。

第六十五条 国家实行食品安全违法行为举报奖励制度，对查证属实的举报，给予举报人奖励。举报人举报所在企业食品安全重大违法犯罪行为的，应当加大奖励力度。有关部门应当对举报人的信息予以保密，保护举报人的合法权益。食品安全违法行为举报奖励办法由国务院食品安全监督管理部门会同国务院财政等有关部门制定。

食品安全违法行为举报奖励资金纳入各级人民政府预算。

第六十六条 国务院食品安全监督管理部门应当会同国务院有关部门建立守信联合激励和失信联合惩戒机制，结合食品生产经营者信用档案，建立严重违法生产经营者黑名单制度，将食品安全信用状况与准入、融资、信贷、征信等相衔接，及时向社会公布。

第九章 法律责任

第六十七条 有下列情形之一的，属于食品安全法第一百二十三条至第一百二十六条、

第一百三十二条以及本条例第七十二条、第七十三条规定的情节严重情形：

（一）违法行为涉及的产品货值金额 2 万元以上或者违法行为持续时间 3 个月以上；

（2）（二）造成食源性疾病并出现死亡病例，或者造成 30 人以上食源性疾病但未出现死亡病例；

（3）（三）故意提供虚假信息或者隐瞒真实情况；

（四）拒绝、逃避监督检查；

（五）因违反食品安全法律、法规受到行政处罚后 1 年内又实施同一性质的食品安全违法行为，或者因违反食品安全法律、法规受到刑事处罚后又实施食品安全违法行为；

（六）其他情节严重的情形。

对情节严重的违法行为处以罚款时，应当依法从重从严。

第六十八条 有下列情形之一的，依照食品安全法第一百二十五条第一款、本条例第七十五条的规定给予处罚：

（一）在食品生产、加工场所贮存依照本条例第六十三条规定制定的名录中的物质；

（二）生产经营的保健食品之外的食品的标签、说明书声称具有保健功能；

（三）以食品安全国家标准规定的选择性添加物质命名婴幼儿配方食品；

（四）生产经营的特殊食品的标签、说明书内容与注册或者备案的标签、说明书不一致。

第六十九条 有下列情形之一的，依照食品安全法第一百二十六条第一款、本条例第七十五条的规定给予处罚：

（一）接受食品生产经营者委托贮存、运输食品，未按照规定记录保存信息；

（二）餐饮服务提供者未查验、留存餐具饮具集中消毒服务单位的营业执照复印件和消毒合格证明；

（三）食品生产经营者未按照规定对变质、超过保质期或者回收的食品进行标示或者存放，或者未及时对上述食品采取无害化处理、销毁等措施并如实记录；

（四）医疗机构和药品零售企业之外的单位或者个人向消费者销售特殊医学用途配方食品中的特定全营养配方食品；

（五）将特殊食品与普通食品或者药品混放销售。

第七十条 除食品安全法第一百二十五条第一款、第一百二十六条规定的情形外，食品生产经营者的生产经营行为不符合食品安全法第三十三条第一款第五项、第七项至第十项的规定，或者不符合有关食品生产经营过程要求的食品安全国家标准的，依照食品安全法第一百二十六条第一款、本条例第七十五条的规定给予处罚。

第七十一条 餐具饮具集中消毒服务单位未按照规定建立并遵守出厂检验记录制度的，由县级以上人民政府卫生行政部门依照食品安全法第一百二十六条第一款、本条例第七十五条的规定给予处罚。

第七十二条 从事对温度、湿度等有特殊要求的食品贮存业务的非食品生产经营者，食品集中交易市场的开办者、食品展销会的举办者，未按照规定备案或者报告的，由县级以上人民政府食品安全监督管理部门责令改正，给予警告；拒不改正的，处 1 万元以上 5 万元以下罚款；情节严重的，责令停产停业，并处 5 万元以上 20 万元以下罚款。

第七十三条 利用会议、讲座、健康咨询等方式对食品进行虚假宣传的，由县级以上人民政府食品安全监督管理部门责令消除影响，有违法所得的，没收违法所得；情节严重的，依照食品安全法第一百四十条第五款的规定进行处罚；属于单位违法的，还应当依照本条例第七十五条的规定对单位的法定代表人、主要负责人、直接负责的主管人员和其他直接责任人员给予处罚。

第七十四条 食品生产经营者生产经营的食品符合食品安全标准但不符合食品所标注的

企业标准规定的食品安全指标的，由县级以上人民政府食品安全监督管理部门给予警告，并责令食品经营者停止经营该食品，责令食品生产企业改正；拒不停止经营或者改正的，没收不符合企业标准规定的食品安全指标的食品，货值金额不足1万元的，并处1万元以上5万元以下罚款，货值金额1万元以上的，并处货值金额5倍以上10倍以下罚款。

第七十五条　食品生产经营企业等单位有食品安全法规定的违法情形，除依照食品安全法的规定给予处罚外，有下列情形之一的，对单位的法定代表人、主要负责人、直接负责的主管人员和其他直接责任人员处以其上一年度从本单位取得收入的1倍以上10倍以下罚款：

（一）故意实施违法行为；

（二）违法行为性质恶劣；

（三）违法行为造成严重后果。

属于食品安全法第一百二十五条第二款规定情形的，不适用前款规定。

第七十六条　食品生产经营者依照食品安全法第六十三条第一款、第二款的规定停止生产、经营，实施食品召回，或者采取其他有效措施减轻或者消除食品安全风险，未造成危害后果的，可以从轻或者减轻处罚。

第七十七条　县级以上地方人民政府食品安全监督管理等部门对有食品安全法第一百二十三条规定的违法情形且情节严重，可能需要行政拘留的，应当及时将案件及有关材料移送同级公安机关。公安机关认为需要补充材料的，食品安全监督管理等部门应当及时提供。公安机关经审查认为不符合行政拘留条件的，应当及时将案件及有关材料退回移送的食品安全监督管理等部门。

第七十八条　公安机关对发现的食品安全违法行为，经审查没有犯罪事实或者立案侦查后认为不需要追究刑事责任，但依法应当予以行政拘留的，应当及时作出行政拘留的处罚决定；不需要予以行政拘留但依法应当追究其他行政责任的，应当及时将案件及有关材料移送同级食品安全监督管理等部门。

第七十九条　复检机构无正当理由拒绝承担复检任务的，由县级以上人民政府食品安全监督管理部门给予警告，无正当理由1年内2次拒绝承担复检任务的，由国务院有关部门撤销其复检机构资质并向社会公布。

第八十条　发布未依法取得资质认定的食品检验机构出具的食品检验信息，或者利用上述检验信息对食品、食品生产经营者进行等级评定，欺骗、误导消费者的，由县级以上人民政府食品安全监督管理部门责令改正，有违法所得的，没收违法所得，并处10万元以上50万元以下罚款；拒不改正的，处50万元以上100万元以下罚款；构成违反治安管理行为的，由公安机关依法给予治安管理处罚。

第八十一条　食品安全监督管理部门依照食品安全法、本条例对违法单位或者个人处以30万元以上罚款的，由设区的市级以上人民政府食品安全监督管理部门决定。罚款具体处罚权限由国务院食品安全监督管理部门规定。

第八十二条　阻碍食品安全监督管理等部门工作人员依法执行职务，构成违反治安管理行为的，由公安机关依法给予治安管理处罚。

第八十三条　县级以上人民政府食品安全监督管理等部门发现单位或者个人违反食品安全法第一百二十条第一款规定，编造、散布虚假食品安全信息，涉嫌构成违反治安管理行为的，应当将相关情况通报同级公安机关。

第八十四条　县级以上人民政府食品安全监督管理部门及其工作人员违法向他人提供网络食品交易第三方平台提供者提供的信息的，依照食品安全法第一百四十五条的规定给予处分。

第八十五条　违反本条例规定，构成犯罪的，依法追究刑事责任。

第十章　附　则

第八十六条　本条例自 2019 年 12 月 1 日起施行。

国务院关于加强食品等产品安全监督管理的特别规定

（国务院令第 503 号）

发布日期：2007-07-26
实施日期：2007-07-26
法规类型：行政法规

　　第一条　为了加强食品等产品安全监督管理，进一步明确生产经营者、监督管理部门和地方人民政府的责任，加强各监督管理部门的协调、配合，保障人体健康和生命安全，制定本规定。
　　第二条　本规定所称产品除食品外，还包括食用农产品、药品等与人体健康和生命安全有关的产品。
　　对产品安全监督管理，法律有规定的，适用法律规定；法律没有规定或者规定不明确的，适用本规定。
　　第三条　生产经营者应当对其生产、销售的产品安全负责，不得生产、销售不符合法定要求的产品。
　　依照法律、行政法规规定生产、销售产品需要取得许可证照或者需要经认证的，应当按照法定条件、要求从事生产经营活动。不按照法定条件、要求从事生产经营活动或者生产、销售不符合法定要求产品的，由农业、卫生、质检、商务、工商、药品等监督管理部门依据各自职责，没收违法所得、产品和用于违法生产的工具、设备、原材料等物品，货值金额不足 5000 元的，并处 5 万元罚款；货值金额 5000 元以上不足 1 万元的，并处 10 万元罚款；货值金额 1 万元以上的，并处货值金额 10 倍以上 20 倍以下的罚款；造成严重后果的，由原发证部门吊销许可证照；构成非法经营罪或者生产、销售伪劣商品罪等犯罪的，依法追究刑事责任。
　　生产经营者不再符合法定条件、要求，继续从事生产经营活动的，由原发证部门吊销许可证照，并在当地主要媒体上公告被吊销许可证照的生产经营者名单；构成非法经营罪或者生产、销售伪劣商品罪等犯罪的，依法追究刑事责任。
　　依法应当取得许可证照而未取得许可证照从事生产经营活动的，由农业、卫生、质检、商务、工商、药品等监督管理部门依据各自职责，没收违法所得、产品和用于违法生产的工具、设备、原材料等物品，货值金额不足 1 万元的，并处 10 万元罚款；货值金额 1 万元以上的，并处货值金额 10 倍以上 20 倍以下的罚款；构成非法经营罪的，依法追究刑事责任。
　　有关行业协会应当加强行业自律，监督生产经营者的生产经营活动；加强公众健康知识的普及、宣传，引导消费者选择合法生产经营者生产、销售的产品以及有合法标识的产品。
　　第四条　生产者生产产品所使用的原料、辅料、添加剂、农业投入品，应当符合法律、行政法规的规定和国家强制性标准。
　　违反前款规定，违法使用原料、辅料、添加剂、农业投入品的，由农业、卫生、质检、商务、药品等监督管理部门依据各自职责没收违法所得，货值金额不足 5000 元的，并处 2 万元罚款；货值金额 5000 元以上不足 1 万元的，并处 5 万元罚款；货值金额 1 万元以上的，并处货值金额 5 倍以上 10 倍以下的罚款；造成严重后果的，由原发证部门吊销许可证照；构成生产、销售伪劣商品罪的，依法追究刑事责任。

第五条 销售者必须建立并执行进货检查验收制度，审验供货商的经营资格，验明产品合格证明和产品标识，并建立产品进货台账，如实记录产品名称、规格、数量、供货商及其联系方式、进货时间等内容。从事产品批发业务的销售企业应当建立产品销售台账，如实记录批发的产品品种、规格、数量、流向等内容。在产品集中交易场所销售自制产品的生产企业应当比照从事产品批发业务的销售企业的规定，履行建立产品销售台账的义务。进货台账和销售台账保存期限不得少于 2 年。销售者应当向供货商按照产品生产批次索要符合法定条件的检验机构出具的检验报告或者由供货商签字或者盖章的检验报告复印件；不能提供检验报告或者检验报告复印件的产品，不得销售。

违反前款规定的，由工商、药品监督管理部门依据各自职责责令停止销售；不能提供检验报告或者检验报告复印件销售产品的，没收违法所得和违法销售的产品，并处货值金额 3 倍的罚款；造成严重后果的，由原发证部门吊销许可证照。

第六条 产品集中交易市场的开办企业、产品经营柜台出租企业、产品展销会的举办企业，应当审查入场销售者的经营资格，明确入场销售者的产品安全管理责任，定期对入场销售者的经营环境、条件、内部安全管理制度和经营产品是否符合法定要求进行检查，发现销售不符合法定要求产品或者其他违法行为的，应当及时制止并立即报告所在地工商行政管理部门。

违反前款规定的，由工商行政管理部门处以 1000 元以上 5 万元以下的罚款；情节严重的，责令停业整顿；造成严重后果的，吊销营业执照。

第七条 出口产品的生产经营者应当保证其出口产品符合进口国（地区）的标准或者合同要求。法律规定产品必须经过检验方可出口的，应当经符合法律规定的机构检验合格。

出口产品检验人员应当依照法律、行政法规规定和有关标准、程序、方法进行检验，对其出具的检验证单等负责。

出入境检验检疫机构和商务、药品等监督管理部门应当建立出口产品的生产经营者良好记录和不良记录，并予以公布。对有良好记录的出口产品的生产经营者，简化检验检疫手续。

出口产品的生产经营者逃避产品检验或者弄虚作假的，由出入境检验检疫机构和药品监督管理部门依据各自职责，没收违法所得和产品，并处货值金额 3 倍的罚款；构成犯罪的，依法追究刑事责任。

第八条 进口产品应当符合我国国家技术规范的强制性要求以及我国与出口国（地区）签订的协议规定的检验要求。

质检、药品监督管理部门依据生产经营者的诚信度和质量管理水平以及进口产品风险评估的结果，对进口产品实施分类管理，并对进口产品的收货人实施备案管理。进口产品的收货人应当如实记录进口产品流向。记录保存期限不得少于 2 年。

质检、药品监督管理部门发现不符合法定要求产品时，可以将不符合法定要求产品的进货人、报检人、代理人列入不良记录名单。进口产品的进货人、销售者弄虚作假的，由质检、药品监督管理部门依据各自职责，没收违法所得和产品，并处货值金额 3 倍的罚款；构成犯罪的，依法追究刑事责任。进口产品的报检人、代理人弄虚作假的，取消报检资格，并处货值金额等值的罚款。

第九条 生产企业发现其生产的产品存在安全隐患，可能对人体健康和生命安全造成损害的，应当向社会公布有关信息，通知销售者停止销售，告知消费者停止使用，主动召回产品，并向有关监督管理部门报告；销售者应当立即停止销售该产品。销售者发现其销售的产品存在安全隐患，可能对人体健康和生命安全造成损害，应当立即停止销售该产品，通知生产企业或者供货商，并向有关监督管理部门报告。

生产企业和销售者不履行前款规定义务的，由农业、卫生、质检、商务、工商、药品等监督管理部门依据各自职责，责令生产企业召回产品、销售者停止销售，对生产企业并处货值金额3倍的罚款，对销售者并处1000元以上5万元以下的罚款；造成严重后果的，由原发证部门吊销许可证照。

第十条 县级以上地方人民政府应当将产品安全监督管理纳入政府工作考核目标，对本行政区域内的产品安全监督管理负总责，统一领导、协调本行政区域内的监督管理工作，建立健全监督管理协调机制，加强对行政执法的协调、监督；统一领导、指挥产品安全突发事件应对工作，依法组织查处产品安全事故；建立监督管理责任制，对各监督管理部门进行评议、考核。质检、工商和药品等监督管理部门应当在所在地同级人民政府的统一协调下，依法做好产品安全监督管理工作。

县级以上地方人民政府不履行产品安全监督管理的领导、协调职责，本行政区域内一年多次出现产品安全事故、造成严重社会影响的，由监察机关或者任免机关对政府的主要负责人和直接负责的主管人员给予记大过、降级或者撤职的处分。

第十一条 国务院质检、卫生、农业等主管部门在各自职责范围内尽快制定、修改或者起草相关国家标准，加快建立统一管理、协调配套、符合实际、科学合理的产品标准体系。

第十二条 县级以上人民政府及其部门对产品安全实施监督管理，应当按照法定权限和程序履行职责，做到公开、公平、公正。对生产经营者同一违法行为，不得给予2次以上罚款的行政处罚；对涉嫌构成犯罪、依法需要追究刑事责任的，应当依照《行政执法机关移送涉嫌犯罪案件的规定》，向公安机关移送。

农业、卫生、质检、商务、工商、药品等监督管理部门应当依据各自职责对生产经营者进行监督检查，并对其遵守强制性标准、法定要求的情况予以记录，由监督检查人员签字后归档。监督检查记录应当作为其直接负责主管人员定期考核的内容。公众有权查阅监督检查记录。

第十三条 生产经营者有下列情形之一的，农业、卫生、质检、商务、工商、药品等监督管理部门应当依据各自职责采取措施，纠正违法行为，防止或者减少危害发生，并依照本规定予以处罚：

（一）依法应当取得许可证照而未取得许可证照从事生产经营活动的；

（二）取得许可证照或者经过认证后，不按照法定条件、要求从事生产经营活动或者生产、销售不符合法定要求产品的；

（三）生产经营者不再符合法定条件、要求继续从事生产经营活动的；

（四）生产者生产产品不按照法律、行政法规的规定和国家强制性标准使用原料、辅料、添加剂、农业投入品的；

（五）销售者没有建立并执行进货检查验收制度，并建立产品进货台账的；

（六）生产企业和销售者发现其生产、销售的产品存在安全隐患，可能对人体健康和生命安全造成损害，不履行本规定的义务的；

（七）生产经营者违反法律、行政法规和本规定的其他有关规定的。

农业、卫生、质检、商务、工商、药品等监督管理部门不履行前款规定职责、造成后果的，由监察机关或者任免机关对其主要负责人、直接负责的主管人员和其他直接责任人员给予记大过或者降级的处分；造成严重后果的，给予其主要负责人、直接负责的主管人员和其他直接责任人员撤职或者开除的处分；其主要负责人、直接负责的主管人员和其他直接责任人员构成渎职罪的，依法追究刑事责任。

违反本规定，滥用职权或者有其他渎职行为的，由监察机关或者任免机关对其主要负责人、直接负责的主管人员和其他直接责任人员给予记过或者记大过的处分；造成严重后果的，给予其主要负责人、直接负责的主管人员和其他直接责任人员降级或者撤职的处分；其主要负责人、直接负责的主管人员和其他直接责任人员构成渎职罪的，依法追究刑事责任。

第十四条　农业、卫生、质检、商务、工商、药品等监督管理部门发现违反本规定的行为，属于其他监督管理部门职责的，应当立即书面通知并移交有权处理的监督管理部门处理。有权处理的部门应当立即处理，不得推诿；因不立即处理或者推诿造成后果的，由监察机关或者任免机关对其主要负责人、直接负责的主管人员和其他直接责任人员给予记大过或者降级的处分。

第十五条　农业、卫生、质检、商务、工商、药品等监督管理部门履行各自产品安全监督管理职责，有下列职权：

（一）进入生产经营场所实施现场检查；

（二）查阅、复制、查封、扣押有关合同、票据、账簿以及其他有关资料；

（三）查封、扣押不符合法定要求的产品，违法使用的原料、辅料、添加剂、农业投入品以及用于违法生产的工具、设备；

（四）查封存在危害人体健康和生命安全重大隐患的生产经营场所。

第十六条　农业、卫生、质检、商务、工商、药品等监督管理部门应当建立生产经营者违法行为记录制度，对违法行为的情况予以记录并公布；对有多次违法行为记录的生产经营者，吊销许可证照。

第十七条　检验检测机构出具虚假检验报告，造成严重后果的，由授予其资质的部门吊销其检验检测资质；构成犯罪的，对直接负责的主管人员和其他直接责任人员依法追究刑事责任。

第十八条　发生产品安全事故或者其他对社会造成严重影响的产品安全事件时，农业、卫生、质检、商务、工商、药品等监督管理部门必须在各自职责范围内及时作出反应，采取措施，控制事态发展，减少损失，依照国务院规定发布信息，做好有关善后工作。

第十九条　任何组织或者个人对违反本规定的行为有权举报。接到举报的部门应当为举报人保密。举报经调查属实的，受理举报的部门应当给予举报人奖励。

农业、卫生、质检、商务、工商、药品等监督管理部门应当公布本单位的电子邮件地址或者举报电话；对接到的举报，应当及时、完整地进行记录并妥善保存。举报的事项属于本部门职责的，应当受理，并依法进行核实、处理、答复；不属于本部门职责的，应当转交有权处理的部门，并告知举报人。

第二十条　本规定自公布之日起施行。

中华人民共和国进出口食品安全管理办法

（海关总署令第 249 号）

发布日期：2021-04-12
实施日期：2022-01-01
法规类型：部门规章

第一章 总 则

第一条 为了保障进出口食品安全，保护人类、动植物生命和健康，根据《中华人民共和国食品安全法》（以下简称《食品安全法》）及其实施条例、《中华人民共和国海关法》《中华人民共和国进出口商品检验法》及其实施条例、《中华人民共和国进出境动植物检疫法》及其实施条例、《中华人民共和国国境卫生检疫法》及其实施细则、《中华人民共和国农产品质量安全法》和《国务院关于加强食品等产品安全监督管理的特别规定》等法律、行政法规的规定，制定本办法。

第二条 从事下列活动，应当遵守本办法：

（一）进出口食品生产经营活动；

（二）海关对进出口食品生产经营者及其进出口食品安全实施监督管理。

进出口食品添加剂、食品相关产品的生产经营活动按照海关总署相关规定执行。

第三条 进出口食品安全工作坚持安全第一、预防为主、风险管理、全程控制、国际共治的原则。

第四条 进出口食品生产经营者对其生产经营的进出口食品安全负责。

进出口食品生产经营者应当依照中国缔结或者参加的国际条约、协定，中国法律法规和食品安全国家标准从事进出口食品生产经营活动，依法接受监督管理，保证进出口食品安全，对社会和公众负责，承担社会责任。

第五条 海关总署主管全国进出口食品安全监督管理工作。

各级海关负责所辖区域进出口食品安全监督管理工作。

第六条 海关运用信息化手段提升进出口食品安全监督管理水平。

第七条 海关加强进出口食品安全的宣传教育，开展食品安全法律、行政法规以及食品安全国家标准和知识的普及工作。

海关加强与食品安全国际组织、境外政府机构、境外食品行业协会、境外消费者协会等交流与合作，营造进出口食品安全国际共治格局。

第八条 海关从事进出口食品安全监督管理的人员应当具备相关专业知识。

第二章 食品进口

第九条 进口食品应当符合中国法律法规和食品安全国家标准，中国缔结或者参加的国际条约、协定有特殊要求的，还应当符合国际条约、协定的要求。

进口尚无食品安全国家标准的食品，应当符合国务院卫生行政部门公布的暂予适用的相关标准要求。

利用新的食品原料生产的食品，应当依照《食品安全法》第三十七条的规定，取得国务院卫生行政部门新食品原料卫生行政许可。

第十条 海关依据进出口商品检验相关法律、行政法规的规定对进口食品实施合格评定。

进口食品合格评定活动包括：向中国境内出口食品的境外国家（地区）〔以下简称境外国家（地区）〕食品安全管理体系评估和审查、境外生产企业注册、进出口商备案和合格保证、进境动植物检疫审批、随附合格证明检查、单证审核、现场查验、监督抽检、进口和销售记录检查以及各项的组合。

第十一条 海关总署可以对境外国家（地区）的食品安全管理体系和食品安全状况开展评估和审查，并根据评估和审查结果，确定相应的检验检疫要求。

第十二条 有下列情形之一的，海关总署可以对境外国家（地区）启动评估和审查：

（一）境外国家（地区）申请向中国首次输出某类（种）食品的；

（二）境外国家（地区）食品安全、动植物检疫法律法规、组织机构等发生重大调整的；

（三）境外国家（地区）主管部门申请对其输往中国某类（种）食品的检验检疫要求发生重大调整的；

（四）境外国家（地区）发生重大动植物疫情或者食品安全事件的；

（五）海关在输华食品中发现严重问题，认为存在动植物疫情或者食品安全隐患的；

（六）其他需要开展评估和审查的情形。

第十三条 境外国家（地区）食品安全管理体系评估和审查主要包括对以下内容的评估、确认：

（一）食品安全、动植物检疫相关法律法规；

（二）食品安全监督管理组织机构；

（三）动植物疫情流行情况及防控措施；

（四）致病微生物、农兽药和污染物等管理和控制；

（五）食品生产加工、运输仓储环节安全卫生控制；

（六）出口食品安全监督管理；

（七）食品安全防护、追溯和召回体系；

（八）预警和应急机制；

（九）技术支撑能力；

（十）其他涉及动植物疫情、食品安全的情况。

第十四条 海关总署可以组织专家通过资料审查、视频检查、现场检查等形式及其组合，实施评估和审查。

第十五条 海关总署组织专家对接受评估和审查的国家（地区）递交的申请资料、书面评估问卷等资料实施审查，审查内容包括资料的真实性、完整性和有效性。根据资料审查情况，海关总署可以要求相关国家（地区）的主管部门补充缺少的信息或者资料。

对已通过资料审查的国家（地区），海关总署可以组织专家对其食品安全管理体系实施视频检查或者现场检查。对发现的问题可以要求相关国家（地区）主管部门及相关企业实施整改。

相关国家（地区）应当为评估和审查提供必要的协助。

第十六条 接受评估和审查的国家（地区）有下列情形之一，海关总署可以终止评估和审查，并通知相关国家（地区）主管部门：

（一）收到书面评估问卷12个月内未反馈的；

（二）收到海关总署补充信息和材料的通知3个月内未按要求提供的；

（三）突发重大动植物疫情或者重大食品安全事件的；

（四）未能配合中方完成视频检查或者现场检查、未能有效完成整改的；

（五）主动申请终止评估和审查的。

前款第一、二项情形，相关国家（地区）主管部门因特殊原因可以申请延期，经海关总署同意，按照海关总署重新确定的期限递交相关材料。

第十七条　评估和审查完成后，海关总署向接受评估和审查的国家（地区）主管部门通报评估和审查结果。

第十八条　海关总署对向中国境内出口食品的境外生产企业实施注册管理，并公布获得注册的企业名单。

第十九条　向中国境内出口食品的境外出口商或者代理商（以下简称"境外出口商或者代理商"）应当向海关总署备案。

食品进口商应当向其住所地海关备案。

境外出口商或者代理商、食品进口商办理备案时，应当对其提供资料的真实性、有效性负责。

境外出口商或者代理商、食品进口商备案名单由海关总署公布。

第二十条　境外出口商或者代理商、食品进口商备案内容发生变更的，应当在变更发生之日起 60 日内，向备案机关办理变更手续。

海关发现境外出口商或者代理商、食品进口商备案信息错误或者备案内容未及时变更的，可以责令其在规定期限内更正。

第二十一条　食品进口商应当建立食品进口和销售记录制度，如实记录食品名称、净含量/规格、数量、生产日期、生产或者进口批号、保质期、境外出口商和购货者名称、地址及联系方式、交货日期等内容，并保存相关凭证。记录和凭证保存期限不得少于食品保质期满后 6 个月；没有明确保质期的，保存期限为销售后 2 年以上。

第二十二条　食品进口商应当建立境外出口商、境外生产企业审核制度，重点审核下列内容：

（一）制定和执行食品安全风险控制措施情况；

（二）保证食品符合中国法律法规和食品安全国家标准的情况。

第二十三条　海关依法对食品进口商实施审核活动的情况进行监督检查。食品进口商应当积极配合，如实提供相关情况和材料。

第二十四条　海关可以根据风险管理需要，对进口食品实施指定口岸进口，指定监管场地检查。指定口岸、指定监管场地名单由海关总署公布。

第二十五条　食品进口商或者其代理人进口食品时应当依法向海关如实申报。

第二十六条　海关依法对应当实施入境检疫的进口食品实施检疫。

第二十七条　海关依法对需要进境动植物检疫审批的进口食品实施检疫审批管理。食品进口商应当在签订贸易合同或者协议前取得进境动植物检疫许可。

第二十八条　海关根据监督管理需要，对进口食品实施现场查验，现场查验包括但不限于以下内容：

（一）运输工具、存放场所是否符合安全卫生要求；

（二）集装箱号、封识号、内外包装上的标识内容、货物的实际状况是否与申报信息及随附单证相符；

（三）动植物源性食品、包装物及铺垫材料是否存在《进出境动植物检疫法实施条例》第二十二条规定的情况；

（四）内外包装是否符合食品安全国家标准，是否存在污染、破损、湿浸、渗透；

（五）内外包装的标签、标识及说明书是否符合法律、行政法规、食品安全国家标准以及海关总署规定的要求；

（六）食品感官性状是否符合该食品应有性状；

（七）冷冻冷藏食品的新鲜程度、中心温度是否符合要求、是否有病变、冷冻冷藏环境温度是否符合相关标准要求、冷链控温设备设施运作是否正常、温度记录是否符合要求，必要时可以进行蒸煮试验。

第二十九条　海关制定年度国家进口食品安全监督抽检计划和专项进口食品安全监督抽检计划，并组织实施。

第三十条　进口食品的包装和标签、标识应当符合中国法律法规和食品安全国家标准；依法应当有说明书的，还应当有中文说明书。

对于进口鲜冻肉类产品，内外包装上应当有牢固、清晰、易辨的中英文或者中文和出口国家（地区）文字标识，标明以下内容：产地国家（地区）、品名、生产企业注册编号、生产批号；外包装上应当以中文标明规格、产地（具体到州/省/市）、目的地、生产日期、保质期限、储存温度等内容，必须标注目的地为中华人民共和国，加施出口国家（地区）官方检验检疫标识。

对于进口水产品，内外包装上应当有牢固、清晰、易辨的中英文或者中文和出口国家（地区）文字标识，标明以下内容：商品名和学名、规格、生产日期、批号、保质期限和保存条件、生产方式（海水捕捞、淡水捕捞、养殖）、生产地区（海洋捕捞海域、淡水捕捞国家或者地区、养殖产品所在国家或者地区）、涉及的所有生产加工企业（含捕捞船、加工船、运输船、独立冷库）名称、注册编号及地址（具体到州/省/市）、必须标注目的地为中华人民共和国。

进口保健食品、特殊膳食用食品的中文标签必须印制在最小销售包装上，不得加贴。

进口食品内外包装有特殊标识规定的，按照相关规定执行。

第三十一条　进口食品运达口岸后，应当存放在海关指定或者认可的场所；需要移动的，必须经海关允许，并按照海关要求采取必要的安全防护措施。

指定或者认可的场所应当符合法律、行政法规和食品安全国家标准规定的要求。

第三十二条　大宗散装进口食品应当按照海关要求在卸货口岸进行检验。

第三十三条　进口食品经海关合格评定合格的，准予进口。

进口食品经海关合格评定不合格的，由海关出具不合格证明；涉及安全、健康、环境保护项目不合格的，由海关书面通知食品进口商，责令其销毁或者退运；其他项目不合格的，经技术处理符合合格评定要求的，方准进口。相关进口食品不能在规定时间内完成技术处理或者经技术处理仍不合格的，由海关责令食品进口商销毁或者退运。

第三十四条　境外发生食品安全事件可能导致中国境内食品安全隐患，或者海关实施进口食品监督管理过程中发现不合格进口食品，或者发现其他食品安全问题的，海关总署和经授权的直属海关可以依据风险评估结果对相关进口食品实施提高监督抽检比例等控制措施。

海关依照前款规定对进口食品采取提高监督抽检比例等控制措施后，再次发现不合格进口食品，或者有证据显示进口食品存在重大安全隐患的，海关总署和经授权的直属海关可以要求食品进口商逐批向海关提交有资质的检验机构出具的检验报告。海关应当对食品进口商提供的检验报告进行验核。

第三十五条　有下列情形之一的，海关总署依据风险评估结果，可以对相关食品采取暂停或者禁止进口的控制措施：

（一）出口国家（地区）发生重大动植物疫情，或者食品安全体系发生重大变化，无法有效保证输华食品安全的；

（二）进口食品被检疫传染病病原体污染，或者有证据表明能够成为检疫传染病传播媒介，且无法实施有效卫生处理的；

（三）海关实施本办法第三十四条第二款规定控制措施的进口食品，再次发现相关安全、健康、环境保护项目不合格的；

（四）境外生产企业违反中国相关法律法规，情节严重的；

（五）其他信息显示相关食品存在重大安全隐患的。

第三十六条 进口食品安全风险已降低到可控水平时，海关总署和经授权的直属海关可以按照以下方式解除相应控制措施：

（一）实施本办法第三十四条第一款控制措施的食品，在规定的时间、批次内未被发现不合格的，在风险评估基础上可以解除该控制措施；

（二）实施本办法第三十四条第二款控制措施的食品，出口国家（地区）已采取预防措施，经海关总署风险评估能够保障食品安全、控制动植物疫情风险，或者从实施该控制措施之日起在规定时间、批次内未发现不合格食品的，海关在风险评估基础上可以解除该控制措施；

（三）实施暂停或者禁止进口控制措施的食品，出口国家（地区）主管部门已采取风险控制措施，且经海关总署评估符合要求的，可以解除暂停或者禁止进口措施。恢复进口的食品，海关总署视评估情况可以采取本办法第三十四条规定的控制措施。

第三十七条 食品进口商发现进口食品不符合法律、行政法规和食品安全国家标准，或者有证据证明可能危害人体健康，应当按照《食品安全法》第六十三条和第九十四条第三款规定，立即停止进口、销售和使用，实施召回，通知相关生产经营者和消费者，记录召回和通知情况，并将食品召回、通知和处理情况向所在地海关报告。

第三章　食品出口

第三十八条 出口食品生产企业应当保证其出口食品符合进口国家（地区）的标准或者合同要求；中国缔结或者参加的国际条约、协定有特殊要求的，还应当符合国际条约、协定的要求。

进口国家（地区）暂无标准，合同也未作要求，且中国缔结或者参加的国际条约、协定无相关要求的，出口食品生产企业应当保证其出口食品符合中国食品安全国家标准。

第三十九条 海关依法对出口食品实施监督管理。出口食品监督管理措施包括：出口食品原料种植养殖场备案、出口食品生产企业备案、企业核查、单证审核、现场查验、监督抽检、口岸抽查、境外通报核查以及各项的组合。

第四十条 出口食品原料种植、养殖场应当向所在地海关备案。

海关总署统一公布原料种植、养殖场备案名单，备案程序和要求由海关总署制定。

第四十一条 海关依法采取资料审查、现场检查、企业核查等方式，对备案原料种植、养殖场进行监督。

第四十二条 出口食品生产企业应当向住所地海关备案，备案程序和要求由海关总署制定。

第四十三条 境外国家（地区）对中国输往该国家（地区）的出口食品生产企业实施注册管理且要求海关总署推荐的，出口食品生产企业须向住所地海关提出申请，住所地海关进行初核后报海关总署。

海关总署结合企业信用、监督管理以及住所地海关初核情况组织开展对外推荐注册工作，对外推荐注册程序和要求由海关总署制定。

第四十四条 出口食品生产企业应当建立完善可追溯的食品安全卫生控制体系，保证食品安全卫生控制体系有效运行，确保出口食品生产、加工、贮存过程持续符合中国相关法律法规、出口食品生产企业安全卫生要求；进口国家（地区）相关法律法规和相关国际条约、协定有特殊要求的，还应当符合相关要求。

出口食品生产企业应当建立供应商评估制度、进货查验记录制度、生产记录档案制度、出厂检验记录制度、出口食品追溯制度和不合格食品处置制度。相关记录应当真实有效，保存期限不得少于食品保质期满后 6 个月；没有明确保质期的，保存期限不得少于 2 年。

第四十五条 出口食品生产企业应当保证出口食品包装和运输方式符合食品安全要求。

第四十六条 出口食品生产企业应当在运输包装上标注生产企业备案号、产品品名、生产批号和生产日期。

进口国家（地区）或者合同有特殊要求的，在保证产品可追溯的前提下，经直属海关同意，出口食品生产企业可以调整前款规定的标注项目。

第四十七条 海关应当对辖区内出口食品生产企业的食品安全卫生控制体系运行情况进行监督检查。监督检查包括日常监督检查和年度监督检查。

监督检查可以采取资料审查、现场检查、企业核查等方式，并可以与出口食品境外通报核查、监督抽检、现场查验等工作结合开展。

第四十八条 出口食品应当依法由产地海关实施检验检疫。

海关总署根据便利对外贸易和出口食品检验检疫工作需要，可以指定其他地点实施检验检疫。

第四十九条 出口食品生产企业、出口商应当按照法律、行政法规和海关总署规定，向产地或者组货地海关提出出口申报前监管申请。

产地或者组货地海关受理食品出口申报前监管申请后，依法对需要实施检验检疫的出口食品实施现场检查和监督抽检。

第五十条 海关制定年度国家出口食品安全监督抽检计划并组织实施。

第五十一条 出口食品经海关现场检查和监督抽检符合要求的，由海关出具证书，准予出口。进口国家（地区）对证书形式和内容要求有变化的，经海关总署同意可以对证书形式和内容进行变更。

出口食品经海关现场检查和监督抽检不符合要求的，由海关书面通知出口商或者其代理人。相关出口食品可以进行技术处理的，经技术处理合格后方准出口；不能进行技术处理或者经技术处理仍不合格的，不准出口。

第五十二条 食品出口商或者其代理人出口食品时应当依法向海关如实申报。

第五十三条 海关对出口食品在口岸实施查验，查验不合格的，不准出口。

第五十四条 出口食品因安全问题被国际组织、境外政府机构通报的，海关总署应当组织开展核查，并根据需要实施调整监督抽检比例、要求食品出口商逐批向海关提交有资质的检验机构出具的检验报告、撤回向境外官方主管机构的注册推荐等控制措施。

第五十五条 出口食品存在安全问题，已经或者可能对人体健康和生命安全造成损害的，出口食品生产经营者应当立即采取相应措施，避免和减少损害发生，并向所在地海关报告。

第五十六条 海关在实施出口食品监督管理时发现安全问题的，应当向同级政府和上一级政府食品安全主管部门通报。

第四章　监督管理

第五十七条 海关总署依照《食品安全法》第一百条规定，收集、汇总进出口食品安全信息，建立进出口食品安全信息管理制度。

各级海关负责本辖区内以及上级海关指定的进出口食品安全信息的收集和整理工作，并按照有关规定通报本辖区地方政府、相关部门、机构和企业。通报信息涉及其他地区的，应当同时通报相关地区海关。

海关收集、汇总的进出口食品安全信息，除《食品安全法》第一百条规定内容外，还包括境外食品技术性贸易措施信息。

第五十八条 海关应当对收集到的进出口食品安全信息开展风险研判，依据风险研判结果，确定相应的控制措施。

第五十九条 境内外发生食品安全事件或者疫情疫病可能影响到进出口食品安全的，或者在进出口食品中发现严重食品安全问题的，直属海关应当及时上报海关总署；海关总署根据情况进行风险预警，在海关系统内发布风险警示通报，并向国务院食品安全监督管理、卫生行政、农业行政部门通报，必要时向消费者发布风险警示通告。

海关总署发布风险警示通报的，应当根据风险警示通报要求对进出口食品采取本办法第三十四条、第三十五条、第三十六条和第五十四条规定的控制措施。

第六十条 海关制定年度国家进出口食品安全风险监测计划，系统和持续收集进出口食品中食源性疾病、食品污染和有害因素的监测数据及相关信息。

第六十一条 境外发生的食品安全事件可能对中国境内造成影响，或者评估后认为存在不可控风险的，海关总署可以参照国际通行做法，直接在海关系统内发布风险预警通报或者向消费者发布风险预警通告，并采取本办法第三十四条、第三十五条和第三十六条规定的控制措施。

第六十二条 海关制定并组织实施进出口食品安全突发事件应急处置预案。

第六十三条 海关在依法履行进出口食品安全监督管理职责时，有权采取下列措施：

（一）进入生产经营场所实施现场检查；

（二）对生产经营的食品进行抽样检验；

（三）查阅、复制有关合同、票据、账簿以及其他有关资料；

（四）查封、扣押有证据证明不符合食品安全国家标准或者有证据证明存在安全隐患以及违法生产经营的食品。

第六十四条 海关依法对进出口企业实施信用管理。

第六十五条 海关依法对进出口食品生产经营者以及备案原料种植、养殖场开展稽查、核查。

第六十六条 过境食品应当符合海关总署对过境货物的监管要求。过境食品过境期间，未经海关批准，不得开拆包装或者卸离运输工具，并应当在规定期限内运输出境。

第六十七条 进出口食品生产经营者对海关的检验结果有异议的，可以按照进出口商品复验相关规定申请复验。

有下列情形之一的，海关不受理复验：

（一）检验结果显示微生物指标超标的；

（二）复验备份样品超过保质期的；

（三）其他原因导致备份样品无法实现复验目的的。

第五章　法律责任

第六十八条 食品进口商备案内容发生变更，未按照规定向海关办理变更手续，情节严重的，海关处以警告。

食品进口商在备案中提供虚假备案信息的，海关处以1万元以下罚款。

第六十九条 境内进出口食品生产经营者不配合海关进出口食品安全核查工作，拒绝接受询问、提供材料，或者答复内容和提供材料与实际情况不符的，海关处以警告或者1万元以下罚款。

第七十条　海关在进口预包装食品监管中，发现进口预包装食品未加贴中文标签或者中文标签不符合法律法规和食品安全国家标准，食品进口商拒不按照海关要求实施销毁、退运或者技术处理的，海关处以警告或者1万元以下罚款。

第七十一条　未经海关允许，将进口食品提离海关指定或者认可的场所的，海关责令改正，并处1万元以下罚款。

第七十二条　下列违法行为属于《食品安全法》第一百二十九条第一款第三项规定的"未遵守本法的规定出口食品"的，由海关依照《食品安全法》第一百二十四条的规定给予处罚：

（一）擅自调换经海关监督抽检并已出具证单的出口食品的；

（二）出口掺杂掺假、以假充真、以次充好的食品或者以不合格出口食品冒充合格出口食品的；

（三）出口未获得备案出口食品生产企业生产的食品的；

（四）向有注册要求的国家（地区）出口未获得注册出口食品生产企业生产食品的或者出口已获得注册出口食品生产企业生产的注册范围外食品的；

（五）出口食品生产企业生产的出口食品未按照规定使用备案种植、养殖场原料的；

（六）出口食品生产经营者有《食品安全法》第一百二十三条、第一百二十四条、第一百二十五条、第一百二十六条规定情形，且出口食品不符合进口国家（地区）要求的。

第七十三条　违反本办法规定，构成犯罪的，依法追究刑事责任。

第六章　附　则

第七十四条　海关特殊监管区域、保税监管场所、市场采购、边境小额贸易和边民互市贸易进出口食品安全监督管理，按照海关总署有关规定执行。

第七十五条　邮寄、快件、跨境电子商务零售和旅客携带方式进出口食品安全监督管理，按照海关总署有关规定办理。

第七十六条　样品、礼品、赠品、展示品、援助等非贸易性的食品，免税经营的食品，外国驻中国使领馆及其人员进出境公用、自用的食品，驻外使领馆及其人员公用、自用的食品，中国企业驻外人员自用的食品的监督管理，按照海关总署有关规定办理。

第七十七条　本办法所称进出口食品生产经营者包括：向中国境内出口食品的境外生产企业、境外出口商或者代理商、食品进口商、出口食品生产企业、出口商以及相关人员等。

本办法所称进口食品的境外生产企业包括向中国出口食品的境外生产、加工、贮存企业等。

本办法所称进口食品的进出口商包括向中国出口食品的境外出口商或者代理商、食品进口商。

第七十八条　本办法由海关总署负责解释。

第七十九条　本办法自2022年1月1日起施行。2011年9月13日原国家质量监督检验检疫总局令第144号公布并根据2016年10月18日原国家质量监督检验检疫总局令第184号以及2018年11月23日海关总署令第243号修改的《进出口食品安全管理办法》、2000年2月22日原国家检验检疫局令第20号公布并根据2018年4月28日海关总署令第238号修改的《出口蜂蜜检验检疫管理办法》、2011年1月4日原国家质量监督检验检疫总局令第135号公布并根据2018年11月23日海关总署令第243号修改的《进出口水产品检验检疫监督管理办法》、2011年1月4日原国家质量监督检验检疫总局令第136号公布并根据2018年11月23日海关总署令第243号修改的《进出口肉类产品检验检疫监督管理办法》、2013年1月24日原国家质量监督检验检疫总局令第152号公布并根据2018年11月23日海关总署令第243号修改的

《进出口乳品检验检疫监督管理办法》、2017 年 11 月 14 日原国家质量监督检验检疫总局令第 192 号公布并根据 2018 年 11 月 23 日海关总署令第 243 号修改的《出口食品生产企业备案管理规定》同时废止。

中华人民共和国进口食品境外生产企业注册管理规定

（海关总署令第 248 号）

发布日期：2021-04-12
实施日期：2022-01-01
法规类型：部门规章

第一章　总　则

第一条　为加强进口食品境外生产企业的注册管理，根据《中华人民共和国食品安全法》及其实施条例、《中华人民共和国进出口商品检验法》及其实施条例、《中华人民共和国进出境动植物检疫法》及其实施条例、《国务院关于加强食品等产品安全监督管理的特别规定》等法律、行政法规的规定，制定本规定。

第二条　向中国境内出口食品的境外生产、加工、贮存企业（以下统称进口食品境外生产企业）的注册管理适用本规定。

前款规定的进口食品境外生产企业不包括食品添加剂、食品相关产品的生产、加工、贮存企业。

第三条　海关总署统一负责进口食品境外生产企业的注册管理工作。

第四条　进口食品境外生产企业，应当获得海关总署注册。

第二章　注册条件与程序

第五条　进口食品境外生产企业注册条件：

（一）所在国家（地区）的食品安全管理体系通过海关总署等效性评估、审查；

（二）经所在国家（地区）主管当局批准设立并在其有效监管下；

（三）建立有效的食品安全卫生管理和防护体系，在所在国家（地区）合法生产和出口，保证向中国境内出口的食品符合中国相关法律法规和食品安全国家标准；

（四）符合海关总署与所在国家（地区）主管当局商定的相关检验检疫要求。

第六条　进口食品境外生产企业注册方式包括所在国家（地区）主管当局推荐注册和企业申请注册。

海关总署根据对食品的原料来源、生产加工工艺、食品安全历史数据、消费人群、食用方式等因素的分析，并结合国际惯例确定进口食品境外生产企业注册方式和申请材料。

经风险分析或者有证据表明某类食品的风险发生变化的，海关总署可以对相应食品的境外生产企业注册方式和申请材料进行调整。

第七条　下列食品的境外生产企业由所在国家（地区）主管当局向海关总署推荐注册：肉与肉制品、肠衣、水产品、乳品、燕窝与燕窝制品、蜂产品、蛋与蛋制品、食用油脂和油料、包馅面食、食用谷物、谷物制粉工业产品和麦芽、保鲜和脱水蔬菜以及干豆、调味料、坚果与籽类、干果、未烘焙的咖啡豆与可可豆、特殊膳食食品、保健食品。

第八条 所在国家（地区）主管当局应当对其推荐注册的企业进行审核检查，确认符合注册要求后，向海关总署推荐注册并提交以下申请材料：

（一）所在国家（地区）主管当局推荐函；

（二）企业名单与企业注册申请书；

（三）企业身份证明文件，如所在国家（地区）主管当局颁发的营业执照等；

（四）所在国家（地区）主管当局推荐企业符合本规定要求的声明；

（五）所在国家（地区）主管当局对相关企业进行审核检查的审查报告。

必要时，海关总署可以要求提供企业食品安全卫生和防护体系文件，如企业厂区、车间、冷库的平面图，以及工艺流程图等。

第九条 本规定第七条所列食品以外的其他食品境外生产企业，应当自行或者委托代理人向海关总署提出注册申请并提交以下申请材料：

（一）企业注册申请书；

（二）企业身份证明文件，如所在国家（地区）主管当局颁发的营业执照等；

（三）企业承诺符合本规定要求的声明。

第十条 企业注册申请书内容应当包括企业名称、所在国家（地区）、生产场所地址、法定代表人、联系人、联系方式、所在国家（地区）主管当局批准的注册编号、申请注册食品种类、生产类型、生产能力等信息。

第十一条 注册申请材料应当用中文或者英文提交，相关国家（地区）与中国就注册方式和申请材料另有约定的，按照双方约定执行。

第十二条 所在国家（地区）主管当局或进口食品境外生产企业应当对提交材料的真实性、完整性、合法性负责。

第十三条 海关总署自行或者委托有关机构组织评审组，通过书面检查、视频检查、现场检查等形式及其组合，对申请注册的进口食品境外生产企业实施评估审查。评审组由2名以上评估审查人员组成。

进口食品境外生产企业和所在国家（地区）主管当局应当协助开展上述评估审查工作。

第十四条 海关总署根据评估审查情况，对符合要求的进口食品境外生产企业予以注册并给予在华注册编号，书面通知所在国家（地区）主管当局或进口食品境外生产企业；对不符合要求的进口食品境外生产企业不予注册，书面通知所在国家（地区）主管当局或进口食品境外生产企业。

第十五条 已获得注册的企业向中国境内出口食品时，应当在食品的内、外包装上标注在华注册编号或者所在国家（地区）主管当局批准的注册编号。

第十六条 进口食品境外生产企业注册有效期为5年。

海关总署在对进口食品境外生产企业予以注册时，应当确定注册有效期起止日期。

第十七条 海关总署统一公布获得注册的进口食品境外生产企业名单。

第三章　注册管理

第十八条 海关总署自行或者委托有关机构组织评审组，对进口食品境外生产企业是否持续符合注册要求的情况开展复查。评审组由2名以上评估审查人员组成。

第十九条 在注册有效期内，进口食品境外生产企业注册信息发生变化的，应当通过注册申请途径，向海关总署提交变更申请，并提交以下材料：

（一）注册事项变更信息对照表；

（二）与变更信息有关的证明材料。

海关总署评估后认为可以变更的，予以变更。

生产场所迁址、法定代表人变更或者所在国家（地区）授予的注册编号改变的应当重新申请注册，在华注册编号自动失效。

第二十条 进口食品境外生产企业需要延续注册的，应当在注册有效期届满前 3 至 6 个月内，通过注册申请途径，向海关总署提出延续注册申请。

延续注册申请材料包括：

（一）延续注册申请书；

（二）承诺持续符合注册要求的声明。

海关总署对符合注册要求的企业予以延续注册，注册有效期延长 5 年。

第二十一条 已注册进口食品境外生产企业有下列情形之一的，海关总署注销其注册，通知所在国家（地区）主管当局或进口食品境外生产企业，并予以公布：

（一）未按规定申请延续注册的；

（二）所在国家（地区）主管当局或进口食品境外生产企业主动申请注销的；

（三）不再符合本规定第五条第（二）项要求的。

第二十二条 进口食品境外生产企业所在国家（地区）主管当局应当对已注册企业实施有效监管，督促已注册企业持续符合注册要求，发现不符合注册要求的，应当立即采取控制措施，暂停相关企业向中国出口食品，直至整改符合注册要求。

进口食品境外生产企业自行发现不符合注册要求时，应当主动暂停向中国出口食品，立即采取整改措施，直至整改符合注册要求。

第二十三条 海关总署发现已注册进口食品境外生产企业不再符合注册要求的，应当责令其在规定期限内进行整改，整改期间暂停相关企业食品进口。

所在国家（地区）主管当局推荐注册的企业被暂停进口的，主管当局应当监督相关企业在规定期限内完成整改，并向海关总署提交书面整改报告和符合注册要求的书面声明。

自行或者委托代理人申请注册的企业被暂停进口的，应当在规定期限内完成整改，并向海关总署提交书面整改报告和符合注册要求的书面声明。

海关总署应当对企业整改情况进行审查，审查合格的，恢复相关企业食品进口。

第二十四条 已注册的进口食品境外生产企业有下列情形之一的，海关总署撤销其注册并予以公告：

（一）因企业自身原因致使进口食品发生重大食品安全事故的；

（二）向中国境内出口的食品在进境检验检疫中被发现食品安全问题，情节严重的；

（三）企业食品安全卫生管理存在重大问题，不能保证其向中国境内出口食品符合安全卫生要求的；

（四）经整改后仍不符合注册要求的；

（五）提供虚假材料、隐瞒有关情况的；

（六）拒不配合海关总署开展复查与事故调查的；

（七）出租、出借、转让、倒卖、冒用注册编号的。

第四章　附　则

第二十五条 国际组织或者向中国境内出口食品的国家（地区）主管当局发布疫情通报，或者相关食品在进境检验检疫中发现疫情、公共卫生事件等严重问题的，海关总署公告暂停该国家（地区）相关食品进口，在此期间不予受理该国家（地区）相关食品生产企业注册申请。

第二十六条 本规定中所在国家（地区）主管当局指进口食品境外生产企业所在国家

（地区）负责食品生产企业安全卫生监管的官方部门。

第二十七条 本规定由海关总署负责解释。

第二十八条 本规定自 2022 年 1 月 1 日起施行。2012 年 3 月 22 日原国家质量监督检验检疫总局令第 145 号公布，根据 2018 年 11 月 23 日海关总署令第 243 号修改的《进口食品境外生产企业注册管理规定》同时废止。

食品标识管理规定

（国家质检总局令第 102 号）

发布日期：2007-08-27
实施日期：2009-10-22
法规类型：部门规章

（根据 2009 年 10 月 22 日国家质量监督检验检疫总局令 2009 年第 123 号《国家质量监督检验检疫总局关于修改〈食品标识管理规定〉的决定》修订）

第一章 总 则

第一条 为了加强对食品标识的监督管理，规范食品标识的标注，防止质量欺诈，保护企业和消费者合法权益，根据《中华人民共和国食品安全法》、《中华人民共和国产品质量法》、《国务院关于加强食品等产品安全监督管理的特别规定》等法律法规，制定本规定。

第二条 在中华人民共和国境内生产（含分装）、销售的食品的标识标注和管理，适用本规定。

第三条 本规定所称食品标识是指粘贴、印刷、标记在食品或者其包装上，用以表示食品名称、质量等级、商品量、食用或者使用方法、生产者或者销售者等相关信息的文字、符号、数字、图案以及其他说明的总称。

第四条 国家质量监督检验检疫总局（以下简称国家质检总局）在其职权范围内负责组织全国食品标识的监督管理工作。

县级以上地方质量技术监督部门在其职权范围内负责本行政区域内食品标识的监督管理工作。

第二章 食品标识的标注内容

第五条 食品或者其包装上应当附加标识，但是按法律、行政法规规定可以不附加标识的食品除外。

食品标识的内容应当真实准确、通俗易懂、科学合法。

第六条 食品标识应当标注食品名称。

食品名称应当表明食品的真实属性，并符合下列要求：

（一）国家标准、行业标准对食品名称有规定的，应当采用国家标准、行业标准规定的名称；

（二）国家标准、行业标准对食品名称没有规定的，应当使用不会引起消费者误解和混淆的常用名称或者俗名；

（三）标注"新创名称"、"奇特名称"、"音译名称"、"牌号名称"、"地区俚语名称"或者"商标名称"等易使人误解食品属性的名称时，应当在所示名称的邻近部位使用同一字号标注本条（一）、（二）项规定的一个名称或者分类（类属）名称；

（四）由两种或者两种以上食品通过物理混合而成且外观均匀一致难以相互分离的食品，其名称应当反映该食品的混合属性和分类（类属）名称；

（五）以动、植物食物为原料，采用特定的加工工艺制作，用以模仿其他生物的个体、器官、组织等特征的食品，应当在名称前冠以"人造"、"仿"或者"素"等字样，并标注该食品真实属性的分类（类属）名称。

第七条 食品标识应当标注食品的产地。

食品产地应当按照行政区划标注到地市级地域。

第八条 食品标识应当标注生产者的名称、地址和联系方式。生产者名称和地址应当是依法登记注册、能够承担产品质量责任的生产者的名称、地址。

有下列情形之一的，按照下列规定相应予以标注：

（一）依法独立承担法律责任的公司或者其子公司，应当标注各自的名称和地址。

（二）依法不能独立承担法律责任的公司分公司或者公司的生产基地，应当标注公司和分公司或者生产基地的名称、地址，或者仅标注公司的名称、地址。

（三）受委托生产加工食品且不负责对外销售的，应当标注委托企业的名称和地址；对于实施生产许可证管理的食品，委托企业具有其委托加工的食品生产许可证的，应当标注委托企业的名称、地址和被委托企业的名称，或者仅标注委托企业的名称和地址。

（四）分装食品应当标注分装者的名称及地址，并注明分装字样。

第九条 食品标识应当清晰地标注食品的生产日期、保质期，并按照有关规定要求标注贮存条件。

乙醇含量10%以上（含10%）的饮料酒、食醋、食用盐、固态食糖类，可以免除标注保质期。

日期的标注方法应当符合国家标准规定或者采用"年、月、日"表示。

第十条 定量包装食品标识应当标注净含量，并按照有关规定要求标注规格。对含有固、液两相物质的食品，除标示净含量外，还应当标示沥干物（固形物）的含量。

净含量应当与食品名称排在食品包装的同一展示版面。净含量的标注应当符合《定量包装商品计量监督管理办法》的规定。

第十一条 食品标识应当标注食品的成分或者配料清单。

配料清单中各种配料应当按照生产加工食品时加入量的递减顺序进行标注，具体标注方法按照国家标准的规定执行。

在食品中直接使用甜味剂、防腐剂、着色剂的，应当在配料清单食品添加剂项下标注具体名称；使用其他食品添加剂的，可以标注具体名称、种类或者代码。食品添加剂的使用范围和使用量应当按照国家标准的规定执行。

专供婴幼儿和其他特定人群的主辅食品，其标识还应当标注主要营养成分及其含量。

第十二条 食品标识应当标注企业所执行的产品标准代号。

第十三条 食品执行的标准明确要求标注食品的质量等级、加工工艺的，应当相应地予以标明。

第十四条 实施生产许可证管理的食品，食品标识应当标注食品生产许可证编号及 QS 标志。

委托生产加工实施生产许可证管理的食品，委托企业具有其委托加工食品生产许可证的，可以标注委托企业或者被委托企业的生产许可证编号。

第十五条 混装非食用产品易造成误食，使用不当，容易造成人身伤害的，应当在其标识上标注警示标志或者中文警示说明。

第十六条 食品有以下情形之一的，应当在其标识上标注中文说明：

（一）医学临床证明对特殊群体易造成危害的；

（二）经过电离辐射或者电离能量处理过的；

（三）属于转基因食品或者含法定转基因原料的；

（四）按照法律、法规和国家标准等规定，应当标注其他中文说明的。

第十七条 食品在其名称或者说明中标注"营养"、"强化"字样的，应当按照国家标准有关规定，标注该食品的营养素和热量，并符合国家标准规定的定量标示。

第十八条 食品标识不得标注下列内容：

（一）明示或者暗示具有预防、治疗疾病作用的；

（二）非保健食品明示或者暗示具有保健作用的；

（三）以欺骗或者误导的方式描述或者介绍食品的；

（四）附加的产品说明无法证实其依据的；

（五）文字或者图案不尊重民族习俗，带有歧视性描述的；

（六）使用国旗、国徽或者人民币等进行标注的；

（七）其他法律、法规和标准禁止标注的内容。

第十九条 禁止下列食品标识违法行为：

（一）伪造或者虚假标注生产日期和保质期；

（二）伪造食品产地，伪造或者冒用其他生产者的名称、地址；

（三）伪造、冒用、变造生产许可证标志及编号；

（四）法律、法规禁止的其他行为。

第三章　食品标识的标注形式

第二十条 食品标识不得与食品或者其包装分离。

第二十一条 食品标识应当直接标注在最小销售单元的食品或者其包装上。

第二十二条 在一个销售单元的包装中含有不同品种、多个独立包装的食品，每件独立包装的食品标识应当按照本规定进行标注。

透过销售单元的外包装，不能清晰地识别各独立包装食品的所有或者部分强制标注内容的，应当在销售单元的外包装上分别予以标注，但外包装易于开启识别的除外；能够清晰地识别各独立包装食品的所有或者部分强制标注内容的，可以不在外包装上重复标注相应内容。

第二十三条 食品标识应当清晰醒目，标识的背景和底色应当采用对比色，使消费者易于辨认、识读。

第二十四条 食品标识所用文字应当为规范的中文，但注册商标除外。

食品标识可以同时使用汉语拼音或者少数民族文字，也可以同时使用外文，但应当与中文有对应关系，所用外文不得大于相应的中文，但注册商标除外。

第二十五条 食品或者其包装最大表面面积大于 20 平方厘米时，食品标识中强制标注内容的文字、符号、数字的高度不得小于 1.8 毫米。

食品或者其包装最大表面面积小于 10 平方厘米时，其标识可以仅标注食品名称、生产者名称和地址、净含量以及生产日期和保质期。但是，法律、行政法规规定应当标注的，依照其规定。

第四章　法律责任

第二十六条　违反本规定构成《中华人民共和国食品安全法》及其实施条例等法律法规规定的违法行为的，依照有关法律法规的规定予以处罚。

第二十七条　违反本规定第六条至第八条、第十一条至第十三条，未按规定标注应当标注内容的，责令限期改正；逾期不改的，处以500元以上1万元以下罚款。

第二十八条　违反本规定第十五条，未按规定标注警示标志或中文警示说明的，依照《中华人民共和国产品质量法》第五十四条规定进行处罚。

第二十九条　违反本规定第十条，未按规定标注净含量的，依照《定量包装商品计量监督管理办法》规定进行处罚。

第三十条　违反本规定第十七条，未按规定标注食品营养素、热量以及定量标示的，责令限期改正；逾期不改的，处以5000元以下罚款。

第三十一条　违反本规定第十八条，食品标识标注禁止性内容的，责令限期改正；逾期不改的，处以1万元以下罚款；违反有关法律法规规定的，按有关法律法规规定处理。

第三十二条　伪造或者虚假标注食品生产日期和保质期的，责令限期改正，处以500元以上1万元以下罚款；情节严重，造成后果的，依照有关法律、行政法规规定进行处罚。

第三十三条　伪造食品产地，伪造或者冒用其他生产者的名称、地址的，依照《中华人民共和国产品质量法》第五十三条规定进行处罚。

第三十四条　违反本规定第二十条，食品标识与食品或者其包装分离的，责令限期改正，处以5000元以下罚款。

第三十五条　违反本规定第二十一条、第二十二条第二款、第二十四条、第二十五条的，责令限期改正；逾期不改的，处以1万元以下罚款。

第三十六条　违反本规定第二十二条第一款的，依照本章有关规定处罚。

第三十七条　从事食品标识监督管理的工作人员，玩忽职守、滥用职权、包庇放纵违法行为的，依法给予行政处分；构成犯罪的，依法追究刑事责任。

第三十八条　本规定规定的行政处罚由县级以上地方质量技术监督部门在职权范围内依法实施。

法律、行政法规对行政处罚另有规定的，依照其规定。

第五章　附　则

第三十九条　进出口食品标识的管理，由出入境检验检疫机构按照国家质检总局有关规定执行。

第四十条　本规定由国家质检总局负责解释。

第四十一条　本规定自2008年9月1日起施行。原国家技术监督局公布的《查处食品标签违法行为规定》同时废止。

国境口岸食品卫生监督管理规定

（国家质检总局令第88号）

发布日期：2006-03-01
实施日期：2018-05-09
法规类型：部门规章

（根据2015年11月25日国家质量监督检验检疫总局令第174号《国家质量监督检验检疫总局关于修改〈出入境口岸食品卫生监督管理规定〉的决定》修订；根据2018年4月28日海关总署令第238号《海关总署关于修改部分规章的决定》第一次修正；根据2018年5月29日海关总署令第240号《海关总署关于修改部分规章的决定》第二次修正）

第一章 总 则

第一条 为加强国境口岸食品卫生监督管理，保证国境口岸食品卫生安全，保障公众健康，根据《中华人民共和国国境卫生检疫法》及其实施细则、《中华人民共和国食品安全法》及其实施条例等有关法律法规的规定，制定本规定。

第二条 本规定适用于对在国境口岸从事食品生产经营单位以及为出入境交通工具提供食品、饮用水服务的口岸食品生产经营单位（以下简称食品生产经营单位）的卫生监督管理。

第三条 海关总署主管全国国境口岸食品卫生监督管理工作。

主管海关负责本辖区国境口岸食品卫生监督管理工作。

第四条 海关对食品生产经营单位实行卫生许可管理。

海关对口岸食品卫生监督管理实行风险分析和分级管理。

第五条 主管海关按照国家有关食品卫生标准对国境口岸食品进行卫生监督管理。尚未制定国家标准的，可以按照相关标准进行卫生监督管理。

第二章 食品生产经营单位的许可管理

第六条 食品生产经营单位在新建、扩建、改建时应当接受其所在地海关的卫生监督。

第七条 食品生产经营单位从事口岸食品生产经营活动前，应当向其所在地海关申请办理《中华人民共和国国境口岸卫生许可证》（以下简称《卫生许可证》）。

第八条 申请《卫生许可证》的食品生产经营单位应当具备以下卫生条件：

（一）具备与食品生产经营活动相适应的经营场所、卫生环境、卫生设施及设备；

（二）餐饮业应当制定符合餐饮加工、经营过程卫生安全要求的操作规范以及保证所加工、经营餐饮质量的管理制度和责任制度；

（三）具有健全的卫生管理组织和制度；

（四）从业人员未患有有碍食品卫生安全的传染病；

（五）从业人员具备与所从事的食品生产经营工作相适应的食品卫生安全常识。

第九条 食品生产经营单位在申请办理《卫生许可证》时，须向海关提交以下材料：

（一）《卫生许可证》申请书；

（二）生产经营场所平面图和生产工艺流程图；

（三）生产原料组成成份、生产设备资料、卫生设施和产品包装材料说明；

（四）食品生产单位提交生产用水卫生检验报告；

（五）产品卫生标准、产品标识，生产产品的卫生检验结果以及安全卫生控制措施。

第十条 主管海关按规定要求对申请材料进行审核，确定材料是否齐全、是否符合有关规定要求，作出受理或者不受理的决定，并出具书面凭证。对提交的材料不齐全或者不规范的，应当当场或者在受理后 5 日内一次告知申请人补正。逾期不告知的，自收到申请材料之日起即为受理。

主管海关受理食品生产经营单位申请后，对申请材料进行审核，并按照海关总署的规定进行现场卫生许可考核及量化评分。

主管海关根据材料审核、现场考核及评分的结果，自受理之日起 20 日内，对食品生产经营单位作出准予许可或者不予许可的决定，并应当自作出决定之日起 10 日内向申请人颁发或者送达卫生许可证件。

《卫生许可证》有效期为 4 年。食品生产经营单位需要延续《卫生许可证》有效期的，应当在《卫生许可证》期满前 30 日内向主管海关提出申请。

第十一条 在《卫生许可证》有效期内，食品生产经营单位变更生产经营项目、变更法人、变更单位名称、迁移厂址、改建、扩建、新建项目时，应当向作出卫生许可决定的海关申报。

第十二条 食品生产经营单位在停业时，应当到作出卫生许可决定的海关办理注销手续，缴销《卫生许可证》。

第十三条 取得《卫生许可证》的食品生产经营单位在向异地食品生产经营单位提供食品及食品用产品时，可到该地的海关备案。

第三章 从业人员卫生管理

第十四条 从业人员每年必须进行健康检查，取得健康证明。新参加工作和临时参加工作的从业人员上岗前必须进行健康检查。

第十五条 海关负责监督、指导和协助本口岸食品生产经营单位的人员培训和考核工作。从业人员应当具备食品卫生常识和食品法律、法规知识。

第四章 食品卫生监督管理

第十六条 食品生产经营单位应当健全本单位的食品卫生管理制度，配备专职或者兼职的食品卫生管理人员，加强对所生产经营食品的检验工作。

第十七条 食品生产经营单位应当建立进货检查验收制度。采购食品及原料时，应当按照国家有关规定索取检验合格证或者化验单，查阅卫生许可证。

向出入境交通工具提供食品的单位应当建立进货检查验收制度，同时应当建立销售食品及原料单位的卫生档案。海关定期对采购的食品及原料进行抽查，并对其卫生档案进行审核。卫生档案应当包括下列资料：

（一）营业执照（复印件）；

（二）生产许可证（复印件）；

（三）卫生许可证（复印件）；

（四）使用进口原材料者，需提供进口食品卫生证书（复印件）；

（五）供货合同或者意向书；

（六）相关批次的检验合格证或者化验单；

（七）产品清单及其他需要的有关资料。

第十八条 海关根据法律、法规、规章以及卫生规范的要求对食品生产经营单位进行监督检查，监督检查主要包括：

（一）卫生许可证、从业人员健康证及卫生知识培训情况；

（二）卫生管理组织和管理制度情况；

（三）环境卫生、个人卫生、卫生设施、设备布局和工艺流程情况；

（四）食品生产、采集、收购、加工、贮存、运输、陈列、供应、销售等情况；

（五）食品原料、半成品、成品等的感官性状及食品添加剂使用情况以及索证情况；

（六）食品卫生检验情况；

（七）对食品的卫生质量、餐具、饮具及盛放直接入口食品的容器进行现场检查，进行必要的采样检验；

（八）供水的卫生情况；

（九）使用洗涤剂和消毒剂的卫生情况；

（十）医学媒介生物防治情况。

第十九条 海关对食品生产经营单位进行日常卫生监督，应当由 2 名以上口岸卫生监督员根据现场检查情况，规范填写评分表。评分表须经被监督单位负责人或者有关人员核实无误后，由口岸卫生监督员和被监督单位负责人或者有关人员共同签字，修改之处由被监督单位负责人或者有关人员签名或者印章覆盖。被监督单位负责人或者有关人员拒绝签字的，口岸卫生监督员应当在评分表上注明拒签事由。

第二十条 海关应当根据食品卫生检验的有关规定采集样品，并及时送检。采样时应当向被采样单位或者个人出具采样凭证。

第二十一条 向出入境交通工具供应食品、饮用水的食品生产经营单位，供应食品、饮用水前应当向海关申报，经海关对供货产品登记记录、相关批次的检疫合格证和检验报告以及其他必要的有关资料等审核无误后，方可供应食品和饮用水。

第二十二条 航空食品生产经营单位应当积极推行生产企业良好操作规范（GMP）、危害分析与关键控制点（HACCP）等质量控制与保证体系，提高食品卫生安全水平。

第五章　风险分析与分级管理

第二十三条 海关依照有关法律、行政法规和标准的规定，结合现场监督情况，对国境口岸食品实行风险分析和分级管理。

第二十四条 海关应当组织技术力量，对口岸食源性疾病发生、流行以及分布进行监测，对口岸食源性疾病流行趋势进行预测，并提出预防控制对策，开展风险分析。

第二十五条 海关根据对口岸食品生产经营单位进行卫生许可审查和日常卫生监督检查的结果，对不同类型的食品生产经营单位实施分级管理。

在确保口岸食品安全的基础上，可以依据风险分析，分级分类管理的原则，采用随机抽查的方式进行监督检查，监督频次应当符合以下要求：

（一）卫生许可审查和日常卫生监督检查均为良好的单位，评为 A 级单位，海关对 A 级单位监督频次每 6 个月不少于 1 次；

（二）卫生许可审查和日常卫生监督检查有一个良好的，评为 B 级单位，海关对 B 级单位监督频次每 3 个月不少于 1 次；

（三）卫生许可审查和日常卫生监督检查均为一般的，评为 C 级单位，海关对 C 级单位监督频次每月不少于 1 次；

（四）卫生许可审查结论为差，或者卫生许可审查结论为良好，但是日常卫生监督较差的，评为 D 级单位，海关对 D 级单位不予卫生许可，或者次年不予续延卫生许可；

（五）未开展量化分级管理的食品生产经营单位监督频次每 2 个月不少于 1 次。

第二十六条 海关对不同级别的单位进行动态监督管理，根据风险分析和日常监督情况，每年 1 次进行必要的升级或者降级调整。

第二十七条 主管海关应当根据海关总署发布的食品预警通报，及时采取有效的措施，防止相关食品向国境口岸及出入境交通工具供应。

第二十八条 国境口岸发生食物中毒、食品污染、食源性疾患等事故时，海关应当启动《国境口岸食物中毒应急处理预案》，及时处置，并根据预案要求向相关部门通报。

第六章 罚 则

第二十九条 口岸食品生产经营单位有下列情况之一的，海关依照《中华人民共和国国境卫生检疫法》及其实施细则、《中华人民共和国食品安全法》及其实施条例等法律法规的相关规定予以行政处罚：

（一）未取得《卫生许可证》或者伪造《卫生许可证》从事食品生产经营活动的；

（二）涂改、出借《卫生许可证》的；

（三）允许未取得健康证明的从业人员上岗的，或者对患有有碍食品卫生安全的传染病的从业人员不按规定调离的；

（四）拒不接受海关卫生监督的；

（五）其他违反法律法规或者有关规定的。

第三十条 从业人员有下列情况之一的，由海关依照《中华人民共和国国境卫生检疫法》及其实施细则、《中华人民共和国食品安全法》及其实施条例等法律法规的相关规定予以行政处罚：

（一）未取得健康证明而从事食品生产经营活动的；

（二）伪造体检报告的；

（三）其他违反法律法规或者有关规定的。

第三十一条 海关工作人员滥用职权，徇私舞弊，玩忽职守的，根据情节轻重，给予行政处分或者依法追究刑事责任。

第七章 附 则

第三十二条 本规定由海关总署负责解释。

第三十三条 本规定自 2006 年 4 月 1 日起施行。

特殊医学用途配方食品注册管理办法

（国家食品药品监督管理总局令第 24 号）

发布日期：2016-03-07
实施日期：2016-07-01
法规类型：部门规章

第一章 总 则

第一条 为规范特殊医学用途配方食品注册行为，加强注册管理，保证特殊医学用途配方食品质量安全，根据《中华人民共和国食品安全法》等法律法规，制定本办法。

第二条 在中华人民共和国境内生产销售和进口的特殊医学用途配方食品的注册管理，适用本办法。

第三条 特殊医学用途配方食品注册，是指国家食品药品监督管理总局根据申请，依照本办法规定的程序和要求，对特殊医学用途配方食品的产品配方、生产工艺、标签、说明书以及产品安全性、营养充足性和特殊医学用途临床效果进行审查，并决定是否准予注册的过程。

第四条 特殊医学用途配方食品注册管理，应当遵循科学、公开、公平、公正的原则。

第五条 国家食品药品监督管理总局负责特殊医学用途配方食品的注册管理工作。

国家食品药品监督管理总局行政受理机构（以下简称受理机构）负责特殊医学用途配方食品注册申请的受理工作。

国家食品药品监督管理总局食品审评机构（以下简称审评机构）负责特殊医学用途配方食品注册申请的审评工作。

国家食品药品监督管理总局审核查验机构（以下简称核查机构）负责特殊医学用途配方食品注册审评过程中的现场核查工作。

第六条 国家食品药品监督管理总局组建由食品营养、临床医学、食品安全、食品加工等领域专家组成的特殊医学用途配方食品注册审评专家库。

第七条 国家食品药品监督管理总局应当加强信息化建设，提高特殊医学用途配方食品注册管理信息化水平。

第二章 注 册

第一节 申请与受理

第八条 特殊医学用途配方食品注册申请人（以下简称申请人）应当为拟在我国境内生产并销售特殊医学用途配方食品的生产企业和拟向我国境内出口特殊医学用途配方食品的境外生产企业。

申请人应当具备与所生产特殊医学用途配方食品相适应的研发、生产能力，设立特殊医学用途配方食品研发机构，配备专职的产品研发人员、食品安全管理人员和食品安全专业技术人员，按照良好生产规范要求建立与所生产食品相适应的生产质量管理体系，具备按照特殊医学用途配方食品国家标准规定的全部项目逐批检验的能力。

研发机构中应当有食品相关专业高级职称或者相应专业能力的人员。

第九条 申请特殊医学用途配方食品注册，应当向国家食品药品监督管理总局提交下列材料：

（一）特殊医学用途配方食品注册申请书；

（二）产品研发报告和产品配方设计及其依据；

（三）生产工艺资料；

（四）产品标准要求；

（五）产品标签、说明书样稿；

（六）试验样品检验报告；

（七）研发、生产和检验能力证明材料；

（八）其他表明产品安全性、营养充足性以及特殊医学用途临床效果的材料。

申请特定全营养配方食品注册，还应当提交临床试验报告。

申请人应当对其申请材料的真实性负责。

第十条 受理机构对申请人提出的特殊医学用途配方食品注册申请，应当根据下列情况分别作出处理：

（一）申请事项依法不需要进行注册的，应当即时告知申请人不受理；

（二）申请事项依法不属于国家食品药品监督管理总局职权范围的，应当即时作出不予受理的决定，并告知申请人向有关行政机关申请；

（三）申请材料存在可以当场更正的错误的，应当允许申请人当场更正；

（四）申请材料不齐全或者不符合法定形式的，应当当场或者在 5 个工作日内一次告知申请人需要补正的全部内容，逾期不告知的，自收到申请材料之日即为受理；

（五）申请事项属于国家食品药品监督管理总局职权范围，申请材料齐全、符合法定形式，或者申请人按照要求提交全部补正申请材料的，应当受理注册申请。

受理机构受理或者不予受理注册申请，应当出具加盖国家食品药品监督管理总局行政许可受理专用章和注明日期的书面凭证。

第二节 审查与决定

第十一条 审评机构应当对申请材料进行审查，并根据实际需要组织对申请人进行现场核查、对试验样品进行抽样检验、对临床试验进行现场核查和对专业问题进行专家论证。

第十二条 核查机构应当自接到审评机构通知之日起 20 个工作日内完成对申请人的研发能力、生产能力、检验能力等情况的现场核查，并出具核查报告。

核查机构应当通知申请人所在地省级食品药品监督管理部门参与现场核查，省级食品药品监督管理部门应当派员参与现场核查。

第十三条 审评机构应当委托具有法定资质的食品检验机构进行抽样检验。

检验机构应当自接受委托之日起 30 个工作日内完成抽样检验。

第十四条 核查机构应当自接到审评机构通知之日起 40 个工作日内完成对临床试验的真实性、完整性、准确性等情况的现场核查，并出具核查报告。

第十五条 审评机构可以从特殊医学用途配方食品注册审评专家库中选取专家，对审评过程中遇到的问题进行论证，并形成专家意见。

第十六条 审评机构应当自收到受理材料之日起 60 个工作日内根据核查报告、检验报告以及专家意见完成技术审评工作，并作出审查结论。

审评过程中需要申请人补正材料的，审评机构应当一次告知需要补正的全部内容。申请人应当在 6 个月内一次补正材料。补正材料的时间不计算在审评时间内。

特殊情况下需要延长审评时间的，经审评机构负责人同意，可以延长 30 个工作日，延长决定应当及时书面告知申请人。

第十七条 审评机构认为申请材料真实，产品科学、安全，生产工艺合理、可行和质量可控，技术要求和检验方法科学、合理的，应当提出予以注册的建议。

审评机构提出不予注册建议的，应当向申请人发出拟不予注册的书面通知。申请人对通知有异议的，应当自收到通知之日起 20 个工作日内向审评机构提出书面复审申请并说明复审理由。复审的内容仅限于原申请事项及申请材料。

审评机构应当自受理复审申请之日起 30 个工作日内作出复审决定。改变不予注册建议的，应当书面通知注册申请人。

第十八条 国家食品药品监督管理总局应当自受理申请之日起 20 个工作日内对特殊医学用途配方食品注册申请作出是否准予注册的决定。

现场核查、抽样检验、复审所需要的时间不计算在审评和注册决定的期限内。

对于申请进口特殊医学用途配方食品注册的，应当根据境外生产企业的实际情况，确定境外现场核查和抽样检验时限。

第十九条 国家食品药品监督管理总局作出准予注册决定的，受理机构自决定之日起 10 个工作日内颁发、送达特殊医学用途配方食品注册证书；作出不予注册决定的，应当说明理由，受理机构自决定之日起 10 个工作日内发出特殊医学用途配方食品不予注册决定，并告知申请人享有依法申请行政复议或者提起行政诉讼的权利。

特殊医学用途配方食品注册证书有效期限为 5 年。

第二十条 特殊医学用途配方食品注册证书及附件应当载明下列事项：

（一）产品名称；

（二）企业名称、生产地址；

（三）注册号及有效期；

（四）产品类别；

（五）产品配方；

（六）生产工艺；

（七）产品标签、说明书。

特殊医学用途配方食品注册号的格式为：国食注字 TY+4 位年号+4 位顺序号，其中 TY 代表特殊医学用途配方食品。

第三节 变更与延续注册

第二十一条 申请人需要变更特殊医学用途配方食品注册证书及其附件载明事项的，应当向国家食品药品监督管理总局提出变更注册申请，并提交下列材料：

（一）特殊医学用途配方食品变更注册申请书；

（二）变更注册证书及其附件载明事项的证明材料。

第二十二条 申请人变更产品配方、生产工艺等可能影响产品安全性、营养充足性以及特殊医学用途临床效果的事项，国家食品药品监督管理总局应当进行实质性审查，并在本办法第十八条规定的期限内完成变更注册工作。

申请人变更企业名称、生产地址名称等不影响产品安全性、营养充足性以及特殊医学用途临床效果的事项，国家食品药品监督管理总局应当进行核实，并自受理之日起 10 个工作日内作出是否准予变更注册的决定。

第二十三条 国家食品药品监督管理总局准予变更注册申请的，向申请人换发注册证书，原注册号不变，证书有效期不变；不予批准变更注册申请的，应当作出不予变更注册决定。

第二十四条 特殊医学用途配方食品注册证书有效期届满，需要继续生产或者进口的，应当在有效期届满6个月前，向国家食品药品监督管理总局提出延续注册申请，并提交下列材料：

（一）特殊医学用途配方食品延续注册申请书；

（二）特殊医学用途配方食品质量安全管理情况；

（三）特殊医学用途配方食品质量管理体系自查报告；

（四）特殊医学用途配方食品跟踪评价情况。

第二十五条 国家食品药品监督管理总局根据需要对延续注册申请进行实质性审查，并在本办法第十八条规定的期限内完成延续注册工作。逾期未作决定的，视为准予延续。

第二十六条 国家食品药品监督管理总局准予延续注册的，向申请人换发注册证书，原注册号不变，证书有效期自批准之日起重新计算；不批准延续注册申请的，应当作出不予延续注册决定。

第二十七条 有下列情形之一的，不予延续注册：

（一）注册人未在规定时间内提出延续注册申请的；

（二）注册产品连续12个月内在省级以上监督抽检中出现3批次以上不合格的；

（三）企业未能保持注册时生产、检验能力的；

（四）其他不符合法律法规以及产品安全性、营养充足性和特殊医学用途临床效果要求的情形。

第二十八条 特殊医学用途配方食品变更注册与延续注册程序，本节未作规定的，适用本章第一节、第二节的相关规定。

第三章 临床试验

第二十九条 特定全营养配方食品需要进行临床试验的，由申请人委托符合要求的临床试验机构出具临床试验报告。临床试验报告应当包括完整的统计分析报告和数据。

第三十条 临床试验应当按照特殊医学用途配方食品临床试验质量管理规范开展。

特殊医学用途配方食品临床试验质量管理规范由国家食品药品监督管理总局发布。

第三十一条 申请人组织开展多中心临床试验的，应当明确组长单位和统计单位。

第三十二条 申请人应当对用于临床试验的试验样品和对照样品的质量安全负责。

用于临床试验的试验样品应当由申请人生产并经检验合格，生产条件应当符合特殊医学用途配方食品良好生产规范。

第四章 标签和说明书

第三十三条 特殊医学用途配方食品的标签，应当依照法律、法规、规章和食品安全国家标准的规定进行标注。

第三十四条 特殊医学用途配方食品的标签和说明书的内容应当一致，涉及特殊医学用途配方食品注册证书内容的，应当与注册证书内容一致，并标明注册号。

标签已经涵盖说明书全部内容的，可以不另附说明书。

第三十五条 特殊医学用途配方食品标签、说明书应当真实准确、清晰持久、醒目易读。

第三十六条 特殊医学用途配方食品标签、说明书不得含有虚假内容，不得涉及疾病预防、治疗功能。生产企业对其提供的标签、说明书的内容负责。

第三十七条 特殊医学用途配方食品的名称应当反映食品的真实属性，使用食品安全国家标准规定的分类名称或者等效名称。

第三十八条 特殊医学用途配方食品标签、说明书应当按照食品安全国家标准的规定在醒目位置标示下列内容：

（一）请在医生或者临床营养师指导下使用；

（二）不适用于非目标人群使用；

（三）本品禁止用于肠外营养支持和静脉注射。

第五章 监督检查

第三十九条 特殊医学用途配方食品生产企业应当按照批准注册的产品配方、生产工艺等技术要求组织生产，保证特殊医学用途配方食品安全。

特殊医学用途配方食品生产企业提出的变更注册申请未经批准前，应当严格按照已经批准的注册证书及其附件载明的内容组织生产，不得擅自改变生产条件和要求。

特殊医学用途配方食品生产企业提出的变更注册申请经批准后，应当严格按照变更后的特殊医学用途配方食品注册证书及其附件载明的内容组织生产。

第四十条 参与特殊医学用途配方食品注册申请受理、技术审评、现场核查、抽样检验、临床试验等工作的人员和专家，应当保守注册中知悉的商业秘密。

申请人应当按照国家有关规定对申请材料中的商业秘密进行标注并注明依据。

第四十一条 有下列情形之一的，国家食品药品监督管理总局根据利害关系人的请求或者依据职权，可以撤销特殊医学用途配方食品注册：

（一）工作人员滥用职权、玩忽职守作出准予注册决定的；

（二）超越法定职权作出准予注册决定的；

（三）违反法定程序作出准予注册决定的；

（四）对不具备申请资格或者不符合法定条件的申请人准予注册的；

（五）食品生产许可证被吊销的；

（六）依法可以撤销注册的其他情形。

第四十二条 有下列情形之一的，国家食品药品监督管理总局应当依法办理特殊医学用途配方食品注册注销手续：

（一）企业申请注销的；

（二）有效期届满未延续的；

（三）企业依法终止的；

（四）注册依法被撤销、撤回，或者注册证书依法被吊销的；

（五）法律法规规定应当注销注册的其他情形。

第六章 法律责任

第四十三条 申请人隐瞒真实情况或者提供虚假材料申请注册的，国家食品药品监督管理总局不予受理或者不予注册，并给予警告；申请人在 1 年内不得再次申请注册。

第四十四条 被许可人以欺骗、贿赂等不正当手段取得注册证书的，由国家食品药品监督管理总局撤销注册证书，并处 1 万元以上 3 万元以下罚款；申请人在 3 年内不得再次申请注册。

第四十五条 伪造、涂改、倒卖、出租、出借、转让特殊医学用途配方食品注册证书的，由县级以上食品药品监督管理部门责令改正，给予警告，并处 1 万元以下罚款；情节严重的，处 1 万元以上 3 万元以下罚款。

第四十六条 注册人变更不影响产品安全性、营养充足性以及特殊医学用途临床效果的事项，未依法申请变更的，由县级以上食品药品监督管理部门责令改正，给予警告；拒不改正的，处 1 万元以上 3 万元以下罚款。

注册人变更产品配方、生产工艺等影响产品安全性、营养充足性以及特殊医学用途临床效果的事项，未依法申请变更的，由县级以上食品药品监督管理部门依照食品安全法第一百二十四条第一款的规定进行处罚。

第四十七条 食品药品监督管理部门及其工作人员对不符合条件的申请人准予注册，或者超越法定职权准予注册的，依照食品安全法第一百四十四条的规定给予处理。

食品药品监督管理部门及其工作人员在注册审批过程中滥用职权、玩忽职守、徇私舞弊的，依照食品安全法第一百四十五条的规定给予处理。

第七章 附 则

第四十八条 特殊医学用途配方食品，是指为满足进食受限、消化吸收障碍、代谢紊乱或者特定疾病状态人群对营养素或者膳食的特殊需要，专门加工配制而成的配方食品，包括适用于 0 月龄至 12 月龄的特殊医学用途婴儿配方食品和适用于 1 岁以上人群的特殊医学用途配方食品。

第四十九条 适用于 0 月龄至 12 月龄的特殊医学用途婴儿配方食品包括无乳糖配方食品或者低乳糖配方食品、乳蛋白部分水解配方食品、乳蛋白深度水解配方食品或者氨基酸配方食品、早产或者低出生体重婴儿配方食品、氨基酸代谢障碍配方食品和母乳营养补充剂等。

第五十条 适用于 1 岁以上人群的特殊医学用途配方食品，包括全营养配方食品、特定全营养配方食品、非全营养配方食品。

全营养配方食品，是指可以作为单一营养来源满足目标人群营养需求的特殊医学用途配方食品。

特定全营养配方食品，是指可以作为单一营养来源满足目标人群在特定疾病或者医学状况下营养需求的特殊医学用途配方食品。常见特定全营养配方食品有：糖尿病全营养配方食品，呼吸系统疾病全营养配方食品，肾病全营养配方食品，肿瘤全营养配方食品，肝病全营养配方食品，肌肉衰减综合征全营养配方食品，创伤、感染、手术及其他应激状态全营养配方食品，炎性肠病全营养配方食品，食物蛋白过敏全营养配方食品，难治性癫痫全营养配方食品，胃肠道吸收障碍、胰腺炎全营养配方食品，脂肪酸代谢异常全营养配方食品，肥胖、减脂手术全营养配方食品。

非全营养配方食品，是指可以满足目标人群部分营养需求的特殊医学用途配方食品，不适用于作为单一营养来源。常见非全营养配方食品有：营养素组件（蛋白质组件、脂肪组件、碳水化合物组件），电解质配方，增稠组件，流质配方和氨基酸代谢障碍配方。

第五十一条 医疗机构配制供病人食用的营养餐不适用本办法。

第五十二条 本办法自 2016 年 7 月 1 日起施行。

保健食品注册与备案管理办法

（国家食品药品监督管理总局令第 22 号）

发布日期：2016-02-26
实施日期：2020-10-23
法规类型：部门规章

（根据 2020 年 10 月 23 日国家市场监督管理总局令第 31 号《国家市场监督管理总局关于修改部分规章的决定》修订）

第一章 总 则

第一条 为规范保健食品的注册与备案，根据《中华人民共和国食品安全法》，制定本办法。

第二条 在中华人民共和国境内保健食品的注册与备案及其监督管理适用本办法。

第三条 保健食品注册，是指市场监督管理部门根据注册申请人申请，依照法定程序、条件和要求，对申请注册的保健食品的安全性、保健功能和质量可控性等相关申请材料进行系统评价和审评，并决定是否准予其注册的审批过程。

保健食品备案，是指保健食品生产企业依照法定程序、条件和要求，将表明产品安全性、保健功能和质量可控性的材料提交市场监督管理部门进行存档、公开、备查的过程。

第四条 保健食品的注册与备案及其监督管理应当遵循科学、公开、公正、便民、高效的原则。

第五条 国家市场监督管理总局负责保健食品注册管理，以及首次进口的属于补充维生素、矿物质等营养物质的保健食品备案管理，并指导监督省、自治区、直辖市市场监督管理部门承担的保健食品注册与备案相关工作。

省、自治区、直辖市市场监督管理部门负责本行政区域内保健食品备案管理，并配合国家市场监督管理总局开展保健食品注册现场核查等工作。

市、县级市场监督管理部门负责本行政区域内注册和备案保健食品的监督管理，承担上级市场监督管理部门委托的其他工作。

第六条 国家市场监督管理总局行政受理机构（以下简称受理机构）负责受理保健食品注册和接收相关进口保健食品备案材料。

省、自治区、直辖市市场监督管理部门负责接收相关保健食品备案材料。

国家市场监督管理总局保健食品审评机构（以下简称审评机构）负责组织保健食品审评，管理审评专家，并依法承担相关保健食品备案工作。

国家市场监督管理总局审核查验机构（以下简称查验机构）负责保健食品注册现场核查工作。

第七条 保健食品注册申请人或者备案人应当具有相应的专业知识，熟悉保健食品注册管理的法律、法规、规章和技术要求。

保健食品注册申请人或者备案人应当对所提交材料的真实性、完整性、可溯源性负责，并对提交材料的真实性承担法律责任。

保健食品注册申请人或者备案人应当协助市场监督管理部门开展与注册或者备案相关的现场核查、样品抽样、复核检验和监督管理等工作。

第八条 省级以上市场监督管理部门应当加强信息化建设，提高保健食品注册与备案管理信息化水平，逐步实现电子化注册与备案。

第二章 注 册

第九条 生产和进口下列产品应当申请保健食品注册：

（一）使用保健食品原料目录以外原料（以下简称目录外原料）的保健食品；

（二）首次进口的保健食品（属于补充维生素、矿物质等营养物质的保健食品除外）。

首次进口的保健食品，是指非同一国家、同一企业、同一配方申请中国境内上市销售的保健食品。

第十条 产品声称的保健功能应当已经列入保健食品功能目录。

第十一条 国产保健食品注册申请人应当是在中国境内登记的法人或者其他组织；进口保健食品注册申请人应当是上市保健食品的境外生产厂商。

申请进口保健食品注册的，应当由其常驻中国代表机构或者由其委托中国境内的代理机构办理。

境外生产厂商，是指产品符合所在国（地区）上市要求的法人或者其他组织。

第十二条 申请保健食品注册应当提交下列材料：

（一）保健食品注册申请表，以及申请人对申请材料真实性负责的法律责任承诺书。

（二）注册申请人主体登记证明文件复印件。

（三）产品研发报告，包括研发人、研发时间、研制过程、中试规模以上的验证数据，目录外原料及产品安全性、保健功能、质量可控性的论证报告和相关科学依据，以及根据研发结果综合确定的产品技术要求等。

（四）产品配方材料，包括原料和辅料的名称及用量、生产工艺、质量标准，必要时还应当按照规定提供原料使用依据、使用部位的说明、检验合格证明、品种鉴定报告等。

（五）产品生产工艺材料，包括生产工艺流程简图及说明，关键工艺控制点及说明。

（六）安全性和保健功能评价材料，包括目录外原料及产品的安全性、保健功能试验评价材料，人群食用评价材料；功效成分或者标志性成分、卫生学、稳定性、菌种鉴定、菌种毒力等试验报告，以及涉及兴奋剂、违禁药物成分等检测报告。

（七）直接接触保健食品的包装材料种类、名称、相关标准等。

（八）产品标签、说明书样稿；产品名称中的通用名与注册的药品名称不重名的检索材料。

（九）3个最小销售包装样品。

（十）其他与产品注册审评相关的材料。

第十三条 申请首次进口保健食品注册，除提交本办法第十二条规定的材料外，还应当提交下列材料：

（一）产品生产国（地区）政府主管部门或者法律服务机构出具的注册申请人为上市保健食品境外生产厂商的资质证明文件；

（二）产品生产国（地区）政府主管部门或者法律服务机构出具的保健食品上市销售1年以上的证明文件，或者产品境外销售以及人群食用情况的安全性报告；

（三）产品生产国（地区）或者国际组织与保健食品相关的技术法规或者标准；

（四）产品在生产国（地区）上市的包装、标签、说明书实样。

由境外注册申请人常驻中国代表机构办理注册事务的，应当提交《外国企业常驻中国代表机构登记证》及其复印件；境外注册申请人委托境内的代理机构办理注册事项的，应当提交经过公证的委托书原件以及受委托的代理机构营业执照复印件。

第十四条 受理机构收到申请材料后，应当根据下列情况分别作出处理：

（一）申请事项依法不需要取得注册的，应当即时告知注册申请人不受理；

（二）申请事项依法不属于国家市场监督管理总局职权范围的，应当即时作出不予受理的决定，并告知注册申请人向有关行政机关申请；

（三）申请材料存在可以当场更正的错误的，应当允许注册申请人当场更正；

（四）申请材料不齐全或者不符合法定形式的，应当当场或者在5个工作日内一次告知注册申请人需要补正的全部内容，逾期不告知的，自收到申请材料之日起即为受理；

（五）申请事项属于国家市场监督管理总局职权范围，申请材料齐全、符合法定形式，注册申请人按照要求提交全部补正申请材料的，应当受理注册申请。

受理或者不予受理注册申请，应当出具加盖国家市场监督管理总局行政许可受理专用章和注明日期的书面凭证。

第十五条 受理机构应当在受理后3个工作日内将申请材料一并送交审评机构。

第十六条 审评机构应当组织审评专家对申请材料进行审查，并根据实际需要组织查验机构开展现场查核，组织检验机构开展复核检验，在60个工作日内完成审评工作，并向国家市场监督管理总局提交综合审评结论和建议。

特殊情况下需要延长审评时间的，经审评机构负责人同意，可以延长20个工作日，延长决定应当及时书面告知申请人。

第十七条 审评机构应当组织对申请材料中的下列内容进行审评，并根据科学依据的充足程度明确产品保健功能声称的限定用语：

（一）产品研发报告的完整性、合理性和科学性；

（二）产品配方的科学性，及产品安全性和保健功能；

（三）目录外原料及产品的生产工艺合理性、可行性和质量可控性；

（四）产品技术要求和检验方法的科学性和复现性；

（五）标签、说明书样稿主要内容以及产品名称的规范性。

第十八条 审评机构在审评过程中可以调阅原始资料。

审评机构认为申请材料不真实、产品存在安全性或者质量可控性问题，或者不具备声称的保健功能的，应当终止审评，提出不予注册的建议。

第十九条 审评机构认为需要注册申请人补正材料的，应当一次告知需要补正的全部内容。注册申请人应当在3个月内按照补正通知的要求一次提供补充材料；审评机构收到补充材料后，审评时间重新计算。

注册申请人逾期未提交补充材料或者未完成补正，不足以证明产品安全性、保健功能和质量可控性的，审评机构应当终止审评，提出不予注册的建议。

第二十条 审评机构认为需要开展现场核查的，应当及时通知查验机构按照申请材料中的产品研发报告、配方、生产工艺等技术要求进行现场核查，并对下线产品封样送复核检验机构检验。

查验机构应当自接到通知之日起30个工作日内完成现场核查，并将核查报告送交审评机构。

核查报告认为申请材料不真实、无法溯源复现或者存在重大缺陷的，审评机构应当终止审评，提出不予注册的建议。

第二十一条 复核检验机构应当严格按照申请材料中的测定方法以及相关说明进行操作，对测定方法的科学性、复现性、适用性进行验证，对产品质量可控性进行复核检验，并应当自接受委托之日起 60 个工作日内完成复核检验，将复核检验报告送交审评机构。

复核检验结论认为测定方法不科学、无法复现、不适用或者产品质量不可控的，审评机构应当终止审评，提出不予注册的建议。

第二十二条 首次进口的保健食品境外现场核查和复核检验时限，根据境外生产厂商的实际情况确定。

第二十三条 保健食品审评涉及的试验和检验工作应当由国家市场监督管理总局选择的符合条件的食品检验机构承担。

第二十四条 审评机构认为申请材料真实，产品科学、安全、具有声称的保健功能，生产工艺合理、可行和质量可控，技术要求和检验方法科学、合理的，应当提出予以注册的建议。

审评机构提出不予注册建议的，应当同时向注册申请人发出拟不予注册的书面通知。注册申请人对通知有异议的，应当自收到通知之日起 20 个工作日内向审评机构提出书面复审申请并说明复审理由。复审的内容仅限于原申请事项及申请材料。

审评机构应当自受理复审申请之日起 30 个工作日内作出复审决定。改变不予注册建议的，应当书面通知注册申请人。

第二十五条 审评机构作出综合审评结论及建议后，应当在 5 个工作日内报送国家市场监督管理总局。

第二十六条 国家市场监督管理总局应当自受理之日起 20 个工作日内对审评程序和结论的合法性、规范性以及完整性进行审查，并作出准予注册或者不予注册的决定。

第二十七条 现场核查、复核检验、复审所需时间不计算在审评和注册决定的期限内。

第二十八条 国家市场监督管理总局作出准予注册或者不予注册的决定后，应当自作出决定之日起 10 个工作日内，由受理机构向注册申请人发出保健食品注册证书或者不予注册决定。

第二十九条 注册申请人对国家市场监督管理总局作出不予注册的决定有异议的，可以向国家市场监督管理总局提出书面行政复议申请或者向法院提出行政诉讼。

第三十条 保健食品注册人转让技术的，受让方应当在转让方的指导下重新提出产品注册申请，产品技术要求等应当与原申请材料一致。

审评机构按照相关规定简化审评程序。符合要求的，国家市场监督管理总局应当为受让方核发新的保健食品注册证书，并对转让方保健食品注册予以注销。

受让方除提交本办法规定的注册申请材料外，还应当提交经公证的转让合同。

第三十一条 保健食品注册证书及其附件所载明内容变更的，应当由保健食品注册人申请变更并提交书面变更的理由和依据。

注册人名称变更的，应当由变更后的注册申请人申请变更。

第三十二条 已经生产销售的保健食品注册证书有效期届满需要延续的，保健食品注册人应当在有效期届满 6 个月前申请延续。

获得注册的保健食品原料已经列入保健食品原料目录，并符合相关技术要求，保健食品注册人申请变更注册，或者期满申请延续注册的，应当按照备案程序办理。

第三十三条 申请变更国产保健食品注册的，除提交保健食品注册变更申请表（包括申请人对申请材料真实性负责的法律责任承诺书）、注册申请人主体登记证明文件复印件、保健食品注册证书及其附件的复印件外，还应当按照下列情形分别提交材料：

（一）改变注册人名称、地址的变更申请，还应当提供该注册人名称、地址变更的证明材料；

（二）改变产品名称的变更申请，还应当提供拟变更后的产品通用名与已经注册的药品名称不重名的检索材料；

（三）增加保健食品功能项目的变更申请，还应当提供所增加功能项目的功能学试验报告；

（四）改变产品规格、保质期、生产工艺等涉及产品技术要求的变更申请，还应当提供证明变更后产品的安全性、保健功能和质量可控性与原注册内容实质等同的材料、依据及变更后3批样品符合产品技术要求的全项目检验报告；

（五）改变产品标签、说明书的变更申请，还应当提供拟变更的保健食品标签、说明书样稿。

第三十四条 申请延续国产保健食品注册的，应当提交下列材料：

（一）保健食品延续注册申请表，以及申请人对申请材料真实性负责的法律责任承诺书；

（二）注册申请人主体登记证明文件复印件；

（三）保健食品注册证书及其附件的复印件；

（四）经省级市场监督管理部门核实的注册证书有效期内保健食品的生产销售情况；

（五）人群食用情况分析报告、生产质量管理体系运行情况的自查报告以及符合产品技术要求的检验报告。

第三十五条 申请进口保健食品变更注册或者延续注册的，除分别提交本办法第三十三条、第三十四条规定的材料外，还应当提本办法第十三条第一款（一）、（二）、（三）、（四）项和第二款规定的相关材料。

第三十六条 变更申请的理由依据充分合理，不影响产品安全性、保健功能和质量可控性的，予以变更注册；变更申请的理由依据不充分、不合理，或者拟变更事项影响产品安全性、保健功能和质量可控性的，不予变更注册。

第三十七条 申请延续注册的保健食品的安全性、保健功能和质量可控性符合要求的，予以延续注册。

申请延续注册的保健食品的安全性、保健功能和质量可控性依据不足或者不再符合要求，在注册证书有效期内未进行生产销售的，以及注册人未在规定时限内提交延续申请的，不予延续注册。

第三十八条 接到保健食品延续注册申请的市场监督管理部门应当在保健食品注册证书有效期届满前作出是否准予延续的决定。逾期未作出决定的，视为准予延续注册。

第三十九条 准予变更注册或者延续注册的，颁发新的保健食品注册证书，同时注销原保健食品注册证书。

第四十条 保健食品变更注册与延续注册的程序未作规定的，可以适用本办法关于保健食品注册的相关规定。

第三章 注册证书管理

第四十一条 保健食品注册证书应当载明产品名称、注册人名称和地址、注册号、颁发日期及有效期、保健功能、功效成分或者标志性成分及含量、产品规格、保质期、适宜人群、不适宜人群、注意事项。

保健食品注册证书附件应当载明产品标签、说明书主要内容和产品技术要求等。

产品技术要求应当包括产品名称、配方、生产工艺、感官要求、鉴别、理化指标、微生物指标、功效成分或者标志性成分含量及检测方法、装量或者重量差异指标（净含量及允许负偏差指标）、原辅料质量要求等内容。

第四十二条 保健食品注册证书有效期为5年。变更注册的保健食品注册证书有效期与原保健食品注册证书有效期相同。

第四十三条　国产保健食品注册号格式为：国食健注 G+4 位年代号+4 位顺序号；进口保健食品注册号格式为：国食健注 J+4 位年代号+4 位顺序号。

第四十四条　保健食品注册有效期内，保健食品注册证书遗失或者损坏的，保健食品注册人应当向受理机构提出书面申请并说明理由。因遗失申请补发的，应当在省、自治区、直辖市市场监督管理部门网站上发布遗失声明；因损坏申请补发的，应当交回保健食品注册证书原件。

国家市场监督管理总局应当在受理后 20 个工作日内予以补发。补发的保健食品注册证书应当标注原批准日期，并注明"补发"字样。

第四章　备　案

第四十五条　生产和进口下列保健食品应当依法备案：

（一）使用的原料已经列入保健食品原料目录的保健食品；

（二）首次进口的属于补充维生素、矿物质等营养物质的保健食品。

首次进口的属于补充维生素、矿物质等营养物质的保健食品，其营养物质应当是列入保健食品原料目录的物质。

第四十六条　国产保健食品的备案人应当是保健食品生产企业，原注册人可以作为备案人；进口保健食品的备案人，应当是上市保健食品境外生产厂商。

第四十七条　备案的产品配方、原辅料名称及用量、功效、生产工艺等应当符合法律、法规、规章、强制性标准以及保健食品原料目录技术要求的规定。

第四十八条　申请保健食品备案，除应当提交本办法第十二条第（四）、（五）、（六）、（七）、（八）项规定的材料外，还应当提交下列材料：

（一）保健食品备案登记表，以及备案人对提交材料真实性负责的法律责任承诺书；

（二）备案人主体登记证明文件复印件；

（三）产品技术要求材料；

（四）具有合法资质的检验机构出具的符合产品技术要求全项目检验报告；

（五）其他表明产品安全性和保健功能的材料。

第四十九条　申请进口保健食品备案的，除提交本办法第四十八条规定的材料外，还应当提交本办法第十三条第一款（一）、（二）、（三）、（四）项和第二款规定的相关材料。

第五十条　市场监督管理部门收到备案材料后，备案材料符合要求的，当场备案；不符合要求的，应当一次告知备案人补正相关材料。

第五十一条　市场监督管理部门应当完成备案信息的存档备查工作，并发放备案号。对备案的保健食品，市场监督管理部门应当按照相关要求的格式制作备案凭证，并将备案信息表中登载的信息在其网站上公布。

国产保健食品备案号格式为：食健备 G+4 位年代号+2 位省级行政区域代码+6 位顺序编号；进口保健食品备案号格式为：食健备 J+4 位年代号+00+6 位顺序编号。

第五十二条　已经备案的保健食品，需要变更备案材料的，备案人应当向原备案机关提交变更说明及相关证明文件。备案材料符合要求的，市场监督管理部门应当将变更情况登载于变更信息中，将备案材料存档备查。

第五十三条　保健食品备案信息应当包括产品名称、备案人名称和地址、备案登记号、登记日期以及产品标签、说明书和技术要求。

第五章　标签、说明书

第五十四条　申请保健食品注册或者备案的，产品标签、说明书样稿应当包括产品名称、原料、辅料、功效成分或者标志性成分及含量、适宜人群、不适宜人群、保健功能、食用量及食用方法、规格、贮藏方法、保质期、注意事项等内容及相关制定依据和说明等。

第五十五条 保健食品的标签、说明书主要内容不得涉及疾病预防、治疗功能，并声明"本品不能代替药物"。

第五十六条 保健食品的名称由商标名、通用名和属性名组成。

商标名，是指保健食品使用依法注册的商标名称或者符合《商标法》规定的未注册的商标名称，用以表明其产品是独有的、区别于其他同类产品。

通用名，是指表明产品主要原料等特性的名称。

属性名，是指表明产品剂型或者食品分类属性等的名称。

第五十七条 保健食品名称不得含有下列内容：

（一）虚假、夸大或者绝对化的词语；

（二）明示或者暗示预防、治疗功能的词语；

（三）庸俗或者带有封建迷信色彩的词语；

（四）人体组织器官等词语；

（五）除"®"之外的符号；

（六）其他误导消费者的词语。

保健食品名称不得含有人名、地名、汉语拼音、字母及数字等，但注册商标作为商标名、通用名中含有符合国家规定的含字母及数字的原料名除外。

第五十八条 通用名不得含有下列内容：

（一）已经注册的药品通用名，但以原料名称命名或者保健食品注册批准在先的除外；

（二）保健功能名称或者与表述产品保健功能相关的文字；

（三）易产生误导的原料简写名称；

（四）营养素补充剂产品配方中部分维生素或者矿物质；

（五）法律法规规定禁止使用的其他词语。

第五十九条 备案保健食品通用名应当以规范的原料名称命名。

第六十条 同一企业不得使用同一配方注册或者备案不同名称的保健食品；不得使用同一名称注册或者备案不同配方的保健食品。

第六章 监督管理

第六十一条 国家市场监督管理总局应当及时制定并公布保健食品注册申请服务指南和审查细则，方便注册申请人申报。

第六十二条 承担保健食品审评、核查、检验的机构和人员应当对出具的审评意见、核查报告、检验报告负责。

保健食品审评、核查、检验机构和人员应当依照有关法律、法规、规章的规定，恪守职业道德，按照食品安全标准、技术规范等对保健食品进行审评、核查和检验，保证相关工作科学、客观和公正。

第六十三条 参与保健食品注册与备案管理工作的单位和个人，应当保守在注册或者备案中获知的商业秘密。

属于商业秘密的，注册申请人和备案人在申请注册或者备案时应当在提交的资料中明确相关内容和依据。

第六十四条 市场监督管理部门接到有关单位或者个人举报的保健食品注册受理、审评、核查、检验、审批等工作中的违法违规行为后，应当及时核实处理。

第六十五条 除涉及国家秘密、商业秘密外，市场监督管理部门应当自完成注册或者备案工作之日起 20 个工作日内根据相关职责在网站公布已经注册或者备案的保健食品目录及相关信息。

第六十六条　有下列情形之一的，国家市场监督管理总局根据利害关系人的请求或者依据职权，可以撤销保健食品注册证书：

（一）行政机关工作人员滥用职权、玩忽职守作出准予注册决定的；

（二）超越法定职权或者违反法定程序作出准予注册决定的；

（三）对不具备申请资格或者不符合法定条件的注册申请人准予注册的；

（四）依法可以撤销保健食品注册证书的其他情形。

注册人以欺骗、贿赂等不正当手段取得保健食品注册的，国家市场监督管理总局应当予以撤销。

第六十七条　有下列情形之一的，国家市场监督管理总局应当依法办理保健食品注册注销手续：

（一）保健食品注册有效期届满，注册人未申请延续或者国家食品药品监管总局不予延续的；

（二）保健食品注册人申请注销的；

（三）保健食品注册人依法终止的；

（四）保健食品注册依法被撤销，或者保健食品注册证书依法被吊销的；

（五）根据科学研究的发展，有证据表明保健食品可能存在安全隐患，依法被撤回的；

（六）法律、法规规定的应当注销保健食品注册的其他情形。

第六十八条　有下列情形之一的，市场监督管理部门取消保健食品备案：

（一）备案材料虚假的；

（二）备案产品生产工艺、产品配方等存在安全性问题的；

（三）保健食品生产企业的生产许可被依法吊销、注销的；

（四）备案人申请取消备案的；

（五）依法应当取消备案的其他情形。

第七章　法律责任

第六十九条　保健食品注册与备案违法行为，食品安全法等法律法规已有规定的，依照其规定。

第七十条　注册申请人隐瞒真实情况或者提供虚假材料申请注册的，国家市场监督管理总局不予受理或者不予注册，并给予警告；申请人在 1 年内不得再次申请注册该保健食品；构成犯罪的，依法追究刑事责任。

第七十一条　注册申请人以欺骗、贿赂等不正当手段取得保健食品注册证书的，由国家市场监督管理总局撤销保健食品注册证书，并处 1 万元以上 3 万元以下罚款。被许可人在 3 年内不得再次申请注册；构成犯罪的，依法追究刑事责任。

第七十二条　有下列情形之一的，由县级以上人民政府市场监督管理部门处以 1 万元以上 3 万元以下罚款；构成犯罪的，依法追究刑事责任。

（一）擅自转让保健食品注册证书的；

（二）伪造、涂改、倒卖、出租、出借保健食品注册证书的。

第七十三条　市场监督管理部门及其工作人员对不符合条件的申请人准予注册，或者超越法定职权准予注册的，依照食品安全法第一百四十四条的规定予以处理。

市场监督管理部门及其工作人员在注册审评过程中滥用职权、玩忽职守、徇私舞弊的，依照食品安全法第一百四十五条的规定予以处理。

第八章　附　则

第七十四条　申请首次进口保健食品注册和办理进口保健食品备案及其变更的，应当提交中文材料，外文材料附后。中文译本应当由境内公证机构进行公证，确保与原文内容一致；申请注册的产品质量标准（中文本），必须符合中国保健食品质量标准的格式。境外机构出具的证明文件应当经生产国（地区）的公证机构公证和中国驻所在国使领馆确认。

第七十五条　本办法自 2016 年 7 月 1 日起施行。2005 年 4 月 30 日公布的《保健食品注册管理办法（试行）》（原国家食品药品监督管理局令第 19 号）同时废止。

关于出口食品生产企业申请境外注册有关事宜的通知

（署稽发〔2023〕9 号）

发布日期：2023-01-29
实施日期：2023-01-29
法规类型：规范性文件

广东分署，天津、上海特派办，各直属海关：

为进一步规范出口食品生产企业境外注册申请工作，现就有关事宜通知如下：

一、企业向住所地海关提出的出口食品生产企业境外注册申请，住所地海关应当在收到申请材料后五个工作日内完成形式审查。

申请材料齐全且符合要求的，予以受理。

申请材料不齐的，应当一次告知企业需要补正的全部内容。不符合要求的不予受理，应当告知企业并说明理由。

二、受理申请后，住所地海关根据企业申请组织评审，结合企业信用、监督管理、出口食品安全等情况，符合要求的上报海关总署推荐境外注册，不符合要求的不予推荐境外注册。组织评审和审核上报工作应当在三十个工作日内完成。

如遇特殊情况，在规定时限内不能完成评审和审核上报工作的，可以延长十个工作日，并且将延长时限的理由告知企业。

三、海关总署根据相关国家（地区）要求或实际工作需要，统一向进口国家（地区）主管当局推荐。

如遇特殊情况，可根据实际工作情况进行调整。

四、企业补正材料、整改或因组织生产等原因所需时间，不计算在本通知规定的工作时限内。

五、获得境外注册的企业应在每年三月底以前通过信息化系统向住所地海关提交是否持续符合进口国家（地区）注册条件的自我评定报告。

特此通知。

关于进一步优化完善进口冷链食品口岸疫情防控措施的公告

（海关总署公告 2022 年第 58 号）

发布日期：2022-07-08
实施日期：2022-07-08
法规类型：规范性文件

为科学、精准做好进口冷链食品（含食用农产品，下同）口岸新冠肺炎疫情防控工作，巩固疫情防控成果，保障产业链供应链安全，海关总署决定进一步优化完善进口冷链食品口岸疫情防控措施。现就有关事项公告如下：

一、海关对进口冷链食品开展新冠病毒核酸监测检测，根据检测结果依法对输出国家（地区）的防范污染措施进行检查、调查，确认出口国家（地区）安全管理体系和安全状况是否持续符合中国进口要求，对存在问题的境外食品生产企业，依据相关法律法规采取限期整改、暂停进口、撤销注册等措施。

二、对检出新冠病毒核酸阳性的进口冷链食品，按照国务院联防联控机制印发指南有关规定，进行分级分类处置。

本公告自印发之日起执行，海关总署公告 2020 年第 103 号同时废止。

特此公告。

关于取消进口肉类收货人、进口化妆品境内收货人备案的公告

（海关总署公告 2021 年第 108 号）

发布日期：2021-12-17
实施日期：2022-01-01
法规类型：规范性文件

为进一步深化"放管服"改革，持续优化口岸营商环境，减轻企业负担，海关总署决定取消进口肉类收货人备案事项和进口化妆品境内收货人备案事项，自 2022 年 1 月 1 日起执行。

特此公告。

关于《中华人民共和国进口食品境外生产企业注册管理规定》和《中华人民共和国进出口食品安全管理办法》实施相关事宜的公告

（海关总署公告 2021 年第 103 号）

发布日期：2021-12-13

实施日期：2021-12-13

法规类型：规范性文件

《中华人民共和国进口食品境外生产企业注册管理规定》（海关总署令第 248 号，以下简称《注册规定》）和《中华人民共和国进出口食品安全管理办法》（海关总署令第 249 号，以下简称《管理办法》）已于 2021 年 4 月 12 日公布，将于 2022 年 1 月 1 日起施行。现将相关事宜公告如下：

一、关于境外生产企业注册申请及企业信息查询

（一）注册系统登录及境外生产企业信息查询。

进口食品境外生产企业注册管理系统（以下简称"注册系统"）访问地址为：https：//cifer.singlewindow.cn/，或可通过中国国际贸易单一窗口（https：//www.singlewindow.cn/）门户网站—进口食品境外生产企业注册管理系统访问。

已注册进口食品境外生产企业可在海关总署官方网站或注册系统查询其在华注册编号、有效期等信息。

（二）境外生产企业注册申请。

除相关境外主管当局与海关总署就申请方式和申请材料另有约定的，《注册规定》第七条所列 18 类进口食品境外生产企业，应由所在国家（地区）主管当局分配其注册系统账号，通过注册系统按流程提交申请。境外主管当局的注册系统账号，由海关总署予以分配。《注册规定》第七条所列 18 类以外的其他食品境外生产企业，应自行申请其注册系统账号，按注册系统流程提交申请。

二、关于境外生产企业注册涉及产品类别及商品编号查询

进口食品境外生产企业注册涉及产品的类别与相应商品编号（HS 编码）、检验检疫名称（检验检疫编码），可登录注册系统查询，查询方式：首页菜单—产品类别查询。

三、关于境外生产企业注册办事指南

进口食品境外生产企业注册办事指南及相关附件，可参见海关总署网站"互联网+海关"办事指南栏目—行政审批—进口食品境外生产企业注册—《进口食品境外生产企业注册办事指南》。

四、关于进口食品境外生产企业的进口申报

2022 年 1 月 1 日起启运的输华食品，在进口申报时应在报关单"产品资质"项下"进口食品境外生产企业注册"证书栏（许可证类别代码 519）规范填写该企业在华注册编号。在实施 2020 版申报项目的海关申报进口食品，应在"其他企业"项下的"其他企业类别"栏选择"进口食品境外生产企业"，在"编号或企业名称"栏填报该企业在华注册编号。未按要求规范填报的，海关不接受申报。

五、关于注册编号标注及包装标签标识

2022 年 1 月 1 日起生产的输华食品，应当在输华食品的内、外包装上标注在华注册编号或者所在国家（地区）主管当局批准的注册编号。

《管理办法》关于包装和标签、标识的要求，适用于自 2022 年 1 月 1 日起生产的输华食品；2022 年 1 月 1 日前生产的输华食品包装和标签、标识要求适用于原规定要求。

六、关于注册有效期

已获注册的进口食品境外生产企业，其注册资格继续有效。已注册企业在注册有效期届满前 6—3 个月期间，应按照《注册规定》第二十条相关要求办理延续注册。未按规定申请延续注册的企业，海关总署将予以注销。

七、关于费用

实施进口食品境外生产企业注册，海关总署不收取任何费用。

特此公告。

出口食品生产企业申请境外注册管理办法

（海关总署公告 2021 年第 87 号）

发布日期：2021-10-29
实施日期：2022-01-01
法规类型：规范性文件

第一章　总　则

第一条　为维护我国出口食品生产企业合法权益，规范出口食品生产企业申请境外注册管理工作，根据《中华人民共和国食品安全法》《中华人民共和国进出口商品检验法》和《中华人民共和国进出口食品安全管理办法》等法律法规、部门规章的规定，制定本办法。

第二条　境外国家（地区）对中国输往该国家（地区）的出口食品生产企业实施注册管理且要求海关总署推荐的，海关总署统一向该国家（地区）主管当局推荐。

第三条　境外国家（地区）有注册要求的，出口食品生产企业及其产品应当先获得该国家（地区）主管当局注册批准，其产品方能出口。企业注册信息情况以进口国家（地区）公布为准。

第二章　注册条件和程序

第四条　出口食品生产企业申请境外注册应当具备下列条件：

（一）已完成出口食品生产企业备案手续；

（二）建立完善可追溯的食品安全卫生控制体系，保证食品安全卫生控制体系有效运行，确保出口食品生产、加工、贮存过程持续符合中国相关法律法规、出口食品生产企业安全卫生要求；

（三）进口国家（地区）相关法律法规和相关国际条约、协定有特殊要求的，还应当符合相关要求；

（四）切实履行企业主体责任，诚信自律、规范经营，且信用状况为非海关失信企业；

（五）一年内未因企业自身安全卫生方面的问题被进口国（地区）主管当局通报。

第五条　出口食品生产企业申请境外注册时，应当通过信息化系统向住所地海关提出申请，提供以下申请材料并对其真实性负责：

（一）出口食品生产企业境外注册申请书（见附件1）；

（二）出口食品生产企业申请境外注册自我评估表（见附件2）；

（三）企业生产条件（包括但不限于厂区布局图、车间平面图、人流/物流图、水流/气流图、关键工序图片等）、生产工艺等基本情况；

（四）企业建立的可追溯的食品安全卫生控制体系文件；

（五）进口国家（地区）要求的随附资料。

第六条　海关根据企业申请组织评审，结合企业信用、监督管理、出口食品安全等情况，符合条件的向进口国家（地区）主管当局推荐。

第七条　需经进口国家（地区）主管当局现场检查合格方能获得注册资格的，出口食品生产企业应当按照进口国家（地区）的要求配合做好相关检查工作。

第三章　注册管理

第八条　已获得境外注册企业的注册信息发生变更的，应当及时向住所地海关申请注册信息变更，由海关总署通报进口国家（地区）。企业注册信息变更情况以进口国家（地区）公布为准。

第九条　已获得境外注册企业发生新建、改（扩）建生产车间或食品安全卫生控制体系发生重大变化的，应当及时向住所地海关报告。

根据进口国家（地区）注册要求，必须由进口国家（地区）主管当局批准后方能改（扩）建的，企业应当在事前向住所地海关报送改（扩）建方案，待进口国家（地区）主管当局批准后方可实施。改造完毕后，企业应当向住所地海关提交报告，由海关总署通报进口国家（地区）主管当局。

第十条　已获得境外注册企业发生下列情形之一的，应当重新办理注册，企业注册情况以进口国家（地区）公布为准：

（一）生产场所迁址的；

（二）已注册的产品范围发生变化且进口国家（地区）主管当局要求重新注册的；

（三）已注册国家（地区）主管当局要求重新注册的其他情形。

第十一条　已获境外注册的出口食品生产企业有下列情形之一的，由海关总署撤回向进口国家（地区）主管当局的注册推荐：

（一）企业主动申请取消注册的；

（二）企业依法终止的；

（三）出口食品生产企业备案已注销的；

（四）企业拒绝接受进口国家（地区）官方检查或未按进口国家（地区）主管当局要求进行整改及提供相关材料的；

（五）企业不能持续符合境外注册要求的；

（六）其他依法依规应当撤回向进口国家（地区）主管当局注册推荐的情形。

企业因第（四）、（五）项规定之情形被海关总署撤回境外注册推荐的，两年内不得重新提出申请。

第十二条　获得境外注册的企业，应当每年就是否能够持续符合进口国家（地区）注册条件进行自我评定，并向住所地海关报告。

第十三条　获得境外注册的企业，应当接受进口国家（地区）主管当局和海关实施的监督检查，如实提供有关情况和材料。

第四章 附 则

第十四条 本办法所称的出口食品生产企业不包括出口食品添加剂、食品相关产品的生产、加工、储存企业。

第十五条 进口国家（地区）法律法规、多双边协议规定的其他类型食品生产单位（如渔船）的境外注册管理，参照本办法办理。

第十六条 本办法由海关总署负责解释。

第十七条 本办法自 2022 年 1 月 1 日起施行。国家认证认可监督管理委员会于 2002 年 12 月 19 日发布的《出口食品生产企业申请国外卫生注册管理办法》同时废止。

附件：1. 出口食品生产企业境外注册申请书（略）
　　　2. 出口食品生产企业申请境外注册自我评估表（略）

关于加强固体饮料质量安全监管的公告

（国家市场监督管理总局公告 2021 年第 46 号）

发布日期：2021-12-24
实施日期：2022-06-01
法规类型：规范性文件

为进一步加强固体饮料质量安全监管，维护消费者合法权益，保障公众身体健康，依据《中华人民共和国食品安全法》《中华人民共和国未成年人保护法》等规定，现就有关事项公告如下：

一、固体饮料生产企业应当严格按照食品安全相关法律法规和标准规范要求组织生产，具备与所生产产品相适应的生产条件和检验控制能力，严格过程控制，保证食品安全。

二、固体饮料产品名称不得与已经批准发布的特殊食品名称相同；应当在产品标签上醒目标示反映食品真实属性的专用名称"固体饮料"，字号不得小于同一展示版面其他文字（包括商标、图案等所含文字）。

三、直接提供给消费者的蛋白固体饮料、植物固体饮料、特殊用途固体饮料、风味固体饮料，以及添加可食用菌种的固体饮料最小销售单元，还应在同一展示版面标示"本产品不能代替特殊医学用途配方食品、婴幼儿配方食品、保健食品等特殊食品"作为警示信息，所占面积不应小于其所在面的 20%。警示信息文字应当使用黑体字印刷，并与警示信息区域背景有明显色差。

四、固体饮料标签、说明书及宣传资料不得使用文字或者图案进行明示、暗示或者强调产品适用于未成年人、老人、孕产妇、病人、存在营养风险或营养不良人群等特定人群，不得使用生产工艺、原料名称等明示、暗示涉及疾病预防、治疗功能、保健功能以及满足特定疾病人群的特殊需要等。

五、鼓励行业协会等社会组织发挥行业引导和自律作用，规范企业生产、销售和宣传行为；鼓励学校加强未成年人食品安全和营养健康教育，倡导家长等消费者科学认知、理性消费。任何组织或个人若发现涉及违反本公告等规定的食品安全违法违规行为或侵犯消费者利益的，请拨打"12315"投诉举报。

本公告自 2022 年 6 月 1 日起实施。此前生产的产品，可在保质期内继续销售。

海关总署办公厅关于取消出口食品生产企业
备案核准许可有关事项的通知

（署办企函〔2020〕10 号）

发布日期：2020-10-15
实施日期：2020-10-15
法规类型：规范性文件

根据《国务院关于取消和下放一批行政许可事项的决定》（国发〔2020〕13 号），"出口食品生产企业备案核准"取消许可，改为备案。为做好取消行政许可事项的贯彻落实和后续监管衔接工作，加强事中事后监管，现就有关事项通知如下：

一、各海关自国务院决定发布之日起，停止"出口食品生产企业备案核准"事项的审批，改为备案管理。请及时修订行政审批事项服务指南，并向相关企业做好政策宣传工作。

二、各海关要按照《海关总署关于开展"证照分离"改革全覆盖试点的公告》（海关总署公告 2019 年第 182 号）附件 2《出口食品生产企业备案核准》中的相关监管要求，开展备案工作和事中事后监管工作。

三、要加强事中事后监管。各海关职能部门要制定对出口食品生产企业的日常监管计划等加强监管的配套措施，需要开展稽核查工作的，提出业务管理类稽核查要求；风控部门在风险分析和联合研判过程中发现后续监管风险时，下达风险处置类稽核查指令；稽核查部门要通过"双随机、一公开"方式，按照稽核查指令依法对出口食品生产实施稽核查，属地查检部门要按照具体要求开展出口申报前查检作业。

四、自 2021 年起，出口食品生产企业依据《中华人民共和国海关企业信用管理办法》（海关总署令第 237 号，以下简称《信用办法》）规定报送《企业信用信息年度报告》，不再报送其他年度报告。未按照规定报送的，海关将企业列入《信用信息异常企业名录》。

五、对企业在进出口中违反相关法律法规或者海关监管规定的，各海关依法对有关企业予以行政处罚。企业有主动披露情形的，海关根据案件情形从轻、减轻或者不予处罚。

六、各海关依据《信用办法》对出口食品生产企业实施信用管理。对尚未成为进出口货物收发货人的出口食品生产企业，参照进出口货物收发货人实施信用管理。

七、海关依托全国信用信息共享平台与市场监管等部门实现企业信息共享。各海关要加强与地方市场监管等部门沟通与联系，推动做好对出口食品生产企业的协同监管和信用联合激励与惩戒。

特此通知。

关于进出口预包装食品标签检验监督管理有关事宜的公告

（海关总署公告 2019 年第 70 号）

发布日期：2019-04-22
实施日期：2019-10-01
法规类型：工作文件

为贯彻落实国务院深化"放管服"改革要求，进一步提高口岸通关效率，依据《中华人民共和国食品安全法》及其实施条例、《中华人民共和国进出口商品检验法》及其实施条例等法律法规规定，现就进出口预包装食品标签检验监督管理有关事宜公告如下：

一、自 2019 年 10 月 1 日起，取消首次进口预包装食品标签备案要求。进口预包装食品标签作为食品检验项目之一，由海关依照食品安全和进出口商品检验相关法律、行政法规的规定检验。

二、进口商应当负责审核其进口预包装食品的中文标签是否符合我国相关法律、行政法规规定和食品安全国家标准要求。审核不合格的，不得进口。

三、进口预包装食品被抽中现场查验或实验室检验的，进口商应当向海关人员提交其合格证明材料、进口预包装食品的标签原件和翻译件、中文标签样张及其他证明材料。

四、海关收到有关部门通报、消费者举报进口预包装食品标签涉嫌违反有关规定的，应当进行核实，一经确认，依法进行处置。

五、入境展示、样品、免税经营（离岛免税除外）、使领馆自用、旅客携带以及通过邮寄、快件、跨境电子商务等形式入境的预包装食品标签监管，按有关规定执行。

六、出口预包装食品生产企业应当保证其出口的预包装食品标签符合进口国（地区）的标准或者合同要求。

七、《关于调整进出口食品、化妆品标签审核制度的公告》（原质检总局 2006 年第 44 号公告）、《关于运行进口预包装食品标签管理系统的公告》（原质检总局 2011 年第 59 号公告）、《关于实施〈进出口预包装食品标签检验监督管理规定〉的公告》（原质检总局 2012 年第 27 号公告）自 2019 年 10 月 1 日起废止，此前已备案的进口预包装食品标签信息同时作废。

特此公告。

关于境外进入综合保税区食品检验放行有关事项的公告

（海关总署公告 2019 年第 29 号）

发布日期：2019-02-02
实施日期：2019-02-02
法规类型：规范性文件

为贯彻落实《国务院关于促进综合保税区高水平开放高质量发展的若干意见》（国发

〔2019〕3号），对境外进入综合保税区的食品实施"抽样后即放行"监管。现就有关事项公告如下：

一、综合保税区内进口的食品，需要进入境内的，可在综合保税区进行合格评定，分批放行；凡需要进行实验室检测的，可在满足以下条件的基础上抽样后即予以放行：

（一）进口商承诺进口食品符合我国食品安全国家标准和相关检验要求（包括包装要求和储存、运输温度要求等）。

（二）进口商已建立完善的食品进口记录和销售记录制度并严格执行。

二、经实验室检测发现安全卫生项目不合格的，进口商应按照《食品安全法》的规定采取主动召回措施，并承担相应的法律责任。

本公告自发布之日起实施。

特此公告。

保健食品标注警示用语指南

（国家市场监督管理总局公告2019年第29号）

发布日期：2019-06-10
实施日期：2020-01-01
法规类型：规范性文件

保健食品适用于特定人群食用，但不以治疗疾病为目的。为指导保健食品警示用语标注，使消费者更易于区分保健食品与普通食品、药品，引导消费者理性消费，根据《中华人民共和国食品安全法》《保健食品注册与备案管理办法》等法律法规，研究制定了《保健食品标注警示用语指南》。

一、警示用语

保健食品标签设置警示用语区及警示用语。警示用语区位于最小销售包装包装物（容器）的主要展示版面，所占面积不应小于其所在面的20%。警示用语区内文字与警示用语区背景有明显色差。警示用语使用黑体字印刷，包括以下内容：

保健食品不是药物，不能代替药物治疗疾病。

当主要展示版面的表面积大于或等于100平方厘米时，字体高度不小于6.0毫米。当主要展示版面的表面积小于100平方厘米时，警示用语字体最小高度按照上述规定等比例变化。

二、生产日期和保质期

保健食品在产品最小销售包装（容器）外明显位置清晰标注生产日期和保质期。如果日期标注采用"见包装物某部位"的形式，应当准确标注所在包装物的具体部位。

1. 日期标注应当与所在位置的背景色形成鲜明对比，易于识别，采用激光蚀刻方式进行标注的除外。日期标注不得另外加贴、补印或者篡改。

2. 多层包装的单件保健食品以与食品直接接触的内包装的完成时间为生产日期。

3. 当同一预包装内含有多个单件食品时，外包装上标注各单件食品的生产日期和保质期。

4. 按年、月、日的顺序标注日期。日期中年、月、日可用空格、斜线、连字符、句点等符号分隔，或者不用分隔符。年代号应当使用4位数字标注，月、日应当分别使用2位数字标注。

5. 保质期的标注使用"保质期至××××年××月××日"的方式描述。

三、投诉服务电话

保健食品标签标注投诉服务电话、服务时段等信息。投诉服务电话字体与"保健功能"的字体一致。

保健食品生产经营企业保证在承诺的服务时段内接听、处理消费者投诉、举报，并记录、保存相关服务信息至少 2 年。

四、消费提示

保健食品经营者在经营保健食品的场所、网络平台等显要位置标注"保健食品不是药物，不能代替药物治疗疾病"等消费提示信息，引导消费者理性消费。保健食品消费提示参考模板详见附件。

附件

保健食品消费提示

1. 保健食品是食品，不是药物，不能代替药物治疗疾病。

2. 选购保健食品要认清、认准产品包装上的保健食品标志

及保健食品批准文号，依据其功能和适宜人群科学选用并按标签、说明书的要求食用。保健食品产品注册信息可在国家市场监督管理总局网站查询。

3. 选购保健食品要到正规的商场、超市、药店等经营单位购买，并索要发票或销售凭据。

4. 消费者如对所购买的保健食品质量安全有质疑，或发现存在虚假宣传等违法行为，请及时向当地市场监管部门举报，也可拨打投诉举报电话：12315。

关于保健食品备案管理有关事项的通告

（国家食品药品监督管理总局通告 2017 年第 16 号）

发布日期：2017-01-24
实施日期：2017-01-24
法规类型：规范性文件

《保健食品原料目录（一）》已经正式发布，为保障保健食品备案工作有序开展，现将有关事项通告如下：

一、自 2017 年 5 月 1 日起，对使用列入《保健食品原料目录（一）》的原料生产和进口保健食品的，国内生产企业和境外生产厂商应当按照《保健食品注册与备案管理办法》及相关规定进行备案。国内生产企业在所在地省级食品药品监督管理部门备案；境外生产厂商在食品药品监督管理总局备案。

二、自本通告发布之日起，国家食品药品监督管理总局不再受理上述保健食品的新产品注册、已批准注册产品的变更注册、转让技术注册和延续注册申请。

原注册人持有的保健食品注册证书及其附件载明内容变更或有效期届满的，应当按照备案程序办理；注册证书有效期届满前生产的产品允许销售至保质期结束。

特此通告。

关于发布《进口食品接触产品检验监管工作规范》的公告

（国家质检总局公告 2016 年第 31 号）

发布日期：2016-03-28
实施日期：2016-04-10
法规类型：规范性文件

为规范和加强进口食品接触产品检验监管工作，保障进口食品接触产品质量安全，根据《中华人民共和国进出口商品检验法》和《中华人民共和国食品安全法》等法律法规，制定《进口食品接触产品检验监管工作规范》。现予发布，自 2016 年 4 月 10 日起施行。

特此公告。

附件：进口食品接触产品检验监管工作规范

附件

进口食品接触产品检验监管工作规范

1. 总则

1.1 目的

为规范和加强进口食品接触产品检验监管工作，保障进口食品接触产品质量安全，根据《中华人民共和国食品安全法》及其实施条例、《中华人民共和国进出口商品检验法》及其实施条例、《国务院关于加强食品等产品安全监督管理特别规定》《缺陷消费品召回管理办法》等法律法规，制定本规范。

1.2 适用范围

1.2.1 本规范适用于《出入境检验检疫机构实施检验检疫的进出境商品目录》内检验监管条件包括 M 或 R 的进口食品接触产品的检验和监督管理。主要包括：与食品或食品添加剂接触的纸、竹木、金属、搪瓷、陶瓷、塑料、橡胶、天然纤维、化学纤维、玻璃等材质及其复合材质的容器、用具和餐具。

1.2.2 进出口食品包装及预期与食品接触的机械、电器产品的检验监管按照其他相关规定执行。

1.3 职责

1.3.1 国家质量监督检验检疫总局（以下简称国家质检总局）主管全国进口食品接触产品的检验监督管理工作。

1.3.2 国家质检总局设在各地的出入境检验检疫机构（以下简称检验检疫机构）负责辖区内进口食品接触产品的检验监督管理工作。

1.4 管理方式

进口食品接触产品检验监督管理工作包括产品备案、产品检验及监督管理等。

2. 产品备案

2.1 国家质检总局对进口食品接触产品实施备案管理。各直属检验检疫机构负责辖区内进口食品接触产品的备案工作。

2.2 食品接触产品进口商或者进口代理商（以下称备案申请人）可根据需要，持以下资料向检验检疫机构申请备案。

（1）《进口食品接触产品备案申请表》（附1）；

（2）备案申请人的《企业法人营业执照》的复印件（加盖公章）；

（3）备案申请人出具的《进口食品接触产品符合性声明》（附2）；

（4）进口食品接触产品的材质说明，应明确主要成分的构成和化学名称。与食品直接接触部分的材质与产品其他部分材质不同的，应对与食品直接接触部分的材质单独进行说明；

（5）进口产品的品牌、型号、产地、照片、标签及说明书等资料；

（6）进口食品接触产品新品种的，备案申请人应按规定提供卫生行政部门出具的相关文件；

（7）进口食品接触产品追溯制度文件。

2.3 检验检疫机构收到备案申请后，应对备案申请人资格及其提供资料进行审核。审核合格的，检验检疫机构应签发《进口食品接触产品备案申请受理通知书》（附3），审核不合格的，应及时通知备案申请人进行补正。

备案申请人应将与申请内容一致、具有代表性的样品送具有资质的实验室进行检测，并在取得检测报告后，及时将其提交检验检疫机构审核。备案申请人提供的样品数量应当满足专项检测和留样的需要。

2.4 备案申请人资格、备案申请资料和产品检测报告均通过审核的，检验检疫机构应及时向备案申请人签发《进口食品接触产品备案书》（附4）。

2.5 进口食品接触产品备案书代码编号规则：采用阿拉伯数字和英文大写字母共10位表示，前两位为产品代码JS，中间两位为各直属检验检疫机构代码（附5），之后两位是年份，最后4位为备案流水号。如北京局2016年第1份准予备案的进口食品接触产品备案书代码为"JS11160001"。

2.6 《进口食品接触产品备案书》有效期为3年。有效期内，备案人有下列情形之一的，检验检疫机构可取消其《进口食品接触产品备案书》，并在6个月内对申请人备案申请不予受理：

（1）伪造、变造或使用伪造、变造的《进口食品接触产品备案书》；

（2）经检验检疫机构检验，发现申请人申报的备案产品与其《进口食品接触产品备案书》不符的；

（3）经检验检疫机构抽查检验，发现不符合食品接触产品安全国家标准的。

2.7 各直属检验检疫机构应每年定期将备案情况及其后续变更情况向国家质检总局报告。

3. 产品检验

3.1 进口商或代理商在进口食品接触产品报检时，除按照规定提交相关资料外，还应提供《进口食品接触产品符合性声明》。已经备案的进口食品接触产品，还应同时提交《进口食品接触产品备案书》（复印件加盖公章）。

3.2 对已备案进口食品接触产品，检验检疫机构应逐批核查进口产品与《进口食品接触产品备案书》的符合性。

检验检疫机构对已备案并经货证核查合格的进口食品接触产品实施抽查检验检测。同一进口商、同一品牌、材质的进口食品接触产品的年度抽查比例不少于进口批次的5%，每个批次抽查不少于当次进口规格型号种类的5%。

3.3 对未备案的进口食品接触产品，检验检疫机构对其实施批批查验，且年度实验室检测比例不低于进口批次的30%。对首次进口的食品接触产品必须进行实验室检测。

进口食品接触产品的检验，可采用包括现场查验、风险评估、合格保证等措施及组合的合格评定方式。

3.4 进口食品接触产品或其销售包装上的标签、说明书内容应使用规范的汉字，但不包括商标，同时应符合以下要求：

（1）应标注产品名称、材质、生产国家或地区、进口商的名称、联系方式以及地址；

（2）限期使用的产品，应当在显著位置清晰地标明使用期限；

（3）由于使用不当，容易造成产品本身损坏或者可能危及人身、财产安全的产品，应当有适用条件、警示标志或者中文警示说明；

3.5 检验依据

进口食品接触产品按照我国对食品相关产品的规定和标准实施检验（相关标准目录参见附6）。尚未制定食品安全国家标准的，按照相关法律规定执行。

3.6 经检验不合格的进口食品接触产品，涉及安全、卫生、环境保护项目不合格的，由检验检疫机构出具《检验检疫处理通知单》，责令当事人退运或销毁。其他项目不合格的，可以在检验检疫机构的监督下进行技术处理，经重新检验合格后，方可销售、使用。

4. 监督管理

4.1 质量追溯

检验检疫机构应保存进口食品接触产品有关备案资料，保存期限不得少于3年。

检验检疫机构应要求进口食品接触产品的进口商或者代理商建立食品接触产品的追溯管理档案，应包括但不限于以下内容：

（1）供应商溯源管理制度；

（2）进口食品接触产品检测报告；

（3）进口食品接触产品的详细记录，包括：品名、规格、数量、批号、进口日期、制造商和分销商名称及联系方式、交货日期等内容。记录保存期限不得少于2年。

4.2 风险预警及缺陷召回

有关进口食品接触产品的风险预警和缺陷召回，检验检疫机构应根据国家质检总局的有关规定执行。

5. 附则

5.1 本工作规范由国家质检总局负责解释。

5.2 本工作规范自2016年4月10日起施行。

5.3 《关于印发〈进出口食品接触产品检验监管工作规范（试行）〉的通知》（国质检检〔2010〕683号）自本工作规范施行之日起废止。

附件：1. 进口食品接触产品备案申请表（略）
2. 进口食品接触产品符合性声明（略）
3. 进口食品接触产品备案申请受理情况通知书（略）
4. 进口食品接触产品备案书（略）
5. 各直属检验检疫局代码表（略）
6. 食品安全国家标准参考目录（略）

出口食品原料种植场备案管理规定

（国家质检总局公告 2012 年第 56 号）

发布日期：2012-04-05
实施日期：2012-04-05
法规类型：规范性文件

第一章 总 则

第一条 为加强出口食品原料质量安全管理，根据《中华人民共和国食品安全法》及其实施条例、《国务院关于加强食品等产品安全监督管理的特别规定》和《进出口食品安全管理办法》等有关规定，制定本规定。

第二条 本规定适用于国家质量监督检验检疫总局（以下简称国家质检总局）规定实施备案管理的原料品种目录中原料种植场的备案和监督管理。

第三条 国家质检总局主管全国出口食品原料种植场备案管理工作。

国家质检总局设在各地的出入境检验检疫机构（以下简称检验检疫机构）负责所辖区域出口食品原料种植场的备案和监督检查工作。

第四条 国家质检总局鼓励各级检验检疫机构在与地方政府有关部门建立合作机制框架下，共同做好出口食品原料种植场的备案工作。

第二章 备案申请

第五条 出口食品生产加工企业、种植场、农民专业合作经济组织或者行业协会等具有独立法人资格的组织均可以作为申请人向种植场所在地的检验检疫机构提出备案申请。

第六条 备案种植场应当具备以下条件：

（一）有合法经营种植用地的证明文件；

（二）土地相对固定连片，周围具有天然或者人工的隔离带（网），符合当地检验检疫机构根据实际情况确定的土地面积要求；

（三）大气、土壤和灌溉用水符合国家有关标准的要求，种植场及周边无影响种植原料质量安全的污染源；

（四）有专门部门或者专人负责农药等农业投入品的管理，有适宜的农业投入品存放场所，农业投入品符合中国或者进口国家（地区）有关法规要求；

（五）有完善的质量安全管理制度，应当包括组织机构、农业投入品使用管理制度、疫情疫病监测制度、有毒有害物质控制制度、生产和追溯记录制度等；

（六）配置与生产规模相适应、具有植物保护基本知识的专职或者兼职植保员；

（七）法律法规规定的其他条件。

第七条 申请人应当在种植生产季开始前 3 个月向种植场所在地的检验检疫机构提交书面备案申请，并提供以下材料，一式两份：

（一）出口食品原料种植场备案申请表（附表 1）；

（二）申请人工商营业执照或者其他独立法人资格证明的复印件；

（三）申请人合法使用土地的有效证明文件以及种植场平面图；

（四）种植场的土壤和灌溉用水的检测报告；

（五）要求种植场建立的各项质量安全管理制度，包括组织机构、农业投入品管理制度、疫情疫病监测制度、有毒有害物质控制制度、生产和追溯记录制度等；

（六）种植场负责人或者经营者、植保员身份证复印件，植保员有关资格证明或者相应学历证书复印件；

（七）种植场常用农业化学品清单；

（八）法律法规规定的其他材料。

上述资料均需种植场申请人加盖本单位公章。

第三章　受理与审核

第八条　申请人提交材料齐全的，种植场所在地检验检疫机构应当受理备案申请。

申请人提交材料不齐全的，种植场所在地检验检疫机构应当当场或者在接到申请后 5 个工作日内一次性书面告知申请人补正，以申请人补正材料之日为受理日期。

第九条　种植场所在地检验检疫机构受理申请后，应当根据本规定第六条和第七条的规定进行文件审核，必要时可以实施现场审核。审核须填写《出口食品原料种植场备案审核记录表》（附表2）。

第十条　审核符合条件的，给予备案编号，编号规则为"省（自治区、直辖市）行政区划代码（6位）+产品代码（拼音首位字母）+5位流水号"。不符合条件的，不予备案，由种植场所在地的检验检疫机构书面通知申请人，并告知不予备案原因。

第十一条　审核工作应当自受理之日起 20 个工作日内完成。

第四章　监督管理

第十二条　种植场所在地检验检疫机构负责对备案种植场实施监督检查。

第十三条　种植场所在地检验检疫机构对备案种植场每年至少实施一次监督检查。监督检查包括以下内容：

（一）种植场及周围环境、土壤和灌溉用水等状况；

（二）农业投入品管理和使用情况；

（三）种植场病虫害防治情况；

（四）种植品种、面积以及采收、销售情况；

（五）种植场的资质、植保员资质变更情况；

（六）质量安全管理制度运行情况；

（七）种植场生产记录，包括出具原料供货证明文件等情况；

（八）法律、法规规定的其他内容。

检验检疫机构对备案种植场进行监督检查，应当记录监督检查的情况和处理结果，填写《出口食品原料种植场监督检查记录表》（附表3），并告知申请人。监督检查记录经监督检查人员和种植场签字后归档。

第十四条　种植场负责人、植保员等发生变化的，种植场申请人应当自变更之日起 30 天内向种植场所在地检验检疫机构申请办理种植场备案变更手续。

种植场申请人更名、种植场位置或者面积发生重大变化、种植场及周边种植环境有较大改变，以及其他较大变更情况，种植场申请人应当自变更之日起 30 天内重新申请种植场备案。

第十五条　备案种植场有下列情形之一的，检验检疫机构应当书面通知种植场申请人限期整改：

（一）周围种植环境有污染风险的；

（二）存放我国和进口国家（地区）禁用农药以及不按规定使用农药的；

（三）产品中有毒有害物质检测结果不合格的；

（四）产品中检出的有毒有害物质与申明使用的农药、化肥等农业投入品明显不符的；

（五）种植场负责人、植保员发生变化后30天内未申请变更的；

（六）实际原料供货量超出种植场生产能力的；

（七）种植场各项记录不完整，相关制度未有效落实的；

（八）法律、法规规定其他需要改正的。

第十六条 备案种植场有下列情形之一的，检验检疫机构可以取消其备案编号：

（一）转让、借用、篡改种植场备案编号的；

（二）对重大疫情及质量安全问题隐瞒或谎报的；

（三）拒绝接受检验检疫机构监督检查的；

（四）使用中国或进口国家（地区）禁用农药的；

（五）产品中有毒有害物质超标一年内达到2次的；

（七）用其他种植场原料冒充本种植场原料的；

（八）种植场备案主体更名、种植场位置或者面积发生重大变化、种植场及周边种植环境有较大改变，以及其他较大变更情况，种植场备案主体未按规定重新申请备案的；

（九）2年内未种植或提供出口食品原料的；

（十）法律法规规定的其他情形。

第五章 上报和公布

第十七条 各直属检验检疫机构（以下简称直属局）应当对本辖区内新增、取消和变更备案种植场信息进行汇总，填写《出口食品原料种植场备案情况统计表》（附表4）于每季度最后1个月28日前上报国家质检总局。种植场和对应生产加工企业不在同一直属局管辖的，种植场所在地的直属局还应当每季度将备案信息通报生产加工企业所在地的直属局，生产加工企业所在地直属局应当及时将产品中检出的有毒有害物质超标信息反馈给基地所在地直属局。

第十八条 国家质检总局在其网站上统一公布备案种植场名单。

第六章 附 则

第十九条 出口食品原料种植场有违法行为的，检验检疫机构依照有关法律法规的规定处理。

第二十条 国家质检总局此前发布的出口食品原料种植基地备案的相关规定与本规定不符的，以本规定为准。供港澳蔬菜种植基地备案管理按照国家质检总局的有关规定执行。

第二十一条 本规定由国家质检总局负责解释。

第二十二条 本规定自发布之日起施行。

附表：1. 出口食品原料种植场备案申请表（略）

　　　2. 出口食品原料种植场备案审核记录表（样表）（略）

　　　3. 出口食品原料种植场监督检查记录表（略）

　　　4. 出口食品原料种植场备案情况统计表（略）

关于发布《进口食品进出口商备案管理规定》及《食品进口记录和销售记录管理规定》的公告

（国家质检总局公告 2012 年第 55 号）

发布日期：2012-04-05

实施日期：2012-10-01

法规类型：规范性文件

为进一步加强进口食品安全监管，根据《中华人民共和国食品安全法》及其实施条例、《国务院关于加强食品等产品安全监督管理的特别规定》和《进出口食品安全管理办法》等法律、行政法规、规章的规定，国家质检总局制定了《进口食品进出口商备案管理规定》和《食品进口记录和销售记录管理规定》，现予以批准发布，自 2012 年 10 月 1 日起施行。

附件：1. 进口食品进出口商备案管理规定
　　　2. 食品进口记录和销售记录管理规定

附件1

进口食品进出口商备案管理规定

第一章　总　则

第一条　为掌握进口食品进出口商信息及进口食品来源和流向，保障进口食品可追溯性，有效处理进口食品安全事件，保障进口食品安全，根据《中华人民共和国食品安全法》、《国务院关于加强食品等产品安全监督管理的特别规定》和《进出口食品安全管理办法》等法律、行政法规、规章的规定，制定本规定。

第二条　本规定适用于向中国大陆境内（不包括香港、澳门）出口食品的境外出口商或者代理商，以及境内进口食品的收货人（以下统称进出口商）的备案管理。

本规定附表所列经营食品种类之外的产品，如食品添加剂、食品相关产品、部分粮食品种、部分油籽类、水果、食用活动物等依照有关规定执行。

第三条　国家质检总局主管进口食品进出口商备案的监督管理工作，建立进口食品进出口商备案管理系统（以下简称备案管理系统），负责公布和调整进口食品进出口商备案名单。

国家质检总局设在各地的出入境检验检疫机构（以下简称检验检疫机构）负责进口食品收货人备案申请的受理、备案资料信息审核，以及在食品进口时对进出口商备案信息的核查等工作。

第二章　出口商或者代理商备案

第四条　向中国出口食品的出口商或者代理商，应当向国家质检总局申请备案，并对所提供备案信息的真实性负责。

第五条　出口商或者代理商应当通过备案管理系统填写并提交备案申请表（附件1），提供出口商或者代理商名称、所在国家或者地区、地址、联系人姓名、电话、经营食品种类、填表人姓名、电话等信息，并承诺所提供信息真实有效。出口商或者代理商应当保证在发生紧急情况时可以通过备案信息与相关人员取得联系。

出口商或者代理商提交备案信息后，获得备案管理系统生成的备案编号和查询编号，凭备案编号和查询编号查询备案进程或者修改备案信息。

第六条 出口商或者代理商地址、电话等发生变化时，应当及时通过备案管理系统进行修改。备案管理系统保存出口商或者代理商的所提交的信息以及信息修改情况。出口商或者代理商名称发生变化时，应当重新申请备案。

第七条 国家质检总局对完整提供备案信息的出口商或者代理商予以备案。备案管理系统生成备案出口商或者代理商名单，并在国家质检总局网站公布。公布名单的信息包括：备案出口商或者代理商名称及所在国家或者地区。

第三章 进口食品收货人备案

第八条 进口食品收货人（以下简称收货人），应当向其工商注册登记地检验检疫机构申请备案，并对所提供备案信息的真实性负责。

第九条 收货人应当于食品进口前向所在地检验检疫机构申请备案。申请备案须提供以下材料：

（一）填制准确完备的收货人备案申请表；

（二）工商营业执照、组织机构代码证书、法定代表人身份证明、对外贸易经营者备案登记表等的复印件并交验正本；

（三）企业质量安全管理制度；

（四）与食品安全相关的组织机构设置、部门职能和岗位职责；

（五）拟经营的食品种类、存放地点；

（六）2年内曾从事食品进口、加工和销售的，应当提供相关说明（食品品种、数量）；

（七）自理报检的，应当提供自理报检单位备案登记证明书复印件并交验正本。

检验检疫机构核实企业提供的信息后，准予备案。

第十条 收货人在提供上述纸质文件材料的同时，应当通过备案管理系统填写并提交备案申请表（附件2），提供收货人名称、地址、联系人姓名、电话、经营食品种类、填表人姓名、电话以及承诺书等信息。收货人应当保证在发生紧急情况时可以通过备案信息与相关人员取得联系。

收货人提交备案信息后，获得备案管理系统生成的申请号和查询编号，凭申请号和查询编号查询备案进程或者修改备案信息。

第十一条 收货人名称、地址、电话等发生变化时，应当及时通过备案管理系统提出修改申请，由检验检疫机构审核同意后，予以修改。备案管理系统保存收货人所提交的信息以及信息修改情况。

第十二条 备案申请资料齐全的，检验检疫机构应当受理并在5个工作日内完成备案工作。

第十三条 检验检疫机构对收货人的备案资料及电子信息核实后，发放备案编号。备案管理系统生成备案收货人名单，并在国家质检总局网站公布。公布名单的信息包括：备案收货人名称、所在地直属出入境检验检疫局名称等。

第四章 监督管理

第十四条 检验检疫部门对已获得备案的进口食品进出口商备案信息实施监督抽查。

各地检验检疫机构通过对进口食品所载信息核查出口商或者代理商的备案信息，通过查验有关证明材料或者现场核查收货人所提供的备案信息。

对备案信息不符合要求的，应当要求其更正、完善备案信息。不按要求及时更正、完善信息的，应当将有关信息录入进出口食品生产经营企业不良信誉记录。

第十五条 进口食品的收货人或者其代理人在对进口食品进行报检时，应当在报检单中注明进口食品进出口商名称及备案编号。检验检疫机构应当核对备案编号和进口食品进出口商名称等信息与备案信息的一致性，对未备案或者与备案信息不一致的，告知其完成备案或者更正相关信息。

第十六条

（一）出口商或者代理商在申请备案时提供虚假备案资料和信息的，不予备案；已备案的，取消备案编号。

出口商或者代理商向中国出口的食品存在疫情或者质量安全问题的，纳入信誉记录管理，并加强其进口食品检验检疫；对于其他违规行为，按照相关法律法规规定处理。

（二）收货人在申请备案时提供虚假备案资料和信息的，不予备案；已备案的，取消备案编号。

收货人转让、借用、篡改备案编号的，纳入信誉记录管理，并加强其进口食品检验检疫。

第五章　附　则

第十七条 本规定自 2012 年 10 月 1 日起施行。

附件：1. 出口商或者代理商备案申请表（略）
　　　2. 收货人备案申请表（略）

附件2

食品进口记录和销售记录管理规定

第一条 为掌握进口食品来源和流向，确保进口食品可追溯性，加强食品进口记录和销售记录的监督管理，依据《中华人民共和国食品安全法》及其实施条例、《国务院关于加强食品等产品安全监督管理的特别规定》、《进出口食品安全管理办法》等法律、行政法规、规章的要求，制定本规定。

第二条 本规定适用于出入境检验检疫机构对食品进口记录和销售记录的监督管理。

《进口食品进出口商备案管理规定》附件 1 所列经营食品种类之外的产品，如食品添加剂、食品相关产品、部分粮食品种、部分油籽类、水果、食用活动物等依照有关规定执行。

第三条 食品进口记录是指记载食品及其相关进口信息的纸质或者电子文件。

进口食品销售记录是指记载进口食品收货人（以下简称"收货人"）将进口食品提供给食品经营者或者消费者的纸质或者电子文件。

第四条 收货人应当建立完善的食品进口记录和销售记录制度并严格执行。

第五条 进口食品结关地出入境检验检疫机构负责进口食品的进口记录和销售记录的监督管理工作。

第六条 收货人应当建立专门的食品进口记录，并指派专人负责。

第七条 收货人建立的食品进口记录应当包括以下内容：

进口食品的名称、品牌、规格、数重量、货值、生产批号、生产日期、保质期、原产地、输出国家或者地区、生产企业名称及在华注册号、出口商或者代理商备案编号、名称及联系方式、贸易合同号、进口口岸、目的地、根据需要出具的国（境）外官方或者官方授权机构出具的相关证书编号、报检单号、入境时间、存放地点、联系人及电话等内容。记录格式见附件1。

第八条 收货人应当保存如下进口记录档案材料：贸易合同、提单、根据需要出具的国（境）外官方相关证书、报检单的复印件、出入境检验检疫机构出具的《入境货物检验检疫证明》、《卫生证书》等文件副本。

第九条 收货人应当建立专门的进口食品销售记录（食品进口后直接用于零售的除外），指派专人负责。

第十条 进口食品销售记录应当包括销售流向记录、销售对象投诉及召回记录等内容。

销售流向记录应当包括进口食品名称、规格、数重量、生产日期、生产批号、销售日期、购货人（使用人）名称及联系方式、出库单号、发票流水编号、食品召回后处理方式等信息。记录格式见附件2。

销售对象投诉及召回记录应当包括涉及的进口食品名称、规格、数重量、生产日期、生产批号、召回或者销售对象投诉原因、自查分析、应急处理方式，后续改进措施等信息。记录格式见附件3。

第十一条 收货人应当保存如下销售记录档案材料：购销合同、销售发票留底联、出库单等文件原件或者复印件，自用食品的收货人还应当保存加工使用记录等资料。

第十二条 收货人应当妥善保存食品进口和销售记录，防止污染、破损和遗失。食品进口和销售记录保存时间不得少于2年。

第十三条 进口食品结关地出入境检验检疫机构应当对收货人的食品进口和销售记录进行检查。

第十四条 本规定所称收货人指中国大陆境内（不包括香港、澳门）与外方签订贸易合同的实际收货人。

第十五条 本规定自2012年10月1日起实行。

附件：1. 食品进口记录（略）

2. 进口食品销售记录（略）

3. 进口食品销售对象投诉及召回记录（略）

进出口食品添加剂检验检疫监督管理工作规范

（国家质检总局公告2011年第52号）

发布日期：2011-04-18

实施日期：2011-06-01

法规类型：规范性文件

第一章 总 则

第一条 为规范进出口食品添加剂检验监管工作，确保进出口产品质量安全，保护公众人身健康，根据《中华人民共和国食品安全法》及其实施条例、《中华人民共和国进出口商品检验法》及其实施条例、《中华人民共和国进出境动植物检疫法》及其实施条例，以及《国务院关于加强食品等产品安全监督管理的特别规定》等有关法律法规规定，制定本规范。

　　第二条　本规范适用于列入《出入境检验检疫机构实施检验检疫的进出境商品目录》内进出口食品添加剂的检验检疫监督管理工作。

　　食品添加剂的使用和非食品添加剂用化工原料的检验检疫监督管理不适用本规范，依照有关规定执行。

　　第三条　国家质量监督检验检疫总局（以下简称国家质检总局）统一管理全国进出口食品添加剂的检验检疫和监督管理工作。

　　国家质检总局设在各地的出入境检验检疫机构（以下简称检验检疫机构）负责所辖区域进出口食品添加剂的检验检疫和监督管理工作。

第二章　食品添加剂进口

　　第四条　进口食品添加剂应当符合下列条件之一：

　　（一）有食品安全国家标准的；

　　（二）经国务院卫生行政管理部门批准、发布列入我国允许使用食品添加剂目录的；

　　（三）列入《食品添加剂使用卫生标准》（GB2760）、《食品营养强化剂使用卫生标准》（GB14880）的；

　　（四）列入"食品安全法实施前已有进口记录但尚无食品安全国家标准的食品添加剂目录"（见附录）的。

　　除符合上列四项条件之一外，应当办理进境动植物检疫许可的，还应取得进境动植物检疫许可证。

　　第五条　进口食品添加剂应当有包装、中文标签、中文说明书。中文标签、中文说明书应当符合中国法律法规的规定和食品安全国家标准的要求。

　　食品添加剂说明书应置于食品添加剂的外包装以内，并避免与添加剂直接接触。

　　进口食品添加剂标签、说明书和包装不得分离。

　　第六条　食品添加剂的标签应直接标注在最小销售单元包装上。

　　食品添加剂标签应标明以下事项：

　　（一）名称（相关标准中的通用名称）、规格、净含量；

　　（二）成分（表）或配料（表），采用相关标准中的通用名称；

　　（三）原产国（地）及境内代理商的名称、地址、联系方式；

　　（四）生产日期（批号）和保质期；

　　（五）产品标准代号；

　　（六）符合本规范第四条（二）的食品添加剂标签，应标明卫生部准予进口的证明文件号和经卫生部批准或认可的产品质量标准；

　　（七）贮存条件；

　　（八）使用范围、用量、使用方法；

　　（九）复合添加剂中各单一品种的通用名称、辅料的名称和含量，按含量由大到小排列（各单一品种必须具有相同的使用范围）；

　　（十）"食品添加剂"字样；

　　（十一）中国食品安全法律、法规或者食品安全国家标准规定必须标明的其他事项。

　　第七条　食品添加剂进口企业（以下称进口企业）应按照规定向海关报关地的检验检疫机构报检，报检时应当提供如下资料：

　　（一）注明产品用途（食品加工用）的贸易合同，或者贸易合同中买卖双方出具的用途声明（食品加工用）；

（二）食品添加剂完整的成分说明；

（三）进口企业是经营企业的，应提供加盖进口企业公章的工商营业执照或经营许可证复印件；进口企业是食品生产企业的，应提供加盖进口企业公章的食品生产许可证复印件；

（四）特殊情况下还应提供下列材料：

1. 需办理进境检疫审批的，应提供进境动植物检疫许可证。

2. 首次进口食品添加剂新品种，应提供卫生部准予进口的有关证明文件和经卫生部批准或认可的产品质量标准和检验方法标准文本。

3. 首次进口食品添加剂，应提供进口食品添加剂中文标签样张、说明书，并应在报检前经检验检疫机构审核合格。

4. 进口食品添加剂全部用来加工后复出口的，应提供输入国或者地区的相关标准或技术要求，或者在合同中注明产品质量安全项目和指标要求。

5. 检验检疫机构要求的其他资料。

第八条 检验检疫机构对进口企业提交的报检材料进行审核，符合要求的，受理报检。

第九条 检验检疫机构按照以下要求对进口食品添加剂实施检验检疫：

（一）食品安全国家标准；

（二）双边协议、议定书、备忘录；

（三）国家质检总局、卫生部《关于进口食品、食品添加剂检验有关适用标准问题的公告》（2009年第72号公告）附件中列明的进口食品添加剂适用标准；

（四）首次进口添加剂新品种的，应当按照卫生部批准或认可的产品质量标准和检验方法标准检验；

（五）食品安全法实施前已有进口记录但尚无食品安全国家标准的，在食品安全国家标准发布实施之前，按照卫生部指定标准检验，没有卫生部指定标准的按原进口记录中指定的标准实施检验；

（六）国家质检总局规定的检验检疫要求；

（七）贸易合同中高于本条（一）至（六）规定的技术要求。

第十条 进口食品添加剂的内外包装和运输工具应符合相关食品质量安全要求，并经检验检疫合格。

进口食品添加剂属于危险品的，其包装容器应符合危险货物包装容器管理的相关要求。

第十一条 检验检疫机构按照相关检验规程和标准对进口食品添加剂实施现场检验检疫。

（一）核对货物的名称、数（重）量、包装、生产日期、承载工具号码、输出国家或者地区等是否与所提供的报检单证相符；

（二）检查标签、说明书是否与经检验检疫机构审核合格的样张和样本一致；检查标签、说明书的内容是否符合中国法律法规的规定和食品安全国家标准的要求。

（三）检查包装、容器是否完好，是否超过保质期，有无腐败变质，承运工具是否清洁、卫生。

（四）其他需要实施现场检验检疫的项目。

第十二条 现场检验检疫有下列情形之一的，检验检疫机构可直接判定为不合格：

（一）不属于本规范第四条规定的食品添加剂品种的；

（二）无生产、保质期，超过保质期或者腐败变质的；

（三）感官检查发现产品的色、香、味、形态、组织等存在异常情况，混有异物或被污染的；

（四）容器、包装密封不良、破损、渗漏严重，内容物受到污染的；

（五）使用来自国际组织宣布为严重核污染地区的原料生产的；

（六）货证不符；

（七）标签及说明书内容与报检前向检验检疫机构提供的样张和样本不一致；

（八）其他不符合中国法律法规规定、食品安全国家标准或者质检总局检验检疫要求的情况。

第十三条 检验检疫机构按照相关检验规程、标准规定的要求抽取检测样品，送实验室对质量规格、安全卫生项目和标签内容的真实性、准确性进行检测验证。

取样量应满足检测及存样的需要。检测样品采集、传递、制备、贮存等全过程应受控，不应有污染，以保证所检样品的真实性。

第十四条 经检验检疫合格的，检验检疫机构出具合格证明。合格证明中应注明判定产品合格所依据的标准，包括标准的名称、编号。

第十五条 经检验检疫不合格的，按以下方式处理：

（一）涉及安全卫生项目不合格的，出具不合格证明，责成进口企业按规定程序实施退运或销毁。

不合格证明中应注明判定产品不合格所依据的标准，包括标准的名称、编号。

（二）非安全卫生项目不合格的，可在检验检疫机构的监督下进行技术处理或改作他用，经重新检验合格后，方可销售、使用。

第十六条 检验检疫机构应当按照有关规定将进口食品添加剂不合格信息及时报国家质检总局。

第十七条 进口食品添加剂分港卸货的，先期卸货港检验检疫机构应当以书面形式将检验检疫结果及处理情况及时通知其他分卸港所在地检验检疫机构；需要对外出证的，由卸毕港检验检疫机构汇总后出具证书。

第十八条 进口企业应当建立食品添加剂质量信息档案，如实记录以下内容：

（一）进口时向检验检疫机构申报的报检号、品名、数/重量、包装、生产和输出国家或者地区、生产日期、保质期等内容；

（二）国外出口商、境外生产企业名称及其在所在国家或者地区获得的资质证书号；

（三）进口食品添加剂中文标签样张、中文说明书样本；

（四）检验检疫机构签发的检验检疫证单；

（五）进口食品添加剂流向等信息。

档案保存期限不得少于2年，且不能少于保质期。

第十九条 检验检疫机构对进口企业的质量信息档案进行审查，审查不合格的，将其列入不良记录企业名单，对其进口的食品添加剂实施加严检验检疫措施。

第三章 食品添加剂出口

第二十条 食品添加剂出口企业（以下简称出口企业）应当保证其出口的食品添加剂符合进口国家或者地区技术法规、标准及合同要求。

进口国家或者地区无相关标准且合同未有要求的，应当保证出口食品添加剂符合中国食品安全国家标准；无食品安全国家标准的，应当符合食品安全地方标准；无食品安全国家标准和食品安全地方标准的，应当符合经省级卫生行政部门备案的企业标准。

第二十一条 检验检疫机构按照《出口工业产品企业分类管理办法》（质检总局令第113号），对食品添加剂生产企业实施分类管理。

第二十二条 出口食品添加剂应当是符合下列要求：

（一）获得生产许可；

（二）食品安全法实施之前获得卫生许可，且卫生许可证在有效期内；

（三）应当获得并已经获得法律、法规要求的其他许可。

第二十三条 出口食品添加剂应当有包装、标签、说明书。

（一）标签应当直接标注在最小销售单元的包装上。

（二）说明书应置于食品添加剂的外包装以内，并避免与添加剂直接接触。

（三）标签、说明书和包装是一个整体，不得分离。

第二十四条 出口食品添加剂内外包装应符合相关食品质量安全要求，其承载工具需要进行适载检验的应按规定进行适载检验，并经检验检疫合格。

出口食品添加剂属于危险品的，其包装容器应符合危险货物包装容器管理的相关要求。

第二十五条 出口食品添加剂标签应标明以下事项：

（一）名称（标准中的通用名称）、规格、净含量；

（二）生产日期（生产批次号）和保质期；

（三）成分（表）或配料（表）；

（四）产品标准代号；

（五）贮存条件；

（六）"食品添加剂"字样；

（七）进口国家或者地区对食品添加剂标签的其他要求。

第二十六条 出口企业应当对拟出口的食品添加剂按照相关标准进行检验，并在检验合格后向产地检验检疫机构报检，报检时应提供下列材料：

（一）注明产品用途（食品加工用）的贸易合同，或者贸易合同中买卖双方出具的用途声明（食品加工用）；

（二）产品检验合格证明原件。检验合格证明中应列明检验依据的标准，包括标准的名称、编号；

（三）出口企业是经营企业的，应提供工商营业执照或者经营许可证复印件。

（四）食品添加剂标签样张和说明书样本；

（五）国家质检总局要求的其他材料。

第二十七条 检验检疫机构对出口企业提交的报检材料进行审核，符合要求的，受理报检。

第二十八条 检验检疫机构按照下列要求对出口食品添加剂实施检验检疫：

（一）进口国家或者地区技术法规、标准；

（二）双边协议、议定书、备忘录；

（三）合同中列明的质量规格要求；

（四）没有本条（一）至（三）的，可以按照中国食品安全国家标准检验；

（五）没有本条（一）至（四）的，可以按照中国食品安全地方标准检验；

（六）没有本条（一）至（五）的，可以按照经省级卫生行政部门备案的企业标准检验。

（七）国家质检总局规定的其他检验检疫要求；

第二十九条 检验检疫机构按照相关检验规程和标准对出口食品添加剂实施现场检验检疫：

（一）核对货物的名称、数（重）量、生产日期、批号、包装、唛头、出口企业名称等是否与报检时提供的资料相符。

（二）核对货物标签是否与报检时提供的标签样张一致，检查标签中与质量有关内容的真实性、准确性。

（三）包装、容器是否完好，有无潮湿发霉现象，有无腐败变质，有无异味。

（四）其他需要实施现场检验检疫的项目。

第三十条　现场检验检疫合格后，检验检疫机构对来自不同监管类别生产企业的产品按照相关检验规程、标准要求，对抽取的检测样品进行规格、安全卫生项目和标签内容的符合性检测验证，必要时对标签上所有标识的内容进行检测。

取样量应满足检验、检测及存样的需要。检测样品采集、传递、制备、贮存的全过程应受控，不应有污染，以保证所检样品的真实性。

第三十一条　经检验检疫合格的，出具《出境货物通关单》或《出境货物换证凭单》，根据需要出具检验证书。检验证单中注明判定产品合格所依据的标准，包括标准的名称和编号。

第三十二条　检验检疫不合格的，按以下方式处理：

（一）经有效方法处理并重新检验检疫合格的，按本规范第三十一条办理；

（二）无有效处理方法或者经过处理后重新检验检疫仍不合格的，出具不合格证明，不准出口。

第三十三条　口岸检验检疫机构按照出口货物查验换证的相关规定查验货物。

（一）查验合格的，签发合格证明，准予出口。

（二）查验不合格的，不予放行，并将有关信息通报产地检验检疫机构，必要时抽取检测样本，进行质量规格、安全卫生项目检测。产地检验检疫机构应根据不合格情况采取相应监管措施。

第三十四条　检验检疫机构应当按照相关规定建立生产企业分类管理档案和出口企业诚信档案，建立良好记录和不良记录企业名单。

第三十五条　出口企业应当建立质量信息档案并接受检验检疫机构的核查。产品信息档案应至少包括出口产品的如下信息：

（一）出口报检号、品名、数（重）量、包装、进口国家或者地区、生产批次号；

（二）境外进口企业名称；

（三）国内供货企业名称及相关批准文件号；

（四）食品添加剂标签样张、说明书样本；

（五）检验检疫机构出具的检验检疫证单。

档案保存期不得少于2年，且不能少于保质期。

第三十六条　出口食品添加剂被境内外检验检疫机构检出有质量安全卫生问题的，检验检疫机构核实有关情况后，实施加严检验检疫监管措施。

第四章　监督管理

第三十七条　国家质检总局对进出口食品添加剂实施风险预警和快速反应制度。

进出口食品添加剂检验检疫监管中发现严重质量安全问题或疫情的，或者境内外发生的食品安全事故、国内有关部门通报或者用户投诉食品出现质量安全卫生问题涉及进出口食品添加剂的，国家质检总局应当及时采取风险预警或者控制措施，并向国务院卫生行政等部门通报。

第三十八条　检验检疫机构在检验检疫监管过程中发现严重质量安全问题可能影响到食品安全或者获知有关风险信息后，应当启动食品安全应急处置预案，开展追溯调查，按照有关规定进行处理，并于24小时内逐级上报至国家质检总局。

第三十九条　进出口企业发现其生产、经营的食品添加剂存在安全隐患，可能影响食品安全，或者其出口产品在境外涉嫌引发食品安全事件时，应当采取控制或者避免危害发生的措施，主动召回产品，并向所在地检验检疫机构报告。检验检疫机构对召回实施监督管理。

进出口企业不履行召回义务的，由所在地直属检验检疫机构向其发出责令召回通知书，并报告国家质检总局。国家质检总局按有关规定进行处理。

第四十条 对经国务院卫生行政部门信息核实，风险已经明确，或经风险评估后确认有风险的出入境食品添加剂，国家质检总局可采取快速反应措施。

第四十一条 进出保税区、出口加工区等的食品添加剂，以及进境非贸易性的食品添加剂样品的检验检疫监督管理，按照国家质检总局的有关规定办理。

第五章 附 则

第四十二条 本规范下列用语的含义是：

（一）食品添加剂，指可以作为改善食品品质和色、香、味以及为防腐、保鲜和加工工艺的需要而加入食品中的人工合成或者天然物质。

（二）非食品添加剂用化工原料，是指与食品添加剂具有相同化学构成，进出口时共用同一个 HS 编码，但不用于食品生产加工的化学物质。在进出口报检时以"非食品加工用"，与食品添加剂区分。

（三）产品检验合格证明，是指具备全项目出厂检验能力的生产企业自行检验出具的，或不具备产品出厂检验能力的生产企业或者出口企业委托有资质的检验机构进行检验并出具的证明其产品检验合格的文件。

第四十三条 本规范由国家质检总局负责解释。

第四十四条 本规范自 2011 年 6 月 1 日起施行。自施行之日起，其他相关进出口食品添加剂检验检疫管理规定与本规范不一致的，以本规范为准。

附录：食品安全法实施前已有进口记录但尚无食品安全国家标准的食品添加剂目录（略）